▲2010年8月黎明摄于小石桥

2001 年 12 月在香港指导报告写作

2002年6月与严文明、张森水在吉林大学参加博士论文答辩

2002年6月与黄景略、傅熹年考察黑龙江省阿城刘秀屯金代大型宫殿基址

▲2004 年 8 月七十岁生日

2005年7月在江西景德镇考古工地考察

2006年5月在山西柳林高红遗址考察

▲2007 年 8 月在黑龙江宁安渤海上京城

▲2007 年 9 月与严文明观摩湖北郧县辽瓦店子遗址出土器物

2007 年 11 月在河南郑州观摩新密新砦遗址出土器物

2007 年 11 月在河南郑州观摩巩义花地嘴遗址出土器物

2007 年 11 月在浙江余杭良渚遗址

▲2007 年 11 月在河南荥阳关帝庙遗址考察

▲2007 年 11 月在河南荥阳观摩安阳鄣邓遗址的出土器物

◂2008 年 5 月在湖北武汉

◂2010 年 4 月在河南郑州观摩新密李家沟遗址出土器物

◂2010 年 6 月在吉林长春

▲2010 年 2 月在北京小石桥书房

▶2010 年 11 月在广西桂林甑皮岩题词“坚持公众考古从娃娃抓起，文物保护就有希望”

▲2011 年 1 月在中山大学马丁堂做《中国考古学发展的几个问题》演讲

▲2011 年 11 月在浙江嘉兴召开的中国考古学会第十四次年会暨庆祝宿白先生九十华诞学术研讨会上讲话

2011 年 8 月与黄景略、严文明为宿白师祝贺生日

2011 年 8 月在内蒙古赤峰魏家窝铺遗址考察

2011 年 11 月在浙江嘉兴

▲2012 年 8 月与故宫博物院院长单霁翔亲切交谈

▲2012 年 8 月在山西大同云冈石窟

▲2012 年 8 月在山西五台山

▲2012 年 11 月在中国人民大学做题为“考古学视野下的国家”演讲

▲2012 年 11 月在中国人民大学演讲后给听讲者签名

▲2013 年 10 月在陕西西安召开的中国考古学会第十六次年会上讲话

▲2014 年 4 月在陕北清涧辛店遗址听取汇报

▲2005 年与夫人马淑芹在台湾日月潭

◄2006 年 7 月与夫人马淑芹在贵州黄果树瀑布

▲2010 年 8 月与夫人马淑芹在湖南新宁县的丹霞地貌区

▲2009 年与家人合影

◀2012 年 8 月与孙女在山西五台山

庆祝张忠培先生八十岁论文集

吉林大学边疆考古研究中心　编

科学出版社
北　京

内 容 简 介

本书为庆祝著名考古学家张忠培先生八十岁而编辑的学术论文集。全书共收录学术论文四十余篇，内容涉及中国考古学的诸多领域。书中附有张忠培先生的主要论著目录及学术活动照片三十余幅。

图书在版编目（CIP）数据

庆祝张忠培先生八十岁论文集 / 吉林大学边疆考古研究中心编.—北京：科学出版社，2014.7

ISBN 978-7-03-041394-9

Ⅰ.①庆…　Ⅱ.①吉…　Ⅲ.①考古学-中国-文集　Ⅳ.①K870.4-53

中国版本图书馆CIP数据核字（2014）第149679号

责任编辑：宋小军　赵　越 / 责任校对：郭瑞芝　韩　杨

责任印制：钱玉芬 / 封面设计：陈　敬

科 学 出 版 社 出版

北京东黄城根北街16号

邮政编码:100717

http://www.sciencep.com

中国科学院印刷厂 印刷

科学出版社发行　各地新华书店经销

*

2014年7月第　一　版　　开本：787×1092　1/16

2014年7月第一次印刷　　印张：40　1/4　插页：8

字数：950 000

定价：280.00元

（如有印装质量问题，我社负责调换）

张忠培先生六十年学术论著要目

一、著 作 类

01《元君庙仰韶墓地》，1959年下半年完成初稿，1961、1964和1973年三次修改，文物出版社，1983年4月。

02《中国北方考古文集》，文物出版社，1990年3月。

03《中国考古学：实践、理论、方法》，中州古籍出版社，1994年9月。

04《中国通史·第二卷·远古时代》（苏秉琦主编，张忠培、严文明合著），1990年成稿，1994年6月由上海人民出版社出版，2013年再版。2010年7月更名为《中国远古时代》，附录新增四篇文章，由上海人民出版社单独出版。

05《民乐东灰山考古——四坝文化墓地的揭示与研究》（张忠培主编、岳邦湖副主编，张忠培、许永杰、张珑等合著），科学出版社，1998年2月。

06《晋中考古》（张忠培主编、王克林副主编，张忠培、王克林、陈冰白、卜工等合著），文物出版社，1999年1月。

07《中国考古学：走近历史真实之道》，科学出版社，1999年6月。

08《考古·文明与历史》（张忠培、俞伟超、许倬云、杜正胜合著），（台北）中央研究院历史语言研究所，1999年7月。

09《华县泉护村》（苏秉琦主编，张忠培、杨建芳合著），科学出版社，2003年10月。

10《中国考古学：走向与推动文明的历程》，紫禁城出版社，2004年11月。

11《忻州游邀考古》（张忠培、王克林主编，张忠培、许永杰、卜工、马升、李有成等合著），科学出版社，2004年3月。

12《中国考古学：九十年代的思考》，文物出版社，2005年7月。

13《肇源白金宝》（张忠培主编，张忠培、朱永刚合著），科学出版社，2009年5月。

14《中国陶鬲谱系研究》（上编张忠培，下编多人合著），紫禁城出版社，2014年7月。

15《中国考古学：走出自己的路》，2014年2月编定，待出版。

16《中国考古学：说出自己的话》，2014年2月编定，待出版。

17《中国考古学：尽到自己的心》，2014年2月编定，待出版。

18《考古学文化论集（一）》（苏秉琦主编，张忠培执行主编），文物出版社，1987

年12月。

19《中国考古学跨世纪的反思》上、下册（许倬云、张忠培主编），（香港）商务印书馆，1999年1月。

20《中国考古学跨世纪的回顾与前瞻》（张忠培、许倬云主编，杨晶、黎明钊助理主编），科学出版社，2000年10月。

21《新世纪的考古学：文化、区位、生态的多元互动》（许倬云、张忠培主编，杨晶助理主编），紫禁城出版社，2006年4月。

22《玉魂国魄——中国古代玉器与传统文化学术讨论会文集（三）》（张忠培、徐光冀主编），北京燕山出版社，2008年6月。

23《玉魂国魄——中国古代玉器与传统文化学术讨论会文集（四）》（张忠培主编，杨晶、蒋卫东执行主编），浙江古籍出版社，2010年9月。

24《玉魂国魄——中国古代玉器与传统文化学术讨论会文集（五）》（张忠培主编，杨晶、蒋卫东执行主编），浙江古籍出版社，2012年11月。

二、文　章　类

001《关于根据半坡类型的埋葬制度探讨仰韶文化社会制度问题的商榷》，《考古》1962年7期。

002《吉林市郊古代遗址的文化类型》，《吉林大学社会科学学报》1964年1期。

003《吉林两半山遗址发掘报告》，《考古》1964年1期。

004《白城地区考古调查述要》，《吉林大学社会科学学报》1964年1期。

005《试论东庄村和西王村遗存的文化性质》，《考古》1979年1期。

006《大汶口文化刘林期遗存试析》，《吉林大学社会科学学报》1979年1期。

007《华县、渭南古代遗址调查与试掘》，1961年6月初稿，1979年1月修改，《考古学报》1980年3期。

008《客省庄文化及其相关诸问题》，《考古与文物》1980年4期。

009《元君庙墓地反映的社会组织初探》，写于1964年夏，1979年4月提交给中国考古学成立大会暨中国考古学会第一次年会，收入《中国考古学会第一次年会论文集》，文物出版社1980年12月出版。后应邀发表于（美国）《JOURNAL OF ANTHROPOLOGIAL ARCHAEOLOGY》，1985（4）。1990年3月收入文物出版社出版的《中国北方考古文集》时，又作了一些改动。

010《史家村墓地的研究》，《考古学报》1981年2期。

011《关于老官台文化的几个问题》，《社会科学战线》1981年2期。

012《东北考古的主要收获》（与王承礼、林沄、方启东合著），《东北考古与历史》第1辑，文物出版社，1982年。

013《地层学与类型学的若干问题》，《文物》1983年5期。

014《探索与追求》（与俞伟超合著），《文物》1984年1期。此文是写于1983年6月24日的《苏秉琦考古学论述选集·编后记》，文物出版社1984年6月出版。

015《母权制时期私有制问题的考察》，《史前研究》1984年1期。

016《原始农业考古的几个问题——为〈农业考古〉创刊四周年而作》，《农业考古》1984年2期。

017《中国早期铜器的发现与研究》，《史学集刊》1985年3期。

018《研究考古学文化需要探索的几个问题》，根据1984年夏应湖南省考古学会、甘肃省文物考古工作队和甘肃省博物馆邀请所作报告的演讲稿整理修改而成，收入《文物与考古论集——文物出版社成立30周年纪念》文集，文物出版社，1986年10月。

019《齐家文化的研究》，《考古学报》1987年1、2期。

020《中国父系氏族制发展阶段的考古学考察——对含男性居本位的合葬墓的墓地的若干分析》，写于1986年3月20日，并在该年召开的美中学术交流委员会《古代中国与社会科学一般法则》学术研讨会上宣读，发表于《吉林大学社会科学学报》1987年1、2期。

021《浅谈中国考古学的现在与未来》，《瞭望》1987年36期。

022《夏家店下层文化研究》（与孔哲生、张文军、陈雍合著），《考古学文化论集》（1），文物出版社，1987年12月。

023《关于马家窑文化的几个问题》（与李伊萍合著），《庆祝苏秉琦考古五十五年论文集》，文物出版社，1989年8月。

024《黄河流域史前合葬墓反映的社会制度的变迁》，1988年10月在香港中文大学中国文化研究所所作演讲，后略作修改，发表于《华夏考古》1989年4期。

025《关于考古学研究的几个问题》，此文是根据1988年12月4日在“安徽省文物考古研究所成立三十年纪念暨安徽地区考古学文化讨论会”上的演讲录音整理而成，发表于《文物研究》总第5辑，黄山书社，1989年9月。

026《当代考古学问题答问》，此文是根据北京大学建校90周年之日，应考古系部分青年教师及校友之邀就当代考古学问题举行的座谈录音整理而成，《文物天地》1989年3期。

027《“河套地区”新石器时代遗存的研究》，此文是1988年4月指导关强写作完成的硕士研究生学位论文，后做了一些文字上的修改并增加了成稿后新发表的一些材料，《江汉考古》1990年1期。

028《关于考古学的几个问题》，《文物》1990年12期。

029《辽宁古文化的分区、编年及其他》，此文是1996年在“环渤海考古”学术讨论会上的发言，《辽海文物学刊》1991年1期。

030《河北考古学研究与展望》，此文是1990年11月18日在河北省文物普查总结大会上的讲话，后经录音整理修改而成，《文物春秋》1991年2期。

031 《浅述考古学与自然科学的关系》（与马淑琴合著），《科技考古论丛——全国第二届科技考古学术讨论会论文集》，中国科学技术大学出版社，1991年11月。

032 《苏鲁豫皖相邻地区考古学文化的谱系》，此文是1991年5月下旬在国家文物局召开的“苏鲁豫皖考古座谈会”上的发言，《文物研究》第七辑，黄山书社，1991年12月。

033 《后岗一期文化研究》（与乔梁合著），《考古学报》1992年3期。

034 《考古学当前讨论的几个问题》，此文是1993年4月应邀在山西省考古学会第三届年会上的所作的专题学术报告《中国考古学史、“新考古学”与山西考古的几个问题》，全文曾刊发于《山西省考古学会论文集》（二），后抽出第二部分经修改单独发表于《中国文物报》1993年10月24日。

035 《晋陕高原及关中地区商代考古学文化结构分析》（与乔梁、朱延平合著），《内蒙古文物考古文集》第一辑，中国大百科全书出版社，1994年8月。

036 《民族学与考古学的关系》，此文1994年1月19日在《海峡两岸考古学与历史学学术交流研讨会》上宣读，发表于《中国文物报》1995年7月30日，之后又收入《中国考古学与历史学之整合研究》，（台北）中央研究院历史语言研究所，1997年。

037 《中国考古学史的几点认识》，此文是1993年4月应邀在山西省考古学会第三届年会上的所作的专题学术报告《中国考古学史、“新考古学”与山西考古的几个问题》的第一部分，曾刊发于《山西省考古学会论文集》（二），后经修改发表于《史前史研究》，1995年3期。

038 《良渚文化的年代和其所处社会阶段——五千年前中国进入文明的一个例证》，《文物》1995年5期。又见《文明的曙光——良渚文化》，浙江人民出版社，1996年3月。

039 《中国古代文明之形成论纲》，此文1996年3月23日草稿于匹兹堡，先后在美国匹兹堡大学、哈佛大学等校和日本早稻田大学发表演讲，7月9日修改于北京，先后发表于（香港）《明报月刊》1996年11号、《考古与文物》1997年1期、日本《史観》第136册。

040 《仰韶时代——史前社会的繁荣与向文明时代的转变》，此文原为1994年应故宫博物院邀约送出的庆贺故宫博物院建院70周年的文章，后并未在《建院70周年纪念特刊》刊出，而是在作者出国后未经作者授权刊载于《故宫博物院院刊》1996年1期，《新华文摘》1996年7月全文转载。作者回国后送交《文物季刊》1997年1期发表。

041 《黄河流域空三足器的兴起》，此文是1993年在纪念北京大学考古专业建立四十周年暨庆贺北京大学赛克勒考古与艺术博物馆开馆举办的“迎接21世纪的中国考古学国际学术研讨会”上的发表要旨，后应邀为祝贺张光直六十五岁华诞，于1994年草成此文，并经罗泰译成英文。后分别发表于《华夏考古》1997年1期和*Journal of East Asian Archaeology*, vol. Ⅰ, 1—4, 1999.

042 《黑龙江考古学的几个问题的讨论》，此文是1996年8月24日在“渤海文化研讨会”上的发言，后经录音整理修改，发表于《北方文物》1997年1期。

043 《考古学的局限性》，1996年9月30日夜为《长江中游史前文化结构》所作书序，10月11日演讲于北京大学。《长江中游史前文化结构》，1997年8月出版，后略加修改发表于《故宫博物院院刊》1999年2期。

044 《东灰山墓地研究——兼论四坝文化及其在中西文化交流中的位置》，此文是应香港中文大学中国文化研究所之邀所作，以祝贺该所成立30周年，发表于《中国文化研究所学报》，1997年6期。此外还应西安半坡博物馆之邀，以《东灰山墓地的几个问题的检讨》，参与庆贺半坡博物馆成立四十周年，刊于《史前研究：西安半坡博物馆成立四十周年纪念文集（1958—1998）》，三秦出版社，1998年6月。2005年以《东灰山墓地研究》为主，参以《东灰山墓地的几个问题的检讨》一文中的《墓主人的种属与健康情况》，合并成此文，刊载于《中国考古学：九十年代的思考》，文物出版社，2005年7月。

045 《人与自然关系历史的反思》，（香港）《明报月刊》1998年1月号。

046 《中国考古学世纪的回顾与前瞻》，《文物》1998年3期。

047 《陕西史前文化的谱系研究与周文化的形成》（与孙祖初合著），《望远集——陕西省考古研究所华诞四十周年纪念文集》，陕西人民美术出版社，1998年12月。

048 《中国考古学的昨天、今天和明天》，《中国考古学跨世纪的反思》，（香港）商务印书馆，1999年1月。

049 《聚落考古初论》，此文是根据1994年4月16日的《中国考古学实践·理论·方法》序文的部分内容，于1998年10月29日修改而成，发表于《中原文物》1999年1期。

050 《中国古代文明形成的考古学研究》，写于1997年4月29日，发表于1997年赴台主持的《傅斯年汉学讲座》，收入《考古：文明与历史》，（台北）“中央研究院”历史语言研究所，1999年3月。

051 《我对中国文明的一点认识》，写于1999年4月28日，《古代文明研究通讯》总第1期，1999年5月。

052 《20世纪后半期中国新石器时代考古学的历程》，此文原题目为《新石器时代》，于1998年10月写成初稿，1999年1月13日改定，收入宿白主编《中华人民共和国重大考古发现（1949—1999）》，文物出版社，1999年9月。

053 《夏、商、周三代及其前期考古学的进展与前瞻》，此文1998年3月24日写于台北“史语所”，应秦孝仪先生邀请演讲于台北故宫博物院，发表于（台北）《故宫学术季刊》1999年15卷第4期。

054《史前考古中被淡漠的问题》，《中国文物报》1999年12月1日。

055《中国史前时代研究的一些认识》，《北方文物》1999年4期。

056《考古学与持续发展之路》，此文是应香港民政事务局古物古迹办事处的邀请，在该处于1999年9月25日举办的“从历史文物看香港与祖国的文化渊源”研讨会上的致辞，后送《江汉考古》，以祝贺该刊创办二十周年，发表于《江汉考古》2000年第1期。

057《河套地区先秦两汉时期的生业、文化与环境》，《中国文物报》2000年6月18日。

058《窥探凌家滩墓地》，《文物》2000年9期，又见《凌家滩玉器》，文物出版社，2000年11月。

059《中国古代的文化与文明》，《考古与文物》2001年1期。又刊于宋文薰、李亦园、张光直主编的《石璋如院士百岁祝寿论文集——考古·历史·文化》，（台北）南天书局，2002年4月。

060《西拉木伦河地区考古学文化及其在中国的历史地位》，此文是在赤峰第二届古代文化学术研讨会上的发言，原被作为一节编入《北方民族文化新论》一书，2002年4月由哈尔滨出版社出版。由于印刷粗糙，多见错误，2005年7月收入《中国考古学：九十年代的思考》文集时，依原稿作了较大的改动。

061《考古学——连接中国西部古今之桥》，此文是参加文化部2000年在青海西宁召开西部文化工作座谈会上的发言，原载于《北方文物》2001年4期，《新华文摘》2002年2期全文转载。

062《客省庄与三里桥文化的单把鬲及其相关问题》（与杨晶合著），《宿白先生八秩华诞纪念文集》，文物出版社，2002年9月。

063《关于中国文明起源与形成研究的几个问题》，根据2001年8月23日在《〈中原文物〉百期纪念暨中原文明学术研讨会》上的讲话，修改于2002年7月10日下午，《中原文物》2002年5期。

064《中国新石器时代考古的20世纪的历程》，《故宫学刊》2004年总第一辑。

065《走出来的路与还未走的路——在三峡文物保护与考古学研究学术研讨会上的讲话》，《文物工作》2004年1期。

066《关于古代艺术史学问题的讨论》，此文是2003年10月26日在台南艺术学院举办的“海峡两岸艺术史学与考古学方法研讨会”上的讲话，后经修改发表于《中国文物报》2004年4月9日。并被收于黄翠梅主编、台南艺术大学艺术史与艺术评论研究所／艺术史学系2005年编辑的《变动中的疆界—艺术史与考古学的学科对话》一书。之后又经修改并以《简论古代艺术史学与考古学的关系》为题，发表于《故宫学刊》2006年总第三辑。

067《关于文明探源工程的质疑》，《中国文物报》2004年7月16日。

068《杏花文化的侧装双鋬手陶鬲》，《故宫博物院院刊》2004年4期。

069《滹沱河上游和桑干河流域的正装鋬手鬲》，《新世纪的考古学——文化、区位、生态的多元互动》，紫禁城出版社，2006年4月。

070《关于考古学创新的几点认识》，此文是2006年6月2日在大连召开的“辽河流域文明化进程学术研讨会”上的讲话，修改于2006年10月26日，发表于《考古与文物》2007年1期。

071《中国大遗址保护的问题》，根据2007年7月11日上午在“中国大遗址保护研讨会”上的发言修改，《考古》2008年1期。

072《如是耕耘才能迎来科学的春天——寄语中国文化遗产研究院揭牌》，《中国文物报》2008年2月20日。

073《关于玉文化问题的一点思考》，2006年5月在成都召开的第三届中国古代玉器与传统文化学术讨论会开幕式上的讲话，《玉魂国魄（三）》，北京燕山出版社，2008年6月。后经修改并以《论玉文化的几个问题》为题，收入《良渚文化论坛·良渚博物院开院特刊》，浙江摄影出版社，2008年12月。

074《城市考古与广州的城市考古》，《中国文物报》2008年8月1日。

075《玉器·玉文化·继承与创新》，饶宗颐主编《华学》第九、十辑（二），上海古籍出版社，2008年8月。

076《关于二里头文化和夏代考古学遗存的几点认识》，《中国历史文物》2009年1期。

077《白金宝遗址发掘与嫩江流域夏至汉代考古学文化谱系的确认》，《中国文物报》2009年7月3日。此文是为《肇源白金宝》所作书序，科学出版社，2009年5月。

078《东北地区夏至战国时期考古学文化谱系研究的进程》，《中国文物报》2009年7月31日。此文是为《中国东北地区夏至战国时期的考古学文化研究》所作书序，科学出版社，2009年9月。

079《中国考古学六十年的巨大进步》，《在中国考古学会第十二次年会开幕词》，《中国文物报》2009年9月1日。

080《关于建立考古遗址公园的几点意见》，2009年6月12日在“大遗址保护·良渚论坛”上的发言，《东南文化》2010年1期。

081《学习夏鼐先生，继续拓展中国考古学之路》，此文是根据2010年2月9日在“夏鼐先生诞辰百年纪念座谈会”的发言提纲，改写于2月26日，发表于《中国文物报》2010年4月16日。

082《我们的共识、理念、追求与宗旨》，此文是2009年12月17日在良渚论坛·中华玉文化中心第二届年会上的讲话，《玉魂国魄（四）》，浙江古籍出版社，2010年9月。

083《在“南水北调中线工程考古发现与研究学术研讨会”上的讲话》，《华夏考古》2010年3期。

084《谱写三峡文物保护与考古研究的新篇章》，2010年11月25日在中国考古学会第十三次年会上的开幕词，《江汉考古》2010年4期。后作为前言，收入《中国考古学会第十三次年会论文集2010》，文物出版社，2011年11月。

085《文化杂交：广州的过去与未来》，此文是在参考之前请卜工写作的文稿于2010年12月24日写成简写本，2011年1月4日在“2010广州论坛·广州建设世界文化名城高峰论坛”演讲后，发表于《中国文物报》2011年2月25日。2012年2月20日在得到张莉的帮助下改定，发表于《南方文物》2012年2期。先后被2011年11期《书屋》和2012年11期《南风窗》等三家刊物转载。

086《良渚文化墓地与其表述的文明社会》，2005年12月27日在故宫博物院2005年第4期学术讲座上的演讲初稿，2011年10月、2012年2～3月作较大改订后，发表于《考古学报》2012年4期。

087《致中国博物馆协会特别会员代表大会贺信》，此文是写于2011年8月30日并与此后发出的贺信，收入《中国考古学：尽到自己的心》，2014年2月编定，待出版。

088《给浙江考古学会第五次会员代表大会的贺信》，此文是写于2011年11月6日的贺信，收入《中国考古学：尽到自己的心》，2014年2月编定，待出版。

089《在中华玉文化中心第三届年会上的讲话》，此文分别是2011年12月20日在中华玉文化中心第三届年会开幕式和12月21日在中华玉文化中心第三届年会闭幕式上的讲话，改写于2012年6月26日，收入《玉魂国魄——中国古代玉器与传统文化学术讨论会文集（五）》，浙江古籍出版社，2012年11月。

090《在“河南省文物考古研究所检索60周年庆祝大会”上的讲话》，此文是2012年8月8日在“河南省文物考古研究所建所60周年庆祝大会”上的讲话，收入《中国考古学：尽到自己的心》，2014年2月编定，待出版。

091《在“山西省考古研究所六十周年庆典”上的讲话》，2012年8月18日在“山西省考古研究所六十周年庆典”上的讲话，收入《中国考古学：尽到自己的心》，2014年2月编定，待出版。

092《中国考古学会第十四次年会暨庆祝宿白先生九十华诞学术研讨会开幕词》，此文是在2011年11月19日初稿并于11月22日发表开幕词的基础上，修改于2012年1月24日至2月1日期间，收入《中国考古学会第十四次年会论文集2011》，文物出版社，2012年10月。后经部分修改后，以《文化·人物·考古——贺宿白先生九十华诞》为题，发表于《中国历史博物馆馆刊》2012年3期。

093《我认识的环渤海考古》，此文先是参考此前请赵宾福写就的一个发言稿，于2012年11月22日晚写成的发言提纲，再根据2012年11月23日在中国考古学会第十五次年会上的讲话提纲于2013年2月24日上午改写，大部分发表于《考古》2013年9

期。后收入《中国考古学会第十五次年会论文集2012》时发表了全文，文物出版社，2012年10月。

094 《再谈梁思永先生与中国考古学》，根据2010年9月8日在“纪念梁思永先生发掘昂昂溪遗址80周年暨昂昂溪文化学术讨论会”上的发言提纲，写于2012年10月1日和10月23日、2013年4月3日改定，发表于《文物》2013年7期。后收入《昂昂溪考古文集》，科学出版社，2013年12月。

095 《中国考古学：母权、父权、文明》，2009年5月在中国国家图书馆《文津讲坛》演讲提纲，收入《文津演讲录》之十一，国家图书馆出版社，2013年11月。

096 《“中国考古学会第十六次学术年会暨第六届会员代表大会”开幕式上的讲话》，2013年10月2日起草。之外，邀滕铭予写了一稿和这一稿本的修改稿，内容均为周秦汉唐，用以参考。2013年10月24日上午在西安又将准备的发言稿作了修改并发言。回京后，时改、时停了两三次，又邀滕铭予提供了内容涉及秦、西汉、唐的稿本，参考了她提出的一些认识，最终于2014年5月28日下午4时40分改毕。发表于《考古与文物》2014年4期。

编《张忠培先生六十年学术论著要目》札记

高蒙河

1952年，张忠培先生从长沙长郡中学考上了北京大学历史系。当时，历史系除了历史专业以外，还第一次在中国开设了本科考古专业。他接到的录取通知书上，要他选择读哪个专业。他便到长郡中学向他敬仰的一位讲授中国近代史的李昌董老师咨询，李老师说，你还是读考古好。于是，他就选择了当时他还知之甚少的考古专业。那一年他18岁，自此与考古结缘，走上了人生的考古求索之路。到今年，他已经80岁了。

大学四年期间，他只回过长沙老家两次，寒、暑假几乎都在学校阅读当时不多的约20种杂志，一册一册挨着看，还通览了国内外考古论著，一点点朦胧地产生了日后对他一生的学术实践和研究影响至深的考古学应该“以物论史、透物见人，替死人说话，把死人说活”的思考。到1955年，他将有关受当时批判胡适思想的影响，同他所认识的哲学，就考古学的问题写成两篇文章，投递给《考古通讯》等刊物，一篇没被采用，另一篇只在内部刊用。这两篇文章虽然都没有被公开发表，却开启了他写作考古学术研究论著的先河。那一年他20岁，到今年，也已经60年了。

从那以后，他又在1956年西安沣西的大学考古实习中，运用学到的考古地层学和类型学方法，把自己挖到的7座西周墓做了排序，分为三期。虽也没有发表，但却是1949年以后第一篇有关西周墓葬的分期成果，这为他1960年参加北京大学考古专业编写《中国考古学》工作，负责《商周青铜时代》中的《西周前期》等编撰埋下了伏笔。再后来，他本科毕业被选拔留校作副博士研究生并参与主持了陕西华县、渭南两地大范围区域性考古调查和对华县泉护村遗址、元君庙墓地的发掘。在导师苏秉琦先生指导下，分别于1959年下半年写出了《元君庙仰韶墓地》初稿，1960年底至1961年初合作完成《华县泉护村》初稿，1961年6月写出了《华县、渭南古代遗址调查与试掘》初稿，取得了以下诸多在当时并于后来被不断印证的重要考古成果：一是元君庙墓地的发掘，改变了过去以一个遗迹为单位的做法，把整个墓地作为一个研究单元，开创了中国考古学全面揭露和研究墓地的新理念和新方法，成为国内外考古同行中率先通过墓地结构、合葬墓中人员的关系和墓葬与墓葬之间人员的关系来研究亲族制度的方式；二是在泉护村新发现了仰韶时代向龙山时代转变的过渡环节泉护二期文化，将所揭示的泉护一期文化遗存亦即西阴文化和元君庙半坡文化墓地分为三期和四期，以及半坡文化和他已经确认的老官台文化之层位关系，实证了“仰韶文化”源于中国本土的老官台文化，开启了中国探索前仰韶时期新石器时代考古学文化的先声，并通过类型学研究，首次确认了老官台文化→半坡文化→西阴文化→半坡四期文化→泉护二期文化→荆村文化→客省庄文化或三里桥文化是先后的同一谱系的诸考古学文化；三是华县、渭南古代遗址调查与试掘不但是考古学上进行“拉网式”大规模区域系统考古调查实践的领先之作，还通过这一工作和元君庙及泉护村的发掘，搞清了陕晋豫地区从老官台文化到东周的考古学文化序列。

然而，《元君庙仰韶墓地》、《华县泉护村》和《华县、渭南古代遗址调查与试掘》这三部在20世纪60年代初期前后既已完成写作，到后来被证实是中国考古学发展进程中有重要影响的考古调查和发掘报告，却是经过了20多年甚至更长的时间之后方才陆续得以正式出版发行的。这其中的原因是多方面的，有的叫人感佩，有的使人无奈，甚至还有的不免令人不快。

首先，以发现、整理、解释遗存为基本流程的考古工作，与认识客观事物的内在本质和运动规律的一般科学研究一样，都有其内在的规律性。而这在张忠培先生身上体现出来的，不仅是安贫乐道的学术态度，还有在“十年磨一剑”的磨砺和考验中，坐实务实求真的治学精神。回想当初，亦即1959年，他参照了摩尔根、恩格斯等经典作家的说法，很快就在发掘和整理之后写出了《元君庙仰韶墓地》初稿。他将墓地中的6排墓葬，解释为一个部落中的6个氏族的遗存，每个墓排是一个氏族墓地等。这一结论的得出，曾令他非常兴奋。他认为自己的发现证实了马克思主义的理论，头一次从考古学揭示出了中国古代也确实存在着母权制时代，自己把死人写活了。哪知当他怀着喜悦的心情，向苏秉琦先生汇报时，苏先生不但表情沉静，还在交谈中要求他去进一步做墓地分期研究。张忠培先生多年后谈到这段对他后来做考古学研究有转折性影响的过程时说道：“为这事我和苏秉琦搅了三四年，我就是分不出期来。”到了1964年，他用过很多方法却还是没分出来，可苏先生仍旧坚持自己的意见。“这怎么办呢？当天晚上我想万一能分出期呢，哪怕有万分之一的希望也不要丢弃，科研上不是怕一万，而是怕万一嘛！我就拼呀拼呀，一直拼到晚上两点钟了，大约是两个白天三个晚上基本上没有睡觉，终于把分期搞出来了，这个墓地分为两个墓区。”他对元君庙墓地的分期成功了，他不但发现了古人确实存在的墓葬排列规律，还为中国考古学第一次找到了解析墓地的途径，并由此养成了“让材料牵着鼻子走”而不是让材料“削足适履”于已有理论的研究理念，觅到了一把打开学术之锁的治学钥匙，迈开了沿着由此考古起点所确定的方向走出自己的路的坚实脚步。通过这一过程使他认识到，考古学研究既不能回避出现的矛盾问题，尤其是与原来设想、认识相矛盾的问题，还要特别注意发现新的问题。而认真解决这些问题或矛盾的过程，获得这些成果所付出的时间，已从1959年下半年写出初稿，过去了大约四年之久。

其次，造成一部论著从写作完成到公开发表需要较长的时间过程，还有一个重要的社会原因，就是张忠培先生那一、二代知识分子自身所无法回避的特殊政治时代。可以说，不但上述三部考古报告的经年出版，是苦于那些没完没了的政治运动，其他同期文章的遭遇也无不尽然。譬如《元君庙墓地反映的社会组织初探》一文，写作完成于1964年夏，曾准备作为代表北京大学考古教研室参加当时正在筹建的中国考古学会成立大会上宣读，但却因为“四清”运动和“文革”的爆发等，一直推迟到1979年4月才能提交给中国考古学成立大会暨中国考古学会第一次年会，后被收入文物出版社出版的《中国考古学会第一次年会论文集》，于1980年12月才正式发表，前后时隔了约15年。然而即便如此，该文一经发表，即在国内外产生了很大影响，被海内外学者称之为打破了“硬套社会发展规律教条的怪圈”，是研究中国史前亲族组织的典范，“即使放在世界考古学史中，也算相当先进的”。该文还被美国《JOURNAL OF ANTHROPOLOGIAL ARCHAEOLOGY》主编Robert Whallon邀稿，发表于该刊1985年第4期，这已从这篇文章写作完成后，过去了21年之久。不过话又说回来，一篇考古文章十几二十年后仍能被国内外专业主流刊物登载并广受好评，说它是经受住了时间检验的具有学术生命的精品甚至是经典之作，应该不算过誉的。

再次，《元君庙仰韶墓地》等报告之所以延迟出版或发表，还不乏因当时学界的某些不良习俗所带来的人为麻烦和曲折。事情的经过大致是这样的：这本考古报告1959年下半年完成初稿，并经1961、1964年的修改特别到了1973年做了一些文字的最后修订以后，本可以在20世纪70年代中后期出版。然而，当苏秉琦先生带着他，将报告送到当年曾主持黄河水库考古发掘工作的中国社会科学院考古研究所夏鼐所长审阅而夏所长又转交给考古编辑部后，出乎他意料的事情发生了。当时一位负责论著文稿统筹的早年参加考古工作的老同志却说：“半坡发掘报告已经有了，元君庙就不必再出版单行本了。”甚至还连带说道：“泉护村报告也不必发了，有了已经出版的《庙底沟与三里桥》就够了！”此后，这位老同志还写信给他，提出了建议删除一些《元君庙仰韶墓地》报告的图版和线图，并将文字压缩后在《考古学报》上分两期连载一下的意见。原以为可能是因为自己年轻，尚不便出版著作的他这时只好回信道：《元君庙仰韶墓地》报告不只是他个人的成果，而是北京大学考古教研室的考古报告，如果不能出版，我个人无法做主，要和北大商量才行。就我个人来说，还是坚持自己的意见。就这样，报告的出版事宜被人为地拖延了下来，直至后来那位老同志不再主事了，《元君庙仰韶墓地》报告方得以交由文物出版社，才于1983年4月终于正式出版发行。这已比1973年最后一次修订完成该报告交稿，又过去了约十年之久。我曾见过张忠培先生1983年国庆前在看到刚出版的报告后，写在报告封三上的手记，里面记有这样一句话：“一九五九年写成初稿，廿四年后才贡献给读者。艰难的长期岁月，磨炼出坚韧不拔的毅力！”

事情过去很久以后，记得有一次聊到这类话题，我还曾有些不平地向他讨教当年遭打压的事。而早已风雨兼程走过来的他，却不无淡然地对我说：一个年轻人从事学术活动时要发表学术著作，的确都是比较难的，受到一定的打压也很正常。他还笑呵呵地举例子对我道："年轻人就像野草，开始的时候总是要被石头压着的。关键的问题是，一颗野草要想什么办法，如何通过自己的努力，从石头缝里钻出来。而在自己枝繁叶茂后，别再打压那些新的野草！"他的这些话不免触动了我的感怀：这该是走过了怎样的心路历程，才能炼就的心胸啊！

可能正是由于务实求真的探索、政治运动的影响以及某些不良学术打压等使论著刊布周期变长等原因，于是将写作过程中完成初稿、修订、定稿等时间标注在文末篇尾，便成为了张忠培先生不少论著写作的一个特点。例如发表于1992年3期《考古学报》的与乔梁合著的《后冈一期文化研究》一文，文末标注的写作完成日期是1988年5月；发表于《故宫学刊》2004年刊行的总第一辑中的《中国新石器时代考古的20世纪的历程》长文，文末标注的写作完成日期是2001年6月17日；发表于《考古学报》2012年4期的《良渚文化墓地与其表述的文明社会》一文，本系2005年12月27日在故宫博物院2005年第4期学术讲座上的演讲初稿，2011年10月、2012年2～3月作较大改订后才正式发表，前后历经七年时间。

如果展开这种标注写作日期、修改过程的细节，我们还可以看到张忠培先生奉执务实求真为圭臬的治学态度，有时甚或到了"锱铢必较"的地步，兹摘录1990年前后发掘结束直至2004年才出版的《忻州游邀考古》报告的写作过程为例：

> （该书的初稿）章节完成后，交张忠培审阅提出意见后由许永杰、卜工作了通纂。许永杰、卜工完成的通纂稿，经张忠培审读并提出意见，再由许永杰修改，这样的过程，反复了约为三次后，张忠培于1999年交杨新改编辑，并请她再次仔细地校对文字、图、表是否存在出入。杨新改工作认真，发现了一些问题再交许永杰处置，这一过程历经数年……（张忠培）2002年再看了一遍，又在报告稿中发现了一些缺欠，其中就有关于出土的石、骨、蚌器的处置问题，本书只对这部分器物中典型型式标本作了介绍，而对其他已归型式和未归入型式的器物，均未做出交代，例如本书中讲某型某式器物3件，文字说明中只叙述了其中的1件，其他两件则在报告中见不到了，张忠培将这些意见告诉了许永杰，并将报告又一次交给他，让他再次进行修改……至2003年初，张忠培对卜工写的"绪论"和许永杰写的"结语"，作了大幅的修改。其所以大幅修改了许永杰的"结语"，是因为我们对游邀遗存的认识，已发生了较大的变化。

从撮举的这段不短的文字中，我们不难看出，到了各种政治运动逐渐式微的改革开放以后，时代变了，治学环境改善了，从写作到刊布的周期缩短了。而张忠培先生那一、二代知识分子备受社会动荡影响仍能潜心治学的精神，在他身上更多地演变成了论著写作中一个个反复磨砺、不断修订、求善至臻的流程，并衍伸出了对考古学术史负责的一种种依年月日时来如实记录写作过程的习惯。其中，他的很多论著的写作，从发现问题，经系统、全面收集、整理资料、思索和酝酿，到写成文章，少则三、五年，多则需十年左右的时间。而文章发表之后还要不断地逐字、逐句、逐段地反复修改增删，甚至更多的时候还要沿着已有选题做递进式的深入或扩展研究，也是常人不太有而张忠培先生常有乃至变成常态的另一个治学特点。例如他多少年来一直关注并践行的中国陶鬲谱系的系列研究，便是如此。

说到中国陶鬲谱系的系列研究，他在1980年前后，发表了《客省庄文化及其相关诸问题》一文，开始用单把鬲等典型器物做考古学文化分期。后来他一直心系这一课题，不断收集各种遗址新发现的相关考古资料，到了2002年，他和学生杨晶又合著了《客省庄与三里桥文化的单把鬲及其相关问题》一文。而单把鬲研究的长文写作发表以后，他又发现与单把鬲不同的两种形态的鋬手鬲和无把（鋬）鬲需要另外加以研究。其中，鋬手鬲还可分为侧装鋬手鬲和正装鋬手鬲，二者皆是可以区分考古学文化的一种典型器物。于是，他又相继写作发表了《滹沱河上游和桑干河流域的正装鋬手鬲》和《杏花文化的侧装双鋬手陶鬲》两篇文章等。再后来，到了2014年，紫禁城出版社出版了由上、下两编组合成册的《中国陶鬲的谱系研究》一书，全面结集了他30多年来研究陶鬲的系列成果以及他的学生们的诸多篇章。应当说，这是自20世纪30年代起中国老一代学者将陶鬲作为了解中国古文化的“代表性化石”，提出“可以成为中国考古学上的单独课题”之后半个多世纪以来，第一次做出的具有体系性的深化研究成果。从中我们见到，张忠培先生几十年来之所以不断专注于陶鬲为代表的空足三足器的研究，是他认为陶鬲作为诸多考古学文化中的一种典型器物，足以作为一个切入口，带动一个考古学文化乃至一个地区的考古学文化研究。换句话说，诸种考古学文化的时空关系、源流关系、交互作用的文化关系等，多会在陶鬲这种具有代表性的器物及其组合上体现出来。考古学通过对陶鬲中呈现的文化谱系的辨识，既可以发现任何一种考古学文化都是不同谱系的多元结构，也可以据此探寻中国自新石器时代到秦汉帝国的先秦历史过程经历的是一条“从文化多元一体到国家一统多元”的发展道路，还可以认识到这种多元文化谱系结构的考古学文化就是“杂种文化”。

由此可见，同样是研究一种器物，但张忠培先生的陶鬲系列成果，从起点上，就早已不同于通常那些为写器物而写器物的做法，而是旨在攀登陶鬲的考古学研究及其所能到达的一般学术乃至文化制高点。换言之，一旦他将考古学研究一种器物所取得的诸多相关结论转换为文化理论成果，并提升到一般社会历史发展演变规律等更宏大的叙事中去，那他这几年尝试提出的源于考古学又超乎考古学的“文化论”，便自然而然地会得出下面一些富有独创价值的文化新识了：杂种文化是文化杂交的产物，遵循“传承、吸收、融合、创新”的文化演进规律向前发展。文化演进规律是实现文化更新、建设新文化的必由之路。他2011年1月4日在“2010广州论坛·广州建设世界文化名城高峰论坛”上所作的《文化杂交：广州的过去与未来》的演讲，便是这一既含有理论认知性，又具有实践指导性的“文化论”的直接体现。

《文化杂交：广州的过去与未来》这一篇于2010年12月24日写成的演讲简写本，曾就“多元一体”文化棋局中的广州文化博弈、“一统多元”态势中的广州文化演进、文化杂交使广州成为中西文化汇流的漩涡、对广州建设世界文化名城的几点认识等重大历史文化问题，做了贯通古今、中西比较、鉴往知来的集中阐述。自演讲后，先于《中国文物报》2011年2月25日见报，遂获学界广泛好评。后来，为了扩大考古学成果的学术和社会文化影响，他一以贯之地像过去常将同一选题作多篇递进研究和修订后发表于不同刊物的做法那样，又于2012年2月20日加以改定并转发在2012年第2期的《南方文物》上，还在2012年11月中国考古学会第十五次年会开幕式讲话中，做了更具学理化的阐释。这一过程前后，该文曾引得《书屋》、《南风窗》等多家有社会文化影响力的刊物和新媒体相继转载，有报纸还刊发一般社会读者的读后感道：“张先生通过剖析广州文化的发展历程，层层推衍，逐一梳理，条分析缕，以致通透，最终提出‘文化杂交’这个概念。”“捧读过后，难以掩卷，豁然窥见‘杂交’亦为文化发展之要旨，感叹文虽短却意宏大。”

写到这里回过头来看，我在上面列举的张忠培先生的论著从写作到刊布往往周期很长等原因中，各种政治运动的影响以及某些不良学术打压等，其实都已是次要的问题，而“路漫漫其修远兮，吾将上下而求索”的务实求真、锲而不舍的学术追求，保持自主、自由的思考空间，坚持与考古材料俱进并“让材料牵着鼻子走”的治学主张等，方才是张忠培论著写作之前、之中和之后的重要特色。正是缘于如此，我在重温和整理他60年来的论著编目时，虽然还是按照传统论著编目的常规，采取了依论著发表或出版年月排序的做法，但还是尽可能地加注了不少他那些有代表性的论著的写作和修改的阶段、合作的师友、发表的场合、转载的情况以及产生的影响因子等要素。虽然这样做的工作量有点大，编排过程也有些费力，甚至可能还会带来传统阅读、浏览以及检索方式的不习惯，然而如此一来，却能够比较如实性地记录张忠培先生这60年里，于每一阶段的研究重点、关注的课题和代表性成果以及与中国考古学乃至中国社会文化发展进程的脉动关系，也才可能贴近以至更多还原他的考古学术思想从萌发、到形成，再进入持续发展的轨迹了吧。

说到学术求真的轨迹，谈到务实探索的历程，往往还会使人想到时间的长河。如果从1955年张忠培先生开始写作考古文章算起，到而今2014年，恰好是一个甲子的岁月过去了。这是偶然么？显然是的。但这偶然里，能说没蕴含着必然么？显然也不能。没有对学术的渴望，缺少对务实的追求，失去对科学的求真，丢掉对治学的坚守，有多少人能像他这样在60年里完成逾25部著作和近300篇文章？尽管这里面不完全是他凭一己之力独立完成，还包括一定数量的合著以及主编等；尽管这里面也不包括他未曾公开发表的诸多讲义、讲话、手稿、访谈、评阅、书信、题记等。譬如，我手里就保存着一份我1986年记录整理出来的他在吉林大学给我们研究生讲授《考古学方法论》的笔记稿；我在他家里还看到过2005年他在台湾系统讲授中国考古学的讲稿等；而像他早在1960年参加北大考古教研室组织编写的《中国考古学》教材铅印本中的长篇“引言”、1962年写作投稿后因不合某考古权威观点未被杂志办刊人员刊用的《试论仰韶遗址》一文、“文革”前牵头组织林沄先生等编译的约30万字的前苏联《奥克拉德尼科夫言论集——关于我国东北及苏联远东地区考古、历史问题》油印本、2000年写作的《元君庙墓地考古的前前后后》手稿、这两年撰写的记张政烺师二、三事的《为天地立心 真诚求实的学者》文章等；以及众多杂志或媒体的各种学术访谈等；凡此种种，这次我也都暂未列入他60年来已经公开发表的主要学术论著编目中。

正是因为目前还难以做到对张忠培先生所有研究成果的全面整理和统计，这次编目我暂时采取了择要选编的做法，着重精选他在各个方面、各个阶段比较有代表性的学术论著24部、文章96篇，以求能比较清晰和系统地反映他治学立论60年来尤其是他担任中国考古学会理事长近五年以来，在以下诸多考古活动、科研成果、学术思想、教书育人、学科建设、学会发展、文物保护等方面所作的突出贡献：

（1）构建考古学文化的序列和时空框架；将苏秉琦的“区系类型论”演变为考古学文化研究的“谱系论”；践行考古学走近历史真实之道理念，合著《中国通史》之《远古时代》卷，实现了近代中国史学几代学者撰修中国史前史的夙愿，并将考古学的专业语境转换为历史学的一般表述，力求考古事实和历史叙述的有机结合。

（2）从考古学文化谱系视角探索和揭橥中国从文化多元一体走向国家一统多元的基本道路及其演变规律；尝试创建以“传承、吸收、融合、创新”为特征的“文化论”学说，从考古学发现创新和研究创新角度，指出了人类社会古今文化演进的一般规律。

（3）长期研究史前社会制度进程并提出系统性认识；从各种社会分野考察中国社会结构与形态变迁，探寻中国文明起源与形成及其走向秦汉帝国道路；确立王权是划分文明起源或形成的界标，丰富了苏秉琦的“文明论”。

（4）从考古学探索、认识和揭示中国国家演进过程中自在的历史规律出发，尝试重构中国古今社会的“国家论”学说，取得了富有价值和独到的自身见解。

（5）秉持认识论基本规律，既反对把社会科学理论和方法都归结为历史唯物主义的教条主义，又反对新进口的洋教条主义；强调中国考古学应坚持自身学术传统，从中国考古学丰富实践中发展、创立和总结适用于中国的考古学理论与方法论体系，并使这个体系成为世界考古学理论与方法的组成部分。

（6）以文物保护法为法理基础，以文物保护规律为学理依据，指出“保护”和“利用”这四个字是文物工作宗旨。保护和利用均有不同层次，保护是前提，利用要服从和服务于保护，并受保护的制约和检验，方能实现保护与利用的良性循环；考古工作要纳入到文物保护体制中；大遗址是文物龙头和传统文化心脏；文物保护涉及政治伦理和政治文明；要化传统文化为文化传统，才能弘扬传承祖国历史文化。

（7）创办吉林大学考古教育并使其达到全国领先水平；对学生实行“分槽饲养”“典型引路”“能者先行”等培养方式，使学生成为有自己理性头脑的自由人；对门下27名硕士和博士研究生的学位论文选题，从考古科研尤其是学科建设角度，做出从点到线再到面的谋篇布局，按中国古史关键时期切出一个个共时的横剖面，并将这些横剖面作纵向的联接，以求从整体上探索中国从文化多元一体走向国家一统多元的历史发展过程和演变规律。

（8）担任中国考古学会理事长期间，主导考古学正确走向，关注学科建设、学会发展；主张把学会办成“自由人的联合体”，开放办会，主题办会，民主办会；历年主持召开的全国性年会遍及东北、华北、西北和长江中下游，所涉课题涵盖了中国核心地区及部分边疆地区；为推进考古学会工作和发展，开创了新范式，做出了新贡献。

历数张忠培先生在60年考古科研上取得的这些成果，我觉得尤以“三论”的提出至为精要：“谱系论”演变自苏秉琦的“考古学文化多元一体说”，已成为考古学文化研究的重要理论与方法；“国家论”丰富了苏秉琦的“文明论”，形成了重构中国古今社会的新学说；“文化论”总结了中国文化从多元一体到一统多元的关系，提出了“传承、吸收、融合、创新”是古今文化演进规律的新观点。“三论”之间，相互联系，论以载道，出于考古学又超出了考古学，扩大了考古学在学术界以及社会文化发展建设中的影响力。

然而，写到这里，我不免想到了另外一个问题。那就是我的这番表述，是否就能展现张忠培先生从学生转换为学者，从受教育者转化为考古教育家，从专业创建者转换为考古业界学术领头人之一，从考古专家转换为学术大家的60多年的研究历程呢？换句需要反思的话来说，张忠培先生自己是否真就那么看重上述在我看来的那些学问和事功、成就和思想呢？

一时间，我不得不收敛行文至此的激情，陷入了沉思当中。不由地回想起30年前，我自研究生入门跟张忠培先生从学以来的一幕幕场景、一回回接触、一次次交谈来，尽管它们随着岁月的流逝，多少已经变得有些模糊——

我曾经在一篇文章中这样写过我谈张忠培先生的感受：他对中国古今之变做了集大成研究并得出了符合中国历史发展实际的科学结论；他创造了标志着中国考古学已开始形成适合本国历史实情的“三论”为代表的理论体系；他的学术思想承前启后，见微知著，自成体系，汇为主流，引领了中国考古学的新时代。还有一次，我兴冲冲地把我总结归纳出的有关评述张忠培先生的一段话，在电话里说与他听：张忠培先生自大学时代起便立志将考古学变成平生的学术追求，他创新了研究方法，探索了创新模式，站上了治学高地，把研究水平掌握在自己手里。

然而，听着我的话语和描述，他并没有向我表示出我想得到的首肯。我不免有些失落之余，还隐约地感受到，他似乎不太愿意过多地谈论这类话题。曾记得有一次即使谈到了，他也是半建议却又半批评说过我，他不反对我写他，因为这是你的写作权利。“但你写的究竟是你眼中看到的那个张忠培呢？还是接近我自己心里认识的那个张忠培呢？”他不但对我提出了这样一个需要我去揣摩和领悟的问题，还对我特别说道：如果你一定写到我，也要尽量去掉那些虚词和形容词，多写那些实际的工作、客观的认识。我还想起来，这些年里每次与他接触，他说到最多的话题，常常是他怎么怎么把握的治学态度，如何如何养成的治学方法等。说来道去，也就是常把“咋做学问”挂在嘴边上，转到话题中。就像这次我在考虑为他80岁寿辰写什么论文而最后决定写他六十年来论著要目及其札记时，我给他打电话去，他在电话那头对我说：这个不是不可以搞，你可以根据你的理解去发挥，但着重要把握一个原则：那些研究成果最好几笔带过，要多写一些治学态度和治学方法。因为把这些总结下来，才对下一代学者治学有参考作用。他的这番话醍醐灌顶，使我恍然大悟，却原来他更关注的是治学之道啊！

这就如同从我这次选编的《张忠培先生60年学术论著要目》中，要想全面了解他挖遗存、建框架、解文化、续谱系、修国史、寻规律、求真理、创学说等发现创新与研究创新的学术历程，是言过其实一样，而仅仅从我这点滴而又是在点滴也不全、不齐的回忆中，打算窥斑见豹、滴水见阳地领略张忠培先生的治学之道，显然也是勉为其难的。但如果还能由此伸展外延，去翻阅我们为庆祝他80岁诞辰而最近选编的他的旧作新篇《中国考古学：走出自己的路》《中国考古学：说出自己的话》《中国考古学：尽到自己的心》以及《中国陶鬲谱系研究》四本论著，我相信大家的收获，一定会大大超出我在这里粗浅谈到的学习心得。换言之，如果说张忠培先生取得的考古成果和创建的基本学说，对学术研究具有示范意义，那么，张忠培先生独到的治学态度和治学方法，也值得我们不断去总结和发扬。

说到治学态度，首先要提到的是张忠培先生一贯坚持的实事求是或务实求真的学术精神。他说过，我们见到的历史，是史料表述的历史，因此只能通过对已有的史料和不断发现的新史料的研究，与材料俱进，让材料牵着鼻子走，才能摒弃任何成见和先验论，才是接近历史的唯一途径。这就要求研究者不是带着自我立场说话，而是只做研究对象的代言人，真实地代研究对象说话。为能真实地代研究对象说话，就得搞清楚考古遗存、人、时间、空间的四维关系，观察出其差异与矛盾，找到其间的内在联系与组合和其变异及演变的逻辑。这就是考古学的真谛，这就能实现考古学“以物论史、透物见人，替死人说话，把死人说活”的目标。

说到治学态度，还不能不提到的是张忠培先生长期践行的保持自主、自由的思考空间的原则。换言之，就是不能让别人的脑袋长在自己的肩膀上，要牢牢地让自己的脑袋占住自己的肩膀。他说过，做学问是探索真理。发现真理，不能走现成的路，才能另辟蹊径，才能达到新境界。凡是能做成学问的人，无不都自觉、自为地保持了自主、自由的思考空间，无不“板凳要坐十年冷”地甘居寂寞，无不付出代价乃至作出牺牲，无不无私无畏并坚持独立的人格，无不视探索真理和坚持真理为学术生命。

张忠培先生治学寻道的禀性和特质，在很多方面还超越了名利得失，逾越了世俗局限。他曾经说过：“要做好学问，就得做好人，做人和做学问是相通的。”记得20世纪80年代中期，我和乔梁、赵宾福、关强读他的研究生时，他给我们出的主要作业，是按照一个个遗址或墓地的遗迹单位，来大量地做器物组合卡片。几年下来，我们每个人做的卡片，如果合在一起，不说有上万张，可也不下几千张之多。然而，他的研究却没有用过一张我们学生做的卡片。换言之，有老师拿学生的卡片写自己的文章那样的事，他从来不干。

说起来，他不但要求我们这些学生学做卡片，他自己即便到了而今，也还是一直坚持做卡片。换句话说，张忠培先生的治学方法，很多都可以从怎么做卡片、如何用卡片这类细节上窥见出来。据我所知，他做的资料卡片常有两种，一种是按遗迹或层位单位做的卡片，另一种是做书目和内容摘录的卡片，即把人家论著的重要论点原文摘录下来随时备用。而在写文章时，对照卡片抄录后，即使卡片在旁，也还要再去核查一下原著原文。给我印象最深的一次，我记得是2012年5月在江苏张家港开“中国文明起源与形成学术研讨会”。中国社会科学院考古研究所一位先生主持小组会时，临时约请来听小组会的张忠培先生也做个讲话发言，当时我也在场。只见他在论及古今国家起源、演变直至消亡的发言中，打开自己的笔记本，大段引征地念出了他平日摘录的马恩列斯和毛泽东等有关国家和政权的一段段论述，不免惊呆全场，赢得一片掌声。当夜，《东南文化》编辑部主任毛颖约我以及我的学生麻赛萍等，根据录音，深听细辨，整理出来他的这段讲话，形成了他有关“国家论”的一篇整理稿。

类似于像做卡片这种治学方法上的细节，在张忠培先生身上数不胜数。我这里只想再举一个例子，那就是在电脑写作与便捷检索的当今，写作的介质已悄然转换，而年届80岁的他依旧坚持用圆珠笔行文以及用涂改液修正，乃至完全要凭熟读记忆和翻阅书刊来查对资料。实际上在这之前，他用笔修改论著还曾有过两三个不禁叫人唏嘘感慨的阶段。“文革”前，他写作论著都是用钢笔手写，那时还没发明涂改液，行文中改来改去，都是常事。写错过多还要撕页重起，麻烦至极，自不待言。于是，他开始尝试用剪刀剪，糨糊贴的办法，费过大劲，但毕竟不至于把纸面改得乱七八糟了。1989年后，张忠培先生因“六四”运动被停职反省，他开始逼迫自己尝试用“一笔成”的写法来写作论著。所谓“一笔成”就是写作起来之后，一句一段一页一定要做到不再修改的程度，以防万一自己出意外，只能留给家人以后发表时，不至于因还是初稿和未定稿，或因修改过多而辨识不清，造成难以发表或发表的错误。开始这一写作锻炼时，由于需要字句的斟酌、通篇的思考，为防出错，他一天下来竟写不出一个字。后来，逐步做到一天能写三五十个字。直到一天写下百八十字时，张忠培先生高兴极了。到了20世纪90年代初期以后，在写《中国通史》和《晋中考古》报告时，他最多已能每天写出四五千字之多，感觉到“一笔成”的写法有希望了。后来又尝试每张纸的写作留出半页纸空当，留着勾出来做修改用。再到了后来有了修改液，加上“一笔成”很熟了，现在一天坐在那儿，平均还能写一千字左右。写到这里，我一边作叹，一边试想：中国考古学者中，不知还有哪位尝受过如此这般的科研写作经历？而这在他却是经年如是、至今不辍的撰著常态。

通过这些已经被列举的和下面还会被列举的细节中，我们已经不难窥见张忠培先生的一些治学方法：

首先，张忠培先生做考古学研究，一直注重总结学科整体的历史和现状以及未来的走向，尤其是其中涉及的学科前沿课题或学科生长点在哪里。为此，他不但曾发表过像《中国考古学史的几点认识》这样的万八千字的简论，还曾写作了《中国新石器时代考古的20世纪的历程》这样的约近十万字的长文。另外还有《浅谈中国考古学的现在和未来》和《关于中国考古学的过去、现在与未来的思考》等多篇论著。其中，2014年结集出版的他评述中国考古发展过程中具有代表性的人物及其考古学事件的《中国考古学：走出自己的路》文集，更是集中地向我们展示出了他站在学科建设高度，对考古学做出的既有回顾性，又有前瞻性，更有考古学史甚至是考古学思想史价值的全面思考。

其次，张忠培先生认为，做考古学的学问或搞考古学的研究，除了要立足于考古学史的长度和学科建设的高度，也要掌握相关学科诸如历史学、思想史、哲学史、文化史、经济史、政治制度史以及民族学或文化人类学和社会学等知识，甚至还要了解体质人类学、生物学、化学和物理学测试或鉴定的一般技能和发展现状，作育突破前沿或连接生长点的能力。乃至还要和国外相关学科领域作联通或比较研究，深入了解国外相关学科旁及有关学科领域的情况。至于中国考古学某一领域的相关学科，则视那一领域而定。我记得当初我们跟他读新石器时代考古学专业方向的研究生时，他给我们框定的研究范畴，是需要上知旧石器时代，下晓夏商周考古，直至通到战国秦汉时段。我个人更有的体会是，我当时计划把长江下游史前文化交流作为毕业论文的研究方向，在与他讨教时，他要我至少做两件事：一是“研究下游要跳出下游”，他给我划定的收集资料范围是北起山东，南到广东，西自三峡，东至上海；二是他当时把东南沿海和长江流域之间的这一水陆范围，形象地比喻为“丁字形地带”，他希望我在这个地带进行为时一学期的实地调研。在此基础上我写出的《苏皖平原地区新石器时代遗存的研究》，是将核心放在了长江下游的西部。明眼人一看便知，这是连接长江下游和长江中游的交界区域，早在史前便呈现出各种文化交替频仍，各类势力进退如潮的局面，宛如“漩涡地带”。把这般区域的考古学文化序列和谱系搞清楚了，显然能给长江中下游的考古学文化研究带来促进意义和积极成果。这其中，我从他身上学到了如果要想提高自己的研究能力，特别是具备认识和接纳材料辐射信息的能力，知识面要宽，视野要广，手段要新，方能产生新的视角、新的思维方式和取得新的成果。

再次，张忠培先生写作的文章虽然是在室内完成的，但他发现的问题或课题的根子，则往往源于田野考古。同时，是否正确地解决了问题，还得受田野考古的检验。例如前面曾提到的有关陶鬲系列的研究，最早便可追溯到1955年前后他大学本科学习期间在西安沣西的田野考古实习，后来他不但写出了《客省庄文化及其相关诸问题》一文，还在主持河北蔚县、山西晋中等田野考古中，不断对陶鬲类型和演变产生了新认识，进一步酝酿以陶鬲为题目做学术文章。打那以后的漫长时间里，他一个个地查对遗址，一部部地翻阅报告，一个个地做好单位器物排比，逐步酝酿形成了不同形态的陶鬲及其有无与多寡，是区分考古学文化的一种标志等诸多基本认识。他说过，一个优秀的考古学者，首先应该是一个田野考古工作者。否则，不长时间蹲考古工地，不亲自而是基本依靠技工搞考古发掘，就难以熟习田野考古理论、方法和技术，就难以读透考古报告，也不能从报告中找到问题和找准问题，甚或不能使用报告发表的材料进行学术研究。正是因为这样，他养成了在田野考古或整理材料时以及编写考古报告时，边阅读有关原始材料，边在爬梳材料中发现科研选题的治学方式。

还有，张忠培先生的学术研究所关注的问题，常常是多于研究的问题。而研究的问题，又往往多于写出文章探讨的问题。他认为“只有这样，写出探索问题的论著，才能达到深透”。同时，他一贯从对材料的观察或搜集中发现问题，而不是跟着别人包括洋人或学界讨论的问题找题目，不嚼别人嚼过的馍，更不跟着热门话题走，顶多从中得到某些灵感。他尤其强调，找到或发现的问题，应有原创性。发现问题后，不是马上就动笔，而是围绕发现的问题长时间、进一步地全面搜集、整理资料。例如这次在做他主要论著编目中，当我编到他发表于《考古学报》1987年1、2期的《齐家文化的研究》一文时，据我所知，他文中的主要观点，早在1978年前后给吉大77级和78级教授新石器时代考古学时，我们就听到过了。为了证明自己的记忆，我这次还翻箱倒柜找出的自己当时记的课堂笔记，翻开一看，并未惊讶，因为基本内容无出左右，恰如我的印象所记。他在做这个题目的过程中，曾从零开始切入原始材料，一个又一个墓地地做笔记，一张又一张地做器物组合卡片。同时，一边搜集整理资料，一边思索酝酿，一遍又一遍地从中寻找合理解决齐家文化分期、源流、关系及社会制度诸问题的途径。最后到了不吐不快、不写不行、不动笔睡不着觉的时候，集中精力，调动灵感，充满激情，用十多天的时间便一气呵成。文章写完后，他并没有急着马上投稿，曾搁上过二、三个月做冷处理，然后才拿出去发表。所以，尽管该文文末标注的写作完成日期是1984年12月8日，可写作前从发现题目到动笔的时间，已逾7年以上。再加上1984年写完到1987年发表的2年多时间，这篇文章从酝酿到发表的历时脉络，至少经过了8年之久。如此积年累月地从发现问题到写出文章，再到发表的过程，在他看来都可视作一个研究过程。他常有甚至变成了常态的这种研究方式，既是他的严谨的治学态度使然，又是他特有的治学方法所至。这正像他认为的那样：“这样的论著，才有较大的创新分量。”

说到他一贯倡导的考古学创新，我不由地联想到了他在2008年开始担任中国考古学会理事长时，就中国考古学如何创新所讲过的那些话来：“如何创新？材料出学问，新材料出新学问。”“考古学要创新，既要依靠资料及其释放的信息的积累，又要依靠考古学者对资料及其释放的信息作务实求真的解析与研究。务实求真的解析资料及其释放的信息，则必须进行逻辑与理论的思维，以达到对研究对象接近真实的了解。”从他的这段表述中，我们也就不难理解，为什么别人没有找到的研究题目，他能发现；别人没得出的合理结论，他是如何阐释的；别人没提出的理论方法，他是怎样总结的；等等。换句话说，张忠培先生的学术研究为什么要源于实践并能经受住实践和时间的检验？为什么总是具有原创性和先发性？为什么总是不断突破前沿？为什么总能生出新的课题生长点？为什么总会创造新学问并推动学科朝着更深、更广、更有影响力的方向发展？我个人理解，这应该都来自于他早年不断作育、后来长期坚持的治学之道，即道者，道路、道理、方法是也。正是因为奉行了这样的治学之道，张忠培先生的研究及其成果，就自然而地会产生新的研究课题，凝聚新的治学焦点，建构新的理论方法，带动新的考古走向，形成新的学术气象。

也正是因为如此，当适逢张忠培先生从事考古论著写作60年暨80岁寿辰之际，我们编辑他60年来的学术论著要目，一方面是献出我们的由衷祝福，另一方面更愿他老人家永葆学术思想和治学之道的青春！

2014年2月8日初稿，2月18日二稿，3月22日定稿于上海虹桥

目　录

辽宁沈阳地区旧石器考古的发现及相关问题研究*

陈全家[1]　王春雪[1]　付永平[2]

（1. 吉林大学边疆考古研究中心；2. 沈阳市文物考古研究所）

一、引　　言

2011至2013年间，吉林大学边疆考古研究中心与沈阳市文物考古研究所组成沈阳地区旧石器考古调查队，分阶段分区域对沈阳地区进行系统的旧石器考古调查，在沈阳地区康平、法库等地共发现旧石器地点23处（图一，表一），这些旧石器地点主要分布在沈阳地区北、中、东部区域辽河及其支流秀水河、柳河、浑河、蒲河等河流两岸的Ⅱ、Ⅲ级阶地上。调查期间共获得石制品一千余件，其中包括石片、石核、一类工具（石锤、石砧）、二三类工具（刮削器、尖状器和砍砸器等），根据其石制品组合的文化特征，可以分为大石片石器、小石片石器和细石叶三个工业类型。年代跨度较大，自旧石器时代早期一直延续到新、旧石器过渡阶段。此外，2012年及2013年还对地层出露较好、地层中出土石制品数量较多的沈阳农业大学后山旧石器地点进行了正式发掘，确定了地层堆积及文化层，获得了近千件石制品。这些遗址或地点出土了一批丰富的古人类文化遗物，使得辽宁沈阳地区在旧石器时代遗址的发现与研究上取得了突破性进展，为研究古人类在东北亚地区的适应、开发过程和该区域更新世环境演变提供了珍贵的材料。对这些遗址的进一步研究定能揭示更多的有关古人类文化与技术特点和演变、生存环境、生计方式和适应行为的信息。

* 本文得到教育部人文社会科学重点研究基地重大项目（批准号：11JJD780001）、科学基础性工作专项“中国古人类遗址、资源调查与基础数据采集、整合”（2007FY110200）、吉林大学“985工程”项目、2011年基本科研业务费青年科研骨干培育计划（2011QG007）及中国博士后科学基金（20110491309）的资助。

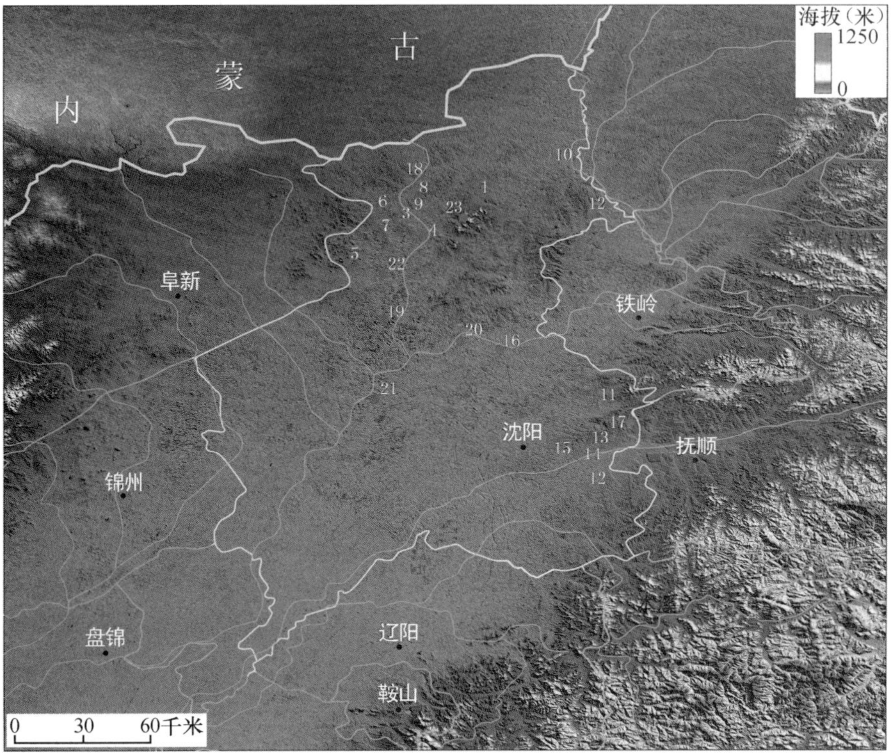

图一　沈阳地区旧石器地点的分布图

1. 东小陵西山　2. 法库柏家村西山　3. 法库哈户硕黑山头　4. 法库后大屯二岭山　5. 法库石桩子北山　6. 法库苇子沟白虎山　7. 法库邢家威虎山　8. 康平山屯村北山　9. 康平吴家窝堡东山　10. 老山头　11. 沈阳东岗　12. 沈阳东陵古城子　13. 沈阳东陵三家子北山　14. 沈阳农业大学百草园　15. 沈阳农业大学后山　16. 沈阳石佛寺北岗　17. 沈阳忠和南山　18. 王立岗窝堡东山　19. 新民陈才窝堡北山　20. 新民羊草沟南山　21. 新民长山子　22. 秀水镇五里山　23. 杨家窝堡后山

二、沈阳地区的区域地质、地貌概况

1. 沈阳地区的地貌概况

沈阳地区位于中国东北地区南部、辽宁省中部，以平原为主，山地、丘陵集中在东南部，辽河、浑河、秀水河等途经境内。其东部边缘属辽东山地，是长白山系哈达岭和千山山脉的西延部分，西部大部分地区则属于下辽河平原。沈阳地区地貌根据其成因可以划分为堆积地貌、侵蚀堆积地貌和侵蚀剥蚀地貌等三种类型[①]。该地区内发现的旧石器遗址主要属于堆积地貌。堆积地貌由浑河、辽河及其支流在不同时期的冲积、冲洪积作用形成，其中浑河及其支流居主导作用。根据地貌形态、地层结构可将

① 万波、石彦文、赵连升等：《沈阳市城区第四纪地层的划分》，《东北地震研究》2001年第17卷第2期，第41～48页。

堆积地貌进一步地划分为浑河河床、低河漫滩，冲积高河漫滩，冲积一级阶地，新冲洪积扇和老冲洪积扇等五种类型①。

2. 沈阳地区的区域地质、地层划分②

沈阳地区的下更新统为冰水堆积层，不整合于太古宙混合花岗岩之上，地层厚度10～20米。岩性为灰白色、褐色黏土、卵砾石含黏土、砂砾石含黏土等，夹有小型粗砂透镜体，具交错层理。砾石原岩成分以花岗岩、石英岩、辉绿岩等为主，次棱角状至棱角状。黏土具滑腻感，黏性大，整套地层分选差。

中更新统包括冰水堆积层和冲积、冲洪积层两种成因类型，根据地层层序及形成时代分析，冰水堆积层属于中更新统下部，冲积、冲洪积层属于中更新统的上部。该套地层平行不整合于下更新统之上。冰水堆积层为棕黄色砾石含黏土、紫红色泥砾、粉质黏土、粉土层、局部夹有粗砂透镜体，砾石成分为花岗岩、石英岩、辉绿岩等，次棱角状至浑圆状，其磨圆度较下更新统砾石为好。泥砾呈半胶结状态，被黏土、粉质黏土包裹，黏土、粉质黏土含量占60%～70%。冲积、冲洪积层岩性构成相对简单，主要为卵石、砂砾石、中粗砂、砂土等，不同地段所分布的该套地层岩性特征具有差异，这与原始地貌条件、水动力条件差异等有关。

上更新统根据层序和成因差异可以划分为下部坡洪积、冲洪积层和上部冲洪积层。下层岩性成分主要为棕黄色、黄褐色粉质黏土、砂砾石、砂土、中粗砂、中细砂及卵砾石等。砾石成分为混合花岗岩、片麻岩、石英岩及辉绿岩等，次棱角状，具粗层理，含有砾石透镜体，各层次厚度一般均较小，通常在3米以下。上层与下层比较，粗粒成分增多，砂砾石、卵砾石等多见，砾石成分与下层相同，但磨圆度较高，为次棱角状到浑圆状。地层剖面层理清楚， 含有中粗砂透镜体。

全新统岩性主要为砂砾石、砂、砂土、粉质黏土等。水平层理清楚，夹有中粗砂透镜体，砾石成份主要为混合岩、混合花岗岩、灰岩及辉绿岩等，磨圆好。

三、沈阳地区发现的旧石器地点*

1. 沈阳农业大学百草园地点③

百草园旧石器地点位于沈阳农业大学百草园实验厂的Ⅲ级基座阶地上，发现于

---

* 由于部分旧石器地点的材料尚未整理完成，故本部分内容仅涵盖已完成整理的旧石器地点资料共计18处。

① 万波、石彦文、赵连升等：《沈阳市城区第四纪地层的划分》，《东北地震研究》2001年第17卷第2期，第41～48页。

② 辽宁省地质局：《区域水文地质调查报告》（1：20 0000）（沈阳幅），1978年。

③ 陈全家、付永平、袁文明：《沈阳农业大学百草园旧石器地点发现的石器研究》，待刊。

2012年4月。地理坐标为东经123° 34′ 18″ ，北纬41° 49′ 43″ ，海拔高度83.6米。南距浑河1950米，东邻沈阳绕城公路，距东陵公园1200米，东南距天柱山老年公寓300米此地点共采集石器102件，其中多数采自地表耕土层，少量出自褐黄和黄色黏土层中。原料种类多样，以板岩为主，硅质泥岩、石英、辉长岩、细晶花岗岩等次之，原料质地多较粗糙，部分解理发育，石质良莠不齐。由于该地点位于浑河的Ⅲ级阶地上，临近浑河河漫滩，且原料多带有砾石面，表明用于制作石器的原料采自浑河河漫滩上。工具类型包括石核、石片、工具和断块四类。原料以板岩为主。工具中刮削器占主要地位，兼有少量砍砸器（图二）。

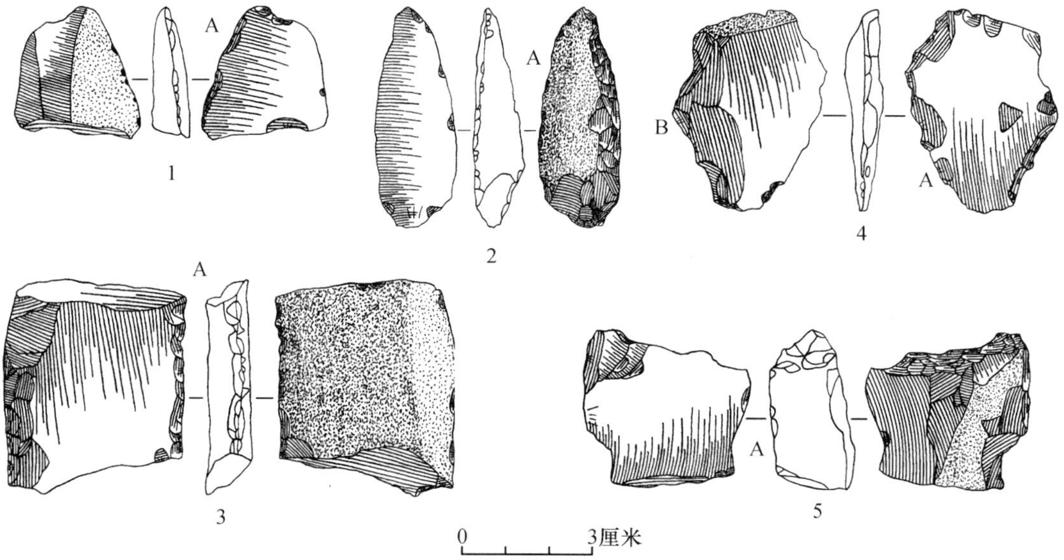

图二　沈阳农业大学百草园旧石器地点发现的部分工具

1. 单直刃刮削器（二类，12DSB：31） 2.单凸刃刮削器（二类，12DSB:56） 3.单凸刃刮削器（三类，12DSB：70） 4.单直凸刮削器（三类，12DSB:79） 5.单凹刃刮削器（三类，12DSB:57）

表一　沈阳地区发现的旧石器地点一览表

序号	遗址名称	地理坐标	发现时间	遗址断代	地貌部位	石制品
1	农大百草园	41° 49′ 43″ N 123° 34′ 18″ E	2012	UP●	Ⅲ级阶地	102
2	农大后山	41° 49′ 35″ N 123° 33′ 49″ E	2012	LP—UP●	Ⅲ级阶地	201
3	三家子北山	41° 51′ 15.5″ N 123° 40′ 4.6″ E	2012	UP●	Ⅲ级阶地	77
4	石佛寺北岗	42° 8′ 44″ N 123° 19′ 57″ E	2012	UP●	Ⅱ级阶地	23

续表

序号	遗址名称	地理坐标	发现时间	遗址断代	地貌部位	石制品
5	古城子	41° 43′ 51.534″ N 123° 35′ 12.678″ E	2012	UP●	Ⅱ级阶地	35
6	苇子沟白虎山	42° 33′ 35.3″ N 122° 57′ 41.1″ E	2011	UP●	Ⅲ级阶地	39
7	吴家窝堡东山	42° 37′ 34″ N 123° 4′ 27″ E	2012	UP●	Ⅲ级阶地	27
8	羊草沟南山	42° 10′ 17.382″ N 123° 12′ 57.180″ E	2012	UP●	Ⅱ级阶地	22
9	洋什东岗	41° 58′ 33.1″ N 123° 40′ 48.3″ E	2012	UP●	Ⅱ级阶地	12
10	忠和南山	41° 55′ 33.486″ N 123° 43′ 13.986″ E	2012	UP●	Ⅲ级阶地	19
11	法库黑山头	42° 34′ 14.2″ N 123° 1′ 23.4″ E	2011	UP●	Ⅱ级阶地	112
12	后大屯二岭山	42° 29′ 18.8N 123° 6′ 9.4″ E	2011	UP●	Ⅱ级阶地	184
13	石桩子北山	42° 24′ 34″ N 122° 52′ 34.4″ E	2011	UP●	Ⅱ级阶地	366
14	法库威虎山	42° 31′ 11″ N 122° 57′ 41″ E	2011	UP●	Ⅲ级阶地	18
15	法库五里山	42° 22′ 32.4″ N 122° 59′ 14″ E	2011	UP●	Ⅱ级阶地	71
16	后靠山屯北山	42° 36′ 52″ N 123° 3′ 38″ E	2012	UP●	Ⅲ级阶地	32
17	东小陵西山	42° 36′ 0.55″ N 123° 15′ 42.5″ E	2011	UP●	Ⅲ级阶地	12

注："UP"代表旧石器时代晚期（the Upper Paleolithic），"LP"代表旧石器时代早期（the Lower Paleolithic）；"●"代表推测年代。

2. 沈阳农业大学后山地点①

后山地点发现于2012年4月，位于沈阳市沈河区东陵路120号的沈阳农业大学后山果园和百草园处的黄土岗地上，海拔82.6米。地理坐标为北纬41°49′35″，东经123°33′49″。面积约80000平方米。北距沈阳农业科技开发学院800米，东距东陵公园2000米，南距沈阳农业大学400米、距浑河2600米。农大后山地点位于的Ⅲ级阶地顶部，地势平坦，平面呈扇形，东西长约1500米，南北长约700米，面积约100万平方米，地表种植果树和蔬菜花卉。浑河位于地点的南部，由东北向西南流过，河床较宽，最宽可达900米，心滩发育。地点西、北、东面均为Ⅰ级阶地，城市均建造在Ⅰ级阶地上，北侧为Ⅲ级阶地。地点的南侧为古浑河的侵蚀岸，形成陡崖，并有多道冲沟，在沟壁上可见有文化层堆积和灰坑等遗迹。在地表共获得石器201件，包括石核、石片、断块、工具和砾石五类。原料以硅质细砂岩和硅质泥岩为主。其中工具的数量最多，器形有刮削器、砍砸器和薄刃斧三类（图三）。三类工具均采用锤击法修

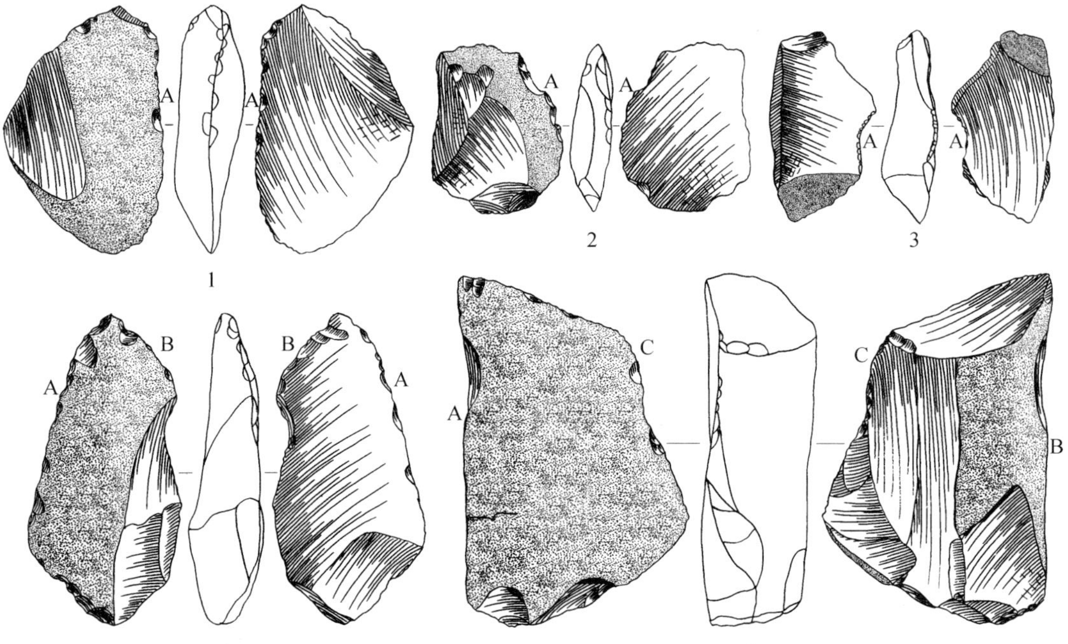

图三　沈阳农业大学后山地点发现的部分二类工具

1. 单直刃刮削器（12SSH：86）　2. 单凸刃刮削器（12SSH：2）　3. 单凹刃刮削器（12SSH：4）　4. 单尖刃刮削器（12SSH：116）　5. 单凸刃砍砸器（12SSH：121）

① 陈全家、付永平、刘亚林：《沈阳三家子北山旧石器地点的石器研究》，待刊。

理。工业类型属典型的小石器工业。该地点的年代跨度较大，从旧石器时代早期延续至晚期。

3. 三家子北山地点[①]

三家子北山旧石器地点位于辽宁省沈阳市东陵区高坎镇三家子村北山，地理坐标为北纬41° 51′ 15.5″，东经123° 40′ 4.6″，面积约10000平方米。东距高坎镇1300米、山崴子600米，南距三家子村200米、高坎村800米，南邻沈阳市四环，南距浑河1600米属于Ⅲ级侵蚀阶地，共采集了77件石制品，包括石核、石片、和工具。原料以角岩为主，另外有少量的板岩、石英、硅质灰岩等。工具占到石制品总数的一半，类型丰富，包括刮削器、钻器、砍砸器、球形器等，其中以刮削器为主（图四）。

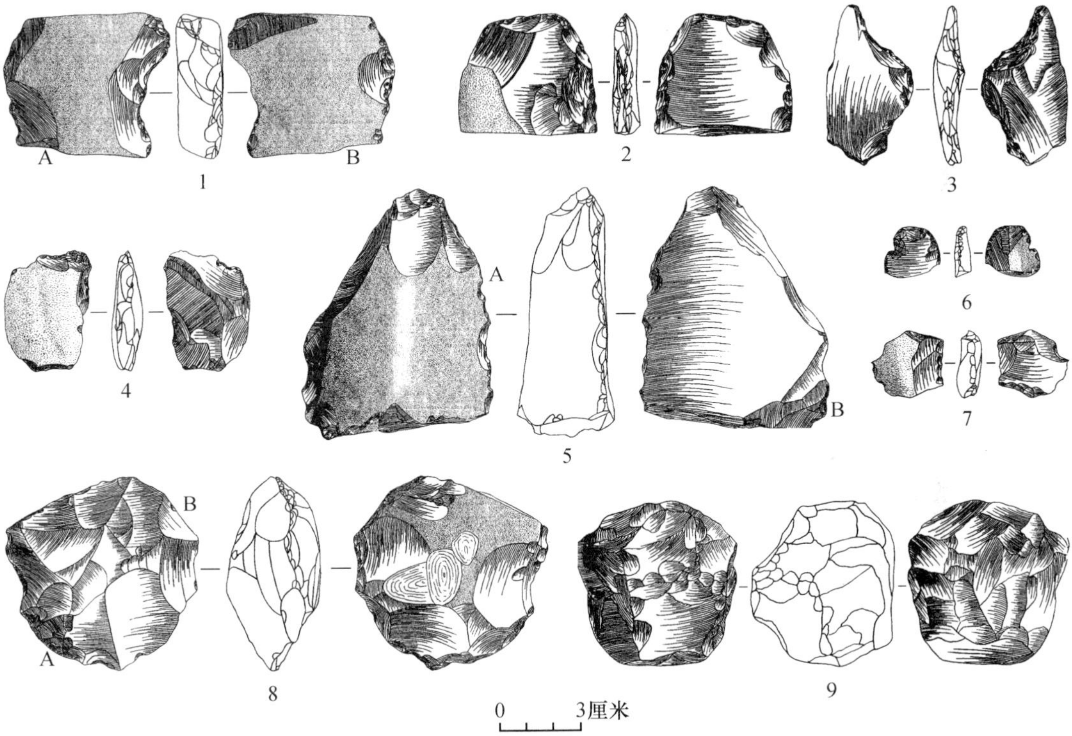

图四　三家子北山地点发现的部分三类工具

1. 单凹刃刮削器（12DSB：31）　2. 残器（12DSB：17）　3. 钻器（12DSB：57）　4. 尖刃器（12DSB：56）　5、8. 砍砸器（12DSB：72、12DSB：71）　6. 凹凸刃刮削器（12DSB：66）　7. 单直刃刮削器（12DSB：38）　9. 球形器（12DSB：9）

① 陈全家、付永平、刘亚林：《沈阳三家子北山旧石器地点的石器研究》，待刊。

4. 石佛寺北岗地点①

石佛寺北岗旧石器地点位于辽河南岸Ⅱ级基座阶地上。海拔58.4米。地理坐标为东经123° 19′ 57″，北纬42° 08′ 44″。地点北距辽河300米，南距七星山1100米，西南距山西孟家1200米，东南距石佛寺750米。地层堆积最上层为灰黄色耕土层，厚0.2～0.3米，包含有辽金和明代陶片、瓷片等。下为具有水平层理的褐色亚黏土层，厚0.2～2.5米。石器出自该层上部。最下层为火成岩基岩。该地点共采集石制品23件，均采自褐色亚黏土层上部。石器类型包括石核、石片、工具和断块4类。原料以玛瑙、石英和安山岩为主。工具中刮削器占主要地位，兼有少量砍砸器。该地点年代较晚，推测可能为旧石器时代晚期（图五）。

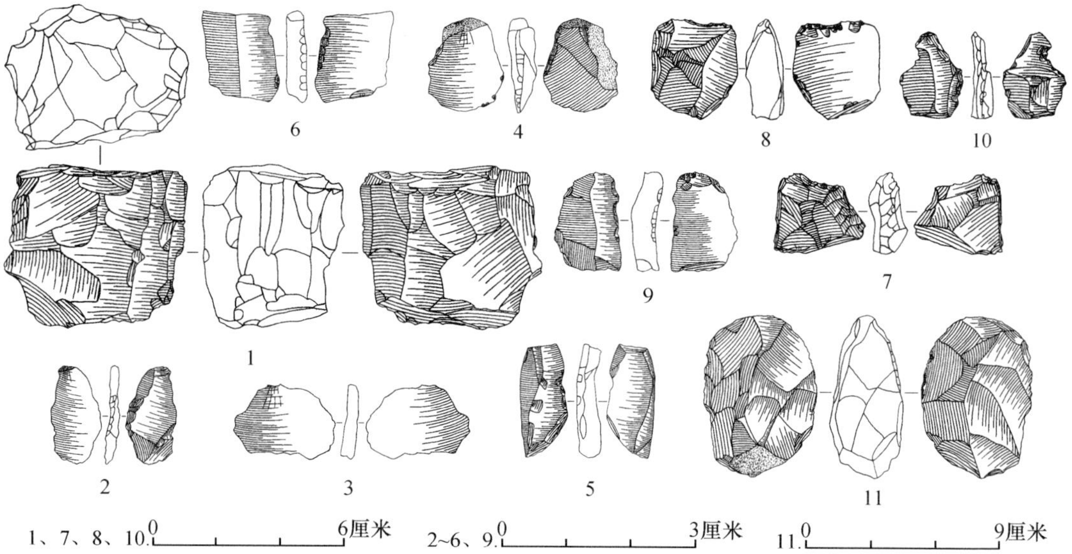

图五　石佛寺北岗地点发现的部分石制品

1. 细石叶石核（12SSB：1） 2. 完整石片（12SSB：34） 3. 近端断片（12SSB：19） 4. 单凸刃刮削器（二类，12SSB：14） 5. 单凹刃刮削器（二类，12SSB：11） 6. 单直刃刮削器（三类，12SSB：21） 7. 单凹刃刮削器（三类，12SSB：16） 8. 尖刃器（12SSB：8） 9. 凹凸刃刮削器（三类，12SSB：15） 10. 复刃刮削器（三类，12SSB：10） 11. 单凸刃砍砸器（三类，12SSB：6）

5. 古城子地点②

古城子地点位于辽宁省沈阳市东陵区古城子镇古城子村小河的Ⅱ级冲积阶地上，海拔95.4米。地理坐标为东经123° 35′ 12.678″，北纬41° 43′ 51.534″。北距古城

① 陈全家、付永平、袁文明：《石佛寺北岗旧石器地点发现的石器研究》，待刊。

② 陈全家、付永平、袁文明：《沈阳市东陵区古城子旧石器地点发现的石器研究》，待刊。

子村砖厂100米，东距李相村2000米，东南距收兵台1750米，南距施家寨村1700米，西北距古城子镇900米。该地点位于浑河支流小河的Ⅱ级冲积阶地上。阶地堆积可分为3层，最上层为浅黄色耕土层，厚20～30厘米，包含辽金时代瓷片等。第二层为黄褐色亚黏土层，土质较黏，厚约100厘米，石器出自该层。最下层为红色风化壳，未见底。该地点共采集石制品35件，出自耕土层下的黄褐色亚黏土层中。石制品类型包括石核、石片、工具和断块4类。原料种类多样，以石英和细晶花岗岩为主。工具类型较为多样，刮削器占主要地位，兼有少量砍砸器、尖刃器等。该地点年代推测可能为旧石器时代晚期（图六）。

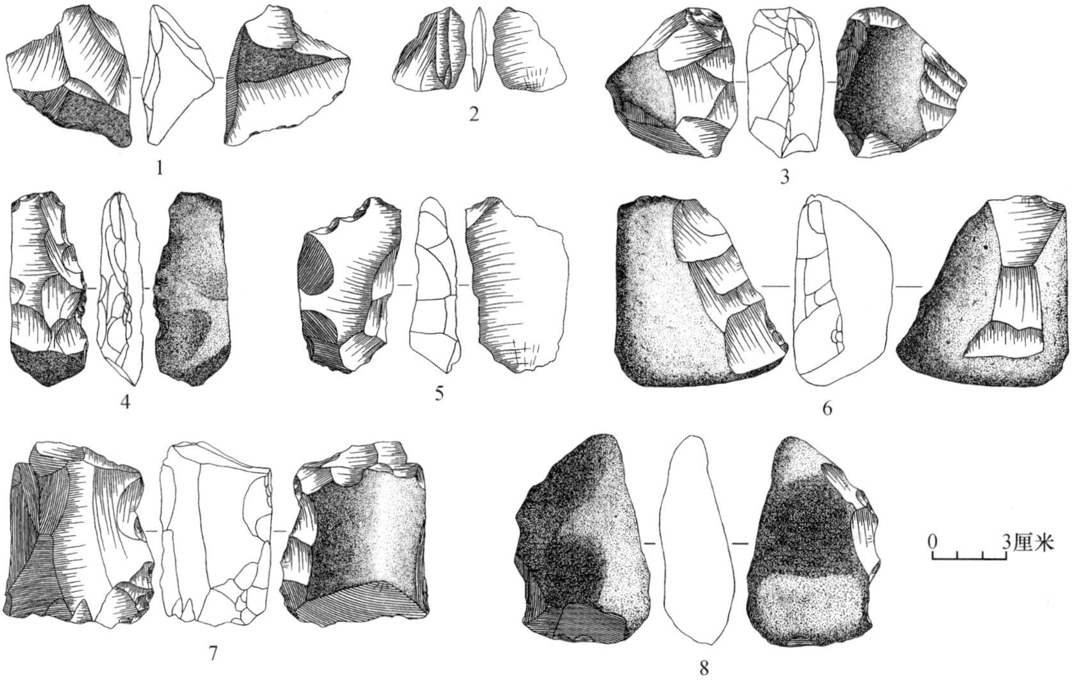

图六 古城子地点发现的部分工具

1. 单凸刃刮削器（二类，12SDG：20） 2. 单尖刃器（二类，12SDG：28） 3. 单直刃刮削器（二类，12SDG：7） 4. 单凸刃刮削器（三类，12SDG：19） 5. 锯齿刃刮削器（三类，12SDG：11） 6. 单直刃砍砸器（三类，12SDG：22） 7. 单凹刃砍砸器（三类，12SDG：21） 8. 锛形器（三类，12SDG：33）

6. 苇子沟白虎山地点①

苇子沟白虎山地点位于辽宁省沈阳市法库县卧牛石乡苇子沟村白虎山界河的Ⅲ级侵蚀阶地上，海拔115米。地理坐标为东经122° 57′ 41.1″，北纬42° 33′ 35.3″。北距新武东甸子村1400米，东距苇子沟村1360米，东南距公路900米。该地点位于界河的

① 陈全家、付永平、袁文明：《沈阳苇子沟白虎山旧石器地点发现的石器研究》，待刊。

Ⅲ级侵蚀阶地上。阶地上无文化层，地表为裸露的流纹岩基岩风化壳，包含有较多玛瑙。石制品均采自风化壳。该地点共采集石制品39件，均采自地表风化壳。石制品类型包括石核、石片、工具和断块4类。原料以玛瑙为主。工具中刮削器占主要地位，兼有少量雕刻器和钻器。该地点年代较晚，推测可能为旧石器时代晚期（图七）。

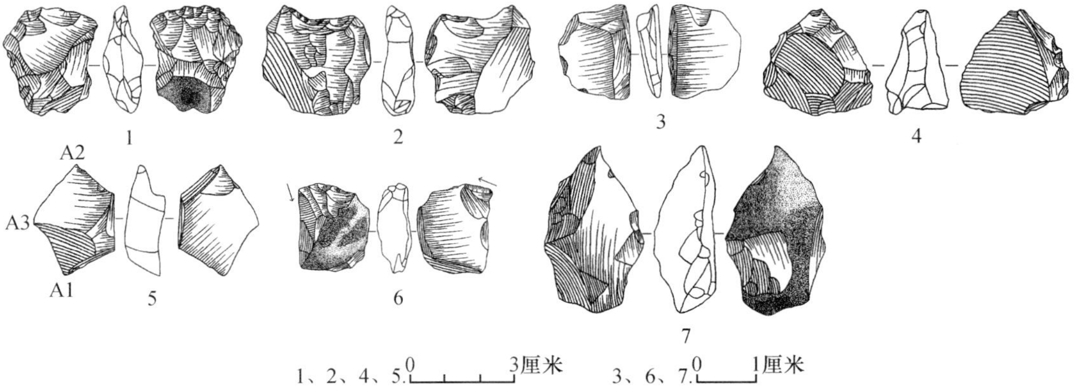

图七　白虎山地点发现的部分工具

1. 单直刃刮削器（11FWB：15）　2. 单凹刃刮削器（11FWB：13）　3. 直凸边尖刃器（11FWB：5）　4. 直直边尖刃器（11FWB：32）　5. 复尖尖刃器（11FWB：6）　6. 雕刻器（11FWB：33）　7. 钻器（11FWB：38）

7. 吴家窝铺东山地点①

东山地点位于辽宁省沈阳市康平县东升乡吴家窝堡东山的Ⅲ级阶地上，海拔112米。地理坐标为北纬42°37′34″，东经123°4′27″，面积约8000平方米。东距吴家窝堡400米，北偏东距华家窝堡450米，南距张旭窝堡480米。该地点所在的Ⅲ级阶地上部为黄色或灰黄色的耕土层、黄色亚黏土层和砂砾石层；下部为基岩。石制品大多出自耕土层，厚0.2～0.3米；少部分出自黄色亚黏土层，厚0.2～1.5米（图八）。共获石器27件，包括石核、石片、断块和工具。原料以石英砂岩为主，石英和玛瑙次之，少量安山岩和流纹岩。石核数量最多，其次是工具，断块和石片最少。地点年代推测属于旧石器时代晚期。

8. 羊草沟南山地点②

羊草沟南山地点位于新民市陶家屯镇羊草沟村南山的Ⅱ级阶地上，海拔60米。地理位置为北纬42°10′17.382″，东经123°12′57.78″。北距羊草沟村700米，西距南窑村1700米，东距辽河1800米，西北距陶家屯镇2200米。地点所在的基座阶地上部为灰黄色耕土层，厚0.2～0.3米，存在青铜时代的陶牛和辽金时代的瓷片。耕土层下部

① 陈全家、付永平、万晨晨：《吴家窝铺东山旧石器地点发现的石器研究》，待刊。

② 陈全家、付永平、万晨晨：《羊草沟南山旧石器地点发现的石器研究》，待刊。

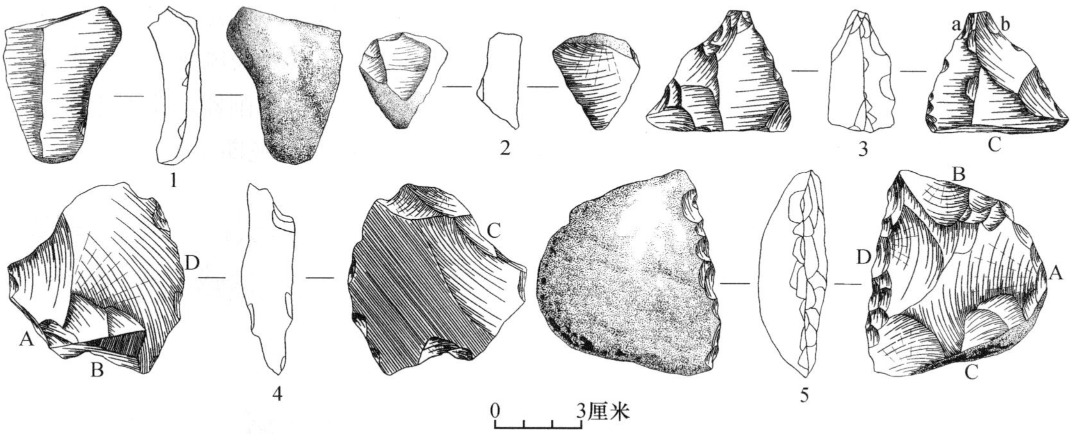

图八　吴家窝铺东山地点发现的部分工具

1. 单凹刃刮削器（11KWD：14）　2. 完整石片（11KWD：21）　3. 单尖刃刮削器（11KWD：17）　4. 单凸刃刮削器（11KWD：2）　5. 单直刃刮削器（11KWD：15）

为黄褐色亚黏土层，厚0.2～2米，石器出于此层。下部为基岩，由流纹岩和流纹斑岩组成，未见底。共获石制品22件，包括石核、断块和工具（图九）。原料以英安岩为主，石英次之，再次为玛瑙，硅质泥岩、板岩、花岗细晶岩、蛋白石、燧石、石英细砂岩、凝灰岩、萤石和流纹岩最少。工具最多，石核次之，断块最少。其中，工具均为三类工具。石制品以小型为主，是东北典型的小石器工业类型。地点年代推测属于旧石器时代晚期。

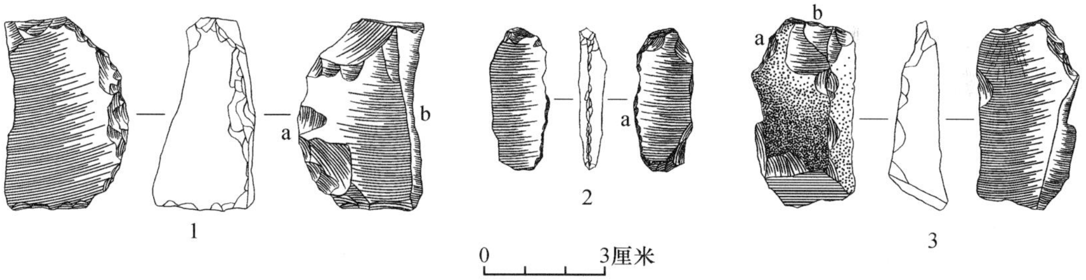

图九　羊草沟南山地点发现的部分工具

1. 单凸刃刮削器（12XYN：7）　2. 单直刃刮削器（12XYN：3）　3. 尖刃器（12XYN：8）

9. 洋什东岗地点①

洋什东岗位于沈北新区马刚乡洋什村东侧岗地上，海拔83米。地理位置为北纬41° 58′ 33.1″ ，东经123° 40′ 48.3″ 。西距洋什村200米，东距洋什水库400米，北距董营村1300米，西南距千佛寺村2200米。地点所在的Ⅱ级阶地1层为灰黄色耕土层，

① 陈全家、付永平、万晨晨：《洋什东岗旧石器地点发现的石器研究》，待刊。

厚0.2～0.3米，包含物为青铜时代夹砂陶片和辽金瓷片。2层为黄褐色亚黏土，厚0.2～2米，石器出于此层。3层为砂砾石层，未见底。共获石制品12件，包括石核和工具。原料以石英为主，角岩和硅质泥岩次之。工具最多，石核次之。其中，三类工具在工具中比重最大。石制品以小型为主，是东北典型的细石器工业类型（图一〇）。地点年代推测属于旧石器时代晚期。

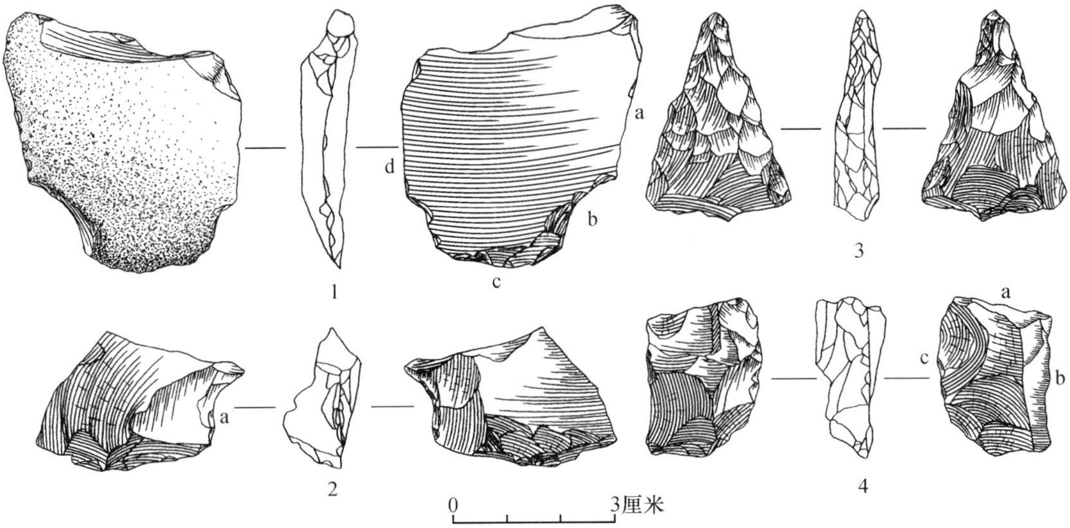

图一〇　洋什东岗地点发现的部分工具

1. 复刃刮削器（12SYD：7）　2. 单凹刃刮削器（12SYD：9）　3. 石镞（锥形）（12SYD：12）　4. 单凸刃刮削器（12SYD：2）

10. 忠和南山地点[①]

忠和南山地点位于沈阳市高坎镇忠和村南山的Ⅲ级侵蚀阶地上，海拔120.9米。地理位置为北纬41° 55′ 33.486″，东经123° 43′ 13.986″。北距忠和村500米，北东距友爱水库3200米，东距胡家沟1200米（图一一）。共获石制品19件，包括石核、石片、断块和工具。原料以板岩为主，玛瑙、凝灰岩和角岩次之，石英岩最少。工具和断块最多，石片次之，石核最少。其中，工具均为三类工具。石制品以小型为主，是东北典型的小石器工业类型。地点年代推测属于旧石器时代晚期。

11.法库黑山头地点[②]

黑山头地点位于沈阳市法库县哈户硕村西北，利民河自东北向西南从地点西北经

① 陈全家、付永平、万晨晨：《忠和南山旧石器地点发现的石器研究》，待刊。

② 陈全家、付永平、卢悦：《辽宁法库黑山头旧石器地点发现的石器研究》，《边疆考古研究》（第11辑），科学出版社，2012年，第11～24页。

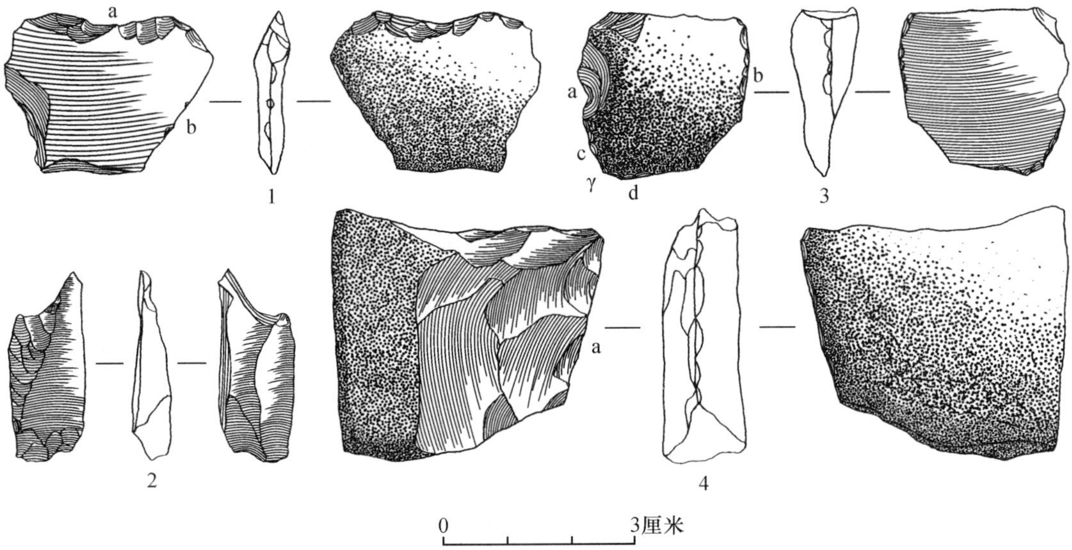

图一一　忠和南山地点发现的部分工具

1. 直凹刃刮削器（12GZN：8）　2. 雕刻器（12GZN：7）　3. 复刃刮削器（12GZN：9）　4. 单直刃刮削器（12GZN：17）

过，西北距大冷村前冷91米，东南距哈户硕村120米。分布面积约70米×40米。地理位置为北纬42° 34′ 14.2″，东经123° 1′ 23.4″，海拔104.9米。该地点就位于利民河的Ⅱ级侵蚀阶地上，地势较高，地面平坦开阔。其地层堆积为白垩纪泉头组，文化层被剥蚀，仅有石器和大量的砾石，石器为地表耕土层中采集。调查采集石制品112件。原料有石英岩、石英、流纹岩、安山岩、角岩等，以石英岩最多；石制品可分为石核、石片、断块、工具四类，其中工具以刮削器为主（图一二）。其时代推测为旧石器时代晚期。

12. 后大屯二岭山地点[①]

后大屯二岭山地点位于沈阳市法库县卧牛石乡大屯村后大屯二岭山的Ⅱ级阶地上，是一处具有地域特点的旧石器地点。在地表共采集石器184件，包括石核、石片、细石叶、断块和工具。原料以玛瑙为主，蛋白石、石英斑岩、石英、板岩、燧石、安山岩、凝灰岩、石英岩、硅化木、角岩、角砾岩、流纹岩和流纹斑岩次之。石片数量最多，断块其次。其中，三类工具在工具中的比重最大（图一三）。石器以微型为主，属于北方典型的细石叶工业类型。地点年代推测属于旧石器晚期。

① 陈全家、付永平、王晓阳等：《后大屯二岭山地点发现的旧石器研究》，《北方文物》，待刊。

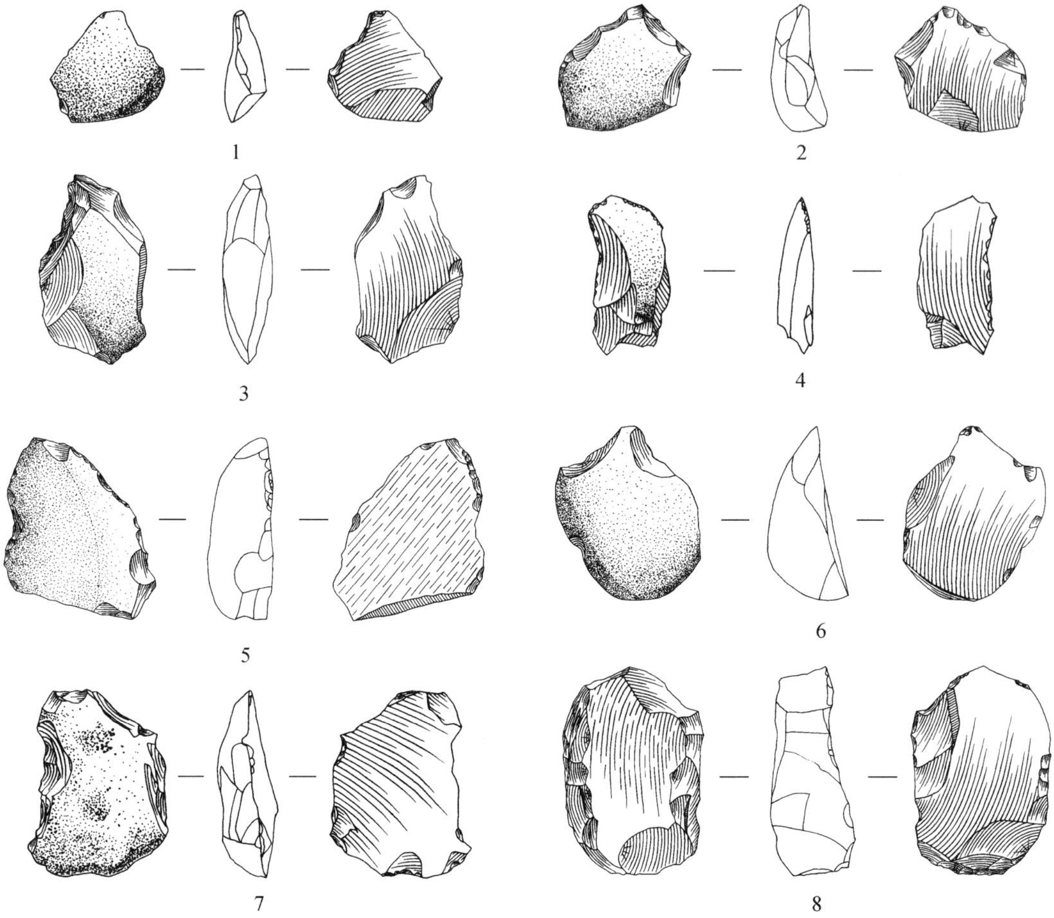

1、4、7. 0 2厘米　2、3、5、6、8. 0 3厘米

图一二　黑山头地点发现的部分工具

1～7. 刮削器（11FHH：56、11FHH：85、11FHH：100、11FHH：70、11FHH：89、11FHH：106、11FHH：78）

8. 砍砸器（11FHH：104）

13. 石桩子北山地点①

北山旧石器地点位于辽宁省沈阳市法库县石桩子村，发现于2011年4月。属于第Ⅱ级侵蚀阶地，共采集366件石器，包括石核、石片、刮削器、钻器、雕刻器、砍砸器、石镞等。原料以玛瑙为主，燧石、硅质泥岩次之，石英岩、流纹岩、凝灰岩、蛋白石、碧玉较少，安山斑岩、安山岩、角岩、玉石、板岩最少。工具类型多样，约占石器总数的四分之一。其中，三类工具在工具中比重最大，均采用锤击法修理。石器以小型、微型为主，属于北方典型的细石叶工业类型（图一四）。地点的年代推测属于旧石器时代晚期至新旧石器过渡，距今约1万年。

① 陈全家、付永平、卢悦：《法库石桩子北山旧石器地点发现的石器研究》，待刊。

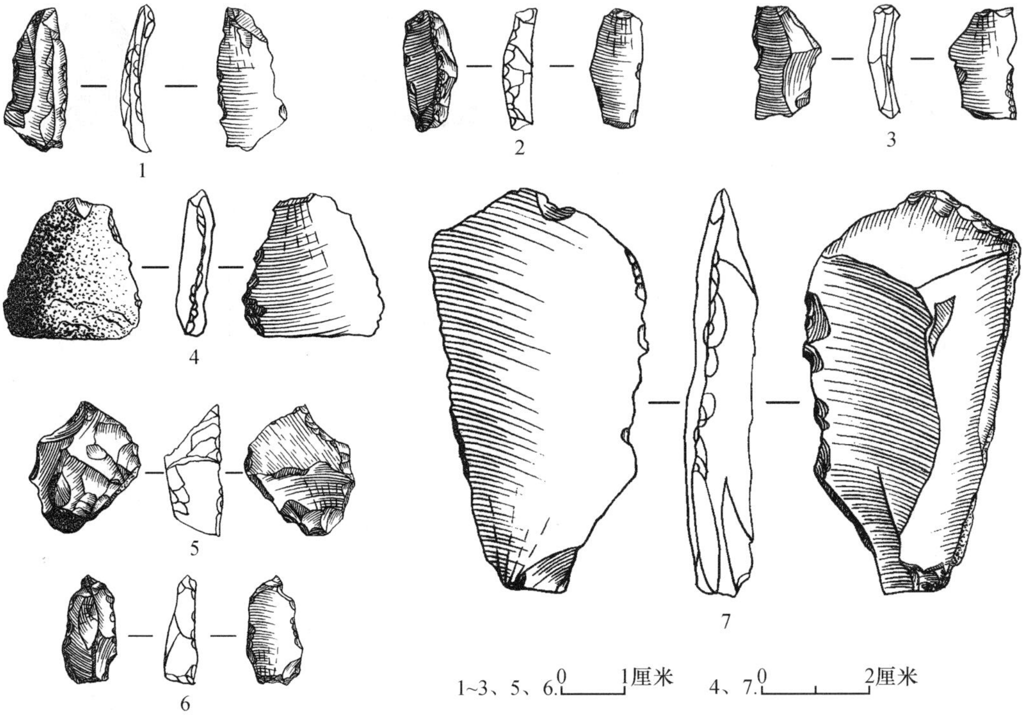

图一三　后大屯二岭山地点发现的部分石制品

1～3. 细石叶（11FHE：11、11FHE：106、11FHE：26）　4. 单直刃刮削器（11FHE：81）　5. 尖刃刮削器（11FHE：109）　6. 双直刃刮削器（11FHE：128）　7. 单凸刃刮削器（11FHE：47）

14. 法库威虎山地点①

威虎山地点位于沈阳市法库县卧牛石乡的邢家屯，海拔115米。地理坐标为北纬42° 31′ 11″，东经122° 57′ 41″，面积约8000平方米。南距秦家屯1400米，西南距邢家屯380米。本地点共获得石器18件。原料以燧石为主，类型包括石核、石片、工具和断块，工业类型属小石器工业。推测地点年代为旧石器时代晚期（图一五）。

15. 法库五里山地点②

五里山地点位于辽宁省法库县秀水镇五里山村，海拔84米。地理位置为北纬42° 22′ 32.4″，东经122° 59′ 14″，面积约1000平方米。地点所在的Ⅲ级阶地为侵蚀阶地，基岩为流纹岩，石器大多分布在黄色或灰黄色的耕土层上，无文化层。本次调查共采集到石器71件。原料有玛瑙、石英岩、流纹岩、安山岩、角岩等，以玛瑙

① 陈全家、付永平、石晶：《法库威虎山旧石器地点发现的石器研究》，待刊。

② 陈全家、付永平、赵宇超等：《法库五里山旧石器地点发现的石器研究》，《文物春秋》2013年第4期，第20～31页。

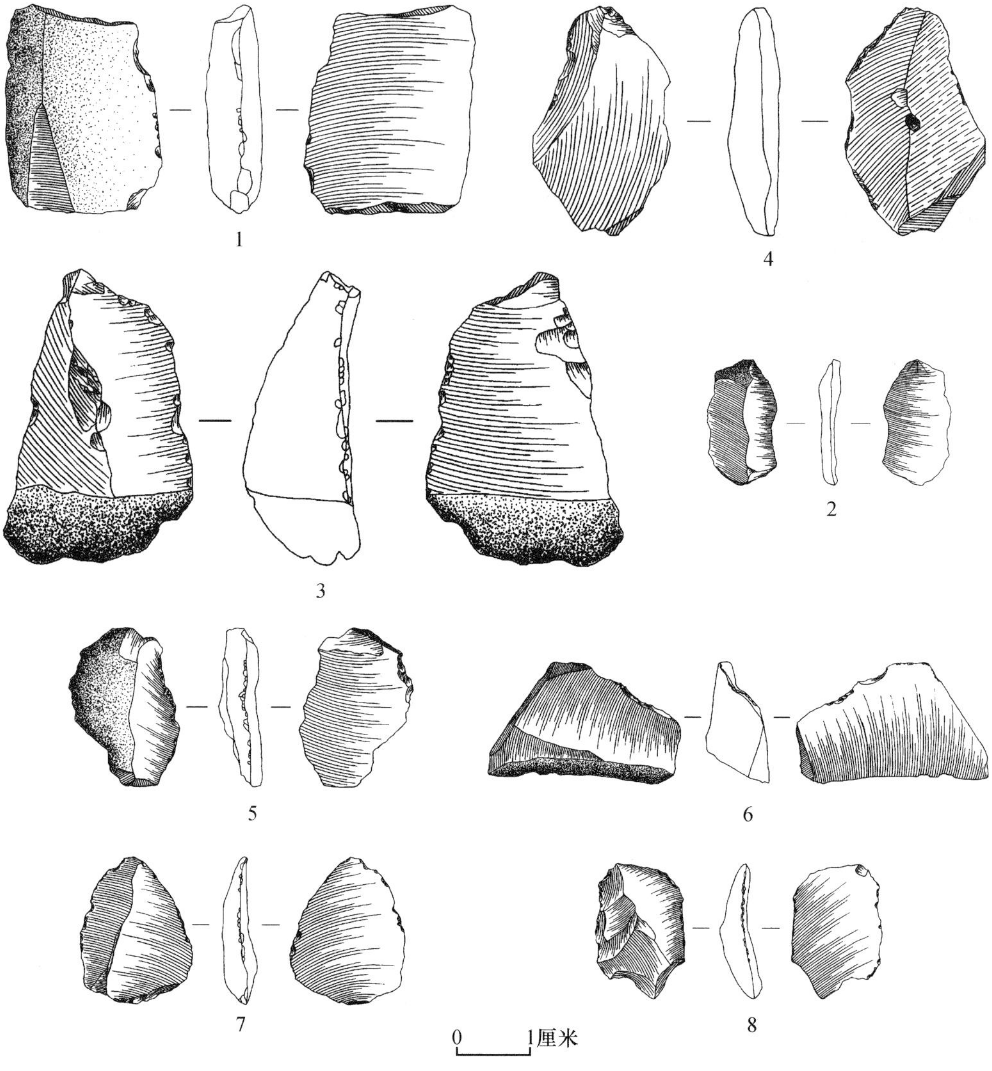

图一四　石桩子北山地点发现的部分石制品

1. 石叶（11FSB：48）　2. 细石叶（11FSB：272）　3. 单直刃刮削器（11FSB：31）　4. 单凹刃刮削器（11FSB：60）　5. 单凸凹刃刮削器（11FSB：220）　6. 直-直边刮削器（11FSB：50）　7. 凸-凸边刮削器（11FSB：316）　8. 双刃刮削器（11FSB：179）

最多，石制品包括石核、工具、石片和断块四类，工具以刮削器为主，尖状器等较少（图一六）。时代推测为旧石器时代晚期或新旧石器时代过渡时期。

16. 后靠山屯北山地点[①]

后靠山屯北山地点位于辽宁省康平县东升乡后靠山屯村北山的Ⅲ级阶地上，是一

① 陈全家、付永平、万晨晨等：《后靠山屯北山旧石器地点发现的石器研究》，待刊。

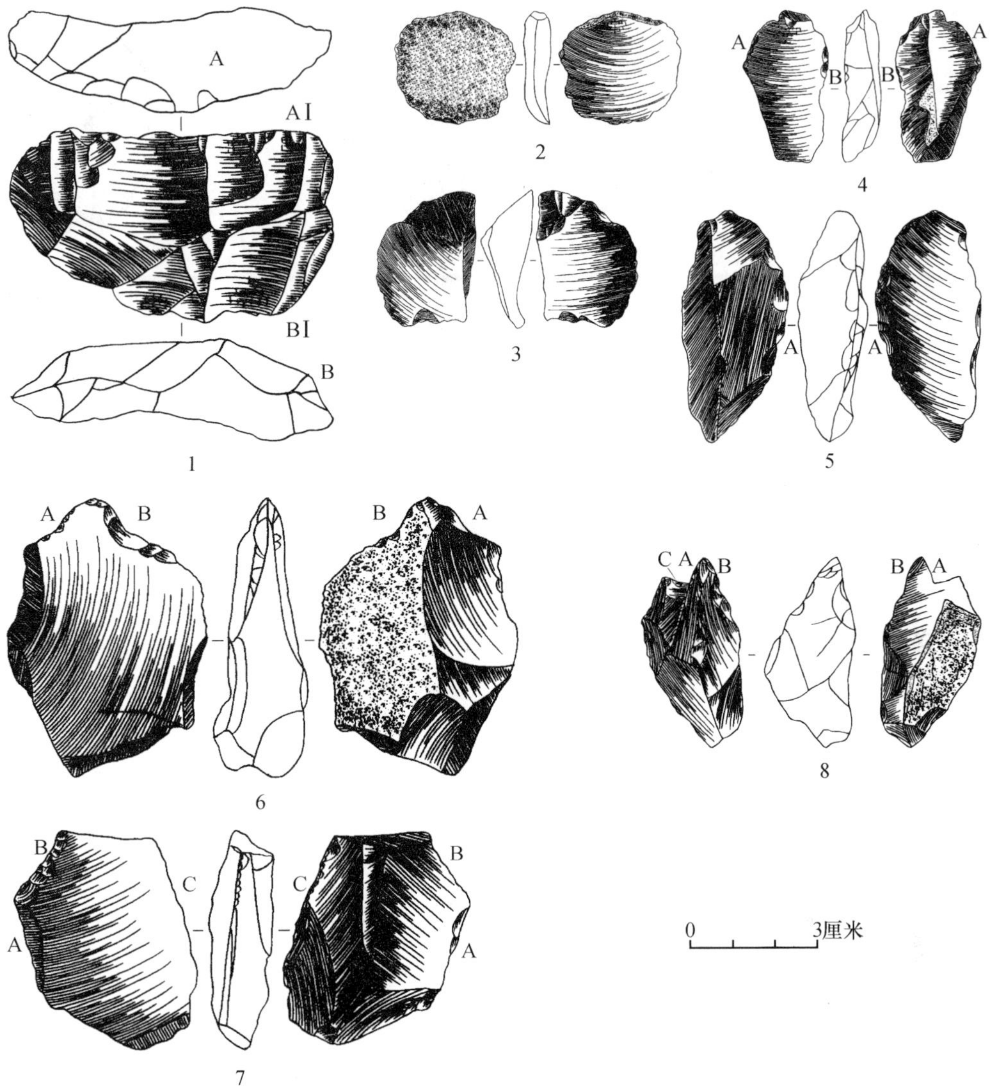

图一五 威虎山地点发现的石器

1. 双台面石核（11FXW：3） 2. 完整石片（11FXW：5） 3. 左边断片（11FXW：11） 4. 直凸刃刮削器（二类，11FXW：14） 5. 单凸刃刮削器（三类，11FXW：8） 6. 单尖刃刮削器（三类，11FXW：1） 7. 尖直刃刮削器（三类，11FXW：2） 8. 钻器（11FXW：12）

处具有地域特色的旧石器地点。地理位置为北纬42° 36′ 52″ ，东经123° 3′ 38″ ，海拔111米。共获石器32件，包括石核、石片、断块和工具。原料以石英岩为主，石英和燧石次之。石核最多，工具次之（图一七）。石器属于北方典型的大石器工业类型。地点年代推测属于旧石器时代晚期。

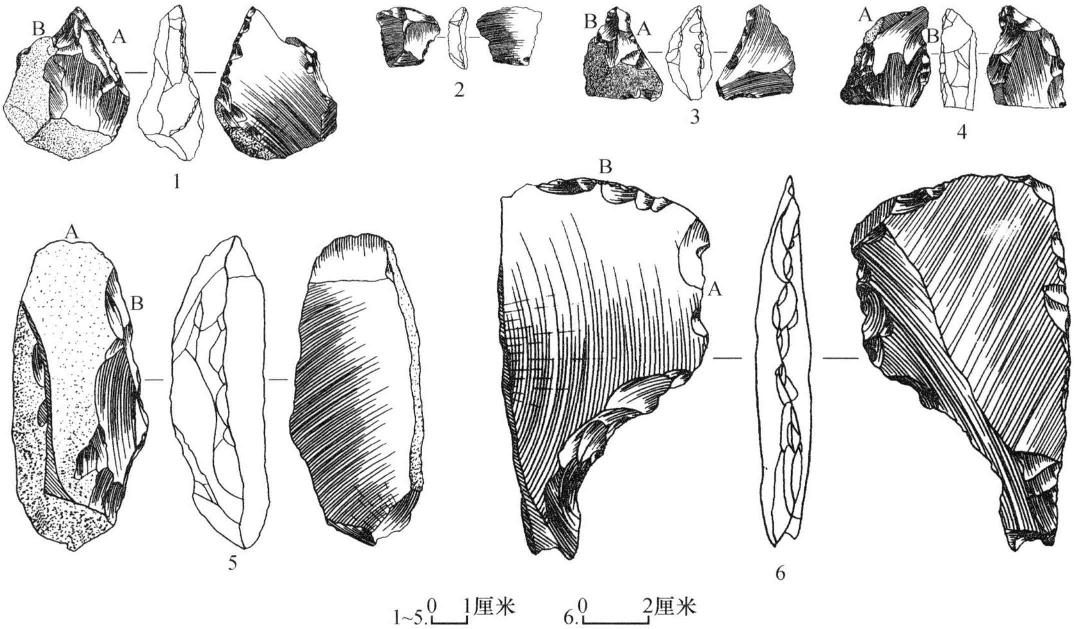

图一六　法库五里山地点发现的部分工具

1. 单直刃刮削器（11FWW：66）　2、5. 单凸刃刮削器（11FWW：35、11FWW：71）　3. 尖刃器（11FWW：8）　4. 钻器（11FWW：48）　6. 凸直刃刮削器（11FWW：38）

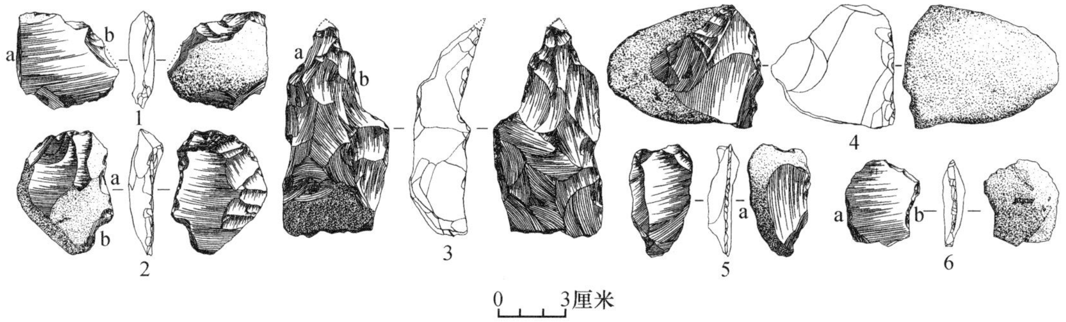

图一七　后靠山屯北山地点发现的部分石制品

1. 单凸刃刮削器（11KHB：3）　2. 双凹刃刮削器（11KHB：13）　3. 双凹边尖刃器（11KHB：23）　4. 单凸刃砍砸器（11KHB：11）　5. 单凸刃刮削器（11KHB：24）　6. 单凹刃刮削器（11KHB：7）

17. 东小陵西山地点①

东小陵西山地点位于辽宁省沈阳市康平县方家屯镇东小陵村，海拔160米。地理位置为北纬42° 36′ 0.55″，东经123° 15′ 42.5″。地点位于Ⅲ级侵蚀阶地之上，

① 付永平、陈全家、王晓阳等：《沈阳市康平县东小陵西山旧石器地点发现的石器研究》，《草原文物》2013年第2期，第1～7页。

无文化堆积。石制品分布于黄色耕土层内，耕土之下即为震旦纪板岩、千枚岩夹石英脉基岩。共发现石制品12件，包括石核和工具，工具类型有刮削器、砍砸器、尖状器及手镐（图一八）。石制品原料较为单一，均为石英。年代推测为旧石器时代晚期或更早。

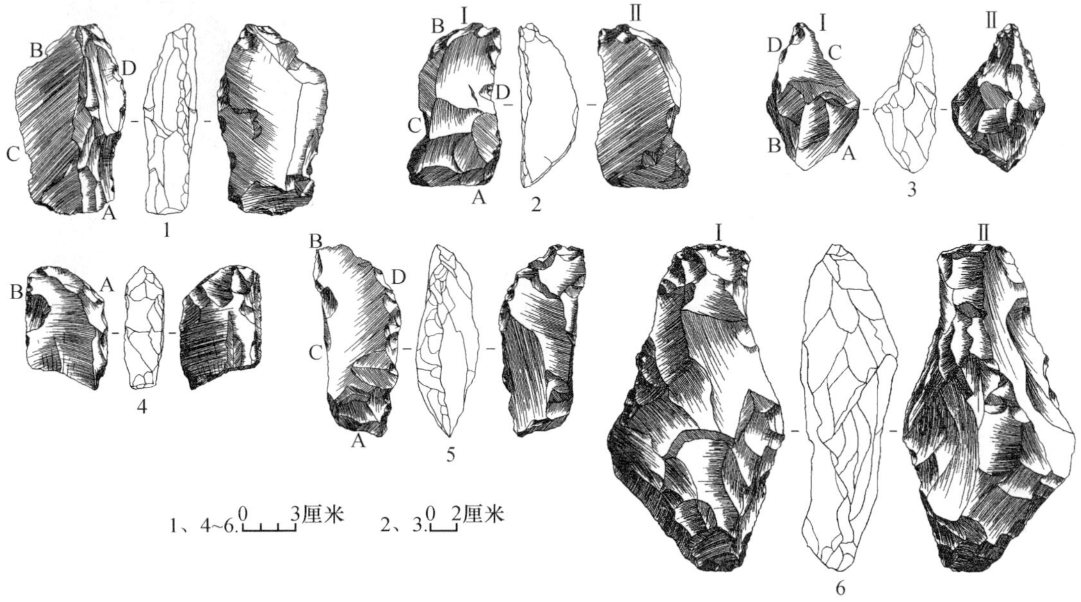

图一八　东小陵西山地点发现的部分工具

1. 单凸-凹刃刮削器（11KDX：12）　2. 单凹刃砍砸器（11KDX：11）　3. 三棱尖状器（11KDX：9）　4. 直凸刃刮削器（11KDX：6）　5. 单凸刃砍砸器（11KDX：7）　6. 手镐（11KDX：13）

四、沈阳地区旧石器遗存的文化特征和工业类型

1. 文化特征

沈阳地区近年来发现的旧石器遗存，从时代上来看，跨度比较大，从旧石器时代早期遗址延续到旧石器时代晚期及新旧石器过渡时期，从分布地域上来看，主要集中于沈阳地区北、中、东部区域辽河及其支流秀水河、柳河、浑河、蒲河等河流两岸的Ⅱ、Ⅲ级阶地上。总体观察沈阳地区旧石器文化遗存，它们具有以下几个共同特征。

（1）旧石器时代遗址的埋藏类型主要为露天遗址，主要分布在旷野和河流的阶地上。平原山地交界处多，高山地区较少，河流第Ⅰ、Ⅱ阶地较多，而高阶地较少。

（2）石制品原料种类繁多，主要包括石英、石英岩、玛瑙、燧石、安山岩、流纹岩、脉石英、角页岩等。

（3）石制品以小型和微型为主，中型、大型、巨型标本等较少。

（4）石核出锤击、砸击石核外，出现了细石叶和石叶石核。细石叶石核主要有楔形、锥形、船底形细石核等。

（5）剥片方法以锤击法为主，砸击法也可见，出现了间接剥片法。石核剥片前，存在修理台面技术。

（6）细石叶、石叶多保留中段，推测可能用来作为复合工具的镶嵌刃部。

（7）第2类工具在遗址工具类中的比例相对较高，这说明古人类已经认识到有些石片可以直接使用，有意选择边缘锋利的剥片来使用。大多数标本手感刃口仍较锋利，可继续使用。

（8）工具毛坯种类多样，包括石片、石叶、细石叶、断块、砾石等，其中以片状毛坯为主，块状毛坯次之。

（9）工具种类主要有刮削器、尖状器、雕刻器、石钻、石锥、砍砸器、锛形器等，其中刮削器数量最多，类型丰富多样，尖状器次之。

（10）工具修理方法主要为锤击法，此外还有压制法及间接法修整。

（11）工具加工方式是多样的，以单向加工为主，少数为双面加工，单向加工者多为正向加工，反向加工较少；双向加工主要是交互、复向、对向和错向加工。在少数第1类工具（石锤、石砧）上可见研磨技术。

2. 工业类型

进一步从文化特点、技术传统等方面分析，东北地区发现的旧石器文化遗存可以划分为三种工业类型①。沈阳地区与东北地区的石器工业类型类似，可分为大石片工业类型、小石片工业类型、细石器工业类型三种。

（1）大石片工业类型。

以康平县东小陵村西山地点为代表，还包括康平县的王立岗村东山地点。年代为距今大约3万～2万年。石器多以大型为主，以手镐、砍砸器、钻器等为特色，原料多选择石英、石英岩、凝灰岩。个体虽较大，但制作精细，打制修理采用锤击法，修理疤痕较大。其中，刮削器较为厚重，刃角多较大。钻器也较大，出现上下对称的两个钻头，适用于大型物品的钻孔。砍砸器选择大的砾石为毛坯，刃部修理锋利。采集到两件手镐，原料均为石英岩，个体一大一小，刃部一个平尖，另一个刃尖。

（2）小石片工业类型。

以法库县哈户硕村黑山头地点为代表，还包括康平县的后靠山屯北山地点、李家窝堡北山地点、刘家屯村老山头地点、吴家窝堡东山地点、杨家窝堡后山地点；法库县的柏家沟西山地点、刑家屯威虎山地点。年代距今大约2万年。石器较小，工具多以刮削器为主，二类、三类工具较多，以石英岩、石英、流纹岩、玛瑙等为原料。多采用锤击法剥片和修理。刮削器、钻器等小型的二、三类工具多选用锤击石片为毛坯，

① 张博泉、魏存成：《东北古代民族·考古与疆域》，吉林大学出版社，1998年，第171～197页。

对其进行打制修理，修疤较小且密集，形制较为精细。砍砸器选择砾石或大石片为毛坯，加工而成。

（3）细石器工业类型。

以法库县石桩子村北山地点为代表，还包括法库县的苇子沟白虎山地点、大屯村后大屯二岭山地点、五里山村五里山地点。年代为距今大约1万年到新旧石器过渡阶段。以出现细石器的代表器物细石叶石核、细石叶为依据。本次所采集的细石器石核包涵细石器预制阶段的石核到剥片阶段的石核，并有完整的细石叶和石叶出现。原料多选择玛瑙、燧石。采用间接法剥片，打制精美，代表先进的石器加工技术。刮削器、钻器等二、三类工具，毛坯多选在较小的锤击石片和少部分选择砾石。锤击法加工修理，修疤较小且密集。砍砸器则选择较大的石片为毛坯，正向加工修理，修疤较大。

3. 相关问题研究

（1）原料的开发与利用。

原料的分布、质量与利用对人类工具制作技术的发挥、发展和石器工业特点的形成起着很大的制约作用。研究人类对不同石料资源的利用程度将有助于探讨该人类群体石器制作技术和对自然环境的适应能力。从不同遗址石制品原料利用率对比来看，该地区原料种类较多，质量参差不齐，具有质量复杂和高含量的特点，古人类倾向于选择玛瑙、硅质灰岩等优质原料正是基于此。

沈阳地区诸旧石器地点内石制品原料较为复杂，包括玛瑙、硅质灰岩、石英岩、流纹岩、凝灰岩、蛋白石、碧玉、安山斑岩、安山岩、角岩、玉石、板岩，其中以玛瑙、硅质灰岩等原料为主，从遗址石制品类型与原料的利用率情况来看，表明了古人类剥片和加工工具时对玛瑙等优质原料的偏爱，也反映了其遵循因地制宜，就地择优取材的策略。

原料的质地对工具修理影响很大，优质原料常常能加工出精致的工具。使用玛瑙等优质原料加工石器，无论是软锤或硬锤，其修理疤痕均较薄长，压制修理出的工具更为精致。因而，造就了该遗址石制品细小精致的特点。并且，燧石剥片易形成贝壳状断口，较为坚韧锋利，可不用第二步加工直接使用，这也使得诸遗址中使用石片数量较多。

在该地区诸遗址的各类原料中，玛瑙等的原料加工指数最低，而其他岩性的原料加工指数最高。这说明古人类倾向于选择玛瑙等作为石制品主要原料，由于其本身的物理特性，更倾向于直接使用，这与遗址内出土的石制品组合情况相一致，玛瑙质的工具数量与未加工的使用石片数量大体相当；而其他岩性的石制品在遗址内发现数量较少，但其工具比例却相对大一些，故其指数较高，推测这可能是由于这些原料的石制品并未在遗址内被进行剥片、修理等，而是被古人类修理好后带入遗址内，故其断块、碎屑数量极少，但工具比例却相对较大。为了使原料加工指数更具客观性，证明碎屑和断块的存在不会对其产生影响，因而分别对保留或缺失碎屑及断块两种情况分别进行统计，结果显示二者所得的原料加工指数分布大体一致。

根据上述分析，可以对沈阳地区旧石器地点的石器工业在原料的开发与利用方面的特点作如下归纳：①该地区遗址古人类因地制宜，就地取材制作石器，所用的石器原料绝大部分为燧石；②石器原料具有高含量、质量参差不齐的特点，这对原料的开采和石器加工有着重大的影响；③原料的利用率不高。该地区遗址内存在较多废片、断块，但绝大多数个体较小，边缘不甚规则，一些边缘锋利、个体适中的优质原料石片被直接使用。

（2）剥片技术。

从石核和石片观察，至少有三种剥片技术在该地点被使用过。一种是锤击法（包括软锤法和硬锤法）直接剥片，以锤击石核及锤击石片为代表；另一种为间接法剥片，以细石叶石核及细石叶为代表；另外，还有少量砸击剥片技术。

出土的石片以断片居多，占全部石片的绝大多数，完整石片较少。从石片的类型来看，以人工台面石片为主，自然台面石片较少，这表明古人类在剥片时一般对石核的台面进行修整。石片背面多为石片疤，背面全为石片疤的约占石片总数的四分之一，这说明石片均为非初级剥片。石片背面片疤多为单向，且绝大多数与剥片方向一致，这说明古人类倾向于向一个方向剥片。从石片边缘形态来分析，以边缘平行或近似平行和三角形的石片为主，而边缘不甚规则者较少，说明多数石片形状较为规整。剥片方法方面，特征明显的锤击石片最多，砸击石片偶尔可见。

从石片分析的结果可以看到，该地区石器工业拥有比例极高的近端、中间残片、碎屑，完整石片比例也较高。其中，比例较高的残片应该为石核剥片或工具二次加工的副产品，从石片角的统计结果来看，大多数残片都是在石核台面角不大的情况下剥取的。大多数残片为素台面、点台面等人工台面，有疤以及自然台面者很少，说明石核的预制台面技术较高，这也与石核的统计分析结果一致。石片背面非自然面的比例最大，这表明石片多为非初级剥片，反映了遗址石核产片率较高。

（3）加工技术。

沈阳地区石器工业发现的二类工具主要选用边缘锋利的片状毛坯，以石片为主，其次主要选取细石叶中段直接使用。这些工具刃缘手感已较钝或很钝，分布明显、连续的细小疤痕。二类工具使用后刃角以锐角为主，钝角次之。大多数标本刃口手感仍较锋利，可继续使用。燧石硬度大，断口呈细致的贝壳状，未经二次加工修理的石片刃缘，完全可以直接投入使用。

此外，该地区诸遗址的三类工具主要由锤击法加工而成。加工方向以单向为主，其中以正向加工为主，复向加工次之，错向、对向等加工方式较少。大多数标本修疤排列规整、连续。工具毛坯以石片为主，断块较少。刮削器为工具的主要类型，主要采用锤击法修整，压制法次之，修理方式以单向加工为主，且修理部位大多数发生在毛坯的侧边以及端部，这说明加工很彻底，对原料利用较为充分。

五、结　语

1. 近年来沈阳地区旧石器考古取得的成果

2011年至2013年短短三年间，沈阳地区不仅填补了没有旧石器的空白，还发现了旧石器遗址或地点已达23处，采集的石制品达千余件。经过正式发掘的遗址或地点有1处（沈阳农业大学后山地点），总共发掘面积为169平方米，出土石制品近千件，在研究方面也已取得了显著成果。

（1）解决了石制品的原生层位问题。石制品的原生层位是确定其年代的重要标志之一，具有重要的意义。石制品的产出方式、情况不同，它们的价值和意义也不同。近年来，通过对这些遗址的试掘，确定了石制品的原生层位，进一步证实了其原生层位是Ⅱ级阶地的黄色及棕褐色黏土层内。通过对这些遗址的调查和试掘，解决了广泛分布于Ⅱ级阶地地表的石制品的层位问题。

（2）确定了文化内涵及性质。这些新材料分属于东北地区小石器、大石器和细石叶工业三种类型，根据它们的文化面貌也进一步证明沈阳地区旧石器遗存也可以分为这三种石器工业类型。

（3）对于正式发掘的遗址使用全站仪进行整体测绘和布方发掘，并对相关地层进行筛选、浮选及采样，运用沉积学、古环境学，古地磁、光释光测年等科技考古手段进行综合分析研究，取得了不错的成果。

2. 存在的问题和未来工作的展望

1）存在的问题

（1）旧石器文化发展序列还存在一定缺环。

经过不懈的努力，沈阳地区旧石器考古已经有了很大的进展，也取得了可喜的成就。但是还有许多工作等着我们去做。从目前发现的材料来看，沈阳地区旧石器在年代框架和文化发展序列方面还存在着一定缺环，旧石器时代早期遗址发现较少，其他旧石器遗存的年代又局限在晚更新世之末，且旧石器时代晚期向新石器时代早期过渡的遗址也相对较少。在距今1万～1.5万年前，几乎未发现相应的旧石器遗存。因此，沈阳地区旧石器考古应该还蕴藏着巨大的潜力，首要任务就是要弥补这些缺环，建立沈阳地区完整的旧石器年代框架。

（2）年代学测定工作还需加强。

目前，沈阳地区旧石器考古研究的基础还是比较薄弱的，在一定程度上影响了东北地区旧石器考古的发展，无论是研究旧石器文化的区域发展、文化交流还是新旧石器时代过渡等方面，由于该地区内缺少旧石器时代早期遗址以及延续时间长的旧石器遗址，使得一些旧石器考古综合性研究或专题研究难以开展。沈阳地区近年来新发现的旧石器遗存虽然做了大量的研究工作，但在年代学上的工作还存在一些遗憾，由于一部分遗址或地点的石制品均出自Ⅱ级阶地的黄色亚黏土层内，缺乏动物化石，无法进行古生物上的断代，而Ⅱ级阶地也被近现代人类利用耕作种田，所以堆积破坏较为严重。如果地层年代难以确定或者断代依据可信度存在问题，以这样的断代为基础，来讨论沈阳地区旧石器工业发展趋势和脉络，难免有如履薄冰之感。因此，沈阳地区部分遗址或地点的年代学问题还需要进一步的工作，如利用光释光、热释光等方法进行测定。

2）未来工作努力的方向

沈阳地区史前考古研究已有几十年历史。经过几代人几十年的努力，取得了较好的成果，也为该地区旧石器考古学的发展奠定了初步基础。但依目前已发表的材料来看，沈阳地区旧石器考古工作空间的不平衡性十分突出，因此要想取得突破，就必须增大野外工作的力度，增加重点遗址发掘和深入研究的必要性，因而沈阳地区未来工作的重点主要集中于以下几个方面。

（1）进行野外调查获取更多的旧石器考古新材料。对新老材料的研究确认该地区旧石器文化类型的种类。通过器物类型学的研究，确认出旧石器时代向新石器时代过渡时期的文化遗存，填补该段研究的空白。通过该地区旧石器文化特征和石器技术的研究，探讨该地区旧石器文化与朝鲜半岛、日本和俄罗斯滨海地区间的文化交流与传播。

（2）通过细致和高精度的试掘、测量和记录，得到遗址埋藏学和遗物、遗迹分布关系的资料和信息，正确判断遗址的性质、各种应力的作用和拥有材料的完整性，校正自然与人为因素导致的认识偏差。

（3）通过对遗址周围环境指标的综合测试分析，复原当时的气候环境背景。在发掘过程中已经分地点、分层位系统采集了环境测试样品。借助孢粉分析、地层磁化率分析、$CaCO_3$测试、有机碳分析以及O和C稳定同位素测定等技术手段，对环境样品进行综合测试分析，恢复各文化层形成时的气候背景，揭示古人类生活环境的演变，以及在这种因素的驱动下，古人类根据特定的自然资源适应生存及开发改造能力。

（4）通过观察、研讨和测试，对遗址及附近地区的地质、地貌演变和沉积成因，以及不同地点、地层之间的关系取得更深入、更合理的认识。

（5）系统提取遗址堆积的古环境和年代样品，对这些样品的分析和测试将使对古人类生存年代和环境的研究建立在更科学、更精确的基础之上。精确的年代测定是研究人类进化、文化发展和环境背景的基础和前提。针对沈阳地区旧石器遗址缺少年代测定的问题，在田野发掘过程中对旧石器地点注重系统提取年代样品，对这些样品将进行^{14}C、光释光和热释光测试，使对古人类生存年代和环境的研究建立在更科学、更精确的基础之上。

（6）通过对沈阳地区旧石器地点所蕴涵的古人类文化特点与行为模式（原料的开发、剥片和石器加工技术工艺、地区工业特点、工具功能等）和环境因素（沉积结构、孢粉和地球化学分析等）的综合研究，以期能够揭示更新世晚期古人类对该地区旧石器遗址的占居与行为特点以及环境动因，获取古人类在更新世晚期至末期文化行为特点与周边人群交流的确凿证据，对古人类在更新世晚期对沈阳地区开发与利用做出科学的阐述。

3. 沈阳地区旧石器遗存的地位和科学意义

近年来辽宁沈阳地区旧石器遗存的重大发现表明，该区域在晚更新世之末人类活动频繁，这些遗存不仅是研究旧石器时代晚期文化的资料，而且又将旧石器时代晚期和新石器时代早期连接起来。沈阳地区旧石器地点出土的石制品等遗物对于研究东北地区旧石器时代晚期以来人类生活的环境背景、旧石器文化内涵、东北亚地区旧石器文化之间的关系以及旧石器时代向新石器时代过渡具有重要的学术意义。我国东北地区是人类向北迁徙和文化传播的重要通道，他们与日本列岛和朝鲜半岛发现的晚期智人的体质特征都有相似之处，文化类型较为相似。从20世纪70年代开始直到21世纪初，东北地区的旧石器时代考古进入了一个飞速发展的新时期，而沈阳地区新的旧石器考古发现也不断涌现。这不仅为探讨我国东北地区乃至东北亚地区古人类文化的发展提供了大量重要材料，而且为探讨东北地区晚更新世末期古气候和古环境的变化规律提供了宝贵资料，特别是对于古人类迁移和文化传播的研究，具有重要的地域上的意义。

综上所述，沈阳地区新发现的旧石器遗存，为恢复古人类的生存环境，探讨人类与环境的互动关系、人类在特定环境下的行为特点和适应方式提供了丰富的资料。随着该区域旧石器考古调查和研究工作的深入，我们期待着能有更大的突破，使得该地区的旧石器时代考古工作向着更深的层次发展。

致谢：沈阳地区旧石器考古调查工作参与的人员除本文作者外，还有沈阳市文物考古研究所的刘为民、刘德才先生，吉林大学地球科学学院的程新民教授、吉林大学边疆考古研究中心的方启副教授以及石晶、卢悦、王晓阳、陈君、赵清坡、万晨晨、袁文明、刘亚林、赵李萌、杨宽、李彬森、田笛等研究生。

中国科学院古脊椎动物与古人类研究所高星研究员、北京大学考古文博学院的王幼平教授、北京大学城市环境学院的夏正楷教授、河北师范大学泥河湾研究中心的谢飞教授、吉林大学边疆考古研究中心的朱泓教授、辽宁省文物考古研究所的傅仁义研究员都观察了此次调查的石制品，并现场调研了部分旧石器地点，针对以后的研究提出了宝贵的意见，在此一并谨致谢忱。

辽西地区新石器文化的阶段性与文化谱系

张星德

（辽宁大学）

辽西地区新石器时代先后存在着兴隆洼文化、赵宝沟文化、红山文化和小河沿文化四支重要的考古学文化，它们是辽西地区这一时期的主体文化，它们间主要阶段存在着早晚，但首尾又有着交错并行，与此同时，辽西地区边缘还存在着若干与这些主体文化既有相似又有区别的考古学文化，使得本地区新石器时代文化面貌错综复杂。本文针对此，拟以对陶器的讨论为线索，通过对陶器共性的总结以及其出现的原因的探讨，对这一地区新石器时代文化的阶段性及文化谱系关系进行全面的梳理。

一

辽西地区新石器时代第一段为兴隆洼文化阶段，兴隆洼文化目前已经测定的绝对年代数据有12个，其中兴隆洼遗址8个①，白音长汗遗址2个②，查海遗址3个③。综合数据，其年代绝大多数可以落在公元前6200～前5000年，经历了该文化的第一至三期（图一）。

以查海遗址早期为代表的兴隆洼文化一期陶器皆为夹砂红褐陶，陶质疏松，火候偏低，器形单一，皆为深腹筒形罐类，造型以圆唇，有些口部外叠唇，大口、斜直腹多见，也有略弧腹者共存，器物口沿下多流行一周附加堆纹带（个别带面施斜线纹），器身主体部分多素面，少见窝点纹。这种以单纯的夹砂素面红陶筒形罐为最主

---

① a. 中国社会科学院考古研究所：《中国考古学中碳十四年代数据（1965～1991）》，文物出版社，1991年，第56、57页；b. 中国社会科学院考古研究所实验室：《放射性碳素测定年代报告（二一）》，《考古》1994年第7期，第662页；c. 中国社会科学院考古研究所科技实验研究中心：《放射性碳素测定年代报告（二七）》，《考古》2001年第7期，第84页。

② 内蒙古自治区文物考古研究所：《白音长汗——新石器时代遗址发掘报告》，科学出版社，2004年，第501页。

③ 辽宁省文物考古研究所：《查海——新石器时代聚落遗址发掘报告》，文物出版社，2012年，第654页。

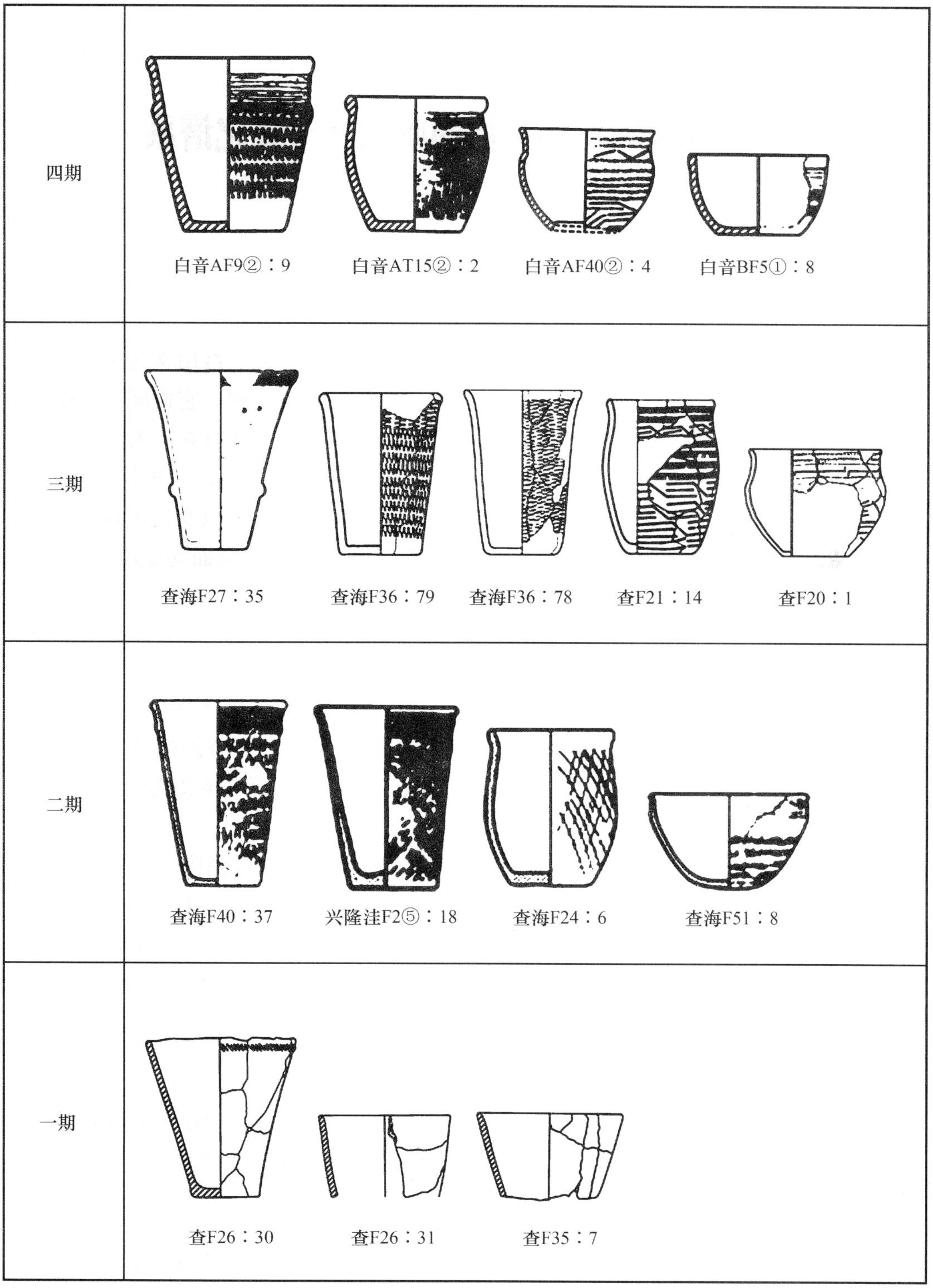

图一　兴隆洼文化陶器分期

要成分的遗存特征，还见于白音长汗遗址一期①、小河西②、西梁③、大新井④、榆树山⑤、杨家洼⑥等遗址，有学者将其统称为小河西文化。然上述遗址遗存虽有一定的相似性，但面貌相当复杂。白音长汗一期陶器亦均为夹砂陶，以褐色为主色调，器表以素面为主，纹饰仅见附加堆纹一种，装饰在器物的口部，有长条形、圆圈形、波折形等几种，长条形附加堆纹制作不规整，宽窄、高低不一。器形仅见筒形罐一种，圆或平唇，大口，斜直壁或微弧壁；共存的石器有磨棒、石杵、石臼和石杯。小河西遗址陶器为夹砂黑灰和褐陶，陶质疏松，多素面无纹，少见压划波折纹，器形仅圆唇、敞口、微弧斜壁筒形罐一类；石器见有石锄、磨盘、磨棒、饼形器和石球等。可见，它们的器物组合及特征与查海一期相似。在查海遗址中，此类特征遗存，如夹砂红褐、口沿装饰附加堆纹，尤其是外叠唇的筒形罐更是作为查海遗址器物群中稳定的一分子，持续存在伴其始终。故而将其看作兴隆洼文化的一个发展阶段可能更符合目前遗存表现出来的实际情况。西梁遗址、榆树山遗址陶器中尚有小罐和杯等，纹饰还见有压印短斜线、网格纹、窝纹，其器形和纹饰均较查海早期、白音长汗一期和小河西遗址丰富，石器中造型规整的斧、锛和钻孔石器也为后者所不见。据杨家洼遗址发掘简报及论文介绍，该遗址内涵也与查海早期、白音长汗一期和小河西遗址不一致，其陶器极为粗糙，厚重，表面凹凸不平，明显较后者原始。而其石器中规整的石斧、石凿也为后者不见。上述遗址遗存究竟是同一文化的不同阶段，还是时代相近、工艺水平近似的不同文化，目前似乎还不宜下结论。

兴隆洼文化一期遗址点经发掘确认的不多，即便以夹砂素面红陶筒形罐这个宽泛的标准来衡量，其分布也限于燕山以北的西辽河、大凌河流域地区，与燕山南麓的徐水南庄头遗址以细绳纹、罐、钵组合的早期文化⑦及怀柔转年遗址以夹砂素面筒形罐和

---

① 内蒙古自治区文物考古研究所：《白音长汗——新石器时代遗址发掘报告》，科学出版社，2004年，第18～25页。

② 杨虎：《敖汉旗榆树山、西梁遗址》，《中国考古学年鉴（1989年）》，文物出版社，1990年，第121页。

③ 杨虎、林秀贞：《内蒙古敖汉旗榆树山、西梁遗址出土遗物综述》，《北方文物》2009年第2期，第13～21页。

④ 刘晋祥：《翁牛特旗大新井村新石器时代遗址》，《中国考古学年鉴（1989年）》，文物出版社，1990年，第121页。

⑤ 杨虎、林秀贞：《内蒙古敖汉旗榆树山、西梁遗址出土遗物综述》，《北方文物》2009年第2期，第13～21页。

⑥ a. 辽宁省文物考古研究所、葫芦岛市文物管理办公室：《辽宁葫芦岛市杨家洼新石器时代遗址发掘简报》，《博物馆研究》2005年第2期，第32～37页；b. 李恭笃：《辽西杨家洼遗址发现目前我国北方更早的新石器时代文化遗存》，《青年考古学家》（总第十期），1998年，第10、11页。

⑦ 保定地区文物管理所、徐水县文物管理所、北京大学考古系、河北大学历史系：《河北徐水县南庄头遗址试掘简报》，《考古》1992年第11期，第961～966页。

盂为组合的早期文化①形成差别。

兴隆洼文化二、三期阶段，该文化不仅分布到燕山南麓。在东寨②、孟各庄③、上宅④等遗址均见有兴隆洼文化地层，且其影响远达太行山东麓的中部地区。燕山以南的兴隆洼文化遗址的层位单位保存多欠完整性，遗址出土遗物多不单纯，即便本地区遗址之间也难以横向比较与归纳，所以似乎尚不具备加以总结及与燕北兴隆洼文化比较分型的条件。在磁山文化磁山遗址晚期遗存中，可见“之”字纹、筒形罐，在北福地遗址第一期文化中也见有“之”字纹陶和玉匕、玉玦等受兴隆洼文化三期影响出现的陶器和玉器，二者的鼓腹筒形罐、陶杯等形制也非常相似，可见兴隆洼文化三期与磁山文化晚期共时，且存在文化交流。

兴隆洼文化晚期是辽西新石器文化的第一个兴盛期，其影响之深远甚至是之后的任何阶段都很少企及的。这一时期陶器中的深腹筒形罐、多段式纹饰布局、“之”字纹等特征以及石锄和玦、匕等玉器成为时尚。

二

辽西地区新石器时代第二段为以赵宝沟文化为主体的阶段，年代约为距今7200～6500年，经历了赵宝沟文化的第一、二期。同时在赵宝沟文化周边地区还存在着兴隆洼文化四期、富河文化、新乐下层文化、西梁文化等考古学文化（图二）。

赵宝沟文化分布在西起大兴安岭，东到医巫山和渤海西岸，北起西拉木伦河流域，南抵滦河流域。西寨遗址⑤、赵宝沟遗址⑥和小山遗址⑦分别代表了该文化燕山南

---

① 郁金城、李超荣、杨学林、李建华：《北京转年新石器时代早期遗址的发现》，《北京文博》1998年第3期，第2～4页。

② 河北省文物研究所：《河北省迁西县东寨遗址发掘简报》，《文物春秋》（河北省文物研究所参加第三届环渤海国际学术讨论会论文报告集）1992年增刊，第128～143页。

③ 河北省文物管理处、廊坊地区文化局：《河北三河县孟各庄遗址》，《考古》1983年第5期，第9～20页。

④ a. 北京市文物研究所、北京市平谷县文物管理所：《北京平谷上宅新石器时代遗址发掘简报》，《文物》1989年第8期，第1～8页；b. 段宏振：《燕山南麓新石器时代文化初论》，《北方文物》1995年第1期，第17～22页；c. 杨虎：《辽西地区新石器——铜石并用时代考古文化序列与分期》，《文物》1994年第5期，第37～52页。

⑤ a. 唐山市文物管理处、迁西县文物管理所：《河北迁西县西寨遗址调查》，《考古》1993年第1期，第1～4页；b. 河北省文物研究所、唐山市文物管理处、迁西县文物管理所：《迁西西寨遗址1988年发掘报告》，《文物春秋》1992年第S1期，第144～177页。

⑥ 中国社会科学院考古研究所：《敖汉赵宝沟——新石器时代聚落》，中国大百科全书出版社，1997年。

⑦ 中国社会科学院考古研究所内蒙古工作队：《内蒙古敖汉旗小山遗址》，《考古》1987年第6期，第481～503页。

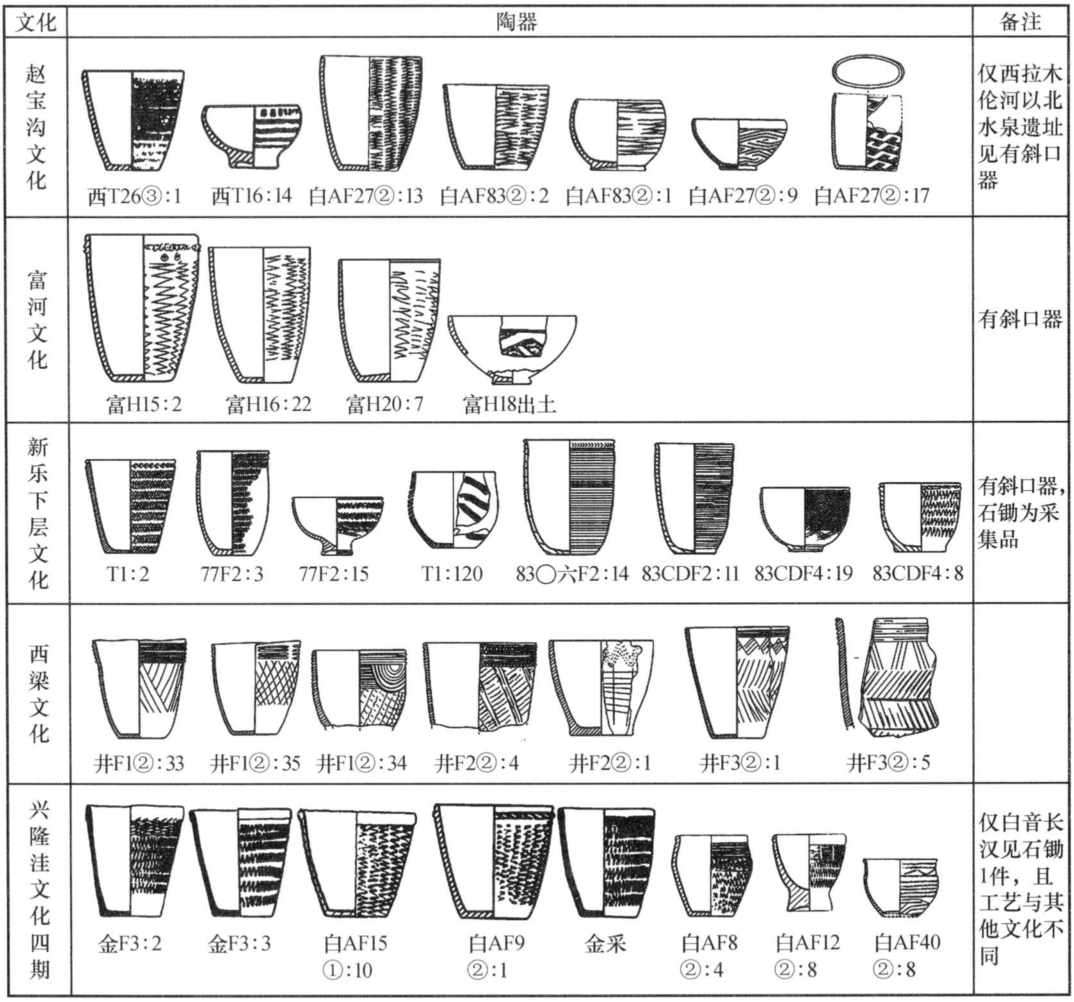

图二　辽西地区新石器时代第二阶段陶器

北地区前后承袭的两期。赵宝沟文化以筒形罐、圈足钵、平底钵为陶器组合中最重要的成分，流行筒形罐，纹饰中多“之”字纹，有一定数量几何纹。此外，尚见有圈足罐、椭圆底罐、盂等器形。

赵宝沟文化一期中陶器的主体因素与兴隆洼文化三期器物之间表现出继承性和一致性，如筒形罐、“之”字纹、几何纹以及泥圈套接的制陶工艺，而其圈足钵、圈足罐、椭圆底罐器形等则可在磁山文化中找到原型，故赵宝沟文化是兴隆洼文化三期与磁山文化碰撞的产物，是兴隆洼三期的居民，接受来自磁山文化的因素在燕山南北地区形成的新的考古学文化。赵宝沟文化一、二期的变化，是受北福地二期影响所致[①]。

① 张星德：《西寨遗址再认识——兼谈距今六七千年间燕山南北文化格局的形成与演变》，《中国考古学会第十五次年会论文集》，文物出版社，2013年，第78～95页。

在赵宝沟文化形成之时，兴隆洼文化在西拉木伦河以北还沿着自身的轨迹继续发展，并进入了其第四期，即白音长汗二期乙类，该类遗存与赵宝沟文化一期存在可比性，与赵宝沟文化一期特征相似之陶器在白音长汗遗址二期乙类为代表的兴隆洼文化四期中偶见，如白音长汗AF15①：10与西寨遗址Bb型罐T15④：5，均为厚唇，微弧腹；白音长汗AF9②：8和AF9②：3与西寨遗址A型罐T26③：1和T24③：2，均为圆唇直口、口沿下有一周附加堆纹，腹外壁施“之”字纹；白音长汗AF17②：3与西寨遗址B型钵T25③：1，均为大敞口平底。上述器物造型特征均极为近似。白音长汗还见到1件圈足钵，在其前身以查海遗址三期为代表的兴隆洼文化三期中不见，亦应是其在与赵宝沟文化的交流中受后者影响出现的新器形。上述应是二者相对年代一致的反映。但二者器物组合不同，白音长汗二期乙类陶器全部为夹砂陶，不见泥质陶；多数为褐色，其中以黄褐色最多；器形以筒形罐占绝对多数，有一定数量鼓腹罐和少量平底钵，圈足器仅为孤例，筒形罐器表纹饰采用三段式组合布局；赵宝沟文化一期陶器绝大多数为夹砂陶，但出现了个别泥质陶，陶器组合中筒形罐占大宗，圈足钵占一定比例，不见白音长汗二期乙类的鼓腹罐。说明赵宝沟文化形成之时，西拉木伦河以北的兴隆洼文化仍保持着原有的发展轨迹延续着自身的发展。

在辽西区新石器文化系统第二阶段的还应当包括新乐下层文化，该文化主要分布在下辽河流域，地处辽西系统文化的最东端。在该文化陶器群中，筒形罐、斜口器和圈足钵具有特殊的地位，若忽略陶器纹饰及石器等特征，这个器物群与富河文化的相似性远大于后者与赵宝沟文化的相似性。比如二者的筒形罐均属直筒状、深腹，出土有斜口器和少量圈足钵，陶器中缺乏泥质陶等。这可能系受医巫闾山的阻隔，新石器时代辽西与辽东的联系更多是通过辽北的辽河河道两岸的通道实现的。关于新乐下层文化的相对年代，我们曾通过对该文化筒形罐、鼓腹罐与兴隆洼文化三期查海遗址同类器的比较、该文化圈足钵与赵宝沟文化赵宝沟遗址同类器的比较，以及该文化陶器纹饰与上宅文化上宅遗址纹饰的比较，来说明新乐下层文化的主体内涵来源于兴隆洼文化三期并与赵宝沟文化同时①。而井沟子西梁材料的公布使我们关注到新乐下层也存在着附加堆纹或弦纹之下再施重线三角的纹饰（新乐83CDF1：12），并且白音长汗二期乙类中也可见相似者（白音长汗BH95：1），进一步丰富了该文化的相对年代的证据。

在辽西地区的东北部，北起松辽分水岭，南不越西拉木伦河和西辽河，西始于查干木伦河流域以东，东止于东辽河和西辽河交汇处的区域内，分布着以巴林左旗富河沟门遗址命名的富河文化②，其分布的中心在乌尔吉木伦河流域。1993年刘观民先生

① 张星德：《下辽河流域新石器文化陶器分群及相关问题》，《中国考古学会第十一次年会论文集》，文物出版社，2010年，第187～195页。

② 中国科学院考古研究所内蒙古工作队：《内蒙古巴林左旗富河沟门遗址发掘简报》，《考古》1964年第1期，第1～5页。

曾公布富河沟门遗址1件圈足钵[①]，特征与赵宝沟文化圈足钵一致，论文虽没有进一步说明该陶器与简报发表筒形罐的共出关系，但在提及该器物时称“在这种文化特征类型品群的大量内容之外，尚有少量压印组纹带的矮圈足黑陶钵，当时虽未将它作为特征因素披露在简报插图之中，但在整理该地区大量调查材料时，并未将它排除在富河文化性质之外去认识”，因此它们有出自相同层位的可能性。据此，富河文化年代上限也就有了进入辽西第二段的可能。富河文化虽有与赵宝沟文化的相似性，然如前所述，就筒形罐、圈足钵、斜口器为主体的器物群组合及瘦高直筒状筒形罐的器形、篦点纹及筒形罐口沿的附加堆纹等方面，其与新乐下层文化的共性似大于与赵宝沟文化的共性，结合富河文化与新乐下层文化石器的相似性[②]，我们认为该文化存在是由新乐下层文化沿辽河进入西拉木伦河以北乌尔吉木伦河一带后，吸收南邻的赵宝沟文化横压竖排“之”字纹、几何纹、敞口浅腹圈足钵造型等因素而形成的一支新考古学文化的可能性。

此期在西拉木伦河以北尚存在着以井沟子西梁为代表的遗存[③]，其分布地域主要在西拉木伦河以北地区，西起西拉木伦河上游的盆瓦窑遗址，东到乌尔吉木伦河流域，其南线应以西拉木伦河为界，北部大概以松辽分水岭和大兴安岭为界。此类遗存陶器均为夹砂陶，以夹粗砂为主，有少量夹细砂的砂质陶。烧制火候低，陶质极为疏松。陶色不纯正，多见褐色，器表多见黄褐色和灰褐色，内壁呈黑灰色。除小型陶器素面外，绝大部分器表有纹饰，其中附加堆纹形式多样，一般在口沿下饰附加堆纹，多见多道附加堆纹平行排列，其上部分戳印坑纹。其下有三角、半重环、波折、连弧等几何纹，主体纹饰为压划的网格纹、交叉纹、平行斜线纹、“人”字纹、折线纹等。一般纹饰不饰满器身，近底处三分之一或五分之四部分光素无纹。器类简单，大小不一的敞口斜直壁和直口微弧壁筒形罐是主要器类，还有少量的盂和杯等。关于西梁一类遗存的年代与来源，一般认为与小河西一类遗存有关，年代与兴隆洼文化相当

---

① 刘观民：《不同文化之间特征品交叉现象释例》，《中国考古学论丛》，科学出版社，1993年，第162～169页。

② 新乐下层文化的石器标本中，打制石器包括细石器约占石器的一半以上。细石器中有长条形石片加工成的钻、长身镞和等腰三角形镞，这类细石器的特点，都是在腹面两侧加工。磨制石器占三分之一以上，器形有斧、凿、镞；其中磨制石镞是颇具特色的，长三角形，横断面呈六边形。与富河文化相似，也以打制石器为多数，其中长身镞、长石片加工成的钻、石叶等都可在富河文化中发现同类器，且形制接近。在新乐下层文化聚落中未见亚腰形石锄，但在该遗址第Ⅳ地点曾采集到过1件石锄，观察看也具有与富河文化相似的特征。

③ a. 吉林大学边疆考古研究中心、内蒙古自治区文物考古研究所：《内蒙古林西县井沟子西梁新石器时代遗址》，《考古》2006年第2期，第1～14页；b. 朱永刚等：《西拉木伦河流域先秦时期遗址调查与试掘》，科学出版社，2010年。

或略有早晚①。我们将西梁文化陶器放在整个辽西地区的大环境中考察，可以发现该文化与新乐下层文化存在着诸多可比性，比如二者陶器纹饰中均见口部数周附加堆纹或数周弦纹（新乐83CDF2：4），及附加堆纹或弦纹之下再施重线三角的纹饰（新乐83CDF1：12）和由平行斜线组成的对角三角纹带（新乐83CDF4：5）等纹饰，二者均有假圈足器，比如新乐遗址33CDF4：8和西梁遗址的F2②：1，筒形罐均不见宽叠唇，以尖、圆唇为主等。同时上述纹饰附加堆纹或弦纹之下再施重线三角的纹饰又与白音长汗二期乙类BH95：1相似。至少说明上述文化可能相对年代接近。

辽西地区此阶段诸考古学文化陶器工艺均为泥圈套接法，陶器群主体皆为筒形罐，说明它们均与兴隆洼文化具有谱系联系，是兴隆洼文化的后裔。与圈足器可以在磁山文化中找到源头一样，西梁文化和新乐下层文化中平行附加堆纹与重线环纹或重线三角纹组合的纹饰、对角三角纹带以及新乐下层文化陶器口沿的横“人”字、纹带等都同样可以在磁山文化中发现，比如北福地遗址H76：51、H52：24、97采：02、H101：2、H72：1、H62：2，包括磁山遗址T38②H94：614、H173：9和磁山报告插图中提及的T2②H1、T10②H21、T12③H32、T51②H205等单位中的附加堆纹陶片等纹饰均属此类。有学者认为西梁文化附加堆纹来源于黑龙江流域新石器文化，近期公布的双塔遗址资料更是测出距今万年左右的数据②，但其中圈足器的存在透露出其年代并不那么早，且面具类遗存是磁山文化北福地遗址典型器，也从一个侧面说明当时磁山文化因素北来引起的自南向北的影响之强烈。

可见，距今7200年左右由于磁山文化的北进，不仅成就了西拉木伦河以南的兴隆洼文化向赵宝沟文化的转变，同时也应当是促成与之同时代辽西地区其他文化形成的主因，这一阶段文化表现在遗物上的共同特征如陶器中普遍出现圈足器与筒形罐的组合、纹饰中器口部多道平行纹与其下重环三角或环纹组合的纹样、石器中的石耜类工具等都应当是磁山文化因素影响的结果，其是辽西地区新石器文化由第一阶段进入第二阶段的主要成因。而此阶段文化又可以普遍流行的“之”字纹、斜口器，包括赵宝沟文化自兴隆洼文化三期发展而来的几何纹，都可视为辽西文化的地方特色。

---

① a. 朱永刚：《林西井沟子西梁新石器早期遗存初识》，《红山文化研究——2004年红山文化国际学术研讨会论文集》，文物出版社，2006年，第505～511页；b. 索秀芬：《西梁文化初论》，《内蒙古考古与文物》2007年第2期，第37～42页。

② a. 王立新、段天璟：《中国东北地区发现万年前后陶器：吉林白城双塔遗址一期遗存的发现与初步认识》，《吉林大学学报》2013年第2期，第65～71页；b. 吉林大学边疆考古研究中心、吉林省文物考古研究所：《吉林白城双塔遗址新石器时代遗存》，《考古学报》2013年第4期，第501～533页。

三

辽西地区新石器时代第三阶段是以红山文化早期为主体的阶段，年代跨度约从距今6500至6000年。该文化主要分布在西拉木伦河以南老哈河和大小凌河流域，而在西拉木伦河以北地区则分布着以白音长汗四期早段为代表的遗存以及乌尔吉木伦河流域的富河文化。从陶器的一些线索观察，赵宝沟文化似乎还存在着，但目前尚无法对本地区的该类遗存进行确认。

通过对以往公布的红山文化早期材料的分析，可将红山文化早期分为分别以小东山遗址早期[①]、西水泉F17、H18[②]等单位陶器为代表的第一期，以西台F202[③]、小东山遗址中期、蜘蛛山T1③[④]等单位陶器为代表的第二期和以小东山遗址晚期、元宝山F1、F3、F4、F7[⑤]等单位陶器为代表的第三期。经与后岗一期文化陶器的比对，发现红山文化早期与后岗一期文化陶器具有如下关联性：后岗期红山文化早期年代相当于后岗一期文化早期后段；二者陶器中陶釜等部分夹砂陶和全部泥质陶器形及彩陶等元素，特征一致，且有着共同的渊源（图三）；自后岗一期文化早期后段与红山文化早期起，二文化同类器形制演变趋势一致，变化阶段同步；冀北地区的后岗一期文化面貌较该文化腹地与红山文化早期有着更大的相似性。而后岗期红山文化早期的筒形罐、斜口器及“之”字纹形的纹饰渊源则与赵宝沟文化有关。根据赵宝沟文化诸遗址发掘报告中对该文化陶器制法的介绍可知，赵宝沟文化的制陶技术为泥圈套接法，筒形罐之平底采用帮包底的方式制作，而据上机房遗址报告称，该遗址红山文化陶器均为泥条盘筑制成，张忠培先生通过对赤峰地区红山文化早期陶器的观察与研究，也发现其包括筒形罐在内的陶器制作工艺，均与赵宝沟文化不同，却与后岗一期文化的制作技艺一脉相承，其筒形罐是在以泥条盘筑做出圜底器的基础上，在底部外周贴泥带，再在其下贴上圆形泥饼形成平外底。由此自工艺层面我们知道，红山文化早期与赵宝沟文化相似的筒形罐等夹砂陶因素与赵宝沟文化同类元素只是形似而神异，而红山文化

---

① 张星德：《小东山遗址新石器文化陶器分期及相关问题》，《中国考古学会第十二次年会论文集·2009》，文物出版社，2010年，第43～53页。

② 中国社会科学院考古研究所内蒙古工作队：《赤峰西水泉红山文化遗址》，《考古学报》1982年第3期，第183～198页。

③ 杨虎、林秀贞：《内蒙古敖汉旗红山文化西台类型遗址简述》，《北方文物》2010年第3期，第13～17页。

④ 中国社会科学院考古研究所内蒙古工作队：《赤峰蜘蛛山遗址发掘》，《考古学报》1979年第2期，第215～242页。

⑤ 内蒙古自治区文物考古研究所、赤峰市博物馆：《元宝山哈喇海沟新石器时代遗址发掘报告》，《内蒙古文物考古》2008第1期，第1～19页。

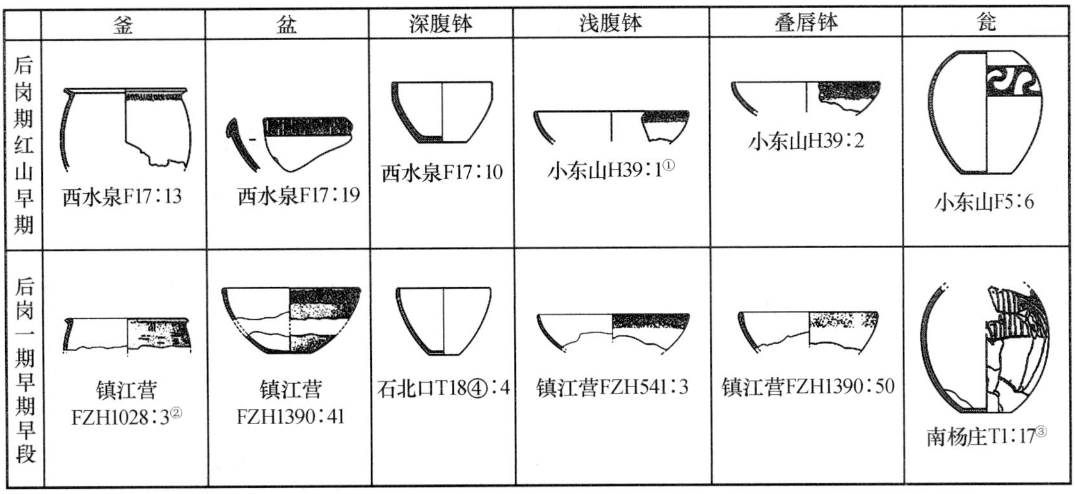

图三　后岗期红山文化早期与后岗一期文化早期早段陶器比较图

早期夹砂筒形罐这类与赵宝沟文化相类的陶器，应当是后岗期红山文化居民以自己固有的制陶工艺模仿制作的似赵宝沟文化器形。据此，我们认为红山文化早期应当是后岗一期文化系统的部分居民移民到西辽河流域，与当地使用筒形罐传统的赵宝沟文化碰撞，吸收了其筒形罐、“之”字纹等因素而产生的一种文化，据此我们将此期红山文化称之为后岗期红山文化[4]。后岗期红山文化陶器物群包括有筒形罐、钵、盆、瓮、壶、斜口器和器盖等，早期尚见有圜底釜，器物群以钵盆类占多数，多见叠唇钵和叠唇盆，在小东山遗址中钵盆类陶器可占到55%以上。夹砂陶器表面纹饰以“之”字纹和划纹为主，“之”字纹流行横压竖排“之”字纹与竖压横排“之”字纹的组合，划纹流行大面积的刷划纹，有些以不同向的密集数道的划纹组组成近对角三角形组合。

此时，西拉木伦河两岸所谓的红山文化存在差异，目前所知河北岸以白音长汗四期早段为代表的遗存年代大致相当于后岗期红山文化晚期，与后者相比，其泥质陶的比例明显少于西拉木伦河以南的后岗期红山文化晚期；筒形罐多直口微敛；“之”字纹施纹松散；划纹少见西拉木伦河以南那种由细密成组的交错长划纹组成的三角纹，而多见成组短划纹组成的不同向花纹图案，或由若干组数道长划纹成组的稀疏的交错

① 北京大学历史系考古教研室：《元君庙仰韶墓地》，文物出版社，1983年。

② a. 吉林大学边疆考古研究中心、内蒙古自治区文物考古研究所：《内蒙古赤峰市上机房营子遗址发掘简报》，第43～53页《考古》2008年第1期，第46～55页；b. 内蒙古自治区文物考古研究所、吉林大学边疆考古研究中心：《赤峰上机房营子与西梁》，科学出版社，2012年。

③ 徐光冀：《富河文化的发现与研究》，《新中国的考古发现和研究》，文物出版社，1984年，第176～180页。

④ 内蒙古自治区文物考古研究所、赤峰市博物馆：《元宝山哈喇海沟新石器时代遗址发掘报告》，《内蒙古文物考古》2008第1期，第1～19页。

网状纹；彩陶相对不发达。据白音长汗遗址发掘报告称，其制陶方法采用的是与赵宝沟文化制陶传统一致的泥圈套接法，且不仅夹砂陶，即便泥质陶也同样以此法制成。故而，就像后岗期红山文化筒形罐类器型与赵宝沟文化同类器是形似神异一样，白音长汗四期早段与后岗期红山文化晚期的同类器也是外形相似、技术内涵完全不同的，应属于辽西土著居民文化范畴，即是受后岗人挤压、影响的本地文化的后裔。

这一时期与后岗期红山文化可能还并存着另外两种考古学文化，由于缺乏确切、完整的层位被发现，目前只能描述一些现象，尚无法做肯定的总结。至少在红山文化早期阶段，赵宝沟文化还应与之有过并行。元君庙遗址见有赵宝沟文化陶尊①，上机房营子遗址Y1出土有与外形赵宝沟文化深腹钵外形相似的甑②等迹象，显示了赵宝沟文化结束的年代至少应当进入了后岗一期文化从太行山以西退却的时期。这一阶段的赵宝沟文化的内涵、分布情况，目前尚不十分明确；富河文化在这一阶段可能还继续延续着。据报道南杨家营子遗址中有所谓富河文化地层叠压在红山文化层之上的地层关系③，但至今该遗址正式报告未见发表，富河文化陶器经正式公布的也仅有富河沟门极少量陶筒形罐和1件陶圈足钵，其中1件筒形罐表面“之”字纹端处有凹坑的纹饰装饰风格，在红山文化早期的平安堡等遗址陶器上也发现过④，说明二者共时的可能性还是存在的，因此目前似也不足以断然否定上述层位关系的可靠性，故对富河文化年代下限及此时的文化面貌暂作存疑。

无论如何，辽西地区这一阶段的考古学文化随着后岗一期文化居民的直接进入或受其文化影响，出现了大盆、钵、壶、瓮类泥质陶，其中盆、钵类多叠唇，并出现了彩陶，有红彩也有黑彩，陶器底部多留有编织纹。上述特点，可能成为该地区这一时期文化中或多或少存在的共性。

四

辽西地区新石器时代第四阶段为以红山文化中、晚期为主体的阶段。其年代大约自距今6000至距今5000年。此阶段小河沿文化已经形成，同时在科尔沁沙地地区还存在着以哈民遗址为代表的遗存。

---

① 北京大学历史系考古教研室：《元君庙仰韶墓地》，文物出版社，1983年。

② a. 吉林大学边疆考古研究中心、内蒙古自治区文物考古研究所：《内蒙古赤峰市上机房营子遗址发掘简报》，《考古》2008年第1期，第46～55页；b. 内蒙古自治区文物考古研究所、吉林大学边疆考古研究中心：《赤峰上机房营子与西梁》，科学出版社，2012年。

③ 徐光冀：《富河文化的发现与研究》，《新中国的考古发现和研究》，文物出版社，1984年，第176～180页。

④ 辽宁省文物考古研究所、吉林大学考古系：《辽宁彰武平安堡遗址》，《考古学报》1992年第4期，第437～475页。

红山文化中、晚期与后岗期红山文化的关系似乎远于其与白音长汗四期早段为代表的西拉木伦河以北遗存的关系。从牛河梁①、三道湾子②等遗址出土陶器观察，此阶段器形中已不见彩陶壶、而出现有较多数量的器座、口唇内斜小底瓮、斜领罐、高领瓮等器型，钵盆类与早期共有的器形中叠唇造型已少见，多为圆唇。纹饰中已不见横压竖排"之"字纹与竖压横排"之"字纹的组合和大面积的刷划纹，所见划纹多为成组短划纹组成的图案，或由若干组不同向数道长划纹成组的稀疏的交错划纹，"之"字纹流行细长形式，不仅有压印"之"字纹，还见有压划"之"字纹，从制作工艺观察，绝大多数器形是为泥圈套接而成，在牛河梁遗址仅一个单位出土有泥条盘筑而成的筒形罐，且与套接的筒形罐不共出。这些都是上一阶段以白音长汗四期早段为代表的西拉木伦河以北遗存的特征。若制陶工艺可以表述一个共同体内在的技术水平的话，似乎这一阶段就陶器而言，原本后岗一期文化系统的强势已随该文化主体退却回山东半岛而急剧衰弱，而本地谱系的文化再一次成为这一地区主流。与此同时，在上述组合中的器座、小底瓮、弦纹盆、弧线纹彩陶以及与泥圈套接法陶器共存的具有轮修痕迹陶器（下山湾T108①：5③、牛河梁遗址N2Z4M8：3）可能与该文化南邻的黄河中游系统的庙底沟文化、半坡四期文化因素影响有直接关系。

这一阶段小河沿文化业已形成。小河沿文化深腹彩陶钵为上腹壁较直，微敛，内壁在口沿部分做成尖唇，小底。深腹彩陶钵是红山文化居民使用的传统器形，在西水泉遗址地层及灰坑中出土的浅腹彩陶钵与小河沿文化大南沟遗址出土的同类器可能具有的发展演变关系④；小河沿文化浅腹敛口彩陶钵为敛口，圆肩，腹较浅。与在红山文化晚期的东山嘴等遗址中见到尖唇、敛口、圆肩、上腹部饰弧线勾叶纹和圆点纹组成纹样单元的宽带彩纹的彩陶钵基本一致⑤；小河沿文化球腹陶壶、折腹盆等器形，与分布在内蒙古自治区中南部地区的庙子沟文化中同类器非常相近，后者陶器遗存中富含与红山文化晚期相似的彩陶纹饰，被认为是与红山文化年代相近，分布地域相邻的一

---

① 辽宁省文物考古研究所：《牛河梁——红山文化遗址发掘报告（1983～2003年度）》，文物出版社，2012年。

② 辽宁省博物馆等：《辽宁敖汉旗小河沿三种原始文化的发现》，《文物》1977年第12期，第1～5页。

③ 内蒙古自治区文物考古研究所、赤峰市博物馆、翁牛特旗博物馆：《赤峰翁牛特旗下山湾遗址发掘报告》，《内蒙古文物考古文集》（第四辑），科学出版社，2013年，第172～190页。

④ 辽宁省文物考古研究所、赤峰市博物馆：《大南沟——后红山文化墓地发掘报告》，科学出版社，1998年。

⑤ 郭大顺、张克举：《辽宁省喀左县东山嘴红山文化建筑群址发掘简报》，《文物》1984年第11期，第1～96页。

种考古学文化[①]。可见小河沿文化至少与红山文化晚期存在过一段共时并存的情况[②]。该文化中泥圈套接传统工艺的保留及赵宝沟文化典型器陶尊类器型的存在，可能说明了其谱系关系的本地性质。

科尔沁沙地还存在以哈民遗址为代表的遗存[③]。该类遗存陶器以砂质陶为主，器形组合包括筒形罐、壶、钵、盆、斜口器等，其中以侈口斜腹筒形罐和小口鼓腹双耳壶最具特色，纹饰除了素面外，滚压窝纹和拍印斜方格纹最具特色，刻划纹和压印“之”字纹较少，制陶工艺采用泥圈套接技术。其陶器特征与红山文化晚期具有可比性，如双耳壶、背壁平直的斜口器与红山文化二道窝铺遗址同类器形制特征一致[④]，细密的“之”字纹、三足器、大圈足盘、少量黑陶和彩陶特征相近的内涵都可见于东山嘴遗址等中，不仅说明二者年代相近，应该还存在着文化因素的互动，同时该类遗存还显示出与大兴安岭东麓新石器文化的联系。

辽西新石器文化的第四阶段，一方面本地因素重返主场，特色得到张扬，如以竖压横排“之”字纹为主，划纹多为数道成组形式，斜口器流行；同时来自黄河中游的文化因素为该地区带来了新的时尚，如尖唇钵、盆取代了叠唇，双腹盆流行，弧线彩陶，黑彩盛行以及小河沿文出现的绳纹等。

五

辽西地区新石器时代第五段是以小河沿文化中、晚期为主体的阶段，年代约为距今5000 ~ 4500年。

小河沿文化中期起，文化由向北发展的趋势。文化面貌上，来自大汶口文化的因素也愈发增多。

进入小河沿文化晚期阶段，小河沿文化陶壶形制向大汶口文化宽肩壶靠拢，大汶口文化宽肩壶流行的年代已经进入了大汶口文化晚期，根据邹县野店的地层，宽肩壶的年代要晚于八角星纹流行的年代。而以南台地[⑤]盘式豆为代表的器形，与白燕遗址三

① 内蒙古文物考古研究所：《庙子沟与大坝沟》，中国大百科全书出版社，2003年。

② 张星德：《小河沿文化陶器分群研究》，《辽宁师范大学学报》2006年第5期，第115 ~ 120页。

③ a. 内蒙古文物考古研究所、科左中旗文物管理所：《内蒙古科左中旗哈民忙哈新石器时代遗址2010年发掘简报》，《考古》2012年第3期，第14 ~ 30页；b. 内蒙古文物考古研究所、吉林大学边疆考古研究中心：《内蒙古科左中旗哈民忙哈新石器时代遗址2011年的发掘》，《考古》2012年第7期。

④ 内蒙古自治区文物考古研究所、赤峰市博物馆、翁牛特旗博物馆：《翁牛特旗二道窝铺遗址发掘简报》，《内蒙古文物考古文集》（第四辑），科学出版社，2013年，第98 ~ 128页。

⑤ 辽宁省博物馆、昭乌达盟文物工作站、敖汉旗文化馆：《辽宁敖汉旗小河沿三种原始文化的发现》，《文物》1997年第12期，第1 ~ 5页。

期同类器具有一定的相似性[①]，后者的年代已进入龙山时代，所以南台地的盘式豆可能代表了目前已知小河沿文化中最晚的器形。

此一阶段偏堡文化因素进入辽西，目前尚未见此类文化遗存在辽西地区单独出现，在内蒙古南宝力皋吐遗址的小河沿文化墓地随葬品中既有小河沿文化的典型器物深腹罐、有耳壶等，同时又存在深受偏堡文化影响出现的条形附加堆纹筒形罐、叠唇罐、复线几何纹样等因素。对后者影响之深刻，原报告形容为："其中相当数量的陶器还像是辽宁新民偏堡子类型同类器物的再现。"南宝力皋吐墓地出土的陶壶主要属于小河沿文化中期形制，说明此时这两种文化的交汇已经开始了[②]。

辽西地区地处东北平原、华北平原、蒙古草原和渤海之间，独特的地理环境具有稳定而不封闭的优势，为古文化的优先发展提供了良好的条件，是新石器时代东北文化之间、东北文化与中原文化之间不同地域特色、不同文化谱系的居民交汇与交流的重要舞台。这里考古学文化的发展绝非一个文化结束、又一个文化继之兴起这么简单，文化谱系也不似仅东北系统那样单纯，既存在东北文化体系内不同文化因素的交流，也存在东北文化与中原文化间因素的互动；既存在东北系统文化的发展演变，也存在中原文化的直接进入。文化的开放性与不断碰撞，是中国早期文明因素得以在这里首先发生的直接社会背景。

① 晋中考古队：《山西太谷白燕遗址第一地点发掘简报》，《文物》1989年第3期。

② 内蒙古自治区文物考古研究所、科尔沁博物馆、扎鲁特旗文物管理所：《内蒙古扎鲁特南宝力皋吐新石器时代墓葬》，《考古》2008年第7期，第20～31页。

汉水中游的后岗一期文化

乔　梁

（中国文化遗产研究院）

后岗一期文化是在中国发现较早的新石器时代遗存。在发现之初由于所能够与之对比参照的资料十分有限，所以梁思永先生在《小屯龙山与仰韶》一文中，通过与仰韶、西阴等地发现的对比分析，将小屯后岗一期遗存视作仰韶文化的一部分，并指出其年代当早于仰韶村的遗存①。20世纪50年代以来，通过半坡、庙底沟等仰韶时代遗存的广泛发现和研究，研究者开始注意对仰韶文化进行类型的划分与界定，而后岗一期遗存作为仰韶文化分布在豫北冀南的一种地方类型的观点也成为比较通行的认识②。随着各地新石器时代遗存的发现和研究的深入，学术界开始认识到已难于按照考古学文化的定义对于上下两千余年、广袤数十万平方千米时空下所谓仰韶文化的内涵进行科学的界定与概括③，从而"仰韶"逐渐演化成指代一个特定历史阶段的时间概念④。在对所谓仰韶文化进行解析界分的研究中，张忠培先生率先提出了"后岗一期文化"的命名⑤，随之又通过系统的研究对后岗一期文化的特征、分期、分布、分区、渊源与谱系等进行了全面的辨析⑥。此后有关后岗一期文化的概念逐渐得到确认，研究者开始注意从独立考古学文化的视角开展关于后岗一期文化的研究。

一

正如《后岗一期文化研究》所指出的那样，越来越多的发现表明后岗一期文化绝非局限在豫北冀南一隅，而是曾经广布在华北乃至黄淮平原的一支考古学文化。同时

---

① 梁思永：《小屯龙山与仰韶》，《梁思永考古论文集》，科学出版社，1959年。

② 杨建芳：《略论仰韶文化与马家窑文化的分期》，《考古学报》1962年第1期。

③ 张忠培：《关于老官台文化的几个问题》，《社会科学战线》1981年第2期。

④ 张忠培：《仰韶时代——史前社会的繁荣与向文明时代的转变》，《文物季刊》1997年第1期。

⑤ 张忠培：《原始农业考古的几个问题——纪念〈农业考古〉创刊四周年而作》，《农业考古》1984年第2期。

⑥ 张忠培、乔梁：《后岗一期文化研究》，《考古学报》1992年第3期。

近些年的考古发现表明似乎可以将汉水中游地区也纳入后岗一期文化的分布范围，对应于河套地区的发现，后岗一期文化在南北两端的掎角之势反映了面向海洋考古学文化系统西向扩张的极盛态势。

汉水中游地区最早刊布与后岗一期文化遗存相关的发现是淅川下王岗遗址的早一期遗存①，此后正式发表的发掘报告又将该遗存命名为下王岗仰韶一期，并指出其属于仰韶文化的一个新类型，年代晚于裴李岗文化，早于西安半坡下层仰韶文化②。正如余西云所分析的那样，《淅川下王岗》报告中的下王岗仰韶一期遗存可能并不单纯，不排除其中有可能混入了一些更晚阶段遗存的可能③。在剔除了晚期因素后，下王岗一期的陶器面貌表现为以泥质红陶为主，夹砂棕陶次之，泥质黑陶再次之。器表多为素面，少数饰弦纹、锥刺纹，彩陶十分稀少。器物基本组合大致可以由鼎、罐、盆、钵、壶（瓶）五类构成（图一，A），体现了满足炊煮、盛储，以及饮和食等基本生活需求的功能。其他表现比较突出还有器座和器盖以及所谓的陶锉等。

限于当时资料的积累和认知水平，《淅川下王岗》报告对于该遗址所谓仰韶一期的相关认识无疑存在合理的成分，但如果按照近年来的新发现以及当前学术界对于史前考古学文化区系框架的理解，则相关认识应当得到修正。

近年来在南水北调中线工程的考古保护工作中，汉水中游大量的遗址得到发掘，其中类似于下王岗仰韶一期的遗存也有较多的发现，从而使这一类遗存的文化面貌更加清楚，文化的属性也逐渐清晰起来。

在郧县店子河遗址，被发掘者明确认定为属于后岗一期文化的遗存，“陶器以红陶为主，灰陶所占的比例较小，黑陶所占比例极小。陶质以泥质为主，夹砂次之。器表绝大多数为素面，只有极少数的细绳纹。器类主要有圆锥足圆鼓腹鼎、圜底钵、平底钵、假圈足碗、盆、小口壶、器座等”（图一，B）④。

在同属郧县的胡家窝遗址，属于第一期的遗存，“陶器可分为夹砂陶、泥质陶和夹蚌陶三类。其中以泥质陶器为主，其次为夹砂陶，夹蚌陶片所见不多，仅占大约1%。陶色有红、灰、黑、褐四种，红色陶片最多，接近总量的九成。绝大部分的陶片为素面，仅有少量绳纹、弦纹和波浪纹，另有少量钵口沿部位施有红衣。可辨器形有圆锥足鼎、折沿或卷沿罐、小口壶、平底钵、假圈足碗、突唇盆、锉等”⑤（图一，C）。

① 河南省博物馆等：《河南淅川下王岗遗址的试掘》，《文物》1972年第10期。

② 河南省文物研究所等：《淅川下王岗》，文物出版社，1989年。

③ 余西云：《下王岗“仰韶文化一期”遗存试析》，《中国考古学跨世纪的回顾与前瞻（1999年西陵国际学术研讨会文集）》，科学出版社，2000年。

④ 武汉大学考古系等：《湖北郧县店子河遗址发掘简报》，《考古》2011年第5期。

⑤ 湖北省文物局南水北调办公室等：《湖北省郧县胡家窝遗址发掘报告》，《江汉考古》2009年第3期。

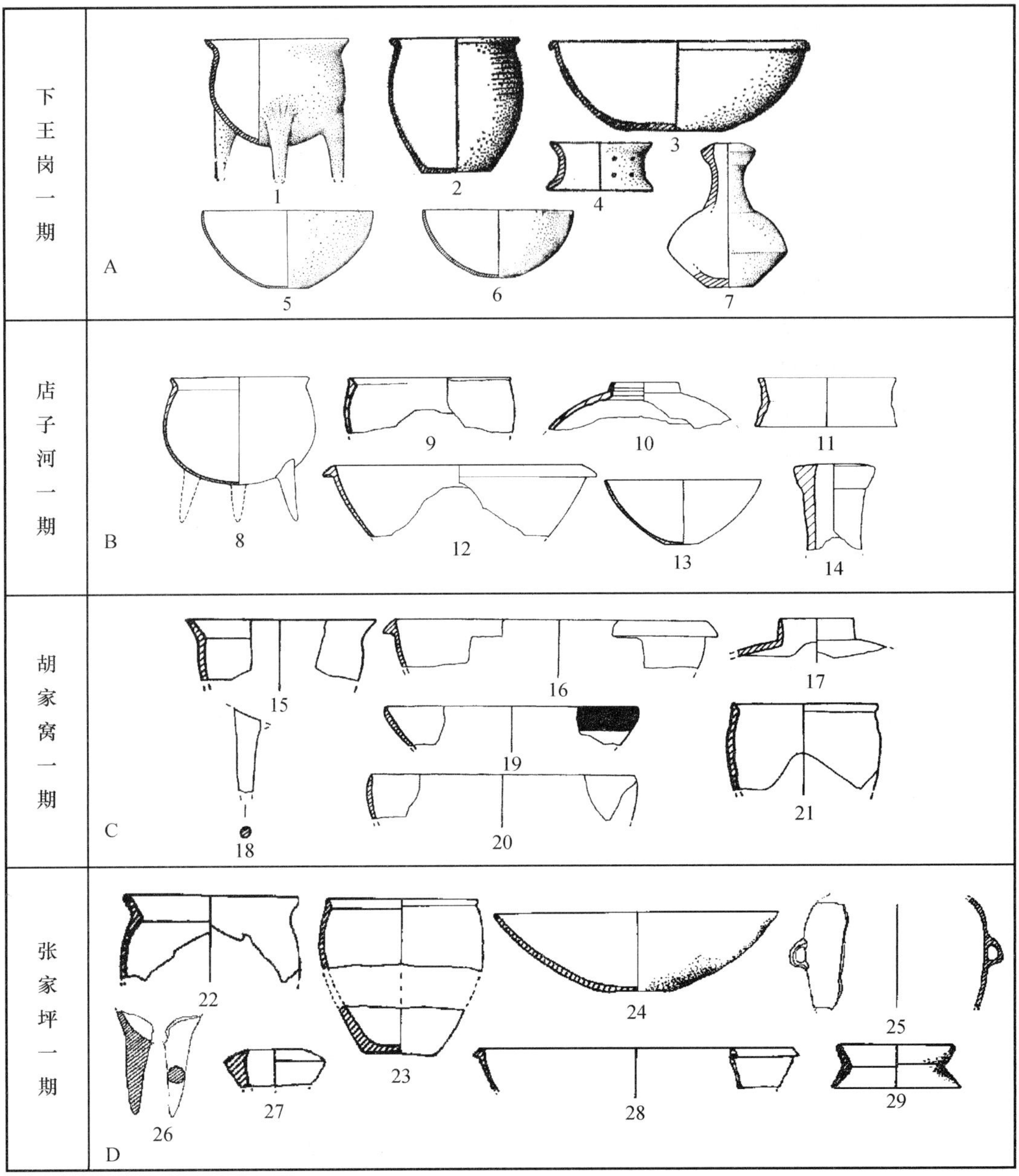

图一　汉水中游下王岗一期类遗存陶器基本组合示意

A：1. M57：1　2. M444：2　3. M256：2　4. T4④：70　5. M 470：1　6. T 20⑦：246　7. M698：1；

B：8、11、13. H96：3、H96：2、H96：11　9、12. H91：17、H91：13　10、14. T0803⑦：4、T0803⑦：16；

C：15. Ⅰ T0115②：1　16. ⅣT0410②：2　17、19、21. ⅣT0312②：1、ⅣT0312②：13、ⅣT0312②：3　18、20. Ⅰ T0315②：5、Ⅰ T0315②：3；

D：22、27. H14：28、H14：40　23. T1513：4　24. H2：12　25. T1613⑥：4　26. T 1615⑦：20　28. T1716⑥：13　29. T1715⑦：16

类似的遗存也见于郧西张家坪遗址，根据发掘简报的报导该遗址的第一期遗存，陶器以泥质陶为主，红陶占绝大多数，器表基本为素面，只有少量凹弦纹和条带纹彩陶，器形有锥足鼎、折沿罐、小口壶、突沿（唇）盆、平底钵、假圈足碗以及器座等。另外就发表的资料来看，被简报视作“尖底瓶”的器形可能应当是小口壶或其他器物的残片（图一，D）[①]。

虽然表述的方式或对器物的命名存在一些差异，但上述几处遗存反映出较强的共性，如就下王岗仰韶一期由陶器所反映的内涵来看，应当都能够被上述几处遗存所体现的文化特征所覆盖，因此所谓下王岗仰韶一期遗存无疑应当具有同上述几处遗存相同的文化性质和相近的年代。

如果按照下王岗、店子河等遗存所确认的群组文化面貌去检视对比汉水中游地区的相关考古成果，不难发现具有类似特征的遗存并非少数，诸如早些年发掘的均县乱石滩[②]、朱家台[③]等遗址也都有同类遗存的存在，而只是可能由于发掘或对资料的认识等原因掺杂了一些其他阶段的因素，导致面貌不是十分清晰或典型，需要进行一定的分析或甄别。同样在近年发掘的淅川沟湾遗址也明确存在着这一阶段的遗存[④]，但由于发表的简报将其与晚一些的遗存一道视作仰韶文化的内涵，所以目前无法更明确地解析或判断其文化特征，就所见到公开发表的相关论文反映的情况来看，该遗址仰韶时代遗存存续时间较长，可以划分为多个阶段[⑤]。此外在淅川马岭[⑥]、十堰犟河口[⑦]等遗址也有类似性质遗存发现的报道。

根据各地的发现，虽然遗址的规模、遗存类型等多少会存在着一定的差别，但下王岗一期这类遗存在陶器所体现的文化面貌上却表现得比较一致。基本可以概括为：陶质以泥质陶为主，存在部分质地比较细腻的泥质陶，夹砂或夹蚌等陶质比例均较小；陶色以红（橙）基调占绝大多数，灰、黑陶数量十分有限；器表处理以素面为

---

① 湖北省文物考古研究所等：《湖北郧西张家坪遗址发掘简报》，《江汉考古》2010年第3期。

② 中国社会科学院考古研究所长江工作队：《湖北均县乱石滩遗址发掘报告》，《考古》1986年第7期。

③ 中国社会科学院考古研究所长江工作队：《湖北均县朱家台遗址》，《考古学报》1989年第1期。

④ 郑州大学历史学院考古系等：《河南淅川县沟湾遗址仰韶文化遗存发掘简报》，《考古》2010年第6期。

⑤ 郑万泉：《沟湾遗址仰韶文化的研究》，《四川省文物考古研究院青年考古文集》，科学出版社，2013年。本文部分沟湾遗址出土陶器资料图即转引自该文。

⑥ 余西云等：《淅川县马岭新石器时代至清代遗址》，《中国考古学年鉴2010》，文物出版社，2011年。

⑦ 吉林大学边疆考古研究中心等：《湖北十堰犟河口遗址2008年发掘简报》，《四川文物》2010年第6期。

主要方式，个别施红陶衣，因覆烧工艺形成“红顶”的钵、碗类比较发达；施纹者仅占极小比例，有弦纹、绳纹（弦纹）和锥刺（按压）纹等，彩陶比较少见，一般为红彩，基本只见宽带纹等简略的几何纹样；器物的形态相对简单，基本组合以鼎、罐、壶（瓶）、盆、钵（碗）等构成，其他较具特点的还有器座和所谓的陶锉等。器物的具体形态则以圆腹锥足鼎、折沿鼓腹罐、蒜头细颈壶、折或突沿盆、敞口圜或平底钵、圈足或假圈足碗以及束腰器座等表现比较突出。这些特征因素表现比较稳定和形成了固定的组合关系，并且能够清晰地区别于同一地域其他阶段的考古学文化遗存。

就各遗址所反映的情况看，下王岗一期类遗存基本都处于遗址文化堆积的最下层或最早环节，部分遗址存在着该类型遗存之间的打破关系，或许表明其在当地曾存续了较长的时间。而叠压于下王岗一期类遗存之上文化堆积的年代最早者，大体都是包含着尖底瓶和变形鱼纹或花卉纹样彩陶的遗存，由此大体可以判断下王岗一期类遗存年代的下限当早于西阴文化在汉水中游的出现。目前尚没有发现下王岗一期类遗存叠压着更早阶段遗存的层位关系，因此关于该类遗存年代的上限或相对年代的判定只能通过陶器等比较敏感器物的类型学对比研究。就已知的情况分析，下王岗一期类遗存分别与后岗遗址第一期、半坡遗址早期遗存等存在一些共性，部分陶器的形态基本相同或相近，因此它们的年代也当大体接近。

二

各地的发现表明以下王岗一期所代表的遗存在汉水中游地区曾经广泛地分布，这批陶器风貌特征一致、形制组合稳定的考古学遗存无疑属于其所居时空之下的主体考古学文化。关于这类文化遗存的文化性质，目前尚存在不同的认识，传统观念中多将其视作所谓仰韶文化分布在汉水中游或豫西南（鄂西北）的一种地方类型而称作“下王岗类型”，随着学术界对仰韶文化的解析和认识的深入，开始有研究者将其作为一支独立的考古学文化来对待[①]，而近年来也多有类似店子河遗址发掘简报作者所表述的那样，直接以其作为后岗一期文化的一部分而认知。

如果以安阳小屯后岗遗址下层遗存数次发掘的结果分析[②]，就陶器反映的特征来看，所谓典型后岗一期文化主要表现为：泥质陶普遍多于夹砂陶，泥质陶中胎质细腻

① 孙祖初：《中原地区新石器时代中期向晚期的过渡》，《华夏考古》1997年第4期。

② 后岗遗址经多次发掘，属于一期的遗存主要见于以下报导：a．梁思永：《后岗发掘小记》，《梁思永考古论文集》，科学出版社，1959年；b．中国科学院考古研究所安阳发掘队：《1958～1959殷墟发掘简报》，《考古》1961年第2期；c．中国科学院考古研究所安阳发掘队：《1971年安阳后岗发掘简报》，《考古》1972年第3期；d．中国科学院考古研究所安阳工作站：《1972年春安阳后岗发掘简报》，《考古》1972年第5期；e．中国科学院考古研究所安阳工作站：《安阳后岗新石器时代遗址的发掘》，《考古》1982年第6期。

的所谓细泥陶又占相当大的比例。制作技术主要采用泥条盘筑，部分大型器物采取了套接的方式，同时所谓的慢轮修整应用也比较常见。各种陶质主要以红黄为基调的颜色占绝大多数，如果红顶碗（钵）均按红陶统计的话，则灰或黑陶均仅有极少数。器表多为素面或磨光处理，施纹者仅占极少数，以弦纹较多见，其他还有线（绳）纹和划纹，而锥刺纹或指甲纹比例极低，彩陶在器表施纹者中占一定比例，红彩为主，黑彩有逐渐增多的趋势，图案比较简单，基本是各类几何线条或其组合。如果按照最基本功能区分，则器物以鼎、罐、壶、钵形成比较固定的组合关系（图二），另外口沿下施喙状或柱状凸起的缸以及施锥刺或指甲纹的圈纽器盖也具有一定的特色。

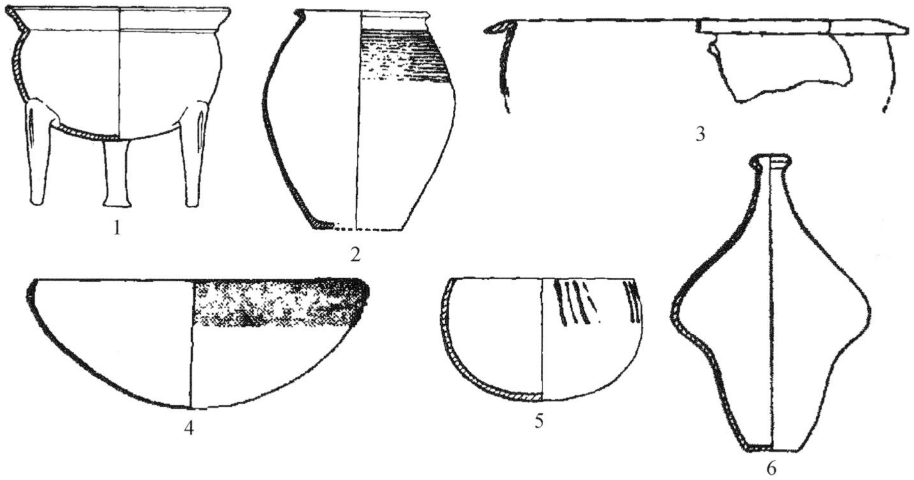

图二　后岗遗址第一期遗存陶器基本组合
1. 59H9③：14　2. 72H5：6　3. 72H5：15　4. 72H3：1　5. TA2③：1　6. 59S1④：30
（单位前所冠数字为发掘工作年份）

若以汉水中游的下王岗一期与分布在豫北冀南的后岗一期遗存对比来看，两者虽然在陶系、器表处理与基本器物组合等方面表现着比较一致的共性，但就具体器物形态以及其他枝节因素而言也确实存在着一定的变数。例如，两者的陶鼎在口沿形态上还存在一些差别，而下王岗一期比较发达的陶锉则基本未见于豫北冀南的后岗一期遗存，因此如何理解两者的关系进而认定下王岗一期这类遗存的性质，显然还需要通过文化因素深入地分析和更宏观视野的观察以把握。

后岗一期文化虽然因安阳小屯后岗遗址最下层遗存而得名，但既往的发现已证明该文化曾经广泛分布于黄河中下游地区，因而各地区后岗一期文化的面貌当然也会存在一定的差异或变化。目前在太行山东麓京汉铁路沿线的冀豫之地基本都发现有后岗一期文化遗存的存在，同时这一区域的后岗一期文化也均能够在当地找到渊源，因此后岗一期文化在太行山东麓属于原生的考古学文化的认识应当不会存在太多的争议。

离开太行山，向东南至濮阳西水坡[①]，大体存在着相当于界段营和后岗一期两个阶段的遗存，因此后岗一期文化原生区域并不仅限于太行山东麓，至少在东南方还可以进一步扩展。

当然后岗一期文化的分布不会仅仅局限于原生区域，对于那些尚没有发现具有渊源关系前世文化的后岗一期文化分布或露头区，可以暂时视作后岗一期文化分布空间的扩展区，其中或以晋中和岱海以及河套地区的发现比较典型。通过对晋中、岱海以及河套等地后岗一期文化阶段遗存所体现面貌的分析，笔者曾经指出："远程的迁徙，势必会使晋中、河套的后岗文化遗存与太行山东麓的母体集团之间产生一些变异，而所表现的基本趋势则是：越向西、距离原生地越远，后岗文化的典型因素就越淡薄，而西部文化系统的影响也越加强烈"[②]。尽管已经发生了较多的改变，但变化更多体现的是量的改变以及这种量变与地理分布存在着同步的规律，再加之由于在当地没有找到更早的源头，所以晋中、河套等地后岗一期文化阶段的这类遗存并没有被研究者按照一种新的考古学文化去认识。

参照对于晋中、河套等地后岗一期文化遗存的认识再来讨论下王岗一期与后岗一期的联系以及性质，显然如就陶器基本组合等因素来看，两者的相似度要超过后岗一期与河套等地的联系。而后岗遗址一期与下王岗一期类遗存之间所表现出来的距离，通过黄河以南的大河村遗址早期遗存等恰恰能够得到一些弥补或填充。如后岗与下王岗各自基本形态的鼎在大河村遗址分别存在，下王岗较为发达而后岗所未见或少见的圈足式器座和陶锉等在大河村也同时存在[③]，类似的现象在同属黄河以南的尉氏椅圈马遗址的第一期遗存中也有所表现[④]。因此通过这些地理分布中若干节点的连接，可以将汉水中游下王岗一期类遗存与后岗一期联系起来，并且在一定程度上同样能够体现类似在河套等地所见到的那样文化因素的量变与地理距离之间存在着的规律性。

在汉水中游地区目前尚未明确发现下王岗一期类遗存的源头，根据以往的考古发现与研究，在汉水上游地区早于后岗一期文化阶段分布着老官台文化[⑤]，而在南水北调工程的考古工作最新发现中，老官台文化的分布在汉水中游的郧县等地也有所露头[⑥]。

---

① 河南省文物考古研究所等：《濮阳西水坡》，中州古籍出版社等，2012年。

② 乔梁：《后岗、西阴与红山——公元前5000～前3000年中国北方的态势和文明的崛起》，《鹿鸣集——李济先生发掘西阴遗址八十周年—山西省考古研究所侯马工作站五十周年纪念文集》，科学出版社，2009年。

③ 郑州市文物考古研究所：《郑州大河村》，科学出版社，2001年。

④ 郑州大学考古系等：《河南尉氏县椅圈马遗址发掘简报》，《华夏考古》1997年第3期。

⑤ a. 陕西省社会科学院考古研究所汉水队：《陕西西乡李家村新石器时代遗址一九六一年发掘简报》，《考古》1962年第6期；b. 商县图书馆等：《陕西商县紫荆遗址发掘简报》，《考古与文物》1981年第3期。

⑥ 余西云：《郧县庹家洲新石器时代东周及唐代遗址》，《中国考古学年鉴2012》，文物出版社，2013年。

由于目前尚未发现相当阶段其他考古学文化的线索，因此大体可以确认在下王岗一期类遗存出现之前，汉水中游地区可能主要属于老官台文化的势力范围。

老官台文化是属于黄河流域面向亚洲腹地考古学文化系统目前已知最早的新石器时代考古学文化，渭河流域与汉水上游是目前老官台文化遗存发现相对较多的区域。根据一系列遗址发现的层位关系以及陶器类型学研究，基本可以确认通过类似于北首岭下层那类遗存的中介，老官台文化发展演进为半坡文化。通过多年来的发现，半坡文化在陶器方面最突出的表现是杯形口小口尖底瓶和鱼纹彩陶图案，而基本不使用鼎也是半坡文化的区别于同时期面向海洋版块考古学文化系统诸文化的重要特征之一。下王岗一期类遗存没有发现杯形口小口尖底瓶和鱼纹彩陶图案的存在，却拥有比较发达的陶鼎，因此就陶器特征来看，下王岗一期类遗存显然不宜归属于年代基本相当的半坡文化，而如就小口尖底瓶、鱼纹和陶鼎这些应当能够反映生活习俗传统和精神文化基因的差异，似乎也没有理由将其视作同一考古学文化系统内不同类型的体现。将文化发展阶段相同、年代大体相当的下王岗一期、后岗一期与半坡文化三者进行横向的对比，则不难发现前两者与半坡之间的变化表现了基本一致的趋势，即都体现了没有小口尖底瓶和鱼纹，而陶鼎相对发达的特点。此外在陶器质地色泽、器表处理等方面下王岗一期与后岗一期之间也体现着较多的共性，并均以此区别于半坡文化。下王岗一期虽然是继老官台文化之后出现于汉水中游的考古学文化遗存，但就其所体现的文化面貌来看，却基本没有能够反映自老官台文化所继承下来的因素，因此两者之间不具备传承关系应当是十分明确的事实。

不论对于下王岗一期类遗存的性质如何认识，目前研究者多将下王岗一期类遗存的来源追溯到以方城大张庄遗址所代表的遗存①。在大张庄遗址陶器所表现的基本组合也是鼎、罐、盆、钵、壶，也拥有陶锉等器具，各类器物的形态多能与下王岗一期类遗存相对比联系，同时大张庄遗址中也还保留有实心的支脚等。这类遗存无疑应当与下王岗一期类遗存具有密切的联系，并且保持着一些较早的特征，因此将大张庄遗址所代表的遗存视作下王岗一期类遗存直接来源的认识具有合理的成分。大张庄遗存与下王岗一期类遗存间联系十分紧密，许多因素已基本相同，故而大张庄部分遗存的年代下限也许本身就已经跨入了下王岗一期所存续的时间。

尽管在较之半坡文化、后岗一期文化等更早一个阶段的黄河流域诸考古学文化中多拥有以三足形成支撑的钵、碗类器物，但同样以三足为支撑的鼎却只是由存在着支脚与釜组合为基本炊器形式的面向海洋系统诸考古学文化所发明。由此在陶鼎发明后很长一个阶段中，鼎的流行与否是黄河流域两大考古学文化系统分野的重要文化因素之一。按照前面的分析，鼎是下王岗一期类遗存的重要内涵，因此其应当属于面向海洋的考古学文化系统。对于下王岗一期类遗存文化系统归属的认识，在与后岗一期等

① 南阳地区文物队等：《方城县大张庄新石器时代遗址》，《考古》1983年第5期。

遗存之间所表现的亲缘性、文化渊源方面的一致性以及由东及西的分布过程等也都能够得到阐释和支持。

下王岗一期类遗存与后岗一期同属黄河流域面向海洋考古学文化系统，两者年代相当，文化面貌上体现着诸多共性，特别是反映日常生活器用传统的最基本陶器组合保持着高度的一致性，以及存在着来自同一先世文化的可能，这些指标或因素都比较明确与清晰地提示着对于两者文化属性归一的认识，因此将汉水中游地区以下王岗一期所代表的遗存视作后岗一期及其先世文化在向西南的发展中所形成一种类型的观点，至少在当前考古发现所建构的知识体系下，应当是一个比较合理的结论。

三

黄河流域面向海洋版块考古学文化系统的后岗一期文化曾向太行山以西及其延伸一线进行过较大规模的扩张，同晋中、河套等地考古发现所反映的情况一样，汉水中游下王岗一期类遗存的出现应当也属于这一扩张的结果。既往的发现和研究表明，当后岗一期文化在岱海和河套地区出现后不久，源自渭河流域的半坡文化也到达了这一区域[①]，同时在北上与东进的过程中，通过与不同文化集团不断的接触与冲撞、借鉴或交融，半坡文化也在重组或新构中逐步的演进为西阴文化。所以在北方稍东一些的洋河流域，表现为西阴文化取代后岗一期文化的现象[②]，表明面向亚洲腹地考古学文化系统在北方地区的推进和取代后岗一期文化的活动经历了一个渐次的过程。与之相类似的情境在汉水中游也有所表现，在属于后岗一期文化系统的下王岗一期类遗存之后出现的是拥有已经有所变形的杯形口小口尖底瓶或鱼纹彩陶等因素的遗存，而且在这类略晚于下王岗一期的遗存中很快也出现了西阴文化的因素，由此反映出两地后岗一期文化的消失或变更在动因和时间上体现了同一和同步的趋势。

然而，与河套等北方地区所发生的后岗一期文化被面向亚洲腹地考古学文化系统的半坡及西阴文化所驱赶或替代不同，在汉水中游地区目前考古学资料所表现的却是另一番情形。当面向亚洲腹地考古学文化系统的半坡居民集团继后岗一期文化集团居民之后出现在汉水中游地区后，作为先行者的后岗一期文化集团并没有因半坡文化集团的到来而消失，却以保持着一定核心文化内涵的形式坚持在当地。这一时期当地考古学文化的面貌明显地呈现为两支考古学文化核心文化因素的叠加，或许反映了两个考古学文化集团在汉水中游地区的相持或交融。

在汉水中游诸遗址都发现了叠压在下王岗一期类遗存之上、拥有杯形口小口尖底

---

① 内蒙古自治区文物考古研究所等：《岱海考古（二）——中日岱海地区考察研究报告》，科学出版社，2001年。

② 张家口考古队：《蔚县考古纪略》，《考古与文物》1982年第4期。

瓶或变形鱼纹等因素的遗存中仍然保存着发达的陶鼎，显然这是在汉水上游以及渭河流域的半坡文化及其后续遗存中所难以见到的现象。就下王岗二期、沟湾以及大寺①、雕龙碑②等遗址所见与属于半坡文化系统的小口尖底瓶、变形鱼纹彩陶等所共存的陶鼎中，多数表现为折沿、圜底、圆锥状足的特征，其中也不乏类似后岗一期文化典型陶鼎在足和器身结合部位存在多道竖向按压或戳印痕的形式，由此不难看出汉水中游地区这些出现于下王岗一期之后的陶鼎应当渊源于属于后岗一期文化的下王岗一期类遗存的同类陶鼎（图三）。

由于作为实用炊具的陶鼎体现着考古学文化集团居民的生活传统，而小口尖底瓶和鱼纹等也属于反映器用文化习俗以及精神世界诉求的核心内涵，所以并无法据此判断两支文化在交融中孰强孰弱的态势。至于诸如罐、盆、钵等由于器形相对简单，而且年代相同或相近的原因又表现着很多的时代共性，在没有条件进行更微观的观察分析的情况下，目前也无法进行更进一步的量化研究，去准确判断融合所形成考古学文化的属性。但是如就陶器整体面貌所表现出来的夹砂陶比例开始加大、施纹陶所占比重有所增加、彩陶数量与内涵都更加丰富、黑彩取代红彩等因素来看，显然这些指标多在体现着面向亚洲腹地的半坡文化的内涵或趋势。由于对于这一阶段的汉水中游而言，半坡文化的进入属于主动的一方，所以或者也可以认为在两种文化的融合中，半坡及其后续文化在一定程度上占据着主导的地位。

当然两支文化的融合并非仅仅表现为陶鼎与尖底瓶或变形鱼纹彩陶同存共进那样简单，作为汉水中游后岗一期文化集团保持一定特色的圈足式器座和陶锉也都在交融中得以保留，表明后岗一期文化集团的居民确实在半坡文化的进入后仍在原居地驻留，并大致保持着一种平衡的状态。

两大系统考古学文化集团在汉水中游的汇合，可能很快就达成了某种默契或产生了一定的合力。所以考古发现所见到的是，当这一区域进入西阴文化阶段时，考古学文化的结构已表现为你中有我、我中有你的胶着状态，例如折腹釜形鼎的出现、圈足式器座装饰花卉彩陶图案等都反映了原本属于不同考古学文化系统集团的因素相互影响、借鉴的现象。因此在这种状态下已无法根据文化因素及其比例去判断不同集团在整体文化中所据的比重，而应当将这种交融所导致的结果视作一种新人群集团的形成。

两大系统考古学文化集团在汉水中游的交融和重组所形成的新类型考古学文化大概一直延续到仰韶时代的终结，所以考古学中观察到的是陶鼎在这一区域的仰韶时代中始终保持着发达的状态，并且给予周边地区乃至下一个历史阶段以深厚的影响。而从更宏观视角来看，这样的结果可能对于改变中国史前文化的进程与格局，影响黄河

① 中国社会科学院考古研究所：《青龙泉与大寺》，科学出版社，1991年。

② 中国社会科学院考古研究所：《枣阳雕龙碑》，科学出版社，2006年。

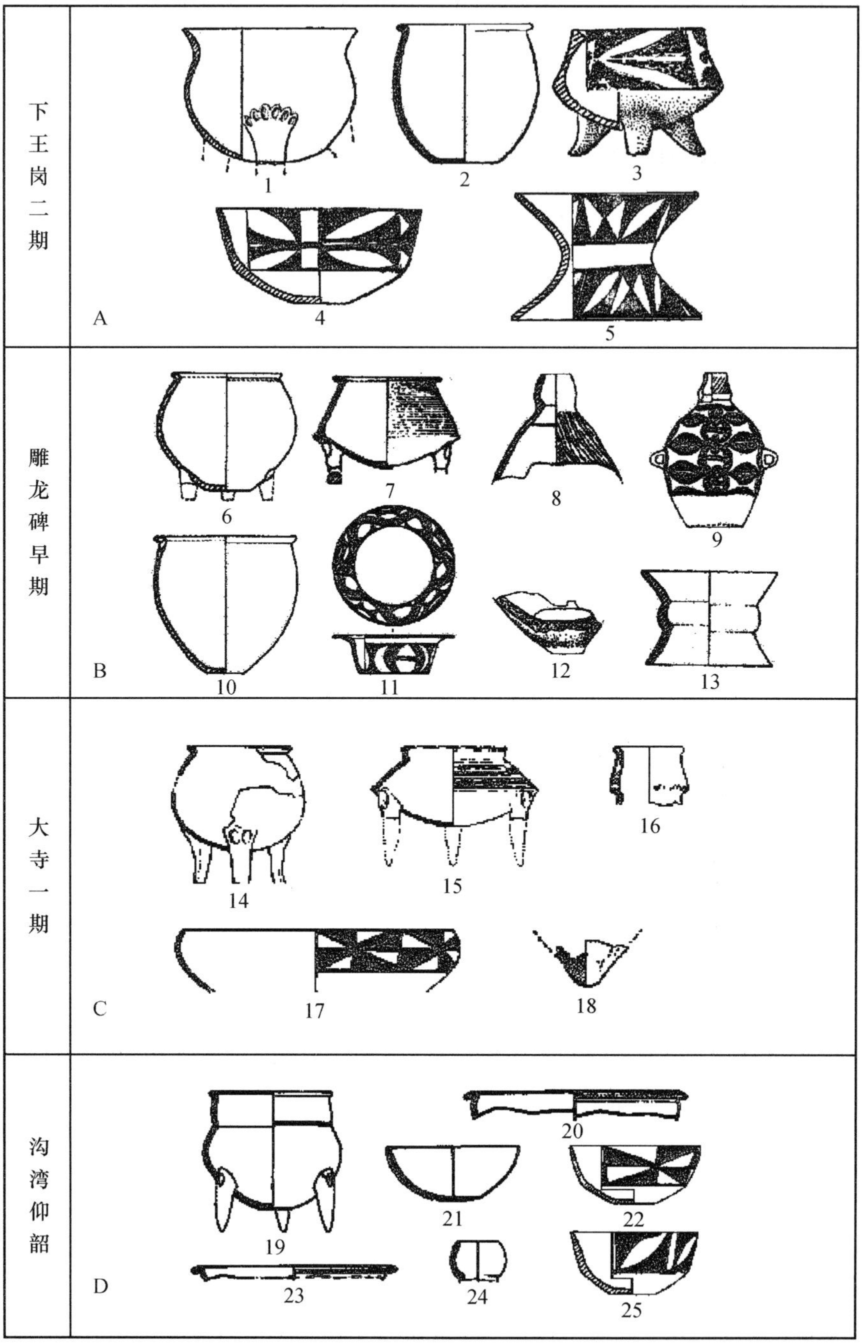

图三　汉水中游地区后岗文化与半坡及后续文化重组交融现象示意

A：1. M653：1　2、4、5. M302：3、M302：2、M302：1　3. M540：2；

B：6、7、10. T2309⑥：2、T2309⑥：18、T2309⑥：20　8. 12. 采：1、T2206⑤：39　9、11. F12：5、F12：4　13. F11：1；

C：14. T4④：70　15. T5④：74　16. T13④：61　17. T8③：1　18. T13⑤：80；

D：19、20～22. T3229⑦：6、T3229⑦：35、T3229⑦：9、T3229⑦：3　23～25. T3229⑥：17、T3229⑥：25、T3229⑥：2

流域考古学文化两大系统对应结构的稳定，促进考古学文化的多样性和兼容度产生重要的作用。

黄河流域两大考古学文化系统势力对于汉水中游的争夺，致使后岗一期文化同半坡及其后续文化在这一区域共生并融合，进而影响或促成了“史前中国”的“夷夏”二元格局的改变，为传说时代“三大集团”的形成或群分奠定了基础，而这种文化演化中的亲缘联系和交互影响，可能就是导致传说时代史前集团分合之间那种“说不清、剪不断、理还乱”文献困境的深层原因。

大汶口文化相关图像文字的再阐释

王永波[1]　王云鹏[2]

（1. 山东省文物考古研究所；2. 山东省博物馆）

1959年发掘泰安大汶口遗址，在出土背壶上发现了“”形朱绘图案；1979年，在莒县陵阳河的发掘中，又在大汶口文化晚期后段墓葬的随葬陶尊上发现了一种刻划涂朱的“图像文字”，轰动了整个学术界，在社会上掀起了一波文明起源研究的热潮。类似的图像文字还见于莒县大朱家村①、杭头②、诸城前寨③、日照尧王城和安徽蒙城尉迟寺等遗址。由其分布范围和稳定的造型结构推测，应是当时通用的记事符号，对确定相关考古学文化的族属具有十分重要的作用。本文拟在以往研究的基础上，对“”“”“”和“”形符号的释读问题作进一步的讨论。

一、关于“图像文字”的属性

迄今，大汶口文化出土的“图像文字”已发表的有32个（图一）个体，尧王城遗址发现的2个只有消息报道而没有公布图形④，据说1个残文类似于陵阳河M17的图像（图一，10），另1件则可能代表一种未识的新图像。此外，美国弗利尔美术馆收藏的1件筒形玉琮形器，一侧有阴刻的形图案，另一侧有与良渚文化“冠状神徽”相近似的图案⑤。石志廉在《中国文物报》上介绍中国历史博物馆所藏玉琮，“其上端正中刻有阴线形纹饰，细若毫发。其底部内壁一侧刻有一阴线斜三角纹饰”，作“◁”

---

① a. 山东省文物考古研究所：《莒县大朱家村大汶口文化墓葬》《考古学报》，1991年第2期；b. 苏兆庆等：《山东莒县大朱村大汶口文化墓地复查清理简报》，《史前研究》（辑刊），1989年。

② 山东省文物考古研究所等：《山东莒县杭头遗址》，《考古》1988年第12期。

③ 任日新：《山东诸城县前寨遗址调查》，《文物》1974年第1期。

④ 中国社会科学院考古所：《尧王城遗址第二次发掘有重要发现》，《中国文物报》1994年1月23日第1版。

⑤ 林巳奈夫：《中国古玉器总说》（日文版）第二部第五章，第203页插图，吉川弘文馆，1999年。

图一　大汶口文化陶尊文字

1. 陵采：1　2. 陵采：2　3. 杭M8：49　4. 陵采：3　5. 陵采：4　6. 大M17：1　7. 大采：1　8. 尉T3828：1　9. 陵M25：1　10. 陵M17：1　11. 陵M17：扰　12. 陵采：5　13. 陵采：6　14. 陵M7：?　15. 陵采：7　16. 陵M19：40　17. 陵采：8　18. 陵M7：?　19. 大M02：1　20. 大M26：3　21. 大采：2　22. 前采：1　23. 尉JS4：1　24. 尉M 177：1　25. 尉M96：2　26. 尉M215：1　27. 尉JS10：2　28. 尉JS10：4　29. 尉M321：2　30. 尉T3114⑤：5　31. 尉M289：1　32. 尉T2512⑥：2

（1、2、4、5、9～18. 陵阳河　3. 杭头　6、7、19～21. 大朱村　8、23～32. 尉迟寺　22. 前寨）

形[①]。如此，共有37个类似的符号。陵阳河出土14件[②]，其中图一的1和4见于同一件陶尊的两侧外壁；图一的5与17刻于同器，上下而处；图一的10，上部为刻划图像，下部的倒梯形为涂朱。安徽尉迟寺发现的11例（图一，8、23～32），除“太阳飞鸟三叉冠状”图案组合（图一，24）造型较为特殊外，余者均与山东地区的同类符号大同小异[③]。据其形体结构可区分为四大类。

（1）单体象形，数量较少，如斧、锛类的摹画（图一，1～3），通常释为戊、斤。

（2）复体象形，仅见1例，像封土植树，即社祭图像（图一，9），通常释为“封”[④]，王树明释为“南”字[⑤]。

（3）单体会意，整体作内弧四边形，数量较少，通常有两个角的线条不闭合（图一，16、17、20）。通常释之为“凡”，假为“风”字。同样的字体也见于商代甲骨文和金文，并常常作为人名出现，如甲骨文宾组卜辞（《殷墟文字缀合》223）和《殷墟卜辞综类》[⑥]等，在金文中还作为氏族名称[⑦]。

（4）复体会意，数量最多。有的总体形状类似于内装圆珠的瓶子（图一，4～8），中部顶端都有一个屋脊状突起，王树明释为“享”字。最多的是“昊阳当空”的“”和“”形符号，即所谓的“日月”或“日月山”图像（图一，12～15、18、19、21～32），通常释为“旦”和“炟”[⑧]或“炅”和“炅山”[⑨]。最复杂的是由“瓶”、羽毛和方框组成的“皇冠”（图一，10、11）。王树明释为“滤酒图像”[⑩]。李学勤引征《礼记·王制》，“有虞氏皇而祭”；郑注，“皇，冕属，画羽饰焉”，

---

① 石志廉：《最大最古的纹碧玉琮》，《中国文物报》1987年10月1日第3版。

② a. 山东省文物考古研究所等：《山东莒县陵阳河大汶口文化墓葬发掘简报》，《史前研究》1987年第3期；b. 王树明：《谈陵阳河与大朱村出土的陶文字》，《山东史前文化论文集》，齐鲁书社，1986年；c. 王树明：《仓颉作书与大汶口发现的陶尊文字》，《莒文化研究文集》，山东人民出社，2002年。

③ 中国社会科学院考古研究所：《蒙城尉迟寺》，第118页图93，第119页图94，第256页图205，科学出版社，2001年；《蒙城尉迟寺》（第二部），第102页图71，第106页图74，科学出版社，2007年。

④ 李学勤：《论新出大汶口文化陶器符号》，《文物》1987年第12期。

⑤ 王树明：《谈陵阳河与大朱村出土的陶文字》，《山东史前文化论文集》，齐鲁书社，1986年。

⑥ 岛邦男：《殷墟卜辞综类》278页。

⑦ 容庚：《金文编》附录上269～271，中华书局，1985年。

⑧ 于省吾：《关于古文字研究的若干问题》，《文物》1973年第2期。

⑨ a. 唐兰：《关于江西吴城文化遗址与文字的初步探索》，《文物》1975年第7期；b. 李学勤：《论新出大汶口文化陶器符号》，《文物》1987年第12期。

⑩ 王树明：《谈陵阳河与大朱村出土的陶文字》，《山东史前文化论文集》齐鲁书社，1986年。

而释为“皇”字[①]。与“皇”类似的刻划图案还见于南京北阴阳营遗址的陶尊上（图二，2）[②]。

1959年大汶口遗址M75出土的背壶上作“”形的朱绘图案（图二，1）[③]，唐兰认为其“像花朵形”而释作“桒”[④]。

大汶口文化陶器上的图像符号究竟是不是文字，学界尚未取得完全一致的看法，有的学者因其尚不具备“记录语言”的功能，而否定其文字属性。汪宁生认为：“大汶口文化陶器上的四种图形（具体指被释为炅、炅山、戊、斤四种），也还不能认为就是文字的开端，因为资料太少，无从证明这四种图形当时已是语言的符号”[⑤]。不过，无论持何种观点，都无法否认这些符号所表现的文字基本要素。李学勤曾有过精辟的归纳：“①同后世的甲骨文、金文形状结构接近，一看就产生很像文字的感受；②见于特定器种，而且在器外壁的一定位置上，与金文在器物上的位置类似；③象形而有相当程度的抽象化，不是直接如实的描画；④与装饰性的花纹不同，不能分解为若干图案单元”；“有的符号总是涂朱，可能有特殊重要性”[⑥]。

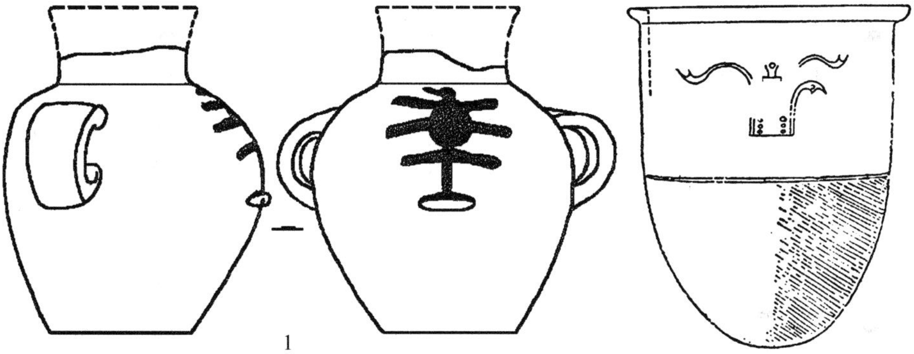

1　2

图二　泰安大汶口、南京北阴阳营陶器图案

1. 大汶口M75：1　2. 北阴阳营H2：1

① 李学勤：《论新出大汶口文化陶器符号》，《文物》1987年第12期。

② a. 南京博物院：《南京市北阴阳营第一、二次发掘》，《考古学报》1958年第1期；b.《北阴阳营》，文物出版社，1993年。

③ 山东省文物管理处等：《大汶口新石器时代墓葬发掘报告》，文物出版社，1974年，第73页，图五九。

④ 唐兰：《从大汶口文化的陶器文字看我国最早文化的年代》，《大汶口文化讨论文集》，齐鲁书社，1979年。

⑤ 汪宁生：《从原始记事到文字发明》，《考古学报》1981年第1期。

⑥ 李学勤：《论新出大汶口文化陶器符号》，《文物》1987年第12期。

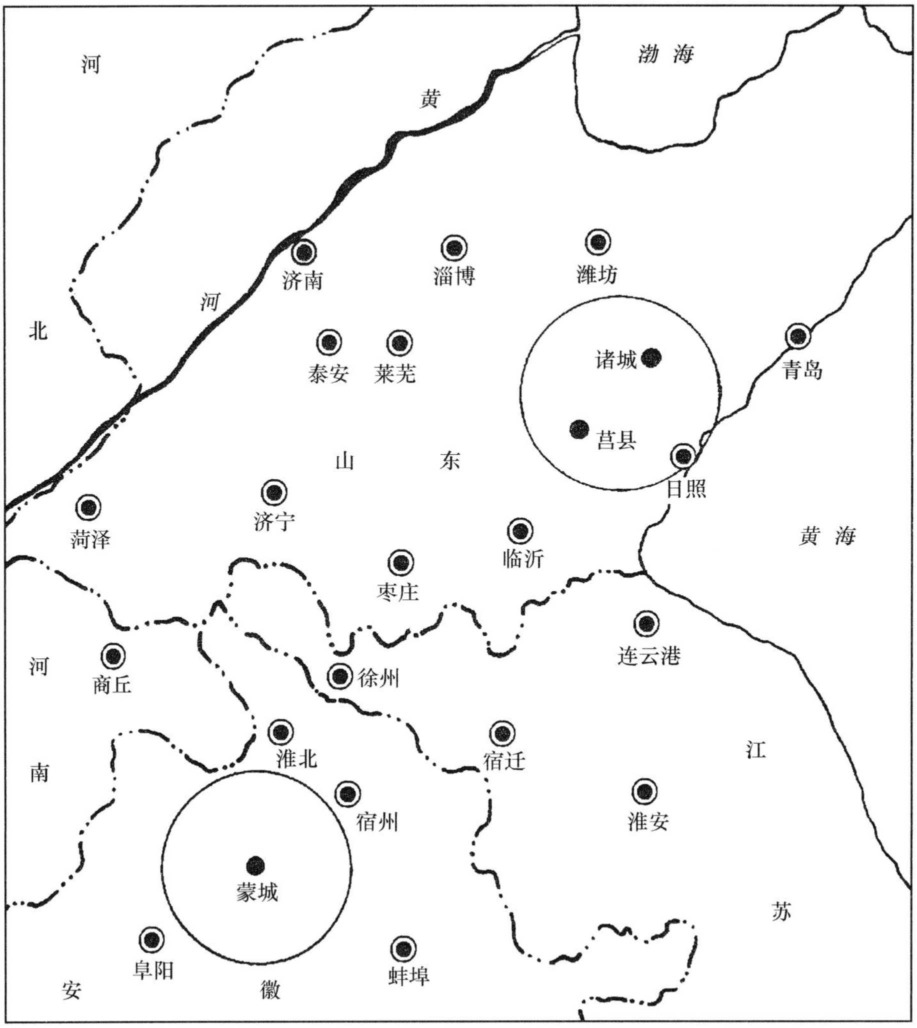

图三　大汶口文化陶文分布范围示意图

这些特点表明，大汶口文化陶器图像符号既不同于一般的装饰纹样，也不同于日常生活中随意刻划的记事符号，唯有将其视为“早期的文字”，上述特点才能得到合理的解释。同样的刻划符号在相距近500千米的山东日照、诸城、莒县和安徽蒙城两地分别出现（图三）；“皇”字刻符则发现于近1000千米之外的南京北阴阳营，表明这些“早期文字”即使还不能像成熟文字那样“记录语言”，至少也具备记录某种“组合信息”的功能。或者，一个符号就是一个约定成俗的“典故”，当时的知识阶层（如巫师等）或可凭借这种文字“读出”其所蕴涵的信息，从这个意义上说，这种符号应属于“浓缩的语言记录”。

应当承认，文字同其他事物一样，也有一个产生、发展、完善的过程，因此，我们不能因为早期文字“记录语言”的功能尚不够完善而求全责备。事实上，古代文字，包括甲骨文、金文，乃至于更晚的“文言文”，其记录语言的能力仍处在一个不断发展完善的过程之中，当时“口语”和“书面语言”的差别就是有力的证据——尽管今天已无法得知当时的“口语”表达方式，但商代居民的口语决不会完全等同于甲骨卜辞却是可以肯定的。

1986～1992年，安徽省文物考古研究所对蚌埠双墩遗址进行了三次发掘，并提出了“双墩文化”的命名。在三次发掘中，出土了600余件带有刻划符号的陶片标本。这些刻划符号有单体，两个或两个以上的复体，还有两个或两个以上的不同符号构成的组合符号。从具体形式上看，有大量的象形符号，如山川、河流、太阳、猪、猎猪、鱼、捕鱼、鹿、获鹿、鸟、网鸟、蚕、养蚕、编织、饲养、花、丝卷、种植、植物、叶脉、花瓣、房屋、人形等，还有相当数量的几何图形，用十字、弧线、直线等母题组成的圆圈、六角星、数字、三角、方框、半框、井字、网格等符号。有的符号具有明显的“主文”与“地纹”的区别，表达了相对完整的含义。这类符号在其他遗址也有发现，说明其在一定的范围内已有得到认同的固定形态，具有象形、会意、指事等含义特征，显示出文字的特点，体现了所谓“仰则观象于天，俯则观法于地，旁观鸟兽之文与地之宜”的初始造字能力①。

双墩文化地处安徽北部，年代约在公元前7000年前后，与北辛文化年代大致相当，而早于大汶口文化，进而证明大汶口文化的陶文应属于更为进步的“早期文字”。唐兰先生认为“是很进步的文字”，“陵阳河遗址和前寨遗址中陶器文字的发现，使商周以前的图像文字体系，至少可以推到五千年以前了”②。裘锡圭先生认为，“大汶口文化象形符号的作风则跟古汉字很相似，二者之间似乎不会一点没有关系”；“如果说大汶口文化象形符号可能曾与原始汉字同时存在，相互影响，或者曾对原始汉字的产生起过一定的作用，距离事实大概不会太远”③。高明先生认为：“从现有的资料来看，时代最早的是陶文，应以莒县陵阳河与诸城前寨等遗址出土的陶文为冠”④。台湾学者李孝定说：“它们太像后世的文字了，其系文字不容否定”⑤。香港学者张光裕则说：“陵阳河出土陶文中的‘旦’字，从文字的观点来看，显然已逐渐脱离刻符或象形的范畴，而进入了会意字的阶段。”⑥最早讨论大汶口文化符号性

① 安徽省文物考古研究所等：《蚌埠双墩——新石器时代遗址发掘报告》，科学出版社，2008年，第184、321、322页。

② 唐兰：《从大汶口文化的陶器文字看我国最早文化的年代》，《大汶口文化讨论文集》，齐鲁书社，1979年。

③ 裘锡圭：《汉字形成和发展》，《文字学概论·三》，商务印书馆，1988年，第25页。

④ 高明：《论陶符兼谈汉字起源》，《北京大学学报》1984年第6期。

⑤ 李孝定：《符号与文字——三论史前陶文和汉字起源问题》，《汉字的起源与演变论丛》，联经出版事业公司，1986年。

⑥ 张光裕：《从新出土材料重新探索中国文字起源及相关问题》，《香港中文大学学报》1981年第7期。

质的于省吾则以“”为例，认为是“用三个偏旁构成的会意字”，“是原始文字由发生而日趋发展的时期”[①]与双墩文化和大汶口文化“刻划图像”揭示的情况是极为一致的。

较大汶口文化年代相当和略晚的江浙崧泽、良渚文化也发现了较多的陶器刻符，尤以良渚文化发现较多，且更具文字特征。早在1936年，人们便在浙江南湖良渚文化陶器上发现了9个刻划符号（图四，3～11）[②]。20世纪60年代在上海马桥良渚文化层的陶片上发现了6个刻划符号（图四，12～17）[③]。20世纪70年代在江苏吴县澄湖古井群又发现了几个同类符号，其中1个刻在带流器的腹部（图四，20），4个刻在黑陶篓形罐，呈横向排列（图四，21～24）[④]。又在马桥遗址的陶簋和上海亭林遗址的陶豆内底各发现了1个刻画符号（图四18、19）[⑤]。20世纪80年代又在余杭南湖发现了一些刻划符号（图四，25、26、35、36），其中1件黑陶罐的上腹部有连续刻划的8个（或9个；图四，27～34；34或可视为2个）符号[⑥]。此外美国收藏家弗列次·比勒芬格（Fritz Bilfringer）约40年前在杭州附近购得1件良渚文化陶壶，其圈足内壁上有一行刻划符号，饶宗颐和李学勤曾分别对其进行了摹写，但两份摹写在字符数量、形体和排列都有不同（图四，1、2）[⑦]。

简单地说，图四的35、36可能为某种动物的摹画，与下文所举南荡文化的刻划有些近似，性质尚不易判定。余者，其造型、结体与甲骨、金文都有些相通，具有文字的基本特征，也应属于早期文字。特别是南湖和澄湖陶罐上的连续刻划符号，即可组成一个短句。有学者就将图四的21～24释之为“方钺会矢”[⑧]。

龙山时期的陶文最早见于邹平丁公龙山文化遗址，是山东大学历史系考古专业于1991年对该遗址的第四次发掘中发现的[⑨]。陶文镌刻在一块黑陶平底盆的残片上，竖排5行11个“连笔草书”符号，疏密错落，排列有序，最末的一个字的位置偏向左侧，类

① 于省吾：《关于古文字研究的若干问题》，《文物》1973年第2期。

② 施更昕：《良渚》，西湖博物馆，1938年；转引自杨振彬：《长江下游史前刻划符号》，《东南文化》2001年第3期。

③ 上海市文物管理委员会：《上海马桥遗址第一、二次发掘》，《考古学报》1978年第1期。

④ 南京市博物院等：《江苏澄湖古井群的发掘》，《文物资料丛刊》（第9辑），文物出版社，1985年。

⑤ 张明华、王惠菊：《太湖地区新石器时代的陶文》，《考古》1990年第10期。

⑥ 杨振彬：《长江下游史前刻划符号》，《东南文化》2001年第3期。

⑦ a. 饶宗颐：《哈佛大学所藏良渚黑陶上的符号试释》，《浙江学刊》1990年第6期；b. 李学勤：《海外访古续记》，《文物天地》1992年第5期。

⑧ 董楚平：《方钺会矢——良渚文字释读之一》，《东南文化》2001年第3期。

⑨ 山东大学历史系考古专业：《山东邹平丁公遗址第四、五次发掘简报》，《考古》1993年第4期。（临摹图见《文物天地》封二，1993年第2期。）

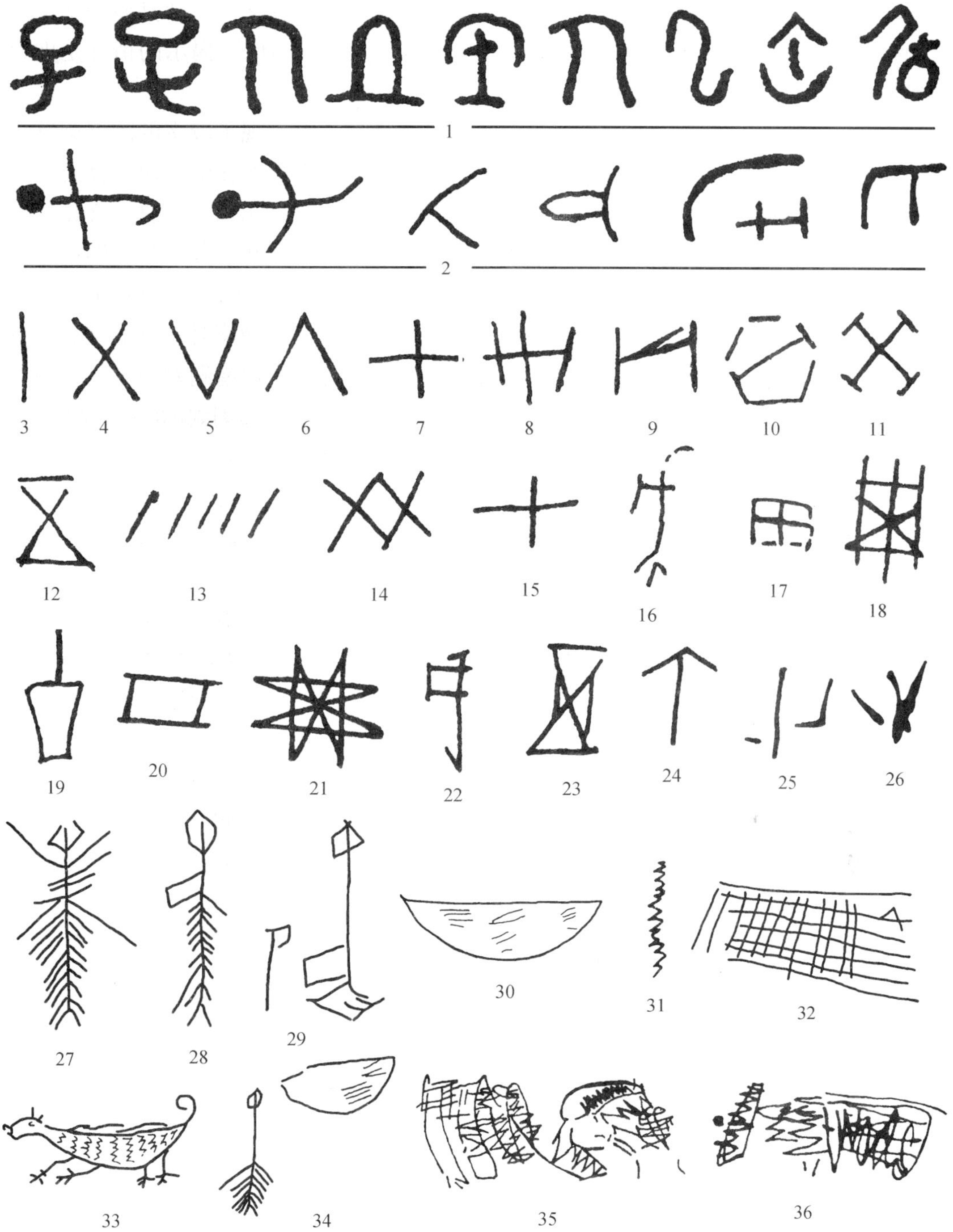

图四　良渚文化刻划符号

1、2. 陶壶刻符（分别为饶宗颐、李学勤摹写）　3～11、25、26. 南湖　12～18. 马桥　19. 亭林　20～24、35、36. 澄湖　27～34. 南湖黑陶罐

似于现代书法的落款标识，看起来很像一幅完整的“书法辞章”（图五，2）。由于刻字陶片是田野发掘工作结束后，在室内洗刷陶片的过程中发现的，加之文字的结体风格不同于殷墟甲骨文，章法又过于进步，发掘工地主持人栾丰实为慎重起见，特意邀笔者共同核检同一遗迹单位的出土遗物，在确认没有晚期遗物混入的前提下，一道赴北京邀请国家文物局组织有关专家进行鉴定，得出了肯定的结论①。但是，仍有不少学者对这片刻字陶片持有不同程度的疑虑。

1993年春夏，在江苏高邮龙虬庄遗址发掘期间，曾在遗址东部的河岸断面上采集到1片属于海岱龙山文化王油坊类型，即报告所称“南荡文化遗存”的泥质磨光黑陶盆口沿，陶片内壁有8个刻划符号：左侧刻有竖排4个结构类似于甲骨文的符号；右侧则横排4组（行）象形符号（图五，1），结体风格与邹平丁公的“连笔草书”较为一致②，为丁公龙山文化陶书的真实性和学术价值提供了不可多得的实物证据。此外，在阳谷景阳冈遗址也发现了刻有类似文字符号的残片③。这些发现表明，龙山文化时期的文字已有了进一步的发展，并从这样的角度为大汶口文化的“早期陶文”提供了有力的侧证。

1　　2

图五　龙山文化文学

1. 龙虬庄　2. 丁公

二、“踆乌负日”与“昊”字会意

学界将“”“”图像，称之为“日月”或“日月山”，是将圆形“日”纹和“山”纹之间的弧形纹视为“弯弯月”。如此，似乎应该释为“明”或“明山”，但论者无一作如是观者，而将其分别释为“旦”和“炟”，是以圆形日纹之下的“弯弯月”视为“云气”，而将最下面的图案看做“火焰纹”；释作“炅”④和“炅山”则

① 王恩田等：《专家笔谈丁公遗址出土陶文》，《考古》1993年第4期。

② 龙虬庄遗址考古队：《龙虬庄——江淮东部新石器时代遗址发掘报告》，科学出版社，1999年，第204、205页。

③ 王守功：《景阳冈城址刻纹陶片发现的意义》，《中国文物报》1998年1月14日。

④ 唐兰：《关于江西吴城文化遗址与文字的初步探索》，《文物》1975年第7期。

是把“弯弯月”看做“火焰纹”，而以最下的图案为“山”的摹画。综合分析这类图像，不难发现，无论是“弯弯月”“云气”，还是“山形纹”的说法都难以成立。

“”形刻画符号共计7例，其圆形日纹之下的弧形纹凹曲中无一例外地都有一个上凸的尖峰（图六；参见图一）；“”形图案共计11个（图一），仅大朱村采:20弧形纹的凹曲中没有上凸的尖峰，诸城去前寨采集的1件弧形纹缺失（图一，21、22），余者，弧形纹的凹曲中都具有明显的尖峰。与“弯弯月”的形象大异其趣，与“火焰纹”“云气纹”也不存在造型上的关联。有的圆形太阳纹之下的弧形纹则变成了两个向上斜出的“翅膀”（图六，4、5），与“弯弯月”或“火焰纹”“云气纹”更是无关。

“”形图案中，尉迟寺M177：1下部为三叉冠状（图一，24），与“山形”无关。余者，“山形”下部边线平直的有7个（图一），其“五峰”的造型更像是火焰而不像山峰；M215：1（图一，26）则干脆是一个火盆升火的形状。JS4:1（图一，23）的造型，特别是“上部三峰”的形状更是与“山形”无关。“山形”下部边线为弧形的4个图像（图一，21、29、32）则是地道的“火焰纹”造型。

> 《山海经·海外东经》：“汤（旸）谷上有扶桑，十日所浴。……九日居下枝，一日居上枝。”
>
> 《大荒东经》：“汤（旸）谷上有扶木，一日方至，一日方出，皆载于乌。”

事实上，学界所称圆形“日纹”之下的“弯弯月”“火焰纹”或“云气纹”，乃是一只凌空翱翔的大鸟的写意图[①]，即《大荒东经》“皆载于乌”的形象，与圆形“日纹”共同构成了传说中的“踆乌负日”图。最下面的“山形纹”才是真正的“火焰纹”，是“踆乌”驮着太阳升腾的背景图案，用以表达烈日当空，地面炙烤，热气升腾的含义。

上海博物馆收藏1件文化归属不明的玉琮刻绘的飞鸟纹（图七，3）[②]，浙江余杭南湖出土的良渚文化椭圆形黑陶豆盘上刻划飞鸟翱翔写意图（图七，4）[③]，对我们正确理解大汶口文化的“刻划图像”的摹画很有帮助。如图所示，这种“弯月”状弧曲的中间向上，或向下凸起尖峰，正是鸟类不同翱翔状态摹画，构图方式与当今画师在大背景中描绘的飞鸟有异曲同工之妙。

① 王大有：《龙凤文化源流》，北京工艺美术出版社，1987年。

② 薛婕：《鸟纹玉琮》，《北京日报》1984年11月10日；《馆藏文物精品·鸟纹大玉琮》，《首都博物馆国庆四十周年文集》，1989年。

③ 余杭县文物管理委员会：《余杭县出土的良渚文化的陶器刻划符号》，《东南文化》1991年第5期。

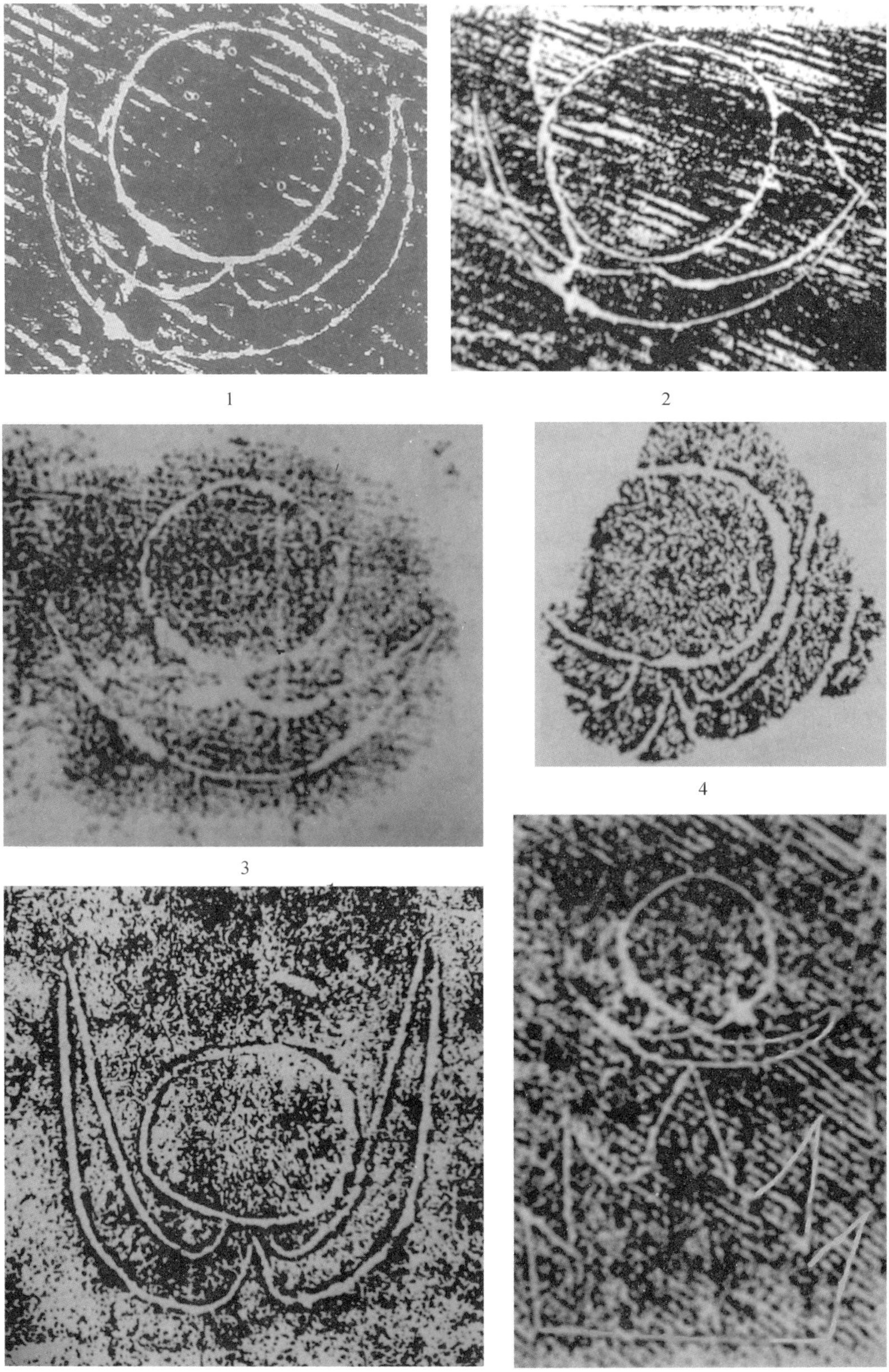

图六　昊字图像

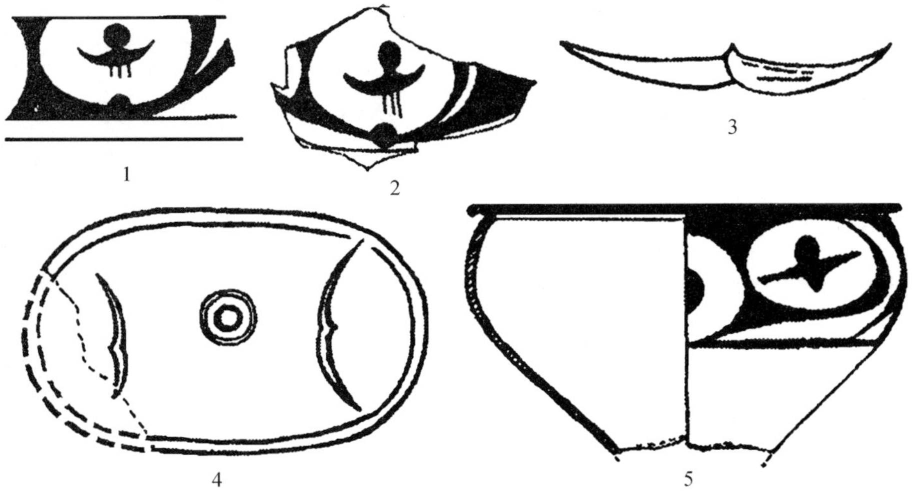

图七　玉器、陶器鸟纹纹样

1、2、5. 中原始前文化彩绘鸟纹（华县柳镇、陕县庙底沟、汾阳段家庄）　3. 上海博物馆藏玉琮鸟纹　4. 余杭南湖陶豆盘刻纹

江浙地区也是崇鸟尚日的民族，其考古学文化与山东地区有着密切的亲缘关系。河姆渡遗址曾出土两件刻有双鸟负日的骨雕和牙雕[1]，鸟的形象较为写实，太阳纹则由多重同心圆和热气蒸腾的火焰纹组成（图八，9、10）[2]。良渚玉器上也常见由多重同心圆太阳纹与奔鸟组成的图案，图八的8上部左右两侧分别刻有一只腹部饰有太阳纹的奔鸟[3]。发掘者将这类纹饰称之为“神鸟”，无不显示出“踆乌负日”的含义。

所以，应当将这类图像称之为“太阳飞鸟”，亦即“踆乌负日”图像。中原地区庙底沟文化受海岱鼎鬶文化崇日、尚鸟习俗影响而出现的部分鸟纹[4]，特别是三足鸟的形象（图七，1、2、5）[5]，也可为解读大汶口文化“”“”刻划符号的内涵提供有利的旁证。仔细观察，“”这种简化的三足鸟，实际上就是在大汶口文化“太阳飞鸟”“”图案的下面添加了三道竖画。经过这样的处理，“太阳飞鸟”“”就

① 浙江省文物管理委员会：《河姆渡遗址第一期发掘报告》，《考古学报》1978年第1期；《浙江河姆渡遗址第二期发掘主要收获》，《文物》1980年第5期。

② 分别转引自a. 王育成：《含山玉龟及玉片八角形来源考》，《文物》1992年第4期；b. 张明华：《关于一批良渚古玉的文化归属问题》，《考古》1994年第11期。

③ 浙江省文物考古研究所：《余杭瑶山良渚文化祭坛遗址发掘简报》，《文物》1988年第1期。

④ 晋中考古队：《山西汾阳孝义两县考古调查和杏花村遗址的发掘》，《文物》1989年第4期。

⑤ a. 中国社会科学院考古研究所：《庙底沟与三里桥》，科学出版社，1959年，图版陆，10；b. 王子今：《文明初期的部族融合与龙凤崇拜的形成》，《文博》1996年第1期（图五）。

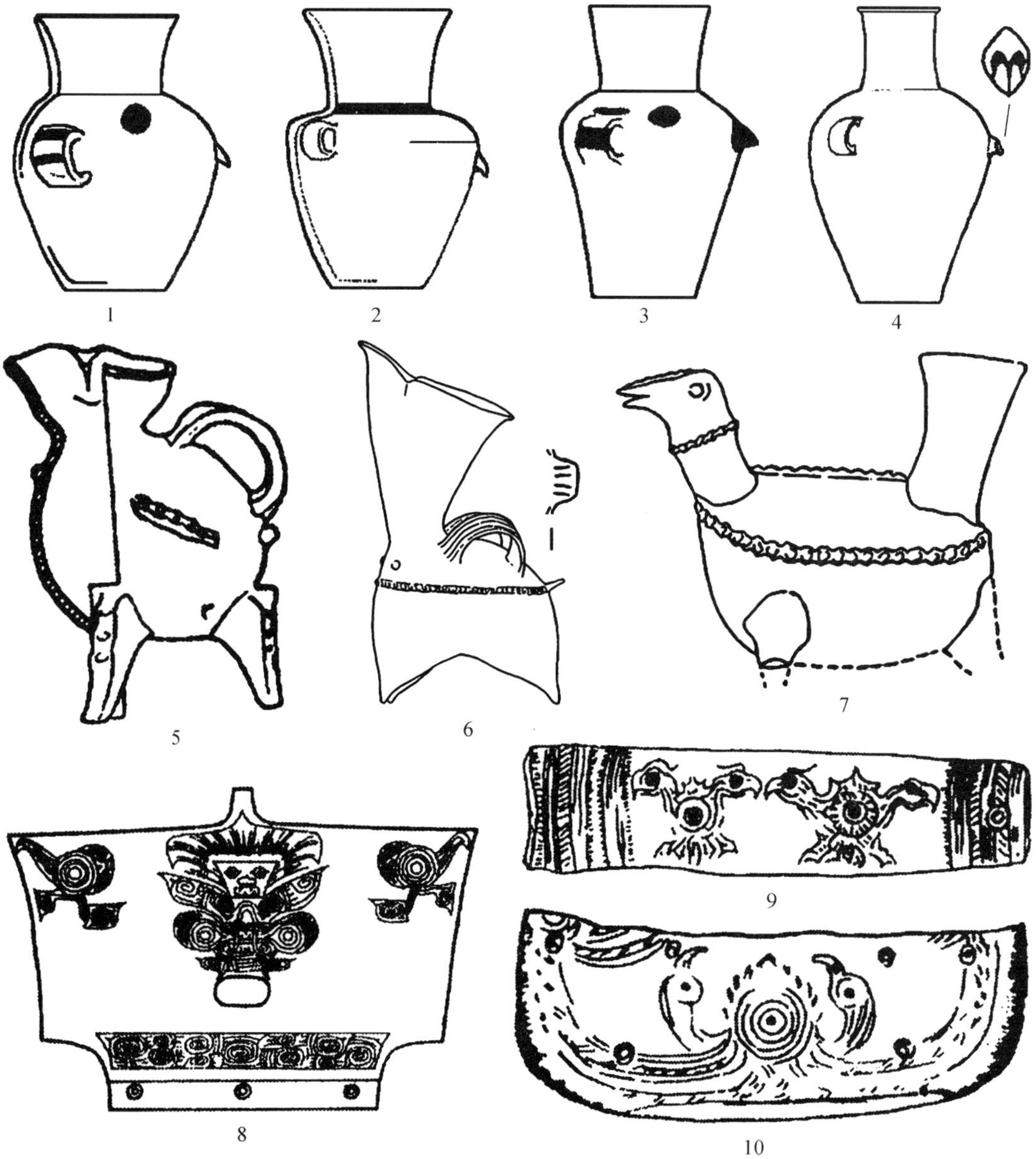

图八　海岱江淮史前文化的相关造型

1～4. 大汶口文化背壶（大汶口M105：8、M117：60、西夏后M4：18、花厅M19：11）　5、6. 大汶口文化陶鬶（呈子M50：5、陵阳河）　7. 黑山岛大陶盉　8. 瑶山良渚文化玉梳柄　9、10. 河姆渡出土骨雕、牙雕

变成了地地道道的三足鸟“　”：原来象征太阳的圆形图案“变成”了鸟头，简化的翱翔飞鸟变成了展开的双翼。去掉“三足鸟”下附的三道竖线，其造型与大汶口文化典型的“太阳飞鸟”“　”图案别无二致。由此可以确认，大汶口文化的这类图像文字，就是“踆乌负日”传说的滥觞源头。大汶口文化独有的背壶肩部特意朱绘添加圆点，与鋬手和腹部单侧鸟喙盲鼻组成人面鸟首形（图八，1～4），突出了其尚鸟的文

化习俗。其三足陶鬶更是“三足鸟”的抽象形态。如呈子出土的实足鬶，腹部左右饰对称的泥条堆纹象征双翼，腹部前后各有一泥凸，总体似振翅欲飞的形状①。陵阳河出土的鸟形白陶鬶则更为象形：前端高耸的颈流形似高昂的鸟头，有上翘的鸟喙形流；两个半环形把手象征正待展开的双翼，后部还有一个特意附加的宽扁泥凸，代表尾羽②。长岛县大黑山岛房址中发现的褐陶鬶，器身上平下圆，前端的流作鸟头形，后部有一个象征鸟尾的筒状口，完全写实③（图八，5～7）。

总括上述，“”字图像应是由“日轮”“金乌”两个符号组成；“”字则是在“日轮”“金乌”之外添加“火气升腾”的意象符号而组成。田昌五认为该图像“是一个氏族部落标志，完整地作日月山，山上有明月，月上有太阳；简单地作日月而省去山，其意应是太昊和少昊之‘昊’字，有如后来的族徽”④。虽然同他释家一样，也将“日纹”之下的“鸟纹”，即金乌视为“弯弯月”，但其释为“昊”的观点却是正确的。

《山海经·大荒南经》：“东海之外，甘水之间，有羲和之国。有女子名曰羲和，方日浴（浴日）于甘渊。羲和者，帝俊之妻，生十日。”

《山海经·大荒东经》说，东北海外“有女和，月母之国，有人名曰鵷。北方曰狻，来风曰鵷⑤，是处东极隅，以止日月，使无相間出没，司其长短。”

少昊、太昊均为尚日崇鸟部族，“昊”字的本意为“昊天”，亦即“红日高悬于天空”。“日轮、金乌、火气升腾”组合图像，就是“红日当空”，亦即“昊”字本体最原始的摹画。“日轮”即为太阳，所谓的“弯弯月”乃是一只凌空翱翔大鸟的正视写意图⑥，为“一日方至，一日方出，皆载于乌”的金乌和“以止日月”的鵷风（凤）、女和、羲和等意象的摹写；与“日轮”共同构成了神话传说中的“踆乌负日”图像。最下面的“火气”则是“踆乌负日”升腾时的背景图案。屈原《天问》所谓：“羲和之未扬，若华何光？”就是说金乌尚未升腾，太阳何以发光？在没有天体物理学知识的上古时期，人们很难理解日、月等天体周期性的运行规律，于是设想有羲和、女和等不怕烈日炙烤的金乌（大鸟）作为日御，“以止日月，使无相间出没。”

① 昌潍地区文物管理组等：《山东诸城呈子遗址发掘报告》，《考古学报》1980年第3期，图一二，17。

② 苏兆庆：《古莒遗珍》，人民美术出版社，2003年，第12页。

③ 刘敦愿：《古史传说与典型龙山文化》，《美术考古与古代文明》，允晨文化出版社，1994年，399页。

④ 田昌五：《古代社会断代新论》，人民出版社，1982年，第53、54页。

⑤ 原作“北方曰鵷，来风曰炎”，此据丁山（考订）：《中国古代宗教神话考》，上海文艺出版社，1988年，第94页。

⑥ 王大有：《龙凤文化源流》，北京工艺美术出版社，1987年。

三、“□”“□”字含义的阐释

大汶口遗址出土背壶上的“□”形朱绘图案只有一见。仔细审读这一图案，就会发现其与“花”的造型并无关联，而与陵阳河等遗址发现的“昊”字图像、与尚鸟的“昊族”关系密切。笔者曾经指出“□”形图案展示的乃是一幅具有特殊含义的神鸟图像[①]：顶部是一个侧向长喙的鸟首（参见图二，1），圆形的躯干为太阳的摹画，躯干上部是展开的双翼，下部应为伸张的三足，是最古老的“金乌负日”，亦即“三足乌”画像。

“华”字通常释为“草木繁盛”之状，金文“华”作“□”“□”形（图九），与“□”的结构极为相近，如仲义父鼎、仲姞鬲、华母壶、华季盨和华孟鼎之“□”“□”，无论笔画、结体方式都与“□”字比较一致，华命簋等的“华”则比“□”多了一横。无论哪种结体方式，其上部斜曲的横笔，都可与“□”的鸟首相类比。窃疑“□”即“华”之本字，含有太阳当空，光华普照大地之意。

《水经注·若水注》引《淮南子·地形训》：“若木在建木西，末有十华，其光照下地”；今本《淮南子·地形训》为“末有十日，其华照下地。”在这里“十华”与“十日”“其光”与“其华”表达的意思完全一致。据《楚辞·天问》“羲和之未扬，若华何光”，可知“若华”就是《淮南子》若木枝梢上的“十日”“十华”，意思是说“羲和尚未启程，若木枝梢上的太阳为何发光?”诚如是，则“华”之本意应为“明亮”“光华”，引申为光芒万丈的“太阳”。“华胥氏”为太阳部族的早期代表，活动于汶泗流域，故“□”形“三足乌”这一特殊造型就成为“华族”的徽识。

太昊，即《山海经》所称帝俊，亦即帝喾和帝舜在历史传说中的称谓[②]。帝俊事迹在《山海经》中凡十六见，郭璞注皆以“俊为舜字之假借”解之。由是可见，“天帝”帝俊就是凡间帝王帝舜的化身。不过，在《大荒西经》“帝俊生后稷”条下郭璞又说“俊宜为喾”。郝懿行《山海经》笺疏云：“帝喾名夋，夋、俊，疑古今字。”

在《管子·侈靡篇》《史记·三代世表》《四库全书》版《史记集解·五帝本纪》，以及《史记·五帝本纪》正义引《帝王世纪》等文献中，“帝喾”均写作“帝俈”，《尚书大传》又作“帝告”；而太皞在《楚辞·远游》中又作“太皓”，在《淮南子·览冥训》中又作“太浩”，司马贞《三皇本纪》杜预注亦曰，“太皓伏羲氏”。童书业据此推论太昊就是帝喾[③]，甚是。盖因喾、俈、皓、浩、皞等字古文皆通。《潜夫论·五德志》以帝喾为太皞后嗣，号高辛。王树明则以陈为太昊遗虚，《史记·陈杞世家》“陈胡公满者，虞帝舜之后也……封之于陈，以奉舜祀”，证明

① 王永波、张春玲：《齐鲁史前文化与三代礼器》，齐鲁书社，2004年，第109页。
② 王国维：《殷卜辞所见先公先王考》，《观堂集林》卷九，中华书局，1959年。
③ 童书业：《春秋左传研究》，上海人民出版社，1980年。

图九 华字形体的基本结构

（首位，大汶口M75：1；末位，沂水纪王崮大墓；余为《金文编》422页0983）

虞舜即太昊[①]。

王国维在《殷卜辞所见先公先王考》中释“癸巳贞于高祖”之“”为“夋”、为“夒”，以其“必为殷先祖之最显赫者，以声类求之，盖即帝喾也”；吴其昌、郭沫若、袁珂等则认为“夒”“喾”“俊”即为“舜”。郭沫若在《中国古代社会研究》和《青铜时代》中说：夒字读纳告反[②]，与喾同为“告”音。后来在《殷契萃编·序》中进一步强调说：学者有谓夒非帝喾者，本编有三片甲骨有高祖夒之名“示夒实为殷之始祖，足见夒为帝喾之说确不可易”[③]。顾颉刚、刘起釪征引证各家的考证说：“其实舜原是由东夷殷商族的神话中关于宗祖神上帝夋（夒）的传说分化而成……俊、喾都是由殷卜辞中的‘高祖夒’衍出。即由‘夒’音变而为‘喾’‘佶’，形误而为‘夋’‘俊’。是‘舜’与‘喾’都是帝俊之化身，亦即夒之演变”[④]。

至此可知，在浩如烟海且常常相互抵牾的古代文献中，帝俊、帝喾、帝舜的称谓是可以互换的：帝俊为帝喾、帝舜的神话化身，帝喾在文献中又可与“太昊”互换，故知帝舜亦可以“太昊”为号。太昊位居东方，主春，故而得以“华族”为称，为崇日尚鸟之“华族”的徽记。后世不明就里，依形而论而谓之“草木繁盛”。

公元前4000年前后，中原地区在远古六大民族文化的汇集、撞击中，催生出一种新的考古学文化——二里头文化。这是一种以鼎、罐、斝、鬲、甑等为炊煮具；以深腹盆、瓦足盘、豆、簋、小口高领罐、瓮、缸作食器和盛器；以鬶、觚、爵、角、盉等为酒水器的考古学文化。标志着一个以海岱民族入主中原之一部为基干，融汇河洛民族之大部，江汉民族之一部，兼而吸收周边其他民族文化而形成的新兴族团——华夏族团的诞生，夏后氏王朝就是在此基础上发展起来的[⑤]。作为夏文化的物质表象，二里头文化集中分布在以洛颍地区为中心的中原地区，分布范围遍及远古中国的大部分地区，基本反映了夏后氏族系的历史存在状态。其物质文化面貌显示出多种文化因素相互融合的情况。

古史辩学派的代表人物顾颉刚先生曾经指出，“若凭中国古籍中之记载，则知夏、商实起于东方，周代乃肇自西土也”[⑥]。笔者也曾就此做过较详细的论证，基本证

---

① 王树明：《帝舜传说与考古发现诠释》，《故宫学术季刊》（第九卷第四期），1992年。

② 郭沫若著作编辑委员会：《郭沫若全集·考古编》（第1卷），科学出版社，2002年。

③ 郭沫若著作编辑委员会：《郭沫若全集·考古编》（第3卷），科学出版社，2002年。

④ 顾颉刚、刘起釪：《尚书校释译论·甘誓》，中华书局，2005年，第89页。

⑤ 王永波：《大舜文化与夏商周历史》（第二章第一节·4），山东人民出版社，2013年第230～235页。

⑥ 顾颉刚、史念海：《殷商民族之来源及其活动区域》，《中国疆域沿革史》（第四章），商务印书馆，1999年。

实了夏后氏与炎昊族系的密切关系[①]。海岱鼎鬶文化作为夏文化的主要源头之一，在“华夏”一词的形成中也有清楚的线索可寻。“华夏”作为一个复合名词，可以分称“华”“夏”，或“诸华”“诸夏”。《诗·小雅·苕之华》郑玄笺：“其华犹诸夏也，故或谓诸夏为诸华。”《左传》襄公四年杜预注“诸华，中国”。闵公元年孔颖达疏：“华、夏，皆谓中国也。”此外又有“区夏”“方夏”的称呼，皆与“华夏”同义。《尚书·微子之命》《泰甲上》分别有“东夏”“西邑夏”之说。

依词语的形成规律而言，“华夏”之族或源自两个部族的融合。“夏”为新近崛起的夏后氏，华字则有不同的解释。《尚书·武成》伪孔传说，“冕服采章，曰华，大国曰夏”；孔颖达疏进一步阐发说，“冕服采章，对被发左衽则有光华也”，有些望文生义的味道。近世学者则从地域和文化两个方面进行理解和诠释，认为远古中国东部地区的居民为“华”，西部地区的居民为“夏”，融合成同一民族文化共同体之后便是“华夏”。章太炎先生认为，“诸华之名，因其民族初至之地而为言”，“雍州之地东南至于华阴而止，梁州之地东北至于华阳而止，就华山以定限，名其国土曰华，则缘起如是也。其后人迹所至，遍及九州”，“世称山东人为侉子者，侉即华之遗言矣”[②]。徐旭生先生把炎黄两族整合为“华夏集团”；李平心、程德祺等先生认为“华夏”之名当由传说的伏羲之母“华胥”而来。不过。程氏又把华胥氏定位于太湖流域[③]。苏秉琦先生认为，庙底沟类型的分布中心在华山附近，“庙底沟类型的主要特征之一的花卉图案彩陶可能就是华族得名的由来”[④]。许顺湛阐发说，华族以花作为族名，“是由于他们崇拜花卉，以花为图腾祖先”[⑤]。还有一些学者也持类似的观点。张福祥先生认为，上古并不存在一个所谓“华族”。引证《墨子·非命下》《韩非子·显学》《礼记·表记》等有关“虞夏”和“商周”对举的表述，说“虞夏”本为时代之称，前后传承，因而也含有地域、民族、文化的意味，所以“华夏”与“虞夏”应该可以互换。在上古一些方言中，“虞”“华”二字的声韵可能是完全相同的。“虞”字在古可读为“华”是绝无问题的。故推断“华夏”一词不过是“虞夏”的转写[⑥]。

愚见以为“华胥说”和“虞夏说”较为可取。检索早期文献，“华”字的出处大

---

① 王永波：《大舜文化与夏商周历史》（第二章第一节·3），山东人民出版社，2013年，第218～229页。

② 章太炎：《中华民国解》，《民报》（第15号上）1907年7月5日。

③ a. 李平心：《李平心史论集》，人民出版社，1983年，第26页；b. 程德祺：《民俗学在社会科学中的地位》，《民俗调查与研究》，河北人民出版社，1988年，第574页。

④ 苏秉琦：《关于仰韶文化的若干问题》，《考古学报》1965年1期。

⑤ 许顺湛：《中原古文化》，河南人民出版社，1983年，第432页。

⑥ 张富祥：《华夏考——兼论中国早期国家政制的酝酿与形成》，《东方论坛》2003年第4期。

致有四：①华胥氏，《太平御览》卷七八引《诗·含神雾》，“大跡出雷泽，华胥履之，生宓犧”；《帝王世纪》，“有大人之迹，出于雷泽之中，华胥履之，生庖牺于成纪，……主春，像日之明，是以称太昊”；②华阳，《尚书·禹贡》记，“华阳黑水惟梁州”；③女华，《史记·秦本纪》记，“秦之先……大业取少典之子，曰女华”；④畴华，《淮南子·本经》，“尧乃使羿诛凿齿于畴华之野”。

就考古学文化所揭示的情况而言，梁州的“华阳”地处河原文化的偏远地区，与二里头文化缺乏明显的关联，故而不大可能成为“华夏”一词的真正来源。余者则均与海岱鼎鬶文化有关：“畴华”的“凿齿”，通常被视为由大汶口文化居民的“拔牙习俗”衍生的神话传说；“女华”之子大费（即伯益）源出于少昊，“华胥氏”所生宓犧本身就是太阳神的化身，均为海岱崇日民族的著名代表人物。而“生十日”的“羲和”则为太昊（帝俊）之妻。唐兰以“昊”像正面人形而头上是太阳，说“古代把天叫做昊天，是以太阳为主的。那么，太昊、少昊之所以称昊，是代表太阳神。”并以两昊活动均在今山东及其周边地区[①]。从古史传说的角度，清楚地标明了“华族”的地域渊源。古籍中的“华夏”与“虞夏”两词在概念上的互换[②]，则进一步表明“华、夏”与“虞、夷”之族的同源关系。

耐人寻味的是，金文“夏”字的形体结构，如《𩰫文》《仲夏父鬲》《伯夏父匜》等也作立人头顶太阳“”或手擎太阳“”，显示夏后氏也是崇日民族的后裔，与二里头文化大比例的鼎鬶文化因素正相吻合。

“”字图像数量相对较少。整体作内弧四边形，其中有两个角的线条并不闭合，同样的字体也见于商代甲骨文和金文，并常常作为人名出现，是一种吹奏乐器形态的摹写，释为“凡”字。甲骨文无“风”字，故多以“凡”字假之。《说文》：“凡，最括也”；“括，絜也。”高田忠周云：“云最括者，积也，栝（kuo）者絜也，絜者束也，最括者，总聚而絜束之也。”王树明据此认为：凡假为风，所谓风为号令，乃是以“凡”为号令的谬传。该图像符号摹画的是用于军事方面的吹奏乐器；太昊“风姓，或曰凤姓，风凤互通，皆由凡字取声，都由凡字孳乳而来。图像文字‘凡’可能就是东夷部族风（凤）姓由来的渊源。这一推测，从太昊氏的历史传说与陵阳河、大朱村一带大汶口文化发展阶段上看，也是吻合的”[③]。

“凡”字图像与少昊的嬴姓也有关联。“嬴”字不见于甲骨文，王延林认为：金文“嬴”从女，声符似“能”字，是一动物之形象。细审其所列嬴氏诸器的“嬴”字

① 唐兰：《中国奴隶社会的上限远在五六千年前》，《大汶口文化讨论文集》，齐鲁书社，1979年。

② 《史记·太史公自序》：“余先周室之太史也，自上世尝显功名于虞夏，典事天官。”显而易见，这里的“虞夏”所代表的概念与“华夏”完全相同。

③ 王树明：《谈陵阳河与大朱村出土的陶尊文字》，《山东史前文化论文集》，齐鲁书社，1986年。

声符皆为背有羽毛的动物在吹奏“”形物体①。说明“赢”“凡”二字。皆源于这种吹奏乐器。同时也从这样的角度证明少昊、太昊和嬴、风（凡）两族血肉相连的渊源关系。

《逸周书·尝麦解》：“昔天之初，□作二后；乃设建典，命赤帝分正二卿，命蚩尤于宇少皞，以临四方；司□□上天末成之庆。蚩尤乃逐帝，争于涿鹿之河（或作阿），九隅无遗。赤帝大慑，乃说于黄帝，执蚩尤，杀之于中冀，以甲兵释怒。用大正顺天思序，纪于大帝。用名之于绝辔之野。乃命少皞清司马鸟师，以正五帝之官，故名曰质。天用大成，至于今不乱。”

《山海经·大荒东经》：“东海之外大壑，少昊孺帝颛顼于此，弃其琴瑟。”

这些记载说明，炎黄中原逐鹿，炎帝战败，少昊则与黄帝达成某种妥协，而成为黄帝的“司马鸟师”。或者正是由于黄帝的“大兵压境”，少昊为缓解外来势力的挤压，避其锋芒，才迁于“东海之外大壑”。

四、大汶口文化相关类型关系的探讨

泰安大汶口、莒县陵阳河、大朱村和安徽尉迟寺等遗址发现的“”“”“”“”形图像文字，意义极为重大，是研究古史传说时代难得一见的、极为珍贵的“内证”资料。大汶口遗址M75，即出土“”涂朱文字的墓葬，属于大汶口文化中期。其时，炎黄中原逐鹿虽然早在仰韶早期，相当于山东地区的北辛文化时期已经拉开战幕，其影响所及尚未抵达少昊部的核心地域——汶泗流域。表明此时的少昊还与华胥氏有着较强的关联，故而以“华”族自称。大汶口文化早中期，中原对东方的影响急剧扩大，占据明显优势；大汶口文化的中原文化因素突然增多，出现了庙底沟文化大司空类型的陶片等②，应是黄帝与少皞“媾和”政策在物质文化上的反应。表明黄帝族的势力已达汶泗流域，并在“穷桑登帝位，后徙曲阜”，于是又有了黄帝生于鲁东门寿丘，“封泰山”“禅亭亭”“合鬼神于西泰山之上”③等传说。

莒县陵阳河、大朱村属于大汶口文化晚期末段的遗存，是炎黄中原逐鹿之后，少昊部受到黄帝的挤压，而迁于“东海之外大壑”形成的物质遗存。而诸城、莒县、一带，正是传说中的“东海之外大壑”。“弃其琴瑟”或即意味着文化属性发生了某种变化，或者就是由“”到“”“”转变的内在因素。从部族族徽符号的角度，无可争辩的证实了“东海之外大壑”少昊之国的存在。

---

① 王延林：《常用古文字字典》，上海书画出版社，1987年，第634页。

② 山东省文物管理处等：《大汶口——新石器时代墓葬发掘报告》，文物出版社，1974年，图版一〇六。

③ 分别见《史记·五帝本纪》正义、《韩非子·十过》。

海岱大汶口文化是持续发展1600余年的强势考古学文化，长时期处于文化扩张的状态之中，并于晚期阶段达到全盛。从物质文化面貌的角度说，大汶口文化又可以分为若干个地方类型。栾丰实综合已有的研究成果，将大汶口文化晚期阶段分为七个类型[①]，其中杨家圈、三里河、陵阳河，分布在鲁东和鲁东南沿海地带；半岛以西地区自北而南依次为尚庄类型、西夏侯类型、赵庄类型，分布于今鲁西北、鲁中南汶泗流域和苏北地区；尉迟寺类型分布于鲁西南、豫东和皖北地区。

不过，迄今的考古学文化类型划分，大多是以文化小区内典型遗址的文化内涵来确定和命名的。由于缺乏公允的量化标准和尺度，加之田野考古工作开展的不平衡等种种局限，目前学界对相关类型的命名、分布区域、内涵特征都有不同的看法。同一地区早中晚各期的类型和名称也多不相同，无法有效对接，故而很难对类型与类型间的关系作出准确的界定。可以肯定的是，这些不同类型应该是同一族系中的亚群（部族、部落或酋邦）。换言之，大汶口文化在总体上应属于昊族的物质文化，不同的地方类型则应为两昊之族的不同支系。在这里我们着重讨论大汶口文化晚期鲁中南汶泗流域、鲁东南地区和豫东、皖北及其邻近地区，也就是西夏侯类型、陵阳河类型（含三里河类型）和尉迟寺类型的主要特征和相互关系。

大汶口文化晚期，聚落遗址的面积差异明显，大者几十万甚至近百万平方米，小者数万甚至不足1万平方米。在五莲丹土、滕州市西康留[②]、安徽固镇垓下遗址[③]分别发现了大汶口文化晚期的城址。墓葬以单人仰身直肢葬为主，流行头部人工变形、拔牙和手握獐牙、用猪头、龟甲随葬的习俗；社会贫富差别加剧，具体表现为墓葬规模大小、葬具的有无、随葬品的多寡和优劣差距迅速扩大。大型墓随葬品可达数百件，而且葬品精美；小型墓葬品数量极少而且简陋；出现了椁内套棺的大型墓葬。这些现象表明，大汶口文化晚期社会已分裂为不同的阶级。

陶器制作多采用快轮拉坯成形技术，素面磨光陶器多见，黑陶、灰陶比例上升，白陶较为多见，红陶较少。西夏侯类型的彩陶艺术较为发达，所占的比例远远高于其他地区；装饰图案有菱纹、涡纹、三角纹等，黑白二彩兼施。主要器类有平底折腹鼎、细柄豆、宽肩壶、背壶、高柄杯、单把杯；双层盘豆、筒形豆、壶形单把杯、壶形三足盉、瓶、宽肩三喙突罐、觯形壶、篮纹鼎等。

陵阳河类型与三里河类型地域相邻，文化面貌也较为接近，除了大汶口文化晚期的一般特征外，还有一些明显的区域特征，如用残陶鬶足随葬的习俗不见于其他地

---

① 栾丰实：《海岱地区考古研究》，山东大学出版社，1997年，第107页。

② 山东省文物考古研究所鲁中南考古队等：《山东滕州市西康留遗址调查、发掘简报》，《考古》1995年第3期；张学海：《浅说中国早期城的发现》，《长江中游史前文化暨第二届亚洲文明学术讨论会论文集》，岳麓书社，1996年。

③ 安徽省文物考古研究所：《安徽固镇县垓下发现大汶口文化晚期城址》，《中国文物报·文物考古周刊》2010年2月5日第10版。

区，而其他地区常见的头骨人工变形、拔牙和手握獐牙的习俗在这里较为少见。尚酒习俗较为突出。在陵阳河的45座墓葬中，高柄杯一类饮酒器具竟多达663件，约占全部出土物的45%。陶尊文字是陵阳河、三里河类型最为突出的特征，除尉迟寺类型外，大汶口文化发现的所有图像文字均出自这一地区。这类文字均刻划在大口尊的特定部位，可能与祭祀活动有关。特征性器类主要有宽折沿深腹平底罐形鼎、双腹盆形鼎、圈足盘、大口深腹尊和大口漏缸及各种镂孔高柄杯、实柄高柄杯、觯形壶、觯形杯、壶形盉等。还发现了储存谷物的粮仓。

尉迟寺遗址规模宏大，中心区域有一个南北跨度240米，东西跨度220米，宽25~30米，深4.5米的大型围壕环绕。居住遗址多为成组的连间排房建筑，建筑形式以半地穴式为主，平面形状有长方形和方形两种，多呈东南西北向，门向南，个别为东北西南向；经过开挖基槽、立柱、抹泥、烧烤几个步骤，最终形成既防潮又保温的居住空间。这与同时期其他类型的居住遗址有显著的不同。

2002年发掘时，在遗址中心南部一排四连间的房址前面发现了总面积为1300多平方米的圆形广场，地表铺垫厚约10厘米的红烧土，坚硬、光滑、平整，应是氏族成员集体活动的公共场合。尤为值得注意的是，广场中心有一处直径约4米、烧结程度很高的红烧土面，应是举行篝火晚会或进行祭祀活动留下的痕迹。在广场的东侧，还出土了一件十分罕见的鸟形神器①。

墓葬均为土坑竖穴，方向多为头东脚西，以单人仰身直肢葬为主；儿童瓮棺埋葬不见或少见于大汶口文化的其他类型，应是受中原地区的影响所致。贫富差别明显。其他类型流行的死者生前头骨人工变形、拔牙和手握獐牙的习俗少见或不见。在尉迟寺遗址的192座墓葬中，头骨变形仅有2例，拔牙现象3例。未见手握獐牙的实例②。

陶器的地方特征较为明显。陶质可分为夹砂和泥质两大类，夹砂陶可占陶片总数的70%~90%，并有羼扣少量碎蚌壳的现象；陶色以红褐色居多，有少部分黑陶和白陶。器形主要为日常生活中的实用器皿，器物主要是三足器、平底器、带柄器和圈足器，圜底器少见，很多器物带有流口、把手、长颈、三足、附耳、器柄等。代表性的陶器有鼎、豆、壶、鬶、甗、罐、长颈壶、短颈壶、高柄杯、尊、碗、盆、钵、缸、甑、筒形杯等。纹饰以篮纹为大宗，在整个陶器中占到80%~90%，其次有附加堆纹、绳纹、方格纹、刻划纹、镂孔、弦纹等，素面陶一般经过磨光。

安徽固镇垓下遗址地处淮河流域中游，与蒙城尉迟寺遗址处于同一纬度，2007~2009年，安徽省文物考古研究所对遗址进行了钻探和连续三次发掘，揭露面积1000余平方米。发现了大汶口文化晚期城址，现存墙体仍然高出地面2~3米。城垣平面呈不甚规则的圆角长方形，城墙内圈面积约15万平方米。东城墙墙基宽约24.7米，残

① 中国社会科学院考古研究所：《蒙城尉迟寺》（第二部），科学出版社，2007年，彩版12。

② 中国社会科学院考古研究所：《蒙城尉迟寺》，科学出版社，2001年。

存高度最高达3.8米。北城墙墙基宽约22.5米，残高约2米。城墙上还发现大汶口文化晚期至龙山文化初期排房一组，城内发现一座较大的台形基址、11座大汶口文化晚期至龙山文化初期的墓葬和成片红烧土、窑址、水井、沟槽等。文化面貌与尉迟寺遗址相类。

由于豫东、皖北和鲁西南地区地势低洼，尉迟寺类型的遗址多位于较高的丘岗和堌堆之上。该地区的大汶口文化遗存，大多属于晚期阶段，个别的可早到中期后段，如亳县付庄①、周口市区烟草公司仓库②的大汶口文化中晚期墓葬；早期阶段的遗存基本不见。这些现象表明，该地区原著居民相对较少。

新的地理环境和文化氛围，使尉迟寺类型较多地接受了周边文化的影响，形成了鲜明的地方特色，如连间排房的建筑基址，有一定数量的瓮棺葬，陶器中的瓦足盆形鼎、双曲腹浅盘豆、粗高颈罐、高颈鼓肩壶（罐）、瘦长背壶等不见或少见于大汶口文化其他类型；与其他类型拔除上颌侧门齿不同，尉迟寺遗址发现了上下颌骨都有牙齿被拔除的现象。图像文字则是尉迟寺大汶口文化最重要的发现。此外，其中期阶段存在一定数量多人同性合葬墓。用大口尊作为儿童瓮棺葬的葬具也是该类型的一大特色。这些现象为我们探讨尉迟寺类型的来源提供了清晰的线索，

汶泗流域是大汶口文化遗址分布最为密集的地区，考古工作相对较为充分，地理距离上与尉迟寺类型最为接近。但是在已发现的众多大汶口文化中期墓葬中，尚未发现多人同性合葬墓，未见上下颌骨都有牙齿被拔除的现象，没发现刻划图像；而该地居民口含陶、石质小球，导致齿弓严重变形的现象也不见于其他类型。

耐人寻味的是，距离更远一些的鲁东南地区却有着不同寻常的表现：两地均少见或不见头骨人工变形、拔牙和使用獐牙等的习俗；邻近地区的胶州三里河③和莱阳于家店④则发现了个别上下颌都有牙齿被拔除的现象；诸城呈子⑤、潍坊前埠下⑥和栖霞杨家圈⑦的大汶口文化中晚期遗存也发现了多人同性合葬墓；凌阳河、大朱家村遗址也使用大口尊作为儿童瓮棺葬的葬具；该地区发现的图像文字在器类载体、刻划方式、图像结构、涂朱等方面与尉迟寺遗址几乎完全相同。

---

① 杨立新：《安徽淮河流域的原始文化》，《纪念城子崖遗址发掘六十周年国际学术讨论会文集》，齐鲁书社，1993年。

② 周口市文化局文物科：《周口市大汶口文化墓葬清理简报》，《中原文物》1986年第1期。

③ 中国社会科学院考古研究所：《胶县三里河》，文物出版社，1988年。

④ 严文明：《胶东原始文化初论》，《山东史前文化论文集》，齐鲁书社，1986年。

⑤ 昌潍地区文物管理组等：《山东诸城呈子遗址发掘报告》，《考古学报》1980年第3期。

⑥ 山东省文物考古研究所：《配合潍莱高速公路考古发掘获重要成果》，《中国文物报》1998年3月8日第1版。

⑦ 山东省文物考古研究所等：《山东栖霞杨家圈遗址发掘简报》，《史前研究》1984年第3期。

这些现象表明，较之鲁中南的汶泗流域，尉迟寺类型大汶口文化晚期遗存与鲁东南地区的同类遗存关系更为密切，从考古学物质文化特征的角度证实了“东海之外大壑”的陵阳河、三里河类型与鲁豫皖结合部之尉迟寺类型的传承关系。

或认为，鲁东南和皖北、豫东地区的大汶口文化晚期遗存均来自苏北地区。其基本依据是：鲁东南到皖北距离较远，中间尚有苏北地区的间隔；苏北地区的大汶口文化早中期遗址较多，鲁东南和皖北地区则基本不见，仅有少量属于中期晚段的遗存；苏北地区基本上不见大汶口文化晚期前段以后的遗址，鲁东地区南部和皖北豫东地区的大汶口文化遗址则呈现迅速增多的趋势。认为大汶口文化中期中后段，南方良渚文化在苏北地区（花厅遗址）与大汶口文化居民的大规模的部落战争，导致了苏北大汶口文化晚期居民大量外迁，所以皖北豫东和沂沭河上游地区的大汶口文化遗存的来源“只能是苏北地区”。进而推测说，也可能是因为黄河夺淮改道，引发严重水灾，从而导致大量的人口外徙[①]。

理论上，由花厅遗址反映的情况，导致苏北地区大汶口文化中期居民因战争的原因而北上、西迁是没有问题的。但是，在长达数百年的时间里，若没有事实上的密切交流，鲁东南与皖北两地区即便是两支完全同源的文化，也不可能有如此之多的近似特征，图像文字更不可能如此雷同。鲁西平原黄泛区内大量明清移民的民俗风情与原居地大相径庭就是很好的实证，况且两地之间还有鲁中南西夏侯类型的间隔和影响。如果是因为水患外迁，则苏北的大汶口文化居民只能北上，而不能西迁。原因在于鲁西南、豫东、皖北同苏北地区一样，至今还是一片低洼地，不可能为躲避水患的人们提供帮助。该地区大汶口文化晚期居民，选择较高的丘岗和堌堆建设自己家园就是明证。最重要的反证还在于，苏北地区至今未见任何可以作为陵阳河和尉迟寺类型的先源或相似的文化遗存，这就从根本上否定了这种推论。

五、余　论

鲁东南和皖北两地大汶口文化的特殊密切关系，表明二者的确存在着文化和族属上的同源关系，学界对此的看法也是一致的。文献研究揭示的黄帝族系东渐占领了曲阜少昊旧地，少昊被迫东迁，选择原住民稀少的“东海之外大壑”建立新的“少昊之国”，并在吸收周边同期文化某些因素的过程中，衍化为太昊之族。

> 《山海经·大荒南经》：“帝俊妻娥皇，生此三身之国，……有渊四方，四隅皆達……北旁名曰少和之渊，南旁名曰从渊，舜之所浴也。”

“帝俊妻娥皇”与“帝舜妻娥皇”[②]原是一事，而“少和”即少昊，舜即为太昊，

① 栾丰实：《太皞和少皞传说的考古学研究》，《中国史研究》2000年第2期。
② 《世本·帝系》。

表明太昊之族源出于少昊，而“东海之外大壑”的少昊之国，实为太昊，亦即帝喾、帝舜的发迹之地。这种历史大背景与考古学文化谱系研究成果这种难得一见的无障碍契合，使我们有充分的理由相信：陵阳河、尉迟寺类型确系有虞氏部族的物质文化遗存。尉迟寺类型只能来自鲁东南地区；两地发现的“昊”“风”徽识，则为陵阳河、尉迟寺类型大汶口文化遗存的族源归属提供了最为确切的强力内证。

从时间顺序和文化内涵的角度说，陵阳河类型和尉迟寺类型都不是当地的固有文化，均在大汶口文化中后期才逐步进入这两个地区。另一方面，尉迟寺遗址属于大汶口文化末期的遗存，相对年代晚于诸城前寨、陵阳河、大朱村等遗址的遗存。结合图像文字出土情况推测，以陵阳河类型为代表的有虞氏部族在其先祖帝喾部入主中原之时便开始了西迁中原的准备工作：先将其部族成员的一部迁至皖北豫东地区，开辟领地，待站稳脚跟，并得到长足发展之后，部族的主体才陆续动迁。鲁东和鲁东南地区的图像文字发现较多，时代也略早，皖北豫东地区的图像文字仅见于大汶口文化末期的尉迟寺遗址，似乎表明有虞氏部族的主体可能是在此时才正式迁入皖北豫东地区，故而上层社会所“独占”的“文字”也随之出现在这一地区。

由于“五帝共和轮值”的平衡作用，部族集团之间大规模的严重冲突得以化解，社会秩序得以重建，民众也得到了休养生息。在这种情势下，太昊部取得了突飞猛进的发展，并在发展过程中，沿鲁中南山地两侧通道，一路向西，迁徙到达人口密度相对稀少的鲁豫皖结合部，在狭长的低洼地带建立起稳固的前进基地，形成了大汶口文化“尉迟寺类型”。安徽尉迟寺的大型环壕，固镇垓下发现的大汶口晚期至龙山早期城址[①]，表明有虞氏在当地构建了自己的都邑。

《孟子·离娄下》：“舜生于诸冯，迁于负夏，卒于鸣条，东夷之人也。”

《墨子·尚贤下》：“古者舜耕历山，陶于河滨，渔于雷泽。”

陵阳河类型大汶口文化晚期遗存揭示的现象，特别是诸城前寨、莒县陵阳河发现的陶尊文字表明《孟子》关于“舜生于诸冯”的说法是有其史实依据的：两地均位于“东海之外大壑”域内，诸城前寨的大汶口文化又略早于莒县陵阳河的同类遗存，前寨遗址在陶尊文字之外，还发现了多件“玉璇玑”，很可能就是有虞氏部族的发迹之地。范文澜在《中国通史》中即以今山东诸城为“诸冯”故地，说“诸冯”源自“邾风”二族的合名，春秋鲁国设诸邑即由诸冯而名，西汉在原诸邑设诸县，至隋文帝开皇十八年“取汉故诸县城为名”改为诸城[②]。至此可以确认陵阳河类型大汶口晚期文化

---

① 该遗址发现了大汶口晚期至龙山早期的墓葬；相关学者也认为城址可到龙山时期。安徽省文物考古研究所：《安徽固镇县垓下发现大汶口文化晚期城址》，《中国文物报·文物考古周刊》2010年2月5日第10版、第11版。

② 范文澜：《中国通史》（第一册），人民出版社，1986年，第14页。

就是太昊有虞氏的物质文化遗存。

大汶口文化"陵阳河类型"的发展迁徙，也与《孟子》《墨子》所述虞舜的迁徙路线基本吻合。《山东省地势图》清楚地显示，安丘、青州、淄博、济南一线，至今仍是泰沂山系北侧的最佳通道；诸城、五莲、莒县、费县、平邑、泗水、曲阜和沂南、蒙阴、新泰、宁阳则分别为泰沂山系以南东西方向的两条最佳通道。济南为春秋"历下邑"。所谓"历下"就是位于"历山之下"，《史记·田敬仲完世家》有"秦兵次于历下"的记载。该地雄踞黄河和泰山之间，是古往今来东西交通的咽喉要冲；今鲁豫皖交接地带则为大汶口文化"尉迟寺类型"的重要分布区，文献所称河滨、雷泽、负夏的地望亦在此范围之内。由此观之，虞舜部族在其西迁的过程中完全有可能在济南一带停留并"耕于历山"，或在曲阜一带"作什器于寿丘"；继而在向西"迁于负夏"的途中，"陶于河滨、渔于雷泽"。这些现象再次表明先秦史籍的相关记述是有其历史根据的。太史公以虞舜为冀州人，则应是有虞氏部族西迁以后的口碑记录。

中国图们江流域发现的三种新石器文化*

赵宾福

（吉林大学边疆考古研究中心）

图们江位于吉林省东南边境，是中国与朝鲜和俄罗斯与朝鲜的界河。该江发源于长白山东南部，先流向东北后折向东南，最终注入日本海。主流全长525千米，境内支流主要有红旗河、海兰江、布尔哈通河、嘎呀河和珲春河，流域范围为吉林省延边朝鲜族自治州的东南部。

图们江流域中国境内的考古工作开始于20世纪50年代①，70～80年代进行过一些考古调查②，并对几处重要遗址进行了清理和发掘③。到目前为止，已发现包含有新石器时代遗存的遗址共15处（图一），分别为和龙县兴城遗址④，龙井县“金谷早期遗址”⑤、大苏遗址⑥，珲春市迎花南山遗址⑦、邮电局遗址⑧、琵岩山遗址⑨、长东遗

*本文为教育部人文社会科学重点研究基地重大项目（编号：13JJD780003）资助成果。

① a. 白镕基：《吉林延吉县龙井镇附近发现新石器时代遗址》，《考古》1957年第1期；b. 金万锡：《延边汪清县西崴子发现新石器时代遗址》，《考古》1958年第5期。

② 延边朝鲜族自治州：《吉林汪清考古调查》，《北方文物》1985年第4期。

③ a. 延边博物馆：《吉林省龙井县金谷新石器时代遗址清理简报》，《北方文物》1991年1期；b. 吉林省文物考古研究所等：《和龙兴城——新石器及青铜时代遗址发掘报告》，文物出版社，2001年；c. 吉林省图珲铁路考古发掘队：《吉林省珲春市迎花南山遗址、墓葬发掘》，《考古》1993年第8期。

④ a.《吉林省文物志》编委会：《和龙县文物志》，吉林文物志编修委员会1984年；b. 吉林省文物考古研究所等：《和龙兴城——新石器及青铜时代遗址发掘报告》，文物出版社，2001年。

⑤ a.《吉林省文物志》编委会：《龙井县文物志》，吉林文物志编修委员会1984年；b. 延边博物馆：《吉林省龙井县金谷新石器时代遗址清理简报》，《北方文物》，1991年第1期；c. 侯莉闽：《吉林省延边新石器时代文化及初步研究》，《博物馆研究》1994年第2期。

⑥ a.《吉林省文物志》编委会：《龙井县文物志》，吉林文物志编修委员会1984年；b. 侯莉闽：《吉林省延边新石器时代文化及初步研究》，《博物馆研究》1994年第2期。

⑦ 吉林省图珲铁路考古发掘队：《吉林省珲春市迎花南山遗址、墓葬发掘》，《考古》1993年第8期。

⑧ a.《吉林省文物志》编委会：《龙井县文物志》，吉林文物志编修委员会1984年；b. 侯莉闽：《吉林省延边新石器时代文化及初步研究》，《博物馆研究》1994年第2期。

⑨ a.《吉林省文物志》编委会：《龙井县文物志》，吉林文物志编修委员会1984年；b. 侯莉闽：《吉林省延边新石器时代文化及初步研究》，《博物馆研究》1994年第2期。

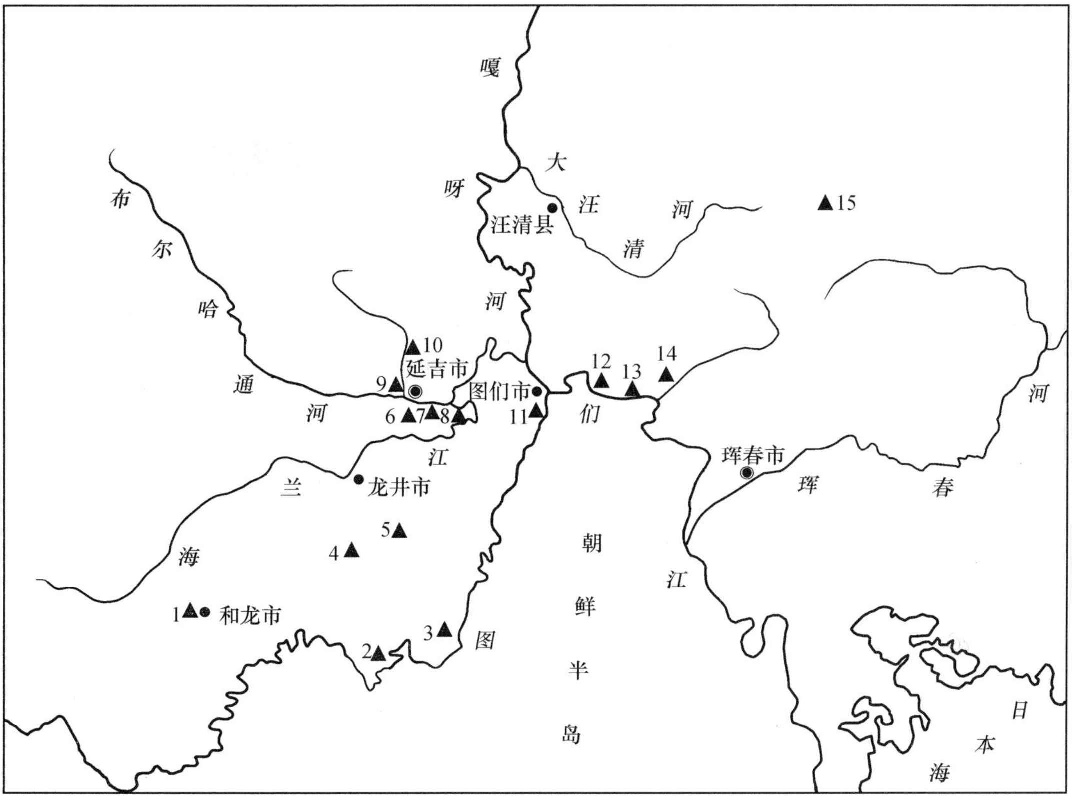

图一　中国图们江流域发现的新石器时代遗址分布示意图

1. 兴城遗址　2. 大苏遗址　3. 邮电局遗址　4. 琵岩山遗址　5. 金谷早期遗址　6. 长东遗址　7. 东风遗址　8. 河龙村遗址　9. 砖瓦厂遗址　10. 大墩台遗址　11. 岐新六队遗址　12. 小孤山遗址　13. 迎花南山遗址　14. 西岗子遗址　15. 复兴参场遗址

址[①]、砖瓦厂遗址[②]、东风遗址[③]、大墩台遗址[④]、河龙村遗址[⑤]、小孤山遗址[⑥]、西岗子

① 《吉林省文物志》编委会：《延吉县文物志》，吉林文物志编修委员会1984年；侯莉闽：《吉林省延边新石器时代文化及初步研究》，《博物馆研究》1994年第2期。

② 《吉林省文物志》编委会：《延吉市文物志》，吉林文物志编修委员会1985年；侯莉闽：《吉林省延边新石器时代文化及初步研究》，《博物馆研究》1994年第2期。

③ 《吉林省文物志》编委会：《延吉市文物志》，吉林文物志编修委员会1985年；侯莉闽：《吉林省延边新石器时代文化及初步研究》，《博物馆研究》1994年第2期。

④ 《吉林省文物志》编委会：《延吉市文物志》，吉林文物志编修委员会1985年；侯莉闽：《吉林省延边新石器时代文化及初步研究》，《博物馆研究》1994年第2期。

⑤ 《吉林省文物志》编委会：《延吉市文物志》，吉林文物志编修委员会1985年；侯莉闽：《吉林省延边新石器时代文化及初步研究》，《博物馆研究》1994年第2期。

⑥ 《吉林省文物志》编委会：《珲春市文物志》，吉林文物志编修委员会1984年；侯莉闽：《吉林省延边新石器时代文化及初步研究》，《博物馆研究》1994年第2期。

遗址[①]，图们市岐新六队遗址[②]和汪清县复兴参场遗址[③]。其中经过正式发掘的遗址只有兴城遗址、金谷遗址和迎花南山遗址3处。

从以往的研究情况来看，学术界对该地区新石器时代遗存的关注还很不够，无论是在文化内涵和文化划分问题上，还是在文化年代和文化定名问题上，都还存在着一定的模糊性。为推动该地区新石器时代考古工作的不断深入，笔者以对正式发掘过的遗址所做的分析为基础，进一步谈几点新的认识。

一、典型遗址材料分析

已经经过正式发掘并发表了材料的遗址，是认识图们江流域新石器文化遗存的典型遗址。通过对典型遗址出土材料进行分析，将有助于辨识不同文化的基本内涵和相互关系。

1. 兴城遗址新石器时代遗存的分期

兴城遗址位于吉林省延边朝鲜族自治州和龙县东城乡兴城村三社东北500米的山冈缓坡上。1979年文物普查时发现[④]，1986年对破坏较为严重的遗址西南部进行了抢救性清理[⑤]，1987年吉林省文物考古研究所联合延边博物馆及和龙县文物管理所，对兴城遗址进行了较大规模的发掘[⑥]。从2001年出版的包含1986年和1987两次发掘材料在内的《和龙兴城——新石器时代及青铜时代遗址发掘报告》[⑦]（以下简称《报告》）来看，遗址发掘分为南北两个小区，南区编号为A区，北区编号为B区，连同1986年清理范围在内，两次揭露面积共1300平方米。

据《报告》发表的材料可知，兴城遗址是一处包含有5个不同时期文化堆积的大型原始聚落址。其中第一、二期为新石器时代遗存，第三、四、五期为青铜时代遗存。

---

① 《吉林省文物志》编委会：《珲春市文物志》，吉林文物志编修委员会1984年；侯莉闽：《吉林省延边新石器时代文化及初步研究》，《博物馆研究》1994年第2期。

② a.《吉林省文物志》编委会：《图们市文物志》，吉林文物志编修委员会1985年；b. 侯莉闽：《吉林省延边新石器时代文化及初步研究》，《博物馆研究》1994年第2期。

③ a.《吉林省文物志》编委会：《汪清县文物志》，吉林文物志编修委员会1983年；延边朝鲜族自治州博物馆：《吉林汪清考古调查》，《北方文物》1985年第4期；b. 侯莉闽：《吉林省延边新石器时代文化及初步研究》，《博物馆研究》1994年第2期。

④ 《吉林省文物志》编委会：《和龙县文物志》，吉林文物志编修委员会1984年。

⑤ 吉林省文物考古研究所等：《和龙县兴城遗址发掘》，《博物馆研究》1988年第2期。

⑥ 吉林省文物考古研究所等：《和龙兴城——新石器及青铜时代遗址发掘报告》，文物出版社，2001年。

⑦ 吉林省文物考古研究所等：《和龙兴城——新石器及青铜时代遗址发掘报告》，文物出版社，2001年。

仔细核查《报告》发表的材料，可确定属于新石器时代的遗存，共有8座房址和1个地层。分别为第一期的87AF1、87AF3、87AF11、87BF7、87A区第3层（以下简写为“87A③”）和第二期的87AF14、87AF16、87AF17、87BF6。按《报告》公布的层位关系，这两期9个单位之间存在着87AF17→87AF16，87AF11→87A③→87AF1，87BF6→87BF7三组层位上的叠压打破关系。依据这三组层位关系，《报告》将兴城遗址出土的新石器时代遗存区分成了三个年代组，即兴城一期遗存早段（87AF1、87AF3）、兴城一期遗存晚段（87AF11、87BF7、87A③）、兴城二期遗存（87AF14、87AF16、87AF17、87BF6）。

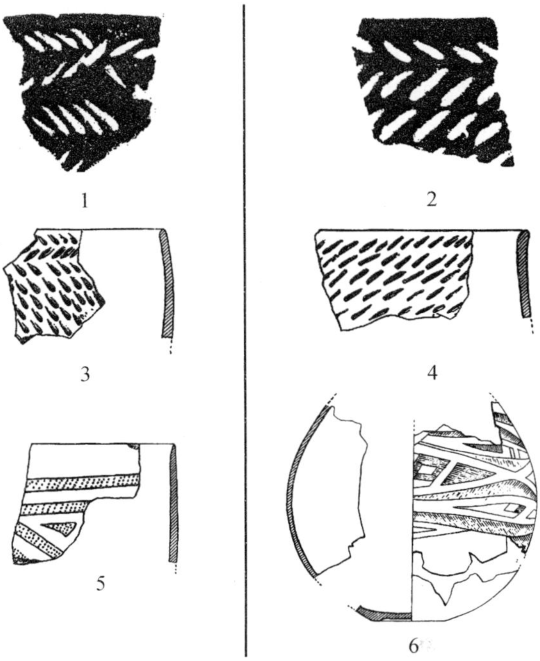

图二 兴城《报告》发表的一期早、晚两段陶器纹饰比较

1、2. 戳印点纹（87AF1堆标：1、87AF11标：2） 3、4. 短枣核形戳印纹（87AF1堆标：2、87AF11标：3） 5、6. 弧线三角纹组成的几何形图案（87AF3标：2、87BF7：6）

比较上述三组层位关系和各单位出土的遗物，不难发现87AF17和87AF16虽层位上存在着打破和被打破的关系，但由于出土遗物无大差别，故均被归并到了兴城遗址第二期遗存当中。据《报告》图三（兴城遗址遗迹分布图）观察，87AF11和87AF1之间根本不存在叠压或打破关系，87A③所见遗物很少且缺乏可供比较的典型器物，因此《报告》将87AF1和87AF11、87A③分别看成兴城一期遗存早、晚两段的代表单位，实际上是缺乏层位根据的。再从《报告》发表的一期早、晚两段陶器特点上看，它们均以直口或微侈口的筒形罐为主，普遍流行戳印纹，共见戳印点纹（图二，1、2）、短枣核形戳印纹（图二，3、4）和弧线三角纹组成的几何形图案（图二，5、6）。由此可见，第一期遗存内涵基本一致，无论是层位关系还是形态比较都不支持将其再细分为两个年代组的认识。事实上，只有87BF6→87BF7这组层位关系才是将兴城遗址出土的新石器时代遗存区分为一、二两期的关键。

这样，以《报告》发表的原始材料和提供的分期结果为依据，同时结合上述对各组层位关系和典型单位出土遗物的分析，现可认为兴城遗址的新石器时代遗存应以区分为具有年代早晚意义的两期为宜（图三）。

早期主要包括87AF1、87AF3、87AF11、87BF7、87A③，共5个单位。

晚期主要包括87AF14、87AF16、87AF17、87BF6，共4个单位。

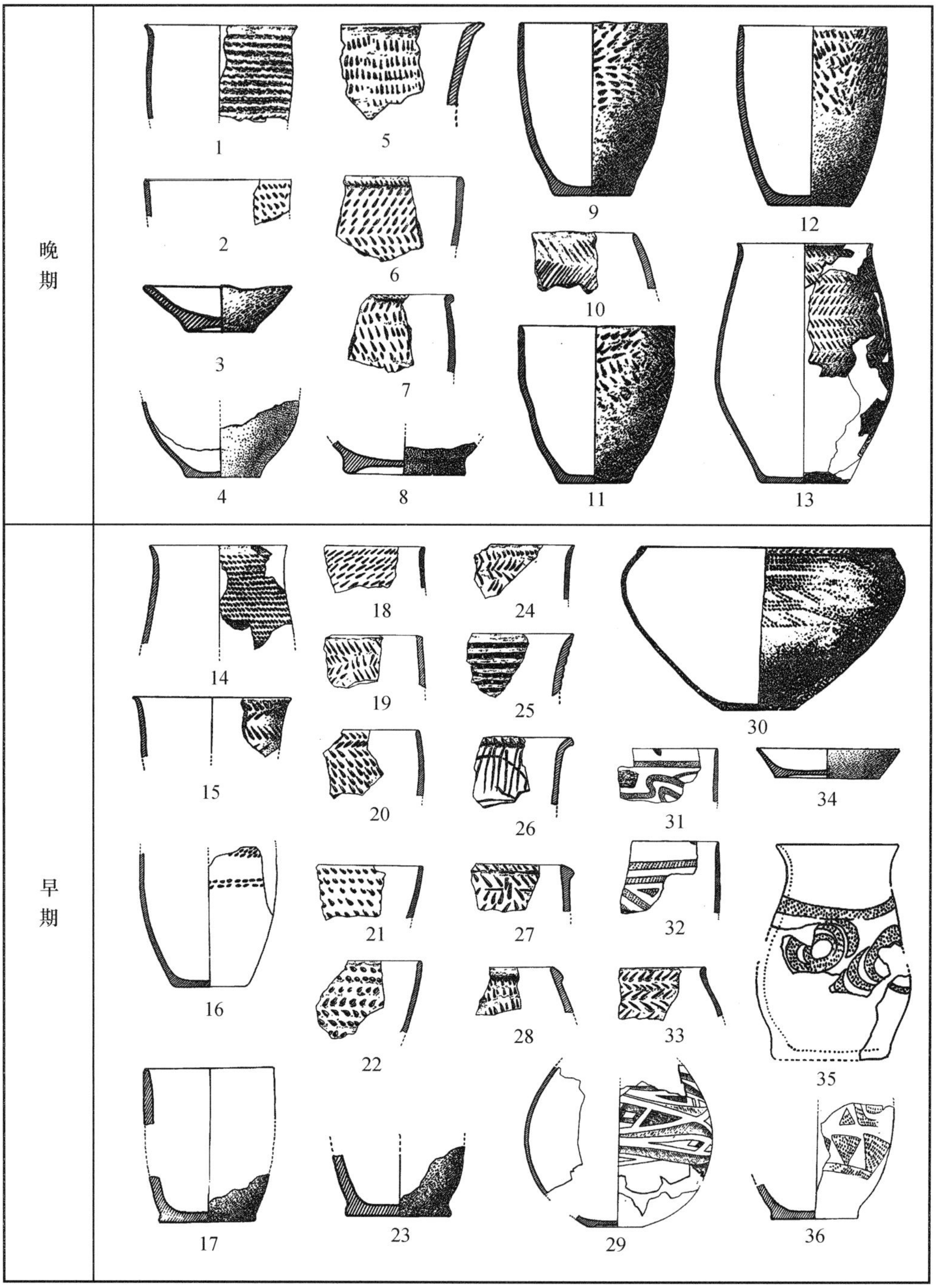

图三　兴城遗址出土的兴城下层文化早晚两期陶器

1、2、5～7、10、14、15、18～22、24～28、31～33. 陶器口沿（87AF16堆标：1、87AF16标：4、87AF14标：12、87AF16标：3、87AF16标：2、87AF14标：3、87AT2③标：1、87AF1堆标：1、87AF11标：3、87AF11标：5、87AF1堆标：2、87AF11标：7、87AF11标：1、87AF1堆标：3、87AF1标：1、87AT2③标：5、87　AT2③标：7、87AF11标：8、87AF11堆标：3、87AF3标：2、87AF11标：4）　3. 盅（87AF16：6）　4、8、23. 陶器底（87AF16：2、87AF14标：4、87AF11：1）　9、11、12、16、17、36. 筒形罐（87AF16：1、87AF14：2、87AF16：8、87AF11：3、87AF11：11、87AF11：10）　13、35. 鼓腹罐（87BF6：1、87AF11：5）　29. 球腹罐（87BF7：6）　30. 盆（87AF11：9）　34. 盘（87AF1：3）

从陶器特点上看，早晚两期遗存反映的应是同一种文化内部的年代差异。

2.“金谷早期遗址”新石器时代遗存检析

金谷遗址位于吉林省延边朝鲜族自治州龙井县东南约25千米处。1979年7月和1980年6～9月，延边博物馆、延边文物管理委员会办公室和龙井县图书馆对该遗址进行了两次抢救性清理，发掘面积共300余平方米，清理新石器时代房址6座。由于金谷遗址附近还分布有大片的青铜时代遗存和墓区以及渤海时期的山城和墓葬，因此为了便于和较晚时期的遗存相区别，延边地区的考古工作者在发表材料时将龙井县金谷遗址出有新石器时代遗存的区域称为“金谷早期遗址”①。

“金谷早期遗址”的地层堆积比较简单，依报告介绍，第1层为扰土层，第2层为表土层，第3层为黑褐色黏土，第4层为生土层。6座新石器时代房址，均开口于第3层下，打破生土，房址之间未见叠压打破关系。由于6座房址的开口层位和文化内涵基本相同，因此发掘者认为它们应是同一时期的考古学文化遗存。笔者通过进一步的核实和分析，发现F1:46罐（图四，7）和F5：51罐（图四，10）器形相似，皆为小型器，直口，平底，弧壁，口略大于底，形近筒形罐。F3：55杯（图四，5）和F1：46罐（图四，7）的纹饰均为规整的“人”字纹。F4：29罐（图四，6）的纹饰与F3：24碗（图四，1）腹部的纹饰均为刻划“人”字纹。F2：14钵（图四，2）和F5：58钵（图四，3）均敛口、平底，器形十分相似。F6未出遗物，但是F5南部的偏西侧有一通道与F6相连，应为同一时期。由此看来，F1～F5和F6确实应属于同一个时期。但特别需要指出的是，F3：6陶瓮，素面，小平底，敛口，口沿稍外侈，虽出于F3，但无论器形还是纹饰都完全有别于F3内所见的其他陶器和“金谷早期遗址”出土的其他新石器时代陶器。相反，这件器物的整体造型更接近于遗址晚期青铜时代文化的同类器，因此，有理由将其排除在金谷早期新石器时代文化的陶器群之外。

从以上分析可以发现，“金谷早期遗址”与兴城遗址所出的陶器，虽然器形均以筒形罐为主，但是在陶器组合和纹饰风格上却有着明显的区别。兴城遗址出土的陶器以施戳印的枣核形纹饰为主，兼有由刻划纹和篦点纹组成的涡纹。“金谷早期遗址”出土的陶器，纹饰多见刻划斜线纹组成的“人”字纹，兼有由刻划纹和篦点纹组成的“回”形纹。依此看来，“金谷早期遗址”出土的新石器时代遗存和兴城遗址出土的新石器时代遗存应该分别代表了两种不同的考古学文化。

3. 迎花南山H1

迎花南山遗址位于吉林省延边朝鲜族自治州珲春市凉水乡迎花村东南约1千米处。

---

① 延边博物馆：《吉林省龙井县金谷新石器时代遗址清理简报》，《北方文物》1991年第1期。

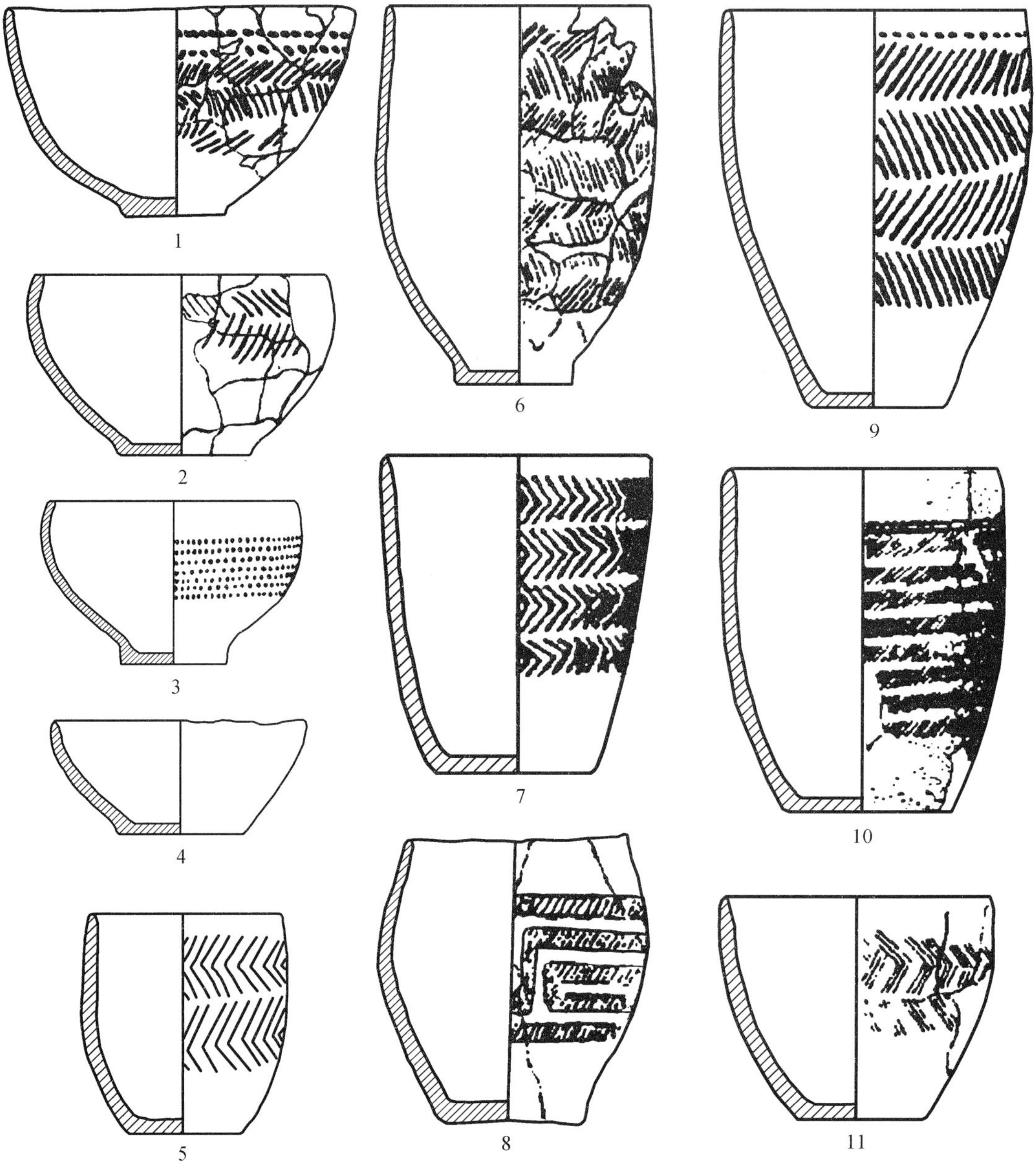

图四　金谷遗址出土的金谷文化陶器

1. 盆（F3：24） 2. 钵（F2：14）　3、4、11. 碗（F5：58、F3：7、F1：30）　5. 杯（F3：55） 6～10. 罐（F4：29、F1：46、F3：32、F3：4、F5：51）

1988年，由吉林省文物考古研究所、延边自治州博物馆、珲春市文物管理所组成的珲春铁路考古发掘队对该遗址进行了抢救性发掘，揭露面积380平方米，清理出房址4座、灰坑1座、墓葬3座。其中只有H1为新石器时代遗存。

迎花南山H1位于房址对面的山坡上，开口于耕土层下，灰坑平面呈椭圆形。坑内出土物均为带纹饰的陶器残片，纹饰种类主要为戳印纹、三角形戳点纹、小枣核形戳点纹和戳印的平行线纹，几种不同的纹饰经常共见于一件器物之上（图五）。

由于迎花南山H1出土的戳点纹陶器，风格与兴城遗址和“金谷早期遗址”所见的新石器时代陶器有着迥然的不同，因此亦应代表了一种独立的考古学文化。

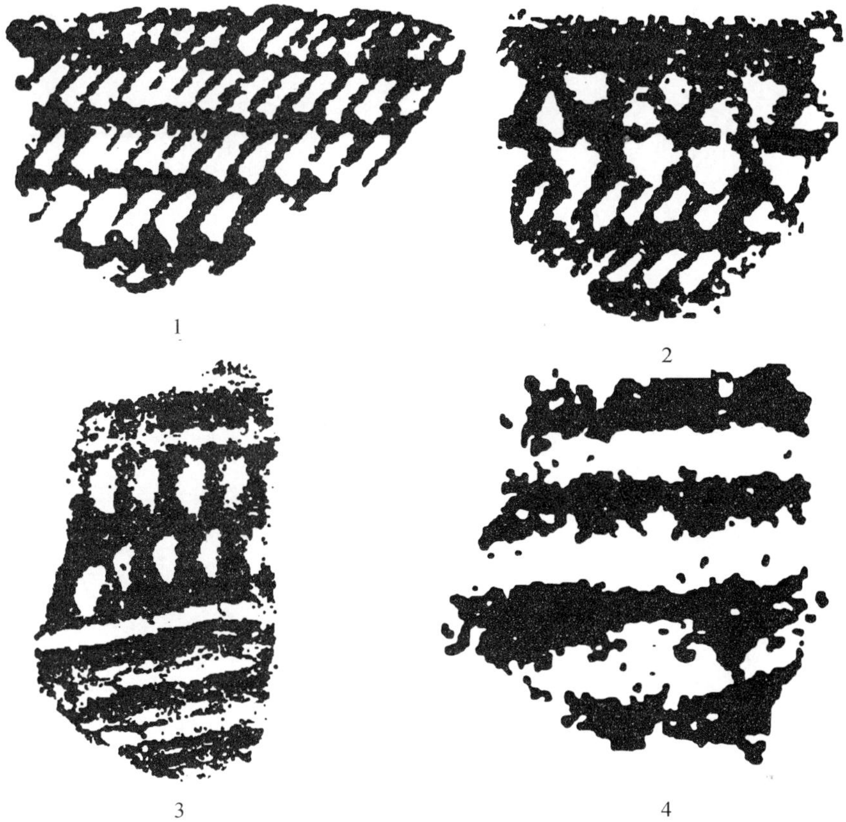

图五 迎花南山H1出土的陶器（纹饰拓片）

4. 其他遗址出土材料的说明

图们江流域其他12处新石器时代遗址，均未经过正式发掘，所见材料全部为调查获得的采集品。从大墩台遗址、三合邮电局遗址、琵岩山遗址、岐新六队遗址采集的部分陶片标本来看（图六，下），特征与兴城遗址出土的新石器时代遗存相同，应属同一种考古学文化。琵岩山遗址、三合邮电局遗址、大苏遗址采集的部分陶片，特征同于“金谷早期遗址”出土的陶器，因此应是同一种文化的遗存（图六，上）。其余遗址因未发表可供比较的遗物，因此暂不讨论。

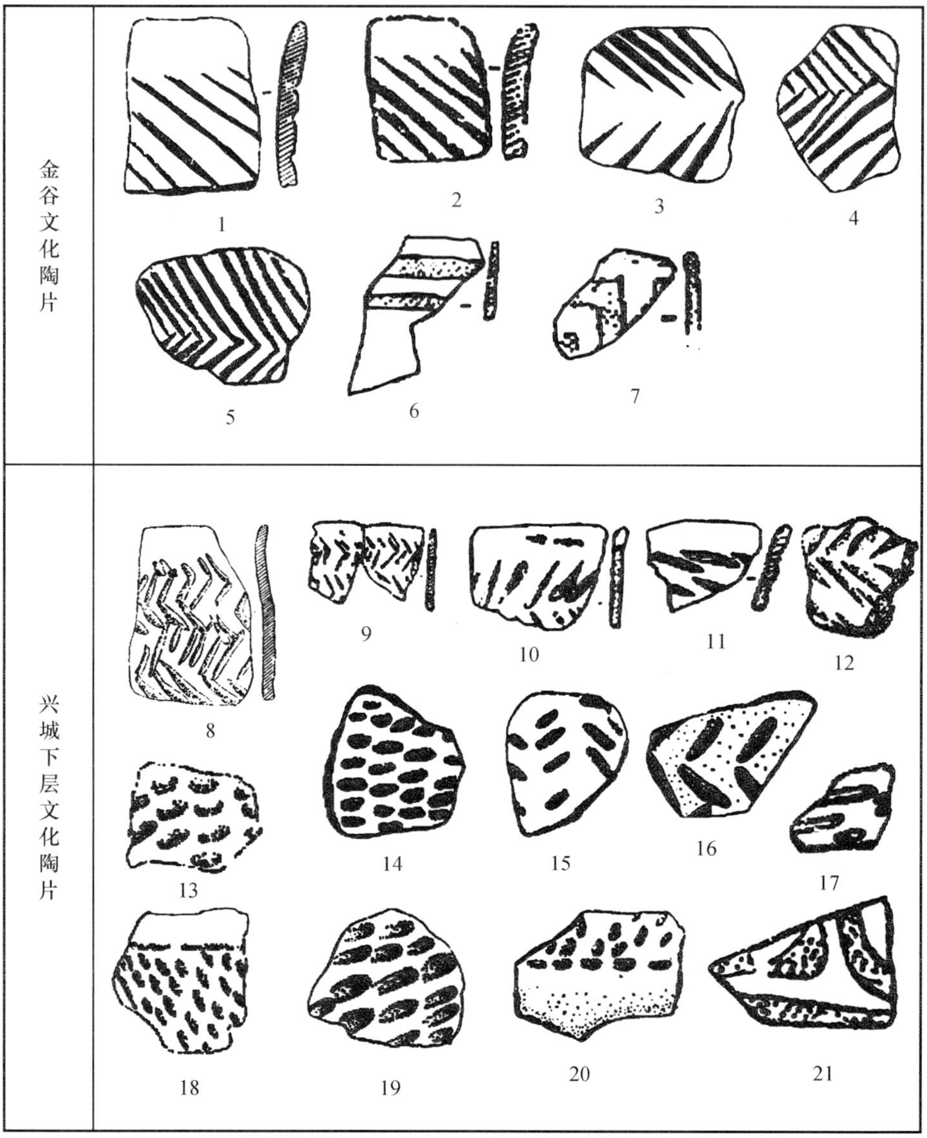

图六　其他遗址出土的兴城下层文化和金谷文化陶片

1、2. 大苏遗址　3～5、12、13、15、17、18. 琵岩山遗址　6～11. 邮电局遗址　14、16、19、20. 岐新六队遗址　21. 长东遗址（均为采集）

二、文化特征与年代

综合以上分析，现可初步将图们江流域发现的新石器时代遗存划分为三种不同的考古学文化。迎花南山H1出土的材料虽少，但特征鲜明，在遗址和文化内涵还有待进一步丰富以前，暂称其为“以迎花南山H1为代表的遗存”。兴城遗址的第一期和第二期遗存，实为具有年代早晚关系的同一种文化的早晚两期，可统一定名为“兴城下层文化”。“金谷早期遗址”出土的新石器时代遗存与兴城下层文化相比，既有区别又有联系，但整体上看区别更明显一些，因此可独立定名为“金谷文化”。

1. 以迎花南山H1为代表的遗存

目前发现材料较少，而且尚未见到完整或可复原的陶器。据陶片表面的纹饰观察，主要表现为戳印纹较多，三角形戳点纹和小枣核形戳点纹较少，另见少量的戳印平行线纹。

就总体文化特征而言，以迎花南山H1为代表的遗存与朝鲜罗津和俄罗斯博伊斯曼遗址出土的新石器时代遗存面貌特征完全一致，应属于相同的考古学文化。俄罗斯博伊斯曼遗址的5个^{14}C测年数据分别为BP6100年±200年（贝壳堆中部的人骨）、BP5330年±55年（贝壳堆中部的碳）、BP5300年±215年（贝壳堆中部的动物骨骼）、BP5160年±140年（贝壳堆中部的人骨）、BP5030年±140年（贝壳堆中部的动物骨骼），借此可以判定与其性质完全相同的迎花南山H1为代表的遗存，年代亦应相当。除此以外，进一步参考这类遗存与三江平原地区新开流–鲁德纳亚文化晚期陶器纹饰的相似性，可最终将其年代确定为公元前4500～前4000年①。

以迎花南山H1为代表的遗存，目前发现材料虽少，但重要性不可低估。相信随着日后田野工作的进一步开展，这类遗存的文化面貌会越来越清晰明了，学术价值也会逐渐得以突显。

2. 兴城下层文化

以和龙兴城遗址第一、二期遗存为代表，另包括大墩台遗址、三合邮电局遗址、琵岩山遗址和岐新六队等遗址采集的部分新石器时代遗物。

该文化的房址，平面主要为圆角长方形，半地穴式，均有外伸门道。房址长轴基本为东西向，门道开在南壁，向外突出较长，呈内低外高的斜坡状。房屋居住面一般不另行铺垫，只是将地穴的底部加以平整并压实，有的居住面四周较中心略高。房内灶址为地面积薪式，炊器多以自然石块支垫。有的房屋在四角和室中央均分布有柱洞，有的只在中部发现有柱洞而四角没有发现柱洞。房址面积一般较小，多为十几平方米，最大的也不过二十或三十多平方米。

兴城下层文化的石器分打制和磨制两种，器形有斧、锄、铲、矛、镞、网坠、磨棒、砺石和刮削器。石斧和石铲以弧顶弧刃的长方形或梯形板状为多。石锄多为打制、短柄、有肩、弧刃、侧视如倒“T”形。石镞皆为三角形，以平底最多，凹底较少，除用黑曜石压制的以外，还有用板岩磨制的。石矛多呈长叶形，略加磨砺。网坠多选用河卵石片打制成器。

① 杨占风：《鸭绿江、图们江及乌苏里江流域的新石器文化研究》，文物出版社，2013年。

兴城下层文化可据陶器群的差异，分为早、晚两期。早期陶器完整器较少，器形均以筒形罐为主，多直口或侈口，少量为敛口，另见一定数量的矮圈足盘、敛口盆和球腹罐等。陶质分夹粗砂和夹细砂两种，陶色以红褐色和黄褐色居多，纹饰流行戳印纹、篦点纹、三角纹，弧线纹、涡纹及几何形图案纹。戳印纹多为小长方形戳点、小枣核形戳点或戳印的小圆点组成的弦带纹。由枣核形纹饰组成的“人”字纹亦较常见。晚期陶器仍以筒形罐为主，另有碗、盅、鼓腹罐和敛口器等。陶色多为黄褐和灰褐，纹饰中的戳点纹变成了戳印的短斜线纹。新出现了刻划纹和压划纹，不见了涡纹。

兴城下层文化的^{14}C测定数据共有两个，均出自兴城遗址①，87AF1木炭测定结果为距今4320年±90年（公元前2370年），树轮校正值为公元前2914～前2622年。兴城遗址87AF3木炭经测定为距今4170年±95年（公元前2220年），树轮校正值为公元前2866～前2469年。参考这两个数值，同时结合该文化陶器所反映出的特征，推测兴城下层文化的年代应在公元前3000～前2500年。

3. 金谷文化

以“金谷早期遗址”出土的新石器时代遗存为代表，同时包括南团山遗址、琵岩山遗址、邮电局遗址、大苏等遗址采集的部分新石器时代遗物。

金谷文化的房址排列比较密集，均为半地穴式，平面为圆角长方形或圆角方形，面积大小不一。大的多在40～50平方米，小的仅10平方米左右。所有房屋都有门道和柱洞。居住面上多发现有陶器、石器和骨器。

金谷文化的陶器，碎片数量较多，完整和可复原的较少。陶器以夹粗砂的黄褐、灰褐陶为主，细砂陶数量较少。除小型器物为手捏成形外，多数用泥圈套接法制成。陶胎比较坚硬，烧造火候较高。陶器造型以直口器为多，敛口和侈口器较少。口沿唇部有圆有方，器底除多数为平底或小平底外，还见有少数的矮圈足底。器形主要以筒形罐为多，另见有少量的鼓腹罐和陶碗。大多数器物表面都施有纹饰，主要是刻划或压印的“人”字纹、斜线纹、点线纹、“回”形纹等，其中“人”字纹最多。素面陶器很少。纹饰普遍施于器腹的中部或上部，下腹部不施纹饰。

除了陶器以外，石器发现数量最多，有打制和磨制两种。打制的主要为石锄和各种黑曜石制成的石器。磨制石器有斧、锛、凿、铲、镞、矛、磨棒、磨盘、砺石和坠饰等。骨器仅见有骨针和骨锥，均是用兽类或鸟类的肢骨磨制加工而成的。贝类器很有特点，有的直接使用，有的经过简单的加工，多为贝饰和贝珠等。

金谷文化的^{14}C测定数据共有3个，均出自金谷遗址②。其中F4①木炭标本测年结

① 吉林省文物考古研究所等：《和龙兴城——新石器及青铜时代遗址发掘报告》，文物出版社，2001年。

② 延边博物馆：《吉林省龙井县金谷新石器时代遗址清理简报》，《北方文物》1991年第1期。

果为距今4000年±85年（公元前2050年），树轮校正值为公元前2551～前2280年。F4②木炭标本测年结果为距今4020年±105年（公元前2070年），树轮校正值为公元前2571～前2280年。F3①木炭标本测年结果为距今4110年±85年（公元前2160年），树轮校正值为公元前2651～前2458年。由此看来，金谷文化的年代应该晚于兴城文化，约为公元前2500～前2000年。

三、序列与文化关系

第一，以迎花南山H1为代表的遗存、兴城下层文化和金谷文化是中国图们江流域发现的属于三个不同时期的新石器时代考古学文化。这三种考古学文化的发现和确认，是半个多世纪以来图们江流域史前考古工作取得的重大收获，标志着该地区的新石器时代考古学文化编年序列已初步形成。未来工作的重点应该是继续寻找比迎花南山H1更早和介于迎花南山H1与兴城下层文化之间的遗存，以填补这一编年序列中尚存的时间缺环。

第二，兴城下层文化和金谷文化的房屋形制比较接近，陶器造型和纹饰特点亦存在较多共性，应是既有先后关系又有传承关系的同一系统的考古学文化。以迎花南山H1为代表的遗存与兴城下层文化和金谷文化相比区别十分明显，应另寻渊源和后继者。

第三，比较以上三种考古学文化与周边地区新石器文化的关系，不难发现中国境内以迎花南山H1为代表的遗存，文化性质与朝鲜境内罗津遗址和俄罗斯境内博伊斯曼遗址出土的新石器时代遗存相同，彼此应属于质同名不同的跨国新石器文化。兴城下层文化和金谷文化分别与朝鲜境内新石器时代西浦项文化的晚期一段和晚期二段相同，因此也属分布在图们江流域的两个跨国新石器文化①。

总之，图们江流域中国境内的考古工作开始于20世纪50年代，目前发现的新石器时代遗存可区分为三种不同的考古学文化，分别为以迎花南山H1为代表的遗存、兴城下层文化和金谷文化。这三种文化的发现和确认标志着图们江流域新石器文化编年序列的初步形成。从文化关系上看，兴城下层文化和金谷文化是既有先后关系又有传承关系的同一系统的考古学文化。以迎花南山H1为代表的遗存渊源和流向不明，应属另一文化系统。通过与朝俄境内同期文化遗存进行比较，不难看出中国境内以迎花南山H1为代表的遗存，文化性质与朝鲜境内罗津遗址和俄罗斯境内博伊斯曼遗址出土的新石器时代遗存相同，彼此应属于质同名不同的跨国新石器文化。兴城下层文化和金谷文化分别与朝鲜境内西浦项文化的晚期一段和晚期二段相同，因此也是分布在图们江两岸属于不同国家的同种新石器文化。

---

① 赵宾福：《中朝邻境地区的新石器文化比较研究》，《边疆考古研究》（第9辑），科学出版社，2010年。

煮盐器具厚壁缸

田建文

（山西省考古研究所）

在山西垣曲古城东关、丰村、龙王崖、上亳和夏县东下冯、曲沃东白冢、襄汾杨威，河南灵宝西坡、偃师二里头、滑城、陕县三里桥及陕西商县紫荆等十几处遗址，仰韶晚期开始出现、庙底沟二期和龙山时代都流行一种壁很厚的圜底缸、瓮类陶器，发表的报告中或称为“厚胎圜底瓮”，或称为“坩埚”，现在可知这是一种煮盐器具，本文称其为厚壁缸。对于我来说，虽然20多年才解开这个谜，但过程近乎完美，完成了我对厚壁缸的谱系研究。这，还得从20世纪90年代说起。

一

1990～1992年，我留守在曲沃县曲村考古队。1990年3月在我的提议下，与同事罗新、张奎一起，对塔儿山南麓的古遗址进行调查，目的是要搞清楚陶寺遗存与晋文化究竟存在着什么关系。当调查到曲村北不远处的东白冢遗址时，发现村北、村东、村南都分布有陶寺遗存，其中有件厚壁缸残片特别引人注目，而村南仅有东下冯类型。这有件厚壁缸，限于当时我的学识水平且因其厚度就把它与《商周考古》上商代坩埚“将军盔”联系起来了（图一）[①]，若是的话将是中国古代最早的铜器冶铸标本，意义自然十分重大。但肉眼看不出厚壁缸内壁中有铜炼渣的痕迹，又由于是采集的标本，当时不可能做残留物分析，是不是“坩埚”没能确定，遂将此事搁置下来了。但厚壁缸的用途之谜一直萦绕于我心。

后来由张奎写的简报中[②]，将这件厚壁缸编号为白：38，归入“陶寺类型”，称为“坩埚”，描述为“砂质，褐色。胎甚厚，约4厘米，体较小，残存部分上端直径约20厘米。表饰绳纹，其上涂泥，经烧变为红色。”（本文图一；原简报图四，9）在“结语”中指出，“东白冢坩埚的发现也很重要。现知该遗址遗存属陶寺类型和东下冯类

---

① 北京大学历史系考古教研室商周组：《商周考古》（图二五，2），文物出版社，1979年，第46页。

② 山西省考古研究所：《塔儿山南麓的古遗址调查简报》，《文物季刊》1992年第3期。

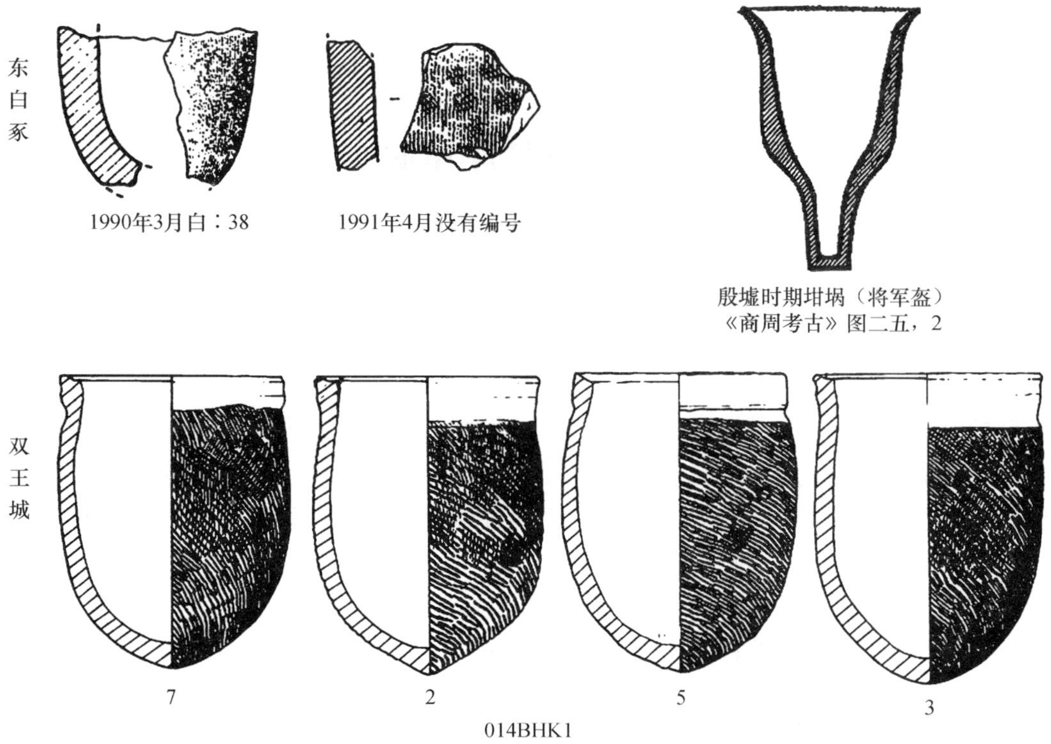

图一　东白家、双王城等出土厚壁缸和殷墟时期将军盔*

型，而以前者最为丰富和普遍。从坩埚上的绳纹特征看，不会晚于东下冯类型。总之，这件坩埚是现今山西发现的最早一件冶铜工具，它既可证明陶寺类型墓葬中发现的小铜铃很可能是本地铸造，同时也向我们透露出东白家遗址的重要性。”

那次调查之后我很长一段时间没有具体工作，考古队也没有维持经费，闲着没事便找事干，1991年4月到曲村周围的很多遗址独自进行考古调查。再一次来到东白家，又采集到厚壁缸的残片，没有确认用途为“坩埚”之前，我在调查报告中用的是“厚壁缸”①，这件陶器属于“夹砂类”，“草抹泥烧制而成，厚壁缸形器，器表里皆红色，断面中央为灰黑色，器表饰竖绳纹”（图一；原报告图六，5）。东白家遗址采集遗物分为两个阶段，第一阶段有陶斝、釜灶等，我把它划分成“陶寺文化”早期；厚壁缸为第二阶段，系“陶寺文化”晚期。当时是按由我执笔的《陶寺文化再研究》中的分期方案划分的②。

没有想到，张奎的东白家简报的“坩埚”（厚壁缸）2000年引起了学界的关注，

* 图中每件陶器下面的数字均为原始编号，下同。

① 山西省考古研究所：《襄汾曲沃、闻喜、侯马三县一市考古调查报告》，《文物季刊》1993年第3期。在报告中，“东白家”被称为“白冢”。

② 罗新等：《陶寺文化再研究》，《中原文物》1991年第2期。

刘莉等在《城：夏商时期对自然资源的控制问题》指出[①]，二里头时期临汾盆地的东下冯类型多达38处，“主要分布在塔儿山西北部和南部两个群落中。南部遗址群包括16个遗址，以感军遗址为中心……这个遗址群临近周围山区的铜、铅矿，表明这个地区也有铜/铅矿开采。在临近感军的一个名为东白冢的可能的大遗址里，曾发现过一个二里头末期的陶坩埚，为上述推测提供的佐证”。但这件器物残片由“陶寺类型”变为“二里头末期”，我分析其原因可能是简报“结语”中指出的“不会晚于东下冯类型”这样含含糊糊的时代断定所致，刘莉等确定为“二里头末期”并没有也不可能做确切的考证。还牵扯到另一个问题，就是这件名为“坩埚”的器物与真正的“坩埚”之间还有相当大的距离。

解决这个问题是近来的事。盐业考古在本世纪兴起后，有许多我们以前不曾想到和知道的器物用途，如类似于东白冢厚壁缸类陶器在以山东为代表的渤海南岸地区寿光双王城就大量发现[②]。对此早有耳闻，因为该项目被评为“2008年度全国十大考古新发现”，也看过少量报道，但真正使我下决心去考虑这个问题是2013年12月14日在北京大学李伯谦先生送给我一本燕生东著的《商周时期渤海南岸地区的盐业》后[③]，才开始系统学习并写出这篇文章的。其中，寿光双王城“从历年来采集的盔形器和少量生活用具标本来看，014遗址商周制盐遗存的时代为殷墟第三、四期至西周早期”。014遗址中煮盐工具盔形器占陶器总数的95%以上，分三期，“第一、二期盔形器基本为泥质灰陶和褐陶”，“第三期盔形器多为夹砂红褐陶”，所以盔形器泥质的和夹砂的都可以制成和使用，本文图一选取双王城报告分期中的第一期014BHK 1的四件盔形器（本文图一；原报告图一〇），年代上是014遗址最早，即殷墟第三、四期。此类器物与东白冢采集的厚壁缸、“坩埚”出人意料的相似，于是我便明白了东白冢遗址出土的厚壁缸和“坩埚”可能是煮盐的器具。

二

不唯东白冢，在河南陕县三里桥[④]、山西夏县东下冯[⑤]、垣曲龙王崖[⑥]、古城东

① 刘莉等：《城：夏商时期对自然资源的控制问题》，《东南文化》2000年第3期，第55页。

② 山东省文物考古研究所等：《山东寿光市双王城盐业遗址2008年的发掘》，《考古》2010年第3期，第20页。

③ 燕生东：《商周时期渤海南岸地区的盐业》，文物出版社，2013年。

④ 中国社会科学院考古研究所：《庙底沟与三里桥》，科学出版社，1959年，第93、101页。

⑤ 中国社会科学院考古研究所等：《山西夏县东下冯龙山文化遗址》，《考古学报》1983年第1期，第77页。

⑥ 中国社会科学院考古研究所山西工作队：《山西垣曲龙王崖遗址的两次发掘》，《考古》1986年第2期，第105页。

关[①]、丰村[②]、上亳[③]等遗址的龙山文化遗址中也发现有厚壁缸。

1. 三里桥

发现2件（图二），形态不一。H3：31（原报告图六三，B3d），夹粗砂红陶大口罐，“上部已残，深腹，向下往里收成平底。胎厚3厘米”。H251：04（原报告图六七，C1），夹粗砂灰陶圜底罐，“深腹，圜底，上部已残，胎厚2.8厘米”。H3还发表了47夹砂粗灰陶罐（原报告图六三，A3b）、17泥质灰陶碗（原报告图六三，b1）、08泥质灰陶杯（原报告图六四，b4）。

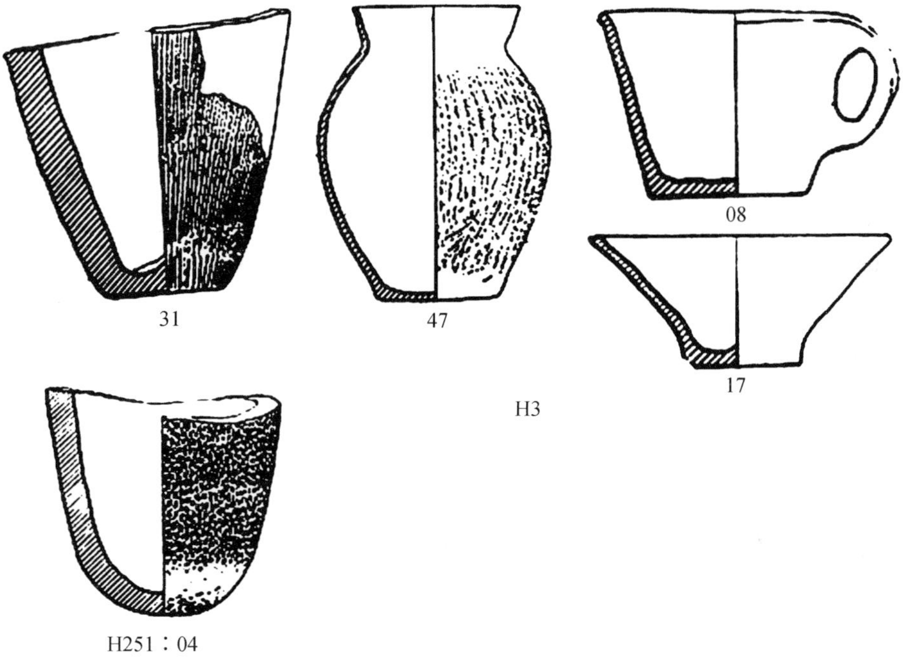

图二　三里桥出土厚壁缸等

2. 东下冯

数量不详。报告中称为“厚胎圜底瓮”，“残片，出于H221、231和T202、206、208、221第3层。泥质红陶，胎厚，呈黑色，有的是内外均呈黄色。直口，窄方唇，深

① 中国历史博物馆考古部等：《垣曲古城东关》，科学出版社，2001年，第196、253～255页。

② 中国社会科学院考古研究所山西工作队：《山西垣曲丰村新石器时代遗址的发掘》，《考古学集刊》（第5集），中国社会科学院出版社，1987年，第35、50页。

③ 山西省考古研究所等：《垣曲上亳》，科学出版社，2010年。按本文介绍先后分别见第302、175、193、194、184、163、157页。

腹，圜底。饰竖细绳纹，近口部弦纹二周。口径约30、高约40厘米”。既然在两座灰坑、四个探方的第3层里都有出土，可知数量一定不在少数。双王城的此类器具泥质和夹砂都使用过，所以没有因为东下冯是“泥质红陶”而影响了我们的判断。但仅发表了H221的线图（图三；原报告图二八，6）。在T202、206、208 、210第3层的其他陶器如下：

T202③，12斝（原报告图二八，9）、3豆（原报告图二九，11）、11直领罐（原报告图二九，3）、10高领罐（原报告图二八，21）。

T206③，13单耳杯（原报告图二九，16）、3豆（原报告图二九，10）、2深腹盆（原报告图二九，13）、15甑（原报告图二八，11）。

T208③，8单耳罐（原报告图二九，7）、6小罐（原报告图二九，5）、三足瓮（原报告图二八，15）。

T210③，2双腹盆（原报告图二九，15）。

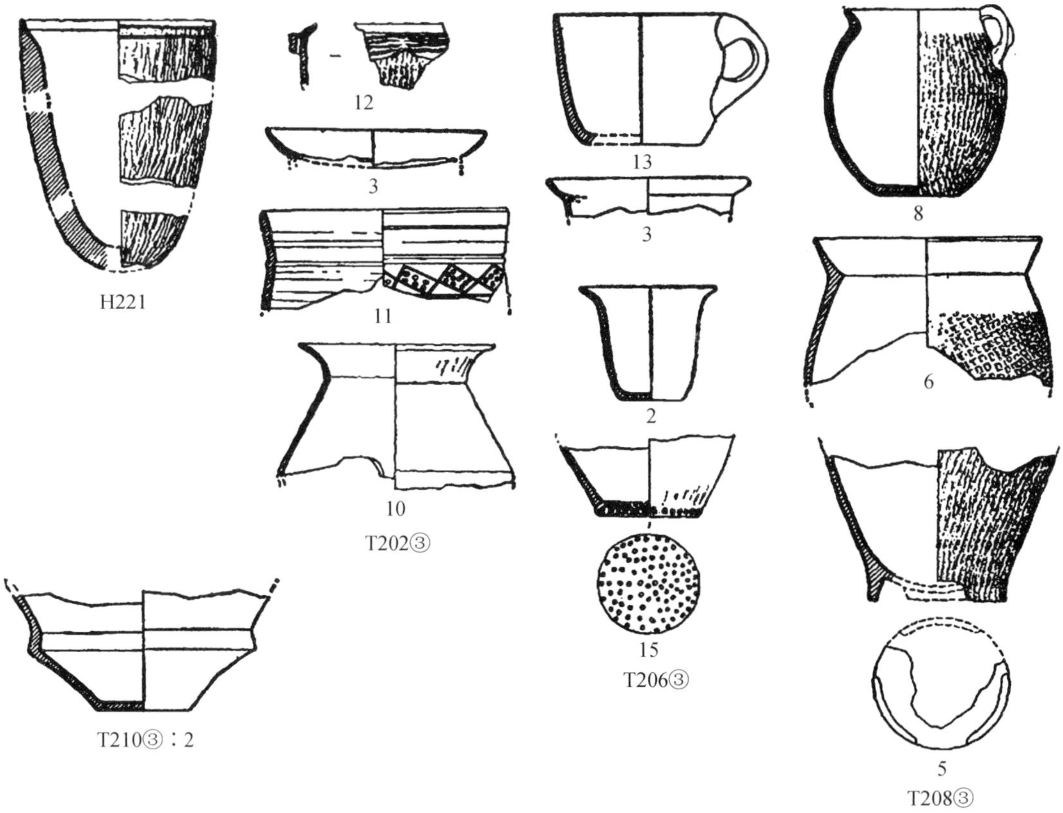

图三　东下冯出土厚壁缸等

3. 龙王崖

发现2件，报告中称为圜底缸，T202：3B：07 、T211：3C：044（图四、图五；原报告图八，26、25）。“深腹口微外敞，厚胎夹粗砂，陶胎黑灰，内外表面褐色或灰褐色，泥条盘筑，饰绳纹……根据垣曲县文化馆采集的标本可知这类缸整体呈‘U’形，均大口，深腹，小圜底”。除这两件外，两个探方发表的陶器分别如下。

T202（图四）：3A：17斝（原报告图八，19）、3A：19小圆杯（原报告图八，21）；3B：14斝（原报告图八，20）、3B：21碗（原报告图九，22）；3C：23盒（原报告图九，11）；4A：5单把鬲（原报告图八，6）、4A：91大口罐（原报告图八， 24）、4A：092双腹盆（原报告图九，2）；4D：25双鋬鬲（原报告图八，5）、4D：26浅腹盆（原报告图九，4）、4D：27豆（原报告图九，20）、4D：24直筒杯（原报告图九，14）。

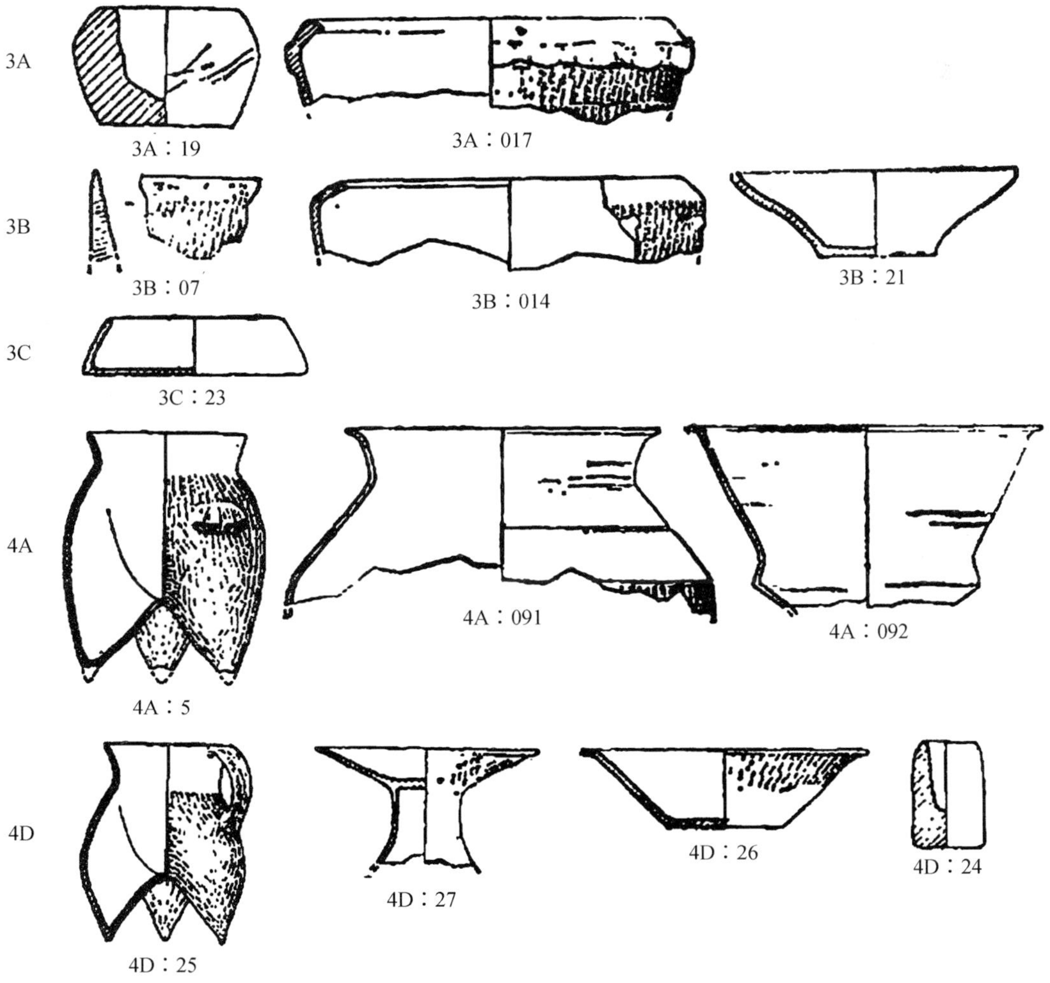

图四　龙王崖T202出土厚壁缸等

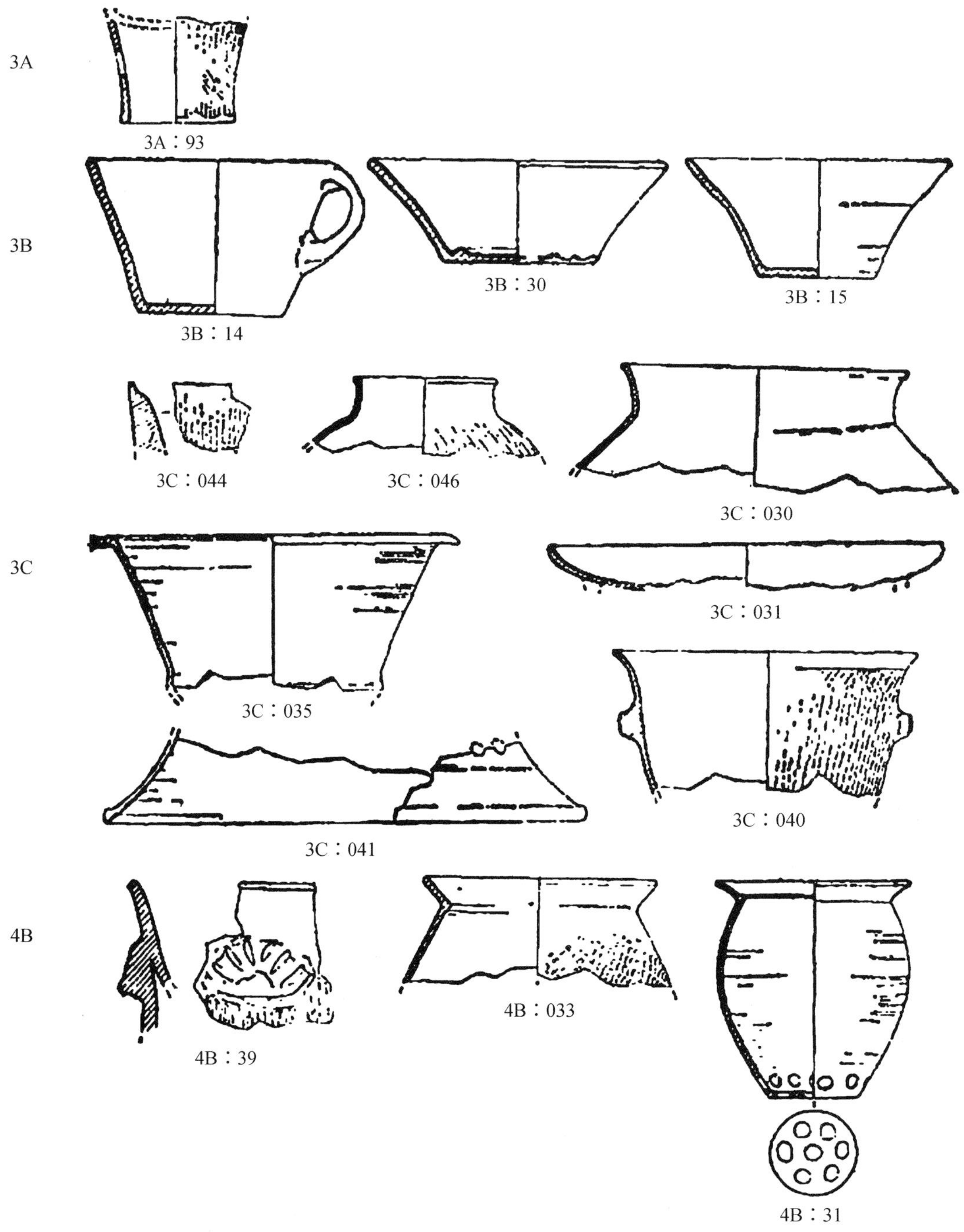

图五　龙王崖T211出土厚壁缸等

T211（图五）：3A：093圈足（原报告图九，17）；3B：14单把杯（原报告图九，13）、3B：15、3B：30碗（原报告图九，23、26）；3C：030大口罐（原报告图八，22）、3C：046小口罐（原报告图八，17）、3C：035双腹盆（原报告图九，

1）、3C：040深腹盆（原报告图九，3）、3C：031豆（原报告图九，6）、3C：41器座（原报告图九，8）；4B：039釜灶（原报告图八，4）、4B：31甑（原报告图八，7）、4B：33折沿罐（原报告图八，15）。

4. 东关

发现1件，ⅠH140：10（图六），原报告称为“坩埚”，没有发表相关的检测数据，“夹砂红褐陶，手制，仅余下腹部，圆筒状，厚胎，器表饰绳纹，胎厚4厘米”（原报告图三一三，5）。这个灰坑共发表了15件陶器，除外还有81侧装双鋬鬲（原报告图三一四，2）；24、100、101灶（原报告图三一五，10、9、8）；98甑（原报告图三一五，2）；25圆腹小罐（原报告图三一一，6）；76筒形罐（原报告图三一一，8）；80圈足瓮（原报告图三一六，3）；20斜腹盆（原报告图三一八，8）；86白陶杯（原报告图三二〇，9）；75、77、97豆（原报告图三二一，19、18、16）；99器盖（原报告图三一一，20）。

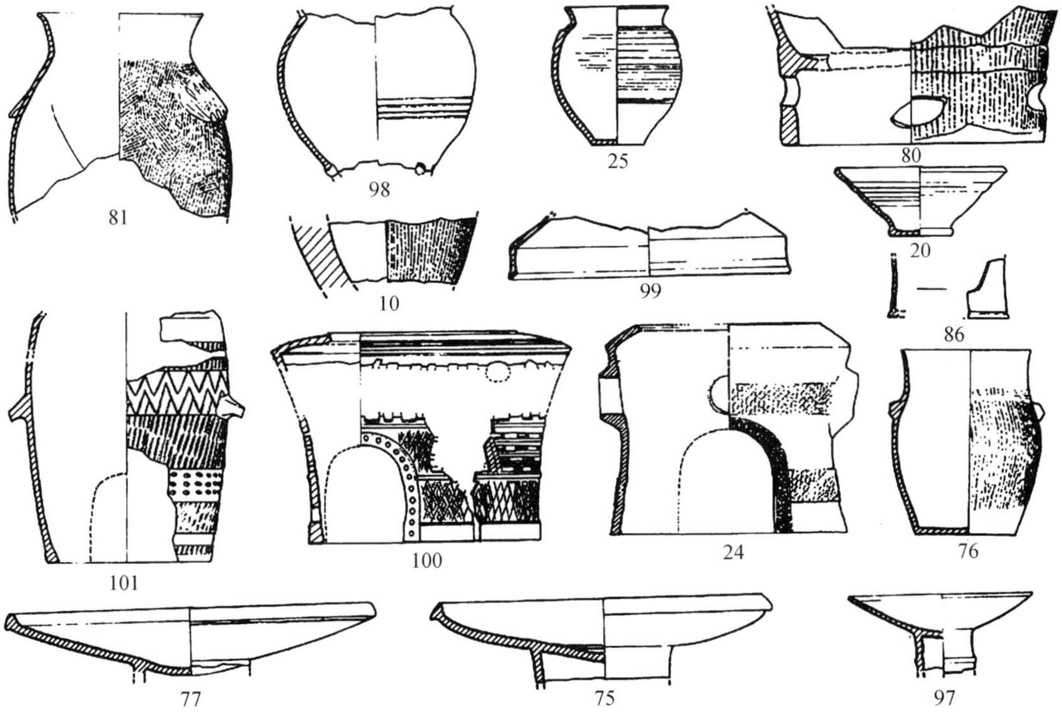

图六 东关ⅠH140出土厚壁缸等

5. 丰村

发现2件（图七）。报告中称为“深腹圜底缸”或“圜底深腹缸”，未统一。“器形较大，腹较深，泥条盘筑，胎较厚，饰绳纹。T102：3C：017，仅有口沿，唇面呈台阶状，腹壁斜收，绳纹较疏，夹砂红陶，胎很厚，约3.2厘米”（原报告图二三，12）。另有“采21，腹部残片，呈圆筒状，底部加厚，夹砂褐陶”（原报告图二三，13）。以下是T102层位中出土的陶器。

2：31折沿小罐（原报告图二二，19）、0155双腹盆（原报告图二三，1）；3A：26器盖折沿小罐（原报告图二三，8）、31碗（原报告图二二，13）；3B：32斝（原报告图二二，2）、053甑（原报告图二二，5）、15碗折沿小罐（原报告图二二，14）、17和52折沿小罐（原报告图二二，18、20）、019圈足（原报告图二二，4）、039大口瓮（原报告图二三，14）；3C：042鼎足（原报告图二二，21）、037器耳（原报告图二二，8）；3D：027大口瓮（原报告图二三，9）、050和054小口瓮（原报告图二三，5、6）、30器座（原报告图二三，11）。

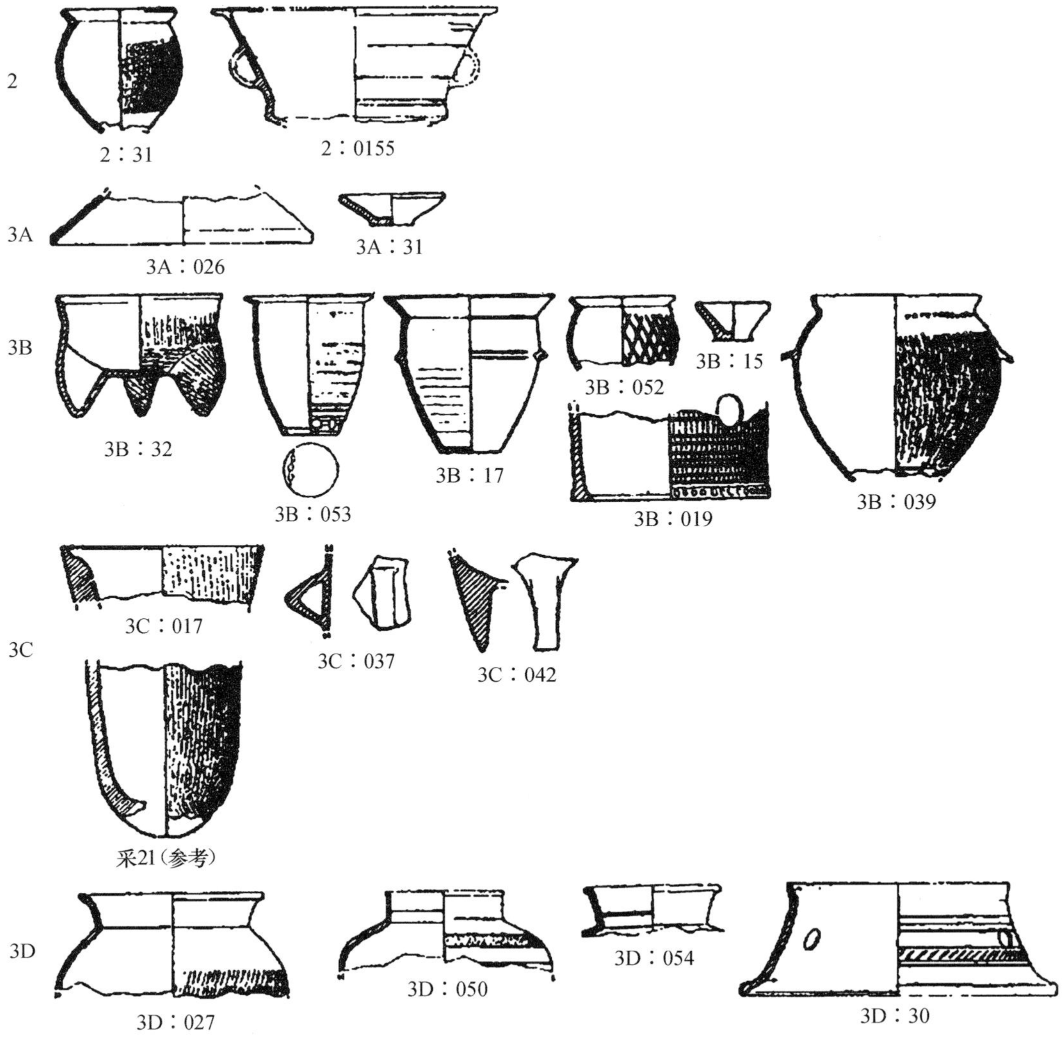

图七　丰村T102出土厚壁缸等

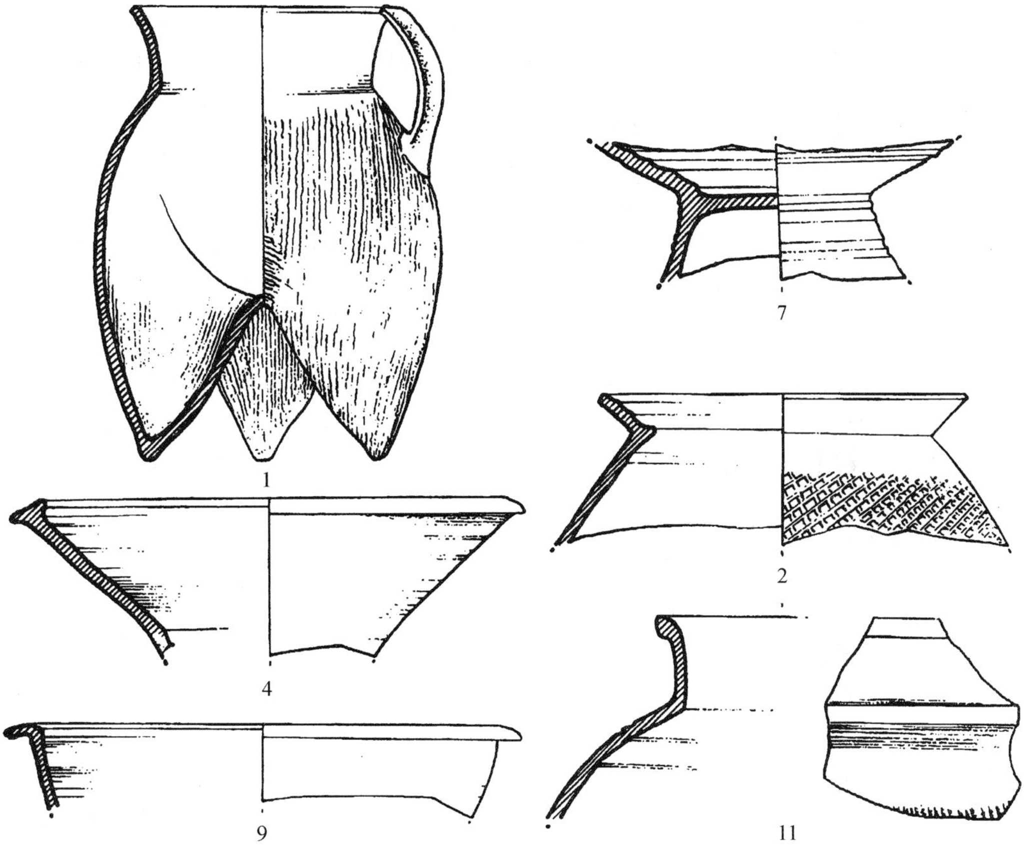

图八　上亳H50出土陶器

6. 上亳

报告第六章“龙山期遗存”中没有发表图文资料，但在附录三“上亳遗址陶器化学组成测试报告”中有H50厚胎缸腹片，登记为“龙山时期”，“表里层黄褐，中间灰色，夹白石英颗粒等”，器表饰粗篮纹，胎厚2.463厘米。这个灰坑共发表了16件陶器（片），主要有H50：1鬲、2方格纹罐、9折沿盆、敞口盆（原报告图一八九，10、4、2、3、9）、7豆（图八；原报告图一九〇，6）。

下面从东下冯入手，探讨这些遗址中厚壁缸所在单位的年代。

东下冯T202等探方的第3层，包括T227③：2单把鬲（原报告图二八，1），T206③：3豆、T206③：13单耳杯、T208③：8单耳罐、T208③：6小罐、T210③：2双腹盆等，其中出“厚胎圜底瓮”残片的T221第3层，从原报告图四“Ⅱ区探方、遗迹分布图”可见，与出单把鬲的T227只相隔T224，也就是5米。我在1997年认为东下冯“龙山晚期”遗存属三里桥文化[1]，分为两段，一段略早于夏代，二段已属夏代初

① 田建文：《东下冯龙山晚期遗存分析及意义》，《三晋考古》（二），山西人民出版社，1996年，第260页。

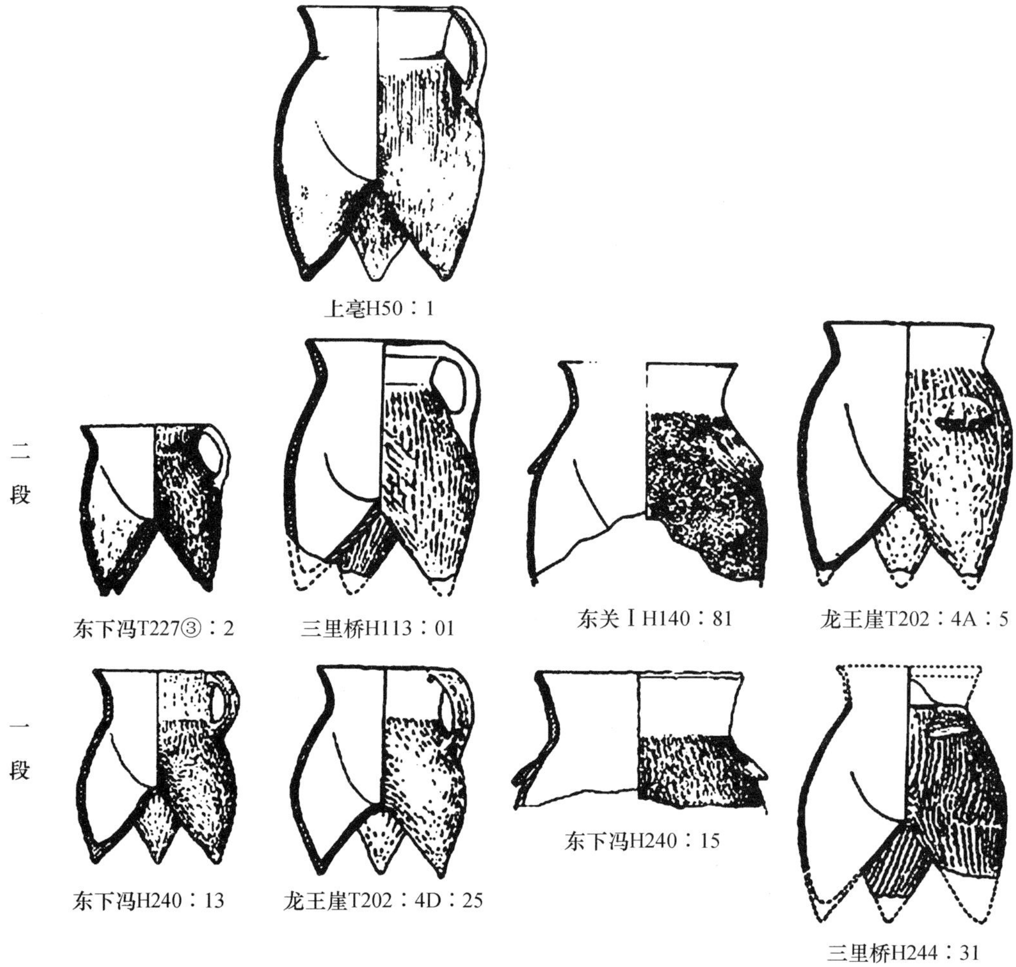

图九　东下冯、三里桥、东关等陶鬲对比

期。当时分期的依据是原报告“晚期遗迹”20座灰坑，第64页介绍这些灰坑“均开口于第3层下”，这样就把3层与20座灰坑分为不同的段，灰坑以H240发表陶器为多。龙王崖T202：4D：25单把鬲与东下冯H240：13别无二致，龙王崖T202：4A：5侧装双鋬鬲与东下冯T227③：2单把鬲口部以下形态相同，再次证明分两段的合理性。以此为准则发现，无论是侧装双鋬鬲还是单把鬲，一段裆略分，鬲的最宽处在腹下部；二段裆内聚，鬲的最宽处在腹上部。是故，三里桥H244：31侧装双鋬鬲属一段，三里桥H113：01、上亳H50：1单把鬲、东关ⅠH140：81侧装双鋬鬲属二段。这些遗址中厚壁缸所在单位的年代如下。

东下冯，第3层属二段；H221、H231没有发表共存陶器，但存在着早到一段，与H240同时的可能。

东关，ⅠH140属二段。

龙王崖，T202：3B：07 厚壁缸类陶器压在二段的T202：4A：5侧装双鋬鬲之上，年代不早于二段；T211：3C：035与T202：4A：092双腹盆相近，我们将T211：3C：044厚壁缸类陶器与T202：3B：07视为同时。

丰村，从出土层位上看，压着T102：3C：017厚壁缸的T102：2：0155双腹盆与龙王崖T211：3C：035、T202：4A：092双腹盆相近，龙王崖T202：3B：07 厚壁缸却压着T202：4A：092双腹盆，T211：3C：044厚壁缸与T211：3C：035双腹盆在同一个层位，由此观之丰村T102：3C：017厚壁缸存在着早于龙王崖两件厚壁缸的可能。

三里桥，H244：31侧装双鋬鬲（原报告图六二，A4b）与H113：01单把鬲（原报告图六二，A4a）分属一、二段，但出有厚壁缸的H3和H251不知具体层位，因而无法细分。

上亳H50，属二段。

东白冢，依我两次调查所见，属二段。

那么，除东下冯H221、H231和丰村T102：3C：017厚壁缸，尚存在着可能早到一段即“略早于夏代”的例外，但其余厚壁缸已经晚到夏代初期了。

三

经过短暂忙碌后，龙山时代的厚壁缸的研究初见成效。2013年12月22日我给导师张忠培先生汇报我的新收获，让多年来培养我、关心我的先生也分享我研究考古学文化的幸福时，他一方面予以肯定，说这么多厚壁缸出土遗址中并没有发现铜器，连迹象也没有，足以说明跟“坩埚”并无多大关系，但我的“新说”厚壁缸是煮盐器具与出土地点有没有煮盐原料“卤水”要进行深入思考；另一方面提出更高的要求，因为这类厚壁缸最早在西阴文化晚期就已经出现了，要我广泛收集资料，并对我今后的研究路线指明了方向。23、26、27日及2014年1月4日都打来电话询问研究进展情况。1月7日晚教导我对一种器物的研究方法：第一，对这种器物要放到所在的考古学文化以及同一种谱系的诸考古学文化中进行研究；第二，在此基础上再对与这种器物共时的不同谱系的诸考古学文化进行研究，这样就能厘清横与纵的关系，就能观察和表述出这种器物所体现的考古学文化的文化。这是他几十年来进行陶鬲研究的体会和心得，使得一种器物在他的视野里，变成了活蹦乱跳的机灵鬼，而不是呆头呆脑的木头人。张老师的几次谈话，开拓了我的视野。

早在庙底沟二期文化厚壁缸就已经很流行了，而且除丰村、东关、上亳外，还有杨威[①]、二里头[②]、滑城[③]。

1. 丰村

发现2件（图一〇）。“腹作圆筒状，胎很厚，夹砂灰陶，泥条盘筑，饰整齐粗放

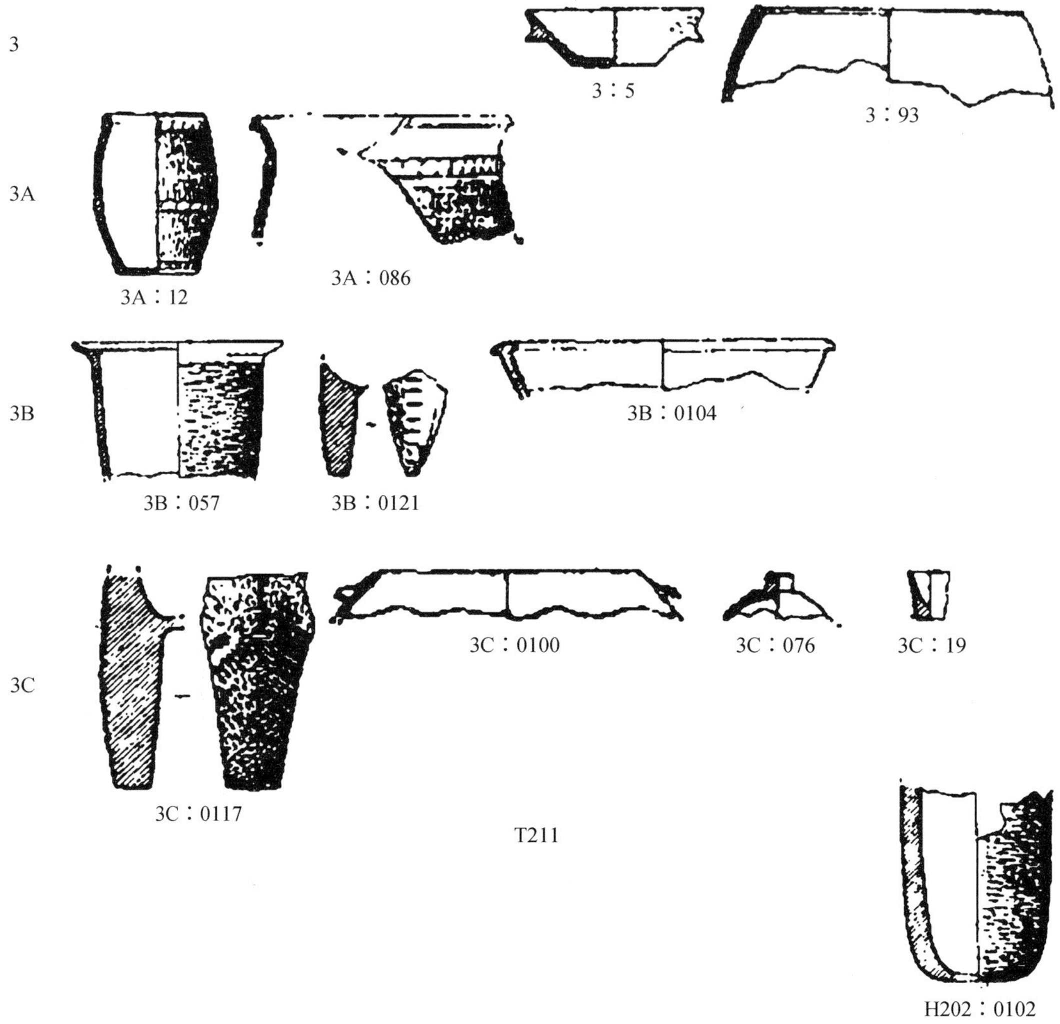

图一〇　丰村T211、H202出土厚壁缸等

① 山西省考古研究所等：《襄汾杨威遗址发掘报告》，《三晋考古》（第四辑），上海古籍出版社，2012年，第104、119页。

② 中国社会科学院考古研究所二里头工作队：《河南偃师二里头遗址发现龙山文化早期遗存》，《考古》1982年第5期，第461页。

③ 中国社会科学院考古研究所洛阳发掘队：《河南偃师“滑城”考古调查简报》，《考古》1964年第1期。

印痕较深的横篮纹。”T211：3B：057（原报告图八，10），“折沿，沿面微凹。口径32，残高21厘米”；H202：0102（原报告图八，11），圜底不很明显。以下是T211层位中出土的陶器。

3：5双錾盆（原报告图一〇，7）、93敛口瓮（原报告图一一，7）[①]；3A：12折沿罐（原报告图九，1）、086大口罐（原报告图八，9）；3B：0121鼎足（原报告图一三，10）、0104深腹盆（原报告图一〇，14）；3C：0117鼎足（原报告图一三，8）、0100敛口瓮（原报告图一一，2）、076器盖纽（原报告图一三，6）、19小杯（原报告图一三，5）。

2. 东关

发现5件，报告中称为厚胎缸，并将庙底沟二期文化分为早、中、晚三期。

早期，3件，均为夹砂陶，发表2件。

ⅠH251（图一一），1件。ⅠH251：77，“红褐陶，圜底，口残。外饰较粗浅的斜篮纹”（原报告图一六三，6）。此外，发表的其余重要陶器（片）有62斝（原报告图一五八，1）；44、72、72鼎（原报告图一五七，4；图一五六，4、7）；54小口高领罐（原报告图一六〇，9）；52、56釜灶（原报告图一五九，5、4）；51、68深腹罐（原报告图一六三，3；图一六一，12）；13盂形杯（原报告图一七四，10）；61筒形杯（原报告图一七四，12）；49、57刻槽盆（原报告图一七二，11、13）；46、50、60双錾盆（原报告图一六九，3、13、8）；58盆（原报告图一六八，6）；55缸（原报告图一六四，1）；53瓮（原报告图一六四，6）；79带孔罐（原报告图一六四，7）；70折腹小罐（原报告图一六六，2）；扁口小瓶（原报告图一六六，4）。

ⅠH216（图一二），1件。ⅠH216：34，“灰陶，尖唇，窄沿。外饰较粗深且长的横篮纹。底残，口径38厘米”（原报告图一六三，4）。此外，发表的其余重要陶器（片）有25斝（原报告图一五八，4）；17鼎（原报告图一五六，3）；22深腹罐（原报告图一六二，8）；31豆（原报告图一七三，4）；16双耳杯（原报告图一七四，13）；6、58刻槽盆（原报告图一七二，9、6）；18盆（原报告图一七一，4）；15、23双錾盆（原报告图一六九，15、16）；12、20盆（原报告图一六八，14、15）；24缸（原报告图一六四，10）；8瓮（原报告图一六四，4）；19、21、38盆（原报告图一六七，4、10、11）等。

中期，2件，“体大，胎厚，残片较多”。发表1件。ⅠH169：14（图一三；原报告图二〇三，10），“夹砂灰褐陶，小平底。腹壁下至上渐薄。内壁附着一层黑色物质，外饰既宽又深的横篮纹，腹部有二道凸弦纹。口沿部分似残损后又磨平，继

① 丰村报告第29页说，第3层为庙底沟二期文化堆积，分四小层，即3A、3B、3C、3D，但3：5双錾盆、3：93敛口瓮线图及文字都没有显示是何小层所出。

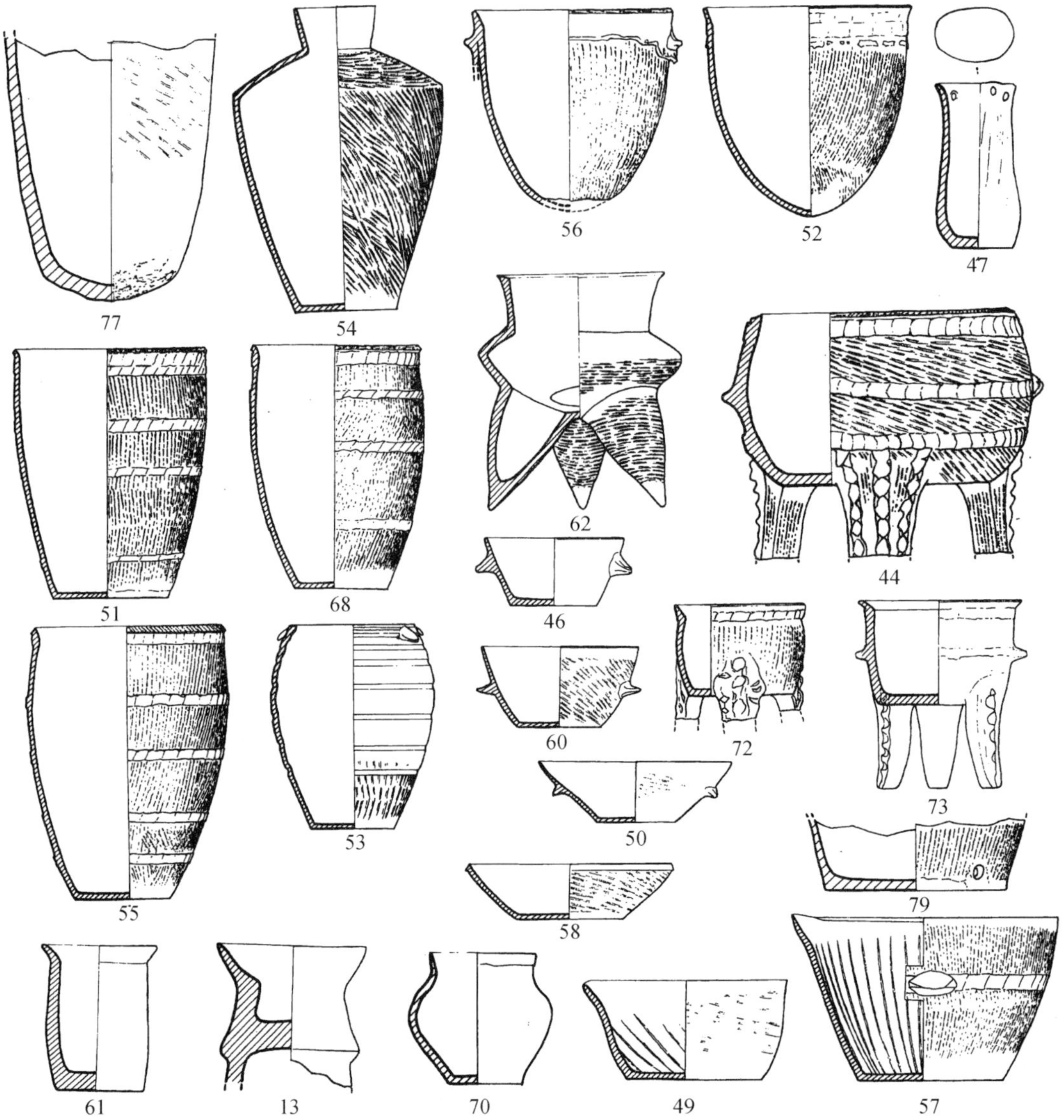

图一一　东关Ⅰ H251出土厚壁缸等

续使用。也可当坩埚使用”。此外，发表的其余重要陶器（片）有12豆（原报告图二〇八，10）；1盆（原报告图二〇五，20）等。

晚期，无。

3. 上亳

发现9件，报告中称为厚胎缸。编写者王小娟写了《上亳遗址陶器研究》的硕士学位论文，观察详细，为本文的再研究提供了极大的方便。

H12（图一四），2件。H12：154厚壁缸，“夹砂灰陶，敞口，折沿较宽，圆唇，

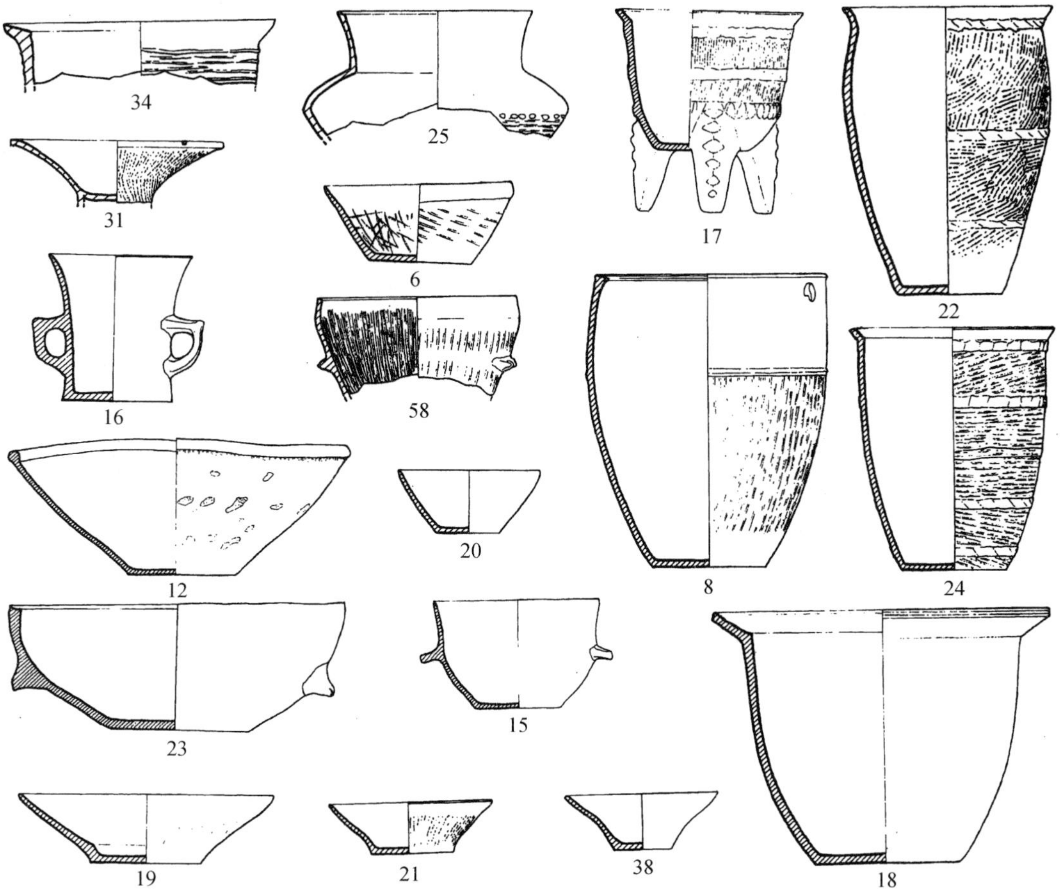

图一二　东关ⅠH216出土厚壁缸等

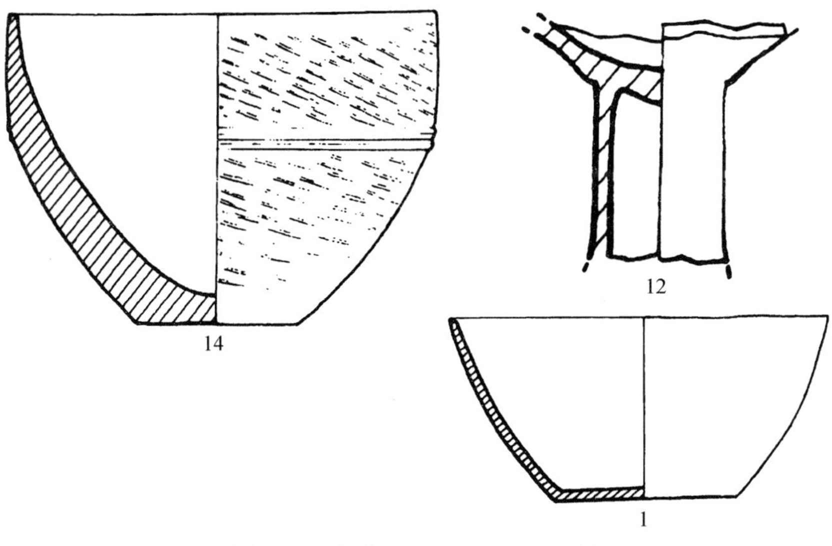

图一三　东关ⅠH169出土厚壁缸等

腹较直内收，口内侧有一周凹槽，颈部素面，腹部拍印交错粗篮纹，内壁可见修抹痕”（原报告图一五六，6）。H12：152厚壁缸，“夹砂灰陶，胎较厚，腹较直缓收，圜底，器表拍印粗篮纹，外底篮纹有交错，内壁附着一层夹砂灰泥，并可见修抹痕”（原报告图一五六，11）。H12发表标本160件，其余重要陶器（片）有1、2、3、4鼎（原报告图一四八，1、9、7、6）；121、124、127、128、134、136、142鼎足（原报告图一五九，1、3、5、4；图一六〇，12、7、10）；5、7斝（原报告图一四九，10、11）；94釜灶（原报告图一四九，2）；156釜（原报告图一六一，3）；59豆（原报告图一四九，12）；14、15刻槽盆（原报告图一五六，7、3）；16、17、19、20、21带鋬盆（原报告图一五六，2、9、8、1、5）；70凹心盆（原报告图一五七，1）；60宽沿盆（原报告图一五七，11）；79敞口盆（原报告图一五七，3、8、4、10）；72钵（原报告图一五七，2）、22、23、75、25、31小口高领罐（原报告图一五〇，5、10）；39、90单耳罐（原报告图一五〇，13、12）；34、105、108、109夹砂深腹罐（原报告图一五一，11、16、4、3）；55、57、84大口罐（原报告图一五三，8、3、9）；45泥质缸（原报告图一五五，8）；41、44、119夹砂缸（原报告图一五四，12、1、10）等。

H101（图一五），1件。H101：8厚壁缸，“夹砂灰陶，褐胎，侈口，折沿，尖圆唇，斜直腹，颈部素面，腹部饰粗篮纹”（原报告图一七〇，4）。H101发表标本10件，其余重要陶器（片）有1、3斝（原报告图一七〇，5、7）；10豆（原报告图一七〇，3）；7泥质罐（原报告图一七〇，2）；6带鋬盆（原报告图一七〇，1）；2、4夹砂罐（原报告图一七〇，6、10）；5缸（原报告图一七〇，9）等。

H102（图一六），3件，均为夹砂灰陶。H102：5厚壁缸，“侈口，折沿，圆唇，腹部有一周凹槽，凹槽以下饰篮纹。口径38厘米”（原报告图一七一，2）。H102：13厚壁缸，“胎较厚，近底部内折斜收，尖底，器表拍印篮纹，内壁可见刮削痕”（原报告图一七一，11）。H102：14厚壁缸，“胎较厚，近底部内折斜收，内壁贴附有一层夹砂灰泥，器表拍印粗篮纹，外底可见刮削痕”（原报告图一七一，10）。H102发表标本26件，其余重要陶器（片）有6斝足（原报告图一七一，8）；1、2釜灶（原报告图一七一，15、13）；15、16鼎足（原报告图一七二，1、5）；8小口高领罐（原报告图一七一，9）；17、18盆（原报告图一七一，12、5）；7带鋬盆（原报告图一七一，7）；9泥质罐（原报告图一七一，16）；3、4夹砂深腹罐（原报告图一七一，3、4）等。

H208（图一七），1件。H208：24厚壁缸，“夹砂灰陶，胎较厚，腹部较直缓收，近底部内折斜收，器表饰粗篮纹，内壁可见刮削、修抹痕”（原报告图六三，3）。H208发表标本27件，其余重要陶器（片）有23鼎足（原报告图六三，8）；11釜灶（原报告图六三，5）；12豆（原报告图六二，7）；14单耳罐（原报告图六三，11）；18、21、23夹砂罐（原报告图六三，9、4、12）；2小口高领罐（原报告图

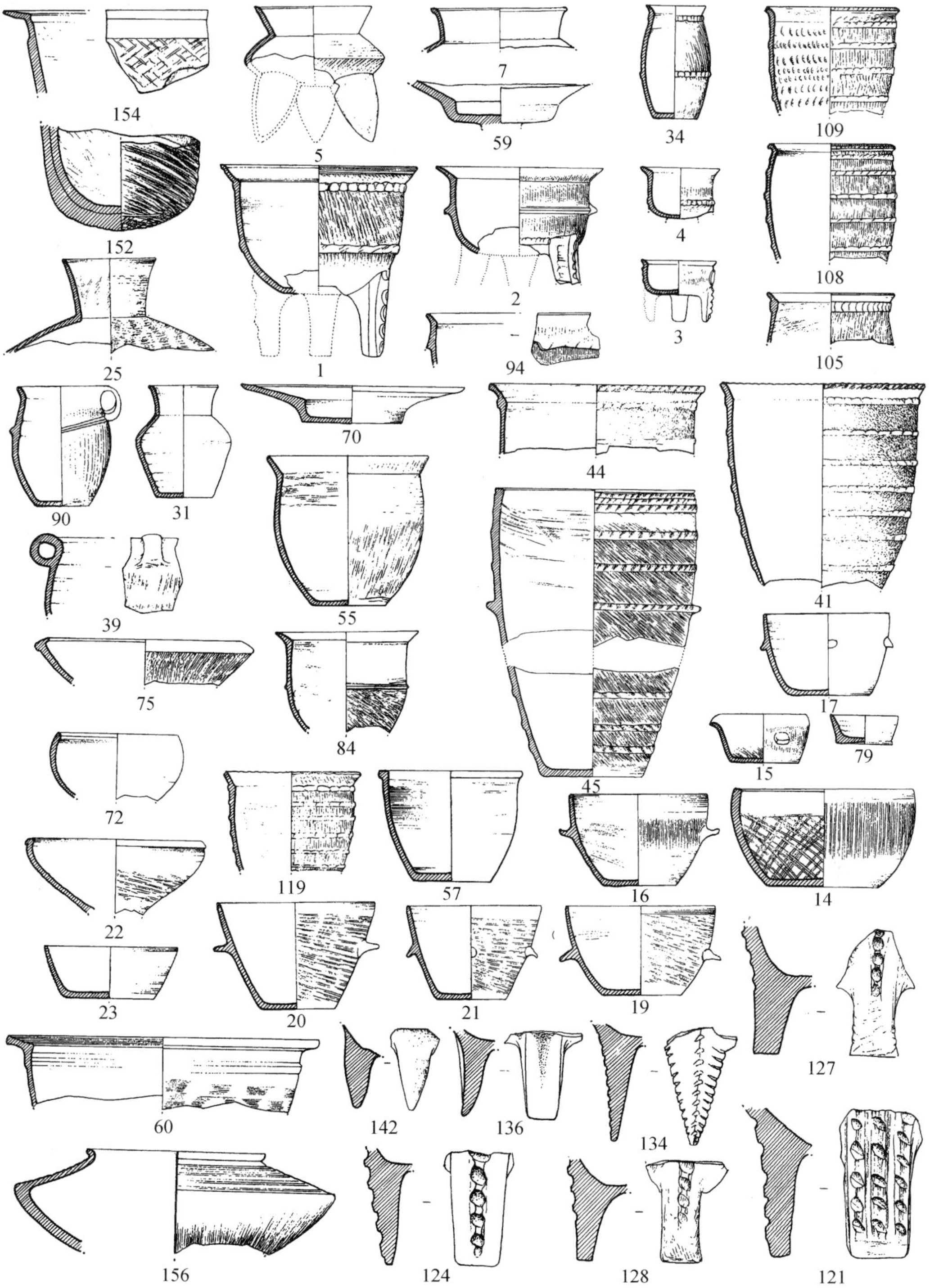

图一四　上亳H12出土厚壁缸等

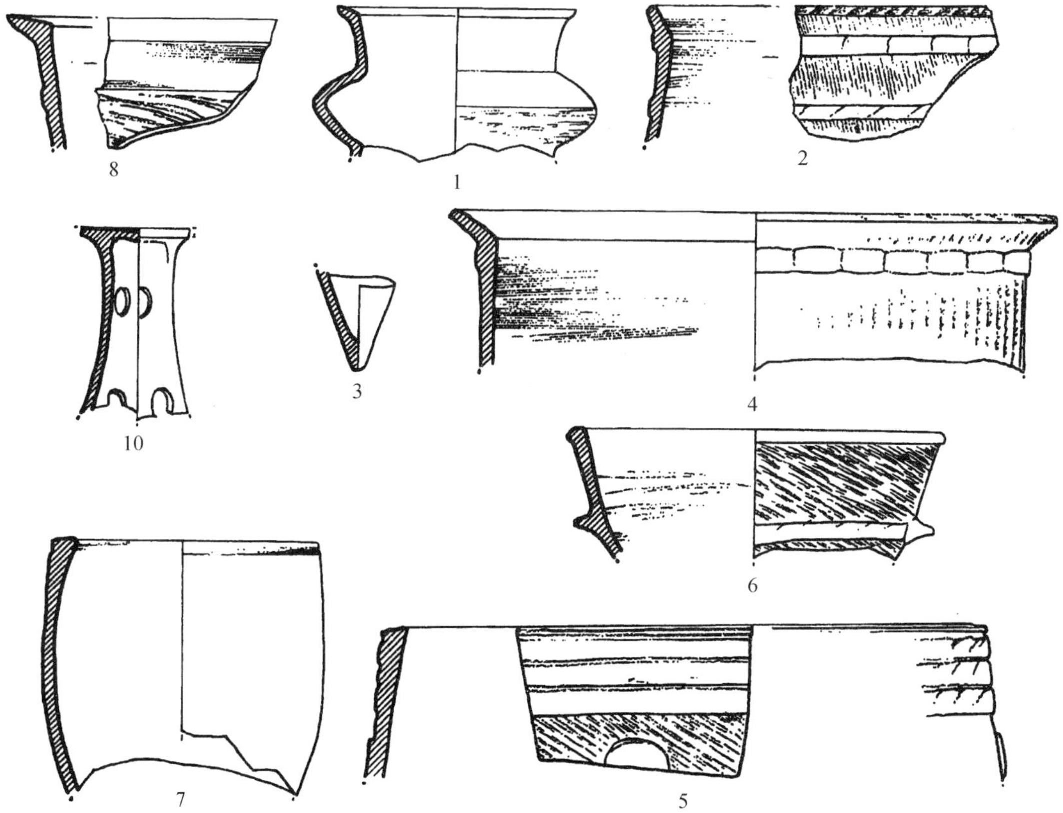

图一五　上亳H101出土厚壁缸等

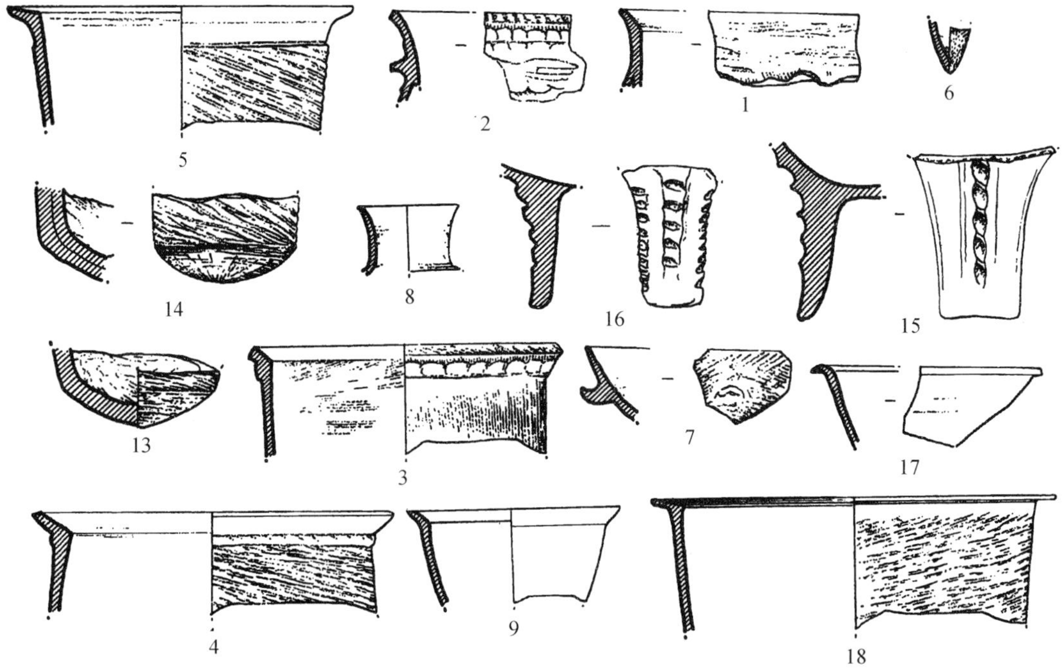

图一六　上亳H102出土厚壁缸等

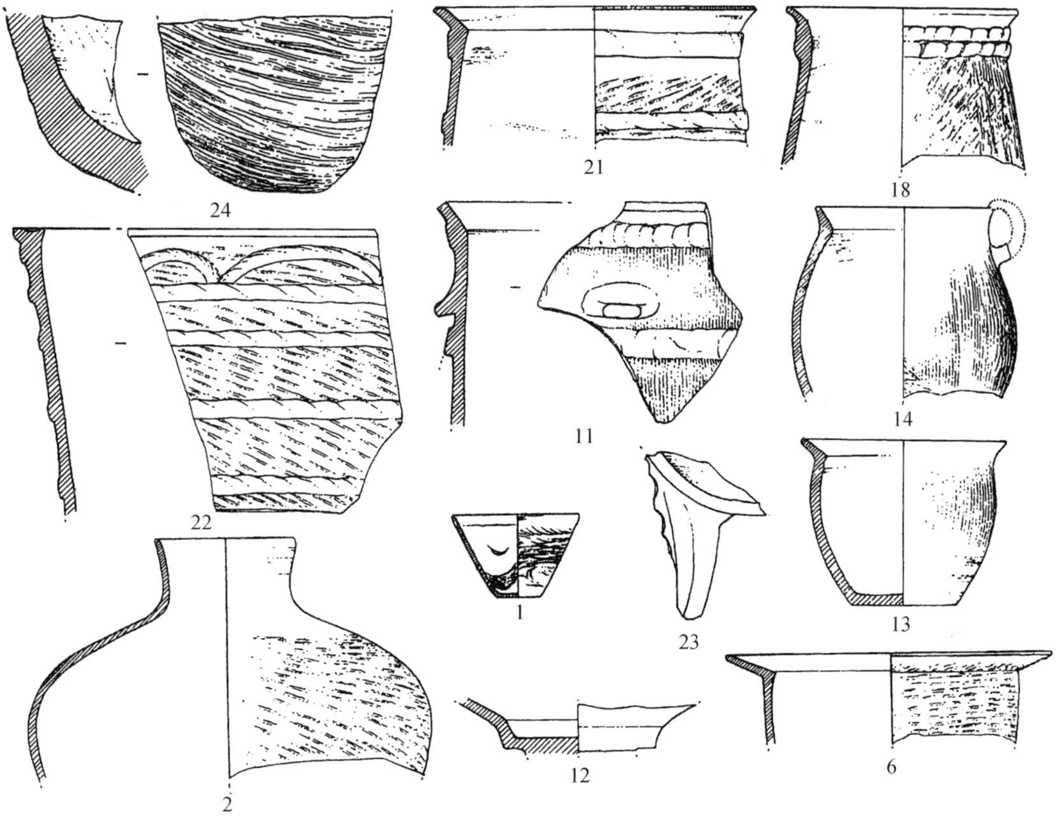

图一七　上亳H208出土厚壁缸等

六二，2）；6泥质罐（原报告图六二，10）；1彩陶小杯（原报告图六二，8）；22缸（原报告图六三，2）等。

H231（图一八），1件。H231：7厚壁缸，颇疑与6陶缸（原报告图一四五，2）为同一个体，“夹砂灰陶，弧腹斜收，圜底，近底部胎较厚，内壁涂抹一层夹砂灰泥，器表排印粗篮纹，外底经磨损，粗砂粒暴露在外”。H231发表标本9件，其余重要陶器（片）有8鼎足（原报告图一四五，3）；1小口高领罐（原报告图一四五，6）；3夹砂深腹罐小口高领罐（原报告图一四五，9）；2刻槽盆（原报告图一四五，7）。

H236（图一九），1件。H236：16厚壁缸，“夹砂灰褐陶，口近直，折沿，方唇，腹壁微弧，圜底，下腹部及底部的胎较厚，内壁涂抹一层夹砂灰泥，灰泥自腹到底渐厚，器表饰粗篮纹，器底有若干刻花纹。口径32.2厘米，高39.6厘米”（原报告图一四一，10）。H236发表标本29件，其余重要陶器（片）有1、2斝（原报告图一四〇，18、16）；4、12小口高领罐（原报告图一四〇，1、7）；15彩陶小杯（原报告图一四〇，10）；13、14小陶杯（原报告图一四〇，6、9）；9、10敞口盆（原报告图一四〇，5、8）；11豆（原报告称为“器座”，图一四〇，12）；6、8宽沿盆（原报告图一四〇，2、4）；18、20、21夹砂深腹罐（原报告图一四一，7、9、1）。

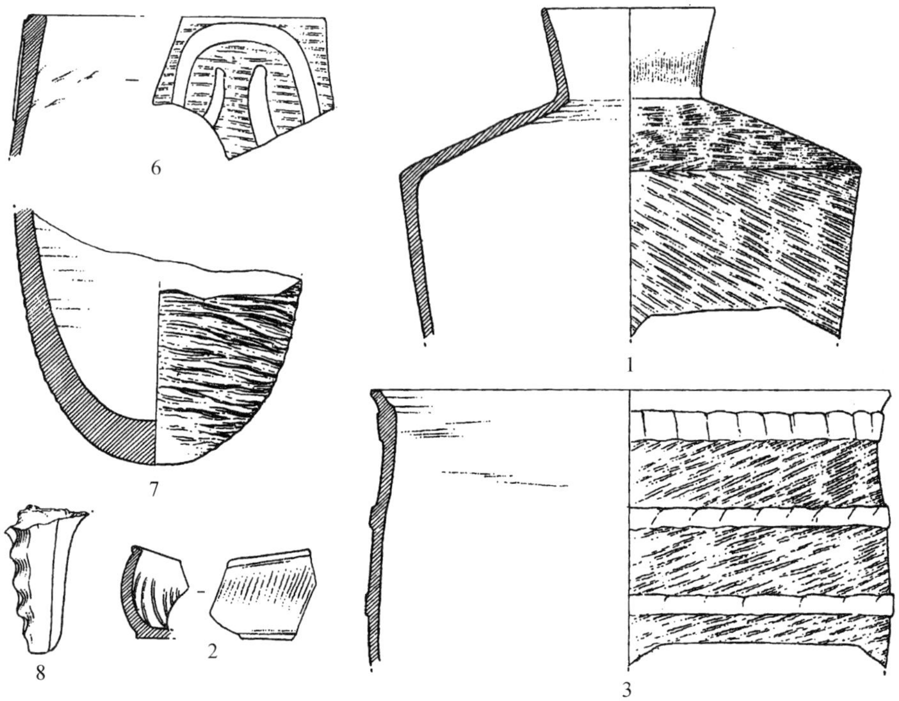

图一八　上亳H231出土厚壁缸等

4. 杨威

发现2件，报告中称为厚胎缸。

H13（图二〇），1件。H13：20（原报告图一七，6），“夹黄。灰褐色，陶色不匀。横篮纹，抹压，有交叠。下腹近底处钝折，圜底，器壁厚实，内壁呈黑色硬壳。手制，泥片贴筑”。此外，发表的其余重要陶器（片）有16、30、39斝（原报告图一七，2；图一八，5；图二〇，1）；18、19、21鼎足（原报告图一七，7、8、5）；43盆（原报告图二〇，2）；42壶（原报告图二〇，3）；35豆（原报告图一九，1）；34双耳盆（原报告图一九，6）；32、33盆（原报告图一九，2、8）、36扁壶（原报告图一九，5）；24带鋬罐（疑为甑，原报告图一八，1）；26、29带鋬罐（原报告图一八，3、7）；23缸（原报告图一八，4）；25罐（原报告图一八，8）；15大口罐（原报告图一七，4）；27、28宽沿盆（原报告图一八，6、2）；22大口缸（原报告图一七，1）等。

H23（图二一），1件。H23：2，“夹砂，深灰色，粗横篮纹。敞口，宽折沿，外缘略微上翘，扁圆唇，斜直腹残，器壁较厚，“手制”（原报告图三〇，5）。此外，发表的其余重要陶器（片）有1深腹罐；3盆；4罐；5凹心盆（原报告图三〇，1、4、2、3）。

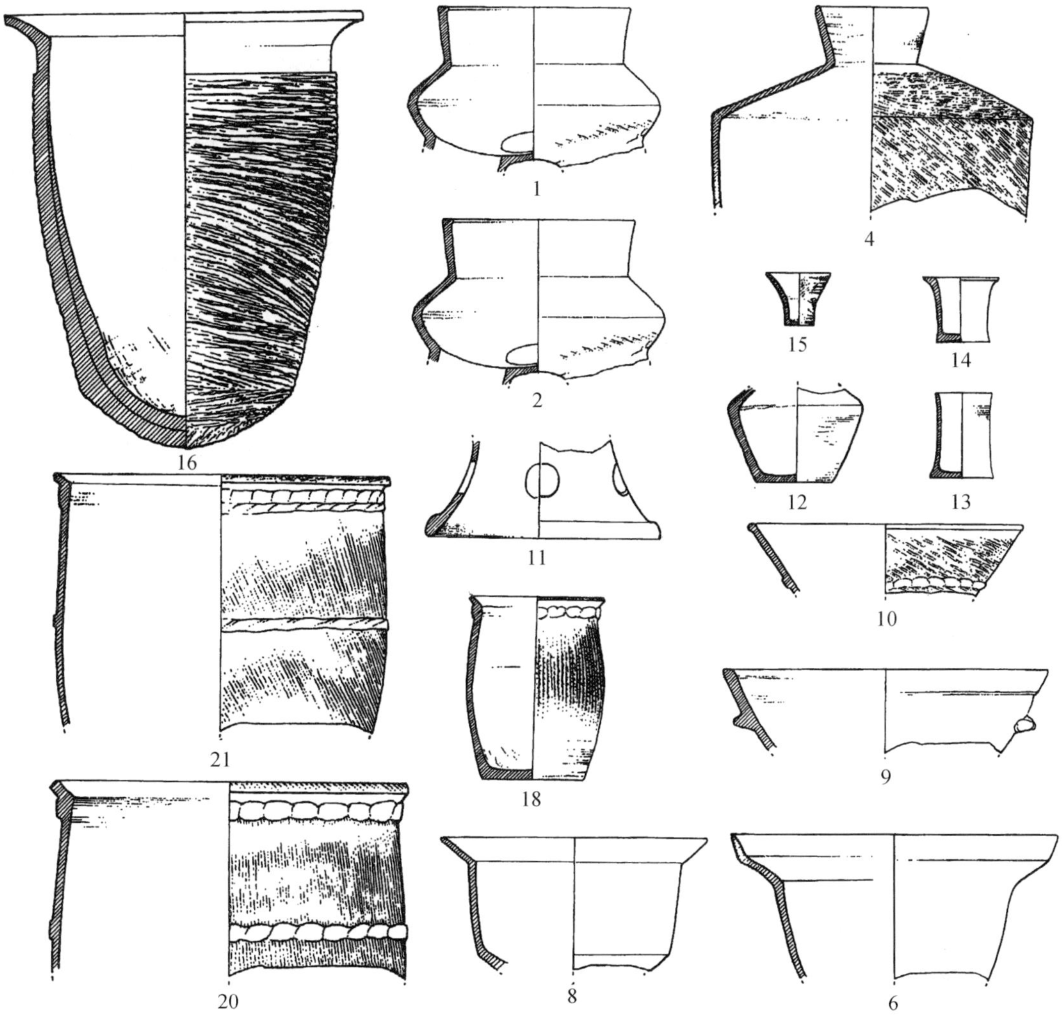

图一九　上亳H236出土厚壁缸等

5. 二里头

发现1件（图二二）。H1：22，“夹砂黑皮陶，宽沿外侈，直壁，下腹急收为小平底。饰横篮纹和弦纹。口径28.5厘米”。H1：21，夹砂粗灰陶，器形同上（原报告图二，8、2）。此外，发表的其余重要陶器（片）有29斝（原报告图二，14）；6、7、8鼎（原报告图二，4、8、3）；30罐形鼎（原报告图二，7）；1、39大口罐（原报告图二，12、15）；圆肩长腹罐（原报告图二，10）；35敛口瓮（原报告图二，11）；11、12单耳杯（原报告图二，5、9）；3尊（原报告图二，13）；16、20、33深腹罐（原报告图二，6、2、1）；10、53钵（原报告图三，1、6）；9、25杯（原报告图三，5、4）；4、5刻槽盆（原报告图三，10、11）；2、15盆（原报告图三，7、9）等。

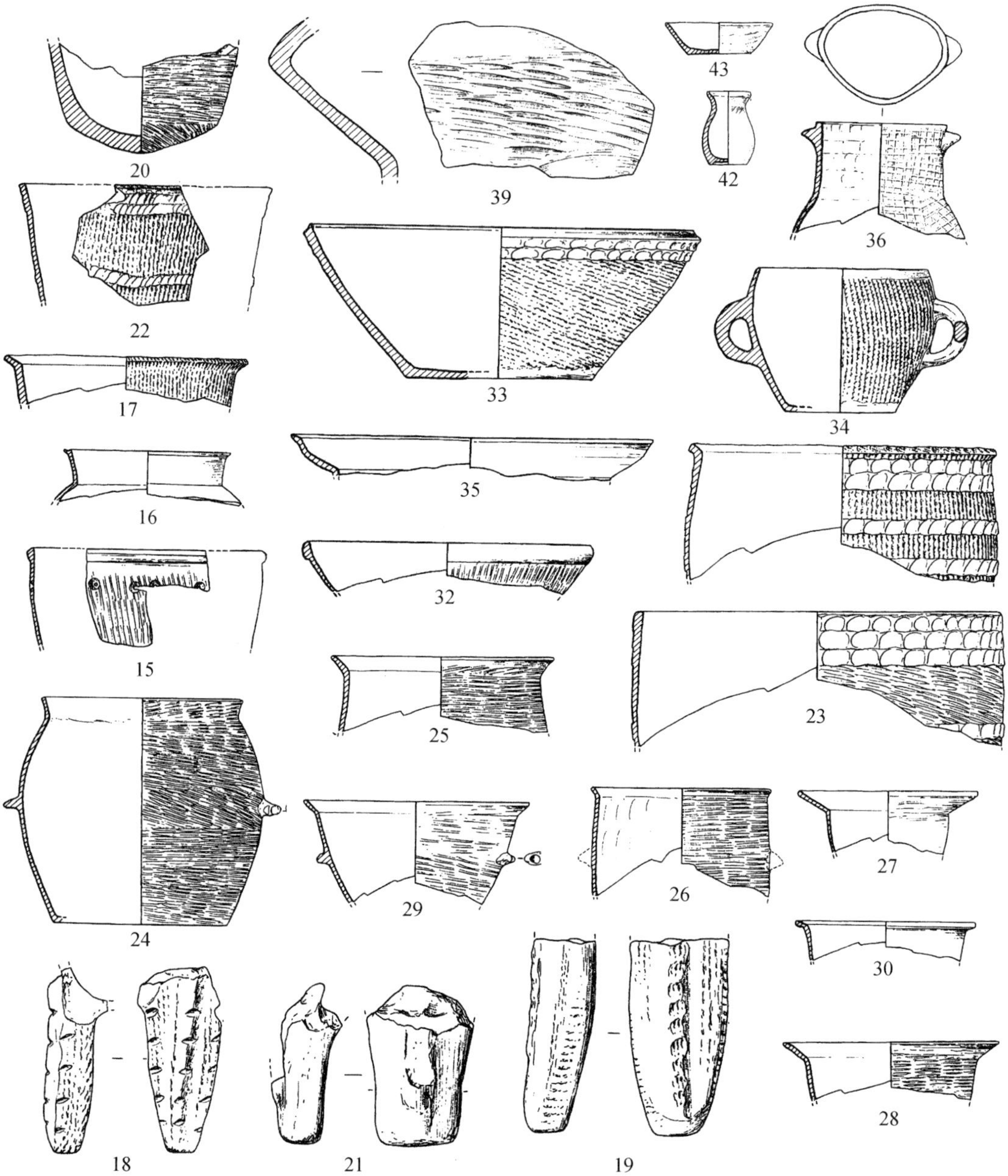

图二〇　杨威H13出土厚壁缸等

6. 滑城

发现1件，报告中称为缸。H1：1，“大口，深腹，圜底。壁极厚，饰横篮纹。口

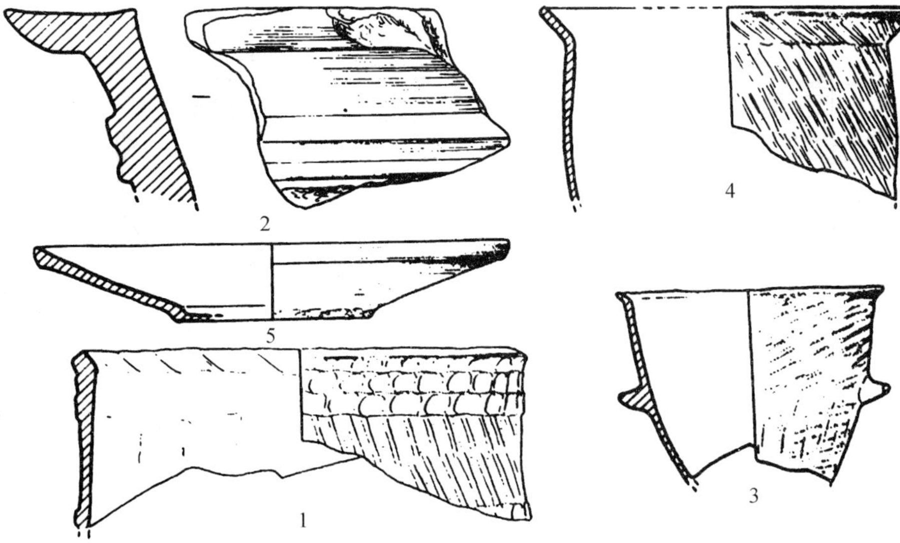

图二一　杨威H23出土厚壁缸等

径39、高51厘米”（原报告图八，12）。没有发表共存陶器（图二七）。

这些遗址中厚壁缸所在单位的年代，以陶斝、鼎、豆、罐最为明确。张忠培先生已在《客省庄与三里桥文化的单把鬲及其相关问题》的图一一中将东关ⅠH251：62、二里头H1：29陶斝予以讨论①，都属于“荆村文化”五段中的第四段，可见在这一文化中处于比较晚的位置。张先生用的荆村文化（万泉，今山西万荣）的概念，与庙底沟二期文化，既有相同的时间，但在陶鬲的生成方面又有不同的考古学文化性质。东关ⅠH216：25、上亳H101：1、H12：5、H236：2和H13：39同东关ⅠH251：62、二里头H1：29陶斝一样（图二三），都为釜形斝，形制上没有什么差别，都到了“荆村文化”中的第四段了。东关庙底沟二期文化分为早、中、晚三期，ⅠH251：62、ⅠH216：25为早期，即便是中期的ⅠH169没有陶斝，也不影响它处于“荆村文化”晚期的时间定位。参考陶鼎、豆、罐等所呈现出来的年代特征，本节提到的诸遗址和诸单位厚壁缸的年代为“荆村文化”晚期。滑城被原报告定到了“龙山文化遗存”中，参考二里头、上亳的发现，应该与之同时。

四

以上检索出了晋南、豫西的厚壁缸绝大部分处在“荆村文化”晚期（也就是庙底沟二期文化晚期）和龙山晚期（即相当于夏代初期阶段），虽然年代上没有很好地衔接起来，但也不影响我们在时间和空间上追溯它的源头。先从近距离开始。

① 张忠培等：《客省庄与三里桥文化的单把鬲及其相关问题》，《宿白先生八秩华诞纪念文集》，文物出版社，2002年。

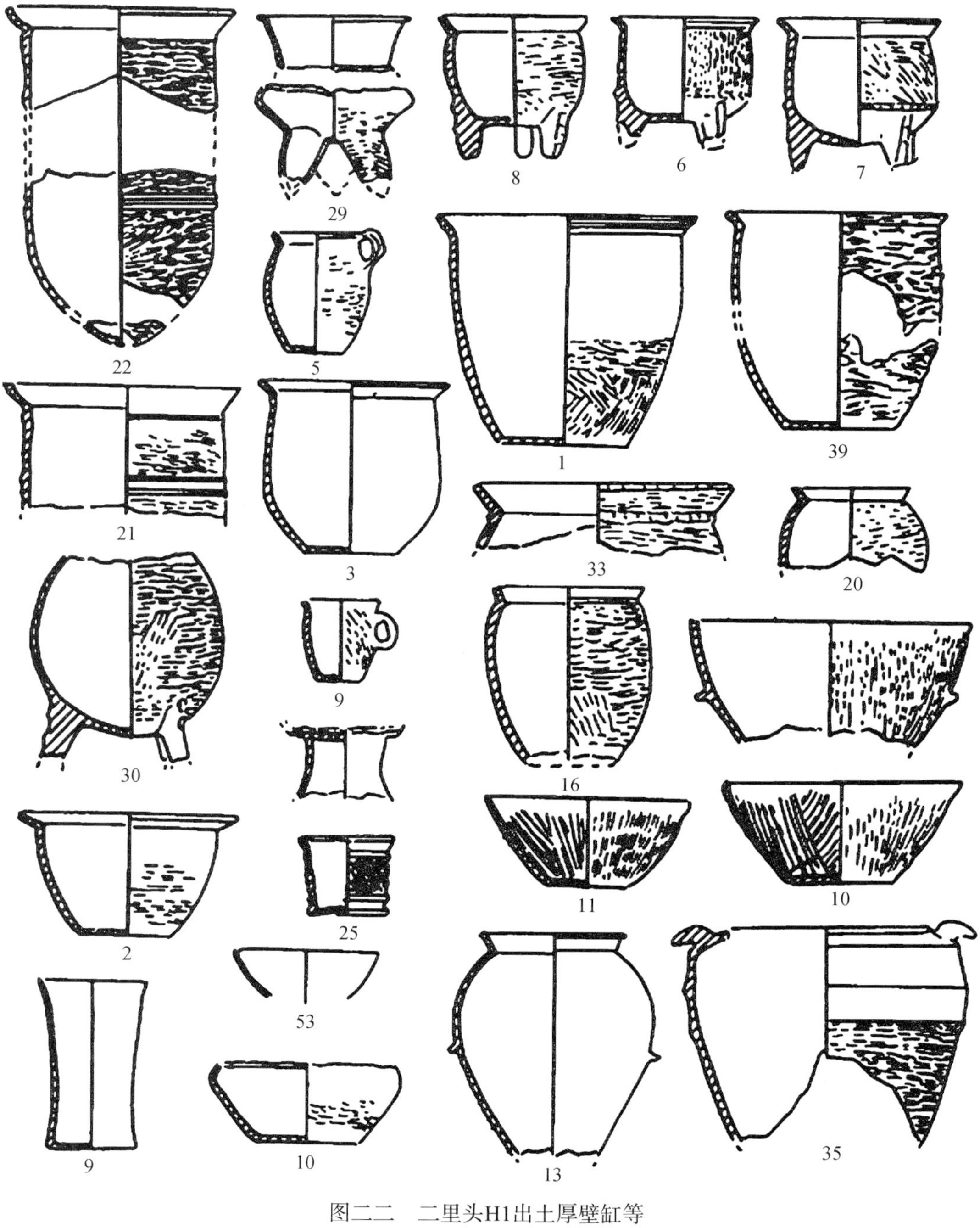

图二二　二里头H1出土厚壁缸等

河南灵宝西坡墓地[①]，M8、M27各出土2件厚壁缸，报告中称为大口缸。

M8，男性，随葬品有（图二四）1骨箍形饰；2玉钺；3陶壶；4、6陶钵；5-1

① 中国社会科学院考古研究所等：《灵宝西坡墓地》，文物出版社，2010年，第30～40、89、90页。

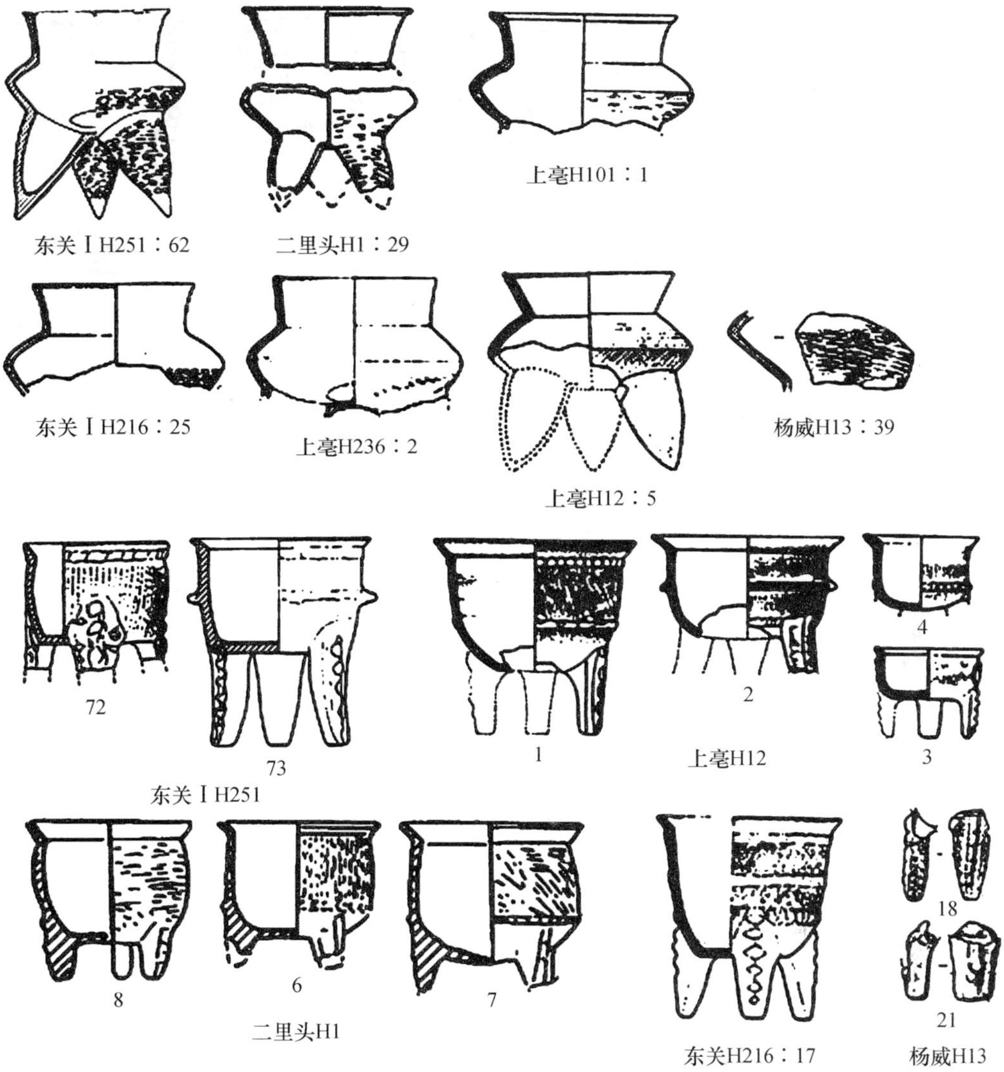

图二三　东关、二里头、上亳、杨威陶斝、鼎比较

釜、5-2灶、7、8簋形器（原报告图二-8b）；9、10厚壁缸（原报告图二-8c）。其中，M8：9，“夹砂，砂主要为大小不一的白色石英颗粒。上半部分外表细腻，为棕红色；下半部分表面粗糙，暴露出粗细不一的石英砂粒，呈棕红色。敞口，方唇，唇面上有3道凹弦纹，斜直壁，圜底。口径40.4、高35.4、厚0.8～2.5厘米。……在上部的偏下部分绘制7.5厘米宽的红色彩带，彩带未形成红色圆周，有约18厘米的空缺。彩带上有11处空白，近圆形或方形，下半部分表面粗糙，无纹饰”。M8：10，“夹砂，砂主要为大小不一的白色石英颗粒。上半部分外表细腻，为棕红色，有黑斑点；下半部分表面粗糙，暴露出大量粗细不一的石英砂粒，呈褐色。敞口，方唇，唇面上有2道凹弦纹，斜直壁，圜底。口径41.2、高33.2、厚1～3.2厘米。中部偏下有一道凸出的附加堆纹，被

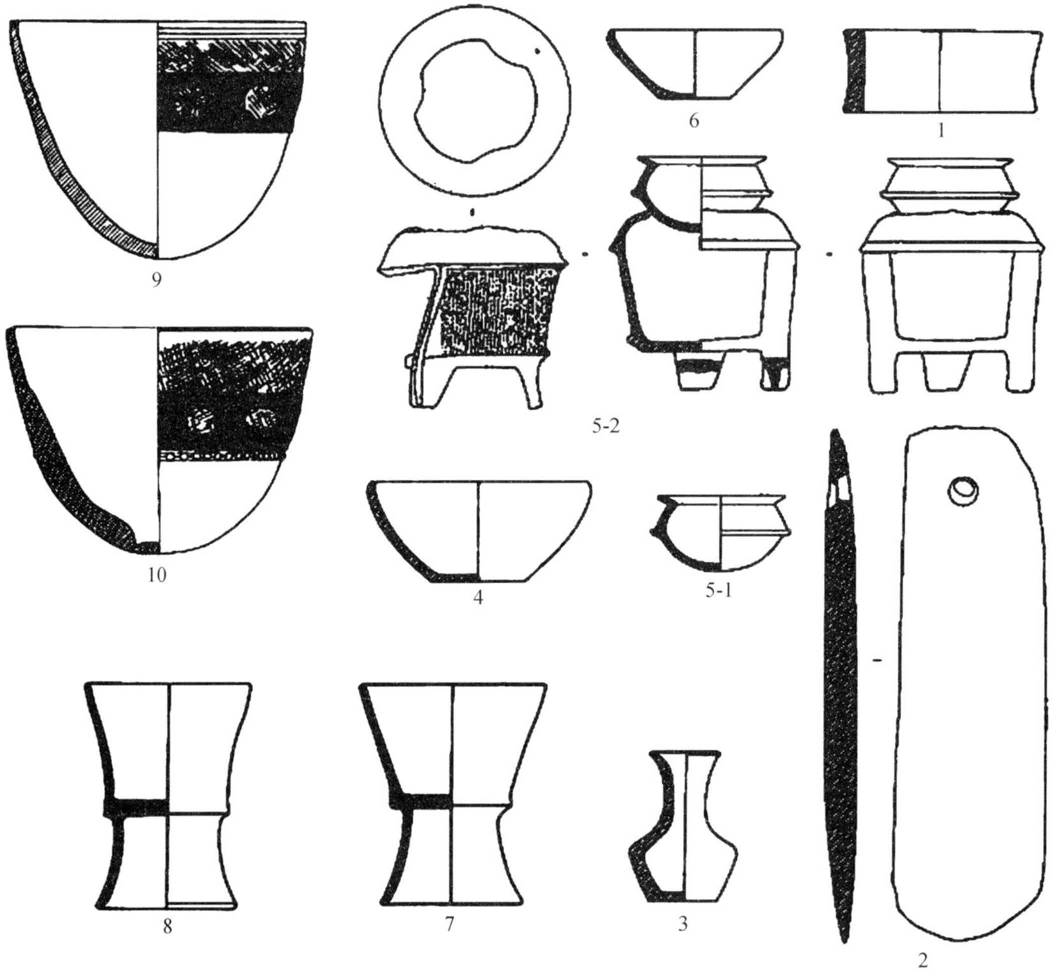

图二四　西坡M8出土厚壁缸等

压印成戳点成花边状……在上部的中偏下部位绘制一道宽5.2厘米的红色彩带，彩带上有13个近圆形的空白点，暴露出器身外壁的颜色……附加堆纹部分以下部分未经过休整。器内部距离口沿约8厘米以下部分敷盖有厚泥层以加固器身”。

M27，男性，随葬品有（图二五）1、2厚壁缸；3壶；4钵；5、6簋形器（原报告图2-27c），难以复原的陶器有7釜；8灶；9簋形器。其中，M27：1、M27：2厚壁缸与M8：9、M8：10大同小异，M27：1，“口径44.6、高32.5、厚1.4厘米”，下部可见泥条盘筑痕迹，“唇部的弦纹内有朱红色的朱砂痕迹，缸中发现有涂朱砂的麻布印痕”。M27：2，“口径40.5、高31.2、厚1.4厘米”，下部可见泥条盘筑痕迹。

西坡报告“结语”中，把M8、M27分别列为第二组和第三组，但指出西坡墓地的相对年代处于庙底沟类型与西王村类型的过渡阶段；又由于这两座墓出土的厚壁缸与海岱地区、江淮地区和太湖周围的“大口尊”相似的缘故，参考方向明的《史前东方

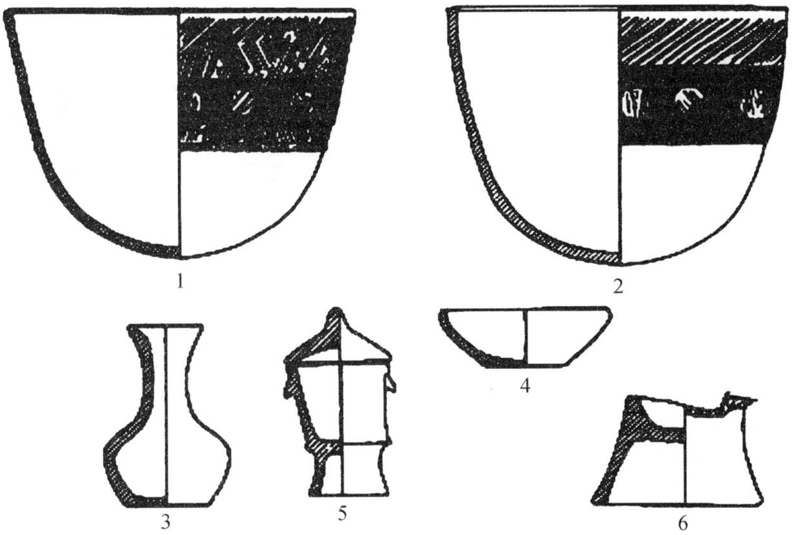

图二五　西坡M27出土厚壁缸等

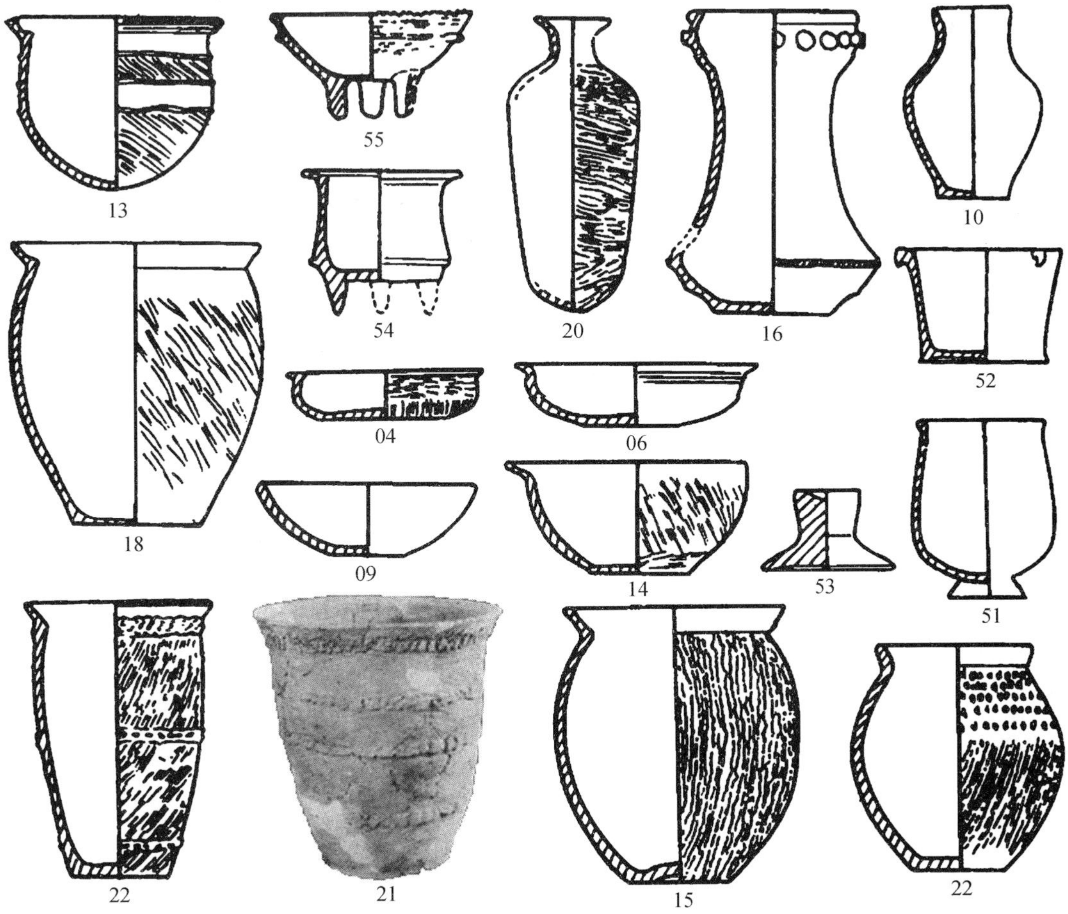

图二六　紫荆H124出土厚壁缸等

大口尊初论》[①]，西坡这两座墓出土的厚壁缸腹部有“附加泥条”者，也见于大汶口文化早期向中期过渡阶段和崧泽文化向良渚文化过渡阶段的大口尊上，后者绝对年代在公元前3300年左右，“西坡墓地年代应该与之接近”。本文暂且采用这一意见。

西坡西南陕西商县紫荆H124也出土1件圜底器（图二六）[②]。H124：13，“夹砂陶，灰褐色，大口，斜唇内凹，直壁圜底，饰篮纹并有三道凸棱”（原报告图十六，30）。此外，发表的其余重要陶器（片）有54、55鼎（原报告图十五，3、6）；09碗（原报告图十六，1）；20尖底瓶（原报告图十六，22）；16陶鼓（原报告图十六，29）；53器盖（原报告图十六，25）；14带流钵（原报告图十六，5）；04、06盆（原报告图十六，6、9）；52杯（原报告图十六，11）；51圈足杯（原报告图十六，12）；10壶（原报告图十六，26）；15、18、22罐（原报告图十四，4、3、6）；21、22大口深腹罐（22号系原报告编重；原报告图版五，1；图十六，23）。张忠培先生在《黄河流域空三足器的兴起》中[③]，将紫荆H124、东下冯H206、H208、H215、丰村H103等归为“泉护二期文化”，紧接在西坡M8、M27后面，这样我们就完成了厚壁缸的西王村类型、泉护二期文化、庙底沟二期文化、龙山文化的排序（图二七）。

五

本文不厌其烦地抄袭原报告，为的是说明报告编写者观察厚壁缸时的最初印象，譬如制作方法、缸的厚度和内壁尤其是底部的遗留痕迹；与厚壁缸共存的陶器也一并出现在文中，为的是细化厚壁缸存在的时间，和查看共存的其他陶器。虽然因遗址、因人而异，但我们还是看到以下特点。

（1）厚壁缸的体量。

西坡M8：9，口径40.4、高35.4厘米；西坡M8：10，口径41.2、高33.2厘米；西坡M27：1，口径44.6、高32.5、厚1.4厘米；西坡M27：2，口径40.5、高31.2、厚1.4厘米。

东关ⅠH216：34，口径38厘米；丰村T211：3B：057，口径32，残高21厘米；上亳H102：5，口径38厘米；上亳H236：16，口径32.2、高39.6厘米；二里头H1：22，口径28.5厘米；滑城H1：1，口径39、高51厘米；东下冯H221，口径约30、高约40厘米。

除二里头H1：22口径接近30厘米、因复原没有标出器高外，其余口径和高都在30厘米以上。

---

① 方向明：《史前东方大口尊初论》，《东南文化》1998年第4期，第278页。

② 商县图书馆等：《陕西商县紫荆遗址发掘简报》，《考古与文物》1981年第3期。

③ 张忠培：《黄河流域空三足器的兴起》，《华夏考古》1997年第1期。

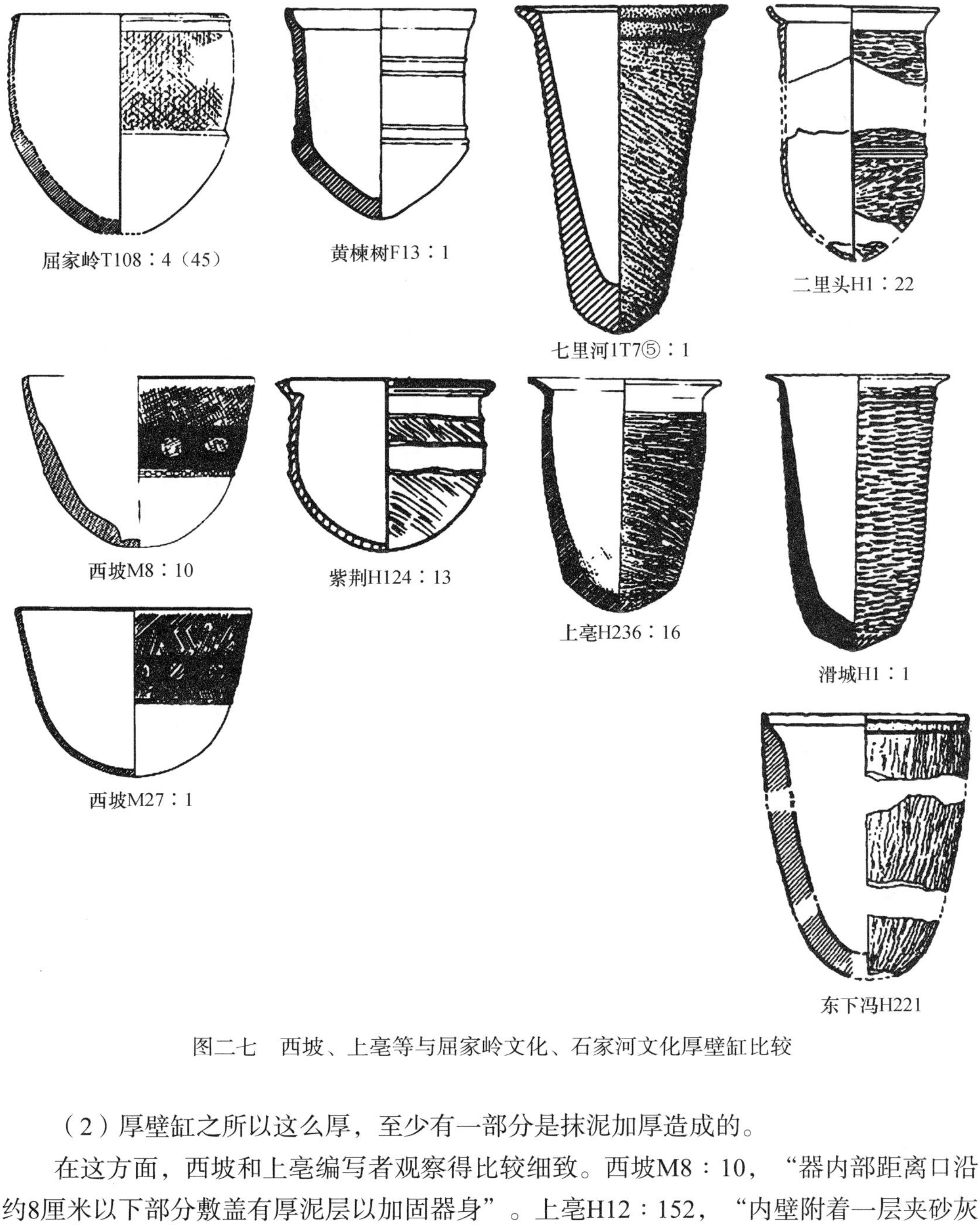

图二七　西坡、上亳等与屈家岭文化、石家河文化厚壁缸比较

（2）厚壁缸之所以这么厚，至少有一部分是抹泥加厚造成的。

在这方面，西坡和上亳编写者观察得比较细致。西坡M8：10，“器内部距离口沿约8厘米以下部分敷盖有厚泥层以加固器身”。上亳H12：152，“内壁附着一层夹砂灰泥，并可见修抹痕”。H12：154，“内壁可见修抹痕”。H102：13，“内壁可见刮削痕”。H102：14，“内壁贴附有一层夹砂灰泥”。H236：16，“内壁涂抹一层夹砂灰泥，灰泥自腹到底渐厚”。H231：7，“内壁涂抹一层夹砂灰泥”。应当说明，其余大部分观察得不太细致，譬如二里头H1：22、紫荆H124：13等，导致我们心存疑虑。

鉴于共同时期内类似厚壁缸的器物有很多，如河南郑州大河村、山东泰安大汶口的腹、缸、瓮等，本文仅对抹泥加厚造成的厚壁缸进行简单比较，初步认定与江汉平原的屈家岭文化和石家河文化联系密切，而其他的那些腹、缸、瓮等，还得详细观察每件器物壁的厚度和导致厚壁原因，才可一并研究。先举出两个时期三个阶段相似或相同的器物，由此可见两地具有的密切关系。

湖北京山屈家岭[①]，T108：4（45），报告中称作“锅”（原报告图二二，1），“器作缸形，可分上下两部分。上部作直筒形，壁较薄，直口，唇下有凹宽带一周，壁面压划凸起的菱形格纹。下部为斜弧壁，圜底，素面，壁厚于上部约一倍强。上下交接处内外均作阶状凸出。质松软，含有较多的砂粒和陶末。胎色橙黄，轮制，器形规整。口径50.3、高50.4、厚3.2厘米”。

河南淅川黄楝树[②]，F13：1厚壁缸（原报告图三四，五），没有介绍质地，“侈口，深腹，下腹略收成小尖圆底，器表素面，腹部饰四道凸弦纹。高31厘米”。

湖北房县七里河[③]，分为早中晚三期，中期“新出现的主要器物为直筒缸……”，即1T7⑤：1（原报告图三，1），惜无介绍，但这件器物与上亳H236：16实在太接近了（见图二七），包括器壁口、腹和底的厚度。

（3）厚壁缸内壁个别的有“黑色硬壳”或“黑色物质”。

杨威H13：20，“内壁呈黑色硬壳”。东关ⅠH169：14，“内壁附着一层黑色物质”。现在没有做样品分析，但可以排除肉眼就能看出“铜液”，也就是说厚壁缸不可能是坩埚。目前最早的“坩埚”可追溯到夏代初期的河南临汝煤山二期[④]，在H28、H40内都有发现，其中H28的一件较大的“长5.5、宽4.4、厚约2厘米，周边翘起，中部内凹，坩埚壁厚约1.4厘米，为红烧土。”与报告中写明是“坩埚”的东关、东白冢相去甚远，再次证明本文所论及的厚壁缸不是“坩埚”。而煤山H40坩埚上的铜液经化验为红铜。郑州南关外二里冈上层铸铜遗址中有三种坩埚[⑤]，第一种是大口尊打掉口沿后改制的，第二种是夹粗砂敞口斜壁缸改制的，第三种才是泥质炼铜坩埚，但数量较

---

① 中国社会科学院考古研究所：《京山屈家岭》，科学出版社，1965年。

② 长江流域规划办公室考古队河南分队：《河南淅川黄楝树遗址发掘报告》，《华夏考古》1990年第3期，第31页。

③ 湖南省博物馆等：《房县七里河遗址发掘的主要收获》，《江汉考古》1984年第3期，第4页。

④ 中国社会科学院考古研究所河南二队：《河南临汝煤山遗址发掘报告》，《考古学报》1982年第4期，第453页。

⑤ 河南省文物研究所：《郑州商代二里冈期铸铜基址》，《考古学集刊》（第6集），中国社会科学院出版社，1989年，第105页。

少。《商周考古》说到殷墟时期安阳和郑州人民公园出土的“将军盔”[①]，“以上两种专门为冶铸而制造的工具的普遍使用，从而淘汰了早商时期用大口尊和大口缸改制的炼炉，这应该是冶铸技术上的一个进步”。现在看来，那种被称作“将军盔”的坩埚，出现年代要晚到早商时期了。

我们也注意到杨威的“黑色硬壳”和东关的“黑色物质”，与双王城“盔形器内白色垢状物（钙镁碳酸盐）”[②]，也存在颜色区别，但是不是海盐与池盐的区别？因为《天工开物·作咸第五·池盐》：“凡池盐，宇内有二：一出宁夏，供食边镇；一出山西解池，供晋豫诸郡县。解池界安邑、猗氏、临晋之间，其池外有城堞，周遭禁御。池水深聚处，其色绿沉。”绿沉我理解就是深绿，接近“黑色”了，而除屈家岭、黄楝树、七里河、紫荆外出土厚壁缸的地点，最近距离获取盐的地方是解池。是故，解池生产盐的历史，从发现的煮盐器具看，至少庙底沟二期文化时期，已经形成规模了。

（4）解池也就是现在的山西运城盐池，古代属解州故名为“解池”。解池位于中条山的北麓，东西长约30千米，南北宽3～5千米，面积约130平方千米。由解池生产的盐，称为解盐，也称潞盐，“潞”是“卤”的俗音。以上出土厚壁缸的地点，除了东下冯靠近“解池”外，其余都有一段距离。但为何我们还要固执地认为厚壁缸是煮盐器具呢？前举《商周时期渤海南岸地区的盐业》第四章“制盐作坊和制盐工艺的复原”（三）“制盐流程”给我们释了这个疑。“在椭圆形和长方（条）形灶室上搭设网状架子，网口内铺垫草拌泥，其上置放盔形器（即厚壁缸）。在工作间点火，往盔形器添加卤水，卤水通过加热蒸发后，不断向盔形器添加卤水。煮盐过程中还要撇去漂浮着的碳酸钙、硫酸钙、碳酸镁钾等杂质。盐块满至盔形器口沿时，停火。待盐块冷却后，打碎盔形器，取出盐块。最后把生产垃圾（盔形器、烧土、草木灰）倾倒在一侧。”[③]这是一种“淋卤煎盐”的方法。既然“打碎盔形器”才能“取出盐块”，就存在着“盐块满至盔形器口沿时，停火。待盐块冷却后”，运往东下冯而外的其他地点的可能，这时厚壁缸又充当盛盐的器具了，而是不是要“打碎盔形器”，我们存疑。

（5）从山西、河南看，厚壁缸在夏代初期以后就不再使用了，“淋卤煎盐”的方法在“解池”逐步淘汰，产生了“自然印成”的盐，北魏郦道元《水经注·涑水》卷

---

① 北京大学历史系考古教研室商周组：《商周考古》，文物出版社，1979年，第46页。共介绍了两种“坩埚”，另一种“如郑州早商的第三种炼炉，壁胎全为草拌泥盘筑，直径约83、壁厚4～5厘米，内壁有一层黑色发光的‘烧流’，有的黏附有铜渣”。查第43、44页“第三种是纯用草拌泥制成的炼炉”，“第三种只发现一件残底部，这是一种特制的坩埚，壁厚6厘米”。

② 山东省文物考古研究所等：《山东寿光市双王城盐业遗址2008年的发掘》，《考古》2010年第3期，第21页。

③ 燕生东：《商周时期渤海南岸地区的盐业》，文物出版社，2013年，第105页。

六：“今池（解池）水东西七十里，南北十七里，紫色澄渟，潭而不流。水出石盐，自然印成，朝取夕复，终无减损。”这不仅是产盐技术的进步，也标志着社会组织能力的加强。相传为舜帝所作的《南风歌》[①]，最后两句唱到：“南风之薰兮，可以解吾民之愠兮。南风之时兮，可以阜吾民之财兮。”“解愠”和“阜财”正是暖风时来盐“自然印成”而老百姓解除怨怒、广阜财源的真实写照。这一技术一直使用到唐代，唐代才开始“垦畦浇晒”生产盐，北宋沈括在《梦溪笔谈》卷二四《杂志》说：“解州盐泽之南，秋夏间多大风，谓之‘盐南风’。其势发屋拔木，几欲动地。然东与南皆不过中条，西不过席张铺，北不过鸣条，纵广止于数十里之间，解盐不得此风不冰。盖大卤之气相感，莫知其然也。”这一技术今天还在使用着。

总之，解池生产盐，经历了淋卤煎盐、自然印成和垦畦浇晒三个阶段。

写作过程中，还有一些发现和想法，我也写出来。

（1）西坡M8、M27被原报告分在第一等级，墓口面积在12平方米以上，另两座为M17、M29。“M8墓主头顶部和M27填泥中均发现零星朱砂痕迹，M27：1大口缸（厚壁缸）可能以涂有朱砂的麻布封盖，故在缸口留下朱砂痕迹”。[②]由此可见在这一墓地中墓主人处于最高地位，也正是处于最高地位的人，才能随葬厚壁缸，可见厚壁缸的重要性。

（2）东下冯H221坑底有母羊骨架一副，H231填土中有狗、猪、羊骨架各一副，另有羊头和零散的羊肢骨，这不是偶合吧？而东下冯还有原始青瓷片二十余片[③]，“出于T202、206、208、209、210第3层。器形有罐、钵等，多为素面，有的饰篮纹、方格纹。器表施青绿色薄釉，胎多青灰色，质地坚硬。胎釉结合比较紧密，它比一般陶器的烧成温度要高些，烧结程度较好，吸水率小，击之有铿锵声。它已具有商周原始青瓷的特征”。除T209外，其余探方第3层“原始青瓷片”与“厚胎圜底瓮”共存，是不是贸易所造成的？两者的关系值得深思。

（3）同处于河南偃师的二里头H1：22和滑城H1：1（见图二七）为同一种厚壁缸，但壁有厚薄之分？西坡M27：1、紫荆H12：13等厚壁缸的壁也相对较薄。如果排除了报告编写者没有仔细观察的原因的话，是不是存在着作为煮盐器具的厚壁缸，形态上取自已有的缸类器物？这关系到这类厚壁缸的起源和同类器物的用途问题。材料所限，留待以后讨论。

---

① 《礼记·乐记》：“昔者舜作五弦之琴以歌《南风》。”

② 中国社会科学院考古研究所等：《灵宝西坡墓地》，文物出版社，2010年，第287页。

③ 中国社会科学院考古研究所等：《山西夏县东下冯龙山文化遗址》，《考古学报》1983年第1期，第82页。

试论凌家滩07M23出土的玉石器及相关问题

杨　晶

（故宫博物院）

2007年安徽省考古研究所对含山凌家滩遗址进行了第五次考古发掘，这次发掘最重要的收获就是凌家滩07M23的发现。凌家滩07M23是迄今为止凌家滩遗址规模最大、随葬品最为丰富的一座墓葬。由于第五次发掘的目的明确、步骤清晰、资料完整，为深入研究凌家滩墓地打下了坚实的基础。根据目前已发表的发掘资料①，本文拟对凌家滩07M23出土的玉石器及相关问题试作探讨。

一、凌家滩07M23的时代

凌家滩墓地坐落在安徽含山县铜闸镇凌家滩村北的高岗上，从1987～2007年先后进行了五次发掘，已发现近50座新石器时代的墓葬。根据目前揭露的情况，凌家滩墓地大体上分为南、北两区，南区在“祭坛”的左近，北区在“祭坛”的西北方。南北两个墓区之间，因未进行发掘，情况不甚清楚。凌家滩07M23 位于墓地南区，因此墓地南区的分布状况与埋葬顺序，无疑是我们关注的焦点。

凌家滩墓地南区，业已发掘了45座墓。其中1987~1998年前三次发掘中发现44座，2007年第五次发掘中发现1座。这些墓葬大体成排地分布于“祭坛”的内外。所谓“祭坛”，位于墓地中心最高之处，其上还有用石子构筑的“祭祀坑”和用石块围成的“积石圈”，因遭到后期破坏，现存的形状不甚规则。这种“祭坛”是发掘者在1998年第三次发掘之际，才辨识出来的。通过对“祭坛”的局部解剖得知，“祭坛”自上而下分为三层：第1层由大小不一的石子、小石碎块与黏土搅拌铺垫而出成；第2层由

---

① a. 安徽省文物考古研究所：《安徽含山凌家滩新石器时代墓地的发掘简报》，《文物》1989年第4期；b. 张敬国：《安徽含山凌家滩新石器时代墓地第二次发掘的主要收获 》，《文物研究》（第7辑），科学出版社，1991年；c. 安徽省文物考古研究所、含山县文物管理所：《安徽含山县凌家滩遗址第三次发掘简报》，《考古》1999年第11期；d. 安徽省文物考古研究所：《凌家滩——田野考古发掘报告之一》，文物出版社，2006年；e. 安徽省文物考古研究所：《安徽含山县凌家滩遗址第五次发掘的新发现》，《考古》2008年第3期。本文所引用的发掘资料，均出自这些简报和报告，下文不再另加注释。

较大的石子、沙砾及小石子搅拌夯筑；第3层是因此纯净的黄斑土。由现存的遗迹现象来看，“祭坛”应为长方形，面积600多平方米。在“祭坛”层之下与“祭坛”层之上均发现有墓葬，鉴于“祭坛”层之下的墓葬仅分布于“祭坛”的南半部而“祭坛”层之上的墓葬则分布于整个墓区的情形，可以初步判定：凌家滩遗址的先民们最初应是在该遗址高岗的中心偏南处选址筑坟埋葬死者的，然后在墓地上构筑起大规模的“祭坛”以及小规模的“祭祀坑”和“积石圈”，并在“祭坛”层之上再埋葬死者，因此形成了“祭坛”层之下叠压着早期墓葬而“祭坛”之层又被晚期墓葬所叠压与打破的布局。那些规模较小的“祭祀坑”“积石圈”大都与墓葬处于同一水平线的位置，由这种对应关系来看，凌家滩墓地的南区显然经过了周密的规划，整体布局是井然有序的。所谓的“祭坛”实际上应为凌家滩墓地构建的一个重要组成部分。

凌家滩墓地南区的墓葬，由南向北大体可以划分为八排。2007年第五次发掘的07M23，位于墓地南端的T1308与T1307之间，地处第二排近中部的位置上。该墓西与87M15、87M8、87M7为邻；西南与87M4、87M1为邻；东南与98M16为邻；东部和北部因有现代坟而未发掘（图一）。07M23开口于凌家滩遗址堆积的第3层下，打破祭坛和生土，同时该墓的南侧墓边又被07M22所打破。07M23的墓坑呈不规则长方形，长3.45、宽2.1、深0.3米，面积约7平方米。坑内似有棺椁痕迹，推测棺长2.65、宽0.8米。该墓的出土物，包括玉器200件、石器97件、陶器31件，其他2件，共计330件。

关于凌家滩墓地南区的分期，目前主要有发掘者的“两期”说、“三期”说，以及笔者的“三段”说、“两期四段”说。

发掘者在1991年发表的《安徽含山凌家滩新石器时代墓地第二次发掘的主要收获》一文中，从层位上把墓葬分为早晚两期：开口于第3层下的墓葬为早期；开口于第3层上的墓葬为晚期。

笔者在2003年发表的《苏皖平原地区史前玉器的研究》一文中，根据发掘简报所提供的资料，对1987~1998年三次发掘的地层进行了初步整合，认定1987年11月——第二次发掘的沙石层，即1998年——第三次发掘的祭坛层，并以祭坛层为基点，将凌家滩墓地前三次发掘简报中所公布的墓葬划分为三段：第一段的墓葬，开口于祭坛层下的枣红色土之下，应属于年代较早的层位；第三段的墓葬，开口于祭坛之上的第2层之下，应属于年代较晚的层位；第二段的墓葬，开口于第3层之下，在层位上恰好介于前两者之间[①]。

发掘者在2006年出版的《凌家滩》一书中，主要依据墓葬的开口层位和地层关系，将该墓地的墓葬分为三期：开口于第4层下的墓葬为第一期；开口于第2层和第3层

---

① 杨晶：《苏皖平原地区史前玉器的研究》，2003年在台北召开的“新世纪的考古学——文化、区位、生态的多元互动”学术研讨会上宣读。后收入许倬云、张忠培：《新世纪的考古学——文化、区位、生态的多元互动》，紫禁城出版社，2006年。

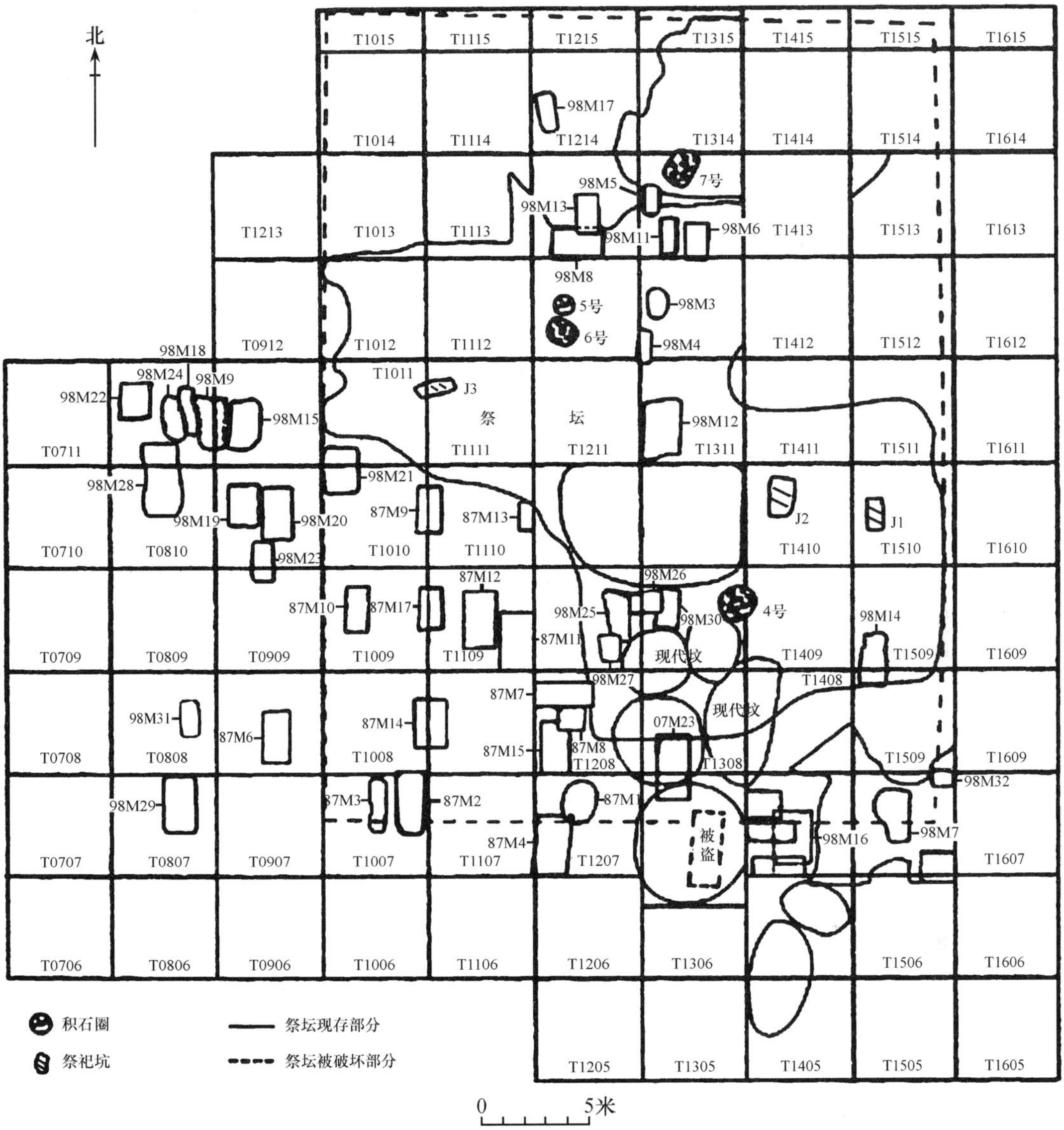

图一　凌家滩墓地南区墓葬分布示意图

下的墓葬为第二期；开口于第1层下的墓葬为第三期。然而这种分期是在没有统一地层的前提下进行的，存在着明显的弊端。关于这一点发掘者显然已经意识到了，在报告的第六章“年代与分期”一节中是如此表述的：“三次发掘没有对地层统层，所以这样的划分也许存在一定的问题。”

笔者在2007年发表的《关于凌家滩墓地的分期与年代问题》一文中，根据2006年出版的《凌家滩》报告中所公布的资料，结合前三次发掘简报中所提供的资料，对凌家滩遗址的地层堆积进行重新整合，从而确定了该遗址的堆积顺序：位于祭坛层之上的有第1层耕土、第2层深浅不一的黄土（包括②A、②B）；位于祭坛层之下的有第3

层浅红色土、第4层枣红色土。因此，笔者以祭坛层为界标，从层位上将凌家滩墓地分为两期四段：开口于祭坛层下的墓葬属于早期，开口于祭坛层上的墓葬属于晚期。其中开口于祭坛下、枣红色土之下的墓葬为早期一段；开口于祭坛下、浅红色土之下的墓葬为早期二段；开口于祭坛层上黄色土之下的墓葬为晚期三段，开口于祭坛层上耕土之下的墓葬为晚期四段①。

据《安徽含山县凌家滩遗址第五次发掘的新发现》一文介绍，第五次发掘的07M23开口于凌家滩遗址堆积的第3层下，打破祭坛和生土，同时该墓的南侧墓边又被07M22所打破。虽然文中没有介绍2007年度发掘的堆积状况，但参照2006年出版的《凌家滩》发掘报告，还是可以了解到07M23周边的堆积情况。07M23所在的T1308和T1307，西侧与T1208和T1207相邻；东侧与T1408和T1407相邻。2006年出版的《凌家滩》发掘报告，恰好公布了T1207西壁和T1208东壁以及T1407北壁的堆积状况。

1987年6月发掘的T1207西壁的堆积状况，可汇总如下：

第1层耕土→第2层橙黄色土→第3层枣红色土→生土

1987年11月发掘的T1208东壁的堆积状况，可汇总如下：

第1层耕土层→第2层浅黄色土→第3层沙石层（祭坛）→第4层枣红色土→第5层棕红色土（次生土）→生土

1998年11月发掘的T1407北壁的堆积状况，可汇总如下：

第1层耕土层→第2A层浅黄土→第2B层深褐色→祭坛层→第3层浅红土→生土

尽管发掘者未将1987年6月和1987年11月以及1998年11月这三次发掘的地层进行统一的划分，不过从土质土色上考察，我们还是可以看出凌家滩墓地南区南端地层堆积的一些端倪：1987年6月发掘的第3层枣红色土与1987年11月发掘的第4层枣红色土应当是可以对应的；1987年6月发掘的第1层耕土、第二层橙黄色土与1987年11月发掘的第1层耕土、第2层浅黄色土及1998年11发掘的第1层耕土、第2 A层浅黄土应当也是可以对应的。如果这一认识无误的话，那么T1308和T1307的第3层，很可能与T1407的第2B层相对应。

这样一来，从层位关系上，我们可以初步推定：07M23应属于凌家滩墓地晚期偏早阶段的墓葬，即相当于笔者所划分的凌家滩墓地晚期第三段的遗存。

二、凌家滩07M23的内涵

据发掘简报的介绍，凌家滩07M23的墓坑呈不规则长方形，长3.45、宽2.1、深0.3米，面积约7平方米。坑内似有棺椁痕迹，推测棺长2.65、宽0.8米。该墓的随葬品相

---

① 杨晶：《关于凌家滩墓地的年代与分期问题》，《文物研究》（第15辑），科学出版社，2007年。

当丰富，包括玉器、石器、陶器等，共计330件。其中玉器200件，约占随葬品总数的61%；石器97件，约占随葬品总数的29%；陶器31件，约占随葬品总数的9%。在凌家滩07M23的随葬品中，最引人注目的应是成组出土的锛、钺、环、镯、璜、筒形器这一类玉石器，这里将着重探讨该墓成组玉石器的使用情况。

发掘者把凌家滩07M23的墓内堆积分为两层，并分别公布了第一层和第二层的平面图，为我们进一步考察玉石器的出土位置及组合关系，提供了可靠的依据。

从凌家滩07M23第二层的平面图来看，墓底铺有成排的石锛与石凿（图二）。这些石锛与石凿的刃口皆朝北，南北纵向排列，每排并行放置4~5件，共有7排。其中编号为07M23:238的玉斧，似乎也夹杂在石锛的行列之中。据发掘者推测：墓主人下葬时就放在其上。笔者认同这一看法，并将铺垫在死者身下的玉石器直接称作“尸床”。凌家滩07M23 的“尸床”，长度在1.8~1.9米，宽度大约在0.4米。在“尸床”的上下还有多件石钺（玉斧），其中“尸床”之下的石钺，数量较多，大都横向放置；“尸床”之上的石钺（玉斧），数量较少且纵向放置。在墓葬的最南端放置一组玉器，这一组玉器中有多件的玉环和玉玦，“并且是大环里套小环，大者的直径为9厘米，小者直径为4厘米”。方向明在《凌家滩玉文化的东渐与良渚文化早期玉器》一文中，已经将凌家滩墓地墓室两端的环璧类玉器组合解释为“棺饰”[①]。鉴于这一组玉器位于墓主人的头上方且形成一字排开的布局，笔者赞成将这种成组玉饰视为“棺饰”的主张。在“尸床”与这一组“棺饰”之间，还有一件玉璜和一件石钺。玉璜是弧面朝上放置的，石钺则是纵向放置的。这一层面上的玉石器，出土位置井然有序，基本上反映了随葬之初的面貌。

从凌家滩07M23第一层的平面图来看（图三），在墓室的中部相当于墓主人两臂之处，各放置一组10件玉镯；在相当于墓主人靠近腰部的位置，左右各放置一件玉镯。据发掘者推测：一组10件的玉镯应属套在手臂上的臂镯，而左右各一件的玉镯，可能是套在死者手腕上的。在相当于墓主人腰部的正中的位置上，放置一组三件斜口筒形器，这三件斜口筒形器，筒形器的腹腔内放置有玉签，发掘者推定它们为一组占卜工具。发掘者的这些推断，无疑是合理的。墓中为数众多的是石钺（包括玉斧），这些玉石器往往是紧凑而密集地层层叠放，在保存较好的局部，叠压层次竟达6层之多。虽然大多数的玉石器已经无法区分出所属的单元与叠层，但引人注目的是叠放的石钺（玉斧）大都是横向放置与排列的，与纵向放置与排列的“尸床”形成了鲜明的对照。由一部分石钺直接叠压在成组玉镯之上的情形来看，这些石钺原本可能是摆放在木棺上方的，后因棺木腐朽才落入棺内的。在墓葬近南端的最上层还发现了两件玉钺。在两件玉钺之间为一组12件玉璜，不过这一组玉璜早已乱作一团，有的甚至残断

① 方向明：《凌家滩玉文化的东渐与良渚文化早期玉器》，《玉魂国魄——中国古代玉器与传统文化学术讨论会文集》（五），浙江古籍出版社，2012年。

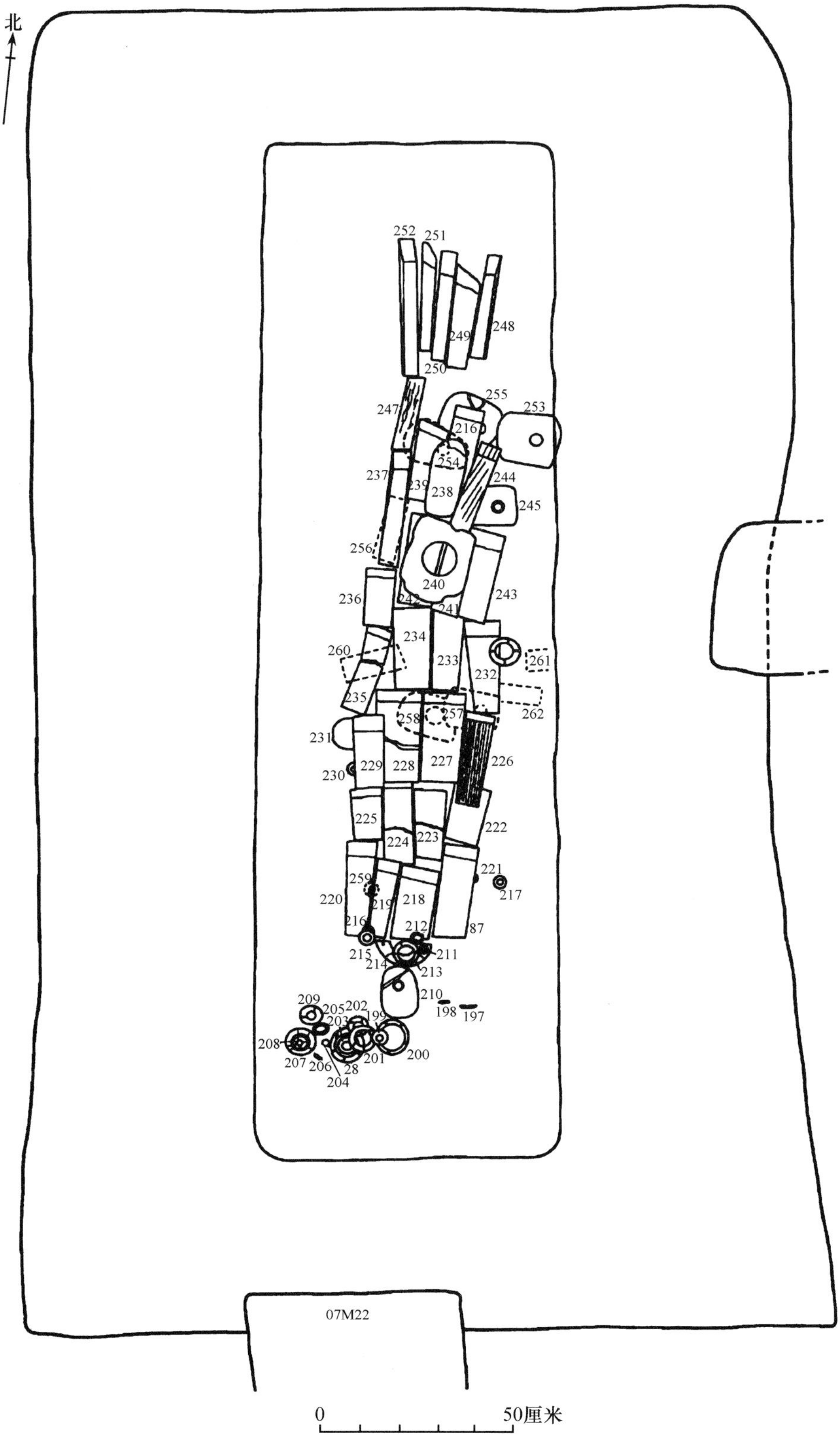

图二　凌家滩07M23 第二层平面图

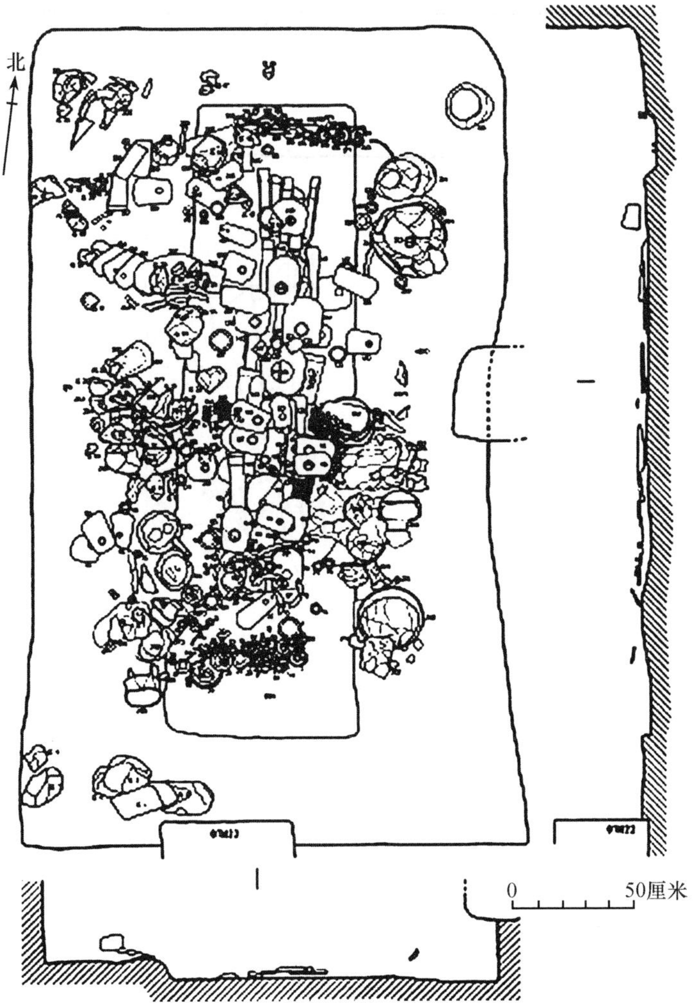

图三　凌家滩07M23第一层平面图及剖面图

了。根据平面图所反映的状况推测：导致这一组玉璜位置混乱的原因，似乎应与编号07M23：50玉钺有关。这件深绿色的玉钺原本应当是放置在木棺之上的，由于木棺腐朽，玉钺自上而下落入棺内，故而既造成了这一组玉璜中前端的一些玉璜折断，又使后端的一些玉璜乱了阵脚。这件玉钺的周边呈扇形分布，在扇形的范围内很少有其他的遗物，这种情况或许可以印证上述的推论。鉴于第一层的玉璜与第二层的玉璜位置相邻，结合凌家滩墓地相关墓葬玉璜的出土状况，笔者以为这两个层面的玉璜应属于同一组饰物——佩挂于死者的颈项之上①。诚然，该墓中属于同一组饰物的还应有出自墓室南端第二层的那些大小玉环、玉玦和出自第一层同样位置的那些大小玉环、玉

① 杨晶：《凌家滩墓地玉璜综述》，《玉魂国魄——中国古代玉器与传统文化学术讨论会文集》（五），浙江古籍出版社，2012年。

玦，它们应属于南端的“棺饰”。在墓葬的北端也出有一组由大小玉环、玉玦所组成的饰物，它们应属于北端的“棺饰”。

显而易见，凌家滩07M23出土的玉石器，大体可以归为两大类：一类应为墓主人随身佩戴之物；另一类则应为摆放于墓内之物。前者包括颈项饰、臂饰、腕饰和腰间佩物等，后者包括“尸床”“棺饰”以及那些摆放于墓中或木棺上的玉石钺（斧）。

无论从墓葬的规模来看，还是从随葬品的数量看来，凌家滩07M23在凌家滩墓地中均名列前茅。墓中随葬的大量玉石器应是财富和权力的象征，为数众多的石钺、石锛显示了墓主人在军事和手工业方面的掌控能力，成组的占卜工具显示了墓主人在宗教方面的掌控能力。果真如此的话，凌家滩07M23的墓主人当是一位统揽军事、宗教、手工业等重要职位的显贵。

三、凌家滩07M23的启示

凌家滩07M23的发掘，极大地丰富了凌家滩墓地的实物资料，尤其是该墓中“尸床”“棺饰”的认定，为探索凌家滩墓地及其相关问题提供了重要的实证。

检索凌家滩发掘报告的资料可知，在凌家滩墓地南区87M6、87M8、87M10、98M20、98M30及87M4、87M7等墓葬中，有明显的“尸床”迹象。

凌家滩87M6属于晚期四段的墓葬，位于第二排偏西之处，随葬品很有规律地放置在墓坑的东西两侧（图四）。墓内出土石锛22件、石钺32件，大部分石锛与少量的石钺整齐地放置在墓坑偏东之处，南北纵向排列，每排1~3件，有4~5排。一件玉璜叠压在石器之上。

凌家滩87M8属于晚期三段的墓葬，位于第二排中部之处，该墓虽仅残存一半，但随葬品的放置有一定的规律性（图五）。墓内出土石锛7件、石凿2件、石钺9件，大部分石锛与少量的石凿、石钺（玉钺）整齐地放置在墓坑中部，多为南北纵向排列，少为东西横向排列，每排2~4件，残存3排。一组3件玉璜叠压在石器之上。

凌家滩87M10属于晚期三段的墓葬，位于第三排中部偏西之处，该墓中部的随葬品放置有序，南部的随葬品有些凌乱（图六）。墓内出土石锛8件、石钺8件，几件形体较大的石锛和石钺整齐地放置在墓坑中部，石锛南北纵向排列，石钺为东西横向排列，每排约2件，可辨识出3排。一件玉镯叠压在石器之上。

凌家滩98M20属于晚期三段的墓葬，位于第四排偏西之处，该墓的随葬品有些凌乱。墓内出土石锛24、石钺16件、石凿1件。多数石锛和少量石钺放置在墓坑中部偏西处，中间多为南北纵向排列，两端多为东西横向排列，只是排序情况已无法分辨了。

凌家滩98M30属于晚期三段的墓葬，位于第三排略偏东之处，该墓虽被98M26和汉墓打破，除墓南的一些随葬品稍显凌乱外，大部分随葬品较有规律地放置在墓坑内（图七）。墓内出土石锛39件、石钺2件。这些石器比较整齐地放置在墓坑中部，多为东西横向排列，少为南北纵向排列，每排3~4件，只是排序不易分清了。一组3件玉璜叠压在石器之上。

凌家滩87M4属于早期期一段的墓葬，位于第一排居中之处，墓内出土玉斧5件、石钺18件、石锛6件、石斧1件、石凿5件。该墓随葬品的位置较为凌乱，墓内偏西处的一些石锛、石钺、玉斧，大都纵向放置且位置相邻，可惜排序情况已经难以分辨了。

凌家滩87M7属于晚期四段的墓葬，位于第二排居中之处，该墓随葬品的位置已经凌乱，墓内出土石锛6件、石钺1件、石凿4件。多件石器较为集中地放置在墓内的一端与中部，以横向放置居多，只是难以看清排列的情况了。

图四　凌家滩87M6出土状况（西—东）

图五　凌家滩87M8出土状况（北—南）

图六　凌家滩87M10出土状况（南—北）

图七　凌家滩98M30出土状况（东—西）

在上述的凌家滩87M6、87M8、87M10、98M30等墓葬中，玉璜、玉镯等死者随身佩戴的饰物，无一例外地都叠压在排列有序的石器之上，说明墓主人下葬时应当就是直接放在这些成组石器之上的。据此，笔者以为，这些墓葬中的成组石器也应视为“尸床”为宜。其中凌家滩87M6、87M8、87M10、98M20这几座墓中的“尸床”，大体与凌家滩07M23 的“尸床”一样，主要应是由南北纵向放置的石器所组成的；凌家滩98M30、87M7这两座墓的“尸床”，主要应是由东西横向放置的石器所组成的。这些墓葬中的“尸床”，规格大小虽不尽相同，但均以石锛、石凿、石钺（玉斧）这一类玉石器所构成。这些玉石器大都制作精良，刃部锋利，无使用痕迹，应当不属于实用的生产工具或武器。

检索凌家滩发掘报告的资料还知，在凌家滩墓地南区87M8、87M11、87M12、87M17等墓葬中，存在着明显的“棺饰”现象。

凌家滩87M8位于第二排中部之处，在该墓的最南端有一组由玉环、玉玦所构成的玉饰。这一组玉饰大小相间，近“一”字形集中摆放。

凌家滩87M7位于第二排居中之处，打破了87M8。该墓随葬品的位置虽已凌乱，但一件玉璜出自居中的位置，一组由玉环、玉玦所构成的玉饰集中地出自墓端的一侧（图八）。

凌家滩87M11属于晚期三段的墓葬，位于第三排中部之处，在该墓的最南端有一组由玉镯、玉环所构成的玉饰，这一组玉饰大小相间，近“一”字形集中摆放。

凌家滩87M12属于晚期三段的墓葬，位于第三排偏西之处，在该墓的最南端和最北端各有一组由玉环、系璧所组成的玉饰，这两组玉饰大小相间，近“一”字形较为集中地摆放（图九）。

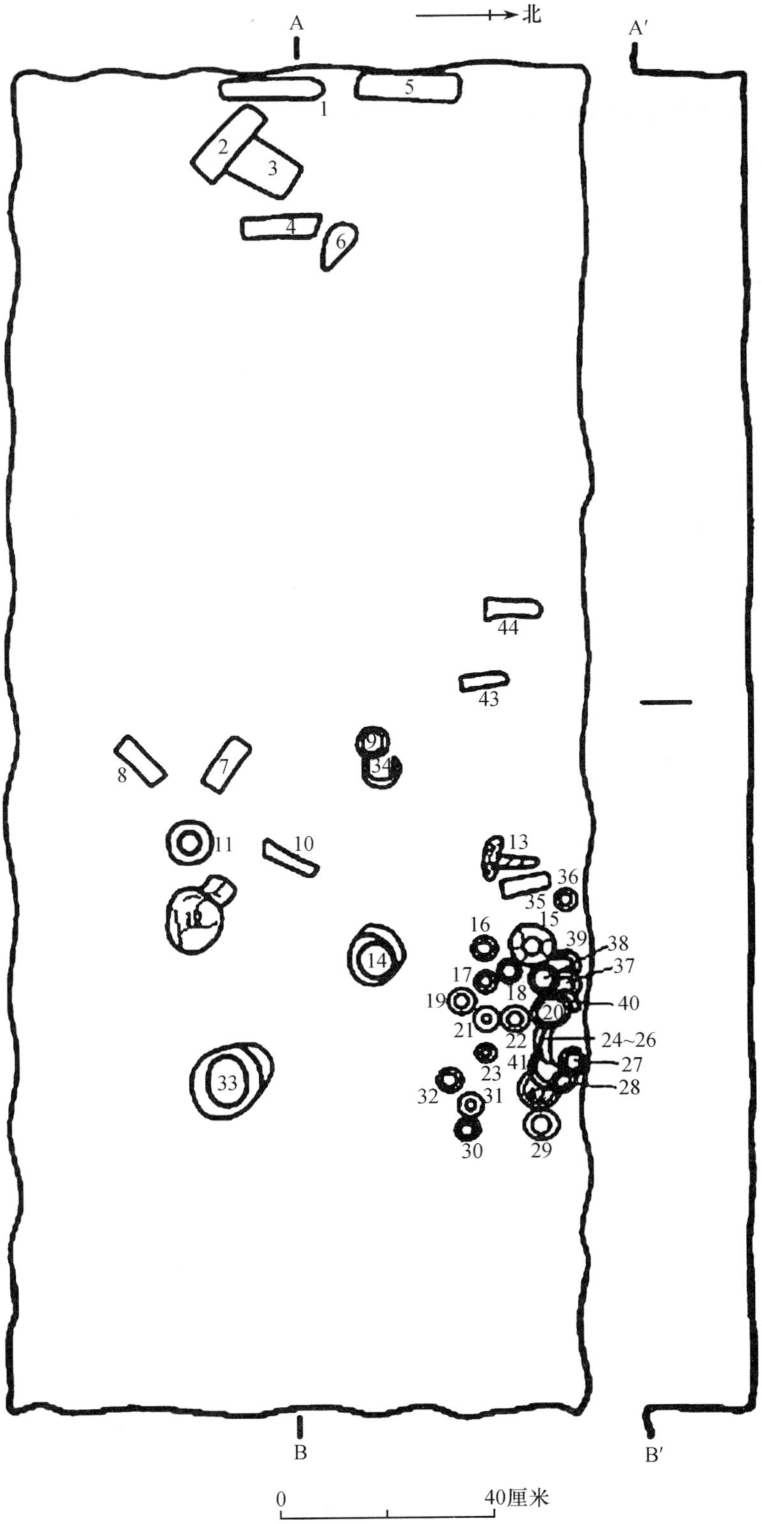

图八　凌家滩87M7平、剖面图

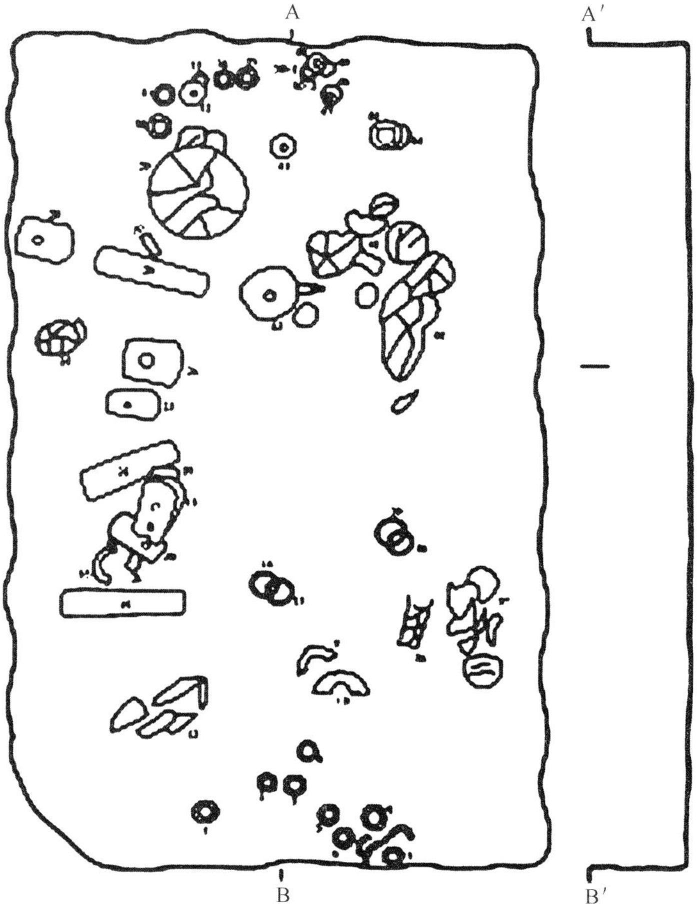

图九　凌家滩87M12平、剖面图

凌家滩87M17属于早期二段的墓葬位于第三排偏西之处，在该墓的最南端有一组可以连缀在一起的分体环（原报告称玉珩）所组成的玉饰，这一组玉饰大小不一，近“一”字形集中摆放（图一○）。

另外，方向明曾经在《凌家滩文化的东渐与良渚文化早期玉器》一文中，已经将凌家滩87M6中三组视为“棺饰”。他认为：“该墓7件（组）玉环原先应呈三组分布于墓室南、中、北部，南北各为棺饰，中部置放在葬具上。”笔者赞成将凌家滩87M6墓室两端的成组玉环视为“棺饰”的看法，但不敢苟同将墓中部的两件玉环也视为“棺饰”的看法。该墓的“尸床”之上叠放一件玉璜，鉴于玉璜与这两件玉环的位置关系，笔者以为把凌家滩87M6：56和87M6：57这两件玉环视为佩戴于死者两臂上的玉镯，恐怕会更合理一些。

在上述的凌家滩87M8、87M11、87M12、87M17及87M6、87M7等墓葬的一端或两端，皆摆放着成组的玉饰，这种成组的玉饰，不但出土位置相同，排列方式亦相近。据此，笔者以为：这些墓葬两端的成组玉饰亦应视为“棺饰”为宜。其中凌家

图一〇 凌家滩87M17出土状况（南—北）

滩87M7、87M11仅墓葬的南端有一组“棺饰”；凌家滩87M6、87M12同凌家滩07M23一样，在墓葬的南、北两端均各有一组“棺饰”；而凌家滩87M7是一座东西向的墓葬，“棺饰”在墓葬的东端。至于凌家滩87M8，因残存一半，仅见墓葬南端的“棺饰”，墓葬的北端是否有“棺饰”已经无从知晓了。这些墓葬中的“棺饰”，每一组的数量多寡不一，形制与种类也不一致。它们的使用情况，比较复杂：有的好像是仓促新制的，如87M8：16的玉玦，仅为一线切口，尚留有未切完的残点；有的则似乎为陈年旧物，如87M12：1的玉环，其上残留着修补过的系孔。鉴于这一类玉饰皆有中孔，而且出土时往往“密集放置”“并且是大环里套小环”，故而推断它们很可能是悬挂在木棺一端的。

结合凌家滩墓地的分期来看，“棺床”在早期一段就已经出现，一直持续到晚期四段，以晚期三段最为流行；位置明确、组合清晰的“棺饰”在早期二段就已经出现，同样持续到晚期四段，以晚期三段较为多见。

从凌家滩墓地南区的布局来看，拥有“尸床”和“棺饰”的墓葬分布于南侧的第一排至第四排（图一一）。在第一排墓葬中，唯87M4一座有“尸床”；在第二排墓葬中，07M23、87M8和87M6、87M7这四座墓，不但有“尸床”而且还有“棺饰”；在第三排墓葬中，87M10、98M30两座有“尸床”，87M11、87M12、87M17三座有“棺饰”；在第四排墓葬中，仅98M20一座有“尸床”。很显然，拥有“尸床”和“棺饰”的墓葬主要集中分布在第二排和第三排。其中第三排中使用“尸床”和“棺饰”的墓葬数量较多，但“尸床”和“棺饰”在同一墓葬中并不共见；第二排中使用“尸床”和“棺饰”的墓葬在数量虽略逊于第三排，可是在同一墓葬中既拥有“尸床”又拥有“棺饰”。这种现象是十分特殊的。“尸床”和“棺饰”的同时使用，应是葬仪中最隆重的一项礼遇。一方面表示出人们对死者的敬重，另一方面也昭示出墓主人的显贵身份。那么，“尸床”和“棺饰”的使用，可以说从一个侧面上反映出07M23所处的第二排墓葬在凌家滩墓地中的特殊地位。

发掘者在2006年出版的《凌家滩》报告中已明确地指出，“第一排和第二排的墓葬不但位置显著，而且墓坑都比较大”，“以87M4和87M15两墓为坐标，以此类推，凡是在中轴线上或靠近中轴线的墓葬，应该在部落或氏族内享受或还享受原有的较高的身份地位”。2007年第五次发掘的凌家滩07M23，恰好位于第二排邻近中部的显

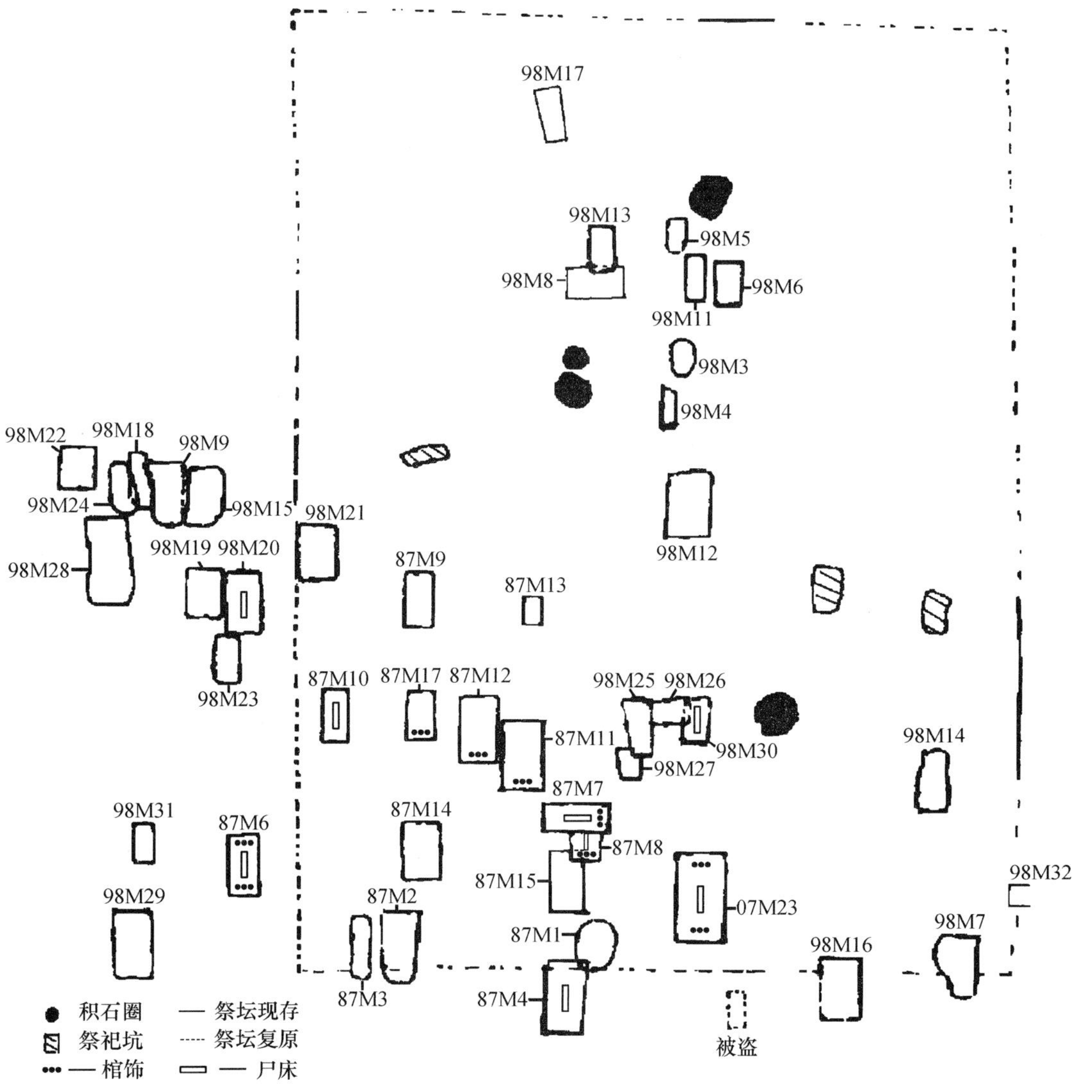

图一一　凌家滩墓地使用“尸床”与“棺饰”墓葬分布示意图

著位置之上。第二排居中的位置有凌家滩87M15、87M8、87M7三座墓，其中凌家滩87M15是早期一段的大墓，从随葬品来看，墓主人掌控着军事及手工业等权势，其地位仅次于同属于早期一段而位于第一排居中的凌家滩87M4的墓主人[①]；凌家滩87M8是晚期三段的墓葬，该墓虽仅残存一半，但成组玉饰、成排的玉石器无一不彰显出大墓的风采；87M7是晚期四段的大墓，其墓葬的规模和随葬品的数量仅次于同属于晚期四段的87M6。而位于第二排偏西之处的87M6则是晚期四段中规模最大、随葬品最丰富的墓葬。由此可见，凌家滩墓地南区第二排囊括了早期一段、晚期三段、晚期四段三

① 张忠培：《窥探凌家滩墓地》，《文物》2000年第9期。

个不同时期的大型墓，这些墓主人基本上如同《凌家滩》发掘报告中所表述的那样，应是“生前有身份、有地位、有财富”的显贵阶层。

诚然，表明凌家滩07M23所处的第二排墓葬在凌家滩墓地中占居特殊地位的并不限于墓内的出土物。据发掘简报介绍，在对凌家滩07M23进行发掘时，于墓坑中偏西位置的填土上方发现一件巨型玉雕猪形器。这件玉雕利用玉料的自然形态雕刻而成，全长约72、宽32厘米，重达88千克，堪称史前时代形体最大、最重的动物型玉雕。这件巨型玉雕的出土位置，大体相当于第二排墓葬的中心。因此，这一件特大玉雕不仅是用来彰显凌家滩07M23墓主人的重要地位，也是用来彰显第二排墓葬在凌家滩墓地中的特殊地位，对于我们认识凌家滩墓地及其相关问题具有不可忽视的重要意义。

山东沭河上游地区史前时期的聚落形态与人地关系

梁中合

（中国社会科学院考古研究所）

沭河上游地区是沭河流域内新石器时代考古学文化比较发达的地区，以往的遗址调查和田野考古工作开展得比较充分，积累了一批非常重要的资料，特别是以陵阳河遗址为代表的一批大汶口文化晚期墓葬的发现和发掘，更引起了国内外学术界对该地区史前考古学文化的广泛关注。近年来随着区域考古调查的不断开展和手段的进一步完善，开展聚落考古研究的时机基本成熟。

一、研究历史与现状

沭河上游地区的田野考古发掘工作开展的相对比较早，20世纪50年代末60年代初，以莒县陵阳河遗址的发现与发掘开始为契机[①]，揭开了该地区史前考古的序幕，此后又陆续发掘了大朱家村[②]、小朱家村[③]、杭头[④]、马庄[⑤]等一批以大汶口文化晚期、龙山文化遗存为主的遗址，清理各类墓葬150余座，出土各类文物近万件，其中包含了一批非常有特色的遗物。

1957年由于洪水暴发使陵阳河遗址受到破坏，当时陵阳河乡文书在这里采集到一些陶器、石器并首次发现该遗址。1960年在陵阳河遗址中发现一种在大口尊上刻划符号的现象，对此有些学者认为是一种陶文[⑥]，由此而引起学术界的广泛关注。1963年第一次对该遗址进行了试掘，共清理墓葬10座，出土各类遗物150余件。1977年莒县博

---

① 山东省文物考古研究所等：《山东莒县陵阳河大汶口文化墓葬发掘简报》，《史前研究》1987年第3期。

② a. 苏兆庆等：《山东莒县大朱村大汶口文化墓地复查清理简报》，《史前研究》1989年辑刊；b. 山东省文物考古研究所等：《莒县大朱家村大汶口文化墓葬》，《考古学报》1991年第2期。

③ 苏兆庆：《莒县文物志》，齐鲁书社，1993年。

④ 山东省文物考古研究所等：《山东莒县杭头遗址》，《考古》1988年第12期。

⑤ 中国社会科学院考古研究所山东队等：《山东莒县马庄遗址发掘报告》，待刊。

⑥ a. 邵望平：《远古文明的火花——陶尊上的文字》，《文物》1978年第9期；b. 王树明：《谈陵阳河与大朱家村出土的陶尊文字》，《山东史前文化论文集》，齐鲁书社，1986年。

物馆对该遗址进行抢救性发掘，清理墓葬6座，出土遗物120余件。1979年山东省博物馆会同莒县博物馆分春秋两季联合发掘了陵阳河遗址、大朱家遗址和小朱家遗址，相继取得了重大收获，清理各类墓葬84座，发现各类文物2900余件，其中陵阳河遗址发现大汶口文化的墓葬35座、西周至战国时期墓葬6座、时代不明的1座。大朱家村遗址大汶口文化墓葬31座、东周墓葬3座、汉代瓮棺葬1座、时代不明的1座。小朱家遗址清理大汶口文化墓葬6座，这是历年来发掘资料最为丰富的一次，发掘材料也陆续加以报导。1983年山东省文物考古研究所与莒县博物馆共同发掘了杭头遗址，遗址中包含了大汶口文化、龙山文化、周代和战国等文化遗存，其中主要包括大汶口文化墓葬4座、周代墓葬2座、战国墓葬1座。20世纪90年代初中国社会科学院考古研究所山东工作队与莒县博物馆合作对马庄遗址进行了抢救性发掘，获得了一批以龙山文化为主，包括部分周代、战国时期及汉代的遗物。

沭河上游地区的田野考古工作虽然自20世纪60年代以来基本没有间断并获得了一批非常有价值的资料和文物，但上述遗址发掘面积一般不大，文化堆积相对比较单纯，且主要集中于大汶口文化晚期的墓葬方面，有关大汶口文化晚期聚落遗存方面的情况了解不多，所能提供的资料也很有限。对该地区龙山文化遗存的了解相对缺乏，目前只是对零星几处遗址有些了解，而这些遗址往往又不具有典型性，同时缺乏对这一时期聚落遗址点和面的全面、深入的了解。对岳石文化的了解则更少。因此还不能对整个沭河上游地区各时期聚落遗存有比较全面和深入细致的了解。鉴于沭河上游地区史前遗址文化面貌独特，分布密集，时空框架比较清楚，地理环境比较复杂这样一些特点，为了进一步揭示沭河上游地区史前文化面貌、发展脉络及该流域内有关大汶口文化、龙山文化和岳石文化时期的聚落形态、结构、相互关系等方面的问题，我们对沭河上游地区的史前遗址进行了详细调查和采样工作，获得了一批新资料。

继1980年和1988年进行的两次大规模文物普查之后，在该流域内共发现细石器地点4处，大汶口文化遗址40余处，龙山文化遗址60多处，岳石文化遗址10余处，我们通过对这批遗址的调查和复查，发现新石器时代遗址以沭河上游干流沿岸为其主要分布区，同时随着时间的推移而向其支流逐渐延伸，形成了一定的时空分布规律，这为我们开展该项课题的研究提供了必要的条件与可能。在这一区域内分布着相当密集的各类史前遗址，而且年代相对集中，主要为大汶口文化晚期、龙山文化和岳石文化的遗存。为进一步搞清该流域内各文化时期聚落遗存的分布范围、分布特点、聚落规模、聚落等级及各聚落间的关系，进而探索人类在适应环境与改造环境的过程中如何发展的历史轨迹，有必要对该流域内的史前遗址进行以聚落考古研究为目的，以地理信息系统为手段的田野考古调查工作，通过努力取得了一定的收获，同时为更深入的研究打下一个良好的基础。

二、自然与地理概况

沭河上游地区主要包括沂水县的南部山区和莒县大部，其分布主要在莒县境内，沭河横穿莒县全境，流域面积近2000平方千米，所涉及的沭河上游地区主要指包括干流及其主要支流。

沭河上游地区的莒县地处山东省的东南部，行政区划隶属于日照市，位于日照市的西部，其东临日照市的东港区、五莲县，西界沂水、沂南县，北接诸城，南毗莒南等县。地处东经118°35′～119°6′，北纬35°19′～36°2′。地势为北高南低，海拔高程最高在662米，最低仅90米，境内地貌形态有山地、丘陵、平原、低洼平地四种类型。属温暖带大陆性季风气候。年平均温度12.1℃。年降水一般在800毫米左右。

沭河现为淮河的一条重要的支流，它发源于鲁中的沂山山脉，由北向南流经山东省的沂水、莒县、莒南、临沭、郯城及江苏的新沂、沭阳等县、市注入淮河。沭河上游地区的东、西、北三面环山，东有五莲山系，西接蒙山山脉，北连沂山山系。据史书记载沭河原非为淮河的支流，《汉书·地理志》载："东莞，术水（即沭河）南至下邳入泗。"魏时成书的《水经》载："沭水出琅琊东莞县西北山，东南过其县东，又东南过莒县东，又南过阳都县（故城在沂水县西南）东，入于沂。"表明在魏晋时期沭河还是沂河的支流，北魏正光年间沭河改道，成为淮河的支流。

沭河上游纵贯莒县全境，同时其支流密布，其主要的支流有绣珍河、洛河、柳青河、袁公河、鹤河、马沟河、浔河等，其他的小河不计其数，形成以沭河干流为主，支流为辅的叶脉状分布格局，它们在与沭河交汇的地方形成了比较广阔的冲积平原，上述地域往往是古代遗址的集中分布区。在各支流的上游一般都有一些相对较小的盆地，盆地周围往往也是古代遗址的分布区。该流域的古代遗址一般都背依低山，面向平原，位于河旁的二级台地上。地理位置相对比较优越，为古代人类的生存和发展提供了发展的重要的物质条件，使该流域也成了东方濒海文化中较为发达的地区之一。

三、发展脉络

沭河上游地区的历史非常悠久，从目前掌握的资料看该流域的历史可以追溯到距今1万年前的细石器时代。到了新石器时代晚期，其人类活动的遗址已经遍及整个地区，在沭河上游地区目前共发现4处细石器遗址，112处新石器时代遗址（图一）。

细石器遗址虽然较少，但特征明显，具有一定大的代表性。进入大汶口文化晚期阶段，以陵阳河、大朱家村、小朱家村、杭头等一批遗址成为该时期的代表，这些遗址主要分布于沭河的东岸，其范围相对比较集中，出土一批非常有特色的遗物，成为学术界普遍关注的重点。但就整个史前时代而言，又表现出很大的不平衡性，缺乏相

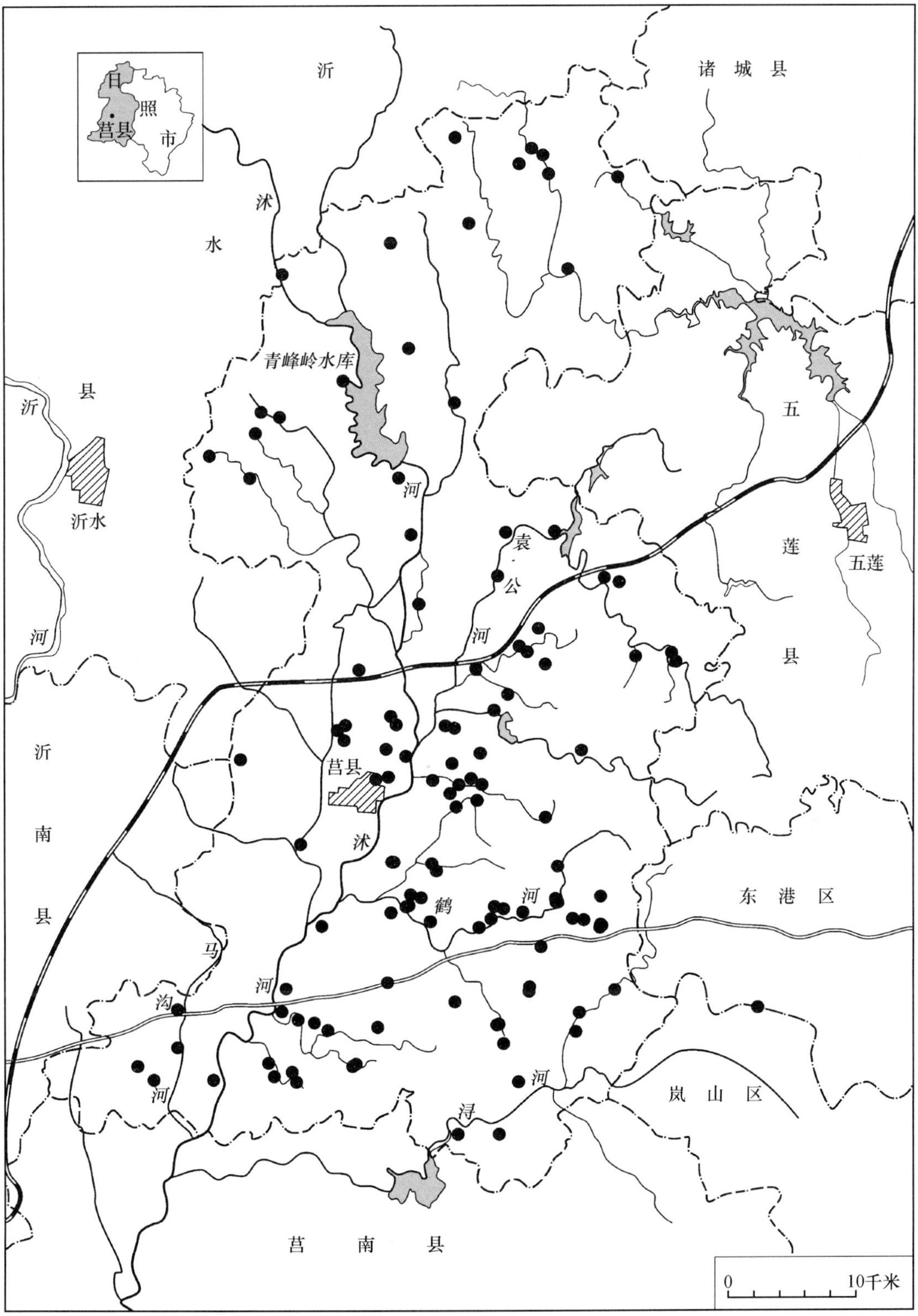

图一 沭河上游地区史前遗址分布图

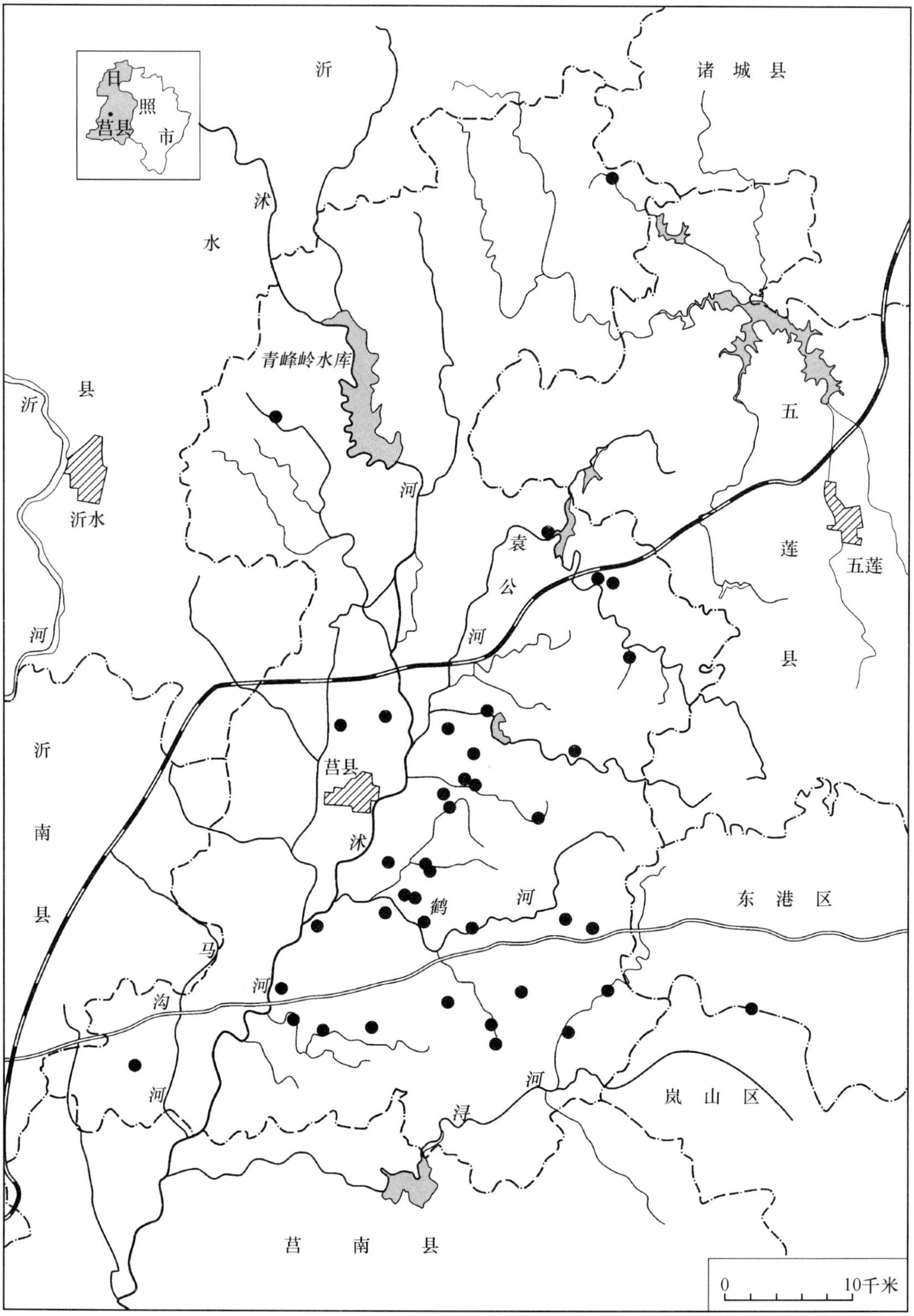

图二　大汶口晚期文化遗址分布图

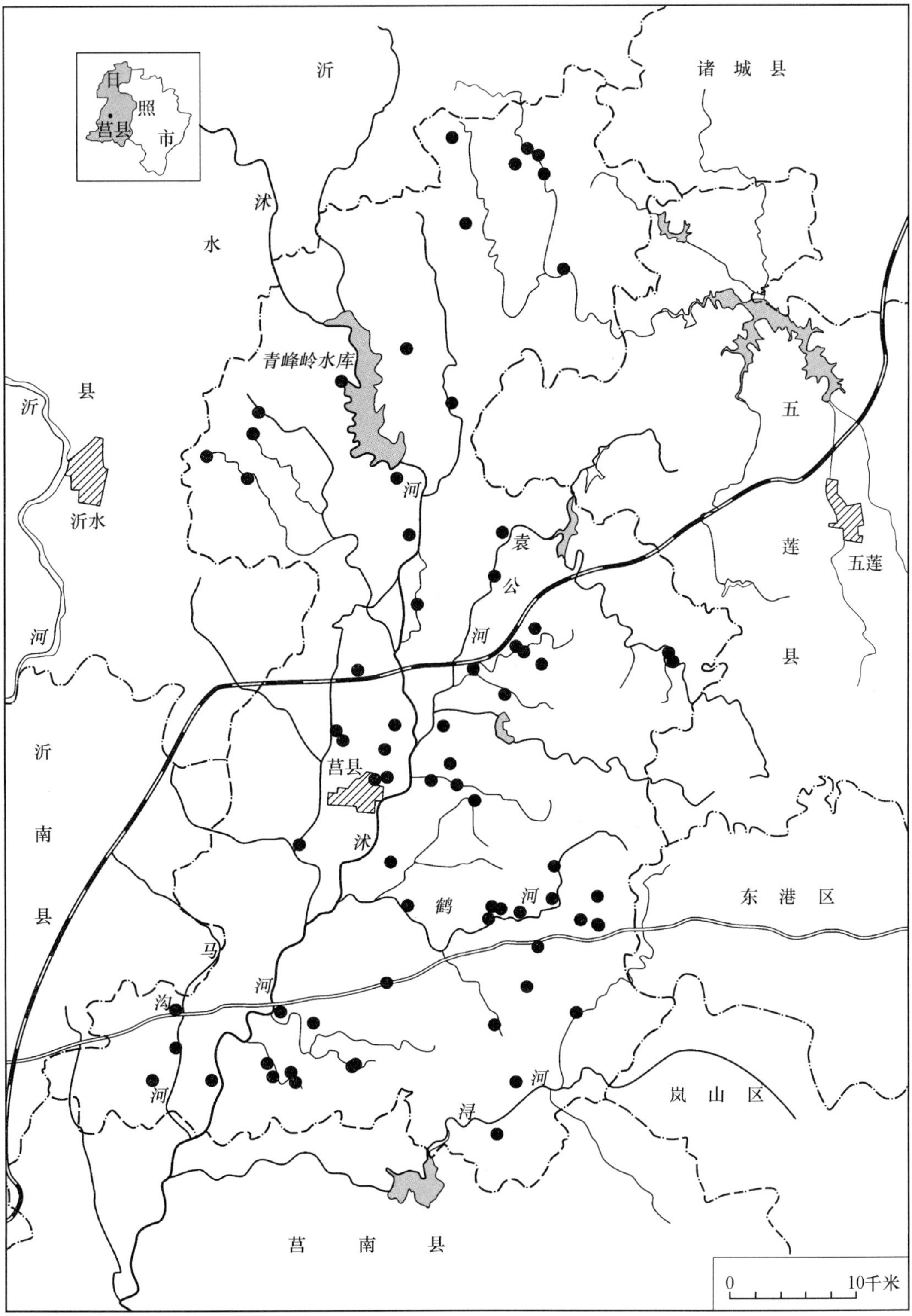

图三 龙山文化时期遗址分布图

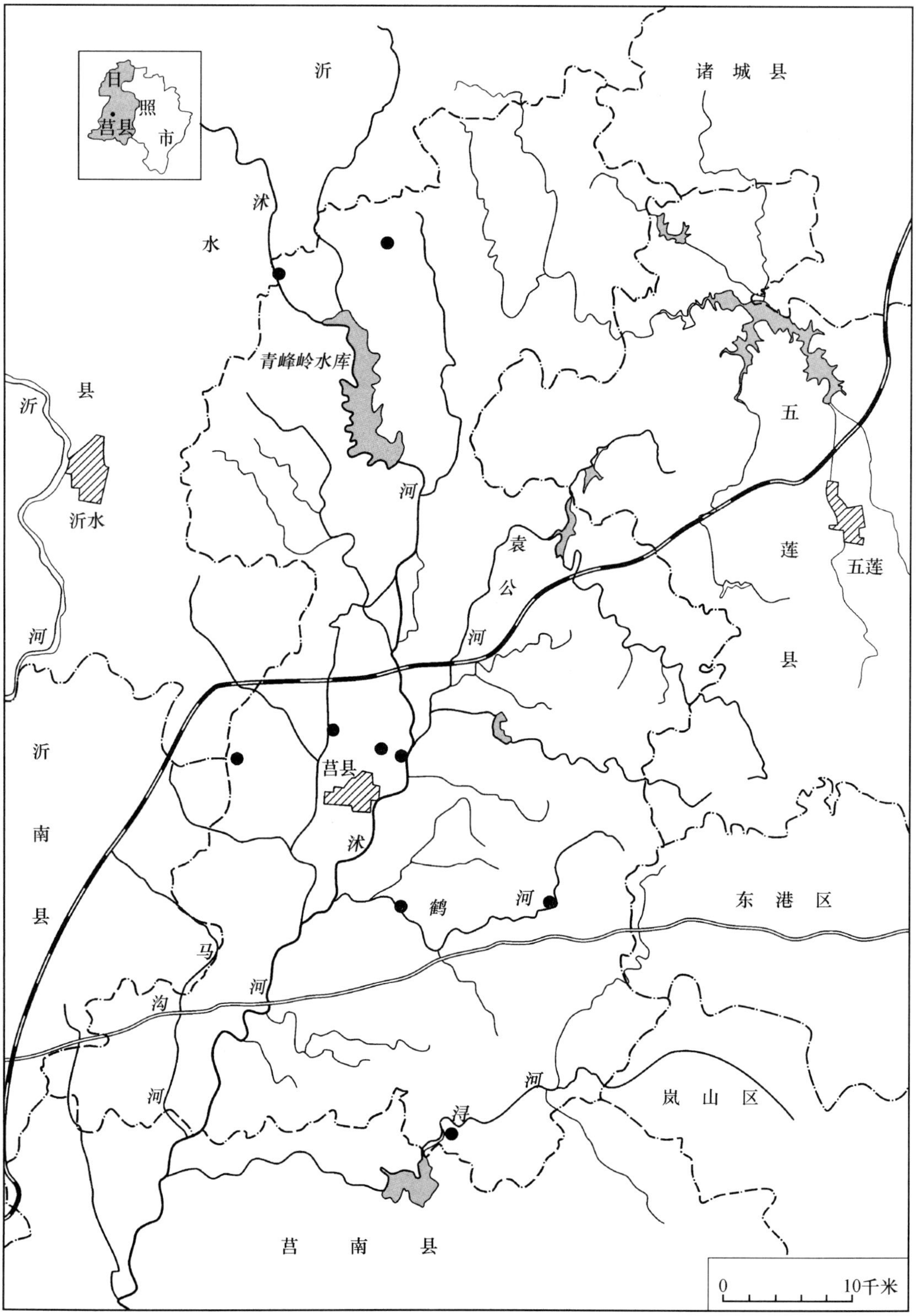

图四　岳石文化时期遗址分布图

当于后李文化、北辛文化及大汶口早、中期文化遗存（图二）。

该流域内的龙山文化遗址不论从其数量、规模，还是分布范围都较大汶口晚期文化形成了一个爆炸式的发展，并且这种趋势一直延续到龙山时期。

进入龙山文化阶段段家河、孟家洼、寨等一批遗址成为该时期的典型代表。这些典型遗址一般分布在沭河支流的盆地中（图三）。

岳石文化时期其遗址的数量和规模锐减，目前仅发现10余处，而其中比较典型的遗址仅有塘子和上峪遗址，呈现一种衰落的景象（图四）。

总体来看沭河流域的各时期的文化虽然尚存在一定缺环，其发展脉络清晰。从而不构成一个中心区域的地位而形成了鲁东南的一个亚文化区。从大汶口文化晚期开始整个文化发展上基本没有间歇，从而为进入三代以后的繁荣奠定了基础。该流域进入三代以后，便成为一方的政治、经济、文化的中心。

四、聚落形态

通过对整个流域内各时期聚落规模及形态的观察，我们发现从较早的细石器遗存到大汶口文化晚期遗存之间有一个很大的缺环，这个缺环也普遍存在于淮河流域的中下游地区[①]，即缺少相当于北辛文化时期和大汶口文化早、中期遗存，这种现象是什么原因造成的？目前学术界还有不同的看法。比较多的学者认为是环境关系所造成的。不论是什么原因这种情况已是不争的事实，这里暂不作探讨。

自大汶口文化晚期阶段，遗址的数量和规模都呈现爆发式增长，这种遍地开花的局面是什么原因造成的？从目前掌握的一些研究成果来看，我们比较倾向于这样一种观点，即与文化的不断发展，人口的不断增加有直接关系，是一个历史不断积淀的过程，当各方面的条件都积累到一定程度，便形成一个发展的高峰期，大汶口文化晚期的繁荣就是在这样一个背景下产生的。

经历了大汶口文化晚期的繁荣，进入龙山文化时期又形成了一个持续平稳发展的时期，并且由于经历这种持续发展和繁荣，使得龙山文化发展水平达到了新石器时代的巅峰，从而为进入文明时代积累了丰富的物质基础。

沭河上游地区就是处在这样一个大的环境背景下，通过探讨该流域内史前聚落遗址发展与演变的关系与规律，大致可以理出一条聚落遗存的发展轨迹。

沭河上游地区有大汶口文化晚期遗址40多处，其文化性质比较单纯，堆积的厚度一般相对也比较薄，虽然各个遗址在漫长的历史岁月中受到来自不同方面和不同程度的破坏，但每个遗址总体上受破坏的概率大体是一致的，也就是说今天所看到的遗址

① 中国社会科学院考古研究所安徽工作队：《安徽淮北地区新石器时代遗址调查》，《考古》1993年第11期。

规模和现状，应是当时实际面积的一种反映或一种折射，可作为探讨聚落规模的一种依据。当然有些人为破坏比较严重的遗址会给予区别对待。

在大汶口文化晚期整个流域内没有超大型聚落，而大型聚落只有一个，绝大多数是一些中小型聚落。从分布图中我们可以看到，陵阳河遗址地理位置优越，它位于沭河右岸的二级台地上，其沭河的支流陵阳河从遗址附近经过，形成了比较开阔的冲积平原，为其生存创造了良好的条件，在此形成中心聚落其客观上已完全具备条件。此外在陵阳河遗址周围还分布着一批规模不等的聚落遗址，如大朱家村遗址、小朱家村遗址、杭头遗址等，形成一个完整的聚落群。而在此聚落群的外围仅有零星和少量的分布。从而形成了大汶口文化晚期聚落的单中心分布格局。

龙山文化时期遗址的数量有了明显的增加，但遗址的规模却没有相应的增加，反而变得更加分散，缺乏那种大型的和居中心位置的聚落，造成这种结果的原因是多方面的，但最大的原因还是环境的压力，该流域经过大汶口文化晚期人类的开发，中心区域的资源相对枯竭，无法承受更大规模的人口压力，人类从沭河干流逐步向其支流迁移，而各支流上游的盆地面积有限，同样不能承受过多人口的压力，从而形成了分散和多中心的聚落群体。其中以段家河遗址为中心的形成的鹤河上游盆地聚落群，以集后遗址为中心的浔河上游聚落群，以梁家崖头遗址为中心的袁公河上游聚落群等，形成分散的、小规模的、多中心的聚落分布格局。

岳石文化聚落遗址的分布变得更加分散和凌乱，基本看不出中心聚落的存在，呈现一种衰落的景象。

五、人地关系

沭河上游地区的遗址分布可以归纳出一些规律，首先遗址的规模相对较小，没有超过10万平方米的超大型遗址，这一现象不仅存在于大汶口晚期文化中，而且也存在于龙山文化和岳石文化遗址中，总体观察沭河上游地区遗址的数量多，但缺乏大型和超大型遗址，处于一种分散式、小规模的聚落格局。

大汶口文化晚期的遗址主要分布于相对低海拔的河旁漫滩地带，在遗址附近往往有河流经过，周围的地势相对比较开阔，遗址多集中在地理位置比较优越的地区，由于遗址分布比较密集，所以可以判断出人们获取食物的范围不大，一般活动的半径不超过20千米，表明这里的食物来源比较丰富。

龙山时期的遗址在沭河上游地区变得分散并逐渐向沭河的支流的上游方向发展，在支流上游的小盆地周围分布有一些规模不等的遗址，这些遗址往往背依低山，面向盆地中央。遗址周围有河流经过，河流和遗址间有一定的落差，而落差的高度要明显大于大汶口文化。随着遗址数量的增加，遗址的面积却在减小，同时聚落群的规模也在变小，在小盆地中一般仅有3～5处遗址，而其中一处相对比较大的遗址文化堆积较厚，遗物较丰富，应为中心聚落。该时期龙山文化的重心已经东移，这里已经沦为龙山文化尧王城类型的边缘地区。

岳石文化的遗址点在减少而波及的面却在扩大，即有平原台地型又有山地型，表明其选择居住地的无规律性，同时遗址面积更加萎缩，有些遗址不足1万平方米。有些选择在自然条件相对比较恶劣的地方，这些都表现出与以往有很大的不同，至于造成这种局面的更深层原因，我们还需要在很多方面作更多的工作。

大汶口文化晚期至龙山文化早中期阶段，沭河流域气候比较暖湿，以水稻种植为主的农业十分发达，社会全面繁荣，聚落遗址的数量得到了极大的扩展。公元前2260年前后该地区开始降温，对龙山文化中晚期的文化面貌造成了显著影响。气温下降使得水稻产量大幅度下降甚至绝产，加剧了人口与资源之间的矛盾，随之而来的便是人口的大量减少和文化面貌的改变。公元前2000年前后，龙山文化被古朴的岳石文化所取代①。

六、结　　语

沭河上游地区我们着重探讨了大汶口文化晚期、龙山文化、岳石文化三个时期的聚落形态，分析了其聚落遗存的时空分布关系。纵观沭河上游地区史前聚落遗址，我们可以看出这样的规律，即相对较早的大汶口文化晚期遗址分布范围相对较小而且比较集中，一般沿沭河干流的东侧分布，形成一个相对密集的单中心区，这个中心以大汶口文化晚期的陵阳河遗址为主，在其周围分布有十多处规模不等的遗址，这些遗址构成了一个相对比较完整的聚落群。在这个聚落群的周围还分布有一些小的聚落群，它们的数量和规模都与其陵阳河聚落群有一定的差距，其主要表现在聚落遗址的数量和规模上。大汶口文化晚期聚落一般处于相对低海拔的地区，普遍在110～120米，处于这一海拔的区域往往又是地势比较开阔的地区，可见大汶口文化的居民在选择居住地上是有一定考虑的。

龙山文化的聚落遗存发生了一定变化，主要表现在遗址分布的扩散和规模的降低，即没有一处规模和位置都处于绝对地位的大型遗址作为中心聚落存在，同时也缺乏一处等级较高的聚落，从而形成了分散式多中心分布的格局。从目前掌握的材料观察，这些相对独立的小聚落群主要分布于沭河的一些重要支流上，虽然在沭河干流的两侧仍有一些龙山文化遗址的分布，但这些遗址的数量和规模都不及大汶口文化晚期遗址那样集中，造成这种状况的原因可能有两种：一种是人类在临河的两侧过度开垦造成自然资源的枯竭，使得上述地区很难承受过多人口的压力，另一种可能是来自自

---

① 高华中、朱诚、曹光杰：《山东沂沭河流域2000BC前后古文化兴衰的环境考古》，《地理学报》2006年第3期。

然环境方面的压力，从遗址中采集土样所作的孢粉方面分析，大汶口文化晚期和龙山文化之间有一个明显的气候变化，这种变化导致的直接后果就是河水的泛滥，而沭河干流周围地区由于地势相对比较平坦，受洪水的危害就大于其支流地区，所以很难再适合较多人的长期居住，迁徙就是不可避免的了。

岳石文化时期该流域内的遗址数量明显减少，整个流域内能确定其性质的遗址仅有十处左右，而保存较好的遗址就更是凤毛麟角，这种急剧衰落的现象不仅存在于沭河上游地区，同时也存在于所有岳石文化分布区内，是什么原因造成岳石文化遗址数量的锐减？目前学术界尚没有作出比较令人信服的解释，根据我们对该流域内岳石文化遗址取样所作的孢粉分析，龙山文化时期与岳石文化时期在环境和气候上并没有明显的变化，基本上仍保持着龙山文化时期的温暖湿润的气候特征，所以从环境方面还不能找出直接的原因，那么从人为方面目前又很难找出直接的证据，我们认为非人为的因素是主要的，而人为的因素又有很多不确定性，所以能作出切合实际的判断是非常困难的。

由此我们可以看出沭河上游地区聚落形态的发展和演变上具有以下几个方面的特征：

（1）人地互动关系在沭河上游文明进程中起到了举足轻重的作用。农业是沭河上游史前文化社会生存与繁荣的基础，人们对土地和气候的依赖更加强烈，气候和环境的变化足以改变人类的生活和生存状态，在大汶口文化晚期沭河上游地区社会开始复杂化并趋于向心性。但在自然和外界的双重压力下背离了持续发展的道路，最终在外力气候和强势文明的叠加打击下断送了进入原发的文明进程。

（2）等级和社会分化在社会生活中占主导地位。在史前阶段，宗教是维系沭河上游复杂社会的首要手段，分支的宗族制度日益发达和深入。一些具有独特功能的器物如陵阳河遗址的带有刻纹的大口尊、陶牛角形号、大型玉钺等，集中见于文化区中心陵阳河遗址，同时像大口尊一类器物还零散见于其他聚落，表明文化区中心与各聚落之间的维系纽带主要是宗教。

（3）沭河上游地区不能自行进入到原生文明社会，而在周边先进文明社会的带动下进入到次生文明社会。沭河上游史前文化的繁荣与发展均是以高度依赖自然资源为基础的，因此当文明进程的史前阶段在与可持续发展相违背的道路越走越远时，人地关系日趋恶化，在沭河上游史前社会踏进文明门槛之前，就耗尽了支撑文明社会所需要的自然资源。人地关系的危机最终爆发，从而放缓了文明化进程的步伐。就此，沭河上游原发文明化进程动力基本丧失，只余下岳石文化。岳石文化已经不可能得到环境条件的支持，最终成为沭河上游地区原发文明进程的一个转折点。

对于沭河上游文明进程的过程、阶段与特点，我们有了一些非常粗线条的轮廓认识，今后深入细致的分析研究工作任重而道远，需要考古界同仁的共同努力。

再论“庙二”

卜　工

（广东省文物考古研究所）

1990年《文物》第2期的《庙底沟二期文化的几个问题》（下简称“庙二”）曾引起许多研究者的高度重视，因为“庙二”第一次明确指出该文化是不同时期遗存的混合体，具有天然的模糊色彩；提出了应该怎样加以区别及其意义所在的问题；归纳了考古学文化定量研究的模式和基本认识，直接挑战传统的旧说，打破了沉闷已久的研究氛围。然而，在当时，“庙二”的基本观点充其量也只不过是假说而已。可是，20多年中国考古学实践的反复验证却证明了其主要观点和推论完全正确，业已成为当前研究的基本共识。

那么，究竟是什么力量使得假说成为共识？

一、“庙二”的假说依靠逻辑支撑

以下重温“庙二”的主要观点：

（1）运用考古层位学的原理，正确地将庙底沟遗址第二期遗存区别为A、B两群。A群以小口尖底瓶为特征，B群以陶斝、釜灶、盆形鼎等器物为代表，两群陶器未见共生，其各自拥有的单纯单位也丝毫没有接触，层位关系看似朦胧，但其中却隐藏着极为重要的早晚分别。

（2）根据陶器类型学原理，正确地识别出此地小口尖底瓶和釜形斝属于不同谱系的、不同时代的文化遗存。前者与山西芮城西王村H18代表的遗存性质相同，属于仰韶时代晚期；后者开此地空足三足器的先河，当属龙山时代的早期。简言之，庙底沟二期文化给人“似曾相识燕归来”的感觉，因为，与当年的仰韶文化一样，它们都是包含有不同时代文化遗存的混合体。

（3）明确了B群陶器的走向及其文化归属。B群陶器与陶寺遗址早期遗存性质相同，属于同种的考古学文化；而陶寺中晚期由于陶鬲的出现而与之相去甚远。故，“陶寺文化”也有概念模糊的问题。

（4）率先提出釜形陶斝当源于大汶口文化陶鬶影响的假说，预测了鬶斝之缘的古礼线索，为文明起源中国模式的研究积累了经验。

说实话，当时考古界对层位学原理的理解因人而异，“没有文化层就不能对遗存分期”的错误认识阴魂不散；加之考古学能够提供的例证较少，证据链相对薄弱。因此，“庙二”的观点虽然新颖，商榷却在所难免。果然，不久便有文章开始了讨伐式的批评指责。1992年《文物》第3期发表高天麟《关于庙底沟二期文化及相关的几个问题——兼与卜工同志商榷》一文（以下简称《商榷》），就庙底沟遗址第二期文化能否再分期的问题，西王村H18这类文化遗存的性质，案板遗址第三期文化遗存的性质和陶寺类型龙山文化早期遗存的性质及其去向诸问题全面展开讨论。理论的较量由此拉开了帷幕。需要指出，后来的考古发现与研究，但凡涉及庙底沟二期文化者，几乎没有任何一位能够忽略“庙二”的存在。而《商榷》的待遇却完全相反。因为后者注重的是批评新识，维护旧说，浑身的解数不外乎是传统地层学的老套路、旧认识。《商榷》与“庙二”争论的焦点实际上归结为三类：一是与考古学基本理论相关的，包括如何看待考古学上的单位、新兴器物在考古学文化的发展过程中特殊意义等；二是哲学范畴的，如主要矛盾与矛盾的主要方面在考古学研究中应该做怎样的理解和表述；三是想象力与创造性方面的。

《商榷》提出的第一个问题就暴露出他招法的弱点，不仅在于考古学理论方面，而且思维方面也有逻辑混乱的倾向。庙底沟第二期文化能否再分期已经不成为问题，“庙二”本身就是明证，要讨论的应该是这个再分期的认识是否正确，而非能否的问题。至于“没有地层就不能对遗存进行分期”的误解和当年庙底沟遗址年代学研究的先天性不足等，现在已是学界的基本常识了。

《商榷》对庙底沟遗址第二期文化两件陶器年代的分析，可视为缴枪投降之举。因为该文无奈地承认了编号C3（0：13）陶盆和A8a（0：11）d陶鼎“确系龙山时期的遗物”，也就是明确告诉读者，原来庙底沟遗址的第二期文化实际上是存在年代区别的，无意中在他论证的体系中竖起了一面白色的旗帜，使论证平添了些许色厉内荏的色彩。至于《商榷》说这些器物“大概不足以区分出一期来”，就更加明确无误地表达了传统地层学的“江郎才尽”。因为，许多考古界的朋友仍然对张忠培先生20世纪50年代的渭南华县考古调查记忆犹新，张先生仅仅凭破碎的陶片就区分和识别出老官台文化，而《商榷》面对完整陶器却竟然束手无策，这不是理论与方法的落后，又是什么？

山西芮城西王村遗址H18的特点是认识庙底沟二期文化A群陶器的重要参照。《商榷》习惯于笼统的观察和细枝末节的纠缠，忽视质变的思考和结点的把握。没人反对纹饰、陶色和质地的统计和比较分析，但在陶器的“五要素”中，器形和制法更能够反映和代表文化遗存的质变特征，这才是问题的关键所在。《商榷》罗列诸多陶色、纹饰的数据，却只字不提陶斝脱颖而出，釜灶的大量使用是庙底沟二期文化A、B两群的分水岭，而只有A群的陶器才与西王村H18一类遗存在时代和文化性质方面具有同一性。“庙二”正是据此才得出庙底沟二期文化A、B两群陶器性质有别、年代不同的认识。而最先指出问题的症结所在的正是业师张忠培先生（《试论东庄村和西王村遗存的文化性质》，《考古》1979年第1期）。换言之，庙底沟遗址原本存在仰韶时代的庙底沟文化、仰韶晚期以西王村H18代表的一类遗存，还有以陶斝和釜灶代表的遗存。所谓的庙底沟二期文化的主体实际上是庙底沟遗址的第3类遗存。《商榷》不是没有看到这些区别，而是要坚决维护《庙底沟与三里桥》提出的认识与结论，因此，《商榷》的主语是“我们”，而不是“笔者”“本人”或“我”等单人的称谓。由此看来，当年“庙二”挑战的学术观点无疑有一批传统地层学的卫道士支持。

尔后，又有研究试图修正“庙二”的观点。《文物世界》1994年第2期《庙底沟二期文化的研究》（以下简称《研究》）认为：卜工“在文章中列举的A群典型单位似有不确之处。A群H568、H570二单位，《庙底沟与三里桥》第64页发表‘龙山文化（灰坑551、567、568）陶器器形统计表’，三个灰坑统一统计，有盆12件、罐496件、鼎32件、斝10件、灶3件、豆3件。在并没有确认1956年发掘的H568的陶片中确无釜灶、斝等典型B群陶片之前，只能存疑待考，不足以贸然划入A群”。显然，论者着眼于考古学的基本单位，而不是笼统地谈文化层，文章的出手确实高于《商榷》。所以，接下来就必须回答两个问题：第一，庙底沟遗址第二期文化A、B两群陶器的划分，是否因为H568没有“存疑待考”而出现误判？几年之后，《江汉考古》2000年第4期靳松安《庙底沟遗址第二期遗存再分析》（以下简称“靳文”）解答了上述疑虑。他说“目前，在黄河中游地区发现的一般称为‘庙二’的遗存百余处，将其中正式发掘的20余处与庙底沟遗址第二期的A、B、C三组做一对比，便可以发现其中有与A组相同的，也有与B组相同的，还有与B组有某些联系又有许多显著差别的，但绝对没有与C组相同或相近的遗存”。也就是说，庙底沟遗址第二期遗存A、B两群陶器的划分，并没有因为H568存在“存疑待考”的问题而出现误判，因此可以推知当年庙底沟遗址发掘报告公布的资料与H568出土陶器实际状况是基本吻合的。而‘庙二’的选择完全正确。第二，应该怎样认识和理解H568出有B群陶器的可能性？这种忧虑对于考古层位学入门者来讲并不陌生，一是习惯怀疑别人的考古报告不按正常套路发表资料；二是遇到与自己想法相矛盾的资料不知应该如何处理。笔者理解，在庙底沟和其他遗址众多单位中都没有小口尖底瓶和斝、釜灶共生例证，即使H568出有斝、釜灶等陶器，那么小口尖底瓶属于早期遗物的可能性很大，将其单独处理毫无问题；而具体到庙底沟遗址对H568年代的认识是要根据“或然率”进行分析才能决定的。

前面提到的“靳文”，同样认为“庙二”关于A、B两群陶器的划分“是很不全面的”，他主张分A、B、C三组比较合适。新增的C组有T551和H570两个单位。其实，该遗址能够再分析是最重要的，至于分几期应该根据材料说话，而不是越多越好，单纯追求数量的多少。他认为新增的C组单位中包含有T551，则明显暴露了对层位学理解的偏差。因为，考古层位学上的单位是指考古发掘中认识的遗迹现象，T551是考古发掘工作时的探方编号，不是遗迹现象，故不属于考古学上的单位。H570只出1件碗，其单位的意义可想而知。至于说到“绝对没有与C组相同或相近的遗存”的认识则道出了那件碗是个特例，不具备年代组所应该具有的普遍性和代表性。可见，三组陶器的划分显得过于勉强，A、B两群陶器的划分已经足够了。画蛇添足带给他的烦恼跃然纸上，甚至于无心解释隆重推出C组的意义所在。但他在文后的注释40中提到：“卜文认为B组遗存中H563、H569最早，H202次之，H35、 H558、H564最晚，西沃遗址（河南省文物考古研究所：《河南新安县西沃遗址发掘简报》，《考古》1999年8期）的材料证明卜文的分析是能够成立的”，这一认识还是坚持了实事求是的科研原则。

总之，事实证明“庙二”关于A、B两群陶器的划分完全正确；对B群陶斝排序和变化逻辑的认识也完全正确。在资料相对较少、缺乏相关例证、没有层位关系指引的20多年前，这样的研究确实需要逻辑的支撑。另一方面，“庙二”的主要观点充其量不过是假说的命题，绝对不是自谦。因为，本文的基本观点依然是假说。但是，千万不要以为假说是假话，假说是预测、预言和探索，没有假说就没有科学。很多假说本身包含着科学的成分，往往是未来的事实。考古学是经得起验证的，“庙二”的探索不过是为此又做出了新的证明。“庙二”的理论是考古层位学原理，其基础则是当年晋中地区正确的年代标尺。这些成绩无疑应该归功于张忠培先生及当时吉林大学北方考古研究室的所有先生。

二、“庙二”的研究有待深度的发掘

河南陕县庙底沟遗址在中国新石器时代考古中占有特殊重要的地位，其影响相当深远。遗址的发掘、资料的整理和考古报告的刊出，堪称居功至伟，令后学敬仰。仰韶时代灿烂的庙底沟文化曾经在这里一枝独秀，造就辉煌，风流千年；新兴的庙底沟二期文化强势崛起，卷土重来，引领全局，此起彼伏的文化态势，东西互动的波澜壮阔，使诸多研究为之倾倒。20多年前和今天的研究，都是由于被其独特的魅力所感动和吸引，遂下决心从考古学文化定量研究的路径，探索庙底沟二期文化的本来面目，并试图说明这个地区在早期中国的历史上无比辉煌的重要地位。

从本质上讲，“庙二”是考古学文化定量研究的尝试。然而，多年来学术界并未就此问题做深度的发掘，而是比较关注其具体结论的探讨。实践表明，中国考古学在认识和识别考古学文化的初期，一些研究热衷于抢占命名的先机，却很少讨论怎样命名的问题，也就是并不清楚考古学文化的质量应该具备哪些具体条件，就贸然推出新的文化或新的类型。即重视定性研究，而忽视定量研究。夏鼐先生关于考古学文化命名原则的论述，是考古学文化的定性研究的经典之作。在20世纪50年代和后来的考古实践中曾发挥出极其重要的作用。然而，半个世纪过去了，人们不难发现，在中国考古学中，绝非安特生赖以命名仰韶文化中包括了多种文化遗存；山东城子崖的龙山文化遗存同样也曾包含有岳石文化的因素；《西安半坡》的研究更是将整个半坡遗址不同时期、不同性质的遗存都被视为“半坡类型”加以命名的。《庙底沟与三里桥》对庙底沟二期文化的认识依然如此，乃至于20世纪80年代提出“陶寺文化”还是存在着内涵复杂，概念模糊的问题。为什么从仰韶文化的提出到今天，同样的错误反复出现，层层叠加？难道中国考古界就永远走不出这个历史的怪圈？究其原因，就在于中国考古学对于考古学文化的研究始终停留在定性的阶段，定量研究的要求并没有深入人心。所以，人们特别关心“什么是考古学文化”?而很少问个“为什么”，面对新命名的考古学文化遗存一般来讲缺乏器物共生质量的确认，具体年代的详细甄别，标型器物的发展逻辑等具体的定量分析，因而造成了对考古学文化的命名过于简单，以及粗糙和疏漏的倾向屡有发生；后来的研究又不加分析的盲目称颂，推波助澜，造成了以讹传讹的冤假错案屡禁不止。考古学文化概念模糊的问题已是司空见惯，或者熟视无睹了。可见，不能简单地将这些问题归之于时代的局限性，而要认真探求其理论上的原因和研究者主观的因素。

标型器物的序列是定量研究的起点。在中国考古学研究中，陶器的谱系研究历来为大师们推崇。仰韶时期小口尖底瓶、东北地区的筒形罐、山东地区的陶鬶、中原地区的陶斝、三北地区的陶鬲都曾引起学者广泛的兴趣。这些器物的谱系学研究可以为构筑中国古代遗存的时空框架提供依据，也是定量研究古代遗存发展过程的重要指标性参数。实践表明，一种新兴器物往往标志着考古学文化结构的变化与发展，这种器物通常是标型器，在该文化中发现的数量较多，且具有变化敏感，引领作用突出的排头兵特征，其指标性意义在于认识它们群体的分布区域，了解其年代变化，以及与相邻文化之关系。不过，这类标型器在自身的发展进程中存在着由盛而衰的变化，其中有3个特点应该引起足够的重视：一是都拥有特殊的功能，不仅仅是一般的生活用具，至少是现在的人们认识某一考古学文化的标识；二是这种器物在指示年代特征方面其功能强大，而在划分类型方面却似乎没有意义，因为它们不论走到哪里都始终保持着标准化造型，看不出来丝毫的随意性或称地方性变体的征兆；三是标型器也有发生、发展和消亡的过程，只不过那是个相对漫长的历史过程。当一种标型器开始没落的时候，必有新兴器物挺身而出，领导潮流。唯此，才改变考古学文化的面貌与结构，才造就文化的差异与阶段，才拨动研究者的神经与灵感。

距今7000年前后，渭河流域率先迎来小口尖底瓶的时代，不久，汾河流域的中下游也进入到小口尖底瓶的时代。岁月悠悠，大约2000年之后，小口尖底瓶这种器物依然存在，可是形态却发生了很大变化，原来的溜肩、圆肩、鼓肩竟然将成为折肩；尖尖的底部由锐角、钝角向圜底发展，而且，不久将要蜕变为平底的罐或者是平底的瓶。什么是沧海桑田？什么叫岁月无情！当小口尖底瓶的谱系序列展现在世人面前的时候，人们领悟的道理绝不仅仅是一个完整的“瓶谱”的过程。因为人们极其容易发现，世界上一切事物的兴衰就是如此的简单。只不过时间是否给予你观察的机会。新事物往往是被旧事物培养起来的，当小口尖底瓶的形态即将脱胎换骨之际，陶斝登上了历史舞台。“庙二”曾经推测斝是大汶口文化陶鬶与谷水河遗址那样的高领罐相结合被发明创造出来的。而且，明确无误地指出陶斝的序列最终将走到陶寺遗址的早期。如此，小口尖底瓶和陶斝完全不同的器物谱系便形成了两个过程的鲜明对比，其强烈的反差胜过很多平庸的语言。另一个方面，小口尖底瓶发生与发展的过程究竟存在怎样的阶段性，又需要器物组合的共性加以确认，如此才可以达到定量研究的要求，才能使新确认的考古学文化种属内涵单纯，概念明确。

“庙二”在定量研究的基础上揭示出一个新的时代，突出强调考古学文化遗存局部质变的重要意义。如果按此思路做举一反三的研究，那么自然会联想到空足陶鬶在山东地区的出现也具有划时代的意义。就是说，目前山东地区新石器时代晚期遗存的年代划分存在着标准并不明确的问题。因为从北辛文化到大汶口文化再到山东龙山文化，实际上已经达到了无缝连接的程度，但由于标准不统一，怎样界定考古学文化始终为许多研究者困扰。按“庙二”的认识，大汶口遗址的中期代表的遗存就标型器而论可与后面的龙山文化合二为一，属于大龙山时期；而该遗址早期的遗存应归入北辛文化一并研究，其年代与黄河中游地区的仰韶时代大致相同。若然，山东地区龙山时期开启的年代约在距今5200年，而早于庙底沟二期文化所在的地区。经济与社会发展的不平衡性决定了不同地区进入相同时代的时间存在早晚的分别和考古学版图上年代的多样性特点。就全局来看，至少在仰韶时代晚期，黄河下游的东部地区领先于黄河中上游的西部地区，所以才有文化上东风西渐的跌宕起伏和“古礼革命”的方兴未艾。同样，地处东部长江下游的良渚文化，其兴起的年代大约也在5200年左近，便很能说明早期中国东部地区进入新时代的步伐要早于中部及其以西的地区。

需要强调，目前还有研究坚持认为庙底沟二期文化属于“过渡性遗存”。何来“过渡性遗存”性呢？过去，是由于没有将A、B两群陶器区分开，才朦胧地感觉到“过渡性”的存在，现在明确了B群陶器是该文化的主体，A 群陶器充其量只不过属于早期陶片，或者相当于墓葬中的填土陶片，断不能以A 群陶器论年代，谈特征，这无疑应该是今天中国考古学研究的基本常识了。从理论上讲，其一，任何文化遗存都是发展运动的，都处在过渡的状态，大家都在“过渡”，因此也就没有过渡了，只强调某一种遗存具有过渡性，显然并不客观；其二，任何事物的发展都存在量变和量变积累所引起的局部或部分的质变飞跃，运动中的文化载体也不例外。在中国考古学研究中，文化的阶段性主要是通过遗存局部的质变显示出来的。庙底沟二期文化恰恰就处在质变的拐点，因此既代表新兴的考古学文化登上历史舞台，又是新时代帷幕缓缓拉开的见证。而“过渡性遗存”的认识，只承认量变存在的普遍性，却忽略考古学文化的发展存在局部质变的特点。如果非要坚持“过渡性遗存”的认识，那么，在“仰韶”与“龙山”时代之间不是还要增加个“过渡性时代”？

定量研究的核心是根据结构确定文化性质。所谓结构就是陶器基本组合在一定时期内的稳定关系和发展过程。就像“庙二”关于陶斝、釜灶和陶鼎等器物的排序一样，它们各自拥有嬗变的逻辑，但步伐却有快有慢。当年，“庙二”在完全没有先例可循的情况下进行探索，实在是由于那些单位的共生关系质量较高，资料发表的充分，使人们能够很快地认识其特征，概括其文化的基本结构，陶斝变化的逻辑关系非常清晰，与其他组合的器物相呼应，更突显出陶斝存在自己独立的发展过程；该过程所达到的高峰是陶寺遗址早期遗存；而陶寺的早期与中期的遗存在整体结构方面发生了重大变化。有鉴于此，“庙二”认为：陶寺遗址的早期与中晚期遗存性质完全不相同，不能合并起来笼统称之为“陶寺文化”，即不同意将该遗址早期以陶斝为代表的遗存与中期以后陶鬲代表遗存不加区别地混为一谈，纳入同一考古学文化。这实际上是强调怎样进行定量研究的问题。

很多研究关注陶寺遗址早期的大型墓葬出有一些特殊器物是庙底沟遗址所不见的，加之该遗址的城墙可能暗示出这块土地具有连续使用的倾向，所以，才将这里发现的遗存网罗在一起研究。其实，第一，陶寺早期遗存从陶器基本组合的情况看，与庙底沟二期文化中的B群陶器完全相同，只是由于遗址规模和级别原因更加丰富了这类群遗存的整体面貌，而没有改变其本身的性质。陶寺遗址早期遗存与大型墓葬相联系，与超大型遗址相联系，与特殊环境相联系，所以，一方面是有些新的器形和考古现象是以往未曾见过的，另一方面则是早期遗存终止后特殊的考古学现象也随之销声匿迹，结构决定性质的原则终于在此挺身而出了！遗迹结构的变化可以证明：陶寺早晚两期遗存在考古学文化的结构和遗址的遗迹结构两个方面同时发生了质的变化，足证该城址在中期以后的影响力断不能与往昔同日而语了；那些戛然而止的大型墓葬，似乎说明此地此时完全丧失了昔日引领群雄的辉煌，而走向平庸与没落；或者由中心蜕变为附庸。

在陶寺遗址最关键在于早期遗存没有陶鬲。所以，讨论又回到了对鬲谱的认识问题。现在许多研究都以极大的热情关注该问题，但是，究竟什么是陶鬲的谱系并没有研究充分的论证；分型排队是必要的，年代的比较是必要的，文化因素的解析是必要的，然而，上述的工作仍然属于资料的初步整理，是就现象论现象。历史的经验值得注意，当年，山东地区陶鬶的研究，若无邹衡先生对鸡彝的考证，学术界对陶鬶的认识便不会像今天这样深刻。陶斝属于那个时代的礼器，则是因为在早期大型墓葬中已经形成了与俎固定的配套关系，因而，对陶斝的排序研究已经超出了简单形态的比较，进入到谱系研究的阶段。就是说，器物功能的研究是灵魂，是画龙点睛，而缺少灵魂的器物研究并非真正意义的“谱系研究”，充其量不过只是器物形态的简单排比。目前学术界对于陶鬲恰恰就缺乏这种深刻的认识，故研究水平依然停留在简单的型式划分方面。为此，学术界才期盼名副其实的“鬲谱”问世。

在早期中国，陶鬲算得上是一枝独秀：其分布地域之广袤，穿越历史之长久，哺育族群之众多在目前所知的陶器中实属罕见。但是有三个问题必须引起重视：一是，当人们将不同时期的陶鬲按区域标识在中国的版图上，就不难发现陶鬲发生和发展的地区并非是纯粹的农耕经济，而以农牧兼营为基本特点的山地；二是，从形态上讲，陶鬲如果属于炊器，一定是用来加热流食或是某种液体的，而不是用来煮饭和熬粥的，因为后者很难控制烧糊和夹生的窘迫。以往研究中一般意义的“炊器说”显然失之于笼统；三是，陶鬲的功能存在极大的区别，不能简单地一概而论。三里桥的高体单把鬲、客省庄的单把斝，其使用方法与“鸡彝”别无二致，应该就是鬶在本地的替代品，可能称其为鬲式鬶和斝式鬶才名正言顺。“庙二”推测大汶口文化陶鬶的西行是陶斝被发明的动因。然而，在陶斝发达的地区却始终没有典型陶鬶的发现。前者在陶寺墓葬中使用的方式说明它对陶鬶并没有替代性，从理论上讲此地当存有与陶鬶功能相同的器物对应，才符合事物发展的逻辑。现在，鬲式鬶和斝式鬶的认识似乎使得思想的逻辑更接近历史的逻辑了。

过去，有研究认为陶鬲的起源可能是由陶斝变化而来，也有认为可能是改造后的釜灶演化而来，还有的认识是陶鬶的影响所致。这些推测无疑皆有可能，这说明目前已知的陶鬲在功能方面当存在着本质的差别。陶鬲的谱系研究并非只限于形态的分类排比，探讨和认识其功能在某种意义上可能更为重要。所以，生物学上“功能决定形态”，“结构决定性质”的原则在考古学研究中同样具有重要的指导意义。

定量研究的深入，自然会发现文化的质变与社会的浪潮存在着因果关系。庙底沟二期文化在中原的崛起，究竟达到了怎样的高度？山西襄汾陶寺遗址的发掘给予了充分的证明。那里曾经高高矗立的城墙，如同猎猎飘扬的古国旗帜；巍巍的观象台，见证着巨型城池的独特功能；独处一区的地下宫殿，展现出唯我独尊的王者风范。而“庙二”陶斝属于礼器的认识就是出自大型墓葬的特殊现象，似乎使古礼西进和古礼革命的相关假说得到了新的证明，人们因此进一步相信历史真的发生过这样的革命，否则，本地不可能产生陶斝那样的器物，因为此地从来就没有空足三足器的传统；否则，本地区崛起的速度和达到的高度当不至于如此的惊世骇俗，因为那些特殊的遗迹现象完全是坐落在巍峨的金字塔顶端。庙底沟二期文化正是由于这些重要的因素，才令人反复揣摩，才令人争论不休，才令人叹为观止！

古国的兴衰真的是受周期律的制约。按照目前对陶斝排序的认识，也就是几百年的工夫，陶鬲代表的遗存在陶寺遗址便终结了庙底沟二期文化的历史进程，此后，陶斝代表的遗存如同被肢解一般，只有个别器物零星出现。是“城头变化大王旗”？还是古礼新一轮的革命？反正“五百年必有王者兴”，这是早期中国几千年颠扑不破的历史经验。当然，古礼的变化不代表族群的变化。因为古礼只是一种社会主流意识。陶寺遗址数量众多的小型墓葬足以证明此种社会现象。礼制是文化的核心与精髓，显然也是文化区分的界标。考古学文化的认定依靠器物，早期中国的时代则主要是通过陶器加以确认，隐藏在其后面的种种精神因素，只是新近才被研究所揭示。因此，陶寺遗址两种考古学文化的认识有利于对当时社会历史问题的深入考察。从这个意义上说，考古学文化定量研究与社会变革的探索是殊途同归的。

从历史的漫长过程来看，“庙二”的土地上曾经由于庙底沟文化的强势扩张而写下了光辉的篇章。但是，到了仰韶时期的晚期，彩陶代表的礼制已经成为末路英雄，区位的社会影响力明显走向颓势。历史显然在等待新契机的到来和奇迹的发生。果然，大约在距今5千年的时候，陶斝闯入这里的社会生活。山西襄汾陶寺遗址的那些大型墓葬足证古礼的变化与发展，与此前的庙底沟文化历史阶段相比，应该说等级更严格，制度更规范，社会影响力更加突出。不过，两者的表现形式完全不同。前者是四处出击，后者是固守城池。这种历史现象或许与早期中国的联盟体系的实际内容有更直接的关系。陶斝与彩陶一样是历史的产物，“其兴也勃焉”“其亡也忽焉”的特征也就容易理解了。陶寺的城墙虽然巍巍矗立，可是，今人不曾看到的古礼却悄然褪色。到了西周初年，在周礼的滋润和熏陶下，此地才逐渐恢复了昔日的荣光。春秋时期晋文公成就的霸业仍然是解读这里历史基因的极佳注脚。

在中国历史的研究领域，“早期中国”是被考古学所发现的特殊历史阶段。文献的只言片语绝对不能恢复那个时代的记忆；曾经喧嚣一时的传统古史研究体系，虽然有过自娱自乐的辉煌，但今天看来，对早期中国的认识基本上属于隔靴搔痒式的研究；禁锢中国史学界多年的洋教条，早已被觉醒的中国学者摒弃。实践表明：唯有中国考古学才能担负起改造传统史学观念的重任；唯有考古学定量研究的深入开展，才能把握解析社会现象与深层矛盾的力度。

附记：30多年前，那个曾经被誉为中国考古学黄金时代的岁月，是张忠培先生创办的吉林大学考古专业进入全面发展的阶段，也是本人迅速成长和走向成熟的起点。真的是激情与理想齐飞，探索与创新共舞。现在回忆起来，都还那么令人振奋。“庙二”是那个时代的作品，是张先生长期教诲的结果，是他核心思想的延伸。谨以此文隆重庆祝他老人家八十寿辰，回味和重温追随他学习和奋斗的幸福时光。

寻找消失的王国

——良渚遗址的考古历程（良渚古城发现记）

刘　斌

（浙江省文物考古研究所）

大约在距今4300年的时候，一场特大的洪水席卷了中国的东南部地区，这场洪水不知持续了多久，以至于在今天的杭州余杭一带，普遍留下了1米多厚的沉积层，当时人们耕种的田地以及许多的小河与湿地都被这场突如其来的灾难淹没了，这层厚厚的黄土使这里4000年以前的文明销声匿迹。直到2000年以后的战国时代，才重新有人回到这块土地上耕种和生活。经历秦汉以后，这里又逐渐地热闹了起来，在山坡和高地上留下了许多汉代的墓葬以及当时的窑址。但对于4000年以前这块土地上所发生的事情，却已经无人知晓。只是大禹治水的传说中还似乎隐约保留了一点对那场可怕洪水的记忆。

今天的杭州余杭原名为“禹航”，传说是大禹治水在此停航登陆之地。《竹书纪年》说禹“会诸侯于会稽，杀防风氏”。《吴越春秋》说：“（禹）周行天下，归还大越。登茅山，以朝四方群臣，观示中州诸侯，防风氏后至，斩以示众，示天下悉属禹也。”防风氏，一般认为是活跃在今浙江德清、湖州、杭州一带的部落首领。至今绍兴、德清一带还有防风庙等遗迹，每年还有祭祀防风氏的风俗。《述异记》说：“越俗祭防风神，奏防风古乐，竹长三尺，吹之如嗥，三人披发而舞。”随着考古资料的丰富，在今天看来，关于那场洪水以及大禹治水的传说，又渐渐地真实了起来。

南宋官窑和龙泉窑烧造一种方形圆口的青瓷瓶，四面有类似坤卦的装饰，人们曾对古人的设计创意深感敬佩，直到20世纪80年代，我们才弄明白，这种瓷瓶的造型原来来源于对4000多年前良渚文化玉琮的模仿。宋代开始兴起金石考据之学，许多学者和达官贵人们致力于搜集古物著书立说，比较著名的有吕大临的《考古图》等，在这些著作中虽然找不到关于玉琮的记载，但这种仿制良渚玉琮的瓷器告诉我们，无疑那时曾出土了良渚文化的玉琮，而且人们一定很是喜爱，所以才加以模仿。

直至清末吴大澂的《古玉图考》，才第一次图文并茂地考证了这种外方内圆的玉器，原来正是古代典籍中所称的“琮”。在《古玉图考》中，我们见到有良渚文化的玉琮，这虽然是历史上良渚玉器出土的又一证据，但当时还被认作是周汉之器。乾隆皇帝喜好古物，所以清宫中收集有大量的古玉。其中有良渚文化的玉琮、玉璜等玉器。乾隆皇帝还常常为新获得的玉器赋诗作文。从其刻在玉器上的诗文内容看，玉琮当时被认作是古代扛夫抬举辇车或乐鼓所用的“扛头”。

另据卫聚贤在《吴越考古汇志》（《说文月刊》第一卷第三期）中所记，杭嘉湖地区在20世纪30年代以前曾有多次古玉出土的线索。可惜的是这些玉器当时大部分都流散到了海外。如今在美国佛利尔美术馆和英国大英博物馆等著名的博物馆中都可以见到良渚文化玉器的踪迹。

在良渚文化泯灭了4000多年以后，随着天文学、地质学、古生物学和考古学的发展，人类才开始重新认识自己的祖先和我们所居住的星球。在19世纪中叶，近代考古学在欧洲诞生，人们开始了探索人类早期历史的足迹。到20世纪初考古学传入中国，在黄河流域发现了以彩陶为特征的仰韶文化和以黑陶为特征的龙山文化，人们才开始对夏代以前的历史有所了解。1936年，由于受到黄河流域考古发现的影响，由吴越史地研究会发起，对杭州古荡新石器时代遗址进行了试掘，发现了一些石器和陶器。从而成为浙江考古的肇始。

受到古荡发掘的启发，西湖博物馆的施昕更先生意识到在他的家乡杭县良渚镇一带曾经见到过类似的石器和陶片，于是他多次回到良渚镇一带进行野外调查，终于在1936年11月3日在棋盘坟的一个干涸的池塘里发现了几片黑陶片，他拿回去对照《城子崖》考古报告，认为与山东城子崖龙山文化的陶片十分相似，于是他正式提出了发掘申请，取得了中央古物保管委员会颁发的采掘执照，于1936年12月1～10日、12月26～30日，1937年3月8～20日，分三次对浙江余杭良渚棋盘坟、横圩里、茅庵前、古京坟、荀山东麓以及长明桥钟家村等六处遗址进行了试掘，获得了大批黑陶和石器。并于1937年出版了《良渚——杭县第二区黑陶文化遗址初步报告》一书。施昕更先生的发掘成为良渚遗址考古和良渚文化研究的开端。

1950年以后，我国的基本建设蓬勃发展，中国的考古事业进入了一个黄金时代，开始了大量积累材料的阶段。在长江下游地区新石器时代的考古发掘，主要有杭州老和山遗址①、吴锡仙蠡墩遗址②、吴兴钱山漾遗址③、吴兴邱城遗址④、杭州水田畈遗

① 蒋赞初：《杭州老和山遗址1953年第一次发掘》，《考古学报》1958年第2期。

② 江苏省文物管理委员会：《江苏无锡仙蠡墩新石器时代遗址清理简报》，《文物参考资料》1955年第8期。

③ 浙江省文物管理委员会：《吴兴钱山漾遗址第一、二次发掘报告》，《考古学报》1960年第2期。

④ 梅福根：《浙江吴兴邱城遗址发掘简介》，《考古》1959年第9期。

址[①]、上海马桥遗址[②]、青浦崧泽遗址[③]、松江广富林遗址[④]、苏州越城遗址[⑤]、吴江梅堰遗址等[⑥]。通过这些发掘，逐渐建立起了长江下游地区新石器时代的文化序列。1959年夏鼐先生正式提出了“良渚文化”的命名[⑦]。从而开始了良渚文化研究的新历程。

1973年江苏吴县草鞋山遗址的发掘[⑧]，第一次发现了玉琮、玉璧等大型玉礼器和良渚文化的陶器共存的墓葬，从而开始认识到这些以往被认作周汉时期的玉器原来是良渚文化之物。良渚文化的研究从此进入了一个新的阶段。继草鞋山发掘之后，到20世纪80年代中期，先后在江苏吴县张陵山[⑨]、武进寺墩[⑩]、上海青浦福泉山[⑪]等地发现了多处随葬玉器的良渚文化的高等级墓地。从而开始引起学术界对良渚玉器的关注。一方面这些中国礼制中的重器竟在一向被认为是“蛮夷之地”的江南找到了渊源；另一方面大墓与小墓之间所表现出的悬殊差异也促使人们对这一地区史前文化的先进性进行重新的估价。

作为良渚文化命名地的良渚遗址，1961年被公布为浙江省重点文物保护单位。1955年浙江省文物管理委员会发掘了良渚朱村兜遗址[⑫]，1963年发掘了安溪苏家村遗址，但直到20世纪70年代末，对良渚遗址的认识仍一直没有什么进展。在这段时间里，随着“农业学大寨”等农村运动的热潮，以及农田水利建设和东苕溪堤塘维修加固等活动，使许多高出地面的土墩型遗址遭到取土破坏。

1979年浙江省考古所正式成立，1981年发掘了余杭瓶窑吴家埠遗址[⑬]，发现了马家浜、崧泽和良渚文化的堆积与墓葬。并在当地建立了工作站，从此良渚一带开始有了

---

① 浙江省文物管理委员会：《杭州水田畈遗址发掘报告》，《考古学报》1960年第2期。

② 上海文物管理委员会：《上海马桥遗址第一、二次发掘》，《考古学报》1978年第1期。

③ 上海文物管理委员会：《上海市青浦县崧泽遗址的试掘》，《考古学报》1962年第2期；《青浦县崧泽遗址第二次发掘》，《考古学报》1980年第1期；《崧泽——新石器时代遗址发掘报告》，文物出版社，1990年。

④ a. 上海文物管理委员会：《上海市松江县广富村新石器时代遗址试探》，《考古》1962年第9期；b. 上海博物馆考古研究部：《上海松江区广富林遗址1999～2000年发掘简报》，《考古》2002年第10期。

⑤ 南京博物院：《江苏越城遗址的发掘》，《考古》1982年第5期。

⑥ 江苏省文物工作队：《江苏吴江梅堰新石器时代遗址》，《考古》1963年第6期。

⑦ 夏鼐：《长江流域考古问题（1959年12月26日在长江文物考古队队长会议上的发言）》，《考古》1960年第2期。

⑧ 南京博物院：《江苏吴县草鞋山遗址》，《文物资料丛刊》（3），1980年。

⑨ 吴山：《江苏吴县张陵山遗址发掘简报》，《文物资料丛刊》（6），1982年。

⑩ 南京博物院：《1982年江苏常州武进寺墩遗址的发掘》，《考古》1984年第2期。

⑪ 上海文物管理委员：《福泉山——新石器时代遗址发掘报告》，文物出版社，2000年。

⑫ 汪济英：《良渚黑陶又一次重要发现》，《文物参考资料》1956年第2期。

⑬ 浙江省文物考古研究所：《余杭吴家埠新石器时代遗址》，《浙江省文物考古研究所学刊》，科学出版社，1993年。

长期稳定的考古工作。

1981年底至1982年初，浙江省文物考古研究所对良渚一带进行了专项调查，共发现遗址20余处，开始对良渚遗址的认识有所深入。1986年在良渚发现50周年会议上，王明达先生提出了“良渚遗址群”的概念，并公布了“已知的地点多达四、五十处”①。

1986年是良渚遗址发现五十周年，遂决定在杭州召开一个纪念五十周年的学术研讨会。上海和江苏都陆续发现了良渚文化的大墓，而良渚文化的发现地浙江却一直是空白。当时我们确实有些着急起来，哪里会有良渚大墓呢？我们的目标最终锁定在了反山②。反山是一座东西长约90米，南北宽约30米，相对高约4米左右的土墩。反山的西端有条通往雉山村的路，从路边暴露的断面看，反山完全是一座人工堆筑的熟土墩，但堆土中找不到任何可以断定年代的遗物，只是听说“文化大革命”期间，在反山的南侧挖防空洞时，曾经出土过玉器。1982年上海福泉山遗址发掘以后，进一步认识到了良渚文化的大墓与高大的土墩有着密切的关系，并提出了“土筑金字塔”的看法，这更增加了浙江的考古学者们对于反山这座熟土墩可能埋藏着良渚文化大墓的信心。1986年的5月8日，发掘正式开始，我们希望着能有好的收获，为纪念大会献上一份厚礼。

对于反山的发掘我们制订了详细的发掘计划，甚至设想了如果发掘到良渚文化的大墓，应该做怎样的现场保护，以便于将来建一座（图一）像西安半坡那样的遗址博物馆。我们从反山的西端向东布了6个10米×10米的探方（图一）。在王明达先生的

图一 反山发掘场景

① 王明达：《“良渚”遗址群概述》，《良渚文化》，政协浙江省余杭县委员会文史资料委员会，1987年。

② 浙江省文物考古研究所：《反山》，文物出版社，2005年。

主持下发掘工作进行得很顺利，首先在表土以下发现了11座汉代的墓葬，堆土中除了汉墓，只有红烧土，这也更增强了大家的信心，因为起码可以证明这座土墩应堆筑于汉代以前。在挖到1.5米深的时候，已经不见任何晚于良渚文化的遗物，此墩应是良渚人的堆筑，看来已不成问题。于是领队王明达指挥大家一遍遍地在这一平面上进行刮铲，在编号为T3的探方中部，首先找到了一个南北长约3.1米，东西宽约1.65米的像墓葬形状的遗迹，从遗迹的形状尺寸以及细碎的花斑土判断，这很可能就是我们要寻找的良渚墓葬，随即决定按照挖墓的方式向下清理，当挖下去五六十厘米以后，还是未见任何遗物，这已经超出了以往认识的良渚文化墓葬的深度，于是大家开始有些着急和狐疑起来，此时王明达仍然很坚定，坚持继续向下挖，在清理到约1米深时，正像大家所期盼的那样，第一件良渚玉器终于露头了。当确认是一件玉琮时，王明达激动地跳了起来，多年来梦寐以求的愿望终于实现了，因为玉琮是良渚文化墓葬等级的重要标志，它表示我们已经真正地挖到了良渚文化的大墓。

按照顺序这座墓葬被编为12号，笔者有幸承担了这座墓的清理工作，从器物露头到清理完毕，共花了3天多的时间，当手中的竹签插进土里，碰到玉器时那种硬硬的感觉，最是让人激动和怀着无比的好奇与期待，因为土翻起来，你不知到下面会显露出一件怎样的器物来，这也正是考古工作的魅力和快乐所在。反山12号墓出土了迄今为止个体最大的玉琮（图二）和玉钺。反山遗址最后共发掘清理出了排列有序的11座墓葬。通过反山的发掘，对良渚玉器的种类、组合与功能等的研究有了许多新的认识，从而开辟了良渚玉器研究的一个新阶段。

图二　反山M12玉琮上的神徽

1987年浙江省文物考古研究所又发掘了余杭安溪瑶山遗址①，在瑶山的山顶上揭露出了一座平面上呈内外三重土色结构，边缘砌有石头护坡的覆斗形的祭坛遗迹。并在祭坛上清理了11座与反山相类似的良渚文化大墓。瑶山的发掘不仅又一次获得了大量的精美玉器，而且也为良渚文化增加了一项新的重要内容——祭坛，从而使研究者们开始注意到良渚大墓与祭祀址，良渚玉器与祭祀的密切关系。

1991年，在瓶窑的汇观山上②，我们再一次发现了与瑶山祭坛（图三）结构一致的良渚祭坛和墓地。

图三 瑶山祭坛

1987、1992和1993年通过对反山边上的莫角山遗址的发掘，认识到这个面积30多万平方米，相对高度约10米的大型土台是良渚文化人工堆筑营建的大型宫殿基址。如此规模宏大的建筑遗址以及与反山、瑶山大量精美玉器的联系，反映了这里应是良渚文化的中心所在。当时有一种观念，认为这座规模巨大的土台，本身就构成了外高内平的防卫性质，具有城防的概念，所以起名叫台城。并认为在低湿的江南水乡地区，或许早期并没有像北方那样的具有城墙的城存在。

2006年6月～2007年1月，浙江省文物考古研究所为了了解良渚遗址重点保护区域内农民住宅外迁安置点的地下情况，在瓶窑葡萄畈村高地西侧发掘时，发现了一条良渚文化时期的南北向河沟，宽约45米，深约1米，河沟内有较厚的良渚文化生活堆积。经过对河沟东岸高地做局部解剖，发现这一高地完全由人工堆筑而成，堆筑厚度

① 浙江省文物考古研究所：《瑶山》，文物出版社，2003年。

② 浙江省文物考古研究所、余杭文物管理委员会：《浙江余杭汇观山良渚文化祭坛与墓地发掘简报》，《文物》1997年第7期。

近4米，而且最底部整个铺垫了棱角分明的人工开采的石块。这一发现引起了我们的思考，据当地百姓所讲，他们在高地的其他位置挖井时也曾发现有这层石块。据此我们初步推断，葡萄畈村所在的南北向高地，有可能是良渚文化时期人工修建的大型河堤遗迹，由于这一遗迹位于莫角山遗址西侧约200米的平行位置，所以也很可能是莫角山遗址的西城墙。

根据葡萄畈遗址的发现和推测，我们向国家文物局申报了2007年莫角山周边的考古调查、勘探计划，并得到了批准。

从2007年3月开始，我们首先以葡萄畈遗址为基点，向南北做延伸钻探调查和试掘。根据前期发掘对土质和遗迹的认识，我们确定了3个方面的内容作为下一步钻探寻找相关遗迹的标准：①这一遗迹是用较纯净的黄色黏土堆筑的；②黄土的底部铺垫石头；③黄土和石头遗迹以外是当时的沟壕水域分布区，上层为浅黄色粉沙质淤积层，底部为青灰色淤泥层，靠近遗迹边缘有良渚文化堆积。根据这些标准，2007年上半年我们通过钻探确认了南起凤山，北到苕溪，宽约60米，长约1000多米的遗迹分布，为了验证我们的钻探成果，我们选择了在旧104国道北部的白原畈段（图四）进行解剖发掘，因为白原畈段的高地靠近苕溪，高地的堆土在历次修筑大堤时已经被取掉了。钻探发现的石头地基距离地表只有40厘米左右，在水稻田耕土的下面就是良渚文化的堆积，在这里发掘不仅见效快，也可以尽可能地减少考古发掘所造成的破坏。根据钻探所反映的堆积状况的不同，我们在此分4段进行了探沟解剖。通过解剖我们进一步肯定了这一遗迹在分布和堆筑方式上的连续性，而且在遗迹的内外两侧都有河沟分布，河沟边缘普遍叠压着良渚文化的生活堆积，陶片特征与葡萄畈段所出陶片一致。这使我们对钻探的手段和成果充满信心。

图四　西墙白原畈段

在体会初战告捷的心情的同时，我们也迎来了新的挑战和困惑。经过半年的钻探发掘我们发现，这段城墙南端连接到了自然的山体凤山上，而北端则叠压在了现在东苕溪的大堤下面。这到底是城墙还是良渚时期修筑的苕溪大堤呢？这是我们接下来必须要回答的问题。我们做了几种可能性的推断：如果是围绕着莫角山的城墙，那么北墙可能在哪个位置；南墙可能在哪个位置。我们开始兵分两路，一组沿着凤山向东寻找，另一组沿着河池头的南面向东寻找。可是几天下来，一点苗头都没有。于是我们改变策略，大家集中在一起重点寻找北城墙。河池头南面没有，我们又到河池头北面寻找。功夫不负有心人，我们终于在2007年6月9日发现了河池头村高地下面的第一片石头。西墙的断线终于又看见了一线光明，这是何等的让人激动啊！我们沿着新发现的目标，向两端延伸，一个孔接着一个孔的寻找，目标是黄土和下面的石头，以及边界外面的洪水层和淤泥。直到9月28日，我们钻探确认了从苕溪大堤到雉山的800多米长的墙体。北墙找到了。可这真的是北城墙吗？我们又面临着同样的问题。我们找到的北城墙在接到雉山上之后，又消失了。此时还是不能排除这是古代苕溪大堤的可能性，因为这一段与北面的苕溪大堤还是相平行。

从2007年10月1日开始，我们在雉山东面设定了几条钻探目标，一是沿雉山一路向东北方向，如果找到了，那就是苕溪的大堤；二是沿着雉山向南钻探，把雉山设定为城墙的转角；三是沿着雉山东面的前山向南的高地钻探，把前山设定为城墙转角。第一条在雉山和现在苕溪大堤之间，来回寻找，一直钻探到安溪的杜城村，也未能发现可疑目标。第二条在前山南面的高地下面，也未能找到我们要寻找的石头地基。而雉山向南的钻探也迟迟未能发现石头的踪迹。难道真的是古苕溪的大堤吗？到10月下旬，我们几乎探遍了从雉山、前山到旧104国道之间的南北1000多米长的范围，最后终于在金家弄村北面的一块叫“外逃顶”的农田里钻探到了下面的石头。有了目标，我们迅速向南北扩大，北面连接到了雉山的东面，南面一直到小斗门村。当确认无疑是东城墙后，就开始理直气壮地宣布：“这回可以肯定是城墙而不是苕溪大堤了。”

10月27日南城墙被顺利地确认了，东起小斗门村西，西至东杨家村与凤山东坡相连，全长约1600米。至此一个东西1600～1700米，南北1800～1900米，总面积约300万平方米的四面围合的良渚古城，已经真真切切的摆在了我们的面前。真的不敢相信它竟是那么的庞大，远远超出了我们以往对于良渚文化的认知。

为了尽快证实我们的钻探成果，我们同时在北城墙开了2条探沟（图五），东城墙和南城墙各开了1条探沟，进行解剖性发掘。发掘的结果证明四面城墙在结构上、堆筑方式上与生活堆积的年代上都是完全一致的。底部普遍铺垫石头，上面主要用黄色黏土堆筑，四面探沟中叠压着的城墙坡脚均有良渚文化堆积，从堆积中所包含的陶片看，也都是良渚文化晚期的相同阶段。这为证明四面城墙的整体性和同时性提供了可靠依据。

2007年11月29日，由浙江省文物局与杭州市人民政府正式举行了新闻发布会，宣

图五　北墙T2

图六　反山M23

布良渚古城的重大发现为“石破天惊”“中华第一城”。

良渚古城的发现将以往发现的莫角山遗址及反山贵族墓地（图六）乃至良渚遗址群内的许多遗址组合为一个整体，为研究良渚遗址群130多处遗址的整体布局和空间关系提供了新的资料①。

良渚古城的南面和北面都是天目山脉的支脉，西面是以瓶窑窑山为主的一组小山，在天气晴朗的日子，如果站在古城的中心莫角山遗址上，环顾四望，会感到南北西三面的山几乎是等距离的，均距古城约2千米，唯独向东是敞开的平原。站在这里会有一种以山为郭的安全感。遥想当年，在城的四周还可以看到广阔的水面。

东苕溪和良渚港分别由城的南北两侧向东流过，凤山和雉山两个自然的小山分别被利用到城墙的西南角和东北角，站在两座山的制高点上，城内城外一目了然。

城墙内外均有城河，环绕古城一周，水路为当时的主要交通方式，目前调查发现8座水城门，每面城墙各2座，与内外水系连通。城内中心区域为莫角山宫殿基址，占据了古城1/10的面积。另外有江家山、皇坟山、桑树头等人工堆筑的高台，应

① 浙江省文物考古研究所：《良渚古城遗址2006～2007年的发掘》，《考古》2008年第7期。

为城内重要的建筑基址。位于莫角山遗址西北部的反山遗址为良渚文化早期的贵族墓地。

良渚古城外围约10平方千米范围内有密集的遗址分布区。位于城南的卞家山遗址，城东的里山、郑村遗址，城北的扁担山、和尚地遗址，均为人工堆筑的长条形居住基址，从其布局看，构成一种围合的态势。该区域内分布着美人地遗址，周村遗址，钟家村遗址等人工堆筑的条块形居住址。这些人工堆筑的高地之间，主要为水面和湿地，未发现农田种植迹象。因此这些遗址应构成一种外郭城的性质。居住在这些遗址上的人口，应该是从事非农业的居民。

良渚古城自2007年发现以来，经过了连续不断地考古勘探和发掘，目前对于城内外的总体格局以及修筑和使用情况，已经有了基本的了解。

良渚古城发现后，我们制订了详细的考古工作规划，在张忠培先生的指导下，按照“三年目标，十年规划，百年谋略”的方针，认真梳理了良渚遗址已有的资料与存在问题，制订了良渚遗址考古的短期任务与长远目标，主要有计划的做了如下工作。

（1）遗址记录系统的建立

2008年由良渚管理委员会委托测绘局，对以古城为中心的约8平方千米范围进行了测绘，获得了这一区域的1：500的详细地形图。

2010年与2012年，浙江省文物考古研究所与良渚遗址管理委员会，请西安大地测绘公司对古城范围进行了无人机航拍航测，获得了120平方千米的高清数字正射影像图和配套的1：2000的矢量地图，为良渚遗址地理信息系统的建立提供了基础资料。

2010年对良渚遗址群进行了测量控制网的建立，对遗址群以及更大范围进行统一布方编号。控制网计划布设50个区，包含遗址保护区及周边地区，覆盖面积约313平方千米。

（2）逐步推进了解良渚古城内外框架结构

2008年杭州市余杭区决定分阶段建设良渚国家遗址公园，为配合良渚国家遗址公园的设计规划，尽量搞清遗址公园范围的地下情况，2009年上半年浙江省文物考古研究所良渚工作站、陕西龙腾勘探有限公司以及浙江大学地球科学系等，共同对良渚古城外围约8平方千米的范围进行了详细的勘探，初步搞清了良渚古城城墙的外部轮廓，以及城外一定范围的古代水系和遗址分布情况，为良渚国家遗址公园设计和良渚遗址总体保护规划的修订提供了科学依据（图七）。

2009年以来良渚遗址的考古工作主要定位在遗址基础框架的认识和考古记录标准化的建设方面。2009年上半年，主要勘测了良渚古城外围的遗址分布与古代地貌水系情况。2009年下半年，我们根据计划对良渚古城北边的土垣（塘山）遗址进行了延伸调查，希望能够确认其是否构成良渚古城外围的外郭城，调查的结果未能找到可以闭合的城圈，但基本可以确认土垣遗址与良渚古城南侧的卞家山遗址共同构成了良渚古城外围的防洪治水体系，他们直接的保护控制范围约有30平方千米。

图七　良渚古城及外围系统结构

因考虑到土垣遗址可能作为不闭合的治水工程，所以2009年冬浙江省文物考古研究所与良渚遗址管理所对瓶窑西北部约8千米的彭公一带的一些类似水坝遗迹进行了初步调查。2010年初经过对岗公岭遗址的进一步调查，发现其堆筑营建方式为下部用草裹青淤泥堆筑，上部用黄土堆筑，这种营建的方式是莫角山等遗址普遍采用的方法，因此对认识和复原良渚人的大型工程的营建过程具有十分重要的意义。2010年7月我们将草裹泥样品送至北京大学^{14}C实验室进行了测年，经测定年代为距今4900年左右，因此基本可以确认该水坝遗迹为良渚文化时期营建的大型水利工程。这种远距离的大型治水工程更进一步说明了良渚古城的重要性。

2010年我们还对莫角山遗址进行了基础性钻探，通过钻探对莫角山遗址的堆筑过程和堆筑范围有了基本的了解。现在地面上可以看到的东西长约670米，南北宽约450米，高8～10米的形态规范的莫角山遗址，经过钻探我们了解到它的西半部原来是利用了一座自然的小山，这样我们就更加精确了对这一大型遗址营建时工程量的认识。莫角山的堆筑方式底部采用青淤泥，上半部用黄色黏土，中部有大面积的沙层。

2010年我们主要以探寻良渚古城的外郭城为主要目标，经过1年多的考古调查钻探以及以往的相关资料分析，我们基本可以肯定良渚古城北面的扁担山——和尚地遗址、东面的里山——郑村遗址、南面的卞家山遗址、西面的张家墩遗址等高地构成了良渚古城外郭城的形态，其控制面积约8平方千米。

从2010年3月开始，我们先选择了良渚古城东面的美人地台地进行了解剖发掘，目的是了解城外一定范围的遗址分布与功能。在美人地遗址我们布了南北120米东西25米的解剖探沟，发掘面积共计800平方米，通过解剖发掘，我们对良渚古城东面的城外布局与古代地貌有了一个较为清晰的认识，发现了良渚时期临河而居的建筑基址和古河道。在河道堆积中出土了大量的陶片，许多黑陶上刻划有精细的纹饰。

通过发掘我们初步认识到，良渚古城的东面原来是较为低洼的沼泽湿地，良渚人应该是在修建古城的同时，对城外一定的范围进行了统一的规划，他们在沼泽中堆筑起了几条东西向的台地作为居住地，在堆筑台地的同时形成了河道水系，这些长条形的台地在使用过程逐渐被一次次加高和拓宽。河岸采用了以木板作为护岸的做法，形成了人工的垂直河岸，这样船只便可以直接靠泊在岸边，与目前长江下游地区的江南水乡临河而居的景象十分相似。其工程之考究充分体现了良渚古城的等级和规格，也从一个侧面反映了良渚古城的营建规模和所花费的浩大的人力物力。

美人地遗址虽然发掘面积有限，但已经初步揭示出了一幅良渚古城城外整齐的水街景象，为我们理解长江下游江南水乡居住生活模式的文化渊源提供了十分珍贵的资料。

2011～2013年，我们的重点工作转入了对城内的勘探和发掘。目前已经初步探明了城内的河网布局以及遗址的分布情况。良渚古城略呈圆角长方形，正南北方向，南北长约1910米，东西宽约1770米，城墙宽20～145米，总面积300多万平方米。城墙内外均有城河，水路为主要交通方式。四面城墙各有2座水城门，与内外水系连通。在南城墙的中部发现1座陆路城门。城内中心区域为高12～16米的莫角山宫殿基址，占据了古城1/10的面积。另外有江家山、皇坟山、桑树头等人工堆筑的高台，应为城内重要的建筑基址。位于莫角山遗址西北部的反山遗址为贵族墓地。

对莫角山宫殿台基的东坡、西坡以及顶部进行了解剖性发掘，基本搞清了莫角山遗址的堆筑过程，边界情况，以及平面上的遗迹分布情况。

通过对莫角山东坡的解剖发掘，显示出莫角山边缘的堆筑方式和形成过程，大约经过三个步骤：第一步，统一用青淤泥堆筑莫角山的大基础；第二步，用河里的较纯砂，在青淤泥面上铺一层浅灰砂土，加高一层灰黑色土；第三步，在浅灰黑色土面上，先堆筑莫角山的东侧外围边缘，堆筑方法是以板夯方式先堆筑一垄截面呈梯形的芯板，然后两侧分次夯实，形成多条以芯板为中心的夯层。东坡坡缘以东是生活废弃堆积，在生活堆积之上逐渐加高、扩大而形成新的生活面。

另外，在H11之中还发现了大量的炭化稻米遗存，推测可能是两次失火导致。经钻探，灰坑范围为600～700平方米，厚达40厘米左右，据测算上部每50毫升土内含稻谷60～70粒，下部含160～200粒。以千粒重15克计算，这两次火灾造成的稻谷损失达2万～3万斤。这批资料为莫角山中心区的性质和人口规模的推测提供了重要线索，也为中国稻作农业课题的研究提供了充分的素材。

在莫角山西南部良渚文化晚期地层之下发现大片草裹泥垒筑的河岸，随后经过钻探，发现该层草裹泥在莫角山西南坡普遍分布，部分叠压于良渚文化河道上，反映了莫角山向西扩建并对河道重新规划的过程。草裹泥呈块垄状分布，从各块草裹泥的叠压关系来看，其堆筑顺序是自西向东、自南向北。在发掘草裹泥的过程中，我们对各小块草裹泥尺寸和重量、制作和捆扎工艺、垒筑方式等进行了重点观察和研究，可基本还原草裹泥的制作过程。在发掘中还选取保存较好的草裹泥整体切割回室内进行保护。

在草裹泥之下还发现了木构码头遗迹一处。木构遗迹呈大致东西向的长条状分布，木桩底部削尖，插入原河道淤积土中，顶部则以榫卯结构架设水平分布的横木，木桩下部在当年的淤泥地面发现有用竹子编成的大块垫片，与现在建筑施工所用的竹编脚手片十分相似，应该是当年施工时起到方便行走和加固的用途。木桩的上面当时应该铺有木板，该遗迹是当时从莫角山通往西南侧河边的栈桥码头，当这一码头废弃时，顶部的木板被拿掉，然后用草包泥进行了填筑加高。

良渚文化和良渚遗址自发现以来，经过了几代考古人的不懈努力，今天已经越来越清晰的展现在世人面前。对于良渚遗址和良渚古城的认知，我们已经不再是盲人摸象般的猜测，一个存在于5300～4300年前的古代王国的景象仿佛历历在目，尽管辉煌的宫殿已经灰飞烟灭，但残垣断壁的遗迹仍然告诉我们，以宫殿为主的王城有3平方千米，王城外围的核心居住区有8平方千米，水利系统所直接保护的范围有100多平方千米。

莺歌岭下层–金谷文化的内涵、命名及相关问题

胡秀杰[1]　刘晓东[2]

（1. 黑龙江省文化厅；2. 黑龙江省博物馆）

1963年，黑龙江省文物考古工作队正式发掘宁安县莺歌岭遗址①，发掘者将莺歌岭遗址区分为上、下文化层，并指出莺歌岭下层遗存大体分布在黑龙江省东南部、图们江流域以及苏联的南滨海地区。1993年，在谭英杰等《黑龙江考古学研究的回顾与思考》一文中，曾出现过“莺歌岭下层文化”的相关语句②。2004年，赵宾福《东北地区新石器时代考古学文化的发展阶段与区域特征》一文中，则明确使用了“莺歌岭下层文化”这一概念，只是对这一文化没有做详细的阐述③。近年来，与莺歌岭下层遗存内涵相近或相似的遗址不断发掘，综合性的文章也不断提到与莺歌岭下层遗存相近的遗存④。本文拟在已发表的考古资料的基础上，对这类遗存的内涵、命名及相关问题做一尝试性研究，并请学术界批评指正。

一、莺歌岭下层遗存基本内涵的表述

莺歌岭下层遗存以发现的两座房址F3、F4为代表。

F3　房址平面呈圆角长方形（或方形），半地穴式建筑。西壁被湖水冲掉，东壁长5.9、南壁残长3.2、北壁残长2.2米。以穴壁（生土）为墙，现存高约45厘米。靠近墙壁，东、南、北三面残存柱洞17个。居住面为生土地面，未经特殊加工，上面为平整而质密的路土，厚约5厘米。房址中间有一椭圆形烧土面，直径0.9～1.1米，应为灶址。

F4　为圆角长方形（或方形）的半地穴式建筑，南北长6、东西残长2～2.7米。居

---

① 黑龙江省文物考古工作队：《黑龙江宁安县莺歌岭遗址》，《考古》1981年第6期。

② 谭英杰、赵虹光：《黑龙江考古学研究的回顾与思考》，《北方文物》1993年第3期。

③ 赵宾福：《东北地区新石器时代考古学文化的发展阶段与区域特征》，《社会科学战线》2004年第4期。

④ a. 吉林省文物考古研究所、延边朝鲜族自治州博物馆：《和龙兴城新石器及青铜时代遗址发掘报告》，文物出版社，2001年；b. 赵宾福：《东北新石器文化格局及其与周边文化的关系》，《中国边疆史地研究》2006年第2期。

住面上有一层紧密平整的路土。紧靠东、南、北三壁发现柱洞23个，直径9～17、深10～31厘米。柱洞中有12个向房址中央倾斜，其中4个较大的更明显，垂直的柱洞多在东北角。在房址中间，有一灶址，大部分被破坏，灶址边缘围有石块，中间有一小坑，深15～20厘米。

莺歌岭下层遗存的陶器以夹砂红褐陶为主，手制，器类很少，能辨别器形的仅有罐、碗等。纹饰以横排“人”字形划纹为主要特点，这种纹饰疏朗，排列整齐，饰于筒形罐和碗。纹饰种类较多，富于变化，另有由蓖点纹组成的“人”字形纹，斜行平行线划纹，梳齿纹，蓖纹，“W”形印纹等，另外，据杨虎等在《黑龙江古代文化初论》中提及莺歌岭下层遗址也发现了“回”形纹陶片①。石器多系打制，有肩石锄和石斧是其代表性器物。磨制石器很少，大多加工粗劣，磨制不精（图一、图二）。

莺歌岭下层遗存比较显著的特征，或称主要文化要素可以概括为圆角长方形（或方形）的半地穴式房址，陶器手制、装饰纹饰以横排“人”字纹为主要特点，兼有“回”形纹，打制有肩石锄和石斧是其代表性石器。

图一　莺歌岭下层遗存出土 陶器纹饰拓本

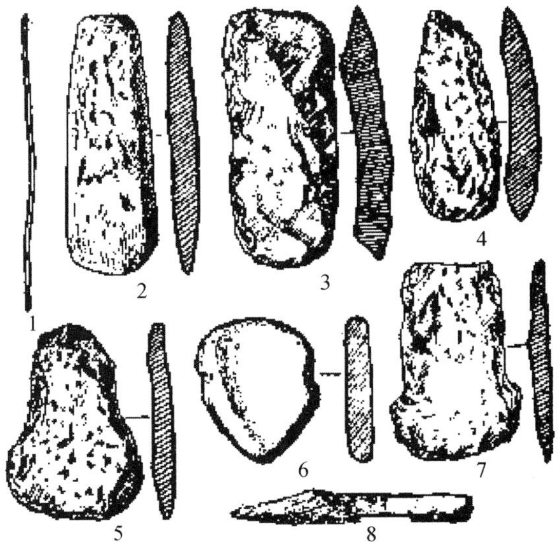

图二　莺歌岭下文化层出土的石器和骨器

二、莺歌岭下层遗存基本内涵相近遗存的比较

在黑龙江境内，经过正式发掘的与莺歌岭下层遗存内涵相同的遗存仅此一处。在一些学者的文章中，金谷早期遗址（金谷文化）、兴城二期类型、西浦项遗存、查伊

① 杨虎、谭英杰、赵虹光：《黑龙江古代文化初论》，《中国考古学第一次年会论文集》，文物出版社，1979年。

桑诺夫卡遗存与莺歌岭下层遗存有某些相似之处①。下面将这四处遗存与莺歌岭下层遗存及彼此之间的异同做一比较研究。

（一）金谷文化

金谷遗址②位于吉林省延边朝鲜族自治州龙井县城东南金谷水库西山上。1979年发掘6座房址，文化内涵相同。金谷文化的房址为长方形或方形簸箕状半地穴式。其文化内涵以打制的有柄石锄，数量较多的黑曜石石器和凹底三角形压琢石镞，磨制的小型弧刃或直刃石斧、石锛、石磨盘和石磨棒，瓮、大口小底罐、盆、钵、碗、杯，“人”字形纹为主的蓖划纹、锥点纹、平行斜线纹、回纹等纹饰陶占多数的陶器组合为特征（图三、图四）。

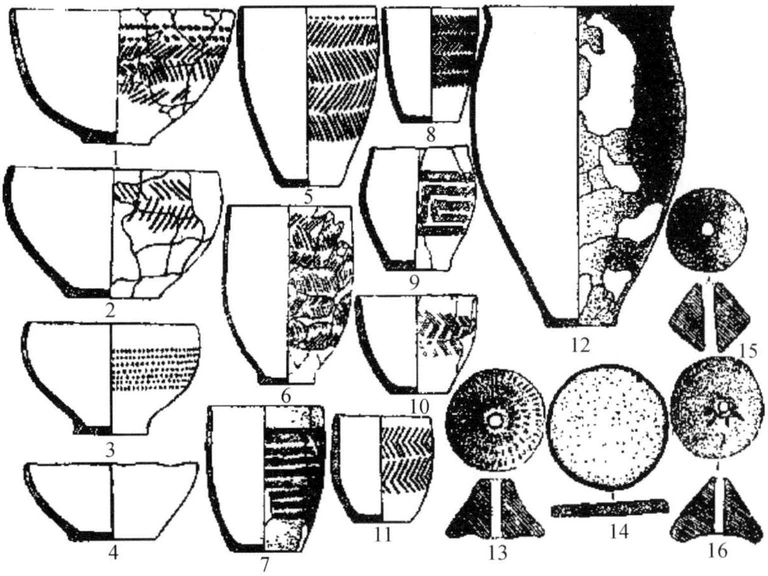

图三　金谷遗址出土的陶器

① a. 吉林省文物考古研究所、延边朝鲜族自治州博物馆：《和龙兴城新石器及青铜时代遗址发掘报告》，文物出版社，2001年；b. 赵宾福：《东北新石器文化格局及其与周边文化的关系》，《中国边疆史地研究》2006年第2期。

② 延边博物馆：《吉林省龙井县金谷新石器时代遗址清理简报》，《北方文物》1991年第1期。

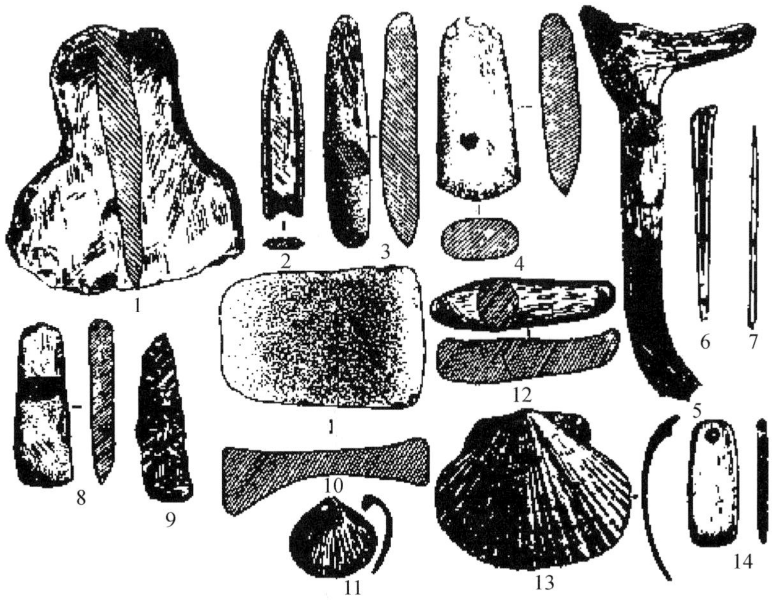

图四　金谷遗址出土的石器和骨器等

比较莺歌岭下层遗存与金谷文化，二者相同或相似之处有以下几点。

1. 房址

相同之处：二者的房址都是长方形或方形半地穴式，居住面为生土地面，未经特殊加工，有灶，有柱洞。

不同之处：金谷文化的房址为长方形或方形簸箕状半地穴式。这是因为金谷文化先后清理的6座房址皆坐落在山脊上，因地势东高西低，导致地穴呈簸箕状，这是由于遗址坐落的特殊地理环境决定的，所以不应成为二者房址的不同特征。

另，莺歌岭下层遗存发现的两座房址均没有门道，而金谷文化报告中提到的F3、F5均有门道。通过莺歌岭下层的发掘报告，我们看到，莺歌岭下层F3房址的西壁全部和部分北壁都已被湖水冲掉了。另一座房址F4的西壁也被湖水全部冲刷掉。金谷文化的6座房址中，有3座房址的门道开在西壁，而莺歌岭下层2座房址的西壁均被湖水冲刷掉。所以，是否存在门道或许无法成为二者房址区别的特征了。

2. 陶器

（1）质地、器形和制作方法

相同之处：二者陶器都是以夹砂褐陶为主，手制，器类较简单，多直口或侈口平底器，有罐、碗、纺轮等。

不同之处：金谷文化的器形要多于莺歌岭下层遗存，有瓮、盆、钵和器盖。

（2）陶器上的典型纹饰

相同之处：二者陶器的主要纹饰均以横向“人”字形和划纹和斜平行线划纹为主。

不同之处：莺歌岭下层遗存在“人”字纹和斜平行线划纹之外，还有梳齿纹、“W”形印纹，以及由蓖点纹组成的各种带形饰。金谷早期遗址除“人”字纹外，还有蓖划纹、锥点纹、平行斜线纹、“回”形纹等。排除描述上的差异，金谷文化未见蓖点纹组成的“人”字形纹的描述，但金谷文化F3房址内出土的1件陶罐上所饰“回”形纹就是以两条平行线内填满斜向平行蓖点线而成，也就是说篦点纹也是金谷文化在陶器上使用的纹饰。

（3）施纹部位和施纹方法

金谷文化陶器的纹饰多饰于腹中部或腹中上部直至口沿下，腹下部不见纹饰。饰纹方法，多采用单尖或多尖蓖状器具划压或点刺的手法。莺歌岭下层遗存报告中没有详细描述，且没有完整器，但从残陶片看，施纹部位同金谷文化较相似。

3. 石器

相同之处：二者都有打制的有肩石锄、打制和磨制弧刃石斧。

不同之处，莺歌岭下层石器以打制为主，磨制的很少。金谷文化在上述器形之外，还出土了数量较多的黑曜石石器和凹底三角形压琢石镞，磨制石锛、石磨盘和石磨棒等。

需要说明的是，属于莺歌岭下层遗存的遗存发现很少，因遗址被湖水冲刷，地表还采集到了一些遗物，其中就有与金谷文化相似的石磨盘和石磨棒、石锛及磨制石镞等。但是，没有黑曜石石器。

4. 骨角器

二者都出土骨针和鹿角器。

不同之处：莺歌岭下层遗存出土骨角器单一，仅有骨针、鹿角锄各1件。而金谷文化发现还有骨锥、贝器及野猪牙器。

（二）兴城二期遗存

兴城遗址[①]位于吉林省和龙东城乡兴城村东北山冈上，1986、1987年进行两次发掘，分新石器和青铜时代遗存。发掘者将新石器时代遗存划分为早、晚两段，即兴城一期和兴城二期遗存。多数学者认为，兴城二期遗存与金谷文化、莺歌岭下层遗存有

① 吉林省文物考古研究所、延边朝鲜族自治州博物馆：《和龙兴城新石器及青铜时代遗址发掘报告》，文物出版社，2001年。

更多的相似性。兴城二期遗存共发现4座房址，均为圆角长方形半地穴式，未见外伸的门道，有柱洞，2座房址中发现有灶。石器以有肩打制石锄为多，另有石斧、锛、矛、镞及石磨盘、磨棒等，陶器以夹砂褐陶为主，手制，器形以平底罐为主，另有陶碗、盅和敛口罐等。纹饰以“人”字纹为多见（图五）。上述特征基本与莺歌岭下层遗存和金谷文化主要特征一致。

不同的是，兴城二期遗存和金谷文化中的黑曜石压制石器，在莺歌岭下层遗存中不见。由篦点组成的“人”字纹陶器，见于莺歌岭下层遗存，不见于金谷文化。另兴城二期遗存中新出现红衣陶，大量的平底器之外，出现了少量矮圈足器，这些文化要素在金谷文化或莺歌岭下层遗存中都没有发现。

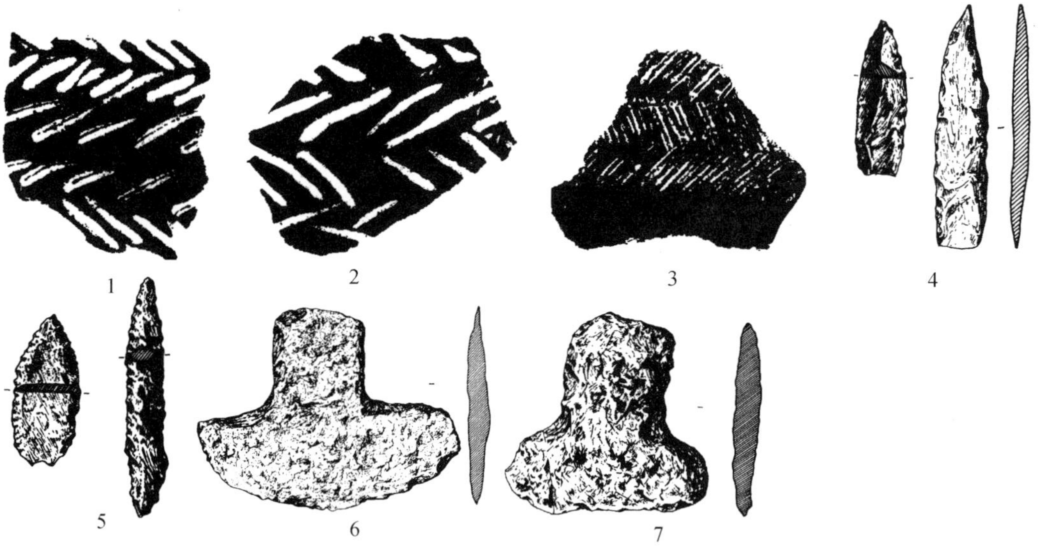

图五　兴城二期遗存出土的陶片纹饰拓本和石器

（三）西浦项遗址

西浦项遗址[①]位于朝鲜咸镜北道雄基郡屈浦里，1947年首次发现，1960～1964年进行了调查和发掘。发现的遗迹有新石器时代房址21座。发掘者根据遗迹之间的层位关系，并结合器物形态的比较研究，将遗存分为五组，其中，第二组包括F3、F19、F23和F17。房址为长方形半地穴式。陶器以夹砂陶为主，器形单一，纹饰以戳印的椭圆形组成的点线纹“人”字纹为主，还见有极少量的“回”形纹（报告称菱形纹）和短

① 〔朝〕金勇开、徐国泰：《西浦项原始遗址发掘报告》，《考古民俗论文集》（第4辑），社会科学出版社，1972年；转引自杨占风：《鸭绿江、图们江及乌苏里江流域的新石器文化研究》，吉林大学博士学位论文，2009年。

条纹，多数器物施纹从口沿一直到器物腹部，甚至有些器物口沿不施纹，只在腹部施纹，器身下半部分为素面。其主流纹饰“人”字纹与莺歌岭下层遗存保持了极大的一致性。西浦项遗址还发现了有肩石锄和压制石器（图六）。

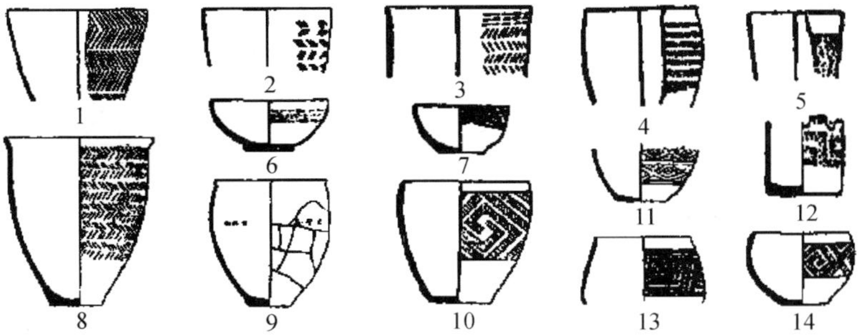

图六　西浦项遗址陶器图

（四）查伊桑诺夫卡遗存

查伊桑诺夫卡第一号居住址[①]位于俄罗斯滨海边疆区、格拉德卡亚河口东南15千米处。据发掘报告称，陶器以大口、深腹、平底罐的形制最常见，手制，夹砂褐陶为主，被称之为枞叶形的陶片（我们称之为横向“人”字纹）陶片占全部有纹饰陶片的85.9%，其次是篦点纹和“回”形纹陶片，回形纹以两条平行线内填满平行蓖点线而成，与金谷文化如出一辙。石器有大量黑曜石刮削器和石镞、石刀，磨制石斧、石锛等（图七）。上述特征与中国境内的莺歌岭下层遗存、金谷文化的典型特征基本一致。

综上，莺歌岭下层遗存与金谷文化的典型文化要素基本相同，一些不同应该是各自不同的地理环境造成的。

莺歌岭下层遗存与兴城二期遗存相比，陶器的主流纹饰“人”字纹存在更多的一致性。纹饰中多见篦点、刻划“人”字纹、篦点几何纹等。有肩石锄、石斧形制基本相同。但是，红衣陶、圈足器和黑曜石刮削器等是莺歌岭下层遗存所没有的。

兴城二期与金谷文化具有很多的相似性。发掘者认为，兴城二期类型应晚于金谷文化，金谷文化与兴城类型在总体上应该是一致的，应该归于同一文化类型。其间存在的差别，除了一定的地域因素外，更主要的应是两地在年代上互有早晚而形成的差别[②]。

① 〔俄〕T.И.安德烈耶夫：《在大彼得湾沿岸及其岛屿上发现的公元前第二至第一千年的遗迹》，《考古学报》1958年第4期。

② 吉林省文物考古研究所、延边朝鲜族自治州博物馆：《和龙兴城新石器及青铜时代遗址发掘报告》，文物出版社，2001年。

图七　查伊桑诺夫遗存出土的文物

朝鲜境内的西浦项遗址、俄罗斯境内的查伊桑诺夫遗存与中国境内的莺歌岭下层遗存、金谷文化、兴城二期遗存比较，其主流纹饰“人”字纹及“回”形纹保持了极大的一致性。

通过比较，我们发现，莺歌岭下层遗存缺少金谷文化中的黑曜石压制石器系列，金谷文化不见莺歌岭下层遗存中由篦点组成的“人”字纹。莺歌岭下层遗存与金谷文化基本可以囊括西浦项、查伊桑诺夫遗存的全部典型文化要素。但是，无法涵盖兴城二期遗存中的红衣陶和矮圈足器。

上述四种遗存在总体上是一致的，应属于同一文化类型，其间存在的差异，应该是各自居住的地理环境不同，以及年代上互有早晚而形成的，关于这一点，兴城遗址的发掘者做了阐述①。如此，我们把金谷文化、兴城二期类型和莺歌岭下层遗存、西浦项遗存和查伊桑诺夫遗存看成是同一种文化。考虑到西浦项、查伊桑诺夫遗存均位于境外，兴城发掘者在发掘报告中将兴城遗址中青铜时代遗存称为“兴城文化”②，兴城二期不能再使用“兴城文化”，莺歌岭下层和金谷遗址发现时间较早，文化性质比较单一，黑龙江和吉林分别冠以莺歌岭下层文化和金谷文化，我们不妨暂将这类文化性质相近的遗存命名为莺歌岭下层——金谷文化。

---

① 吉林省文物考古研究所、延边朝鲜族自治州博物馆：《和龙兴城新石器及青铜时代遗址发掘报告》，文物出版社，2001年。

② 吉林省文物考古研究所等：《吉林省和龙县兴城遗址发掘简报》，《北方文物》1998年第1期。

三、莺歌岭下层-金谷文化分布范围

根据已发表的资料，与莺歌岭下层-金谷文化相似的遗存如下所列。

（一）中国境内

1. 绥芬河流域

20世纪90年代，调查发现建新东沟遗址、北寒遗址和鲍付沟东遗址①三处新石器遗址，石器多石铲、石镞，石铲系打制，石镞多压制而成。陶器均以刻划纹为主，由刻划纹再组成复杂网格纹及横“人”字纹。

2. 桥河西遗址②

位于绥芬河上游瑚布图河左岸，采集的标本中有带纵行的“人”字形划纹陶片。

3. 大墩台遗址③

位于延吉市兴安乡政府东1千米丘陵地带。地穴式房址内出土陶片，均为泥质夹砂陶，手制。纹饰有斜向平行篦刺纹、由篦点纹组成的“人”字形纹饰和由篦点纹组成的类似雷纹图案。

4. 岐新遗址④

位于图们市月晴乡岐新六队西南1千米处。遗址发现有一座半地穴式房址。陶器以夹砂陶为主，泥质陶次之。纹饰以“人”字形划纹、枣核状戳压纹为主，另有不规则划纹以及弦纹等。石器以打制为主，有刀形砍砸器、刮削器等，磨制石器有石磨盘、磨棒。另有黑曜石器。

---

① 牡丹江市文物管理站、绥芬河市博物馆：《绥芬河新石器遗址调查简报》，《文物春秋》2011年6期。

② 张太湘：《绥芬河上游瑚布图河左岸考古调查》，《黑龙江大学学报》（哲学社会科学版），1979年第4期。

③ 吉林省文物志编委会：《延吉市文物志》，吉林省文物志编修委员会，1985年。

④ 吉林省文物志编委会：《图们市文物志》，吉林省文物志编修委员会，1985 年。

5. 琵岩山遗址①

位于龙井县新光乡琵岩山顶峰高坡上。陶器以夹砂陶为主，少见泥制黑陶。纹饰以刻划和锥刺组成的“人”字纹为主，另外还有枣核状凹窝纹。采集的石器有小型打制有肩石锄、石磨棒、黑曜石刮削器，以及未经第二步加工的黑曜石石片等。

6. 三合遗址②

位于龙井县三合邮电局西南山冈上，东距图们江500米。陶器以夹砂红褐、黑褐色陶为主，有少量褐色泥质陶。器形以罐为主，手制。纹饰有平行的二条直线内印有密集且平行斜向篦点纹的“回”形纹、刻划“人”字纹、三角形小锥点形成的横向点纹、“人”字形刻划线下置有横向刻划短线的组合纹等。石器包括打制梯形石斧、有肩石锄、板状石刀，磨制扁圆柱状石斧、梯形板状石锛，黑曜石刮削器和1件黑曜石石核。

7. 大苏早期遗址③

位于龙井县大苏二屯西侧山脚下。陶器饰平行斜向刻划纹，石器有打制有肩石锄、黑曜石刮削器等。

8. 南团山遗址④

位于延边朝鲜族自治州珲春市大六道沟屯东南的南团山上。1972年试掘，1973年进行了正式发掘。1972年试掘的T4内的居住面属于新石器时代文化遗存。陶器残片上饰刻划“人”字纹、叶脉纹和坑点纹。

9. 复兴参场遗址⑤

位于汪清县复兴农场参场。陶器纹饰以斜线划纹、“人”字纹为主。出土陶罐1件，夹砂褐陶，口沿下饰附加堆纹，堆纹上饰压印纹，在腹至口沿堆纹下饰几何三角纹组成的图案。出土1件磨制双面刃板状石斧。

另有兴城二期遗存，上文已提及。

---

① 吉林省文物志编委会：《龙井县文物志》，吉林省文物志编修委员会，1984年。
② 吉林省文物志编委会：《龙井县文物志》，吉林省文物志编修委员会，1984年。
③ 吉林省文物志编委会：《龙井县文物志》，吉林省文物志编修委员会，1984年。
④ 吉林省文物志编委会：《珲春县文物志》，吉林省文物志编修委员会，1984年。
⑤ 吉林省文物志编委会：《汪清县文物志》，吉林省文物志编修委员会，1983年。

（二）俄罗斯境内

1. 查伊桑诺夫卡遗址

前文已提及，此处略。

2. 奥列尼遗址[①]

位于滨海边疆区，阿尔乔莫夫卡河附近。奥列尼Ⅲ陶器多侈口，少数为直口和敛口，大多数口沿外侧有一周附加堆纹，其上戳印椭圆形坑点。器身施印坑点纹组成的斜线、平行线、“人”字纹，以及刻划的“人”字纹、平行线、不规则线条等。

（三）朝鲜境内

西浦项遗址

前文已提及，此处略。

上述遗址中，都出土或采集到具有莺歌岭下层-金谷文化典型文化要素的文物——“人”字形纹陶片，其他文化要素则不一定具备。因不是正式发掘，所以无法判断其文化全貌，只能推断莺歌岭下层-金谷文化的典型文化要素已在这些遗址中传播。

综合以上资料，莺歌岭下层-金谷文化分布的大致范围在我国境内的图们江流域、牡丹江和绥芬河流域，朝鲜境内图们江流域，俄罗斯滨海地区的大彼得湾。其中，我国境内的图们江流域中游地区分布比较密集，属于该文化的核心分布区。

四、莺歌岭下层-金谷文化的一般特征和年代

莺歌岭下层-金谷文化的一般特征或主要文化要素可以概括为以下几点。

（1）房址均为长方形或方形半地穴式，居住面为生土地面，未经特殊加工，有灶，有柱洞。

（2）陶器以夹砂褐陶为主，手制，器类较简单，多直口或侈口平底器，主要器形有罐、碗、纺轮等；主要纹饰均以横向“人”字形划纹、由篦点组成的“人”字纹和斜平行线划纹为主，兼有“回”形纹饰；纹饰多饰于腹中部或腹中上部直至口沿下，

① В. И.季亚科夫：《鲁德纳亚码头多层遗址及滨海地区新石器时代文化的分期》，符拉迪沃斯托克，远东科学，1992年；转引自杨占风《鸭绿江、图们江及乌苏里江流域的新石器文化研究》，吉林大学博士学位论文，2009年。

腹下部基本不见纹饰。

（3）出土代表两种生产方式的生产工具。打制有肩石锄、打制和磨制弧刃石斧，以及石磨盘、石磨棒等农用生产工具，反映了莺歌岭下层–金谷文化是以农业为主的经济类型；一定数量的黑曜石刮削器、石镞及网坠等狩猎和捕鱼工具的出土，表明渔猎和狩猎经济仍是一种重要的生产方式。

（4）莺歌岭下层–金谷文化的年代。金谷早期遗址出土三处木炭标本经^{14}C年代测定（经过树轮校正的），分别为距今4410年±240年、4430年±150年、4540年±140年；兴城遗址的发掘者通过与金谷文化相比较推测：兴城二期的年代应晚于金谷文化，大致不晚于距今4300年。莺歌岭下层遗存等没有关于年代测定数据。根据已有的年代测定数据，推测这类文化的年代大致在距今4500～4300年。

五、莺歌岭下层–金谷文化主要要素来源

1. 半地穴式房址

莺歌岭下层–金谷文化发现的半地穴式房址，在东北地区具有广泛的分布，有学者研究，半地穴式房址在中原地区的仰韶文化和龙山文化的各处遗址中均有大量的发现。在东北地区，兴隆洼遗址、后洼遗址等房址的布局与仰韶文化半坡遗址、姜寨遗址等房址布局具有一致性。所以莺歌岭下层–金谷文化发现的半地穴式房址应该是中原文化因素影响到东北地区新石器文化的结果。

2. 陶器上的“人”字纹和回形纹

莺歌岭下层–金谷文化陶器上的“人”字纹大概可以分为粗线体“人”字纹、细线体“人”字纹和由篦点组成的“人”字纹。这三种形式的“人”字纹中，粗线体“人”字纹、细线体“人”字纹都与兴城一期出土的如出一辙。兴城一期也流行篦点纹，采集品中也发现了由篦点组成的“人”字纹。所以，可以肯定莺歌岭下层–金谷文化陶器上的“人”字纹直接来源于兴城一期。

如果寻找“人”字纹更早的渊源，可以追溯到辽东半岛的新石器文化。人字纹这类纹饰曾在辽东半岛的小珠山中层文化、小珠山上层文化和后洼下层、上层文化中流行。辽东半岛的小珠山中层文化是一种以刻划纹为主体的新石器时代文化，无疑是当时东部沿海地区最发达的一种考古学文化。据此，有学者认为这类纹饰应该起源于辽东半岛①。也有学者认为，小珠山中层文化时期大量出现的刻划纹饰的来源似乎需要另

① 赵宾福：《东北新石器文化格局及其与周边文化的关系》，《中国边疆史地研究》2006年第2期。

作探讨，是本地文化发展而来还是受到了其他地区文化的影响还无法确定[①]。

莺歌岭下层–金谷文化中发现的“回”形纹，都是以两条平行线内填满平行蓖点而成。兴城一期也出土了这种“回”形纹陶器，据兴城遗址发掘者研究，这种纹饰大体上是先用尖头或圆头施纹工具刻划出几何形图案主体纹，然后用篦齿状施纹工具在主体纹内填饰细密的篦点纹。因此，“回”形纹也应直接来源于兴城一期。

3. 有肩石锄、石斧、石磨盘和石磨棒

打制有肩石锄、石斧、石磨盘和石磨棒在辽东地区目前所发现的新石器时代遗址中是时代较早的一种文化——辽宁东沟后洼下层遗址[②]中出现。据发掘报告，后洼下层类型的年代在6000年前。

4. 黑曜石压制石器

兴城一期遗存中，出土数量较多的黑曜石刮削器和石镞压制石器，其形制与材质都与莺歌岭下层–金谷文化发现的黑曜石压制石器一致。使用黑曜石做材质，应与遗址所在环境中是否有黑曜石分布或能就近取材有关。关于压制石器，在我国旧石器时代晚期的许多遗址里，已出现了石器细化的趋向，如山西峙峪、河北虎头梁等旧石器晚期遗址都出现了压制石器，因出土压制石器的旧石器时代晚期遗址多数在我国华北地区，故有学者认为，华北地区应是压制石器传统的发源地。至于压制石器从华北地区传播到东北地区的具体路线和途径，还有待进一步的考古发掘和研究。

---

① 贾姗：《图们江流域汉代以前的几种考古学文化及相关问题的研究》，吉林大学硕士学位论文，2006年。

② 许玉林、傅仁义、王传普：《辽宁东沟县后洼遗址发掘概要》，《文物》1989年第12期。

中原龙山到二里头时期文化与社会发展阶段的两个问题

戴向明

（中国国家博物馆田野考古研究中心）

中原地区继龙山时代之后发展起来的主要是二里头文化。二里头文化以环嵩山地区为核心，覆盖河南大部，并直接影响到晋南、陕东等地。关于二里头文化是如何起源与形成的，它与之前的王湾三期文化及“新砦期”遗存的关系如何？从龙山时代到二里头时代环嵩山地区的社会经历了怎样的变化，如何看待该区域文化与社会的演变同史书所载夏王朝相关联的问题？这些就是本文所要着重讨论的内容。

一、对“新砦期”及其与二里头一期遗存关系的认识

龙山时代，在中原的腹心即环嵩山地区分布着王湾三期文化，其周围则环绕着晋南豫西的陶寺-三里桥文化，陕西关中的客省庄文化、豫北冀南的后岗二期文化、豫东的造律台文化，以及从长江中游蔓延到豫南的石家河文化（后被王湾三期文化所取代）。随着龙山时代的结束，原来诸强争胜的局面也随之终结，从环嵩山地区继之而起的二里头文化逐渐发展成为中原乃至整个中国境内罕见的强势文化共同体。然而，二里头文化是如何起源与形成的，很长时间里学界的认识一直是模糊不清的，有关夏文化的长久争论并没能有助于这个问题的解决；近些年随着资料的增加和研究的深入，对该问题的探讨有了很大的进展，但分歧颇大。近年人们围绕早期夏文化讨论的一个关键问题是“新砦期”的存在与否及其年代、性质的归属，这又直接牵涉到二里头文化的起源与形成问题。

二里头文化可以分为不同的类型，除了环绕嵩山的二里头类型，其他类型包括哪些目前学界有不同的认识。较早时期人们一般认为二里头文化只包括二里头类型和晋南的东下冯类型[①]。后来随着新发现的增多和认识上的深入，一些学者主张二里头文化应包括更广大的地域范围和更多的类型，近年较有代表性的观点是将二里头文化分为二里头类型、东下冯类型、豫东的牛角岗类型、豫东南的杨庄类型和豫西南的下王岗

① a. 邹衡：《试论夏文化》，《夏商周考古学论文集》，文物出版社，1980年；b. 李伯谦：《东下冯类型的初步分析》，《中原文物》1981年第1期。

类型[①]。此外也有将东下冯看做是独立于二里头之外的另一支考古学文化的[②]。但无论怎样划分，多数人都认同二里头文化的最初发源地是在嵩山周围的伊洛–郑州地区，这里的二里头类型是探讨二里头文化起源与形成的关键所在。

二里头类型以二里头遗址一至四期遗存为代表[③]。二里头类型主要分布在嵩山周围，该地区早于二里头的是龙山时代的王湾三期文化，两者分布地域大部分重合，年代衔接紧密，文化构成因素也有许多传承之处，因此很多学者都认为二里头文化的形成与王湾三期文化有着较密切的渊源关系。但由于二里头类型中还有许多王湾三期文化所没有的因素，有些是新出现的，有些则来自于周围的其他文化，而且其整体文化面貌与王湾三期文化相比有较大的突变，这就导致了在二里头文化形成问题上的一些不同认识。特别是自"新砦期"遗存发现之后，更是引起了很大的争论。

争论的焦点围绕"新砦期"与二里头一期的关系展开，各家说法可以归纳为以下五种。

（1）认为"新砦期"独立存在，年代介于河南龙山晚期和二里头一期之间并且是两者间的过渡遗存，性质属于二里头文化，后来又将其分离出来称为"新砦期文化"[④]。赵春青在此基础上又进一步指出，"新砦期"遗存只分布于环嵩山地区的东部，主要是在本地王湾三期文化和造律台类型基础上发展起来的，而后再发展到二里头文化一期；环嵩山西部的伊洛流域和洛阳盆地则由当地的王湾三期文化（其下限拖到了新砦期）直接演变到二里头文化一期，而周边其他地区均由当地的龙山文化晚期遗存（其下限拖到了二里头一期）直接演变为二里头文化二期；最先跨入二里头时代的是环嵩山地区的东部，"新砦期"是从王湾三期文化向二里头文化过渡性的遗存，可将其独立命名为"新砦二期文化"[⑤]。

（2）同意"新砦期"早于二里头一期，但认为整个新砦期遗存与王湾三期文化和造律台类型联系更多，归入王湾三期文化后期末段为宜，可称为"王湾三期文化新砦类型"；二里头文化的形成以西进的新砦类型为基础，又融合了洛阳盆地附近部分土著因素和束颈圆腹花边罐等齐家文化因素[⑥]。

---

① 中国社会科学院考古研究所：《中国考古学·夏商卷》，中国社会科学出版社，2003年。

② a. 郑杰祥：《夏史初探》，中州古籍出版社，1988年；b. 张立东：《论辉卫文化》，《考古学集刊》（10），1996年。

③ 中国社会科学院考古研究所：《偃师二里头——1959年~1978年考古发掘报告》，中国大百科全书出版社，1999年。

④ 赵芝荃：《试论二里头文化的源流》，《考古学报》1986年第1期。

⑤ a. 赵春青：《关于新砦期与二里头一期的若干问题》，《二里头遗址与二里头文化研究》，科学出版社，2006年；b. 北京大学震旦古代文明研究中心、郑州市文物考古研究院：《新密新砦——1999~2000年田野考古发掘报告》，文物出版社，2008年。

⑥ 韩建业：《论二里头青铜文明的兴起》，《中国历史文物》2009年第1期。

（3）否认“新砦期”作为过渡遗存的存在，认为其属于二里头文化一期（或一期早段），可算是二里头文化的一个地方类型；二里头文化主要来源于河南龙山文化（王湾三期文化），同时受到了周边其他文化的强烈影响①。

（4）将“新砦期”与二里头一期遗存合并成一个独立于王湾三期文化和二里头文化之外的考古学文化——“新砦文化”②。许宏赞同这种划分和定性，但他强调汝颍区的新砦期晚段与伊洛区的二里头一期早段有同时并存的可能，新砦期遗存与二里头一期遗存既有早晚之别，又有地域上的差异；“新砦文化”的形成是承袭当地龙山文化传统，并大量吸纳了东方文化因素；二里头文化（二期以后）则是西方文化因素大量渗入及东西方文化真正融合而形成典型的二里头文化面貌③。

（5）张海对“新砦期”和二里头一期遗存进行了细致周密的分析，按区域分析了它们的年代和谱系关系。他将“新砦类遗存”分为早晚两段（顾问④、赵春青等也有类似的划分），并认为各与龙山晚期和二里头一期（早段）同时。与“新砦晚类遗存”并行的，在洛阳盆地为二里头文化一期，在颍河中上游、沙汝河流域等地则是兼具“新砦晚类”因素与二里头一期早段因素的龙山文化晚期遗存。他将中原各地的“新砦类遗存”一并划入中原龙山文化晚期的范畴，认为“新砦早类遗存”主要是在继承王湾三期文化基础上大量吸收泛东方和部分泛西北和南方文化系统的因素发展起来的；“新砦晚类遗存”是新砦早类遗存的延续，只是相对缺少泛西北文化传统的因素；二里头文化是在部分继承本地龙山文化晚期因素的基础上，大量吸收周边地区的文化因素，并加以重新整合创新而形成。两者不属于一个考古学文化，而二里头文化的兴起与扩张最终取代了“新砦类遗存”⑤。

以上的讨论主要围绕这样几个问题展开：“新砦期”是否成立及其文化属性如何，它的时空范围及其与二里头一期的关系，“新砦期”和二里头一期遗存的形成。

各家说法中有一点是比较一致的，就是都认为“新砦期”或“新砦类”遗存主要分布在嵩山东部的郑州地区。在龙山时代，环绕嵩山分布的王湾三期文化以嵩山为

---

① a. 邹衡：《试论夏文化》，《夏商周考古学论文集》，文物出版社，1980年；《二里头文化的首和尾》，《中国历史文物》2006年第2期；b. 董琦：《虞夏时期的中原》，科学出版社，2000年。李维明：《二里头一期文化与夏文化初始》，《中原文物》2002年第1期。

② 杜金鹏：《新砦文化与二里头文化——夏文化再探讨随笔》，《中国社会科学院古代文明研究中心通讯》（第2期），2001年。

③ 许宏：《嵩山南北龙山文化向二里头文化演进过程管窥》，《中原地区文明化进程学术研讨会文集》，科学出版社，2006年；《“新砦文化”研究历程述评》，《三代考古》（2），科学出版社，2006年。

④ 顾问：《“新砦期”研究》，《殷都学刊》2002年第4期。

⑤ 张海：《公元前4000至前1500年中原腹地的文化演进与社会复杂化》，北京大学博士学位论文，2007年。

界可分为南、北两个类型，即北面郑洛区的“王湾类型”和南面汝颍区的“煤山类型”，两者在器物组合、形制特点和纹饰特征等方面都存在一定差异，其中最突出的是王湾类型中罐多鼎少，而煤山类型则流行使用鼎为炊器[①]。到了龙山晚期以后，区域间的差异又扩大到了郑州地区。从龙山晚期到二里头一期，嵩山东部的郑州地区、西北部的洛阳地区及南部的颍河和沙、汝河流域，文化面貌及发展变化的轨迹都是不尽相同的。要搞清楚新砦期和二里头一期遗存的来源和相互关系，首先应分别梳理这几个区域从龙山到二里头文化发展演变的脉络。

洛阳盆地内王湾三期文化的王湾类型至少可以分为前、后或早、晚两大期（参见前引韩建业、张海文），主要陶器有深腹罐、乳足鼎、斝、鬲、高领罐、瓮、深腹侈口盆、双腹盆、刻槽盆、碗、甑、豆、圈足盘、单耳罐、单耳杯、盉、小罐、器盖等，纹饰以篮纹为主，其次为方格纹和绳纹。二里头文化的二里头类型可分四期[②]，主要器类有深腹罐、圆腹罐、高领罐、捏口罐、侧装高足盆形和罐形鼎、尊、瓮、缸、深腹侈口盆、浅腹敞口盆、刻槽盆、甑、豆、三足盘、觚、爵、盉、器盖等；这四期主要器类的组合保持了基本的稳定，各类型器物前后演变的脉络清楚，衔接紧密，毫无疑问属于一个考古学文化；至于期间一些次要器类略有增减，陶色由深到浅，纹饰从开始的篮纹居多到逐渐趋于消失、绳纹很快占有绝对优势，各类器物形态的改变等方面的变化，都属于该文化不同发展阶段中局部性的演变，文化构成的主体因素始终没有发生根本的变化。

然而，若拿二里头类型与王湾类型相比，却有相当大的转变。如王湾类型中常见或较常见的乳足鼎、斝、鬲、双腹盆、圈足盘、单耳罐等在二里头类型中从一开始或很快就消失了，而二里头类型新出现的大量的圆腹罐、捏口罐、侧装高足盆形和罐形鼎、尊、三足盘、爵等却不见于王湾类型，即便是共有的深腹罐、瓮、盉等器物的形制风格也发生了非常大的改变，只有高领罐、深腹侈口盆、浅腹敞口盆、刻槽盆、甑、豆、某些器盖等较少的器类有较强的延续性；另外两者在陶色、质地、装饰风格等方面也都有很大的差异或根本的不同。这些方面论者颇多，不必细述。总之，尽管在洛阳盆地内已发现多处二里头类型遗存叠压在王湾类型遗存之上的堆积现象，二者年代前后衔接，没有缺环，文化面貌也有部分的沿袭承接，但两个文化间并非直接的传承递嬗关系。正如李伯谦先生所说，“二里头文化不是河南龙山文化的自然延续，河南龙山文化也不是形成二里头文化的全部来源”[③]。

---

① 韩建业、杨新改：《王湾三期文化研究》，《考古学报》1997年第1期。

② 中国社会科学院考古研究所：《偃师二里头——1959年~1978年考古发掘报告》，中国大百科全书出版社，1999年。

③ 李伯谦：《关于早期夏文化——从夏商周王朝更迭与考古学文化变迁的关系谈起》，《中原文物》2000年第1期。

郑州地区龙山时代的文化面貌与洛阳盆地很相似，只因有相对较多的乳足鼎、平底碗、长颈壶等而更接近于煤山类型，但到“新砦期”却发生了很大的变化。本地区从龙山晚期到二里头初期阶段的演变以新密新砦遗址表现得最充分。新砦发掘报告将有关的遗存分为连续发展的三期[①]。新砦一期属于典型的王湾三期文化晚期遗存。二期即所谓的“新砦期”，典型遗址有新砦和巩义花地嘴[②]，可进一步分为早、晚两段（见前引赵春青、张海文）。早段的主体因素承自新砦一期代表的本地王湾三期文化，主要器类有乳足鼎、深腹罐、小口高领罐、大口瓮、深腹盆、刻槽盆、甑、碗、豆、圈足盘、弧壁器盖等；同时又渗入了很多来自造律台文化、后岗二期文化、乃至山东龙山文化等东方诸临近文化的因素，如侧装三角足罐形鼎、甗、子母口瓮、壶、敞口单耳杯、折壁器盖等，此外还有很少的来自西北和南方的文化因素，而王湾三期文化中较常见的双腹盆、斝等消失；纹饰仍以篮纹为主，次为方格纹，绳纹较少。总体上看，新砦二期早段遗存保持了王湾三期文化的基本特色，并受到了豫东、豫北等地龙山时代诸文化的强烈影响，其年代不会超出龙山时代的范围，大体与河南龙山期的末段相当。

与早段相比，新砦二期晚段的器物组成没有太大的变化，各类器物的形态也是紧密衔接。不同的是晚段又从尊形瓮中演化出了一种折肩大口尊，并新出现了子母口鼎等少量其他几种器物；纹饰仍流行篮纹和方格纹，而绳纹有明显的增加。总的看，这两段遗存紧密关联，是一个不可分割的整体。但与各地区王湾三期文化最晚阶段包括新砦二期早段的同类器物比较，我们会发现新砦二期晚段的器物特征也有较明显的变化，同时又与二里头一期有许多共同之处，最显著的如深腹罐口部变大、下腹由原来的瘦削而渐圆鼓，小口高领罐和大口瓮由鼓肩而变折肩，豆盘变深，敞口平底盆变浅，等等。因此可以推断，新砦二期晚段已经进入二里头一期的年代范畴。

再看紧接新砦二期之后的新砦遗址第三期遗存。第三期出土的遗迹和遗物都较少，但也基本能够反映其文化面貌。从已有资料看，新砦三期陶器的主体部分直接承自新砦二期，主要有深腹罐、尊形瓮、侧装三角形高足鼎（包括子母口鼎）和少量的乳足鼎、折壁与弧壁器盖、深腹盆、甑、敛口钵、瓮、豆等，这些器物具有新砦二期晚段的风格并与其形态相近而略有变化，显然是一脉相承的结果。除此之外，新砦三期还有少量属于二里头文化第一期的典型器物，主要是花边圆腹罐，其中多数为侈口高领的作风，与二里头一期晚段的特征相同（个别圆腹罐带有一期早段的特点），这类器物不见于新砦二期而是三期新出现的。新砦三期的各类器物形态变化不大，存在

① 北京大学震旦古代文明研究中心、郑州市文物考古研究院：《新密新砦——1999~2000年田野考古发掘报告》，文物出版社，2008年。

② 郑州市文物考古研究所、北京大学考古文博学院：《河南巩义市花地嘴遗址“新砦期”遗存》，《考古》2005年第6期。

时间较短，也可以说是新砦二期发展的余绪，其年代大体与二里头一期晚段相当。综合前面的有关认识，可以进一步推定新砦二期晚段主要相当于二里头一期早段。此外，新砦二期晚段与二里头一期早段的主要器类风格一致、形态相近，有人视为早晚衔接的结果[①]，有人则看做是同时期的共同特点[②]。本文的分析支持后一种观点。

总结上述分析，可以看到新砦遗址的一至三期既连续发展又有很大的变化。其中最主要的变化发生在新砦一、二期之间，由于外来文化的强烈介入而导致文化面貌出现了相当大的改变。从新砦二期早、晚两段到新砦三期，虽然文化的构成因素有所增减，三期时又有少量二里头文化特有因素的渗入，并且原有的一些器类减少而简化了，但文化的主体面貌变化不大，可以将新砦三期与二期视为一个整体而归属于性质同一的一类遗存。新砦三期器物群中直接源于二里头文化的因素只有少量的花边圆腹罐，而不见二里头特有的捏口罐、三足盘、觚等其他器类，其整体面貌更接近于新砦二期而非二里头。那么，所谓“新砦期”这类遗存就还应包括新砦三期。这类遗存年代纵跨龙山时代末期到整个二里头一期。

除了新砦、花地嘴这种包含典型的“新砦类遗存”的遗址，整个嵩山东部郑州地区“新砦期”的情况则比较复杂。其中多数遗址如荥阳竖河[③]、郑州大河村[④]、新密黄寨[⑤]等只有少量“新砦类”因素（主要指源自造律台等东方文化的那些特有器类）。少数如新密古城寨含有侧装高足鼎、甗、壶、折壁器盖等较多的新砦类因素，但同时又有斝、双腹盆等不见于新砦遗址的王湾三期文化因素[⑥]，文化面貌介于“新砦期”与典型的王湾三期文化之间。新砦是一处总面积达100万平方米的龙山末期遗址，花地嘴新砦期遗址残存面积约30万平方米，而古城寨是一处与新砦邻近的面积约18万平方米的龙山晚期城址，它们应属于不同级别的大型中心聚落。由此观之，在郑州及左近地区，似乎只有在这些等级较高的大型遗址中才存在充分或较多的“新砦类”因素，其他普通遗址只有很少或较少的“新砦类”因素。这反映东方外来文化的大规模冲击和渗透主要局限在高等级的聚落中，普通聚落则是在基本保持本地王湾三期文化主要传统的基础上而略有变化。因此，有人以“新砦现象”来表述这种在特定时期发生在特

---

① 赵春青：《关于新砦期与二里头一期的若干问题》，《二里头遗址与二里头文化研究》，科学出版社，2006年。

② 张海：《公元前4000至前1500年中原腹地的文化演进与社会复杂化》，北京大学博士学位论文，2007年。

③ 河南省文物考古研究所：《河南荥阳竖河遗址发掘报告》，《考古学集刊》（10），1996年。

④ 郑州市文物考古研究所：《郑州大河村》，科学出版社，2001年。

⑤ 河南省文物考古研究所：《河南密县黄寨遗址的发掘》，《华夏考古》1993年第3期。

⑥ 河南省文物考古研究所等：《河南新密市古城寨龙山文化城址发掘简报》，《华夏考古》2002年第2期。

定遗址上的特殊遗存[1]，是有一定道理的。这里需要特别说明的是，在二里头一期早段亦即新砦期晚段，在荥阳竖河、新密黄寨等遗址已见圆腹罐等很少的二里头文化特有因素。到二里头一期晚段即新砦三期阶段，有的遗址如新密黄寨有较多的圆腹罐等二里头因素，但整体看与新砦类遗存更接近；有的遗址如竖河，除了较多的圆腹罐，还有捏口罐等二里头文化特有的因素，整体面貌与典型的二里头文化更为接近。这可能反映在此阶段二里头文化因素的侵入在远离新砦的聚落要多于新砦及其附近的聚落，属于两者交错并存的时期。这种此消彼长的态势到二里头二期最终发生了根本的改变，此时在整个郑州地区二里头文化已完全取代了“新砦期”遗存的存在。

在嵩山以南的颍河和沙、汝河流域，在新砦二期阶段主要是含有少量“新砦类”因素的本地王湾三期文化的延续；二里头文化的因素从一期早段到一期晚段逐渐增多，到一期晚段时这里已基本呈现出二里头文化的主体面貌[2]，其对本地区的侵占速率似乎要快于郑州地区。总的看，本地区的二里头文化是次生的，不会是该文化的发源地。

通过以上的梳理可以看到，嵩山东部郑州地区的文化发展脉络最为复杂。这里是“新砦类”遗存的发生地和主要分布区，这种遗存是以本地王湾三期文化为主、在大量吸收造律台等东方邻近的龙山期文化因素的基础上演变而成的，年代从龙山期末段一直延续到二里头一期，形成了本地区特有的“新砦现象”（见前引张海文）。不过既然这类遗存在大型和普通遗址中都有程度不同地存在，那么也可以将分布在郑州及左近地区的这类遗存单独称为一个“新砦类型”。这个类型包括了新砦二期和三期为代表的遗存的总和。因其与王湾三期文化的密切关系，我们同意将其归属为该文化晚期的一个地方类型。本地区二里头文化完成对新砦类型的全面取代是在二里头二期以后，相对晚于二里头类型的其他分布区，这与此地新砦类型及其大型中心聚落的强势存在应有直接的关系。另外也由此可知，既然本地区从新砦类型到二里头类型不是直接传承的结果，而是后者取代前者并且出现较晚，那么这里当然也不会是二里头文化的发源地。本地区最早的二里头时期遗存中都不见系统、完整的二里头文化器物群，与典型的二里头一期文化面貌相比都有一定差距，这也进一步说明二里头文化不会是在这里起源的。

正如人们已经认识到的，二里头文化一期早段主要局限在洛阳盆地，同时期其他地区还都处于龙山时代的末期；到二里头文化一期晚段才扩展到环嵩山周围的大部分地区（见前引张海等的文章）。这样一个发展过程已经清晰地表明二里头文化最早只

---

① 张海：《公元前4000至前1500年中原腹地的文化演进与社会复杂化》，北京大学博士学位论文，2007年。

② 张海：《公元前4000至前1500年中原腹地的文化演进与社会复杂化》，北京大学博士学位论文，2007年。

能是在洛阳盆地起源的。但在洛阳盆地内，二里头类型的大部分主要器类并非直接源自王湾类型。经比较发现，二里头一期器物中的多数与“新砦类型”有直接的联系，如侧装高足鼎、子母口鼎、深腹罐、小口高领罐、大口尊、小口瓮、甑、刻槽盆、深腹侈口盆、浅腹敞口盆、深腹豆、盉、折壁器盖等；其中只有少数的盆、罐、鼎、鬶、弧壁器盖等或许与本地的前期文化有较近的渊源关系。在新出现的器类中，三足盘、觚等应当是直接受东方海岱区文化影响形成的，花边圆腹罐是源自西北齐家文化的因素，捏口罐、爵等则属于二里头新创制的特有因素。从这种文化因素的来源与构成可以看出，二里头类型是以西进的新砦类型为主体，融合部分土著因素，同时大量吸收来自西北、东方及周边其他地区的文化因素，并进一步综合创新而形成①。

乍一看，因为二里头一期与新砦二期遗存如此相像，似乎可以将他们划入到一个考古学文化范围内；但考虑到二里头一至四期是一个不可分割的整体，而新砦类型又与本地的龙山期文化有着紧密的联系，因此还是将“新砦类型”归属为王湾三期文化晚期的一个地方类型为宜。其中一个值得注意的现象是，位于嵩山以北的巩义花地嘴，介于郑州与洛阳之间，与偃师二里头更接近，不但聚落规模较大，而且出有玉璋、钺、铲、琮等高等级物品，与其后的二里头文化玉器有密切的关系。花地嘴只发现有“新砦期”早段的遗存，晚段消失，而同时在其西部的洛阳盆地兴起了二里头一期聚落，这一兴一废，似乎暗示着两者间紧密相关的内在联系。

由上可知，二里头文化最早是在洛阳盆地形成，尔后才扩展到周边地区的。二里头兴起之后，其社会群体与聚落规模快速膨胀，其文化覆盖的区域迅速扩展，最晚到二里头二期就已囊括了环嵩山周边的所有区域，并最终导致了新砦作为大型区域中心聚落的消失和“新砦类型”的终结。豫东的牛角岗类型、豫东南的杨庄类型、豫西南的下王岗类型，以及晋南的东下冯类型，都应该是二里头文化迅速扩张过程中与当地龙山期文化的后裔结合、同时又融合其他方面的一些因素发展而形成的。

二、从龙山到二里头：文化和社会的演变与夏文化、夏都和夏王朝的问题

环绕嵩山的河南中西部是王湾三期文化和二里头文化的核心分布区，从文化地理上该区域又可分为嵩山西北的洛阳盆地、嵩山以东的郑州地区、嵩山南部的颍河上游和沙汝河流域三大块。前文分别梳理了这三个地区从龙山到二里头时期文化发展演变的脉络，重点讨论了“新砦类型”与“二里头类型”的关系，以及他们各自的来源与形成机制。接下来的问题是，在这一漫长的过程中，该区域的聚落形态和社会形态发生了怎样的变化？文化的演变与社会结构的变化有着怎样的联系？又当如何看待与之

① 韩建业：《论二里头青铜文明的兴起》，《中国历史文物》2009年第1期。

密切相关的史书所载夏文化、夏都与夏王朝的问题？

在切入这一问题之前，首先有必要讨论一下有关的概念和理论模式。

早在1985年，苏秉琦先生在结合辽西考古资料谈当时考古工作重点和大课题的时候，提出了“古文化、古城、古国”这三个概念，他强调“这个提法是把考古学区系类型的理论转化为实践的中心环节”①。其后，基于区系类型学说和围绕古文化、古城、古国几个关键课题的具体实践，他在20世纪90年代前期的几次讲话中又提出从氏族到国家，国家的起源、形成与发展经历了三部曲：古国、方国到帝国②。按他的解释，“古国指高于部落以上的、稳定的、独立的政治实体”，是一种“原始的国家”；而方国是“比较成熟、比较发达、高级的国家”，包括夏商周三代，最后直至秦汉统一建立帝国。他认为“在距今五千年前后，在古文化得到系统发展的各地，古城、古国纷纷出现，中华大地社会发展普遍跨入古国阶段”③。显然，这是苏秉琦先生以本土化的概念对中国远古社会发展进化阶段的概括总结。这个理论对20世纪90年代以后学术界有关中国文明的起源和发展、各区域远古社会发展阶段的探索产生了深远的影响。此后，又有一些学者提出了类似的见解，如严文明、张忠培先生都将中国早期文明社会的发展分为“古国”（公元前3000年稍早到龙山时代“万国林立”的区域组织）、“王国”（夏商周三代国家）、“帝国”（秦汉以后）三个阶段④。总之，“古国”是与在更广大范围内形成了统一政权、王位世袭的夏商周王朝所不同的前王朝社会；而夏商周三代则是王国与周边诸方国或诸侯国并存的局面。尽管在使用的概念上略有差别，但几位先生关于古代社会发展阶段的思想实有本质的一致性。他们的理论都表达了古代社会从低级到高级、从简单到复杂的演化过程，其中的一个关键之处是指出在原始的氏族部落与夏商周这样的国家社会之间，还存在着一个“古国”阶段。

现代西方学术界有关社会进化的理论中，影响最大的当首推塞维斯在1962年提出的“游团—部落—酋邦—国家”的社会发展模式⑤。在其后几十年的时间里，这个理论模式既被广泛地应用，同时也受到了很多的质疑和非议，一些人认为这种阶梯式、分类型的进化模式掩盖了社会发展变化的复杂性，也不足以涵盖世界不同地区多样化的

---

① 苏秉琦：《辽西古文化古城古国》，《辽海文物学刊》（创刊号）1986年。

② 苏秉琦：《中国考古学的黄金时代即将到来——纪念北京大学创设考古专业四十年》，《中国文物报》1992年12月27日；《北京大学“迎接二十一世纪考古学”国际学术讨论会上的讲话（提纲）》（1993年）和《国家起源与民族文化传统（提纲）》（1994年），皆载于《华人·龙的传人·中国人——考古寻根记》，辽宁大学出版社，1994年。

③ 苏秉琦：《中国文明起源新探》，生活·读书·新知三联书店，1999年。

④ a. 严文明：《黄河流域文明的发祥与发展》，《华夏考古》1997年第1期；b. 张忠培：《中国古代的文化与文明》，《考古与文物》2001年第1期。

⑤ Service, Elman R. 1962. *Primitive Social Organization*. New York: Random House.

发展道路[①]。但经过长久的讨论之后，迄今这个模式仍是人们观察不同社会发展演变过程的难以回避的参照系。与之比较，本人认为上述几位先生有关中国古代社会发展阶段的理论与塞维斯的模式有着实质上的相似性，表述的都是从相对简单的氏族部落社会经过中间形态的复杂社会，再演变到早期国家的过程。那么，笔者个人理解，“古国”即与“酋邦”大体相当。酋邦是具有一定人口规模和地域范围、具有一定等级分化和控制体系的前国家的复杂社会[②]；而国家与酋邦最大的区别是在最高首脑之下还有一套分层与分工的官僚管理机构和维护国家统治的法律、制度和暴力工具。落实到考古遗存上，一个国家组织应具有多层级的聚落系统，大型都邑性中心聚落，多功能的大型高级建筑群（包括宫殿、宗庙和其他礼仪建筑）及王墓或王族墓区，满足贵族需要的高端手工业和稀有贵重的奢侈品，等等[③]。按照这样的认识，与酋邦相当的古国就还不是严格意义上的国家社会组织。

龙山时代，中原地区考古遗存反映的一个突出变化是涌现出了众多的城址，到目前已发现大大小小十几座，其中属于王湾三期文化的主要有新密古城寨和新砦、登封王城岗、博爱西金城、温县徐堡、平顶山蒲城店、郾城郝家台共7座[④]。其中，王城岗、古城寨和新砦集中分布在嵩山南麓和东南王湾三期文化的中心区域，其他几座则位于该文化北部和南部的边缘地带。从城址的规模看，小的如郝家台仅有数万平方米，较大者如王城岗、西金城有30余万平方米，其余几座为10几万平方米。规模最大的为龙山末期的新砦，总面积有约100万平方米，城墙内面积约70万平方米[⑤]。从城址的内容看，多数城内的聚落结构尚不清楚或了解很有限，仅知在王城岗、古城寨、新砦等城址内有大型建筑基址，但缺乏高等级建筑群和贵族大墓的迹象。与学界公认的作为中原早期国家都邑的二里头相比较，上述这些城址都还不具备成为王国都城的

① a. Blanton, Richard, Gary Feinman, Stephen Kowalewski and Peter Peregrine. 1996. A Dual-Processual Theory for the Evolution of Mesoamerican Civilization. *Current Anthropology* 37（1）: 1-14. b. Feinman, Gary and Jill Neitzel. 1984. Too Many Types: An Overview of Prestate Societies in the Americas. In *Advances in Archaeological Method and Theory*, edited by Michael B. Schiffer. New York: Academic Press, 7: 39-102; c. Yoffee, Norman. 1993. Too Many Chiefs? In *Archaeological Theory: Who Sets the Agenda*? edited by Norman Yoffee and Andrew Sherratt. Cambridge: Cambridge University Press: 60-78.

② a. Carneiro, Robert L. 1981. The Chiefdom: Precursor of the State. In *The Transition to Statehood in the New World*, edited by Grant D. Jones and Robert R. Kautz. Cambridge: Cambridge University Press: 45; b. Earle, Timothy K. 1991. The Evolution of Chiefdom. In *Chiefdoms: Power, Economy, and Ideology*, edited by Timothy Earle. Cambridge: Cambridge University Press: 1-15.

③ Flannery, Kent V. 1998. The Ground Plans of Archaic States. In *Archaic States*, edited by Gary M. Feinman and Joyce Marcus. Santa Fe: School of American Research Press:15-58.

④ 魏兴涛：《中原龙山城址的年代与兴废原因探讨》，《华夏考古》2010年第1期。

⑤ 赵春青：《中国史前城址研究的过去、现在与未来》，《中国社会科学院古代文明研究中心通讯》（第21期），2011年。

条件。而与新砦二期城址共存过一段时间的二里头一期聚落，面积只有100余万平方米[①]，与新砦大小相当，而且缺乏大型建筑等高等级遗存的发现，其发展水平应当还没有超过新砦。综上，笔者认为上述所有这些龙山时代城址（以及二里头一期聚落和其他大型遗址）所代表的区域社会组织都还没有发展成为早期国家，尚属于酋邦或古国阶段。在整个中原文化区，率先发展成国家的是陶寺中期大城及其整合的区域集团，继之而起进入国家社会的是二里头二期之后的二里头都邑及其政体。关于以上认识笔者曾有专门的论述，在此撮要述之，不再详论[②]。

学术界一般认为，龙山时代相当于古史传说中的尧舜禹时代，也可以说是中国历史上的“英雄时代”。张忠培先生认为这个时代“国”与“国联”并存，一些地方割据政权彼此对抗、兼并，最后形成了以尧、舜、禹为代表的少数几个政权，他们经协调相互关系、谋取共同利益而建立了“国联”组织，其首领实行“轮流坐庄”的方式，这就是所谓“禅让制”的实质内涵[③]。龙山时代环嵩山地区王湾三期文化面貌高度相似，说明在本区域各群体间有着频繁的交流、互动关系，而不同集团间的竞争也是在所难免的；同时，这些城址（及其他区域性的中心聚落）之间大小差别显著，反映不同社会集团的规模有大有小、势力有强有弱，那么在不同的集团间很可能会形成有主有从的联盟组织，即张先生所说的“国联”。

中原地区从龙山到二里头时代，牵涉到史籍所载夏都和夏王朝的问题，落实到考古遗存上，还有一个何者为夏文化的问题。这个问题讨论了几十年，至今仍聚讼不已。讨论中形成了一个基本的共识，就是绝大多数学者都赞同二里头文化的一至四期属于夏文化；但对于夏文化的上限，却主要存在两种不同的观点。一是认为夏王朝始于二里头一期，结束于二里头四期，即二里头文化一至四期为夏文化[④]。二是认为二里头一至四期的^{14}C测年少于据史书所推定的夏王朝的积年，因此二里头文化不能涵盖整个夏文化，早期夏文化应包括河南龙山文化王湾类型（即王湾三期文化——笔者注）晚期和“新砦期”遗存；并由此进一步推断登封王城岗龙山期城址为禹都之“阳城”，以新砦遗址为代表的“新砦文化”是“太康失国”“后羿代夏”期间的夏文化，以二里头遗址为代表的二里头文化是“少康中兴”到夏桀灭亡时期的夏文化[⑤]。

这两种观点各自都有很多的支持者，且论者各有所据，预计这样的争论和观点的

---

① 许宏、陈国梁、赵海涛：《二里头遗址聚落形态的初步考察》，《考古》2004年第11期。

② 戴向明：《中原地区龙山时代社会复杂化的进程》，《考古学研究》（十），科学出版社，2012年。

③ 张忠培：《中国古代的文化与文明》，《考古与文物》2001年第1期。

④ 邹衡：《试论夏文化》，《夏商周考古学论文集》，文物出版社，1980年；《二里头文化的首和尾》，《中国历史文物》2006年第2期。

⑤ 李伯谦：《夏文化探索与中华文明起源与形成研究》，《文明探源与三代考古论集》，文物出版社，2011年。

分歧还将长久地持续下去。之所以会出现这种局面，是因为没有过硬的证据来做出最终的裁断。所谓“过硬”的证据，就是指可以证明何者为夏都的文字资料，就像甲骨文能够证明安阳小屯为殷墟、小屯文化为晚商文化那样。

这样讲并不是说在没有发现文字的情况下就绝对不能证实某些历史事件和史迹。比如二里头作为夏王朝的都邑、二里头文化为夏文化就得到了多数人的认同，但这样的认识经历了一个很长的过程。首先是殷墟甲骨文的发现证实了殷都和晚商文化的存在，后来郑州和偃师商城的陆续发现又揭示了早期商都和早商文化。尽管考古上一直还没有发现或识别出相当于夏朝的文字，但人们根据商史的确认也都认为史书关于夏史的记载也非虚言。那么在史籍所述夏民族活动范围内，早于早商文化的即是二里头文化，而二里头文化又是占据中原的唯一强势文化共同体；同时，二里头作为该文化唯一特大型都邑性聚落，也是中原其他同时期聚落所无法比拟的。这样史书所载就与考古发现相吻合，完全可以证实二里头作为夏都和二里头文化作为夏文化的问题。但二里头文化是全部的夏文化，抑或只是晚期的夏文化；二里头是唯一的夏都，抑或只是晚期的夏都，则是目前考古发现所难以给予肯定回答的。

按照第一种观点，夏文化就等同于二里头文化，此前的王湾三期文化至多算是“先夏文化”，那么二里头就应当是自禹或启以后的唯一夏都。根据考古发现和本文的认识，龙山时代在环嵩山地区应存在着许多以城址和其他大型聚落为代表的区域集团，直到二里头一期偏早阶段在嵩山的东部可能还存在着与之并峙的新砦集团；二里头在整个环嵩山地区建立了统一的政权并发展为国家社会，很可能是在二里头二期之后。因此，不管是以禹还是启作为夏代的开创者，如果将他们视为二里头聚落的创建者，那么他们所建立的组织就仍然属于“古国”或“酋邦”社会，夏发展为国家则是稍后的事；如果认为他们就是夏王朝的第一代国王，那么其年代当在二里头二期之时，此前则是夏朝立国的前奏（属于从古国到王国的过渡阶段）。究竟哪种情况属实，这是目前考古学所难以证明的。

对于第二种观点，同样可以做出与考古发现相符合的逻辑推断。登封王城岗是环嵩山中心地带规模最大、结构最复杂的一座龙山期城址，先是有两座并列的小城，后来又出现了近35万平方米的大城，小城和大城内似都有一些较大的夯土建筑基址，其地望与文献所记夏代阳城相符，并且附近发现有战国时期的陶文可证东周阳城就在此地，因此许多人认为这里就是“禹都阳城”之所在[①]。比王城岗稍晚的新砦遗址规模更大，除了可能存在城墙外，还有内外三重壕沟环绕，而且在中心部位发现有大型建筑基址；如前文所述，以新砦二、三期为代表的新砦类型渗入了很多来自造律台文化等东方文

---

① a. 河南省文物考古研究所、中国历史博物馆考古部：《登封王城岗与阳城》，文物出版社，1992年；b. 北京大学考古文博学院、河南省文物考古研究所：《登封王城岗考古发现与研究（2002~2005）》，大象出版社，2007年。

化的因素，这恰与“后羿代夏”的历史记载相符，那么新砦就是来自东方的后羿集团“因夏民以代夏政”所建立的统治中心。再往后，随着洛阳盆地内二里头集团的崛起，夏王朝终又回归正统，这代表了“少康中兴”以后的史事。以上便是据第二种观点对夏文化、“夏王朝”发展过程的解释。但这样的解释也只能视为部分史籍的记述与现有考古发现基本相符的逻辑推断，还不能说是确凿无疑的事实了。如果史书中关于夏代史迹的这部分记载真实可信，那么我们倾向于支持上述的认识。

对于上述这种推理所得的结果，我们需对期间的社会发展阶段作出如下的说明：即便我们承认王城岗为禹都阳城，新砦为后羿代夏之所居，二里头是少康中兴以后的夏都，但依据现有的考古发现，我们也只能认为从禹到少康，亦即从王城岗、新砦到二里头一期，夏人所建立的政治集团都还不是国家社会，而是尚处于古国或酋邦阶段。直至二里头二期之后，也就是少康之后的某一代国君，夏集团才最终发展壮大而成为国家形态的社会组织。如此，可以说夏人立国经历了一个很长的历史。自龙山时代起，环嵩山地区的王湾三期文化面貌高度相似，可以推想该地区的人民在频繁的交流互动中形成了文化上的认同感，这也许就是“夏人”的由来；但同时他们又分属于不同的政治集团。不同的集团在相互竞争与联合对外的争斗中也会形成联盟组织，而其中势力强大的集团的首领就可能充当盟主，如王城岗、新砦等都有可能成为过联盟的中心，从中甚至还能看到外来势力的侵入与干预。这样通过长期不断的竞争与合作，原来那些规模较小的区域组织逐渐被整合进势力强大的集团中，到龙山末期形成了新砦与二里头两大集团东西对峙的局面，稍后则是二里头的崛起最终将新砦集团覆盖消融，而发展成为规模庞大、结构复杂的国家社会组织。这也许就是所谓“夏人”由“古国”（或酋邦）到“王国”发展演变的真实历史情形。

我国有着丰富的历史文献，在充分利用文献资料、结合考古学进行历史的复原研究方面我们有着得天独厚的优势。以史籍记载为线索来探寻考古遗迹，或将考古发现与历史文献相对应的研究，可以称之为考古学研究中的“历史索引法”。这种方法和研究路径在中外考古学界都已经取得了非凡的成果，国外如著名的古希腊特洛伊城的发现，中国如夏商周都邑和周代一些诸侯国都邑的发现与确认等。然而，我们不能就此推而广之，认为通过这种方法可以搞清所有商代以前传说时代的历史；不能因为甲骨文已确认了商王世系的真实性，就认为史书所记夏王朝的世系就是确凿无疑的了。商王世系确定了，但商王朝存在了多少年并没有形成一致的看法；同样，夏朝存续的年代究竟有多长，也是未经证实或有很大争议的问题。这些从“夏商周断代工程”前前后后的争论中可以看得很清楚。在这种情况下来讨论夏代的纪年和夏文化的内涵，肯定难以取得确定的结果。同理，对于更早的“五帝时代”也可以进行类似的考证，比如将文献记载与考古发现相对照，许多人认为山西襄汾陶寺遗址就是尧都；这种可能性当然存在，不过也只是略备一说，其真实可靠性还需大量的证据来证明。由此可以看出，研究夏以前的历史，这种按图索骥、对号入座式的“历史索引法”是有很大的局限性的。相反，在历史记载模糊不清、充满疑问或文字资料缺失的情况下，即使撇开何者为夏的问题，我们也可以充分利用考古资料，基本搞清这段历史的文化面貌、社会结构和发展状态，而且随着出土遗存的不断增加，还能够继续补充、完善或修正我们的认识，从而使得相关的认识不断接近历史的真实。比起何者为尧舜之都、何者为夏都等“名”的问题来，上述考古学所探索的是更加“实”的问题，也是真正值得花大力气去努力探索的研究方向。

游牧业起源的证据——以内蒙古中南部为中心

曹建恩

（内蒙古自治区文物保护中心）

从黑海延伸至蒙古的欧亚大陆草原是游牧业的起源地之一，位于其南部边缘的内蒙古中南部由于特殊的地理位置以及丰富的考古学发现，在探讨中国游牧业起源问题方面占有重要的学术地位，本文将依据考古学、动物学、环境学、体质人类学、分子生物学五个方面的证据来阐述这一地区游牧业的起源过程。

一

从内蒙古中南部先秦时期遗址分布的数量来看，朱开沟文化时期及其之前的遗址比较常见，而西岔文化[①]时期的遗址数量极为稀少。

表一　浑河下游地区区域性考古调查数据统计表

名称	官地一期	鲁家坡一期	庙子沟文化	阿善三期	永兴店文化	朱开沟文化	西岔文化	东周	汉代
数量	19	63	168	98	76	112	0	168	101
百分比	5.2%	17.2%	45.8%	26.7%	20.7%	30.5%	0	45.8%	27.5%

浑河流域考古调查[②]的结果显示出同样的变化趋势，这说明浑河流域新石器时代至西岔文化时期遗址数量的分布特点具有一定的普遍性（表一）。需要说明的是东周时期遗址的数量显著增加，几乎达到了最繁荣的庙子沟文化[③]时期的数量，然而，对这些遗址内涵详加分析，会很容易地发现其中绝大多数遗址应属于北上的中原移民，真正

① a. 内蒙古自治区文物考古研究所：《内蒙古清水河县西岔遗址发掘简报》，《万家寨水利枢纽工程考古报告集》，远方出版社，2002年；b. 曹建恩：《西岔文化初论》，吉林大学硕士学位论文，2003年。

② 2005～2006年内蒙古文物考古研究所“河套地区先秦两汉时期人类文化、生业与环境”课题研究之浑河下游地区区域性考古调查研究成果。

③ 内蒙古自治区文物考古研究所：《庙子沟与大坝沟新石器时代遗址发掘报告》，中国大百科全书出版社，2003年。

属于北方人群的遗址仅有两处，而且是两处墓地①，可见，就北方人群而言，西岔文化时期至东周时期，遗址的数量已经降到了最低点。通常情况下，游牧人群由于居无定所，逐水草而居，很难留下生活居址，因此遗址稀少是游牧业起源乃至流行时期的重要特征之一，由此，西岔文化至东周时期是探寻游牧业起源的重要历史阶段。

朱开沟文化时期，由于出现数量较多具有浓郁北方草原风格的鄂尔多斯青铜器，而且墓葬中流行用绵羊的下颌骨殉牲的习俗，因此一度被认为是游牧业起源的标志，但是从浑河流域调查的情况来看，这一时期遗址的数量甚至已经超过从事定居农业的永兴店文化②时期，因此认为这一时期的居民已经从事非定居的游牧经济显然缺乏足够的证据，从典型的朱开沟遗址来分析，较深的文化堆积、丰富的房屋和窖穴均显示当时的居民采用的是定居的生活方式，而遗址中出土的大量石镰、石刀等农业工具亦表明农业依然是当时居民主营的经济类型，出现相当数量的用绵羊下颌骨殉牲的现象，只能说明这一时期畜牧业在其经济成分中占有相当的比重。故此朱开沟文化晚期游牧经济可能已经发生的论断，不仅很难得到遗址数量、聚落形态、生产工具方面的支撑，而且兽骨研究的结果亦表明，畜群没有呈现出根本性的本质变化③。

西岔文化时期，遗址堆积较为深厚，房屋遗迹广为分布，流行大量的大型陶器及石刀等农业生产工具，因此这一时期应与朱开沟文化时期相类似，从事以农业为主畜牧业为辅的经济类型，处于稳定的定居状态。

进入东周时期，已经发现属于北方人群的墓葬十余处，与之相应的遗址却发现的极为稀少，可能这一时期已经处于非定居状态，仅在凉城县毛庆沟墓地附近发现的一处居住址亦与一般意义上的聚落所在地有所不同，不仅面积很小，而且难寻明显的房屋遗迹，可能属于当时的一处冬营地。对这一时期本地区墓葬中的随葬品进行观察，在土默川平原地区，墓葬中基本不随葬难于携带而且易碎的陶器，除短剑外别无长物，主要为随身携带的小型装饰品及工具；在鄂尔多斯及岱海地区，随葬品仍然主要为便于携带的武器、装饰品及工具，墓葬中虽然随葬陶器，但大多数墓葬中仅随葬单件陶器，缺乏组合，数量依然偏少。为适应移动生活的需要，陶器多具有形体小、带耳以及口部附穿孔的特点。纵观这一时期的墓葬，随葬品中未发现任何农业生产工具，而且皆流行用食草类动物的头骨进行殉牲的习俗，种种迹象表明，当时的人群已经普遍从事游牧业。鉴于这一时期最早的墓葬属于春秋晚期，故推定游牧业在内蒙古的产生至迟不会晚于春秋晚期。

---

① 即清水河县阳畔和西咀墓地。

② 2005～2006年内蒙古文物考古研究所“河套地区先秦两汉时期人类文化、生业与环境”课题研究之浑河下游地区区域性考古调查研究成果。

③ 黄蕴平：《内蒙古朱开沟遗址兽骨的鉴定与研究》，《考古学报》1996年第4期。

二

本地区先秦时期诸遗址动物学研究结果，比较客观的显示了农业、畜牧业及其他辅助生计的兴衰过程。

距今6500～6000年的石虎山类型[①]时期，在对凉城县石虎山遗址Ⅰ区出土的动物骨骼进行鉴定，发现动物群的组合为猪、黄羊、水牛、马鹿、狍、狗、獾、野兔、棕熊等。从狗的头骨形态及牙齿形态测量数据来看，均与狼有显著区别，应属于家养的狗，而且遗址中发现有用狗来祭祀的现象，可作为家养狗的旁证。猪骨的数量不多，死亡年龄多在半岁左右，而且1/3的猪是在成年以后宰杀的，因此猪应是家庭饲养的，只是处于饲养的初期，猪骨的形态差异并不是很明显。猪作为家养动物，约占动物总数的15.6%。可见当时居民从事的是原始农业经济。野生动物以水牛、马鹿、狍的数量为最多，是当时居民主要的狩猎对象，对马鹿、狍、斑鹿的头骨及鹿角进行观察，既发现砍断的鹿角，也常见脱落的鹿角。显然当时的狩猎是一种常年的生产活动。如此，狩猎在当时的经济生活中占有较大的比重。此外在遗址中还采集到一些鲤科鱼类的牙齿、鳃带骨和脊椎骨以及河蚌、鳖和少量禽类肢骨，反映了当时的居民从事一定的捕捞活动，在岱海中捕鱼捞蚌，抓获一些水鱼禽类作为肉类的补充。

距今5500～5000年前的庙子沟文化时期，在庙子沟及大坝沟遗址[②]出土的动物骨骼可鉴定的种属有马、牛、黄羊、猪、马鹿、狍、狗等，当时居民饲养的动物有狗和猪，其中庙子沟遗址猪的最小个体数占动物总数的16.7%，狗占动物总数的6.7%，家畜占动物总数的23.2%，野生动物占动物总数的76.6%。说明狩猎和捕捞是当时提供肉食食物的主要来源，这一时期发现的马骨尚不能确定为家养，而发现的黄牛骨与原始牛的相似，此外羊主要为野生的黄羊，推测野马、黄羊、羊是当时居民狩猎的对象，当然野猪、马鹿、狍、野驴等也是当时主要的狩猎动物。

距今4500年左右的永兴店文化时期，在西岔遗址家畜的种类有猪、牛、羊、狗，在数量上占同期动物总数的66.7%，牛羊的数量之和与猪的比例为1：2，野生的动物主要有鹿类和狐狸，是当时主要的狩猎对象，与家畜相比，其所占比例为33%[③]。

距今4200～3500年前的以朱开沟遗址为代表的时期，通过对收集的兽骨进行分析[④]，结果表明猪、羊、牛、狗均属于家畜，另外如骆驼、马鹿、熊、豹等属于野生动

---

① 内蒙古自治区文物考古研究所、日本京都中国考古学研究会中日岱海地区考察队：《内蒙古乌兰察布盟石虎山遗址发掘纪要》，《考古》1998年第12期。

② 内蒙古自治区文物考古研究所：《庙子沟与大坝沟新石器时代遗址发掘报告》，中国大百科全书出版社，2003年。

③ 杨春：《内蒙古西岔遗址动物遗存研究》，吉林大学硕士学位论文，2007年。

④ 黄蕴平：《内蒙古朱开沟遗址兽骨的鉴定与研究》，《考古学报》1996年第4期。

物。猪骨占全部兽骨的1/3，结合遗址中及墓葬中出土较多的石镰、石刀等分析，朱开沟的居民从事的主业应是农业经济。羊骨的数量与猪骨的数量相当，约占1/3强。值得注意的是，对遗址羊骨进行统计，发现羊的种属均属于绵羊，而在406件可代表56个个体的标本中，只发现2件标本可能属于山羊。因此当时畜牧经济是以放羊为主的。牛骨的数量较少，占15.2%，狗骨最少，仅占4.46%。捕获的野生动物占总数的11.4%，说明狩猎应当是当时经济生活的重要补充，狩猎对象主要是马鹿和鹿，偶尔也包括一些凶猛的动物，如熊，豹等。

距今3000年左右的西岔文化时期，在西岔遗址发现的家畜种类有猪、牛、羊、狗，这时可能已经驯化了马，家畜占动物总数的89%。羊包括绵羊和山羊，山羊的数量约占绵羊的一半，牛羊之和与猪的数量比例约为0.7∶1，野生动物包括哺乳类、软体类和鸟类在内的12种动物，其中哺乳类动物有马鹿、梅花鹿、狍子、獐、麝、兔子、熊、狐狸等，应该是狩猎的主要对象，狩猎回来的野生动物的数量在同期动物中所占比例仅为0.8%[①]。

纵观距今6500～3000年的漫长岁月，猪一直是农业人群最为重要的家畜，纵然食草类动物的种类不断增加而且马、牛、羊在经济成分中的比重持续增长，仍然没有改变猪在家畜中的主导地位，这表明农业一直是当地主要的经济方式，只有进入距今2600年以后的东周时期，猪才在家畜中趋于消失，仅在岱海地区发现少量的家猪，而马、牛、羊等食草类动物成为主要的家畜，这种家畜种类的变化，预示着农业这种传统经济方式的日渐式微，也标志着游牧业已然兴起。

农业衰微的同时，狩猎业在经济生活中的重要性也逐渐减弱。由于野生动物在动物总数中所占比例持续减少，狩猎业在当地居民经济生活中越来越居于次要位置，居民肉食的来源越来越依赖饲养的家畜而非狩猎的野生动物，而且随着食草类动物数量和种类的稳定增加，居民肉食的来源也由依赖家猪向依赖食草类动物转变，进入春秋晚期，居民的肉食已经几乎完全依赖马、牛、羊等食草类动物，而且肉食在居民饮食结构中已超越粮食成为主要的食物，和林格尔新店子分子生物学与体质人类学研究可以为这一推论提供科学的佐证。学者对其20例个体的骨骼进行^{13}C与^{15}N比值的测试[②]，结果显示新店子古代居民骨胶原中的δ^{15}N比值的平均值高达10.3‰。反映了其饮食结构中肉食含量很高，此外学者们还对和林格尔新店子居民龋齿发病情况进行调查[③]，发现龋齿发病率为3.3%，明显低于陕晋地区的各组农业居民，而与新疆青铜至早期铁器时代的主要从事畜牧业生产的尼勒克组和洋海组居民相比，在统计学上没有显示出差

① 杨春：《内蒙古西岔遗址动物遗存研究》，吉林大学硕士学位论文，2007年。

② 张全超：《内蒙古和林格尔县新店子墓地人骨研究》，科学出版社，2010年。

③ 高扬、张全超、朱泓：《内蒙古和林格尔县土城子遗址古代居民的龋病分布》，《吉林大学学报》（医学版）2006年3期。

异，一般认为食物碳水化合物的含量是影响古代人类龋齿发病率最重要的因素，因为富含碳水化合物在口腔中的存留易于引发导致龋齿细菌的滋生，因此，古代居民龋齿发病率是其饮食结构的一项敏感指标，据此推断，新店子古代居民饮食结构中谷物类碳水化合物含量的包含物是很低的。上述狩猎业的变化以及食谱、龋齿发病率的研究成果从另一个侧面验证了经济形态的转变。

三

已有学者发现距今2000年以来中国的历代王朝兴衰和北方游牧民族政权疆域南界的变化，都与气候冷暖干湿的波动变化之间呈现出大体同步的相关或共振关系①，表明汉代以来气候的变化极大地影响着游牧业南下的频率及深度，实际上即使在汉代以前，气候环境就对游牧业的起源产生了深远影响。环境考古学者的诸多工作为复原本地区的古代气候环境提供了基础资料。

根据对萨拉乌苏河、岱海地区、鄂尔多斯高原西南部北大池地区的大量沉积剖面进行的孢粉、化学元素、沉积相分析，显示了古环境中水热条件的变化，距今5000以降至3500年间，无论是气温还是降水都较前期呈下降趋势，在岱海地区，气温自3℃降低到0℃左右，降水量由420毫米→650毫米→250毫米；在萨拉乌苏地区，气温自4.5℃降到0℃左右，年降水量自400毫米→450毫米→220毫米；在北大池一带，自7.5℃降低到6℃左右，年降水量自300毫米→380毫米→200毫米，除气温明显降低外，三个地区的降水量呈现出由少转多再趋减少的规律性变化②。

黄旗海地区中全新世古环境的综合分析结果③表明，中全新世前期，约距今8000～5000年前，湖泊在现代海拔1300～1330米之间波动，刘兰生等学者发表的老虎山原生剖面取得的消息资料显示出年代刻度更细的环境变化情况，从早全新世气候变暖以后，气候有几次反复波动，在距今6460年、5040年、4300年、3100年间岱海地区曾出现四次降温事件，这一地区在距今7300～6600年、5800年和4800～4400年是暖温期，其间6400～6000年、5000～4800年、4300～3600年、3100～2500年间为冷干期，从距今4000年开始，气候向冷的方向发展，至距今2500～2000年又进入温暖期。

---

① 史培军、王静爱：《内蒙古农牧交错地带环境考古研究》，《内蒙古文物考古》1993年第1、2期。

② 田广金、史培军：《中国北方长城地带环境考古学的初步研究》，《内蒙古文物考古》1997年第2期；《内蒙古中南部原始文化的环境考古研究》，《内蒙古中南部原始文化研究文集》，海洋出版社，1991年。

③ 申洪源：《内蒙古黄旗海地区8.3kaBP～2.2kaBP环境演变对古文化发展的影响》，南京大学博士学位论文，2004年。

动物考古学的研究也提供了距今7000年至距今3000年左右的一些环境信息。在6400～6000年的第一个降温期，动物群中尚存在大量的野生水牛。由于现生的水牛生活在亚热地带，主要分布在印度北部、阿萨姆、东孟加拉和尼泊尔，因此推断当时的气候应该属于暖湿带。5000～4800年的第二个降温期，恰好处于庙子沟文化的晚期，动物群中水牛已经消失，同时出现了野马和野驴，表明当时的气候已变得干燥凉爽。第三个降温期（4300～3600年间）大体是朱开沟遗址代表的时期，动物群中出现适于典型干旱气候的骆驼，是当时气候已经干旱化的生动写照。第四个降温期始自西周初期，根据《竹书纪年》的记载，周孝王七年（公元前893年），“江汉俱冻”，严寒已经扩展至长江流域。

环境学与动物学研究的成果相互验证，说明在内蒙古中南部自新石器时代至春秋时代之前，气候环境确实渐趋恶化，导致干旱与半干旱气候逐渐形成，草原面积不断扩张，极大地限制了大规模农业的发展，当地人群不得不改弦更张，放弃依赖种植业为主的传统经济方式，转而从事更为适应环境的其他的经济方式来获取生存资源。

四

体质人类学研究成果客观地反映了内蒙古中南部人种结构及其发展脉络，为研究游牧业的起源提供了有益的线索。

庙子沟文化时期，在庙子沟遗址中清理70余具人类遗骨，经鉴定，这一时期的居民具有中等偏狭的面形，偏低的眶型和较阔的鼻型，且具有较大的鼻颧角，故面部特征较为扁平，在与现代亚洲蒙古人种各区域性类型的比较中，这类居民的多数特征接近于现代东亚人种，但在面部扁平度上明显区别于后者，而与现代北亚蒙古人种比较相似，属先秦时代古代人种类型中的“古华北类型”①。

在西岔遗址清理墓葬50余座，属龙山文化时期，距今4500年左右。墓葬既有头向东的竖穴土坑墓，也有头向西的石棺葬，随葬品贫乏，只有少数墓葬出土有石镯、石斧等石器。墓葬中的人类遗骨保存较好，经鉴定这一时期的居民体质特征分为两个古代类型，一类为“古华北类型”，另一类具有偏长的中颅型以及高而偏狭的颅型，中等偏狭的面宽和中等的上面部扁平度，较低的眶型和明显的低面、阔鼻倾向，介于现代东亚人种和南亚人种之间，并且在若干体质特征上与现代华南地区的居民颇为近似。在先秦时期主要分布于黄河中下游地区，这一古代类型的居民属于“古中原类型”。依据准格尔旗寨子塔遗址人骨的鉴定结果，这种人种格局至少保持到夏

① a. 内蒙古自治区文物考古研究所：《庙子沟与大坝沟——新石器时代遗址发掘报告》，中国大百科全书出版社，2003年；b. 张全超、Jacqueline T. ENG、魏坚、朱泓：《内蒙古察右前旗庙子沟遗址新石器时代人骨的稳定同位素分析》，《人类学学报》2010年第3期。

代早期。

朱开沟遗址发现墓葬329座，潘其风先生对人骨进行研究后指出“朱开沟遗址古居民的体质特征属单纯的蒙古人种，并与东亚远东蒙古人种接近，同时也含有某些北亚蒙古人种的因素”①。其具体颅面形态特征为偏短的中颅型和高颅型，眶型偏低，鼻型较阔，颧宽中等，鼻颧角普遍较大，反映出具有扁平的上面部，特征属于古代人种类型中的“古华北类型”。

准格尔旗西麻青墓地②人骨鉴定结果表明，这一居民人种结构单纯，属于“古中原类型”。

春秋晚期至战国早期的墓葬大多经过人骨鉴定，在和林格尔县新店子墓地发现一种具有短颅、阔颅，低颅、阔面和颇大的上面部扁平度的类型，学者将之命名为“古蒙古高原类型”，其与现代人类特征相较，其与蒙古人种的北亚人种极为接近，“古蒙古高原类型”在东周时期被广泛的发现，在包头市西园、杭锦旗桃红巴拉、和林格尔新店子、清水河阳畔与西咀墓地，这种体质特征的人群单独分布，在凉城县的崞县窑子墓地、忻州窑子、小双古城墓地，其分别与“古中原类型”和“古华北类型”混杂，同处于岱海地区的凉城县毛庆沟、饮牛沟墓地没有发现“古蒙古高原类型”的人群，但这两个墓地的居民由“古华北类型”和“古中原类型”两类人种构成（表二）。

表二　内蒙古中南部东周时期人种鉴定表③

出土地点	人种类型*
伊金霍洛旗朱开沟遗址	古华北类型
准格尔旗寨子塔墓地	古华北类型、古中原类型
清水河县西岔遗址	古华北类型、古中原类型
准格尔旗西麻青墓地	古中原类型
包头市西园墓地	北亚类型
杭锦旗桃红巴拉墓地	北亚类型
和林格尔县新店子墓地	北亚类型
清水河县阳畔墓地	北亚类型
清水河县西嘴子墓地	北亚类型
凉城县毛庆沟墓地	古华北类型、古中原类型

① 内蒙古自治区文物考古研究所：《朱开沟——青铜时代早期遗址发掘报告》，文物出版社，2000年。

② 张全超：《内蒙古和林格尔县新店子墓地人骨研究》，科学出版社，2010年。

③ 张全超：《内蒙古和林格尔县新店子墓地人骨研究》，吉林大学博士学位论文，2005年。

续表

出土地点	人种类型*
凉城县饮牛沟墓地	古华北类型、古中原类型
凉城县崞县窑子墓地	北亚类型、古华北类型
凉城县板城墓地	北亚类型、古中原类型
凉城县小双古城墓地	北亚类型、古中原类型
和林格尔县将军沟墓地	古中原类型
和林格尔县后城嘴墓地	古中原类型

*人种类型中所列的北亚类型是指与现代蒙古人种北亚类型颅骨形态特征相似，但并不等同。

根据前述可知，先秦时期的内蒙古中南部存在着三种不同体质特征的人群，数千年来一直保持着与其他地区相异的较为复杂的人种格局。“古华北类型”人群是本地区土著文化的缔造者，在春秋早期之前既是原住民又是当地人群的主体。“古中原类型”人群最晚于龙山时期自中原北上，在内蒙古中南部与“古华北类型”人群融合，开创了当地人群的两元人种结构，不仅加强了内蒙古中南部与中原地区的文化联系，而且极大地促进了当地经济特别是农业经济的繁荣，他们带来的源源不断的文化动力，使当地考古学文化得以绵绵不绝持续发展，春秋晚期伊始，“古蒙古高原类型”人群大规模南下迁移至内蒙古中南部，使当地的人种结构更为复杂化，而且开始与农业人群争夺生存资源和生存空间，不同人群的碰撞、借鉴与融合成为相当长的历史时期内文化与经济变迁的主旋律。

“古蒙古高原类型”人群在南下前，就已经是驰骋草原的游牧民，精通骑马技术是其不同于农业人群的显著特点，体质人类学为此提供了科学依据。已有学者对出土于和林格尔县新店子墓地的30根（男性21根、女性9根）人类肱骨及27根股骨（男性18根、女性9根）进行测量[①]，并与其他古代组同类骨骼进行比较，发现新店子男性居民肱骨具有粗壮的发育水平，而女性则表现为纤弱的发育水平，即男性居民拥有较为粗壮的上肢，而女性居民的上肢则较弱，似乎暗示了两者在生产劳动的分工中存在明显不同，女性居民在社会生活中上肢力量的要求不是很高，而男性居民的上肢则要承担较大的劳动强度，新店子男性居民股骨发育较弱，股干上部特征极为扁平，具有较弱的股骨嵴，而女性的股骨骨干上部的扁平程度及股骨嵴则属中等发育水平，综合以上结果，认为新店子男性居民上、下肢骨骼的发育极为不平衡，表现为拥有较为发达、粗壮的上肢和相对发育较弱的下肢，联系到新店子墓地随葬大量的马、牛、羊骨，推测它们上下肢发育的不平衡性与从事长期的骑马放牧有关。

① 张全超：《内蒙古和林格尔县新店子墓地人骨研究》，科学出版社，2010年。

和林格尔县新店子墓地男性居民骨骼方面的变异性状并非孤例，显示了由于长期生活于马背引起的骨骼变异具有相当的普遍性，这应该预示着骑马术在人群中已经得到普及。已有研究表明，骑马术的发明是游牧业起源的关键技术，因为这种技术不仅极大地提高了单人放牧效率，而且也增强了人群长途迁徙能力。普及骑马术的“古蒙古高原类型”人群由于掌握了迁移的先进技术，游动性及机动性变强，南下进入中国北方地区是在环境变迁压迫下的合理选项。

五

分子生物学研究提供了一个与迁徙有关的更为有趣的文化现象。吉林大学边疆考古研究中心及吉林大学生命科学院组织学者对山西陶寺遗址、青海大通县长宁遗址、赤峰市大山前遗址、偃师二里头、新疆小河墓地、内蒙古凉城县小双古城、忻州窑子墓地7个遗址的53个古代绵羊牙齿标本进行了古DNA分析[①]，在45个古代绵羊序列中，22个序列来自4000年前的古绵羊，23个序列来自2500年前的古绵羊。古代绵羊线粒体DNA控制区序研究变异分析结果表明，距今4000～2500年前的中国古代绵羊存在遗传连续性，不同地区的古代人群饲养的绵羊属于相同的类型，表明中国北方绵羊的饲养业很发达，各古代人群间存在着普遍的交流，古代绵羊线粒体世系归属的分析结果，勾勒出距今4000年以来中国古代绵羊母系遗传结构的变化细节，在距今4000年前的中国早期青铜时代，当时的古代居民驯养了大量的A世系绵羊和少量的B世系绵羊；经过1400年的发展，到春秋战国的早期铁器时代，B世系绵羊的规模得到迅速的发展，而且C世系绵羊被引入中国绵羊基因池中。吉林大学边疆考古研究中心及吉林大学生命科学院又对凉城县小双古城、忻州窑子墓地的11个家马标本进行DNA分析[②]，结果表明中国古代马的母亲来源十分广泛，表明在驯化过程中，有来自不同地域的DNA基因流进入，中国家马的起源比以前想象的更复杂，可能既有本土起源的因素，也有外来的因素。

上述研究的距今2500年前的标本均来自于内蒙古中南部春秋晚期至战国初期的诸墓地，表明B世系绵羊规模的突然增加、C世系绵羊的引入以及家马不同区域的DNA基因流入均发生在内蒙古中南部。一般情况下，这种家畜遗传结构的变化不会发生在自然状态下，往往是在人工干预的条件下完成的，在人工干预技术并不成熟的先秦时期，家畜遗传结构的变化经常伴随着人群的大规模迁徙。鉴于采取鉴定标本的墓地多以“古蒙古高原类型”人群为主体，且此类人群的迁徙与家畜遗传结构的变化在时间

---

① a.内蒙古自治区文物考古研究所：《岱海地区东周墓葬群》，科学出版社，2012年。b.韩璐：《内蒙古东周时期绵羊和山羊的线粒体DNA研究》，吉林大学博士学位论文，2010年。

② 蔡大伟、曹建恩、陈全家、韩璐、周慧、朱泓：《内蒙古凉城县春秋时期古代马线粒体DNA分析》，《边疆考古研究》（第7辑），科学出版社，2008年。

上相契合，可以推断“古蒙古高原类型”的南下并非仅仅是人群的流动，而且还伴随着家畜的长距离迁徙。正因为“古蒙古高原类型”的人群是在放牧的状态下来到内蒙古中南部的，才会导致先进的骑马术、随季节放牧技术甚至取乳制酪方法迅速传播，促使本地区全面游牧化，自此伊始内蒙古中南部变成了游牧人纵横驰骋的舞台。

六

从内蒙古中南部东周时期游牧文化墓地的文化内涵及形成年代来看，南下的“古蒙古高原类型”人群曾经分成不同的文化集团，以多波次的态势逐渐迁徙，他们中的一支率先进入土默川地区，留下了包头市西园、和林格尔县新店子、清水河县阳畔、西咀子墓地一类遗存；另外一支占据岱海地区，与当地的中原人群融合，形成了凉城县崞县窑子、忻州窑子和小双古城为代表的遗存；第三支迁移至鄂尔多斯地区，形成了以杭锦旗桃红巴拉墓地为代表的遗存；显然内蒙古中南部绝大多数游牧文化遗存的形成与“古蒙古高原类型”人群的迁移有着必然的联系，游牧业产生的主导力量也应该是“古蒙古高原类型”人群。凉城县毛庆沟墓地未见“古蒙古高原类型”人群的遗骨，其居民由“古华北类型”与“古中原型”人群构成，所从事的游牧业是在当地畜牧业的基础上，接受了“古蒙古高原类型”人群先进的游牧技术而发展起来的。总体而言，内蒙古中南部游牧业的起源是多种不同体质特征的人群共同创造的结果，只不过其担任的职责有所不同，“古蒙古高原类型”人群是“授业导师”，而“古中原类型”及“古华北类型”只是“从业者”。

“古蒙古高原类型”人群的南下不仅对内蒙古中南部游牧业的起源产生了重大影响，而且已将这种影响扩展到整个中国北方长城地带。在文化格局方面，他们席卷了长城地带西段的部分区域，直接形成了永昌县柴湾岗墓地[①]，固原于家庄墓地[②]遗存，使沙井文化及杨朗文化步入游牧业。在长城东段，他们占据了西拉木伦河流域，形成游牧业色彩极为浓厚的林西县井沟子墓地一类遗存，以燕山南麓为主要分布区的“古华北类型”人群在北方的发展空间受到蚕食，东面又受迫于海洋，不得不南下逐鹿中原。在文化传播方面，由于他们首先进入西北地区，而且不断在长城地带纵横驰骋，使这一地带的文化传播较以往更为活跃，自西向东的文化流布态势跃然成形，“触角式”短剑及偏洞室墓由西北向鄂尔多斯高原及内蒙古中南部扩散，花格剑自陕北向燕山地区传播，都是这种流布态势中生动的例子。在文化的整合方面，他们所特有的机动性极强的迁移，携带着相似文化因素及经济方式在长城地带频繁流动，使得这一地

① 甘肃省文物考古研究所：《永昌西岗柴湾岗——沙井文化墓葬发掘报告》，甘肃人民出版社，2001年。

② 宁夏文物考古研究所：《宁夏彭堡于家庄墓地》，《考古学报》1995年第1期。

区普遍游牧化，最终形成了中国北方长城文化带。

在中国北方长城地带除岱海地区外，绝大多数含有“古蒙古高原类型”的墓地人种结构都是比较单纯的，如果不仅仅是出于“聚族而居”的考虑，那么，此种情况只能说明这一人群在迁往目的地时，往往会采用排他式的进驻，具有明显的殖民性质，这种驱赶原住民建立新文明的激烈扩张方式势必会对中原诸国造成强烈的刺激。研究表明，中国早期史籍中记载的先秦时期的“胡”即是指南迁的“古蒙古高原类型”人群[①]，中原诸国自战国初期赵襄主“兼戎取代以攘诸胡”以及至战国晚期赵武灵王“胡服骑射”，所有这些举措的目标都是对准了分布于内蒙古中南部甚至更为广阔区域的“古蒙古高原类型”人群，秦统一后，举全国之力修筑秦长城，从此一道长城隔绝南北，虽然有效地阻止了“古蒙古高原类型”人群的南下，但是也在一定程度上阻隔了南北的文化交流，自此之始长城成为文化经济甚至民族的分界线，长城南北分为游牧民族与农业民族两个大的阵营。

秦长城的修建以及长城地带全面的游牧化，从另一个侧面映射出“古蒙古高原类型”人群在文化及经济层面上的强烈冲击力，要真正厘清这一人群如何影响内蒙古中南部乃至整个中国北方长城地带游牧业起源的进程，就必须进一步追溯其发源于何地及南迁的途径。

顾名思义，“古蒙古高原类型”人群应该生活于蒙古高原地区，体质人类学者的研究成果指出，相关人群最早的发现位于蒙古高原的东部以及外贝加尔地区[②]，那里可能是他们的故乡。然而对含有“古蒙古高原类型”人群遗骨的考古学文化进行分析，发现内蒙古中南部及中国北方长城地带与蒙古高原东部及外贝加尔地区的文化内涵存在着很多差异，二者之间尚不具备直接的承继关系，例如内蒙古中南部及中国北方长城地颇为流行的触角式短剑和单环首短剑更多地出现在图瓦、阿尔泰、米奴辛斯克盆地，而在分布于蒙古高原东部及外贝加尔地区的石板墓文化中却极为少见[③]。鉴于蒙古高原西部古代文化的人种体质特征以欧罗巴人种为主，所以来自图瓦、阿尔泰、米奴辛斯克盆地的文化因素只能被看做是文化传播的结果，而非人类迁徙的例证，既然“古蒙古高原类型”人群在故乡——蒙古高原东部及外贝加尔地区没有吸收其西部的文化因素，又将这些文化因素带到了南迁的目的地——内蒙古中南部及中国北方长城地带，这就说明这种文化的传播是在其南迁的过程中完成的，而且很有可能完成于阴山以北的广大草原地带。

---

① 林沄：《林沄学术文集（二）》，科学出版社，2009年。

② 张全超：《内蒙古和林格尔县新店子墓地人骨研究》，科学出版社，2010年。

③ 乌恩岳斯图：《中国草原考古学文化研究——青铜时代至早期铁器时代》，科学出版社，2007年；《北方草原考古学文化比较研究——青铜时代至早期匈奴时期》，科学出版社，2008年。

中国史前城墙聚落研究的若干问题

王妙发

（日本和歌山大学）

一、中国史前城墙聚落概况

本文的“史前”以商代为下限。

根据至今为止公布的资料，中国史前有城墙的遗址（下文皆称“城址”）分布区域和数量如下，其中一小部分并没有城墙但或者无法无视（如殷墟）或者有其理由（如凉城园子沟）。

（1）黄河流域共44座，同处尚有若干不同年代叠压的，共51座，见表一。有必要强调其中殷墟无城墙，而二里头仅有宫墙。此两处皆为无法无视的重要遗址，而且不排除有城墙不过还没有被发现。另外笔者虽然不否认城墙在聚落发展史上的重要性，但从来不认为城墙本身决定聚落性质（如都市与否）[①]。

（2）长江流域共35座，见表二、表三、表四，分别为上游、中游和下游的城址。

（3）内蒙古中南部河套一带共有16座[②]。其中凉城园子沟其实没有城墙，但通常都被归入此类。报告者的一个说法其实颇含深意，因为地形险峻所以没有必要筑城墙了。换个角度说，即是笔者强调多次的“有否城墙并不决定聚落性质”[③]。

（4）内蒙古东南部和辽西接壤区域即西辽河流域（西拉木伦河、阴河、英金河、大凌河），发现有大量位于中等高度山顶的城墙聚落，数量应该超过100座。公开发表

---

① 王妙发：《关于城市概念的地理学定义考察》，《历史地理》（第10辑），上海人民出版社，1992 年。王妙发：《略论似城聚落》，《地理科学》（12卷1号），1992年。

② 该16座城址未作附表，为节约篇幅亦不在此处罗列。资料取自各公开出版物，详论请参见王妙发：《中国先史集落の考古地理学研究》（第10章），大阪大学出版会，2012年。

③ a. 田广金：《内蒙古长城地带石城聚落址及相关诸问题》，《纪念城子崖遗址发掘60周年国际学术讨论会文集》，齐鲁书社，1993年；b. 田广金：《内蒙古中南部龙山时代遗存研究》，《内蒙古中南部原始文化研究文集》，海洋出版社，1991年；c. 王妙发：《关于城市概念的地理学定义考察》，《历史地理》（第10辑），上海人民出版社，1992年。王妙发：《略论似城聚落》，《地理科学》（12卷1号），1992年。

表一　黄河流域史前城址表

城址（遗迹）名称	位置	面积（㎡）	推测人口（人）	聚落分类	年代（文化）等
平粮台	河南省淮阳县大朱庄	聚落5万 城内3.4万	850～1200	都市	龙山晚期
后岗	河南省安阳市高楼庄北	聚落10万	800～1000	农业	龙山时代
王城岗（一）	河南省登封县告城镇西	8000	200～270	农业 （准都市？）	龙山晚期
王城岗（二）		50万	？	都市？	龙山晚期
边线王城	山东省寿光县边线王村	1万（内城时代） 5.7万（外城时代）	250～340 1400～1900	存疑	龙山中期略晚
城子崖岳石文化	山东省历城县龙山镇	17.55万	3300～4400	农业聚落	岳石
二里头	河南省偃师县二里头村	总面积375万	22500～28000	都市	二里头、宫城
郑州商城	河南省郑州市	城内317万 全聚落2500万	59000～80000 150000～180000	都市	商代早期
偃师商城	河南省偃师县尸乡沟	190万	35000～48000	都市	商代早期
殷墟	河南省安阳市小屯村	24km^2	140000～180000	都市	商代晚期
郑州西山	河南省郑州市北郊外	3.45万	860～1200	都市可能性大	仰韶晚期
郾城郝家台	河南省郾城城东	3.2856万	820～1100	非都市	龙山文化
徽县孟庄	河南省辉县孟庄	16万	3000～4080	存疑	龙山中期
阳谷景阳冈	山东省阳谷县景阳冈村	35万	6500～8900	都市	龙山中期
阳谷皇姑塚	山东省阳谷县皇姑塚	6万	1500～2000	存疑	龙山时期
阳谷王家庄	山东省阳谷县王家庄	4万	1000～1300	都市可能性小	龙山时期
茌平教场铺	山东省茌平县教场铺村	39.6万	8200～11200	都市	龙山时代

续表

城址（遗迹）名称	位置	面积（㎡）	推测人口（人）	聚落分类	年代（文化）等
茌平尚庄	山东省茌平县尚庄村	3万	750～1000	都市可能性小	龙山时期
茌平大尉	山东省茌平县大尉村	3万	750～1000	都市可能性小	龙山时期
东阿王集	山东省东阿县东王集村	3.7万	920～1200	都市可能性小	龙山时期
茌平乐平铺	山东省茌平县乐平铺村	3.4万	850～1100	都市可能性小	龙山时期
邹平丁公	山东省邹平县丁公村	10万	2500～3400	都市可能性大	龙山中期—晚期
淄博田旺村	山东省淄博市田旺村	15万 20万	2800～3800 3700～5100	都市可能性大	龙山时期
滕州薛故城	山东省滕州市张旺镇	2.5万	620～850	都市可能性小	龙山时期
五莲丹土（一）	山东省五莲县丹土村	25万（？）	4700～6400	都市	“龙山时期”
五莲丹土（二）		9.5万	？	？	大汶口文化
五莲丹土（三）		（11万？18万？）	？	？	“龙山早期”“龙山中期”
滕州西康留	山东省滕州市	20万 （3.5万）	3700～5100 （880～1190）	存疑	大汶口文化？
城子崖龙山城	山东省章丘市龙山镇	20万	3700～5100	都市可能性大	龙山文化
东阿孟尝君	山东省东阿孟尝君村	？	？	？	龙山时期
茌平台子高	山东省茌平县台子高	？	？	？	龙山时期
垣曲商城	山西省垣曲县古城镇	13万	3200～4400	都市	商前期
李家崖	陕西省清涧县李家崖村	城内6.7万	1600～2200	都市可能性小	商前期—中期

续表

城址（遗迹）名称	位置	面积（㎡）	推测人口（人）	聚落分类	年代（文化）等
东下冯	山西省夏县东下冯村北	11.56万	2800～3900	准都市聚落?	商前期
府城	河南省焦作市府城邑	9.3	2300～3100	准都市聚落?	商前期
洹北商城	河南省安阳市洹河北岸	400万	75000～102000	都市	较殷墟略早
古城寨	河南省新密市古城寨	17.65	3300～4500	都市可能性大	龙山晚期
藤花落	江苏省连云港市	14万	3500～4800	农业聚落	龙山时期
陶寺（一）	山西省襄汾县陶寺村	56万	?	存疑	龙山早期
陶寺（二）		280万	52500～71400	存疑	龙山中期
陶寺（三）		“小城”	?	存疑	龙山中期
大师姑村	河南省郑州市大师姑村	51万	9600～13000	?	二里头中期—晚期
蒲城店（一）	河南省平顶山市蒲城店	残4.1万	?	?	龙山晚期
蒲城店（二）		5.2万	1300～1800	?	二里头文化
新砦	河南省新密市新砦村	100万（？）	?	?	龙山晚期—二里头早期
徐堡古城	河南省温县徐堡村	40万（？）	?	?	龙山时代
望京楼（1）	河南省新郑市新村镇	？？	？？	？？	二里头
望京楼（2）		37万	？？		商前期（二里岗）
石峁	陕西省神木县高家堡	425万	？？		龙山晚期至夏

表二　长江上游史前城址表

城址名称	位置·选址·布局	面积（m^2）	推测人口（人）	聚落机能·分类	年代（文化）等
宝墩	四川省新津县宝墩村	25万	4700～6300	存疑	宝墩文化
鱼凫村	四川省温江县北	32万	6000～8100	存疑	相当于龙山时代
郫县古城	四川省郫县城北	32万	6000～8100	存疑	龙山时代
芒城	四川省都江堰市芒城村	7.8万	1900～2600	准都市？	相当于龙山时代
双河	四川省崇州市	10万 15万	2500～3400 2800～3800	准都市？	宝墩文化
紫竹	四川省崇州市	17.8万	4400～6000	存疑	宝墩文化
县店	四川省大邑县盐店村	30万？	？	？	宝墩文化
高山	四川省大邑县高山村	？	？	？	宝墩文化
广汉三星堆	四川省广汉县三星堆村	36万（？）	6700～9100（？）	都市可能性大	商代地方类型

表三　长江中游史前城址表

城址名称	位置·选址·布局	面积（m^2）	推测人口（人）	聚落机能·分类	年代（文化）等
走马岭	湖北省石首市东升镇。城址地势较周围高，西南近湖，城内东北部有居住区、西南部有大规模建筑物群？城外环壕西南有水门通城外湖	8万 （11万）	2000～2700 （2700～3700）	可能多机能 存疑	屈家岭文化。100平方米大房内分8～50平方米多间。建城应有规划，大规模建筑群或为权力象征？
马家垸	湖北省荆门市显灵村。城址为较平坦岗地，较四周高2～3米，四边缺口为城门包括水门，人工环壕与自然河连接。城内东北部有南北向长250米夯土台基，城外中小遗址密集或为聚落群	20万 24万	3700～5100 4500～6100	多机能 都市可能性大	屈家岭文化。防御用高台、水门、合成环壕等，建城应有全面规划，规模大
阴湘城	湖北省荆州市马山镇。为荆山余脉八岭山冈丘，湖、河连接地带。城内东高西低，四周为城门。东—西居住区中部为稻作区，西南部为墓地。南距荆江大堤200米	12万 20.3万 17万	3000～4000 3800～5100 3100～4300	多机能 都市可能性大	屈家岭-石家河文化。房屋集中，文化层厚，遗物丰富，应为长期使用。居住区、稻作区、墓地等规划，有大型分间房屋
石家河	湖北省天门市石河镇。城内东北高西南低，环壕至今可确认宽60～100米，深4～6米。中心部谭家岭为居住区，西北部为邓家湾祭祀区（？）。附近50余处遗址构成聚落群	120万 100万 180万	7200～9000 6000～7500 10800～13500*	多机能 都市可能性大	屈家岭-石家河文化。城墙极厚，应需大量劳力或有专业建筑者，城内分不同机能区域，应有规划。有大量动物雕塑、刻划符铜块
鸡鸣城	湖北省公安县清河村。泥水河北堤和松滋河西堤相“合顺大垸”南小平原。环壕宽50～70米。城内中央有高1米、面积4万平方米的台地，见大量红烧土，为主要居住区	15万	2800～3800	无多种机能 都市可能性小	屈家岭文化。南垣外有2万平方米小遗址
八十垱	湖南省沣县梦溪乡。古河道边为小高地，挖壕沟泥堆为城墙	3.7万	750～1000	农业聚落	彭头山文化。城、壕为防自然灾害（？）。发现最古稻粒

续表

城址名称	位置·选址·布局	面积（m^2）	推测人口（人）	聚落机能·分类	年代（文化）等
城头山	湖南省纭县车溪乡。环壕为自然河道和人工河道结合。城内地面较城外高中心部分更高，有大型建筑，砺石铺路，内外水路相通，易排水，居住·祭祀·作坊·墓葬·稻田等布局规划明确	7.5万 8万	1800～2500 2000～2700	多种机能 都市可能性 （？）	大溪–屈家岭–石家河文化。最古稻田，最古城墙，城墙四次翻造，长期使用。规模不大。年代早。若确认为都市影响意义大?
门板湾	湖北省应城市星光村。大洪山余脉地带东、南、北三面古河道（城壕），城内西侧为岗地，东北、西北各有高台建筑。城外分布若干半从属改城址之同时遗址	20万	3700～5100	可能多机能 都市可能性大	屈家岭文化。115.5平方米大型房屋内分四室外有走廊四周围墙450平方米大院落
龙嘴	湖北省天门市吴刘村。城东、西、南三面环湖，北为人工壕沟，城墙依地势较周围高1～2米	6万 8.2万	1500～2000 2000～2700	都市可能性低	大溪文化中–后期。资料尚少不作判断
鸡叫城	湖南省纭县涔南乡复兴村。岗地，东、西、南三面为自然河道，北为人工护城河	“总面积约22万”	1300～1700	存疑	屈家岭文化早中期延至石家河时期
笑城	湖北省天门市皂市镇。山地向平原过渡，丘陵岗地南端，东、南、西地势低，平面为屈尺形。姚家河自西而东从城址南侧流绕，除城北有壕外，余三面为湖	6.3万 （9.8万）	1600～2100	无多种机能 都市可能性小	屈家岭文化晚–石家河文化早期。稻田经济与渔猎经济（？）。方圆25平方千米内发现新石器古城4座
陶家湖	湖北省应城市汤池镇。城垣外有护城河环绕，城内南部有大面积台地	42.5万（总面积67万）	8000～10800	可能多机能 存疑	屈家岭文化晚期至石家河早期
王古溜	湖北省安陆市孛畈镇。弯垱河北岸二级台地，城址东西扁长，高周围4~5米，东、西垣利用自然岗，北垣修筑，垣外壕沟今为鱼塘。东北、西北大型台地似为居址	70万（城址24万）	（4500～8200）	可能多机能 存疑	屈家岭文化–石家河文化早中期。大型台地数万平方米，有大量红烧土

续表

城址名称	位置·选址·布局	面积（m^2）	推测人口（人）	聚落机能·分类	年代（文化）等
城河	湖北省沙洋县后港镇。城垣·环壕保存完整	50万（总面积70万）	9300～12700	存疑	屈家岭文化晚-石家河文化。规模大，“仅次于石家河城址”
青河	湖北省公安县甘厂镇。周围地势低，附近有湖	6万	1500～2000	存疑	屈家岭文化晚-石家河文化
叶家庙	湖北省孝感市朋兴乡。城址西和西北为环水故道，东及东南部地表可见环壕水系，东南为居住区，地势高，西城垣处为墓地	15万 30.8万	2800～3800 5700～7800	可能多机能 存疑	屈家岭文化晚-石家河文化早中期。城址方圆5平方千米内有11处同时期遗址。可能为叶家庙中心聚落群
张西湾	武汉黄陂区祈家湾镇。北、东、西三面城垣，外有壕沟，南无城垣，城内布局尚未探明	9.8万	2400～3300	存疑	石家河文化早中期
土城	湖北省大悟县三里镇	7万	1800～2400	存疑	石家河文化早中期
屯子山	湖北省石首市东升镇。地势较周围高，走马岭南150米处，与走马岭、蛇子岭共为三姊妹城?	8万（?）	2000～2700（?）	存疑	大溪文化晚-屈家岭文化时期。“与走马岭相当”
蛇子岭	湖北省石首市东升镇。东西向，略呈弧形土岗，有城门。与走马岭、屯子山共为三姊妹城?	?	?	?	屈家岭文化时期，“较走马岭（屯子山）略晚”
盘龙城	湖北省黄陂区叶店村。深入盘龙湖小半岛上。城址位于中心部，外有宽10米壕沟，城内东北高地有大规模建筑群，应为宫殿区。东北角高地有平整夯筑痕迹，基础台地上有大规模宫殿。有铜器作坊等多种机能区域	110万（宫城7.5万）	6500～8200 （1900～2500）	多机能 都市	商代。青铜器玉器等大量多种类。“方国”？

*皆以非明确居住区估算。

表四　长江下游史前城址表

城址名称	位置·选址·布局	面积（m^2）	推测人口（人）	聚落机能·分类	年代（文化）等
垓下	安徽省固镇县濠城镇。台地、沱河经西侧绕北侧东流。壕沟排房台基。淮河流域	15万	2800～3800	存疑 都市可能性 （？）	大汶口文化晚期
孙家城	安徽省怀宁县马厂镇	18万（总25万） 20万 30万	3400～4600 ？ ？	存疑 都市可能性 （？）	龙山时代（本地张四墩类型）。2007年度全国十大考古新发现
良渚	浙江省余杭县莫角山，天目山余脉大遮山丘陵苕溪流过。畦状土垣绵延数千米或为外城达1000万平方米，墙外有宽20米壕沟若干，高土台疑为军用。大范围内各类遗址130余处，核心区城址墙厚40～50米，面积290万平方米，中心部反山高台为祭坛贵族墓地（王陵？）。全体的范围是3380万平方米（33.8平方千米）	（1）范围3000万 （2）外城1000万 （3）中心城290万	（1）略。 （2） 60000～75000; （3） 17400～21800*	行政·祭祀·军事中心、“巫政一体王都”等多机能，多等级居民。大都市	良渚文化。大量玉礼器有玉权杖，木石陶漆象牙各类器物大量，大型建筑物柱穴等。繁盛“王都”应无疑。莫角山中心高地30万平方米
吴城	江西省清江县，城内4山丘连绵，其间池沼水洼，东南有水门。城内居住区、祭祀区、制陶区、冶铸区、墓葬区等分工明确	61.3万	11500～15600	“方国文明中心”“军事防御”等多机能明确。都市	商代。大量石、陶、青铜、玉器牙雕等器。陶文原始瓷铸铜工具等。受中原文化强烈影响又具鲜明地方特色
佘城	江苏省江阴市云亭镇，三角洲平原上高地	“18万？” “30万？”	？	存疑	商代

* 皆以非明确居住区估算。

了的有70余座，其中7座略为详细，另有67座的集中发表[①]。

（5）其他区域指青海高原，根据《中国文物地图集青海分册》的资料有如下4座属于卡约文化或唐汪文化的城墙聚落，即湟中下石城、海晏月落石、刚察沙柳河、剛察扎卡瓦拉[②]。之所以将此4座规模很小通常并不引起注意的小聚落（城址）也列出来，仅仅只是因为此4处聚落是有（石）城墙的。笔者本意是想强调，城墙虽然重要，但不必视其为唯一，不过是诸多防御工事形式的一种，和壕沟类似，有时甚至只是壕沟的副产品而已。湖南八十垱遗址就是一个例证[③]。

二、分布和选址特点

1. 黄河流域

（1）主要分布在中下游。所在地自然地理环境主要为平原和低海拔山地。微地形则是岗丘或高台地较多，包括平原上的岗丘或高地。如平糧台为平原，其余二里头、偃师商城、鄭州商城、殷墟、洹北商城全部都位于山麓地带平原边缘，附近有地表水（河流）。

（2）选址多具长久使用意义。如城子崖，龙山文化时期→岳石文化时期→周代都在同地建城，不同年代城址同地叠压。另外如五连丹土，大汶口文化时期以及龙山文化早期都在同地建城。此外滕州薛故城，也是龙山文化时期和春秋时期的城墙叠压。蒲城店，为龙山文化时期和二里头文化时期的城墙叠压。

（3）选址区域集中。上述平原和低海拔山地（丘陵）区域广泛，但城址却相对集中于山东、河南和山西南部。陕西，特别是关中，很少，少量发现的如此前有李家崖，最近有神木石峁很受瞩目，都在陕北；接近内蒙古高原或者应该归属于河套的地区，也是比较集中分布的一个区域。

2. 长江流域

（1）上游

1）集中分布在岷山山脉东麓的四川盆地。微环境为平原，几乎全部城址都有

---

① 城址未作附表，数量颇多为节约篇幅亦不在此处罗列。资料取自各公开出版物，详论请参见王妙发：《中国先史集落の考古地理学研究》（第10章），大阪大学出版会，2012年。67座的集中发表见王惠德、薛志强、吉迪、刘景岚：《阴河下游石城的调查与研究》，《昭乌达蒙族师专学报》（第19卷第4期），1989年。

② 国家文物局：《中国文物地图集青海分册》中《文物单位简介》，中国地图出版社，1996年，第33页。

③ 裴安平：《澧县八十垱遗址出土大量珍贵文物》，《中国文物报》1998年2月8日。

城墙程度不等暴露在地表。

2）二重城墙颇受瞩目，有芒城村、双河、紫竹3处。至于城墙二重的功能，有防洪说和军事防御说，尚无定论。

3）宝墩的城墙为晚期建造颇受瞩目。亦即发现了该聚落由小到大，城墙从无到有的发展过程，是由最普通的村落逐步发展成为大规模中心都市的比较典型特殊且很珍奇的例子。

（2）中游

1）集中分布在海拔30～45米丘陵平原过渡带。有三种微地形，即a：低岗、b：台地；c：丘陵。

2）选址靠近水源情况极为普遍。但多靠近小河流湖泊，大河岸边很少或者无。如盘龙城，位于丘陵地带面湖的岛屿上。有的巧妙而谨慎地利用了自然水系，如走马岭，利用水系而减少了筑城工程量①。

3）城址所在地势普遍较周围高，或自然取势或人工加筑。如走马岭、马家垸、八十垱、城头山等城址；城内有高台建筑的如门板湾、陶家湖、王古溜等城址。

4）不少城址聚落由环壕聚落演变而来，如八十垱、城头山等城址。

5）大体布局规划明确，聚落成熟度高。如盀湘城呈东、西部为居住区，中部为稻作区，西南部为墓地的布局；石家河中心部以谭家岭为居住区，西北部以邓家湾为祭祀区；城头山的居住、祭祀、作坊、墓葬、稻田等布局规整明确；叶家庙东南部居住区西部墓地的布局等。石家河城墙有的部位厚度达80～100米（？）②（良渚为40～50米），被称为“史前城墙最厚”。

至商代，布局规划更为成熟。盘龙城城内东北高地有大规模建筑群，应为宫殿区。另有铜器作坊等多种机能区域。选址安全考量明显，位于面湖丘陵岛屿，岛上最高处建宫城，被推测为殷商王朝的“方国”（？）。可能周围为未开化土著居民?

（3）下游

共有5处或仅有5处（垓下、孙家城、良渚、吴城、佘城），选址特点有共通之处，皆为台地或丘陵，周围为水网地带。

年代跨度非常大，难以互作比较，目前还看不出其他规律性。

3. 内蒙古中南部河套以及内蒙古东南部西辽河流域

两地城址年代不同，河套一带以龙山文化为主，而西辽河流域主要为夏家店下层文化城址。但两地的聚落选址有共通之处，即多为海拔不高的山地山顶，距地表相对高度都在数十米上下。微环境为陡峭孤山，山下都有水源（但也有可能用山泉）。

---

① 荆州市博物馆等：《湖北石首市走马岭新石器时代遗址发掘简报》，《考古》1998年第4期。

② 卢可可：《中国史前城址的区域与类型研究》，《中国历史地理论丛》1998年第3期。

也有少量城址不在山顶而在平地，此时的城墙也非石砌而是土城了，赤峰二道井子和建平水泉是两个例子①。

4. 其他地域

即青海高原那4处，分布于湟中、海晏、刚察三个不同的县内，相距并不远，都有一圈石墙，此外并无更多需强调之处。

三、仰韶、龙山、二里头、商各时期城址之关系

1. 文化年代

仰韶文化晚期已经有城如郑州西山。大汶口文化晚期也已经有城如五蓮丹土、滕州西康留、固镇垓下。这些城墙都不是最原始的，也就是说，几乎可以断定还有可能发现年代比这更早的城。

龙山文化时期涌现大量城墙，数近30座（主要集中在河南、山东和山西南部）。

二里头（夏？）文化时期的城墙不多或者反过来说数量在减少，包括二里头的宫城，总数不到10座。大体同时期的东部的岳石文化城墙也不多，城子崖比较确定，包括并不确切的丁公（？）也就是2座。

商灭夏以后，商代城墙数量多且高度发达。

从仰韶晚期到商代，城墙工艺一直在进步发展，这很好理解，但是从绝对数量看，就会发现有一个极大的起伏。特别是从龙山时期的高度繁盛，到二里头文化时期（包括岳石文化）时期的衰落，再到商代的又繁盛，这样的一个颇为激烈的（数量）起伏，应该如何理解？

在夏代城墙基本还未被发现时，笔者曾经有过一个推测，即夏人是否没有建城的传统②？现在夏代城墙被发现了一些，这个推测当然是被推翻了。但是夏代的城墙不管同此前的龙山时代比还是同此后的商代比，数量比较少是事实。再加上二里头遗址至今没有发现（外）城墙，或许不排除二里头文化先民虽然并非如此前推测的那样没有建城传统，但对建城这件事并不那么积极（非不得已时能不建就不建）？比方二里头有宫城而无外城的原因，是否是因为以夏王朝之强大之天下无敌，保卫皇室（以御内敌？）的宫城被认为有必要而主要用于防御外敌的外城就可能被认为无必要？当然这仍只是推测，但也可能是一个观察夏时期城墙不多现象的一个角度。这个观察角度

① 辽宁省博物馆、朝阳市博物馆：《建平水泉遗址发掘简报》，《辽海文物学刊》1986年第2期。

② 王妙发：《中国史前城址分布与规模之研究》，《新世纪的考古学——文化·区位·生态的多元互动》，紫禁城出版社，2006年。

也并非无本之木，比方也可以解释周人（周族）或许也并不热衷于建城，丰京和镐京（宗周）就没有城墙。

2. 地域

自仰韶文化晚期和大汶口文化晚期一直到商代，城墙所在地主要集中在河南山东及山西南部，包括安徽（固镇垓下）和江苏（连云港藤花落）有少量发现，大体是后代“中原”概念的地域范围内。一个颇为有趣的现象是，陕西发现有北部清涧李家崖商代城墙以及最近很被瞩目的神木石峁（龙山至夏）的城墙，就自然地理“地域”而言，该地区其实已经接近内蒙古，文化上也很可能和草原系统关系更深①。这里想强调的是，关中平原以及沿渭河溯流向西再一直西到河西走廊甚至再向西到曾经的马家窑文化区域，这沿途也都没有发现与仰韶至商代的同时期的城墙。当然，山西北中部以及河北也一直没有发现同时期的城墙。

也就是说，就文化年代也罢就地域也罢，有城墙和没有城墙绝非偶然现象而是有规律在内。

商灭夏，商人在原来夏人（夏朝）地域上建筑了大量高度发达的城（墙）。前面说过夏人（夏朝）可能并不热衷于建城，即商人的高度建城技术未必传承自被其所灭的夏而是自有所承。

就本文所关心的城墙，留下一个问题：商人高度发达的建城技术所来何处？下面将试图作答。

四、龙山期以后夏、商、周三个大部族的消长关系

整个黄河流域的“大仰韶文化時期（从马家窑文化到大汶口文化）”，除了甘肃和青海一带的发展相对滞后一点（如彩陶以及所代表的略古老的文化延续较久），黄河流域中下游各地的发展阶段大体同步或所谓具同時性。

前面说过，仰韶文化晚期城墙（如郑州西山）和大汶口文化城墙（如五莲丹土、滕州西康留）的建造技术已经相当成熟，亦即在黄河中游和下游有可能发现更早的城墙聚落，数量也不会太少。问题是新的发现仅仅限于黄河流域东部（中下游）？还是有可能“全面开花”即分布于整个黄河流域包括上游或整个中国北方？

看来“全面开花”的可能性很小，即新的更早年代城墙的发现，估计基本仍限于黄河流域偏东部。

如果上述推测成立，并以成熟的城墙为较先进生产力的标识之一（肯定不是全部标识），则是否可以这样认为，即后代表现为夏、商、周三大部族间的纷争消长、其背

---

① 郭静云：《透过亚洲草原看石峁城址》，《中国文物报》2014年1月17日。

后的发展不平衡，在仰韶时代晚期就已经可以看到端倪？甚至更可能上溯到比仰韶文化晚期和大汶口文化更早的年代？亦即是黄河流域下游（东部）领先于上游（西部）一事，开始得很早。此现象一直持续到西部周族的兴起走入中原，跨入有史时代。

1. 夏族起源

视二里头文化为夏文化大体不差，虽然至今没有文字证明。起源豫西晋南说比较有力，有城墙但不发达（笔者曾认为“无建城传统”）。相关文献记载虽仍扑朔迷离，但所指地域大体可以理解不差。

“自雒汭延于伊汭、居易無固、其有夏之居。我南望过于三涂、北望过于岳鄙、顾瞻过于有河、宛瞻延于伊雒、无远天室。”（《逸周书》度邑解）

“夏桀之国、左天门之陰、而右天奚谷之阳、庐睾在其北、伊洛出其南。”（《战国策》魏策一）

“夏桀之居、左河济、右泰華、伊阙在其南、羊腸在其北”。（《史记》孙子吴起列传）

“禹受封为夏伯、在豫州外方之南、今河南陽翟是也。”（《史记》夏本纪·正义《帝王世纪》引文）

“夏居河南、初在阳城、后居阳翟。”（《史记》周本纪集解引徐广説）

“阳翟县本夏禹所都。”（《元和郡县志》五卷，河南府阳翟条注）

“夏禹……又都平陽、或在安邑、或在晋陽。”（《史记》封禅书·正义引文）

“安邑禹都也”。（《水经》陈水注）

《古本竹书纪年》记载有夏七王、地名七，如下：①禹都阳城；②太康居斟寻；③帝相处商丘；④相居斟灌；⑤帝宁（杼）居原自原迁于老丘；⑥胤甲居西河；⑦桀居斟寻。

这些王名以及地名，和已经发现的夏代城址之间，是何种对应关系呢？

2. 商族起源

起源说诸多，“起源东方”或近年来逐渐倾向于“共识（？）”。但“东”到何处？虽然城墙高度发达，但起源相关文献记载比夏族好像更无所从。

“天命玄鸟，降而生商，宅殷土茫茫”（《诗经·商颂·玄鸟》），但具体何处不详。

有关商起源的西方说、东方说、北方说、东北说、晋南说、中原说、夏商周三族同源说等，很有点纷繁或纷乱。其中西方说和东方说比较有代表性。

（1）西方说

《史记·六国表序》：“东方物所始生，西方物之成熟，夫作事者必先于东南，收攻实者常于西北。故禹兴于西羌，汤起于亳，周之王也，以丰镐伐殷。”认为夏、商、周皆以西北为发祥地。

《史记 · 殷本纪》中说商汤“始居亳，从先王居”。许慎《说文》：“亳，京兆杜陵亭也。”《史记 · 六国表》“集解”引徐广说，“京兆杜县有亳亭”，将“亳”定在西方。

（2）东方说

王国维考为河南商丘和山东曹县（《观堂集林》卷十二）。

丁山考为永定河与滱河之间（《商周史料考证》）。

徐中舒、傅斯年、王玉哲等人亦持此说。

据说李学勤最近有详论“论定”东方（据复旦大学刘钊教授，但笔者没有找到相关文献）。

（3）北方（东北？）说

邹衡说较有力：随着先商文化遗址的不断发现，先商文化分布的排列，明显地呈现出由北而南，北早而南晚的发展势头（邹衡：《试论夏文化》，见《夏商周考古学论文集》）。这与商族南下入主中原灭夏建商的发展方向一致。

还有很具体认为商先人活动于幽燕一带的记载，说明（推测）商族当起源于京津唐地区、燕山以南的渤海湾一带，并逐步形成了商族发源地的“冀东北说”（李洪发：《商族发源地“冀东北说”略述》）。

另有如《左传》昭公九年，周王使大夫詹桓伯辞于晋曰，“及武王克商……肃慎、燕亳，吾北土也”。

商人迁徙频繁，有“前八后五”说。《古本竹书纪年》记有十五王，相涉地名六，如下：①外丙胜居亳；②仲壬居亳；③沃丁绚居亳；④小庚辩居亳；⑤小甲高居亳；⑥雍己（伷）居亳；⑦仲丁自迁于嚣（隞、一音之转）；⑧外壬居嚣；⑨河亶甲自嚣迁于相；⑩祖乙滕居庇；⑪帝开甲踰居庇；⑫祖丁居庇；⑬南庚更自庇迁于奄；⑭阳甲居奄；⑮盘庚旬自奄迁于北蒙曰殷。

上述地名可以论定的其实仅为殷（墟）。当然，今天已经发现了的众多的商代城墙遗址应该和上述这些地名有关。期待着这方面的突破。

笔者推测，可能商人是从山东向河南“发展”的，即山东龙山文化的居民，可能就是商人的先人。这或许也可以解释山东地区商时期无墙或少墙的现象，因为技术和人员全迁移去了河南了。当然此推测目前还完全没有地层和器物依据。

3. 周族起源

周族起源于西方颇少争论。可能周族从来无建城传统，前面谈到的宗周（丰京和镐京）无城即是证据之一，再加上陕西境内关中向西城墙的几乎全部空白，无建城传统说或可以成立。

五、北方农业–游牧业相交地区石城功能新解

内蒙古中南部和西辽河流域不高的山地山顶上的石城聚落的功能，作为防御工事基本上是共识。至于防御对象，笔者此前曾提出过是为防御北方的游牧民族[①]，因为这两处地域正好是农业–游牧业相交地区，又与历史时期的长城位置略合，历史上有过无数次南北间（游牧–农业）争斗的记录。笔者推测这些防御工事说明了这种南北间（游牧–农业间）的争斗消长在史前就应该已经开始了。

最近看到郭静云《透过亚洲草原看石峁城址》一文（《中国文物报》2014年1月17日），对这一带的石城现象提出了颇为新鲜的见解。简单说，这些石城的拥有者并非防御者而是掠夺者，而且并不一定总是代表"北方"，很可能主要代表了该纬度地带东西向的广泛区域间的流动。

其实还有一个长江流域城址分布不均衡的问题，已经在其他论文中仔细讨论过了[②]，此处不再赘述。

---

① Wang Miaofa. Prehistoric Wall Settlements in Central Inner-Mongolia. Internationnal Conference of Munkhtenger Studies. Ulanbator，2006.8.

② 王妙发：《长江中下游史前城址考察》，《中国考古学会第14次年会论文集》，文物出版社，2012年。

中日两国新石器时代炊器之比较研究

陈国庆

（吉林大学边疆考古研究中心）

迄今考古发掘资料表明，人类自新石器时代发明陶器以来，炊器在陶器中所占比例相当大，是古代先民日常生活不可或缺的器物。炊器的特征明显，变化敏感，更成为识别不同区域、不同考古学文化、特别是不同国家考古学文化异同的主要标型器之一。因此对于炊器的研究已成为考古学文化领域中的主要课题之一，具有十分重要的意义。本文拟对中日两国新石器时代炊器进行比较研究，从中探寻在炊器方面的共性和差异。

一、中国新石器时代炊器的种类和使用方式

炊器是用作炊事的器皿，一种是容器类的蒸煮用器，如鼎、釜、甗、斝、鬲、甑、釜灶、罐和锅等；另一种是与炊器配套使用的支脚、灶和甗箅等。

中国新石器时代发现的炊器，因不同区域、不同时代其形制和种类存在差异。按时代划分，大体上可将诸考古学文化炊器分为早、中、晚三个大的发展阶段。

早期阶段（图一），黄河中游地区裴李岗文化的贾湖遗址一期炊器是深腹罐，而在二期时才开始出现鼎和甑。老官台文化早期炊器是平底罐和三足深腹罐，晚期开始出现少量鼎。磁山文化早期炊器是盂，鼎在晚期才开始出现。

黄河下游地区的后李文化炊器均为深腹筒形釜。

长江中游地区的彭头山文化和长江下游地区的跨湖桥文化发现的炊器全部为釜和支脚，不见三足炊器。

东北地区的炊器主要是为深腹筒形罐。

早期阶段诸考古学文化炊器的特征是：凡以罐为炊器的考古学文化中多不见支脚，而以釜和盂为炊器的考古学文化中支脚的数量发现颇多，表明支脚是与釜或盂配套使用的，但也有以石块代替陶支脚的。

中期阶段（图二、图三），诸考古学文化的炊器有了较大变化，主要表现在黄河流域除了半坡文化继续以罐为主要炊器外，其他考古学文化均以鼎为主要炊器，釜的数量仅占少数。甑的数量开始增多，新出现了釜灶、灶和甗箅。

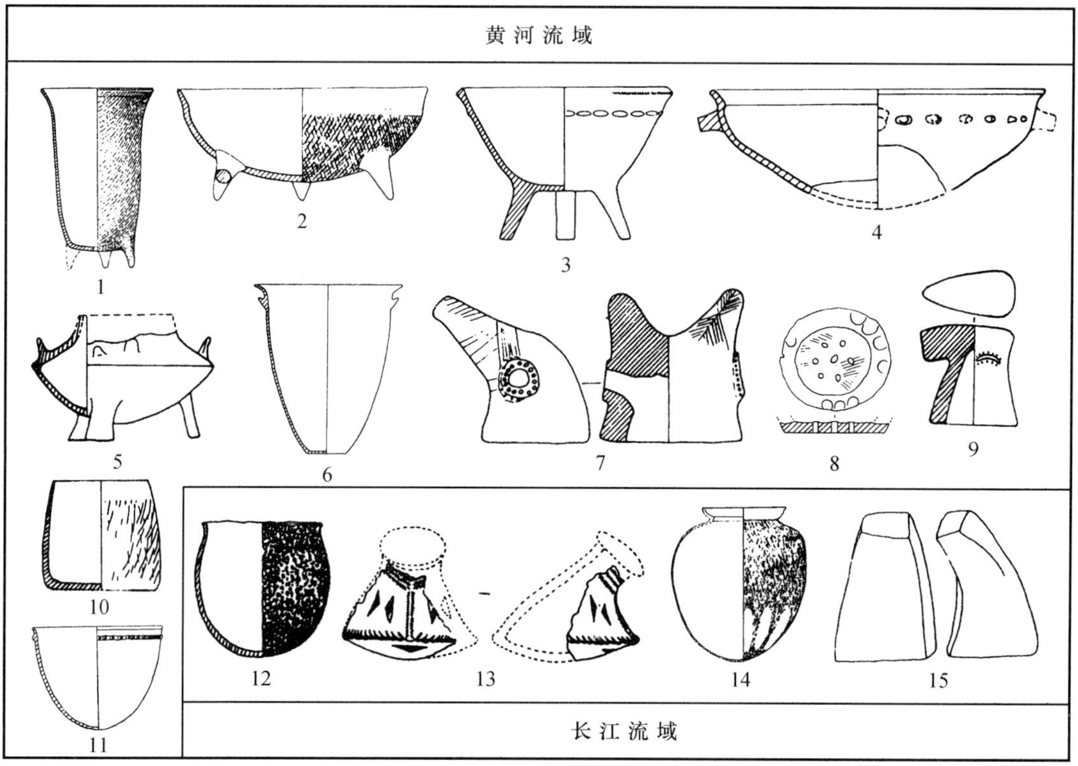

图一　黄河、长江流域早期饮器

1. 三足罐（白家村）　2、3、5. 鼎（2. 西山坪；3、5. 贾湖）　4、11、12、14. 釜（4. 贾湖；11. 后李；12. 彭头山；14. 跨湖桥）　6. 罐（贾湖）　7、9、13、15. 支脚（7. 贾湖；9. 磁山；13. 彭头山；15. 跨湖桥）　8. 甑（贾湖）　10. 盂（磁山）

（1、2. 老官台文化；3～8. 裴李岗文化；9、10. 磁山文化　11. 后李文化；12、13. 彭头山文化；14、15. 跨湖桥文化）

长江中游地区的大溪文化炊器中已开始出现了较多的鼎和甑，但炊器中仍以釜和支脚为主。至屈家岭文化时期釜已基本消失，鼎已成为主要炊器。甑的数量开始增多，新出现了锅。薛家岗文化炊器中以鼎占绝大多数，釜的数量极少，新出现了由鼎和甑组合的甗。

长江下游地区的河姆渡文化和马家浜文化均以釜和支脚为主要炊器，只是在晚期开始出现了少量的鼎。而到了崧泽文化时期鼎已占绝大多数，釜的数量极少，炊器中新出现了由鼎和甑组合的甗。

东北地区的炊器除继续使用深腹筒形罐外，至红山文化阶段时，由于受到燕山以南地区后岗一期文化的影响而出现了釜和支脚。

晚期阶段（图四、图五），诸考古学文化的炊器发生了重大变化，在黄河中游地区，虽然鼎在炊器中仍占主要地位，但新出现了较为先进的鬲、斝和甗。这三种炊器均为三空袋状足，较之三实足鼎而言，三空袋状足炊器容积增大，与火接触的面积广，特别是甗这种炊器，既能水煮，又能汽蒸。可以说三空袋状足炊器的出现是炊器

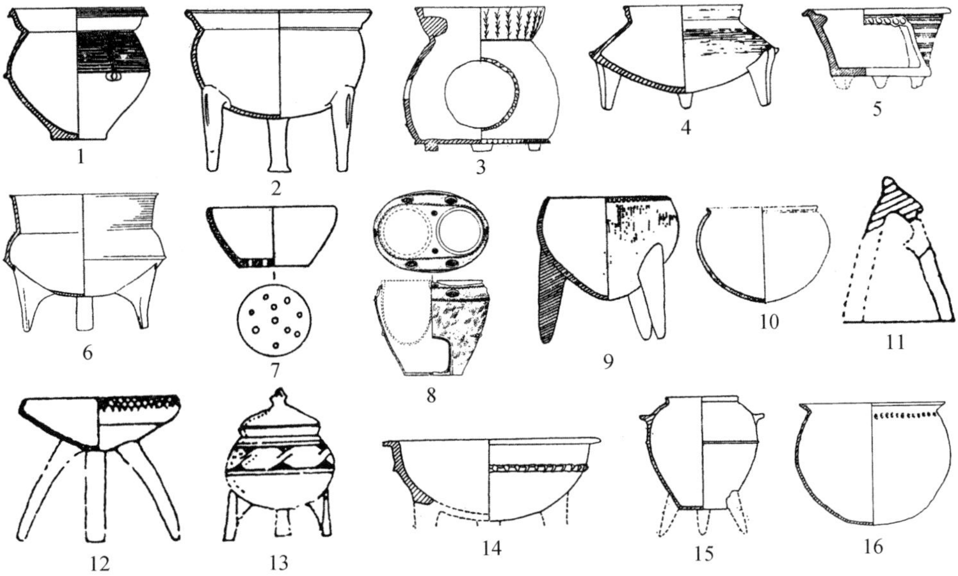

图二　黄河流域及北方地区中期炊器

1、2、4、6、9、12～15. 鼎（1. 半坡；2. 后岗；4. 石固；6. 大河村；9. 东贾柏村；12. 野店；13. 大汶口；14、15. 郭家村）　3、5、8. 灶（3. 西水坡；5. 庙底沟；8. 福临堡）　7. 甑（姜寨）　10、16. 釜（10. 王因；16. 魏家窝铺）　11. 支脚（北辛）

（1. 半坡文化；2、3. 后岗一期文化；4、5. 庙底沟文化；6. 秦王寨文化；7、8. 半坡晚期文化；9～11. 北辛文化；12、13. 大汶口文化；14、15. 小珠山中层文化；16. 红山文化）

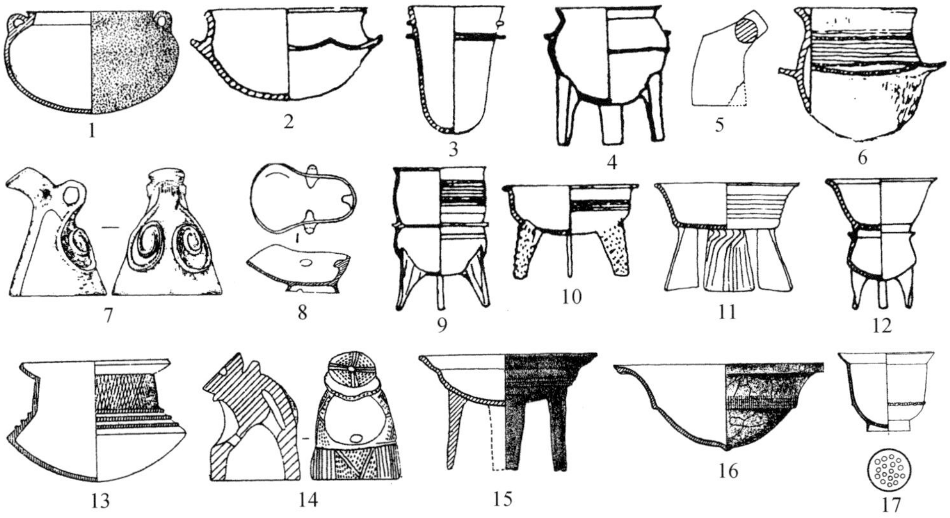

图三　长江流域中期炊器

1～3、6、13. 釜（1. 龙虬庄；2. 罗家角；3. 草鞋山；6. 河姆渡；13. 丁家岗）　5、7、14. 支脚（5. 吴家埠；7. 河姆渡；14. 伍相庙）　4、9～11、15. 鼎（4. 草鞋山；9. 城头山；10. 崧泽；11. 薛家岗；15. 屈家岭）　8. 灶（河姆渡）　9、12. 甗（9. 城头山；12. 薛家岗）　16. 锅（屈家岭）　17. 甑（石河）

（1～5. 马家浜文化；6～8. 河姆渡文化；9、10. 崧泽文化；11、12. 薛家岗文化；13、14. 大溪文化；15～17. 屈家岭文化）

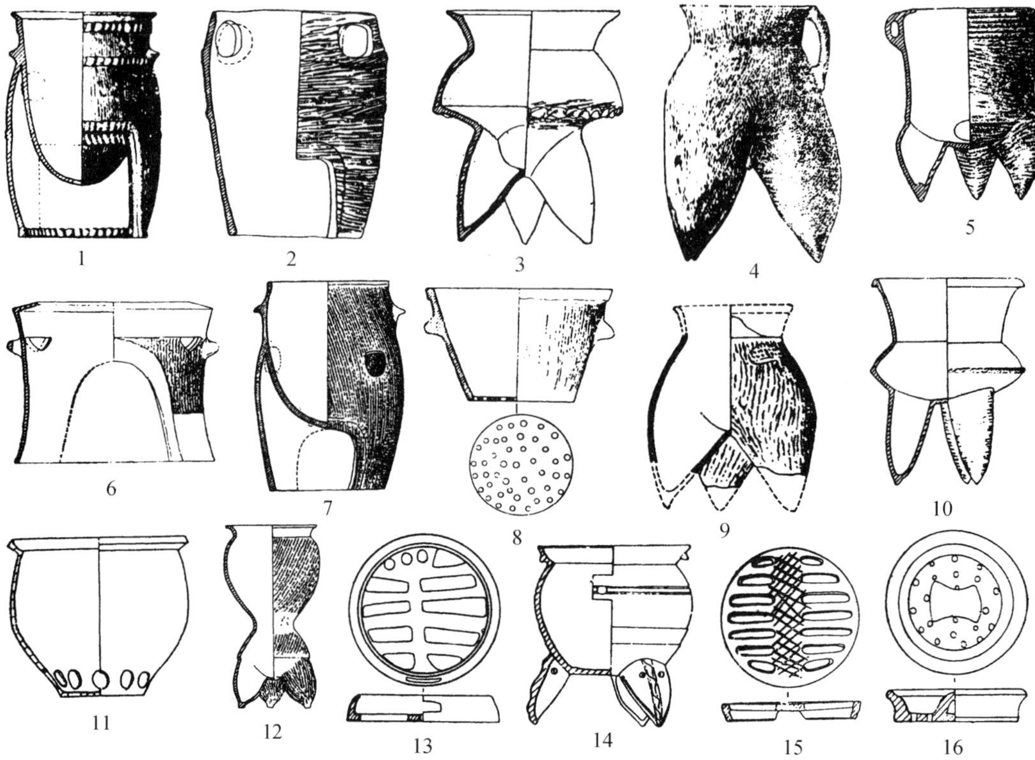

图四　黄河流域晚期炊器

1、7. 釜灶（1. 东关；7. 陶寺）　2、6. 灶（2. 庙底沟；6. 陶寺）　3、5、10. 斝（3. 浒西庄；5. 客省庄；10. 阳城）　4、9. 鬲（4. 客省庄；9. 三里桥）　8、11. 甑（8. 陶寺；11. 矬李）　12. 甗（后岗）　13、15、16. 甗箅（13. 后岗；15、16. 西吴寺）　14. 鼎（呈子）

（1～3. 庙底沟二期文化；4、5. 客省庄二期文化；6～8. 陶寺文化；9. 三里桥文化；10、11.王湾三期文化；12、13. 后岗二期文化；14～16. 龙山文化）

发展进程中的鼎盛阶段，是炊器发展史上的重大转折点，在炊器的发展史上具有极其重要的意义。

黄河下游地区的龙山文化，在与河南东部地区毗邻的少数考古学文化遗存中也发现有一定数量的甗、鬲、斝，这主要应是受到黄河中游地区龙山时代诸考古学文化的影响而出现的。而绝大多数考古学文化遗存中是不见以上三种炊器的，炊器中仍以鼎为大宗。

长江下游地区的良渚文化炊器以鼎为主，鼎制作精美，纹饰繁缛，堪称精品。釜、甗和甑罕见。

广东省的石峡文化鼎较发达，而釜和甑则少见。

福建省的昙石山文化炊器以釜居多，而鼎数量极少。

东北地区诸考古学文化的炊器自始至终是以深腹筒形罐或鼓腹罐为主体，只是由于受到山东半岛新石器时代诸考古学文化的影响，在辽东半岛的小珠山中、上层文化时期发现有少量鼎。

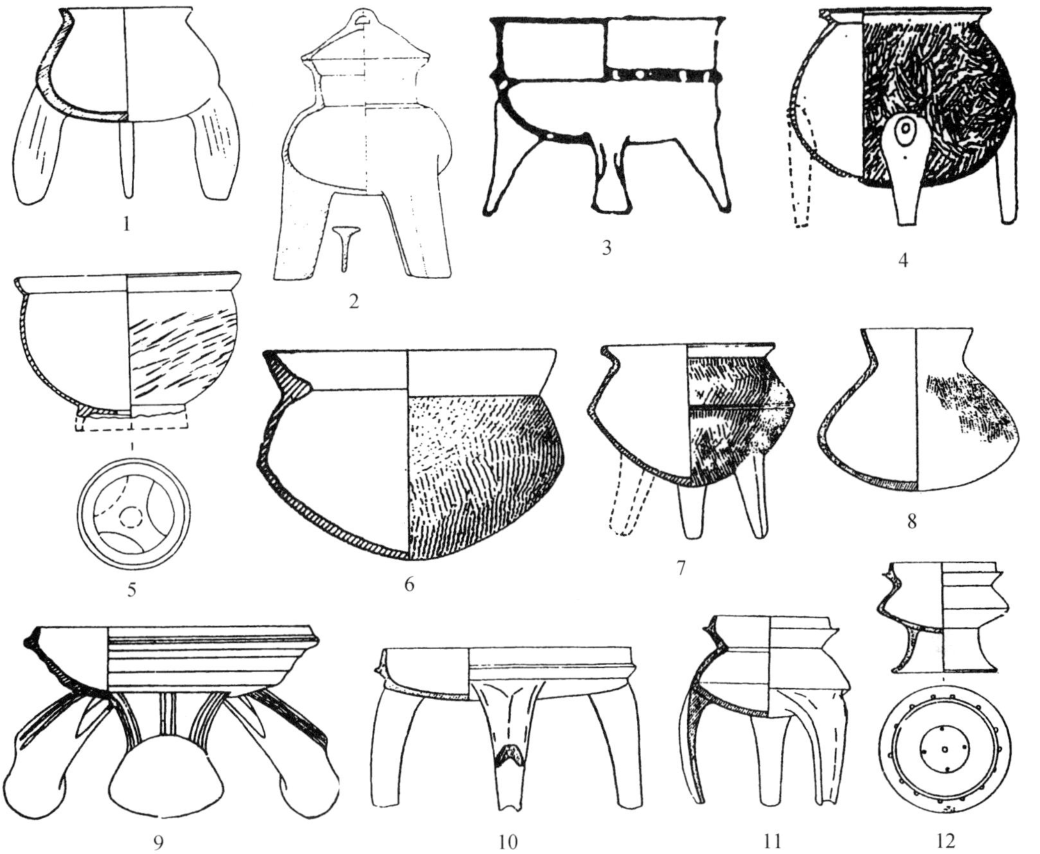

图五　长江流域及南方地区晚期炊器

1、2、4、7、9～11. 鼎（1. 钱山漾；2. 雀幕桥；4. 季家湖；7. 昙石山；9. 拾年山；10、11. 石峡）　3. 甗（龙南）
5、12. 甑（5. 肖家屋脊；12. 石峡）　6、8. 釜（6. 昙石山；8. 石峡）
（1～3. 良渚文化；4、5. 石家河文化；6、7. 昙石山文化；8、10～12. 石峡文化；9. 筑卫城文化）

黄河和长江两大流域的炊器存在着较大差别，主要表现在：黄河流域早期诸考古学文化中虽然也存在着炊器先使用罐、釜和盂的时代，但在很短的时间内被鼎逐渐替代，其后的时间里鼎一直居于主导地位。晚期阶段，在黄河中游地区，亦包括山东省的西部新出现了鬲、甑和斝这种较为先进的三空袋状足炊器。

在长江流域的早期考古学文化中炊器仅为釜，与之配套使用的支脚数量特别多，鼎尚未发现。自中期阶段开始，鼎已开始出现，但釜和支脚仍占主导地位。在偏晚阶段鼎的数量开始剧增。在晚期阶段鼎的数量已占主体，釜仅有少量发现。

长江中游地区的石家河文化开始出现了少量的斝，但这应是受到黄河流域考古学文化影响的产物。而鬲这种较为先进的炊器，迄今为止在长江流域乃至广东省至黑龙江省的整个东南沿海地区则不见或罕见。

长江下游地区中期阶段的崧泽文化和薛家岗文化开始出现了甗，年代亦最早，但与黄河中游地区发现的甗有较大差异。长江下游地区甗发现的数量少，甗整体形状为鼎形，三实足，以甑底代替甗箅。黄河中游地区发现的甗数量非常多，甗的上部多为罐形，下部为鬲形或斝形，上部与三空袋状足连接呈束腰状。

除以上炊器外，黄河流域还发现有一定数量的釜灶、灶和甗箅，而在长江流域则不见。

此外，黄河流域发现的甑多为平底，而长江流域发现的甑则多加圈足。

二、日本绳纹时代炊器的种类和使用方式

日本绳纹时代起始年代与中国新石器时代起始年代大体相当，均在距今一万年以上，但日本绳纹时代结束的年代要比中国晚一千多年。在绳纹时代，是否所有人的食物均需经过炊煮呢？其实亦不尽然，捕捞的鱼类、贝类，狩猎的动物类以及采集的植物果实和块根类，有相当一部分是可以不经过炊煮而生食的，至今日本人亦有生食海鲜或动、植物的习惯。不过从考古发掘的遗迹和遗物看，绳纹时代的人们已经开始使用炊器蒸煮食物了。具体例证是，在居住的房址内或房址外发现有炉灶，有的炉灶内还发现有石块和立置的陶罐。绳纹时代陶器发现的数量很多，但种类较单一，以深腹筒形罐占绝大多数。而在早期阶段，罐的形态一般较小，底尖或圜，平底罐较少。中期以后器形开始变大，平底罐增多，纹饰繁缛。但在这些罐类陶器中，既有贮藏器和瓮棺葬具，也有盛器、水器和炊器，到底哪种陶器为炊器呢？这是需要慎重考虑的。

在选择何种陶器为炊器时，力求根据原报告所述陶器外表是否有烟炱和陶器内壁是否有食物炭化物这一原则，以此确定哪些陶器为炊器而不至于造成谬误。

绳纹时代的炊器有罐、甑和鬲（图六）。以罐为主，甑和鬲少见。罐的形式大体可分成三大类：一类是直腹筒形，底为圜底、尖底或平底，有的口部还附带有流。第二类是整体形状呈“8”字形，口部内敛，上部较大，下部较小，中间呈束腰状，平底。第三类是口部外敞，向下渐收，下部呈直筒状。三大类罐既有平口的，也有波浪形的，或称火焰式口部。唇沿高低不平，起伏错落，看似浮雕或透雕。纹饰特别繁缛，形式多样，器身压印或刻划出各种几何形图案，也有的是用附加堆纹组成的各种几何形图案。其中第二、三类罐应为蒸器，用法是在罐的内壁束腰处置放编织物的箅，下部盛水，箅上蒸食物。第一类罐的使用方法应是将罐立置于炉灶内，或置放于地面上，在其周边置放柴草加热，食物放于其内直接煮食。

在绳纹时代晚期开始出现甑，甑的整体形状呈罐形，外壁一侧附有流，内壁偏上部有一箅，其上有数十个小圆孔。鬲亦是在绳纹时代晚期开始出现的，在日本列岛北部的青森县和南部九州地区的长崎、大分、宫崎县均有发现。但完整的较少，多为鬲足。鬲的形态为敞口，宽肩，鼓腹，阔裆，袋足中空向内收敛，有的鬲腹部上段饰有云形纹。

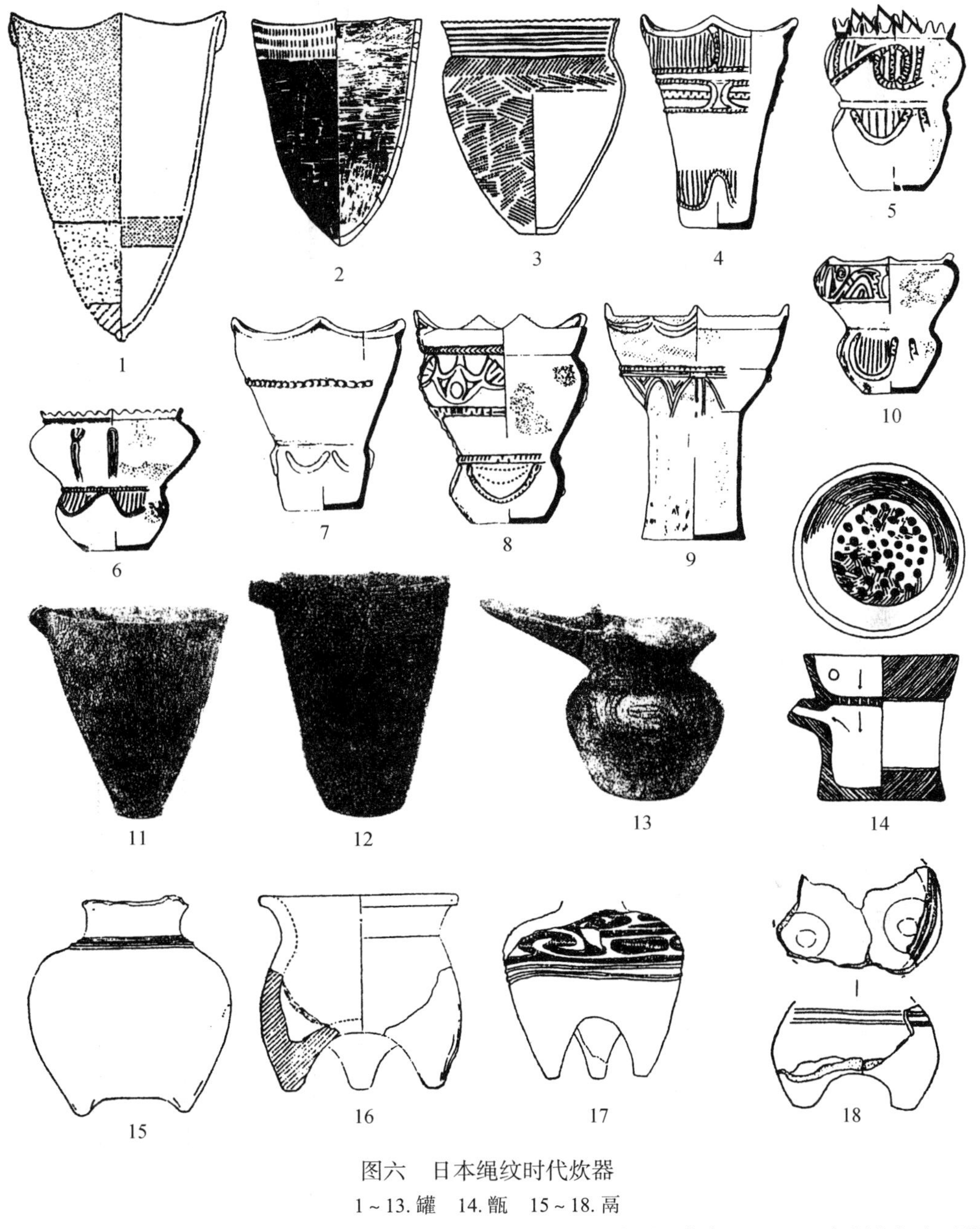

图六　日本绳纹时代炊器

1～13. 罐　14. 甑　15～18. 鬲

（1、2. 青森县下田代纳屋；3. 岩手县九年桥；4. 长野县尖石；5、7. 长野县藤内；6、8、9. 长野县九兵卫尾根国；10. 长野县广原；11、12. 千叶县幸田；13. 秋田县大汤；14. 福岛县袋原；15. 青森县黑洲田；16. 大分县秋叶；17. 青森县今津；18. 青森县富之泽 ）

绳纹时代的炊器是以深腹筒形罐为主，另有一定数量的束腰形罐蒸器，甑和鬲的数量较少。大体来说，罐类炊器的使用方法应是将其置于炉灶内或放置于室外，也可能在罐的底部用石块支垫，或在罐的周围放置柴草使其燃烧炊煮食物。

三、结　　语

综上所述中日两国史前时代的炊器，谈以下几点认识。

（1）中国的黄河流域、长江流域及以南地区的炊器与日本的炊器是迥然不同的。前者的炊器是以釜、鼎、鬲、甗、斝、甑、灶为主，特别是盛行三足炊器。早期釜和支脚盛行，中、晚期釜和支脚开始衰减，三足炊器达到鼎盛阶段；而后者的炊器除绳纹时代晚期发现极少量的鬲外，炊器中是以深腹筒形罐为主，三足炊器极其少见，支脚的盛行则是在较晚的弥生时代了。所以说，中国的黄河流域、长江流域及以南地区发现的炊器与日本发现的炊器均保持着各自的相对独立性，从宏观上看是属于两个大的不同的文化系统。

（2）中国的东北地区与日本绳纹时代相比较，在史前时期使用的炊器存在着相当大的共性，主要表现在陶器中以深腹筒形罐为主，炊器都使用深腹筒形罐，均不见或极少见三足炊器。但也存在着一定的文化差异，中国东北地区发现的罐均为平底，不见圜底或尖圜底的罐，而在日本列岛，圜底罐和尖圜底罐发现数量较多。在其形制与纹饰等方面也不尽相同，日本列岛所盛行的火焰式口沿罐是其所独有的，也是绳纹时代重要的标型器之一。

（3）日本在绳纹时代晚期，北至青森县，南至九州地区发现有少量三足炊器——鬲，鬲这种炊器是中国所独有的。日本绳纹时代晚期发现的鬲，从其形制观察与中国青铜时代的鬲大体相似，无疑是从中国传入的。

参 考 文 献

中国社会科学院考古研究所：《临潼白家村》，巴蜀书社，1994年。

中国社会科学院考古研究所：《师赵村与西山坪》，中国大百科全书出版社，1999年。

河南省文物考古研究所：《舞阳贾湖》，科学出版社，1999年。

济青公路文物考古队：《山东临淄后李遗址第三、四次发掘简报》，《考古》1994年第2期。

湖南省文物考古研究所等：《湖南澧县彭头山新石器时代早期遗址发掘简报》，《文物》1990年第8期。

浙江省文物考古研究所：《萧山跨湖桥新石器时代文化遗址》，《浙江省文物考古研究所学刊》，长征出版社，1997年。

河北省文物管理处等：《河北省武安磁山遗址》，《考古学报》1981年第3期。

中国科学院考古研究所：《西安半坡》，文物出版社，1963年。

中国科学院考古研究所安阳发掘队：《安阳后岗新石器时代遗址的发掘》，《考古》1982年第6期。
河南省文物考古研究所：《长葛石固遗址发掘报告》，《华夏考古》1987年第1期。
郑州市博物馆：《郑州大河村遗址发掘报告》，《考古学报》1979年第3期。
中国社会科学院考古研究所山东工作队：《山东汶上县东贾柏村新石器时代遗址发掘报告》，《考古》1993年第6期。
山东省博物馆等：《邹县野店》，文物出版社，1985年。
山东省文物考古研究所：《大汶口续集——大汶口遗址第二、三次发掘报告》，科学出版社，1997年。
辽宁省博物馆等：《大连市郭家村新石器时代遗址》，《考古学报》1984年第3期。
濮阳西水坡遗址考古队：《河南濮阳西水坡遗址发掘简报》，《文物》1988年第3期。
濮阳西水坡遗址考古队：《1988年河南濮西水坡遗址发掘简报》，《考古》1989年第12期。
中国社会科学院考古研究所：《庙底沟与三里桥》，科学出版社，1959年。
宝鸡市考古工作队等：《宝鸡福临堡》，文物出版社，1993年。
半坡博物馆等：《姜寨——新石器时代遗址发掘报告》，文物出版社，1988年。
中国社会科学院考古研究所：《山东王因新石器时代遗址发掘报告》，科学出版社，2000年。
内蒙古文物考古研究所等：2012年内蒙古赤峰魏家窝铺遗址考古发掘资料。
中国社会科学院考古研究所山东队等：《山东滕县北辛遗址发掘报告》，《考古学报》1984年第2期。
龙虬庄遗址考古队：《龙虬庄——江淮东部新石器时代遗址发掘报告》，科学出版社，1991年。
罗家角考古队：《桐乡罗家角遗址发掘报告》，《浙江考古研究所学刊》，文物出版社，1981年。
南京博物院：《江苏吴县草鞋山遗址》，《文物资料丛刊》（第3辑），文物出版社，1980年。
浙江省文物管理委员会等：《河姆渡遗址第一期发掘报告》，《考古学报》1978年第1期。
湖南省博物馆：《澧县东田丁家岗新石器时代遗址》，《湖南考古辑刊》（第1辑），岳鹿书社，1982年。
浙江省文物考古研究所：《余杭吴家埠新石器时代遗址》，《浙江省文物考古研究所学刊》，科学出版社，1993年。
湖北省博物馆等：《宜昌伍相庙新石器时代遗址发掘简报》，《江汉考古》1988年第1期。
镇江市博物馆：《江苏句容城头山遗址试掘简报》，《考古》1985年第4期。
上海市文物管理委员会：《崧泽——新石器时代遗址发掘报告》，文物出版社，1987年。
中国科学院考古研究所：《京山屈家岭》，科学出版社，1965年。
石河考古队：《湖北省石河遗址群1987年发掘简报》，《文物》1990年第8期。
中国历史博物馆考古部：《1982—1984年山西垣曲古城东关遗址发掘简报》，《文物》1986年第6期。
中国社会科学院考古研究所山西工作队等：《山西襄汾县陶寺遗址发掘简报》，《考古》1980年第1期。
中国社会科学院考古研究所山西工作队等：《1978—1980年山西襄汾陶寺墓地发掘简报》，《考古》1983年第1期。
中国社会科学院考古研究所：《武功发掘报告——浒西与赵家来遗址》，文物出版社，1988年。
中国社会科学院考古研究所：《沣西发掘报告》，文物出版社，1962年。

河南省文物研究所等：《登封王城岗与阳城》，文物出版社，1992年。
洛阳博物馆：《洛阳矬李遗址试掘简报》，《考古》1978年第1 期。
中国社会科学院考古所安阳工作队：《1979年安阳冈遗址发掘报告》，《考古学报》1985年第1期。
国家文物局考古领队培训班：《兖州西吴寺》，文物出版社，1990年。
昌潍地区文物管理组等：《山东诸城呈子遗址发掘报告》，《考古学报》1980年第3期。
浙江省文物管理委员会：《吴兴钱山漾遗址第一、二次发掘报告》，《考古学报》1960年第2期。
浙江省文物考古研究所：《浙江北部地区良渚文化墓葬的发掘》，《浙江省文物考古研究所学刊》，科学出版社，1993年。
湖北省博物馆：《湖北当阳季家湖石器时代遗址》，《文物资料丛刊》（第10辑），文物出版社，1987年。
福建省文物管理委员会等：《福建昙石新石器时代遗址第二至四次发掘简报》，《考古》1961年第12期。
福建省博物馆：《闽侯昙石山遗址第六次发掘报告》，《考古学报》1976年第1期。
江西省文物考古研究所等：《江西新余市拾年山遗址》，《考古学报》1991年第3期。
广东省博物馆等：《广东曲江石峡墓葬发掘简报》，《文物》1978年第7期。
镇江博物馆：《江苏丹阳王家山遗址发掘简报》，《考古》1985年第5期。
湖北省荆州博物馆等：《天门石家河考古发掘报告之一——肖家屋脊》，文物出版社，1999年。
（日文）
小林達雄：《日本原始美術大系1——繩文土器》，講談社，1977年。
小林達雄：《繩文土器の研究》，小學館，1944年。
小林達雄：《繩文人の道具——古代史復原》3，講談社，1988年。
加藤晉平：《繩文文化の研究3——繩文土器Ⅰ》，雄山閣，1982年。
加藤晉平：《繩文文化の研究4——繩文土器Ⅱ》，雄山閣，1981年。
加藤晉平：《繩文文化の研究3——繩文土器Ⅰ》，雄山閣，1982年。
江阪輝彌：《古代史發掘2——繩文土器の貝塚・繩紋時代Ⅰ》，講談社，1973年。
泉拓良：《繩文土器出現——歷史發掘》2，講談社，1996年。
戸澤充則:《繩文時代研究事典》，東京堂，1994年。
藤村東男：《組成論—大洞式土器—土器用途との關連》，《考古學季刊》第17號。
武藤雄六：《中期繩文の蒸器——櫛形文土器の變遷と意義》，信濃17-7，1965年。
盛田稔 ：《七戸の文化財》，青森縣七戸町役場，1964年。
新穀武等：《青森縣平館村今津遺跡出土の鬲狀三足器》，《考古學雜誌》第71卷。
福田友之：《津輕半島今津遺跡の鬲狀三足土器》，《青森縣考古學》第6號，1991年。
青森縣埋藏文化財調査センター：《富の澤(1)、(2)遺跡》，《青森縣埋藏文化財調査報告書》118集，1989年。

“新砦期”遗存的性质及相关问题*

段天璟

（吉林大学边疆考古研究中心）

在中国考古学的分期上，中国的新石器时代结束于古代文献记载的夏王朝创立时期[①]。可以看到，新石器时代是一个以物质文化及生产力发展等为标准提出的概念，可以通过考古学文化涵盖的年代来表征其年代跨度，中国的新石器时代截止于龙山时代。而夏时期则是指古文献记载的夏王朝存续的时间。

2009年，张忠培先生强调了学界关于二里头文化是夏文化的重要共识，更进一步提出了龙山时代和二里头文化之间仍存在进入夏纪年的遗存的重要认识，指出了12个考古学文化和代表性遗存的年代位置均处于龙山时代之后和二里头文化之前[②]。这一系列重要论断从考古年代学的角度回答了考古学上的新石器时代、二里头文化以及中国古史上的夏代间的关系，也为我们进一步了解龙山时代之后至二里头文化之前的考古学文化遗存提供了重要指导。

本文拟在此基础上，对新砦期遗存的性质及其相关问题谈谈自己的看法。

一、“新砦期”遗存的相关发现与问题的提出

1979年3、4月间，中国社会科学院考古所河南二队对新砦遗址进行了试掘[③]。发掘者认为，此次试掘发现的河南龙山文化遗存与二里头文化遗存的年代衔接非常紧密，并且指出“新砦遗址是属于龙山晚期和二里头文化早期的遗存，年代似乎不太长，恰好是从龙山文化发展到二里头文化的整个阶段。因此，它是一处很有代表性的遗址”。

---

* 本文得到“教育部人文社会科学青年基金项目（10YJC780006）、教育部人文社会科学重点研究基地重大项目（13JJD780004）”、吉林大学青年学术骨干支持计划项目（2012FRGG04）资助。

① 张忠培：《二十世纪后半期中国新石器时代考古学的历程》，《中国考古学——走近历史真实之道》，科学出版社，1999年，第78页。

② 张忠培：《关于二里头文化和夏代考古学遗存的几点认识》，《中国历史文物》2009年第1期。

③ 中国社会科学院考古研究所河南二队：《河南密县新砦遗址的试掘》，《考古》1981年第5期。

20世纪80年代，赵芝荃根据新砦遗址1979年的发掘材料提出了“新砦期文化”的概念；并指出，“新砦期文化，基本填补上河南龙山文化与二里头文化之间的缺环。这三期文化前后衔接，一脉相承，在物质文化方面的沿袭关系非常明显，特别在陶器方面表现更为突出[①]。”

1999年10～12月，北京大学文博学院、郑州市文物考古研究所对新砦遗址进行了第二次发掘[②]。发掘者将1999年的发掘材料分为两期三段，认为新砦一期属于伊洛郑州地区常见的龙山文化晚期遗存，第二期则为介于龙山晚期与二里头文化之间的遗存。

2000年4～7月，北京大学古代文明研究中心和郑州市文物考古研究所对新砦遗址进行了第三次考古发掘[③]。《河南省新密市新砦遗址2000年发掘简报》认为，“依据层位关系和器物组合，我们可以把新砦期细分为前后两段。新砦期早段的龙山文化遗风较浓，如陶器中常见口沿带凹槽的深腹罐、粗柄豆、圈足盘。深腹罐的唇部仍有不少方唇，腹部较鼓。豆盘为浅盘。刻槽盆有的仍为平底。到了新砦期晚段，深腹罐口沿加厚。豆变为细柄，且折壁浅盘，与二里头文化的豆十分相似。刻槽盆也变为小平底或近圜底，流行折肩罐和尊形瓮。器盖大量出现，盖纽已出现菌状纽，与二里头文化早期的器盖相似”。

《新密新砦》报告全面报道了1999～2000年两年发掘获得的资料。《新密新砦》报道，1999～2000年新砦遗址发掘的资料可分为三期。《新密新砦》认为，第一期属王湾三期文化（河南龙山文化）晚期，第二期从文化性质上看性质为王湾三期文化向二里头文化的过渡，可命名为“新砦二期文化”，第三期“在1999、2000年度发掘区内没有发掘到第三期的文化遗迹，只是在室内整理阶段，在有些探方的地层中发现属于这一期的文化遗物和动植物遗存”。第三期基本组合与二里头文化二里头遗址第一期相同[④]。

新砦遗址2002年的发掘进一步丰富了“新砦期”的资料，发现了CT1H8等新砦期早段单位和CT1H5等新砦期晚段单位[⑤]。

---

① 赵芝荃：《略论新砦期二里头文化》，《中国考古学会第四次年会论文集》，文物出版社，1985年；《试论二里头文化的源流》，《考古学报》1986年第1期。

② 北京大学考古文博院、郑州市文物考古研究所：《河南省新密市新砦遗址1999年试掘简报》，《华夏考古》2000年第4期（以下简称《1999年简报》）。

③ 北京大学古代文明研究中心、郑州市文物考古研究所：《河南省新密市新砦遗址2000年发掘简报》，《文物》2004年第3期。

④ 北京大学震旦古代文明研究中心、郑州市文物考古研究院：《新密新砦——1999~2000年田野考古发掘报告》，文物出版社，2008年，第148、430、431、464页。

⑤ 中国社会科学院考古研究所河南新砦队、郑州市文物考古研究院：《河南新密市新砦遗址2000年发掘简报》，《考古》2009年第2期。

2003年新砦遗址的发掘成果，概括说来有三①：其一，在梁家台东北高台地发掘出东西长50米以上，南北宽14.5米的大型建筑及相关遗迹；其二，勘探出环绕遗址边缘的北、西、东三面壕沟，同时又找出了遗址北面的外壕和围绕中心区的内壕；其三，2003年秋季通过在煤土沟村和梁家台西共三条探沟的发掘，在东、东北和西围壕内侧确认了新砦遗址的城墙，并对东城墙进行了解剖发掘②。新砦遗址被确认为“是一座面积约100万平方米、拥有内外三重城壕和大型建筑的夏代早期大型城址”。

2004年对新砦遗址浅穴式大型建筑基址进行了发掘，发现了“龙山文化”晚期至二里头文化时期的堆积③。

随着新材料的不断发现，“新砦期”是否存在？这类遗存与二里头文化、河南地区龙山时代文化遗存的关系如何？这样的问题越来越为学界所关注④。新砦遗址几次发掘积累了一定数量的材料，尤其是《新密新砦》报告发表了较丰富的资料，为我们系统地了解新砦期的面貌、认识新砦期的性质提供了条件。

新砦遗址发现的单位中被明确指出属于“新砦期”或“新砦二期”文化且发表陶器的单位有：1979年出土的79H2、79H3、79H5、79H7、79H8、79H9，和1999、2000年出土的9个“典型单位”和107个“非典型单位”⑤。

《新密新砦》报告又将“新砦二期”划分为早晚两段，早段包括99T2H101、2000T4H26、99T6H220、2000T4H53、2000T4H59共5个“典型单位”和31个“非典型单位”，晚段包括99T2H52、99T4H6、2000T4H19、2000T6⑧共4个“典型单位”和70个“非典型单位”，并将79H5、79H7等单位归入早段，79H2、79H3等单位归入晚段。

应该指出的是，关于新砦二期遗存的内涵与性质问题，目前也存在不同意见。顾万发、张松林指出：“就花地嘴‘新砦期’遗存的有关材料来看，如果将非常接

① 赵春青：《新砦遗址谱系与聚落研究的新进展》，《中国文物报》2004年9月10日第10版。

② 中国社会科学院考古研究所河南新砦队、郑州市文物考古研究院：《河南新密市新砦遗址东城墙发掘简报》，《考古》2009年第2期。

③ 中国社会科学院考古研究所河南新砦队、郑州市文物考古研究院：《河南新密新砦遗址浅穴式大型建筑基址的发掘》，《考古》2009年第2期。

④ 有关这方面讨论的论文主要有a. 李维明：《来自“新砦期”论证的几点困惑》，《中国文物报》2002年1月11日第7版；b. 赵春青、王文华、顾万法：《关于“新砦期”论证的几个问题——兼答〈来自“新砦期”论证的几点困惑〉》，《中国文物报》2002年2月20日第7版；c. 方酉生：《略论新砦期二里头文化——兼评〈来自‘新砦期’论证的几点困惑〉》，《东南文化》2002年第9期；d.李维明：《学风濯濯 学史昭昭——关于“新砦期”论证三题》，《殷都学刊》，2002年第3期；e. 李维明：《学风濯濯 学史昭昭——例正方酉生教授谪难》，《东南文化》2003年第1期。

⑤ 我们将新砦1979年、1999年、2000年发掘的单位前分别加上79、99、2000的标识，以便区别。

近‘新砦二期晚段’的新砦遗址2000T6第⑤b~第⑥层这一类遗存纳入‘新砦二期晚段’，则‘新砦二期晚段’与二里头文化一期或其早段应是大致同时的。这样一来，只有‘新砦二期早段’这类遗存符合‘新砦期’这一概念。”①《新密新砦》认为2000T6第5b~第6层应属二里头文化，进而坚持了新砦二期早、晚段都属于“新砦二期文化”的观点。

诚然，确认某个考古学文化的性质，应有一群比较固定的、具有一定时代特征的器物作为标志。《新密新砦》将2000T6第5b~第6层等属二里头文化的部分单位剔除“新砦二期晚段”，并从器物组合方面明确了新砦二期与二里头文化间的区别，是符合实际情况的。

二、关于“新砦期”遗存性质的讨论

需要讨论的是新砦二期遗存的性质问题。

《新密新砦》报告将新砦二期遗存与“王湾三期文化”进行了比较，指出，在器物组合方面，新砦二期与“王湾三期文化”相比，缺少双腹盆和斝，新砦二期拥有“自己的典型器——直壁双纽器盖、子母口瓮和深腹盆形甑”②。

笔者曾就以王湾遗址第三期遗存为代表的“王湾三期文化”的性质问题进行过讨论，指出嵩山以西地区的“王湾三期文化”应属两类遗存。一类是以王湾遗址第三期和小潘沟龙山时代遗存为代表的三里桥文化，或为三里桥文化在洛河流域的一个地方类型。另一类是包括西吕庙、东干沟、西干沟、锉李等遗址的“龙山晚期遗存”。西吕庙类遗存承自本地的龙山时代中期遗存，应是嵩山以西地区的土著遗存③。

关于西吕庙和王湾遗址第三期遗存，还应作以下说明。

首先，洛阳西吕庙遗址H14→H13的层位关系中，H14：13单耳杯的形态明显异于同类制品H13：13（图一，3、14）④。在西吕庙另一组层位关系H12→H11中，可以看到，H11：2折沿罐鼓腹、最大腹径居中、敞口等特征与H13：3相似（图一，13、14），二者年代相当。因此，西吕庙区分早（以H11、H13等为代表）、晚（以H12、H14等为代表）两段的意见可从（图一）。

① 郑州市文物考古研究所、北京大学考古文博学院：《河南巩义市花地嘴遗址“新砦期”遗存》，《考古》2005年第6期。

② 北京大学震旦古代文明研究中心、郑州市文物考古研究院：《新密新砦——1999~2000年田野考古发掘报告》，文物出版社，2008年，第430页。

③ 段天璟：《龙山时代晚期嵩山以西地区遗存的性质——从王湾遗址第三期遗存谈起》，《中原文物》2013年第6期。

④ 洛阳市文物工作队：《洛阳西吕庙龙山文化遗址发掘简报》，《中原文物》1982年第3期。

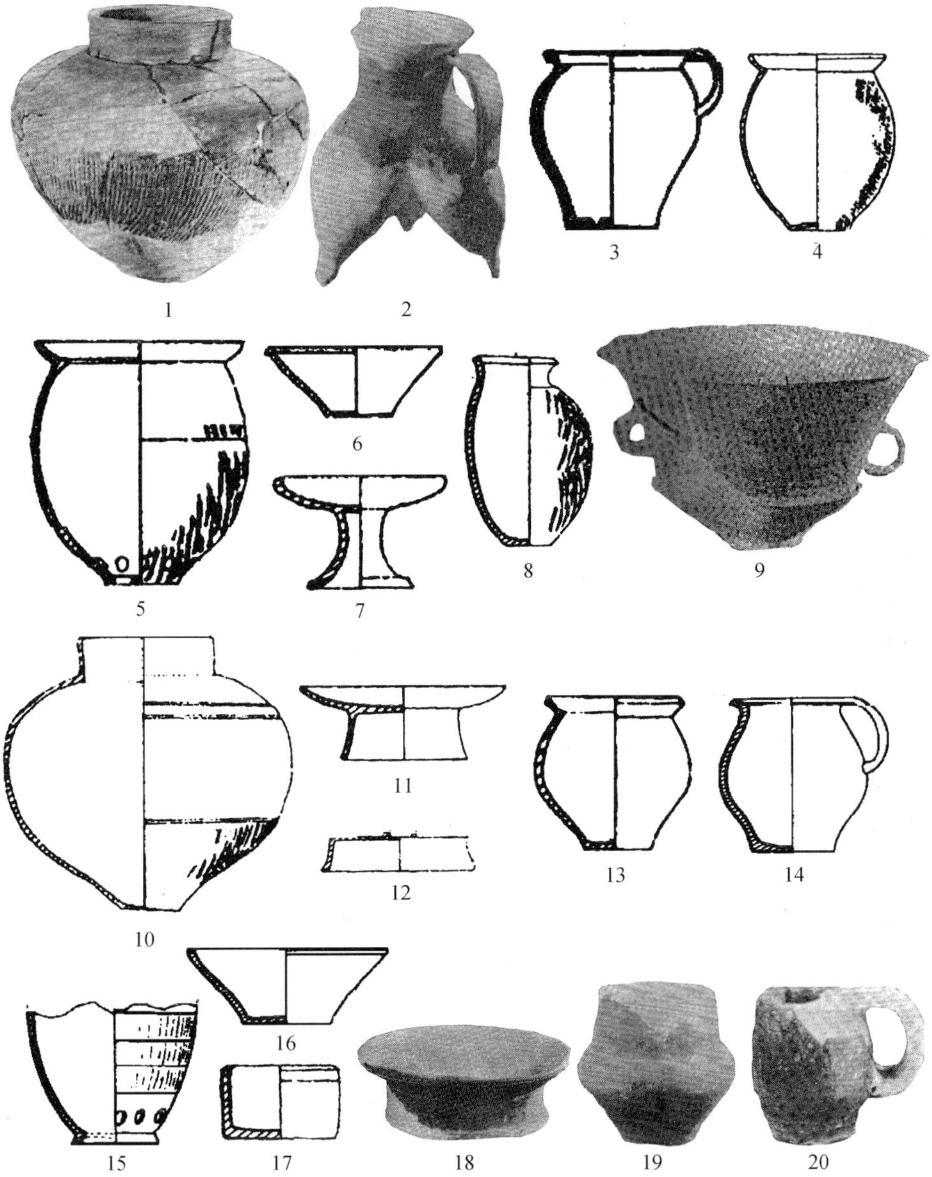

图一　洛阳西吕庙遗址出土部分陶器

1. 高领罐H14：12　2. 鬶H14：11　3. 杯H14：13　4. 折沿罐H9：1　5. 甑H12：1　6. 碗H12：3　7. 豆H9：12　8. 背壶H9：10　9. 双腹盆H9：13　10. 高领罐H11：1　11. 圈足盘H11：18　12. 器盖H11：15　13. 折沿罐H11：2　14. 杯H13：13　15. 甑H13：15　16. 盆H13：9　17. 盂H13：12　18. 圈足盘H13：8　19. 小壶H13：7　20. 杯H13：15

其次，王湾Ⅵ段H213：1单耳罐最大腹径居中、敞口折沿，其形态特征介于西吕庙H14：13和H13：13之间（图一，3、14），且更加接近H13：13的特征①。《客省庄与三里桥文化的单把鬲及其相关问题》（下简称《客》）指出，西吕庙H13与位于中条山以东、黄河北岸谷地的垣曲东关遗址三里桥文化ⅠH220、ⅠH256同时，并排摆出了三里桥文化单把鬲的演变序列②。而王湾H166：158侧装双鋬手陶鬲（图二，7）与东关ⅠH220：19鬲相比，足根更明显，足部更肥大。按照《客》文排列的陶鬲的逻辑演变顺序，可将王湾H166：158的位置放在垣曲古城东关遗址ⅠH220：19之后③。又有，王湾H213→H166，说明王湾H166当早于西吕庙H14。因此，以H166为代表的王湾Ⅴ段的年代约与东关ⅠH220和西吕庙早段同时或稍晚。

王湾H79：11、H79：17鬲的把手位于口部以下、均有实足根，H79：17（图二，2）形态小巧，颈部呈圆筒状似一小杯，下有三个小实足，主体特征与西H14：11鬶（图一，2）相类。而H79：11鬲颈部斜直的特征与王H166：158鬲相似，故其年代可能稍早于西H14：11。于是可以认为以H79、H213为代表的王湾Ⅵ段的年代大约与西吕庙H14相当。

再次，王湾遗址第三期类遗存与西吕庙类遗存以有无陶鬲为主要区别。值得注意的是，二类遗存的陶鼎的种类也存在一定的差别。王湾三期类遗存鼎皆为圜底，可以分盆形鼎和罐形鼎两类，鼎足高矮不等，足部剖面有圆柱形（如王湾H450：27）④、方柱形或扁凿形（如王湾H166：147）、三角形（如小潘沟T2H20：12）⑤等。西吕庙类遗存陶鼎亦皆为圜底，足部剖面形态有方柱形（如西吕庙H3：1）⑥、三角形（如西干沟H217：1）⑦、扁乳状（如矬李H26：2）⑧等。对比可知，二类遗存的陶鬲除共有柱状、三角形鼎足外，西吕庙类遗存还有扁乳状足，不见于王湾遗址第三期类遗存。

可见王湾遗址第三期遗存属于三里桥文化，而三里桥文化中常见的斝或双腹盆不见于新砦二期，二者应属不同的考古学文化。

---

① 北京大学考古文博学院：《洛阳王湾——考古发掘报告》，北京大学出版社，2002年，第88页，图六三，12。

② 张忠培、杨晶：《客省庄与三里桥文化的单把鬲及其相关问题》，《宿白先生八秩华诞纪念文集》，文物出版社，2002年，第33页。

③ 中国历史博物馆考古部等：《垣曲古城东关》，科学出版社，2001年，第400页，图三一四，3。

④ 北京大学考古文博学院：《洛阳王湾——考古发掘报告》，北京大学出版社，2002年，图版三二，4。

⑤ 洛阳博物馆：《孟津小潘沟遗址发掘简报》，《考古》1978年第4期，图版肆，3。

⑥ 洛阳市文物工作队：《洛阳西吕庙龙山文化遗址发掘简报》，《中原文物》1982年第3期，第3页，图二，9。

⑦ 中国社会科学院考古研究所：《洛阳发掘报告》，北京燕山出版社，1989年，图版二一，2。

⑧ 洛阳博物馆：《洛阳矬李遗址试掘简报》，《考古》1978年第1期。

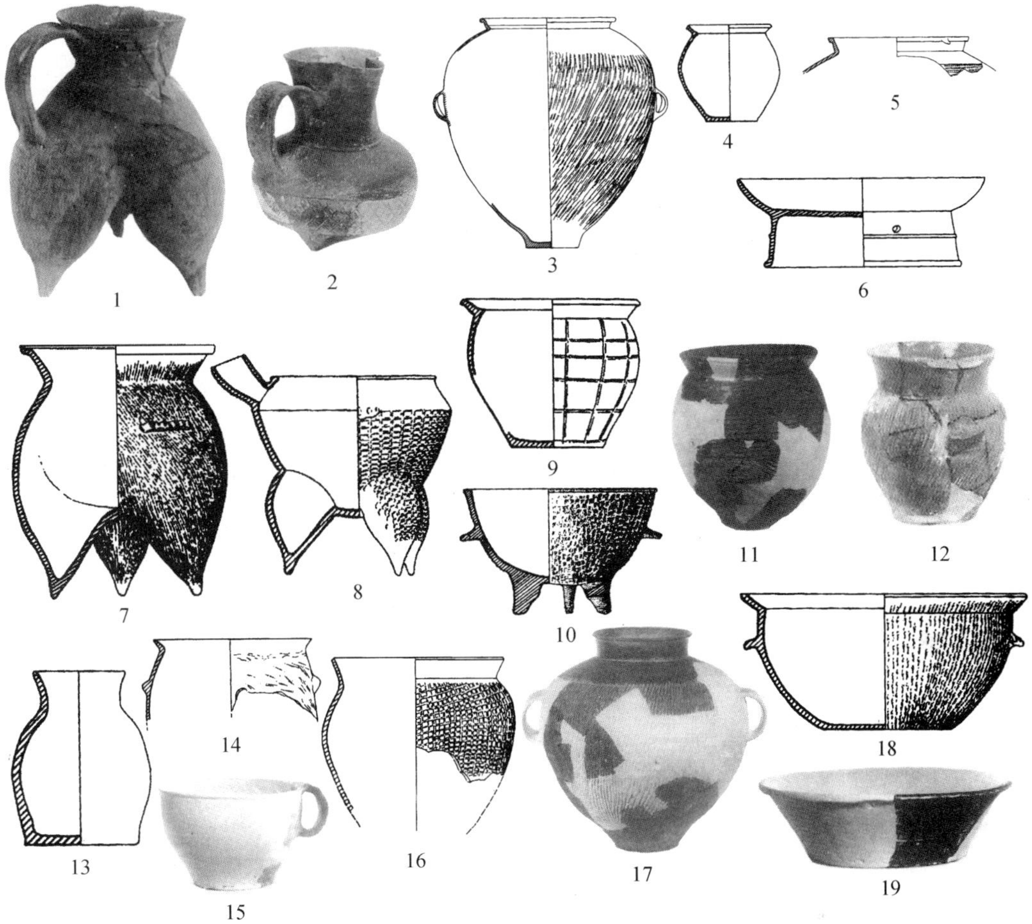

图二　王湾H79、H166出土陶器

1. 鬲H79：11　2. 鬲H79：17　3. 瓮H79：15　4. 罐H79：77　5. 瓮H79：8　6. 圈足盘H79：16　7. 鬲H166：158　8. 盉H166：27　9. 中口罐H166：148　10. 鼎H166：147　11. 缸H166：156　12. 单耳缸H166：14　13. 小口罐H166：26　14. 罐H166：62　15. 单耳杯H166：150　16. 罐H166：78　17. 小口带领缸H166：89　18. 浅腹盆H166：161　19. 碗H166：151

实际上，新砦一期遗存中双腹盆和斝所占的比例已非常低，从重要单位的统计结果来看，新砦一期遗存中双腹盆和斝均占0.27%，均不足1%，“显然只是整个器物群的点缀”。实际上，双腹盆和斝等器物在原先被划入“王湾三期文化”的汝、颍河流域的“煤山类型”遗存中所占比例较低，甚至不见的现象亦常有，如《新密新砦》报告认为“不宜归入新砦期”的登封王城岗五期[①]和临汝煤山二期[②]陶器群中，就均不见

① 河南省文物研究所、中国历史博物馆考古部：《登封王城岗与阳城》，文物出版社，1992年，第104页。

② 中国社会科学院考古所河南二队：《河南临汝煤山遗址发掘报告》，《考古学报》1982年第4期。

双腹盆和斝。

可以看到，《新密新砦》关于新砦第一期遗存的性质属于临汝煤山、登封王城岗、禹县瓦店为代表的“煤山类型”的观点是符合实际情况的[①]。

那么，新砦二期遗存同西吕庙类遗存以及“煤山类型”的关系是怎样的呢?

从器物组合来看，“新砦期”遗存的器物组合与“煤山类型”常见的组合基本一致：

（1）二者皆包括深腹罐、小口瓮、器盖、高足鼎、矮足鼎、甑、高柄豆、平底盆、钵、刻槽盆、杯等。

（2）新砦一期遗存以深腹罐、碗（钵）最为常见，占15%以上，小口高领罐次之，占5%左右，豆、圈足盘、刻槽盆、平底盆、深腹盆、甑、甗、杯、鼎、器盖又次，不超过5%，数量最少的有子母口瓮、双腹盆、斝等，均在1%左右。新砦期二期陶器群主要包括深腹罐、器盖、小口高领罐、折肩罐、尊形瓮、折肩瓮、豆、鼎、平底盆、刻槽盆、盉、单把杯、觚、厚胎钵和碗等，在数量上，最常见的陶器是罐类、器盖、小口高领罐和鼎，均在10%以上；其次有豆、平底盆和钵、刻槽盆等，均在2%以上；数量最少的为子母口瓮、鬶或盉，在1%上下[②]。

从陶器特征来看，“新砦期”遗存主要陶器的特征与“煤山类型”晚期相同或具有一定的承袭关系。

我们在新砦遗址三次发掘所获材料中选择既能涵盖“新砦期”的发展阶段又具有代表意义的新砦二期早段79H7、2000T4H26和晚段2000T4H19等“新砦期”单位（图三，1～28）与属于“煤山类型”晚期的新砦一期2000T2H84、临汝煤山二期H8、H59、H42、H60等[③]、登封王城岗五期H295[④]（图三，29～38、45、59～66）以及禹州瓦店三期H17、H21、H24、H34[⑤]（图三，46~58）进行比较。

通过比较，我们可以看到如下现象。

首先，新砦一期深腹罐2000T2H84：15与王城岗H295：4均有敞口、宽沿、鼓腹、下腹内收的相似特征（图三，29、60），H84：2鬶与煤山二期T20③：1均有斜口、把手位于唇部以下、有实足根等相仿的特征（图三，36、65）；此外，H84：86

---

① 北京大学震旦古代文明研究中心、郑州市文物考古研究院：《新密新砦——1999~2000年田野考古发掘报告》，文物出版社，2008年，第149页。

② 北京大学震旦古代文明研究中心、郑州市文物考古研究院：《新密新砦——1999~2000年田野考古发掘报告》，文物出版社，2008年，第72、239页。

③ 中国社会科学院考古研究所河南二队：《河南临汝煤山遗址发掘报告》，《考古学报》1982年第4期。

④ 河南省文物研究所、中国历史博物馆考古部：《登封王城岗与阳城》，文物出版社，1992年。

⑤ 河南省文物考古研究所：《禹州瓦店》，世界图书出版公司，2004年。

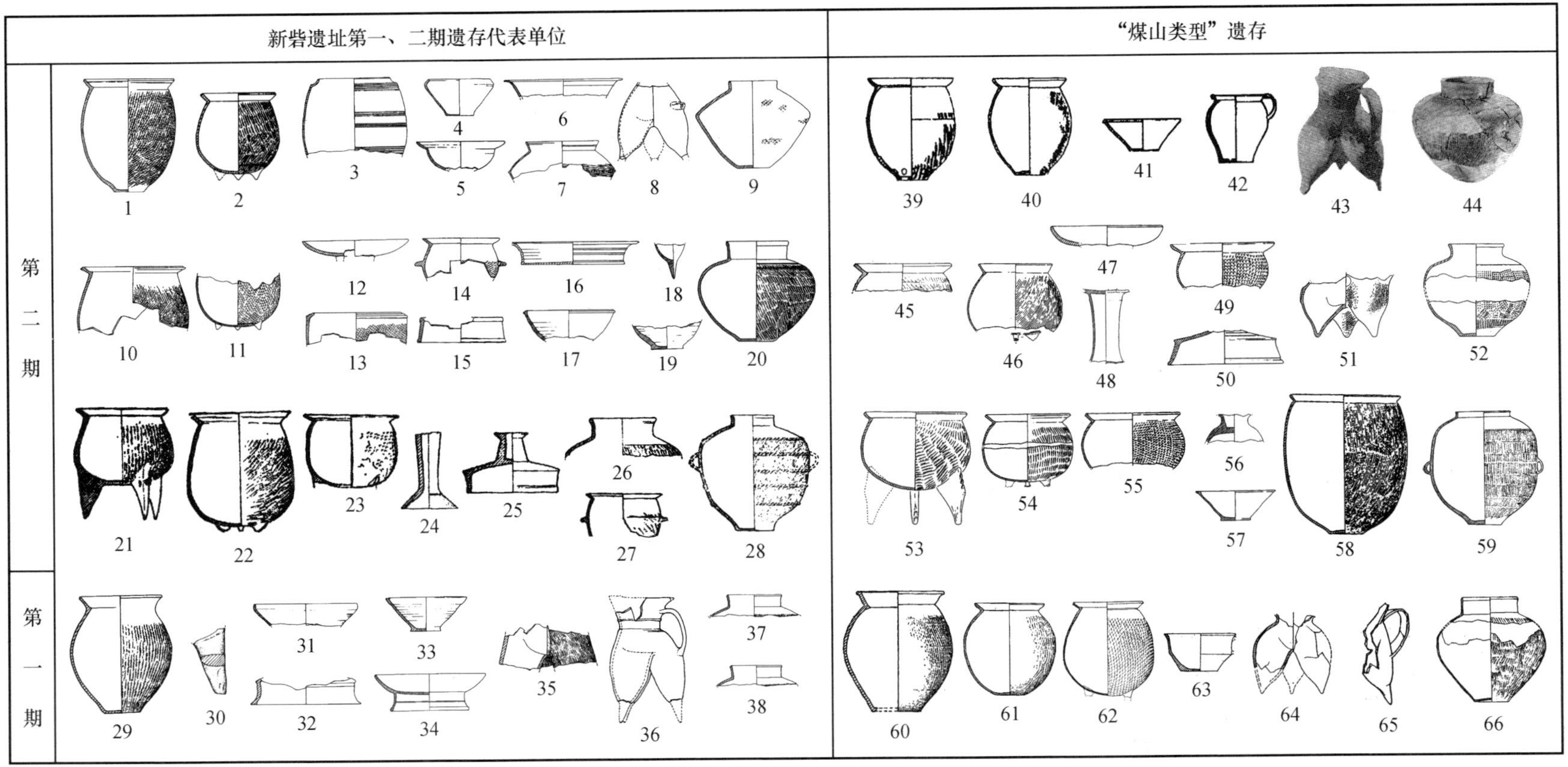

图三　新砦遗址第一、二期遗存代表单位与“煤山类型”遗存陶器对比图

1. H19：133　2. H19：102　3. H19⑤：105　4. H19：132　5. H19⑤：171　6. H19⑤：104　7. H19⑤：44　8. H19：77　9. H19③：135　10. H26④：72　11. H26④：65　12. H26：151　13. H26①：184　14. H26：1　15. H26：36　16. H26①：2　17. H26④：138　18. H26④：180　19. H26③：141　20. H26④：76　21. H7：3　22. H7：4　23. H7：5　24. H7：6　25. H7：9　26. H7：7　27. H7：12　28. H7：2　29. H84：15　30. H84：87　31.H84：77　32. H84：13　33. H84：83　34. H84：81　35. H84：86　36. H84：2　37. H84：68　38. H84：69　39. H12：1　40. H9：1　41. H12：3　42. H14：13　43. H14：11　44. H14：12　45. H42：1　46. H21：5　47. H24：29　48. H24：33　49. H24：19　50. H34：2　51. H24：25　52. H24：22　53. H17：1　54. H17：7　55. H17：6　56. H17：9　57. H17：2　58. H17：4　59. H60：4　60. H295：4　61. H295：1　62. H8：1　63. H59：5　64. H59：9　65. T20③：1　66. H59：4

（1~20. 新砦2000T4；21~28. 新砦1979；29~38. 新砦2000T2；39~44. 西吕庙；45、59、62~66.煤山；46. 瓦店ⅣT3；50 瓦店ⅣT6；47~49、51、52. 瓦店ⅣT4；53~58瓦店ⅤT1；60、61. 王城岗WT120）

甗、H84：68、H84：69小口罐等器物（图三，35、37、38）也与煤山二期同类器物H59：9、H59：4表现出相似的特征（图三，64、66）。由此推断，新砦一期的年代当与煤山二期大体相当。

其次，新砦二期遗存的主要器类与煤山二期、瓦店三期等“煤山类型”遗存相类。例如深腹罐，新砦期晚段2000T4H19：133、早段2000T4H26④：72（图三，1、10）的器表均饰篮纹、宽沿外敞、下腹部内收等特征与煤山H42：1（图三，45）形态相似。

其他器类的形态亦均基本相似，如矮足鼎，新砦二期早段2000T4H26④：65与瓦店H21：5（图三，11、46），79H7：4与瓦店H17：7（图三，22、54）；小口高领罐，早段2000H26④：76与瓦H24：22（图三，20、52）；小口瓮，早段79H7：2与煤H60：4（图三，28、59）；器盖，早段79H7：9与瓦H17：9（图三，25、56）；高足鼎，早段79H7：3、79H7：5分别与瓦H17：1、H17：6（图三，21、23、53、55）；豆，早段2000T4H26：151、79H7：6分别与瓦H24：29、H24：33（图三，12、24、47、48）相似等等。

再次，西吕庙H14组陶器中H14：11鬶带足及实足根的特征与新砦期晚段同类器物2000T4H19：77相类（图三，43、8）。H9：1深腹罐与新2000T4H19：133相似（图三，40、1），而H12：1罐形甑的特征与新2000T4H26：1、79H7：12相仿（图三，39、14、27）。这说明，西吕庙H14组的年代可晚到新砦期晚段。也正如笔者所指出，从西干沟、矬李等遗址显示的文化传承关系上看，西吕庙类遗存承自本地的龙山时代中期遗存，亦应是嵩山以西地区特征与煤山遗址龙山晚期遗存相近的土著遗存①。

另外，作为“新砦期”遗存典型器物的子母口瓮、器盖等器类的来源，为我们进一步了解该类遗存提供了线索。

《新密新砦》报告指出，新砦二期遗存还受到了来自北方的后岗二期、南边的石家河等文化影响，这里不再赘述。新砦遗址第一、二期遗存受到分布于豫东、鲁西、淮北地区的王油坊文化的影响尤其明显。事实上，新砦一期遗存就存在受到王油坊文化影响的现象，如王油坊文化的主要器物之一的甗就出现在新砦一期遗存之中（图四，6、19；图三，35），相同的情况在煤山二期和瓦店三期遗存中均有发现（图三，64、51）。作为“新砦期”遗存“独具特征的”子母口缸、器盖等类器物也可从王油坊文化中找到源头。例如，新砦期晚段子母口缸（图三，3、13）、器盖（图三，15、25）显然与王油坊遗址自成序列的子母口缸（图四，3、16、22）、器盖（图四，10、11、14、15）形制相仿、具有渊源。

可以看到，王油坊文化等的影响促使“新砦期”遗存内部产生了一些变化。但

① 段天璟：《龙山时代晚期嵩山以西地区遗存的性质——从王湾遗址第三期遗存谈起》，《中原文物》2013年第6期。

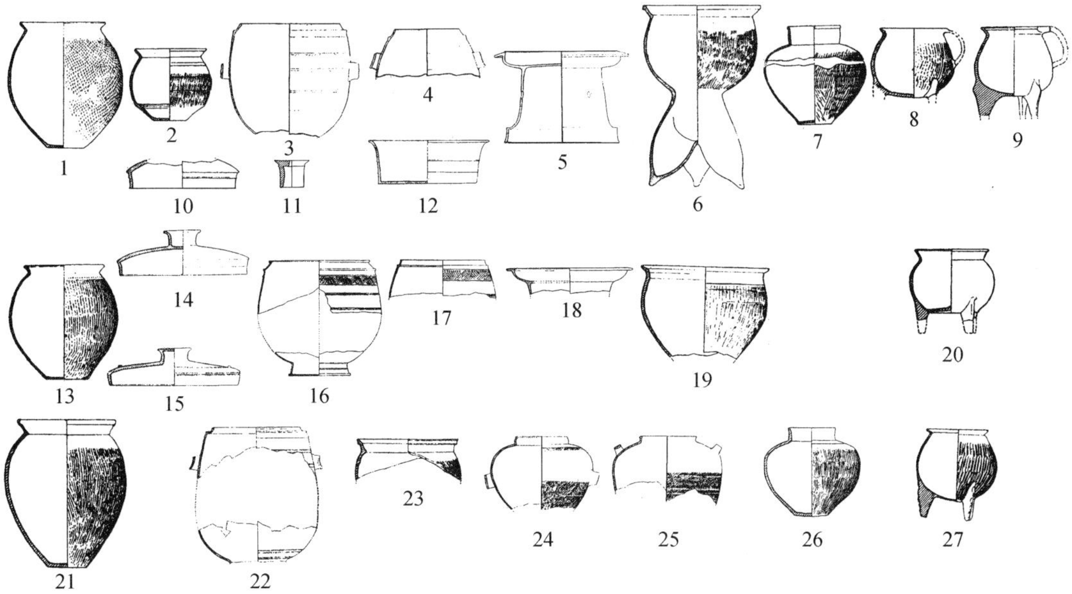

图四 王油坊遗址部分单位出土陶器

1. H5：18 2. H5：30 3. H5：29 4. H5：28 5. H5：7 6. H5：4 7. H5：35 8. H5：3 9. H5：22 10. H23：1 11. H4：7 12. H4：1 13. H39：9 14. H39：4 15. H39：3 16. H34：2 17. H34：1 18. H34：9 19. H34：10 20. H39：6 21. H38：12 22. H38：30 23. H38：38 24. H38：24 25. H38：26 26. H38：28 27. H38：11

（1～12. 王油坊遗址晚期；13～27. 王油坊遗址中期）

其主要的器物组合与特征均没有发生根本的变化，“新砦期”遗存应属煤山类型或其后裔。

综上，包括新砦期早、晚段在内的“新砦期”遗存的器物组合以及器物形态特征均没有超出“煤山类型”的范畴，应为煤山类型遗存或其后裔。

三、新砦期遗存与二里头文化的关系

正如《新密新砦》报告指出，新砦三期遗存属二里头文化，各单位均位于第二期地层之上，相对年代晚于第二期①。而且，新砦三期的年代当属二里头文化早期，这里不再赘述。

应当指出的是，在“新砦期”文化遗存中发现了一些典型的二里头文化陶器，这些陶器发现于2000T4、2000T6等探方中。

例如2000T4中的H24：9深腹罐、H24：37刻槽盆，2000T6中的T6⑧：628刻槽

① 北京大学震旦古代文明研究中心、郑州市文物考古研究院：《新密新砦——1999~2000年田野考古发掘报告》，文物出版社，2008年，第464页。

盆、T6⑧：772高足鼎、T6⑧：735豆、T6⑦：305折腹罐、T6⑦：433深腹罐等（图五，8～14）与二里头文化早期同类陶器的形制一致（图五，1～7）。

而T6⑧中也发现了一些“煤山类型”陶器，如T6⑧：779高足鼎、T6⑧：780、T6⑧：435矮足鼎、T6⑧：901钵、T6⑧：827甑均与“煤山类型”同类陶器相似（图五，15～19）。

关于2000T4中发现的二里头文化陶器的问题，《新密新砦》报告全面发表了新砦遗址1999～2000年发掘获得的资料，而H24发表的全部二件陶器均具有二里头文化早期特征，且H24在2000T4的层位关系中属于“新砦期晚段”年代最晚的单位之一。这说明，新砦期晚段遗存中很可能存在部分未明确“剔除”的二里头文化单位。

关于2000T6⑧中包含有“煤山类型”和二里头文化陶器的问题，实际上，在2000T6⑦中也存在同类情况。因为地层形成的原因比较复杂、时间可能比较长，因此，2000T6⑧作为“由王湾三期向二里头文化过渡”的代表，一方面尚需要更多的证明，一方面也很容易造成混淆。

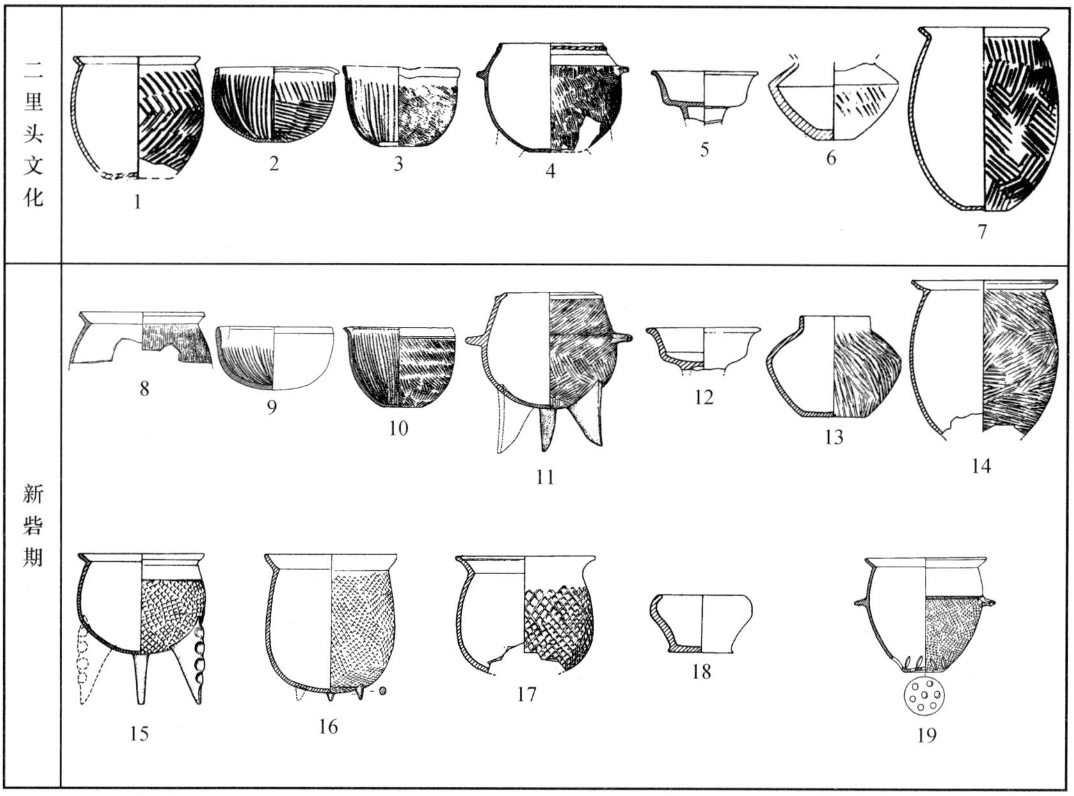

图五　“新砦期”部分陶器与二里头文化早期陶器对比图

1. H20：72　2. H20：51　3. Ⅱ・ⅤT110⑤B：14　4. ⅣH106：12　5. Ⅱ・ⅤT104⑥：16　6. H20：81　7. H20：73　8. H24：9　9. H24：37　10. T6⑧：628　11. T6⑧：772　12. T6⑧：735　13. T6⑦：305　14. T6⑦：433　15. T6⑧：779　16. T6⑧：780　17. T6⑧：435　18. T6⑧：901　19. T6⑧：827

（1、2、6、7. 巩县稍柴；3~5. 二里头；8、9. 新砦2000T4；10~19. 新砦2000T6）

我们还发现，《夏商卷》指出，"王湾三期"文化特有"乳钉足鼎则基本不见于二里头一期"[①]，这一概括符合实际情况。但应指出的是，通过上文论证可知，乳钉足鼎事实上并非王湾遗址第三期遗存而是西吕庙类及"煤山类型"遗存特有的因素。然而，《夏商卷》图1～4却将具有典型的"乳钉鼎足"的煤山H3∶14作为二里头早期的代表器物。产生这一矛盾的原因，很可能是出于想把矮足鼎这类"王湾三期文化"的器物与二里头文化的发展序列相接的愿望。

综上，正如张忠培先生指出，新砦二期和花地嘴类遗存都很难认为是二里头文化的前身[②]。目前，从新砦遗址、王油坊遗址等遗址来看，二里头文化产生于龙山时代晚期河南地区纷乱的文化局面当中，二里头文化来自于一个还是多个源头问题，郑洛地区龙山时代晚期至二里头文化之前的考古学文化的性质及其与周边文化的关系等问题，仍需进一步寻找和分析。

① 中国社会科学院考古研究所：《中国考古学·夏商卷》，科学出版社，2003年，第52页。

② 张忠培：《关于二里头文化和夏代考古学遗存的几点认识》，《中国历史文物》2009年第1期。

也谈“昔三代之居，皆在河洛之间”的根由

王立新

（吉林大学边疆考古研究中心）

宋豫秦先生在《“三代之居皆在河洛之间”的原因与启迪》一文中提出，夏、商、周三代之所以迭相以河洛之间为都（或别都），主要是出于生境优化的选择。河洛之间不仅地势高平，无水旱之忧，而且地理位置适中，水路交通便利，加之该区域具有生态多样性的显著特点，任何灾害都不足以对区域内的生境造成颠覆性的破坏，所以，该地区自然会成为由嵩山南麓山地北上的夏人、由太行山东麓冲积扇南下的商人以及由地形破碎的黄土高原腹地逐步东进的周人立都的最佳选择①。其论不仅以相关文献记载为依据，更从人地关系的角度寻找这种行为的深层原因，是很有启发意义的认识。然而，通过对文献和考古资料的重新梳理与分析就会发现，地理位置和资源的优越性虽是三代立都于河洛之间的重要原因，而自夏朝以来所产生的王朝正统观念的不断强化，也应是导致这种历史发展趋势不容忽视的一个方面。

谢维扬先生曾提出，在古代中国政治传统中始终存在着一个王朝正统的观念。他说：“在夏朝国家建立后，由它控制的地域已逐渐成为标志国家主体的不可分割的内容。这在中国历史上造成了一个重要的政治传统，即建立一个真正的、被承认的国家，就必须占据特定的地域，并有相应的中央权力。”“新建立的王朝必须证明它继承了前代王朝的主要主体性标志，即所控制的地域和所拥有的中央权力”②。这是很有道理的认识。不过，在地域和权力这两个主体性标志之外，前朝的民众与财产也应是“标志国家主体的不可分割的内容”。《吕氏春秋·似顺论》云：“汤武一日而尽有夏商之民，尽有夏商之地，尽有夏商之财。以其民安，而天下莫敢之危；以其地封，而天下莫敢不说；以其财赏，而天下皆竞。无费乎鄗与岐周，而天下称大仁，称大义，通乎用非其有。”占有并支配前朝的地域、民众和财产，以维护其王朝正统的地位和彰显自身权力的合法性，此后的任何一个王朝莫不如是而为。笔者认为，正是出

---

① 宋豫秦：《“三代之居皆在河洛之间”的原因与启迪》，《古都郑州》2012年第4期，第15～17页。2005年宋豫秦、虞琰先生在“中国·二里头遗址与二里头文化国际学术研讨会”上围绕这一问题曾有一个发言，见《三代文明崛起的生境优化过程及其启示（提要）》，《二里头遗址与二里头文化研究》，科学出版社，2006年，第534、535页。

② 谢维扬：《中国早期国家》，浙江人民出版社，1995年，第393、401页。

于强化这种王朝正统观念的需要，商周两代才会迭相以夏王朝的腹心地区为都，并在此膺受天命，实施对四方土地、人口和贡赋的管理。

首先，夏朝的建立使得河洛之间成为一个重要的地缘政治中心，其后商代夏、周代商都必须要占据前朝所控制的地域，尤其是河洛之间这一最早的地缘政治中心。

现代史学对早期中国社会发展史的研究表明，启继禹而立是一件划时代的大事。据史书记载，在启之前，中原地区曾出现若干被称为“帝”的族群首领，其中年代较晚的尧、舜、禹之间的权力递嬗，按《孟子》《史记》等文献的记述，属于贤德之人之间的禅让，即通过举贤与能而实现权力的和平交接。而据《竹书纪年》《韩非子·外储说》《吕氏春秋·恃君览》的有关记载，三者之间的权力交接却并非一帆风顺，都曾发生过暴力争斗。无论哪种说法更为真实，有一点可以肯定，三者之间的权力递嬗并没有稳定于某一家系之中。而禹之子启的继位，彻底改变了以往的权力交接模式，使“帝”这种称号从此传继于同一家系之中，真正形成了以“家天下”为突出特征的政治体制。这种体制一直延续至清，再无质的变化。这就是现代学者所习称的王朝体制。而河洛之间正是这种王朝体制的诞生之地。

考古学研究表明，以豫西河洛之间为分布重心的二里头文化就是夏代夏国之人的文化，主要是由嵩山以南的煤山文化与河洛地区的王湾三期文化整合而成的。伴随着嵩山南北的文化整合，该区域的聚落形态也由多中心对抗型向金字塔形的结构演变，反映了一种统一的政治秩序已建立起来。而这一局面的出现，很可能就是由于夏初通过对有扈氏等敌对势力的征伐和兼并所导致的[①]。由此可见，正是由于嵩山南北第一次地域政体的整合，才导致了夏王朝的出现。从此，王朝体制取代松散的联盟制成为了中国早期国家基本的政治体制。作为中国历史上的第一个王朝，夏的出现结束了此前中原大地“方国林立”的局面。从二里头文化聚落形态的向心性分布特征来看，夏王朝直接控制的地域至少应包括了现今河南的中西部地区。这与《史记·孙子吴起列传》所记“夏桀之居，左河济，右太华，伊阙在其南，羊肠在其北”的情形亦大体相符。

商是一个兴起于太行山东麓地区的小国，至汤时其国的范围也不过是“方百里”或“方七十里”[②]。趁后桀之乱而不断壮大自己的实力，“汤始征，自葛载”（《墨子·滕文公（下）》），其后又陆续灭掉韦、顾、昆吾等国，最后一举灭夏，并“作宫邑于下洛之阳”（《春秋繁露·三代改制质文》），政治意图非常明显，就是要取代夏后而成为诸侯之长。周又只是商西鄙的一个小国，其后势力渐大，至文王时被商

① 王立新：《从嵩山南北的文化整合看夏王朝的出现》，《二里头遗址与二里头文化研究》，科学出版社，2006年。

② 《孟子·公孙丑上》：“汤以七十里”；《墨子·非命上》：“汤封于亳，绝长继短，方地百里”；《荀子·王霸篇》：“汤以亳，武王以鄗，皆百里之地也”。

封为“西伯”，赋予其专征伐的至高权力，但仍不满足，继而一路东进，最终实施剪商。显然，占据前代王朝的所控地域，尤其是都城所在，是获得其王朝正统地位的必要之举。

其次，三代迭相以河洛之间为都，是为在此膺受天命并由此获得权力的合法性。

有趣的是，虽然实际上是启开创了一个新的时代，然而启的子孙却从未将启作为夏王朝的开创者。夏代早期有所谓“太康失国，羿浞代夏”。按照《左传·哀公元年》的说法，作为“中兴”之主的少康，其最大功绩便是剪灭寒浞之子浇、殪，而“复禹之绩，祀夏配天，不失旧物”。显然，在夏人自己看来，夏的伟业是禹开创的。之所以会把一个新型的家天下的社会制度视为禹的遗产，无疑是为了借助禹的影响昭示这种王朝体制的合法性。其中的“祀夏配天”，即祭祀天帝及配享在天帝左右的祖先，是强化王权神圣性的一个重要的宗教手段。这种宗教手段被后来的商、周两代所继承[①]。也就是说，谁拥有了天命，谁才可以独揽这种最高的宗教祭祀权力。为了获取这种权力，理想的状态当然就是占据这种权力观念的发祥地——河洛之间。

纵观古史，王朝与王朝之间的更替莫不伴随着血雨腥风的革命。后来者都会将自己的行为美其名曰“受命于天”。在他们看来，唯有如此才会获得正统与合法的地位，才会得到天下百姓的认可。这种家天下的王朝体制自夏初产生之后，经四百余年的经营，在中原及其周边早已深入人心。

帝桀之乱，人心思变，乃有圣王商汤起兵伐之，替天行道。灭夏之后，这种王朝的体制需要由商汤来继承，夏朝的疆域或势力范围也需由商汤来统治。于是乎才有“故汤受命而王，应天变夏作殷号……，作宫邑于下洛之阳”之举（《春秋繁露·三代改制质文》）。其地应即今偃师商城，经学界三十年来的探究，已无异议。这样做的目的一是强调自己的行为是“应天”之变，一是要在夏王朝的中心建立起统治机构，由此双管齐下，获取并保证商王朝的正统地位和合法性。《诗·商颂·殷武》有“天命多辟，设都于禹之绩”，叔夷钟铭有“虩虩成唐，又严在帝所，尃受天命，……咸有九州，处禹之堵”。都是说成汤受命之后，立都于禹居之处。由此便可继续借助于禹的影响，而使自己的伟业得到天下人的认可。

其后商纣无道，周武王起而伐之。牧野之战后，武王随即在朝歌宣布“膺更大命，革殷，受天明命”（《史记·周本纪》）。然而，据《逸周书·度邑》与《史记·周本纪》的记载，取得如此军事胜利的武王却仍然忧心忡忡，夜不能寐。周公问其何以如此，武王答道：“我未定天保，何暇寐”（《周本纪》）。由《逸周书·度邑》和《史记·周本纪》的相关记载可知，武王此次对周公交代的至关重要的一件事，就是说要求得天命永保，就必须“依天室”。唐兰先生很早即指出《逸周书·度

① 谢维扬：《中国早期国家》，浙江人民出版社，1995年，第377页。

邑》中的天室实即太室山，即今之嵩山[①]。其后，蔡运章、曲英杰先生又相继提出，天亡簋铭中提到的“天室”也是指嵩山[②]。林沄先生更是将天亡簋铭与《逸周书·度邑》及《诗·周颂》中的《般》《时迈》篇相联系，根据簋铭中有“王祀于天室，降，天亡又（佑）”之语，认为这些文字其实均与武王封禅嵩山这一重大历史事件有关。正因为武王曾亲自登临嵩山，于是乎才有“自洛汭延于伊汭，居易毋固，其有夏之居。我南望三涂，北望岳鄙，顾詹有河，粤詹洛伊，毋远天室”（《周本纪》）这样的视野和想法。高山古来便被视为天人之间沟通的通道，尤其是华夏第一个王朝即是以嵩山为中心而建立的。所以武王“在克商之后便登上这座圣山，进行祭天和望四方山川的重要宗教典礼，在‘登陟出于灏气之上’的氛围中，产生依天室而定天保的建新都的念头”[③]。此论极具启发意义。然而，武王之所以会产生依天室这种想法，其直接目的却并非为了“依天”。据《左传·宣公十二年》记楚庄王言，可知《诗·周颂·时迈》是武王克商之后所作之颂。该诗云：“载戢干戈，载櫜弓矢。我求懿德，肆于是夏，允王保之。”《史记集解》引徐广曰：“《周书·度邑》曰：‘武王问太公曰，吾将因有夏之居也，南望过于三涂，北詹望于有河。’”说得很明白，武王之所以考虑在河洛之间立都，就是因为这里是“有夏之居”，是圣王禹居之处，要继承禹那样的美德，上天才会庇佑。于是才会在夏人心目中的圣山举行封禅和望祭山川的大典。此次大典之后，武王随即就“营周居于洛邑而后去”（《周本纪》）。可惜此志未竟而亡，其后成王即位，“使召公复营洛邑，如武王之意。周公复卜申视，卒营筑，居九鼎焉”（《周本纪》）。显而易见，武王对河洛之间“有夏之居”的眷顾，实际上也是借助禹居之所有“天室”而得到上天的眷顾，从而溯本求源，使自己从商王那里获得的权力得到合法化。

再次，河洛之间在夏商周三代王朝所控地域的地理位置相对居中，便于对四方的管理。其中，“四方入贡道里均”（《史记·周本纪》）是很重要的考虑。

传统认为，包括“河洛之间”在内的豫西地区之被称作天下之中，是由来已久的，禹划九州而豫州居中是为明证。甚至有说法认为，正是因五岳之中的中岳嵩山靠近河洛之间，所以才会有自夏以来的十三朝于此立都。实质上，这种认识恰恰颠倒了因果关系。

对《尚书·禹贡》的禹划九州说法，历代的史家大多深信不疑。自古史辨派的深入检讨，已有越来越多的学者相信，这种说法其实是在战国时期才最终形成的一个理

---

① 唐兰：《西周青铜器铭文分代史徵》，中华书局，1986年，第12页。

② a. 蔡运章：《周初金文与武王定都洛邑》，《中原文物》1987年第3期；b. 曲英杰：《先秦都城复原研究》，黑龙江人民出版社，1991年，第127页。

③ 林沄：《天亡簋“王祀于天室”新解》，《史学集刊》1993年第3期。又收入《林沄学术文集》，中国大百科全书出版社，1998年，第166～173页。

想图景。但另一方面，由于《左传·襄公四年》魏绛引《虞人之箴》中就有“茫茫禹迹，画为九州，经启九道”的说法，表明此种传说很可能是由来已久的。不过，禹时究竟是否有那样规划有序的九州布局的确是值得怀疑的。正如《楚辞·天问》中屈原的诘问：“九州安错？川谷何洿？东流不溢，孰知其故？”然而不可否认的是，也许正是因为禹的“治水有功”，使其在当时中原各部族及后世皆享有崇高声誉，被尊为圣王，而有夏之居也由此成为一个重要的地缘政治中心，如此设想恐怕实不为过。

而对于嵩山被称为中岳，《史记·封禅书》已说得很明白：“昔三代之居，皆在河洛之间，故嵩山为中岳，而四岳各如其方。”也就是说，正是因为夏商周三代相继立都于此，所以嵩山才有中岳之称，成为天下之中的地理标志。嵩山及河洛之间为天下之中观念的形成，应存在一个历史过程。

有商一代，虽曾立都于禹迹，但彼时并未明确河洛之间为天下之中的观念。自成汤至太戊，是偃师商城和郑州商城两大都城并立于郑洛地区的时期。二城均位居早商文化分布区的中心区域。周边则有夏县东下冯商城、垣曲商城、焦作府城商城和黄陂盘龙城商城等直辖邑[①]。从现有资料来看，偃师商城的设置除为管控夏遗民之外，或许对商王朝经营包括关中和晋南在内的西北地区具有重要作用。该城不仅先于郑州商城而进入繁荣时期，而且从宗庙、宫殿东西并列的宫城布局、规模宏大的祭祀中心、池苑区以及仓储设施来看，无不显示其在商朝早期所具有的重要地位。然而，自仲丁迁敖之后，这两大都城渐趋衰落。究其缘由，一方面可能正如历来史家所强调的中商时期商王朝有所谓的“九世之乱”，内部矛盾十分突出，另一方面，我们从考古学的分析发现，郑洛地区两大都城的废弃并不仅仅是因为都城自身的迁移。控制晋南资源的两个重镇——东下冯商城和垣曲商城，也几乎是一同放弃的[②]。这期间的无奈，似乎不仅仅是内因所致。武丁前后甲骨文记载，中商的主要敌对势力来自包括山西在内的西北方，这种局面或许于此之前已经形成。此后商都屡迁而不离豫北冀南的故土，或许正有凭依太行屏障的用意。盘庚迁殷之后，稳定下来的商王朝又称其国为中商，称其国都为大邑商（卜辞）或天邑商，称其周边势力范围为四土。显然，在商人看来，河洛之间虽为禹迹的中心，也是必须倚重的一个地缘政治中心，但还不是绝对的天下之中。对迫不得已迁离河洛之间的晚商时期商人来说，自己的国都就是天下的中心。

河洛之间为天下之中观念的形成，西周初年应是一个关键时期。《国语·周语》载：“昔夏之兴也，融降于崇山。……商之兴业，梼杌次于丕山。……周之兴业，鸑鷟鸣于岐山。”可见，至少在周人看来，夏商周三族的初兴之地，皆有各自心目中的

① 王立新：《从早商城址看商王朝早期的都与直辖邑》，《新果集——庆祝林沄先生七十华诞论文集》，科学出版社，2009年。

② 王立新：《早商文化研究》，高等教育出版社，1998年；《试论早商文化的分布过程》，《中国考古学的跨世纪反思》，商务印书馆（香港），1999年。

圣山。彼时的崇山，尚未具备其后中原王朝地理版图日渐扩大后所形成的五岳独尊的地位。但自周初开始，有鉴于夏商两代俱曾立都于此，以及灭商之后将商的疆域纳入自身版图的实际，对来自西方的周人统治在东方新获的大片土地而言，河洛之间无论从地理位置居中，还是“四方入贡道里均”的角度来讲，都可称为“中国”“土中”或“天下之中”。周初何尊铭文有“武王既克大邑商，则廷告于天。曰：余其宅兹中国，自之辥（乂）民”；《诗·大雅·民劳》有“民亦劳止，汔可小康。惠此中国，以绥四方”；《逸周书·作洛篇》有“乃作大邑成周于土中”；《史记·刘敬叔孙通列传》有“乃营成周洛邑，以此为天下之中也。诸侯四方纳贡职，道里均矣”。可见，将河洛之间视为天下之中而测土度邑，是周初才确定下来的。对此，唐兰先生已明确指出[①]，此不赘述。

由此可见，河洛之间为“天下之中”的观念是因夏商周三代迭相以此为都而逐渐形成的。所以迭相以此为都，最初的出发点并不是因为这里是“天下之中”。实质上除第一、二两条原因之外，商、周两朝甫定天下，从所控地域上看，河洛之间皆居于相对中心的位置，对管理新获土地、人口和贡赋的实际需要而言，都是十分必要的。

最后，夺取并支配前代王朝的财物，尤其是祭祀天地、宗庙、社稷的重器，也是体现王朝合法性的必要手段。对三代王朝而言，其中最具代表性的莫过于对九鼎这一权力标志的争夺和占有。《墨子·耕柱》有：“昔者夏后开使蜚廉折金于山川，而陶铸之于昆吾，是使翁难雉乙，卜于白若之龟，曰：鼎成三足（当为四足之误，笔者按）而方，不炊而自烹，不举而自臧，不迁而自行，以祭于昆吾之虚。上乡（飨）……九鼎既成，迁于三国。夏后氏失之，殷人受之；殷人失之，周人受之”。《史记》《汉书》均记为禹铸九鼎。所记虽都有神秘化的成分，但从夏代中晚期国都二里头遗址中已经发现有三足圆鼎、斝、盉、觚等青铜容器及四足的陶方鼎的事实来看，许多学者相信这里发现青铜的方鼎也只是迟早的事。九鼎的迁移历来被视为王权的更替。《左传·宣公三年》有“鼎迁于商，载祀六百”之说，表明九鼎拥有多久，就意味着国祚延续多长。楚庄王问鼎之轻重，也历来被视为对王权觊觎的典型。凡此，皆表明三代社会中，王朝正统的观念存在一个不断被强化的过程。

总之，可以认为自夏以来王朝体制与王朝观念的出现，以及商、周两代的继承与不断强化，应当是造成“三代之居，皆在河洛之间”的主要根由。

最后还需补充的是，周朝将洛邑作为东都，还有稳定和经营东土的政治考虑。据前引《逸周书·度邑》和《史记·周本纪》所记，令武王夜不能寐而忧虑的另一件未竟之事，就是“悉求夫恶，贬从殷王受”（《周本纪》）。目的就是要将那些不从天命的恶人一网打尽，使他们像殷王纣那样得到惩治。武王深知，周以小邦而能兴兵灭商，主要是殷纣无道，“天不享殷”（《周本纪》），而在军事上又得到了许多诸侯

---

① 唐兰：《西周青铜器铭文分代史徵》，中华书局，1986年，第76页。

的拥戴。虽然牧野之战取得了胜利，可是天下还有许多像商纣一样不顺天命的恶人，并未得到惩治。尤其是商朝在东土的盟友，如薄姑、奄等，其实力犹在。武王的这一忧虑在其死后立即成为现实。纣子武庚联络东土诸侯及管、蔡叛周，使周王朝在建立之初即受到生死攸关的威胁。从这一点说，营洛邑，继续肃清残余敌对势力，不能不说是武王的远见。周公在平叛之后，不仅继续实施“封建亲戚，以藩屏周”的政策，更将那些顽固的商遗民分而治之，除分与鲁、卫、燕等诸侯各一部分之外，将商之精锐部分迁至洛邑加以集中管理，从而实现了武王的另一重要遗愿。

辽西区冶金考古初识

朱延平

（中国社会科学院考古研究所）

一

以燕山南北至西拉木伦河流域为主体的辽西区是中国境内冶金起步较早的地域。此区夏家店下层文化小件铜器不仅出土频次较多，而且从对内蒙古自治区的敖汉旗大甸子、宁城县三座店、喀喇沁旗大山前、赤峰市红山区二道井子这4处遗址所出铜器的成分检测来看，该文化先民已普遍掌握铜、锡合金的青铜工艺，特别是在青铜成品的制作上已非单一的方式，而有着铸造、热锻之分[①]。

虽然各遗址夏家店下层文化铜器的铜、锡合金配比存在着不同程度的差异，但规格等级较高的遗址所出铜器的这种配比值往往趋于稳定。如著名的大甸子遗址共揭露出800多座夏家店下层文化墓葬[②]，随葬60件金属器，除金耳环、铅杖首和铅仿制贝各1件外，余皆青铜器——耳环26件、指环25件、帽2件、钉2件[③]、杖首1件、镦1件，其中的41件铜器经检测（11件取样做金相鉴定，其余的30件对打磨后的表面进行扫描电镜能谱成分测定）后获知：

（1）耳环（或经改制的耳环）均是热锻制品；指环、杖首、镦、帽、钉则是铸造的。

（2）扫描电镜能谱成分测定的30件青铜制品中，15件耳环为热锻制品，其中的8件含锡量少于10%，含锡量10%～15%、15%～20%的分别是4件和3件——15件热锻制品含锡量的加权平均值为10.4%；另外15件铸造品中，含锡量少于10%的仅3件，10%～15%、15%～20%的分别是3件和4件，其余5件的含锡量均超过22%——15件铸造品含锡量的加权平均值为18%。亦即，热锻制品与铸造制品含锡量的加权平均值相差

---

① 王永乐、梅建军、陈坤龙、曹建恩、孙金龙：《内蒙古赤峰市二道井子遗址出土铜器初步科学分析》，《边疆考古研究》（第13辑），科学出版社，2013年。

② 中国社会科学院考古研究所：《大甸子——夏家店下层文化遗址与墓地发掘报告》，科学出版社，1996年。

③ 皆为M683：7这件铜帽的附属物（中国社会科学院考古研究所：《大甸子——夏家店下层文化遗址与墓地发掘报告》，科学出版社，1996年，第188页。）

为7.6%。

（3）取样进行金相鉴定的11件青铜制品中，热锻的是6件耳环，铸造者除一铜钉外，余皆指环。热锻耳环中的1件含锡量为8.7%，其余5件13.9%～15.1%；铸造品中1件钉和1件B型指环的含锡量分别为9.5%和10.4%，其余3件Ab型指环则是18.2%～18.7%。

由此可知，当时的工匠熟谙锻、铸工艺，“已经能够按照锻、铸工艺的要求调配青铜的含锡量”。[①]反映在大甸子青铜器上的这种稳定而适宜的铜、锡配比水平，甚至相对于同时期内地等其他地区而言，也呈现出明显的优势。所以，在夏家店下层文化那里，早已将冶金初萌的阶段远远地抛在身后了。

二

夏家店下层文化在冶金技艺上彰显出的优越性，与辽西区的金属矿源有着不可分割的联系。

西拉木伦河北侧的大兴安岭南端一带蕴藏着丰富的铜、锡等有色金属矿，尤以铜锡共生矿最具特色，如内蒙古克什克腾旗黄岗梁至巴林左旗浩布高一线的多金属成矿带，“以锡铜银多金属矿产为主，少量铅锌矿床。其代表为黄岗梁、大井、安乐等锡多金属矿床，特别是以产锡为主，是中国北方重要的锡矿产地，称之为黄岗梁-浩布高锡铜银成矿带”[②]。

2003年开始，冶金考古工作者对黄岗梁西南30千米的克什克腾旗喜鹊沟矿冶遗址进行了数次勘察，2007～2008年，从暴露于地质探矿槽的古代堆积层中确认了采矿石锤、矿石碎块与夏家店下层文化陶片共存的现象[③]（图一）。在包含夏家店下层文化陶片的堆积之上的土层中还出有战国至汉初的绳纹陶片[④]，地表亦可见到夏家店上层文化的素面夹砂红陶陶片[⑤]，但不可否认的是，发生在这里的采掘金属矿的活动，至迟可上溯到夏家店下层文化之时。

喜鹊沟遗址的矿石经检测，“分别发现有铜的氧化矿物、锡石（SnO_2）、橄榄

① 李延祥、贾海新、朱延平：《大甸子墓地出土铜器初步研究》，《文物》2003年第7期。

② 肖成东、杨志达：《内蒙赤峰北部两个重要的成矿带及其成矿特征》，《有色金属矿产与勘察》1997年第4期。

③ 李延祥、陈建立、朱延平：《克什克腾旗喜鹊沟古矿遗址考察》，《中国国家博物馆馆刊》2014年待刊。

④ 李延祥、陈建立、朱延平：《克什克腾旗喜鹊沟古矿遗址考察》（图二），《中国国家博物馆馆刊》2014年待刊。

⑤ 李延祥、陈建立、朱延平：《西拉木伦河上游地区2005年度古矿冶遗址考察报告》，《中国文物研究所成立70周年纪念文集》，文物出版社，2005年。

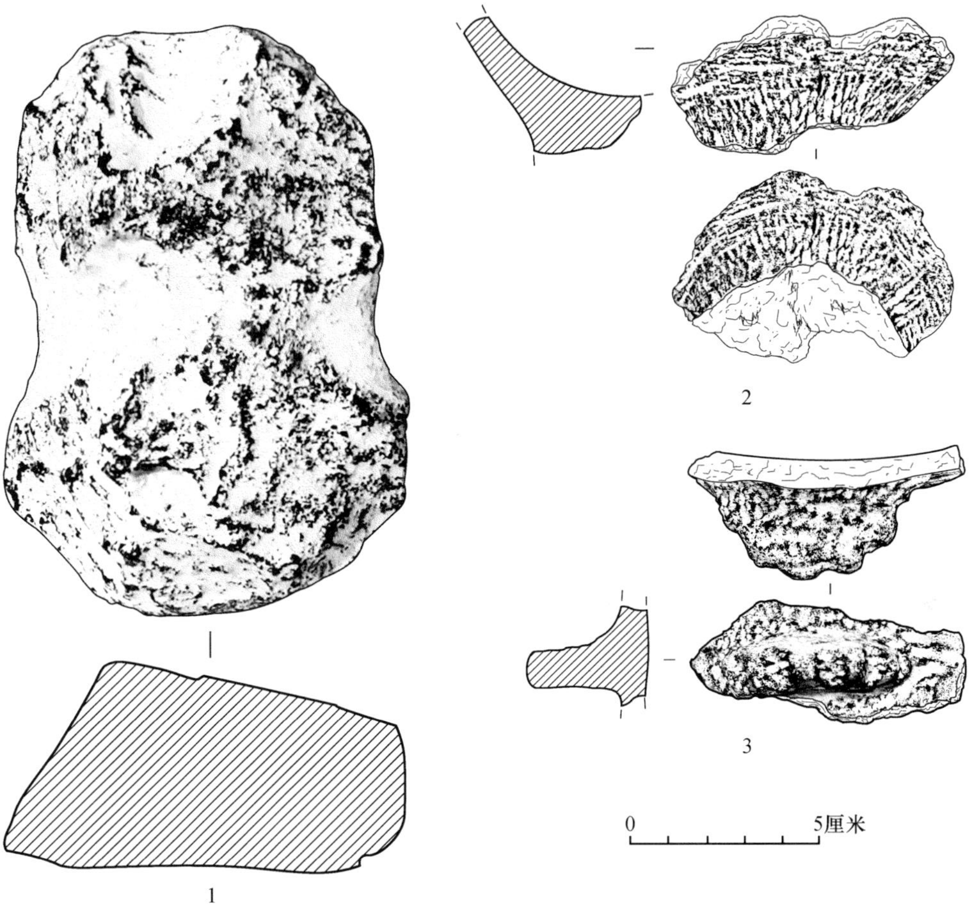

图一　喜鹊沟遗址的陶、石器

1. 采矿石锤　2. 空三足陶器的款足残片　3. 鸡冠状陶器鋬耳

铜矿（$Cu_2[AsO_4]OH$）、毒砂（FeAsS）及其氧化产物臭葱石（$FeAsO_4 \cdot 2H_2O$）等矿物”，故“可以认定遗址所产矿石为铜锡砷”“共生矿石”。李延祥着眼于散见在遗址的圆形石磨盘，推测它们是对“矿石进行破碎和重力选矿”的碾盘，破碎成粉状的矿石经水选而淘汰了脉石，并可将较轻的铜砷矿物与较重的锡矿物“适度地分离，前者可作为铜的冶炼原料，后者可作为炼制青铜合金的锡铜合金原料。只有通过重选将共生矿石分离为以铜和以锡为主的两种矿料，才能实现按比例配制合金，进而确保不同用途的青铜器具有其应有的合金配比”①。

且不论圆形石磨盘的实际功用究竟如何，至少可以相信，夏家店下层文化之时对喜鹊沟矿的采掘在很大程度上是为了获取铜和锡这两种原料。也就是说，辽西区的夏

① 李延祥、陈建立、朱延平：《克什克腾旗喜鹊沟古矿遗址考察》，《中国国家博物馆馆刊》2014年待刊。

家店下层文化先民已经具备了开采铜、锡的能力。既然如此，上述4处遗址所出青铜制品，尤其是大甸子青铜器展现的极具优势的铜、锡配比水平，也就不难理解了。

三

夏家店下层文化如此进步的冶金技艺决非一蹴而就，在此之前的冶金实践当已有过很长时间的积累。从内蒙古自治区林西县大井[①]、克什克腾旗喜鹊沟等地的矿源特性来看，夏家店下层文化的冶金术很可能就是在辽西区本土起源的。既然夏家店下层文化的主要渊源是辽西区的红山文化[②]，那么，“这一地区金属铜的最原始阶段，这自然要向前追溯到红山文化”[③]。

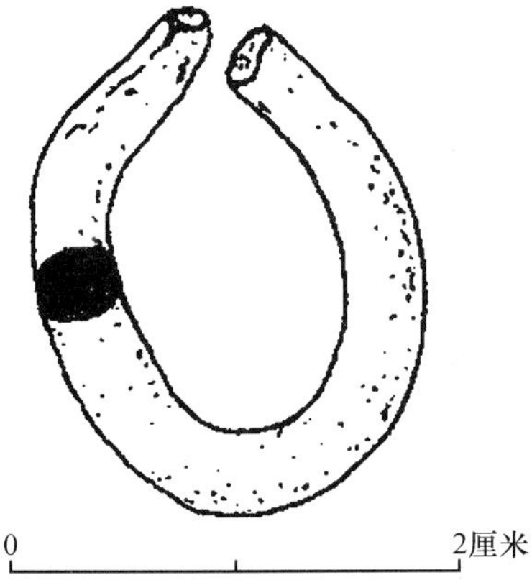

图二　牛河梁“铜耳饰”
（N2Z4-85M3：1）

迄今为止，红山文化的铜制品仅报道过一例，即1985年出自牛河梁第二地点4号积石冢顶部墓葬N2Z4-85M3的环状“铜耳饰”，其形制为“铜丝弯成长圆形。有范制、锻打痕。两端均显断茬，一端似趋尖细，另端稍宽而扁平。曲环长径约2.4、铜丝截面径0.3厘米”[④]（图二）。经鉴定，是“含铜99%”的“纯铜”之“铸件”[⑤]。

N2Z4-85M3被称为“冢体上墓葬”，同属此类墓的还有与之邻近的另外两座，它们的地层关系一致，均系“利用原冢的碎石砌筑墓框并封掩，叠压或打破冢体顶部的堆石结构”[⑥]。故应晚于Z4冢体顶面的积石。N2Z4-85M3是这3座墓中唯一见有随葬品的，除

① a. 辽宁省博物馆文物工作队：《辽宁林西县大井古铜矿1976年试掘简报》，《文物资料丛刊》（7），文物出版社，1983年；b. 李延祥、韩汝玢：《林西县大井古铜矿遗址冶炼技术研究》，《自然科学史研究》第9卷第2期（1990年）；c. 昭乌达盟地质队204分队：《辽宁省林西县大井铜矿地质勘探报告》，藏中国地质档案馆（资料总号56746）。

② 朱延平：《苏秉琦先生的区系类型论和古文化古国说》，《苏秉琦先生百年诞辰纪念文集》，科学出版社，2012年。

③ 郭大顺：《赤峰地区早期冶铜考古随想》，《内蒙古文物考古文集》，中国大百科全书出版社，1994年，第281页。

④ 辽宁省文物考古研究所：《牛河梁——红山文化遗址发掘报告（1983～2003年度）》，文物出版社，2012年，第207页。

⑤ 韩汝玢：《近年来冶金考古的一些进展》，《中国冶金史论文集（二）》（《北京科技大学学报》增刊），北京科技大学，1994年，第6页。

⑥ 辽宁省文物考古研究所：《牛河梁——红山文化遗址发掘报告（1983～2003年度）》，文物出版社，2012年，第205页。

“铜耳饰”外，此墓还随葬1件“玉坠珠”。从这些情况来看，若要说明牛河梁的这件铜制品和第二地点4号积石冢同样属于红山文化晚期，似还缺少足够的证据[①]。

不过，牛河梁第二地点各积石冢“除偶在人为扰动层中可见战国陶片外，未见晚期文化堆积。总的看来，地层关系比较单一”。“表土—冢体黑土层—生土”“这一地层关系在第二地点具有普遍性”。表土之下的第2层（冢体黑土层）为“黑色腐殖土。……夹杂大量红山文化筒形器陶片和积石冢体散落的石块。该层以下，就是冢体的封石结构”。N2Z4的地层关系中，表土层下的“黑土层1”及其之下的“黑土层2”即是这样的黑色腐殖土[②]，甚至就连其上的表土层也“含有较多灰烬和其他腐殖物”，致使“表土泛灰黑色”。因此，“该冢冢体上的堆积与该地点其他积石冢并无不同”[③]。

既然N2Z4-85M3等Z4的冢体上墓葬“均开口于冢上地层的第2层下”[④]，而第2层亦即“冢体黑土层”是以红山文化筒形器陶片为标志的红山文化晚期堆积层，则N2Z4-85M3：1这件铜制品的年代也应不晚于红山文化晚期。

四

1987年，内蒙古自治区敖汉旗西台遗址发掘出若干陶范。其中，F202①“出土的两组完整合范，制作原料为夹砂陶土，经火烧制成”[⑤]。F202①：11“外形呈长方体，每扇长5、宽3.5、厚2厘米，上面留有浇口，范腔为一鸟首，应是铸造小青铜饰的”陶范[⑥]，“（一扇稍厚、一扇稍薄），两扇陶范是分别压制的，……F202①：5，每扇长2.5厘米，宽2.1厘米，厚1.2厘米，细微观察后，应是用整块土坯制成，然后用一种细线拉开，此范内有明显拉痕，范内存有软的物质，这是浇铸物件时抹的物质，烧制铜件

---

① 安志敏：《试论中国的早期铜器》，《考古》1993年第12期，第11页。

② 辽宁省文物考古研究所：《牛河梁——红山文化遗址发掘报告（1983～2003年度）》，文物出版社，2012年，第57页。

③ 辽宁省文物考古研究所：《牛河梁——红山文化遗址发掘报告（1983～2003年度）》，文物出版社，2012年，第139页。

④ 辽宁省文物考古研究所：《牛河梁——红山文化遗址发掘报告（1983～2003年度）》，文物出版社，2012年，第205页。

⑤ 林秀贞、杨虎：《红山文化西台类型的发现与研究》，《考古学集刊》（第19辑），科学出版社，2013年，第97页。

⑥ 杨虎、林秀贞：《内蒙古敖汉旗红山文化西台类型遗址简述》，《北方文物》2010年第3期，第17页（《红山文化西台类型的发现与研究》介绍的此组陶范厚度有误）。

后，出炉时便于起取，陶合范有浇口和排气口”[①]（图三，1、2；图四[②]）。

出自F4①的是3件单扇陶范，F4①：61和F4①：62，近长方体，长4或3.8厘米，“宽2.6厘米，厚1.2厘米，铸件形状似一对小鸟的头部。F4①：64，近圆形，长4.4厘米，宽3.9厘米，厚1.5厘米，铸件形状较模糊”[③]（图三，3、4）。

其他4件陶范均残，处于G1-6（当是指位于T404“门3”附近的G1第6段）的“3件单扇残陶范，G1-6B④：22、G1-6D②：23、G1-6D②：24，出土时已残碎”。F202①：15这件残范“残长2.2厘米，残宽1.5厘米”[④]。

西台F202①、F4①和G1的各层堆积均属红山文化。从出土陶器来看，诚如发掘者所言，“F202、F4相当西水泉、三道湾（四棱山）和巴林右旗那斯台”，属“红山文化中期”[⑤]。故这些陶范系目前所知辽西区最早的冶铸遗存。

五

前已述及，冶铸水平较高的铜制品在夏家店下层文化中多半见于像大甸子那样的高规格遗址。红山文化的铜制品迄今仅在牛河梁有过发现，可见，在红山文化晚期时，也只是类似牛河梁这样的中心性遗址才可能拥有作为尖端科技标志的金属制品。西台遗址虽未见金属器，但用于冶铸的陶范在红山文化中期时无疑也是旷世奇珍。

事实上，西台遗址的地位亦很突出。

首先，西台红山文化遗存所占面积达5万平方米，规模明显在一般红山文化遗址之上。

其次，这里至少分布着兴隆洼文化、红山文化、小河沿文化、夏家店下层文化、夏家店上层文化等多个时期的遗存，绵延发展近5000年，其间几乎不见年代上的缺环。而遗存量最丰富的红山文化中期，还有着像F13→F202→F3所显示的那样早、中、晚3段持续演进的序列。这些现象在其他的红山文化遗址中是很少见到的。

---

① 林秀贞、杨虎：《红山文化西台类型的发现与研究》，《考古学集刊》（第19辑），科学出版社，2013年，第73、74页。

② 2011年，笔者和林秀贞女士在朱乃诚的帮助下，从中国社会科学院考古研究所考古资料信息中心的库房内找到西台出土的3件陶范，遂交由该中心季连琪协助拍摄照片。《红山文化西台类型的发现与研究》发表后，经核查，确认它们应分别是F202①：11合范中稍厚的一扇和F202①：5合范的两扇范体。

③ 林秀贞、杨虎：《红山文化西台类型的发现与研究》，《考古学集刊》（第19辑），科学出版社，2013年，第74页。

④ 林秀贞、杨虎：《红山文化西台类型的发现与研究》，《考古学集刊》（第19辑），科学出版社，2013年，第74页。

⑤ 林秀贞、杨虎：《红山文化西台类型的发现与研究》，《考古学集刊》（第19辑），科学出版社，2013年，第97页。

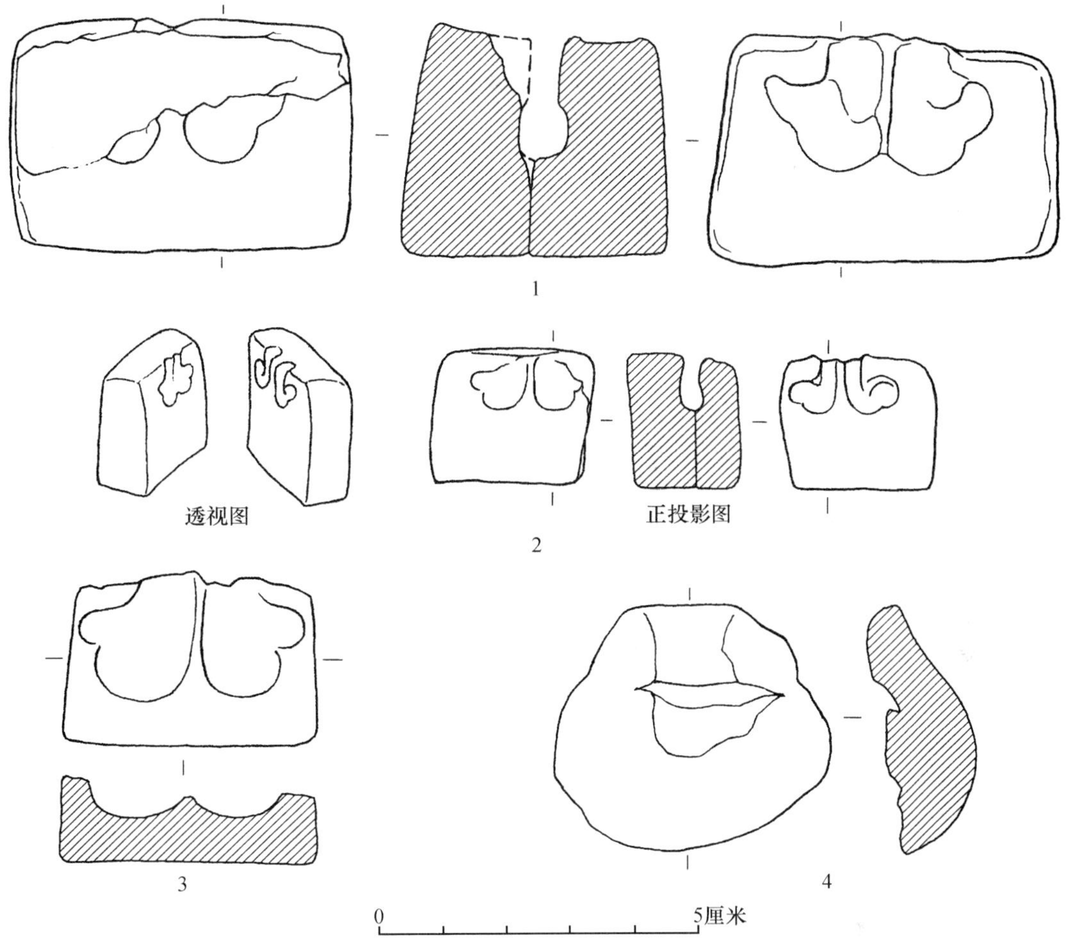

图三　西台遗址出土陶范

1、2. 合范（F202①：11、F202①：5）　3、4. 单扇陶范（F4①：61、F4①：64）

图四　西台遗址出土陶范

1. 西台F202①：11合范之一　2. 西台F202①：5合范

再者，该遗址一大一小两围壕（G1和BG201）包绕成近“凸”字形的轮廓，被环围的两个部分的平面均呈圆角长方形，面积分别为2万和1万平方米，因围壕的长方形状与辽西区新石器至青铜时代遗址之圜壕中多见的椭圆或圆形有着较大差异，而更接近后世城址中习见的长方或方形，所以发掘者径称其为“城壕”[①]。尤其是“门2”和“门3”之间的那段围壕，正当G1前侧边壕的中央[②]，此段壕内还出土了以无底彩陶筒形器（T404G1-6D②：45）和“幼鱼纹”彩陶钵（T404G1-6D②：46）为主要标志的极为丰富的特殊性“祭祀用器”[③]。可见，拥有正面中央“富壕”的长方形围壕之遗址的规格比包括椭圆或圆形圜壕在内的一般性遗址应更为显要。

在西台红山文化中期诸多特殊性遗存中，备受关注的还有出自F4的“1件完整的女性陶塑”，被誉为“女神像”[④]。

综合以上几个方面来看，西台的地位绝非一般性遗址可比拟。是知红山文化中期时冶铸遗存已然与高规格遗址密切相关，而这一现象颇具社会意义。

西台遗址北距大甸子不过10余千米，两遗址在牤牛河上游的地域内分别是红山文化中期和夏家店下层文化的佼佼者，就辽西区早期冶金而言，两遗址又都凸显了各自的卓越成就，这当然不会是巧合。毫无疑问，这里的夏家店下层文化遥承红山文化发展而来，红山文化中期领先于其他地域的冶金工艺也得到一脉相传，及至夏家店下层文化时，仍呈现为超越一般水平之上的青铜器制作技能——牤牛河上游堪称冶金圣地。

其实，牤牛河上游的这种独特性还可上溯至更早的时期。距大甸子不远的兴隆洼[⑤]和兴隆沟[⑥]均是奴鲁尔虎山以北罕见的兴隆洼文化大型遗址（图五），前者还以红山文

---

① 杨虎、林秀贞：《内蒙古敖汉旗红山文化西台类型遗址简述》，《北方文物》2010年第3期。

② 林秀贞、杨虎：《红山文化西台类型的发现与研究》（图2），《考古学集刊》（第19辑），科学出版社，2013年。

③ 林秀贞、杨虎：《红山文化西台类型的发现与研究》，《考古学集刊》（第19辑），科学出版社，2013年，第83、85、97、98页；彩版8。

④ 林秀贞、杨虎：《红山文化西台类型的发现与研究》，《考古学集刊》（第19辑），科学出版社，2013年，第64、98页。

⑤ a.中国社会科学院考古研究所内蒙古工作队：《内蒙古敖汉旗兴隆洼遗址发掘简报》，《考古》1985年第10期；b. 中国社会科学院考古研究所内蒙古工作队：《内蒙古敖汉旗兴隆洼聚落遗址1992年发掘简报》，《考古》1997年第1期。

⑥ a. 中国社会科学院考古研究所内蒙古工作队、敖汉旗博物馆：《内蒙古敖汉旗兴隆沟新石器时代遗址调查》，《考古》2000年第9期；b. 中国社会科学院考古研究所内蒙古第一工作队：《内蒙古赤峰市兴隆沟聚落遗址2002~2003年的发掘》，《考古》2004年第7期。

图五 牤牛河上游的四处遗址
1. 大甸子 2. 西台 3. 兴隆洼 4. 兴隆沟

化早期的重要遗存而著称[①]。从这个意义上说，正是由于该地从7000多年前起就一直扮演着类似区域核心的角色，冶金工艺才能率先在此崛起，并于日后的发展中频现领先优势。牤牛河上游古文化的重要性由此可见一斑。

① a. 朱延平：《小山尊形器“鸟兽图”试析》，《考古》1990年第4期，第362页；b. 朱延平：《东北地区南部公元前3000纪初以远的新石器考古学文化编年、谱系及相关问题》，《考古学文化论集（四）》，文物出版社，1997年，第85页。

辽东青铜时代考古学文化谱系再检讨

华玉冰

（辽宁省文物考古研究所）

按照惯例，青铜时代特指夏至战国时期。辽东，作为地域或行政建置名称，在不同时期所指地域范围不同，本文设定为医巫闾山以东，辽宁、吉林两地已知燕秦长城及障塞以南、以西，朝鲜清川江以北，大体相当于燕秦辽东郡的区域范围内。青铜时代的辽东，既是中国中原联系东北亚的前沿地带，又是北方最早纳入中原郡县管理的地区之一，弄清其不同考古学文化谱系，对了解东北亚地区不同古代民族之间的关系，及燕、秦统治的历史文化背景具有重要意义。

辽东还可以划分为不同的考古学文化小区，最初的看法是：将医巫闾山脉东麓至下辽河两岸的平原地区与其他区域区别开来，分别称为下辽河平原区（或称辽中区、辽西平原区）与辽东山地区（一般意义上的辽东区）。随着研究的不断深入，学术界倾向于将辽东山地区再分为南部区（或称辽南、辽南沿海、辽东半岛区等），以及北部区（或称千山山地、辽东区等）；与中国邻境的西北朝鲜地区一般特指鸭绿江下游朝鲜一侧。以现有资料看，上述分区大体可行。为更好地体现辽东青铜时代诸考古学文化的细微差异，本文在已往分区与编年基础上细化如下。

一、辽河中下游平原区

西辽河与东辽河在辽宁康平福德店附近汇合后称辽河，在铁岭市一带转折后进入中下游平原区，以北则为低丘地貌区。依据目前的考古发现，参照诸多先生的研究成果，现将本区青铜时代考古学文化依年代次序综合如下：

（1）平安堡二期遗存[①]：是本区域已知最早的青铜时代考古遗存，主要分布于本区西北部彰武一带，很可能是高台山文化的前身之一，年代为夏纪年范围之内[②]。

---

① 辽宁省文物考古研究所、吉林大学考古学系：《辽宁彰武平安堡遗址》，《考古学报》1992年第4期。

② 赵宾福：《中国东北地区夏至战国时期的考古学文化研究》，科学出版社，2009年。

（2）高台山文化[①]：主要分布于本区辽河西部，西至医巫闾山，北达阜新、法库一带，以秀水河、柳河流域为中心，年代为夏代中晚期至商晚期。学术界主流的看法是，主要来源可能是平安堡二期遗存，曾与辽西的夏家店下层文化保持着密切的关系；商代晚期开始西进，一部分进入大小凌河流域，融入魏营子文化；商末周初，主体已基本退出柳河流域，沿西拉木伦河流域成为夏家店上层文化的主要构成因素[②]。同时，一部分融入新乐上层文化与顺山屯类型。

（3）新乐上层文化[③]：目前学界对其内涵还存在有一定的争议：有学者认为包括新乐上层、望花、顺山屯等类型等都属于马城子文化，也有学者认为前两种属同一考古学文化[④]。本文赞同第二种观点，主要认识如下：不宜将具有发达的三足器及以土坑墓为主要墓葬类型的上述诸遗存，纳入三足器不发达以洞穴墓及石棺墓为主要墓葬类型的马城子文化中，相反它们都与高台山文化有密切的关系；新乐上层文化应包括望花类型，主要分布于本区辽河东侧；这一文化的年代上限可能要早于商末，下限进入西周。

（4）老虎冲遗存[⑤]：最新近的研究成果多认为：老虎冲遗址个别单位属马城子文化，余者属双房文化遗存。本文以为，从老虎冲遗址的9座"灰坑"均积满青膏泥，有的坑内设置经加工的椁状木构架等情形看，或许为特殊形制的墓葬（魏营子文化墓葬见木椁填封青膏泥的现象）或祭祀坑。从"灰坑"出土遗物看，文化面貌较为复杂。其中H1出土的两件碗口壶不仅具有新城子文化的陶壶特点，而且一大壶一小壶的组合也与新城子文化早期墓葬的陶器组合相同[⑥]，预示着其年代可能已至西周中期以后；其他单位出土的鼎、甗、双耳罐等不见于新城子文化，应属本地早期遗存的孑遗；H2出土遗物应属本地区该阶段新出现的文化因素，与其后的郑家洼子类型有关。据此可

---

① 以高台山遗址命名，参见沈阳市文物管理办公室：《新民高台山新石器时代遗址和墓葬》，《辽宁文物》1981年第2期；沈阳市文物管理办公室：《沈阳新民县高台山遗址》，《考古》1982年第2期；最初称高台山上层类型，参见曲瑞琦：《沈阳地区新石器时代的考古学文化》，《辽宁省考古、博物馆学会成立大会会刊》，1981年；后改称为高台山类型，参见郭大顺：《西辽河流域青铜文化研究的新进展》，《中国考古学会第四次年会论文集》，文物出版社，1983年。

② a. 朱永刚：《论高台山文化及其与辽西青铜文化的关系》，《中国考古学会第八次年会论文集》，文物出版社，1996年；b. 董新林：《高台山文化研究》，《考古》1996年第6期。

③ a. 沈阳市文物管理办公室：《沈阳新乐遗址试掘报告》，《考古学报》1978年第4期；b. 曲瑞琦：《沈阳地区新石器时代的考古学文化》，《辽宁省考古、博物馆学会成立大会会刊》，1981年。

④ 霍东峰、华阳：《新乐上层文化研究》，《边疆考古研究》（第7辑），科学出版社，2008年。

⑤ a. 曲瑞琦：《沈阳地区新石器时代的考古学文化》，《辽宁省考古、博物馆学会成立大会会刊》，1981年；b. 刘焕珉、周阳生：《沈阳老虎冲青铜时代遗址发掘简报》，《博物馆研究》2005年第2期。

⑥ 华玉冰、王来柱：《浅论新城子文化》，《考古》2011年第6期。

知，该类遗存还是更多具有本地文化特点，年代应在西周纪年内。从抚顺红石砬子洞穴[①]出土的一件上下各有对称双耳的罐看，其分布区大体与新乐上层文化相同（参见图一）。

（5）郑家洼子遗存：包括沈阳郑家洼子青铜短剑墓[②]、郑家洼子遗址土坑墓[③]、辽阳亮甲山[④]等墓地，无火葬习俗。出土陶器中均有直颈球腹壶，亮甲山M5共存的陶器还有錾耳罐。所见遗址包括郑家洼子遗址一期、新民公主屯后山F1[⑤]等单位，出土有与亮甲山M5錾耳罐极为类似的器物，共存陶器为卷沿罐。此外还有壶、豆、盘等遗物。该类型流行的年代为春秋至战国（参见图一）。

（6）燕文化：经多年调查，在本区域北部外缘发现有燕长城及障塞，同时发现诸多属燕文化的城址、墓葬及相关遗物，表明燕设辽东郡之后燕文化已占据本区。值得注意的是，在沈阳新乐遗址1983年发掘时，曾发现有燕文化与郑家洼子类型遗物共出的现象[⑥]，显示出郑家洼子遗存是燕据辽东前后，本区域与燕文化共存的最主要的土著文化类型。

二、浑太中上游山地区

浑河上源红河，源出清原县滚马岭，与英额河汇合后称浑河。太子河源出辽宁新宾县红石砬子山，上源北太子河与南太子河至本溪北甸汇合后称太子河。浑太河上源流经地区皆高山峻岭，可称上游区；浑河过沈阳、太子河进辽阳后进入辽河平原区，已属下游。中上游青铜时代考古学文化编谱系年如下。

（1）新乐上层文化[⑦]：主要分布在浑河及其支流苏子河、东洲河两岸。陶器种类多，三足器发达。

（2）马城子文化：兴起于太子河中上游地区，其主要来源可能与石佛山[⑧]一类遗存有关，上限年代不晚于夏商之交，下限年代为西周早期。遗址出土陶器有壶、罐、

---

① 肖景全、郑辰：《抚顺地区的青铜时代文化及相关问题研究》，辽宁省考古学会第六次年会论文，待刊。

② 沈阳故宫博物院等：《沈阳郑家洼子的两座青铜时代墓葬》，《考古学报》1975年第1期。

③ 中国社会科学院考古研究所东北工作队：《沈阳肇工街和郑家洼子遗址的发掘》，《考古》1989年第10期。

④ 孙守道、徐秉琨：《辽宁寺儿堡等地青铜短剑与大伙房石棺墓》，《考古》1964年第6期。

⑤ 周阳生：《新民公主屯后山青铜时代遗址调查》，《辽海文物学刊》1990年第2期。

⑥ 参见李晓钟：《沈阳地区战国秦汉考古初步研究》，《沈阳考古文集》（1），科学出版社，2007年。

⑦ 本文赞同望花类型属新乐上层文化。

⑧ 许玉林：《辽宁东沟县石佛山新石器时代晚期遗址发掘简报》，《考古》1990年第7期。

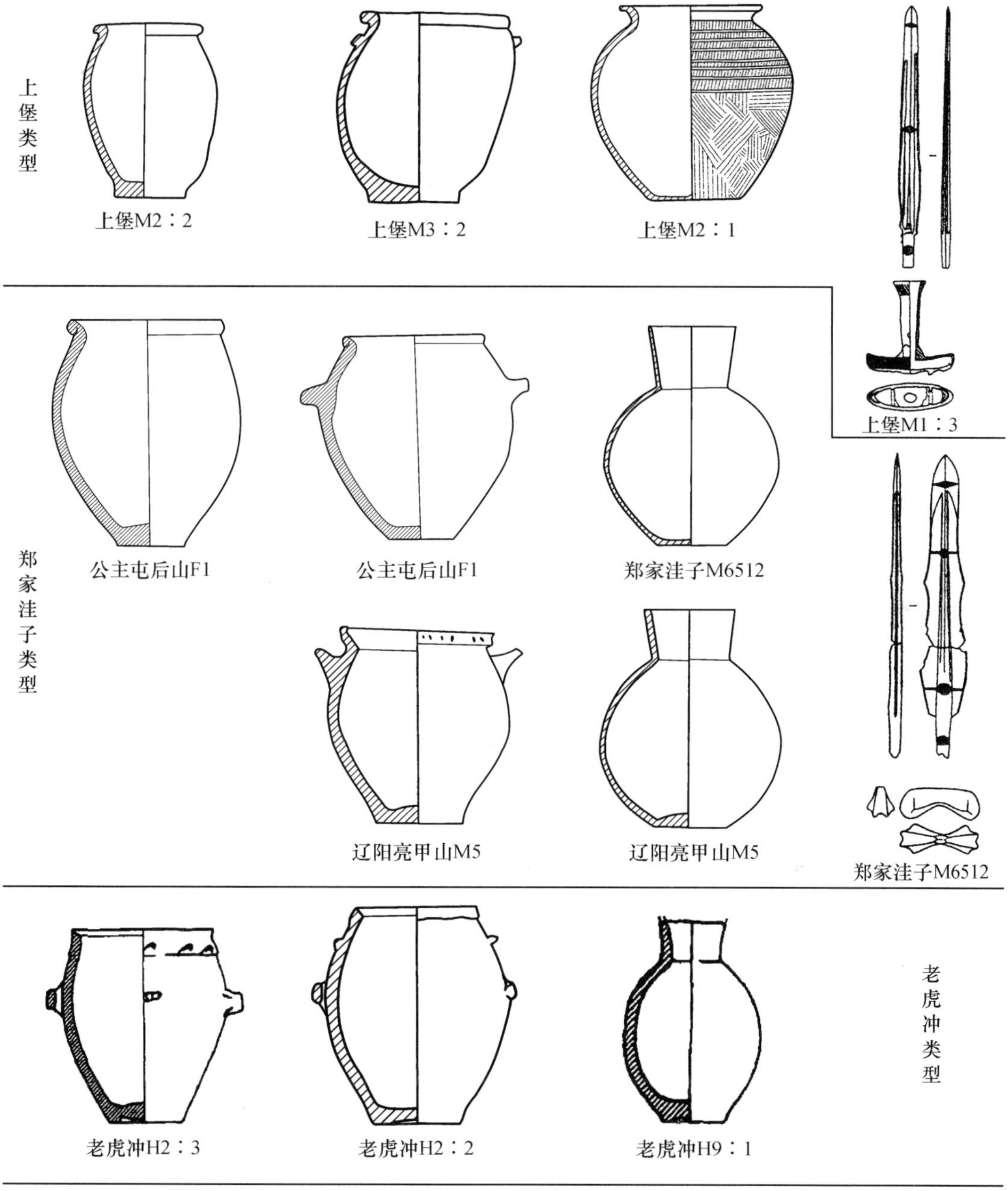

图一　与郑家洼子类型相关遗存比较图

钵、碗、杯、豆等[①]，三足器仅见罐式鼎[②]。墓葬类型有洞穴墓、石棺墓等[③]：其中洞

① a. 李恭笃：《辽宁东部地区青铜文化初探》，《考古》1985年第6期；b. 李恭笃：《本溪地区洞穴文化遗存的发现与研究》，《北方文物》1992年第2期。

② 本溪市博物馆：《本溪文物集粹》，辽宁美术出版社，2011年。

③ 段天璟：《马城子文化墓葬分期及相关问题》，《新果集》，科学出版社，2009年。

穴墓出现最早，主要分布于太子河、浑河上游地区，盛行火葬。延续时间很长，直至周代早期，新宾东升洞穴墓葬还发现了阔叶状窑变纹的陶壶，这类遗物也见于朝鲜半岛。商代中期以后，石棺墓开始流行。西周初，马城子文化扩展至整个浑太上中游地区，同时向周边地区施加影响——向北在松花江流域发展成为西团山文化，向南在鸭绿江下游地区发展为东山类型，本地一支并逐渐演变为新城子文化。

（3）新城子文化[①]：指以本溪新城子大片地墓地为代表的遗存，普遍见于本区。该文化墓葬随葬的主要陶器——碗口弦纹壶，以及东北系曲刃铜剑、曲刃铜矛、扇形铜斧的石范、铜镞等，广布于下辽河以东的整个辽东区。据此，一些学者倾向于将这一区域西周至战国燕设辽东郡之前的不同考古学遗存统称为双房文化。本文认为，就弦纹壶这一器类而言，显然源于马城子文化。该文化随葬陶器组合为碗口壶、球腹罐、钵等，墓葬以石棺墓为主，主要分布于浑太河中下游地区，年代为西周至战国初。战国以后分化为两支：一支主要分布于东辽河流域以及浑河北部，目前命名的凉泉[②]、谢家街[③]、莲花堡[④]等类型相融合；南部的一支主要活动于鸭绿江下游两岸。

（4）战国燕文化：战国时期遗物在本区域内普遍发现，表明燕设辽东郡后已有效控制了该区域。需要说明的是，本区域与燕秦文化共存的有两种土著文化遗存：一种以本溪上堡[⑤]石棺墓地为代表，随葬陶器既有典型燕式的绳纹陶罐，也有源于郑家洼子遗存的卷沿罐及双耳卷沿罐（参见图一）；另一种以本溪张家堡子墓葬[⑥]为代表，随葬刀币20余枚，共存陶器有侈口鼓腹壶、鼓腹圆唇罐、豆等，从陶器组合及相关器物形态看，属于新城子文化分化后的北支遗存。

三、鸭绿江中下游低山缓丘区

鸭绿江系是中朝界河，中国境内主支流有浑江、蒲石河、瑷河等，朝鲜境内有虚川江、秃鲁江、忠满江等，流注黄海。上游流经崇山峻岭，临江以下进入中游，两岸山岭重叠。水丰以下为下游，两岸低山缓丘，安平河口以下进人平原。本文的鸭绿江中下游指：浑江、忠满江以西，大洋河以东，南至清川江流域区。这一区域工作较少，以往并未将其作为一个相对独立的小区对待，以目前的发现看，该区域的考古学文化有其自身的特点，现初步总结如下。

---

① 王来柱、华玉冰：《本溪新城子墓地发掘简报》，《考古》2010年第9期。

② 辛岩：《辽北地区青铜时代文化初探》，《辽海文物学刊》1995年第1期 。

③ 金旭东：《东辽河流域的若干古文化遗存》，《考古》1992年第4期。

④ 肖景全、郑辰：《抚顺地区的青铜时代文化及相关问题研究》，辽宁省考古学会第六次年会论文，待刊。

⑤ 魏海波、梁志龙：《辽宁本溪县上堡青铜短剑墓》，《文物》1998年第6期。

⑥ 齐俊：《本溪地区发现青铜短剑墓》，《辽海文物学刊》1994年第2期。

（1）与石佛山[①]相关的一类遗存：本区域中国侧经发掘的新石器时代最晚一处遗址是东港市石佛山遗址，出土遗物分为两类：一类接近于受偏堡子[②]类型影响而产生的岫岩北沟遗存[③]一类遗存，一类与马城子文化早期遗物接近，个别器物甚至完全相同；朝鲜侧无纹陶器与有纹陶器共存的遗址是新岩里青冈遗址[④]：陶器表面多刻划多种纹饰构成的组合纹饰，器类有壶、罐、豆、碗等。从壶的形态、繁缛的刻划几何纹看，更接近于偏堡子一类遗存，无纹陶器的来源还有待新的发现，最为有关联的还是北沟一类遗存。上述遗存的下限年代应进入夏纪年范围内。

（2）新岩里二期类型[⑤]：以朝鲜侧新岩里遗址第三地点第二文化层为代表，陶器的胎土中夹滑石屑，多素面。纹饰有弦纹、附加堆纹、刺点纹，多饰于壶的颈部。另外，壶的口沿外侧常见短条附加堆纹构成的冠状耳。器类有壶、罐、豆、碗。在此类遗存中，还出土了青铜刀子和铜扣各一件。从该类遗存的特征看，与马城子文化关系密切，但也有自身特点，可称为马城子文化新岩里二期类型。中国侧属于该阶段的遗存没有经过发掘者，推测也与马城子文化有关。

（3）东山—美松里类型：中国侧以凤城东山盖石墓地为代表[⑥]，随葬主要陶器为双竖耳卵腹壶，形态与马城子文化晚期墓葬中流行的瓮类器物接近，其双横耳垂腹壶则是新城子文化的典型陶器；朝鲜侧以美松里类型[⑦]为代表：包括新岩里第二地点第2文化层发现的一批房址（出土遗物与新城子文化有关），及平安北道义州郡美松里洞穴上层遗存。需要说明的是，美松里洞穴上层发现人骨多具，有的有火烧痕迹，未发现葬具，与马城子文化洞穴墓葬葬俗几乎完全相同。出土陶器有壶、罐、碗、豆等。学界对所谓的“美松里壶”已有接近一致的认识，应属碗口“弦纹壶”发展的最晚阶段。实际上，从属马城子文化的本溪南芬西山[⑧]盖石墓出土的壶看，造型与“美松里”壶类似，只是前者无弦纹，或许这类壶本身就有两种类型（参见图二）。上述资料更

---

① 许玉林：《辽宁东沟县石佛山新石器时代晚期遗址发掘简报》，《考古》1990年第7期。

② 参见华玉冰：《与偏堡类型相关遗存的比较研究》，《庆祝宿白先生九十华诞文集》，科学出版社，2012年。

③ 许玉林：《辽宁岫岩北沟西山遗址发掘简报》，《考古》1992年第5期。

④ 新岩里遗址由青冈、牲口圈及沙丘三个地点组成，该类遗存见于青冈遗址，发掘报告者称其为青冈类型。王巍先生称之为新岩里一期类型，安信元先生称为新岩里第一文化层。

⑤ 原报告称新岩里第3地点2文化层。王巍先生称新岩里二期类型。

⑥ a. 崔玉宽：《凤城县南山头古墓调查》，《辽海文物学刊》1987年第1期；b. 许玉林、崔玉宽：《凤城东山大石盖墓发掘简报》，《辽海文物学刊》1990年第2期；c. 崔玉宽：《凤城东山、西山大石盖墓1992年发掘简报》，《辽海文物学刊》1997年第2期。

⑦ 以平安北道义州郡美松里石灰岩洞穴遗存为代表。

⑧ 万欣、梁志龙、马毅：《本溪南芬西山石棺墓》，《辽宁考古文集》（1），辽宁民族出版社，2003年。

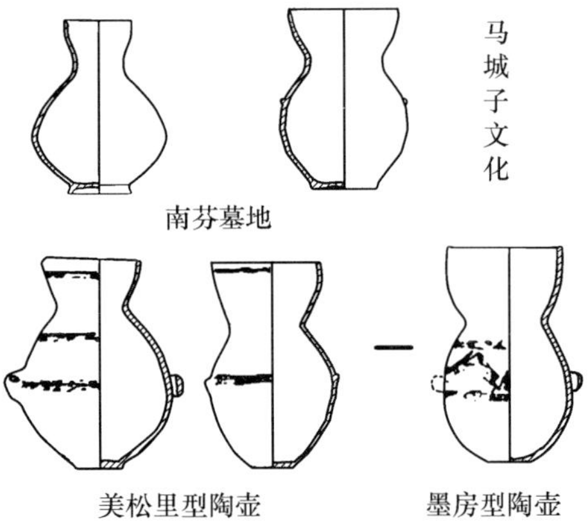

图二　美松里型陶器演变图

加证明，新城子文化是由马城子文化发展而来的，鸭绿江下游两岸的“东山—美松里”一类遗存是新城子文化在本地区延续发展的一个地方类型，年代应为西周至战国中期。

（4）战国燕文化：战国晚期后，本区域中国侧新城子文化之后普遍发现燕文化遗物及相关城址，但同期土著文化遗存的情况不详；朝鲜一侧的美松里遗址出土了灰色绳纹陶器、铁器等，表明燕文化已到达该区域。同时见具有当地土著文化特点的遗物，因所见材料较少，尚无法深入讨论。需要说明的是，战国以后，在朝鲜的大同江流域见到的所谓墨房型陶器就是由美松里陶器发展而来的（参见图二）。

四、沿海诸河流域千山山地区

千山山脉主体位于地理概念中的辽东半岛，其南部延伸至大连的老铁山。山系中、北部地势较高，南部较低。北部发端的河流多注入辽河与鸭绿江水系，南部多注入黄、渤海。以往研究多将本区统一划分为一个独立的小区，以目前的考古发现看，南端与中北部地区青铜时代考古学文化有一定的区别。

1. 北部区

主要指现辽东半岛中北部地区，包括现辽宁大连市及其辖区（不包括辖县）之外的辽东半岛区。这一区域青铜时代最有特征的墓葬是石棚墓及盖石墓，从发表的材料如：普兰店双房①、王屯②、核桃沟③、碧流河④，瓦房店铧铜矿⑤，庄河平顶山⑥，盖州伙家窝堡⑦等出土的陶器看，都是叠沿筒形罐与长颈鼓腹壶或大口鼓腹罐的组合，而后

---

① 许明纲、许玉林：《辽宁新金县双房石盖石棺墓》，《考古》1983年第4期；许玉林、许明纲：《新金双房石棚和石盖石棺墓》，《文物资料丛刊》（7），文物出版社，1983年。

② 刘俊勇、戴廷德：《辽宁新金县王屯石棺墓》，《北方文物》1988年第3期。

③ 付文才：《普兰店市核桃沟石盖石棺墓清理简报》，《大连文物》2000年第1期。

④ 旅顺博物馆：《辽宁大连新金县碧流河大石盖墓》，《考古》1984年第8期。

⑤ 辽宁省文物考古研究所：《辽东半岛石棚》，辽宁科学技术出版社，1994年，第16页。

⑥ 辽宁省文物考古研究所：《大连庄河平顶山青铜时代遗址发掘简报》，《北方文物》2011年第1期。

⑦ 许玉林：《辽宁盖县伙家窝堡石棚发掘简报》，《考古》1993年第9期。

两种器物可以溯源至单砣子土圹墓与上马石瓮棺墓。由于本地区青铜时代遗址经发掘的较少，缺少层位关系且几乎不见完整器物，因此只能依据共存遗物将上述墓葬分为如下几组：

（1）以伙家窝堡石棚墓地为代表的一组墓葬，还包括王屯石棺墓地、核桃沟盖石墓地等，出土遗物与单砣子土圹墓和上马石瓮棺葬的同类遗物类似。对后两处墓地，一般多以为属双砣子二期文化。王巍先生认为，这类遗存不见豆、杯，罐的形制差别亦较大，墓葬形制也很不同，应是分布于碧流河流域的与双砣子二期文化同期的另一种土著文化遗存，段天璟先生也有类似的看法[①]，本文表示赞同，由此可将这两处墓地也纳入该组。考虑到伙家窝堡M1出土的弧腹壶在马城子文化晚期遗存中较为常见，半岛南部于家村砣头墓地中亦出土一件腹饰弦纹者等因素，可将该组墓葬的年代下限推定为周初，上限年代可能早到夏代（参见图三）。

（2）以双房、碧流河墓地为代表的一组墓葬，其中双房M2出土的陶壶与双砣子三期文化的陶器有渊源关系，M6除叠沿罐外，碗口弦纹壶、东北系铜剑等遗物表明该组墓葬的年代应与新城子文化大体相同，为西周中期至战国初（参见图三）。

（3）以平顶山墓地为代表的一组墓葬。其中M2出土的叠沿罐已变成厚卷沿，长颈壶较瘦长，与郑家洼子类型以及朝鲜大同江流域“陀螺形”陶器最晚阶段的相关遗物形态接近，推测其年代为战国中期甚至更晚（参见图三）。

（4）以上马石青铜短剑墓地[②]为代表的类型，该墓地为土坑墓，非火葬，有别于本地流行的墓葬形式及葬俗，出土的陶壶与郑家洼子6512号墓、659号墓[③]、亮甲山5号墓[④]出土者形态相同，出土的陶罐与尹家村M12类似，发掘者推测其年代为战国初期，应与郑家洼子类型南下有关。

（5）战国燕文化，从本区域出土遗物及周邻区域的考古发现看，战国晚期燕文化已占据本区。

2. 南部区

主要指现大连市及其所属的辖区。本区域工作较多，研究也较深入，但对青铜时代考古学文化认识仍未达成一致。

---

① 段天璟：《胶东半岛和辽东半岛岳石文化的相关问题》，《边疆考古研究》（第2辑），科学出版社，2004年。

② 旅顺博物馆、辽宁省博物馆：《辽宁长海县上马石青铜时代墓葬》，《考古》1982年第6期。

③ 沈阳故宫博物馆、沈阳市文物管理办公室：《沈阳郑家洼子的两座青铜时代墓葬》，《考古学报》1975年第1期。

④ 孙守道、徐秉琨：《辽宁寺儿堡青铜短剑与大伙房石棺墓》，《考古》1964年第6期。

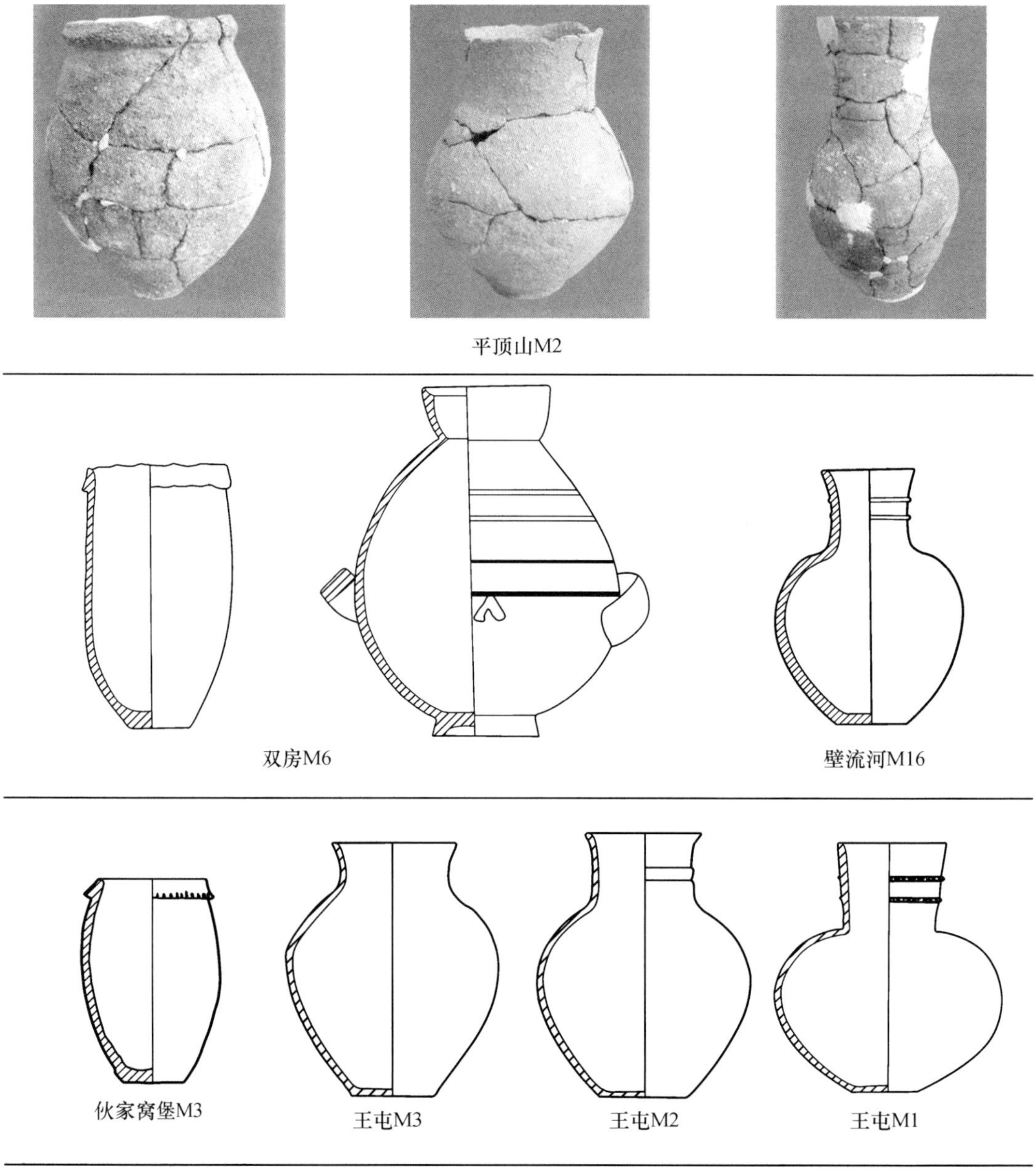

图三　半岛北部区相关遗存分组比较图

（1）双坨子一期文化，与偏堡子文化有关的三堂一期[①]（小珠山四期[②]）之后的小

① 陈全家、陈国庆：《三堂新石器时代遗址分期及相关问题》，《考古》1992年第3期。

② 中国社会科学院考古研究所、辽宁省文物考古研究所、大连市文物考古研究所：《辽宁长海县小珠山新石器时代遗址发掘简报》，《考古》2009年第5期。

珠山上层与双坨子一期文化是延续发展的，从老铁山积石冢[①]及王宝山积石冢[②]的出土遗物看，都含有以上两种文化的因素，对两者之间的关系还有待进一步探讨。可以肯定的是，都是与山东龙山文化关系极为密切的土著文化遗存，下限年代应进入夏代。

（2）双坨子二期文化[③]：目前尚未发现单独属该文化的遗址，也不见房址等遗迹，从少量灰坑及地层出土遗物看，与岳石文化有很强的一致性。

（3）双坨子三期文化：学术界普遍认为该文化的年代为商至西周早期，由本地土著青铜文化发展而来。目前经发掘的该文化聚落址规模皆较大，有围墙，内部房屋密集，存在反复改、扩建迹象。墓地为积石冢。值得注意的是：许多属双砣子三期文化的遗址，如大嘴子[④]、大连大王山[⑤]等，聚落皆被大火焚毁，房内保留大量的陶器，表明西周初可能发生了某种变故。

（4）岗上类型：双坨子三期文化之后，战国早期之前，本区域具原土著文化特点的遗存主要有岗上[⑥]、楼上[⑦]、卧龙泉[⑧]等一批积石冢及尹家村土坑火葬墓。出土东北系铜剑、扇形铜斧和双翼铜镞等铜器，据此有学者将其纳入广布于辽东地区的“双房文化”范畴。其实，上述墓地随葬陶器以壶、罐为主，没有发现典型的碗口弦纹壶。参照周邻区域的考古学文化编年，推测该类型流行年代与新城子文化相当。

（5）尹家村二期文化[⑨]：以尹家村遗址二期遗存为代表，遗址出土遗物以叠沿罐最具特征，墓葬为土坑石椁墓，不再见火葬习俗。随葬陶器以夹砂粗褐陶为主，器类有罐、豆，尤以高圈足豆更具特色，其中罐与上马石青铜短剑墓葬中出土者类似。由此可推断，该阶段遗存与北部区关系极为密切。

（6）战国燕文化：战国晚期，该区域已是燕文化极为重要的据点。

---

① 旅大市文物管理组：《旅顺老铁山积石墓》，《考古》1978年第2期。

② 资料整理中。

③ 王巍：《夏商周时期辽东半岛和朝鲜半岛西北部的考古学文化序列及其相互关系》，《中国考古学论丛——中国社会科学院考古研究所建所40年纪念》，科学出版社，1993年。

④ a. 辽宁省文物考古研究所等：《辽宁大连市大嘴子青铜时代遗址的发掘》，《考古》1996年第2期；b. 大连市文物考古研究所：《大嘴子——青铜时代遗址1987年发掘报告》，大连出版社，2000年。

⑤ 2012年辽宁文物考古研究所发掘，资料未发表。

⑥ 中国社会科学院考古研究所：《双砣子与岗上——辽东史前文化的发现和研究》，科学出版社，1996年。

⑦ 中国社会科学院考古研究所：《双砣子与岗上——辽东史前文化的发现和研究》，科学出版社，1996年。

⑧ 中国社会科学院考古研究所：《双砣子与岗上——辽东史前文化的发现和研究》，科学出版社，1996年。

⑨ 中国社会科学院考古研究所：《双砣子与岗上——辽东史前文化的发现和研究》，科学出版社，1996年。

五、几点新认识

据上述对辽东青铜时代考古学文化的谱系研究结果，可得出如下几点新的认识：

（1）青铜时代，中原文化进入东北主要通过陆路，即以辽西为媒介通过辽河下游平原向东、北、南部扩展。

夏至早商时期，夏家店下层文化与高台山文化关系密切；商至西周初，魏营子文化与高台山文化融合，并影响到顺山屯类型及新乐上层文化，高台山文化退出原住地向西发展无疑也与魏营子文化东进有关；西周中期以后，辽河中下游平原区连续发展的老虎冲类型、郑家洼子类型，从葬俗、随葬品看，与辽西更为接近，并接受了中原地区的一些葬制；战国以后，郑家洼子类型先一步扩张，成为燕进入辽东的先遣团与同盟军。

（2）“碗口弦纹壶”分布区，是燕设置辽东郡的重要依据。

浑太中游山地区与鸭绿江下游地区青铜时代的考古学文化关系较其他区域更为密切，自身传统性较强。寻根溯源，应系新石器时代晚期驰骋整个辽东区的偏堡子一类遗存的“嫡传”。西周初期以后，源于马城子文化的“弦纹壶”，作为一种随葬“礼器”（酒器），被辽东区诸考古学文化普遍认可，密切了它们之间尤其是其与辽河中下游平原区同期考古学文化的关系。燕文化进入辽东，该文化至少是积极拥戴者。尽管有部分新城子文化居民不在燕辖区内，融入了“团山”“莲花堡”“谢家街”等类型中，但都广泛接受了燕文化，并成为了中原文化再次扩张的新据点。

（3）西周以后，半岛北部区考古学文化取代了南部区的主导作用，辽东半岛土著考古学文化基本“断绝”了通过胶东半岛与中原的联系，相反却与朝鲜半岛有更多的交往。

进入战国以后，南部区传统的积石墓消失，几乎同时，在鸭绿江上游地区（包括朝鲜一侧）开始出现与之类似的墓葬形式，由此可知建造积石冢人群的流向。

北部区青铜时代土著考古学文化之所以很快发展，最初源于岳石文化的促动，此后或许还有其他外因。从北方式与盖石式支石墓（石棚墓、盖石墓）的分布看，朝鲜的大同江流域与半岛北部区关系密切，尽管两地陶器造型差异很大，但主要器类相同。

切木尔切克墓地及其早期遗存的初步分析

从德新[1]　贾伟明[2]

（1. 中国社会科学院考古研究所；2. 澳大利亚悉尼大学考古系中亚研究中心）

一、序　　论

1963年，在新疆阿勒泰南坡的山脚下的切木尔切克河谷沿岸发现了几处墓地并进行了发掘。1981年《文物》发表了简报，即《新疆克尔木齐古墓群发掘简报》（以下均称“简报”）。该简报称之为“克尔木齐”墓地①，实际上，“切木尔切克”既是那条从北向南流入额尔齐斯的小河的名称，也是当地的沿用至今的地名，因此后来涉及这一墓地的研究文章，陆续以切木尔切克名之。

切木尔切克乡位于阿尔泰山南麓，行政区划上属于新疆维吾尔自治区阿勒泰市。而“克尔木齐”一名最早只见于墓地的第一次发掘简报中，另一个叫法“切尔木切克”也被使用过，但它同样不是当地的名称。实际上这些名称指的都是同一个地方，即“切木尔切克”。本文使用“切木尔切克”也是意在强调这一名称在出版物中的正确用法，避免可能产生的混淆。事实上，近年来的研究者已开始大多使用“切木尔切克”的名字②（图一）。

对切木尔切克墓地的遗存及年代的认识是经历了20多年的研究才逐渐形成的。最初的认识是以简报中的分析为代表，简报指出了该墓地包含了多个时代的遗存，大致从公元前2世纪的汉代到突厥时期（公元4～7世纪）。其中关于突厥时期的推测，是据墓地中的石人雕像而得出的。后来的研究表明这种推测是错误的③。关于汉代的推定是依据在M4中发现的轮制红陶壶，将这一陶壶与新疆伊犁地区昭苏乌孙墓、内蒙古汉代完工古墓出土的陶壶进行的对比。囿于当时的材料，这样的推断现在看来也存在修正的必要。

---

① 新疆社会科学院考古研究所：《克尔木齐古墓群发掘简报》，《文物》1981年第1期，第23～32页。

② 郭物：《新疆史前晚期社会的考古学研究》，上海古籍出版社，2012年。地名规范后，现墓地的小地名为切木尔切克。

③ 王博、祁小山：《丝绸之路草原石人研究》，新疆人民出版社，1995年。

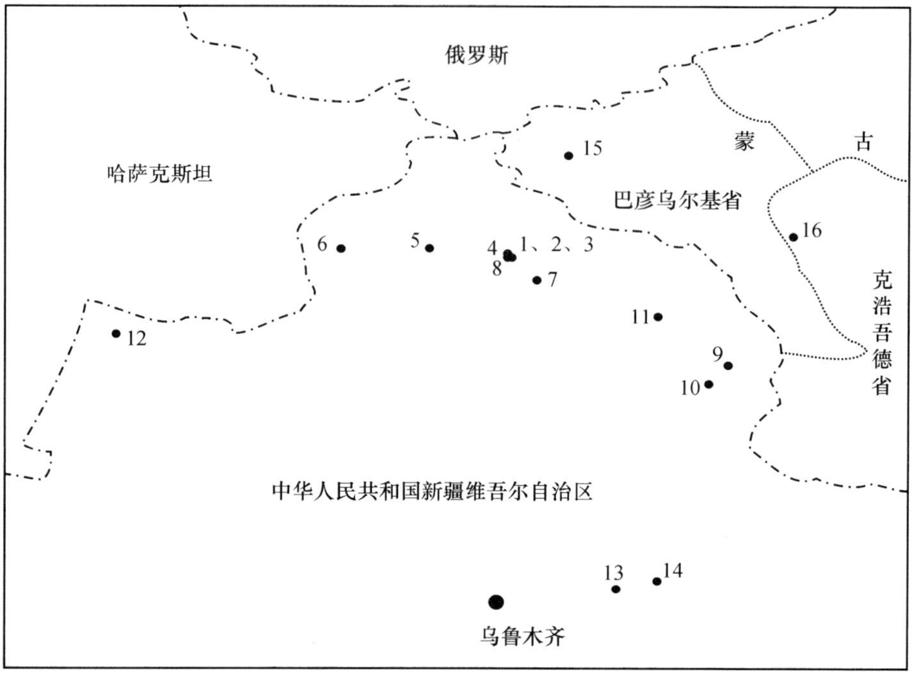

图一　切木尔切克墓地的位置和有关遗址的略图（图中遗址号参照表二）

关于切木尔切克与欧亚草原青铜文化关系的研究大体开始于20世纪90年代（表一）。很多学者注意到该墓地的一些遗存的风格与广布于南西伯利亚地区的阿凡纳谢沃文化（Afanasievo，分布在俄罗斯的西西伯利亚，即阿勒泰山脉的北面）、奥库涅沃文化（Okunevo，分布在俄罗斯的叶尼塞河上游的米奴辛斯克盆地）及卡拉苏克文化（Karasuk，分布在俄罗斯的叶尼塞河上游）以及中国新疆的北部阿勒泰地区的遗存具有一定的相似性①②。甚至有研究者大胆猜测了切木尔切克文化是阿凡那谢沃文化的继承者：先由西方移居到阿勒泰地区，后又穿过天山到达塔克拉玛干沙漠北缘而形成了小河文化的过程③。

---

① 水涛：《新疆青铜时代诸文化的比较研究——附论早期中西文化交流的历史进程》，《国学研究》1993年第1期，第447~490页。

② Chen Kwang-tzuu, and F. Hiebert. 1995. “The Late Prehistory of Xinjiang in Relation to its Neighbours”. Journal of World Prehistory 9 (2): 243–300.

③ 小河墓地位于塔克拉玛干沙漠的北缘。^{14}C测年数据为公元前1800年左右。基于小河墓地中出土的古代的草篓和切木尔切克的橄榄形陶器在形态上的相似性，以及经鉴定小河墓地的人种为高加索人种，所以将阿凡纳谢沃文化与切木尔切克文化联系起来了（新疆文物考古研究所，2003年）。林梅村（2002年）甚至认为“切木尔切克文化”与小河的联系代表了古代吐火罗人进入新疆的路径，他认为是从塔城低地进入，穿过准噶尔盆地和天山，最后迁入塔里木盆地并且创造了小河文化（见《吐火罗人的起源于迁徙》，《新疆文物》2002年第3期）。

表一 西伯利亚草原青铜文化年代略表（欧亚草原东部及阿尔泰地区）

考古文化	大约年代	考古年代名称
阿凡纳谢沃（Afanasevo）	公元前3200~前2500年	铜石并用到青铜时代早期
澳昆涅沃（Okunevo）	公元前2500~前1700年	青铜时代中期
安德罗诺沃（Andronovo）	公元前1700~前1400年	青铜时代晚期
卡拉苏克（Karasuk）	公元前1400~前800年	青铜时代末
塞人（Saka）	公元前800~前250年	铁器时代

陈光祖（Chen Kwang-tzuu，中国台湾）和海波特（Hiebert，美国）基于哈萨克斯坦东部发现的早期安德罗诺沃文化的^{14}C测年数据，推定切木尔切克墓地的年代应该在公元前2000～前1000年[①]。他们的这一观点后来被许多学者们广泛引用[②③]。近几年，一些学者尝试从简报中寻找切木尔切克墓地的早期特征[④⑤]，指出在切木尔切克墓地中的一些埋葬习俗的确显示出与西西伯利亚地区草原青铜文化的一些联系[⑥⑦⑧]。切木尔切克墓地的有些遗存及埋葬习俗显示了它与欧亚草原青铜文化的相似性，这些文化包括前述的西伯利亚南部阿尔泰地区的阿凡纳谢沃、奥库涅沃和卡拉苏克文化等。

林沄先生在2008年根据阿勒泰布尔津县阔帕尔谷地发现的、与切木尔切克墓葬面貌相同的石棺墓的陶器[⑨]，解析了切木尔切克墓地的早期遗存。主张即便是与欧亚草原

---

① Chen Kwang-tzuu, and F. Hiebert. 1995. “The Late Prehistory of Xinjiang in Relation to its Neighbours”. Journal of World Prehistory 9 (2): 243–300.

② a. 林梅村：《吐火罗人的起源与迁徙》，《新疆文物》2002年第3、4期，第69~80页；b. Mallory, J.P., and V. H. Mair. 2000. The Tarim Mummies. New York: Thames and Hudson.

③ Mallory, J. P., and V. H. Mair. 2000. The Tarim Mummies. New York: Thames and Hudson.

④ 郭物：《新疆天山地区公元前一千纪的考古学文化研究》，中国社会科学院研究生院博士学位论文，2005年。

⑤ 韩建业：《新疆青铜时代—早期铁器时代文化的分期与谱系》，《新疆文物》2005年第3期，第 57~91页。

⑥ a. Koryakova, L., and A. V. Epimakhov. 2007. The Urals and Western Siberia in the Bronze and Iron Ages. Cambridge: Cambridge University Press; b. Jettmar, K. 1950. *The Karasuk Culture and its South-Eastern Affinities*. Stockholm. Reprinted from Museum of Far Eastern Antiquities Bulletin 22.

⑦ Koryakova, L. 1996. “Social Trends in Temperate Eurasia during the Second and First Millennia BC”. Journal of European Archaeology 4: 243–280.

⑧ Jettmar, K. 1950. The Karasuk Culture and its South-Eastern Affinities. Stockholm. Reprinted from Museum of Far Eastern Antiquities Bulletin 22.

⑨ 张玉忠：《布尔津县发现的彩绘石棺墓》，《新疆文物》2005年第1期，第124、125页；《新疆布尔津县出土的橄榄形陶罐》，《文物》2007年第2期，第66页。

青铜文化之间确实存在某些相似性，也不能简单地把这些遗存归入任何一个已知的分布在阿尔泰及其附近地区的青铜文化。他认为切木尔切克墓地的早期遗存应该是当地的一种新的青铜文化，而且它的年代应该在公元前2000年左右①。邵会秋也认为其埋葬方式有三种，其中的坟院制和土坑墓属于早期遗存②。凡此，这些基础性的研究使得研究者对切木尔切克墓地的认识逐渐清晰起来。

尽管切木尔切克墓地的出土物给人一种多时期和多文化的印象，例如那件长颈、平底、素面、轮制的红色细泥陶壶与橄榄形、圜底、带几何形刻划纹、夹砂灰褐陶的陶罐在文化传统上有明显的不同。但由于该墓地发掘的年代较早，加之报道十分简单，在没有明确阐明墓地各个墓葬的性质和分类及年代的情况下，很难将其早期与晚期遗存分辨的十分清楚。因此，有必要在深入讨论其文化内涵之前，依据现存的田野发掘资料将早期的墓葬及其遗存从墓地中区分开来。要做到这一点，就必须对切木尔切克墓地进行全面的、更详细的解析。

二、解析切木尔切克墓地

所谓解析切木尔切克墓地就是在现有材料的基础上，对能够了解到的每个细节尽可能的进行分析，进而在简报中提炼出一些能够用来区分早期遗存的依据。尽管简报的报道有限，但附在简报后的两个墓葬登记表还是给我们提供了大量的有关各个墓葬的信息。将表中的这些信息与简报的文字表述相对照，结合后来陆续发表的有关切木尔切克墓地发掘资料进行对比，例如在阿勒帕布拉克③和阿尔泰地区布尔津县阔帕尔谷地发现的石棺墓葬④，对后续的研究具有了非常大的帮助。这些单独墓葬的发现不仅补充了切木尔切克墓地的文化面貌，如埋葬习俗和相关的随葬品，而且为我们提供了较确切的早期遗存的共存关系⑤。这些形成了本文分析切木尔切克遗存的基础。

---

① 林沄：《关于新疆北部切尔木切克类型遗存的几个问题——从布尔津县出土的陶器说起》，《林沄学术文集（二）》，科学出版社，2008年，第143~161页。

② 邵会秋：《试论新疆阿勒泰地区的两类青铜文化》，《西域研究》2008年第 4期，第59~65页。

③ 王博、吴栋军、郑洁：《阿勒泰古墓出土人颅的种族人类学研究》，《新疆文物》2005年第4期，第38~41页。

④ 张玉忠：《布尔津县发现的彩绘石棺墓》，《新疆文物》2005年第1期，第124、125页；《新疆布尔津县出土的橄榄形陶罐》，《文物》2007年第2期，第66页。

⑤ 阿勒帕布拉克墓葬表现出石棺与石罐的共存关系，而阔帕尔墓葬的彩绘石棺出土了两件典型的手工陶器，一件是橄榄形，另一件是灯形陶器，证明了这两种陶器的共存关系。参照张玉忠《布尔津县发现的彩绘石棺墓》。

仔细分析简报提供的墓地平面图，会发现切木尔切克墓地实际上是由分布在不同地方、彼此并不相连接的三个墓地（或称墓葬区）组成的，而且有的墓区内还可以分成不同的组。三个墓区各自都紧临一个沿着切木尔切克河而建的现代村庄（图二），在平面分布上具有一定的联系。

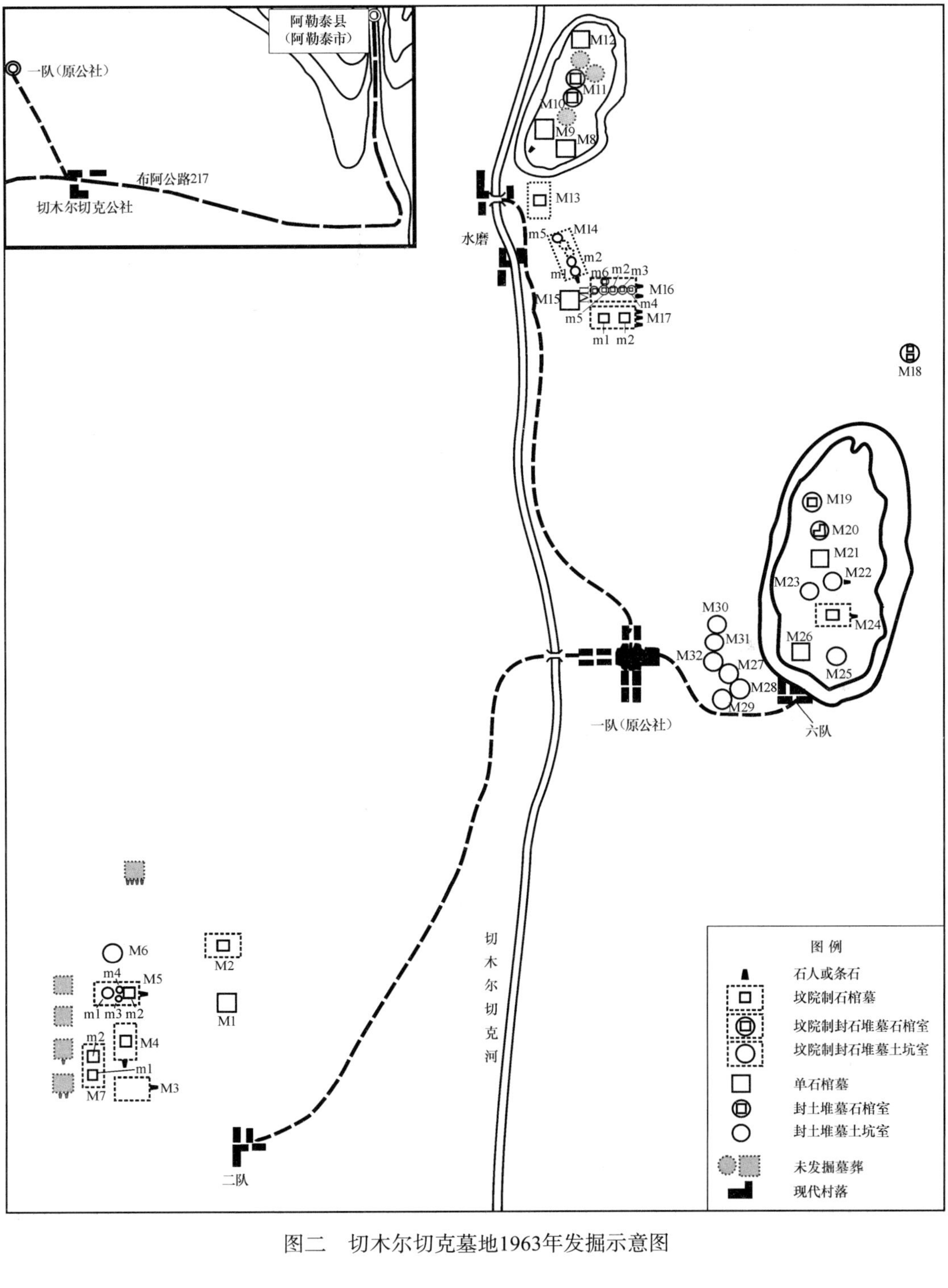

图二 切木尔切克墓地1963年发掘示意图

现代村庄用的是20世纪80年代的名字（此图根据1981年新疆社会科学院考古研究所发表的插图重画）。

这三个互不连属的墓区中发现的随葬品都在报告后面的两个附表里面有较详细地描述[①]，其中表一包括所有坟院制的墓葬，而表二记录了所有单墓制墓葬。尽管这种区分的结果与我们现在的认识有一定的差距，但由此可以看出，发掘者尝试着对不同墓葬的形制进行区分。这种区分还体现在对墓葬的编号，如单独墓葬和坟院用大写的“M”表示，坟院的院内各个墓葬用小写的“m”来编号，这些都为后来进一步地分析打下了基础。为了便于描述这些墓葬及墓葬中发现的随葬品，本文仍然沿用这种大写M和小写m的编号方法，并将这两张表合并在一起（附表）。由于原编号是按墓区划分的，所以这样的合并便于将所有墓葬分别回归为三个墓区，即Ⅰ号墓区7座墓，编号为M1～M7，Ⅱ号墓区10座墓，编号为M8～M17，Ⅲ号墓区为14座墓，编号为M18～M32。

（一）Ⅰ号墓区

一号墓区分布在整个发掘区的西南角（图二中左下角）。该墓区包括了M1到M7的这几座墓（图三），其中M2、M3、M4、M5 和M7在图中用虚线画出了矩形代表其四周有石围，其石围内部包含多个墓葬。实线正方形代表石棺墓以区别于实线圆形所表示的土坑墓，如M6和M5坟院内的m1、m3和m4。一些用虚线表示的有阴影的方形（或者在其他墓地中的圆形）代表未发掘的墓葬，而在墓地中一些小的黑色等腰梯形的图标通常是表明在坟院前面发现的石人或是竖立的石头（柱）。这一墓区的分析将不涉及M5m3（即5号坟院中的3号墓葬，下同）、M5m4 和 M6这三座（组）墓葬，因为这三座（组）墓中没有发现随葬品[②]。

在该墓区里出土铁器的M5m1和M4在这一墓地中显得十分突出，而且这些铁器分别与轮制红陶壶[③]以及骨带扣共出。与之不同的另一些不出铁器的墓葬的随葬品基本为青铜器、石容器、石镞以及橄榄形陶罐。这两种包含物不同的墓葬，暂被称为“青铜组”和“铁器组”。两组的差别还表现在各自的坟院和墓葬结构，甚至坟院或墓葬的方向上。例如，青铜组的墓葬其坟院向东、且石棺方向均为20°左右（参照附表中墓葬的朝向）。而那些出铁器的坟院向南、院内石棺方向为10°（M4）或土坑方向为110°（M5中的m1；见附表）。

---

① 新疆社会科学院考古研究所：《克尔木齐古墓群发掘简报》，《文物》1981年第1期，第23~32页。

② M6在1981年简报发表时不知何故没有清理完，所以在原报告的表格中不包括这个墓葬。

③ 这个发现于M4的陶壶在报告中有详细的描述，但在表格中没有。

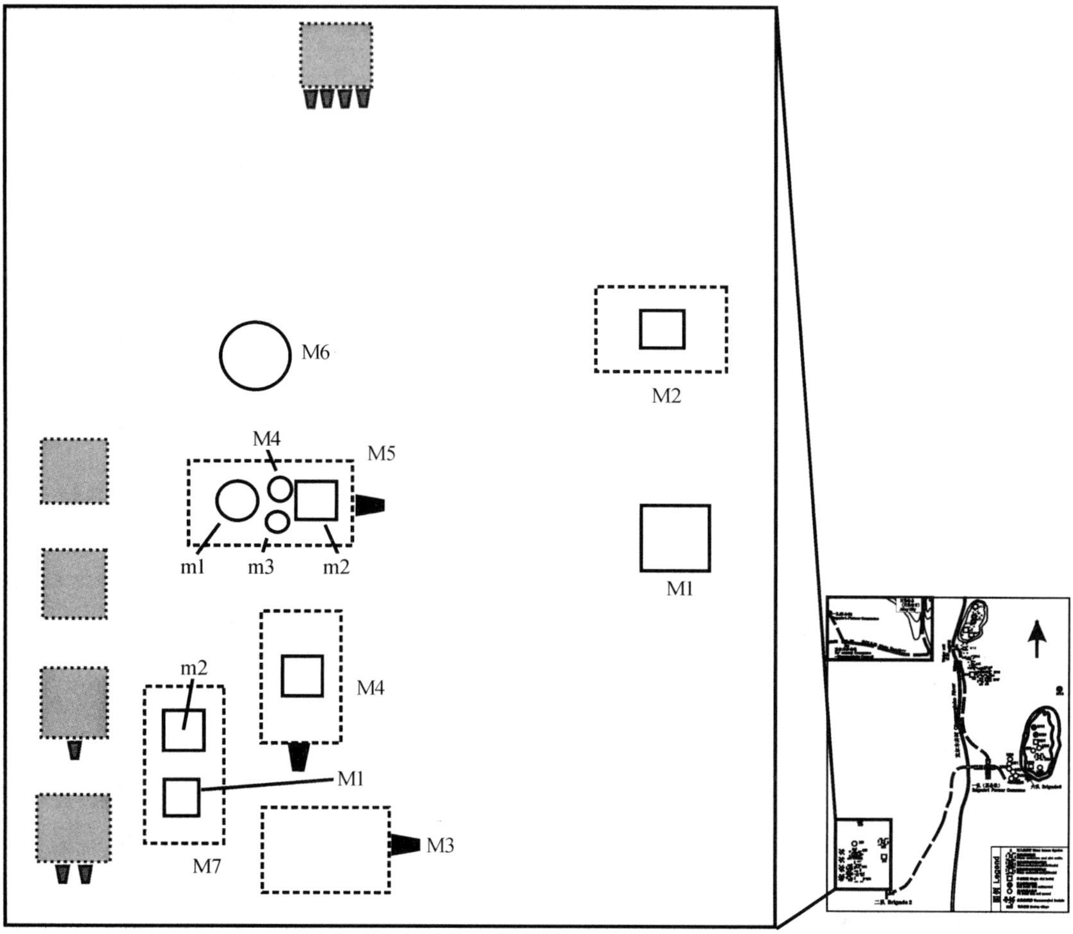

图三　I号墓区（图例指示其在图二中的位置）

由于一些墓葬已被破坏，用埋葬方式来区分两种墓葬并不容易，根据表中提供的描述，我们至少可以分出两种葬式。例如，侧身屈肢葬与青铜组墓葬中M1、M5m2 和M5m4相对应。相对地，仰身直肢葬只发现于铁器组的墓葬，如M5m1（见表一）。所有这些不同的特点显示出在一号墓区中至少有两组葬式不同的墓葬。在Ⅰ号墓区中排除了M5m3、M5m4（未发现随葬品）和M6（未清理完）之后，第一组即青铜组墓葬应该包括M1、M2、M3、M5m2、M7m1和M7m2；第二组即铁器组墓葬包括M4和M5m1。这里的青铜组墓葬与前述的单独发现的阿勒帕布拉克和阔帕尔谷地发现的两个石棺墓的葬式和随葬品十分相似，应属于一个时期的，本文称为切木尔切克一期①②。

① 张玉忠：《布尔津县发现的彩绘石棺墓》，《新疆文物》2005年第1期，第124、125页；《新疆布尔津县出土的橄榄形陶罐》，《文物》2007年第2期，第66页。

② 王博、吴栋军、郑洁：《阿勒泰古墓出土人颅的种族人类学研究》，《新疆文物》2005年第4期，第38~41页。

这里需要对M5m1和M5m2的区分做一下解释。在简报的叙述中它们位于同一坟院，但经过分析后，我们将把它们分开。简报中关于坟院的定义是这样的：坟院指的是一个由大的成排的石条围成的一个矩形[①]。检索简报可知，M5东侧除了一个石人外，其周围并没有发现石条。而且据原文所描述，M5是位于一个小山包上。通过现场踏察，显示在当时的平面图上所呈现的M5的矩形围栏实际上应是复原的小山包轮廓的形状，在发掘当时M5的石围栏并不存在；或者是M5的石围栏可能在最初是存在的，但是这些石块在久远的岁月里被后人移走了[②]。基于上述原因，说明图中所标的M5的坟院的范围是不确定的；那么，M5m1与简报中所归为M5中其他几座墓葬就不一定属于同一个坟院内。进而，我们将M5m1与所谓的“一个坟院M5”中其他三座墓葬分开对待。

（二）Ⅱ号墓区

Ⅱ号墓区分布在整个墓地的北部区域（图二顶部的中间位置），紧临近代村庄的水磨，按原编号应包括M8～M17这10座墓葬（见图四，表一）。这一墓区的墓葬有分为两个小组的趋势（可能）。例如，M8到M12加上另外3个未发掘的墓葬组成了a组，它们聚集在一个小山的顶部（图四中不规则的椭圆形）。剩下的从M13到M17的5座墓葬组成了Ⅱ号墓区中的b组，它们呈一排分布在南部并且与Ⅱ区墓地a组相邻（见图四）。不过，目前将a与b组墓葬区分开来也许并没有什么实际意义。这些墓葬可能是a组埋葬范围内由于没有空间放置而延伸出来的。不过考虑到将来划分的可能，仍然将它们区分开来。

Ⅱ号墓区a组由5座墓葬组成，其中也有3座墓葬没有随葬品，M9和M10已被破坏（见附表），M12也只发现了一些骨头碎片。剩下的只有M8和M11中有随葬品，包括石容器、陶罐和青铜器，不出铁器。其中手制陶器与Ⅰ号墓区的青铜组中所描述的随葬品非常相似。M11的葬式是屈肢葬，M8的石棺方向是20°，与Ⅰ号墓区青铜组相同。但M11的石棺方向为270°，与Ⅰ号墓区青铜组的不同，葬式为仰身屈肢葬，随葬品为一件铜矛、铜锥和大、小石罐各一。此层下另埋葬一具人骨，葬式已乱，随葬陶罐一件。显示该墓存在多次（？）使用的情况。另外，M11的石人雕刻较浅，与其他墓葬的石人存在一定的差别[③]。这些方面都表示M11可能代表青铜组内的差异，这为青铜组将来进一步的划分提供了线索。

---

① 新疆社会科学院考古研究所：《克尔木齐古墓群发掘简报》，《文物》1981年第1期，第23～32页。

② 在现场调查得知，当地村民曾收集这种石头去建房子，包括那些石柱。

③ 王博、祁小山：《丝绸之路草原石人研究》，新疆人民出版社，1995年，第187页。

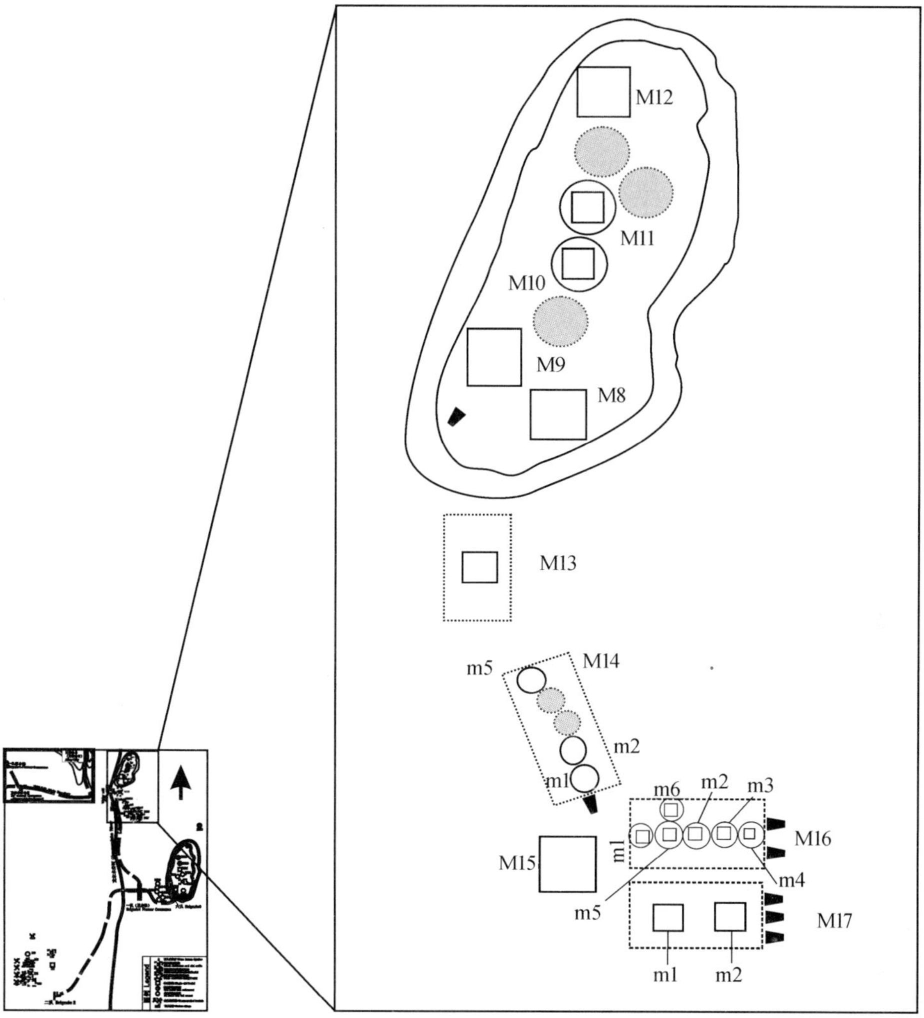

图四 位于发掘区的北部的Ⅱ号墓区

Ⅱ号墓区b组墓葬包括M13到M17，共5座墓葬，其中有2座在1963年未发掘（见图四）。在这组中剩下的3座墓葬有一个共同点，即不出土铁器，也没有出轮制的陶器。它们的葬式通常都是仰身屈肢葬，除了M17中m2是侧身屈肢葬。在原报告中石棺的方向分为两组：315°～340°为一组、15°～30°为另一组。考虑到Ⅱ号墓区a组M11的情况，这些差异可能反映出在切木尔切克三个墓区的青铜组中内部的不同。Ⅱ号墓区b组墓葬的随葬品除出土了制作铜器的石范外，与Ⅰ号墓区青铜组墓葬出土的随葬品相似。所以Ⅱ号墓区的a、b两组墓应该都属于青铜组，但与Ⅰ号墓区存在一些差别。

（三）Ⅲ号墓区

Ⅲ号墓区位于切木尔切克河的东岸，在图一所示的中部地区。与Ⅱ号墓区相同的是，Ⅲ号墓区也可以分为两组：a组包括M19到M28，b组包括M27到M32，另一座相对孤立的M18也归入本区（见图五）。

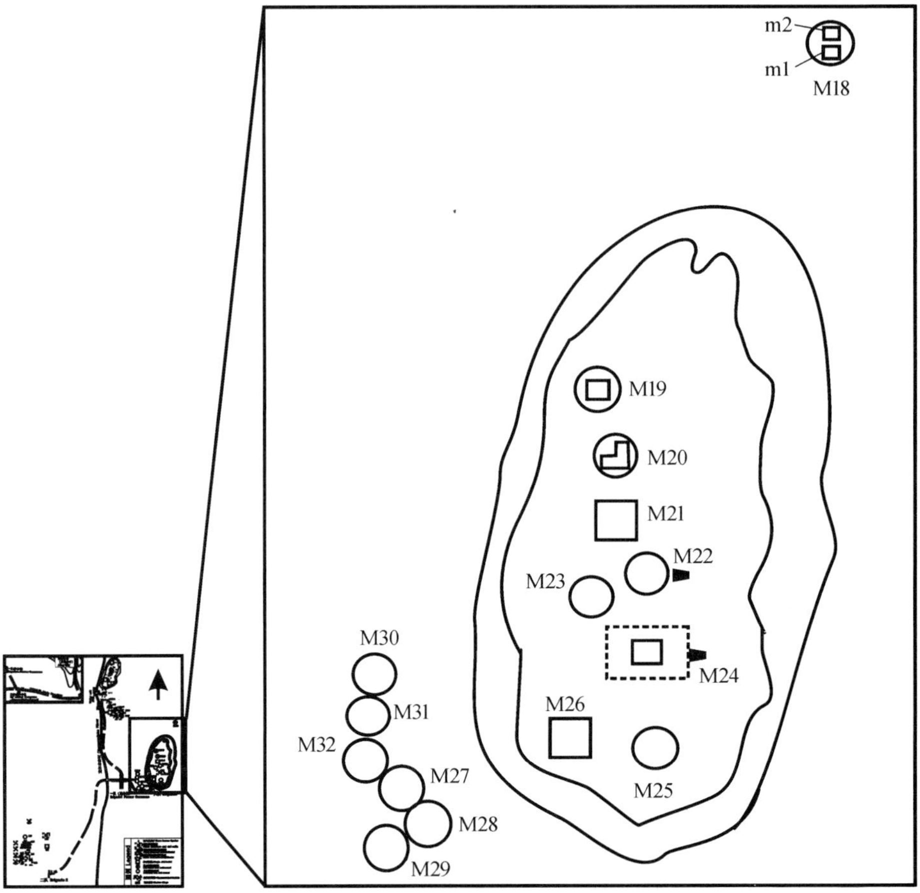

图五　Ⅲ号墓区

在Ⅲ号墓区的平面图上（图五），如果简报中墓地总平面图中的那些不规则的椭圆形显示的是高地边缘的话，那么Ⅲ号墓区a组的墓葬也应该是分布在一个小高地上。实地踏察的过程中，也显示此处略高于周边。在这一组墓葬中可以根据它们随葬品的不同，分为两个小的组别。一个明显的例子就是有铁器随葬的墓葬M22、M23和M25，这3座墓葬都是土坑葬（在图五中用圆形表示），它们与这一组中其他出土青铜器的石棺葬有较大的区别。另外，这两组别墓葬的方向也不同。例如，这3座出土铁器的墓葬方向分别为70°、88°和115°，可以近似地看成相同的方向，基本为东向。与另一组别墓向为345°、且出土青铜器小件随葬品的墓葬有明显的区别。另有2座墓的方向不同于上述的几座墓，即方向为30°的M24和方向为100°的M21。在这两座墓葬中，考虑到M24随葬有“豆形陶器、石杯和石灯”（按原表中的描述）[①]，应该与Ⅰ号和Ⅱ号

① 在M24发现的石灯没有图片，但是推测应该与墓葬中发现的陶豆相似。

墓区中青铜组墓葬的方向20° 相似。M21中除了一件通常被归于新疆青铜时代的小石俑[①]外，缺少可断代的随葬品。所以尽管M21的墓向与其他青铜组墓不同，但仍可把它暂归为青铜组。

Ⅲ墓区b组墓葬可能是分布在小高地的外部（位于图五中不规则椭圆形之外）。这一组包括M27到M32，由于这一组墓葬中除M30外都有铁器出土，因此基本上可以归为铁器组。M30有一件可以判断年代的随葬品，即一件三棱铜镞，这表明M30的年代不会晚于新疆铁器时代，年代大概为公元前8～前7世纪[②]。所以，Ⅲ号墓区的a组除M22、M23和M25三个土坑墓外，其他均属于青铜组。

从上述对不同墓区的不同组的墓葬的分析来看，除个别有重叠现象外，其各自的分区和分组是具有类型学的差异和时代意义的。同一文化和时代的墓葬相对来说比较集中在一个墓区或同一组，反之亦然。至此，我们已经把青铜组从切木尔切克墓地中分离出来，下面要对它们进行专门的讨论。

尽管当年的简报中并未给出石人雕像的图片，但后来王博先生对大量石人雕像的细致研究为我们的分析提供了重要的线索[③]。他的研究也包括了简报中没有报道的切木尔切克墓地发现的雕像。在他的研究中，阿勒泰市的哈伊纳尔和卡拉塔斯（又写作喀腊塔斯）[④]的雕像，分别代表了阿勒泰地区史前青铜时代和铁器时代的两种不同风格石人。这两处石人雕像现在仍在原处，立于大石块围成的坟院的一边。卡拉塔斯墓地的两座小的石人雕像[⑤]（图六，5、6）与切木尔切克墓地Ⅰ号墓区的铁器组墓葬M4发现的石人雕像十分相似。它们与哈伊纳尔墓地前的高大的多似女性面孔、且被王博先生认定的典型的青铜时代的、属于切木尔切克墓地青铜组的石人雕像（图六，1～4）迥然有别[⑥]。从青铜时代向铁器时代的演变中，这种雕像很可能由早期的真人般大小、并在雕塑中强调头部和上半身装束的风格，转变为晚期的铁器时代的仅在一较小的石块上刻意表现一下脸部（阴刻或浮雕，抑或两方法均用）的雕塑（图六，5、6）。这两种雕像均与后来的大量出现的属于公元4~7世纪前后的突厥式的雕像（图六，7、8）有很大区别。

① 林沄：《关于新疆北部切尔木切克类型遗存的几个问题——从布尔津县出土的陶器说起》，《林沄学术文集（二）》，科学出版社，2008年，第143~161页。

② a.贾伟明、巫新华、Alison Betts：《准格尔地区的史前考古》，《新疆文物》2008年第1、2期，第35~54页；b. Jia Weiming, A. Betts, and Wu Xinhua. 2008. "Prehistoric Archaeology in the Zhunge'er (Junggar) Basin, Xinjiang, China". Eurasian Prehistory 6 (1–2): 167–198.

③ 王博、祁小山：《丝绸之路草原石人研究》，新疆人民出版社，1995年，第187页。

④ 王博、祁小山：《丝绸之路草原石人研究》，新疆人民出版社，1995年，图版156-Ea-1。

⑤ 王博、祁小山：《丝绸之路草原石人研究》，新疆人民出版社，1995年，图版177-Ea-22，23。

⑥ 林沄：《关于新疆北部切尔木切克类型遗存的几个问题——从布尔津县出土的陶器说起》，《林沄学术文集（二）》，科学出版社，2008年，第143~161页。

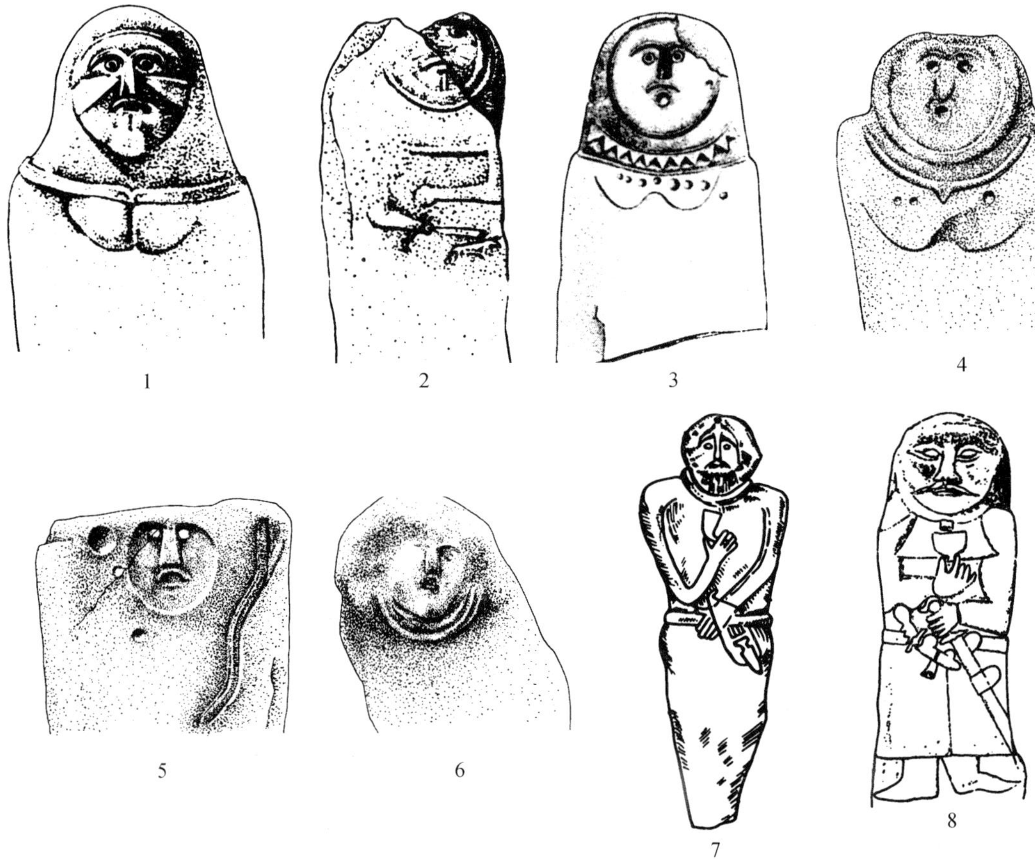

图六　石人雕像的比较

基于上述的分析，依据葬俗、葬式及包含物的不同，切木尔切克墓地的墓葬至少可以分为两组[①]：一组为只随葬有青铜器的墓葬，另一组为铁器随葬的墓葬。这两组墓葬至少代表了两个不同时期，青铜时代和铁器时代。而且就目前的认识，进入铁器时代后的遗存有可能进一步区分，但限于本文的重点在于讨论早期遗存，晚期的遗存将另文探讨。

早期的青铜时代墓葬应该包括Ⅰ号墓区的M1、M2、M3、M5m2、M7m1和M7m2，Ⅱ区墓地的M8、M11、M15、M16m2、M17m1和M17m2，Ⅲ墓区的M18m1、M18m2、M19、M20、M21和M24。所有这些青铜组的墓葬有一些共同点，即它们有相同的埋葬习俗，通常都有石棺或者用石头围成的矩形坟院，有相同或相近的墓葬方向（20°或345°左右）；有一个或多个石人竖立在一侧，而这些石人通常位于坟院的东侧或东南侧。这些墓葬的随葬品通常包括石镞、石容器、小件青铜器和石范，陶器主要为一些手制带刻划纹的灰陶圜底罐，也有少量的平底罐（图七）。考虑到这些因素

① 当然，青铜组内部也存在着许多不同，有待今后资料丰富时进行必要的区分。

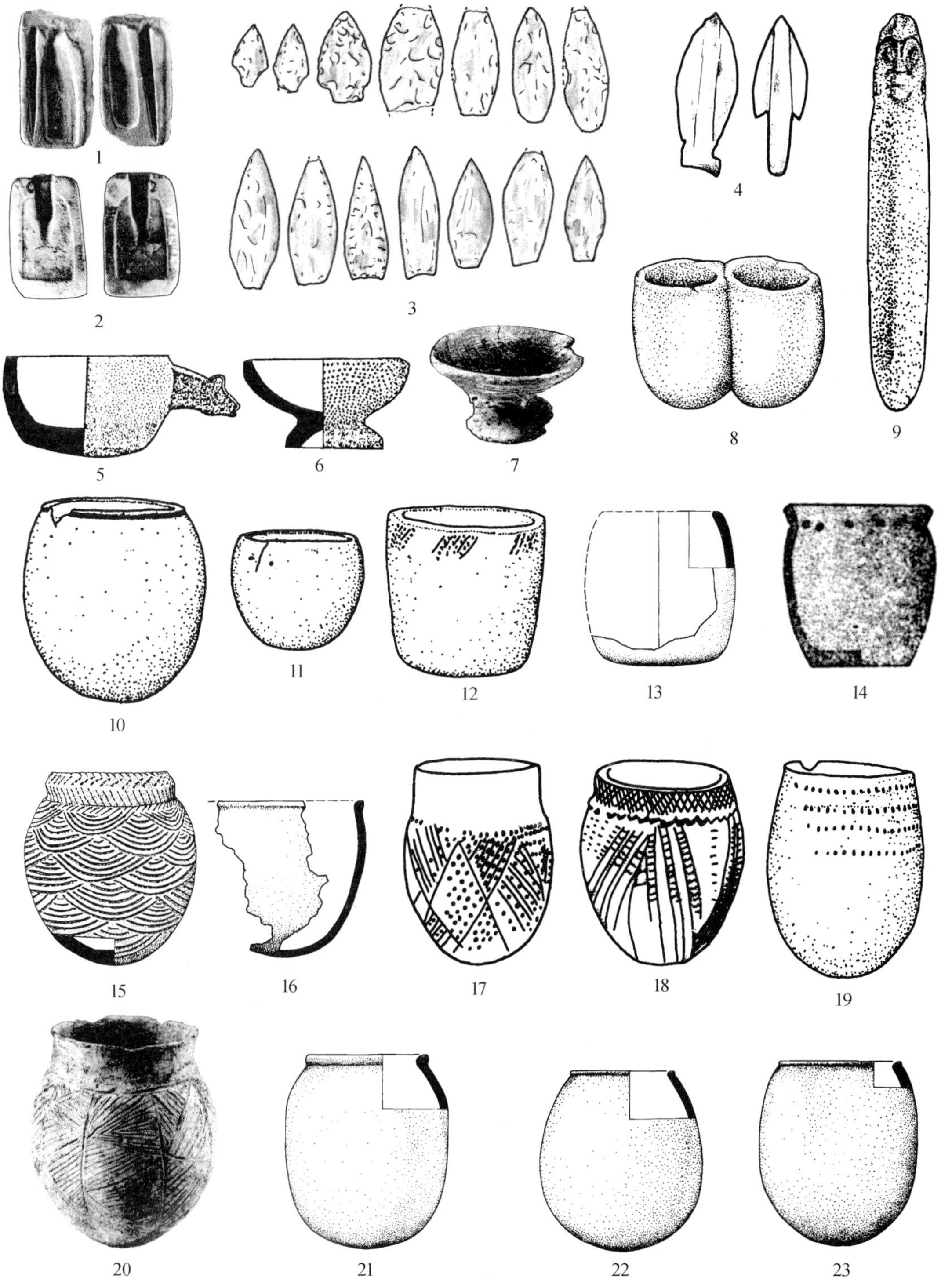

图七　切木尔切克一期文化遗物

可能代表了一个新的、早期青铜时代的文化，即便目前对这个文化的全部面貌还不是很清楚，但我们可将它命名为切木尔切克一期文化，以区别于那些属于铁器组的晚期墓葬。墓地中还有一些墓葬尽管可能也属于青铜时代但因为没有随葬品其所属尚无法确定。

三、切木尔切克一期文化的内涵、分布与年代

1. 文化内涵

根据在窝伊莫克乡的阿和加尔村阔帕尔谷地附近及阿勒帕布拉克发现的墓葬，并在前人研究的基础上，将切木尔切克一期文化的内涵简略总结如下：

（1）在埋葬习俗上，墓葬四周经常用大石板围成一个矩形，而且矩形坟院的大小不一样，就目前所掌握的资料，最大的为28米×30米，最小的只有10.5米×4.4米（见表一）。

（2）人形石像或石柱通常竖立在石围坟院的东侧或东南侧。人形石象与真人高度相似，多似女性，强调头部和上半身的装束[1]（图六，1～6）。

（3）几个石棺墓通常放置于同一个坟院中（图八）。

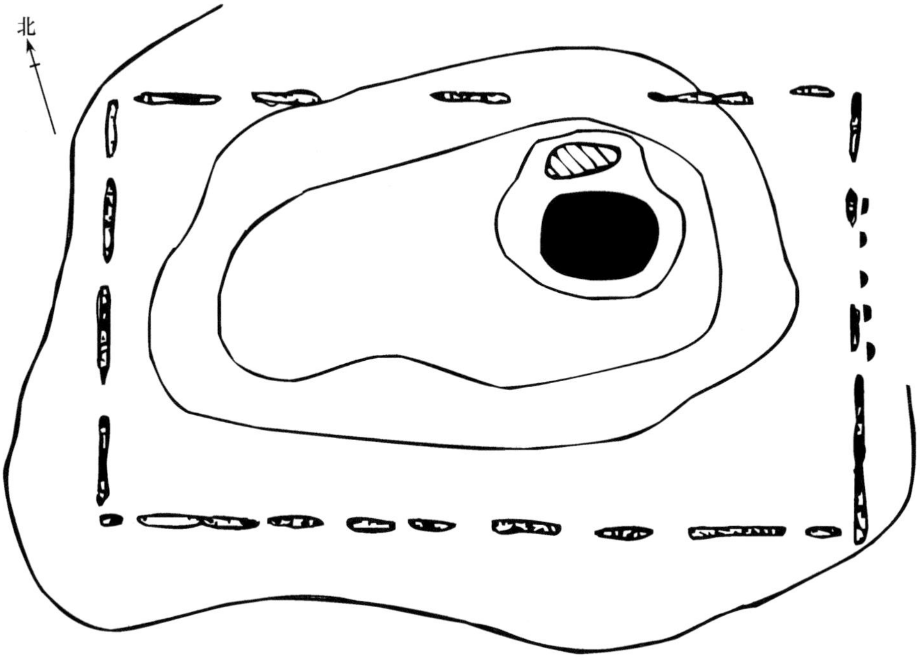

图八　切木尔切克一期文化石围（哈依纳尔1号墓坟院）

① 王博、祁小山：《丝绸之路草原石人研究》，新疆人民出版社，1995年，第187页。

（4）石棺通常由5块石板组成，4块在墓坑中围成石壁，1块盖在最上面。有时在石墙内有彩绘的图案①。

（5）同墓坑内有时会埋藏不同身份的人，即主葬者和一般埋葬者。

（6）一些斩首的尸体与墓主人在一起，表明在埋葬中存在殉人的现象。

（7）仰身或侧身屈肢葬及二次葬流行。

（8）随葬品以石镞、青铜镞、手制灰色或褐色的圜底橄榄形陶罐为主，也有少量的平底罐（图七）。

（9）在墓葬中形制特别的豆形陶器（陶灯？）与橄榄形的陶罐组成了特有的陶器组合。

（10）带几何形刻划纹的传统样式的陶器占主流，但是也有一些素面的陶器。具有很高技术的石容器是这一文化传统的特色。

（11）石范的出现表明已具有较高的青铜冶炼技术，但纯铜器也在使用。

（12）羊距骨的大量出现显示出该文化有随葬羊距骨的习俗，或也表明畜牧业在当时的经济生活占有一定比例。

2. 分布

关于切木尔切克一期文化的分布范围现在还不是很清楚，但是基于一些零星的发现（表二），它的范围目前大概可以确定在新疆西北部的阿勒泰地区，包括阿尔泰山南麓，以在阿勒泰市发现的切木尔切克河沿岸、布尔津县和富海县②的墓葬群最具代表性，但不局限于此。

表二　切木尔切克一期文化的遗址

序号	遗址名称	行政区划	海拔高度（米）	纬度（N）	经度（E）
1	切木尔切克第一墓区	阿勒泰市切木尔切克乡	753	47.8100	87.8930
2	切木尔切克第二墓区	阿勒泰市切木尔切克乡	753	47.8100	87.8930
3	切木尔切克第三墓区	阿勒泰市切木尔切克乡	753	47.8100	87.8930
4	哈依那尔墓地	阿勒泰市切木尔切克乡	755	47.8260	87.8630
5	阔博尔墓葬	布尔津县窝依莫克乡	485	47.7790	86.9050

① 张玉忠：《布尔津县发现的彩绘石棺墓》，《新疆文物》2005年第1期，第124、125页；《新疆布尔津县出土的橄榄形陶罐》，《文物》2007年第2期，第66页。

② 吕恩国、常喜恩、王炳华：《新疆青铜时代考古文化浅论》，《苏秉琦与当代中国考古学》，科学出版社，2001年，第179~184页。

续表

序号	遗址名称	行政区划	海拔高度（米）	纬度（N）	经度（E）
6	阿勒帕布拉墓葬	布尔津县	485	47.7110	85.9030
7	库依热克巴依登阔尔拉斯	富海县	598	47.7110	85.9030
8	卡拉塔斯墓地	阿勒泰市切木尔切克乡	691	47.7810	87.8600
9	查干郭楞墓地	青河县汤巴勒玉孜村	n/a	46.5010	90.3070
10	巴斯克克仁墓地	青河县	n/a	46.2700	90.1560
11	（未知）	富蕴县	n/a	47.0960	89.5520
12	萨斯布雷克墓地	塔城市地区	n/a	46.8370	83.3990
13	（未知）	吉木萨尔县	n/a	43.9490	89.1360
14	西坎儿子墓葬	奇台县坎儿子乡	n/a	43.9940	89.5940
15	乌兰胡苏木（Ulanhussum）墓地	蒙古，巴彦乌拉集	n/a	48.9500	88.6300
16	布尔干苏木（Bulgansum）墓地	蒙古，郝吾德	n/a	48.0070	91.1405

石人雕像的发现也为切木尔切克一期文化①的分布范围提供了一些线索。典型的切木尔切克一期文化遗存的石人是哈依纳尔一号墓坟院（图八）前的5个石人（图6，1～4；王博1995书中的图版156-Ea-1)。与之相似的石人雕像在阿勒泰东部地区的青河县的查干郭楞墓地（王博1995年书中第54页，图版160-Ea-5），唐巴勒玉孜村（王博1995年书中第54页，图版161-Ea-5），巴斯克阿克喀仁墓地（王博1995年书中第55页，图版162-Ea-7），还有阿勒泰的富蕴县（王博1995年书中第58～63页，图版169-Ea-8、171-Ea-16和180-Ea-25）都有发现。位于阿勒泰南部塔城县的萨斯布拉克墓地也有类似的石人，显示这一文化向东和向南的分布。还有一个石人发现于准噶尔盆地南部边缘的吉木萨尔县（王博1995年书中第93页，图版240-Ee-7），距离分布的中心区域切木尔切克墓地很远，但在靠近吉木萨尔县的奇台县东部的西坎儿孜遗址出土了与切木尔切克一期同类的圜底罐，也可能显示出这一文化向东南已经到达或接近了东天山的北麓。另外，尽管哈密的天山北路墓地没有发现与切木尔切克一期的刻划纹圜底罐相同的陶器，但那种圜底彩陶罐似乎总是给人一种将彩陶技术与切木尔切克一期的圜底罐

① 在1981年的原始报告中没有发表任何关于坟院前所立的石人的图片或插图，所以仅根据简报很难区分石人是属于第一期还是第二期。

的风格相结合而出现的一种杂交式陶器的印象[①]。这种新的陶器造型很可能说明切木尔切克一期的文化影响向东南的延伸已经抵达了哈密地区。

切木尔切克一期文化向南的影响可以说到了乌鲁木齐的南山。在乌鲁木齐南山的萨恩萨伊墓地的M45和M47墓葬出土了与切木尔切克一期的石容器相似的陶器[②]，尽管其埋葬习俗与切木尔切克一期有很大差别，至少应该说萨恩萨伊的这些墓葬与切木尔切克一期的年代存在着密切的关系。至于把切木尔切克一期的刻划纹圜底罐与小河墓地的草编篓相联系，以及其相似的造型成为了其南下进入塔克拉玛干沙漠形成了小河文化的证据之一，从田野考古学和器物类型学的角度来看，还是显得有些勉强。当然，小河墓地所显示出与欧亚草原青铜文化的联系是清楚的，不过这种联系很可能是欧亚草原青铜文化的一种共性上的联系，而且草编篓与陶器的可比性究竟有多大还是个值得深入探讨的问题。所以，到目前为止，考古学上还缺乏切木尔切克一期因素跨越天山，进入南疆，抑或小河墓地与切木尔切克一期相承接的证据。将来除了依靠更多的考古资料外，对于切木而切克一期和小河文化人体的体制人类学和古代基因的研究也许会对确定这样的推测发挥关键作用。

俄罗斯学者科瓦列夫[③]（Kovalev）在蒙古国和哈萨克斯坦发现了他认为是属于切木尔切克类的遗存[④⑤]。据此，切木尔切克一期文化向东和向西的分布可能也包括了哈萨克斯坦境内西部及蒙古国境内东部地区。不过，这一推断目前还缺乏详尽的类型学证据，科瓦列夫的发现中究竟哪些墓真正属于切木尔切克一期的遗存，由于缺乏必要的器物和文化内涵的比对，所以目前仍不十分清楚。

---

① a. 李水城：《从考古发现看公元前二千年东西文化的碰撞和交流》，《新疆文物》1999年第1期，第53~65页；b. Li, Shuicheng. 2002. “The Interaction between Northeast China and Central Asia during the Second Millennium BC: An Archaeological Perspective”. In Boyle, Renfrew & Levine (eds.) Ancient Interactions: East and West in Eurasia. Cambridge: McDonald Institute for Archaeological Research: 171–181.

② a. 阮秋荣:《新疆乌鲁木齐萨恩萨依墓地发掘》，《2009年中国重大考古发现》，文物出版社，2009年；b. 新疆文物考古研究所：《新疆萨恩萨伊墓地》，文物出版社，2013年。

③ Kovalev, A. A. 1999. “Die ältesten Stelen am Ertix”. Das Kulturphänomen Xemirxek. Eurasia Antiqua 5: 135–178.

④ Kovalev, A. A. 2008. Discovery of New Cultures of the Bronze Age in Mongolia (According to the Data Obtained by the International Central Asiatic Archaeological Expedition). In Proceedings of Third International Conference of Turpan Study in the Origins and Migration of Eurasian Nomads. Turpan: The Institute of Turpan Study: 343–370.

⑤ Kovalev, A. A., D. Erdenebaatar, G. I. Zautseva, and N. D. Burova. 2008. “Radiometric Dating of Kurgans in the Mongolian Altai”. In Ancient and Medieval Nomads of Central Asia, eds., Department of Archaeology, Ethnography and History, Ministry of Education and Science, Russian Federation (in Russian): 172–186.

四、切木尔切克一期文化的年代与周邻文化的比较

切木尔切克一期文化的年代一般都推至约公元前第二千纪初。林沄先生①特别讨论了这一问题。首先，他认为切木尔切克类型（一期）不可能早于阿凡纳谢沃文化，其原因之一是切木尔切克类型（一期）的金属冶炼业程度高于只发现过红铜器的阿凡纳谢沃文化。阿凡纳谢沃文化应大致属于铜石并用时代②。切木尔切克一期文化则是典型的青铜时代的文化。他通过M17出土的两件铜镞将切木尔切克一期文化的年代进一步明确。这两件镞，其中一件很特别，是双翼有銎的，一侧镞尾有倒钩（图七，4）。在甘肃省火烧沟遗址的四坝文化中有与之相似的带倒钩的镞及其石范出土③。其年代在公元前第二千纪初④。而且，在哈密天山北路墓地发现的大致属于公元前第二千纪初的带彩绘的圜底陶罐，即被认为是中国西北部青铜时代的四坝文化⑤与切木尔切克一期文化结合的产物⑥。切木尔切克一期中发现的石镞可能显示出该文化的原始性，即此文化是新疆地区较早的青铜时代的文化，因为目前在其他青铜文化的遗存中还没有发现这样的石镞。

---

① 林沄：《关于新疆北部切尔木切克类型遗存的几个问题——从布尔津县出土的陶器说起》，《林沄学术文集（二）》，科学出版社，2008年，第143～161页。

② Gorsdorf, J., H. Parzinger, and A. Nagler. 2004. “^{14}C Dating of the Siberian Steppe Zone from Bronze Age to Scythian time”. In Scott, Alekseev and Zaitseva (eds.) Impact of the Environment on Human Migration in Eurasia. London: Kluwer Academic Publisher: 83–89.

③ a.李水城：《西北与中原早期冶铜业的区域特征及交互作用》，《考古学报》2005年第3期，第239~278页；b. 孙淑云、韩汝玢：《甘肃早期铜器的发现与冶炼、制造技术的研究》，《文物》1997年第7期，第75~84页。

④ 李水城、水涛：《四坝文化铜器研究》，《文物》2000年第3期，第36～44页。

⑤ a. 李水城：《从考古发现看公元前二千年东西文化的碰撞和交流》，《新疆文物》，1999年第1期，第53~65页；b. Li, Shuicheng. 2002. “The Interaction between Northeast China and Central Asia during the Second Millennium BC: An Archaeological Perspective”. In Boyle, Renfrew & Levine (eds.) Ancient Interactions: East and West in Eurasia. Cambridge: McDonald Institute for Archaeological Research: 171–181.

⑥ a. 林沄：《关于新疆北部切尔木切克类型遗存的几个问题——从布尔津县出土的陶器说起》，《林沄学术文集（二）》，科学出版社，2008年，第143~161页；b.贾伟明、巫新华、Alison Betts：《准格尔地区的史前考古》，《新疆文物》2008年第1–2期，第35~54页；c. Jia Weiming, A. Betts, and Wu Xinhua. 2008. “Prehistoric Archaeology in the Zhunge’er (Junggar) Basin, Xinjiang, China”. Eurasian Prehistory 6 (1–2): 167–198; d. 李水城：《从考古发现看公元前二千年东西文化的碰撞和交流》，《新疆文物》，1999年第1期，第53~65页; e. Li, Shuicheng. 2002. “The Interaction between Northeast China and Central Asia during the Second Millennium BC: An Archaeological Perspective”. In Boyle, Renfrew & Levine (eds.) Ancient Interactions: East and West in Eurasia. Cambridge: McDonald Institute for Archaeological Research: 171–181.

俄罗斯考古学者索克洛瓦（Sokolova）[①]关于奥库涅沃文化的研究也可用于作为切木尔切克一期文化年代的参照。奥库涅沃文化主要见于俄罗斯米努辛斯克盆地，年代为公元前20世纪前半。平底陶器作为奥库涅沃文化的特色，使其区别于西伯利亚草原地区的其他青铜时代文化。通过类型学的研究，索克洛瓦（Sokolova）发现奥库涅沃文化的陶器部分承袭了分布在叶尼塞河上游米奴辛斯克盆地的新石器时代晚期流行圜底器的乌斯特-别拉雅（Ust-Belaya）文化的因素。奥库涅沃文化早期阶段的陶器通常都是平底但仍有一些底部为弧形的，显示出新石器时代圜底祖型的传统[②]。平底陶器流行于奥库涅沃文化的整个时期，后期器身微弧并且纹饰缩至器物顶部。在切木尔切克一期发现的在边缘有刻划纹的平底直腹陶罐[③]与奥库涅沃文化晚期阶段第Ⅳ组的器形相似，其年代在公元前1900年前后[④]。此时，安德罗诺沃的晚期遗存也出现在哈萨克斯坦的东部（图九、图一〇）。

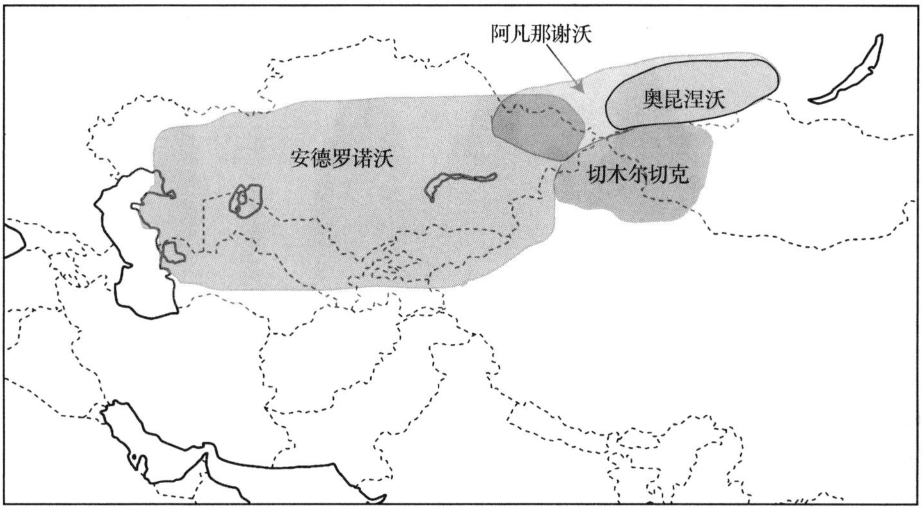

图九　欧亚草原铜石并用和青铜文化分布略图

① Sokolova, L. A. 2007. “Okunev Cultural Tradition in the Stratigraphic Aspect”. Archaeology, Ethnology and Anthropology of Eurasia 2(30): 41–51.

② Sokolova, L. A. 2007. “Okunev Cultural Tradition in the Stratigraphic Aspect”. Archaeology, Ethnology and Anthropology of Eurasia 2(30): 41–51, tab. 1, 4.

③ 新疆社会科学院考古研究所：《新疆古代文物》，文物出版社，1985年，图版74。

④ Sokolova, L. A. 2007. “Okunev Cultural Tradition in the Stratigraphic Aspect”. Archaeology, Ethnology and Anthropology of Eurasia 2(30): 41–51, tab. 3.

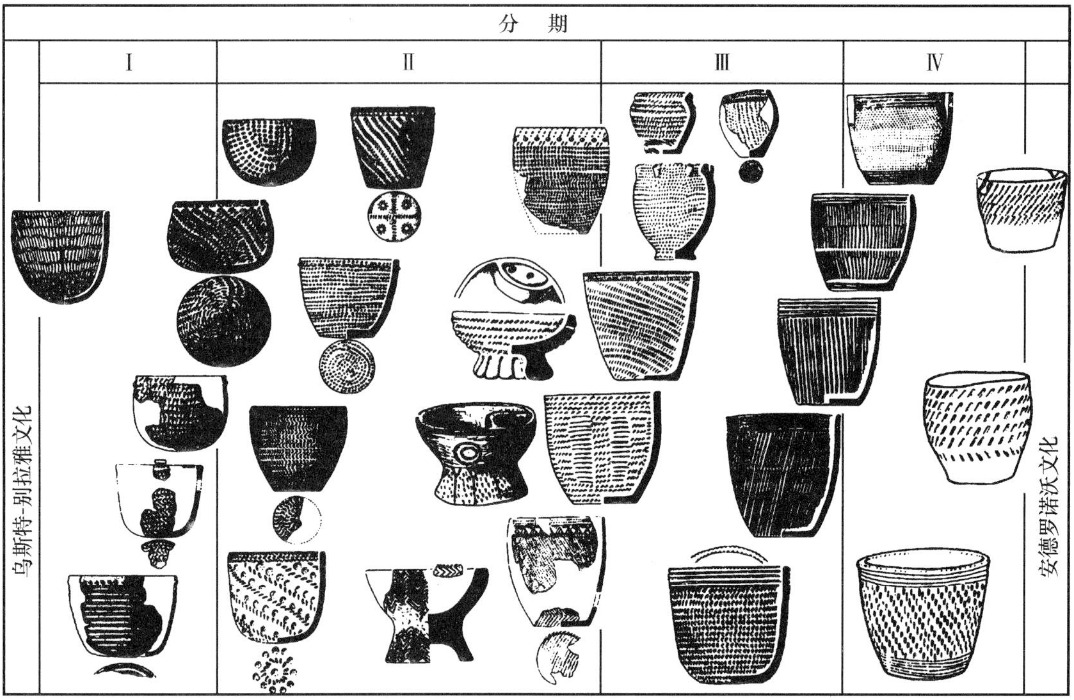

图一〇　奥库涅沃文化的陶器分期图

"灯"[①]形陶器与豆形的陶器很像。但切木尔切克发现的很可能是油灯。这种器物在欧亚草原上分见于三种不同的文化：阿凡纳谢沃（图一一，2、5）[②]、奥库涅沃（图11，4）和切木尔切克（图一一，3、6）。实际上这种传统很可能来自更西边的黑海沿岸的亚姆娜雅（Yamnaya）和卡塔克姆博（Catacomb）文化[③④]（图一一，1）。亚姆娜雅（Yamnaya；图一一，1）和奥库涅沃（图一一，4）在陶器的托盘中，还有一个小的与主托盘分割的部分，很有可能是放置可吸附油的灯捻的位置。但这一传统却不见于已知的安德罗诺沃文化中。这种陶灯形器大约消失在公元前2300年，即奥库涅沃的中期（图一〇）。不过，这个传统很可能被切木尔切克文化以其简便的形式（没有灯捻的单独构造）在阿勒泰地区继承下来而延续到更晚的年代。而切木尔切克的这类陶豆形器很可能也是目前国内考古发现最早的陶灯。

依据现在关于西伯利亚米努辛斯克盆地从铜石并用至铁器时代的文化年代序列

---

① 由于在陶器内经常发现燃烧的现象，所以推测这种陶器是作为油灯来使用的。

② Gryaznov, M. P., and Krizhevskaya, L. Ya. 1986. Archaeological Monuments in the Middle Yenisei Steppe. Leningrad: Nauka (in Russian).

③ Sulimirski, T. 1970. Prehistoric Russia. London: John Baker, Humanities Press.

④ Shishlina, N. 2008. Reconstruction of the Bronze Age of the Caspian Steppes: Life Styles and Life Ways of Pastoral Nomads. BAR Int. Ser. 1876. Oxford: Archaeo press.

图一一　切木尔切克与亚姆娜雅、卡塔克姆博以及阿凡纳谢沃、奥库涅沃文化相关陶器比较

1. 亚姆娜雅、卡塔克姆博　2、5. 阿凡纳谢沃　4、7. 奥库涅沃　3、6、8、9. 切木尔切克

研究可知，最早的是阿凡纳谢沃文化，其年代大约为公元前3200～前2600年，随后是奥库涅沃文化大约为公元前2600～前1800年，再后就是安德罗诺沃文化（公元前1800～前1400年）和卡拉苏克文化（公元前1400～前900年；图九）①。如果这些年代数据及上述关于切木尔切克一期年代问题的讨论都可靠的话，那么阿凡纳谢沃文化与切木尔切克一期文化在年代上重叠机会是很小的②。即使圜底陶罐和陶灯形器被认为是阿凡纳谢沃文化的特色器物，该器物存在的时代与切木尔切克一期的同类器物在年代上重合的可能性也很小。切木尔切克的这种陶器很可能是受到了奥库涅沃文化的影

① Gorsdorf, J., H. Parzinger, and A. Nagler. 2004. “^{14}C Dating of the Siberian Steppe Zone from Bronze Age to Scythian Time”. In Scott, Alekseev and Zaitseva (eds.) Impact of the Environment on Human Migration in Eurasia. London: Kluwer Academic Publisher: 83–89.

② 林沄：《关于新疆北部切尔木切克类型遗存的几个问题——从布尔津县出土的陶器说起》，《林沄学术文集（二）》，科学出版社，2008年，第143~161页。

响，因为这种陶灯在奥库涅沃文化中期阶段的组合中也有出现（图一〇）[①]。所以，与其说切木尔切克一期的陶灯形器是来自阿凡纳谢沃文化倒不如说是受奥库涅沃文化的影响来得直接（图一一），而且，在没有弄清切木尔切克一期的直接来源和其早晚期文化面貌的差别之前，很难说这种陶器传统是有那个传入的，说它是本身的传统之一也是有可能的。而这三个文化的此类器物的祖型都可能是来自黑海沿岸的亚姆娜雅（Yamnaya）和卡塔克姆博（Catacomb）文化（图一一，1）。

除了陶灯，实际上关于在切木尔切克一期文化中占主流的圜底陶器来源的解释也并不是很清楚，而通常人们都认为这是受阿凡纳谢沃文化的影响。但是圜底陶器并不是阿凡纳谢沃文化的专属，这种文化特色在欧亚草原的广大地区从公元前第六千纪的石器时代到公元前第二千纪的青铜时代的不同文化中都出现过[②]。这些文化包括分布在西西伯利亚的波太（Baotai）文化[③]，分布在贝加尔湖和阿尔泰北部地区的基托伊（Kitoi）、戈尔兹阔沃（Galzkovo）和舍罗沃（Serovo）文化的器物组合中[④⑤]。除了阿凡纳谢沃文化外，在公元前第三千纪到前第二千纪这一时期内，通体有刻划纹的圜底陶器在米努辛斯克盆地的乌斯特别拉亚文化[⑥]和蒙古的阿勒泰东部地区的瑟楞加-铎李安（Selenga-Daurian）文化中也有发现（图一二）[⑦]。可以认为是这一时期南西伯利亚草原上诸文化的特征之一。

---

① Sokolova, L. A. 2007. “Okunev Cultural Tradition in the Stratigraphic Aspect”. Archaeology, Ethnology and Anthropology of Eurasia 2(30): 41–51, tab. 3.

② Zakh, V. A. 2006. “Periodization of the Neolithic in the Tobol-Ishim Forest Zone”. Archaeology, Ethnology and Anthropology of Eurasia 1(25): 70–83.

③ Kislenko, A. and N. Tatarintseva. 1999. “The Eastern Ural Steppe at the End of the Stone Age” (trans. S. Wright). In Levine, Rassamakin, Kislenko and Tatarintseva (eds.) Late Prehistoric Exploitation of the Eurasian Steppe. Cambridge: Macdonald Institute for Archaeological Research: 183–216.

④ Aseyev, I. V. 2002. “The Kitoi Culture and its Place in the Classification of Neolithic Cultures of the Circum-Baikal Area and Contiguous Regions: Chronometry and Migration Areas”. Archaeology, Ethnology and Anthropology 2 (10): 5970.

⑤ Kungurova, N. Y. 2003. “Archaeological Materials from Solontsy-5: Ethnic-cultural Relationships within the Kuznetsk-Altai Culture”. Archaeology, Ethnology and Anthropology of Eurasia 2(14):30–39.

⑥ Sokolova, L. A. 2007. “Okunev Cultural Tradition in the Stratigraphic Aspect”. Archaeology, Ethnology and Anthropology of Eurasia 2(30): 41–51.

⑦ Cybiktarov, A. D. 2002. “Eastern Central Asia at the Dawn of the Bronze Age: Issues in Ethno-Cultural History of Mongolia and the Southern Trans-Baikal Region in the Late Third–Early Second Millennium BC”. Archaeology, Ethnology and Anthropology of Eurasia 3 (11):107–123.

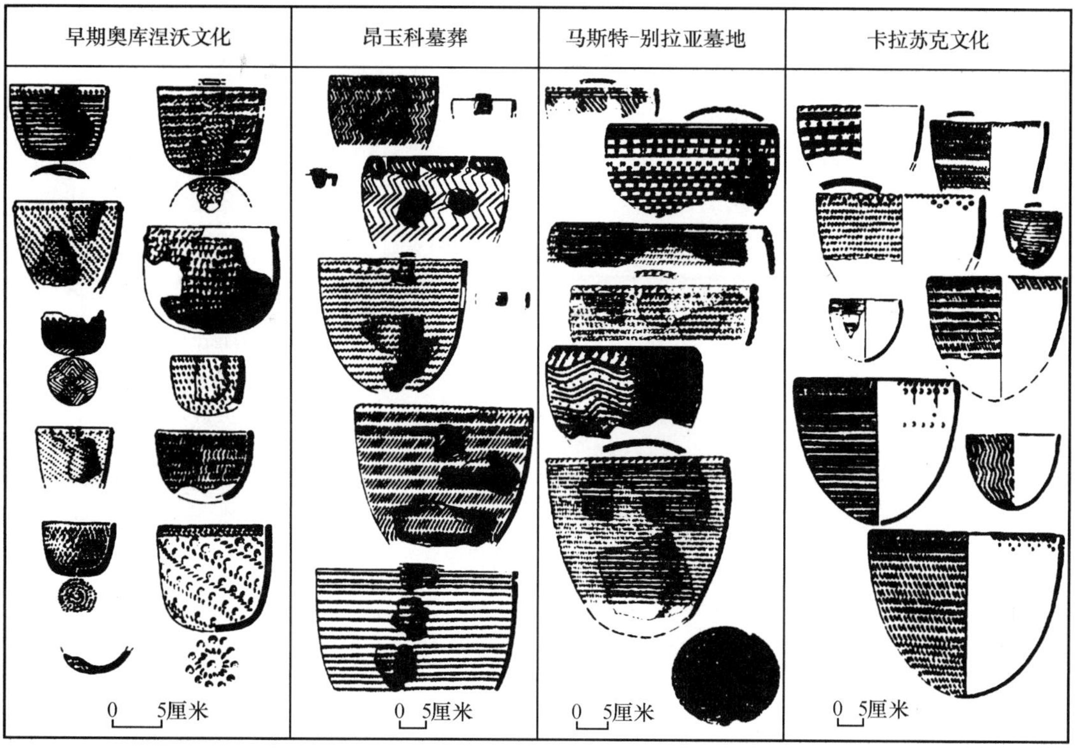

图一二 具有圜底刻划文陶器传统的文化比较

坟院制的建筑显示出切木尔切克一期文化与奥库涅沃文化中晚期阶段的密切联系。例如在奥库涅沃文化与阿凡纳谢沃文化中都有石板围成的坟院，但是在阿凡纳谢沃文化中坟院是圆形的，而且里面一般没有石棺。但是在奥库涅沃文化早期阶段坟院为方形，且有一个主葬墓的石棺放在中央。在奥库涅沃文化中受到阿凡纳谢沃文化影响的是在第Ⅱ期墓葬中，表现为方形与圆形的石制围栏同时出现在一个坟院中，这被索卡洛瓦（Sokalova）称为两种文化的混合。因此包含多个墓葬的方形坟院出现的时间至少不晚于奥库涅沃文化的第Ⅲ期，而且这一文化传统在晚期阶段的第Ⅴ组中又变成单石棺墓葬。此外，坟院内部墓葬的分布也有明显的不同。如在奥库涅沃坟院中是以一个墓葬为中心，周围有不同方向分布的其他墓葬。而切木尔切克一期的坟院内墓葬多排成一列而且很少有位于中心的大墓葬。在切木尔切克和奥库涅沃墓地中都有斩首的殉人墓葬出现。上述相似之处显示了切木尔切克一期文化与奥库涅沃文化紧密的联系和相互的影响，这一联系大致发生在奥库涅沃文化中期阶段，约为公元前二千纪初，也可能早到公元前三千纪末期①。

① Gorsdorf, J., H. Parzinger, and A. Nagler. 2004. "^{14}C Dating of the Siberian Steppe Zone from Bronze Age to Scythian Time". In Scott, Alekseev and Zaitseva (eds.) Impact of the Environment on Human Migration in Eurasia. London: Kluwer Academic Publisher: 83–89.

在目前缺少田野资料的情况下，就像林沄先生所认为的我们不能排除切木尔切克一期文化在到达切木尔切克地区之前就可能受到一些西面更早时期文化的影响[①]。这种联系可能在石人上就有所表现。尽管奥库涅沃文化中所谓的石人是一些具有抽象的面部刻划的石柱，不同于切木尔切克的写实式地、面部形象生动的石人雕像。到目前为止，没有文章报道过在阿凡纳谢沃文化中发现过这种石人雕像或石柱。目前可供比较的是发现在黑海北岸南俄草原的克米-澳巴（Kemi-Oba）和亚姆娜雅（Yamnya）文化的石人，其年代在公元前第三千纪[②]。这些石人的一些主要特点如有项链、双手放于腹部还有牛的形象等（图一三）。这些与切木尔切克一期的石人是相近的，这与陶灯形器的传统有些相似。因此我们可以推测切木尔切克一期文化的人们在定居阿勒泰地区之前，可能就已经传承了一些来自西方草原地区的文化传统，并且在青铜时代早期到阿勒泰地区后与当地文化相结合而产生了这个切木尔切克一期文化。推测，这一漫长的过程可能发生在公元前三千纪中叶甚至更早。

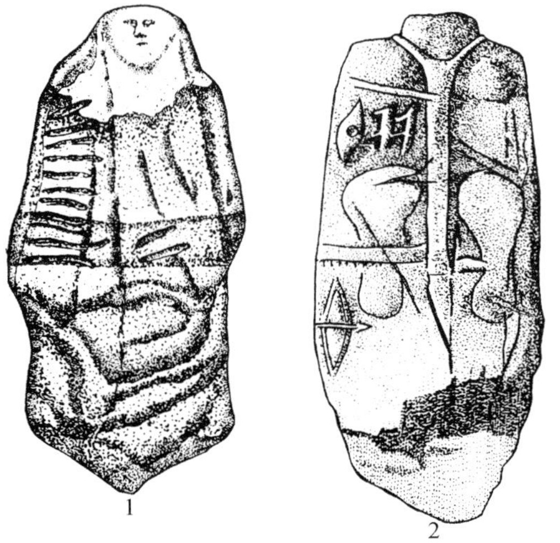

图一三　在乌克兰发现的铜时并用时代的石人[③]

切木尔切克墓地目前没有^{14}C年代数据。不过，最近在与阿勒泰的切木尔切克墓地相邻的蒙古西部、哈萨克斯坦东部及俄罗斯阿尔泰地区发现了一些被认为与切木尔切克一期遗存关系密切的墓葬[④]。虽然在没有详尽的类型学研究之前，还不能说他们所认定的所有这些墓

① 林沄：《关于新疆北部切尔木切克类型遗存的几个问题——从布尔津县出土的陶器说起》，《林沄学术文集（二）》，科学出版社，2008年，第143~161页。

② Telegin, D. Ya., and J. P. Mallory. 1994. The Anthropomorphic Stelae of the Ukraine: The Early Iconography of the Indo-Europeans. Washington D.C.: Institute for the Study of Man.

③ Telegin, D. Ya., and J. P. Mallory. 1994. The anthropomorphic stelae of the Ukraine: the early iconography of the Indo-Europeans. Washington D.C.: Institute for the Study of Man.

④ a. Kovalev, A. A. 1999. "Die ältesten Stelen am Ertix". Das Kulturphänomen Xemirxek. Eurasia Antiqua 5: 135–178; b. Kovalev, A. A. 2008. Discovery of New Cultures of the Bronze Age in Mongolia (According to the Data Obtained by the International Central Asiatic Archaeological Expedition). In Proceedings of Third International Conference of Turpan Study in the Origins and Migration of Eurasian Nomads. Turpan: The Institute of Turpan Study: 343–370; c. Kovalev, A. A., D. Erdenebaatar, G. I. Zautseva, and N. D. Burova. 2008. "Radiometric Dating of Kurgans in the Mongolian Altai". In Ancient and Medieval Nomads of Central Asia, eds., Department of Archaeology, Ethnography and History, Ministry of Education and Science, Russian Federation (in Russian): 172–186.

葬都属于切木尔切克一期的传统，但至少其中可能有属于切木尔切克一期的或与切木尔切克一期关系十分密切的遗存。例如，其出土陶器有平底刻划纹罐[①]（科瓦列夫文中图：911）与切木尔切克一期及奥库涅沃晚期的同类陶器十分相近（图七，14；图一一，7~9）。而且石容器[②]与切木尔切克一期的如出一辙。墓葬是以石棺墓为主而且有的石棺内壁与切木尔切克一期一样涂有彩绘图案；而石人雕像更加接近切木尔切克一期的风格[③]。其中的30个^{14}C年代数据[④]（表三），其范围（图一四）涵盖了从公元前四千纪晚期（约公元前3200年）直到公元前两千纪的早段（约公元前1700年），持续长达1500年之久，与阿凡那谢沃和奥库涅沃都同时并行（表三和表四）。仔细观察最早的三个年代（图一四最下面的三个年代），似乎存在一定的疑问。例如，编号为Le-7225的^{14}C年代（4250年±500年），其标准误差的范围竟达500年！另外两个编号为Le-7297（公元前3400~前2900年） 和 Le-7299（约公元前3660~前3520年）的年代是属于库剌剌乌拉（Kulala-Ula）墓地中的最早的2座墓。而在库剌剌乌拉（Kulala-Ula）墓地发现的晚期墓的年代Le-7220（约公元前2500~前1750年）都落在了科瓦列夫（Kovalev）所认定的切木尔切克的年代的集中的范围内。由此看来，这三个墓葬的内涵还有待进一步去认定。

至此（如果把这三个存疑的^{14}C年代暂时搁置的话），切木尔切克一期的绝对年代范围便落在公元前三千纪中叶（约公元前2700年）到公元前两千纪初 （约公元前1800年）。这个年代范围与阿凡那谢沃的最晚期有几百年的交错，整体是晚于阿凡纳谢沃文化的（图一五），这与上述类型学对比得出的结论十分相符。尽管如此，本文所论及的切木尔切克一期的文化性质、年代和分布还需要今后的田野考古工作和研究的进一步证实。

---

① Kovalev, A. A. 2008. Discovery of New Cultures of the Bronze Age in Mongolia (According to the Data Obtained by the International Central Asiatic Archaeological Expedition). In Proceedings of Third International Conference of Turpan Study in the Origins and Migration of Eurasian Nomads. Turpan: The Institute of Turpan Study: fig. 2:16

② Kovalev, A. A. 2008. Discovery of New Cultures of the Bronze Age in Mongolia (According to the Data Obtained by the International Central Asiatic Archaeological Expedition). In Proceedings of Third International Conference of Turpan Study in the Origins and Migration of Eurasian Nomads. Turpan: The Institute of Turpan Study: fig. 2:16

③ Kovalev, A. A. 2008. Discovery of New Cultures of the Bronze Age in Mongolia (According to the Data Obtained by the International Central Asiatic Archaeological Expedition). In Proceedings of Third International Conference of Turpan Study in the Origins and Migration of Eurasian Nomads. Turpan: The Institute of Turpan Study: fig. 2: 3–6.

④ Kovalev, A. A. 2008. Discovery of New Cultures of the Bronze Age in Mongolia (According to the Data Obtained by the International Central Asiatic Archaeological Expedition). In Proceedings of Third International Conference of Turpan Study in the Origins and Migration of Eurasian Nomads. Turpan: The Institute of Turpan Study: 343–370.

表三　蒙古共和国境内发现的切木尔切克一期的^{14}C年代

序号	标本采集单位	实验室编号	标本	未校正年代（年）	校正后年代（公元前）
1	布拉尔–哈仁阿尔（Buural kharyn ar）墓室	Le-7225	人骨	4250 ± 500	3600 ~ 2200
2	喀拉图姆斯克（Kara tumsik）墓坑	Le-7302	木炭	4025 ± 30	2757 ~ 2485
3	喀拉图姆斯克（Kara tumsik）墓坑	Le-7303	木炭	4120 ± 20	2860 ~ 2620
4	凯文纳姆1号（Kheviin am）墓穴	Le-7975	人骨	3520 ± 100	2010 ~ 1690
5	凯文纳姆1号（Kheviin am）墓穴	Le-7217	人骨	3560 ± 105	2040 ~ 1750
6	凯文纳姆1号（Kheviin am）墓穴	Le-7222	人骨	3440 ± 120	1920 ~ 1610
7	凯文纳姆1号（Kheviin am）墓穴	Le-7224	人骨	3800 ± 200	2550 ~ 1950
8	凯文纳姆1号（Kheviin am）墓穴	Le-7229	木炭	3770 ± 60	2290 ~ 2050
9	凯文纳姆1号（Kheviin am）墓穴	Le-7230	木头	4100 ± 200	2950 ~ 2300
10	凯文纳姆2号（Kheviin am）墓室	Le-7214	人骨	3830 ± 120	2470 ~ 2130
11	凯文纳姆2（？）号（Kheviin am）墓室	Le-7228	木炭	3720 ± 30	2200 ~ 2040
12	库拉拉乌拉（Kulala ula）1号最早的墓穴	Le-7297	木炭	4470 ± 90	3340 ~ 3020
13	库拉拉乌拉（Kulala ula）1号最早的墓穴	Le-7298	木炭	3950 ± 50	2570 ~ 2340
14	库拉拉乌拉（Kulala ula）1号最早的墓穴	Le-7299	木头	4820 ± 30	3650 ~ 3530
15	库拉拉乌拉（Kulala ula）1号二次葬	Le-7220	人骨	3725 ± 115	2290 ~ 1950
16	库姆迪–高维（Kumdi govi）最早的墓穴	Le-7300	木炭	4050 ± 30	2620 ~ 2490
17	库姆迪–高维（Kumdi govi）最早的墓穴	Le-7301	木炭	4110 ± 20	2850 ~ 2580
18	库姆迪–高维（Kumdi govi）二次葬1号最晚的墓穴	Le-7221	人骨	3340 ± 70	1730 ~ 1520
19	库姆迪–高维（Kumdi govi）二次葬2号	Le-7212	人骨	3900 ± 70	2480 ~ 2280
20	库尔加克–高维（Kurgak govi）2号最早的墓穴	Le-7294	木炭	4090 ± 50	2860 ~ 2500
21	库尔加克–高维（Kurgak govi）2号最早的墓穴	Le-7295	木炭	4100 ± 30	2850 ~ 2570
22	库尔加克–高维（Kurgak govi）2号最早的墓穴	Le-7296	木炭	4100 ± 35	2850 ~ 2570
23	库尔加克–高维（Kurgak govi）2号二次葬	Le-7215	人骨	3825 ± 70	2460 ~ 2140
24	亚格实因–克合都（Yagshiin khodoo）1号	Le-7578	人骨	3720 ± 70	2270 ~ 1980
25	亚格实因–克合都（Yagshiin khodoo）1号墓室	Le-6937	人骨	3790 ± 120	2460 ~ 2030
26	亚格实因–克合都（Yagshiin khodoo）1号墓室	Le-6938	人骨	3720 ± 60	2210 ~ 2030
27	亚格实因–克合都（Yagshiin khodoo）2号墓室	Le-6942	人骨	3880 ± 100	2480 ~ 2200
28	亚格实因–克合都（Yagshiin khodoo）3号	Le-6939	人骨	3800 ± 70	2400 ~ 2130
29	亚格实因–克合都（Yagshiin khodoo）3号	Le-6932	人骨	3770 ± 60	2290 ~ 2050
30	亚格实因–克合都（Yagshiin khodoo）3号墓室	Le-6933	人骨	4000 ± 80	2840 ~ 2340

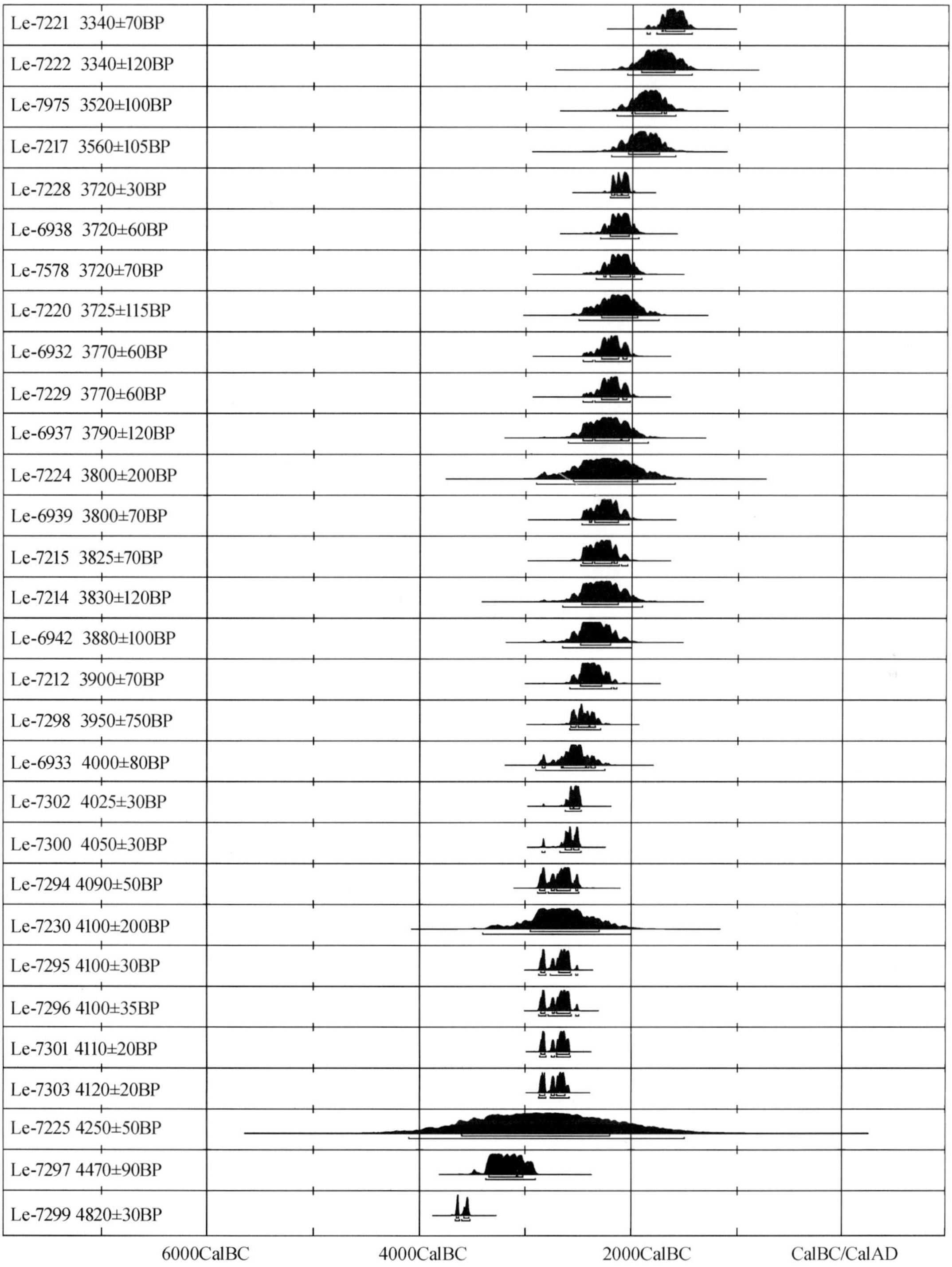

图一四　校正后的全部^{14}C年代列表（根据科瓦列夫文中的年代）①

〔大气数据取自雷莫等（Reimer et al）2004；校正软件Oxcal v 3.10为博朗克·兰姆（Bronk Ramseg）2005；cub r : 5 sd : 12 prob usp［chron］〕

---

① Kovalev, A. A. 2008. Discovery of New Cultures of the Bronze Age in Mongolia (According to the Data Obtained by the International Central Asiatic Archaeological Expedition). In Proceedings of Third International Conference of Turpan Study in the Origins and Migration of Eurasian Nomads. Turpan: The Institute of Turpan Study: 343–370.

表四　蒙古共和国发现的阿凡纳谢沃的^{14}C年代

墓地名称	实验室编号	标本	未校正年代（年）	校正后年代（公元前）
克尔加克-高维1墓穴	Le-7290	木炭	4025 ± 50	2620 ~ 2470
克尔加克-高维1墓穴	Le-7293	木头	4085 ± 30	2840 ~ 2570
克尔加克-高维1墓穴	Le-7289	木炭	4110 ± 25	2850 ~ 2580
克尔加克-高维1墓穴	Le-7292	木炭	4130 ± 40	2870 ~ 2620
克尔加克-高维1墓穴	Le-7291	木炭	4140 ± 35	2870 ~ 2630
克尔加克-高维1墓穴	Le-7219	人骨	4180 ± 100	2890 ~ 2620

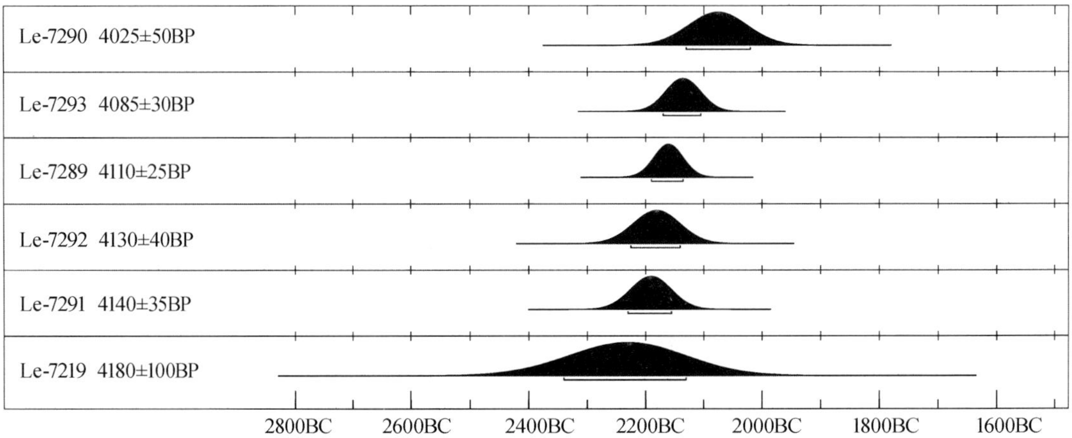

图一五　阿凡纳谢沃^{14}C年代（根据科瓦列夫文中的年代）①

① Kovalev, A. A. 2008. Discovery of New Cultures of the Bronze Age in Mongolia (According to the Data Obtained by the International Central Asiatic Archaeological Expedition). In Proceedings of Third International Conference of Turpan Study in the Origins and Migration of Eurasian Nomads. Turpan: The Institute of Turpan Study: 343–370.

附表　切木尔切克墓地登记表

（阴影部分表明在发掘时墓葬中出土铁器，此表是基于原报告中表一和表二而重建制定的——新疆社会科学院考古研究所，1981年）

墓葬编号		石人	石围		石棺（S）或土坑（P）		出土物			葬式	备注
			长 × 宽（米）	方向	长×宽×深（米）	方向	铜/青铜器	铁器	其他		
M1		可能有	—	—	（S）2.1×2.1× 1.3	20°	无	无	石镞5，残石器1	南侧完整骨架1～2人，侧身屈肢，北侧乱骨葬12～13人	—
M2		1个（已倒）	18 × 27.5	东南	（S）2.9 × 2 × 1.78	20°	小刀 1	无	石镞 3，石容器 4，陶罐 1	乱骨堆	石棺南4米有空的小石室，东 3 米有浅穴，出乱碎骨若干
M3		1，面向东	28 × 30	东	（S）1.7 × 1.8 × 1.1	20°	无	无	双联石罐1，石容器 1	仅头骨1个	可能已被盗
M4		1，面向 200°	35 × 38	南	（S）3.30 × 2.35 × 1.9	10°	无	残铁器1	红陶壶 1，残铁，陶，石容器碎片	残余乱骨及人头骨	可能已被盗
M5		1，面向 20°	21 × 19	东	—	—	无	无	—	—	—
	m1	—	—		（P）1.7 × 2.5 × 1.5	110°	无	铁刀 1	桃形骨饰 4，长方形骨饰 2，小铁刀 1，骨带扣 1	仰身直肢头东，儿童残骨架	坑内有圆木做成框架，安置尸首
	m2	—	—	—	（S）2.1 × 2.1 × 1.3	20°	无	无	石把杯 1，羊拐骨 64	东侧屈肢葬，西侧乱骨堆	—
	m3	—	—	—	浅坑	—	无	无	—	肢骨数支	浅坑无显著边缘
	m4	—	—	—	浅坑		无	无	—	仰身盘腿	—

续表

墓葬编号		石人	石围 长×宽（米）	石围 方向	石棺（S）或土坑（P） 长×宽×深（米）	石棺（S）或土坑（P） 方向	出土物 铜/青铜器	出土物 铁器	出土物 其他	葬式	备注
M6		—	—	—	—	—	—	—	—	—	发掘未完成
M7		无	10.5 × 4.4	不清	—	—	—	—	—	—	—
M7	m1	（南室）	—	—	（S）2.18 × 2.74 × 1.36	20°	铜镞 1，不知名铜器 1	无	陶罐 1，石镞 4，石容器 6，煤、玉器各1	乱骨至少5人，其中有一儿童	—
M7	m2	（北室）	—	—	（S）1.84 × 1.8 × 1.15	20°	无	无	石镞2，石容器 2，小串珠等	乱骨堆	—
M8		1，面向 310°	—	—	（S）2.6 × 1.45 × 1.55	20°	—	无	石容器 2	乱骨堆	石棺底部套一小石棺：1.62 × 0.57–0.5，内有乱骨，无遗物
M9		无	—	—	（S）2.82 × 1.08 × 1.25	60°	无	无	无	不明	已破坏
M10		无	—	—	（S）3.75 × 2.5 × 1.85	10°	无	无	无	残骨少许	封土和棺室内均被破坏
M11		无	—	—	（S）1.4 × 1.9 × 1.3	270°	铜矛1，铜锥1	无	石容器 2， 陶罐 1	上层一骨架仰身腿上屈，下层一条石下压另一骨架，头置胸侧	封土已破坏
M12		无	—	—	（S）0.75 × 0.75 × 0.4	315°	无	无	无	碎骨数根	—

续表

墓葬编号		石人	石围		石棺（S）或土坑（P）		出土物			葬式	备注
			长×宽（米）	方向	长×宽×深（米）	方向	铜/青铜器	铁器	其他		
M13		无	18×10.5	不清	（S）2×1.55×1.05	15°	无	无	无	填土中夹少量乱骨	已被破坏
M14		南面，残，立	20.5×50.7	—	—	—	—	—	—	—	坟院内共封土墓5个，仅发掘3个
	m1	—	—	—	（P）0.8×2.1×0.4	330°	无	无	无	仰身下肢微屈	上有石板盖
	m2	—	—	—	无明显墓边	不清	无	无	无	小孩零星乱骨	—
	m5	—	—	—	（P）0.65×2×0.2	325°	无	无	无	零星乱骨	上有石板盖，两端有石板
M15		无	—	—	（S）2.95×1.46×1.4	20°	无	无	陶、石容器各1	乱骨堆	石棺内有小石棺1，1.9×0.4–0.4，仰身直肢但上躯较乱，头向西，小石棺内无随葬品
M16		可能有2个	11.1×19.7	东	—	—	—	—	院内有陶、石质容器7个	—	—
	m1	—	—	—	（S）0.9×1.06×1.5	0°	无	无	无	少量幼儿零乱骨殖	—
	m2	—	—	—	（S）1.6×1.82×1.2	340°	无	无	石容器 3	并列仰身屈肢葬 3 个	—

续表

墓葬编号		石人	石围		石棺（S）或土坑（P）		出土物			葬式	备注
			长 × 宽（米）	方向	长×宽×深（米）	方向	铜/青铜器	铁器	其他		
M16	m3	—	—	—	（S）0.15 × 0.55 × 0.45	0°	无	无	无	无	—
	m4	—	—	—	（S）0.4 × 2 × 0.55	315°	无	无	无	石棺中及棺外均有零乱骨	—
	m5	—	—	—	（S）0.4×1.7 ×0.3	315°	无	无	无	屈肢头向西	—
	m6	—	—	—	不规整	不清	无	无	无	乱骨少许	可能为殉坑
M17		可能有3个	20.8×12.1	东	—	—	—	—	—	—	—
	m1	（西室）	—	—	（S）1.4×1.62 ×1.07	20°	（出石范）	无	棺外共出石范等石质器具 7件	俯身直肢头向东北	石棺内有长方形小石棺，小石棺为1.8×0.6–0.2，骨架在此小石棺内
	m2	（东室）	—	—	（S）2.3×1.04 ×1.28	22°	铜镞2，青铜刀1	无	骨镞 2，大小石容器 4，陶罐 1	上层有侧身屈肢葬，下层有叠压三层乱骨堆，约20人	m2西南侧有浅穴1个，出残骨数支
M18		有，面向105°	—	东	—	—	—	—	—	—	—
	m1	（南室）	—	—	（S）1.8×1.9 ×1.45	15°	无	无	石镞 1	计头骨和残头骨13个，其他骨殖残缺零乱	上部已破坏

续表

墓葬编号	石人	石围		石棺（S）或土坑（P）		出土物			葬式	备注
		长 × 宽（米）	方向	长×宽×深（米）	方向	铜/青铜器	铁器	其他		
M18 m2	（北室）	—	—	（S）1.9×2.7×1.3	不清	无	无	陶罐 1，被扔在棺外	不清	此棺室已完全被破坏
M19	无	—	—	（S）3.6×2×1.5	345°	不知名铜器 1	无	石杯 1，残石盘 1，石镞 2	南侧乱骨叠压厚0.4米，北侧似有屈肢葬骨架2具	封土已破坏
M20	无	—	—	（S）4.4×3×1.8	345°	无	无	石镞 1，石容器 1	西侧一骨架完整，仰身直肢，头向北	棺室中以石板隔为东西二间，东间中部又以石板隔为南北两部分。但东间无任何骨殖和遗物
M21	无	—	—	（S）3.6 × 1.4 × 1.4	100°	无	无	小石俑 1	不清	棺室已被破坏
M22	有残石，面向105°	—	—	（P）2.9 × 1.9 × 1.4	70°	小素面铜镜 1，铜钉 1	残铁刀	残陶器 2，金箔若干片。马一匹	屈肢葬2人，头向东面	墓室中有块石围成的墓穴，马置于二层台上
M23	无	—	—	（P）1.9 × 1.5 × 0.5	115°	无	残铁	残陶器	小孩零乱骨殖	—

续表

墓葬编号	石人	石围		石棺（S）或土坑（P）		出土物			葬式	备注
		长×宽（米）	方向	长×宽×深（米）	方向	铜/青铜器	铁器	其他		
M24	1石人面向东	23×24	东	（S）1.8×1.6×1.3	30°	无	无	豆形陶器1，圈耳圈足石杯（残），石灯1，以上出自石棺中，坟院内出乳足石器1（残）	西侧骨架2，已残，头西，仰身直肢。东部有5人乱骨葬	—
M25	有条石，面向88°	—	—	（P）2×0.9×0.8	88°	残铜件	残铁	无	零乱骨殖	—
M26	无	—	—	（S）?×2×1.4	345°	无	无	无	零乱骨殖	—
M27	无	—	—	（P）2.3×1.06×0.8	67°	小铜环	铁锛1，小铁刀1	无	零乱骨殖	—
M28	无	—	—	—	20°	残铜环	残铁器	陶器1	仰身直肢，头东	封土已被破坏
M29	无	—	—	（P）2.85×2.1×0.6	20°	圆形铜钉，长方铜钉	铁钉	—	零乱骨殖	竖穴内有菱形小石棺，小石棺内、外、上、下、均有零乱骨殖
M30	无	—	—	（P）3×1.6×1.8	42°	三菱铜镞1，铜环等	—	—	零乱骨殖	—
M31	无	—	—	（P）2.1×1×0.8	20°	—	铁刀2，残铁块	带扣1	零乱骨殖	—
M32	无	—	—	（P）2.1×0.7×0.9	20°	—	铁带扣1	—	零乱骨殖（小孩）	—

虎林山墓地与次生文明的出现

陈　文

（厦门市博物馆）

虎林山墓地是福建省已发掘的重要史前时期墓地之一。它位于漳州市东北郊，即在龙文区朝阳镇后店行政村樟山自然村之南的虎林山上。2001年8～9月考古工作者对该墓地进行了抢救性发掘，清理墓葬20座，出版了《虎林山遗址》发掘报告[①]。它和南靖县金山镇鸟仑尾墓地的发掘是迄今闽南地区最为重要的史前墓地发掘，也是福建考古的重大收获之一。细读报告令人仿佛又回到十三年前的发掘现场，同时也获益匪浅。发掘报告编写体例与以往的通常做法有较大不同，但资料能够较详地公布，是以墓葬为单位逐一公布资料的，此外专辟“鉴定、测试与考察”一章，这些都是可圈可点和创新性的尝试。

原报告将这些墓葬和地层堆积分为早中晚三组，第一组即M2一座墓；第二组包括M1和T4037、T4137的第3层；第三组包括M3～M20等18座墓和西南区所有探方的第2、3层，并将第一、二组合并为早期，第三组为晚期。最近又细读干小莉《九龙江流域商周时期古文化初探》一文，作者在对鸟仑尾和虎林山等墓地分期和器物类型学研究的基础上，将九龙江流域商周时期古文化分成七期[②]，其中对虎林山墓地分为五期，较原报告多分了三期。但是这些分期和对遗存性质的认定，都与笔者在发掘时的认识有较大差别，在进行器物排序后，更觉得有必要把自己在发掘时的认识写出来，敬请学者指教。适逢2014年8月导师张忠培先生八十寿诞，谨撰此文也是特意为先生庆贺，恭祝他老人家身体健康，寿比南山！

一、虎林山遗址应是墓地

从发掘的情况来看，该山坡上发现的墓葬较为密集，墓向相当有规律，基本上为西北—东南或为东北—西南。发现的墓葬数量不少，有20座，原墓当不止此数，尤其是虎林山东北山坡已不是原始的地貌，据当地农民说在20世纪六七十年代人们曾在此

---

① 福建博物院等：《虎林山遗址》，海潮摄影艺术出版社，2003年。

② 干小莉：《九龙江流域商周时期古文化分期初探——兼谈浮滨类型的年代》，《考古学报》2010年第1期。

进行过土地平整，因而在发掘前这里的地表较平，发掘的墓葬大多仅存墓底，可见被破坏的墓葬当不在少数。

从层位关系看，该“遗址”十分简单，绝大多数探方为表土层→墓葬→生土层，即表土层下是墓葬，再下即为生土，仅东北区T4037、T4038、西南区的T2618等探方的局部地段可见第2、3层。其中东北区的第2层为灰褐土层，出明清时期的青花瓷片、宋代的黑釉瓷片等，为明清时期堆积层，而第3层为红褐土层，出土一些夹砂的灰黑陶片、灰褐陶片等，器形有罐、尊、壶、豆等，并见戈、矛、锛等石器及其残片。西南区的第2层为黄褐土层，可见夹砂陶片、泥质灰陶片，器形有釜、壶、豆等，并见个别的石戈、钏等碎片。由于这些堆积层出土器物与墓葬出土的大体雷同，加上均为所处岭坡下部的局部堆积，分布范围不大，特别是东北区西北斜坡发掘时笔者在场指导，当时发掘都是严格按《田野考古操作规程》进行，每次发掘的层面都经认真刮光察看，露出器物都是先按墓葬找边处理，一直到刮了一二十遍还是找不到墓葬的边界线，而且这坡地上散布的都是分布无规律的器物及其残片，如T4037③层下部所见的陶壶及其他陶片、石矛等遗物的散布就十分混乱①，明显为墓葬被破坏后所形成的堆积，加上该层土质十分纯净，不见遗址常有的腐殖质人类活动土，除了墓葬遗物外，发掘时也没有相关的生活遗迹、遗物发现，尤其是东北区的第3层堆积在山体的西北坡，从地形和风向来说，这里不适宜人居，不可能是史前人们居住生活所形成的堆积，可以肯定说出这些器物的东北区第3层、西南区的第2、3层堆积既不是墓葬，也不是遗址的原生堆积，而是后来人们在进行平整土地时破坏浮滨文化时期墓葬所形成的二次堆积。

从地势来看，这里属丘陵地带。虎林山是一较大的山体，上有虎林山和山林山两个相连的小山包，海拔15.3～36米，墓葬分布较高的地带，主要分布在海拔29～34米的虎林山西南坡和山林山的东北坡。由于高程较高，且集雨面积狭小，即使是在史前时期，山坡上也不可能有溪流经过，因而取水是非常不方便的。同时虎林山为相对高出四周的独山，山顶上刮风较为强劲，尤其是冬天西北风甚烈，很难想象当时的人们把这里作为居址使用。

从以往的考古工作情况以及邻近地区的商周墓地分布情况看，岭坡上如发现较多这时期的墓葬一般为墓地，如广东深圳屋背岭、博罗横岭山、福建福清下湾等墓地，浮滨文化一般也不例外，也有较多的墓地发现，如广东饶平浮滨金山、揭东面头岭等。

综上分析，我们认为报告所认定的虎林山遗址不是一处遗址，而应为单纯的一处史前墓地。

---

① 福建博物院等：《虎林山遗址》，海潮摄影艺术出版社，2003年。

二、器物演变与分期

在没有发现叠压或打破关系的时候，出土器物的类型学研究特别是型式的科学划分对分期至关重要。由于该墓地很多墓的上部在过去被平掉了，因而出土的随葬品并不齐全，不少墓仅出一两件器物，可供排序对比的器物并不太多。为了分期方便，我们选择虎林山墓地相对完好的典型墓葬，对其所出的主要器物进行类型学排比分析，可以清楚看出具有早晚演变关系的器物有尊、豆等陶器和璋、戈、玦等石器。

（一）主要器物的型式划分

1. 陶尊

从器形看，陶尊类品种较多，据有无圈足可分两小类，以无圈足的为多。

甲类，无圈足，据肩部的不同，可分二型。

A型　折肩，据口部不同，又可分二亚型。

Aa型，张口折腹尊，如M2：19，凹底，肩腹部器表饰不规则绳纹（见图一，下同）。

Ab型，敞口折肩尊，如M2：8，凹底，肩腹部饰交错条纹。

B型　弧肩尊，据其底和颈腹的长短变化可分四式。

Ⅰ式：腹较宽矮，微凹底，如M2：23，尽管口部残，从同墓出的同类器M2：19看，颈部当不长，肩腹部器表饰条纹。

Ⅱ式：腹高于宽，也远长于颈，颈较长，肩腹部器表饰条纹，颈部有凸棱，小平底，如标本M13：19。

Ⅲ式：腹部较瘦长，小平底，颈部稍变长，肩部无条纹，条纹仅施器腹下部，小平底，如标本M17：1。

Ⅳ式：腹部更瘦长，颈部变得更长，条纹仅施器腹中部，腹上下部素面，如标本M19①：2。

乙类，有圈足，如M2：6，颈肩部器表饰网格纹。实际上这一小类是盛器。

2. 陶豆

陶豆据豆盘的形状可分二型。

A型　盘形豆。

Ⅰ式：宽折沿，圈足器表施方格纹，如M2：3。

Ⅱ式：宽平沿，圈足器表素面，如M13：3。

B型　杯形豆，按它的最大径位置和圈足的大小分二式。

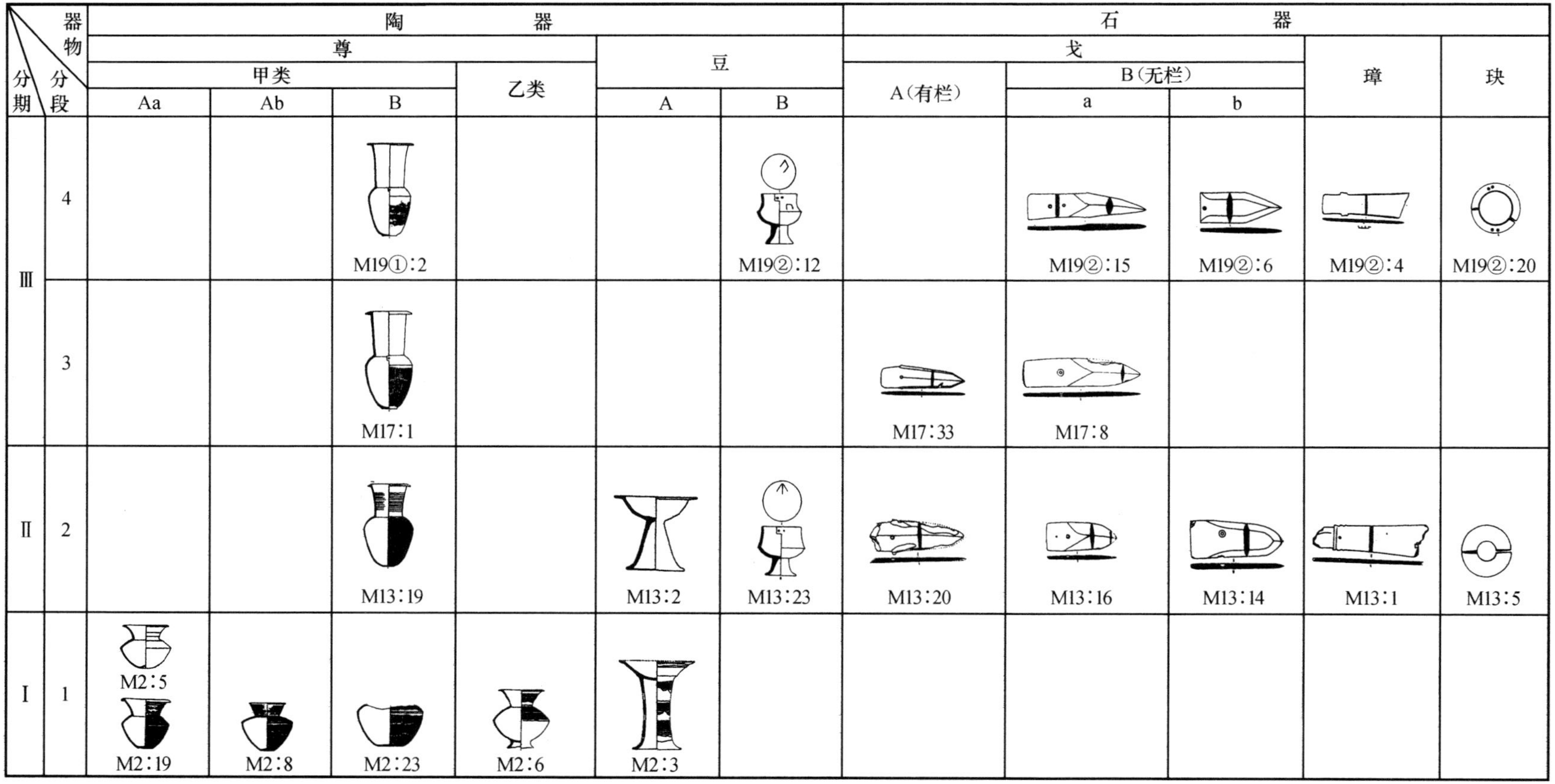

图一　虎林山墓地器物分期图

Ⅰ式：腹径最大处较低，圈足喇叭状外张，如标本M13：23。
Ⅱ式：腹径最大处较高，圈足喇叭状稍外张，如标本M19②：12。

3. 石璋

据柄和扉牙不同，可分二式。
Ⅰ式：两侧扉牙分3组，如标本M13：1。
Ⅱ式：两侧扉牙变为1组，如标本M19②：4。

4. 石戈

可分二型。
A型　有栏戈，据锋的尖锐程度分二式。
Ⅰ式：锋尖稍弧收，如标本M13：20。
Ⅱ式：尖锋，如标本M17：33。
B型　无栏戈，据戈身横剖面的不同，可分二亚型。
Ba型，横剖面为菱形，根据锋部形状的不同可分三式。
Ⅰ式：锋尖稍弧收，如标本M13：16。
Ⅱ式：锋稍尖，如标本M17：8。
Ⅲ式：锋极尖，如标本M19②：8。
Bb型　横剖面为梭形，根据锋部形状的不同可分二式。
Ⅰ式：锋尖稍弧收，如标本M13：14。
Ⅱ式：锋尖，如标本M19②：6。

5. 石玦

石玦可据其横剖面的不同分三角形和长方形二型，其中前者可按宽窄不同分为二式。

Ⅰ式：玦体较宽，如标本M13：5。
Ⅱ式：玦体窄，如标本M19②：20。

尽管出土上述器物的这些墓葬并不存在层位上的叠压或打破关系，但是从随葬品的整体面貌看，M2出土的陶器主要以夹砂软陶为主，陶质疏松，烧成火候不高，器表严重风化。器表纹饰主要有网格纹，也见条纹，还有素面陶。而M19则以泥质灰陶和夹细砂的硬陶为主，很多器表施酱釉，陶质较坚硬，火候高，并出戈、矛、铃等青铜器，从出土陶器看，M19无疑较M2进步，时代也较之晚。因而从器物演变排序看，M2、M13、M17、M19依次递晚（图一）。

从甲类B型陶尊和石戈看，无论是陶器还是石器，总的发展演变趋势是器形由早到晚从宽体演变为瘦长体。

（二）分期与文化类型

根据上述的器物类型学排序分析，它们的早晚演变关系相当明显，我们可以将虎林山的墓葬分为4段。

第一段：以M2为代表。

第二段：以M13为代表，包括M5、M15等。

第三段：以M17为代表，包括M3、M8、M14、M16等。

第四段：以M19为代表，包括M1、M7、M20等。

正如前面所说，原报告定为较早的东北区T4037、T4038的第3层所出的器物有早有晚，一些器物如釜（T4137③：11）为早期器物，可归入第一段，而另一些器物则时代较晚，如石锛（T4137③：10）、钏等，则有第三段器物的长体风格，而石矛（T4137③：1）等十分尖锐，也有晚期的风格，石钏则和第二段的相同，可见这些器物可分别归入第二、三段。同时西南区的地层也属二次堆积，出土的器物均从破坏的墓葬或墓的上部而来，不少器物有明显的晚期风格，与第四段墓葬所出的同类器相同，因而这些器物可归为最晚的第四段。原报告定为第二期的M1出土盘形陶豆、弓背石锛、石戈，在器物组合上与第二～四段的墓葬相同，石戈等与第四段墓葬所出的同类器相似，显示了较晚的特征，可归为第四段。

由于第二、三段的器物有较多相似性，陶尊都有长颈作风，戈、矛等石器都很尖锐，可将它们合并为一期，因而可将虎林山墓地分为以下三期（图一）。

第一期：即第一段，只有一座墓M2。它出土的凹底和圈足的大口尊分别与湖北黄陂盘龙城出土的商代中期原始瓷尊（楼M3：16）、陶尊（G1⑨：1、楼M1：8）相近[①]，同时凹底大口尊分别与江西清江吴城遗址的同类器（74秋T7⑤：47、T2④：2、T7H8：11）相近[②]，也与福建黄土仑遗址出土的同类器（M5：3）相近。M2出土的折肩大口尊（M2：8、M2：19、M2：20、M2：23）还与河南郑州二里冈的商代同类器相近。这些器类在中原地区约相当于商代中期，考虑到闽南远离中原，从商文化影响吴城文化再影响到闽南的传播影响来看，其时代当稍晚一些，约为商代中期偏晚阶段，因而M2当是该墓地现存最早的一座墓。

第二期：即第二段，以M13为代表，包括M5、M15等，相当于商代晚期早阶段。从虎林山墓地的M13、M18出土木炭的^{14}C测年看，年代在距今3040年±60年、3120年±80年，也正好落在这一阶段内。

第三期：即第三、四段，以M19为代表，包括M1、M3、M7、M8、M14、M16、

① 湖北省博物馆：《一九六三年湖北黄陂盘龙城商代遗址的发掘》，《文物》1976年第1期。

② 江西省博物馆等：《江西清江吴城商代遗址发掘简报》，《文物》1975年第7期。

M16、M17、M20等，相当于商代晚期晚阶段到西周早期。

第一期与第二、三期墓葬在陶器方面体现出较大的文化面貌差别，两者间当存在时间上的缺环，但后者遗存从前者发展而来也是显而易见的，如甲类B型尊、盘形豆等方面看，两者存在着演变发展的关系，同时在石器方面两者也有相同之处。尽管M2也是一座残墓，墓上部在过去平整土地时已被平掉，平面为长方形竖穴土坑墓，不见腰坑，出土摆放整齐的圜底、凹底、圈足的大口尊和盘形豆等陶器21件，还有铲、砺石各1件，其中尤以圜底、凹底、圈足的大口尊最具特色，尊和盘形豆器表多饰网格纹。所出陶器多为夹砂陶，少数为泥质陶，火候较低，但器形较大。这类遗存文化面貌有较早时期的特征，与漳州松柏山墓地的M1～M6相同，如漳州松柏山M3出土器物有饰网格纹或粗大条纹的尊、盘形豆、侈口壶、敛口釜（原报告称罐）、罐等陶器及锛、戈、镞等石器，从中我们可以看出这类遗存的大体面貌。它的锛、戈、镞等石器[①]，与学术界认定的浮滨文化同类者大体相近，这类遗存是否为浮滨文化的较早阶段？还是另外单独命名为一种新的考古学文化？由于目前发现这一期遗存还比较少，对其来源、分布、面貌以及与同时期文化交往等情况还很不清楚，还“没有具备相当的知识”，还有待于今后的进一步工作和研究，因而可暂称为松柏山遗存。

第二、三期墓葬同属于一个考古学文化——浮滨文化是确定无疑的，它们均为长方形竖穴土坑墓，不少墓的墓底有腰坑，出土的陶器组合主要是长颈的尊和折腹杯形豆，也有盘形豆、釜、罐、壶、盆、钵等，还见锛、戈、矛、镞、玦、钏、璋等石器，还有戈、矛、铃等青铜器，其文化面貌与广东饶平、大埔等地的浮滨文化墓地没有大的区别，属于典型的浮滨文化。

三、虎林山墓地分析

到目前为止，浮滨文化是研究闽南粤东地区的文明史进程中最为重要的考古学文化，而其中的虎林山墓地则是认识商周时期闽南社会十分重要的墓葬资料。通过检点和比较墓地中的墓葬，我们可以清楚地发现该墓地存在着两大墓区。

1. 两大墓区的划分

虎林山墓地中，除M2时代最早外，其他墓虽有早晚，但大体属于同一时代，均属于浮滨文化。这些墓葬明显可分两大墓区，即西南墓区和东北墓区（图二），两墓区差别相当明显，理由如下。

从地势上看，虎林山墓地位于马鞍形山体的两个高部即虎林山和山林山上，除中间为马鞍状低处岭坡外，两者相连为一个整体，西南区地势相对要高，站在其上望

① 福建博物院等：《虎林山遗址》，海潮摄影艺术出版社，2003年。

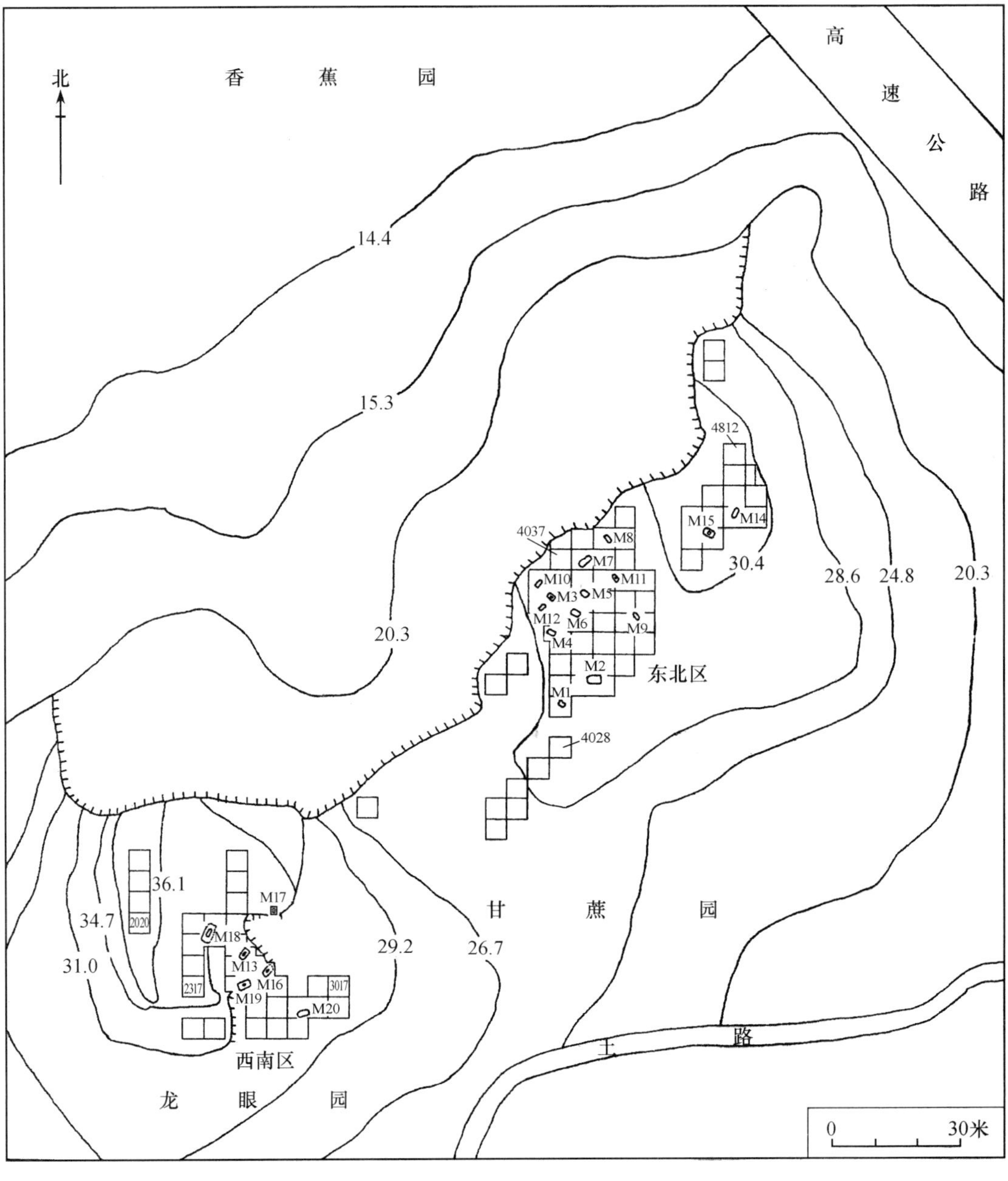

图二　虎林山墓地墓葬分布示意图

去，东北区尽收眼底。东北区的西北部分为公路取土破坏。两者之间相对平缓的岭坡间隔地带发现个别残墓，当为后代人们破坏所致。

从墓葬规模和随葬品来看，西南区发现的墓葬总体比东北区的大，西南区墓葬长度一般在3米左右，宽1.5～1.9米；其中M18残长就达4.28米，残宽1.86米，可说是福建地区发掘不多的史前时期大墓；东北区除了时代早的M2外，同时期的墓葬坑穴长度一般在1.7～2.46米，没有超过2.5米的，宽一般为0.8～1.5米，多数宽0.8～1.2米，因而大都是一些小型墓。西南区墓葬的随葬品较多，东北区的随葬品则总体较少。

从墓葬结构来看，西南区6座墓中有5座发现有腰坑结构，占83.3%，大型墓集中出现，而东北区14座只有3座有腰坑，占21.42%。

从墓向看，西南区主要为东北—西南方向，在6座墓中有5座为此方向，占83.33%，东北区墓葬主要方向则不同，主要为西北—东南方向，占69.23%，在13座墓中有9座墓为此方向，占69.23%，此外有4座为东北—西南方向，占23.67%。

由于上述这些现象清清楚楚，故可以说该墓地存在两大墓区是客观存在和毋庸置疑的。

2. 贫富分化与世袭特权族群——统治者的出现

从出土的随葬品看，早在第一期时，虎林山墓葬就反映出明显的贫富分化，M2尽管是个残墓，但出土大口尊最多，也最具特色，共出土各类尊19件，特别是出土口径42、腹径53. 8 、高47厘米的特大型陶尊（M2：20），更是难得。这些陶尊多为储存器、炊煮器——间接地显示了墓主生前占有较多的社会财富，因而可推断出早在第一期——松柏山遗存时期，闽南粤东地区的史前社会就存在着明显的贫富分化情况。

到了第二、三期，虎林山墓地贫富分化进一步加剧。墓葬间随葬品的差别十分显著，有的墓随葬品十分丰富，如M13出土器物33件，有玦、璋、戈、锛等玉石器22件，釜、尊、豆等陶器11件。M19出土49件器物，有戈、矛、铃等青铜器3件，玦、钏、璋、戈、锛等石器38件，尊、壶、豆等陶器8件，其中有石璋和青铜器等礼器和贵重物。而有的墓葬不仅规模较小，而且随葬品不多，一般为数件，如 M10仅发现陶豆1件，M11只见陶壶、盆和小石锛等4件器物，这些墓不见或极少见长颈尊等大陶器，更不见石璋和青铜器等礼器和贵重物（图三）。此外属同时期的福建南靖县鸟仑尾墓群中也有这种贫富分化的现象，如M23墓底有两腰坑，出土随葬品很多，其中有锛、戈等石器、玉玦和罐、尊等陶器共61件[①]，而另外一些墓的随葬品就不多了，这些都充分证明在浮滨文化时期，闽南地区社会的贫富分化是十分显著的。

在浮滨文化时期，不仅该墓地的贫富分化十分严重，而且当时社会出现了等级分化，出现了世袭特权的统治者。

虎林山墓地是一处整体的史前墓地，体现出同一考古学文化的特征，当为同一族群的公共墓地，可能为同一氏族等组织的墓地，但它内部存在着如前所述的西南和东北两大墓区，西南区的墓葬是 M13、M16、M17、M18、M19这样的大型墓，出土随葬品相当丰富，品种较多，除被破坏严重的墓外，每座墓出土随葬品少的有30多件，多的有49件，其中随葬石璋的墓葬有2座，占10.52%，而出土戈、矛、铃的青铜器墓有1座，占5.26%。东北区墓葬绝大多数为小型的无腰坑墓，不见石璋和青铜器，随葬品较

① 福建博物院文物考古研究所等：《鸟仑尾和狗头山》，科学出版社，2004年。

<table>
<tr><th>墓号</th><th>墓葬形制与出土器物</th></tr>
<tr><td>东北区M11</td><td>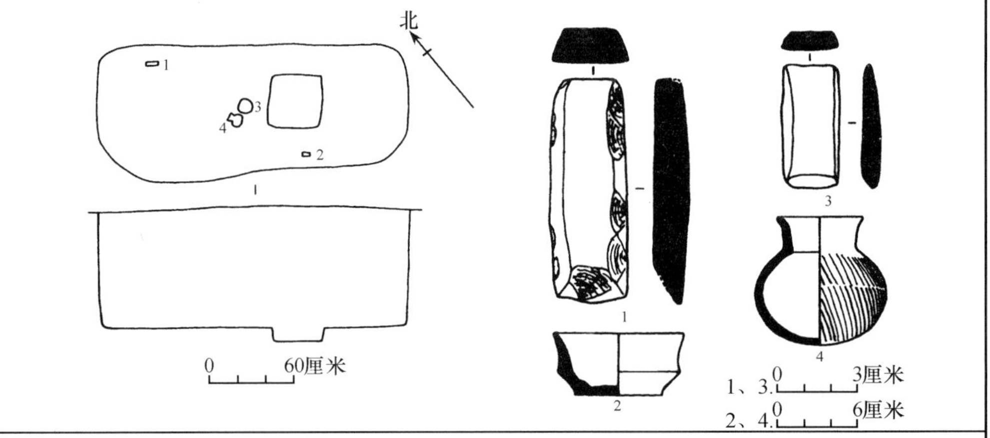
</td></tr>
<tr><td>西南区M13</td><td>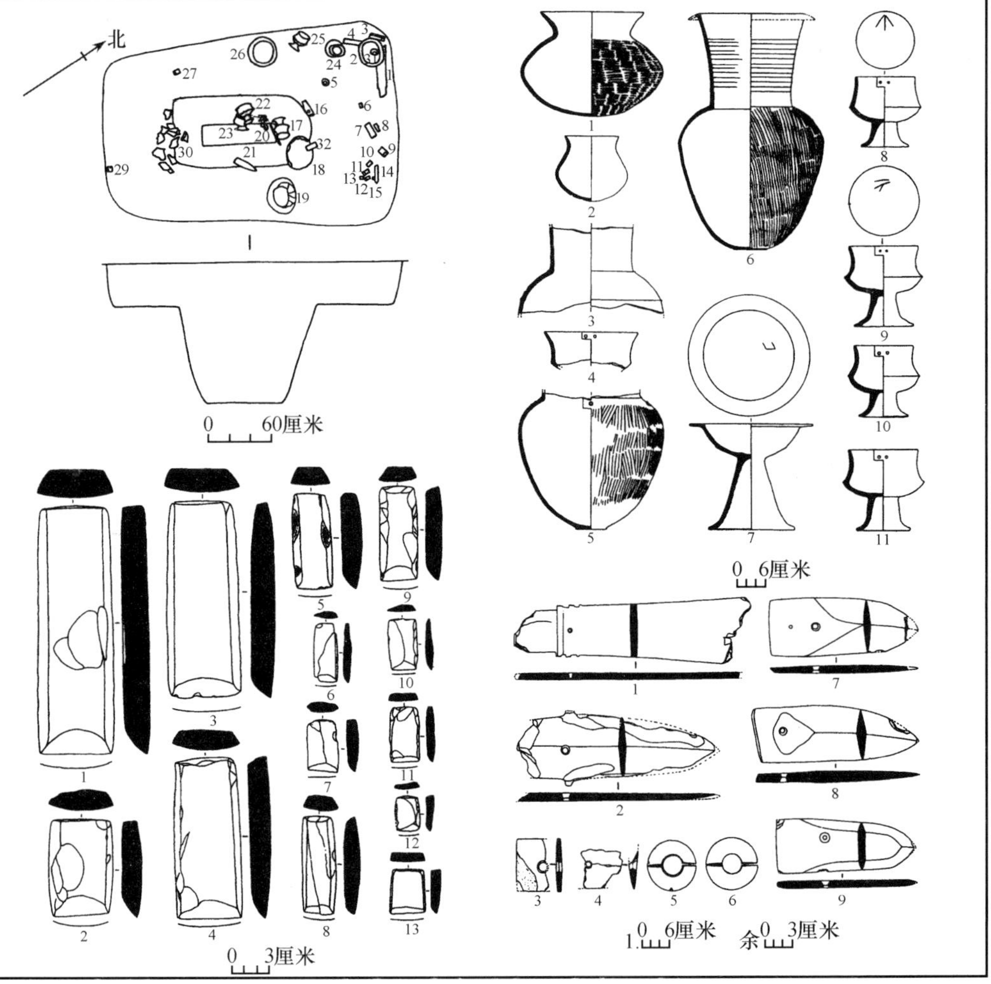
</td></tr>
</table>

图三　东北区与西南区典型墓对比图

少，一般每座墓出土随葬品2～8件，最多的出13件。璋是贵重的礼器，而青铜器则是当时浮滨文化中稀有的奢侈品，石璋和青铜器等贵重物品指向社会等级和身份[①]，说明当时社会应该已经出现少数拥有这些贵重物品的特权人物。可以说西南墓区和东北墓区分别为贵族墓区和平民墓区，反映出当时闽南社会至少已存在贵族和平民两大阶层。

从墓地的分期结果来看，西南墓区的特权族群又是世袭的，第二期出现随葬有石璋等权重器的M13，到第三期，又有随葬品十分丰富且出石璋、青铜器的大墓M19。如果说石璋、青铜器等代表了特权和权威，那么西南墓区的这个族体则是将特权和权威世袭的，可以说这时期出现了富有的世袭特权族群——统治者。

3. 外来文化的影响与次生文明的出现

在古代文明研究中，从产生的角度看，一般认为古代文明可分原生文明和次生文明两种大的类型。原生的古代文明主要是在某一区域内某一族属共同体由于社会生产力的发展，导致社会人员分层，出现统治者和被统治者。举世公认的原生文明有古埃及文明、两河文明、中国古代文明、印度古代文明等，在中国一般公认的古文明因素主要有青铜器、文字、复杂性礼仪等。而什么叫次生文明呢？在古代社会某一族属共同体中，由于生产力的落后，其文明因素还不足以从社会内部产生，而是在外来文化的影响下输入的，从而导致其社会出现阶层的加速分化，最终产生社会统治者和被统治者。

虎林山墓地所体现的文明就属于从外部输入文明因素和影响而产生的次生文明，主要输入的文明因素有社会分层的概念和体现社会分层的腰坑墓、石璋和青铜器等特权物质因素。

从考古学文化面貌观察，虎林山墓地的第一到第三期墓葬，整体上都受到江西吴城文化的强烈影响，第一期墓葬（M2）以随葬储存器、炊器——陶大口尊最多最具特色。这种器物原是商文化的主要特征之一，从迄今为止的考古发现来看，闽南粤东地区早于虎林山墓地第一期的史前文化中从没发现过陶大口尊，而主要有圜底的夹砂釜，因而这种陶大口尊当是商文化通过吴城文化间接影响而出现的外来器物，但很多大口尊的器表拍印网格纹、条纹，且不少器形大，且数量多，当为本地所制，此外石璋也是在当地早期文化中不见的，第二期则见它们的身影，也属于当时中原文化因素，这些璋在当时“以起军旅”。该墓地还出土了较多的石戈等器物，显然这些都是外地的史前文化对本地文化的强烈影响所出现的新器物。

从以往的考古发现，特别是虎林山M2和松柏山墓地来看，比虎林山墓地第一期早的史前遗存的墓葬中是没有腰坑的，而在我国，最早在墓葬中出现腰坑就是黄河中游

① 张忠培：《良渚文化的年代和其所处的社会阶段——五千年前中国进入文明的一个例子》，《中国考古学：走向与推进文明的历程》，紫禁城出版社，2004年。

的商人墓，如安阳殷墟的中小型墓中就有腰坑，一般坑内出土一具狗骨架。从第二期开始，浮滨文化的墓葬在形制上发生了明显的变化，出现了墓底有腰坑的墓。这种墓葬形制在我国东南地区的新石器时代墓葬中是没有的，是商人常用的，显然腰坑也是受商文化间接或直接的影响而出现的，也反映出这时期受到商文化影响的因素在持续加强。

正是由于受到商文化的间接和吴城文化的直接影响，虎林山墓地所体现的文明不是原生的，而是一种次生文明。至少从墓地的第二期开始，闽南粤东地区的社会就进入了文明产生的阶级社会，主要理由如下：

第一，从墓地布局和墓区看，出现了在墓葬规格、大小显著区别及随葬品的多寡十分显著的两大墓区，这两大墓区的不同，反映了当时社会人群出现了分层的现象，也就是出现了统治者和一般的平民。

第二，从随葬品看，西南墓区出现了石璋等礼器和青铜器这样的贵重物，说明当时社会的权贵阶层十分重视吸收外来文化，主要是吸收由吴城文化作为中介的商文化的礼制文明，其中随葬重器——石璋2件，占10.52%，而出土石戈的墓又是随葬品最多的墓。璋过去多称玉璋，可以作礼器或礼品，一般是用玉或石头做的，也有骨料制作的，主要存在于新石器时代晚期至西周时期。虎林山墓地出土的石璋体形大，如M19（2）：4，黑体，磨制精细，略残，长25.4、宽4.8～6.4、厚0.6厘米。而另一件M13：1则更大，残长51.4、宽9～13.8、厚1.5厘米。根据《周礼·春官·大宗伯》记载："以玉作六器，以礼天地四方。以苍璧礼天……以赤璋礼南方……。"一般认为这是一种礼器，当是从中原等地传入或影响产生的产品。而根据《周礼·春官·典瑞》记载："四圭有邸，以祀天，旅上帝……璋邸射，以祀山川，以造赠宾客。"因而又是一种可以送宾客的礼物，此外还说，"牙璋以起军旅，以治兵守"。东汉郑玄注引郑司农曰："牙璋瑑以为牙。牙齿，兵象，故以牙璋发兵，若今时以铜虎符发兵。"据此在其后期还起到兵符的作用。虎林山石璋这三种用途的可能性都存在，尤其前两说的可能性最大，可以说在相对偏远的福建漳州发现牙璋意义非凡，当是一种区别身份和象征权势的重器，是当时社会区别贵贱的一种标志。

第三，随葬兵器较多，既证明虎林山墓地的民族十分尚武，又说明了当时掠夺战争较为频繁。

该墓地的墓葬主要随葬石器、陶器、青铜器，其中有石锛、砺石、陶纺轮等生产工具，有釜、罐、尊、壶、豆、盆、钵、杯等陶器生活用具，有装饰的石玦、钏，也有作礼器用的石璋和乐器的铜铃，还有石质的戈、矛、镞和铜矛等武器。在这些器物中又以石锛的数量最多，其次为石戈，再次为尊、壶、豆等陶器，出土戈、矛、铃的青铜器墓仅1座，占5.26%。其中随葬武器较多，如出土石戈的墓有10座，约占墓葬总数的52.63%，而随葬石璋的2座，占10.52%，出石矛的墓有1座（5件），占5.26%，出铜矛、石镞的墓葬各1座，占5.26%，此外在地层中还出（被破坏墓中的）石戈24件，出石矛4件。此外出石璋的2座，占10.52%，可见随葬武器或征伐重器有戈、矛、镞、璋，其中最主要的武器就是戈类。既然有这么多武器随葬，一方面可以看出在浮滨文化时期该墓地的人们十分尚武，另一方面也说明了当时的掠夺战争十分频繁，掠夺和反掠夺财富战争已成为常态化。

第四，刻划符号或文字系统的出现。在该墓地特别是第二、三期墓葬出土的釉陶器，如罐、壶、豆等器的内壁或器表有“︿”“个”“×”等刻划符号或文字，由于多为单个形体，无法释读，这些符号很可能就是一种已失传的文字，显示出该墓地的浮滨文化时期已存在较丰富的文明因素信息。

四、结　语

综上所述，我们认为虎林山墓地并非原报告所说的是一处遗址，而是一处重要的浮滨文化墓地。

该墓地可分早、中、晚三期。其中第一期以M2和松柏山墓地的M1～M6为代表，可暂称松柏山遗存，陶器多为夹砂陶，少数为泥质陶，主要是器形较大的圜底、凹底、圈足的大口尊和盘形豆，石器有铲、锛、戈、镞、砺石等，文化面貌有较早的特征，时代当早于浮滨文化，约为商代中期偏晚阶段；第二期以M13为代表，包括M5、M15等，相当于商代晚期早阶段；第三期以M19为代表，相当于商代晚期晚阶段到西周早期。第二、三期墓葬均属典型的浮滨文化，使用长方形竖穴土坑墓，不少墓的墓底有腰坑，出土陶器主要是长颈的尊和折腹杯形豆，也有盘形豆、釜、罐、壶、盆、钵等，另见锛、戈、矛、镞、玦、钏、璋等石器，另有戈、矛、铃等青铜器。

在墓地的第一期即松柏山遗存中已出现贫富分化。到第二期即浮滨文化时期，墓地存在十分明显差异的两大墓区。它们在墓葬规格、大小及随葬品的多寡方面都有显著的差别，反映了当时社会人群出现了分层的现象，出现了统治者（即世袭特权族群）和一般的平民，标志着社会已进入文明时代。

从虎林山墓地可以看出，闽南粤东地区的浮滨文化所体现的文明不是原生的，而是一种次生文明，主要是受到商文化的间接和吴城文化的直接影响，主要输入的文明因素有社会分层的概念和腰坑墓、石璋和青铜器等特权物质因素。

由于墓葬中随葬戈、矛、镞等武器数量多，既说明了浮滨文化的主人当是一支尚武的民族，也从侧面可证当时的掠夺战争十分频繁。

从考古发现看周秦汉唐对辽宁地区的影响

李新全

（辽宁省文物考古研究所）

辽宁地处中国东北南部，既是中原与北方草原及东北亚广大地区文化交融地带、诸多民族文化的发源地和成长舞台，又是中原王朝经营东北乃至北方的前沿。来自西南方的中原农耕文明和来自于西北方的草原文明与东北地区自身的渔猎文明相互融合，在中华统一多民族国家的形成和发展过程中起到了重要作用，保留了十分丰富而有特色的遗迹遗物。本文重点讨论周秦汉唐时期中原王朝的考古学文化对辽宁地区的影响以及辽宁地区的考古学文化在中华统一多民族国家的形成和发展过程中起到的重要作用。

1. 周代

（1）西周时期，传统的主流观点认为，辽西地区已纳入燕国的势力范围，并根据《左传》昭公九年“昔武王克商，肃慎、燕亳，吾北土也”的记载，认为辽宁地区是商周的北土，理由是在辽西地区发现了七批商周窖藏青铜器和西周早期的墓葬。最早研究辽西地区出土商周青铜器的是陈梦家先生，认为海岛营子马厂沟出土的燕侯盂从花纹看属成王时器（图一），同时还讨论了喀左小城村1941年出土的铜鼎，原器已佚，陈梦家公布其中之一。该器形体巨大，兽蹄足，陈梦家推定为西周成王时期，其他诸家均无异议。这两次铜器出土地相邻，这一代在西周初年当为燕人的重镇之一[①]。20世纪70年代，喀左北洞村相继出土了两坑青铜器窖藏，唐兰先生认为北洞一号坑出土的父丁孤竹亚微罍证明喀左一带是商孤竹国的范围[②]（图二）。李学勤先生也认为：“喀左马厂沟、北洞以及1941年咕噜沟大鼎等发现，说明燕国从一开始势力就延展到这样北的地方。由北京往北，经承德、凌源、宁城、喀左，再沿大凌河到朝阳、北票，通向我国辽阔的东北地区，正是周初自燕国到肃慎的重要通道，这一线多有商周

① 陈梦家：《西周铜器断代（二）》，《考古学报》（第十册），1955年。

② 唐兰：《从河南郑州出土的商代前期青铜器谈起》，《文物》1973年第7期。

图一　燕侯盂照片及铭文

图二　父丁孤竹亚微罍照片及铭文

遗物出土。”[①]（图三）按照这种思路，后来辽宁的考古学者也多沿用这种说法[②]。并

① 晏琬：《北京、辽宁出土铜器与周初的燕》，《考古》1975年第5期。

② a. 郭大顺：《试论魏营子类型》，《考古学文化论集》（一），文物出版社，1987年；b. 徐秉坤、孙守道：《东北文化》，商务印书馆，1996年，第56页；c. 李恭笃、高美璇：《试论燕文化与辽河流域青铜文化的关系》，《北京建城3040年暨燕文明国际学术研讨会会议专辑》，北京燕山出版社，1997；d. 郭大顺、张星德：《东北文化与幽燕文明》，江苏教育出版社，2005年，第12页。

图三　辽西出土青铜器

1. 马厂沟铜器窖藏　2. 小波汰沟青器窖藏　3. 北洞村1号青铜器窖藏　4. 高家洞M1　5. 和尚沟墓葬　6、8. 山湾子青铜器窖藏　7. 北洞村2号青铜器窖藏　9. 花尔楼青铜器窖藏

引用《左传》昭公九年的说法，认为辽西地区在西周初年就已纳入燕国的势力范围。

笔者认为，辽西地区集中出土的七批窖藏青铜器，虽然没有陶器共存，但是从后来喀左和尚沟[①]（图四）、高家洞[②]等墓葬出土的青铜器及共存的陶器来看（图五），属于魏营子文化。从考古学的角度来看，仅仅根据辽西地区出土了几批青铜器窖藏并不能证明在西周初年这里就已成为燕国的势力范围。至于与魏营子文化共存的商周青铜器，其来源尚不清楚，究竟是贸易往来交换所得，还是赏赐或赠与，抑或是战争掠

① 辽宁省文物考古研究所、喀左县博物馆：《喀左和尚沟墓地》，《辽海文物学刊》1989年第2期。

② 辽宁省文物考古研究所：《辽宁喀左县高家洞商周墓》，《考古》1998年第4期。

图四 和尚沟出土青铜器与陶器
1. 陶鼎 2. 陶罐 3. 青铜卣

图五 高家洞出土的陶器与铜器
1、2. 陶钵 3. 铜瓿

夺，或是商遗民“北奔” 所遗留等都有待进一步研究。因为这几批窖藏青铜器，据简报介绍，除了北洞的两窖器物的组合与摆放位置比较规律外，山湾子和马厂沟的窖穴挖的不规则，铜器在坑内上下叠压，卧立不一，可能是突然发生了某种重大变故而匆促掩埋的[①]。在上述问题没有准确答案之前，仅根据几批窖藏青铜器，就断定辽西在西周初年就已纳入燕国的势力范围，这种研究方法本身就存在问题。另外，据目前的考古研究成果，西周时期，以琉璃河遗址为代表的周初燕文化的分布范围仅局限于河北的保定以北至北京北部的昌平、东北部顺义一带的平原地区，尚未到达燕山山地。也

① 喀左县文化馆、朝阳地区博物馆、辽宁省博物馆：《辽宁省喀左县山湾子出土殷周青铜器》，《文物》1977年第12期。

就是说，西周燕国直接控制地区大致不出北京以南的平原地区，而燕山山地及山前的部分平原地区仍处在当地土著人的控制之下[①]。那么，上述多位学者根据喀左出土的几批青铜器窖藏以及《左传》昭公九年的文献记载所论述的辽西地区在西周初年就已纳入燕国的势力范围的观点从考古学的角度来看是不能成立的（图六）。

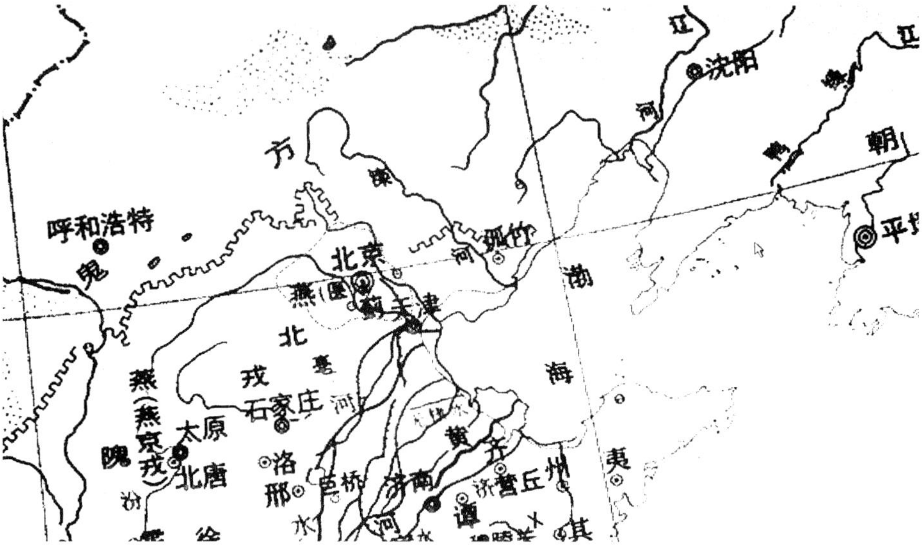

图六　西周时期燕国疆域范围图

（2）东周时期，自春秋早期至战国中期，整个辽宁地区以东北系青铜短剑为代表的各支土著文化空前发达，势力都非常强盛，受中原文化的影响较小。

这一时期，活动在辽东南部地区的有伙家窝堡文化，无论是遗址还是墓葬，其文化面貌可概括为典型器物都是以叠唇筒形罐与长颈鼓腹壶为代表的组合（图七）。墓葬有土坑墓、石棺墓、石盖石棺墓、石棚墓多种形制。这种文化的分布范围可由该文化的典型遗址和墓葬的分布区域来确定，即主要分布在千山山地以南的辽东半岛北部区（图八）。其存在的年代范围上限可由东港市山西头遗址[②]和庄河市平顶山遗址[③]出土的与双砣子三期文化[④]形制相近的陶器来确定（图九），约在商代晚期，其年代下限

① 柴晓明：《论西周时期的燕国文化遗存》，《北京建城3040年暨燕文明国际学术研讨会会议专辑》，北京燕山出版社，1997年。

② 辽宁省文物考古研究所、东港市文物管理所：《辽宁东港市山西头青铜时代遗址发掘简报》，《考古》2011年第1期。

③ 辽宁省文物考古研究所：《大连庄河平顶山青铜时代遗址发掘简报》，《北方文物》2011年第1期。

④ 中国社会科学院考古研究所：《双砣子与岗上——辽东史前文化的发现和研究》，科学出版社，1996年。

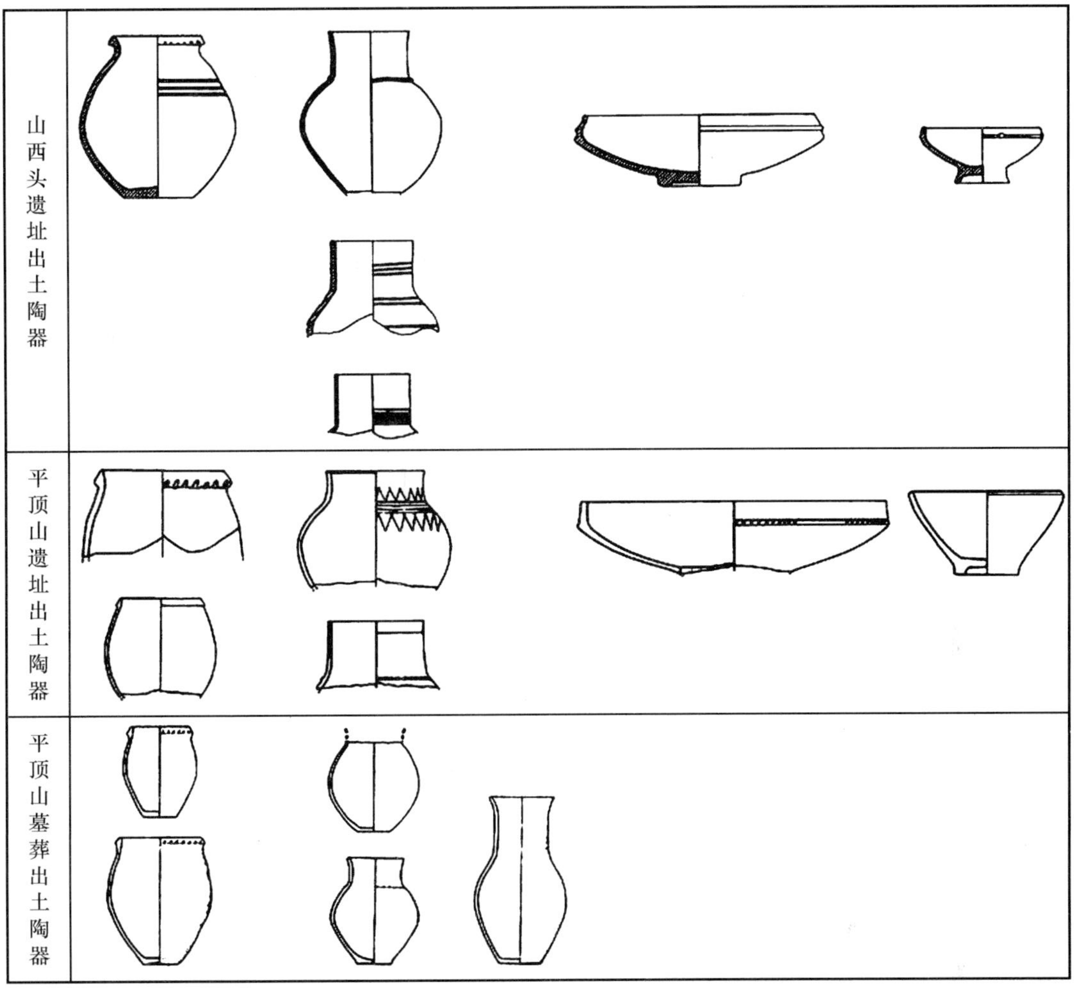

图七　伙家窝堡文化典型器物组合图

可由旅顺尹家村十二号墓[1]来确定（图一〇），应在战国晚期至汉初。

活跃在辽东北部地区的是二道河子文化[2]，这一文化的共同特征是随葬的陶器都以钵口弦纹壶为主，并且一般都伴存具有辽东地区特征的短宽型东北系铜剑和滑石斧

① 中国社会科学院考古研究所：《双砣子与岗上——辽东史前文化的发现和研究》，科学出版社，1996年。

② 二道河子文化是笔者对与二道河子墓葬相同的一类考古遗存的命名。此前，对该类遗存的称呼不尽相同，有以“双房遗存”称之者（王巍：《双房遗存研究》，《庆祝张忠培先生七十岁论文集》，科学出版社，2004年，第402～411页）；有以“双房文化”称之者（赵宾福：《中国东北地区夏至战国时期的考古学文化研究》，吉林大学博士学位论文，2005年，第112页）；有以“二道河子类型”称之者（王成生：《东北亚地区短铤曲刃青铜短剑的年代与族属》，辽宁民族出版社，2003年，第193～216页）。笔者认为称这类遗存为“二道河子文化”比较符合考古学文化的命名原则。

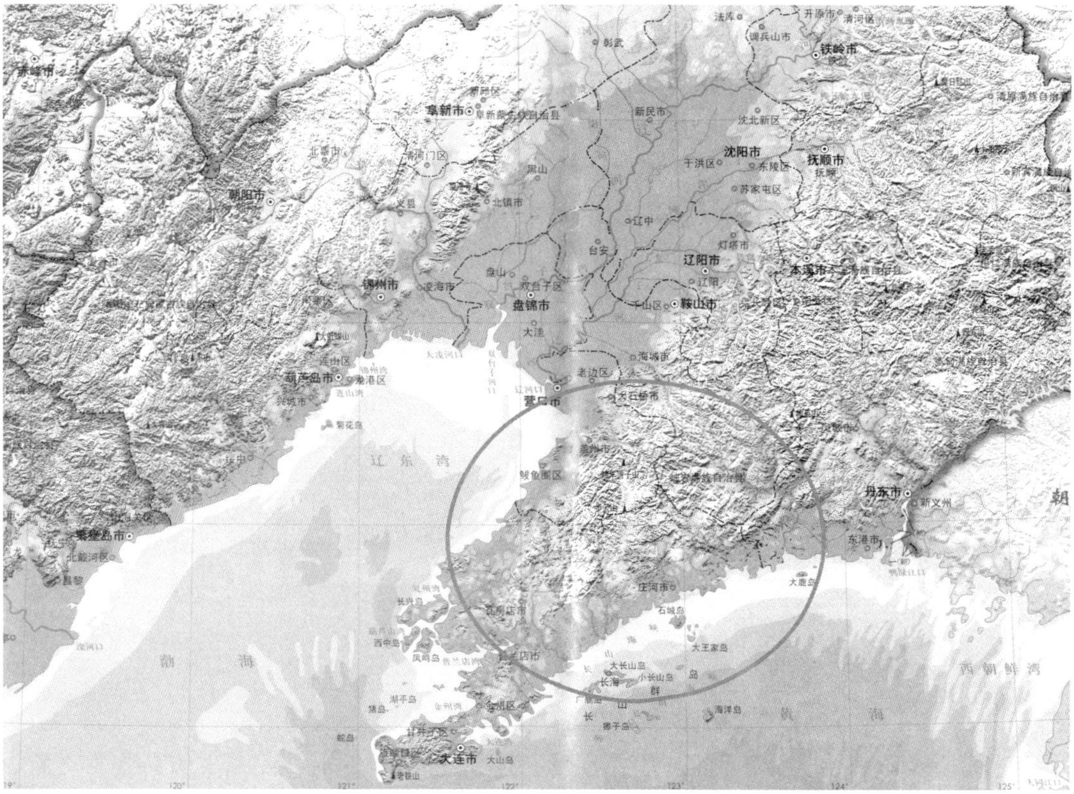

图八　伙家窝堡文化分布范围示意图

范[①]（图一一）。墓葬均为石棺墓。这种文化主要分布于千山山地以北的辽东中北部地区，即下辽河支流的太子河、浑河、柴河、清河、碾盘河流域，年代大体在西周晚期至战国中期。

分布于下辽河平原的有郑家洼子文化，以沈阳市郑家洼子[②]、新民市公主屯后山[③]为代表的考古文化遗存最具典型性，既有遗址，又有墓葬，并且有成批的陶器群和青铜器群。其代表性器物是以东北亚系铜剑、多纽几何纹铜镜、外叠唇筒形罐和斜颈壶为代表的遗存（图一二）。其鲜明的文化特征足以构成一个独立的考古学文化，笔者建议以发现时间较早的沈阳郑家洼子遗址和墓地的名称来命名这一考古学文化，正式称其为“郑家洼子文化”。该文化的活动中心区域应在大凌河（医巫闾山）以东以北的下辽河流域，最强盛时期是在春秋战国时期。

① 辽阳市文物管理所：《辽阳二道河子石棺墓》，《考古》1977年第5期。

② 沈阳故宫博物馆、沈阳市文物管理办公室：《沈阳郑家洼子的两座青铜时代墓葬》，《考古学报》1975年第1期。

③ 周阳生：《新民县公主屯后山青铜时代遗址调查》，《辽海文物学刊》1990年第2期。

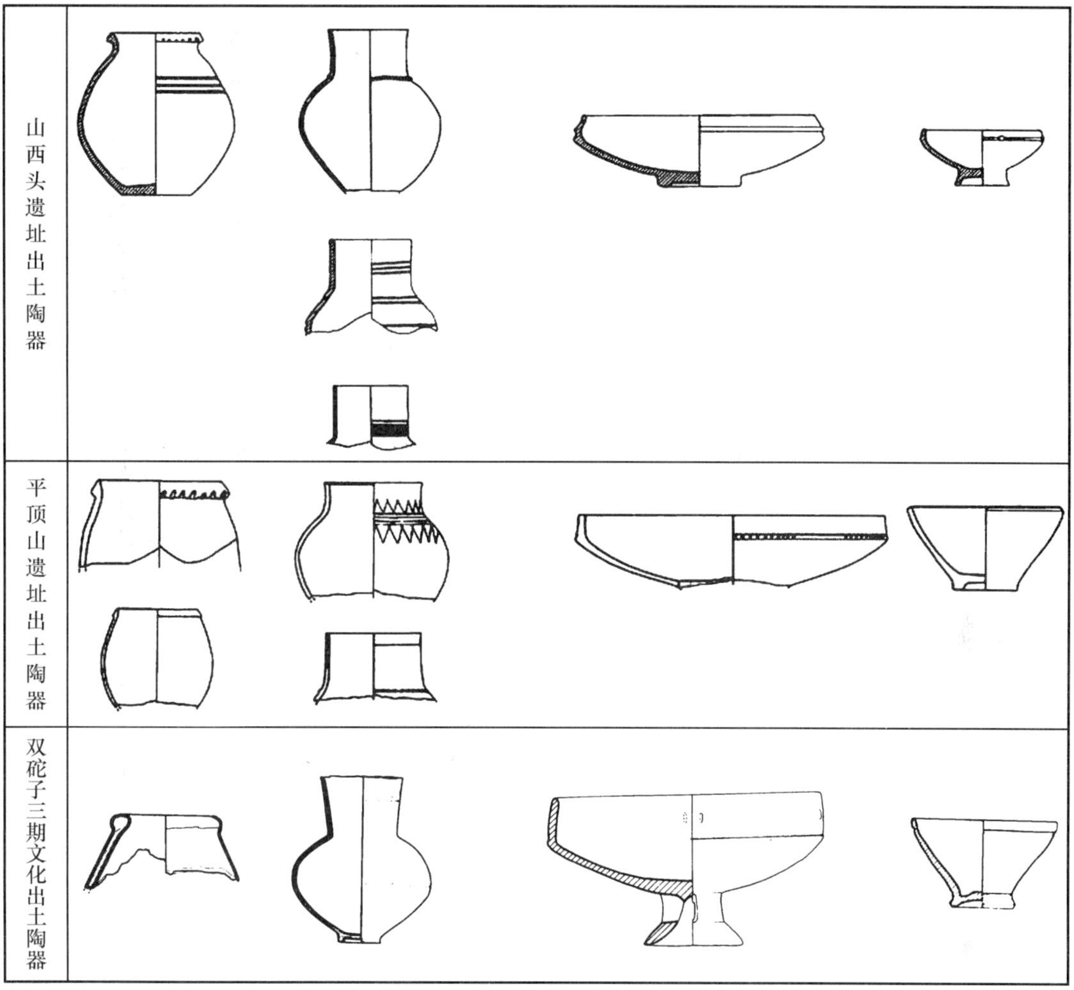

图九　山西头及平顶山遗址与双砣子三期文化陶器比较图

分布于辽西地区的十二台营子[①]类型非常发达，其文化面貌与郑家洼子文化大同小异，同属一个考古学文化，只不过是一个地方类型而已。目前这类文化遗存在大、小凌河流域发现的较多，表明十二台营子类型非常强盛（图一三）。

正是这一时期富有浓厚地域特色的东北系铜剑诸考古学文化的交流与互动，奠定了今天辽宁的版图。但即使在地方土著文化非常发达的这一时期，来自中原文化的影响也从未间断过。如辽宁地区这一时期经常出土特征鲜明的双胡戈就是中原式铜戈与东北系铜剑相结合的产物（图一四）。

（3）战国晚期，随着燕国势力的北上，以秦开却胡、燕国灭貊和取朝鲜西部地为标志，辽宁的大部分地区纳入到燕国的右北平、辽西、辽东郡管辖范围之内（图

① 朱贵：《辽宁朝阳十二台营子青铜短剑墓》，《考古学报》1960年第1期。

图一〇　尹家村M12出土器物图

一五）。右北平，特别是辽西、辽东两郡的设立，是我国古代史上东北地方行政建置的重大发展。两郡设立以前，无论从考古发现或文献记载的材料去考察，都可以把辽东、辽西地区与中原地区的联系追溯到非常古远的年代。辽河作为我国六大水系之一，医巫闾山作为我国五大“镇山”之一，均见于先秦记载。可见，在先秦的地理概念中，东北地区即已包括在统一的中国地理范围之中。所以，自郡县设立以后的两千多年间，期间虽几经历史的曲折，东北作为我国不可分割的组成部分，却不断得到巩固，而东北地方行政建置也不断有所发展。对于辽东辽西史地的考订，从来为我国学者所重视。自燕国在东北地区设置郡县以来，辽宁境内发现的代表性遗迹遗物有建昌东大杖子战国墓地[①]（图一六）、朝阳袁台子战国墓[②]、沈阳南市地区战国墓[③]、辽阳徐往子战国墓（图一七）、新城战国墓[④]等；另外，还发现一批有准确纪年的遗物，如燕

---

① 方殿春等：《辽宁建昌东大杖子战国墓地的勘探与试掘》，《2000中国重要考古发现》，文物出版社，2001年。

② 辽宁省文物考古研究所、朝阳市博物馆：《朝阳袁台子——战国西汉遗址和西周至十六国时期墓葬》，文物出版社，2010年。

③ 金殿士：《沈阳市南市区发现战国墓》，《文物》1959年第4期。

④ 邢爱文：《辽阳博物馆馆藏精品图集》，辽宁大学出版社，2009年。

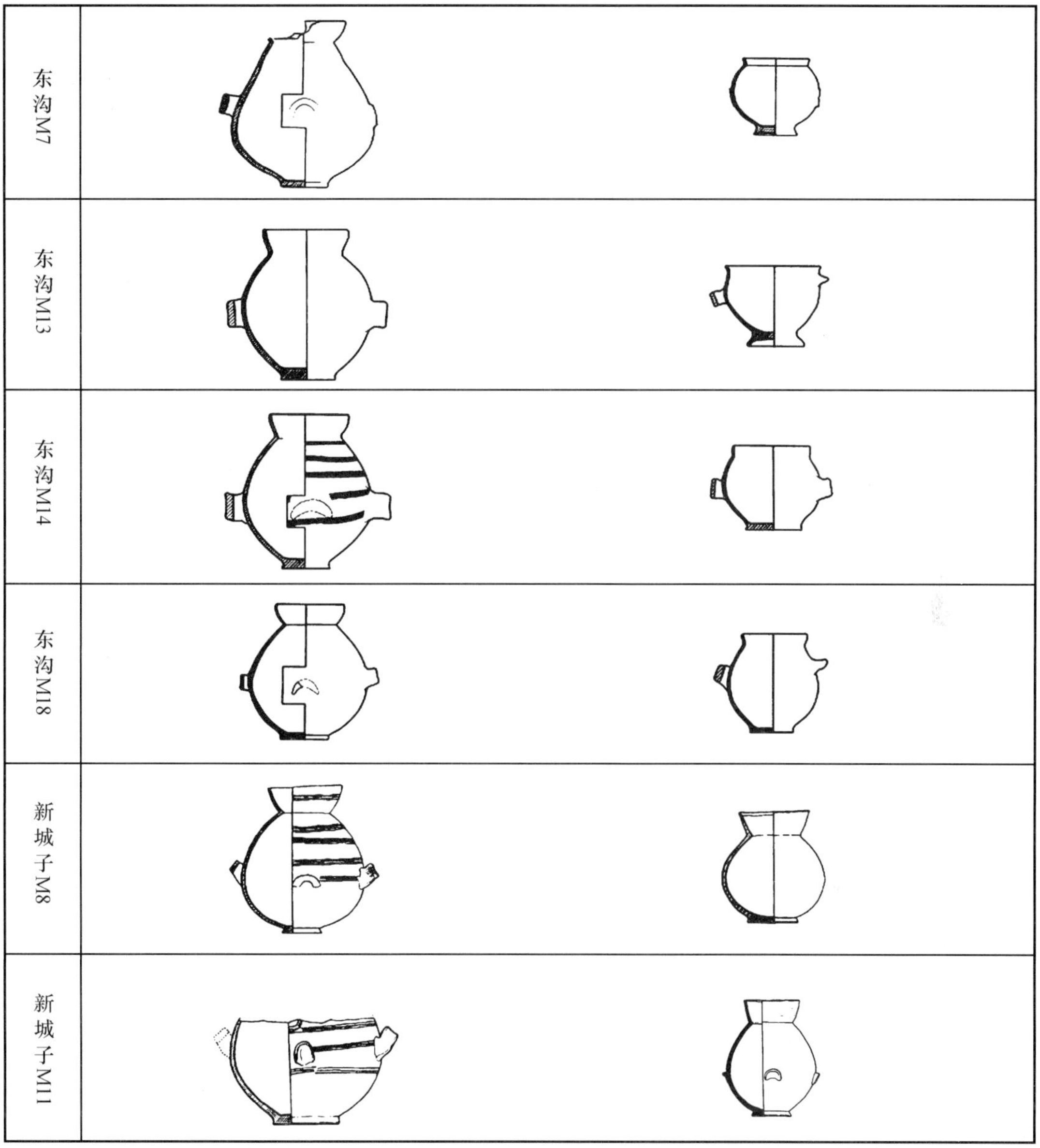

图一一　二道河子文化典型器物图

王职戈[①]、启封戈[②]、燕王喜剑[③]等。但根据考古发现来看，燕国对古代辽东辽西郡的统治是据点式的。在考古发现上的表现为发现燕国的遗物很少且集中，而当地土著文化遗存则大量存在。

---

① 张震泽：《燕王职戈考释》，《考古》1973年第4期。

② 许明纲、于临祥：《辽宁新金县后元台发现铜器》，《考古》1980年第5期。

③ 辽宁省博物馆、辽宁省文物考古研究所：《辽河文明展·文物集萃》图录，2006年。

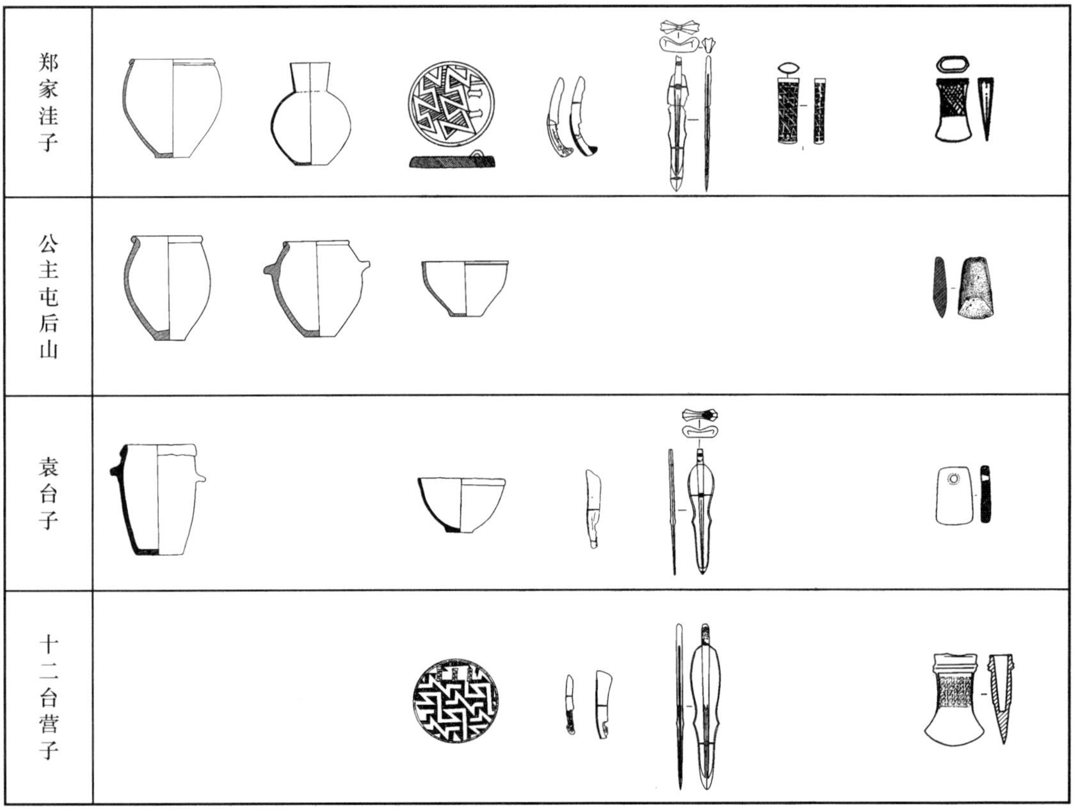

图一二　郑家洼子文化典型器物图

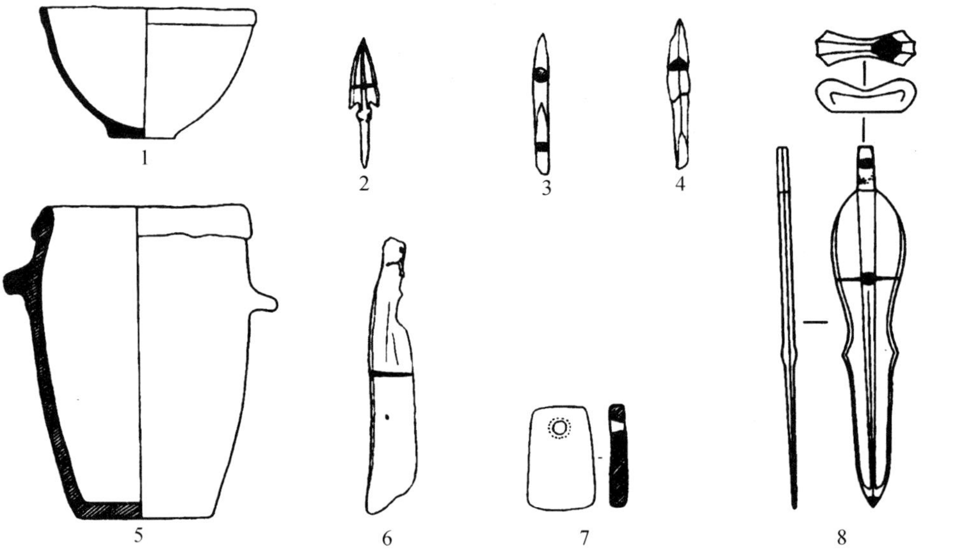

图一三　十二台营子类型器物图

1. 79YM1：1　2. 79YM1：8　3. 79YM1：9-2　4. 79YM1：9-1　5. 79YM1：2　6. 79YM1：6　7. 79YM1：7　8. 79YM1：4

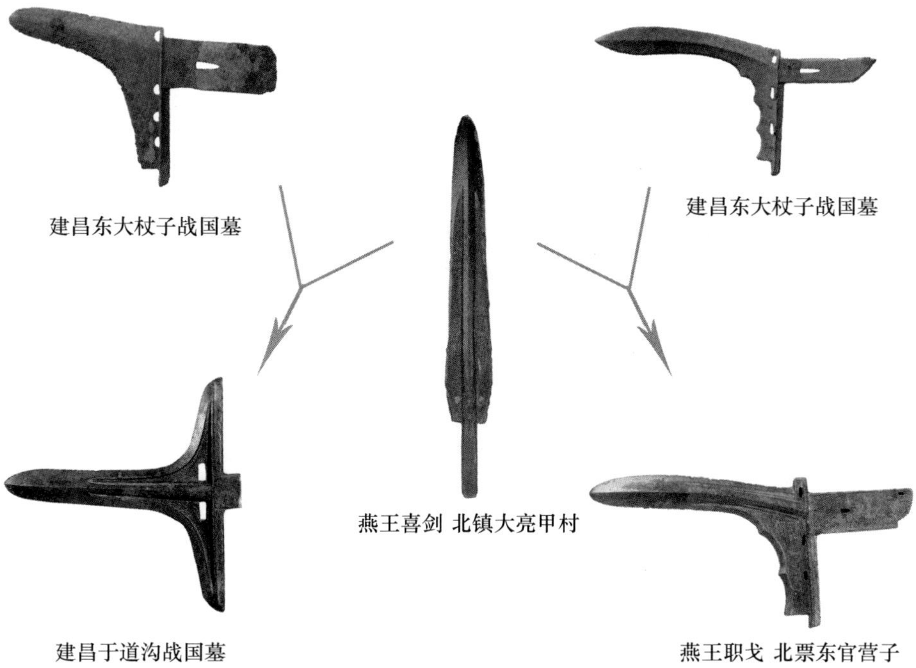

图一四　双胡戈起源示意图

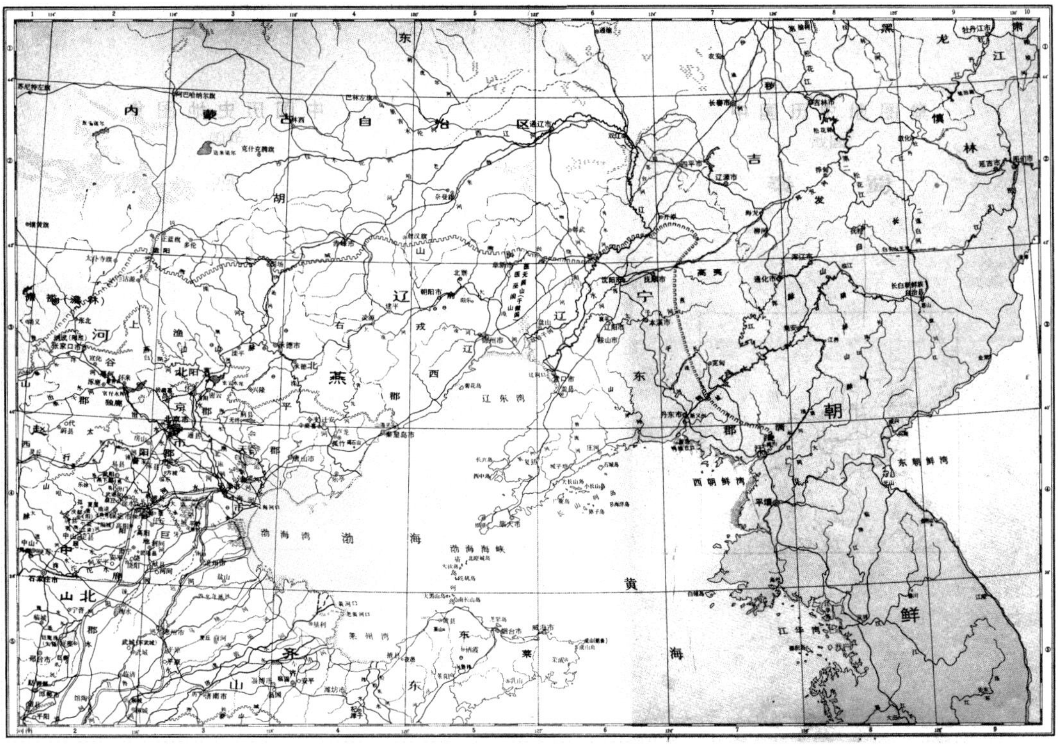

图一五　战国时期燕国郡县分布图

图一六　东大杖子M40及墓地出土器物图

1. 东大杖子M40　2. M5：1　3. M5：2　4. M4：1　5. M4：2　6. M4：3　7. M4：4　8. M5：3　9. M28：3　10. M14：27　11. M17：29　12. M13：5　13. M6：10

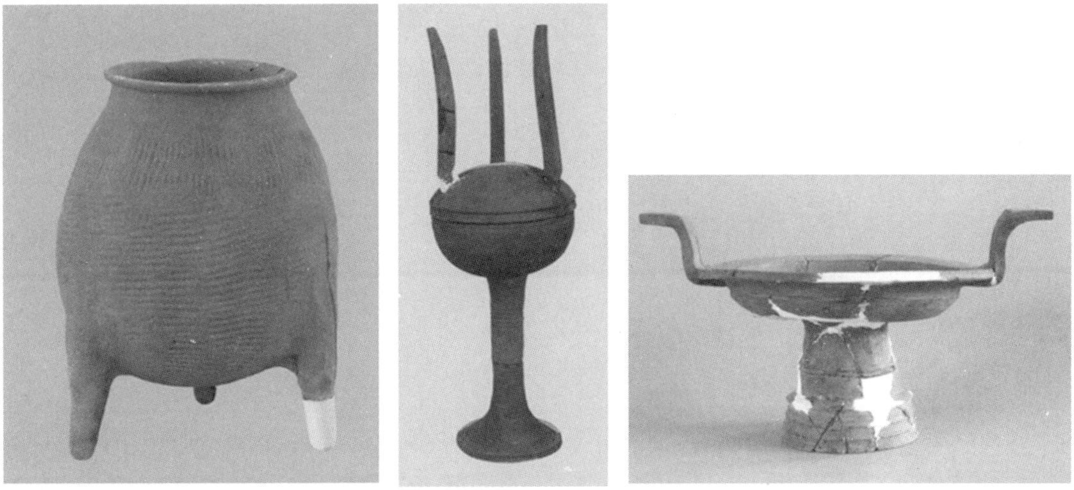

图一七　徐往子战国墓出土器物图

2. 秦代

辽宁有象征大一统帝国国门的绥中姜女石秦代大型行宫建筑址①和辽东长城沿线的考古发现。据史书记载，秦始皇在统一中国之后，为广播皇帝的声威，视察边疆防务，加强对各地的专制统治，生前曾先后五次大规模地出巡，到处祭祀名山大川，刻石记功，还进行了封禅、求仙等活动。据《史记·秦始皇本纪》记载："三十二年（公元前215年），始皇之碣石，使燕人卢生求羡门、高誓，刻碣石门。"这是他第四次巡狩郡县，巡视的就是东北和北方边境地区。20世纪80年代，在辽宁绥中县境内和河北秦皇岛市北戴河海滨，相继发掘出了两处秦代行宫遗址。它们有一个共同的特点，即都建在有着壮美景观的渤海岸边，两者之间相距也不远，约有40千米。先后被考古学家确认为秦代行宫遗址，均为文献上记载的"碣石宫"遗址群（图一八）。绥中姜女石秦汉行宫遗址群，位于葫芦岛市绥中县万家镇的止锚湾海滨，西距山海关15千米。此遗址群范围南北长4千米，东西沿海岸3.5千米，面积达14平方千米，包括六处大型遗址，分布在石碑地、黑山头、瓦子地、大金丝屯、红石砬子和周家南山等处。以石碑地宫殿为主体建筑，止锚湾为左翼阙楼，黑山头为右翼阙楼，衬以瓦子地、周家南山、金丝屯等众多的附属建筑，呈合抱之势，正对海中碣石（门），形成一处完整壮观的建筑群体。姜女石秦代大型行宫建筑址出土有与秦始皇陵2号建筑址相似的神树纹巨型瓦当（图一九）、空心砖、树纹瓦当等秦代遗物，表明这是一处可与始皇陵、阿房宫相媲美的秦代大型建筑工程。秦代辽东长城沿线的考古发现有沈阳上伯官城址发现的秦始皇"二十六"年陶量残片②、抚顺刘尔屯采沙场出土的"吕不韦"

① 辽宁省文物考古研究所：《姜女石——秦行宫遗址发掘报告》，文物出版社，2010年。

② 沈阳市文物考古研究所：《沈阳考古发现六十年·出土文物卷》，辽海出版社，2008年。

图一八　石碑地遗址全景鸟瞰

1　　2

图一九　姜女石遗址与秦始皇陵二号建筑址出土神树纹瓦当比较图

1. 姜女石遗址　2. 陕西秦始皇陵北二号建筑址

矛[①]、桓仁四道河子出土的铜戈、宽甸太平哨乡小掛房村出土的“元年丞相斯”戈[②]等（图二〇），上述秦代遗物的出土表明，秦代在辽宁地区的统治较战国晚期的燕国更加强势。

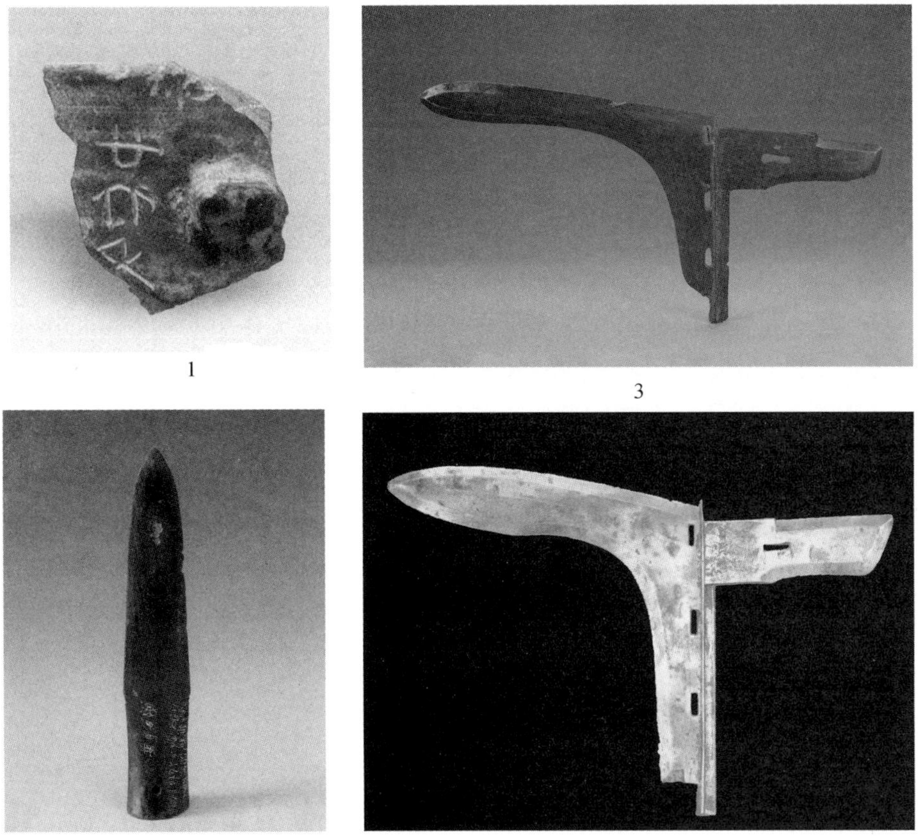

1 3 2 4

图二〇 辽宁境内出土秦代遗物图

1. 沈阳上伯官城址发现的秦始皇“二十六”年陶量残片 2. 抚顺刘尔屯采沙场出土的“吕不韦”矛 3. 桓仁四道河子出土的铜戈 4. 宽甸太平哨乡小掛房村出土 的“元年丞相斯”戈

3. 汉代

中央政权在辽宁地区的郡县设置更为明确。据《汉书·地理志》记载，辽西郡下设县十四：且虑、海阳、新安平、柳城、令支、肥如、宾从、交黎、阳乐、孤苏、徒河、文成、临渝、絫。辽东郡下设十八县：襄平、新昌、无虑、望平、房、侯城、辽队、辽阳、险渎、居就、高显、安市、武次、平廓、西安平、文、番汉、沓氏。襄平

① 徐家国、刘兵：《辽宁抚顺市发现战国青铜兵器》，《考古》1996年第3期。

② 许玉林、王连春：《辽宁宽甸县发现秦石邑戈》，《考古与文物》1983年第3期。

为新昌、无虑、辽阳等十八县之首县。郡治襄平（今辽宁省辽阳市），辖今辽宁大凌河以东，开原市以南，朝鲜清川江下游以北地区。目前，考古发现了其中的部分城址（图二一），尤其是辽西、辽东大量成批的汉墓的发现（图二二），表明辽宁大部分地区已切实地纳入到中原政权的有效管辖范围之内（图二三）。尽管如此，汉文化遗存也未能把当地土著居民文化遗存完全排挤走，相反，在某些偏远地区，当地土著居民文化还呈现着发展扩大的势头，比如辽东地区的高句丽文化遗存、辽西地区的慕容鲜卑文化遗存。这也为唐中期安史之乱以后东北地区的少数民族政权轮番登上北中国的政治舞台做了必备的铺垫。

4. 唐代

作为经营东北地区的前沿据点，营州（今辽宁朝阳）是唐王朝设立的唯一内地型府州，也是唐王朝在东北边疆的军事重镇，对于唐王朝统御东北边疆诸族、维护唐王朝与东北边疆诸少数部族之间的君臣关系，管辖与控制东北边疆具有重要的地位和作用。在唐王朝前期实现对东北边疆地区的行政管理，防范、平定东北边疆叛乱，发展东北边疆经济诸方面，发挥了重要作用（图二四）。营州存在着东北地区仅有的唐墓群①（图二五）和代表中央王朝经略渤海的鸿胪井刻石②（图二六）。朝阳唐墓中出土的墓志表明，来自中原的大小官吏和平民为维护中原王朝的统治苦心经营着营州以及广大的东北地区。位于大凌河畔的古营州（朝阳），自古以来就是连接中原与东北，东北亚与中亚地区的重要交通枢纽。无论是中原的农业文明，还是中亚地区的锡尔河流域文明，以及草原文明都曾经以朝阳为中心而得到了充分的融合与发展。尤其在隋唐时期，营州由于地理优势的明显与多民族的开发，使其一度成为辽西地区乃至中国东北最重要的政治、经济、贸易、文化的中心。由于三燕政权和北魏政权的早期开发和积累，加之其地理位置的重要性，营州必然成为隋唐帝国经略东北的边疆重镇。自从20世纪50年代以来，在今天的朝阳地区就陆续发现了大量隋唐时期的墓葬，截止到2010年，这一地区隋唐墓葬发现的数量多达205座。我们从这些墓葬中出土的琳琅满目、数以千计的各类随葬品中，透视出曾经辉煌和灿烂的文明印记。隋唐时期的营州对中国东北乃至东北亚地区文化的传播、社会的进步、民族的融合，以及经济的发展都起到了十分重要的作用。梳理和综述这些研究成果，便于我们深刻地理解和把握隋唐时期营州究竟处在怎样的历史地位，以及其对周边地区影响的价值所在。安史之乱以后，契丹人占据了营州地区，唐朝势力退出了辽宁地区。自此以后，辽宁地区进入了少数民族政权轮番登上政治舞台的时期。

---

① 辽宁省文物考古研究所、日本奈良文化财研究所：《朝阳隋唐墓葬发现与研究》，科学出版社，2012年。

② 赵锡金、郭富纯：《大连古代文明图说》，吉林文史出版社，2010年，第249页。

图二一　辽宁地区发现汉代城址分布图

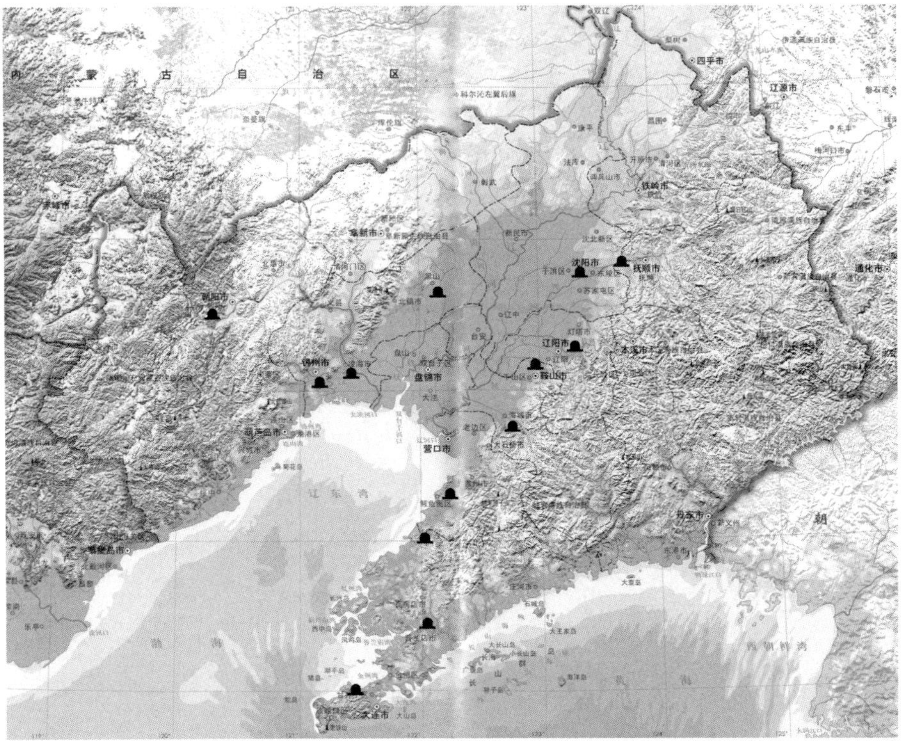

图二二　辽宁地区发现汉墓分布图

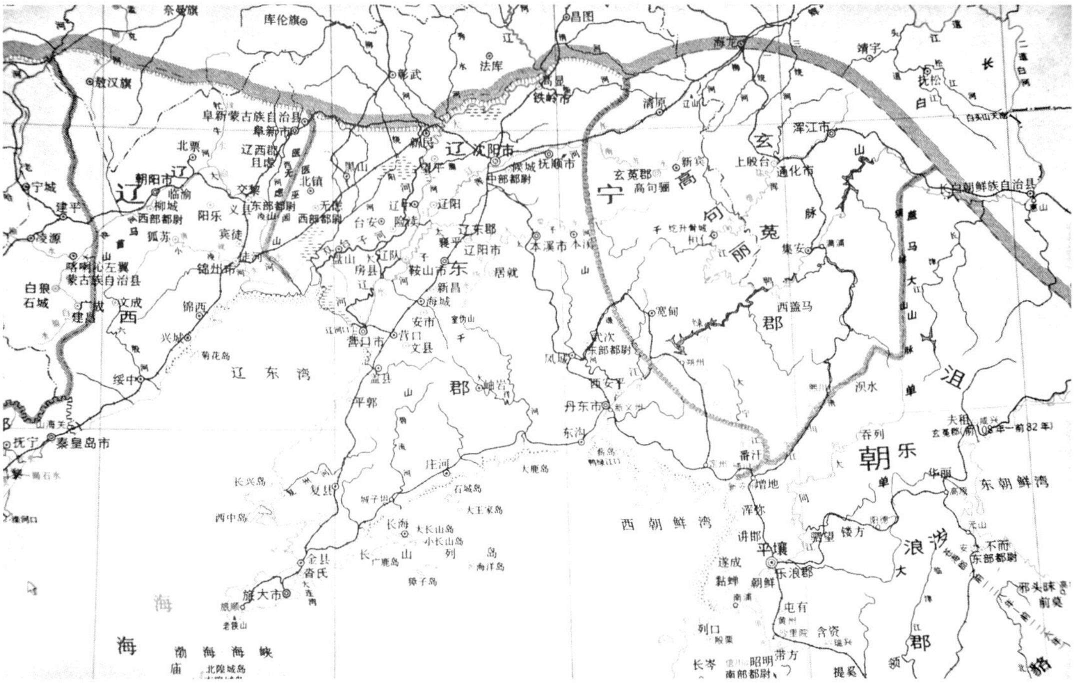

图二三　汉代辽宁郡县分布图

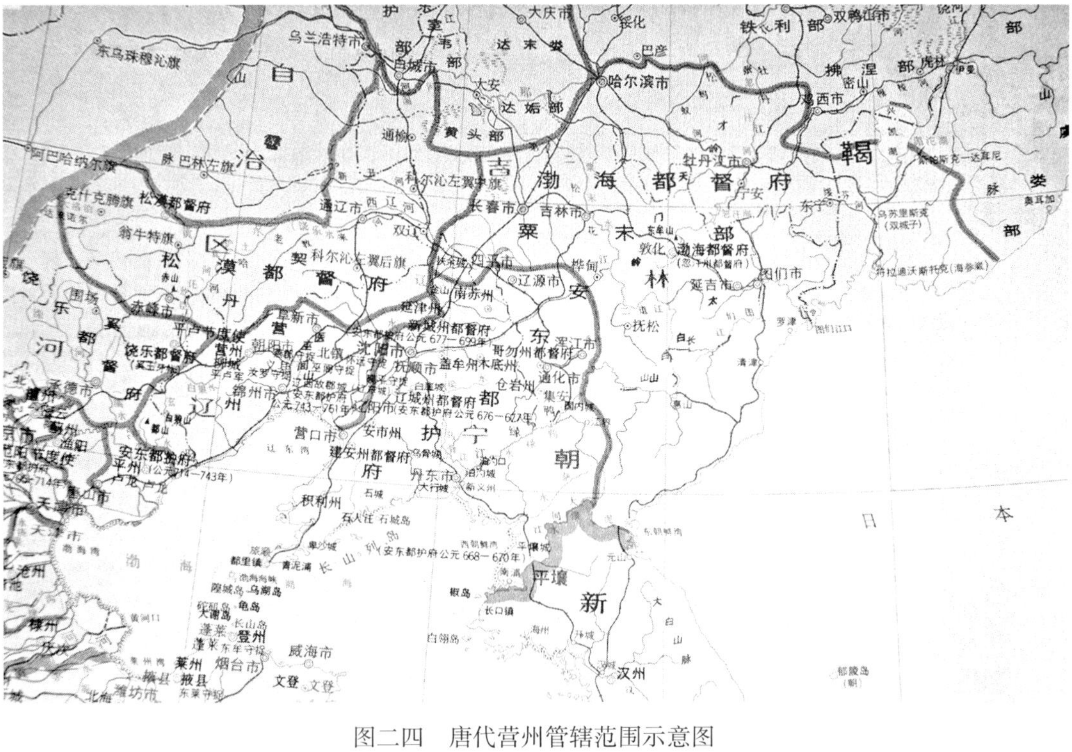

图二四　唐代营州管辖范围示意图

图二五　朝阳唐（蔡须达）墓及出土器物图

图二六　鸿胪井刻石拓片副本

5. 结语

以上重点讨论了周秦汉唐时期中原王朝的考古学文化对辽宁地区的影响以及辽宁地区的考古学文化在中华统一多民族国家的形成和发展过程中起到的重要作用。从中我们可以看到，中原文化对辽宁地区的影响时强时弱，但这种影响从未间断过。正是由于这种持续不断的影响，使得辽宁地区逐步纳入到中华文明的体系之中，并且成为中华文明当中的重要组成部分。

东周时期三晋地区与北方地区的文化互动

滕铭予

（吉林大学边疆考古研究中心）

东周时期是中国历史上非常重要的历史阶段，中原地区在经历了春秋战国的列国争雄之后，最终从封国走向了秦帝国的统一；中国的北方地区则形成了文化面貌相对一致的游牧文化带①。本文中的三晋地区是指从黄河沿岸到黄土高原东南缘的区域，包括今天的河北、山西和河南中北部，以及内蒙古南部。东周时期分布在这一地区的主要文化是被称为周文化在东周时期直接继承者的晋文化及三家分晋后的三晋文化，也包括了东周时期的周王室及后分封的东周与西周两个小诸侯国的文化，因此有学者称之为三晋两周地区，或迳称这一地区为中原地区②。中国北方地区主要是指长城沿线的内外地区，东周时期与中原地区有着地理上的接触并产生文化互动的北方地区，主要是长城地带的东段，包括位于太行山北段东西两侧和燕山山地的山西省中部、雁北地区、冀北山地，以及河北省中部。东周时期分布在这一地理范围内的文化主要是在中国古代文献中被称为“狄”的人群所留下的遗存③，包括了分布在冀北山地的玉皇庙文化；在太行山东麓华北平原西缘的滹沱河下游和沙河流域的与中山国有关的遗存；在山西省北部桑干河上游大同盆地浑源县李峪村发现的遗存，以及在山西北部滹沱河上游忻定盆地的遗存。而其中的玉皇庙文化因其资料丰富、时代跨度大，并有全面而详尽的报告，使得对玉皇庙文化的深入研究对上述北方地区的研究起到提纲挈领的作用。

在中国古代国家制度发生重要变化以及中国北方文化带形成的东周时期，探讨三晋地区文化与北方文化发生的不同层次的互动，其背后所隐含的社会、历史等更深层次的意义，也是研究东周时期国家制度从封国走向帝国这样一个历史进程的重要课题。

---

① 杨建华：《春秋战国时期中国北方文化带的形成》，文物出版社，2005年。

② 张辛：中原地区东周陶器墓葬研究，科学出版社，2002年。

③ 杨建华：《中国北方东周时期两种文化遗存辨析》，《考古学报》2009年第2期，第155～184页。该文中将这种文化称为东周时期分布在中国北方的第一种遗存。

到目前为止与本课题相关的研究中，在三晋文化和北方地区文化两个方面，分别都取得了较为深入的成果，其中尤其是对于两个地区考古学文化的时空框架、文化面貌、文化特点等方面的研究，基本上已取得共识。对于晋及三晋文化中所能见到的北方文化因素也有一定的讨论。这些都为本文的研究奠定了非常好的基础。不过到目前为止对于东周时期北方地区文化中所见三晋文化的影响还鲜见较为明确的研究，亦没有分别从三晋地区和北方地区两个不同的角度，探讨三晋地区和北方地区古代文化间的交流与互动，以及产生诸种互动关系的内部和外部的原因；也没有见到将这样一种文化的互动在东周时期——中国历史上极为重要的历史进程中所起的作用进行考古学的考察。

笔者于2008年承担了教育部人文社会科学重点研究基地重大项目“东周时期三晋地区与北方地区的文化互动”，并在最近三年的时间里陆续发表了该项目研究的中期成果。本文将在概括笔者已有研究成果的基础上，通过对东周时期三晋地区与北方地区古代文化间交流的考古学观察，探讨二者在不同层次上的交流与互动、互动的模式与动因，并对产生这些交流与互动的历史背景等进行深入的讨论。

一、从三晋地区所见北方文化因素看其与北方地区文化的交流与互动

在三晋地区属于东周时期的遗存中所见到的北方文化因素，多为墓葬中的随葬器物，主要有铜鍑、带钩、带扣、有銎兵器（图一），以及带耳陶器、陶鬲和长“丁”字形骨器[①]（图二）。各种北方文化因素器物的分类以及其分布范围与年代见表一，三晋地区出土有北方文化因素墓葬的基本信息见表二。

① 各种北方文化因素器物的具体分类请见滕铭予、王春斌：《东周时期三晋地区的北方文化因素》，《边疆考古研究中心》（第10辑），科学出版社，2011年，109～140页。

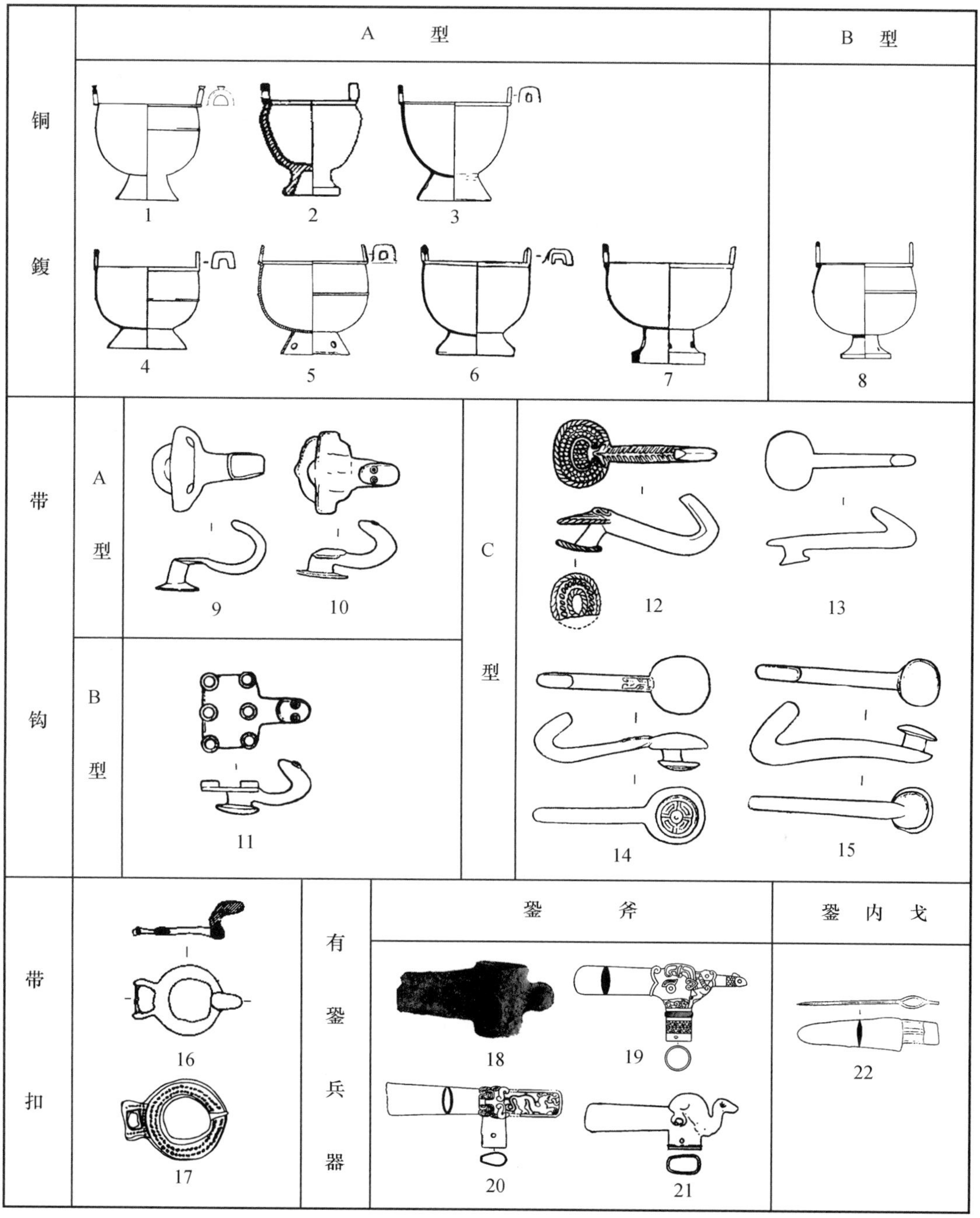

图一　三晋地区所见北方文化因素遗存之一

1. 闻喜上郭村76M1：3　2. 侯马上马M13：59　3. 侯马上马M2008：45　4. 临猗程村M0002：115　5. 临猗程村M1072：69　6. 临猗程村M0002：120　7. 太原金胜村M251：46　8. 沁水桃花沟M：01　9. 临猗程村M0009：3　10. 侯马上马M2052：1　11. 侯马上马M4039：1　12. 临猗程村M1084：2　13. 洛阳王城广场LM8：7　14. 侯马上马M2216：2　15. 侯马上马M1223：1　16. 米脂张坪M2：14　17. 怀仁杨谷庄　18. 山彪镇M1：110　19. 长治分水岭M269：95　20. 侯马上马M2008：20-2　21. 运城南相Ml：2　22. 太原金胜村M251：740-4

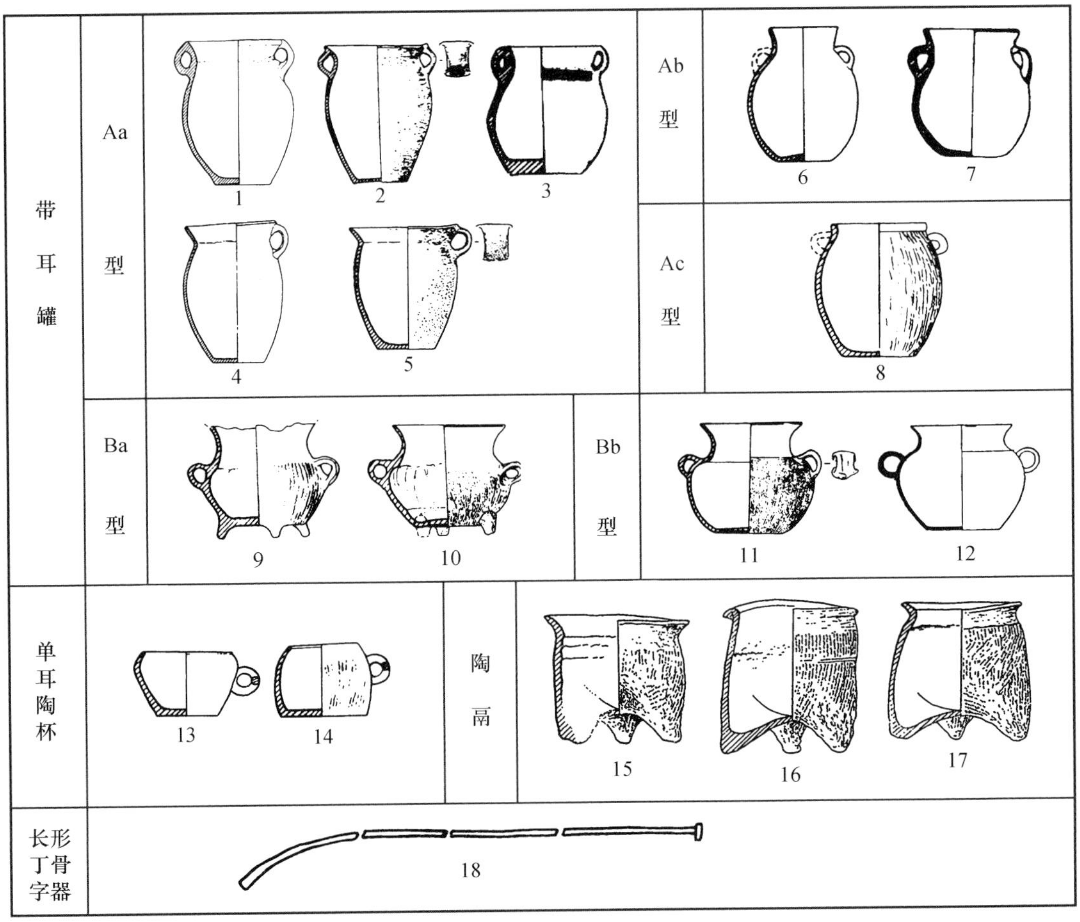

图二　三晋地区所见北方文化因素遗存之二

1. 临猗程村M0007：1　2. 侯马上马M2028：4　3. 清涧李家崖峰M2：3　4. 临猗程村M1062：28　5. 侯马上马M6364：3　6. 临县三交M10：5　7. 清涧李家崖峰M1：15　8. 柳林杨家坪M1：2　9. 侯马下平望92M3：5　10. 侯马古城南57H4M2：8　11. 侯马古城南63H4M8：8　12. 太原金胜村M251：557　13. 临县三交M10：7　14. 临县三交M10：3　15. 侯马上马M3177：1　16. 侯马上马M6125：2　17. 侯马上马M4010：1　18. 平仁杨谷庄M21

表一　三晋地区与北方地区相同遗存的分布范围与年代

		三晋地区		北方地区	
		地区	年代	地区	年代
鍑	A型鍑	太原盆地 临汾盆地 运城盆地	春秋中期早段 至战国早期	陕北地区 关中地区 内蒙古中部 中山国地区	西周晚期到战国早期
	B型鍑	晋东南沁水 流域	春秋晚期早段	陕北地区 冀北山地 中山国地区	春秋中期晚段到战国早期

续表

		三晋地区		北方地区	
		地区	年代	地区	年代
带钩	A型带钩	临汾盆地 运城盆地	春秋中期晚段	冀北山地	春秋中期晚段
	B型带钩	临汾盆地	春秋晚期	冀北山地	春秋晚期
	C型带钩	临汾盆地 运城盆地 洛阳地区	春秋战国之际 到战国早期	冀北山地	春秋晚期晚段
带扣		陕北西部 大同盆地	春秋中期早段	银南地区 固原地区 岱海地区	春秋早期到战国时期
有銎兵器	銎斧	临汾盆地 运城盆地 安阳地区	春秋晚期早段 到战国早期	银南地区	战国早期
	銎内戈	太原盆地	战国早期	北方地区	商周时期
带耳罐	Aa型带耳罐	临汾盆地 运城盆地	春秋晚期	陇东地区 岱海地区 冀北山地	春秋晚期到战国时期
	Ab型带耳罐	南流黄河 两岸	战国早期	岱海地区	春秋晚期到战国早期
	Ac型带耳罐	南流黄河 东岸	战国早期	赤峰地区	春秋战国之际到战国早期
	Ba型带耳罐	临汾盆地	战国早期	中山国地区	战国早期
	Bb型带耳罐	太原盆地 （铜） 临汾盆地	战国早期	?	
单耳杯		南流黄河东岸	战国早期	银南地区 凉城地区	春秋晚期到战国早期
鬲		临汾盆地 运城盆地	西周晚期到春 秋晚期	河北东部 晋中地区	商周时期
长“丁”字形骨器		大同盆地	战国中期早段	吕梁山北麓	春秋晚期到战国早期

通过表一，可知在三晋地区出现的北方文化因素有着不同的来源，可大致划分为以下几种。第一种包括A型鍑、B型鍑、Aa型带耳罐，是在中国北方地区相当广泛的范

围内都存在的遗存，从春秋中期早段一直到战国早期都有出现。第二种包括带扣、銎斧、Ab型带耳罐和单耳杯，主要是来自中国北方地区西部的宁夏北部银南地区以及中部的内蒙古岱海地区，年代亦从春秋中期早段一直到战国早期。近有学者认为这些遗存大多数应属于文献记载中的“胡”[①]。第三种包括Ac型带耳罐，年代在战国早期，目前只在内蒙古赤峰地区见到与此相近者，发掘者认为这种带耳罐是凌河文化的叠唇罐和长城地带中部地区流行的带耳陶器结合的产物[②]。第四种包括各种带钩和Ba型带耳罐，主要见于冀北山地玉皇庙文化和冀西南的中山故地，年代从春秋中期晚段到战国早期。第五种主要是分布在临汾盆地的各种非晋式陶鬲，在侯马上马墓地有较为集中的发现，年代从西周晚期开始一直到春秋战国之际[③]，这些陶鬲由于其明显不同于三晋文化陶鬲的特点而被认为是非晋文化因素。第六种主要是分布在山西北部大同盆地的“丁”字形骨器，年代大体在战国中期早段，集中出土于吕梁山北麓的平鲁井坪墓地，原报告认为埋入该墓地的人群应为文献记载中东周时期活动在晋北的“楼烦”，年代在春秋晚期到战国早期[④]。而在太原盆地出现的铜双耳罐以及与之形制相同的见于临汾盆地的陶Bb型带耳罐，由其双耳判断应源自北方地区带耳器物的风格，但目前因材料所限，尚不能确知其来源。

表二　三晋地区出土北方文化因素墓葬基本信息

墓葬	北方文化因素类别	性别	共出器物				时代	备注
			铜礼乐器	陶器	兵器/工具	车马器		
闻喜上郭村76M1[⑤]	A型鍑	不清		有	有	有	春秋中期早段	
上马M13[⑥]	A型鍑	不清	有	有	有	有	春秋中期晚段	

① 杨建华：《中国北方东周时期两种文化遗存辨析》，《考古学报》2009年第2期，第155～184页。

② 郭志中：《水泉墓地及相关问题之探索》，《中国考古学跨世纪的回顾与前瞻》，科学出版社，2000年，第297～309页。

③ 见山西省考古研究所：《上马墓地》（第三章），文物出版社，1994年版中的部分乙种陶鬲，以及第八章第二节中关于文化结构的讨论。

④ 支配勇、高平如：《平鲁井坪楼烦墓》，《文物季刊》1992年第1期，第20～23页。

⑤ 山西省考古研究所：《1976年闻喜上郭村周代墓葬清理记》，《三晋考古》（第一辑），山西人民出版社，1994年，第123～138页。

⑥ 山西省文物管理委员会侯马工作站：《山西侯马上马村东周墓葬》，《考古》1963年第5期，第229～245页。

续表

墓葬	北方文化因素类别	性别	共出器物				时代	备注
			铜礼乐器	陶器	兵器/工具	车马器		
临猗程村M0002①	A型鍑2	男(？)	有		有	有	春秋晚期晚段	器物为征集，原报告据其出兵器推测墓主为男性
侯马上马M2008②	A型鍑 銎斧	男	有	有	有	有	春秋晚期早段	
临猗程村M1072③	A型鍑	不清	有	有	有	有	春秋晚期晚段	
太原金胜村M251④	A型鍑 铜双耳罐 銎内式戈	男(？)	有	有	有	有	战国早期	
沁水桃花沟⑤	B型鍑	不清	有					为征集
临猗程村M0009⑥	A型带钩	不清		有			春秋中期晚段	
侯马上马M2052⑦	A型带钩	不清					春秋中期晚段(？)	
侯马上马M4039⑧	B型带钩	男					春秋晚期(？)	

① 赵慧民、李百勤、李春喜：《山西临猗县程村两座东周墓》，《考古》1991年第11期，第987～994页。

② 山西省考古研究所：《上马墓地》，文物出版社，1994年，第70页。

③ 中国社会科学院考古研究所、山西省考古研究所、运城市文化局、临猗县博物馆：《临猗程村墓地》，中国大百科全书出版社，2003年，第101页。

④ 山西省考古研究所、太原市文物管理委员会：《太原晋国赵卿墓》，文物出版社，1996年，第130页。

⑤ 李继红：《沁水县出土的春秋战国铜器》，《山西省考古学会论文集》（三），山西古籍出版社，2000年，第294页。

⑥ 中国社会科学院考古研究所、山西省考古研究所、运城市文化局、临猗县博物馆：《临猗程村墓地》，中国大百科全书出版社，2003年，第128页。

⑦ 山西省考古研究所：《上马墓地》，文物出版社，1994年，第93页。

⑧ 山西省考古研究所：《上马墓地》，文物出版社，1994年，第93页。

续表

墓葬	北方文化因素类别	性别	共出器物				时代	备注
			铜礼乐器	陶器	兵器/工具	车马器		
临猗程村M1084①	C型带钩	男		有			春秋晚期晚段	
侯马上马M2216②	C型带钩	男					战国早期（?）	
侯马上马M1223③	C型带钩	男					战国早期（?）	
洛阳王城广场LM8④	C型带钩	不清	有			有	春秋晚期	被盗扰
米脂张坪M2⑤	带扣	不清		有	有		春秋中期早段	
长治分水岭M269⑥	銎斧	男	有		有	有	春秋晚期早段	据随葬器判断为男性
运城南相M1⑦	銎斧	男	有	有	有	有	春秋晚期早段	
汲县山彪镇M1⑧	銎斧	男（?）	有		有	有	战国早期	
临猗程村M0007⑨	Aa型带双耳罐	不清		有			春秋中期	

① 中国社会科学院考古研究所、山西省考古研究所、运城市文化局、临猗县博物馆：《临猗程村墓地》，中国大百科全书出版社，2003年，第128页。

② 山西省考古研究所：《上马墓地》，文物出版社，1994年，第93页。

③ 山西省考古研究所：《上马墓地》，文物出版社，1994年，第93页。

④ 洛阳市文物工作队：《洛阳王城广场东周墓》，文物出版社，2009年。

⑤ 北京大学考古系商周实习组、陕西省考古所商周研究室：《陕西米脂张坪墓地试掘简报》，《考古与文物》1989年第1期，第14～20页。

⑥ 山西省考古研究所、山西省博物馆、长治市博物馆：《长治分水岭东周墓地》，文物出版社》，2010年，第342～343页。

⑦ 王志敏、高胜才：《运城南相春秋墓清理简报》，《文物世界》1990年第1期，第39～44页。

⑧ 郭宝钧：《山彪镇与琉璃阁》，科学出版社，1959年，第29页。

⑨ 中国社会科学院考古研究所、山西省考古研究所、运城市文化局、临猗县博物馆：《临猗程村墓地》，中国大百科全书出版社，2003年，第137页。

续表

墓葬	北方文化因素类别	性别	共出器物				时代	备注
			铜礼乐器	陶器	兵器/工具	车马器		
侯马上马M2028①	Aa型带双耳罐A/B型带钩	男		有			春秋晚期	所出带钩未见图像，据所分式别应为本文所分A型或B型
侯马上马M6364②	Aa型带单耳罐C型带钩	男					春秋晚期	所出带钩未见图像，据所分式别应为本文所分C型
临猗程村M1062③	Aa型带单耳罐	男	有	有	有	有	春秋晚期	
临县三交M10④	Ab型带耳罐单耳杯	男		有			春战之际到战国早期	
清涧李家崖峰M1⑤	Ab型带耳罐	不清		有			战国早期	
柳林杨家坪M1⑥	Ac型带耳罐	男	有	有			战国早期	
侯马下平望92M3⑦	Ba型带耳罐	不清		有			战国早期	

① 山西省考古研究所：《上马墓地》（第四章），文物出版社，1994年，第137页。

② 山西省考古研究所：《上马墓地》（第四章），文物出版社，1994年，第137页。

③ 中国社会科学院考古研究所、山西省考古研究所、运城市文化局、临猗县博物馆：《临猗程村墓地》，中国大百科全书出版社，2003年，第137页。

④ 山西省考古研究所、吕梁地区文物管理处：《临县三交战国墓发掘简报》，《三晋考古》（第一辑），山西人民出版社，1994年，第304～312页。

⑤ 陕西省考古研究所、陕北考古工作队：《陕西清涧李家崖东周、秦墓发掘简报》，《考古与文物》1987年第3期，第1～17页。

⑥ 吕梁地区文物事业局、柳林县文物管理所：《1997柳林县杨家坪战国墓葬清理简报》，《山西省考古学会论文集》（三），山西古籍出版社，2000年，第42～50页。

⑦ 山西省考古研究所侯马工作站：侯马下平望墓地发掘报告《三晋考古》（第一辑），山西人民出版社，1994年，第207页。

续表

墓葬	北方文化因素类别	性别	共出器物				时代	备注
			铜礼乐器	陶器	兵器/工具	车马器		
侯马牛村古城南57M2①	Ba型带耳罐			有			战国早期	
牛村古城南63M8②	Bb型带耳罐			有			战国早期	
侯马上马M1010③	小鍑 A/B型带钩		有	有	有	有	春秋中期晚段	所出带钩无图，据所分式别应为本文之A或B型
怀仁杨谷庄M21④	长“丁”形骨器	女		有			战国中期（？）	原报告未报道各墓出土器物数量

观察表二中各出土有北方文化因素的墓葬可以看出，出土有铜鍑的墓葬中，除了闻喜上郭村76M1未见青铜礼器，沁水桃花沟因非正式发掘而不能确知其随葬器物组合原貌外，其余均为随葬有成组青铜礼器的墓葬，且年代均在三家分晋之前。闻喜上郭村76M1和沁水桃花沟所出的铜鍑，均为实用器。由于闻喜上郭村76M1随葬有铜戈、铜镞、马衔、骨镳等器物，墓主人应为武士，该墓出现的铜鍑很可能是墓主人参与了与北方地区的某种军事行动从而直接获得的器物，应该是一种偶发的个人行为。沁水桃花沟所出铜鍑亦为实用器，出现的原因当与闻喜上郭村相近。其他随葬铜鍑的墓葬，所有铜鍑均已小型化和明器化，当时应是将这种明器化的铜鍑视为青铜礼器的一部分而随葬，这或许表现出在晋文化高层次人群的心目中，与这些铜鍑所来自的广大北方地区的关系占据着十分重要的地位，这已经不是个人的偶发行为，而是一种集团的共识。

目前发现随葬有銎斧的墓葬均为青铜礼器墓，年代亦均在三家分晋之前。由于銎斧在中国北方地区主要见于西部地区，因此这些现象说明晋文化地区在与北方地区的西部以军事行为为主要媒介的交往中，在社会上处于较高阶层的人群将来自这些地区的兵器中原化后作为表示自己身份的象征，显出示对与这些地区关系的重视。

① 山西省考古研究所侯马工作站：《侯马牛村古城南墓葬发掘报告》，《晋都新田》（下编），山西人民出版社，1996年，第194～248页。

② 山西省考古研究所侯马工作站：《侯马牛村古城南墓葬发掘报告》，《晋都新田》（下编），山西人民出版社，1996年，第194～248页。

③ 山西省考古研究所：《上马墓地》（第四章），文物出版社，1994年，第123～134页。

④ 高峰、张海啸、安孝文：《怀仁县杨谷庄战国墓清理简报》，《山西省考古学会论文集》（三），山西古籍出版社，2000年，第65～71页。

与铜鍑、銎斧情况不同的是，三晋地区出土有北方地区古代文化风格的带钩、带扣、长丁字形骨器，以及各种陶器的墓葬，除个别为随葬有1件铜鼎的一鼎墓外，绝大多数均为仅出陶器，甚至不见陶器的墓葬。可以鉴定墓主人性别的墓葬中，除了出长丁字形骨器的怀仁杨谷庄M21为女性外，其余均为男性。年代除了怀仁杨谷庄M21可以到战国中期外，其余各墓均在三家分晋以前。各种形制的带钩主要来自冀北山地的“狄人”文化遗存，而各种陶器的来源则较为复杂，或来自于中国北方的广大地区，或来自于北方地区的西部、北部，以及冀北山地，甚至来源于本土的土著文化。从这些现象可以得知，在三晋地区使用带钩、带扣、陶器等这些带有北方文化因素器物的人群主要为处于社会较低阶层者，由他们大多为男性可知这些墓葬的墓主人至少其中的一部分不是由于联姻而进入三晋地区，因此这些器物的出现除了不同地区文化的交往外，也有可能与北方地区人群的流入或本地土著人群的延续有关。

另外，通过表一还可以知道，三晋地区出现北方文化因素最为集中的地区是位于晋西南汾河流域的侯马地区和运城盆地北缘的临猗地区。侯马地区为春秋中期晚段（晋景公十五年，公元前585年）至战国早中期之际（晋静公二年，公元前376年）晋国都城新田所在，而临猗地区据考亦为晋之重卿范氏之邑[①]，在这里发现的出现北方文化因素墓葬的年代基本与晋都新田的时间相当，因此在这一时间段内出现了多样化的北方文化因素应与这里是都城或晋之重卿所在地区有关，这里的文化具有较强的开放性，不同社会阶层与不同文化间所进行的不同形式的交流亦相当活跃。同时通过表一也可看到，到了战国早期三家分晋之后，除了在晋北地区赵国遗存中还散见有北方文化因素以外，在其他地区已经很少能看到北方文化因素了。

二、从北方地区所见中原文化因素看其与中原地区文化的交流与互动

如上文所述，在北方地区东周时期的古代文化中，以分布在冀北山地的玉皇庙文化最具代表性，因此对玉皇庙文化的深入研究将会对北方地区古代文化的研究起到提纲挈领的作用。因此下文的讨论即以冀北山地发现的玉皇庙文化遗存中所见到中原文化因素为主。

目前发现的玉皇庙文化遗存的地点主要有：延庆玉皇庙[②]、葫芦沟、西梁垙[③]、

① 中国社会科学院考古研究所山西省考古研究所、运城市文化局、临猗县博物馆：《临猗程村墓地》（第四章），中国大百科全书出版社，2003年。

② 北京市文物研究所：《军都山墓地——玉皇庙》，文物出版社，2007年。

③ 北京市文物研究所：《军都山墓地——葫芦沟与西梁垙》，文物出版社，2009年。

延庆龙庆峡[①]、怀来甘子堡[②]、怀来北辛堡[③]、涿鹿倒拉嘴[④]、涿鹿孙家沟[⑤]、宣化小白阳[⑥]、张家口泥河子村[⑦]等（下文所涉上述各地点发现的器物，除有需特殊说明处，均不再另行注释）。在上述遗存中发现了数量较多的中原文化因素，以青铜器、陶器为大宗，另有极个别的玉器。由于陶器易碎，不易于长距离搬运，加之制造工艺相对简单，除特殊器物外，很难判断其产地；而青铜器质地坚硬，适于远距离传播，加之制造工艺相对复杂，作为金属器物，本身又具有财富、身份、地位等标识作用，因此在玉皇庙文化中出现的大部分中原式铜器很可能是产自于中原地区后通过某种方式进入玉皇庙文化，更能体现不同地区间文化的互动。出于以上原因，下文将重点讨论在玉皇庙文化中所见到的中原式青铜器[⑧]。

在玉皇庙文化遗存中出现的中原式青铜器可分为青铜礼器、青铜兵器和车马器三大类。其中以青铜礼器为大宗，包括了鼎、敦、盖豆、壶、罍、缶、鋓、盘、匜、鉴等（图三、图四）；中原式青铜兵器以戈为主；中原式车马器并不多见，其中又以车器为多，有軎、车篷架管、盖弓帽、折页等，马具有衔和镳（图五）[⑨]。

玉皇庙文化中出土的中原式青铜器的年代及来源见表三，玉皇庙文化出土有中原式青铜器墓葬的信息见表四。

---

① 北京市文物研究所：《龙庆峡别墅工程中发现的春秋期墓葬》，《北京文物与考古》（第4辑），北京市文物研究所，1994年，第32～45页。据2010年发表的《军都山墓地——葫芦沟与西梁垙》，龙庆峡墓地实为军都山西梁垙墓地的一部分。

② a. 河北省博物馆、河北省文物管理处：《河北省出土文物选集》，文物出版社，1980年，第44、45页；b. 贺勇、刘建中：《河北怀来甘子堡发现的春秋墓群》，《文物春秋》1993年第2期，第23～40页。

③ 河北省文化局文物工作队：《河北怀来北辛堡战国墓》，《考古》1966年第5期，第231～242页。

④ 陈信：《河北涿鹿县发现春秋晚期墓葬》，《文物春秋》1999年第6期，第31、32页。

⑤ 涿鹿县文物保护管理所：《河北省涿鹿县发现春秋晚期墓葬》，《华夏考古》1998年第4期，第25、26页。

⑥ 张家口市文物事业管理所、宣化县文化馆：《河北宣化县小白阳墓地发掘报告》，《文物》1987年第5期，第41～51页。

⑦ 张学武、陶宗冶：《河北张家口市泥河子村出土一批青铜器》，《文物》1983年第7期，第94页。

⑧ 本文讨论的器物大部出自科学发掘的墓葬，少数为被破坏后由文物工作部门清理并判断原出自墓葬，同时在原始报告或简报中已发表线图或图版者，少数器物因原报告未发表相应的线图或图版而不能确知其形制者，本文未能进行讨论。

⑨ 关于玉皇庙文化中所见中原文化因素的研究请见滕铭予、张亮：《东周时期冀北山地玉皇庙文化中的中原文化因素》，待刊。

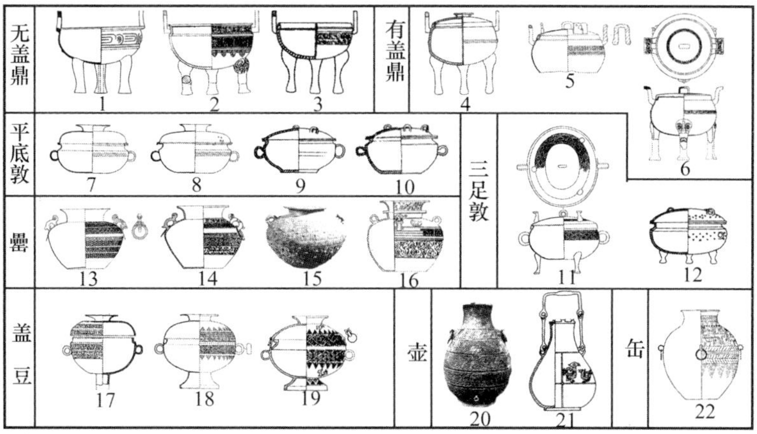

图三　玉皇庙文化所见中原地区文化因素之一

1. 延庆玉皇庙M2：1　2. 怀来甘子堡M1：1　3. 怀来甘子堡M2：3　4. 怀来甘子堡M2：8　5. 延庆西梁垙M1：3　6. 怀来北辛堡M1：85　7. 延玉皇庙M2：2　8. 延庆玉皇庙M18：2　9. 怀来甘子堡M5：1　10. 怀来甘子堡M18：1　11. 延庆龙庆峡M30：1　12. 怀来甘子堡M2：6　13. 延庆玉皇庙M2：5　14. 怀来甘子堡M2：9　15. 1957怀来甘子堡　16. 怀来甘子堡M1：2　17. 涿鹿倒拉嘴　18. 延庆西梁垙M1：4　19. 怀来甘子堡M1：4　20. 怀来北辛堡M1：87　21. 怀来甘子堡M2：7　22. 怀来北辛堡M1：88

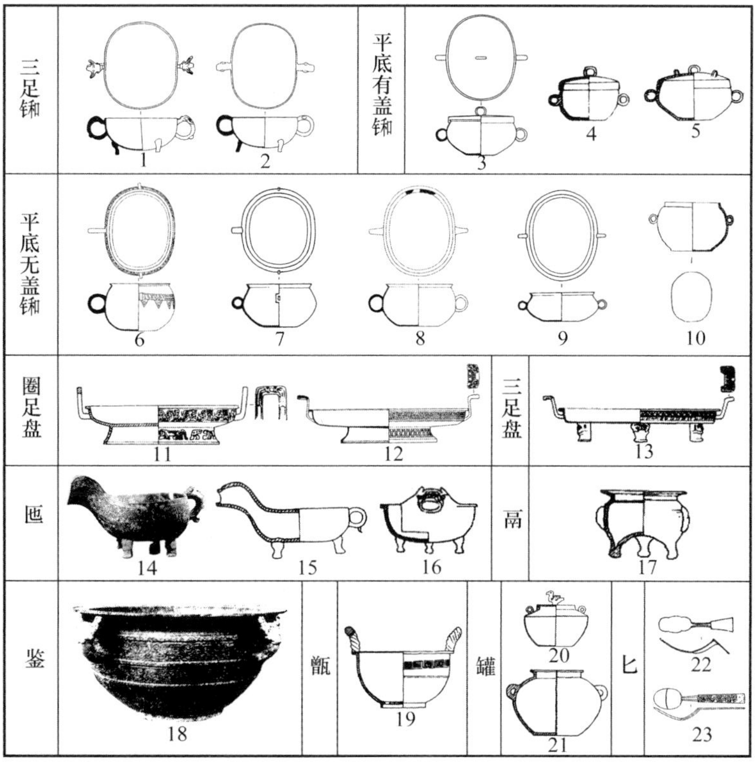

图四　北方地区所见中原地区文化因素之二（为方便排图，图中各器物比例不同）

1.延庆玉皇庙M2：10　2.延庆玉皇庙M2：11　3.延庆玉皇庙M2：9　4.怀来甘子堡M1：7　5.怀来甘子堡M2：5　6.延庆玉皇庙M18：4　7.延庆玉皇庙M171：4　8.延庆玉皇庙M35：2　9.延庆玉皇庙M156：11　10.涿鹿倒拉嘴　11.怀来甘子堡M1：5　12.延庆玉皇庙M2：7　13.怀来甘子堡M16：1　14.1957怀来甘子堡　15.怀来甘子堡M2：4　16.怀来甘子堡M6：12　17.怀来甘子堡M15：1　18.怀来北辛堡M1：91　19.怀来甘子堡M1：3　20.怀来甘子堡M19：2　21.怀来甘子堡M5：2　22.怀来甘子堡M7：4　23.延庆玉皇庙M2：4

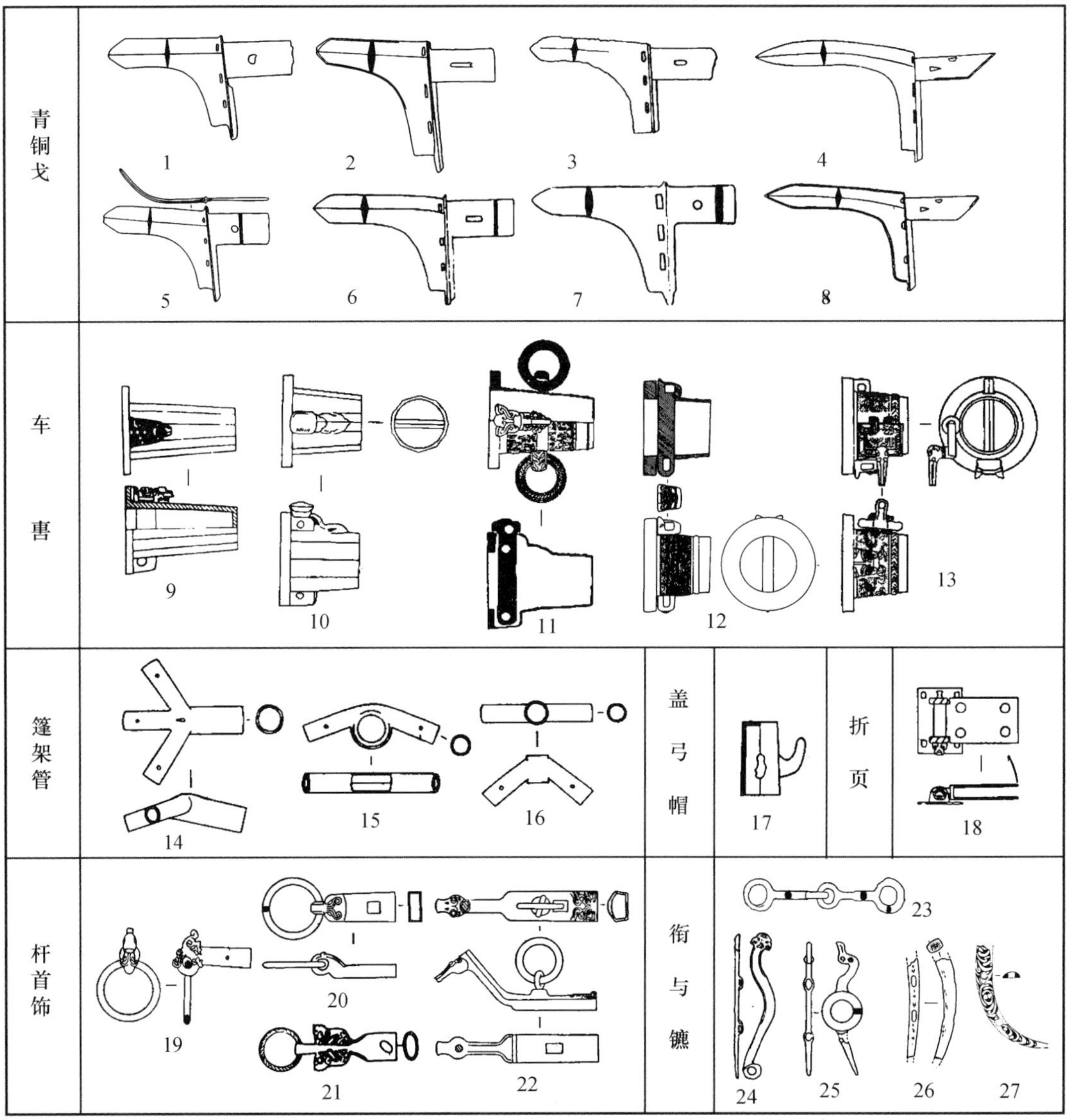

图五　北方地区所见中原地区文化因素之三（因排图需要，图中各器比例不一）

1. 延庆玉皇庙M34：4　2. 延庆玉皇庙M250：6　3. 涿鹿倒拉嘴　4. 怀来北辛堡M1：56　5. 延庆西梁垙M25：4　6. 怀来甘子堡M8：30　7. 怀来甘子堡M3：4　8. 怀来北辛堡M2：12　9. 怀来甘子堡M9：5　10. 怀来北辛堡M1：50　11. 怀来北辛堡M1：20　12. 延庆西梁垙M1：10-2　13. 怀来北辛堡M1：48　14. 怀来北辛堡M1：13　15. 怀来北辛堡M1：12　16. 怀来北辛堡M1：14　17. 怀来北辛堡M2：3　18. 怀来北辛堡M1：3　19. 怀来北辛堡M1：34　20. 怀来北辛堡M1：36　21. 怀来甘子堡M20：13　22. 怀来北辛堡M2：8　23. 怀来北辛堡M1：68　24. 怀来甘子堡M18：5　25. 怀来北辛堡M1：70　26. 怀来北辛堡M1：7　27. 怀来北辛堡M2：6

表三 玉皇庙文化各墓所出中原式青铜器统计表

器物	器物号	年代	来源
无盖鼎	玉皇庙M2：1	春秋中期早段	三晋两周
敞口流匜	玉皇庙M2：8	春秋中期早段	三晋两周
平底敦	玉皇庙M2：2	春秋中期晚段	三晋两周
无盖罍	玉皇庙M2：5	春秋中期晚段	三晋两周
三足铏	玉皇庙M2：10	春秋中期晚段	三晋两周
三足铏	玉皇庙M2：11	春秋中期晚段	三晋两周
平底有盖铏	玉皇庙M2：9	春秋中期晚段	三晋两周
圈足盘	玉皇庙M2：7	春秋中期晚段	三晋两周/齐①
匕	玉皇庙M2：4	春秋时期	
平底敦	玉皇庙M18：2	春秋中期晚段	三晋两周
无盖罍	玉皇庙M18：3	春秋中期晚段	三晋两周
无盖铏	玉皇庙M18：4	春秋中期晚段	齐
戈	玉皇庙M18：7	春秋早期	三晋两周
无盖罍	玉皇庙M250：2	春秋中期晚段	三晋两周
无盖铏	玉皇庙M250：3	春秋晚期早段	三晋两周
戈	玉皇庙M250：6	春秋早期	三晋两周
无盖铏	玉皇庙M171：4	春秋晚期早段	齐
无盖铏	玉皇庙M35：2	春秋晚期早段	三晋两周
无盖铏	玉皇庙M156：11	春秋晚期晚段	三晋两周
无盖铏	玉皇庙M174：13	春秋晚期晚段	三晋两周
戈	玉皇庙M32：4	春秋早期	三晋两周
戈	玉皇庙M34：4	春秋早期	三晋两周
无盖铏	龙庆峡M30：2	春秋晚期早段	三晋两周
三足敦	龙庆峡M30：1	战国早期	燕
无盖铏	西梁垙M25：3	春秋晚期早段	三晋两周
戈	西梁垙M25：4	春秋早期	三晋两周
有盖鼎	西梁垙M1：3	战国早期	燕

① 表示该器物可能受到了齐器的影响。

续表

器物	器物号	年代	来源
盖豆	西梁垅M1：4	战国早期早段	三晋两周
圆筒形軎	西梁垅M1：10	春秋中期到战国早期	三晋两周
敞口流匜	1957年甘子堡	春秋中期早段	蔡之孟姬匜
无盖罍	1957年甘子堡	春秋晚期早段	三晋两周
敞口流匜	甘子堡M1：6	春秋中期早段	三晋两周
圈足盘	甘子堡M1：5	春秋中期早段	三晋两周
无盖鼎	甘子堡M1：1	春秋中期晚段	三晋两周
有盖罍	甘子堡M1：2	春秋晚期晚段	三晋两周
甗	甘子堡M1：3	春秋晚期晚段	三晋两周
盖豆	甘子堡M1：4	战国早期	三晋两周（？）[①]
平底有盖铆	甘子堡M1：7	战国早期	齐
无盖鼎	甘子堡M2：3	春秋晚期	齐
有盖鼎	甘子堡M2：8	春秋晚期	齐
平底有盖铆	甘子堡M2：5	春秋晚期	齐
封口流匜	甘子堡M2：4	春秋晚期	三晋两周
提梁壶	甘子堡M2：7	春秋晚期早段	齐
无盖罍	甘子堡M2：9	春秋晚期早段	三晋两周
三足敦	甘子堡M2：6	春秋晚期晚段	齐
平底敦	甘子堡M5：1	春秋中期晚段	三晋两周
无盖罐	甘子堡M5：2	春秋中期晚段到春秋晚期	群舒
三足盘	甘子堡M16：1	春秋晚期早段	三晋两周
无盖铆	甘子堡M16：3	春秋晚期早段	三晋两周
平底敦	甘子堡M18：1	春秋中期晚段	三晋两周
蛇形铜镳6	甘子堡M18：15	春秋中期晚段到春秋晚期	山东地区
封口流匜	甘子堡M6：12	春秋晚期	三晋两周
匕	甘子堡M7：4	春秋时期	
鬲	甘子堡M15：1	春秋晚期	三晋两周

① 盖豆本为三晋两周地区流行之器，但此件盖豆可能也受到了其他地区文化的影响，只是目前不能确知。

续表

器物	器物号	年代	来源
带盖罐	甘子堡M19：2	春秋中期早段	黄
戈	甘子堡M8：30	春秋早期	三晋两周
戈	甘子堡M3：4	春秋中期	三晋两周
多边形軎2	甘子堡M9：5	春秋中期到战国早期	三晋两周
杆首饰	甘子堡M20：13		
盖豆	倒拉嘴	春秋晚期晚段	三晋两周
无盖铷	倒拉嘴	春秋晚期	三晋两周
戈	倒拉嘴	春秋中期	三晋两周
有盖鼎	北辛堡M1：85	不早于战国早期	燕
缶2	北辛堡M1：88	战国早期	三晋两周
有盖壶	北辛堡M1：87	战国早期	三晋两周
鉴	北辛堡M1：91	春秋晚期晚段	三晋两周
戈	北辛堡M1：56	战国早期	三晋两周
多边形軎2	北辛堡M1：50、51	春秋中期到战国早期	三晋两周
圆筒形軎3	北辛堡M1：20	春秋中期到战国早期	三晋两周
圆筒形軎2	北辛堡M1：48	春秋中期到战国早期	三晋两周
车篷架管10	北辛堡M1		三晋两周
折页	北辛堡M1：3		三晋两周
杆首饰	北辛堡M1		三晋两周
衔	北辛堡M1：68		
铜镳	北辛堡M1：70		
骨镳	北辛堡M1：7		
戈	北辛堡M2：12	战国早期	三晋两周
盖弓帽	北辛堡M2：3		三晋两周
杆首饰	北辛堡M2：8		三晋两周
骨镳	北辛堡M2：6		

通过对表三的观察可以看出以下现象。①部分墓葬中随葬的中原式青铜礼器的年代有早晚之别，有些墓葬如玉皇庙M2和M250出现年代不一的青铜礼器，可能是较早

时期器物的延续使用，而甘子堡M1则因其随葬器物年代跨度太大而很难将之视为原本即为同时使用并有相同来源的一组器物，这样在判断各墓葬年代时亦应以其中年代最晚者为准。通观这些墓葬的年代，大体包括了春秋中期晚段、春秋晚期（含早、晚两段）和战国早期。②冀北山地玉皇庙文化遗存中所见中原式器物以三晋两周地区流行的器物为多见，但也出现了燕、齐，甚至黄、蔡等其他诸侯国的器物，很多都与三晋两周地区的器物出自同一墓葬，如西梁垙M1、怀来北辛堡M1、延庆玉皇庙M18、怀来甘子堡M1、M2等。③冀北山地玉皇庙文化遗存中所见中原式器物以青铜礼器为大宗，不过中原地区青铜礼器中的核心器物——鼎，在这里却不多见，大部分墓葬都没有出现同时期中原地区常见的煮肉、盛食、酒器相配的组合，通常仅有一、两件，且多为小型饮酒器铆。④在春秋中期晚段和春秋晚期，除了随葬有中原式青铜礼器以外，还有兵器随葬，另在甘子堡M18出土了6件山东地区流行的铜镳。到了战国早期，开始出现中原式的车马器，包括车軎、盖弓帽、车篷架管，以及马衔、马镳等。

表四　玉皇庙文化出土有中原式青铜器墓葬信息统计表

墓葬	青铜礼器	青铜兵器	车器	马器	器物中年代最晚者	其他信息	所含文化因素
玉皇庙M2	无盖鼎1平底敦1罍1三足铆2平底有盖铆1盘1匜1匕1斗1				春秋中期晚段	女，长方形土坑木椁墓，填土殉马、牛、狗，金耳环、包金铜贝、金串珠	三晋两周/齐
玉皇庙M18	平底敦1罍1无盖铆1	戈1			春秋中期晚段	男，扩充二层台木椁墓，殉马、牛、羊、狗，金耳环、金虎牌饰	三晋两周，齐
玉皇庙M250	罍1无盖铆1	戈1			春秋晚期早段	男，扩充二层台木椁墓，二层台及填土殉马、牛、羊、狗，金耳环、金半月形项饰	三晋两周
玉皇庙M35	无盖铆1				春秋晚期早段	女，长方形土坑木椁墓，上层被破坏	三晋两周
玉皇庙M171	无盖铆1				春秋晚期早段	男，长方形土坑木椁墓，填土殉牛、羊、狗	齐
玉皇庙M156	无盖铆1				春秋晚期晚段	男，扩充二层台木椁墓，填土殉马、牛、羊、狗，金耳环	三晋两周

续表

墓葬	青铜礼器	青铜兵器	车器	马器	器物中年代最晚者	其他信息	所含文化因素
玉皇庙M174	无盖铆1				春秋晚期晚段	男，扩充二层台木椁墓，填土殉马、牛、羊、狗，金耳环、金半月形项饰	三晋两周
玉皇庙M32		戈				无人，长方形土坑墓，无葬具，无殉牲	三晋两周
玉皇庙M34		戈				无人，长方形土坑墓，无葬具，无殉牲	三晋两周
西梁垙M25	无盖铆1	戈			春秋晚期早段	男，长方形土坑木椁墓，填土殉马、牛、狗，金耳环	三晋两周
西梁垙M1	有盖鼎1盖豆1		軎		战国早期	金钗、金半月形项饰	三晋两周，燕
龙庆峡M30	有盖铆1三足敦1				战国早期	长方形土坑墓，填土殉马、牛、羊、狗、猪，金耳环、金贝、金饰	三晋两周，燕
甘子堡M19	罐1				春秋中期早段		黄
1957年甘子堡	鼎1罍1匜1				春秋晚期早段		三晋两周，蔡
甘子堡M16	铆1盘1				春秋晚期早段		三晋两周
甘子堡M18	敦1			铜镳6	春秋晚期早段		齐
甘子堡M5	敦1罐1				春秋晚期早段		齐，群舒
甘子堡M2	鼎2敦1壶1罍1铆1匜1				春秋晚期晚段	金半月形项饰	三晋两周，齐
甘子堡M15	鬲1				春秋晚期		三晋两周
甘子堡M6	匜1				春秋晚期		三晋两周

续表

墓葬	青铜礼器	青铜兵器	车器	马器	器物中年代最晚者	其他信息	所含文化因素
甘子堡M7	匕1				春秋时期		
甘子堡M1	鼎1盖豆1罍1钢1盘1匜1甑1				战国早期	金虎牌饰、金半月形项饰	三晋两周，齐
甘子堡M8		戈					三晋两周
甘子堡M3		戈					三晋两周
甘子堡M9			车軎2				三晋两周
甘子堡M20			车器2				三晋两周
涿鹿倒拉嘴	盖豆1钢1	戈			春秋晚期晚段	金半月形项饰	三晋两周
北辛堡M1	鼎1壶1缶2鉴2	戈1	车軎7车器4篷架管10折页1	衔1铜镳1骨镳1	战国早期	扩充二层台木椁墓，有殉人、车马，填土中有殉牲马、牛、羊，金耳环	三晋两周，燕
北辛堡M2		戈	盖弓帽1，车器2	骨镳1	战国早期	扩充二层台木椁墓，有殉人，填土中有殉牲马、牛、羊、狗、猪	三晋两周

通过表四可以观察到：①在玉皇庙文化中随葬中原式青铜器的墓葬中，既包括了墓葬带有二层台、随葬有金饰品、四类殉牲俱全的大型墓，也有普通的中小型墓葬。这种现象表明在玉皇庙文化中是否随葬有中原式青铜器并不与墓主人生前的身份和地位绝对相关。②在玉皇庙墓地随葬有中原式器物墓葬的墓主人，能判断性别者除玉皇庙M2、M35外均为男性，还有一些墓葬因各种原因未能进行性别鉴定。不过据玉皇庙墓地凡随葬兵器者均为男性，由此亦可推断这些墓葬中随葬有兵器者为男性。另甘子堡M1、M2虽未见兵器，但均随葬有金半月形项饰，而玉皇庙墓地随葬有金半月形项饰的三座墓葬（M250、M174、M151）均为男性；另涿鹿倒拉嘴出有金半月形项饰，所

出器物中除了有中原式青铜礼器盖豆、铆以外，还共出铜戈，墓主人也应为男性。由此甘子堡M1墓主人应为男性。甘子堡M2和西梁垅M1[①]未见兵器，但因随葬有金半月形项饰，其墓主人亦应为男性。这种现象表明，如果说在墓葬中随葬有中原式青铜器体现出墓主人生前与中原文化的交往，那么这种交往的主体多为男性。

综合考察上述现象，在春秋中期晚段到春秋晚期，玉皇庙文化墓葬所见到的中原式器物以来自三晋两周和山东半岛以齐为主的诸侯国为主，甚至还有来自于河南南部的黄、蔡等小国的器物。属于黄、蔡等小诸侯国的器物都是个案，所以目前还很难判断传入的原因。而玉皇庙文化中出现的三晋两周地区和山东半岛的器物，则应来自两地间的交往与互动。玉皇庙M2是这一时期唯一随葬有完整青铜礼器组合的墓葬，该墓墓主人为女性，已有学者指出，其很可能是由中原地区嫁入此地的贵族女性[②]。而春秋中期晚段到春秋晚期其他随葬有中原式青铜礼器的墓葬中，性别鉴定明确者只有玉皇庙M35是女性，其他则均为男性，有些共出有金半月形项饰或金虎形牌饰，这些墓葬的墓主人很可能就是玉皇庙文化不同部族、不同时期的男性首领。这表明在春秋中期晚段到春秋晚期，玉皇庙文化社会中的上层受到了比较多的来自于三晋两周地区和以齐地为主的山东半岛的诸侯国文化的影响。不过同样是出土有金半月形项饰和金虎牌饰的玉皇庙M18、M250、M174、M151等，均不见成组的中原式青铜礼器，这种现象说明玉皇庙文化人群并没有认同中原式青铜礼器所具有的礼制功能，在表示其自身地位方面仍使用其原有的标识物。由此，在高等级墓葬中多随葬中原式青铜礼器只是表明玉皇庙人群对于中原式青铜礼器的喜爱，而其中以酒器为主也许是玉皇庙文化人群喜酒的体现。而这一时期在玉皇庙文化中发现少量墓葬随葬中原式青铜兵器，应该是玉皇庙文化与中原地区发生过军事冲突的体现。不过在玉皇庙文化墓葬中，仍有大量的墓葬随葬有玉皇庙文化的典型兵器——直刃匕首式短剑，远远超出随葬中原式青铜兵器的数量，这似乎表明玉皇庙文化在与中原地区文化间发生的军事冲突中，是在使用自身传统的武器以及擅长的作战方式。

到了战国早期，玉皇庙文化中很少见到此前较多的来自以齐地为主的山东半岛的影响，出现的中原文化因素除了大量的来自三晋两周地区以外，还出现燕式青铜礼器，展现了与燕国高等级贵族之间发生的交往。而部分墓葬还随葬有中原式青铜兵器，表明二者间仍然存在着某种形式的军事行为。在同时的三晋两周地区和燕地，则

---

① 西梁垅M1在1965年为当地农民犁地时发现，当时即将墓内出土文物变卖，现发表材料仅为回收的部分器物。

② 见朱凤瀚：《中国青铜器综论》（下），上海古籍出版社，2009年，第2120、2136、2137页。

很少看到玉皇庙文化因素①，因此战国时期玉皇庙文化与三晋两周地区和燕地之间的文化互动，以单方面接受后者的影响为主。值得注意的是甘子堡M1和北辛堡M1，前者出有金半月形项饰和金虎牌饰，后者墓葬为扩充二层台的长方形土坑木椁墓，在填土内分层埋入马、牛、羊等殉牲，随葬有大量的兵器，同时该墓还有殉人、车马，以及大量的中原式车马器等此前不见于玉皇庙文化的现象，可知两墓的墓主人均为部族的男性首领。两墓随葬的青铜礼器流行的时间和来源并不一致，但却均为包括了煮肉、盛食、酒器、水器在内的成套中原式青铜礼器组合。显然甘子堡M1、北辛堡M1在保留了玉皇庙文化传统的表示身份地位的标识物以外，还通过将不同时代、不同来源的青铜礼器进行搭配以与中原地区等级制度的表现方式相符，充分表现出玉皇庙文化的高等级人群对中原地区礼制的向往和认同。不过从两墓随葬的青铜礼器或年代不一、来源不同看，玉皇庙文化的高等级人群其自身并没有被纳入到中原地区的等级体系之中。

三、东周时期三晋地区与北方地区文化互动的不同阶段

通过三晋地区出现北方文化因素的时间可以将三晋地区与北方地区的文化互动分为两个大的阶段。

第一阶段，三家分晋之前，北方文化因素的来源包括了从西部银南地区，经内蒙古中部、陕北地区，一直到冀北山地，发现北方文化因素的地点也见于太原盆地、临汾盆地、运城盆地、安阳地区、洛阳地区等，即三晋地区各地几乎都有北方文化因素的发现。由于铜鍑、銎斧等仅见于青铜礼器墓中，且均出现礼仪化的趋势，说明处于三晋文化社会中较高阶层的人群在接受北方地区文化因素的同时，摈弃了其原本作为炊器和实战兵器的功能和意义，而是将其纳入到自己原本已有的礼制系统，这样一种高层次的文化上的互动很可能表明三晋文化中处于较高阶层的人群是用这种方式来传递着对与北方文化间关系的重视。而这一阶段处于三晋文化社会中较低阶层的人群在接受北方文化因素的同时，延续了其实用的功能，如带钩、日用陶器等，尤其是带钩给三晋地区腰带的系带方式带来了改变，使得带钩开始在中原地区甚至更为广泛的地域流行开来，这样一种低层次的文化上的互动表现出三晋文化中处于较低阶层的人群更看重的是北方文化中的实用价值可以带给自己某些日常生活方式的改变。同时由于

① 关于战国时期三晋两周地区所受到的外来文化的影响请参见滕铭予、张亮：《东周时期三晋地区的北方文化因素》［《边疆考古研究》（第10辑），科学出版社，2010年，第109～140页］中的相关论述；关于战国时期燕文化中的外来文化因素，曾有研究者提出燕文化中出现过“军都山类型”（即本文中的玉皇庙文化）陶器（郑君雷：《战国时期燕墓陶器的初步分析》，《考古学报》2001年第3期，第275～304页），但其所指其一为双耳三足罐，笔者著《葫芦沟墓地的年代及相关问题》［《边疆考古研究》（第12辑），科学出版社，2012年］一文，指出这种器物并不是玉皇庙文化的传统器物，另有双耳罐，则主要见于陇东及内蒙古岱海地区，亦非玉皇庙文化的传统器物。

出现北方文化因素的地点较为集中在当时的晋都和重卿之邑，既说明居址级别与其文化上的开放程度呈正比，也表明这种文化上的互动带有更多的集体意识。

第二阶段，战国中期以后，目前还只在处于三晋地区北部的赵文化中见到与北方文化有关的遗存。这种现象表明三家分晋以后在韩、赵、魏这三个诸侯国文化中，以赵国表现出与北方文化间有着更多的关系。

从冀北山地玉皇庙文化遗存出现的中原式青铜器看，其与中原地区文化间的互动亦可以分为两个大的阶段。

第一阶段，春秋中期晚段到春秋晚期。这一阶段玉皇庙文化与中原文化间的交往主要来自三晋两周地区，另外还与以齐地为主的山东半岛，以及河南南部的黄、蔡等小诸侯国有着直接或间接的交流。交流的方式很可能以联姻和战争为主。除了嫁入玉皇庙文化的中原女性在随葬青铜礼器上保持着规范的组合以昭示其原有的贵族身份以外，玉皇庙文化的贵族阶层仍然以其原有的方式表示自身的身份与地位，并没有接纳中原地区青铜礼器所具有的礼制功能。而这些文化上的交往与互动，主要是在各文化所属人群中的高级贵族间进行的，并且是双向的。而这一时期玉皇庙文化中少见中原式青铜兵器，似乎也表明玉皇庙文化自己传统的武器和作战方式在与中原地区的战争中占有优势。

第二阶段，战国早期。这一阶段玉皇庙文化与中原地区的交往主要来自三晋两周地区和燕地，交流的方式可能有战争，或许还有联姻、馈赠或贸易等。玉皇庙文化的贵族阶层除了仍然保留其原有身份地位的标识物以外，同时重视中原式青铜礼器的组合，并辅以中原地区的车马以及殉人制度，表现出在心理上全面认同中原地区的礼制。而同时期中原地区少见玉皇庙文化因素这一现象则说明，这一阶段玉皇庙文化与中原地区文化的交流是以玉皇庙文化接受中原文化为主的单向式。

由上文可知，无论是站在三晋地区的角度看其与北方地区文化的互动，还是站在北方地区的角度看其与中原地区的文化互动，都经历了不同的发展阶段，虽然各自划分的阶段时间跨度并不相同，但大体上基本对应。表五即是在划分两个阶段的基础上对三晋地区与北方地区文化所见外来文化因素的统计表。

表五　三晋地区与北方地区出土外来文化因素对比表

<table>
<tr><td rowspan="3">三晋地区</td><td>时期
墓葬类别</td><td>春秋早期到战国早期早段
（三家分晋之前）</td><td>战国早期晚段——战国中期
（三家分晋之后）</td></tr>
<tr><td>青铜礼器墓</td><td>铜鍑、銎斧、带钩、带耳罐</td><td></td></tr>
<tr><td>陶器墓</td><td>带钩、带扣、带耳罐、鬲</td><td>长“丁”字形骨器</td></tr>
<tr><td rowspan="3">北方地区</td><td>时期
墓葬类别</td><td>春秋中期至春秋晚期</td><td>战国早期</td></tr>
<tr><td>大型墓</td><td>青铜礼器、青铜兵器</td><td>青铜礼器、青铜兵器、车马器</td></tr>
<tr><td>小型墓</td><td>青铜礼器、青铜兵器</td><td></td></tr>
</table>

从表五可以看出，在战国早期至三家分晋之前，两地区间的文化交流与互动在社会上层人群和普通人群中都有发生。在三晋地区青铜礼器墓和陶器墓中所见到的北方地区文化因素有着明显的区别，最主要的表现就是在陶器墓中绝对不见铜鍑、銎斧这样可以象征身份、地位的器物出现，而在同时期的北方地区，不论在大型墓和小型墓中，都可以见到中原地区的青铜礼器和青铜兵器，大型墓和小型墓间在使用中原文化因素方面没有表现出显著的差别。产生这种现象的原因应该是当时的三晋地区社会已经是一个成熟的等级社会，处于不同阶层的人群在与外来文化发生交往时，亦带有明显的等级标识。而北方地区虽然也有由墓葬形制、殉牲、金饰品等所标识的社会上层人群，以及由那些普通的小型墓葬所代表的社会普通人群，但他们在与中原地区文化发生交往时却没有明显的限制，显然就社会的等级制度而言，北方地区社会并没有达到如中原地区的成熟程度。

到了战国三家分晋以后，三晋地区几乎不见北方文化因素的存在，与之对应的是在北方地区玉皇庙文化中，一改前一阶段大型墓与小型墓均随葬有中原式青铜礼器和兵器的现象，只有大型墓葬中才随葬有中原式的青铜礼器、兵器和车马器。这一方面说明到战国早期以后两地间的文化互动已有减退，而三晋地区青铜礼器墓中不见北方文化因素，北方地区则仅在大型墓中随葬中原式青铜礼器，说明这时期的文化互动几乎成为北方地区接受中原地区文化的单方面行为。由玉皇庙文化大型墓所表现出的对中原地区礼制的向往和认同可以知道，玉皇庙文化社会的高等级人群虽然其自身并没有被纳入到中原地区的等级体系之中，但其社会阶层的分化、对不同阶层的标识等都已经带有强烈的中原文化色彩，表现出以玉皇庙文化为代表的北方地区古代文化逐渐中原化的历史进程。

四、东周时期三晋地区与北方地区文化互动的历史学说明

有研究者根据文献中的记载，指出平王东迁以后，王室衰微，诸侯坐大，诸夏力量涣散。而戎狄强势如锋，侵扰不断，诸夏引为大患。然渐至春秋末，战国之初，诸夏，尤其是秦晋，在与诸戎狄的征战中不断获取胜利①。亦有学者通过对《春秋》和《左传》中与狄相关的记载，勾勒出春秋时期狄与中原的战争可大致分为两个阶段，第一阶段是狄与中原的战争，大体相当于春秋中期，最早见于鲁庄公三十二年（公元前662年）伐邢，后陆续有攻卫（闵公二年，公元前660年；僖公十八年，公元前642年；僖公二十一年，公元前639年；僖公三十一年，公元前629年；），灭温（僖公十年，公元前650年），侵郑（僖公十四年，公元前646年；僖公二十四年，公元前632年），伐晋（僖公八年，公元前652年；僖公十六年，公

① 杨浥新：《春秋时期诸夏与戎狄关系》，四川大学硕士学位论文，2006年。

元前644），侵齐（僖公三十年，公元前630年；文公四年，公元前623年；文公九年，公元前618年）。而在这一阶段中齐在抗狄中的作用较大，曾组织宋、曹共同救邢国，而狄也不敢轻易与齐为敌，在宋、曹、卫、邾共同攻打齐国时，狄还救过齐。第二阶段则主要是晋与狄的战争，包括灭赤狄（成公三年，公元前588年）、战白狄（成公十二年至昭公元年，公元前579～前541年），以及伐鲜虞（昭公十二年，公元前530年）、中山（昭公十三年至赵敬侯十一年，公元前529～前376年），年代大体从春秋晚期到战国早期①。

到战国时期，三家分晋后的韩、赵、魏国力都很强盛，三国或联合对外，有共同伐齐（公元前405年）、伐楚（公元前400年、公元前391年）之举，或互相征战，各图发展，如赵楚联合伐魏（公元前381年）、赵韩联合攻魏（公元前370年），以及韩、赵、魏三国间因利益冲突而不断发生的战争（如公元前362年）。随着各诸侯国之间的兼并战争，到战国中期终形成七强鼎立局面，并为此后的秦统一六国奠定了基础。因此在战国时期，虽然中原各国也有征伐、兼并周边地区少数部族的军事行动，如秦灭大荔，魏灭中山等，但大部分的兼并战争是在中原各国间展开。

上文通过讨论三晋地区和北方地区中分别出现的北方文化因素和中原式青铜器，从而观察到中原地区与北方地区文化互动所展现出的阶段性变化，与文献记载中戎狄与中原间的势力消长大体相当。也许正是由于春秋时期戎狄的强势，以及此时齐国在抵御强狄中扮演的组织其他诸侯国的领袖作用，玉皇庙文化才会出现有中原地区女子嫁入，保持自身武器的传统，不接受中原文化礼制，以及较多地表现出与齐及其周边诸侯国文化的互动；同时也才会有中原地区社会的上层人群重视与北方地区的文化交往，并将其代表性器物纳入中原地区礼制的范畴。也正是由于春秋末年以至于战国初年，中原地区、尤其是三晋地区的发展与强大，使得中原地区文化在与北方文化的互动中处于强势，上层人群几乎不再使用北方文化的代表性器物，仅在普通人群中还可以见到少量的北方文化因素。而同时期的北方文化不仅表现出对中原文化的接纳，在自身并没有被纳入到中原地区等级体系的前提下，也表现出对中原式器物所代表的中原系统礼制的向往和认同，而战国早期在玉皇庙文化中出现了此前不见的与燕文化间的互动，似乎表明在战国早期，燕已成为中原地区诸侯国文化与玉皇庙文化相接的前沿地带。

而战国时期各诸侯国为了自身强大而进行的兼并战争多在中原各国间展开，这应该是三晋地区在战国中期以后的墓葬中，几乎不见北方地区文化因素的主要原因。值得注意的是，文献记载公元前307年赵武灵王实行军事改革，“胡服骑射”，不久即灭中山，北取林胡、楼烦之地，设云中、雁门、代郡等，似乎表明赵正是吸收了“胡”人的作战方式以及进行了为此而必要的服饰改革，才使得其战斗力提高，取得了对胡

① 杨建华：《〈春秋〉与〈左传〉中所见的狄》，《史学集刊》1999年第2期，第17～22页。

战争的胜利。从上文对三晋地区所见北方文化因素的讨论中可以看到，尽管到了战国中期以后，在韩、赵、魏三个诸侯国中，赵国表现出较其他两个诸侯国与北方文化更多一些的关系，但是与“胡服骑射”相关的物质遗存，未能在考古资料中有所发现，而作为胡服的重要系带用品带扣——通常认为是“胡”人具有代表性的服饰用品，也几乎不见于战国中期以后的三晋地区。战国中期以后三晋地区普遍使用的服饰用品是带钩，不过由带钩在战国早期使用并不普遍，到战国中期呈现出快速增长看，赵武灵王的“胡服骑射”在改变服装以适应骑射这种战争方式时，其所使用的服饰用品则是在春秋中期晚段由冀北山地传入的带钩，与“胡”无关。这种现象很可能表明，战国时期中原诸侯国军事力量日渐强大，在与北方地区古代民族的对抗中占据优势，与其吸收北方地区古代文化中的有利因素为己所用有关。

五、结　　语

本文通过对东周时期三晋地区与北方地区古代文化在不同层次上的交流与互动、互动的模式与动因的讨论，指出处于社会发展不同阶段上的两种文化在发生交往中所具有的不同方式，以及两个地区中处于不同阶层的人群在文化互动方面所具有的不同模式，并尝试对产生这些交流与互动的历史背景等进行了讨论。

战国早期三家分晋之前，两地间的文化交流与互动在社会上层人群和普通人群中都有发生，但是由于两地区的社会发展程度并不相同，因此这种互动在两个地区表现出不同的模式。三晋地区已经是一个成熟的等级社会，其处于不同阶层的人群在与外来文化发生交往时，带有明显的等级标识；北方地区社会的不同阶层在与中原地区文化发生交往时却没有明显的限制，显然没有达到如中原地区的成熟程度。到三家分晋以后，两地区的文化互动已有减退，几乎成为北方地区接受中原地区文化的单方面行为，玉皇庙文化社会的高等级人群虽然其自身并没有被纳入到中原地区的等级体系之中，但其社会阶层的分化、对不同阶层的标识等都已经带有强烈的中原文化色彩，表现了以玉皇庙文化为代表的北方地区古代文化逐渐中原化的历史进程。而在东周时期北方地区文化对中原文化的认同和接受，并逐步中原化，中原诸侯国文化愈发强势、军事力量日渐强大，在与北方地区古代民族的对抗中无论是在文化上、还是在军事上都占据优势等，都是中国古代国家制度从封国走向帝国不可或缺的重要基础和条件。而这个重要的基础和条件，实际上早在春秋中期就已略见端倪，即中国古代在古代国家从封国走向帝国这一重要历史进程在文化上的发觞至少可以追溯到春秋中期。

附记：本文为教育部人文社会科学重点研究基地重大项目“东周时期三晋地区与北方地区的文化互动”（2008JJD780113）的研究成果。该成果还得到“吉林大学‘985工程’项目”资助。吉林大学边疆考古研究中心博士研究生张亮、硕士研究生曹军在项目执行过程中做了大量的资料收集工作，志此以表谢忱。

秦都雍城聚落结构与沿革的考古学观察

田亚岐　王炜林

（陕西省考古研究院）

春秋早期秦国始都西陲（西犬丘）之后，顺势而为，逐步越过陇山向关中挺进，国力逐渐逞强，最终定都咸阳，这一过程被称之为“九都八迁”。按照秦国发展的轨迹及延续的背景，结合多年来对八处秦城址文化遗存考古材料的分析，以量化之标准，即各自所蕴含有关宫城、宗庙、朝寝、陵园、国人墓葬与聚落。作坊之规模、郊外之离宫等要素，甄别出它们之间功能与层次结构的不同，并以此将其区分为正式都城三处（西陲、雍城、咸阳），原本建都却因发展环境之变化终未建都的二处“城”（平阳、栎阳），以及其余四处仅为秦国政权过渡性质的邑（秦邑、汧邑、汧渭之会和泾阳）。自秦德公元年（公元前676年）初居雍城起的三百年间，这里一直是其理想的长久立都之地，秦国在此蓄势，成就了后来实现“子孙饮马于河”，统一六国的愿望[①]。

秦都雍城考古工作始于20世纪30年代初，即1934年宝鸡斗鸡台“瓦鬲墓”发掘时，北平中央研究院石璋如、徐旭生、苏秉琦先生工作于斗鸡台，驻地在凤翔府，工作间隙，驻足雍水河畔，这是考古学人关注秦雍城的开端。自此以后的80年间，持续不断的雍城考古探索历经了几代人鼎力传承，以逐步获得大量而丰富的考古材料填补了文献对早期秦国记述的缺失，纠正了早先某些方面解读上的偏颇，尤其对于早期秦国具有里程碑性质的国都雍城来说，则逐步揭开了其神秘的面纱。雍城遗址由城址、秦公陵园、国人墓葬区和郊外宫殿建筑遗址区组成，分布范围近51平方千米。雍城遗址较为清晰的布局轮廓，使之成为目前全国东周时期各列国都城中保存较为完好，有一定研究基础，乃至以秦都城为背景研究秦文化的重要参照。

早期考古工作曾以秦雍城一带中小型墓葬为出发点，使之成为认识秦文化面貌的开端，而随后以城址与墓葬材料结合，又使秦文化研究逐步上升到更高的层次。作为建置时间最长的秦都，其最初选址正如《汉书·沟洫志》所载，“或久无害，稍筑

① 参见：a.韩伟、焦南峰：《秦都雍城考古工作综述》，《考古与文物》1988年第5、6期（合刊）；b.陕西省考古研究院秦汉研究部：《陕西秦汉考古工作五十年综述》，《考古与文物》2008年第6期；c.田亚岐：《秦雍城考古工作回顾与展望》，《秦陵博物院院刊（总第贰辑）》，陕西出版集团、三秦出版社，2012年。

室宅，遂成聚落”，到后来随着国力增强，以城市聚落为载体出现变量剧增，也由于秦国对外的军事强势及更多的交流机会，外来文化因素添加，形成多元化聚落文化面貌，因此，“秦文化的发展，会因时间与空间的变化，呈现不同文化结构与面貌”[①]，这也是人们当今以文化谱系结构与文化交流的探索方式为切入点，来审视像秦雍城这样一处“大聚落”在沿革过程中其内部社会组织结构及其时空变异，以及聚落社会与自然环境的关系，并“以此为基础探索同一文化不同时期、不同文化同一时期和不同文化不同时期的聚落变异，从中求证社会群体的演变，观察历史社会变化”[②]。

本文作者试图依据文献资料，结合多年来所取得的大量考古材料，对秦都雍城城市聚落结构及其沿革方面的问题进行探讨。

一、受制于择都环境的城市聚落分布

目前已确认位于今凤翔县城中心以南约11平方千米，平面呈不规则梯形范围系秦都雍城城址区，这里是其当时的主要聚落聚居地，即秦国政治、军事、经济、文化中心，南北长3300米，东西宽3200米。整合历年考古资料，城址区完整布局已基本清晰显现，范围和四周的重要标示为周边残断的城墙以及护城的自然与人工环围体系，城内的标示则为道路、宫殿建筑、聚落、作坊、与此关联的各种自然环境因素等，各功能文化遗存与自然环境的空间摆布展现出这座秦都城所具备的典型性特征[③]。

秦国当初越过陇山向关中迁徙带有某种被动性，其主要原因是为了摆脱来自戎狄等外部的军事袭扰，以寻找安全的生存环境。从平阳再到雍城则是秦国对都城安全保障环境的主动和更高需求，因为平阳虽处于渭河谷地，有交通之便，但却在地理位置上缺乏像雍城这样“居高临下”的战略防御优势，所以雍城地理环境符合特定时期秦国择都的首选条件及要求，这也是自秦宪公、武公两代国君在平阳短暂停留之后，德公迁都雍城的主要缘由。

雍城置都期间，从最初定点选择位置，到后来城市逐步拓展与营建，既蕴含着当时秦国发展空间的局限，也展示了秦人顺应时势的聪明智慧。

雍城置都三百年间，历经十九位国君苦心经营。根据整个城址区遗存分布状况与年代关系判断，可将城市扩建与沿革划分为三个时期。

第一期：即德公、宣公、成公这三位国君执政时期。此时虽然秦国在这里选择了较大的环境空间，四周分别以雍水河、纸坊河、塔寺河，以及凤凰泉河环围，这为后来雍城逐步扩建奠定了基础，而起初实际所使用范围仅局限在整个城址的东南角即今

---

① 滕铭予：《秦文化的考古发现与研究》，《华夏考古》1988年第10期。

② 张忠培：《聚落考古初论》，《中原文物》1999年第1期。

③ 田亚岐：《秦都雍城布局研究》，《考古与文物》2013年第5期。

瓦窑头村一带，面积不足1平方千米。由于当时的河水丰沛，河谷纵深，自然河流便成为“以水御敌于城外”的主要城防条件，这种情形与礼县大堡子山、圆顶子山秦西犬丘城的防御体系如出一辙，这应当是文献所说的“城堑河濒”，即以水围城，并将临水的河谷挖深，使河堤陡直，使河岸增高以加强城防安全系数，同时也起到抵挡河水上岸的作用①。在对整个城址区进行考古调查时确认，因地势西北高而东南低的原因，除城外的多条大河环围之外，也有多条小河自城的西北方进入，从城的东南方分别注入塔寺河与雍水河，于是雍城各个时期均顺应了这种自然环境的摆布，如城市的道路往往在河的两岸，呈西北—东南走向，各聚落聚居区也相对处在河谷较高台地之上，呈现“沿河而建，顺河而居”的情景。河流不仅提供了聚落水源供给、交通之便利，而且有利于聚落区的有效排洪安全。在瓦窑头遗址区发现雍城最早期的大型宫室建筑遗址，残长186米，系组合式结构，显现“五门”“五院”“前朝后寝”的格局，其形制结构与岐山凤雏村西周宗庙遗址四合院式的组合相类同，其属性系秦国承袭西周“宫寝合一”的礼制建筑，即秦公朝政与宗庙祭祀在同一建筑之内，它可能就是文献所记载的“雍寝”，即“德公元年（公元前677年），初居雍城大郑宫”所在。这一发现为探讨秦国城市最高礼制建筑的渊源、传承与发展脉络提供了重要的实物资料②；在大型建筑附近有中型的木构房屋建筑，可能为贵族所居住；在上述两类建筑的外围，由三处相对集中的半地穴式居址单元并伴随着大量生活灰坑和用于作坊生产的窖、井等设施组成，此当为平民聚落区。尽管使用各类不同等级的建筑者有贵贱与卑微之分，有各自集中聚居的特点，但这一时期的雍城聚落没有相互隔离的设施，所有人作为城内和谐共处的成员生活在同一个大聚落区域之内。

第二期：即穆公、康公、共公、桓公、景公、哀公、夷公、惠公执政时期，这也是秦雍城聚落发生结构变化最为明显时段。秦穆公通过秦国对外战争取胜的同时，期望以“德威并举，德武力征”的创霸方针，使国力渐趋强盛，最终形成“益国十二，开地千里，遂霸西戎”的局势。面对新的时势之变，首先面对雍城人口急剧增加，早先的城建规模因无法容纳而必须扩建；其次因列国之间群雄争霸，战争频仍，攻伐谋略上升；再次，当初建城的区间临塔寺河、雍水河与纸坊河的交汇处，遇大水时河堤漫漶，对城市安全构成威胁，于是秦国遂放弃今瓦窑头一带，而向整个城市选址的中部即今马家庄一带移动，形成新区。经考古调查与发掘确认，此区间约3平方千米，城

---

① 杨永林、张哲浩：《陕西秦都雍城“微观”考古发现“城堑河濒”实景》，《光明日报》2013年1月8日第9版。

② 陕西省考古研究院等：《秦都雍城城址东区考古调查取得重要收获》，《2012年中国重要考古发现》，文物出版社，2013年。

内有早年发掘出的马家庄秦宗庙遗址和另外几处大型建筑遗址[①]；发现了高台建筑以及按照“后市前朝”而设的“市场”等[②]。上述遗址均被一条由自然河流与人工沟壕贯通的环壕所环绕，而在其外围又形成另外一重环壕，且多系在自然河流基础上的人工开凿，其涵盖范围约7平方千米。这两条环壕形成较为规则的“回” 字形。两重环壕内各类聚居区分布呈现截然不同的情景，内壕系大型宫室及其附属建筑分布区，当为秦公和贵族所居，内沟与外沟之间则分布平民生产与生活的聚居区，这两条壕恰似内城与外城之象征，也成为城市聚落区间分而治之的显著标志（图一）。

“视死如生”是秦公陵墓与国人墓葬向往生前宫城生活情景的再现，据文献记载，雍城初期的前三位秦公葬阳（今宝鸡陈仓太公庙一带），却不葬于雍，而自穆公开始在位于雍城南郊三畤塬上置陵，这是目前所知最大的秦国国君陵寝之地。自20世纪80年代起至20世纪末，雍城秦公陵园经历了三次大规模勘探与发掘[③]。目前已钻探出的51座墓葬按平面形制可分为“丰”字形、“中”字形、“甲”字形、“凸”字形、“刀把”形、“目”字形和圆形等七个类型，其中“丰”字形、“中”字形和“甲”字形为大墓，其余形制皆为外藏坑。陵园发现有内、中、外三重兆沟，内兆沟是围绕个别“中”字形大墓墓室的环沟为内兆，如九号陵园M23与M29，二号陵园M27；围绕每个区域相对集中的各类大墓及外藏坑者为中兆沟，目前发现此类沟共14组，以此将整个陵园区分成14座；将整个秦公陵区环围者则为外兆沟。陵园兆沟的形制与这一时期城中环壕布局、形制保持一致（图二）。根据近年来对秦公一、六号陵园再次勘探，发现在中兆沟以外、外兆沟以内，每一座秦公陵园还各自包括几百座中小型陪葬墓地（图三），墓主人当为该陵园所葬秦公所属国人[④]。雍城秦公陵园的外、中两重环围兆沟也像马家庄宫区将朝宫、贵族聚居区与国人聚落区完全隔开，而环围个别“中”字形大墓的内兆沟则可能是初期尚未形成双重环壕“城堑河濒”时期城的特别象征和标识意义，据调查，秦以西为尊上，九号与二号陵园则处在整个陵园的西端，而存在墓室兆沟的这几座大墓正好位于陵园的西端。

第三期：即自悼公执政至秦都迁出雍城时期。据《史记·秦本纪》记载，“悼

① a. 陕西省雍城考古队：《马家庄一号建筑发掘简报》，《文物》1982年第1期；b. 韩伟：《马家庄秦宗庙建筑制度研究》，《文物》1985年第2期; c. 徐杨杰：《马家庄秦宗庙遗址的文献学意义》，《文博》1990年第5期；d.滕铭予：《秦雍城马家庄宗庙遗址祭祀遗存的再探讨》，《华夏考古》2003年第3期。

② 陕西省考古研究院2013年年报资料，未公开发表。

③ a. 韩伟：《陕西凤翔秦公陵园钻探简报》，《文物》1983年第7期；b.陕西省雍城考古队：《陕西凤翔秦公陵园第二次钻探简报》，《文物》1986年第5期；c.焦南峰、王保平、田亚岐、景宏伟：《陕西凤翔秦公14号陵园钻探简报》，《考古与文物》待刊。

④ 田亚岐等：《陕西凤翔雍城秦公陵园》，《2009年中国重要考古发现》，文物出版社，2009年。

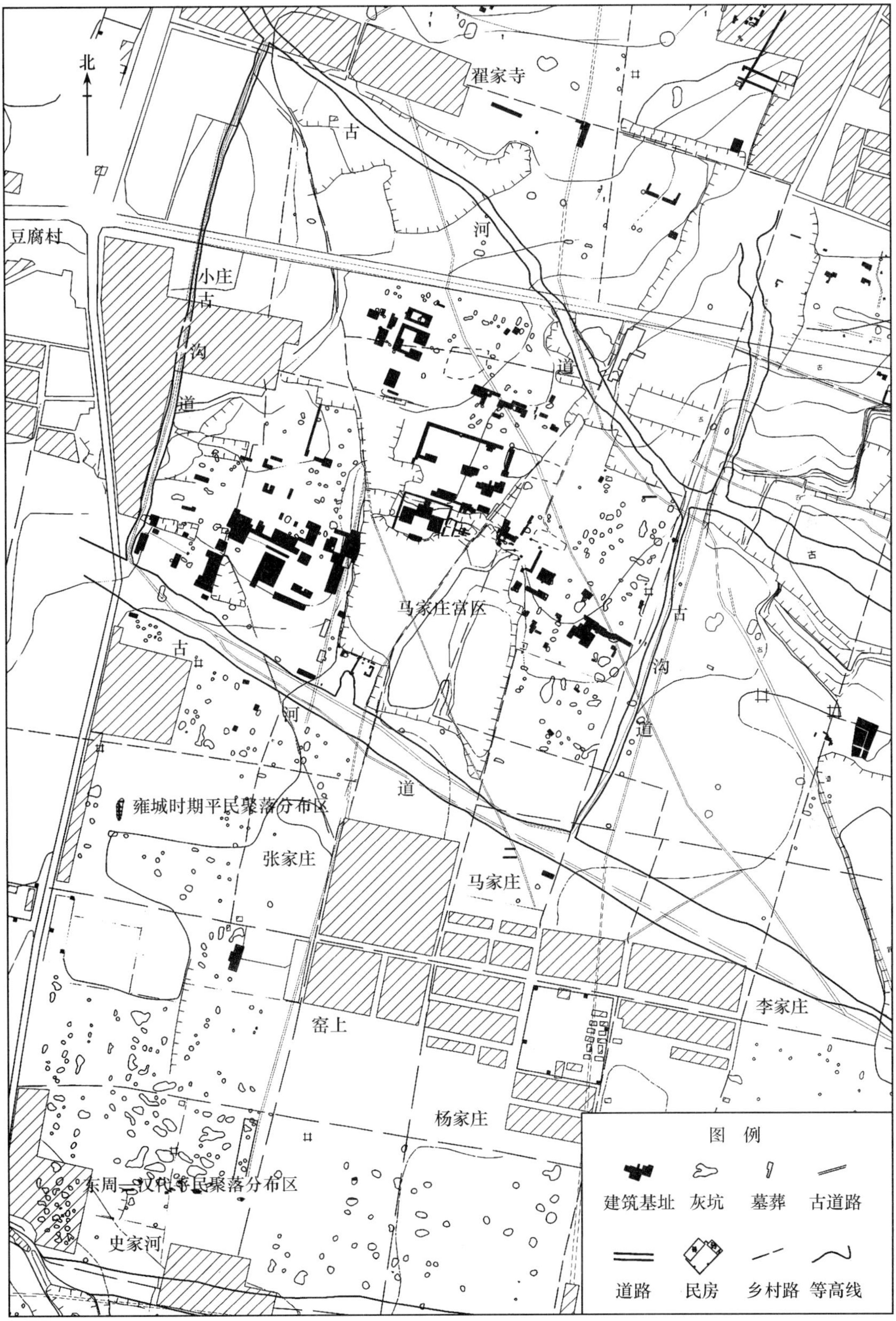

图一 以内环壕分隔的马家庄宫区与平民聚落平面图

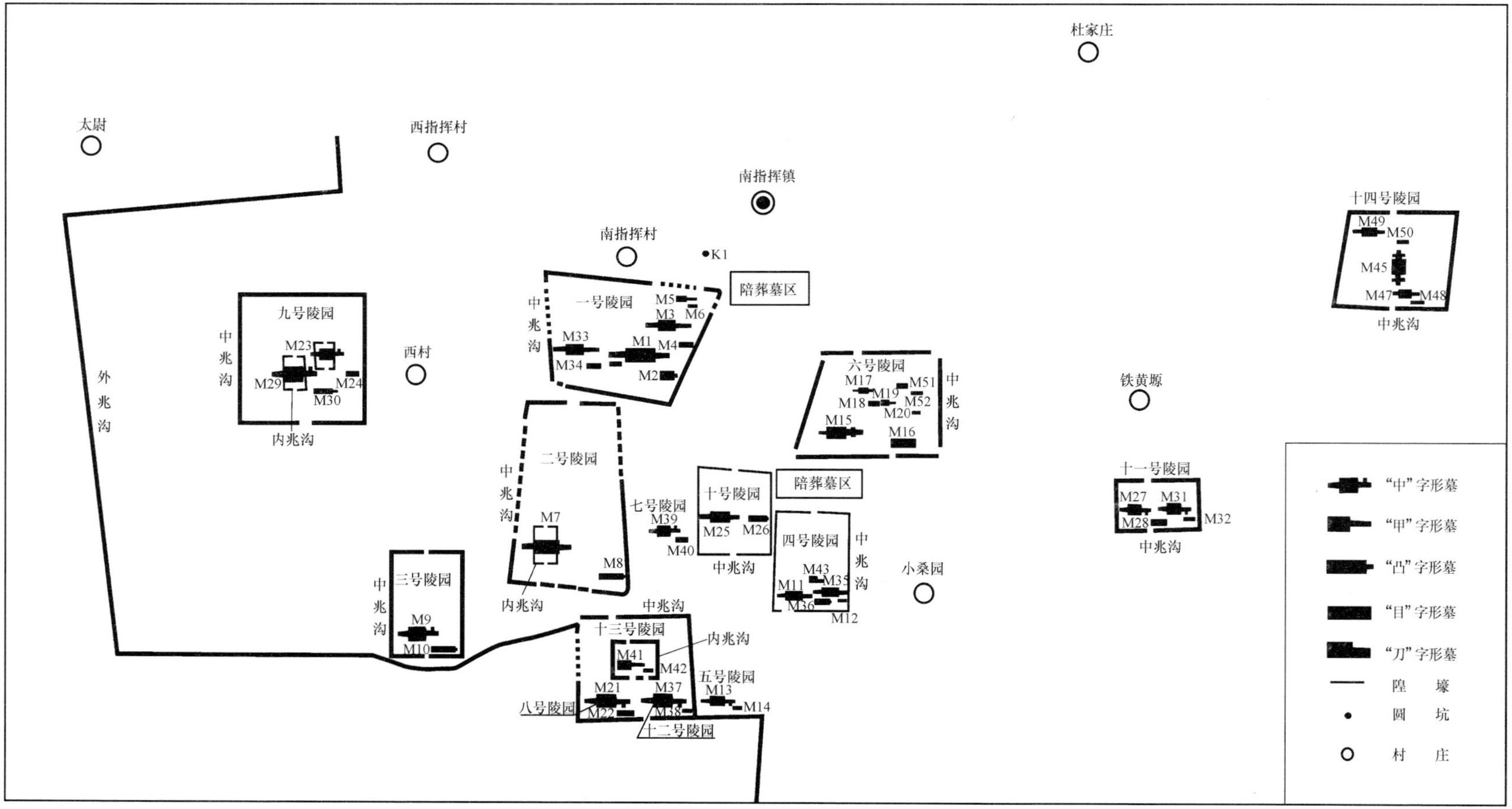

图二　与城内环壕属性相同的秦公陵园多重“兆沟”分布示意图

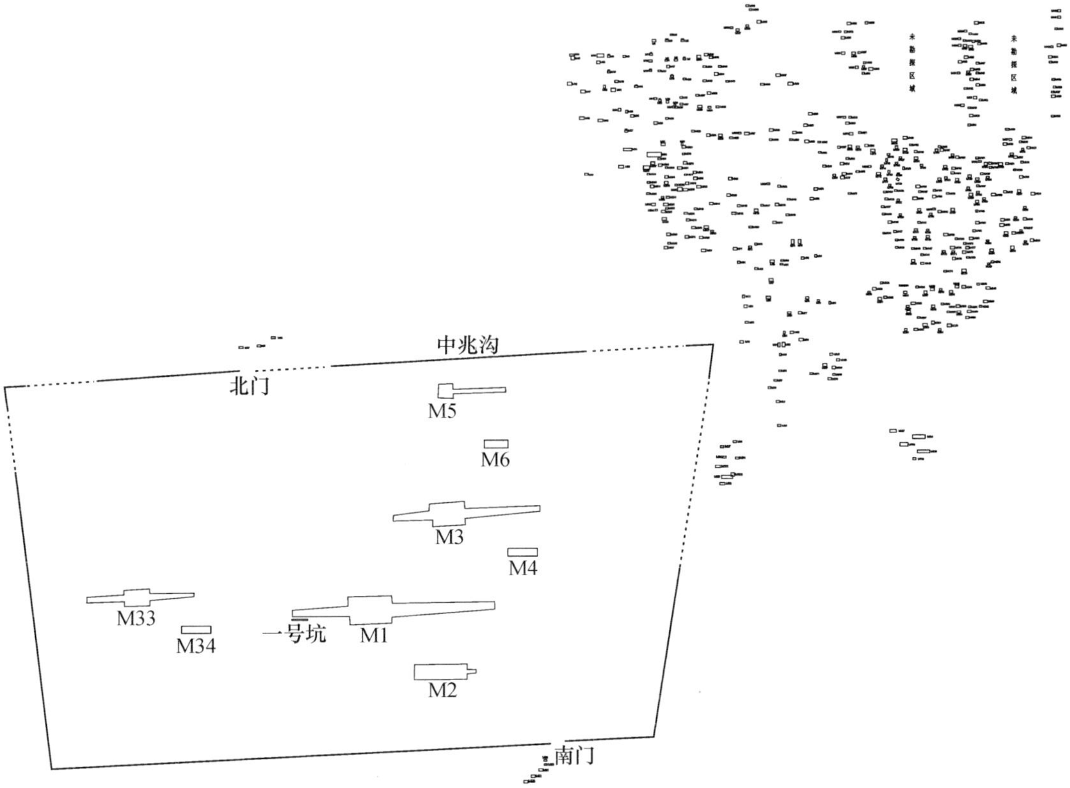

图三 秦公一号陵园中兆沟内侧大墓布局与外侧陪葬墓分布示意图

公二年，城雍”，即秦国在原最早“以水御敌”的单一军事防御为目的城防基础上，发展到以内、外沟壕区分不同社会阶层的多功能区域分隔。雍城置都后期，随着城市的再扩张，于是出现了夯筑的城墙。关于城墙的确切走向与结构，经过对已知各城墙遗迹点的梳理与拼合连接，合围成不规则梯形，与早年的认识基本吻合。经解剖性勘探，城墙墙体宽度为8～14米，其工艺流程与构筑方法则为中、里、外三重分别构筑。在瓦窑头一带的墙体夯土层内发现秦雍城初期陶片，以此推断古文献记载的可靠性，即秦国在都雍城近二百年之后才正式构筑城墙①。在修筑的城墙里侧一周的沟壕，又随之与城墙形成了多重防御屏障。至此，雍城已发展成为一座功能齐备，规模达11平方千米的大都市，其涵盖范围即现在所确定的城址区。根据各类遗存的年代与分布状况分析，在临近马家庄建筑遗址区第一重环围沟外侧的西南方为20世纪80年代发现的3号建筑遗址，韩伟先生认为系朝寝建筑②，同时在该区域被发掘的还有姚家岗“凌阴”遗

① 雍城考古队：《秦都雍城城址东区考古调查取得重要收获》，《2012年中国重要考古发现》，文物出版社，2013年。

② 韩伟：《秦公朝寝钻探图考释》，《考古与文物》1985年第2期。

址、铜质建筑构建窖藏和豆腐村战国制陶作坊遗址等[①]，其年代略晚于环沟以内的建筑遗存。早年发掘马家庄1号建筑遗址时确认该建筑没有被火烧过的迹象，可能属于拆迁后异地重建，据此推测，如果沟内主城区建筑空间占满之后，在后来修筑外城墙后城市主体继续扩大，或者因为城市规划制度的原因，原先城内的某些重要礼制性建筑要从原旧城圈中迁出而形成新的城市外延。这一时期在夯筑的大城圈形成之后，过去以内、外两重沟壕所分隔的城市分区便成为主城的区域，分布着各类大型建筑和贵族聚居区（图四）；外重沟壕与城墙之间的区域则是平民聚落聚居区，如豆腐村战国制陶作坊遗址是迄今发现雍城城内最大的生产与生活聚落，它距雍城西城墙不足400米[②]。近年来在马家庄以北的两重沟壕之间发现了铁丰–高王寺大型建筑区和贵族区，发现了

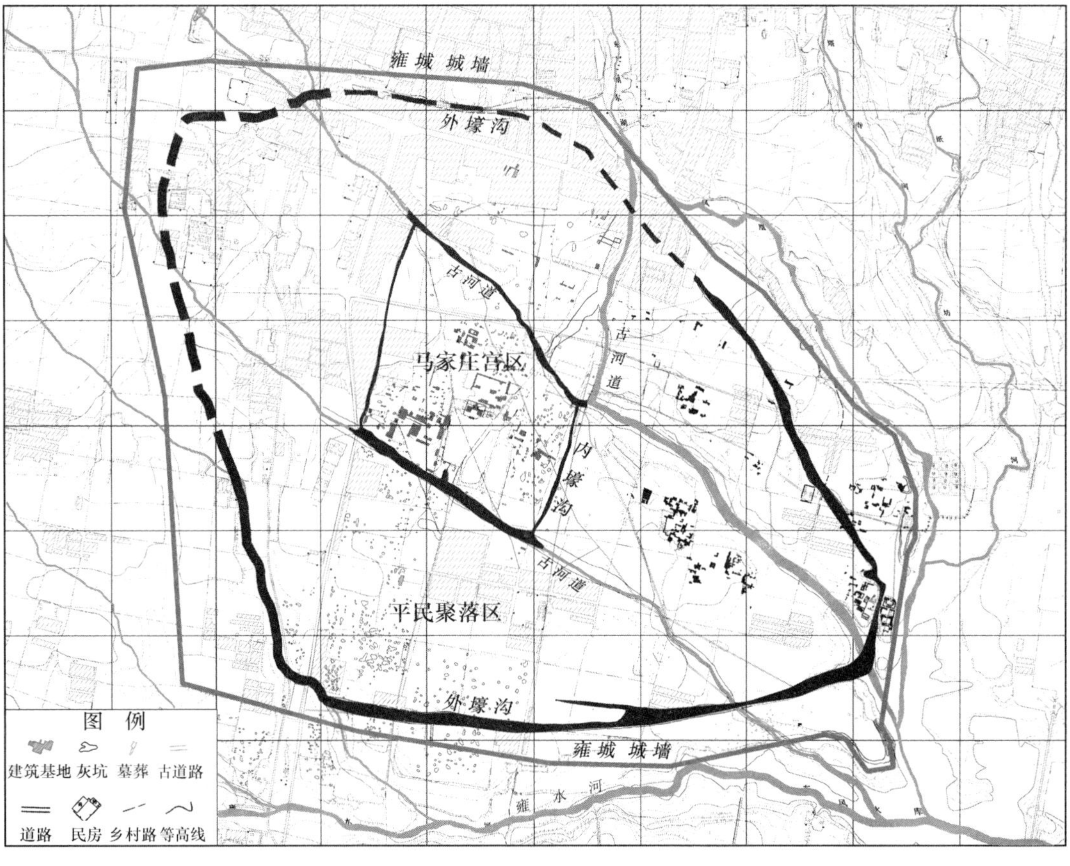

图四　雍城城址第二、三期双重环壕与城墙关系图

---

① a. 陕西省雍城考古队：《陕西省凤翔春秋秦国凌阴遗址发掘简报》，《文物》1978年第3期；b. 凤翔县文化馆、陕西省文物管理委员会：《凤翔先秦宫殿试掘及其铜质建筑构件》，《考古》1976年第2期；c. 杨鸿勋：《凤翔出土春秋秦铜构——金釭》，《考古》1976年第2期。

② 陕西省考古研究院、宝鸡市考古研究所、凤翔县博物馆：《秦雍城战国制陶作坊遗址》，科学出版社，2013年。

埋藏楚国与吴国青铜器的高王寺铜器窖藏[①]，据此推测，该区域可能是雍城大城形成之后安置其他列国贵族的专门区域。同样在临近北城墙和东城墙处发现了以半地穴式为特征的平民聚落。

二、雍城城市聚落的结构特征

雍城历经300年由南向北的改扩建过程，城市在建区域不断被拓宽，多功能化逐步完善。整合历年来雍城城址考古资料，以大型宫室群、贵族建筑群与平民聚居区三个层次结构所构成的城市聚落，按照早晚关系可确定为三处，即瓦窑头宫区、马家庄宫区、姚家岗—铁丰—高王寺宫区。

瓦窑头多进院落结构与岐山凤雏村宗庙遗址四合院式的组合相类同[②]，被认为系雍城早期宫室建筑，聚拢在其周边的还有其他两个层次建筑，一类是较为密集的地面居室建筑，另一类则为半地穴式结构的居室，之间没有明确分隔设施。

在马家庄村一带发现的内环壕将20世纪80年代发现的一号建筑及其新发现的大批建筑群落置于同一个单元内，其中大型宫室与贵族居室可能都处在这一空间，而以半地穴式为特征的平民聚居区置于内壕沟与外壕沟之间。原马家庄3号建筑遗址因此次环壕的发现被置于内环壕之外，从布局上来说有两种推测，一是与壕内同一体系，系制度上的摆放；二是与壕内属早晚关系，系大城圈形成之后新增添的礼制性建筑。悼公城雍之后，城市外延放大，原马家庄主城区布局依然沿用，不过早先以沟壕为标示的核心功能区因悼公二年大城墙圈的出现而失去其严格的象征意义，其内壕与外壕之间的大型建筑、中型建筑以及与半地穴式聚居场所仍然代表着秦公、贵族和平民各阶层的生活所居。

作坊是都城的重要组成部分，也是以不同生产门类而划分不同城市聚落人群和社会组织的聚居场所，透过每一处作坊内的文化遗存可以梳理出当时集生产、居住与生活于同一聚落的场景。在雍城城址内外发现各类手工业作坊多处，如冶铜作坊在史家河、马家庄、高王寺和今凤翔县城北街一带；炼铁作坊在史家河、东社、高庄一带；制陶作坊发现于城内豆腐村、铁丰、瓦窑头以及雍城城外的姚家小村、八旗屯等地；陶制生活用器则发现于邓家崖东岗子一带。作坊一般分布于靠近城墙的内侧，作坊临近为工匠栖身之地。在城址区范围内，各聚落之间形成广阔的空隙，其间除道路遗迹外，在这里没有发现雍城时期的人群居住、作坊或其他活动遗迹，推断其用途当为农田区域。此外，雍城城外及穿越城内的多条河流，提供了丰沛的水资源，加上城外植被茂密的林区环境，为雍城提供了富实的渔猎资源，所以城内还应该生活着一定数量

① 韩伟、曹明檀：《陕西凤翔高王寺战国窖藏》，《文物》1981年第1期。

② 周原考古队：《陕西岐山凤雏西周建筑遗址发掘简报》，《文物》1979年第10期。

从事农耕、渔猎、山泽木业方面的聚落人群。这种多元性经济结构壮大了秦国国家实力，成就了秦国在雍城蓄势之后继续东扩的愿望[①]。

雍城周边众多处国人墓地发掘资料系统地反映了从雍城及后续沿革时期秦墓埋葬俗的演变，以及呈现从早期单一秦文化到后来多元化特征的形成过程与特点。处在雍水河以南的国人墓地如八旗屯、高庄、西村和秦公陵区陪葬墓群均规模大，形成时代早，延续时间长，墓葬之间层次结构区分明显，且同期墓葬属性与特征相近。这些墓地因靠近陵园或在已知陵区之内，墓主人包括官吏、贵族和族系成员，从人口数量和族系规模上讲是秦国社会主流，当然也包括后期埋入该墓地，且文化属性发生变化的人群，这说明秦族系内部早先以血缘为纽带的群落也逐渐融入了依附他的“异族”成员。战国晚期，雍城大城墙圈形成之后，城的外围周边也形成新的国人墓地，如邓家崖均系战国中晚期直肢葬[②]，说明在雍城南郊还有专门使用直肢葬的人群，针对雍城时期国人墓地葬式大多采用屈肢葬，或者屈肢与直肢共存的情形，这种单纯的直肢葬墓地“更具有特殊意义”[③]；城东六道村均系无随葬器物的偏洞室屈肢葬墓[④]，有研究认为，这种洞室墓是“北方游牧民族葬俗传入关中之后，顺应当地传统葬俗发生了相应变化的结果。秦人在接受洞室墓这一外来文化因素的同时，将其加以改造，更多地融入了原本属于竖穴墓的要素。于是关中地区的洞室墓则兼具北方文化以及中原文化传统，突显了两种异质文化的巧妙结合”[⑤]；雷家台则是随葬少量不成组合关系陶器的浅竖穴墓葬[⑥]，而城北田家庄秦墓则是目前在雍城郊外最远距离所发现的秦国国人墓葬，仅随葬泥器[⑦]。城址周边的墓地规模普遍小，形成时代晚，延续时间短，层次结构区分不明显，虽墓地本身属性较单一，但各墓地之间墓葬特征殊异。这些墓地从分布状况看往往分别靠近城边的作坊区，墓地成员生前可能在相临近的聚落区从事手工业生产活动。

---

① 田亚岐：《秦都雍城布局研究》，《考古与文物》2013年第5期。

② 陕西省考古研究所雍城工作站：《凤翔邓家崖秦墓发掘简报》，《考古与文物》1991年第2期。

③ 滕铭予：《论秦墓中直肢葬及其相关问题》，《华夏考古》1993年第2期。

④ 陕西省考古研究院、宝鸡市考古研究所、宝鸡先秦陵园博物馆：《凤翔六道村战国秦墓发掘简报》，《文博》2013年第2期。

⑤ 陈洪：《关中、陇东两地区洞室墓之比较研究》，《秦始皇帝陵博物院》2013年总第三辑。

⑥ 陕西省考古研究院、宝鸡市考古研究所、凤翔县博物馆：《陕西凤翔西白村秦汉墓葬发掘简报》，《文博》2010年第5期。

⑦ 陕西省考古研究院、宝鸡市考古研究所等《陕西凤翔雷家台墓地发掘简报》，《文博》2013年第4期。

三、相关问题的讨论

秦悼公“城雍”之后，秦都雍城的城市格局与多功能化已完全形成，此时分布于城市空间里的若干聚居区组合为一处“团聚型”大聚落结构，聚落各分支人群的身份等级和所从事的职业、进行的社会经济活动决定了聚落的性质。据《尔雅·释宫》：“都者，国君所居，任所都会也。”传统的观点认为城内仅为王者所居，平民当居于城外。刘庆柱先生在论述郑州商城时认为，“考古发现表明，内城之中应为商代奴隶主和贵族的活动场所，平民居址极少在城内被发现，内城东北部发现了大面积的宫室夯土建筑基址”①，根据雍城城址区最新考古调查资料，除建城初期没有专门划定的国君内城区外，其随后长久的都城一直体现内城与外城相套合的城郭制度，即内城为城，系朝宫、官署和贵族所居之地，外城为郭，系廓城内国人所居之地。秦都雍城置都三百年自南向北逐渐扩建，其城市规划布局在悼公时期完成，所筑城墙则是大城的显著标志。在既往的雍城考古工作中，因为一直没有发现在大城墙圈之内的小城墙，据此有学者曾提出雍城时期无外廓城的观点②，其实在悼公之前早已出现了以沟壕为营造方式的城郭，它开启了古代城市“大城有郭”的先河。李自智先生针对雍城晚期修筑的大城墙圈认为，“雍城这种城郭制是一种新模式，其最大的特点就是将手工作坊、一般居民居址，以及商市一并纳入，反映出当时都城建制中已比较重视安排控制居民的问题”③。相比较而言，雍城时期各列国城郭形态虽存在形式上的差异，但其共同具有的大城、小城则普遍存在。如两城连接、多城连接、内外套合与单一城圈内附属设施等④，许宏先生认为，“出现城郭布局的兴盛，当与军事局势高度紧张、社会矛盾尖锐、列国对峙的社会背景不无关联”⑤。城郭确立了城市聚落的格局，这一点即符合《吴越春秋》：“筑城以卫君，造郭以卫民”的建城思想。

秦雍城置都期间，早期以血缘为纽带的秦国社会组织结构形成了聚落群之间同一空间、同一时期、同一文化的存续；到了雍城后期，随着社会的变革，秦文化以外的因素打破了这一单纯的结构，形成了同一空间、同时或不同时、有谱系关系或无谱系关系的多元化文化架构，此刻“人群地缘性显然超过其血缘性，这必然在考古学文化上留下印记”⑥。这样一种社会氛围，为秦国的发展注入了活力，推动了秦雍城时期社

---

① 刘庆柱：《中国古代都城考古学研究的几个问题》，《考古》2000年第7期。

② 尚志儒、赵从苍：《秦都雍城布局与结构探讨》，《考古学研究》，三秦出版社，1993年。

③ 李自智：《秦都雍城的城郭形态及有关问题》，《考古与文物》1996年第2期。

① a. 马世之：《关于春秋战国城探讨》，《考古与文物》1981年第4期；b. 李自智：《略论中国古代都城的城郭制》，《考古与文物》1998年第2期。

⑤ 许宏：《大都无城——论中国古代都城的早期形态》，《文物》2013年第10期。

⑥ 梁云：《从秦墓葬俗看秦文化形成》，《考古与文物》2008年第1期。

会变革和创新机制。

按照地层学与类型学原理，秦雍城城址与聚落遗存的分布区域，从西周以来至近现代历经三、四千年的历史沿革，叠压关系复杂，因此对属于雍城时期聚落遗存界定较为困难，但这一点尤为重要，因为雍城是这期间特定而区别于其他文化遗存的载体，在此基础上才能通过各类文化内涵的有效聚合，进一步探讨雍城时期聚落中的社会组织结构、聚落与自然环境关系，以期达到“以物论史，透物见人”的崇高目标①。

① 张忠培：《聚落考古初论》，《中原文物》1999年第1期。

匈奴起源新探

杨建华

（吉林大学边疆考古研究中心）

匈奴是欧亚草原东部地区第一个草原文明，对于后来的草原文明以及世界范围内农牧业文明的关系产生过深远的影响。匈奴起源的研究一直是国际国内学术界关注的课题。在考古学界的讨论中，以林沄先生的《关于中国的对匈奴族源的考古学研究》最为全面和翔实[①]。这篇文章已经发表了21年，在这21年间，中国北方东周遗存在时、空两方面得到了全面的梳理[②]，同时匈奴考古的研究也有了新的全面总结[③]，介于中国北方与匈奴之间的蒙古高原也发表了较为全面的采集资料，并且有较明确的出土省份[④]。由于匈奴的起源不会超出以上所述的三个地区，所以这些新的成果为我们重新探讨匈奴的起源搭建了一个全新的平台。

一、匈奴最早的遗存与中国北方以及蒙古高原的比较

寻找匈奴的起源要从目前已知的可以确定为匈奴最早的遗存（下文简称为早期匈奴）入手。根据现有的研究，这类遗存见于外贝加尔地区，主要是伊沃尔加墓地和德勒斯图伊墓地[⑤]。这两批资料发掘和发表的非常全面。通过对这些资料与中国北方东周时期遗存的比较，我们发现中国东周时期的北方文化带、蒙古高原和外贝加尔有很多相似的器物。

---

① 林沄：《关于中国的对匈奴族源的考古学研究》，《林沄学术文集》，中国大百科出版社，1998年。

② 杨建华：《春秋战国中国北方文化带的形成》，文物出版社，2004年。

③ 潘玲：《伊沃尔加城址和墓地及相关匈奴考古问题研究》，科学出版社，2007年。

④ Erdenechuluun. 2011. The Sword of Heaven：Culture of Bronze Artefacts of the Bronze Age and Hunnu Empire. Ulaanbaatar.（以下蒙古高原出土的器物均出自本书。）

⑤ a. 达维多娃：《伊沃尔加墓地》，圣彼得堡，1996年（Давыдова А. В. 1996. И в о лгинский моги л ъник. Санкт-Петербург）；

b. 米尼亚耶夫：《德雷斯图伊墓地》，圣彼得堡，1998年。（Миняев С. С. 1998.Дырестуйский могилъник. Санкт-Петербург: Европейский дом）。

1. 武器

匈奴人使用的武器以弓箭为主，战争的主要方式是骑射。所以匈奴墓葬中较少随葬弓箭以外的武器。匈奴人使用的镞以骨镞为主，而且形制非常特别，以叶形分尾式骨镞为主（图一，12、13），这种形制的骨镞也见于蒙古石板墓晚期和中国东周时期的北方地区（图一，7、1），但数量呈递减的趋势，中国北方最为少见。匈奴墓葬中还有少量三角形镞身、有圆銎而无铤的骨镞（图一，14），这种镞也见于蒙古石板墓（图一，8）和中国东周时期的北方（图一，2、3）。分尾式和圆銎骨镞共见于匈奴、石板墓和战国时期的中国北方，只是各地各时代的数量有所不同，反映了三地战争方式和武器制作的传统相近。各地的三角形圆銎骨镞都不多见，分尾式骨镞在石板墓和中国北方数量不多，而在匈奴墓葬中是主要的骨镞形制。值得注意的是，中国北方东周时期墓葬中以骨镞为主的墓地往往都是北亚人种居多的墓地，例如崞县窑子①、固原于家庄②以及包头西园③；而以青铜镞为主的墓地的人种多为古华北类型，例如毛庆沟④。这种现象反映出北亚人更多的使用骨质箭镞，这个特点与匈奴是一致的，而匈奴人就是北亚人种⑤。

2. 虎形牌饰

在中国北方，这种牌饰根据其组合的分期断代，可以明确它的分布与分期⑥。最早的是单体蹲踞状虎（图二，1、2），主要分布在冀北地区，年代为春秋晚期。这种牌饰继续向西分布，在内蒙古呼和浩特以东的岱海地区演变成单体站立状（图二，3）以及扑食小动物的多体饰牌（图二，4），年代在春秋战国之际。这种虎噬兽造型继续发展，并向西分布到内蒙古西部和固原地区，虎身多饰有斑条纹（图二，5），被扑食的动物所占比例逐渐增大或猛兽吻部加长呈狼的造型（图二，6），有形成横“P”字形饰牌的趋势（图二，7），年代为战国后期。

在蒙古高原采集的虎饰牌尽管没有明确的出土层位与共生关系，但从其形制似乎也可以看出这种演变过程，即蹲踞单体（图二，8、9）—站立与扑食小动物的多体

---

① 内蒙古自治区文物考古研究所：《凉城县崞县窑子墓地》，《考古学报》1989年第1期。

② 宁夏文物考古所：《宁夏彭堡于家庄墓地》，《考古学报》1995年第1期。

③ 内蒙古自治区文物考古研究所、包头市文物管理处：《包头西园墓地》，《内蒙古文物考古》1991年第1期。

④ 内蒙古自治区文物工作队：《毛庆沟墓地》，《鄂尔多斯式青铜器》，文物出版社，1986年。

⑤ 见下文诺音乌拉人种鉴定。

⑥ 详细分析参见杨建华：《春秋战国时期中国北方文化带的形成》，文物出版社，2004年，图68。

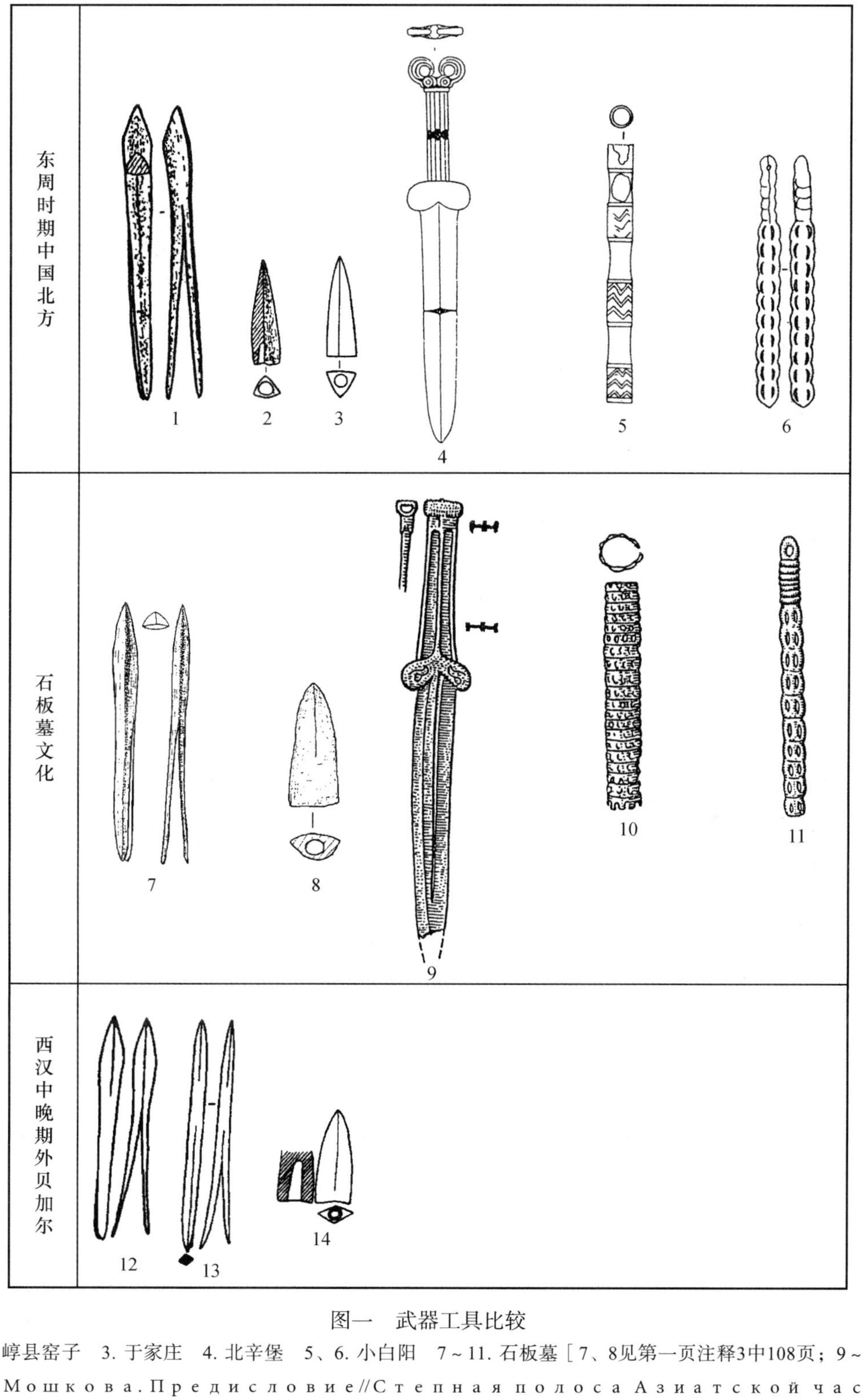

图一　武器工具比较

1、2. 崞县窑子　3. 于家庄　4. 北辛堡　5、6. 小白阳　7～11. 石板墓［7、8见第一页注释3中108页；9～11见М.Г.Мошкова.Предисловие//Степная полоса Азиатской части СССР в скифо-сарматской время（斯基泰–萨尔马特时代苏联亚洲部分的草原地带）.Москва М.Г.1992，图102］　12、13. 伊沃尔加城　14. 伊沃尔加墓地

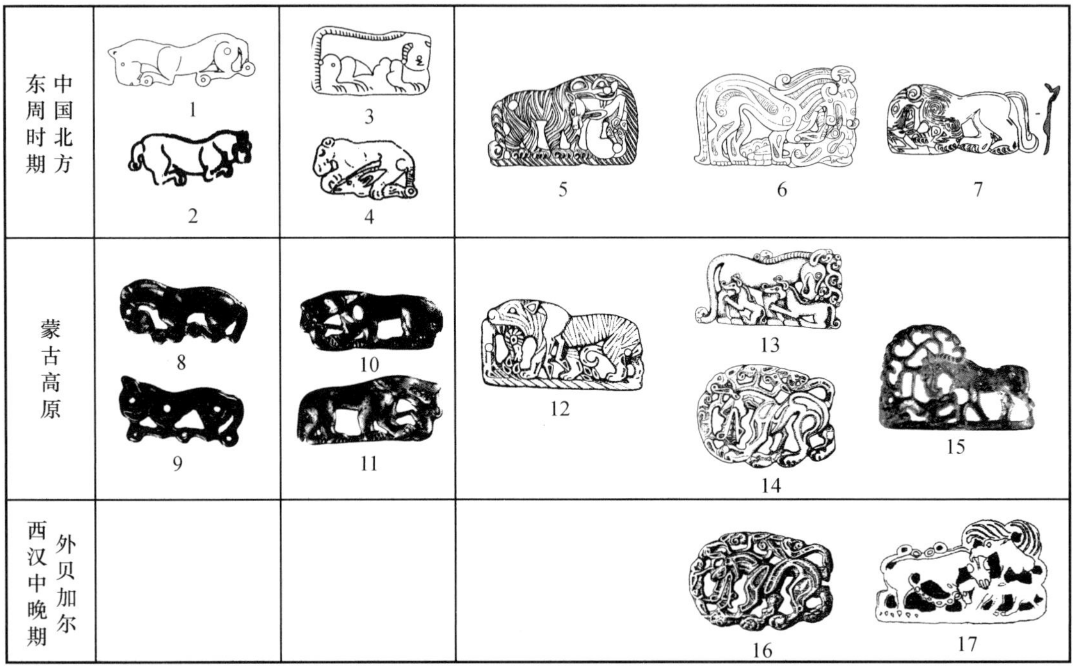

图二　虎形牌饰比较

1. 芮子沟　2. 骆驼梁　3. 毛庆沟　4、5. 崞县窑子　6. 张街村　7. 石灰沟　8. 中戈壁省　9、10、12. 前杭爱省　11. 南戈壁省　13. 巴彦洪戈尔省　14. 后杭爱省　15. 东戈壁省　16、17. 德勒斯图伊墓地

（图二，10、11）—被扑食动物体积增大的过程（图二，12）。其中有边框清晰的和标准的横“P”字形（图二，14、15），年代应当进入匈奴时期。这种典型的横“P”字形牌饰与原有的虎牌饰差别较大，很可能受到了周边文化的影响。有些牌饰的猛兽吻部越来越长（图二，13～15），距离虎造型的差距越来越大，而更像狼的造型，这始见于中国北方固原地区的牌饰（图二，6）[①]。

在早期匈奴遗存中已经不见单体虎牌饰，其形制与蒙古高原年代较晚的更为接近，为边框清晰的和横“P”字形的（图二，16、17）。

根据对中国北方同类饰牌的研究可以看出，蒙古高原年代较早的饰牌（图二，8～11），与中国北方的冀北地区和内蒙古东部地区的相近。这些采集的饰牌出土的省份为前杭爱、中戈壁与南戈壁，这三个省份都是与内蒙古最为接近的地区，说明这些地区在战国前期属于中国北方文化带的一部分，在古代是没有国界的。与中国北方战国后期牌饰相似的蒙古牌饰的地点进一步向西到达巴彦洪格尔省和更北的后杭爱省，这说明蒙古高原虎牌的饰也有向西发展的趋势，匈奴牌饰与中国北方的内蒙古西部的更为接近。

---

① 秦始皇陵博物馆：《萌芽、成长、融合——东周时期北方青铜文化臻萃》，三秦出版社，2012年，第78页。

3. 马形饰牌

马形牌饰按着造型可以分为蹲踞状、奔跑状和站立状（包括行走状）三种。这三种牌饰均见于冀北地区，如小白阳①、玉皇庙②和西南沟③等墓地，其中以蹲踞状马牌饰为主，年代为春秋晚期（图三，1～4），其年代比蹲踞状虎牌饰略晚。内蒙古西部的玉隆太遗址④发现有站立状马牌饰（图三，5），年代为战国后期，应当是冀北地区同类饰牌向西分布和发展的结果。

蒙古高原目前基本不见蹲踞状马牌饰，有较多的奔跑状马牌饰（图三，6、7），有的造型呆板。站立状马牌饰接近中国北方的内蒙古西部地区（图三，8），行走状马牌饰已经是匈奴时期的牌饰了（图三，9）。所以站立状与行走状之间似乎也有一定的差距，匈奴时期横“P”字形牌饰也是四蹄分立的行走状，这应当是匈奴时代的造型风格。

早期匈奴时期发现有少量近似于“蹲踞状马”的牌饰（图三，10），但是其形态与冀北地区的相差较大，似乎有一个时间上的缺环。奔跑状马牌饰有明显的边框（图三，11），马奔跑的体态描写的栩栩如生，形态虽然发生了较大变化，但是还能看出与中国北方同类牌饰之间的联系。

站立状马牌饰在中国北方、蒙古高原和早期匈奴中都有发现。春秋后期中国北方最早的站立状马牌饰见于冀北地区（图三，4），战国后期向西分布到了内蒙古西部，见于玉隆太遗址（图三，5），其造型与蒙古高原的更为接近（图三，8）。站立状马牌饰的发展线索明显的表现为中国北方文化带由冀北向内蒙古西部传播，并从这里传入蒙古高原，进一步发展演变最后成为早期匈奴的一种牌饰（图三，9、12）。

4. 兽头饰

兽头饰发现的数量很少。春秋后期有少量发现于中国北方的冀北地区（图四，1），战国末期见于内蒙古西部的阿鲁柴登遗址⑤（图四，2）。蒙古高原尚未发现这种器物。在早期匈奴的德勒斯图伊墓地有少量发现（图四，10），其形制与阿鲁柴登的非常相似，可以看做是中国北方兽头饰发展演变的结果。

带扣是中国北方带常见的一种服饰品，应当是北方胡人穿戴的“胡服”的重要组成部分。但是在带扣上装饰动物纹样在中国北方是战国后期才出现的，主要见于内蒙

---

① 张家口市文物管理所、宣化县文化馆：《河北宣化县小白阳墓地发掘报告》，《文物》1987年第5期。

② 北京市文物研究所：《军都山墓地——玉皇庙》，文物出版社，2007年。

③ 王伟群：《河北隆化县发现的两处山戎墓群》，《文物春秋》2008年第3期。

④ 田广金、郭素新：《鄂尔多斯式青铜器》，文物出版社，1986年，图一一八。

⑤ 田广金、郭素新：《内蒙古阿鲁柴登发现的匈奴遗物》，《考古》1980年第4期。

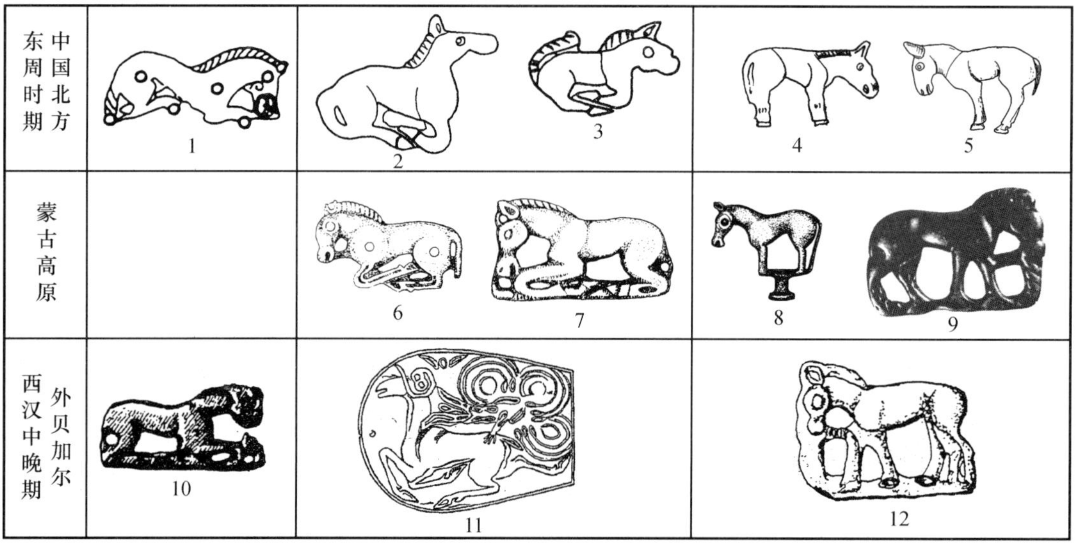

图三　马形牌饰比较

1. 小白阳　2、3. 玉皇庙　4. 西南沟　5. 玉隆太　6、7. 中戈壁省　8. 巴彦洪戈尔省　9. 前杭爱省　10. 伊沃尔加墓地　11、12. 德勒斯图伊墓地

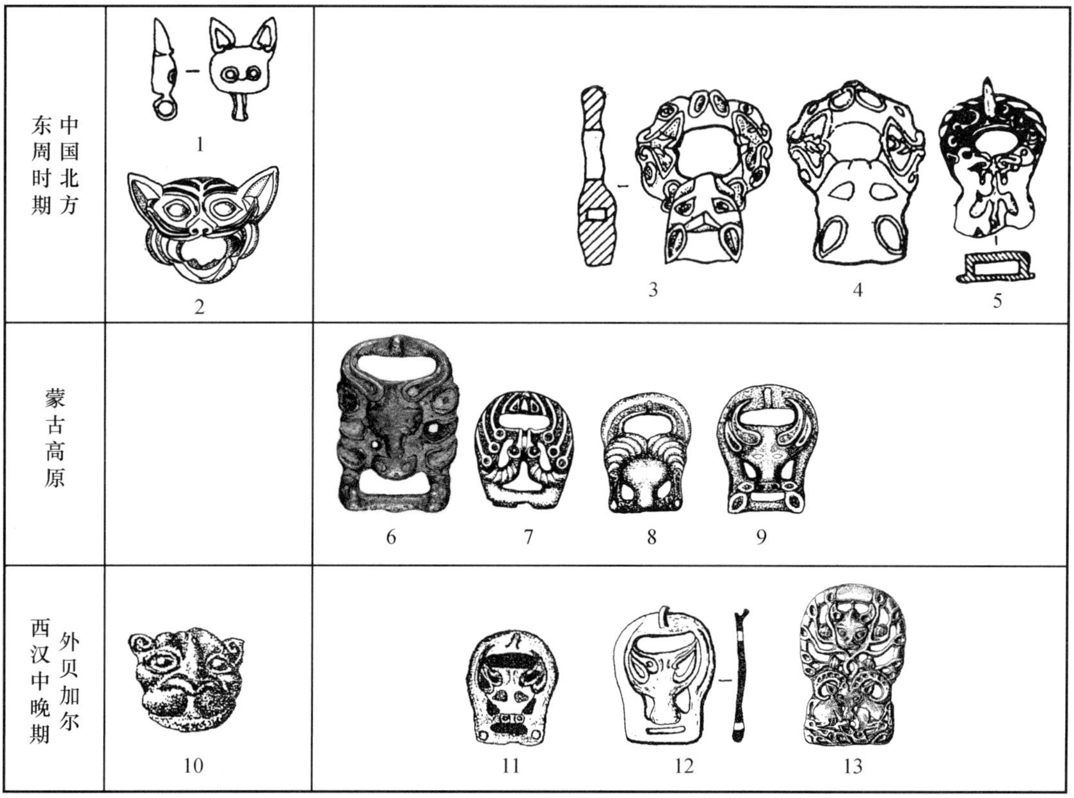

图四　兽头形饰比较

1. 玉皇庙　2、3. 阿鲁柴登　4. 碾坊渠　5. 西沟畔　6. 前杭爱省　7、9. 中戈壁省　8. 苏赫巴托尔省　10～13. 德勒斯图伊墓地

古西部阿鲁柴登、碾坊渠[①]和西沟畔[②]遗址（图四，3～5）。兽头装饰在没有扣舌的一端，顶端是两个向外凸出的角。这种带扣在蒙古高原有较多的发现，其中中戈壁省采集的一件的造型当介于中国北方与匈奴牌饰之间（图四，9），其顶端明显的角与中国北方的相似，其牛头造型又是匈奴流行的式样。蒙古采集的其他带扣的角变成了小圆孔（图四，8）或者完全消失了（图四，6、7）。早期匈奴的带扣以牛头为主（图四，11～13），有的顶端的角仍然保留有小圆孔（图四，11）。

5. 带饰

早期匈奴的带饰中，与中国北方东周时期相似的有两种，一种是环饰，一种是“S”形饰牌。环饰最早见于内蒙古东部的毛庆沟墓地（图五，1），向西分布到内蒙古西部的鄂尔多斯高原的桃红巴拉墓葬[③]（图五，2），年代均为春秋战国之际。环上的纹饰为浮雕，毛庆沟的纹饰较为简单，桃红巴拉的纹饰较为复杂，接近凹梨纹。蒙古高原的巴彦洪格尔发现一件（图五，5），纹饰也是浮雕，与桃红巴拉的接近。早期匈奴的环饰数量很多（图五，6），是一种非常普遍的腰带装饰，装饰手法由浮雕变成

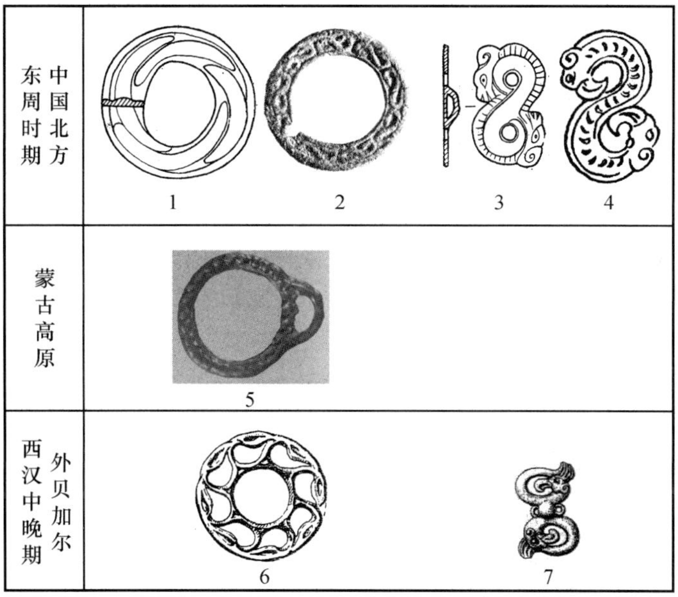

图五　带饰比较

1、3. 毛庆沟　2. 桃红巴拉　4. 撒门村　5. 巴彦洪格尔省　6. 德勒斯图伊墓地　7. 外贝加尔［见Parzinger, Hermann, Die frühen Völker Eurasiens Vom Neolithikum zum Mittelalter[M].C.H. Beck, 2006（766页）］

① 伊克昭盟文物工作站：《内蒙古东胜市碾坊渠发现金银器窖藏》，《考古》1991年第5期。

② 伊克昭盟文物工作站、内蒙古自治区文物工作队：《西沟畔匈奴墓》，《考古》1980年第7期。

③ 田广金：《桃红巴拉的匈奴墓》，《考古学报》1976年第2期。

透雕，纹饰是当时十分流行的凹梨纹。德勒斯图伊墓地M38的两件铜环是用串珠连接在腰带上。匈奴的透雕环饰与中国北方和蒙古的同类器物间还存在一定的缺环。

“S”形腰带饰最早流行于内蒙古东部地区，大量见于毛庆沟墓地，年代为春秋战国之际。这种“S”形的构图方式灵感应当是来自中原西周晚期的中目“S”形窃曲纹的影响，是在一个“S”形的中间点一个象征着眼目的圆点[①]。所以这种腰带饰是中原青铜器纹饰与北方鸟头纹结合的产物。在年代较早的内蒙古东部以浮雕装饰手法为主，较晚的内蒙古西部以及固原地区变成技术水平要求较高的透雕手法（图五，3、4）。早期匈奴仍然有这种饰牌（图五，7），但是数量比中国北方明显减少。

值得一提的是，毛庆沟还有另一种联珠状饰牌的腰带饰，例如毛庆沟M3[②]，这种饰牌是中国北方与蒙古高原在夏家店上层文化和石板墓遗存中广泛流行的式样，但是不见于外贝加尔地区的早期匈奴文化。这个现象似乎暗示着匈奴起源与当地的石板墓文化的联系要少于与东周时期中国北方文化带的联系。

以上中国北方、蒙古高原和外贝加尔早期匈奴的青铜器比较反映出这样一个事实：蒙古高原是中国北方向早期匈奴的过渡环节，中国北方与蒙古高原和早期匈奴最为相似的青铜器大多出自内蒙古西部地区的战国晚期遗存。通过以上对三地青铜器的分析，我们可以大致建立这样一个发展演变的线路：春秋晚期的冀北地区—春秋战国之际的内蒙古东部和西部地区—战国晚期的内蒙古西部和固原地区—蒙古高原—西汉中晚期的外贝加尔地区。蒙古高原的青铜器中可以分为两部分，第一部分是处于中国北方与外贝加尔早期匈奴的过渡形态，而且更加接近中国北方，第二部分是典型匈奴的器物。从第一部分演变为第二部分尚存在一定的缺环，例如上文分析的虎牌饰和马牌饰。由此可以推测，这个缺环很可能是外来文化影响的结果，很有可能是西部草原米努辛斯克或者阿尔泰地区的影响，目前还有待新资料的证实。

除了以上列举的青铜器以外，匈奴的陶器以小口鼓腹的泥质灰陶罐为主，器壁较薄，火候较高，这种器形最早见于内蒙古东部的毛庆沟墓地（图六，1），其后逐渐向中国北方的西部传播[③]，同时在内蒙古东部这种陶器继续受到中原的影响，在较晚的饮牛沟墓地[④]形成明显的颈部（图六，2），在匈奴的伊沃尔加墓地的典型陶器中也有灰陶质地的小口直颈鼓腹罐（图六，3）。这种器形和灰陶的普及是来自中原文化经中国北方的影响[⑤]。

---

① 朱凤瀚：《中国青铜器综论》，上海古籍出版社，2009年，图五二六，4、5。

② 内蒙古自治区文物工作队：《鄂尔多斯青铜器》，文物出版社，1986年，第243页。

③ 参见杨建华：《春秋战国时期中国北方文化带的形成》，文物出版社，2004年，图66。

④ 内蒙古自治区文物工作队：《凉城饮牛沟墓葬清理简报》，《内蒙古文物考古》（第3辑），科学出版社，1984年。

⑤ 参见潘玲：《伊沃尔加城址和墓地及相关匈奴考古问题研究》，科学出版社，2007年，第97、98页，图5-8、图5-9。

1　　2　　3

图六　陶器比较

1. 毛庆沟　2. 饮牛沟　3. 伊沃尔加

二、讨　　论

中国古代文献记载，匈奴兴起于公元前3～前2世纪之交，自此匈奴逐渐强盛可与秦汉帝国相抗衡。汉高祖刘邦在高祖七年即公元前200年亲率大军迎击匈奴，结果被匈奴围困于白登山。这说明历史上早期匈奴的兴起是在秦汉之际，分布于中国北方文化带的北邻，主要在赵国以北。而考古上可以确认为典型匈奴遗存的匈奴墓葬主要集中在蒙古东部与俄罗斯外贝加尔地区，年代最早的属于外贝加尔地区的德勒斯图伊墓地和伊沃尔加墓地，年代为西汉中晚期。历史文献记载与考古发现在地域和年代上都有很大的差距。我们在文中称之为“早期匈奴”的只是目前可以确认的最早的匈奴遗存，而不是真正意义上的早期匈奴。而上文我们讨论的东周时期中国北方与蒙古和外贝加尔地区的联系正弥补了这一时空的转换。而导致这一时空变化的一个重要原因就是汉武帝自元光二年（公元前133年）起对匈奴的反击，迫使匈奴不断北退到大漠以北。

东周时期中国北方文化带中的人种复杂，既有当地的古华北类型，也有北上的古中原类型和南下的北亚类型。匈奴人种的鉴定最重要的见于诺音乌拉，已鉴定的一具女性颅骨和一具男性颅骨均属北亚人种的古西伯利亚类型[①]。因此匈奴很可能起源于南下到中国北方文化带的北亚人。

蒙古和外贝加尔地区同中国北方长城地带构成一个文化传统相近、关系十分密切的特殊区域，尤其是青铜器传统的相似性，可以称之为中国北方–蒙古高原冶金区[②]。

---

① 潘其风：《从颅骨资料看匈奴人种》，《中国考古学研究——夏鼐先生考古五十年纪念论文集》（二），科学出版社，1986年。

② 杨建华、邵会秋：《商文化对中国北方以及欧亚草原东部地区的影响》，《考古与文物》，待刊。

有学者指出，这里自青铜时代晚期始至匈奴崛起时，居住着大蒙古人种的族群，而且是相对稳定的。匈奴的起源问题应当在这一区域内的早期铁器时代文化遗存中去寻找①。这里早于匈奴的遗存只有蒙古石板墓和中国北方文化带。石板墓的早期与夏家店上层文化有很多相似之处，晚期与中国北方以及西伯利亚–斯基泰文化大体同时。通过上文的比较分析我们看到了中国北方文化带与早期匈奴的许多相似因素，而与石板墓晚期相似的只有分尾式和圆銎骨镞，以及积石墓的习俗。这说明匈奴更多的来源于中国北方文化带。

中国北方与匈奴文化因素相关的青铜器从东向西分布，最早开始于冀北地区，然后是内蒙古东部、西部和固原等地，这种变化态势应该与中原各国的北上有关。最开始是燕国北上，逐渐占据了冀北山地，并在更北的地方修筑长城，迫使长城沿线南下的北亚人向西迁徙。然后是赵国的北上，内蒙古东部地区的很多墓地在晚期都发现了南北向、不殉牲、随葬带钩的墓葬。赵国修筑长城后，很多南下的北亚人继续向西，在内蒙古西部即当时的云中郡周围发展起来，阿鲁柴登的金质王冠可以反映出这些北亚人的社会阶层化的发达程度。所以有理由推测，最早的匈奴人应该就是南下到中国北方长城沿线的北亚人，他们带有石板墓文化的遗风，例如分尾式和圆銎孔的骨镞和积石墓的习俗，但是更大量的是接受了战国时期北方文化带的动物装饰风格。所以在我们发现的中国北方文化带的战国晚期长城以北的遗存中，很可能就包含了早期匈奴遗存，只是由于发现数量很少，与中国北方文化特征差别不大，难以辨识。我国匈奴研究专家新近指出：在战国晚期至西汉武帝元狩年间的百余年时间里，除了极个别的零星发现，目前还无法辨别出匈奴的考古遗存。很可能的情况是，我们已经发现这一时期的匈奴遗存，但是因为他们与我们已经确认的匈奴遗存的文化面貌差别很大，而且没有明确的断代依据，往往将这些遗存断代过早，或者只能推测可能是战国晚期的与匈奴相关的遗存②。寻找真正意义的早期匈奴应当是我们今后考古工作的重点。长城的建立，使得自夏代以来形成的中原、北方、草原的三分式格局变成了中原与草原的二分式格局，中国北方被消解了，这个中原与草原之间的“缓冲区”消失了。当地居民大部分融入了中原文化中，汉代以后古华北类型人种的消失就是有力的证据；当地居民的另一部分以南下的北亚人为主体，他们由于难以接受以农业为主的生活方式，北退到长城以北，变成真正意义的草原游牧人，并且建立了自己的国家——匈奴联盟。

南下的北亚人群随着汉武帝时期的被征伐而不断北退，最终到了蒙古东部和外贝加尔地区，形成了具有自身特色的匈奴文化。这个转变过程主要发生在蒙古高原。从

① 乌恩岳斯图：《北方草原考古学文化比较研究——青铜时代至早期匈奴时期》，科学出版社，2008年。

② 潘玲：《早期匈奴石器中国北方与欧亚草原的文化联系》，待刊。

我们上文引用的蒙古高原采集的青铜器的出土地点看，主要集中在东戈壁省、南戈壁省、中戈壁省、前杭爱省、后杭爱省和巴彦洪戈尔省。这些地区是蒙古高原离中国北方最近的地区。具有典型匈奴文化特征的遗存却很少发现在这些地区，尤其是不见匈奴大墓，而且这些地区很少进行过考古调查与发掘。从这些地区采集的青铜器看，大多与中国北方的相近，而且这些器物在目前发现的最早匈奴遗存中数量有限，说明匈奴的形成在继承了中国北方文化带的青铜器因素，尤其是动物纹装饰艺术以外，还创新了许多新的因素，例如勺形铜带扣，并且吸收了一些来自西面欧亚草原的因素，从而与西面的欧亚草原的共性加强了，例如动物纹牌饰。

三、结　　语

根据以上的分析我们的初步结论是，早期匈奴来自于南下到中国北方文化带的北亚人，他们不断地融入到中国北方文化带中。燕国、赵国和秦国的北上并筑长城以拒胡，迫使他们退到了内蒙古西部地区的长城以北。面对秦国的统一，他们也不断结成联盟。在秦汉交替之际，中原无暇顾及北方，他们逐渐形成了以冒顿单于为首的匈奴联盟，开始与秦汉王朝抗衡。在汉武帝的打击下，他们不断北退到大漠以北，并与西面的欧亚草原加强了联系，并且逐渐形成了有自身特色的匈奴文化。

“定楬”与龙川小议

李浪林

（香港特别行政区古物古迹办事处）

近读《广东五华狮雄山秦汉城址的发现与初步研究》，文中据遗址规模、布局和结构证明是一座秦至南越国时期的城址，以及从发现的“定楬”戳印陶罐、“定楬之印”和“定楬丞印”字样封泥和相关的遗迹和遗物资料认定，该城址为秦至南越国时期的定楬县城[①]。因对于岭南早期历史一直比较关注，加之遗址发掘期间曾数次前往观摩学习，知狮雄山遗址发现的成绩实属难得，其填补了岭南秦汉考古和历史上的一些空白。笔者颇觉兴奋之余，仍感到有点局限。

文中对“定楬” 已经作了多方考证，对出土考古材料的观察、研究和定性似无可以挑剔之处，笔者在此不再赘述。但需要指出的是，历史上的南海郡/南越国完全没记载南海郡有定楬这样一个地方，而该遗址似乎与赵佗经营和起家的龙川县地望近在咫尺。如果龙川所在地和定楬县说都成立的话，二者关系又会怎样。笔者想在此谈一点不成熟的看法。

1. 龙川县地望

因为典籍缺失，秦汉岭南政区的问题历来是中国政区沿革史研究的一个难点。对秦南海郡和随后建立的南越国政区的相关记载，最直接的只有《史记・南越列传》（下称《列传》），还有就是《汉书・地理志》（下称《地理志》）。学术界在秦汉时期南海郡和南越国所辖的广东地区属县设置数目方面多有争论[②]，产生四县（番禺、四会、博罗、龙川）说和六县（番禺、龙川、博罗、揭阳、四会、洌江）说[③]。而且对南海郡（包括后来的南越国）的辖县政区也持有不同观点[④]。后代关于秦南海郡和南越国辖县政区、地望的诸种说法，主要都是依据《列传》和《地理志》，加以考证和演

---

① 尚杰：《广东五华狮雄山秦汉城址的发现与初步研究》，《东南文化》2013年第1期，第23～30页。

② 马金霞：《秦平岭南置郡考》，《武汉理工大学学报》（社会科学版）2013年第5期。

③ 吴宏岐、周玉红：《秦南海郡辖南海县说商榷》，《中国历史地理论丛》2010年第4期，第84～91页。

④ 张荣芳、黄淼章：《南越国史》，广东人民出版社，2008年，第112～113页。

绎，可信性到底有多高，不敢在此妄论。

龙川县是赵佗立南越国之前为官之地，后人称为赵佗兴王之地[①]。因此，从历史上看一直为南海郡中最受关注的地点之一。后代学者据史料考证，龙川县治所的位置为今龙川县佗城镇。以佗城为核心，龙川“郡据上游，当江赣之冲，为汀漳之障，则固三省咽喉，四州门户，可不谓岩邑哉”[②]，其东有岐岭（又称蓝关），可控五华、兴宁盆地；西有高达1174米大帽山为屏障；北有东江支流定南水和寻邬水沟通江西，与赣江分水岭一般不高；而南为东江，可径下惠州、番禺（广州），故此龙川是站在粤、闽、赣分界线上，雄踞交通要冲，有一个具有战略意义地理区位，对经略岭南者至关重要的地方。

认定秦汉龙川县治在佗城的主要依据有：①唐李吉甫所修《元和郡县图志》（卷三十四）河源县条目中记：“龙川故城，在县东北，水路一百七十五里。秦龙川县也。秦南海尉任嚣疾，召龙川令赵佗，授之以政，即此处也。”按河源东北水路一百七十五里，循东江而上即是今之龙川佗城的地理位置。②宋乐史撰的《太平寰宇记》卷一五九《岭南道三·循州》云：“龙川县，旧雷乡县，广南刘龑伪号干亨元年改为龙川县，仍移州就县。古赵佗城，西接嶅山，南临浰水。在西北五里，龙川江旧名浰溪，自虔州安远流至县界。”龙川江（即东江）源头从江西省安远县流入广东的第一个县即龙川县。今之龙川佗城西北正接嶅山，南临龙川江。这与《太平寰记》所说的地理位置正好相一致。③ 王象之撰《舆地纪胜》卷九十一，《广南东路》“古迹：龙川故城，元和志在河源县东北水路百七十五里，秦龙川县也。《舆地纪胜》又引《循阳志翁韶序》云：“宋绍兴十五年，知州韩京迁于城东，即尉佗之故宅，有台有井。”上列诸条恰好均属后代考证，实则龙川县治的所在地是不详的。龙川地理位置最早见于文献记载也是唐代，实则龙川县治的所在地唐以前是不详的。

《地理志》条下载：“南海郡，秦置。秦败，尉佗王此地。武帝元鼎六年开。属交州。户万九千六百一十三，口九万四千二百五十三。”在广袤的南海郡地，西汉时期人烟稀少。即使到了唐代，从《元和郡县图志》记载东江流域与韩江流域两河流域的州县设置看，上虔州，下循州，整个东江和韩江上游均属循州辖地。循州“即南海郡之博罗县也”“北至虔州一千五百里”[③]。虔州，南康，“南至循州一千六百一十四里”[④]。《元和郡县图志》这里的记载虽有一百多里的误差，但都在一千五百里以上。在这千里之间，所设县邑十分稀少，东江上游和韩江上游所在的盆地附近只有兴宁一县。且韩江流域的兴宁，也是东晋年置，且时“属东莞郡”。在东江中游干流设置的

---

① （清）梁廷楠：《南越五主传·先主传》。

② （清）胡琫（主修）、勒殷山（总撰）：《龙川县志》第六册《形势》。

③ （唐）李吉甫：《元和郡县图志·岭南道一》。

④ （唐）李吉甫：《元和郡县图志·江南道四》。

也只河源县，是南朝齐永明元年（483年）置县①。县治所在地都有它政治、经济和军事的地位，一般前朝的治所都有它的延续性。汉以降，直到唐代没有在龙川置县，直到明万历年间龙川“不童不涸，国之山川也。四山往多林木，望之秀发，旦旦伐之，野火灭禁，若不毛”②，可见龙川境内历史上均属于人烟稀少的地方，笔者推测秦汉时期龙川县治所在是否另设在他处也未可知。

2. 南越国的政治形势

约公元前203年南海郡尉赵佗起兵兼并桂林郡和象郡后建立南越国，公元前196年，赵佗向西汉皇帝刘邦称臣。约公元前183年，南越国与西汉关系紧张，赵佗开始称帝。公元前179年，南越国与西汉修好，赵佗再次向西汉皇帝汉文帝称臣。公元前113年，南越国新君主赵建德与西汉对峙。中间经历虽如此反反复复，南越国实际都是相对独立的，无论是称臣也好、称王称帝也好，中央政府并管不了南越国的事务，南越国统治者制定了一些独特的地方政治制度。有学者从南越国公署遗址出土的第91号简文分析，得到“南越国不受汉王朝法律政令等的约束”③观点。

还有一个影响政区设置的政治因素，就是民族政策。从秦平定岭南到做龙川县令起，赵佗就制定了“和辑百越”的民族政策，并使这项政策基本贯穿南越国的始终。让越人参加政权管理，任用越人在军队和政权中担任官职，见于《列传》或《汉书》中南越国为官的越人“官仕为长吏者七十余人”，有如，丞相吕嘉，直接参与处理王国大事，此外，还有揭阳县令史定、桂林监居翁、越将毕取等许多越人。南越国内，南越族人在统治集团中的地位明显上升。实行“和辑百越”的民族政策，巩固了南越政权，安定了社会秩序，使其统治维持了93年之久。

更有南越国的地方行政制度是在秦岭南三郡的基础上建立的。赵佗曾为南海郡尉，所以南越国的政治制度大部分是沿袭秦制的，国内的行政体制开始是沿袭秦朝郡县制，后来又臣属于汉朝，对汉称王，对内称帝。西汉新政治制度对南越国的影响也很大，因为南越国是个独立性很大的政权，在越人部落强盛的地方，让“诸雒将主民如故”，分封了一些越人首领为王、侯，例如在交趾地区分封的西于王。它还以国家的姿态分封赵姓的宗室为王侯，如有分封苍梧王赵光④，如此便形成了和西汉基本类似的，既有郡县制，又有分封制并行的郡国制⑤。

---

① 兴宁、河源条均见《元和郡县图志·岭南道一》。

② （明）林庭植：《龙川县志》卷之二《地理》。

③ 广州市文物考古研究所等：《南越国公署遗址出土木简》，《羊城考古发现与研究》（一），文物出版社，2005年，第33页。

④ 《史记·南越列传》。

⑤ 余天炽、梁旭达、覃圣敏、蓝日勇、覃彩銮：《古南越国史》，广西人民出版社，1988年，第60～63页。

由上可见赵佗管理地方的政区情况比较复杂。在考古发现“定楬”之前，秦汉以降没有任何历史记载提及定楬县。由于史书记载语焉不详，岭南郡县历代史家考证颇多，成绩斐然。至于作为目前国内研究秦县的最新成果的谭其骧先生主编之《中国历史地图集》第二册，图5～12秦代诸郡图内绘出各郡之县，亦未见定楬县。

后人往往并不能真正了解南越国的地方郡县设置的实情。但有一样似乎是清楚的，那就是分封的王、侯都在赵佗吞并的桂林郡和象郡。在南海郡没有见到分封王国，只有郡县。南海郡远在边塞，从“南海尉任嚣病且死”，就可召赵佗“行南海尉事”[①]，可见秦朝的郡守权力非常之大。加上赵佗实行“和辑百越”的民族政策，并在南越郡及南越国实行郡县制管理这样的政治背景下，为了加强有效的统治，在郡县制上保留了秦朝的南海郡诸县，同时增设了一些县，如揭阳县建于汉元鼎六年（公元前111年）[②]。赵佗再多自立一个定楬县，实不属意外的事情。且“定楬之印”和“定楬丞印”为县邑官印封泥，且“之印”和“丞印”都带有界格，明显是秦制官印格式。因为汉官印制度在实行过程中出现了变革，汉初官印即取消界格，应当视为在实际施用中需要区别前朝官印而作出的变动[③]。

3. 军事形势

公元前208年，南海郡尉任嚣病亡，赵佗“即移檄告横浦、阳山、湟溪关曰：‘盗兵且至，急绝道聚兵自守！’因稍以法诛秦所置长吏，以其党为假守。秦已破灭，佗即击并桂林、象郡，自立为南越武王[④]”。西汉之后，同中央王朝和近邻闽越国的关系也是时好时坏。公元前195年，赵佗出兵攻打长沙国，在打败长沙国的边境数县后撤回。公元前135年，闽越王郢借赵胡即位不久之机向南越国发动战争，攻打南越国的边境城镇。

定位为定楬县的城狮雄山遗址位于今五华县华城镇东南约2千米处，与考证的龙川县佗城镇相距的直线距离大约为50千米，两地同在东江流域的中上游和韩江流域的上游地区一个大的山间盆地上。这一带大抵包括今日广东和平、连平、龙川、兴宁、五华、海丰、陆河和陆丰，以及新丰、平远、紫金和蕉岭等县市的一部分。东部隔莲花山脉是汉揭阳辖地，其西部有九连山脉与北江分隔，北部与豫章郡接壤，东北是武夷山脉属与南越国差不多同时存在的闽越国，南部到郡国之都番禺是群山重叠。只不过在龙川和定楬两地之间有些小山阻隔，使龙川属南流的东江流域，定楬城下的五华河

① 《史记·南越列传》。

② 《元和郡县图志·岭南道一》潮州条云：“州，即汉南海郡之揭阳县”。

③ 孙慰祖：《西汉官印、封泥分期考述》，《上海博物馆辑刊》（第六期），上海古籍出版社，1992年，第191页。

④ 《史记·南越列传》。

属东流的韩江流域。分隔东江和韩江的岐岭（又称蓝关）正好在两地中间。

赵佗立国之后，连年征战，为了管理北与秦九江郡、汉豫章郡接壤，南到番禺县下地的这一片土地，守卫东江，防止东北方的闽越国和正北的豫章郡汉军，设立定楬县有其政治和军事上的需要，也说明赵佗是有远见的。而定楬的事实有大量考古材料支持，城址发现的秦汉时期遗迹包括：环壕1条，建筑基址7处，排水沟3条，陶窑1座，水井1座，灰坑21座，灰沟10条。主要分布于狮雄山南岗，相对高度10～47米。最重要的建筑遗迹则分布在最高处，即经人工修整的三、四级平台上，面积约41600平方米，被环绕第一、二级平台的环壕划分为南、北两个区域，而城址北部又被垒筑的墙基和排水沟分为东、西两个部分。人工壕沟与天然河道有机地联系起来，形成一个规模宏大的防御系统；北区的建筑遗址主要有 4 处，分布于各级台地，为角楼、望楼等一类建筑①。

定楬县远离管制中心番禺，所在的东江、韩江上游地方又大部分属于崇山峻岭的山区，是越人部落强盛的地方。赵佗采用"且以其故俗治"的治理岭南之策②，南越国时期在此设立一个县，用越族人自己的首领为地方长官管理自己的地方，当然也不排除赵佗用自己的亲信管理。

公元前112～前111年（元鼎五年、六年），楼船将军杨仆"出豫章，下横浦"灭南越，走的可能就是东江这条水路。狮雄山遗址的文化堆积只有秦末至西汉早期，说明定楬只是南越国的产物，随着南越国的灭亡，定楬也一并从历史上完全消失了。

从郡县设置的一般规律来看，龙川和定楬二者距离如此接近，是否有必要设置两县，尤其是仅依据官印来做研究，难免有孤证之嫌，其结论更需要谨慎对待。但在此不妨补充说明一点，如前所述龙川地望材料是不清楚的，也是需要深入研究的。

考古发现的定楬县为探索南越国建立前后赵佗经营龙川及附近地区的历史提供了新线索，亦为说明秦及南越国的疆域和政治版图增加了新史料。虽然当前并无资料或确切考证，来说明秦、南越国"龙川"的地望，但就该地的历史演变、地理、军事和政治形势来看，笔者倾向于相信秦末至南越国时期有"定楬"一县存在。这样对于龙川的地望不清，只有唐代之后的考证，也是一个相对合理的解释和交代。

---

① 尚杰：《广东五华狮雄山秦汉城址的发现与初步研究》，《东南文化》2013年第1期，第23～30页。

② 《史记·平准书》。

西瓯、苍梧与南越

郑君雷

（中山大学历史人类学研究中心）

岭南地区西汉前期的越人集团，文献记载较清晰些的只有西瓯和骆越。多数学者认为桂江流域和西江中游（广义上的[①]，下同）以平乐银山岭、广宁铜鼓岗、肇庆松山北岭等墓地为代表的遗存属于西瓯[②]，右江流域以武鸣元龙坡、安等秧等墓地为代表的遗存属于骆越[③]。也有学者认为桂东北、粤中、粤北的越人集团是“苍梧”。番禺是南越国都，以珠江三角洲为中心的广东越人属于什么集团？文献没有记载，有些学者径称为“南越”。

考古学上，岭南地区西汉前期可以划分出桂东北、西江流域（狭义上的）、珠江三角洲、北江上游、粤东、右江流域、越南北部等不同文化板块；文献中还有其他越人名目。我们在此仅讨论西瓯、苍梧和南越，原因在于西瓯是文献明确记载的越人集团名称，苍梧主要是地域名称，南越则是政权名称，而均用以冠名考古遗存的族属，值得在考古学文化族属研究的方法论上作些探究。

一

罗香林先生推测西瓯“其居地似在今广西柳江以东，湖南衡阳西南，下至今苍梧封川、北达今黔桂界上。西瓯与骆越境地相接，曾杂错而居，似以今之柳江西岸区域为界，柳江东南则称西瓯，柳江西岸区域以西则称骆越，而此西岸区域之连接地带则称为西瓯、骆越”[④]，不过并未展开论证。施铁靖先生认为秦军南下前的西瓯地域

① 现代地理意义上的西江指从云南曲靖珠江源头至广东三水的全部河段（以下至珠海磨刀门通称为河口段，也有地图仍然标注为西江），其中南盘江、红水河为上游，黔江、浔江为中游；梧州以下为下游。狭义上，亦即人文历史意义上的西江仅指现代西江下游段（梧州至三水）。考古学者使用的“西江中游”概念较宽泛，大致包括现代地理意义上的郁江（西江支流）下游、西江中游的浔江和西江下游河段，即贵港—桂平—梧州—三水河段。

② 蒋廷瑜：《从银山岭战国墓看西瓯》，《考古》1980年第2期。

③ 马头发掘组：《武鸣马头墓葬与古代骆越》，《考古》1988年第12期。

④ 罗香林：《中夏系统中之百越·古代百越分布考》，独立出版社，1943年。

“大致包括今广西的桂林地区、柳州地区、贺州地区、桂平、贵港地区、玉林地区、河池地区以及红水河流域”，秦至南越国时期西瓯退缩至河池地区及红水河流域，汉平南越以后在河池地区设置定周县，“从此西瓯在中国历史上不复存在”①，范围似过于宽泛。

目前考古学者一般将西瓯推定在桂东北和西江中游，主要是根据下面两条史料。

第一条是秦始皇二十八年南攻百越，“塞镡城之岭”和“守九嶷之塞”的两路秦军受挫，于是“又以卒凿渠而通粮道，以与越人战，杀西呕君译吁宋”②。“镡城之岭”即今越城岭，“九嶷之塞”即今萌渚岭③，灵渠地在广西兴安，许多学者遂指桂东北的漓江——桂江流域、贺江流域为西瓯地。第二条是汉平南越时“越桂林监居翁谕告瓯骆四十余万口降”④。许多学者以南越国桂林监辖域与秦桂林郡大致等同（相当于西汉郁林、苍梧郡地），认为桂江流域、西江中游为西瓯地。

其实这两条史料并不能直接支撑将西瓯推定在桂东北和西江中游的论证。就第一条而言，“开凿灵渠”与“杀西呕君”两事前后相继，但未必是直接因果关系。在桂东北开凿灵渠后，在岭南其他任何地区“杀西瓯君”都不悖这一叙事次序。而第二条蕴含的意味更多。

第一，《史记·南越传》记赵佗在吕后死后“以兵威边，财物贿遗闽越，西瓯、骆役属焉”（按，“闽越”后断为逗号，与中华书局标点本不同⑤）。陆贾文帝元年出使南越，赵佗称“其西瓯骆裸国亦称王”⑥；这段话《汉书·南粤传》记为“蛮夷中西有西瓯。其众半羸，南面称王；东有闽越，其众数千人，亦称王；西北有长沙，其半蛮夷，亦称王”。西瓯既然称“王”，而且南越国对西瓯只是“役属”，当是一个较为独立的政治集团，应该不在南越国的疆域本土。

第二，《集解》将“桂林监”释为“桂林郡中监姓居名翁也”，即桂林郡监。南越国桂林郡与秦桂林郡有沿袭关系，秦桂林郡辖境大致为广西中东部和广东西部，北界在广西兴安严关一带。在此范围内，南越国还分封了苍梧秦王，也许还有其他王侯（贵县罗泊湾2号汉墓出有“夫人”玉印，贺县金钟一号汉墓出有“左夫人”玉印，墓主为王侯配偶级别）。根据秦、汉苍梧郡的地理沿革，以及梧州市区土城的线索（蒋廷瑜先生引史志材料认为苍梧王城在今梧州市区⑦）或者贺州市长利村城址的超常规模

① 施铁靖：《汉代西瓯历史地理与定周县》，《广西民族研究》2006年第3期。

② 《淮南子·人间训》。

③ 岑仲勉：《评〈秦代初平南越考〉》，《中外史地考证》（上），中华书局，1962年。

④ 《汉书·南粤传》。

⑤ 林沄先生意见。

⑥ 《史记·南越传》。

⑦ 蒋廷瑜：《试从考古发现探寻汉晋广信县治的地理位置》，《桂岭考古论文集》，科学出版社，2009年。

（边长超过1000米，远超岭南地区的一般郡县城址，熊昭明先生推测有苍梧秦王的王城之可能[①]），我们判断南越国苍梧秦王封地以梧州——贺州为中心，范围大致包括贺江流域、浔江中下游——狭义西江的上游。

元鼎六年冬番禺城破，汉军四向略地，兵锋所至，即降即封。“苍梧王赵光与粤王同姓，闻汉军至，降，为随桃侯。及粤揭阳令史定降汉，为安道侯。粤将毕取以军降，为膫侯。粤桂林监居翁谕告瓯骆四十余万口降，为湘城侯。戈船、下濑将军兵及驰义侯所发夜郎兵未下，南粤已平”[②]。这段记述显明桂林监辖域在苍梧秦王封地以西，并且不包括狭义西江流域，因为汉军不可能绕过西江流域先行占领桂东北（戈船、下濑将军兵“未下”）。南越国将秦桂林郡拆分为南越国的桂林郡和苍梧秦王封地两部分，这也分别是西汉设置郁林、苍梧两郡的基础。以西汉郁林、苍梧两郡的地域范围推测，南越国桂林郡是以郁江流域[③]为中心，苍梧秦王封地还可能包括桂江流域。

韦仁义先生已经论证骆越分布在“今邕江及左右江流域至于海滨以及越南北部地区”[④]，不在南越国桂林郡中心，似表明所谓“谕告瓯骆”只是桂林监对骆越、西瓯有所羁縻。西瓯在南越国桂林郡确有分布，但主体不在南越国桂林郡中心。其实历代志书从未将西瓯置于桂东北和西江中游，晋郭璞注《山海经》称“郁林郡为西瓯”，《旧唐书·地理志》称党州（今广西玉林）“古西瓯所居”，将西瓯范围说得很明白。我们认为，西瓯主要分布在郁江流域向南沿延伸至玉林方向的桂东南地区，也许包括更东南的地域。西瓯在一定意义上可以理解为南越政权的藩属，作为政治实体的“西瓯国”不在南越国桂林郡内，更不会远至桂东北和狭义西江流域。

具体而言，我们推测西瓯主体聚居在相当于西汉合浦郡北部和苍梧郡南部的山区，以今两广交界的云开大山为中心。粤西—桂东山地（云开大山、云雾山一带）秦汉时期的未开发状态过去很少引起注意。东吴设置合浦北部都尉，显然是要重点经略这一方向。刘宋泰始年间在合浦北部立越州，胡守为先生推测“越州多夷僚，瘴疠又重，有一定的特殊性，恐怕这才是越州建立的主要原因”[⑤]，“越州”得名也说明当地越人集团人文民俗的顽强存在。

《旧唐书·地理志》记载贵州郁林县（今广西玉林）“古西瓯骆越所居”，潘州茂名县（今广东茂名）“古西瓯骆越地”；《元和郡县补志》称义州（今广西岑溪）

① 熊昭明：《广西的汉代城址与初步认识》，《汉长安城考古与汉文化》，科学出版社，2008年。

② 《汉书·南粤传》。

③ 左、右江在南宁宋村汇合后称郁江，至桂平与黔江汇合后称浔江，但是宋村至横县河段习惯上称为邕江。

④ 马头发掘组：《武鸣马头墓葬与古代骆越》，《考古》1988年第12期。

⑤ 胡守为：《岭南古史》，广东人民出版社，1999年，第2页。

亦“古西瓯骆越地”，故学者多以为桂东南和粤西近海地区西瓯、骆越交错杂居，这可能对骆越分布区有误解。覃圣敏先生认为“西汉以后各地志书所载的‘西瓯所居’‘骆越居地’‘西瓯骆越所居’，都不完全是他们在先秦时期的居地，只能是秦以后甚至汉武帝以后所散居的地方”[①]，确实值得考虑。南越国灭亡以后，西瓯仍然活动在粤西—桂东山地（蒋廷瑜先生亦推测有部分西瓯人退入云开大山[②]），东汉时期与其他越人集团融合，发展成为俚、獠、乌浒之属。

无论罗泊湾汉墓的墓主是什么身份和族属，这两座高等级大墓更多地显示出楚、汉文化因素，土著越人因素反不彰明。能够表现西瓯基本考古学特征的一般遗存，要注意岑溪花果山战国墓地[③]、岑溪胜塘顶东汉墓地[④]这类遗存和贵港、合浦等地的西汉土墩墓线索。岑溪两处墓地的腰坑很有特点，花果山M5有两个圆形腰坑；胜塘顶M7有3个腰坑，M3和M5设置腰沟，或许是百越内部越人支系的葬俗差异。刘波[⑤]和郑小炉[⑥]先前从考古学上论述过江浙越人向岭南的迁徙，近年岭南地区又显露出一些新线索。合浦大浪古城外发掘过两座西汉初年的土墩墓，桂平大塘城M3001（西汉晚期）构筑方式也与江南土墩墓类似[⑦]，西瓯与东瓯名称上的对应似有可以发掘的历史背景。

还要讲到，自王先谦《汉书补注》将《汉书·闽越传》的西于王与秦军击杀的西呕君相联系，以西于即是西瓯，其后许多学者持同样看法[⑧]。按，“西瓯和西呕，均从区得声，相通较可靠；与于、越通，似太泛。于古韵为鱼部，越古韵为月部，区古韵为侯部，各不相干[⑨]。《逸周书·伊尹朝献》言‘越沤剪发文身’，罗泌《路史·国

---

① 覃圣敏：《西瓯骆越新考》，《百越研究》（第一辑），广西科学技术出版社，2007年。

② 蒋廷瑜：《从考古发现探讨历史上的西瓯》，《百越民族史论集》，中国社会科学出版社，1982年。

③ 广西壮族自治区文物工作队等：《岑溪花果山战国墓清理简报》，《广西考古文集》，科学出版社，2004年。

④ 广西壮族自治区文物工作队等：《广西岑溪市糯垌镇胜塘顶东汉墓发掘简报》，《广西考古文集》（第二辑），科学出版社，2006年。

⑤ 刘波：《岭南地区青铜器分群研究》，《东方文明之韵——吴文化国际学术研讨会论文集》，岭南美术出版社，2000年。

⑥ 郑小炉：《东南地区春秋战国时期的“镇”——古越族向岭南迁徙的一个例证》，《边疆考古研究》（第2辑），科学出版社，2004年。

⑦ 广西文物考古研究所等：《桂平大塘城遗址汉墓发掘报告》，《广西考古文集》（第4辑），科学出版社，2010年。

⑧ 王先谦认为：“《淮南子·人间训》载有西瓯君，《汉书·闽粤传》斩西于王，即西瓯也”，见《汉书补注·两粤传》。罗香林认为呕、于两字似可声转，以为西呕即是西于，见罗香林：《中夏系统中之百越·古代百越分布考》，独立出版社，1943年。张荣芳先生亦认为西于王也就是西瓯王，见张荣芳《汉朝治理南越国模式探源》，《南越国史迹研讨会论文选集》，文物出版社，2005年。

⑨ 林沄先生意见。

名记丙》‘瓯越’与‘越常’‘骆越’等越人名目并列，瓯、越相通实可怀疑”[①]。退一步讲，即使“西呕君译吁宋”可能是西于王，亦不必与“北徙于桂林瓯雒地”（徐中舒先生观点[②]）联系，或者将“西呕君译吁宋”南置于越南北部（覃圣敏先生观点[③]），因为“自为渠帅的西于王和作为南越国王侯的西于王在血缘世系上不相干，而且前者可以是泛称，后者是封号、是专称”[④]。

二

陆明天先生主张将桂东北、粤中、粤北的土著越人称为“苍梧族”[⑤]。

苍梧首先是地域名称。《史记·五帝本纪》记“舜践帝位三十九年，南巡狩，崩于苍梧之野，葬于江南九疑，是为零陵”。周成王时贡献翡翠的仓吾[⑥]应是方国。据里耶秦简，陈伟先生推测秦始皇二十五年将原黔中郡一分为二，西北一部改称“洞庭郡”，东南一部称为“苍梧郡”[⑦]，秦苍梧郡当沿袭楚国建置。“吴起相悼王，南并蛮越，遂有洞庭、苍梧”[⑧]，战国中晚期“楚人可能已在湘水上游的古苍梧之地设置了苍梧郡，秦苍梧郡亦可能是由楚苍梧郡承袭发展而来”[⑨]。楚、秦苍梧郡大致以今湘南九嶷山一带所谓“苍梧之野”为中心，或可包括整个湘资流域及周边地区。

南越国分封有苍梧王，其王城有梧州市区土城和贺州长利村城址两个线索。汉苍梧郡治在广信（今广西梧州），境域大抵包括桂东北和浔江下游、狭义西江流域。“汉时苍梧郡的设立，当然是脱胎于尧舜时的仓吾国和春秋时的百粤苍梧”[⑩]。张荣芳先生认为“苍梧郡的得名，是由于先秦时期聚居于此地的百越民族的一支——苍梧族”[⑪]。苍梧作为地域，作为方国，作为郡称，均有其族群背景，将湘南等地的越人集团称为“苍梧”可以接受，宋代罗泌即将“苍吾”与“骆越”“西瓯”等越人名目并

---

① 郑君雷：《南越国“西于王”事迹钩沉》，《新果集》，科学出版社，2009年。

② 徐中舒：《〈交州外域记〉蜀王子安阳王史迹笺证》，《四川大学学报丛刊》（第五辑），四川大学学报编辑部，1980年。

③ 覃圣敏：《秦代象郡考》，《历史地理》（第3辑），复旦大学出版社，1983年。

④ 郑君雷：《南越国“西于王”事迹钩沉》，《新果集》，科学出版社，2009年。

⑤ 陆明天：《秦汉前后岭南百越主要支系的分布及其族称》，《百越民族史论丛》，广西人民出版社，1985年。

⑥ 《逸周书·王会解》。

⑦ 陈伟：《秦苍梧、洞庭两郡刍论》，《历史研究》2003年第5期。

⑧ 《后汉书·南蛮传》。

⑨ 徐少华等：《从出土文献析楚秦洞庭、黔中、苍梧诸郡县的建置与地望》，《考古》2005年第11期。

⑩ 徐松石：《徐松石民族学研究著作五种》（上），广州人民出版社，1995年，第290页。

⑪ 张荣芳：《西汉时期苍梧郡文化述论》，《秦汉史论集》，中山大学出版社，1995年。

列[①]。不过覃芳先生将湖南、桂东北和粤北新石器时代以来的一些考古遗存与“古苍梧族”相联系[②]，时代和地域偏于宽。

我们认为战国秦汉时期的苍梧遗存当分布在楚、秦苍梧郡地及其周邻地区，即湘南、桂东北和粤北的交界区域。清人张琦谓“古苍梧，汉零陵郡也，今永州府至广西全州也”[③]；覃圣敏先生认为“苍梧古国的范围，大致包括九疑山、萌渚岭南北和都庞岭东西的桂东北、粤西北以及湘东南一带”[④]，基本可从。“苍梧之名落实之处，正中桂东北、粤中、粤北地区灿烂的先秦文化的中心地带，当地独具一格的战国墓葬分布区和当时岭南人口最密集处，即在汉苍梧郡内”[⑤]。在此区域，战国秦汉时期的考古学文化面貌具有较大共性。

湘中、湘南等地的东周越墓大多属于春秋时期[⑥]。李龙章先生认为湖南与岭南青铜时代越墓的考古学文化面貌基本一致[⑦]，李秀国先生亦对湖南越墓的考古学特征进行过总结[⑧]，这些越墓代表了东周时期苍梧人群集团的考古学文化面貌。楚文化至晚在战国早期已经占据湘南[⑨]，随着楚、秦、汉文化的扩张，苍梧集团的部分居民随而向岭南方向退缩，西汉苍梧郡地域与楚、秦苍梧郡已有很大差异，即本乎此；西汉前期的苍梧遗存，还有相当部分处在零陵郡境。

何安益注意到桂东北地区春秋至战国早期与战国中晚期之间考古学文化特征的阶段性变化，以及灵川、贺州等地岩洞葬的存在，认为春秋至战国早期“北不出越城岭，南不出思勒江，东面不出都庞岭”的区域也是骆越分布区；至战国中晚期西瓯全面占据桂东北，骆越则退居桂林海洋山、大桂山的偏僻山岭[⑩]。暂且不论桂东北是否有骆越分布，将这一地区战国早、中期之间考古学文化面貌的变化，理解为楚文化扩张压迫苍梧集团南迁的结果似更为通畅。

---

① （宋）罗泌：《路史·国名记丙》。

② 覃芳等：《洞庭苍梧族属考》，《百越研究》（第二辑），北京师范大学出版社集团等，2011年。

③ （清）张琦：《战国策释地》。

④ 覃圣敏：《西瓯骆越新考》，《百越研究》（第一辑），广西科学技术出版社，2007年。

⑤ 张荣芳：《西汉时期苍梧郡文化述论》，《秦汉史论集》，中山大学出版社，1995年。

⑥ 李龙章：《岭南地区出土青铜器研究》，文物出版社，2006年，第288、289页。

⑦ 李龙章：《湖南两广青铜时代越墓研究》，《考古学报》1995年第3期。

⑧ 李秀国：《西江地区东周墓族属研究》，《纪念黄岩洞遗址发现三十周年论文集》，广东旅游出版社，1991年。

⑨ a. 高至喜等：《楚人在湖南的活动综述》，《文物》1980年第10期；b. 张中一等：《论楚人入湘的年代》，《江汉考古》1984年第4期。

⑩ 何安益等：《桂东北和西江中游区东周越人土坑墓及族属探讨》，《百越研究》（第二辑），北京师范大学出版集团等，2011年。

湘南资兴战国西汉墓地[①]的考古学文化因素与广西平乐银山银墓地[②]具有相当大共性，表现为：①均流行长方形窄坑墓，有些在墓底设腰坑或铺鹅卵石、小石块；②普遍随葬铜兵器，生活实用陶器包括瓮、罐、瓿、三足盒、小盒、提筒、碗、杯、釜等，有少量汉式陶礼器；③器物组合较具规律，银山岭墓地是“铜兵器（或陶纺轮）+铁工具+生活用具”，资兴Ⅳ类战国墓是“铜兵器（或纺轮）+铁（铜）工具+生活用具”[③]；④陶器纹饰为“米”字纹、方格纹、凹弦纹、水波纹、篦纹及组合纹等。粤北地区战国秦汉时期的考古学材料集中在乐昌对面山墓地[④]，何安益[⑤]和卓猛[⑥]分别注意到粤北地区与平乐银山岭墓地、与资兴旧市和木银桥墓地的联系。南岭山脉的山间峡谷和河流水系，构成了湘南资兴、桂东北平乐和粤北乐昌三地文化交流和族群联系的天然通道。

随着秦汉文化的强势南拓和经略，苍梧集团与楚、秦、汉人相互糅杂，趋于消亡。但是西汉时期湖南仍然出有大量“米”字纹陶器，学界多认为这是湖南越人入汉以后文化因素的残留。宋少华先生的研究揭示出西汉中后期岭南考古学文化对湖南地区的强烈影响[⑦]，刘瑞更认为南越国灭亡后西汉政府曾经从岭南向长沙国大规模移民[⑧]。不过至少是在资兴地区，墓葬材料显示出当地春秋以来至东汉时期考古学文化的发展线索一脉相承，西汉中后期的越文化因素主要是对前期越文化传统的继承。

将桂东北地区视为西瓯地，与我们上面对苍梧集团的认识直接抵捂。徐桓彬先生根据岭南夔纹陶遗址的西界在漓江和桂江，以及平乐地区青铜文化与南越青铜文化的一致性，亦认为“广西东北的桂江流域和广东西部的西江流域不是西瓯国的地域，而是苍梧国的地域”[⑨]。不过他认为“平乐地区是属于南越族的活动地区”，以苍梧国居民属于南越族，我们并不赞成。

---

① 湖南省博物馆：《湖南资兴旧市战国墓》，《考古学报》1983年第1期；湖南省博物馆等：《湖南资兴西汉墓》，《考古学报》1995年第4期。

② 广西壮族自治区文物工作队：《平乐银山岭战国墓》，《考古学报》1978年第2期；《平乐银山岭汉墓》，《考古学报》1978年第4期。黄展岳先生指出银山岭“战国墓”实际是汉墓，见黄展岳《论两广出土的先秦青铜器》，《考古学报》1986年第4期。

③ 吴铭生：《资兴旧市战国墓反映的楚、越文化关系探讨》，《湖南考古辑刊》（第1集），岳麓书社，1982年。

④ 广东省文物考古研究所等：《广东乐昌对面山东周秦汉墓》，《考古》2000年第6期。

⑤ 何安益等：《桂东北和西江中游区东周越人土坑墓及族属探讨》，《百越研究》（第二辑），北京师范大学出版集团等，2011年。

⑥ 卓猛：《湖南资兴西汉墓越文化因素的探讨》，《四川文物》2010年第6期。

⑦ 宋少华：《西汉长沙国（临湘）中小型墓葬分期概论》，《考古耕耘录》，岳麓书社，1999年。

⑧ 刘瑞：《禁锢与脱困——汉南海郡诸问题研究》，《西汉南越国考古与汉文化》，科学出版社，2010年。

⑨ 徐桓彬：《南越族先秦史初探》，《百越民族史论集》，中国社会科学出版社，1982年。

三

徐桓彬先生认为湘南、广西东北部和广东的西江、北江、东江、韩江、珠江流域以及粤西南统属于一个夔纹陶文化区，“这一地区的文化与广西其他地区和越南北部的西瓯、骆越地区文化有明显的差异，应该属于南越文化区域。在南越文化区域内，除苍梧国之外，还有缚娄、阳禺、驩兜等国”①，并将此文化区域内的越人集团称为“南越族”②。罗香林先生认为“南越为扬越之一部分，亦即所谓百越之一种，以其地为扬越南部，故称为南越”③。我们以为“南越”首先是政权名称，兼及地理方位，可以引申为以珠江三角洲为中心的越人集团名称。

博罗横岭山墓地④集中体现出珠江三角洲越人集团商周之际至春秋时期的考古学文化面貌及其发展过程。这些商周墓绝大多数为窄长方形和长方形墓坑，最大长宽比达5∶1，少量有二层台、底坑或壁龛。近年在增城浮扶岭发掘一批西周中晚期至春秋早中期墓葬⑤，以夔纹陶为特点。以上材料，以及广州汉墓⑥、增城西瓜岭⑦和深圳叠石山⑧两处战国末期至西汉前期遗址，表明珠江三角洲商周以来的考古学文化面貌的相对独立性。

《广州汉墓》选取二十三种陶器排比其组合关系，概括为A.瓮、罐；B.瓿（小瓿）、双耳罐、三足罐（联罐）、小盒、三足盒（三足小盒）；C.碗、盆、釜；D.鼎、盒、壶、钫；E.薰炉；F.提筒；G.四耳瓮、四耳罐、灶、井计七项，认为A、B、F三项属于有地方特色的器类，D、E两项是汉文化器物，但E项的造型花纹也具有地方特色。《广州汉墓》统计不出D项的墓例约占十分之三，出有D项陶器的墓例约占十分之七，认为这主要反映了族属差别，前者是土著越人的墓葬；而后者的族属性质更有必要加以讨论。

南越国深受秦汉文化浸淫，出土简牍、玺印、封泥、陶文、金文、瓦当均用汉字，其政治制度、百官制度、宫寝制度、陵墓制度、度量衡均以秦汉体制为基础，亦有所变易。南越国宫苑遗址出土木简“所见职官名称证实南越国官制‘同制京师’，

---

① 徐桓彬：《广东古国问题初论》，《华南考古》（1），文物出版社，2004年。

② 刘瑞：《禁锢与脱困——汉南海郡诸问题研究》，《西汉南越国考古与汉文化》，科学出版社，2010年。

③ 罗香林：《中夏系统中之百越·古代百越分布考》，独立出版社，1943年。

④ 广东省文物考古研究所：《博罗横岭山——商周时期墓地2000年发掘报告》，科学出版社，2005年。

⑤ 广东省文物局：《广东文化遗产》（古墓葬卷），科学出版社，2013年，第154页。

⑥ 广东省文物管理委员会等：《广州汉墓》，文物出版社，1981年。

⑦ 广东省文物管理委员会等：《广东增城、始兴的战国遗址》，《考古》1964年第3期。

⑧ 深圳博物馆：《深圳市叠石山遗址发掘简报》，《文物》1990年第11期。

但有个别职官如‘大鸡官’是南越国独有”[①]。象岗南越王墓出有四枚“夫人”玺印，刘钊先生指出：“从文献上看，两汉朝庭尚未无以‘左’‘右’‘泰’‘部’（陪或副）命名夫人之例，可见这是南越国自创的制度”[②]。“在广州地区的汉代遗址中没有发现汉长安城和其他地区常见的‘千秋万岁’文字瓦当，出土较多的是‘万岁’文字瓦当，这是南越国既臣属于汉王朝，又保持相对独立的一个侧面反映”[③]。象岗南越王墓楚式“椁箱”（“隔间”）基调与汉式“椁坑”“侧室”和“耳室”作法的结合，则是丧葬制度上楚制和汉制的统一[④]。

秦定岭南至南越国，番禺一带的越人集团可以称为“南越”，其考古学文化特征表现在长方形窄坑墓、底铺小石或河卵石、设腰坑，不出汉式陶礼器等方面。而自岭北南下的居民亦颇有数量，即任嚣所谓“且番禺负山险阻，南北东西数千里，颇有中国人相辅”[⑤]。赵佗“和辑百越”，南下汉人与土著越人在血缘和文化上已有相当程度的融合。全洪认为“以都城番禺为政治、经济、文化中心，形成一种新型的汉越融合的南越文化”[⑥]，广州汉墓出有D项陶器的墓葬就是这种“新型的汉越融合的南越文化”的考古学表现。这说明至西汉前期，“土著南越”集团以外，至少在南越国首府番禺和南海郡已经存在“次生南越”集团[⑦]。这个“次生南越”集团的族群基础，就是当地的“土著南越”集团。

四

从西瓯、苍梧和南越的讨论出发，谈一些对于考古学文化族属研究的想法。其中一些认识发表在非专业期刊上[⑧]，但并未引起考古学者的注意；另一些认识也写出论文待刊[⑨]。考虑到张忠培先生祝寿文集的阅众面，兹移录主要观点请师友指正。

---

① 黄展岳：《南越木简释文注释》，“西汉南越国汉文化国际学术研讨会”，广州，2008年。

② 刘钊：《东南地区出土汉代陶玺石刻文字考证》，《东南考古研究》（第三辑），厦门大学出版社，2003年。

③ 李灶新：《广东出土秦汉瓦当初步研究》，《西汉南越国考古与汉文化》，科学出版社，2010年。

④ 王学理：《南越王墓“外藏椁”设置之我见》，《南越国史迹研讨会论文选集》，文物出版社，2005年。

⑤ 《汉书·南粤传》。

⑥ 全洪：《南越国铜镜论述》，《考古学报》1998年第3期。

⑦ 郑君雷：《俗化南夷——岭南秦汉时代汉文化形成的一个思考》，《华夏考古》2008年第3期。

⑧ 郑君雷：《文化人类学的族群认同与考古学文化的族属研究》，《思想战线》2007年第3期。

⑨ 郑君雷：《东部鲜卑“名实”与鲜卑考古学的族属研究》，待刊。

考古学文化族属研究的前提之一，是对文献记载的“族”的历史真实作正确解读。由于文献史料有许多解释上的不确定性和阐发空间，就更有必要考虑“民族体”的实质。文献记载的各类族群集团，其实都是各种“根基性小族群”出自社会环境和利益选择而形成的“情境性族群”；甚至可以径直理解为“政治体”，即“以政治关系和政治权力为纽带构建起来的社会团体”[①]。此种“政治体”的进一步泛化，就是以“地域体”来指代“民族体”，也就是陈寅恪先生所言在胡人种族问题上需要注意的“血统关系变化”和“地区关系成立”这两个现象[②]。岭南战国秦汉时代的各种族群集团也不例外。

在考古学的族属研究中，我们通常是将特定的考古学文化、类型以及划分出来的器物组、群与文献记载的“族”对应挂钩，这种操作模式的背后，是相信文献记载的“族”具有物质文化的一致性。现在从“情境族群”“政治体”“地域体”这些意义上认识“民族体”，就会意识到文献记载的各类族群集团的群体成员并不完全是凭借血缘传承和文化传统这类天然性的根基元素凝聚在一起，未必具有客观一致的内部特征，考古学的族属研究的方法论因此有必要作更深入的思考，我们曾经就此提出三点意见。

第一，考古学文化的族属研究实际上只能立足于核心部族集团的识别；第二，需要考虑建立考古学自己的学术概念体系；第三，建议考古学文化的族属研究还应该将各种层面情境族群的建构过程作为研究内容，而不仅以确定族属为终极目标，以此体现陈寅恪先生“不应过多地去考虑血统的问题，而应注意‘化’的问题”的民族史观”[③]。结合西瓯、苍梧和南越的讨论，就第二点赘言几句。

建立考古学自己的学术概念体系，包含两层意思。其一，是跳出文献，直接用考古学文化特征来表述族群集团、方国古国这类学术概念，卜工先生以夔紋古国、格纹古国、釉陶古国、素面古国、绳纹古国、石矛古国等名称表述岭南地区青铜时代的古国体系[④]，是很有启发的研究实例。其二，是根据考古学研究的实际情况重新界定、引申历史文献中族群集团、方国古国这类概念术语。

早期文献并没有将苍梧、南越作为族称的直接证据，苍梧主要用作地域名称，“南越”是政权名称兼及地理方位。以地域作为族称，早见于“唐、虞、殷、周者，土地之名。尧以唐侯嗣位，舜由虞地得达。禹由夏而起，汤因殷而兴，武王阶周而伐：皆本所兴昌之地，重本不忘始，故以为号，若人之有姓矣”[⑤]。其他例如乌桓、鲜

① 罗新：《中古北族名号研究》，北京大学出版社，2009年，第1页。

② 陈寅恪：《陈寅恪魏晋南北朝史讲演录》，贵州人民出版社，2007年。

③ 陈寅恪：《陈寅恪魏晋南北朝史讲演录》，贵州人民出版社，2007年。

④ 卜工：《岭南文明进程的考古学观察》，《历史人类学学刊》（第三卷），中山大学历史人类学研究中心，2005年。

⑤ 《论衡·正说篇》。

卑以山名号；北朝隋唐的“代人”虽然属于特殊社会集团，但是大致与北族同义①。反之，先秦的巴、蜀，或者晚近的“满洲”②，则是从族称演化为地域名称。很多情况下，以地域作为族称，或者以族称指代地域，实际是一件事情的两个方面。

“族称”与“政权”名称互为表里的例子更多，诸如高句丽、突厥、回纥、吐蕃、契丹、女真等不一而足，将“南越”理解为与“闽越”“西瓯”“骆越”等并称的族群集团名称能够讲通。李龙章先生即认为，虽然早期文献中的“南越”一词只是指南越国，并没有引申到族名或地名上，但是“将广东早期越人称为‘南越族’或‘南越人’也不是完全不可取，至少可以与位于其西的西瓯人、其东的闽越人作区别”③。蒋炳钊先生更认为南越之名系“方位名、国名和族名的统一体”④。

“地区关系的成立”是地域与族称关系的另一个观察角度，“一个种族在某地居住过，后来就把某地居民全成某族人”⑤。名从主人，多数情况下，应该是先有人群集团，然后出现以“族称”指代政权（行政设置）和地域名称的情况，而政权名称和地域名称往往更具同一性。族称、政权名称与地域名称经常的“三位一体”，是我们这篇文章的学理基础。在文献记载有限且理解上歧义纷出的情况下，直接以考古学文化特征（通常在史前考古学研究中），或者通过重新界定、引申（通常在历史时期考古学研究中）文献记载来表述族群集团、方国古国这类学术概念，有其合理性和可操作性。

---

① 松下宪一：《北朝隋唐时代史料中的“代人”》，《魏晋南北朝史研究：回顾与探索》（中国魏晋南北朝史学会第九届年会论文集），湖北教育出版社，2009年。

② 马伟：《“满洲”：从族名到地名考》，《东北史地》2013年第3期。

③ 李龙章：《岭南地区出土青铜器研究》，文物出版社，2006年，第283页。

④ 蒋炳钊：《百越族属中几个问题的探讨——兼论南越及其来源》，《百越史研究》，贵州人民出版社，1987年。

⑤ 陈寅恪：《陈寅恪魏晋南北朝史讲演录》，贵州人民出版社，2007年。

额济纳汉简所见居延边塞交易与币值初探

魏　坚

（中国人民大学北方民族考古研究所）

一、序　　言

额济纳旗位于内蒙古自治区最西端，南接巴丹吉林沙漠的北缘，额济纳河沿沙漠西侧按西南—东北走向流入居延海。著名的居延遗址即位于额济纳河流域，其范围南起甘肃金塔县毛目，北至额济纳旗苏古淖尔南端的宗间阿玛，全长250余千米。其中在额济纳旗境内分布约230千米，主要城址和重要遗存均位于额济纳河下游西至纳林河，东到古居延泽的宽约60千米的范围之内，在这一区域内，目前发现有青铜时代遗址1处；两汉、魏晋、隋唐、西夏至元代的城址14座，墓葬区6处；汉代烽燧120余座；西夏至元代的庙宇10余处以及大片屯田区和纵横曲折的河渠遗存等，是我国重要的大型古代遗址之一，属全国重点文物保护单位。

居延地区先秦时称为“弱水流沙”，秦汉以后始称“居延”，据相关学者考证，“居延”为匈奴语，是“天池”或“幽隐”之意，《书・禹贡》记大禹治水，为疏通九浚大川，曾“导弱水于合黎，余波入于流沙”。弱水即为今日之额济纳河，流沙则为苏古淖尔南端的古居延泽。

在两汉文献中，“长城”是北边塞防的总称，具体的一段往往称为某塞。居延都尉府为汉张掖郡所辖居延、肩水两都尉府之一，一个都尉府管辖边塞约四、五百汉里，属边郡太守以下的武职。据考古调查和发掘已知，居延都尉府下辖甲渠塞、卅井塞、殄北塞三个候官，候官设候长。从出土的额济纳汉简来看，一个候官管理几个部，部设在某燧就称为某部，设部的烽燧也同时称为某燧。每部管理十几个烽燧，烽燧有专属的燧名或以排列的顺序号名之。烽燧设燧长，每燧在烽台周边建有居室，住几人到十几人不等，各司候望之职，白日举烟，夜晚点火。汉代居延地区农业发达，是汉通往西域的交通要道，其作为河西走廊的北部屏障，在汉对匈奴的战略上起到了重要的作用。

1999～2002年，内蒙古自治区文物考古研究所会同阿拉善盟博物馆和额济纳旗文物管理所，对额济纳旗居延遗址范围内的5处汉代烽隧进行了考古发掘。在获取的大量汉代居延地区考古学文化遗存中，包含有新出土的500多枚汉简。这是继1930年中瑞西北科学考察团的贝格曼首次发现1万余枚居延汉简，1972～1984年，甘肃省文物考古研究所和中国社会科学院考古研究所调查、采集、发掘再获近2万枚居延新简之后，发现的第三批居延汉简。因这批汉简均出土于额济纳旗境内，故发掘者将其命名为“额济纳汉简”[①]。这批汉简的年代从西汉中晚期至东汉早期，其中有明确纪年的简，以西汉宣帝神爵三年（公元前59年）为最早，东汉光武帝建武四年（公元28年）为最晚，纪年简年代范围前后约87年。

出土的汉简可以分为书檄、簿籍、律令、封检和历谱、术数几大类，我们从中可以获取大量的有关汉代边关行政设置、军事调动、规章制度、边关生活、生态环境和居民生业等方面的信息，为我们深入研究汉代居延地区的历史，探讨当时的汉匈关系提供了宝贵的第一手数据。本文将就这批汉简包含的反映边关吏卒俸禄、家属粮米发放和契约、债券反映的货币与商品方面的内容，对汉代居延边塞币值及相关问题作一初步探讨。

二、汉代戍边吏卒的俸禄制度

从额济纳汉代烽燧出土的汉简内容分析，驻守边塞烽燧的吏卒，有的是可以携带家属的，有的则就是征之于当地就近居住的边民。这些吏卒由于职位级别的不同，其俸禄亦有差别。同时，吏卒除自己有专供的口粮外，其家属也因男女和成年与否而在口粮供应上有所差别。

（一）吏卒俸钱有级差

额济纳汉简反映出，汉代戍边吏卒实行月俸制，隧长月俸约九百钱，一般隧卒月俸约六百钱或约近六百钱。

试举额济纳新出汉简五例。

例一：

□□隧長王立 十月奉錢九百　　出五十五阜
出六十六□右小畜錢
出二百□候史□候奉錢
出卅筆一箭直　　99ES17SH1：11A

例二：

第十二百九十□

① 魏坚：《额济纳汉简》，广西师范大学出版社，2005年。以下所举简文皆出自该书。

第十二奉五百□

第十三奉五百□　99ES16SF2：7A

例三：

第十五奉五百九十八　99ES16SF2：7B

例四：

居延甲渠止北隧長居延累山裏趙宣 入奉泉六百還　2000ES7SF1：13

例五：

即留臨三年十月奉钱六百以付朱卿□　2000ES7SF1：87

上举例一已言明隧长月俸为900钱；例五“奉钱六百”当是指隧卒月俸为600钱；例二和例三则可知隧卒月俸近600钱；例四当是“止北燧长”以俸还钱的记录。

（二）吏卒和家属口粮发放有定量

除月俸外，驻守边塞的吏卒及其家属还有定量的口粮发放。

下举五例。

例一：

令史王宗 十一月食三石三閂三升少　2000ES7SF1：10

例二：

第十二隧卒上官登　四月食三石□　2000ES7SF2：11

例三：

□二月食三石三閂三□　2000ES7SF1：38

例四：

□食三石三閂三升少□　2000ES7SF1：65

例五：

母大女□如年六十二 見在署用穀二石九升少

第卅一隧卒王敞 子小男駿年一　見在署用穀七閂六升少

妻大女如年廿六　見在署用穀二石九升少　2000ES7SF1：11

以上，从例一至例四可知，无论令史和隧卒，每个吏卒一次领取的口粮均为“三石三斗三升少”；例五则说明，家属中的成年女性一次领取的口粮为“二石九升少”，儿童一次领取的口粮为“七斗六升少”。但尚不知这样的定量是否为月供量。

（三）官署用粮及书札购买等均有所规

官署日常粮食用量亦有定量，包括日常书札购买等都有记载。

下举二例。

例一：

□五十一月居署用谷二石九升少

□十二十月居署用谷二石九升少　●凡六石二㪷九升　2000ES7SF1：14

□十月居署用谷二石九升少

例二：

三月　錢四百

出　入兩行二百　居攝二年正月壬戌省卒王書付門卒蔡恎　99ES17SH1：2

財用　檄廿三尺劄百

（右上侧有三个刻齿）

从例一可知官署用谷每次领取的定量为“二石九升少”，同于吏卒家属中成年女性一次领取的量，但不知是否为按月领取；例二所记之“财用”，当是指“各级部门日常办公所必需的办公用品”①。该简记载了购买书札等办公用品的财用钱的用项和数量，从简侧的券齿来看，当是一枚债券。

三、汉简债券反映的边塞币值关系

汉简中常有购买商品后留下的债券，这些债券的内容直接反映了当时商品的价格以及货币的价值，特别是在有的债券边缘部，还刻有券齿。这些汉简的内容和券齿的大小和多少，形象地反映了钱币和商品的等值关系。

下举八例说明。

例一：

出茭百七十束直錢百七十　驚虜隧長王宣二月己未買願以三月祿償　見

2000ES7SF1：3

“茭”在汉代多指牛马冬季食用的干草。此例一言明：百七十捆干草值百七十钱。可见当此时，每捆干草的市场价格为一钱。

但在汉代，以束来计算的“茭”的价格也是因时因地而有所不同的。据《居延汉简释文合校》140.18B“出钱卅買茭廿束”，一束茭值一点五钱。据同书312.10A“至觻得出錢五十九買茭廿七束□觻得 ●從居延至觻得馬食用二□ □□□出錢六茭二束”，一束茭值大约二点二钱和三钱。据《居延新簡》E.P.T52：149A“騆望燧茭千五百束直百八十，平虜燧茭千五百束直百八十，驚虜燧茭千五百束直百八十，●凡四千五百束直五百卅，尉卿取，當還卅六□”，一束茭值零点一二钱②。

---

① 赵宠亮：《说“财用钱”》，《额济纳汉简释文校本》，文物出版社，2007年。

② 谢桂华：《额济纳汉简“茭钱”试解》，《额济纳汉简释文校本》，文物出版社，2007年。

由上文所举可知，不同地区茭钱的单位价格差别很大，一束茭的价格最高者可达三钱，最低者仅值零点一二钱。而同属惊虏燧购买的茭，可能因属不同年代或不同季节，一束茭的价格也在一钱至零点一二钱之间。

例二：

居攝二年三月乙未第十部吏賣弩一具與第十六隧長章卿　　99ES16SF2：5A

居攝二年三月乙未第十六隧長章卿從第十部吏買弩一具買□一百□□

（右侧有四个券齿）　　99ES16SF2：5B

例三：

□隧長王子贛賣第八卒□

□已任者李子長知券約□　　2000ES9SF1：4

（左上侧有五个刻齿）

以上例二、例三均为烽燧吏卒之间买卖授受关系以债券形式的记载，并有券齿。例二在简的两面分别记载了一具弩卖和买的约定和价格；例三除买卖关系外，还表明了和中保人的约定。

例四：

第九隧卒史義角布一匹買錢五百約至八月錢必已錢即不必　2000ES9SF4：22

例五：

□□民武即從嚴立買白布絝一兩直三　　2000ES7SF2：3

例六：

河平三年七月戊申第十四隧卒史譚買皂一匹直錢八百虞卿所錢約至四年五月晦錢畢已任者王君卿皆知券齒　沽酒勞二斗　　2000ES9SF2：1A

例四至例六均为债券，反映的是吏卒购买布匹、衣裤，因暂不能付钱，而以债券的形式，写明所欠钱数、约定还钱日期，并有中人作保，且在简之上方一侧券齿以记，以防爽约。

例七：

關都裏張齊田十三畝　　已得茭錢三百六十

入糴粟小石六石直三百六十　丙申入　丙申自取　　99ES16SF2：1

例八：

安樂裏郭隧成口一　　已得

田一頃八十七畝　　癸巳入　　已得

入糴粟小石廿六石直千五（百六十?）　　已得　　99ES16SF2：3

例七和例八反映了当时每石粟的实际价格。关都里张齐有田十三亩，为缴纳所欠茭钱，丙申粜粟小石六石，值钱三百六十，则每石粟值钱六十；安乐里郭隧成有田一顷八十七亩，粜粟小石廿六石，值钱“千五”，下残断，据甲渠候官第十六燧同房址所出例七之内容，可补之为“百六十”，合为“千五百六十”，则每石粟值钱亦为六十。以上两例反映了这一时期本区域每石粟的价格是六十钱。

四、结　　语

地处戈壁沙漠地带的居延遗址，其文化内涵是十分丰富的。两汉居延遗址出土的大量汉简是传世的汉代典籍之外最为丰富的文献史料，其所涉内容更是包罗万象，可补诸多史书记载之不足。本文仅据世纪之交出土并公布的“额济纳汉简”中，有关吏卒俸禄、口粮定量、官署财用，以及买卖关系所留债券反映的汉代居延边塞钱币的币值和日用商品的价值关系等问题，做了初步的探讨。归结如下：

（1）汉代戍边吏卒实行月俸制，且据官阶责任的不同，俸禄亦有级差；

（2）驻守边塞烽隧的戍卒，有的带有家属抑或即是当地人，这些戍卒的家属也有粮米供应，其数额据性别与成年与否亦各有差；

（3）官署用粮亦有定量，其日常购买办公用品之“财用”，也均有定量和专门记载；

（4）汉简债券反映的茭、粮食、布匹和其他商品的价格，反映了汉代不同阶段、不同地域边塞商品的价格和货币的实际价值。

云南晋宁石寨山墓地的社会结构解析

蒋志龙

（云南省文物考古研究所）

晋宁石寨山墓地于1955～1960年历经四次发掘，1996年进行第五次抢救性发掘，五次共清理墓葬87座①。关于该墓地，做如下申述：

（1）总共清理了87座墓葬。第一次发掘清理了3座墓葬，其中的1座没有纳入墓葬的编号序列，第二次发掘清理了20座墓葬（编号为M3～M22），第三次清理了12座墓葬（编号为M23～M34），第四次清理了16座墓葬（编号为M35～M50），第五次抢救性发掘清理了36座墓葬（编号为M51～M86），五次发掘除1座墓葬（乙区屈肢葬）没有参与编号外，其余墓葬均顺序编号，加上未纳入墓葬编号序列的1座，实际上石寨山墓地共清理了87座墓葬，由于M23和M32的出土遗物与石寨山文化遗物有别，呈现典型的汉文化因素，因此，石寨山墓地所清理的石寨山文化墓葬共85座。

（2）由于石寨山墓地发掘时间比较早，在墓地发掘的初期没有设立永久性的测量标志基点，尽管第一、第二、第四和第五次发掘均有各次的墓坑分布示意图，但是，我们无法将数次发掘的墓葬整合在一起并在一个平面上标示出来，而且我们所知道的仅是历次发掘墓葬的大体位置。

（3）石寨山是一个集聚落遗址和墓地于一体的遗址。从历年的野外工作来看，聚落遗址主要集中在西、北部，在裸露的地层剖面上还见层层相叠的包含螺壳和陶片的堆积，其间还夹杂有大量的灰烬。2010年对该遗址的系统勘探也证实了这点。西、北面为聚落遗址区，而该山的东、南面土层堆积相对较厚的地方则分布有密集的墓葬。

（4）石寨山墓地的墓坑与其他石寨山文化墓地的墓坑有别，它是利用岩石之间的缝隙，稍微加工处理以后即行埋葬。这是由当地的地形、地貌条件决定。石寨山山形为枣核型，西北高、东南低，山上土壤堆积很薄，尤其山顶更薄，靠近东面和南面地势比较低洼的地方，土层相对厚一些。山上到处可见裸露的石灰岩，岩石坚硬，凿石

---

① a. 云南省博物馆：《云南晋宁石寨山古遗址及墓葬》，《考古学报》1956年第1期；b. 云南省博物馆：《云南晋宁石寨山古墓群发掘报告》，文物出版社，1959年；c. 云南省博物馆：《云南晋宁石寨山第三次发掘简报》，《考古》1959年第9期；d. 云南省博物馆：《云南晋宁石寨山第四次发掘简报》，《考古》1963年第9期；e. 云南省文物考古研究所等：《晋宁石寨山——第五次发掘报告》，文物出版社，2009年。

掘墓难度相当大，当今依然，更何况在使用青铜工具的年代。由于建造墓穴的难度相当大，故石寨山墓地的墓葬在墓坑规模上普遍偏小，无法与建在土层中的同时期的其他墓地的墓葬相比较。由于发掘年代较早，田野工作也难免存在粗疏的地方，个别墓葬是将漆棺的范围当成墓坑的范围，实际的墓坑规模应该比报告所陈述的要大，通常所说的墓坑，可能就是随葬品分布的区域（如M6）。

（5）在出土器物的统计上，有标准不尽统一和统计不全的现象，如一件珠饰，通常统计为1包，其数量可能是成百上千，有的更是成千上万，我们现在也只能以数量1来统计。马具也存在类似的情形。《云南晋宁石寨山古墓群发掘报告》表二十五，第140页的石寨山M13墓葬统计表中铜钺为11件，而第57、58页表一一的铜钺登记表中，M13的铜钺为12件。

（6）五次发掘发现的人体骨骼很少，没有进行现场人骨鉴定，笔者在1996年主持石寨山第五次抢救性发掘过程中，采集了部分人体骨骸并保存下来，后请吉林大学边疆考古研究中心的专家进行了年龄和性别的鉴定①。由于鉴定的个体有限，我们对石寨山墓主性别的判断主要是基于金莲山墓地所得到的认识。

五次发掘的报告都对墓葬进行了年代和分期的讨论。其中，因第二次和第五次出土的墓葬相对较多，分期和年代的讨论也最为详尽。尤其第二次清理发掘的20座墓葬，分为四个类型，实际代表了四个不同的时期，不仅成为石寨山历次发掘墓葬的年代和分期的参照，也成为整个石寨山文化墓地分期的标杆。石寨山第五次发掘的小型墓葬，是石寨山墓地目前发现的时代最早的遗存。石寨山第二次发掘的第I类型的M14、M15、M16和M17，无论在器物形制还是器物组合上都与石寨山第二次发掘的其他墓葬区别开来，单列为一组，其余墓葬均可归入石寨山第Ⅱ、Ⅲ、Ⅳ类型。基于石寨山墓地墓葬的随葬器物及其组合，我们将整个石寨山墓地分为三期，即石寨山早期（第五次发掘的小型墓葬）、中期（石寨山M14、M15、M16和M17、M24）和晚期（石寨山剩余墓葬，M23和M32除外）。

首先，我们通过柱状图来了解石寨山墓地面积的大小。在这些墓葬中，有18座墓葬的面积不清楚，我们只能根据其他69座墓葬的面积来进行统计，根据墓葬提供的数据，我们绘制了图一。

据图一可知，石寨山墓地绝大部分墓葬面积在4平方米以下，其中1平方米及1平方米以下的墓葬为14座；1～2平方米的墓葬为24座；2～4平方米的为15座；4平方米以下的墓葬占全部墓葬的76.8%，4～6平方米的墓葬5座，占全部墓葬的7.2%；6～8平方米的墓葬3座，占全部墓葬的4.3%；8～10平方米的墓葬为5座，占全部墓葬的7.2%，10平方米以上的2座，占全部墓葬的2.8%。可见，石寨山墓地的墓葬规模整体偏小，但墓葬之间的差异确实存在。

① 原海兵、魏东、朱泓：《云南晋宁石寨山墓地第五次发掘人骨鉴定报告》，《晋宁石寨山——第五次发掘报告》，文物出版社，2009年，附录三。

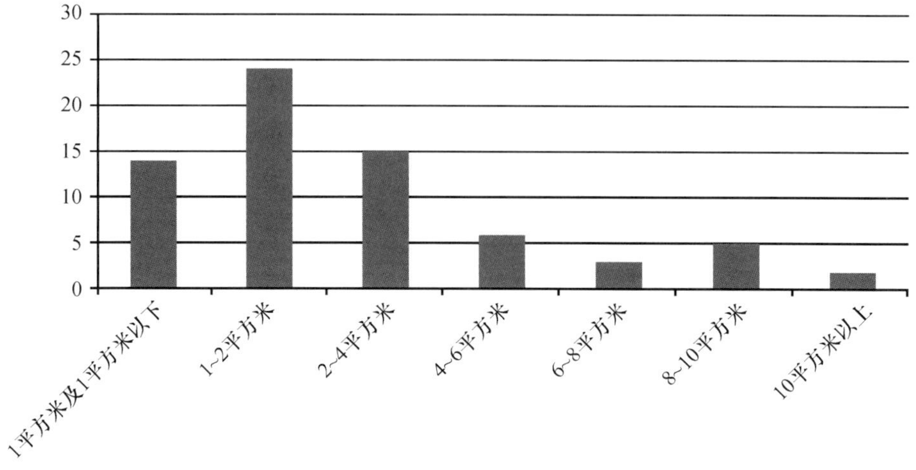

图一　石寨山墓地墓葬面积统计

一、石寨山墓地的等级分析

（一）石寨山墓地早期墓葬的等级划分

将石寨山墓地早期的34座墓葬编制成表（见附表一）。根据随葬品组合的差异，简化为表一。

表一　石寨山墓葬简表

类	墓号	性别	标志性器物	其他器物	面积（㎡）	备注
一	82	男	圆形扣饰	矛、陶器	2.54	
二	58	男	剑	啄	2.32	
三	85	女（？）	木镯		3.22	
四	57	女（？）	釜	罐、壶	1.81	
五	52				1.32	扰

从上表可以看出：

一类五座，分别是M82、M56、M51、M53和M63。均经扰动。为两男三女（？）这类墓葬有几个特点：一是随葬的器物不多，通常只有几件。M82、M56、M51、M53和M63墓葬随葬品的总数分别为8件、5件、4件、5件和8件，在随葬的数量上差别不大，墓主之间的区别不明显；二是随葬品的组合比较单调，由青铜器、陶器和简朴的珠饰组成；三是有明确的性别区分，男性随葬武器和圆形扣饰，女性则随葬铜镯和陶器，如M56和M82两位男性墓主随葬Aa型圆形扣饰、C型铜矛、铜匕首和Ad型铜斧以及一件残陶器；M56随葬圆形扣饰、Aa型无格短剑、铜矛和铜镦；M51、M53和M63为三位女性（？）墓主；M51随葬由铜圈卷曲而成的铜镯2件，其中1件镯面饰变体雷纹，M53和M63分别随葬了3件铜镯，M53还随葬了1件陶壶、M63则随葬了包括陶壶在内的碗、鉢等5件陶器。

一类墓的随葬品为4～8件，墓葬面积为1.6～2.54平方米，大部分在2平方米以内。M56和M82两位男性墓主的面积最大，均超过2平方米。综合这些特点，一类墓墓主是有一定的社会地位、拥有一定财富的贵族。

二类五座，为M58、M76、M59、M62和M68。均经扰动，为五男。二类墓又具如下几个特点：一是随葬器物很少，M58、M76、M59、M62和M68分别随葬了3件、1件、4件、1件和1件，二是随葬器物的种类比较单调，为武器、工具和陶器，以武器为主。二类墓葬的墓主生前可能为武士或者工匠，M68的墓主生前可能从事与凿有关的手工职业。二类墓的墓葬面积为1.27～2.81平方米，其中三座在1.5平方米以内，随葬武器比较多的M58和M59的面积在2平方米以上，随葬的武器数量与墓坑的面积好像存在关联。

三类墓有五座，分别是M85、M75、M54、M80和M83，这类墓葬仅随葬木镯，另外，M54还随葬了1件陶碗。面积为0.96～3.22平方米，其中前四座墓葬的面积都在2平方米以上。这类木镯应该是墓主生前佩戴的装饰品。这类墓主无法判定他们的职业。

四类墓有七座，分别是M57、M61、M64、M72、M74、M78和M73。四类墓有两个特点：一是随葬品很少，分别为3件、3件、1件、1件、1件、4件和1件。二是随葬品仅陶器，陶器中以陶罐为主，还有壶、釜等器。从陶器来看，应该是实用器，而非冥器。除M72为男、女墓主外，其余墓葬无法判明性别。该类墓的墓葬面积为0.81～3.36平方米，除M73面积最小（为0.81平方米），M64面积最大（达3.36平方米外），其余墓葬的面积都在2平方米左右。

五类墓有12座，分别是M52、M60、M55、M65、M66、M67、M70、M77、M79、M81、M84和M86。这类墓葬没有任何随葬品，墓葬面积为0.6～1.92平方米，除M84和M86两座在1.5平方米以上外，其余均在1.5平方米以内，绝大部分墓葬的面积在1平方米左右。五类墓主生前极度贫寒，身无分文，应该是处于社会最底层的人。

从这五类墓葬来看，似乎已经有了一些等级之间的差别，尤其第五类与前面四类之间的差别明显。从随葬品的种类和墓坑之间的大小来看，随葬武器好像与墓圹的规模大小之间存在关联。

由于没有可资参考的坐标，无法将第五次发掘和前几次发掘的墓葬整合到一张图上，从石寨山第五次发掘的墓葬分布图来看①（图二），M51和M56位于T3的西南部和南部、M82位于T1的中部偏东北，M53和M63位于T2的中部偏东和西部，是否M51和

① 原海兵、魏东、朱泓：《云南晋宁石寨山墓地第五次发掘人骨鉴定报告》，《晋宁石寨山——第五次发掘报告》，文物出版社，2009年，附录三。

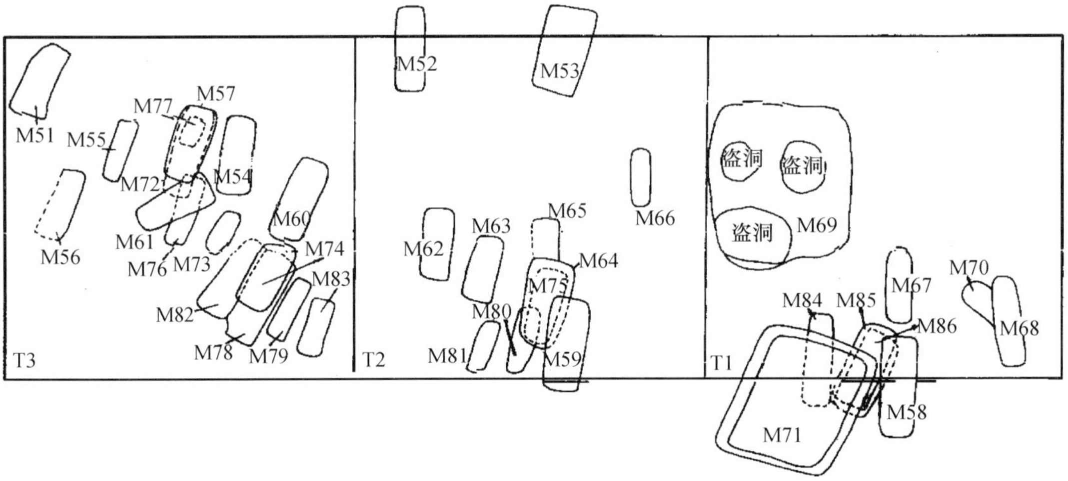

图二　石寨山第五次发掘墓葬平面分布示意图

M53为第一排，M56、M82和M63为第二排？难以观察其间的规律。二类的M62和M59位于T2，M58和M68位于T1，M76位于T3，其间，M58和M68平行分布，间隔3～4米，M62和M59之间间隔也在3～4米，只是M62略偏西，似乎M76和M62为一排，M59、M58为一排？其间的规律也难以观察。三类的M83、M54位于T3，M80、M75位于T2，M85位于T1，M75还叠压M80，另外三座墓葬中M54、M83相距较近且与M85相距近20米，难以看出其间的关系。四类的M57、M72、M74、M73、M78、M61分布在T3，其中，M57—M61—M72、M74—M78、M61、M73和M74是否为并行排列的墓葬？M64位于T2，与四类的其他墓葬相距约10米。五类的M67、M70、M84和M86位于T1，是否M67、M70为一组，M84、M86为另一组？M52、M65、M66和M81位于T2，其中M65、M66相距较近，M52、M81一西一东，难以看出其间的规律，M55、M60、M77和M79位于T3，M55和M77平行排列，M60和M79，一西一东，难以看出他们分布的规律。由于骨骼保存不好，又没有现场进行体质人类学的鉴定，后期的鉴定也只能鉴定部分墓主的年龄，无法判定其性别，因此，也很难从性别方面看出他们是否有一定的规律可循。

（二）石寨山墓地中期墓葬的等级划分

将石寨山墓地中期5座墓葬编制成表（附表二）。简化为表二。

石寨山墓地中期墓葬共有5座。为M14、M15、M16、M17和M24，据随葬品组合的不同，墓主应为三女两男，根据随葬品组合的差异，将其分为两类。

表二　石寨山墓地中期墓葬的等级划分

类	墓号	性别	标志性器物	其他器物	面积（m^2）	备注
一	16	男	鼓3、桶贮、钺3	武器、玉石	5.0	微扰
二	24	女	鼓	纺织工具、玉石	?	扰

石寨山墓地中期墓葬分为两类：一类墓葬有4座，分别是M14、M15、M16和M17，但墓葬之间在随葬品方面有明显差异。该类墓葬有如下的特点：一是随葬器物很丰富，随葬品总数分别为21、49、58、103件；二是墓葬都以铜鼓和桶形贮贝器随葬，铜鼓和贮贝器是权力和地位的象征①，其中，M16随葬铜鼓3件、M14和M15随葬铜鼓2件、M17随葬铜鼓1件，表明他们之间可能还有一定的差异；三是随葬的玉器多于陶器，M14、M15、M16、M17随葬的玉器分别为5、5、2和15件，陶器分别为1、0、0和14件，只有M14和M17两座女性墓葬随葬陶纺轮，此外M17还随葬了1件陶釜，只有女性墓葬随葬陶器，男性墓葬没有陶器随葬；四是都随葬有生产工具，M16随葬凿和削，M15随葬锛等工具，M14随葬条形工具和干字形工具（纺织工具），M17随葬条形工具5件和削9件，可见M14和M17两位女性墓主随葬的为纺织工具，而M15和M16两位男性墓主则随葬凿、削和锛等手工工具，墓主随葬的器物性别区分明显。此外，M16和M17分别随葬了3件铜钺和1件铜钺，而另一位男性墓M15却没有随葬铜钺。

综上可知，M14、M15、M16和M17几座墓葬的墓主，生前既掌握神权，有的墓葬墓主又掌握兵权，拥有丰富财富，是具有较高社会地位的显贵，这类墓葬的面积在5～10平方米，随葬品总数在21～103件，考虑到M14被扰乱，而M15、M16的总数分别为49和58件，这类墓葬的随葬品总数当在50～100件，该类墓葬的墓主和晚期的二类墓葬墓主的情况有些相同。

二类墓葬只有M24一座。该墓被毁严重。随葬品除了铜尊、勺、杯等生活用具以外，还有玉镯、玉耳环、料珠和玛瑙珠扣等装饰品，同时还有该时期女性墓所常随葬的卷经杆、绕线板、“工”字形器等，该墓墓主随葬的铜鼓，本身就证明了其地位的高贵。尽管该墓严重被扰，但随葬的铜鼓就证明其应该是一位拥有丰富财富、地位较高的贵族，其地位应该比晚期的三类墓葬的墓主要高。该类墓葬的面积不清，但随葬品的总数在30件以上，也许跟一类墓葬的墓主地位相当或者略低。

石寨山中期的M16和M17有轻微扰动，其余墓葬破坏较严重。从现象来看，M14、M15、M16和M17分布集中，M24与M14相距约12米，为目前清理的石寨山墓地位置最西靠北的与遗址接近的墓葬。M14位于M15的西面，M17处在M16的西南方。他们是否是对子墓，目前的资料难以得出结论。

① 蒋志龙：《铜鼓·贮贝器·滇国》，《中华文化论坛》2002年第4期。

（三）石寨山墓地晚期墓葬等级划分

石寨山墓地晚期的墓葬共有43座，将其编制成表（附表三），简化成表三，根据随葬品组合的差异，将其分为七类。

表三　石寨山墓地晚期墓葬的等级划分

类	墓号	性别	标志性器物	其他器物	面积（㎡）	备注
一	13	男	叠鼓贮、鼓贮、钺12	玉石、金银器	3.5	扰
二	1	女	鼓2、鼓贮2、桶贮、钺4	玉石、金银器	9.1	扰
三	18	女	桶贮、钺3	玉石、金器	不明	
四	4	男	牛头	玉石、金器	2.0	
五	5	男	圆扣	武器、工具	不明	
六	8	男		矛、锛	1.6	
七	49					

一类有4座墓葬，分别是M13、M71、M6和M12，除M13有轻微的扰乱以外，其余墓葬保存相对完好。该类墓葬有如下几个特点：一是随葬器物极其丰富，M13、M71、M6和M12随葬器物总数分别达673、411、236和557件；二是随葬的玉器多于随葬的陶器。M13、M71、M6和M12随葬的陶器分别为0、6、0、0件，即除M71随葬的6件陶器外，其余三座墓没有陶器随葬，而他们随葬的玉器则为56、30、9、15件，以有陶器的M71来比较，随葬陶器是玉器的五分之一；三是没有随葬1件实用的生产工具。M13、M71、M6和M12随葬的生产工具分别有18、36、23和30件，但没有一件有使用痕迹；四是这类墓葬以铜鼓、鼓形贮贝器（叠鼓形）、桶形贮贝器和铜钺随葬是这类墓葬的显著特征。这四个特点表明，M13、M71、M6和M12几位墓主人，生前是既掌握神权又掌握兵权的至高无上的人物。M6出土了一方黄金质地的篆书白文的“滇王之印”，印证了我们的分析。这几座墓葬可能是埋在石寨山的几代滇王。M6极可能是被汉武帝赐“滇王之印”的末代滇王。第一类墓葬的墓坑面积为3.5～17.8平方米，估计其原来的面积应该在20平方米左右，随葬品的总数为230～667件，多数墓葬的随葬品总数在400～600件，考虑到M6是末代滇王，处于特殊时期，可能在随葬品的总数方面会有一些差异。

二类墓葬有5座，分别是M1、M3、M10、M11和M20。除M1、M11和M20有扰乱以外，其余墓葬保存相对较好。这类墓葬有如下几个特点：一是随葬器物相当丰富，但墓葬之间存在着比较大的差别，M1、M3、M10、M11和M20随葬器物的总数，分别达209、309、151、52和72件，其中M11的随葬品总数约相当于M3随葬品总数的六分之一，M10的随葬品总数相当于M3随葬品总数的二分之一；二是玉器随葬的件数仍然高于陶器的数量，M1、M3、M10、M11和M20随葬陶器的数量分别是6、14、1、0和1件，随葬陶器的墓葬和随葬陶器的数量明显较一类墓提高，M1、M3、M10、M11和M20随葬玉器的数量分别为10、6、2、6和6件（套）；三是不用实用工具随葬，M1、M3、M10、M11和M20随葬的生产工具分别为4、31、3、2和2件，但均无使用痕迹；四是这类墓葬均以铜鼓、或者鼓形贮贝器、桶形贮贝器随葬，部分墓葬如M3和M10还以铜钺随葬，综合这四个特点可以看出，这类墓葬的墓主人是拥有相当财富、具有较高社会地位的显贵。除M3和M10为男性外，其余均为女性，这两位男性分别随葬了4件和2件铜钺，其随葬品也明显多于没有随葬铜钺的墓葬，可能反映了在墓主所处的时代，掌握兵权的人可能能够得到更多的社会财富。二类墓葬的墓坑面积为3.9～9.0平方米，大部分在5平方米左右，随葬器物为50～309件，多数在50至200件。

三类墓葬有5座，分别是M7、M18、M19和M22，M69暂归入该类。5座墓葬都遭到了不同程度的扰动，其中，以M69破坏最甚。这类墓葬有如下特点：一是随葬器物也很丰富，但相互之间的差异十分明显，M7、M18、M19和M22四座墓葬的随葬器物总数分别为167、25、23和101件，分别包括了青铜器、金器、玉石玛瑙器和陶器，M18的随葬品总数是M7的随葬品总数的14.9%，M19的随葬品总数是M7随葬品总数的13.7%；二是随葬玉石器的件数还是比随葬陶器的件数多，M7、M18、M19和M22随葬玉器的件数分别是18、4、3和8件（包），而这些墓葬中只有M7和M22随葬了陶器，M7随葬的陶器比较丰富，有长方炉、豆2件、熏炉、罐4件、敞口器、壶、圈足器共11件，M22仅随葬了陶弹丸9枚；三是随葬了代表其身份和地位的桶形贮贝器和牛头以及杖头饰等。这5座墓葬的墓主分别为2男和2女，M69性别不明。在随葬器物方面，也显示出一些不同，2座男性墓都随葬了铜钺，分别是M7为2件铜钺、M22为3件铜钺，男性墓除随葬圆形、长方形扣饰以外，随葬青铜武器和青铜马具，而女性墓则随葬铜钏（铜镯）、金器（金饰1包，M18的为金珠子，M19的为何，不清楚），但男性没有金器。玉石和玛瑙饰品则是两性所共有的。同二类墓一样，随葬铜钺的墓葬在随葬品的总数上要比不随葬铜钺的墓葬多很多。显示了掌握兵权的墓主在社会上能够拥有更多的财富。或许暗示了战争在当时的社会生活中是很重要的事情。综合以上三点可以看出，三类墓主是拥有较多财富，具有较高社会地位的贵族。三类墓葬的墓坑面积3.8～9.45平方米，估计面积在4～5平方米，随葬品为23～167件，多数墓葬的随葬品在20～100件。

四类墓葬有2座，M4和M21，2座墓葬都遭受了不同程度的扰动。这类墓葬有如下特点：一是随葬品很丰富，有青铜器、玉石、玛瑙器和金器，M4的随葬品总数为130件、M21的随葬品总数为119件；二是随葬玉石器仍然比陶器要多，M4、M21随葬的玉器件数分别是77和33件（包），而2座墓葬都没有陶器随葬；三是随葬代表身份和财富象征的铜牛头。一类、二类和三类各墓都随葬了数量不同的铜牛头，M4随葬了1件牛头、M21随葬了2件牛头。M4还随葬了金剑鞘等金器，而M21却没有金器随葬。综合以上几点可以看出：四类墓的墓主人生前是具有较高社会地位和丰富财富的贵族，地位比三类墓葬的墓主要略低，但在随葬品的种类和质量以及总量方面与三类墓的M7和M22不相上下，甚至在总量方面还更多。M21随葬了5件铜钺，也是一个手握兵权的人。四类墓葬的墓坑面积相差很大，M4仅为2平方米，而M21则达9.7平方米，随葬品的总数在119～130件。

五类墓葬有16座，M5、M30、M40、M41、M43、M44、M45、M33、M27、M31、M35、M37、M34、M39、M47和M36。这些墓葬中，M5、M33、M44、M36、M37和M39等都受到不同程度的扰动。随葬扣饰（圆形、方形或者动物造型）和手镯是这类墓葬的显著特征，男性墓主随葬扣饰，女性墓主随葬铜镯（钏）是被其他墓葬的材料证实了的。五类墓葬中，除M39、M45和M47为女性墓主、M25和M30为男女合葬外，其余墓葬均为男性墓主。其中，M5和M41分别随葬了1件铜钺，但随葬品在数量上存在差异，M5墓主还随葬了铜剑2件、矛9件、戈5件、戚和鐏6件以及铜柄铁剑2件、铁剑1件等兵器和5件铜斧和1件铜凿等生产工具，该墓同时还随葬了162枚五铢钱，其随葬品总数达202件，为五类墓葬中随葬品数量最多的墓葬；M41共随葬了8件器物，除圆形扣饰以外，尚有剑、镞、矛、斧各1件，此外还有铜柄铁剑和铜骹铁矛各1件；与这2件铜钺伴出的除了铜质的武器和生产工具而外，还有铁质的剑和矛等兵器以及五铢钱，可能是铜钺的孑遗。

五类墓葬的墓主，除随葬圆形扣饰以外，多是一些武器和手工工具，一般数量不多，最多的为M5，数量达202件，最少的为M39、M47和M37，仅2件。最少墓主的随葬品还不到最多墓葬随葬品的百分之一，可见该类墓葬的墓主之间的随葬品相差悬殊。M30随葬113件器物，其中圆形扣饰和方形扣饰各1件，剑、戈、矛等兵器8件，工具斧1件，尚有玛瑙扣、纺轮3件和海贝82枚。M40也是五类墓葬中随葬器物较多的一座，为49件。分别随葬了1件圆扣和1件方扣，此外，还随葬了铜矛3件、铁矛1件、铜剑2件、铜柄铁剑1件和铜鐏2件以及臂甲1件等兵器，还有铜带钩1件、铜钉5件、铜铃1件、小铜铃1件以及耳杯扣1件和圆扣1包（？）以及铜策、玛瑙扣、陶罐、陶豆和五铢钱5枚等生活用具和钱币；M33是五类墓中又一座随葬比较丰富的墓葬，达52件，除圆扣和方扣以外，还有一件动物造型的扣饰，兵器中有戈2件、剑2件、矛1件、镞2件，工具中有斧1件、尖叶锄1件、凿1件和不明用途的圆形盾饰1件、镂空饰片1件、圆钉1件，装饰品有玛瑙饰珠15件、扁圆珠10件、骨贝4件、骨铃挂件2件；M47仅随葬了2件器物，分别是铜镯1件和纺轮1件，M47的随葬品总数占M5的随葬品总数的0.9%，M30随葬品总数的1.7%、M40的4.0%、M33的3.8%。从五类墓葬的随葬品组合来看，多是武器和手工工具，仅M33随葬有1件尖叶形锄。M39和M47除随葬了铜镯以外，分别还随葬了陶纺轮，其余男性和男女合葬的3座墓葬均随葬武器，可见M39等女性墓主，生前应是从事纺织的女工，其余随葬武器的男性应该是武士。M33既有武器，又随葬农具——铜锄，表明该墓墓主除为武士以外，还可能拥有土地以从事劳动生产。五类墓主的16座墓葬中，有5座因为墓葬面积缺失，其余11座墓葬面积最大的为M40，达3.1平方米，最小的为M47，面积为0.6平方米，大部分墓葬的面积在1～1.5平方米。随葬品的总数最少为有2件，最多为202件，其中50件左右的有3座（M33、M40和M43），M5总数为202件，如果除掉五铢162枚，其数量为40件，M30随葬品总数为113件，除掉海贝82件，其数量为31件，随葬2件随葬品的有2座。五类墓葬的随葬品总数为2～202件，一般随葬品总数在10～50件。

从该类墓葬的墓主的随葬品来看，墓主身前当是自有经济人员。

六类墓葬有8座，分别是M8、M9、M28、M29、M42、M45、M46和M48。其中6座墓葬扰动很厉害。这8个墓主为6男1女、M46性别不明，可能是女性。其中5座男性墓随葬武器，1座男性墓随葬生产工具——铜斧，女性随葬陶纺轮。随葬品最多的M29为49件（含43枚海贝）、最少的为2件，10件左右的有墓葬5座。六类墓葬的墓主生前为武士和纺织女工。该类墓葬的随葬品总数约10件，墓葬面积最大的M9达7.4平方米（该墓只有陶器的线图，没有青铜器的，从陶器线图看，该墓的时代可能偏晚，但青铜武器则是相同的），最小的为0.41平方米，从没有扰动的墓葬来看，该类墓葬的面积大致在1～1.5平方米。

七类墓墓葬有3座，均经扰动。该类墓最显著的特点是没有随葬品，仅M26有几件残陶片。该类墓的墓主为最底层的身无分文人员。

石寨山早、中、晚三期的墓葬在分布上是否有规律?

从图三来看，石寨山晚期的M13和M12是石寨山等级最高、随葬品最为丰富的两座墓，为男、女对子墓，位于墓地的中心位置，其北面的M10、M9和M8，均为男性墓主，东面的5座墓葬（M7、M6、M3、M4和M5）也均为男性墓主；与M3大致平行的M21和M22，亦为男性墓主，M21西南的M18、M19和M20均为女性墓葬。显然，石寨山墓地的墓葬是明显按照性别来埋葬的，即存在性别分群的现象。唯有M13、M12和M11例外，也许在石寨山文化的石寨山墓地中，只有最高等级的人，才可以男女成对，M11也可能是M13的妾（这三座墓也有不解的地方，若按照女性位于西北面的规矩，则M13应该埋在现M11的位置）。M13和M12位于该墓地的中心位置，紧靠石寨山中期的M14、M15、M16和M17，在中期的这4座墓葬中，女性墓也是靠西北的位置，而男性则是靠东南方的。M14、M15、M16和M17是等级很高的贵族。其余的二、三等级的墓葬围绕中心墓葬来分布。再外围就是四、五、六和七类墓葬的分布。由于首次发掘没有设立基点，难以将历次发掘的墓葬整合到一张图上，故增加了分析的难度。

早期墓葬的墓主随葬品十分简单，除了几个个体葬有简单的青铜兵器以外，部分葬有几件陶器，绝大部分是没有任何随葬品的。34座墓葬共出土63件器物，平均一座墓葬随葬1.85件器物。有12座墓葬没有任何随葬品，占整个墓葬的35.3%，即有三分

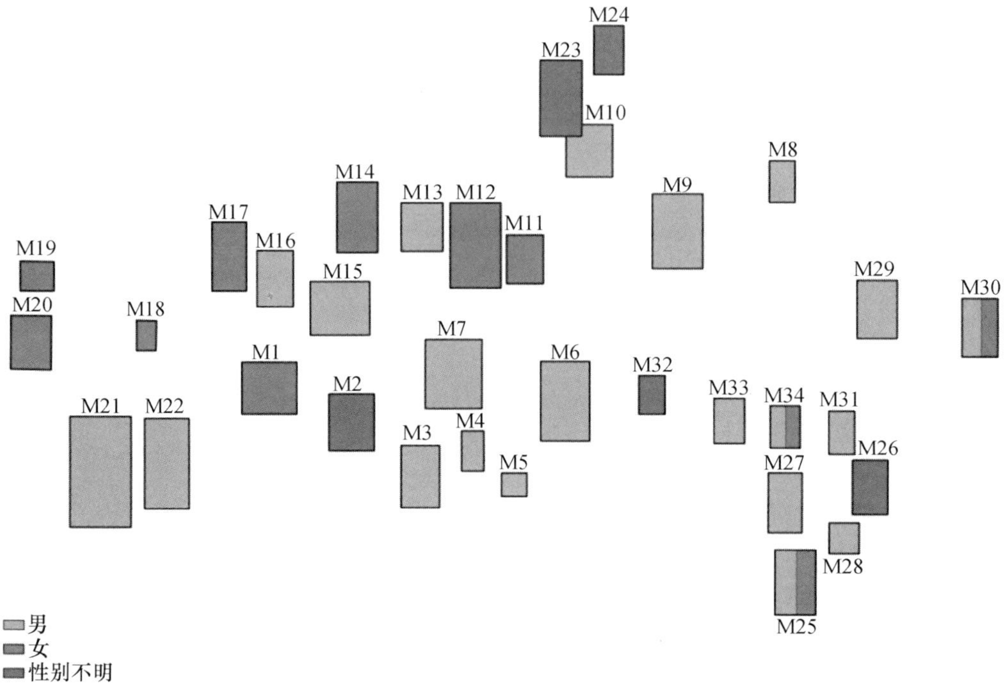

图三　石寨山第一、二、三次发掘墓葬分布示意图

之一以上的墓葬没有任何一件随葬品。与第二、第三段墓葬墓主拥有丰富的装饰品相比，该段墓葬墓主的装饰品为铜镯，而且是用铜条卷曲而成，制作很简单，与后期的在铜镯上面有镶嵌物的相比，十分简陋。除M51和M53有少量的孔雀石珠外，没有其他任何的装饰物品。

从石寨山墓地的早期到晚期，涵盖了石寨山墓地早晚不同的发展阶段。从墓地的人员构成上来看，这个墓地的墓主人构成存在着如下显著的区别：早期墓地的墓主人，是有一定财富的自有经济人员，其中约有30%的人员是具有行使军事职能的武士；中期墓地的主人是除具有第一段那种具有行使军事职能的武士之外，还出现了在掌握神权和部分军权的显贵，出现了贵族阶层；晚期墓地的主人，除了第二期那两类墓主人之外，出现了既掌握神权又掌控军权的至高无上的滇王。伴随着这三个时序的墓地的墓主人的变化，在随葬品的质和量上也存在显著的不同。在质地方面，早期的墓主随葬器物主要为简单的青铜武器、陶器和装饰品，青铜武器仅戈、矛、剑，不仅数量少，而且器类组合也不完整，陶器也比较单调，仅釜、壶和罐，与青铜武器的组合类似，陶器的组合也不完整。装饰品就更为稀少，仅圆形扣饰，为圆形的薄片状，上面没有任何镶嵌物，与中期、晚期同形制的圆形扣饰形成鲜明的对比，另还有极为稀少的孔雀石珠，没有玛瑙和玉石饰品。中期出现大型的青铜质地的生活用具，如铜尊、铜壶、铜勺，乐器和礼器的铜鼓、桶形贮贝器和铜葫芦笙等器物，海贝在贵族墓葬中大量出现，拥有一套明确的葬礼，随葬品具有明确的性别区分；到了晚期，黄金制品和马具出现，到了晚期的晚段，随着汉武帝在这一地区设置郡县加以管辖，出现了对中原汉文化的仰慕。

如以随葬品的数量来计的话，也存在明显的区别。早期的34座墓葬随葬器物以件计的话为63件，平均每座墓葬的墓主人的随葬器物是1.85件；中期的5座墓葬的随葬器物是263件，平均每座墓葬的随葬器物是52.6件；晚期的43墓葬的随葬器物为3905件，平均每座墓葬的随葬器物是90.8件（考虑到部分墓葬被破坏，实际的数量应该比这个数字更高）。可见，权势与财富成正比，随着权贵人物的与时递增，财富也与时递增。此种情况还表现在共时的不同身份人员墓葬随葬器物方面，早期墓葬为无武器随葬的墓葬，墓均随葬器物1.42件，以武器随葬的墓葬，墓均随葬器物3.66件；中期墓葬为以铜钺随葬的墓葬，均随葬器物为80.5件；晚期墓葬为以铜钺随葬的墓葬，墓均随葬器物为267.8件。而以铜钺、铜鼓、贮贝器随葬的墓葬，均随葬器物的数量，则高达325.6件。可见，财富与权势也是成正比的。

从石寨山墓地早期、中期、晚期墓葬的人员构成成分的变化，我们看到了石寨山墓地是如何从等级虽已出现分化但不是太明显，到等级分化十分显著的变化，从中可以窥见石寨山文化的社会是如何一步一步向前迈进的。

附表一　石寨山早期墓葬及其随葬器物

墓类	墓号	性别	青铜武器	青铜工具	装饰品	陶器	玉石器	总计	面积（m^2）	备注
一类	M82	男	矛2、匕首	斧	圆扣、镯	残陶2		8	2.54	扰
	M56	男	矛、剑2、鐏		扣饰			5	2.3	扰
	M51	女（？）			铜镯2、玉管、孔雀石珠			4	1.83	扰
	M53	女（？）			镯3	壶	孔雀石珠	5	1.88	扰
	M63	女（？）			铜镯3	碗、钵、壶、残陶器2		8	1.6	扰
二类	M58	男	剑2、啄					3	2.32	
	M76	男	戈					1	1.27	
	M59	男	剑	斧		壶、罐		4	2.81	
	M62	男	剑面鞘					1	1.47	
	M68	男（？）		凿				1	1.43	
三类	M85	女			木镯			1	3.22	
	M75	女			木镯2			2	2.31	
	M54	女			木镯	碗		2	2.25	
	M80	女			木镯			2	2.07	
	M83	女			木镯2			2	0.96	
四类	M57	女（？）				釜、罐、壶		3	1.81	
	M61					罐2、残陶器		3	2.2	
	M64					罐		1	3.36	
	M72	男、女				罐		1	2.19	
	M74					罐		1	2.45	
	M78					壶2、残陶2		4	1.9	
	M73					残陶器		1	0.81	扰

续表

墓类	墓号	性别	青铜武器	青铜工具	装饰品	陶器	玉石器	总计	面积（㎡）	备注
五类	M52								1.32	
	M60								1.44	
	M55								1.02	
	M65								1.2	
	M66								0.96	
	M67								0.79	
	M70								0.7	
	M77								0.6	
	M79								1.02	
	M81								1.4	
	M84								1.82	
	M86								1.92	

注：凡未标注数字的均为1件。

附表二　石寨山墓地中期墓葬及其随葬器物

墓类	墓号	性别	礼器	装饰品和生活用具	武器	手工工具	玉石器	陶器	总数	面积（m^2）	备注
一类墓	M16	男	鼓3、桶贮、枕铜牛2	尊、葫芦笙3、铃、圆扣6、长方扣4	剑10、矛7、啄、斧6、钺3、鐏3、残铜片1包	凿、削2	玉镯2、玛瑙扣1包		58	4.96	微扰
	M14	女	鼓2、桶贮、枕铜牛、杖头饰、伞盖	尊、葫芦笙、壶、喇叭形器、豆形器套、铃		条形工具、干形物	玉标首、玉镯（凸唇）4	纺轮	21	5.04	扰
	M15	男	鼓2、桶贮、枕	尊、葫芦笙2、勺、圆筒状器、铃、圆扣、豆形器	剑1包、戈6、矛10、矛柄1包、啄2、狼牙棒、镞4、斧	锛、“丁”字形器	玉镯、耳环4、玛瑙珠扣1包、石坠2		49	8.96	扰
	M17	女	鼓、桶贮、枕、牛头、鹿头5、女俑、舞俑4	尊、葫芦笙、壶、喇叭状器、小铃31、猎虎饰物、孔雀3	剑3、矛2、钺、鐏	削9、条形工具5	玉镯6、耳环6又1包、玛瑙珠扣1包、玉钏	纺轮12、釜、陶片1包	103	5.78	微扰
	M24	女	鼓	尊、勺、钏10、杯		“工”字形器、卷经杆、卷布轴、绕线板	玉镯3、玉耳环、绿松石串、料珠串、玛瑙珠扣		32	不明	扰

附表三　石寨山墓地晚期墓葬及其随葬器物

墓类	面积（m^2）	墓号	性别	青铜礼器	装饰品与生活用具	武器	手工工具	农具	马具	金银器	玉石器	陶器	总数	备注
一类墓	3.52	M13	男	叠鼓贮、鼓2、桶贮3、洗贮、男俑、鱼2、杖头饰4、牛头11、小铜俑2	镜、圆扣33、乐舞饰3、人物动物饰14、长方形饰3、屋宇人物饰、勺、盒	剑58、钺12、管銎斧4、铜柄铁剑10、铁剑10、矛38、铜柄铁矛8、铁矛16、戈31、啄5、戚2、狼牙棒4、锤4、叉3、弩机7、镞65、镦鐏15、臂甲	锯、削4、斧27、铁斧、凿8	锄11、铲、镰	辔饰43、节约5、三通2、马衔2、铃3、策、小铃5	臂甲3、发针6、珠饰5包、金鞘10	石坠17、玉镯24、玉珠管1包、耳环31、玛瑙扣9包、穿孔蚌饰		673	扰乱
	17.8	M71	男	叠鼓贮、桶贮、俑、牛头5、杖头饰3	镜、圆扣17、长方扣4、不规则扣2	戈11、矛22、管銎斧2、鐏9、剑31、鞘14、钺4、啄6、戚2、叉2、棒4、弩机4、镞27、箭箙3、臂甲3、环首铁刀5、铜銎铁凿2、铜銎铁啄、铜骹铁矛8、铜柄铁剑18	斧17、削4、凿3、锯、锥	锄6、镰2	辔饰2、节约2、铃2、策4、三通3、当卢	金鞘饰7、圆形金饰2、长方形金饰、弦纹金饰、金扣2、银扣2组、银葫芦形饰1组	玉璧2、玉环3、玉镯6、玉玦8组、玉璜、玉坠3、玉管6、玉珠、玛瑙管饰、绿松石珠饰等	罐、碗2、器盖、弹丸2件	411	未扰

续表

墓类	面积（m²）	墓号	性别	青铜礼器	装饰品与生活用具	武器	手工工具	农具	马具	金银器	玉石器	陶器	总数	备注
一类墓	7.98	M6	男	叠鼓贮、鼓贮2、桶贮2、男俑2、编钟6、牛头8、鱼2、小鹿4、小俑	洗、三足釜、盘2、熏炉、烹炉、锺、鍪、鎏金耳杯、盉、镜、圆扣10、人物动物饰8、人物屋宇饰、饰物22	剑29、管銎斧2、铜柄铁剑5、铁剑、铜矛13、戈10、钺3、戚、啄4、狼牙棒2、锤2、叉2、铁戟2、弩机、镞10、鐏5	斧9、凿、削3	锄6、铲2	节约2、泡、衔、马镳1套、铃、策8、盖弓帽3	金剑鞘5、珠2包、金印1方	玉璧、玉镯7、耳环1包、玛瑙珠扣4包		236	未扰
	9.2	M12	女	鼓贮2、桶贮、女俑、牛头13、杖头饰2	盒、圆扣5、人物动物饰4、鱼2	剑26、矛53、戈26、啄4、钺10、管銎斧2、狼牙棒4、叉2、弩机2、镞130、鐏48、臂甲、铁剑、铁矛、铜柄铁矛5	削2、斧37、锛2、凿18	锄6、铲4	一通5、三通、铃2、辔饰16、蝉饰2	金剑鞘16、臂甲、钏8、发针8、珠3包、饰品4、银错金片饰	磨光方形石器2、砺石、石坠8、玉牒、耳环14、玛瑙扣4包、象牙1只	弹丸20	557	未扰

续表

墓类	面积（m^2）	墓号	性别	青铜礼器	装饰品与生活用具	武器	手工工具	农具	马具	金银器	玉石器	陶器	总数	备注
二类墓	9.08	M1	女	鼓2、鼓贮2、桶贮、女俑、牛头5、杖头俑6	镜3、壶、杯2	铜柄铁剑	斧2	锄、铲		金钏2、圈状物30、葫芦形珠等	玉镯9、耳环1包	纺轮5、釜	209	扰
	4.5	M11	女	鼓3、桶贮2、牛头3、杖头俑	盒	剑	削2			金钏	玉钏2、耳环4、玛瑙珠扣		52	扰甚
	6.46	M3	男	鼓、桶贮、男俑、牛头2、杖头饰	镜、鼎?圆筒状物及盖、圆扣5、鱼2、人物动物饰11、人物房屋饰	剑30、戈13、矛31、管銎斧2、铜柄铁剑14、铜鞘铁剑、剑鞘2、铜柄铁矛、钺4、啄3、叉4、狼牙棒4、弩机2、镞2、鐏4、残器柄4	斧14、锛2、凿3、钉3	锄7、铲、镰2	辔饰44、节约3、三通3、马衔、铃3、策3、小铃23	金鞘9、夹子、发针2、龙形动物饰4、金珠子1包、金兵器套3	玉镯5、耳环1包、玛瑙珠扣1包石坠5、石斧	弹丸14	309	
	4.76	M10	男	鼓、桶贮、牛头5、鱼	圆扣6、人物动物饰2	剑9、铁小刀4、铜柄铁剑8、铁剑3、管銎斧、铜矛12、戈7、啄2、钺2、戚、叉、狼牙棒、锤、弩机4、镞51、鐏3	斧、凿	锄、镰	策、铃	剑鞘3、珠1包	玉镯、石坠、玉耳环、玛瑙扣1包	陶器	151	

续表

墓类	面积（m^2）	墓号	性别	青铜礼器	装饰品与生活用具	武器	手工工具	农具	马具	金银器	玉石器	陶器	总数	备注
二类墓	3.9	M20	女	鼓贮、桶贮、女俑、杖头饰7、牛头6	镜、钏5	剑、皂、钉状物、条形物、残铜饰2、乌形器顶	斧	锄2		金钏21、小金残品1包、金圆形片饰	玉镯4、耳环2包、玛瑙珠管7	纺轮	72	扰
	22.8	M69	女（？）			残铜器					玉镯、耳环、玉管	木镯	5	扰甚
	不明	M18	女	桶贮、锥形屋顶贮、女俑、杖头俑4、牛头3		小剑4、小矛2、乌形器顶	削3			金饰1包	玉镯4		25	扰
	3.84	M19	女	桶贮、杖头饰7	铜钏4	剑2、圆形物3、条形物		锄		金饰1包	玉耳环1包、玛瑙珠饰1包、石坠		23	扰

续表

墓类	面积（m^2）	墓号	性别	青铜礼器	装饰品与生活用具	武器	手工工具	农具	马具	金银器	玉石器	陶器	总数	备注
三类墓	9.45	M7	男	桶贮、牛头4、杖头饰、鱼	圆扣3、人物动物饰5、枭头饰、镜、鎏金带钩、锺、压花银带扣、釜、盉、耳杯、铜扣5	啄2、剑13、矛12、戈6、管銎斧、钺2、戚、叉、狼牙棒、锤、镞、铜柄铁剑2、铁剑	斧4、削2	锄2、铲、镰	辔饰20、节约2、三通2、泡钉2、马衔、当卢12、铃、策4、盖弓帽、小圆帽2、矩形钉8		石坠、玉镯、玛瑙扣18	长方炉、豆2、熏炉、陶罐4、敞口器、圈足器、壶	167	扰
	4.2	M22	男	桶贮、牛头	圆扣7、长方形扣2、镯2、动物饰、铜蹄形器	剑17、管銎斧铜柄铁剑3、鞘头、矛8、戈6、啄、钺3、镞10、锤、鐏6	斧7、凿		盖弓帽、铃		石坠7、玛瑙珠扣1包	陶弹丸9	101	扰

续表

墓类	面积（m^2）	墓号	性别	青铜礼器	装饰品与生活用具	武器	手工工具	农具	马具	金银器	玉石器	陶器	总数	备注
四类墓	2	M4	男	牛头	圆扣4、长方形扣2、人物动物饰2、枭头饰	剑20、剑柄3、铜柄铁剑2（附金鞘）、铁剑3、矛、戈2、斧3、锤、鐏	削	锄3、铲		金剑鞘、金珠饰1包	玉带钩、玉镯3、玛瑙扣73		130	扰
	9.7	M21	男	牛头2	圆形扣5、长方扣2、铜钏10、小圆扣、水鸟捕鱼饰	剑12、铜柄铁剑、残剑柄、矛14、戈8、钺5、啄、镞8、鐏3	斧9、削2、凿2				石坠、玉镯、玛瑙扣12又1包、玛瑙珠17又1包		119	扰
五类墓	不明	M5	男		圆扣、小圆铜饰	剑2、铜柄铁剑2、铁剑、剑柄、矛9、戈5、钺、戚、鐏6	斧5、凿3					五铢162	202	扰
	1.1	M30	合		镶石圆扣、方扣	矛2、剑、鞘头、戈、圆钉、镞、残铜柄铁剑、铜骹铁矛、铜饰片11	斧2、铁斧				玛瑙扣	纺轮3、海贝82	113	

续表

墓类	面积（m^2）	墓号	性别	青铜礼器	装饰品与生活用具	武器	手工工具	农具	马具	金银器	玉石器	陶器	总数	备注
五类墓	3．1	M40	男		圆扣、方扣、耳杯扣、残圆扣1包	鐏2、矛3、臂甲、铜柄铁剑、带钩、刻纹铜剑、小剑、铜钉5、铁矛	斧3		策、圆形泡扣15、小铜铃、铃、		玛瑙扣	罐、豆、五铢5	49	微扰
	1.5	M41	男		圆扣	剑、镞、矛、钺、铜柄铁剑、铜骹铁矛	斧						8	未扰
	0.85	M43	男		圆扣3、方扣	戈2、剑3、镞、铜柄铁剑、铜骹铁矛	斧2				玛瑙扣30		46	未扰
	不明	M44	男		镶石圆扣	残铁器	斧				石坠		4	扰
	1.6	M33	男		圆扣、方扣、猴形扣	戈2、剑2、矛、镞2、圆形盾饰、铜镂空饰片、圆钉	斧、凿	尖叶锄			玛瑙饰珠15、扁圆珠10、骨贝4、骨铃挂件2		52	扰
	不明	M27	男		圆形扣饰3	剑、矛2、镞3	斧						10	
	1.3	M31	男		圆扣2、圆扣残片3	剑、镞4、钉残件、残铜片							12	
	1.2	M35	男		圆扣2、小圆泡钉扣	戈、矛、剑、镞2、铜残剑柄、残铁剑1包							10	

续表

墓类	面积（m^2）	墓号	性别	青铜礼器	装饰品与生活用具	武器	手工工具	农具	马具	金银器	玉石器	陶器	总数	备注
五类墓	0.9	M37※	男		圆扣2、方扣								3	扰
	缺	M34	女		铜镯5							纺轮	5	
	0.85	M39	女		铜镯残片							纺轮	2	扰
	0.6	M47	女		铜镯								2	扰甚
	不明	M36	男		圆扣	五铢5、残铁渣						纺轮	7	扰
	1.33	M25	合（？）		小圆扣、小方扣	铜柄铁剑、铜剑2、矛2、鞘头、环首铁刀、铜镞、铁矛	斧2、铁斧铁凿				石坠、海贝	纺轮	19	扰
六类墓	1	M45	女								玉耳环		2	未扰
	1.6	M8	男			矛	锛、铁小刀				五铢17		20	扰
	7.4	M9	男			矛、戈、啄	斧		铜鎏金圆片饰3			陶罐6、双耳圈足器、盒2、壶2	19	扰
	0.75	M48	男				斧					残陶片	2	

续表

墓类	面积（m^2）	墓号	性别	青铜礼器	装饰品与生活用具	武器	手工工具	农具	马具	金银器	玉石器	陶器	总数	备注
六类墓		M28	男			矛2	斧				海贝9		12	
	1.2	M29	男			矛、镞2、剑	卷刃器				石坠、海贝43		49	
	0.41	M42	男			矛2、靴形钺、镞9							12	扰
		M46	女（？）					铜銎铁爪镰				杯	2	扰
七类墓		M26										陶器残件3	3	
		M49											0	
		M50											0	

注：M37：根据原始田野记录，长1.64、宽0.5～0.6米，随葬品为2件圆形扣饰、1件方形扣饰。

M40：也有用玛瑙扣做的剑带，长2.64～2.8、宽1.1～1.2米，有棺椁、随葬品有32件，外加17枚五铢钱。

M38：墓框不清，随葬五铢钱15枚、铁剑1、泥弹4枚和五铁5枚（？）。

M39：长1.55、宽0.55、深0.35米，有棺椁，扰乱，残存铜镯1、陶纺轮1。出土时手镯带在左手上。

M41：长1.98、宽0.75、深0.7米，有棺，随葬品有10件：圆扣、剑、铜骹铁矛、铜柄铁剑、镞、残陶罐、斧、矛、残铁器、铜钺。

M42：残长0.68、宽0.6米，有棺，随葬品有矛2件、镞10枚、铜钺。

M43：从残存人骨和随葬品分析，残长约1.7、宽0.5米。

M45：墓残长1.72、宽0.59米，随葬品见表。

M47：墓残长1.26、宽0.48米、深1.8米。

另据《器物分类表》统计的石寨山第一至第四次发掘的50座墓的统计，M48长1.5米、宽0.5米；M49、M50缺失。

望江楼类型研究

金旭东

（吉林省文物局）

望江楼类型是指以浑江流域望江楼墓地为代表的一类遗存[①]。除望江楼墓地外，经正式发掘的还有旺清门龙头山大盖石墓群、光复村龙头山大盖石墓及冯家堡子、高丽墓子墓群的部分墓葬。

一、典型遗存分析与墓葬分期

1. 望江楼墓地

位于辽宁省桓仁县雅河乡石哈达村北部山岗上，发现于1971年。2004年，辽宁省文物考古研究所等单位对墓地残存的六座墓葬进行了抢救性发掘。据已披露的资料，其主要文化特征可归纳如下：墓葬孤立分布于山岗的端头处，大体呈一线分布，形制均为积石石圹墓，墓内石圹有地上和地下两种（图一、图二）；盛行火葬，随葬品陶器一般放置在石圈或积石的缝隙中；随葬器物种类较多，除陶器外，包括铁器、石器、铜器、金器、琉璃器、玛瑙等。出土陶器为夹砂（夹石棉）褐陶系，种类包括壶、罐、豆、盆等。其中，壶、罐、豆三类器物种类较多，构成了望江楼墓地的基本器物组合。

望江楼M1、M4、M6发现器物较多，陶器组合关系明确，可作为探讨望江楼墓地分期的主要资料。

陶壶共报道9件。根据形制的差异可分为三型。

A型　侈口，形体瘦长，颈微内收，腹微鼓［标本M4：1、M4：2（器物编号据《高句丽早期遗存及起源研究》发表出土器物序号，下同）］。

B型　口外敞，鼓腹平底。据口、颈和腹部的变化，可分二式。

Ⅰ式：形体略矮，口部外敞较甚，最大径位于器腹中部（标本M1：9）。

Ⅱ式：形体较瘦长，最大径位于腹部偏上（标本M6：2）。

C型　大敞口，宽鼓腹平底，腹饰四个横桥状耳，据口、颈和腹部的变化，可分二式。

---

① 李新全：《高句丽早期遗存及其起源研究》，吉林大学博士学位论文，2008年。

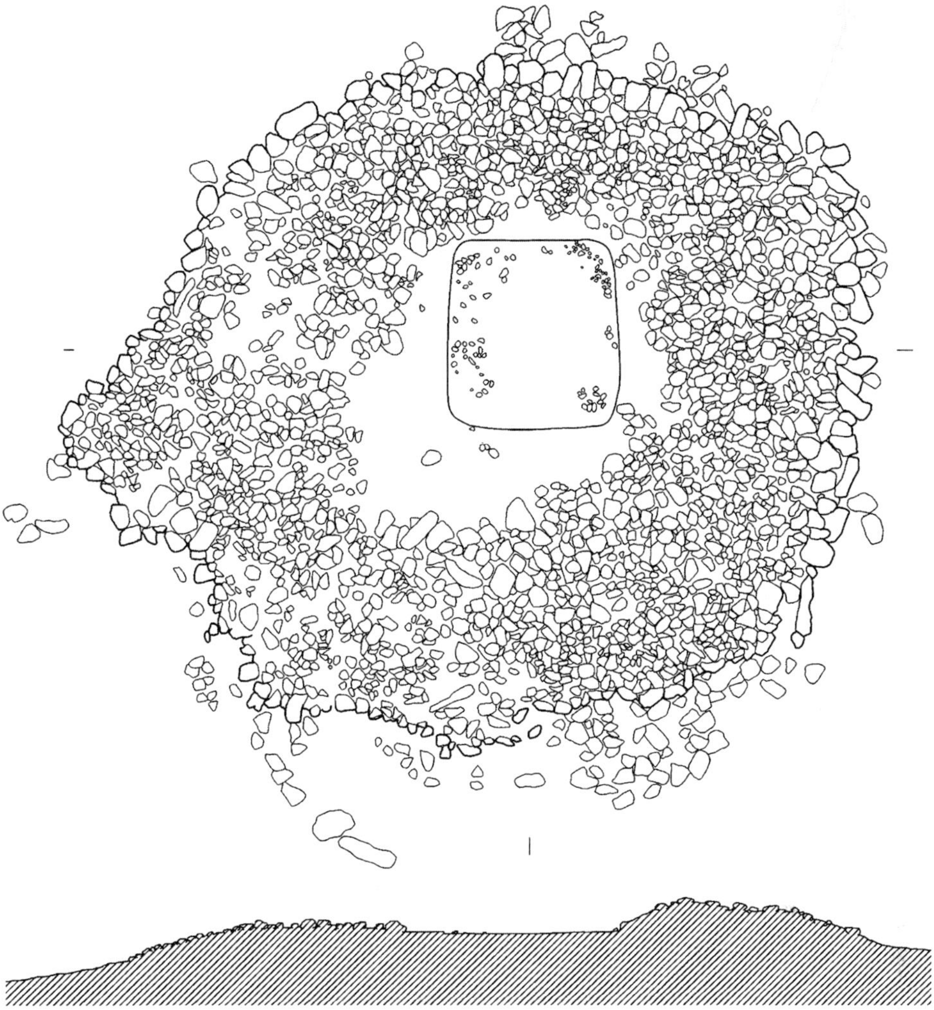

图一　望江楼M4平剖、面图

Ⅰ式：口颈内收较轻，最大径位于器腹中部（标本M1：3）。

Ⅱ式：口颈内收较甚，最大径位于器腹上部，形成不甚明显的鼓肩（标本M6：3）。

陶罐共报道6件。根据器型的差异，可分为三型。

A型　敛口，平底。根据形制的差异，又可划分为二亚型。

Aa型　形体瘦长，腹微鼓（标本M1：1）。

Ab型　圆尖唇，腹略鼓（标本M1：7）。

B型　小侈口，平底，微鼓腹（标本M1：6）。

C型　小敞口，腹扁圆，平底（标本M6：5）。

根据器物组合关系，我们将望江楼墓地陶器分为两个年代组。第一组，包括A型、

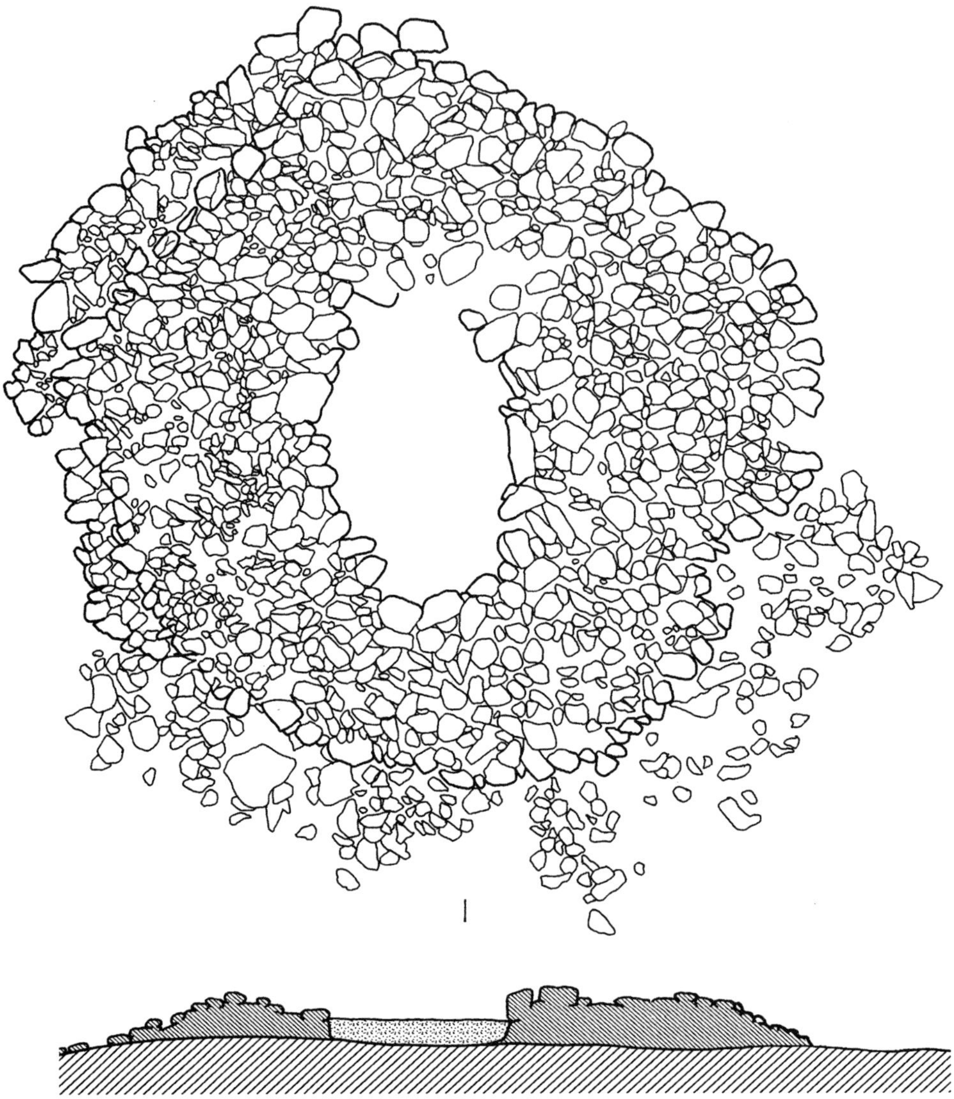

图二　望江楼M6平剖、面图

BⅠ式、CⅠ式壶，A型、B型罐；第二组，包括BⅡ式、CⅡ式壶，C型罐。依陶器分期，望江楼墓地的墓葬可大体划分为两个阶段。早段有M1、M4两座墓葬，晚段为M6（图三）。未发表任何遗物的M2、M3、M5，因资料所限目前尚无法进行分期。

2. 旺清门龙头山石盖墓（以下称旺清门大盖石墓）

位于辽宁省抚顺市新宾满族自治县旺清门镇旺清门村。2002年，抚顺市博物馆考古队发现该墓群已被盗掘，对三座墓葬进行了抢救性清理[①]。

① 肖景全：《新宾旺清门镇龙头山石盖墓》，《辽宁考古文集》（二），科学出版社，2010年。

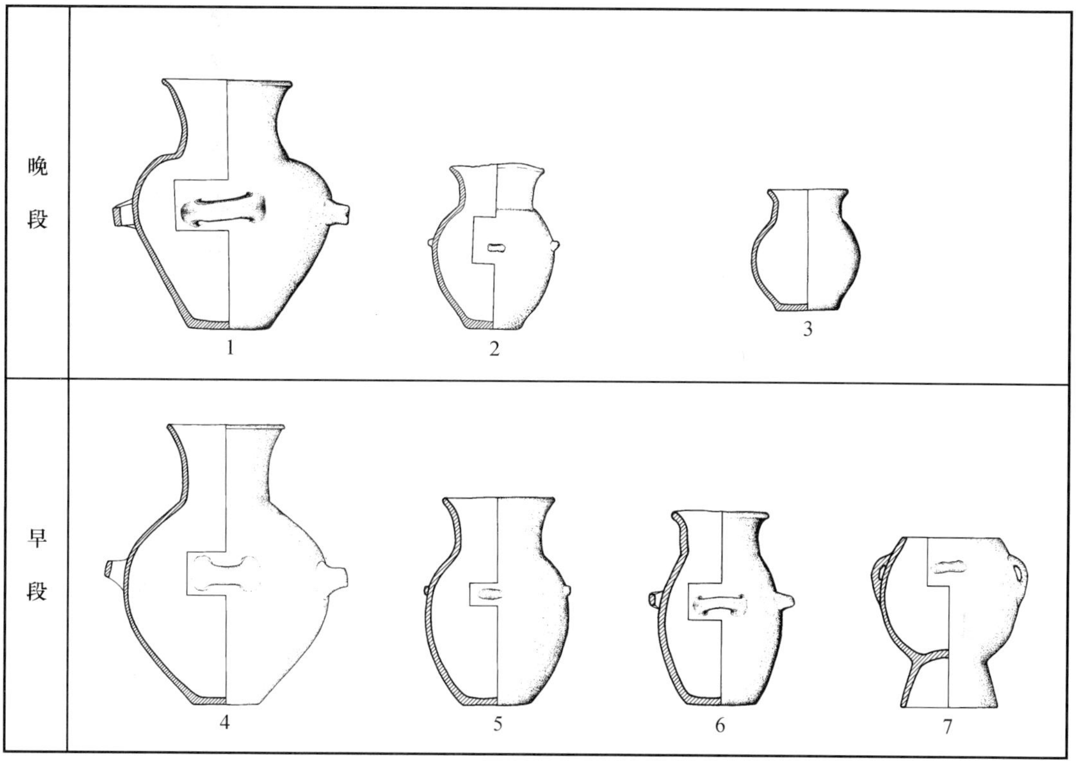

图三　望江楼墓地陶器分期图

1. M6：3　2. M6：2　3. M6：1　4. M1：3　5. M4：3　6. M4：1　7. M4：8

旺清门大盖石墓的选址特点是在临河的山脊之上，成群分布，此次清理的三座墓，顺山脊走向挖掘土坑竖穴墓圹，墓底用夹有河卵石的自然河沙石平铺一层，无葬具，墓内填土与墓口平齐后，在墓口及墓口外用自然石块和片石加以封护，形成一个大于墓口的圆形封石层，然后再在封石中央压盖大的圆形盖石（图四）。

墓中埋葬个体较多，其中M2至少有7个以上个体，应为家族葬墓。墓内流行火葬习俗。随葬品较为丰富。陶器全部手制，没有轮修痕迹。绝大多数陶器为夹砂陶。陶器颜色多不纯正，以夹砂红褐陶和夹砂灰褐陶为主。器表面皆无纹饰。器物组合以壶、罐、杯为主，陶器个体很小，应是专为死者随葬所烧造的冥器。除陶器外，墓中还发现了铜柄铁剑、铁戈、铜铎、铜耳环等遗物。

旺清门龙头山大盖石墓的三座墓葬共出土可修复陶器88件。其中，除M1仅出土陶器1件外，M2、M3分别出土陶器66件和21件。从总体看，三座墓葬中可供类比的陶器在陶质、陶色、器物形态等方面均表现出高度的一致性，墓葬营建方式也基本相同，表明旺清门龙头山墓群三座墓葬处于同一发展阶段。

进一步分析M2和M3的出土陶器，旺清门大盖石墓的陶器组合包括敞口鼓腹壶、侈口鼓腹壶、侈口鼓腹四耳罐、侈口鼓腹双耳罐、敛口叠唇四耳罐、折沿鼓腹四耳

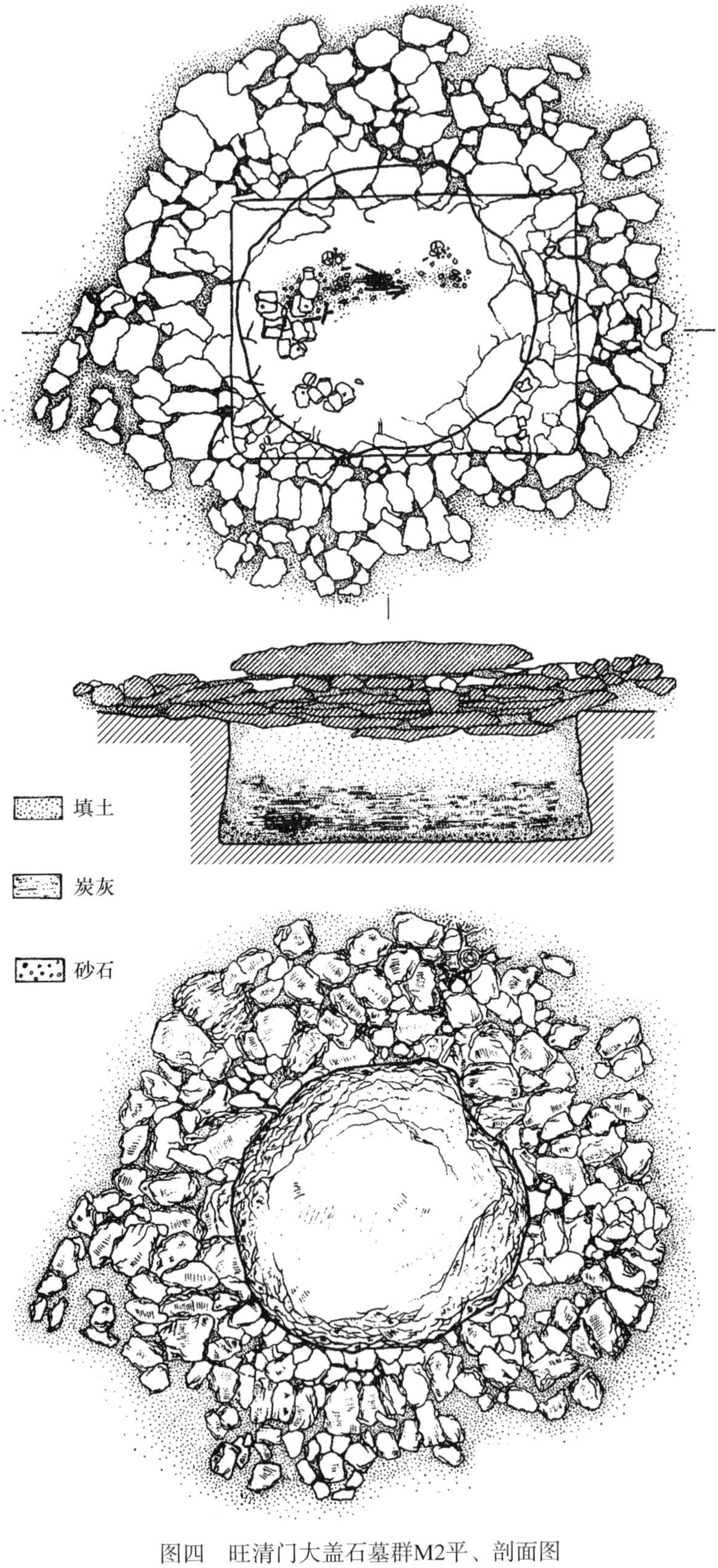

图四　旺清门大盖石墓群M2平、剖面图

罐、敛口四耳罐、敛口双耳罐、陶釜、陶盆（原报告称为钵）、陶杯等。根据文化因素分析，旺清门大盖石墓的陶器可划分为甲、乙、丙三类（图五）。

（1）甲类遗存：包括敞口鼓腹壶、侈口鼓腹壶、侈口双耳罐、敛口罐等。陶壶形体瘦长，器耳较为发达，多见四个横桥状耳或横桥耳与柱状錾耳组合。从总体风格来讲，甲类遗存与望江楼墓地基本类同，如M2：2、M3：22陶壶与望江楼A型壶，M3：2敛口罐与望江楼Ab型罐几乎完全一致；M2：1敞口壶与望江楼M4：3、M2：13侈口双耳罐与望江楼M1：6罐形制也十分接近。

（2）乙类遗存：包括侈口四耳鼓腹罐、四耳敛口罐、四耳敛口叠唇罐、陶釜等。乙类遗存器物形制多样，数量众多，以发达的器耳构成此类遗存陶器群最鲜明的特征，是旺清门大盖石墓的主要文化因素。

（3）丙类遗存：包括双錾耳敛口罐、侈口罐、陶杯等。器多无耳，形制不规整。

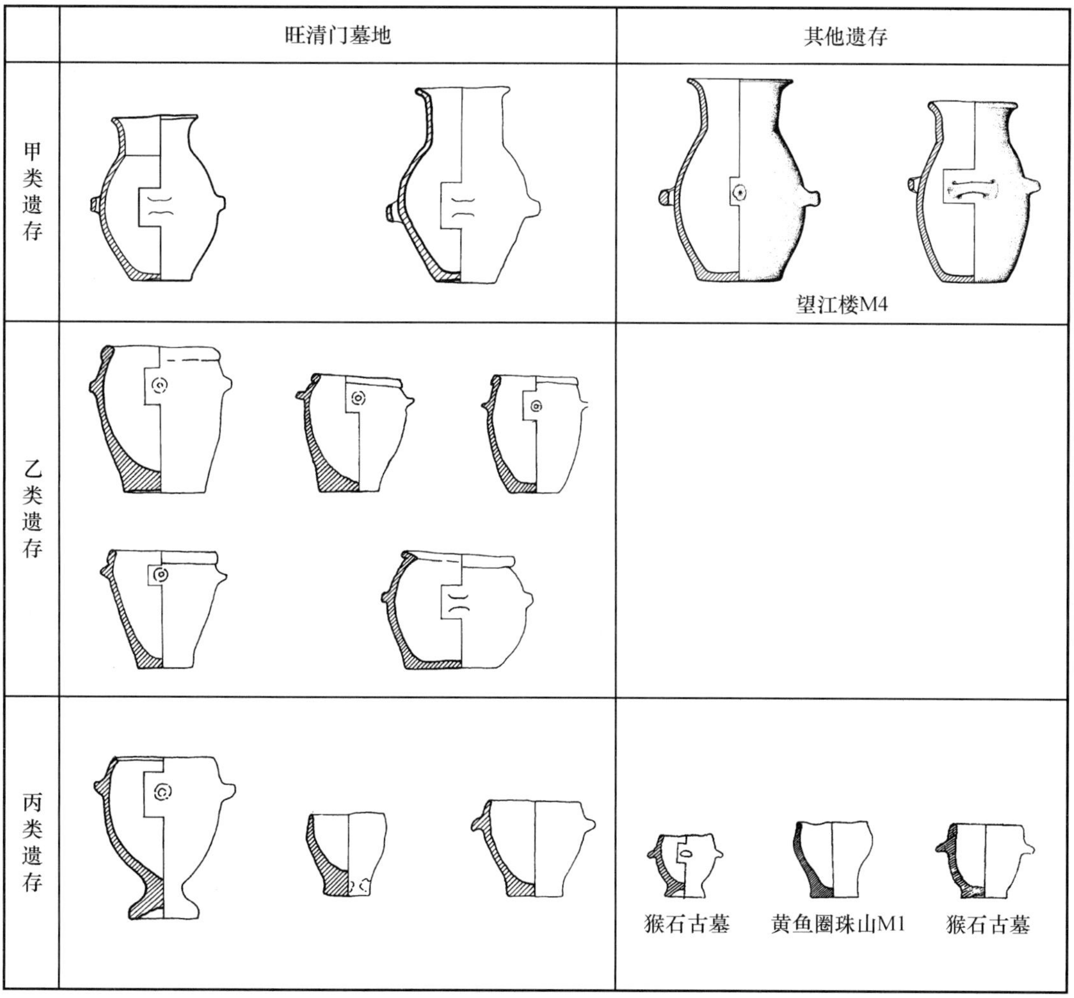

图五　旺清门墓地出土陶器文化因素分析

从器物形制与组合关系看，丙类遗存与以黄鱼圈珠山M1遗存[①]表现出相当的共性，以黄鱼圈珠山M1遗存的年代在战国末西汉初，略早于旺清门大盖石墓，因此，旺清门大盖石墓丙类遗存的出现当与黄鱼圈M1一类遗存有关。

3. 光复村龙头山大盖石墓[②]（以下称光复大盖石墓）

位于华莱镇光复村南龙头山西侧一个突出的山包端头，大盖石平面呈不规则椭圆形，北端较窄，呈漫圆状，南部宽大，形如龟背。墓室位于大盖石下，凿岩为圹，平面呈不规则圆角长方形，北窄南宽，墓室内填有封石。火葬，墓底发现大量烧骨、炭粒。

墓内出土有夹砂圆叠唇陶罐、陶杯、铜手镯等三件遗物，陶器形体较小，应为冥器。叠唇罐为鼓腹、平底，腹上部饰两对对称鋬耳和柱状耳，整体形态与器耳装饰风格与旺清门M2：12较为接近，可归入旺清门大盖石墓乙类遗存；陶杯为口微敛、平底、近口处饰对称的小鋬耳，器形与旺清门M2：5大体一致，属旺清门丙类遗存。再考虑到光复大盖石墓与旺清门墓群在墓葬建筑形态上所表现出的诸多共性，光复大盖石墓的年代应与旺清门墓地相当（图六）。

4. 高丽墓子墓地

位于桓仁县城东北15千米的连江乡高丽墓子村，浑江左岸，是一处大型高句丽时期墓葬群。1958～1959年、1994年经两次正式发掘，发掘资料在《桓仁县考古调查发掘简报》[③]和《辽宁桓仁县高丽墓子高句丽积石墓》[④]中有简要介绍。李新全在《高句丽早期遗存及起源研究》中又披露了部分1958～1959年发掘所获的部分积石墓的出土器物。在目前已发表的资料中，墓地早期遗存以1994年发掘的两座积石墓的材料最为详尽和完整。据发掘报告介绍，两座墓葬一座为阶墙积石墓、一座是阶墙积石串墓。阶墙积石墓没有发现出土遗物。在阶墙积石串墓中，出土的陶器多为夹砂红褐或黄褐陶，火候不高，器形不规整，手制痕迹明显。陶器发现较少，其中，M8出土完整壶、罐各一，M2、M3、M4发现有陶罐及器耳残片。发掘者认为，墓葬的年代“在高句丽建国初期，约当公元1世纪或稍早”。通过类比分析，可以发现，M8陶壶侈口，方唇、鼓腹的形制与望江楼M6：1极为近似；共出的陶罐素面无耳的整体风格也与望江楼M6出土陶罐大体相同（图七）。另外，从同一串墓不同墓穴出土陶器的陶质、陶色

① 吉林省文物工作队：《吉林舒兰黄鱼圈珠山遗址清理简报》，《考古》1985年第4期。

② 相关发掘资料见李新全：《高句丽早期遗存及其起源研究》，吉林大学博士学位论文，2008年。

③ 陈大为：《桓仁县考古调查发掘简报》，《考古》1960年第1期。

④ 辽宁省文物考古研究所：《辽宁桓仁县高丽墓子高句丽积石墓》，《考古》1998年第3期。

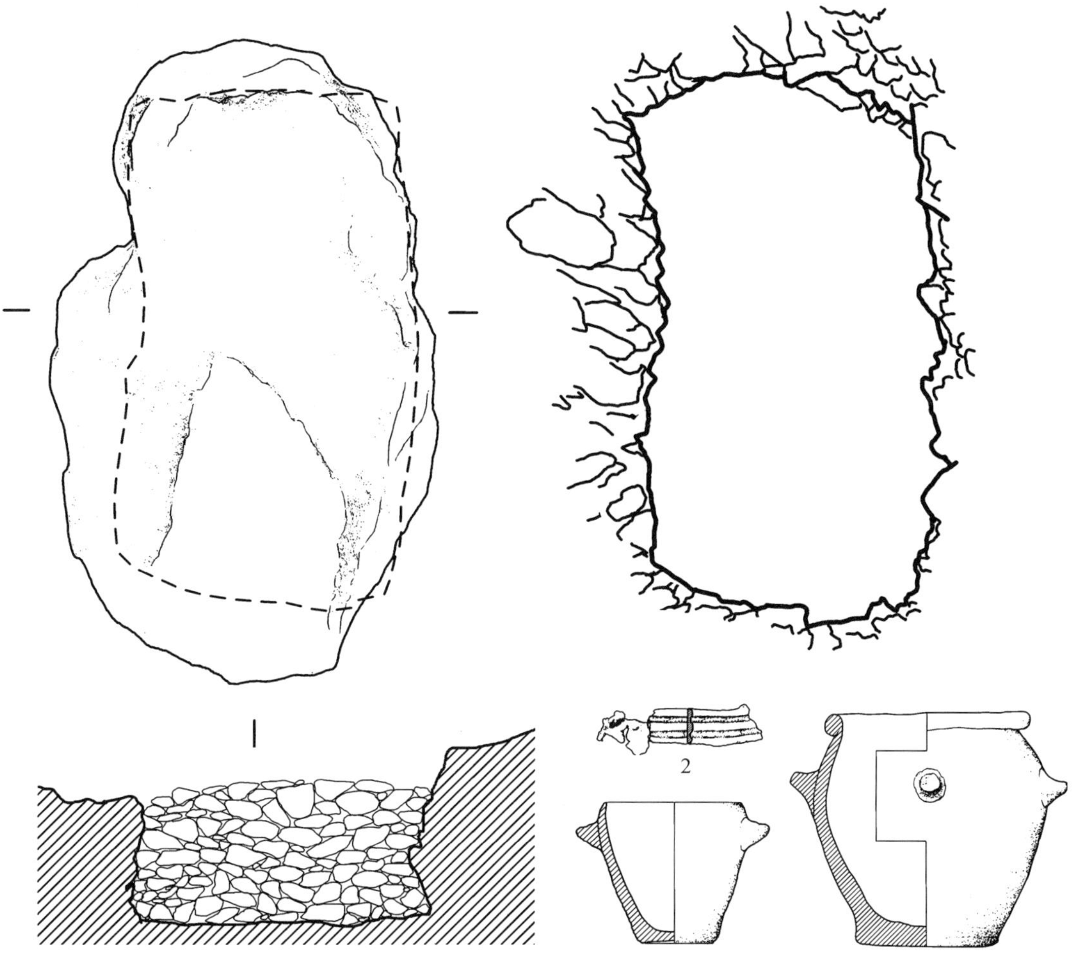

图六 光复大盖石墓平、剖面图及出土器物

1. 平、剖面图 2. 烧结变形的铜镯残段 3. 陶杯 4. 陶罐

及器物风格来看，与望江楼墓地M6也非常接近。因此，这座墓葬的年代应与望江楼M6基本相当。

5. 冯家堡子墓地[①]

位于桓仁县华莱镇冯家堡子村附近的农田中，共发现墓葬35座左右。2006年，辽宁省文物考古研究所等发掘了其中的10座墓葬。墓葬类型比较复杂，有石盖墓、积石石圹墓、方坛积石石圹墓、方坛石室墓等。发掘者认为，墓地的年代跨度较长，“较早的墓葬可能为西汉时期高句丽族的早期遗存，较晚的墓葬应为

① 相关发掘资料见李新全：《高句丽早期遗存及其起源研究》，吉林大学博士学位论文，2008年。

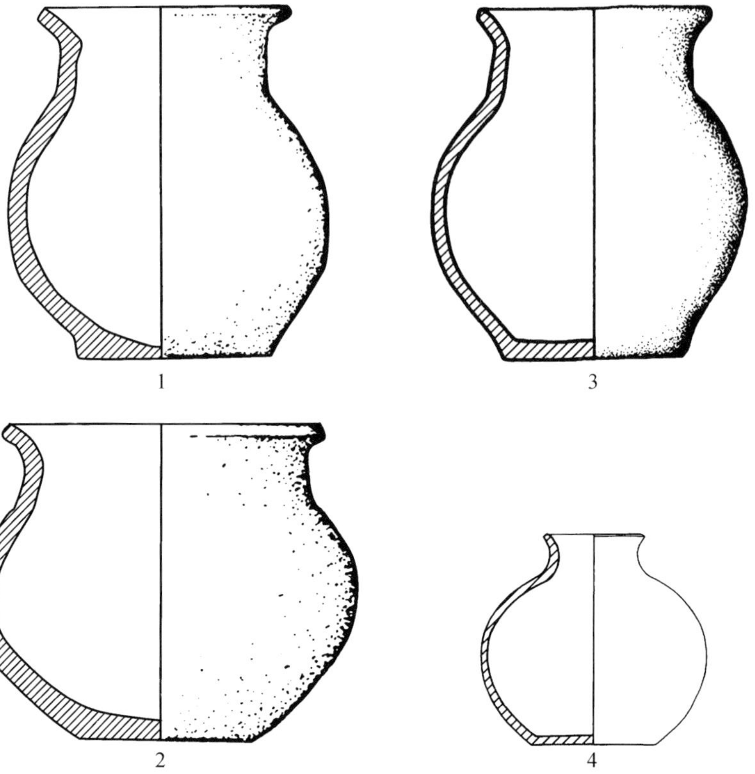

图七　94高丽墓子积石串墓陶器与望江楼M6陶器的比较

1、2. 高丽墓子积石串墓　3、4. 望江楼M6

4世纪或稍后时期的遗存”。这里我们重点讨论M3、M4、M5、M6、M7、M8这6座墓葬（图八、图九）。

以我们的认识来看，冯家堡子M6、M7、M8为大盖石墓，M3、M5为大盖石积石墓，M4为积石石圹墓。大盖石积石墓是该墓地新发现的一种墓葬类型。李新全认为①，“石盖积石墓（即本文所称的大盖石积石墓）为新见的墓葬形制，墓圹位于积石堆的中部，平面呈长方形，块石和卵石叠筑，墓圹内填充卵石，其上覆压大盖石，有的大盖石相当厚重……，它似乎是石盖墓与积石墓结合的产物”。又说，“浑江流域的积石墓当是在旅大地区积石墓的影响下，由当地此前既已存在的石棚墓、石盖墓发展为积石石棚墓、石盖石圹积石墓，其中的石盖石圹积石墓……最终发展为高句丽早期的无圹石圹积石墓”。从冯家堡子的发掘资料看，目前，姑且不论浑江流域积石墓是否起源于旅大地区，但李新全关于大盖石墓—大盖石积石墓—积石石圹墓逻辑发展关系的推论显然是准确的。那么，依据上文对望江楼和旺清门墓地的分期结果推断，冯家堡子墓地的6座墓葬均应在望江楼类型的年代跨度内。望江楼墓地积石石圹墓及旺

① 李新全：《高句丽早期遗存及其起源研究》，吉林大学博士学位论文，2008年。

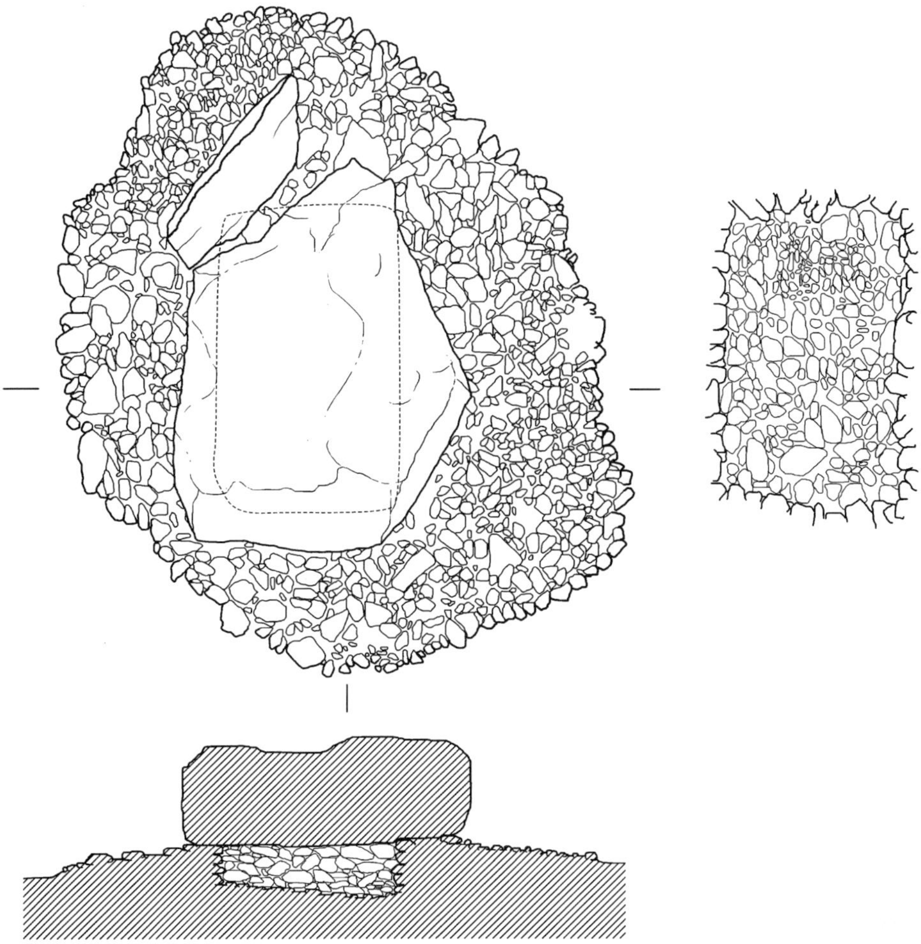

图八　冯家堡子五号墓平、剖面图

清门大盖石墓与冯家堡子同类墓葬在营建方式、墓葬形制、材料使用等方面所表现出的众多相似性，为这一认识提供了重要佐征。

综合以上分析结果，我们将望江楼类型划分为两个发展时期。第一期包括望江楼M1、M4，旺清门M1、M2、M3，光复大盖石墓，冯家堡子M3、M4、M5、M6、M7、M8；第二期包括望江楼M6和94高丽墓子阶墙积石石圹串墓（图一〇）。

二、相关问题的讨论与年代判定

长期以来，在高句丽墓葬研究中，学术界一般认为，石墓包括积石墓、方坛积石墓、方坛阶梯积石墓、方坛阶梯积石墓和封石洞石墓。积石墓是年代最早的墓葬形

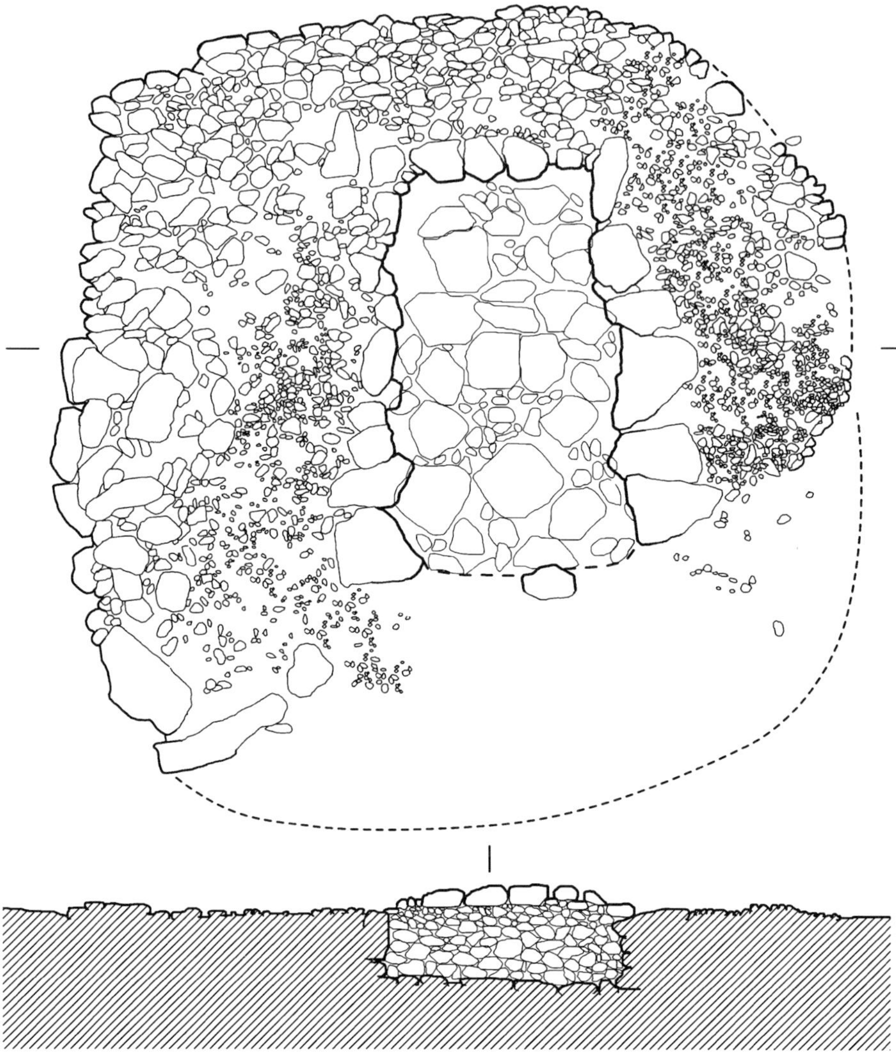

图九　冯家堡子四号墓平、剖面图

制，上限可能到高句丽建国前，主要流行于高句丽早期[①]。从集安地区发现的高句丽墓葬资料和研究成果看，这种墓葬的总体发展逻辑是成立的。但通过望江楼的分期结果，我们发现，至少高句丽早期墓葬的情况比原有的理解要复杂得多。望江楼一期所体现出的大盖石墓、大盖石积石墓、积石石圹墓三类墓葬并存的现象，促使我们在更大范围内探讨高句丽早期墓葬及高句丽墓葬起源问题时，须将大盖石墓晚期遗存纳入研究范畴，并对其消亡时代的研究给予足够的重视。目前，涉及望江楼类型的大盖石墓既与高句丽早期墓葬起源研究紧密相关，又直接关系到望江楼类型年代的推定，需进一步予以讨论。

① 李殿福：《集安高句丽墓研究》，《考古学报》1980年第2期。

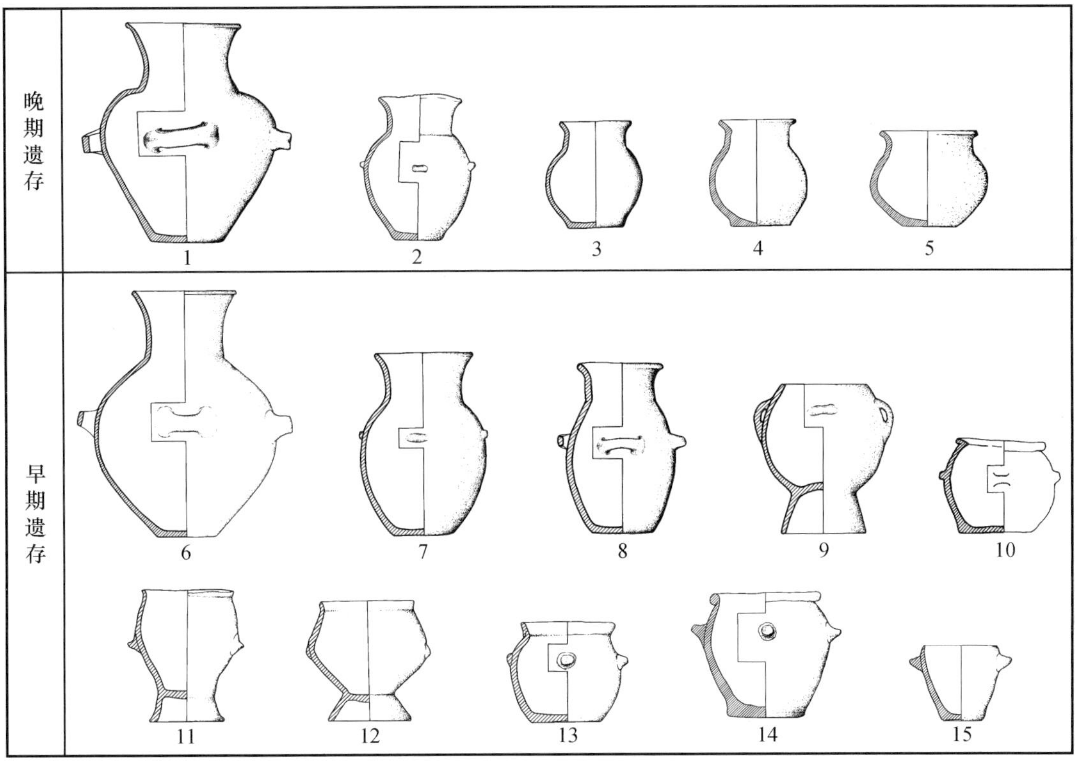

图一〇 望江楼类型陶器分期图

1～3. 望江楼墓地（M6：3、M6：2、M6：1） 4、5. 94高丽墓子积石串墓（94积石串墓1：2） 6～9. 望江楼墓地（M1：3、M4：3、M4：1、M4：8） 10. 旺请门石盖墓（M2：4） 11～13. 冯家堡子墓群（M4：3、M4：4、M8） 14、15. 光复村大石盖墓

近几年来，随着一批新的考古学资料的发现，越来越多的学者开始关注到大盖石墓文化性质和年代的研究，并取得了一定的成果。华玉冰通过对东北地区石棚的研究认为[①]，“以辽东半岛北部为中心，以石棚墓、盖石墓（系指本文所称大盖石墓）为主要墓葬类型的伙家窝铺—双房文化系统……。其中伙家窝铺—双房文化系统的年代上限至少可追溯到商代早期，西周早中期以后，该系统的特色墓葬形式—石棚墓、盖石墓开始北传。约当春秋战国之交，在以东辽河、辉发河、浑江流域为中心的地区，石棚墓、盖石墓开始盛行。战国晚期以后，上述两类墓葬在鸭绿江上游地区仍在延续，直至西汉中晚期才走向衰落”。王嗣州将东北地区的大盖石墓划分为A、B两区，鞍山市以南地区为A区，抚顺以北的铁岭、四平、辽源、通化等地区为B区。并认为，“A、B两区石盖墓的年代上限可早到商末西周初，下限不晚于汉初”[②]。

一些学者将浑江流域大盖石墓的终结期年代推定为西汉中晚期，主要源于对旺清

① 华玉冰：《中国东北地区石棚研究》，吉林大学博士学位论文，2008年。

② 王嗣洲：《论中国东北地区大盖石墓》，《考古》1998年第2期。

门大盖石墓年代的判断。在《新宾旺清门镇龙头山石盖墓》报告中[①]，发掘者将墓地的年代推定为西汉中晚期。认为："这种触角退化式铜柄铁剑，其年代可能要晚于西丰西岔沟墓地所出的触角式铜柄铁剑……。综合各种因素判断，我们认为龙头山盖石墓的年代应比出青铜短剑的大甸子和西荒山屯的年代晚，断为西汉中晚期比较适当。"李新全同意报告的年代判断，并认为："在研究龙头山石盖墓中出土的叠唇罐时，本溪县上堡石棺墓与青铜短剑和铁器共出的叠唇罐最值得注意。上堡墓中青铜短剑与手制夹砂叠唇罐与典型的燕式泥质绳纹罐共存一墓，其中的四件叠唇罐与龙头山所出叠唇罐十分相似，……上堡墓葬的时代被定为战国末或稍晚。"[②]

其实，从目前的考古发现和研究成果来看，报告者对旺清门墓地年代的推定明显偏晚。一方面，以大盖石、多人火葬、随葬小型冥器等为特征的大盖石墓是长白山及其延伸地带战国末西汉初普遍存在的一种埋葬方式[③]。除发掘者已进行过比较研究的墓地外，目前还可以列举出舒兰黄鱼圈珠山M1[④]、九台关马山M1[⑤]、东丰龙头山M1[⑥]等数批资料，而这些大盖石墓的文化内涵又与旺清门墓地表现出许多共性。如旺清门丙类遗存的罐、杯的形制与风格与舒兰黄鱼圈M1主体内涵、九台关马山M1部分器物基本接近，显现出二者应存在较紧密的文化渊源；关马山M1：6壶也与望江楼M6：1壶的器物形态十分接近。这些都客观反映出旺清门墓地的年代即使较上述大盖石墓遗存的年代略晚，但也应相距不远。另一方面，在报告者的比较研究中，多数结论亦将旺清门墓地的年代指向战国末西汉初或略晚。同时，作为报告推断年代主要依据之一的旺清门铜柄铁剑可能晚于西岔沟同类器的推论也值得商榷。其一，由于目前旺清门式触角铜柄铁剑只是仅有的孤例，其是否与西岔沟型铜柄铁剑有必然的逻辑发展关系，而推断年代晚于西岔沟需进一步讨论；其二，即使两者间有类型学上的承续关系，但在西丰西岔沟的发掘资料尚未全面发表，器物组合关系不明，年代分期问题没有得到解决的情况下，仅以此为基点将旺清门大盖石墓的年代推定为西汉中晚期也难以令人信服。

由此看来，综合考虑墓葬形制、随葬品器物组合关系及不同区域文化因素传播等多种因素，将旺清门墓地年代推定为西汉早中期是比较稳妥的。

通过对旺清门墓地年代的讨论，我们得出两点结论：①目前浑江流域大盖石墓的消亡年代不晚于西汉中期。西汉中期以后，大盖石墓和大盖石积石墓彻底退出历史舞

---

① 肖景全：《新宾旺清门镇龙头山石盖墓》，《辽宁考古文集》（二），科学出版社，2010年。

② 李新全：《高句丽早期遗存及其起源研究》，吉林大学博士学位论文，2008年。

③ 唐淼：《长白山地及其延伸地带青铜时代墓葬研究》，吉林大学博士学位论文，2009年。

④ 吉林省文物工作队：《吉林舒兰黄鱼圈珠山遗址清理简报》，《考古》1985年第4期。

⑤ 吉林省文物考古研究所：《吉林九台市石砬山、关马山西团山文化墓地》，《考古》1991年第4期。

⑥ 金旭东：《1987年吉林东丰南部盖石墓调查与清理》，《辽海文物学刊》1991年第2期。

台，被积石石圹墓、阶墙积石串墓所取代；②望江楼类型早期的整体年代跨度可推定为西汉早中期。

望江楼类型晚期遗存资料较少，目前可供类比的遗存也不多，但有两点证据表明其可能与早期墓葬的年代相距不远。首先，望江楼两期遗存的同类器发展关系基本不存在缺环；其次，关马山M1：6陶壶与望江楼M6：1、高丽墓子M8：1存在着形制演变的逻辑关系，年代不会相差过大。关马山M1的年代为战国末西汉初或略晚。那么，把望江楼晚期的年代推定在西汉中期偏晚可能与客观事实相距不远。

三、望江楼类型的确立与主要文化特征

将望江楼等遗存命名为一种独立的考古学文化类型，主要是基于以下几点考虑。

第一，这类遗存从存续时间上看，大致在西汉初年至西汉中期偏晚。如果将公元前37年高句丽政权建立作为时间节点的话，这类遗存部分属高句丽文化早期，较早阶段则为先高句丽遗存。如从高句丽族源文化的角度考虑，那么，浑江流域的两汉早中期遗存，包括望江楼类型的早期应均可纳入高句丽文化的范畴。无论采取哪一种划分标准，望江楼类型遗存的器物组合都与鸭绿江流域的同时期文化显现出不同的考古学文化特征，可以作为高句丽文化的一个区域性类型加以认识。

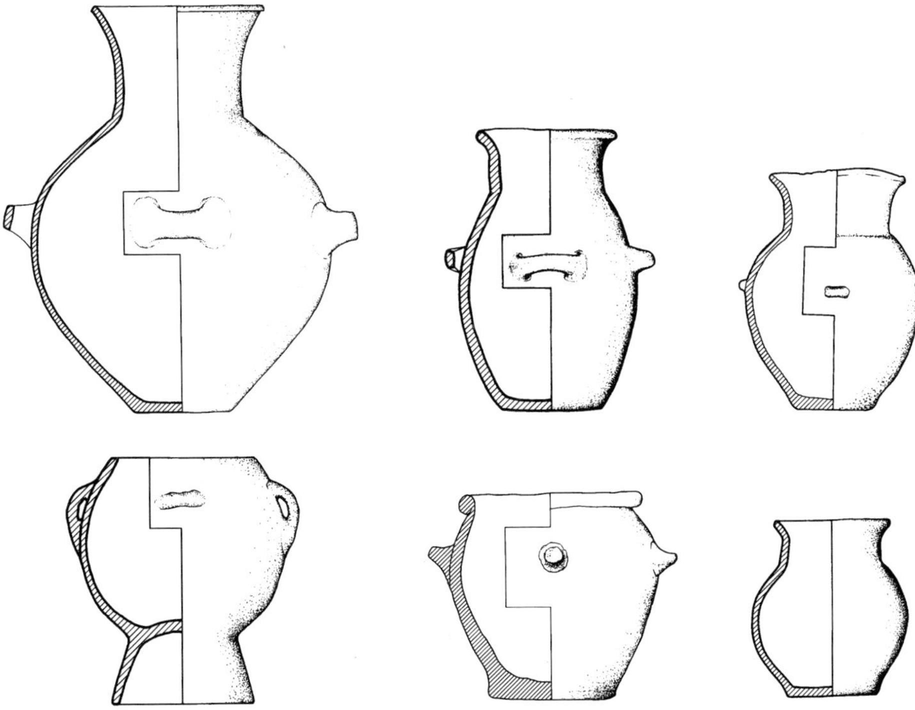

图一一　望江楼类型指征性陶器

第二，这类遗存在浑江流域有其自己的空间位置。从目前已经发表的资料看，在浑江主干流和富尔江流域的桓仁、新宾等地均发现了这类遗存的遗物。这客观表明，作为一种考古学文化类型，望江楼一类遗存的分布是具有自身的分布区域的。

第三，这类遗存具有鲜明的文化特色。其文化特征可概括为：以石质葬具为主要埋葬方式，墓葬营建方式多样，包括大盖石墓、大盖石积石墓、积石石圹墓、阶墙积石串墓；盛行火葬和毁器习俗；早期随葬器物种类繁多，出有一些该区域同时期级别较高的遗物，如金器、铜器、铁器等。陶器以壶、罐、豆为基本组合，以侈口鼓腹壶、形体瘦长的敞口长颈壶、敛口罐形豆、叠唇罐及发达的四耳陶器构成指征性器物（图一一）。

以上分析说明，望江楼类型无论在时间范畴、空间分布范围、还是自身文化特征等方面都显示出它应是一种独立的考古学文化类型。如果将其置于高句丽文化总体研究框架去加以认识的话，望江楼类型的认定与通化跃进四期文化的确立将对高句丽早期遗存的研究产生重要的推动作用，促使“高句丽五部”等相关研究的深化。

关于鲜卑族源流问题的生物考古学研究*

朱　泓

（吉林大学边疆考古研究中心）

有关古代鲜卑族的渊源和流向问题长期以来一直为历史学、民族学、语言学、考古学等学界同仁所关注。就鲜卑人的起源来看，以往的这些研究，其主要依据多来自历史文献的相关记载。由于各种文献史料对该问题的表述存在较大的差异，而不同的研究者对史料的取舍、解释也各不相同，故有关鲜卑人族源问题的意见也众说纷纭，主要有“东胡说”①“山戎说”②、“东夷说”③和“逃亡汉人说”④等不同观点，其中“东胡说”目前在学术界影响较为广泛。近半个世纪以来，中国考古学者在内蒙古自治区、辽宁省、吉林省、河北省、山西省等地陆续发现、发掘了许多处汉代、魏晋至北朝时期的鲜卑墓葬或与鲜卑人有关的墓葬，为进一步探讨鲜卑族源和历史提供了弥足珍贵的第一手实物资料。近20年来，吉林大学人类学实验室和后来与生命科学学院联合组建的考古DNA实验室对若干批鲜卑墓葬人骨以及与鲜卑族源问题相关的古代人类遗骸开展了系统的综合研究，从体质人类学和分子考古学两个不同的角度对鲜卑源流问题进行了生物考古学的考察，取得了一系列创新性成果，培养了一批青年学者。

目前，经过体质人类学系统研究并已正式发表的鲜卑墓葬人骨共计11批，分别出土于内蒙古自治区呼伦贝尔盟的完工墓地、扎赉诺尔墓地和赤峰市巴林左旗的南杨家

---

* 本文研究得到国家社科基金重大项目（11&ZD182）、国家社科基金重大委托项目（12@ZH014）、教育部人文社会科学重点研究基地重大项目（11JJD780008）的资助。

① 马长寿：《乌桓与鲜卑》，上海人民出版社，1962年。

② 马长寿：《乌桓与鲜卑》，上海人民出版社，1962年。

③ 李德山：《试论鲜卑史研究中的几个问题》，《社会科学战线》1993年第2期。

④ 卫广来：《东汉鲜卑起源断想》，《南都学坛》（哲学社会科学版），1993年第1期。

营子遗址[①]、乌兰察布盟的三道湾[②]、七狼山[③]、东大井[④]、叭沟墓地[⑤]，辽宁省朝阳市的十二台营子[⑥]、喇嘛洞等地的墓葬[⑦]，吉林省大安县的渔场墓地[⑧]和山西省大同市南郊的北魏墓地[⑨]。这些资料的年代大致从东汉至北魏时期。

完工墓地的人骨出自内蒙古自治区呼伦贝尔盟陈巴尔虎旗，其年代可能不晚于公元前3世纪，大多数学者认为它应是早期拓跋鲜卑的遗存[⑩]。共获得可供观测研究的保存较完整的成年人头骨仅有两例，均系男性。潘其风、韩康信对完工墓地出土头骨进行了详细的研究后认为，这两例个体的颅面部特征虽有些差异，但基本特征还比较一致，其人种学特征主要与北极蒙古人种相似，同时可能含有某些北亚和东亚蒙古人种的因素[⑪]。笔者指导的博士生陈靓在全面收集了有关鲜卑墓葬出土人骨资料的基础上，通过系统比较，认为完工组的头骨在基本体质类型上与大多数鲜卑墓葬人骨有别，因此提出"我们有理由怀疑完工遗址并非鲜卑人的遗存"的意见[⑫]。

扎赉诺尔汉代墓群位于内蒙古自治区呼伦贝尔盟新巴尔虎右旗，1959年、1961年和1989年先后进行了3次发掘，共采集到可供观测的完整成年人头骨17例，其中男性10例，女性7例。与现代亚洲蒙古人种各支系比较，扎赉诺尔汉代鲜卑族和西伯利亚人种最为接近[⑬]。扎赉诺尔墓地的年代属于东汉时期，其文化属性被多数学者定义为拓跋鲜卑向南迁移时的遗存[⑭]。

---

① 潘其风、韩康信：《东汉北方草原游牧民族人骨的研究》，《考古学报》1982年第1期。

② 朱泓：《察右后旗三道湾汉代鲜卑族颅骨的人种学研究》，《内蒙古文物考古文集》（第二集），中国大百科全书出版社，1992年。

③ 郑丽慧、朱泓、陈靓：《内蒙古七郎山魏晋时期鲜卑墓葬人骨研究》，《内蒙古文物考古》2003年第1期。

④ 陈靓、朱泓、郑丽慧：《内蒙古东大井东汉时期鲜卑墓葬人骨研究》，《内蒙古文物考古》2003年第1期。

⑤ 张全超、周蜜：《内蒙古兴和县叭沟墓地汉魏时期鲜卑族人骨研究》，《边疆考古研究》（第4辑），科学出版社，2005年。

⑥ 朱泓：《朝阳魏晋时期鲜卑墓葬人骨研究》，《辽海文物学刊》1996年第2期。

⑦ 陈山：《喇嘛洞墓地三燕文化居民人骨研究》，科学出版社，2013年。

⑧ 朱泓：《吉林省大安县渔场墓地汉晋时期人骨研究》，《边疆考古研究》（第2辑），科学出版社，2003年。

⑨ 张振标、宁立新：《大同北魏时期墓葬人骨的种族特征》，《文物季刊》1995年第3期。

⑩ 宿白：《东北、内蒙古地区的鲜卑遗迹——鲜卑遗迹辑录之一》，《文物》1977年第5期。

⑪ 潘其风、韩康信：《东汉北方草原游牧民族人骨的研究》，《考古学报》1982年第1期。

⑫ 陈靓：《匈奴、鲜卑和契丹的人种学考察》，吉林大学博士学位论文，2003年。

⑬ 朱泓：《从扎赉诺尔汉代居民的体质差异探讨鲜卑族的人种构成》，《北方文物》1989年第2期。

⑭ 郑君雷：《早期东部鲜卑与早期拓跋鲜卑族源关系概论》，《青果集》，知识出版社，1998年。

南杨家营子墓地位于内蒙古赤峰市巴林左旗，从该墓地收集到可供观测的成年头骨标本10例，其中包括男性4例，女性6例。经研究，该组头骨的种系特征与西伯利亚蒙古人种最为接近，在与各近代组的对比中，蒙古组、通古斯组、布里亚特组均与之比较接近①。南杨家营子墓地时代略晚于扎赉诺尔墓地，一些学者认为它是拓跋鲜卑南移西迁时留下的遗存②。

三道湾鲜卑墓地位于内蒙古自治区乌兰察布盟察右后旗，年代约当东汉时期，也属于拓跋鲜卑的遗存。该墓地出土保存完整的颅骨10例，其中男性8例，女性2例。三道湾鲜卑族古代居民以其圆颅型、阔颅型和由极大的垂直颅面指数所反映出的低颅高面性质，颇大的颧宽绝对值和上面扁平度，以及垂直方向上相当平直的颌面部形态等一系列特点，表明其基本种系成分应属于西伯利亚蒙古人种。在与各近代组的比较中，三道湾组与蒙古组最相近似，其次是布里亚特组和通古斯组③。

七郎山墓地位于内蒙古自治区乌兰察布盟察右中旗，发掘者认为，该墓地应属魏晋时期的拓跋鲜卑遗存。从该墓地收集到6例成年颅骨标本，其中包括1例男性，5例女性。与现代亚洲蒙古人种各类型进行比较，七郎山标本最接近西伯利亚（北亚）蒙古人种④。

东大井墓地位于内蒙古自治区乌兰察布盟商都县，据发掘者意见，该墓地属于东汉时期的拓跋鲜卑遗存。从该墓地共收集到11例成年颅骨标本，其中男性5例，女性6例。与亚洲蒙古人种各类型进行比较，东大井标本最接近北亚蒙古人种类型⑤。

十二台营子等处的鲜卑墓葬出土于辽宁省朝阳市双塔区和朝阳县十二台乡等地，据发掘者意见，这些墓葬的墓主人的族属当为魏晋时期的慕容鲜卑。在朝阳市的这批鲜卑墓葬中共收集到5例成年人头骨，其中男性2例，女性3例。与现代亚洲蒙古人种各类型进行比较，朝阳鲜卑组在主要体质特征上与北亚蒙古人种类型最为接近。与近代颅骨组比较，朝阳鲜卑居民与蒙古组、通古斯组关系更为密切⑥。

喇嘛洞墓地位于辽宁省北票市，发掘者认为，该墓地属于三燕文化墓葬，其族属为东部慕容鲜卑。从该墓地收集到成年男性颅骨60例，与亚洲蒙古人种的各类型进行比较，喇嘛洞居民的体质特征基本上属于东亚蒙古人种范畴。与各近代组相比较，喇

---

① 潘其风、韩康信：《东汉北方草原游牧民族人骨的研究》，《考古学报》1982年第1期。

② 潘玲：《伊沃尔加城址和墓地及相关匈奴考古问题研究》，科学出版社，2007年。

③ 朱泓：《察右后旗三道湾汉代鲜卑族颅骨的人种学研究》，《内蒙古文物考古文集》（第二集），中国大百科全书出版社，1992年。

④ 郑丽慧、朱泓、陈靓：《内蒙古七郎山魏晋时期鲜卑墓葬人骨研究》，《内蒙古文物考古》2003年第1期。

⑤ 陈靓、朱泓、郑丽慧：《内蒙古东大井东汉时期鲜卑墓葬人骨研究》，《内蒙古文物考古》2003年第1期。

⑥ 朱泓：《朝阳魏晋时期鲜卑墓葬人骨研究》，《辽海文物学刊》1996年第2期。

嘛洞组最接近的是朝鲜组，其次为那乃组、华北组，与蒙古组和爱斯基摩组之间的差异最为显著①。这一结论暗示喇嘛洞三燕时期居民在种系构成方面与其他大多数鲜卑族居民存在着颇大的遗传学距离。

大安渔场墓地位于吉林省白城市大安县境内的月亮泡南岸，由该墓地中仅采集到1例成年男性头骨。有关该墓地居民的族属问题目前仍无定论，有些学者认为其应属东汉至西晋时期的早期东部鲜卑遗存②。大安渔场标本的基本体质特征与西伯利亚（北亚）蒙古人种存在较多的一致性，在近代对比组中其与蒙古组、通古斯组最接近，其次为华北组、抚顺组③。

叭沟墓地位于内蒙古自治区乌兰察布盟兴和县，发掘者根据葬俗与随葬品形制等特征判断该墓地属于鲜卑族，年代约为东汉至北魏时期④。从该墓地采集到完整成年人头骨4例，男、女各2例。叭沟墓地的鲜卑族居民基本种系成分与北亚蒙古人种最为接近，在近代对比组中，通古斯组、蒙古组与其最相近似，其次为爱斯基摩组，而与华北组、华南组之间的形态距离最为疏远⑤。

大同北魏时期墓地位于山西省大同市南郊，发掘者根据墓葬出土遗物所反映的文化性质以及颅骨特征的比较研究判断，该遗址的居民应当是鲜卑人。其年代被认为属于公元5世纪北魏王朝建都平成期间⑥。从该墓地采集到可供观测研究的成年人头骨共计54例，其中男性29例，女性25例。该批人骨资料的原报告者对大同组头骨的非测量特征和测量特征进行研究后认为，该批古代居民的种族特征与华北地区以北的古代或近代的居民关系最为密切，基本上属同一个种族类型，这个类型的体质特点基本上是以蒙古人种的东北亚类型为主体，但同时又与带有欧洲人种特征的乌孙人类型存在某些联系，明显有别于汉族的颅骨特征，因此大同北魏墓群的族属应是鲜卑人⑦。韩巍在对这批材料的数据进行了细致分析的基础上，对上述研究结论提出质疑，她认为，大同北魏组居民与现代东亚蒙古人种支系在颅面部形态特征上表现出更多的相似性，在

---

① 陈山：《喇嘛洞墓地颅骨种族类型初探》，《边疆考古研究》（第1辑），科学出版社，2002年。

② 郑君雷：《早期东部鲜卑与早期拓跋鲜卑族源关系概论》，《青果集》，知识出版社，1998年。

③ 朱泓：《从扎赉诺尔汉代居民的体质差异探讨鲜卑族的人种构成》，《北方文物》1989年第2期。

④ 乌兰察布盟文物工作站：《内蒙古兴和县叭沟村鲜卑时期墓葬》，《考古》1993年第3期。

⑤ 张全超、周蜜：《内蒙古兴和县叭沟墓地汉魏时期鲜卑族人骨研究》，《边疆考古研究》（第4辑），科学出版社，2005年。

⑥ 山西省考古研究所、大同市博物馆：《大同南郊北魏墓群发掘简报》，《文物》1992年第8期。

⑦ 张振标、宁立新：《大同北魏时期墓葬人骨的种族特征》，《文物季刊》1995年第3期。

古代对比组中又与殷墟中小墓②组之间关系最为密切，属“古中原类型”居民，其主要种系成分与目前已知的大多数鲜卑人群之间存在着颇为显著的遗传学距离，故推测其族属来源应以汉族为主，但不排除在该组群体体质特征的形成过程中或许也受到过鲜卑人的影响。

从上述与鲜卑族有关的体质人类学研究成果来看，扎赉诺尔、南杨家营子、七郎山、东大井、三道湾和叭沟等6批可能与拓跋鲜卑有关的人群，以及朝阳十二台营子、大安渔场等2批可能与东部鲜卑有关的人群，他们颅面部的基本种系特征颇为一致，可以总结为：低而阔的短颅型、高而阔且非常扁平的面型，这一特征在现代人群中与以蒙古人为代表的西伯利亚（北亚）蒙古人种中的中央亚细亚类型是非常相似的。因此，从体质人类学的视角来观察，我们已经可以确信，古代的鲜卑人，不论是拓跋鲜卑抑或东部鲜卑，其主体遗传结构均为北亚蒙古人种成分。该人类学类型被张全超命名为“古蒙古高原类型”[①]。

除对鲜卑族人骨资料开展的古人种学研究之外，近年来，吉林大学边疆考古研究中心的考古DNA实验室也对部分鲜卑族人骨进行了分子考古学的研究，取得了一些突破性的成果。

在周慧教授的指导下，博士生于长春等对东大井、七郎山两处墓地出土的东汉、魏晋时期鲜卑人股骨样本进行了线粒体DNA的提取、扩增、测序和分析。在40例个体的样本中有33例的提取获得成功。于长春等将获得的33个线粒体DNA控制区内高可变I区（16035—16398）序列（东大井17个，七郎山16个）合并为一组，用以代表拓跋鲜卑居民进行个体遗传关系和群体遗传关系的研究。经研究发现，拓跋鲜卑的单倍型组以D型和C型为主（频率为69.56%），这是北亚人群单倍型类群的典型特征[②]。该研究成果进一步加强了我们对鲜卑族人种类型与北亚蒙古人种密切相关的认识。

在初步确立了鲜卑族人种学坐标和遗传学坐标之后，我们就有条件从体质人类学和分子考古学两个视角来考察其族源问题了。

目前学术界对于鲜卑族源问题的主流观点是“东胡说”，这在历史文献的记载上还是颇有证据的，如晋代陈寿撰《三国志·魏书·乌丸鲜卑东夷传》云：“乌丸、鲜卑，即古所谓东胡也。”但是，多年来关于何种考古学文化属东胡遗存的问题，在学术界却颇多争议，主要包括朱贵提出的“东北系曲刃青铜短剑墓葬东胡说”和靳枫毅提出的“夏家店上层文化东胡说”等观点。不过，仅就体质人类学的研究而言，以上两种观点明显与我们对相关遗存出土人骨的人种学分析结果大相径庭。以沈阳郑家洼子青铜短剑墓为代表的此类遗存，其居民的人类学类型为高颅阔面的“古东北类

① 张全超：《内蒙古和林格尔县新店子墓地人骨研究》，科学出版社，2010年。

② 于长春：《拓跋鲜卑线粒体DNA的遗传学分析》，吉林大学博士学位论文，吉林大学，2007年。

型”[①]；而以赤峰红山后、宁城夏家店和小黑石沟、克什克腾旗龙头山等遗址所代表的夏家店上层文化居民，他们所拥有的人类学类型则均为高颅狭面的“古华北类型”[②]。而这两个高颅类型居民在基本体质特征上与本文前述的以低颅阔面为特征的鲜卑人所具有的“古蒙古高原类型”之间存在着很大的遗传距离，难以解释为祖先与后裔的关系。

2002～2003年度，内蒙古自治区赤峰市林西县井沟子遗址西区墓葬的发掘为我们探讨东胡遗存带来一线曙光。据发掘者意见，该墓地的年代初步判断为春秋晚期至战国早期前后。从文化性质上分析，井沟子西区墓葬的用牲现象很普遍，用牲墓的比例高达89.29%。所用牲畜主要是适合于放养的马、牛、羊、驴、骡，尤以马的数量最多。墓内也未发现任何农业生产工具或农产品。反映了畜牧业在当时的经济生活中当占据主导地位[③]。因此，负责该墓地发掘的王立新认为如果将该遗存的族属指认为东胡，就目前已知的考古学资料而言，无疑是最合适的[④]。

2005～2008年度，吉林大学边疆考古研究中心人类学实验室和考古DNA实验室的多位教师和研究生分别对井沟子墓地出土的古代居民遗骸进行了包括体质人类学、分子考古学和稳定同位素食谱分析的研究工作。该项生物考古学综合性研究的成果表明，该批东周时期居民的人种类型为“古蒙古高原类型”，他们具有低颅、阔面、面部扁平度很大等现代西伯利亚蒙古人种的性状，与已知的鲜卑人、契丹人、蒙古人的种族特征十分接近。而食谱分析的结果则表明井沟子古代居民在日常饮食结构中保持着较高比例的动物性食物摄入，暗示出饲养业和狩猎业在当时的经济生活中占据有重要的位置[⑤]。有关井沟子墓地出土人骨的分子考古学研究，目前我们开展了线粒体和Y染色体两个方面的工作。井沟子东周时期居民线粒体DNA的系统发育分析和多维度分析结果显示，该组古代人群在母系遗传上与现代北亚人群及古代拓跋鲜卑人有着比较近的亲缘关系。首先，从单倍型频率分布上看，井沟子人群高频率的单倍型C、D和G具有典型的北亚人群单倍型分布特点[⑥]，其频率分布在现代人群中与鄂伦春族、鄂

① 朱泓：《中国东北地区的古代种族》，《文物季刊》1998年第1期。

② 朱泓：《内蒙古长城地带的古代种族》，《边疆考古研究》（第1辑），科学出版社，2002年。

③ 内蒙古自治区文物考古研究所、吉林大学边疆考古研究中心：《林西井沟子——晚期青铜时代墓地的发掘与综合研究》，科学出版社，2010年。

④ 王立新：《探寻东胡遗存的一个新线索》，《边疆考古研究》（第3辑），科学出版社，2004年。

⑤ 朱泓、张全超、常娥：《探寻东胡遗存——来自生物考古学的新线索》，《吉林大学社会科学学报》2009年第1期。

⑥ Kong, Q.P., Y.G. Yao, M. Liu, et al. Mitochondrial DNA sequence polymorphisms of five ethnic populations from northern China. Human Genetics, 2003, 113(5): 391-405.

温克族最为接近。其次，在与古代人群的比较方面，井沟子居民与七郎山鲜卑人群之间拥有最近的遗传距离（0.013），这一距离甚至较之与现代鄂伦春族之间的遗传距离（0.014）更小，说明井沟子古代人群与鲜卑人群有很近的遗传关系①。井沟子东周时期居民Y染色体DNA的研究也取得了突破性进展，在已成功提取出Y-DNA的12例个体中所有单倍型均为C型，研究者认为，如此高频率的单倍型类群C的出现可能与南下的北亚游牧民族有关②，因此从父系遗传关系研究的角度也加强了井沟子人群与北亚地区存在密切血缘联系的可能性。

综上所述，无论是从人种成分的分析还是遗传学的构成方面，井沟子东周时期居民和汉晋北朝时期的鲜卑族之间都存在着明显的共性：即他们都具有低颅、阔面的古蒙古高原类型的体貌特征以及高频率的线粒体单倍型C、D、G遗传基因标记。因此，假如井沟子墓地确属东胡遗存的话，那么鲜卑人作为“东胡后裔”至少可以得到来自体质人类学和分子考古学研究成果方面的强力支持。

关于古代鲜卑族的流向问题，目前所做的考古学工作还不太多，尚缺少直接证据。根据文献史料的记载，汉晋北朝时期一度叱咤风云、逐鹿中原的强大的鲜卑族，进入隋唐时期，其实力已大大衰落。在此之后，作为一个实体民族，鲜卑族已不复存在，消失在漫漫的历史长河中。从这个角度考虑，如果谈到入主中原的鲜卑族的流向，笔者认为他们的遗传基因主要是通过与当时以汉民族为核心的若干民族通婚的方式逐渐融入其他民族。当然，也不能排除仍有部分鲜卑人的族众没有追随鲜卑族主力南下、西迁，继续在原居住地留存、生活，在以后的漫长历史岁月中，留下独具特色的民族发展轨迹。多年来，被民族史学界颇为关注的锡伯族族源问题便与此有关。

关于锡伯族的族源问题，目前学术界主要有两种意见：“锡伯族是鲜卑后裔说”和“锡伯族与满族同源说”。倾向于前一种意见的学者认为，“锡伯”是本民族的“族自称”。在汉文史籍中记载的“失韦、室韦、矢比、西棘、西北、席百、席比、席帛、锡、什伯、实伯、犀毗”等称谓均为“不同历史时期的不同译音和写法”③。因此，“鲜卑”和“锡伯”也是音转的关系。赞成后一种意见的学者则多从语言、民俗、姓氏和族谱等角度论证，锡伯族与满族同源，应为女真人的后裔④。

近年来，吉林大学边疆考古研究中心考古DNA实验室也针对此问题开展了研究工作。我们在内蒙古商都县东大井墓地和察右中旗七郎山墓地出土的40例东汉至魏晋时期拓跋鲜卑人骨中成功提取到33例个体的线粒体DNA高可变一区序列。同时，我们还

---

① 葛斌文：《井沟子古代人群的遗传关系》，吉林大学硕士学位论文，2008年。

② 李红杰：《中国北方古代人群Y染色体遗传多样性研究》，吉林大学博士学位论文，2012年。

③ 杨圣敏：《中国民族志》，中央民族大学出版社，2003年。

④ 都兴智：《锡伯族源出女真论》，《吉林大学社会科学学报》1997年第2期。

本着知情同意的原则，在新疆维吾尔自治区察布查尔锡伯族自治县，提取了48位无亲缘关系的锡伯族居民带有发根的毛发样本作为对比组资料。从这些样本中获得了48例现代锡伯人线粒体DNA高可变一区序列。除此之外，在对比研究中还选取了出土于蒙古国的匈奴墓葬、内蒙古元上都砧子山元代墓葬、四子王旗城卜子金元时期汪古部墓葬、赤峰市辽代契丹墓葬和呼和浩特市和林格尔县将军沟战国时期墓地的古人骨DNA数据以及鄂伦春、鄂温克、蒙古、布里亚特、达斡尔、乌兹别克、哈萨克、土耳其、朝鲜和北方汉族、南方汉族等现代人群的DNA数据进行比较。得出的结论是，以东大井、七郎山两组数据为代表的东汉—魏晋时期鲜卑族的线粒体DNA序列，无论在遗传距离分析、系统发育分析还是在多维度分析等方面，都表现出与现代锡伯族之间存在着最近的亲缘关系，暗示拓跋鲜卑很可能是现代锡伯族的祖先①，因而从生物考古学角度支持了“锡伯族是鲜卑后裔说”的观点。

① 周慧：《中国北方古代人群线粒体DNA研究》，科学出版社，2010年。

金岭寺建筑址为“廆庙”说

田立坤

（辽宁省文物保护中心）

大凌河流经朝阳城东后，右转从凤凰山北麓绕过，东流至北票市章吉营子，再折向东北流，经窟窿山东、金岭寺山西，汇入西北来的凉水河，至下府东又汇入北来的牤牛河，再右转东南流，经上圆、义县，最终归入渤海。金岭寺山至下府段大凌河谷地宽阔平坦，金岭寺建筑址即位于河谷盆地西南缘、金岭寺山北侧的大凌河右岸一级台地上，东侧紧邻金岭寺村，南至金岭寺山脚约200米，海拔高度124米，高出现在大凌河河床约3米。遗址外围环壕中还出有战国遗物，其中一件残陶片上有戳记，仅残存一阳文“鍴”字，表明不晚于战国时期已经有人类在这里活动（图一）。

金岭寺建筑址是1992年夏辽宁省文物考古研究所进行白石水库淹没区考古调查时发现，命名为“金岭寺西北地遗址”①。当时遗址地表有大量烧制火候较高的灰色板瓦、筒瓦、瓦当等建筑构件，“据当地村民告知，此地原有一高土台，七十年代农田建设时，将其削平，当时发现大量的砖瓦，现金岭屯西半部有许多农户利用瓦件构筑院墙，其中一户的瓦砖院墙长达10余米”。1994年辽宁省文物考古研究所对该遗址进行了试掘，称为“金岭寺魏晋时期建筑址”②。“揭露出‘亭式’建筑夯土台基五个，呈东西向直行布列，间隔约4米”。出土遗物有板瓦、筒瓦、圆瓦当和两件柱础石等建筑构件，未见陶器之类的生活用具、生产工具。2000年至2002年辽宁省文物考古研究所又对该遗址进行了大规模的勘探发掘，“清理出三组大型建筑址以及外围环壕”，遗址西侧已被大凌河冲毁。出土有一件柱础石和大量的泥质灰陶“板瓦、筒瓦、几何莲瓣纹花头筒瓦等大型建筑构件”。2010年发表了发掘报告，命名为“金岭寺魏晋建筑遗址”③。

---

① 辽宁省文物考古研究所、朝阳市博物馆、北票市文物管理所：《白石水库淹没区考古调查简报》，《辽海文物学刊》1994年第2期。在后来的发掘中，没有发现砖，说明金岭寺建筑址并没有用砖。调查报告称“砖瓦”显然是将二者混为一谈了——笔者注。

② 王成生：《北票市金岭寺魏晋时期建筑址》，《中国考古学年鉴》（1995），文物出版社，1996年。

③ 辛岩、付兴盛、穆启文：《辽宁北票金岭寺魏晋建筑遗址发掘报告》，《辽宁考古文集》（二），科学出版社，2010年。

图一　金岭寺建筑址所在位置

金岭寺建筑址不仅规模较大，且结构、布局也比较独特，为以往所不见。关于其时代、性质，最初发现者和后来的试掘、发掘者虽然做了初步的讨论，但是鉴于其为以往所不见的独特性及因此而具有的重要性，还很有进一步深入讨论的空间和必要。

一、年代推定

金岭寺建筑址没有出土可以明确表明其年代的遗物。最初发现者将其年代“推测为三燕时期”；试掘者“推测该遗址年代约当魏晋之际”；后来的发掘者“推测该建筑址的年代绝不会晚于晋，约在魏晋之际”，但是随后又称：“该遗址是以慕容鲜卑文化成分为主受汉文化因素影响较深的前燕及前燕以前不久的慕容鲜卑族遗存”。慕容皝于公元337年建国，史称前燕，司马氏于公元265年代魏，“前燕”建国与“魏晋之际”间隔七十多年，“前燕以前不久”也不会有七十年之久，前后矛盾。由此也可见该遗址的年代还是一个悬而未决的问题，没有形成共识。

如就金岭寺建筑址中出土的两种瓦当看，当与十六国前燕龙城的时代相近。金岭寺建筑址出土的两种瓦当在龙城遗址中也都有发现，但是龙城瓦当以当面四分的为主（图二，1），当面六分、饰地纹的少见（图二，2）[①]，而金岭寺建筑址瓦当则以当面六分、饰地纹的占绝大多数（图二，3），当面四分的极为少见（图二，4）。龙城

① 万雄飞、白宝玉：《朝阳老城北大街出土的3～6世纪莲花瓦当初探》，《东北亚考古学论丛》，科学出版社，2010年。

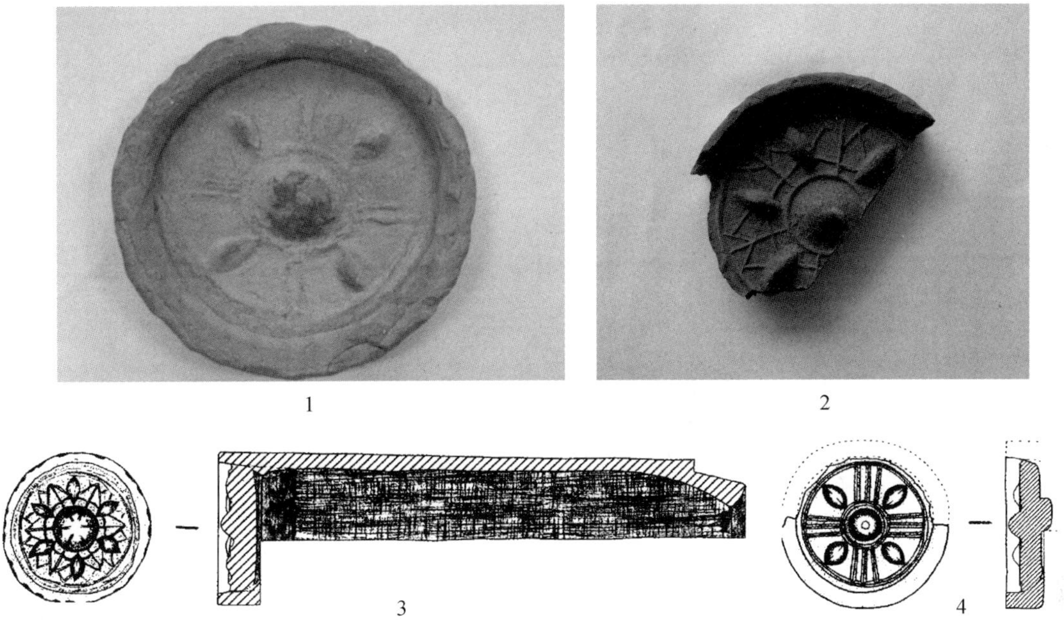

图二　瓦当

1、2. 龙城出土　3、4. 金岭寺出土

始建于东晋咸康七年（341年），据此可以认为金岭寺建筑址的年代上限当晚于龙城始建的341年。另外，建筑址中出土的小石础、小盘口陶量也有助于对遗址年代的判断。1994年试掘出土的残础石2件，方座覆盆式，中部有圆形通孔。2000年出土的础石也是“中央为柱孔”，方座覆盆式，刻莲花纹（图三，1）。形制完全相同的础石在同属三燕文化遗存的朝阳袁台子壁画墓中出土4件，只是体量更小（图三，2）①。通过对袁台子壁画墓中残存题记的研究，该墓的下葬时间应是354年或366年②。关于小盘口陶量，发掘报告认为与北燕冯素弗墓出土的陶壶形制相同（图三，3、4），冯素弗死于公元415年③。根据对三燕文化墓葬出土遗物的比较，这种盘口器在三燕文化遗存中出现的时间为后燕时期④。参照上述三种年代较准确的相关遗物，我们认为金岭寺建筑址的年代上限不早于公元341年，下限可到后燕。

---

① 辽宁省博物馆文物工作队、朝阳市博物馆等：《朝阳袁台子东晋壁画墓》，《文物》1984年第6期。

② 田立坤：《袁台子壁画墓的再认识》，《文物》2002年第9期。

③ 黎瑶渤：《辽宁北票西官营子北燕冯素弗墓》，《文物》1973年第3期。

④ 田立坤：《三燕文化墓葬类型与分期》，《汉唐之间文化艺术的互动与交融》，文物出版社，2001年。

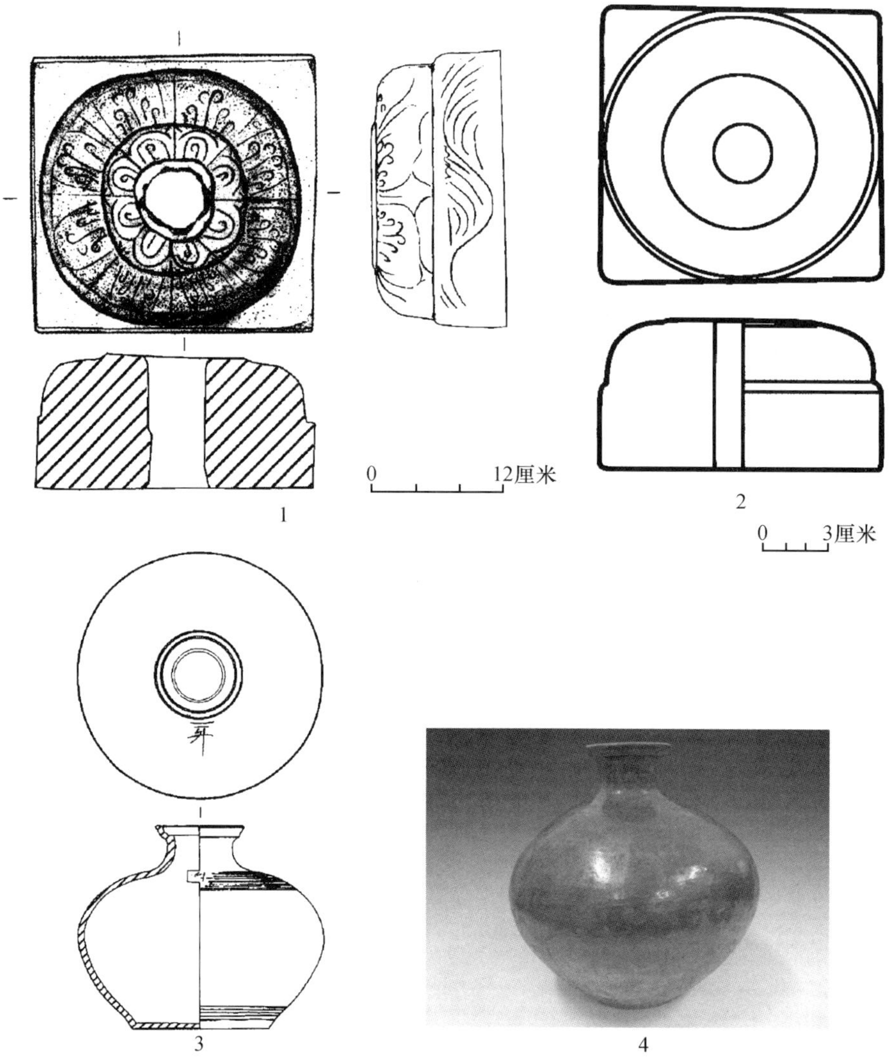

图三
1. F9础石　2. 袁台子壁画墓础石　3. 陶量　4. 冯素弗墓釉陶壶

二、性质分析

关于金岭寺建筑址的性质，最初发现者认为是“三燕时期的一个重要建筑所在地”。试掘者认为“该建筑址或许与《十六国春秋·前燕录》记载的鲜卑人入居辽西，莫护跋‘始建王府于棘城之北’有关”。后来发掘者则进一步认为，“该建筑址绝非一般贵族所能拥有的建筑等级”，推测“是曹魏初年慕容部始定居于辽西大凌河流域的一处早期高等级建筑遗存”。

金岭寺建筑址的性质或功能，应与其整体结构、空间布局、个体体量、出土遗物密切相关。从整体结构看，金岭寺建筑址是由不少于三排（这里所说的排即发掘报告所称的组）建筑构成的一组有环壕围绕的独立建筑群[1]。坐北朝南两排，东西一线排列，东侧“第一组建筑”（即1994年试掘揭露出的五个“亭式”建筑夯土台基——笔者注）保存完整，四周为夯土围墙，围墙内再用四道略窄的夯筑隔墙分隔成YL1～YL5（东—西）五个长方形院落；西侧“第二组建筑”结构与“第一组建筑”相同，西端被大凌河冲毁，只残存YL6、YL7两个长方形院落。坐东朝西的“第三组建筑”保存完整，结构与上述两排相同，围墙内用两道隔墙分隔成YL8～YL10（北—南）三个长方形院落（图四）。“第一组建筑”（图五）和“第二组建筑”（图六）两排每个院落的中部都有一个大的方形夯土台基（YL7为长方形），台基四角各有一填充夯土的柱坑[2]，中心有柱洞，可知台上有面阔、进深均一间的木构建筑，“在台基南面中部均夯有斜坡式单踏道”，后面右侧有石板立支的“石槽”，靠近院角处又有一小方形夯土台基。“第三组建筑”每个院落中部的大夯土台基都是长方形，上有六个填充夯土的柱坑，前后各三，为进深一间、面阔两间的格局，每间前面中部也都有与夯土台基连接夯筑的“斜坡式踏道”，后面各有与其对应的石板立支“石槽”、小方形夯土台基。所有的院落前墙中间都辟一间屋式院门，“第一组建筑”和“第二组建筑”的院门都与院中大方形夯土台基前的踏道相对应，位于院落的南北轴线上，“第三组建筑”的院门直对院落中大长方形夯土台基的中柱，也位于院落的东西纵轴线上（图七）。由此可见，金岭寺建筑址的结构可分为四个层次：基本单位，由高台木构建筑、前面的夯土踏道、后面的石槽、小夯土台基构成；院，由一个基本单位或两个基本单位构成（图八，1、2）；排，由同一围墙内用隔墙分隔的若干相连属的院构成；群，由不少于三排构成。如此，YL8～YL10都应分为两个基本单位：YL8-1、YL8-2、YL9-1、YL9-2、YL10-1、YL10-2，即“第三组建筑”由六个基本单位组成。

从空间布局看，建筑址的东北角保存完整，南侧没有建筑，西侧情况不明。发掘者认为，“根据建筑址东部发掘的遗迹现象分析，金岭寺建筑址的建筑布局采用均衡对称的方式，沿着纵轴线和横轴线进行设计，各组建筑均采取奇数依纵横二轴线对称方式组群，该建筑址的组群布局应为⊓形。”目前遗址西侧距大凌河河床尚有150多米，有足够的空间，因此我们基本赞同发掘者对金岭寺建筑址空间布局的推测，并补充一例积极的佐证。如前燕时期的拱形铜鎏金减地镂空鞍桥包片，正中是一个大的两肩抹角的六边形，内置交颈对凤纹样，两翼是连续展开的内置龙凤纹的六方连续纹样，左右两方两两对称，朝向正中的对凤纹，布局均衡对称，十分规整（图九），这

① 下面关于金岭寺建筑址的结构、布局、个体尺寸等信息，凡未注明者均引自《辽宁北票金岭寺魏晋建筑遗址发掘报告》。

② 即《发掘报告》所说的“磉墩”。磉墩是用土石等夯筑或垒砌而成的实体柱基础，上置础石。金岭寺建筑址是先夯筑台基，然后在台基上挖坑栽柱，再填土夯实，与磉墩的结构做法都不同。因此该遗迹应称为“柱坑”。

图四　金岭寺建筑址总平面图

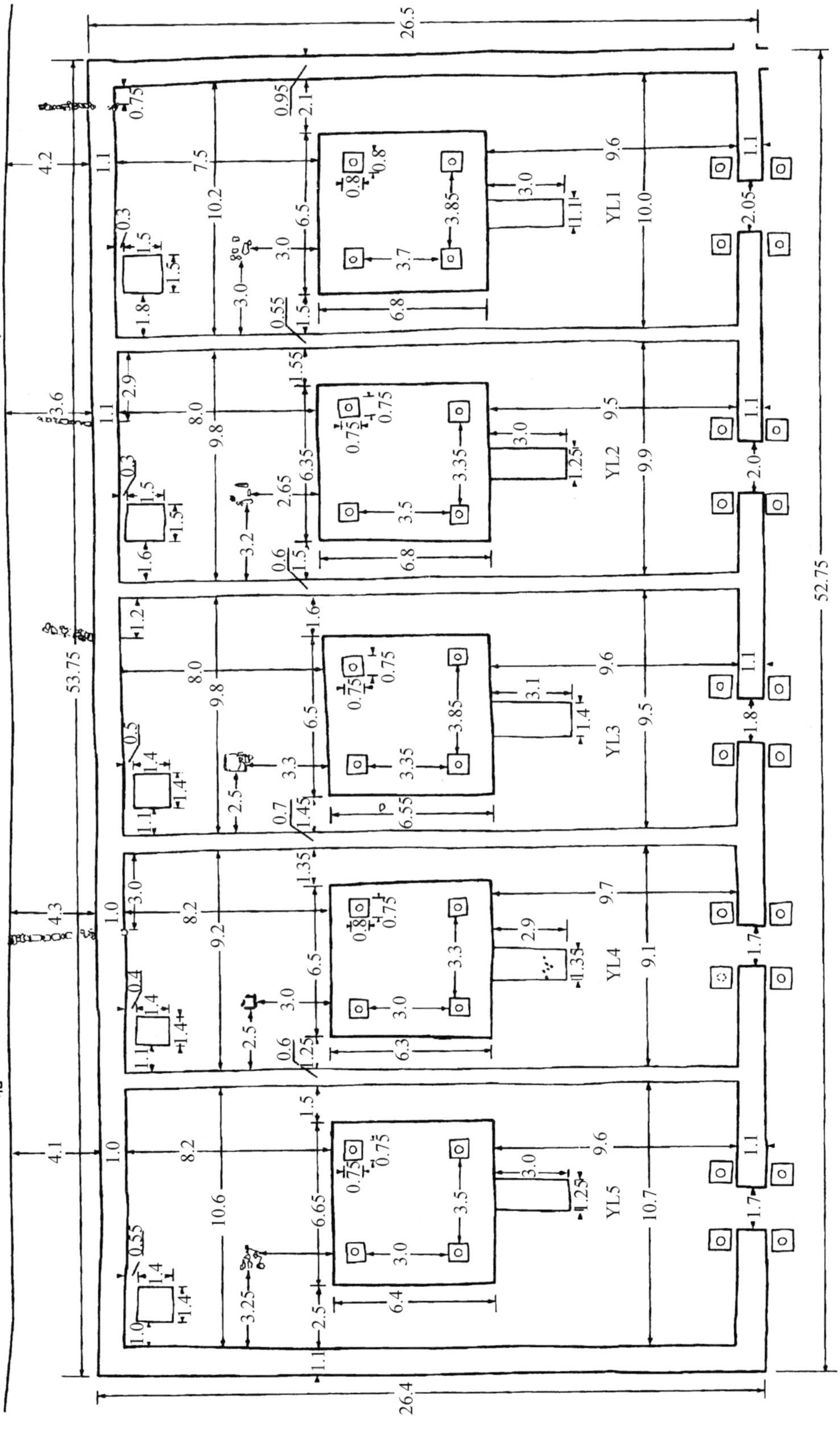

图五 第一组建筑YL1～YL5平面图

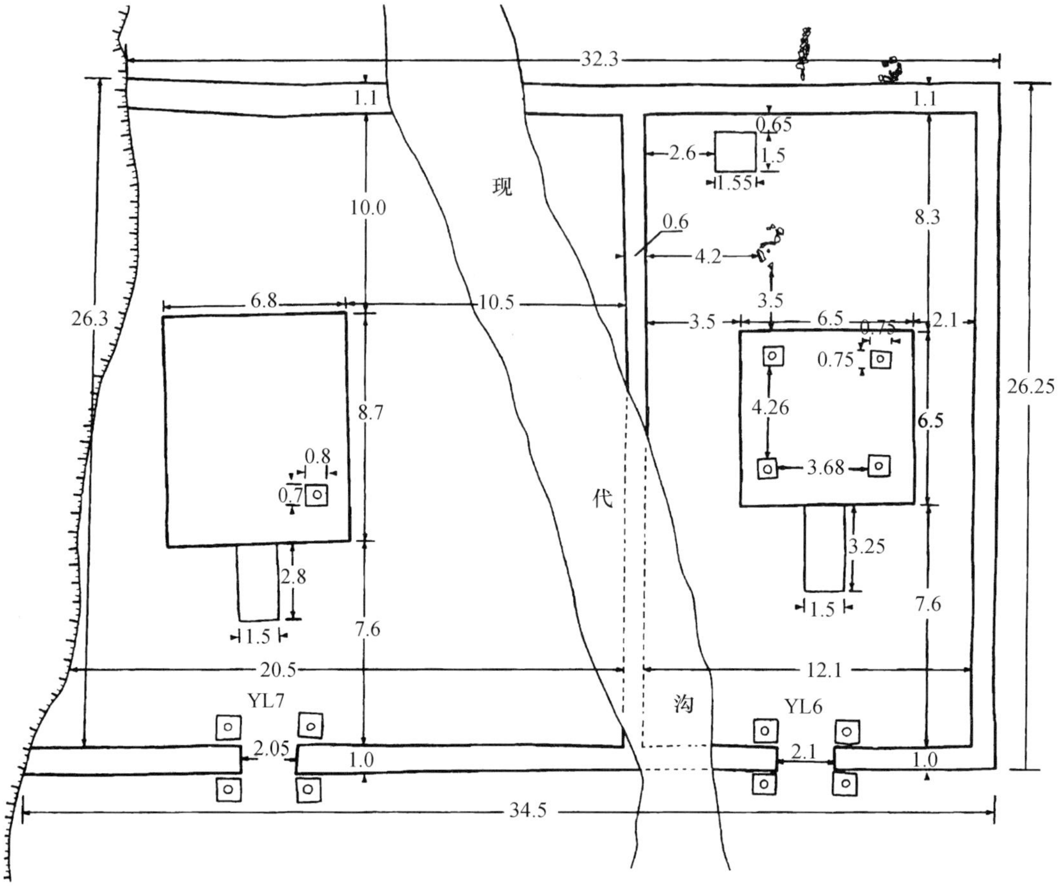

图六　第二组建筑YL6和YL7平面图

种对称布局形式在三燕文化中比较多见[①]。因此我们推测金岭寺建筑址的整体布局应该是坐北朝南的“第二组建筑”为整个建筑群的中心，由三个院落组成，即YL7居中，与东侧的YL6对称，西侧也应有一个院落；“第二组建筑”西侧还有与其东侧“第一组建筑”对称的由五个院落组成的一排；与“第三组建筑”对称，遗址西侧也应有由三个院落组成的南北向一排。整个建筑群由五排组成，即北面三排：“第二组建筑”居中，“第一组建筑”居东，居西的已毁；“第三组建筑”为东厢，对应的西厢已毁，形成坐北朝南，以北面居中的YL7南北轴线为纵轴，两厢对应，面朝南面青山的空间格局（图一〇）[②]。

从个体体量看，居于北部“第二组建筑”正中的YL7夯土台基残高0.2～0.25、东西宽6.8、南北长8.7米，面积约59平方米；院内空间东西宽残存20米、南北深26.3

① 田立坤：《三燕文化马具装饰纹样研究》，《辽宁省博物馆馆刊》（2012），辽海出版社，2013年。

② 金岭寺建筑址的前（南）面应该有通过外围环壕的门，发掘报告没有谈及，记此存疑。

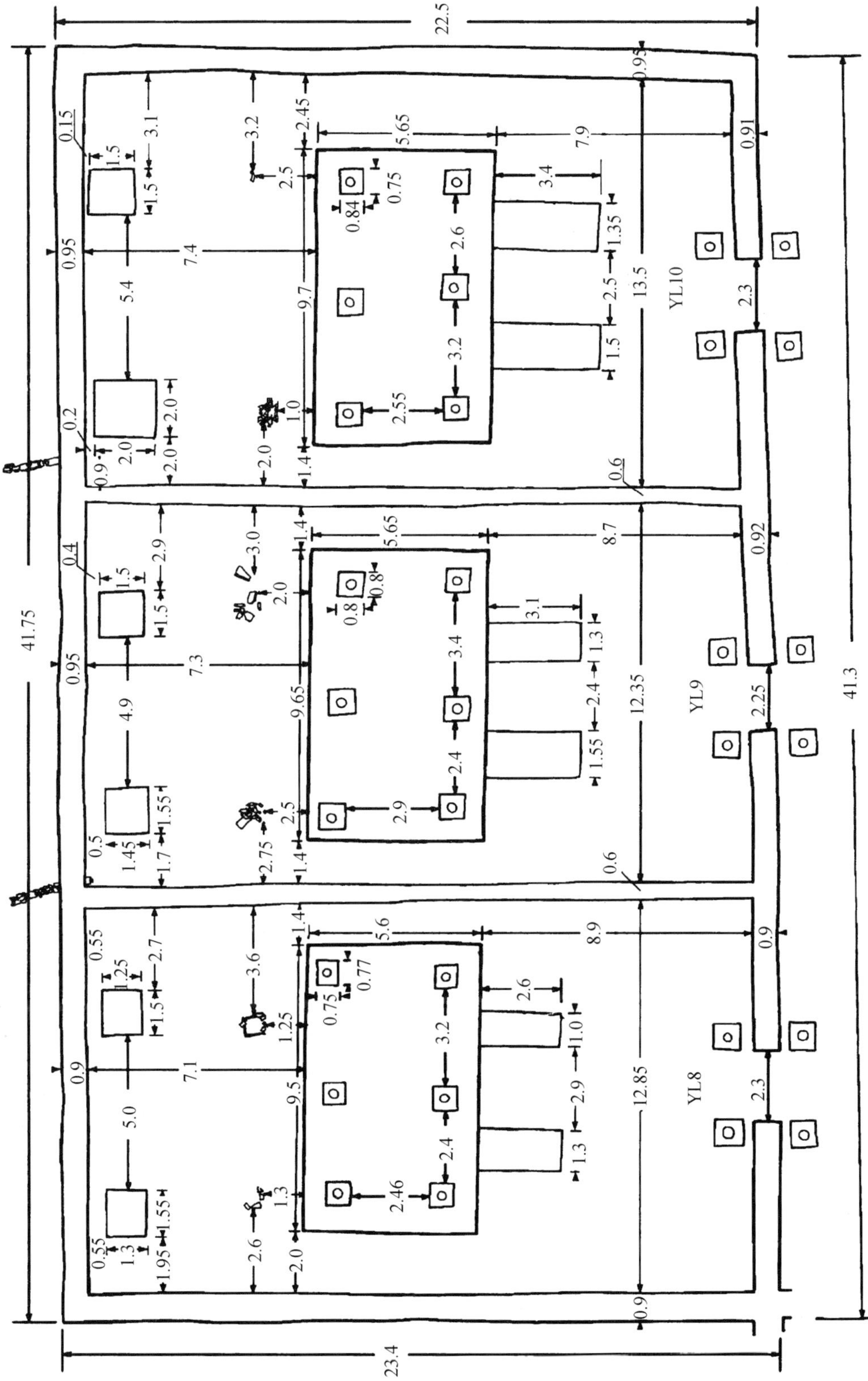

图七　第三组建筑YL8～YL10平面图

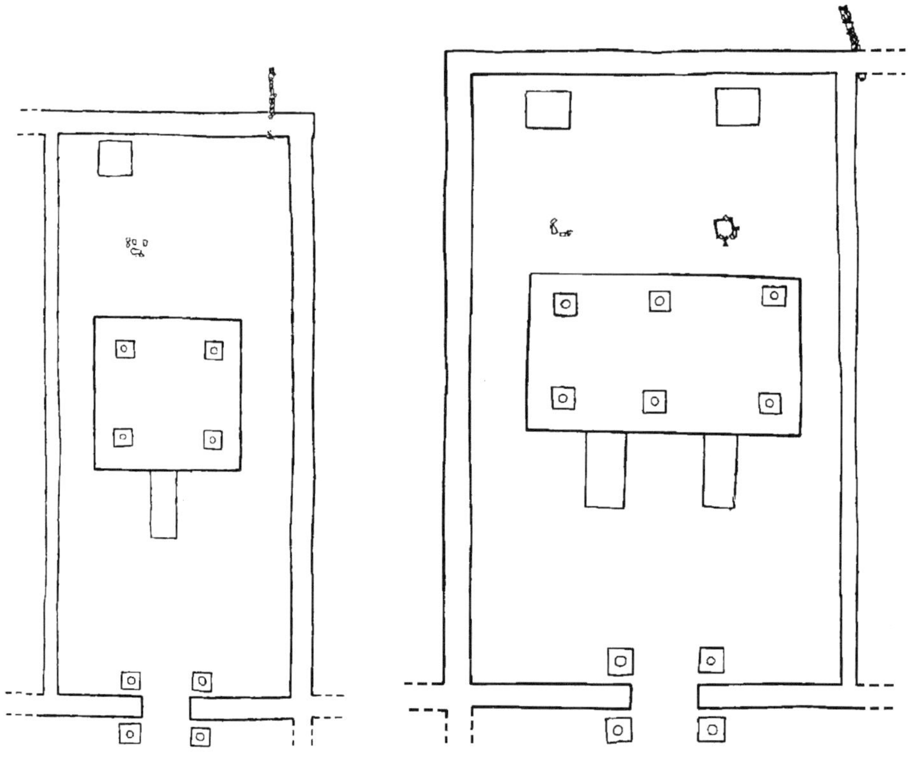

图八　YL1和YL8平面图

1. YL1　2. YL8

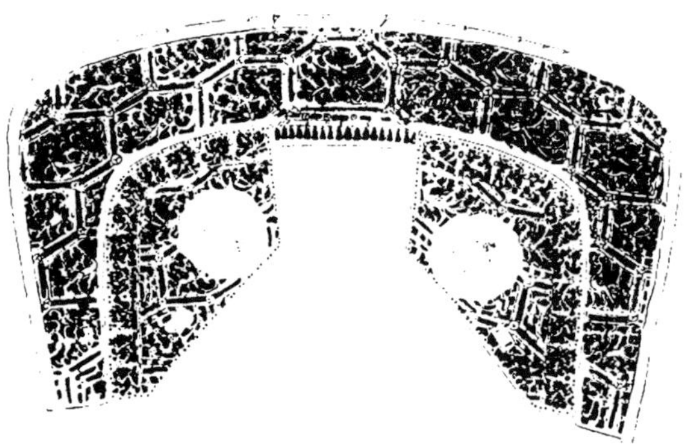

图九　铜鎏金鞍桥包片的对称纹样

米，发掘者推测面积可达690平方米。东侧YL6夯土台基残高0.4～0.5、边长6.5米，面积约42平方米；院内空间东西宽12.1、南北深22.4米，面积约271平方米。“第一组建筑”YL1～YL5五个院落的夯土台基残高0.3～0.4米，边长6.5米左右，院内空间平均约240平方米。“第三组建筑”东厢YL8～YL10夯土台基残高0.4～0.55米，南北长9.5～9.7米，东西宽5.6～5.65米，面积54平方米左右，院内空间平均面积270平方米左右，与YL6相当。

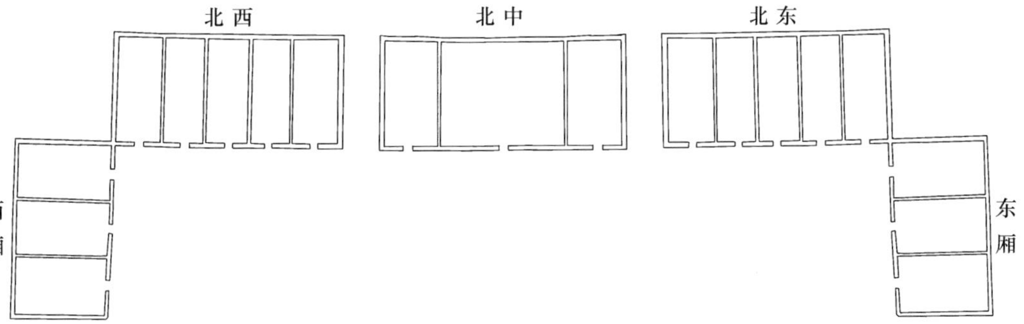

图一〇　金岭寺建筑址平面布局复原示意图

上面的数据表明，无论是夯土台基还是院内空间面积，都是YL7最大。YL6夯土台基面积42平方米，与YL1～YL5相当，小于YL8～YL10；院内空间面积271平方米，与YL8～YL10相当，大于YL1～YL5。但是，正如前面分析的那样，东厢YL8～YL10的夯土台基前后各有三个柱坑，两两对应，为两间格局，每间都是前有踏道，后有石槽、小夯土台基，构成一个基本单位，与YL1～YL6的结构相同，即金岭寺建筑址的最小单位应该是由单间、踏道、石槽、小夯土台基构成，东厢YL8～YL10每个院落都有两个基本单位，因此不能以院落空间和夯土台基的大小与YL1～YL6做简单的比较。

各夯土台基的高度因均遭到破坏，都已不详，但是，通过对发表资料的分析比较，还是可以做一大体的推测。

根据发表的资料判断，金岭寺建筑址不论是夯土台基还是院门，都是采用挖坑栽柱作法，不用磉础，如果我们能够确定柱子的埋深，就可以根据夯土台基上残存柱洞深度推测出原夯土台基的高度。金岭寺建筑址虽然每组建筑的夯土台基都遭到破坏，但是各院门四角的柱坑都是直接在院内垫土上下挖，没有夯土台基，所以未被破坏，保存完整。院门四角的柱坑边长均为0.9米，柱洞深1米，柱子埋深超过柱坑边长（图一一，1）。院门的体量都小于夯土台基上的建筑体量，因此夯土台基上的柱子埋深不会小于院门柱子埋深1米。验诸体量最大的YL7，夯土台基残高0.2～0.25米，仅保留了东南角一个柱坑，边长0.7米×0.8米，其他都已不存，如按照夯土台基上柱子埋深1米推算，YL7夯土台基原高当为1.2米以上。YL4，大夯土台基残高约0.5米、柱坑深约0.4米、边长约0.75米（图一一，2）。按柱子埋深1米推算，YL4夯土台基已有0.6米被破坏掉了，原高当不低于1.1米，属于同一排的“第一组建筑”其他院落和“第二组建筑”YL6夯土台基高度可以此作为参照。

YL9夯土台基残存0.5米，柱洞残存深度0.9米（图一一，3），依照上面柱子埋深1米的模式推算，夯土台基高仅为0.6米，与上述YL7、YL4的高度差距较大。YL9夯土台基残存0.5米，如果比照YL4的高度1.1米，则柱洞深度要增加0.6米，达到1.5米，超过上述所有柱洞的深度，这种可能性极小。因此，根据东厢“第三组建筑”个体体量小于“第一组建筑”“第二组建筑”来看，夯土台基也较矮是完全有可能的。YL9有一

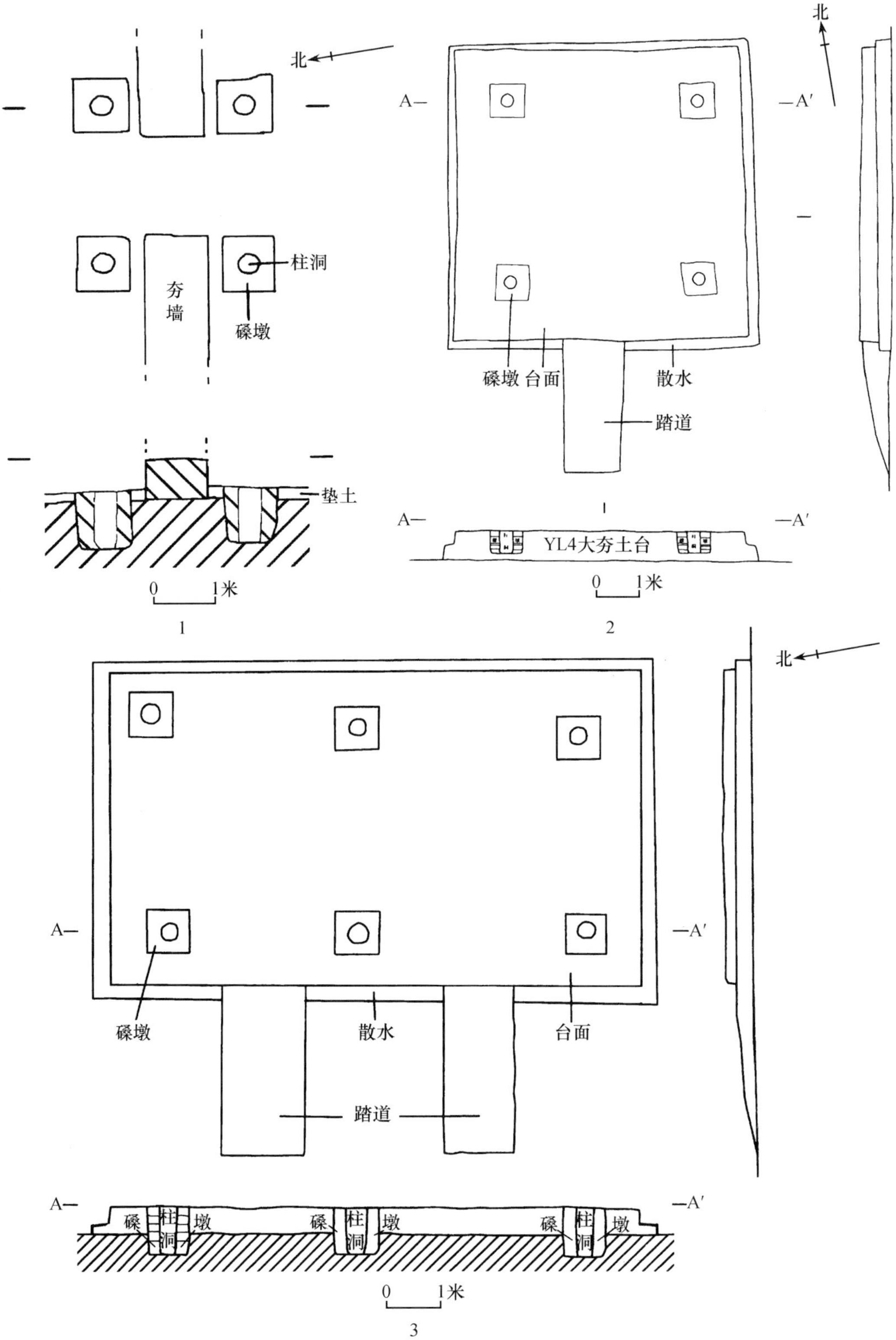

图一一　YL4和YL9

1. YL4院门平、剖面图　2. YL4大夯土台平、剖面图　3. YL9大夯土台平、剖面图

个迹像值得注意，即柱洞深度已超过夯土台基约0.4米，说明其夯土台基厚度确实达不到柱子埋深1米的高度，所以才被柱坑挖透，可以作为上述推测的佐证。

通过上面的分析比较，我们认为院门柱洞深度1米、大于柱坑边长的模式，也基本适用夯土台基上柱洞、柱坑的尺度，以此推测的夯土台基的高度应该是可信的，即坐北朝南的“第一组建筑”“第二组建筑”夯土台基高度不低于1.1～1.2米，“第三组建筑”夯土台基高度不低于0.6米。这样，大夯土台基前面夯筑的“斜坡式踏道”就应是有阶的，而不应该是“斜坡式”。

综上可知，大夯土台基的体量与由“间、踏道、石槽、小夯土台基”构成的基本单位所占空间面积的大小成正比。如综合基本单位所占空间与大夯土台基的体量排序，可分为四个档次，即第二排的YL7规模最大，其次是YL6，再次是第一排的YL1～YL5，最小是第三排的YL8-1、YL8-2、YL9-1、YL9-2、YL10-1、YL10-2。

YL7夯土台基东西宽6.8米、南北长8.7米，如进深一间，跨度接近6米，显然过大，结构或许与其他有别。

通过上述分析，可见金岭寺建筑址整体结构层次复杂、空间布局主次分明、个体体量差别显著，秩序井然，整齐划一。表明金岭寺建筑址的个体空间位置、朝向、体量和占据空间的大小，都遵循着一定的规制，是个体之间主次亲疏关系的反映，绝非随意所为。

从出土遗物看，金岭寺建筑址除出土大量的板瓦、筒瓦、瓦当建筑构件外，1994年试掘时发现两件础石[①]，2000发掘时出土一件小盘口陶量和一件完整的小础石，别无其他生产、生活类遗迹、遗物，这是一个特别值得重视的现象，对确定其性质功能具有十分重要的参考价值。由此我们认为，金岭寺建筑址的性质可以排除以下几种可能：

（1）衙署宫殿类政务建筑；

（2）寺院宫观类宗教建筑；

（3）戍守攻战类军事建筑；

（4）起居作坊类生活建筑。

结合有关文献，我们初步认为金岭寺建筑址原是一处特殊的礼制性建筑——“廆庙”，前燕慕容儁于357年始建，后燕初可能曾予修缮，沿用至后燕末年，废于北燕。

三、“廆庙”假说

“廆庙”，即慕容廆庙。据《晋书·慕容儁载记》，慕容儁曾“使昌黎、辽东

---

① 王成生：《北票市金岭寺魏晋时期建筑址》，《中国考古学年鉴》（1995），文物出版社，1996年。

二郡营起廆庙，范阳、燕郡构皝庙，以其护军平熙领将作大匠，监造二庙焉”。汤球《十六国春秋辑补》记此事于慕容儁光寿元年[①]，即东晋升平元年，公元357年。慕容廆庙有准确的营造时间：公元357年，所在地点也有大致范围：昌黎、辽东两郡内，如果金岭寺建筑址确为慕容廆庙，则必须首先满足上述两个前提条件。前面已经依据出土的建筑构件和遗物推断金岭寺建筑址的年代上限不早于公元341年，下限可到后燕时期，慕容廆庙营造时间在此年代范围之内，并不矛盾。再一是遗址所在地是否在前燕昌黎、辽东二郡范围内。昌黎为汉代旧县，曹魏时置郡[②]，最初可能在今大凌河下游的义县，前燕时迁至今朝阳木头城子；前秦灭前燕后，在龙城置昌黎郡，淝水之战后前秦势力撤出龙城，后燕、北燕亦都以龙城为昌黎郡治[③]。三燕时期，龙城、棘城都属于昌黎郡属县，《晋书·慕容廆载记》即称慕容廆为“昌黎棘城鲜卑人”，金岭寺建筑址所在地距棘城仅数十里[④]，在昌黎郡范围之内当无疑问。

既不是政务类建筑，也不是宗教类建筑，更不是军事堡垒、生活起居类建筑，而是礼制性建筑的金岭寺建筑址，其年代、所在地域范围与慕容廆庙相吻合，因此我们提出金岭寺建筑址为“慕容廆庙”的假说，供讨论研究，以引起对该遗址的重视。

慕容鲜卑曹魏初年入居辽西，东晋咸康三年（337年）慕容皝在棘城称燕王，建立政权，咸康七年（341年）开始“筑龙城，构宫庙”[⑤]，这是关于慕容鲜卑建宗庙的最早记录。东晋兴宁二年，即慕容暐建熙五年（364年），“燕侍中慕舆龙诣龙城，徙宗庙及所留百官皆诣邺”[⑥]，因为此时龙城已不是前燕的都城，所以宗庙也要随之迁到新都邺城。可见慕容鲜卑不仅在昌黎、辽东两郡建有慕容廆庙，在蓟城、燕郡建有慕容皝庙，在始建龙城时，即遵循“君子将营宫室，宗庙为先”的礼制原则[⑦]，建有龙城宗庙。慕容鲜卑是魏晋十六国时期较早主动接受汉文化的北方游牧民族，其宗庙制度受到汉文化的深刻影响当毋庸置疑。上述东晋兴宁二年燕徙龙城宗庙于邺城一事，汤球《十六国春秋辑补》记在慕容暐建熙四年，“十月，太尉弈迎神主于和龙”[⑧]，较《资治通鉴》所记提前一年，而且“太尉弈”与“侍中慕舆龙”也非一人。“太尉弈”应即封弈[⑨]。尽管不知二者孰是，但是该事件的起点和终点都是邺城，“神主”“宗庙”

---

① 汤球：《十六国春秋辑补》，王鲁一、王立华点校本，齐鲁书社，第208页。

② 《晋书》卷一四《地理志》平州昌黎郡：“汉属辽东属国都尉，魏置郡。”

③ 田立坤：《三燕与唐昌黎考》，《辽海文物学刊》1993年第1期。

④ 田立坤：《棘城新考》，《辽海文物学刊》1996年第2期。

⑤ 《晋书》卷一百九《慕容皝载记》：“使阳裕、唐柱等筑龙城，构宫庙，改柳城为龙城县。”中华书局标点本，第2821页。

⑥ 《资治通鉴》卷一百一，晋纪二十三，兴宁二年。中华书局，第3196页。

⑦ 《十三经注疏·礼记正义》卷四，中华书局，第1258页。

⑧ 汤球：《十六国春秋辑补》，王鲁一、王立华点校本，齐鲁书社，第217页。

⑨ 《晋书》卷一百九《慕容儁载记》：“慕容儁以永和八年（352）僭即皇帝位，属置百官，以封奕为太尉。”中华书局标点本，第2834页。

所在的目的地“龙城”“和龙”为一地，即前燕迁都邺城前的都城，所以“迎神主于和龙”与“诣龙城，徙宗庙诣邺”说的无疑是同一事件。宗庙即祖宗之庙，是供奉祭奠祖先的地方；神主，即供奉在宗庙里写有祖先名字的牌位①。所以“徙宗庙”就要“迎神主”。可见龙城宗庙与汉宗庙一样，也是供奉祖先牌位——神主。又东晋隆安二年（398年）四月，后燕慕容宝因兰汗据龙城叛乱被杀，“于是龙城自夏不雨至于秋七月，汗日诣燕诸庙及宝神座顿首祷请，委罪于兰加难”。这里“燕诸庙”与“宝神座”并列，应有区别，究其原因可能是慕容宝刚刚为部下兰汗所弑，兰汗不会为其立庙，所以“燕诸庙”中自然不会有慕容宝庙，“宝神座”当是兰汗为临时应急所置，故有别于“燕诸庙”，这也可以说明龙城确有“燕诸庙”的存在。

四、结　　语

目前考古发现中还没有关于慕容鲜卑宗庙的明确线索，因此，金岭寺建筑址的发现就显得尤其重要。下面结合金岭寺建筑址发现的遗迹、遗物，再谈几点认识。

金岭寺建筑址的“第一组建筑”出土两件础石，其中一件“表面线刻莲瓣纹，方座边长24、高9厘米”；“第三组建筑”YL9中的F9②出土一件础石，方座边长26.3厘米，通高12.4厘米。1994年试掘者即认为“第一组建筑”出土的两件“形制较小，可能是室内帷帐用的础石”。这三件础石体量都很小，且大夯土台基四角上填充夯土的柱坑均有柱洞，显然小础石不是用于所出建筑上的，所以我们基本赞同试掘者用于“室内帷帐”的推测。因为前面已经排除金岭寺建筑址为政务、宗教、军事、生活起居类遗址，而为“庬庙”，“室内帷帐”似乎没有着落。其实不然，古代“帐”的用途很广泛，既用于殿堂、家居，也用于军旅，还用于飨神和丧葬③。如前面提到同时代的袁台子壁画墓发现的四件小础石，“分别出自漆案的四角下”，共出的还有四件“作直角三角状的鎏金铜帐角”，三件出自漆案上面，一件出在“案下一侧”。发掘者据此复原为一具覆有帷幕的小帐，

图一二　袁台子小帐

① 《后汉书》卷一上《光武帝纪第一上》：建武二年，“大司徒邓禹入长安，遣府掾奉十一帝神主，纳於高庙。”李贤注：“十一帝谓高祖至平帝。神主，以木为之，方尺二寸，穿中央，达四方。天子主长尺二寸，诸侯主长一尺。”第28页。

② 经与发掘者辛岩先生核对，F9即YL9内的大夯土台基。

③ 关于古代帐的用途，参见卢兆荫：《略论两汉魏晋的帷帐》，《考古》1984年第5期，第454页。

盛满食具的漆案置于小帐内（图一二）[①]。徐秉琨先生认为，袁台子壁画墓发现的"帐内置长方形漆案，案上置漆器皿若干，……这是一种'祖奠'仪式的实证，祭品置案上，又覆之以帐，应当就是其本来意义的'祖帐'"[②]。"祖奠"是指出殡前的最后祭奠，是否在墓内举行，还需证明，但是，袁台子壁画墓内的小帐明确为墓内祭祀所用当无疑问。我们推测金岭寺建筑址出土的小础石是用于宗庙飨神的"室内帷帐"的础石。

金岭寺建筑址的大夯土台基四周散布有大量的板瓦、筒瓦和瓦当，四角有柱洞，说明上面有顶上覆瓦的木构建筑，试掘者认为是"亭式"建筑；发掘者认为，"从主体夯台仅发现磉墩遗迹，未见有墙体以及台子四周塌落的瓦砾等现象分析，台上建筑有可能采用木框架结构，并于柱网外围版筑墙体"，二者都认为没有土筑墙体。因为金岭寺建筑址的夯土台基上部都已遭到很大的破坏，并非原貌，所以据此推测夯土台基上没有墙体缺乏依据，不足为凭。

按照我们上面的分析比较，"第一组建筑""第二组建筑"夯土台基的原高度不低于1.1米，"第三组建筑"夯土台基的原高度不低于0.6米。根据"在大夯土台周围堆积的土层中还发现涂有红彩的白灰碎块"推测，大夯土台基上的每间木构建筑都应该有围合的墙体，而且墙体上还有彩绘。

归纳上面的认识，金岭寺建筑址——慕容廆庙，基本单位由间、踏道、石槽、小夯土台基四个元素组成。每间建筑内墙上绘有彩画，室内设帐；石槽中有炭灰、红烧土、动物烧骨，"可能与祭祀活动有关"[③]；小夯土台基上也有顶上覆瓦的建筑，形制结构应该与大夯土台基上建筑相同。

东汉蔡邕《独断》："宗庙之制，古者以为人君之居，前有朝，后有寝，终则前制庙以象朝，后制寝以象寝。庙以藏主，列昭穆；寝有衣冠、几杖、象生之具，总谓之宫。"说的是宗庙亦循前朝后寝之制，前燕慕容廆庙去汉不远，或可作为参考，前面大夯土台基建筑即为庙，设帐，帐内"藏主"，墙壁上可能还绘有"先祖形貌"[④]；后面小夯土台基建筑为寝，陈衣冠、几杖、象生之具。

关于金岭寺建筑址，发现之初我在《棘城新考》一文中曾认为与莫护跋"始建国于棘城之北"有关[⑤]。莫护跋"始建国于棘城之北"发生在司马懿伐辽东公孙氏之

---

① 辽宁省博物馆文物工作队、朝阳市博物馆等：《朝阳袁台子东晋壁画墓》，《文物》1984年第6期。

② 徐秉琨：《鲜卑·三国·古坟——中国朝鲜日本古代的文化交流》，辽宁古籍出版社，1996年，第50页。

③ 此为发掘者的推测。

④ 任继昉纂《释名汇校》："庙，貌也，先祖形貌所在也。"齐鲁书社，第285页。《诗·周颂·清庙序》郑玄笺："庙之言貌也，死者精神不可得而见，但以生时之居，立宫室像貌为之而。因称庙宇及神像为庙貌。"

⑤ 《棘城新考》，《辽海文物学刊》1996年第2期。

后[①]，司马懿伐公孙氏在魏明帝景初二年（238年）[②]，从后来发掘出土的各类遗物看，遗址的年代绝早不到莫护跋“始建国”时的曹魏时期，理由已如前述。但是，我们还是认为金岭寺建筑址所在地即为莫护跋始建国的“棘城之北”，今辽宁北票市章吉营子乡三官营子村战国至汉遗址即棘城所在，与金岭寺建筑址南北相距仅20千米，方位相符。“棘城之北”是慕容鲜卑入居辽西后第一个定居聚落，慕容廆是前燕的奠基者，对慕容鲜卑发展所起的作用是其他人无法比拟的，在慕容鲜卑历史上占有重要地位，选始建国的“棘城之北”营建慕容廆庙，具有纪念、象征意义。由此我们认为，金岭寺建筑址不会是孤立的，附近还应有其他相关的遗址，同时也为我们寻找慕容廆墓提供了重要线索。

① 《晋书》卷一百八《慕容廆载记》，中华书局标点本，第2803页。

② 《资治通鉴》卷七十四，魏纪六，景初二年。中华书局，第2335页。

北魏墓葬绘画与佛教信仰——以此岸彼岸观为中心*

徐光辉

佛教自东汉以来传入中土，经过数百年的传播和积淀，到了北魏时期已经呈现出空前繁荣的局面。弥陀、弥勒等多种净土信仰的流行，虽然因时因地而存在先后或共存关系，并存在与道教的并行现象，但足可了解时人对佛教的笃信和对净土的憧憬。由于释道的长期教化，人们相信善恶有报，善业者死后度达彼岸、往生净土、或升仙昆仑、进入天堂，恶业者必须危度三途，甚至坠入地狱。这类观念在当时的佛道经典和造像碑题记中多有记载，研究成果也相当受到瞩目，不难想象当时社会总体上人心向善、和睦共生的事实。然而，如何从墓葬的绘画资料①，即壁画、棺板画等考古、美术史资料去分辨古人的此岸、彼岸观念与净土信仰，以及和道教、神仙思想的关系等问题，迄今为止还很少有人谈及。适逢恩师八十寿辰，借此机会就这一问题简述个人的看法，希望得到方家指正。

下面以山西大同智家堡、云波里，内蒙古和林格尔、四子王旗、锡林郭勒、宁夏固原等地北魏迁洛前的墓葬壁画及棺板画做一阐述。

一、大同智家堡棺板画

1. 墓葬形制结构

墓葬位于智家堡沙场的高坡地带，东临御河，北距北魏明堂辟雍遗址 1840米②。墓葬遭机械破坏和人为盗扰，棺板散置于洞室外，人骨架、铁棺环、陶器残片随处可见。经清理分析得知，墓葬形制为斜坡墓道土洞墓，东西向，方向287°，由墓道、封门和墓室三部分组成。墓道位于洞室西面，长方形斜坡状，坡度21°，开口于0.3米下的耕土层，上口略小于墓道下端，呈上小下大的梯形，宽0.9～1.2米，只残存3.4米。洞

---

* 本文是笔者短期研究项目“东亚古代文化交流研究——以5至8世纪古坟壁画为中心”（龙谷大学2013年度海外短期研究）的一部分。

① 在此使用“墓葬绘画”一词，是因为平城期不仅有壁画墓、内藏彩绘木棺或漆绘屏风的墓葬，还有使用线雕石棺椁、柱础雕刻等随葬品的墓葬。

② 刘俊喜、高峰：《大同智家堡北魏棺板画》，《文物》2004年第12期。

口封门使用了未经烧制的土坯平铺砌筑，残高0.24米。墓室位于墓道的东端，平面呈梯形，洞顶自前向后倾斜，平顶，长2.45、宽0.82~1.55、洞高0.84~1.4米。墓底较平，距现地表4.1~4.2 米。据残存棺板推定，棺木的形状呈前高宽、后低窄，木板之间以银锭束腰榫卯。

2. 棺板画的内容

在现场清理并收集了三块彩色绘画棺板，均为松木质，板厚0.12米，上下板之间做子母卯咬合，后以高0.08、宽0.02~0.03米的银锭束腰榫卯衔接。绘画之前，先行抛光打磨和裱糊补缺，对板面有树结的地方进行局部的修饰处理。从脱落痕迹分析，裱糊材料应是薄纸，其长方形痕迹仍清晰可辨。棺内髹黑漆，棺外绘有彩画。先以黄色涂地，再以细朱线起稿，然后墨线勾边定形。所画人物、动物、山水、树木、花卉等内容均以墨线勾勒轮廓，采用了色彩渲染和平涂的手法填绘，着红、白、黑、青、绿、灰等色。棺板边框用红色勾画宽0.1米的带状双线，以墨线绘画复合缠枝忍冬纹，并以白、红、绿三色填涂。现将三块棺板编号为A、B、C，分别叙述（图一 ~ 图五）。

图一　棺板画A板（上）和B板（下）

绘画内容包括两大部分，以山水为界，左边为盛大的车马出行队列，右边为激烈的狩猎场面。画面上用墨线绘水波纹，其间涂绿色表示河流，呈 “S”形流淌环绕于山林之间。在仅存的画面中至少有人物35个、通幰牛车3辆、马9匹、动物（猪、兔、鸟、雁等）以及山水、树木等。

出行图绘于 A 板左侧，占整个画面的2/3，以华美的主牛车为中心，展示了盛大的出行场面。前有导从仪仗、舞乐杂技，后有随从侍者和车辆。出行队列的主车比例高大、装饰华丽。黑牛驾辕，牛体浑圆壮实、雄健有力。两犄角弯曲向上，肩峰高耸，长尾下垂，牛背饰红色革带如网状，革带横竖交接处涂有圆形白彩。黑牛右侧有两驭

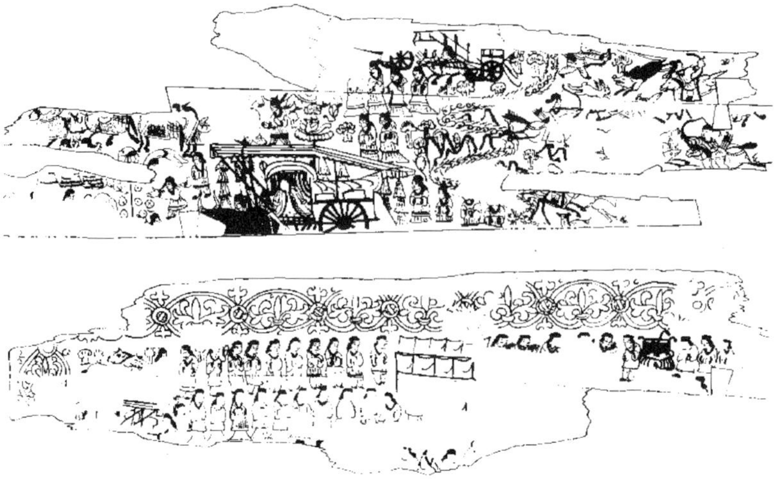

图二　棺板画A、B板临摹图

图三　A板左侧出行车辆、人物、山水图

图四　A板左侧出行车辆、人物、山水临摹图

图五 A板右侧出行车辆、人物、山水、狩猎场面临摹图

手与车同行，头戴垂裙皂帽，着交领衣，额头、脸颊及唇部涂红色。舆呈长方体，前方两侧挽绿色帷幔。车前端坐一人，头戴垂裙皂帽，身着鲜艳漂亮有图案的对领披风，应为墓主人。车厢侧各开两长方形窗，窗下施耳，车轮十六辐，车后挂及地红色垂帘。车顶呈前高后低中间凹的卷棚式，并以墨线勾绘顶部。卷棚顶上另置红、绿两色的前平后坡状帷帐，支撑帷帐的六根竖竿上都垂挂着红、黄、蓝彩色布吊流苏，飘然若动。帐顶绘弧形莲座，座上伫立一尖嘴、圆眼、长颈的金翅鸟，做展翼欲飞状。牛侧用墨线绘有高过帷帐的羽状杆，杆顶作龙首形，应为装饰之用。

棺板上排所绘前车残缺不整，尚存部分也仅见其轮廓。后车牛的形象逼真，四蹄用力撑地，延颈伸首做驾车前行状，络头、辕衡、网状瞄带均描绘清晰。车盖呈椭圆形，顶部隆起似鳖甲，与大同雁北师院出土的北魏太和元年（公元477年）宋绍祖墓中E式陶车相一致。两车描绘较主车简练，装饰也没有主车奢华，可见画工是为了表示主从关系而有意处理的。

在主牛车的左上方“一”字形排列绘有四匹马。自左向右第一匹白色战马具装，全身披挂着厚厚的铠甲，铠甲下缘均用红彩涂出宽缘，表明装有较宽的丝毛织物包边，以免坚硬的甲片磨损马的肌肤。红色马鞍上端坐一武士。第二匹和第三匹分别为灰色和红色马，箕形菱格障泥前端都有一椭圆形的马镫和一条较短的黑色镫革线。马尻部后鞧带纵横相交处均有二白色圆圈装饰，应为轻骑兵的坐骑。第四匹马为一黑色驮物马，箕形菱格障泥用红色绘边，鞍上驮一装物红色布袋。第二匹马和第四匹马前均有一身着鲜卑装的男性人物，作牵马状。

在主牛车的正前方，展现了一幅紧张热烈的乐舞杂技场面。前列三位女乐伎头戴垂裙皂帽，下着黑白相间水波纹图案的曳地长裙，怀抱琵琶状的弹拨乐器，正演奏前进。其后立有一高竿（竿底人为手擎、肩扛还是额顶，因棺板损坏，无法知晓），在高竿顶部有一艺伎做弯腰卧姿，旁边另有三人正在作倒立、腾空等动作，每位艺伎只着一短裤。在高竿的右侧，有两位身着鲜卑服的艺伎正在表演"跳丸掷剑"。跳丸在先秦时称为弄丸，汉代则称之为跳丸。这一内容在北魏平城时期的美术考古资料中是第一次发现。

狩猎图绘于A板右侧，占整幅画面的2/3。画面上排左侧绘一脸上蓄络腮胡的徒步猎者，他身着圆领红色褶服，腰系革带，穿黑鞋，右侧挎黑色箭箙弯弓欲射迎面而来的一头野猪。野猪刻画得细腻逼真，长嘴巴，小眼睛，兽性大发，作飞奔状。人物下方绘一白色野兔。棺板右侧绘一头戴垂裙皂帽、身穿交领窄袖黑边蓝色上衣，下身穿红色裤，着黑鞋，腰系革带的骑士，正策马向左疾驰，回首弯弓仰射天上的飞雁。红色骏马的箕形障泥及辔头、鞧带绘画清晰。右下方画面内容不清，只可窥其大概面貌，中排有一身着红色衣服的骑马武士向前疾驰，左手执弓，右手拉弦，剑头绘成倒三角形。另一骑马武士与着红服者相向而行，夹击野兽。其间野兽飞鸟惊惶穿梭于山林中，画面气氛紧张活跃，表现了北方鲜卑民族崇武优狩的习俗。

3. 笔者对棺板画A的基点意见

从原报告的内容可推知以下几点情况：

一是墓室平面上宽下窄，说明木棺亦大头小尾，墓主属于鲜卑人，而且大抵头向西方；

二是墓室内不见壁画，绘画见于棺板外侧，而且具有比较浓厚的鲜卑民族文化特征；

三是棺板画在形式上主要表现了墓主生前的豪华生活场景，但意念中未必都是为了俗世生活的再现与夸饰，还兼有渡河到达彼岸、往生西方净土的因素。

值得注意的是，A板左高右低，应是木棺的右侧板，而不是左侧板，因墓主大抵头向西方，所以该板画人物车辆的出行方向也是朝西的。整个画面以中心部的"S"形河流和群山为界，河东几乎都是狩猎场面，而河西则围绕着一豪华车辆及乘坐人物（墓主）展开西行阵容。立于车棚顶端的金翅鸟亦与佛教密切有关。这条"S"形河流或许表明了时人死后往生彼岸的净土信仰。

二、大同云波里壁画墓

该墓为带有长斜坡墓道的单室砖砌墓，大体呈东西向，东西全长21.6米①。墓室平面呈弧边长方形，东西长4米，南北宽3.52米，可知墓主人等级较高。木棺为松木质，呈大头小尾状，大头朝西，棺底长1.88米，前挡宽0.77米，木棺外表髹黑褐色

---

① 大同市考古研究所：《山西大同云波里路北魏壁画墓发掘简报》，《文物》2011年第11期。

漆。该墓已经被盗，随葬品有银器、铜器、铁器、骨器、釉陶器、石器等。墓室四壁还残存有近10平方米的壁画，所用颜料为红、黑、蓝三色，因多用前者故显得以红为主（图六）。

图六 墓室南壁壁画

值得关注的是满绘于墓室南壁的壁画。围绕着画面中部一棵高大的树木向左、右、上三个方向展开山水、动物、人物等内容（图七）。有一条呈“V”字形的河流，其转弯处绘于树干下方，并向两侧的山边蜿蜒向上，因过于简笔而看不出河里有鱼、鸟等动物，也难以确认水流方向，而在内蒙古和林格尔和宁夏固原北魏壁画和棺板画中可清楚地看到河里有鱼鸟（鹤）游动。

据发掘清理简报介绍，树下右侧有一人物坐在高足坐具上，形体高大，其前站立着一形体矮小的人物，其右前方绘有三只小鹿。大树左侧有一人半卧在长条形毯上，其前方地面绘有四个卸下的马鞍和三匹光背马，两匹在吃草，一匹横卧回首。上述内容均绘在河流上方的对岸，而河流下方的此岸绘有山林围猎场面。

墓室东壁绘有墓主人夫妇并坐图（图八），形象高大，和周围的宾客、鼓吹及服侍、庖厨形成鲜明的对照。有趣的是，这些众多人物的头部之间均绘有圆形莲蕾，另有忍冬纹等题材，具有比较浓厚的佛教文化氛围。

笔者认为，云波里北魏墓葬的壁画总体上表现了墓主人夫妇憧憬彼岸的净土信仰。画面以“V”字形河流为界，此岸表示现世生活，少不得表现拓跋鲜卑人的尚武精神的题材，这以狩猎图最为典型，并和东壁墓主宴饮宾客图等合为一体，其内容不乏对自己生前荣华富贵、杀生饮酒作乐的夸饰，而这些内容原本与佛教精神是相悖的。至于彼岸世界，“马放南山”，已无战争、竞逐的危险和诸多烦恼，憧憬往生净土的心愿由此可见一斑。

图七 画面中部的大树、人物、马匹

图八 东壁墓主人夫妇并坐图

三、内蒙古各地所出墓葬绘画

和林格尔壁画墓已被盗掘，清理工作虽然进行得较早，惜详细报告尚未发表[①]。

① 赵芳志：《草原文化——游牧民族的广阔舞台》，商务印书馆，1996年。

根据相关简介，推测该墓也是一座北魏平成期壁画墓。最重要的收获是，绘在墓室内的一幅山水狩猎残图。

从画面上可以看到，在河流的右岸有数名男子在策马射猎，有猎狗相随，后面还跟着飞奔的马车，估计和墓主人出猎有关。河流的左岸，因壁面脱落而失去人物等画面，但可以清楚地看到正在河里游动的鱼鸟和岸边的野兽，还有类似围帐的临时建筑（图九、图一〇），这和大同沙岭北魏早期壁画墓的围帐图相似[①]。

图九　山水狩猎图

根据鱼鸟的动态，可以推测这条河流是向左流动的，而且逐渐向左上方蜿蜒远去，有可能是和云波里壁画相类似的“V”字形河流的左半部分，但此彼两岸位置相反，对此现象或可理解为当时还没有与两岸观念相关的固定成型的绘画格式。

和林格尔北魏墓画风粗犷，墓主应是以盛乐城为根据地而活跃的拓跋鲜卑贵族。汉末拓跋部自大兴安岭逐渐南下，早期以盛乐城为都，因接近汉地和丝绸之路，开始接受佛教文化影响，到了平成期，西域、华北各地高僧、工匠云集此地，从上层开始崇信佛教，虽然其间发生过佛道争宠事件，但基本没有影响大兴土木、营造寺院的进程。云冈、龙门石窟的出现，足以证明平城期和孝文帝迁洛后持续出现的佛教盛况。

近年在四子王旗境内被盗的北魏墓葬中也出有彩绘木棺，经北京大学文保专家修复后一直陈列在内蒙古自治区博物院（图一一），但没有详文介绍[②]。

据笔者观察，陈列中的棺板左高右低，全长近2米，属于木棺的右侧板。

① 大同市考古研究所：《山西大同沙岭北魏壁画墓发掘简报》，《文物》2001年第7期。

② 张恒金、周双林等：《四子王旗出土彩绘木棺的保护》，《中国博物馆》2010年第3期。

图一〇　山水狩猎图局部

图一一　四子王旗出土棺板画局部

整个画面充满了山水、飞鸟、瑞兽、狩猎等内容。值得注意的是，这里也有一条横贯画面的细长弯曲的河流，其在画面中心被绘在最低处，而两侧则逐渐升高蜿蜒，唯右侧河流在升高同时向左弯曲而已。河流上方彼岸绘瑞兽、飞鸟等，且都向左方移动，而河流下方绘有狩猎图等题材，相比之下和大同云波里北魏墓的“V”字形河流的上下两岸布局近似。

据新闻报道，最近在锡林郭勒发现了一具北魏时期的彩棺。根据出土的尸体断定墓主人为一显贵女性，但没有披露棺板画的内容（图一二[①]）。

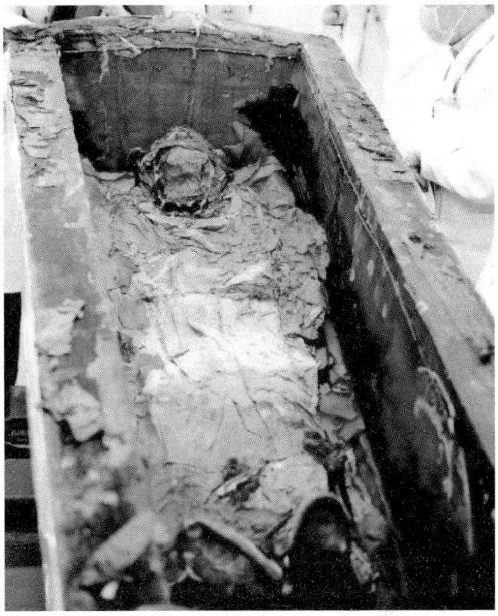

图一二　锡林郭勒出土彩棺

四、宁夏固原北魏棺板画

1973年夏，铁路勘测部门在距离固原城西郊2.5千米的雷祖庙村附近偶然钻探出一座北魏墓葬，并破坏了木棺的后挡部分，但是大部完好。1981年当地计划拓宽位于古墓上方的水渠，因工程危及此墓，遂于是年冬季进行了抢救性发掘清理工作[②]。

该墓为一座带有斜坡墓道的夫妇合葬单室砖墓，未曾被盗。墓葬大致呈东西向，墓道开口向西。墓室平面呈方形，边长3.8、高3.8米，室顶呈叠涩穹窿顶，建筑规整，等级较高。

出土遗物种类较多，有鐎斗、壶、鈁、棺钉、棺钉帽、发钗、灶、带柄铛、透雕饰、环、带饰等铜器和镜、剪刀、马镫、剑、匕首、钉、环等铁器，还有木柄、漆耳杯、金耳环、水晶珠、琥珀饰、波斯银币等随葬品，器形丰富，数量较多。

两具木棺头南足北放置，男左女右。值得一提的是，男性木棺棺盖外表的漆画保存较为完好，是北魏考古、美术史的一次重大发现。女性木棺无髹漆，只散落有鎏金铜环和环座。

棺盖呈圭形，上宽下窄，残长195厘米，最宽105厘米。整个棺盖绘满漆画，其布局如下（图一三、图一四）。

棺盖边缘饰忍冬纹带，其间加饰飞鸟。正中上方左右绘两座悬垂帷幔的单体宫殿建筑。

左边殿内榻上坐一中年男子，盘腿袖手，头戴黑色高冠，角巾披肩，身着红色长袍，左右各站立一侍女。其左侧空白处书有黄底墨字榜题“东王父”三字。

右边殿内端坐一中年女子，面目清秀，但脸庞浑圆，明显大于男性，体格亦稍大于男性，坐姿与男性相同。其左侧也有一个黄底榜题，已经脱落残损，推测当初书有“西王母”三字。

① 勿日汗：《内蒙古草原出土的1500年前北魏贵族漆棺开棺》，中国网，2014年3月10日。

② 宁夏固原博物馆：《固原北魏墓漆棺画》，宁夏人民出版社，1988年。

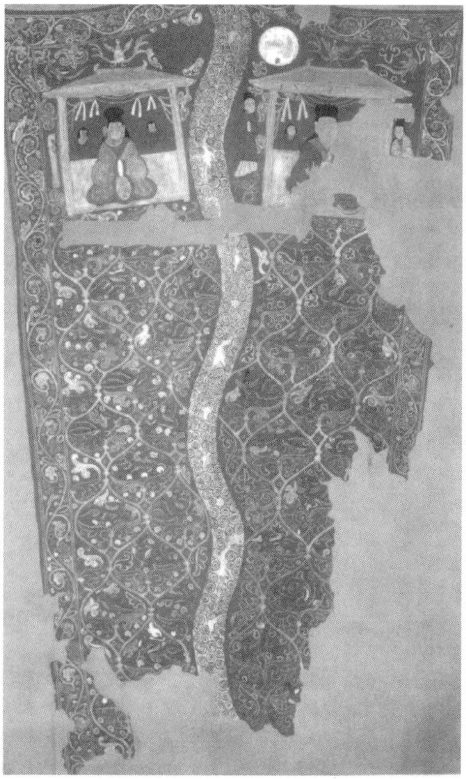
图一三　棺盖上的漆画

两座殿顶屋脊正中各绘一正面金翅鸟，昂首展翅作欲飞状，十分生动。两鸟之间隔河各绘红色太阳和白色月亮，前者内绘三足乌，后者漫漶不清，估计原绘有蟾蜍。

据发掘报告介绍，棺盖正中自顶端而下有一条内绘水涡纹的金色长河，呈波状直通尾部。长河中点缀有翱翔的白鹤、戏游的鱼和鸭，象征着天河。屋宇之下，天河两侧满布缠枝圈草纹图案，在近似菱形的图案中分别画有异鸟、异兽及虎等，在这之间还有三个束发张翼、人面鸟身的仙人。

报告作者之所以将这条河视为天河，是由于画面上方绘有日月像，故认为象征天国。同时，作者还援引《抱朴子》："天河从北极分为两头，经于南极，其一经南井中过，其一经东井中过。河者，天之水也，随天而转入地下过。"由此得出经日月间穿行而直抵棺尾的天河，象征天上与地下的沟通，与墓主人飞升有关。

这一分析不无道理，因为棺盖上半部除了绘有日月像之外，还有依托东王公、西王母来表现的墓主人夫妇坐像，具有较浓的道教神仙思想因素。木棺两侧板的上栏还绘有孝子故事图，同样具有浓厚的中国传统文化因素。

值得关注的是，《抱朴子》所记天河是从北极分为两头南下的，据此应理解为有两条河水南流。但是，棺盖上只绘有一条大河，河里不仅有鱼鸟，还有类似莲花的图案在鹤鱼之间呈均匀分布。此外，在该木棺的前挡绘有端坐在屋宇内矮榻上的墓主人及其两侧的侍从像，在这些人像之间的空白处绘有多个飘落而下的莲蕾，其下方两侧还各绘一尊天王像。木棺左右两侧板的画面分为上、中、下三栏。上栏绘孝子故事和象征佛教文化的三角形火焰纹，中栏绘佛教天人于圆环形连珠纹内。其中，右侧

图一四　棺盖上的漆画局部

板中栏上半部的连珠纹之间还绘有墓主夫妇的上半身像，连珠纹内的天人皆带头光和飞动的披巾，其间又饰有莲蕾，加之前述屋殿顶部正中的金翅鸟（八部众之一）图像等，可以说随处都可看到佛教因素和来自中亚地区的装饰艺术。还有一点，五胡十六国至北朝时期，来自印度、中亚地区的佛教文化在山西、河北等华北地区得到了相当大的发展后有过多次向西回流的现象，其中不乏道教神仙思想文化的因素，这对河西、新疆等地的宗教文化及其艺术产生过较大的影响。

总的来说，该棺板画的金色长河，只绘有一条，故恐非天河，而是上文多次列举的象征佛教此彼两岸界限的河，只是其形态不同于“V”字形而已。可以肯定，墓主人夫妇不仅向往彼岸净土，还憧憬升仙昆仑，使源于本土的传统思想和外来佛教文化在此巧妙地融为一体，真可谓中西思想史和美术史上的合璧之作。

报告作者将该墓的年代定在北魏孝文帝太和十年，即公元486年前后，是有一定道理的。笔者赞同这一见解，认为该墓也是一座北魏平城期的贵族墓葬，至于其族属仍可视为拓跋鲜卑人，因为其棺板画的人物造型大多具有拓跋鲜卑人的特征。或许有人认为可能属于汉人墓，其画面上的传统文化内容虽与大同司马金龙墓的漆绘屏风画有相似之处，但人物服饰迥异，整个墓葬的氛围各有特点，二者不可同日而语。

以上就山西大同，内蒙古和林格尔、四子王旗和宁夏固原等地所见北魏平城期的几座墓葬的壁画和棺板画做了简要的论述，归纳起来，有以下几点。

（1）从形制上看，这几座墓葬都属于带有斜坡墓道、甬道的单室墓，且多为砖筑，一般取东西向。墓主人多为拓跋鲜卑上层贵族。墓室面积多在16平方米左右，因墓室顶部多呈叠涩穹隆顶，高度近4米，所以四壁也相当高，适于绘画。因墓葬多已被盗，发掘清理时未能确认是否都葬有彩绘木棺，考虑到前述固原北魏合葬墓的女性木棺未曾髹漆，或许部分木棺原本就没有彩画。受资料所限，目前还不能确认壁画上绘有河流的墓内是否安放同样绘有河流的漆棺，需要在今后的田野工作中尽量采集相关信息。

（2）对壁画和棺板画上的河流等主要题材，应当理解为佛教生死观的反映。以河为界，来表示生前的此岸现世和死后的彼岸净土，不难看出平城期部分鲜卑贵族对西方净土的向往之心。这些墓葬多取东西向，死者头部也多向西方，是很值得注意的现象。近年，有不少关于佛经和石造像题记方面的研究成果，都证明北魏早期就已经有了相当发达的净土信仰。限于篇幅，恕不详举。至于上述诸画所表现的是弥勒净土，还是弥陀净土，或是其他净土，尚需根据大量的佛经和造像题记等文献资料进行细致的分析对比，就此将另文探讨。

（3）上述诸画中几乎都见有狩猎图。这类狩猎图以往曾见于西亚金银器、犍陀罗等中亚早期佛教石刻，还多见于敦煌等河西石窟壁画中，其源流问题是很值得关注的。吉林集安长川1号墓前室北壁壁画上虽然不见以河流为界，但有浓厚的佛教文化因素，画面的下半部也几乎全都是山林狩猎图，使上下画面的内容具有明显的反差。年代稍早的舞踊墓等壁画墓中也有墓主夫妇端坐图和气氛浓烈的狩猎图。笔者认为，这和时人的净土信仰是分不开的[①]。换言之，狩猎图不仅是为了表现尚武精神和辅助经济，还体现了此彼两岸观的部分空间形态。

① 徐光辉：《论长川1号墓前室壁画的性质问题》，《新果集——庆祝林沄先生七十岁论文集》，科学出版社，2009年。

昙花一现　千古绝唱——透雕白石佛教造像艺术

刘建华

（河北省文物出境鉴定中心）

佛教作为一种外来的宗教，自汉代传入中国，遂有诠释佛教思想内涵的图像艺术——佛教造像艺术应运而生。考古发现的东汉时期佛教造像是以中国道教列神的身份出现在随葬品的神仙、瑞兽之中。两晋、十六国时期佛教造像艺术在与中国传统文化的不断磨合、撞击中逐渐发展成熟，从道教中独立出来，成为佛教信仰者顶礼膜拜的偶像。南北朝时期佛教造像艺术达到了鼎盛时期，唐、宋时期造像艺术完全本土化，成为中华民族优秀传统文化艺术的重要组成部分，并以中国独特的佛教造像艺术风格，影响着周边国家佛教造像艺术的形成与发展。

佛教造像就材质而言，有金、铜、银、铁、石、玉、陶、瓷等，就制作工艺而言，有铸造、雕塑、雕刻、烧造、彩画等。但保留下来的佛教造像中以石雕造像数量最多。

石雕是指用石头作为雕刻材料，制作成的石像、图案等。常用的石材有花岗石、大理石、青石、砂石等。我国石雕制作历史悠久，早在新石器时代就有了石雕人物像①。

石雕佛教造像最早见于东汉晚期至三国时期的摩崖石刻与南方崖墓的石构梁架上，从公元五世纪初至十三世纪的近千年间，全国各地雕刻的单体石雕像和开凿的佛教石窟中雕刻的石雕像不计其数，精美绝伦，在世界艺术史上是绝无仅有的，是中华民族“万世不朽的艺术明珠”，是光辉灿烂的民族文化的写照。

一、石雕佛造像与制作工艺

在石雕佛造像制作工艺中常见的主要有线雕、浮雕、圆雕、透雕等工艺。

线雕　即在石崖或石料的平面上用锐器刻划出较细的条状凹纹（也称阴刻），有的条状凹纹细若蚕丝，流畅如水，线雕常与其他三种石雕工艺同时出现在同一石造像

---

①　河北省滦平县后台子遗址出土过六件新石器时代的圆雕石女神像，完整者通高30多厘米。见承德地区文物保管所、滦平县博物馆：《河北滦平县后台子遗址发掘简报》，《文物》1994年第3期。

上，主要用于表现佛教造像的衣纹和细密的图案纹饰。

浮雕　即在石料的平面上雕出凸起的形象，以雕刻表面凸出的高低程度不同，分为高浮雕和浅浮雕，也有二者相结合的形式，所表现的人物形体轮廓线近似绘画，因此浮雕是介乎圆雕与绘画之间的一种艺术形式。浮雕工艺是最早运用到佛教石雕像上的，浮雕佛造像最早见于东汉晚期的四川乐山柿子湾崖墓前梁中央浮雕的佛坐像、江苏连云港孔望山摩崖雕刻的佛像，这些佛像均与神仙雕造在一起[①]。十六国时期浮雕工艺被广泛运用到佛教石窟雕像之中。南北朝时期背屏式石造像大多都是浮雕雕像。

圆雕　又称立体雕，即从一块石料的前、后、左、右、上、中、下全方位进行雕刻，观赏者可以从不同角度看到雕像的各个侧面，圆雕技法使石雕作品更加生动、逼真、传神，立体感极强。圆雕工艺主要运用在单体石造像上，圆雕佛造像出现在北魏早期，北齐、北周时期成为常见的佛教造像形式，唐、宋时期更加流行。

透雕　又称镂空雕，透雕即在浮雕、圆雕作品中，保留凸出的物像部分，将石材中没有表现物像的部分进行局部或全部掏空（镂空），称为透雕。透空的部位越多，立体感越强。在透雕造像中有的单面浮雕，有的双面浮雕。还有将石料的中部镂空，上部相连，形成前后两个层面，前后两面透雕、浮雕。运用不同的透视角度、层次关系、转折面和不同受光面所造成阴暗对比的幻觉等充分表现出形象的空间感和立体感，增强了作品精巧入微、玲珑剔透的艺术效果，使作品具有了妙不可言的韵律和感染力。

透雕作为一种雕塑形式在各种质地的造像中都可见到，但作为一种工艺技法却是石雕工艺中很重要的一种复杂的雕刻工艺，它要求石材质量好，石质结构致密，颗粒均匀不易脱落，无裂隙，无包裹体，颜色、花纹、块度、形状等符合造型要求，而且雕刻者技术全面，在同一件作品上能够同时使用三、四种雕刻工艺。

在石雕石料中最适合透雕的就是“汉白玉”。“汉白玉”实为大理石，是石灰岩或白云岩受接触或区域变质作用而重结晶的产物，一般是白色，如果含有不同的杂质，就有各种不同的颜色，剖面可以形成天然的水墨山水画。白色大理石（简称白石），一般又称为“汉白玉”，佛教造像发愿文中称“白玉”或“玉石”。

我国白石的产地主要在：北京房山；河北曲阳、涞源；安徽怀宁、贵池；四川宝兴；江苏赣榆；云南大理苍山；山东平度、掖县等地，其中以河北曲阳的白石石质最佳。

曲阳的白石产地距县城约6千米，即今曲阳县城之南的少容山（因传黄石公曾居此

---

① a. 丁义珍：《连云港市孔望山摩崖造像调查报告》，《文物》1981年第7期；b. 俞伟超、信立祥：《孔望山摩崖造像的年代考察》，《文物》1981年第7期；c. 步连生：《孔望山东汉摩崖佛教造像初辨》，《文物》1982年第9期。

山，故亦“黄山”[①]），此山属太行山脉，所产白石质优色白，坚韧细腻，经久耐磨，不易风化[②]。白石储量巨大，取之不竭，用之不尽。自汉代开采用于石雕，至今二千余年仍在开采使用。

二、考古发现的透雕白石造像

自北魏晚期开始至北齐、隋、唐、宋、明时期，河北地区一直流行着一种洁白如玉的白石造像，北齐时期是白石造像的鼎盛时期。在佛教石造像中运用透雕工艺的技法多见于河北地区的白石造像，白石造像是河北地区佛教造像的主体，是河北地区有别于其他地区佛教造像材质与艺术风格的独特造像。透雕白石造像工艺复杂，用材考究，造型优美，是所有石造像中最为精美的石造像。但在已发表的白石造像中可以确定为透雕白石造像的不足百件，它从北魏晚期出现，北齐时步入辉煌，隋代则是尾声，前后不足百年。

河北境内迄今已发现的白石透雕造像主要来自曲阳与邺城两次重大考古发掘及20世纪50年代迄今的零星发现。

1953～1954年，曲阳县修德寺遗址出土了佛教造像2200余件（块）。这批造像除一件为砂石制品外，其余均为白石，内含纪年铭造像247尊。自北魏神龟三年（520年）讫唐天宝九年（750年），其间230年，历经北魏、东魏、北齐、隋、唐五代，而以东魏、北齐和隋代造像居多[③]。修德寺出土的白石造像多为小型单体石雕像，一般残高20～30厘米。还伴出有半成品和少量石料。修德寺石造像的发现和出土，是1949年后佛教考古的第一个重要收获。这批石造像分别收藏于故宫博物院、国家博物馆和河北省文物保护中心。

多年来在邺城遗址周边地区发现了大量的北朝佛造像。1958年在邺南城遗址西郊的上柳村发现了6尊北朝白石造像；20世纪70年代在邺南城遗址西门外、南门外先后出土了10余尊北齐白石造像；1985年在邺南城遗址西郊的上柳村又发现了8尊北魏晚期的鎏金铜造像；1992年在邺城以北的成安县南街村出土了一批北朝至隋唐时期的白石造像，资料未公布，仅发表几尊造像的图片；1997年邺城考古队在邺城板屯发掘了一批北朝白石彩绘造像和彩绘泥塑造像残片，资料未公布。2011～2012年邺城考古队在邺

---

① （清）周斯忆（修）：《重修曲阳县志》，清光绪三十年刻本。

② 万树勋、王丽敏：《曲阳石雕》，科学出版社，2011年。

③ a. 罗福颐：《河北曲阳县出土石像清理工作简报》，《考古通讯》1955年第3期；b. 杨伯达：《曲阳修德寺出土纪年造像的艺术风格与特征》，《故宫博物院院刊》1960年总第2期。

南南郭城区域内的赵彭城发现并发掘了北朝皇家寺院建筑基址和塔基建筑遗址①。

2012年3月，邺城北吴庄佛教埋藏坑出土石造像2895件（块），其中绝大多数是白石雕像，伴有少量的青石雕像，保存有较好的彩绘和贴金痕迹，时代跨越北魏、东魏、北齐和唐代②，这是1949年以来出土佛教造像最多的一次，为研究北朝晚期至隋唐时期邺城地区佛教造像提供了可靠的标本，具有重要的历史、艺术和学术价值，这批石造像收藏在邺城博物馆和中国社会科学院考古研究所邺城考古队，目前正在整理保护之中，已发表的资料很少。

曲阳修德寺出土的石造像在故宫收藏的多已公开发表③，国家博物馆和河北收藏的大多尚未发表。其实例可在国家博物馆通史展览和河北省博物馆曲阳石雕展览中见到。

二十世纪七八十年代在河北的其他地区如定州、满城、蠡县、正定、藁城、南宫、黄骅、盐山等地也陆续发现了不少白石造像，其中藁城、正定、黄骅出土的白石造像资料已发表④。

另在日本的根津美术馆、东京国立博物馆，美国菲利尔、纽约大都会、克里夫兰、波士顿、费城等美术馆和旧金山亚洲艺术馆中都收藏有一些白石透雕石造像⑤。

三、透雕白石造像的分类

在已发表或展览的白石造像中，基本完整或部分残缺的透雕石造像约有百尊左右，有纪年题记的透雕石像有50多尊。通过对这些造像的梳理与分析，得知透雕工艺主要运用在背屏式造像和圆雕造像上，依据透雕工艺的运用技法表现可分为单层透雕和双层透雕两个大类。两类中又可分为若干不同的表现形式。

---

① a. 河北省临漳县文物保管所：《河北邺南城附近出土的北朝石造像》，《文物》1980年9期；b. 邺城考古队：《河北临漳县邺城遗址出土的北朝铜造像》，《考古》1992年第8期；c. 邯郸市文物研究所：《邯郸古代雕塑精粹》，文物出版社，2007年；d. 邺城考古队：《河北临漳邺城遗址东魏北齐佛寺塔基的发现与发掘》，《考古》2003年第10期。

② 邺城考古队：《河北邺城遗址赵彭城北朝佛寺与北吴庄佛教造像埋藏坑》《考古》2013年第7期。

③ a. 冯贺军：《曲阳白石造像研究》，紫禁城出版社，2005年；b. 胡国强：《故宫收藏——你应该知道的200件曲阳造像》，紫禁城出版社，2009年。

④ a. 程纪中：《河北藁城县发现一批北齐石造像》，《考古》1980年第3期；b. 王巧莲、刘友恒：《正定收藏的部分北朝佛教石造像》，《文物》1998年第5期；c. 陈银凤、郭玲娣、樊瑞平：《介绍两件正定馆藏文物珍品》，《文物春秋》2007年第6期；d. 刘建华、魏兰香：《河北黄骅出土北朝白石造像》，《艺术史研究》（第十辑），中山大学艺术史研究中心，2008年。

⑤ 金申：《海外及港台藏历代佛像——珍品纪年图鉴》，山西人民出版社，2007年。

（一）单层透雕石造像

1. 单层局部透雕石造像

即在一件造像上，以主尊像为主形成单一层面，在主尊与胁侍之间下部使用简单的镂空透雕。石像正面高浮雕主尊与胁侍，背面浅浮雕或线雕或彩绘尊像，在背屏式和圆雕石像中均有这种透雕形式的实例，这种透雕形式最早见于北魏晚期，目前所知仅有两尊背屏式佛造像，均出土于曲阳修德寺遗址，一是正光元年（520年）曹市奴等造弥勒三尊立像，二是北魏神龟三年（520年）上曲阳邑子二十六人所造的弥勒五尊立像，两尊造像均残，佛头部、

胁侍头部和部分尊像身躯残缺，在主尊与胁侍之间使用了透雕工艺[①]。前者在长方形基座正、侧面也作了镂空处理。后者还采用先圆雕两胁侍，再以榫卯结构插入像座主尊两侧前方的做法。

东魏时期单层局部透雕石造像不断成熟起来，常见的主要是单层局部透雕单面高浮雕背屏式石造像。

邺城吴庄村埋藏坑出土的东魏元象元年（538年）道胜造彩绘单层局部透雕单面高浮雕背屏式药师佛青石像，为一佛二菩萨，背屏上部稍残，残高27.4厘米[②]。正面高浮雕药师佛与日光、月光菩萨。主尊宽大肉髻，面短而圆，右手施无畏，左手予愿印，身着双领下垂式袈裟，袈裟下摆衣纹繁褥，结跏坐于长方形束腰佛座上，有圆形头光，内饰单莲瓣纹。三尊像之间使用了透雕工艺。长方形基座，正面雕博山炉、二供养比丘、二护法狮子。背面刻纪年发愿文。桃形背光，边饰为阴刻火焰纹。背面光素无饰。这是目前所见到的唯一一尊青石透雕石造像。

---

① a. 胡国强：《故宫收藏——你应该知道的200件曲阳造像》，紫禁城出版社，2009年，图2；b. 杨伯达：《曲阳修德寺出土纪年造像的艺术风格与特征》，《故宫博物院院刊》1960年总第2期，图1。

② 邺城考古队：《河北邺城遗址赵彭城北朝佛寺与北吴庄佛教造像埋藏坑》，《考古》2013年第7期 。

邺城吴庄村埋藏坑出土的东魏武定元年（543年）北梁太守贾仲贤造单层局部透雕单面高浮雕背屏式释迦佛三尊白石造像，亦为一佛二菩萨。造像运用了粗线刻、浅浮雕、高浮雕、透雕等工艺，是单层局部透雕石造像中保存完整，制作精细的一尊造像。佛肉髻宽大，面相丰圆，右手施无畏，左手予愿印，身着双领下垂式袈裟，结跏坐于束腰长方形座，袈裟下摆衣纹繁褥，有圆形头光，内浮雕缠枝荷莲纹与莲瓣纹。桃形背光，边饰火焰纹。两侧二胁侍菩萨，头戴三叶冠，面相丰圆，右手上屈执莲蕾置于右胸前，左手执桃形物置于体侧，披巾在腹前打结后绕臂垂于体侧。有圆形素面头光。跣足立于圆形单层覆莲座上。长方形基座正面雕博山炉与双狮，背面刻纪年发愿文[①]。

东魏晚期出现了单层局部透雕正、背两面高浮雕的技法。

邺城吴庄村埋藏坑出土的东魏武定二年（544年）李迴香造单层局部透雕双面高浮雕背屏式白石太子思维三尊像，是单层局部透雕造像中最为精美的一尊。

造像通高48厘米[②]，正面为高浮雕思维太子与一弟子一胁侍，尊像与菩提树之间有透雕，通体留有彩绘贴金痕迹。太子面相丰圆，头戴宝冠，戴项饰，裸上身，下着裙半跏坐于高台座上，垂下一脚，脚踏莲花。有圆形头光，内雕莲瓣。左侧弟子身着双领下垂僧衣，拱手而立。右侧女侍梳双髻，身着宽袖长袍拱手而立。两者背依菩提树干，均有圆形头光，仰莲圆座。

背光为尖拱形，两侧各雕2身童子飞天，飞天上方阴刻菩提叶。尖拱顶部雕一莲化生。

背面为中央雕一菩萨立像，菩萨头戴宝冠，额头上方中央雕宝珠。戴项饰，右手施无畏印，左手执桃形物。裸上身，下着裙，腰间系带。披巾向内绕臂沿体侧下垂，跣足立于矮莲座上。有桃形头光，内阴线刻火焰纹。菩萨两侧圆雕双菩提树干，菩提树外各侧倚一身弟子立像，菩提树上各雕一圆形莲座，座上各跪一身双手合十的供养天，背光尖

① 见河北省博物院《曲阳石雕》展览。

② 邺城考古队《河北邺城遗址赵彭城北朝佛寺与北吴庄佛教造像埋藏坑》，《考古》2013年第7期，图15。

顶雕莲花、忍冬和火焰、宝珠。基座正面中央雕莲饰博山炉，两侧雕双狮。左右两侧各雕三身供养菩萨，背面中间刻纪年发愿文，两侧各雕一身供养菩萨[①]。

东魏时期局部透雕圆雕造像开始流行在一佛二胁侍一尊像三者之间下部仍使用局部透雕工艺，背面或光素无饰或彩绘或浅雕。同时在圆雕造像上使用了透雕，多见于单体思维菩萨的披巾下摆处与主尊佛座之间。修德寺出土的东魏兴和元年（539年）比丘道起造局部透雕圆雕单思维菩萨白石造像是这类造像中纪年最早的一件作品[②]。武定元年（543年）单思维菩萨二胁侍三尊白石造像，除了在主尊与披巾之间运用透雕工艺外，还运用先圆雕胁侍单尊像，再以榫印的形式安插在基座台面的两侧。增强了透雕的立体效果。

北齐时期单层局部透雕石造像数量较少，技法较前述规范了许多，主要还是在主尊像与胁侍之间下部使用部分透雕工艺，正面高浮雕主尊与胁侍，背面浅浮雕或线雕或彩绘尊像做法。这种做法一直沿用到隋代。

2. 单层整体半透雕石造像

在背屏式石像中整体使用半透雕（深雕），即在石像的正面高浮雕主尊，在主尊像与胁侍、背光纹饰之间大面积使用半透雕的技法，雕刻纹理深而不透。

邺城吴庄村埋藏坑出土的东魏天平四年（537年）智徽造白石单层整体半透雕彩绘观世音单尊立像，通高30厘米。观世音头戴三叶冠，面相长圆，头发、眉、眼均以墨彩绘出，唇上用墨彩绘出胡须。尖拱形背光，边饰火焰纹，火焰纹以半透雕的工艺制作，并以红彩间隔相绘，表现出一种立体感。

3. 单层整体透雕石造像

亦在背屏式和圆雕石像中均可到见这种透雕形式的实例，做法是在主尊像与胁侍之间大面积使用镂空透雕，石像正面高浮雕主尊与胁侍，背面浅浮雕或线雕或彩绘或高浮雕尊像。

单层整体透雕石造像中背屏式透雕造像工艺比较复杂，在同一件背屏式透雕造像上集高浮雕、浅浮雕、圆雕、透雕、线刻、彩绘、描金、榫卯结构、嵌入基座等多种工艺技法于一体，使透雕的效果更富立感体和透视感。

在背屏式单层整体透雕石造像实例中曲阳修德寺出土的造像多数为双菩提树或双龙缠菩提树与一佛二胁侍、一佛四胁侍、一佛六胁侍或双佛、双观音、双思维与二胁

① 此像在邺城博物馆展览。

② 胡国强：《故宫收藏——你应该知道的200件曲阳造像》，紫禁城出版社，2009年，图41。

侍、四胁侍等多尊一铺造像上，龙树与菩提树的树干与枝叶之间使用钻孔或拉长的透雕技法来表现。造像正面高浮雕多尊一铺像，主尊与胁侍多是圆雕的形象，主尊与胁侍之间雕双龙树或双菩提树，背面浅雕或平雕或高浮雕树干或尊像。圆雕单层整体透雕石造像，多施彩绘贴金，常见于北齐晚期的单尊、双尊思维菩萨像。

邺城吴庄村埋藏坑出土的北齐白石彩绘单层透雕单面高浮雕背屏式一佛四胁侍五尊像，通体保留有红、黑色彩绘的痕迹，通高30厘米[①]。造像正面透雕一佛二弟子二菩萨，佛肉髻低平，面相丰圆，身体健壮，双肩齐亭，着袒右袈裟，薄衣贴衣，几乎没有衣纹。左手予愿，右手施无畏印，结跏坐于素光圆形座上，有圆形头光，边饰联珠纹。胁侍面相形制与佛相似，跣足立于有茎素莲座上。五尊像上方两侧各雕二身飞天，中央雕一坐佛。造像背面雕两株菩提树，树干与尊像之间采用了简意的透雕工艺。树干以上部分未雕刻，用红彩绘出枝叶，以钻圆孔表示透雕的枝叶之间隙。基座正面中央浮雕童子头顶博山炉，两侧各一身供养比丘、护法狮、力士。两侧面各雕两身神王像，背面雕四身神王像，神王雕刻简单，无衣纹[②]。

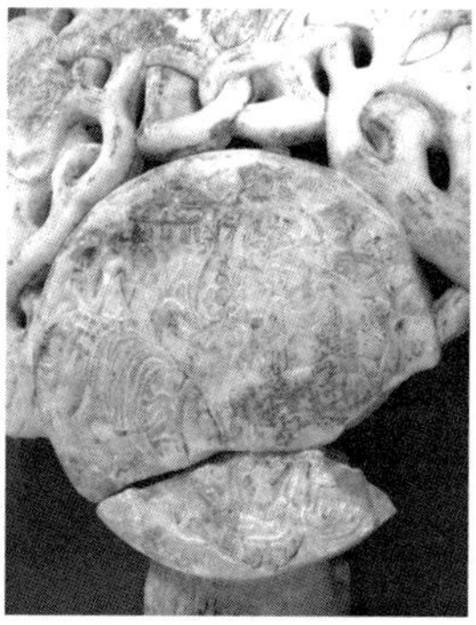

邺城遗址早年出土的北齐白石单层透雕单面高浮雕背屏式倚坐弥勒五尊造像，石质紧密、白润，整体造型优美，雕刻细腻、精致，残存背光上部与弥勒主尊像、左二胁侍的圆形头光。残高65厘米[③]。造像正面弥勒肉髻低平，面相丰圆，左手予愿、右手施无畏印，身着双领下垂袈裟，胸前系带，衣纹疏朗。有圆形头光，雕三匝纹饰，内匝雕莲瓣纹，中匝饰弦纹，外匝半透雕莲化生。在头光顶部高浮雕出两个莲蓬，其上各立一化生童子双手托背光拱顶的方形宝塔，塔两侧各雕一身飞天捧托塔座。背光正面两外侧各透雕六身伎乐天，现存五身，手执不同乐器。内侧透雕缠枝菩提树。背光

---

① 邺城考古队：《河北邺城遗址赵彭城北朝佛寺与北吴庄佛教造像埋藏坑》，《考古》2013年第7期图25。

② 此像在邺城博物馆展览。

③ 见河北临漳县文物保管所：《河北邺城附近出土北朝石造像》，《文物》1980年第9期。此像现在邺博物馆展出。

背面边饰透雕缠枝菩提树与扇形树叶。头光背面浮雕佛传故事中的白马吻别的场面。

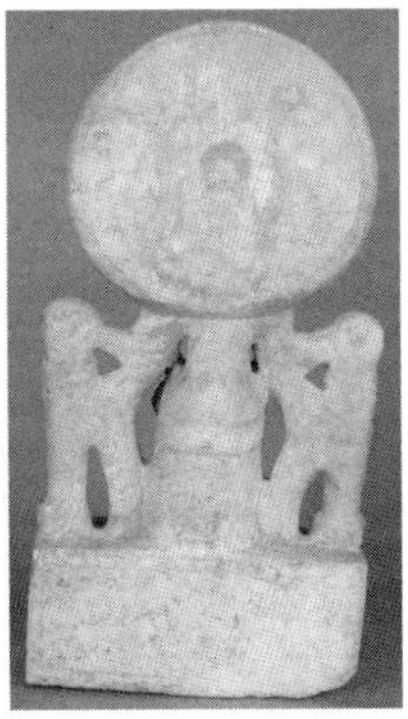

北齐皇建二年（561年）比丘尼员空敬造单层透雕圆雕单思维二弟子三尊白石造像，正定县早年出土，保存完整，通高29.1厘米①。造像由一块白石通体圆雕而成，通体几乎无线刻纹饰，以红色为基调，间以墨、绿色彩绘表现尊像的面相、服饰、披巾、衣纹、背光、头光、莲座边饰、基座边框等。在主尊像的头光、腕饰、披巾、裙褶、香炉等处残存贴金痕迹。

造像正面为主尊思维菩萨头戴三莲冠，宝缯带长下弯曲与二弟子头光相连。面圆颌尖，体修长，透雕披巾上彩绘联珠纹。圆形头光以浅红色绘出二道弦纹圈，圈内以深红色绘出棱形方格框，二弟子各身着红、黑色袒右袈裟。造像背面为思维像头光上红彩绘出一佛结跏坐于单层莲座之上，佛两侧各彩绘一株菩提树。基座正面彩绘香炉、双狮。以红彩绘出基座的边框，左侧面、后面刻纪年发愿文。

北齐晚期常见的是白石圆雕整体透雕双思维菩萨坐像。基本特点同上。造像很少运用线刻工艺刻划造像细部，一尊造像往往只雕出整体轮廓，尊像几乎无衣纹，而以大面积的彩绘来表现造像的细部。

正定文物保管所收藏的北齐武平四年白石圆雕整体透雕双思维菩萨二弟子四尊一铺像是这类造像的代表之作。北齐同类造像最晚的一尊是北齐灭亡的承光元年（577年）。

---

① 陈银凤、郭玲娣、樊瑞平：《介绍两件正定馆藏文物珍品》，《文物春秋》2007年第6期，原报告（程纪中：《河北藁城县发现一批北齐石造像》，《考古》1980年第3期）中称此像高39.5厘米。

藁城北贾村出土的河清元年（公元562年）建忠寺比丘尼造白石彩绘贴金单层透雕双面高浮雕背屏式双弥勒佛六尊造像，造像由白石尊像与青石底座组成，通高93厘米[①]。

造像不仅白石质地紧密、晶莹剔透，而且将高浮雕、浅浮雕、圆雕、透雕、线刻、彩绘、贴金、榫卯结构、嵌入基座等多种工艺技法运用到一尊造像之中，在造型、直观、感观、视觉、审美等各个方面都达到了最佳效果，是单层整体透雕工艺的巅峰之作。造像正面为中央高浮雕双弥勒佛，佛肉髻低平，面相丰圆，身体健壮，双肩齐亭，着袒右袈裟，中衣搭肘，衣纹疏朗。半跏并坐于长方形束腰佛座上，佛座彩绘几何纹饰。尖拱形背光，光体上有彩绘圆形头光和弦纹边饰。背光上方透雕七佛。弥勒佛垂下一足，各由一裸童双手托起，裸童上身彩绘几何纹肚兜。主尊两侧各圆雕一菩提树，树干各雕一螭龙缠绕，树干弯曲向上合拢，顶部中央为为二裸童手托头擎方形宝塔，宝塔两侧各一螭龙俯身昂头向下，后肢拱宝塔，口衔华绳沿双树干自然下垂，透雕六身飞天双手执华绳，华绳外侧透雕枝蔓与菩提叶。龙树外侧为胁侍菩萨立于荷蓬之上，有圆形头光，光内彩绘联珠纹边饰。龙树前面各圆雕一弟子立像，插入基座之上，基座上部还有红彩绘制几何纹饰。长方形基座正面中央浮雕二裸童跪捧博山炉、香炉之上立一金翅鸟，二裸童坐于基座手扶鸟身，两侧为二比丘手执行炉跪于荷蓬之上，再外为二狮子各一肢抬起，蹲踞在覆莲矮座上，二力士护卫在侧。

造像背面为双弥勒的背光背面，高浮雕双思维菩萨半跏并坐于长方形束腰佛座上，有彩绘圆形头光。思维像两侧各一尊菩萨立像。与比弥勒共用同一背光与佛座，背光上方浮雕双飞天共捧火焰宝珠。佛座彩绘几何纹饰。主尊两侧各圆雕一菩提树干，树干弯曲向上成拱形，并雕出分枝和菩提叶，透雕枝、叶之间隔。基座中央雕一龛佛立像，两侧各雕两龛神王像。

彩绘的基调为红彩，还有墨、绿彩，所有的尊佛均以墨彩涂发际、眉眼，红彩涂唇。部分小化佛与胁侍的服饰也涂墨彩。尊像服饰、背光、头光等边饰、菩提树枝叶、飞天披巾等多涂红彩。部分尊像面部、胸部、华绳、宝塔等多残留贴金痕迹。青石质长方形底座无饰，右侧有纪年发愿文。

（二）双层透雕石造像

双层透雕是在一件造像上，将造像基座之上的主体中心部分镂空透雕，将主体一分为二，形成两个层面，在两个层面的造像体上均运用透雕工艺，在两层之间的内部有的还彩绘纹饰。即将尊像和菩提树背光分为前后两层，透雕菩提树干和茂盛的枝

① a. 冯贺军：《曲阳白石造像研究》，紫禁城出版社，2005年；b. 胡国强：《故宫收藏——你应该知道的200件曲阳造像》，紫禁城出版社，2009年。

叶，两层之间镂空，枝叶边缘又合二为一，形成单面双雕。从前层正面可以透视看到后层背面的纹饰背景，从后层背面可以透视看到前层正面的造像纹饰。在同一尊造像上同时使用高浮雕、浅浮雕、圆雕、透雕、线刻、彩绘、贴金等多种工艺技法。双层透雕仅在背屏式石造像中见到。主要有双层透雕单面高浮雕石造像和双层透雕双面高浮雕造像两种形制。双层透雕石造像在透雕石造像中数量不多，却是透雕石造像中的精华所在，也是所有石造像中最为美艳多姿的造像。

1. 藁城北贾村出土的武平元年（570年）贾兰业兄弟造白石彩绘贴金双层透雕单面高浮雕背屏式双思维二菩萨造像

造像由一块白石通雕而成，通体保存有红、墨彩绘，高66.5厘米[①]。从侧面可以看到明显的前后二个层面，两层之间相连处很少，大面积镂空形成的二层中空部分还有彩绘纹饰。

透雕造像正面为二层之间的中央部位圆雕双思维菩萨像，双像头戴三莲冠，戴项饰、手镯，面相长圆，身体修长，几乎无衣纹，半跏并坐于圆形高台座上，有圆形头光，彩绘联珠纹边饰。双思维像两侧的前层面上各圆雕一菩提树，树干浮雕龙缠圆形龛柱，柱头承接尖拱形龛楣，楣内浅浮雕忍冬纹，龛楣之上透雕一化佛二弟子坐于三枝莲蓬座上。龛柱外的后层面上圆雕二菩萨立像。菩提树干向外伸展形成圆拱形背光，以线雕、墨彩绘出菩提叶为边饰。背光上方中央透雕方形宝塔，两侧各一螭龙俯身昂头，拱卫宝塔，口衔华绳弯曲下垂，两侧各透雕二身飞天双手执华绳。尊像的发际、眉眼、宝缯带等处涂墨彩来表现，红彩涂唇、服饰、披巾等。在造像正面透过透雕的小化佛、弟子、飞天、华绳可以看到背面所雕的菩提树枝干和红彩绘出的枝干线纹。

造像背面为在后层面上透雕两棵菩提树干，弯曲向上合拢，在树干中上方伸出枝干，枝干之间镂空成叶状，表示六个菩提叶，透过后层的菩提树，可以看到前层的双思维像与二菩萨、龛楣之上透雕一化佛二弟子、飞天菩提树枝叶等背影以及红彩纹饰。

---

① 张秀生等：《中国河北正定文物精华》，文化艺术出版社，1998年，图版50。

基座为长方形，正面和两侧面红彩绘边框，正面浮雕彩绘博山炉、婆薮仙、鹿头梵志、双狮、二力士；两侧面各雕一龛小坐佛；背面刻纪年发愿文。

2. 白石双层透雕双面高浮雕一佛六胁侍七尊造像

出土于邺南城西门外，由主尊、胁侍、透雕背光、佛座通体雕成，通高72.6厘米[①]。此像采用了双面圆雕、高浮雕、浅浮雕、透雕、线刻、彩绘等多种工艺技法。七尊像均为圆雕，造像正、背面均残留红、墨彩绘、贴金的痕迹。此像的特点是将基座上的尊像与菩提树背屏分割成前后两层，两层之间镂空，留出边缘，双层透雕尊像、菩提树干和茂盛的枝叶，枝叶边缘合为单面双雕。

前层正面为圆雕一佛、二弟子、二缘觉、二菩萨。尊像之间运用透雕工艺，突出人物的立体感。佛肉髻低平，面相丰圆，身体健壮，双肩齐亭，着袒右袈裟，薄衣贴衣，衣纹疏朗，左手予愿、右手（残），结跏坐于束腰莲花座上，有圆形头光，胁侍面相同佛，均有圆形头光，跣足立于螭龙嘴中吐出的有茎莲蓬座上，弟子、缘觉双手合十，身着僧服，菩萨裸上身，下着裙，披巾沿体侧下垂，一手执莲蕾，一手执桃形物。尊像均有圆光头光。七尊像之上由透雕飞天与浅雕菩提叶边饰构成了圆拱形背光。佛顶上方中央透雕一螭龙，躯体在上，龙头在下，仰首回望主尊。龙下雕一兽头，口衔华绳弯曲向下，七尊像上方两侧各透雕四身手执华绳的飞天。菩提叶上残留有红彩点缀的圆点纹。从正面透过透雕的飞天、华绳可以看到背面所雕的菩提树枝干和红彩绘出的枝干线纹和点缀的圆点纹。

后层背面为透雕四株菩提树干，外两株树干呈拱形向上树枝向上中央交叉缠绕，伸出八个分枝，每一枝头雕一尊小化佛，坐于单层覆莲座上。内两株树干向两侧上方伸出六个分枝，枝头连着菩提叶，中间两个分枝向上中央交叉缠绕伸出三个分枝，中间一枝头上雕一小化佛。

菩提树干中央透雕主尊佛的背后与佛座及六胁侍的身后服饰。主尊佛头光的背面雕一佛二弟子。整个后层共雕有十尊小化佛，佛均着双领下垂式袈裟，禅定、结跏坐于覆莲圆座上。从后层可以看到前层的圆雕佛像与胁侍的背影及尊像身后浅雕的衣

① 河北临漳县文物保管所：《河北邺城附近出土北朝石造像》，《文物》1980年第9期。

纹。透过的菩提树，可以隐约看到前层透雕的飞天、华绳的背影。

长方形基座，四隅各雕一束莲宝珠柱。正面为中央雕二童子侧举荷饰宝瓶香炉，两侧分别雕护法狮、力士，两个束莲宝珠柱已残[①]；两侧面各雕一出云回首螭龙，嘴里吐出三枝有茎莲蓬座，座上站立着六胁侍；背面为高浮雕鸟、鱼、树、龙、珠、风、象等八身神王像[②]。

3. 白石双层透雕双面高浮雕背屏式一佛六胁侍七尊造像

出土于邺城遗址石造像埋藏坑中，基本完整。通高38厘米[③]。此像采用了圆雕、高浮雕、浅浮雕、透雕等技法。个别地方还残留有彩绘的痕迹。基本形制与上述七尊造像相同，但技法有所不同，镂空透雕部分是将菩提树背屏上半部分割成前后两层，两层之间镂空，留出边缘，双层透雕尊像、飞天、菩提树枝叶，枝叶边缘合为单面双雕。实际上分为前后两层的部分仅在枝叶与飞天之间，前层实为半层。

前层正面为在七尊像上方两侧各透雕四身手执华绳的飞天，佛顶上方中央透雕一坐佛。后层正面为圆雕一佛、二菩萨，高浮雕二弟子、二缘觉，尊像之间运用透雕工艺。佛座两侧各雕一盘龙，嘴中吐出的有茎莲蓬座为六胁侍像座。后层背面为高浮雕两株菩提树干，树干向上分出八枝菩提叶。

长方形基座正面中央雕荷莲饰宝瓶博山炉，两侧为狮子、再外为力士。两侧面和背面虽已磨光，但未绘画或雕刻。

4. 白石双层透雕双面高浮雕一交脚弥勒菩萨六胁侍七尊造像

亦出土于邺南城西门外，与前述2——白石双层透雕双面高浮雕一佛六胁侍七尊造像同时出土。

---

① a. 冯贺军：《曲阳白石造像研究》，紫禁城出版社，2005年；b. 胡国强：《故宫收藏——你应该知道的200件曲阳造像》，紫禁城出版社，2009年。原报告中认定为二人，实为残柱。

② 此像在河北省博物馆展览。

③ a. 河北省临漳县文物保管所：《河北邺南城附近出土的北朝石造像》，《文物》1980年第9期；b. 邺城考古队《河北临漳邺城遗址出土的北朝铜造像》，《考古》1992年第8期；邯郸市文物研究所：《邯郸古代雕塑精粹》，文物出版社，2007年；c. 邺城考古队：《河北临漳邺城遗城东魏北齐佛寺塔基的发现与发掘》，《考古》2003年第10期；此像在邺城博物馆展览。

亦由主尊、胁侍、菩提树、佛座通雕而成，工艺技法、透雕彩绘、整体造型及人物面相均与上尊像相同，且比上尊像制作更为细腻，应为同一时间、同一工匠所制作。造像正、背面均残留彩绘痕迹。菩提树背屏上部残，残高55厘米。

前层正面为圆雕弥勒菩萨、二弟子、二缘觉、二菩萨，右外侧菩萨像残缺，尊像之间运用透雕工艺，弥勒菩萨头戴花蔓冠，颈戴项饰，璎珞在腹前交叉处雕出宝珠佩饰，交脚坐于束腰单层莲座上。有圆形头光，内高浮雕莲瓣纹、缠枝荷莲纹、火焰宝珠和莲化生等。胁侍均有圆形头光，跣足立于龙嘴吐出的有茎莲花座上，左侧为弟子一手执净瓶，一手执莲蕾；缘觉双手合十；菩萨裸上身，下着裙，披巾沿体侧下垂，一手执莲蕾，一手执桃形物。右侧弟子双手合十；缘觉双手捧莲蕾。弟子与缘觉莲花座之间各雕一身化生童子。尊像之上由透雕飞天与浅雕菩提叶边饰构成了拱形背光。遗憾的是背光上部、左侧均残缺。残存右侧两身飞天。

前后层的左侧面，在菩提树干旁圆雕一螭龙，连前后层，龙首向下，嘴吐莲茎，茎生出四个荷莲座，上托三胁侍与化生童子。

后层背面为透雕两株菩提树干，树干中央透雕出主尊弥勒菩萨、佛座、五胁侍的背影，并用细线阴刻出尊像背后服饰的衣纹。弥勒身后的背光上雕释迦多宝并坐与胁侍菩萨立像，双佛肉髻低平，面相丰圆，有圆形头光，着双领下垂式袈裟，禅定结跏坐于四足床上。双佛两侧各雕一身双手合十的胁侍菩萨。四足床内浮雕有茎荷 莲纹，茎向外伸出四个仰莲座，两个托床足，两个为胁侍菩萨的像座。两株菩提树干向上各分出两枝，内两枝原应向上中央交叉缠绕生出枝干，现残缺，外两枝向上展开，形成独立的菩提叶，每叶上雕一尊小化佛，坐于单层覆莲座上。现仅存左侧三尊小化佛和一身飞天。小化佛着通肩袈裟，禅定、结跏坐于覆莲圆座上。两株菩提树干下部各浮雕立佛与童子。左树干浮雕一立佛、一童子，童子跪于佛足前，上半身残缺。右树干浮雕一立佛，其下方雕三个小童，一小童跪伏在地，另一小童踏在小童的背上，身体向上，双手高高举起，旁边站立一小童，在其身后推扶。立佛的右手伸向下方，承接下方小童的布施。此乃阿育王施土的故事。

长方形基座正面为中央雕二童子头顶托盘，盘上放置荷莲饰宝瓶博山炉，炉两侧有烛台，两侧分别雕供养比丘、狮、力士。左侧面为雕两个尖拱形小龛，龛柱束莲宝珠柱，龛内雕树、风二神王；右侧面为亦雕两个小龛，形制同前，龛内雕山、狮二神王。背面为雕四个小龛，形同前述，龛内雕鱼、象、鸟、珠四神王。

四、透雕白石造像的分期

通过上述透雕白石造像的实例分析，我们可以看出，透雕工艺运用在石造像上主要有两种类型，即单层透雕和双层透雕。

单层透雕工艺　有单层局部透雕和单层整体透雕。这两种透雕工艺通用于背屏式和圆雕石造像中。在两者之间还出现了一种半透雕的工艺技法。

单层局部透雕石造像　有单层局部透雕单面高浮雕背屏式石造像、单层局部透雕双面高浮雕背屏式石造像、单层局部透雕圆雕石造像等三种不同的表现形制。

单层局部透雕单面高浮雕背屏式石造像出现在北魏晚期，最初的透雕石造像运用了最简单的透雕工艺，即在主尊与胁侍之间下部使用简单的镂空透雕，或配彩绘。我们所能见到的实例只有两例，即曲阳修德寺出土的单层局部透雕单面高浮雕背屏式石造像，两尊均为弥勒三尊像。单层局部透雕单面高浮雕因制作工艺相对简单一些，所以，在东魏、北齐甚至到隋代晚期都可见到一定数量的单层局部透雕单面高浮雕背屏式石造像。

单层局部透雕双面高浮雕背屏式石造像出现在东魏晚期，一直流行到北齐晚期。

单层局部透雕圆雕石造像，局部透雕圆雕石造像主要运用在单尊思维菩萨像上，在兴和元年就出现了，到武定年间更为常，至北齐亦可见到实例。

单层整体半透雕背屏式单尊像目前所知仅有一尊观音立像，来自邺城，制作年代为东魏天平四年（537年）。

单层整体透雕石造像　有单层整体透雕单面高浮雕背屏式多尊一铺石造像、单层整体透雕双面高浮雕背屏式多尊一铺石造像、单层整体透雕圆雕多尊一铺石造像等三种不同的表现形制。

单层整体透雕石造像的三种表现形制均出现在北齐中晚期，单层整体透雕单石造像中背屏式透雕造像工艺比较复杂，首先要选好石材，石质不仅要洁白晶莹，易雕刻，而且要质地坚韧细腻，经久耐磨，抗震、防断裂性能极好，其次，要求制作者在同一尊造像上同时使用高浮雕、浅浮雕、圆雕、透雕、线刻、彩绘、贴金、榫卯结构嵌入基座等多种技法，优质石材与制作者高超的技艺的完美结合，才能制作出优美的造像。

单层整体透雕单面高浮雕背屏式多尊一铺石造像、单层整体透雕双面高浮雕背屏式多尊一铺石造像只见于北齐时期，且数量较多。

曲阳修德寺出土的造像多数为双菩提树或双龙缠菩提树透雕背屏与一佛二胁侍、一佛四胁侍、一佛六胁侍或双佛、双观音、双思维与二胁侍、四胁侍等多尊像组成背屏式多尊一铺造像，并大多施彩绘贴金。造像正面高浮雕多尊一铺像，主尊与胁侍多是圆雕的形象，主尊与胁侍之间雕双龙树或双菩提树，背面浅雕或平雕或高浮雕树干或尊像。基座正面多浮雕博山炉、双狮、供养人、力士等，侧面与背面一般无饰，多磨光刻发愿文。

邺城地区出土的造像多数为双菩提树与一佛四胁侍、一佛六胁侍、一观音与四胁侍等多尊像组成背屏式多尊一铺造像，彩绘贴金更为普遍。双龙雕于基座侧面事正面菩提树下，双龙嘴吐莲台为胁侍像座。有的在背光顶部中央雕一龙，俯身昂头，或口衔华绳。造像背面雕刻有佛传故事的场面。基座正面浮雕博山炉、莲化生、供养人、双狮、力士等，侧面、背面多雕八大神王像。

单层整体透雕圆雕石造像，多见于北齐晚期至隋代的单尊、双尊思维菩萨像和一佛二胁侍三尊像。

双层透雕工艺　有双层透雕单面高浮雕和双层透雕双面高浮雕，这两种透雕工艺只运用于背屏式造像上。

双层透雕石造像　有双层透雕单面高浮雕背屏式多尊一铺造像和双层透雕双面高浮雕多尊一铺造像两种形制。

双层透雕无论是工艺、石材、构图、设计、造型还是造像成品都要好于单层整体透雕工艺几倍甚至几十倍。对制作者而言，其制作难度也远远高于单层整体透雕工艺。双层透雕要将造像主体一分为二，透雕成前、后两个层面，在两个层面上同时运用透雕工艺，在两层之间的雕体上还有彩绘纹饰，而主体上部边缘不透雕仍为一个层面。在前后两层的正面或正、背两面高浮雕主体图案，两层面之间最薄处仅厚几厘米，从前层正面可以透视看到后层背面的图案背景，从后层背面可以透视看到前层正面的造像背影。这种工艺不仅对石材的要求更严格，要用无暇、无断裂、质地细密，通透性好的极佳白石，而且对制作者的要求更高，不仅能够同时掌握、运用多种工艺技能，而且要技艺娴熟，精湛，制作者要在一整块极佳的白石上进行粗雕、稍雕、定型、细雕、高浮雕、浅浮雕、圆雕、透雕、线刻、磨光等工艺流程完成作品后再施彩绘、贴金等表面装饰，在这个过程中不能有一丝一厘的差错，稍有不慎，则前功尽弃。双层透雕石造像在透雕石造像中数量最少。却是透雕石造像中的精品。

五、透雕石造像的产生、发展和消失

河北地区是接受佛教信仰较早的地区之一，东晋时期，河北境内高僧云集，河北籍的官宦、名士和富贾中也多有崇信佛法之人士[①]。十六国时期后赵统治了河北大部分地区。由于统治者石勒、石虎崇信西域高僧佛图澄，致使佛教信仰在后赵全境广泛传播，佛教造像作为佛教信徒顶礼膜拜的偶像随之流行，并形成了自己的艺术风格。

北朝时期河北经历了北魏、东魏、北齐三个北方王朝的统治。其中北魏拓跋氏统治河北时间最长，从道武帝皇始二年（397年）占领中山至孝武帝永熙二年（534年）亡国，长达137年，因此发现的佛教造像数量较多。

东魏建国到灭亡仅存在16年（534~550年），造像发现不多。

北齐高氏统治河北的时间虽然只有27年（550~577年），但所发现的造像数量远远超过了北魏，而且制作精美，达到了河北佛教造像艺术的顶峰。

河北北朝暨之前的佛教传播与发展的中心地区主要集中在古中山国和古都邺城地区。

古中山地区　中山国是春秋战国时鲜虞人建立的一个小国，都灵寿（今平山县之北）。两汉、晋时中山为郡国，治卢奴（今定州）。北魏皇始二年（397年）置安州，设行台。天兴三年（400年），改安州为定州，时有卢奴、魏昌、安喜三县。北齐废卢奴入安喜。其地域大致在今河北中部偏南地区，即保定、石家庄地区。

据史料记载，至迟在两晋相交之际佛教经典已传入古中山国，时中山国境内已有佛教寺院和众僧[②]。

公元385年，后燕慕容垂占领了整个河北地区，于386年自称皇帝，定都中山（今河北定）。时中山地区佛教盛行，高僧辈出。

公元397年（即北魏皇始二年），北魏太祖道武帝占领中山后，中山的佛教受到皇室的重视，赵郡高僧法果，曾被太祖请至京师，任道人统[③]。

北魏灭北凉后（439年），凉州高僧纷至中山，凉州高僧昙曜即于公元453年“自中山被命赴京”，任沙门统，并主持了云冈石窟的开凿[④]。

北魏晚期始，随着曲阳白石的大量开采，白石被广泛用来制造佛教石像，曲阳及定州一带成为佛教石造像的雕造中心，曲阳白石造像在佛教造像中独树一帜，北齐、隋唐时期最盛。

古邺城地区　邺城位于河北的最南部，地处太行山东麓的漳河冲积平原。邺城地区沃野千里，漕运通畅，经济发达，是北方富饶之地。春秋时期齐桓公（公元前685

---

① 刘建华：《北魏泰常五年弥勒铜像及相关问题的探讨》，《宿白先生八秩华诞纪念文集》，文物出版社，2002年。

② 东晋道安（312~385年）在《合放光光赞略解序》提到的：晋元康元年（219年）《放光般若经》在陈留仓垣水南寺译出后，此经“大行华京，息心居士，翕然传焉。中山支和上遣人于仓垣断绢写之，持还中册，中山王及众僧城南四十里幢幡迎经”见《出三藏记集》卷七。

③ 《魏书》卷一一四，《释老志》。

④ 《续高僧传》卷一，《魏北台石窟寺垣安沙门释昙曜传》。

年～前643年）始筑邺城。后有曹魏、后赵、冉魏、前燕、东魏、北齐六个北方王朝以邺为都，历时370余年，是中原东部地区的政治、经济、文化、军事中心。

后赵迁都和佛图澄的到来，遂使邺成为后赵佛教文化的中心。佛图澄（231~348年），西域人，晋怀帝永嘉四年（310年）来到洛阳，六年（312年）投奔石勒。佛图澄博学守戒，佛图澄居邺传教，身边跟随弟子常有数百，门徒累计达万人之多。佛图澄所历州郡，共建佛寺八百九十三所①。

公元351年后赵亡，邺城地区战乱频繁，佛教徒纷走南北，邺城的佛教随着政治、经济地位的下降而衰落。东魏、北齐时，邺再为都城，因东魏皇室与北齐高氏皆崇佛信法，佛教方复大兴。

公元550年，高洋废东魏孝静帝元善见，自称帝，国号齐，承光元年为北周所灭。史称北齐，历六帝，共存在27年。北齐时期是邺城佛教造像发展最为繁荣的时期，随着皇室宗亲、达官贵族崇信佛教，北齐境内官民开窟雕像，修寺建院，摹刻佛经，佛教造像作为崇佛的主尊更加流行，各地高僧纷至沓来，云集邺城，邺城再度成为佛教传播中心。故有“高齐六君二十八载，皇家立寺四十三所，译经一十四部，度人与魏相接”②，“沙门二百余万，寺塔出三十千”的记载③。皇室开凿经营的响堂山石窟，是北齐时期开凿的规模最大的皇家佛教石窟寺，其造像雕刻精美，内容丰富，还有大量的佛教刻经，是佛教信徒和研究学者心仪向往的佛教圣地。

邺都自东魏以来亦成为佛教石造像的雕造中心，来自定州曲阳的白石，成为邺城地区造像的主要石材。

河北两个佛教石造像雕造中心所雕造的石佛像，都是使用曲阳所产的白石，所造佛教石像大同小异，各有千秋。

透雕白石造像是河北地区独具特色的佛教造像，体现了河北匠人的聪明才智。透雕工艺是所有石雕工艺中难度最大的技艺，特别是单层整体透雕和双层透雕工艺，它要求优质的石材与制作者高超的技艺紧密、完美的交融在一起，才能制作出优美的透雕石造像。这种透雕工艺应是河北地区的传统工艺，其使用可以追溯到战国时期，在战国中山国王陵中出土了许多镂空透雕的青铜器。汉代陶质魂瓶也采用了这种镂空透雕工艺。

透雕白石造像始见于北魏晚期，首先出现在曲阳地区，修德寺出土纪年最早的二尊白石弥勒佛像都是单层局部透雕石造像。东魏时期，曲阳地区的透雕造像主要流行单层局部透雕和单层局部透雕圆雕石造像。造像以单尊与三尊像为主。

东魏时期的邺城石造像接受了北魏晚期曲阳白石造像的制作工艺，彩绘与局部贴

① （梁）释慧皎撰—汤用彤校注：《高僧传》卷九《佛图澄传》。

② 道世：《法苑珠林》卷一百，《兴福部》，上海古籍出版社，1991年。

③ 费长房：《历代三宝记》卷九，《大正藏》。

金的做法也出现在造像上。东魏天平四年（537年）雕造了整体半透雕彩绘观世音尊像，元象元年（538年）道胜所造青石药师佛三尊像，在尊像之间使用了单层局部透雕工艺。它是迄今河北境内发现的唯一的青石透雕石造像，也是河北地区目前发现纪年最早的有明确标名的药师佛形象。

武定年间还出现了在基座上雕神王像的做法，有四身、六身不等。这种作法在东魏末年至北齐时被冀中南及定州地区的白石造像普遍采用。

北齐时期的透雕石造像在题材、内容和形式上更加丰富，双尊造像和多尊一铺造像大量出现。三尊、五尊、七尊组合和圆雕像增多，圆形头光、彩绘与局部贴金的做法更为普遍，透雕工艺广泛使用。至北齐中、晚期，河北地区的透雕工艺已经从简单的镂空、钻孔工艺中脱颖而出，发展到半透雕、单层透雕、单层透雕单面浮雕、单层透雕双面浮雕、双层透雕单面高浮雕、双层透雕双面浮雕，在透雕工艺上达到了质的飞越，雕琢技法也达到了炉火纯青、至善至美的水准。

藁城北贾村出土的河清元年（562年）建忠寺比丘尼造白石彩绘贴金单层透雕双面高浮雕背屏式双弥勒佛六尊造像、武平元年（570年）贾兰业兄弟造白石彩绘贴金双层透雕单面高浮雕背屏式双思维二菩萨造像是曲阳透雕石造像的代表作。而邺南城西门外出土的白石双层透雕双面高浮雕一佛六胁侍七尊造像和白石双层透雕双面高浮雕一交脚弥勒菩萨六胁侍七尊造像则是邺城透雕石造像的极致之作，更是透雕工艺的旷世之作。

透雕白石造像只流行于北朝时期的河北地区，空前绝后，是中国佛教造像艺术史上的一朵奇葩。

白石彩绘、贴金单面透雕双面高浮雕、双层透雕双面高浮雕多尊一铺造像，晶莹剔透、精巧玲珑、润泽鲜亮、生动可人、五彩缤纷、美妙绝伦，具有浓郁、独特的地方特色，是北齐佛教造像艺术的精粹，更是中国佛教造像艺术的精粹，它成熟于北齐中、晚期，由于制作工艺繁杂，制作艰难，费时费力，加之优质石材不足，所以只能引领一时风尚，而不能成为造像的主流，它辉煌灿烂的艺术生命随着北齐王朝的灭亡而消失，成为昙花一现，千古绝唱。

渤海瓦当“倒心形”花瓣母题纹饰探源*

宋玉彬

（吉林省文物考古研究所）

渤海瓦当以植物纹为主，主要包括莲纹、花草纹两类纹样形态。其中，“倒心形”花瓣瓦当是出土数量最多、纹样种类最繁、使用地域最广的瓦当类型。在渤海考古中，建筑构件类遗物“倒心形”花瓣瓦当足以比肩生活器皿类遗物“靺鞨罐”，它们均是辨识考古遗存是否具有渤海文化客观属性的认证标尺之一。随着标本数量的不断积累以及遗存地点的逐渐增多，国际学术界已经透过瓦当的具体表象，进一步开展了有关渤海都城营建时序、佛教推广传播、高句丽文化与渤海文化内在关联等方面问题的深层次学术阐释。客观审视以往的学术选题以及仁者见仁、智者见智的学术认识，笔者认为，以瓦当为视角开展渤海文化研究，首先需要解决瓦当类遗存自身的时空架构问题，只有厘清了瓦当的产生途径、演变轨迹、发展脉络，才有可能使之成为认知渤海文化的实证线索。

一

关于渤海瓦当“倒心形”花瓣纹样，学术界曾有过“心形”“桃形”的形态描述。2004年，日本学者田村晃一首次提出“倒心形”花瓣的形态概念，但在其随后的系列研究中未能予以坚持①。2007年，在吉林省文物考古研究所编著的《西古城——2000～2005年度渤海国中京显德府故址田野考古报告》中，正式确立了“倒心形”花瓣的纹样命名，并将“倒心形”花瓣瓦当界定为渤海文化的标识性特征之一②。2011年，韩国学者金希燦对“倒心形”花瓣的形态描述给予了认同：“由于花瓣心尖朝

* 本文是国家社科基金2010年度重大课题（10&ZD085）、2013年度一般课题（13BKG011）的研究成果。

① 〔日〕田村晃一：《关于渤海上京龙泉府址——东京城出土的瓦当》，《渤海都城的考古学研究》，平成14、15年度科学研究经费补助金［基础研究（C）］；中译本（郝海波译）见《历史与考古信息·东北亚》2007年第2期。

② 吉林省文物考古研究所等：《西古城——2000～2005年度渤海国中京显德府故址田野考古报告》，文物出版社，2007年。

外，心窝朝内，因此将其称为倒心形更为合适”。[①]2013年，田村晃一在其最新学术著述中，重拾“倒心形”花瓣表述方式[②]。上述例证表明，渤海瓦当“倒心形”花瓣的纹样形态已经引起国际学术界的广泛注意。本文以“倒心形”花瓣的学术命名作为研究基点，旨在规范渤海瓦当研究的分类标准。

标准“倒心形”花瓣的纹样形态包括以下三项基本要素：①由凸棱线构成花瓣的外形轮廓；②凸棱线界格将花瓣左右两分；③左右两分各装饰一瓣水滴形花肉（图一，1）。

在渤海瓦当中，除了标准“倒心形”花瓣，另见有一些同样具有“倒心形”外形轮廓，但基本要素条件存在明显缺项的花瓣形态。2010年，基于当时所能掌握的资料，笔者区分出6种“倒心形”花瓣类型的渤海瓦当[③]；2011年，通过实地调研，笔者收集到13种“倒心形”花瓣类型的渤海瓦当[④]；2013年，在酝酿本文的写作过程中，经过细致观察，在13种“倒心形”花瓣类型中，进一步区分出3种新的纹样类型；同年，在苏密城城址最新出土的瓦当标本中，发现了1种全新的“倒心形”花瓣类型[⑤]。至此，渤海瓦当的“倒心形”花瓣已经辨识出17种类型。

需要指出的是，笔者所区分的17种“倒心形”花瓣类型，除了2010年披露的6种，余者基本属于渤海瓦当研究的认识盲点，因为多数标本或著录于内部资料或属于文博单位未曾予以公布的藏品。这种学术信息的不通畅性，影响了渤海瓦当学术认识的广度与深度。为此，本文借助实物标本搭建渤海瓦当新的研究平台，通过开展“倒心形”花瓣母题纹饰起源问题的学术讨论，进一步拓展渤海文化研究的学术视野。

二

根据标准“倒心形”花瓣的三项基本要素，可将现已发现的17种“倒心形”花瓣分为六组，每一型花瓣依此编号为A～Q型。

第一组，标准“倒心形”花瓣，包括A、B型标本。类型A，标准“倒心形”花瓣（图一，1）；类型B，带有叶茎的标准“倒心形”花瓣，即“倒心形”外轮廓线的心窝处连接有叶茎（图一，2）。

---

① 〔韩〕金希燦：《关于渤海莲花纹瓦当对高句丽继承性的探讨》，《高句丽渤海研究》（第36辑），2010年；中译本（包艳玲译）见《历史与考古信息·东北亚》2010年第2期。

② 〔日〕田村晃一：《近期关于渤海都城研究的动向与课题》，《青山考古》第29号，2013年。

③ 宋玉彬：《渤海瓦当纹饰的文化因素分析》，《中国考古学会第十二次年会论文集》，文物出版社，2010年。

④ 宋玉彬：《渤海瓦当研究》，吉林大学博士学位论文，2011年。

⑤ 据王志刚先生提供的2013年度吉林省文物考古研究所苏密城城址发掘信息。

第二组，实体“倒心形”花瓣，包括C、D、E、F型标本，花瓣形态符合“倒心形”的外形轮廓，三项要素条件基本缺失或仅有界格线。各型花瓣的形态差异在于：类型C，单瓣实体“倒心形”花瓣（图一，3）；类型D，带有叶茎的单瓣实体“倒心形”花瓣（图一，4）；类型E，由两瓣实体花瓣组合而成的“倒心形”花瓣（图一，5）；类型F，两瓣实体花瓣之间存在纵向界格线（图一，6）。

第三组，无界格单瓣花肉“倒心形”花瓣，包括G、H、I、J型标本，具备“倒心形”凸棱纹外轮廓线，缺少界格线、水滴形花肉，“倒心形”凸棱纹外轮廓线内部装饰单瓣花肉。各型花瓣的形态差异，主要表现在外轮廓线内部的装饰方面：类型G，装饰萼形花肉（图一，7）；类型H，花瓣与类型G相同，但“倒心形”外轮廓线的心窝处连接有叶茎（图一，8）；类型I，装饰圆点纹花肉（图一，9）；类型J，双重“倒心形”凸棱纹轮廓线内装饰萼形花肉，“倒心形”外轮廓线的心窝处连接有叶茎（图一，10）。

第四组，无界格复合花肉“倒心形”花瓣，包括K、L、M型标本，具备“倒心形”凸棱纹外轮廓线，缺少界格线、水滴形花肉，“倒心形”凸棱纹外轮廓线内部自上而下装饰复合型花肉。各型花瓣的形制差异，也主要表现在外轮廓线内部的装饰方面：类型K，“三角形凸体纹+复瓣”花肉（图一，11）；类型L，“变体三角形凸体纹+双瓣”花肉（图一，12）；类型M，花瓣与类型L相同，但“倒心形”外轮廓线的心窝处连接有叶茎（图一，13）。

第五组，无花肉“倒心形”花瓣，包括N型标本，具备“倒心形”凸棱纹外轮廓线、界格线，缺少水滴形花肉。（图一，14）。

第六组，无界格水滴形花肉“倒心形”花瓣，包括O、P、Q型标本，具备“倒心形”凸棱纹外轮廓线、水滴形花肉，缺少界格线。各型花瓣的形制差异，主要表现在水滴形花肉的个体数量方面：类型O，“倒心形”凸棱纹外轮廓线内部装饰2瓣水滴形花肉（图一，15）；类型P，花瓣与类型O相同，但“倒心形”外轮廓线的心窝处连接有叶茎（图一，16）；类型Q，“倒心形”凸棱纹外轮廓线内部装饰3瓣水滴形花肉（图一，17）。

通过分组介绍，明晰了组群之间以及组内各型之间花瓣的细部差异。结合本文的学术命题，可以形成以下学术判断。首先，第二、三、四组花瓣类型均自成体系，需要分别考虑其与第一组花瓣之间是否存在形态转化关系；其次，鉴于第五、六组花瓣之间形制较为接近，可以一并考虑其与第一组花瓣的形态转化关系。欲解读两种转化的历时性、共时性属性，仅依托类型学的研究方法，显然难以形成正确的学术判断。

三

在一些渤海遗存中，集中出土了2种以上“倒心形”花瓣类型的瓦当标本。其中，

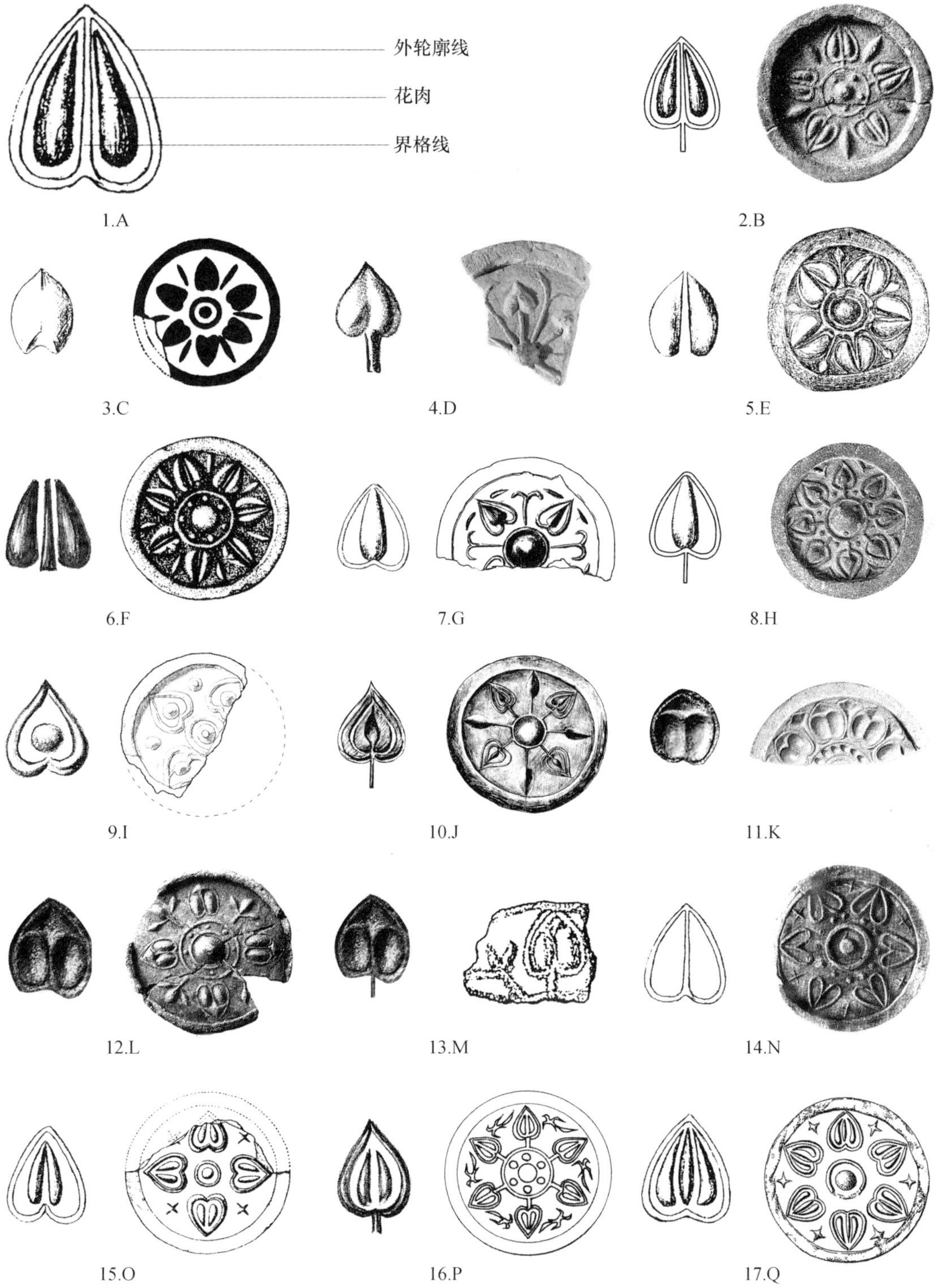

图一 “倒心形”花瓣的纹样类型

对于开展本文研究最为重要的学术支撑是在克拉斯基诺城址获取了层位学、类型学的双重线索。首先，该城址出土了A、B、E、L、M型5种“倒心形”花瓣类型的瓦当标本；其次，这些瓦当分别埋藏于具有叠压关系的早晚两期寺庙遗存之中。依托上述基础性信息，不但可以推断不同瓦当的相对早晚关系，而且有助于形成“倒心形”花瓣起源问题的思路与方法。

2001年，俄罗斯学者В·И·博尔金等人指出，克拉斯基诺城址早期寺庙建筑的“平台衬墙区出土了该建筑平面的瓦当，其纹饰有别于上层建筑平面的瓦当”[①]。依据该文配发的瓦当图例，早期寺庙使用了L型花瓣瓦当；晚期寺庙使用了B型花瓣瓦当。2004年，依据层位关系，Е·В·阿斯塔申科娃等人将克拉斯基诺城址出土的瓦当分为三期[②]。其中，L型花瓣瓦当属于早期类型，A、B型花瓣瓦当属于晚期类型。虽然Е·В·阿斯塔申科娃的分期没有提及E、M两型花瓣瓦当，但通过克拉斯基诺城址已经披露的其他考古信息可知，在早期寺院的院落西墙区域，出土了E型花瓣瓦当[③]；在晚期寺院水井的井壁砌体及井底河卵石垫层中，出土了M型花瓣瓦当。发掘者认为，M型花瓣瓦当属于早期寺庙建筑遗物[④]。

关于克拉斯基诺城址出土的A、B型“倒心形”花瓣瓦当，俄罗斯学者认为：“在渤海国存国的最后阶段，其中心地区与外围地区的联系紧密，最流行的纹饰已经传播到国家的边境地区”[⑤]。由于俄罗斯学者没有意识到可以将E、L、M型花瓣归入“倒心形”花瓣纹样类型，因此，他们的研究没有涉及“倒心形”花瓣的母题纹饰问题。

在俄罗斯滨海边疆区的马蹄山寺庙址，同样出土了E型花瓣瓦当标本[⑥]。多数俄罗斯学者将该寺庙址断代为8世纪，并认为是俄罗斯境内年代最早的渤海时期佛教寺院[⑦]。此外，E型花瓣瓦当标本另见于图们江流域、牡丹江流域渤海遗存之中。由于上

---

① 〔俄〕В·И·博尔金等：《克拉斯基诺城址四年“一体化”考察》，《俄罗斯科学院远东分院院刊》2001年第3期；中译本（宋玉彬译）见《历史与考古信息·东北亚》2004年第1期。

② 〔俄〕Е·В·阿斯塔申科娃、В·И·博尔金：《克拉斯基诺城址瓦当的纹饰》，《俄罗斯与亚洲太平洋地区》2004年第1期；中译本（王德厚译）见《北方文物》2006年第4期。

③ 〔俄〕В·И·博尔金等：《1998年俄罗斯滨海边疆区克拉斯基诺城址考古考察成果》，高句丽研究财团，2005年。

④ 〔俄〕Е·И·格尔曼等：《克拉斯基诺城址井址发掘》，《远东历史与考古——庆祝Э·В·沙弗库诺夫70华诞》，符拉迪沃斯托克，远东大学出版社，2000年；中译本（宋玉彬译）见《历史与考古信息·东北亚》2004年第1期。

⑤ 〔俄〕Е·В·阿斯塔申科娃、В·И·博尔金：《克拉斯基诺城址瓦当的纹饰》，《俄罗斯与亚洲太平洋地区》2004年第1期；中译本（王德厚译）见《北方文物》2006年第4期。

⑥ 吉林省文物考古研究所等：《俄罗斯滨海边疆区渤海文物集粹》，文物出版社，2013年。

⑦ 〔俄〕Э·В·沙弗库诺夫：《渤海国及其在滨海地区的文化遗存》，科学出版社，1968年；该书第四章中文译本（林树山译）见《东北考古与历史》（第一辑），文物出版社，1982年。

述遗存之间缺少可资比对相对早晚关系的实证依据，目前尚无法确定E型花瓣瓦当的源发点。

L、M型花瓣瓦当标本仅见于克拉斯基诺城址，但通过同组的K型花瓣可以跟西古城①、八连城②出土的复瓣莲纹瓦当建立形制方面的关联。

通过查阅资料、实地调研得知：渤海上京城址共出A、F、N、O、Q型花瓣瓦当③；吉林省汪清县红云寺庙址共出A、C型花瓣瓦当，骆驼山寺庙址共出A、H型花瓣瓦当④；吉林省珲春市新生寺庙址共出A、J型花瓣瓦当⑤；吉林省桦甸市苏密城城址共出A、I型花瓣瓦当⑥，等等。上述信息表明，标准“倒心形”花瓣瓦当与各个组群非标准“倒心形”花瓣瓦当之间均存在共出关系。遗憾的是，上述遗存均缺少判断共出瓦当相对早晚关系的实证线索。

在讨论标准、非标准“倒心形”花瓣之间是否存在形态转化关系时，有两种文化现象值得注意。一是正如俄罗斯学者所言，在渤海存国的后期阶段，标准“倒心形”花瓣瓦当在渤海全境范围内得到了普及性应用；二是渤海国灭亡后，在辽宁辽阳三道壕遗址⑦、内蒙古巴林左旗辽上京城址⑧等辽代遗存中，发现了标准“倒心形”花瓣瓦当标本。上述情况表明，标准“倒心形”花瓣瓦当占据了渤海瓦当主导地位以后，其纹样构图的三项基本要素条件始终没有发生变化，这种情况足以排除由第一组花瓣向其他五组花瓣发展演化的可能性。

四

依据层位关系，克拉斯基诺城址出土的E、L、M型花瓣瓦当早于A、B型花瓣瓦当。基于此，就形态演化而言，E、L、M型花瓣均具备成为A、B型花瓣母题纹饰的资质条件。不过，讨论“倒心形”花瓣母题纹饰的起源，除了应该关注花瓣形制的细部差异，还需要综合考虑渤海瓦当纹饰构图的总体变化规律。

---

① 吉林省文物考古研究所等：《西古城——2000～2005年度渤海国中京显德府故址田野考古报告》，文物出版社，2007年。

② 吉林省文物考古研究所等：《八连城——2004～2009年度渤海国东京故址田野考古报告》，文物出版社，2014年。

③ 黑龙江省文物考古研究所：《渤海上京城——1997～2008年度考古发掘调查报告》，文物出版社，2009年。

④ 吉林省文物考古研究所：《吉林省汪清县红云渤海建筑址发掘》，《考古》1999年第6期；宋玉彬：《渤海瓦当研究》，吉林大学博士学位论文，2011年。

⑤ 珲春市文物管理所藏品。

⑥ 据王志刚先生提供的2013年度吉林省文物考古研究所苏密城城址发掘信息。

⑦ 辽阳市博物馆陈列展品。

⑧ 据董新林先生提供的2012年度中国社会科学院考古研究所辽上京发掘信息。

秦汉以来，“当心纹饰+主题纹饰”是花草纹瓦当常态化的构图模式。渤海瓦当的当心纹饰遵循了传统瓦当的形式特点，但其主题纹饰存在单一主题、复合主题两种形态。其中，单一主题纹饰重点突出一种纹样，辅助以间饰纹；复合主题纹饰同时表现平行排列或内外排列的两种纹样。在渤海文化的早期阶段，复合主题纹饰、单一主题纹饰瓦当平行发展；到了渤海文化的后期阶段，复合主题纹饰逐渐被单一主题纹饰全面替代①。

下面具体分析由各型非标准“倒心形”花瓣所形成的瓦当纹饰构图。

在第二组花瓣类型中，D型花瓣瓦当纹饰属于复合主题纹饰的花草纹形态；C、E、F型花瓣瓦当纹饰与单一主题纹饰的标准“倒心形”花瓣瓦当的形制特点相同。

在第三组花瓣类型中，既有单一主题纹饰，也包括复合主题纹饰，瓦当的纹饰构图表现的均为花草纹形态。

在第四组花瓣类型中，L、M型花瓣瓦当纹饰属于复合主题纹饰的花草纹形态，K型花瓣瓦当纹饰属于单一主题纹饰的莲纹形态。K型花瓣瓦当标本仅见于八连城城址②，正如上文所述，K型花瓣与西古城城址、八连城城址出土的复瓣花瓣存在形制方面的关联，西古城城址、八连城城址复瓣莲纹瓦当的母题纹饰源于唐文化复瓣莲纹瓦当纹样形态的影响。

综上所述，“倒心形”花瓣母题纹饰的起源，存在两种可能。第一种，从花草纹花瓣演变成标准“倒心形”花瓣；第二种，从复瓣莲纹花瓣发展成标准“倒心形”花瓣。

在中国学术界构建的渤海瓦当编年序列中，吉林省敦化市六顶山墓地出土的瓦当被视为渤海最早的瓦当类型。2012年以前，由于缺少六顶山瓦当出土单位的详细信息，中国的学术主张受到了田村晃一的质疑③。随着全新资料的公布④，首先可以确认，具有高句丽文化因素倾向的六顶山瓦当与“倒心形”花瓣瓦当不存在纹饰方面的演变关系；另一方面，依托新的发掘资料可以判断具有墓上瓦构建筑的墓葬与贞惠公主墓的相对早晚关系。虽然贞惠公主墓没有墓上瓦构建筑设施，但在其下葬的780年，渤海境内已经流行“倒心形”花瓣瓦当。这一点，已经得到龙头山（M13和M14）⑤、

① 宋玉彬：《渤海瓦当研究》，吉林大学博士学位论文，2011年。

② 吉林省文物考古研究所等：《八连城——2004～2009年度渤海国东京故址田野考古报告》，文物出版社，2014年。

③ 〔日〕田村晃一：《关于渤海瓦当花纹的若干考察》，《青山史学》第19号，2001年；中译本（李云铎译）见《历史与考古信息·东北亚》2003年第1期。

④ 吉林省文物考古研究所等：《六顶山渤海墓葬——2004～2009年清理发掘报告》，文物出版社，2012年。

⑤ 吉林省文物考古研究所等：《吉林和龙市龙海渤海王室墓葬发掘简报》，《考古》2009年第6期。

七道河[①]等渤海高等级墓葬的间接证明。因此，具有墓上瓦构建筑的墓葬，其年代应该早于贞惠公主墓，六顶山出土的瓦当可以视为渤海瓦当的早期类型。

基于现有资料，渤海的瓦作构件主要应用于城市建筑、高等级墓葬的墓上设施、宗教建筑。如能明晰各种"倒心形"花瓣瓦当具体应用于上述不同建筑的初始时间，将有助于廓清标准"倒心形"花瓣母题纹饰的起源问题。问题是，目前尚无法确认渤海建国初期的都城所在，构建中的渤海城址编年序列也还存在诸多分歧；同时，河南屯[②]、龙头山（M13和M14）、七道河等墓葬出土的瓦当，与渤海都城瓦当存在一定的共时性特征。因此，以城市、墓葬为视角仅仅可以梳理标准"倒心形"花瓣瓦当的发展脉络，但还不足以解决其起源问题。在这种情况下，需要考虑宗教遗存出土的瓦当是否有助于本文命题的学术解读。

五

传统学术观点认为，佛教传入渤海缘于高句丽、唐的影响。然而，实际情况可能并非如此。2011年，在吉林省珲春市文物管理所调研时，发现了一批尘封多年的寺庙址遗物资料。该寺庙址位于温特赫部故城以东，曾采集到佛像、纪年瓦当等遗物。虽然瓦当标本的纪年款识均已缺失[③]，但其纹饰明显有别于高句丽云纹纪年瓦当，与辽宁出土的三燕瓦当极为相似。同时，结合出土佛像至迟不晚于高句丽的形制特点，该寺庙址应该是图们江流域年代最早的佛教遗存，纪年瓦当也应该是该流域年代最早的瓦当。这一发现表明，佛教传入图们江流域的时间早于渤海时期，甚至早于高句丽。珲春市杨木林子寺庙址出土了典型高句丽纹样的忍冬纹瓦当，可以作为受高句丽影响——佛教传入图们江流域的实证线索[④]。至于图们江流域一些寺庙址、城址、高等级墓葬中出土的标准"倒心形"花瓣复合忍冬纹瓦当，体现了渤海文化与高句丽文化的有机融合。日本的飞鸟时代，当其宫殿建筑还没有覆瓦之时，瓦作构件已经率先应用于寺院建筑。大概，图们江流域瓦构建筑的产生具有相同的情形。

根据克拉斯基诺城址揭露的遗迹现象，渤海寺院所使用的瓦作产品属于就地烧制而成，瓦当纹饰具有较强的自主性[⑤]，这种自主性造就了渤海初期寺院建筑形态各异的瓦当纹饰。纵观渤海瓦当，除了部分早期主题纹饰兼容了高句丽、唐文化因素，多数主题纹饰表现的主要是本土地域性的花草纹形态。

---

① 吉林市博物馆：《吉林省蛟河市七道河村渤海建筑遗址清理简报》，《考古》1993年第2期；彭善国：《蛟河七道河村渤海遗址属性辨析》，《东北史地》2010年第3期。

② 郭文魁：《和龙渤海古墓出土的几件金饰》，《文物》1973年第8期。

③ 纪年瓦当残存的文字为"□□年六月作"；《图们江流域年代最早的宗教遗存》，待刊。

④ 该学术认识基于珲春市文物管理所收藏的杨木林子寺庙址出土的瓦当。

⑤ 宋玉彬：《渤海瓦当的纹饰构图探源及文字瓦的使用》，《城郭与瓦——2013年国际学术会议文集》，韩国瓦砖学会·韩国城郭学会，2013年。

本文的开篇，首先将渤海瓦当分为莲纹、花草纹两类纹样形态。客观而言，除了接受唐文化因素影响的复瓣莲纹，包括“倒心形”花瓣在内的其他主题纹饰均与莲花的具体形态相距甚远。因此，“倒心形”花瓣的纹样造型应该与莲花无关。为了避免陷入新的命名混乱的误区，本文继续沿用约定俗成的“莲纹”概念，但需要抛开莲花的形态寻找“倒心形”花瓣的母题纹饰。

既然瓦作产品率先应用于渤海的宗教建筑，寺院瓦当纹饰会对略晚出现的城市瓦当产生一定的影响。这种情况在渤海城址得到证实，作为都城的西古城、八连城，虽然标准“倒心形”花瓣瓦当占据主导地位，但还存在一定比例的花草纹瓦当，这些花草纹瓦当另见于图们江流域的寺庙遗存①，形成这种局面的原因，应该是寺庙影响了城市。

至此，前文推测的“倒心形”花瓣母题纹饰起源的两种可能性，由花草纹花瓣向标准“倒心形”花瓣的形态转换，属于渤海文化的自主创新；由复瓣莲纹花瓣向标准“倒心形”花瓣的形态转换，则属于外来文化与渤海文化的有机融合。就形成标准“倒心形”花瓣的时间节点而言，花草纹花瓣早于复瓣莲纹花瓣。其理由在于，接受唐文化影响的复瓣莲纹瓦当仅见于西古城、八连城，各式“倒心形”花瓣花草纹瓦当在寺庙建筑中的具体应用应该早于城市建筑。因此，由第二组花瓣，即由单瓣、双瓣的实体“倒心形”花瓣向标准“倒心形”花瓣演变应该是本文命题的首选答案（图二，1～4）。由第三组花瓣类型完成的形态转化，可能与第二组花瓣同步或略晚（图二，5～7）。可以明确的是，“倒心形”花瓣的起源与渤海寺庙瓦当纹饰的艺术创造有关。关于第四组花瓣，与唐文化的复瓣莲纹瓦当相比（图二，8），西古城、八连城出土的复瓣莲纹瓦当，既有模仿类型（图二，9），也存在变体类型（图二，10），K型花瓣则是由于标准“倒心形”花瓣瓦当应用于渤海都城以后，引发各种纹样向标准“倒心形”花瓣转化而导致的结果（图二，11）。克拉斯基诺寺庙址出土的L型花瓣（图二，12），则是由花草纹花瓣完成的转化。因此，具有唐文化因素的复瓣莲纹瓦当，其在渤海都城西古城、八连城的具体使用应该早于“倒心形”莲纹瓦当。西古城出土的花草纹、复瓣莲纹瓦当，应该应用于“天宝中王所都”的显州时期。当时，标准“倒心形”花瓣瓦当可能还没有产生②。根据苏密城最新发掘资料，不仅可以形成该城址花瓣向标准“倒心形”花瓣演变的轨迹（图二，13～15），而且可以大体判断渤海其他花瓣瓦当纹样的变化态势（图二，16～21）。至于第五、六组花瓣类型，它们主要出自渤海上京城址，依据现有资料尚无法确定彼此间的相对早晚关系。结合另见

---

① 西古城出土的D型瓦当另见于台岩寺庙址、龙河南山寺庙址；F型瓦当另见于长仁寺庙址、岛兴寺庙址。

② 西古城出土的花草纹瓦当见于河南屯墓葬，但该墓葬没有出土“倒心形”花瓣瓦当，表明花草纹瓦当与“倒心形”花瓣瓦当的使用存在一定的时间间隔。

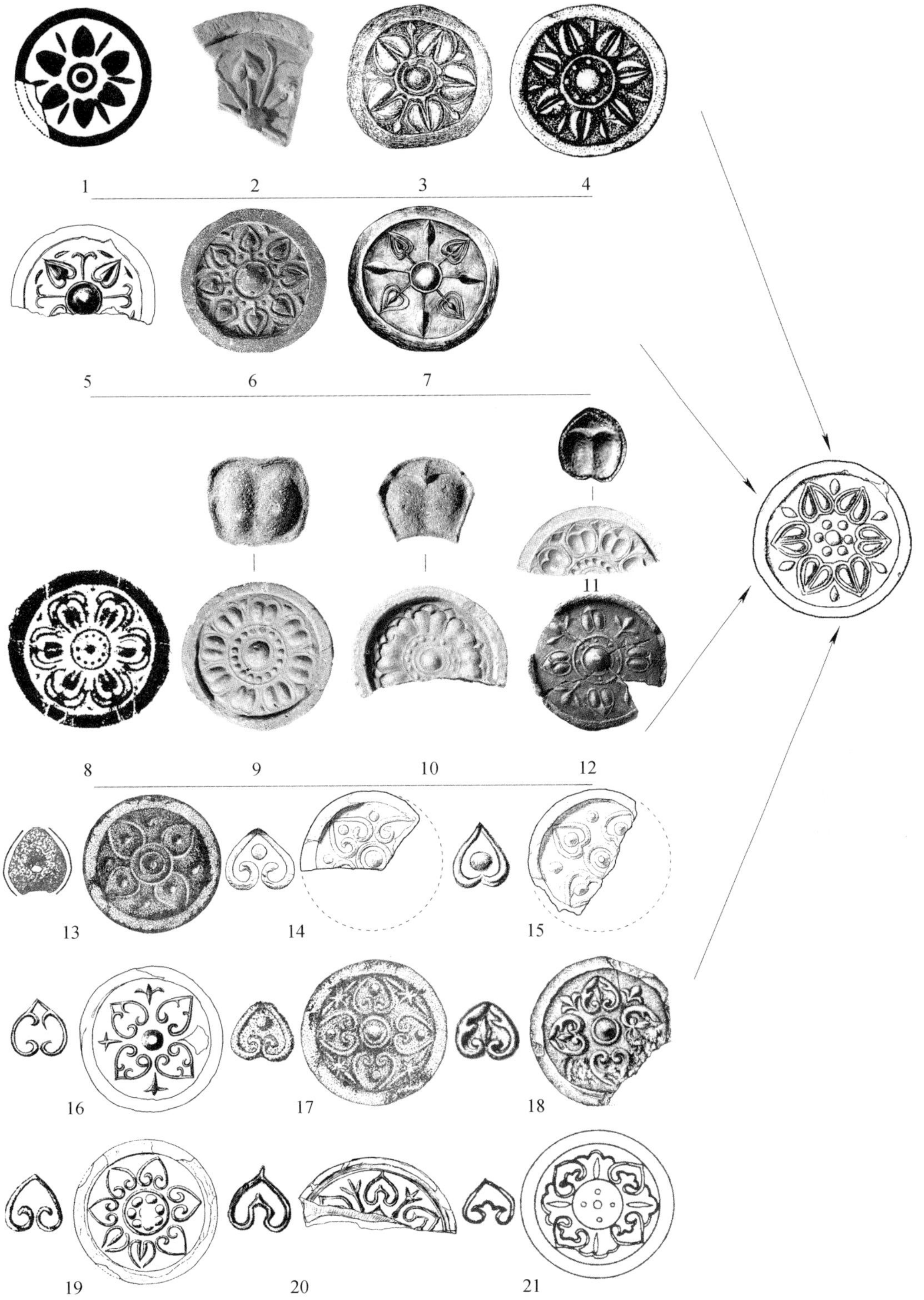

图二 “倒心形”花瓣瓦当的演变轨迹

于其他遗存的同型花瓣瓦当，它们应该是标准“倒心形”花瓣的形态简化或变异。

田村晃一认为，标准“倒心形”花瓣莲纹瓦当形成于渤海“复还上京”以后，即便此说成立，也不影响本文关于“倒心形”花瓣母题纹饰的讨论。不过，田村晃一以瓦当为视角而提出的都城学说存在一定的局限性，即单纯围绕“倒心形”莲纹瓦当讨论渤海都城的编年，实证线索过于单一[①]。对此，日本学者向井佑介已经指出，讨论西古城的年代，不能忽略其所出土的花草纹瓦当[②]。

在“倒心形”花瓣演变轨迹中扮演重要角色的C、E、G、H、J、K花瓣，主要出自图们江流域寺庙遗存。种种迹象表明，地处渤海文化核心区域的图们江流域，不仅佛教传入的时间早于渤海时期，同时也是“倒心形”花瓣母题纹饰的源发地。瓦当纹饰中各种非标准“倒心形”花瓣的艺术构思取材于地域性的自然生态，此类瓦当首先应用于寺院建筑。标准“倒心形”花瓣瓦当在渤海都城确立了主导地位以后，逐渐成为渤海瓦当纹饰的发展演变趋势。

附记：本文的学术认识夹杂着一定的主观推测成分；限于篇幅，很多问题未能充分得以展开。作为资料整合期的学术尝试，本文重在提出问题、旨在引发讨论。因此，无论是质疑还是批判均将成为笔者学术进步的更新点。

---

① 〔日〕田村晃一：《关于渤海瓦当花纹的若干考察》，《青山史学》第19号，2001年；中译本（李云铎译）见《历史与考古信息·东北亚》2003年第1期；田村晃一：《近期关于渤海都城研究的动向与课题》，《青山考古》（第29号）2013年。

② 〔日〕向井佑介：《契丹的移民政策与渤海系瓦当》，《辽文化·庆陵一带调查报告书》，京都大学，2011年。

渤海国东京故址珲春八连城城址布局复原考察*

王培新

（吉林大学边疆考古研究中心）

八连城位于吉林省珲春市，为渤海国东京故址。据《新唐书·渤海传》记载，渤海国文王大钦茂“贞元时，东南徙东京，钦茂死复还上京”。东京曾一时为渤海王城。

20世纪30～40年代，日本学者对八连城实施多次调查和发掘，使学界对城址布局有了初步了解。2004～2009年，吉林省文物考古研究所与吉林大学边疆考古研究中心对八连城开展6个年度的田野考古工作，基本上解决了八连城城址形制及宫殿配置等城市考古的基本问题。

本文拟通过对历年考古资料的综合分析，并对比渤海上京城、和龙西古城考古成果，对八连城城址布局进行初步复原考察。

一

八连城一名的由来，源于早年人们对城址布局的认识。1927年成书的《珲春县志》对八连城遗址有如下记录：“八连城，又名半拉城，西距县治十五里。城形正方，纵横各二百五十丈，东西北三面城址尚高三尺许，南址略高，西墙已为大道旁越。四面门各一，内有子城七，中央三城，左右各二城，均相联属，共有门十四。北外垣之内，子城之北有横墙一道，土名北大城，并七城而为八，故称八连城。子城亦具正方形，纵横各五十丈，南城并有重垣遗迹，倾圮渐尽。”[①]以上方志记述表明，当时的考察者注意到八连城存在以墙垣分隔形成的八区，即中央三城、左右各二城和城址北部的“北大城”（图一）[②]。

1937年鸟山喜一、1942年斋藤优等日本学者对八连城实施了较具规模的调查和发掘，测绘城址平面图，发表了考古报告，使八连城考古提升到学术研究的层面，是为

---

* 本文为2010年度国家社科基金重大项目“高句丽、渤海文化发展及其关系研究”（项目编号：10＆ZD085）阶段性成果。

① 李澍田：《珲春史志·珲春县志》，《长白丛书》（四集），吉林文史出版社，1990年。

② 徐宗伟：《珲春乡土志》，珲春市图书馆藏油印本，1935年。

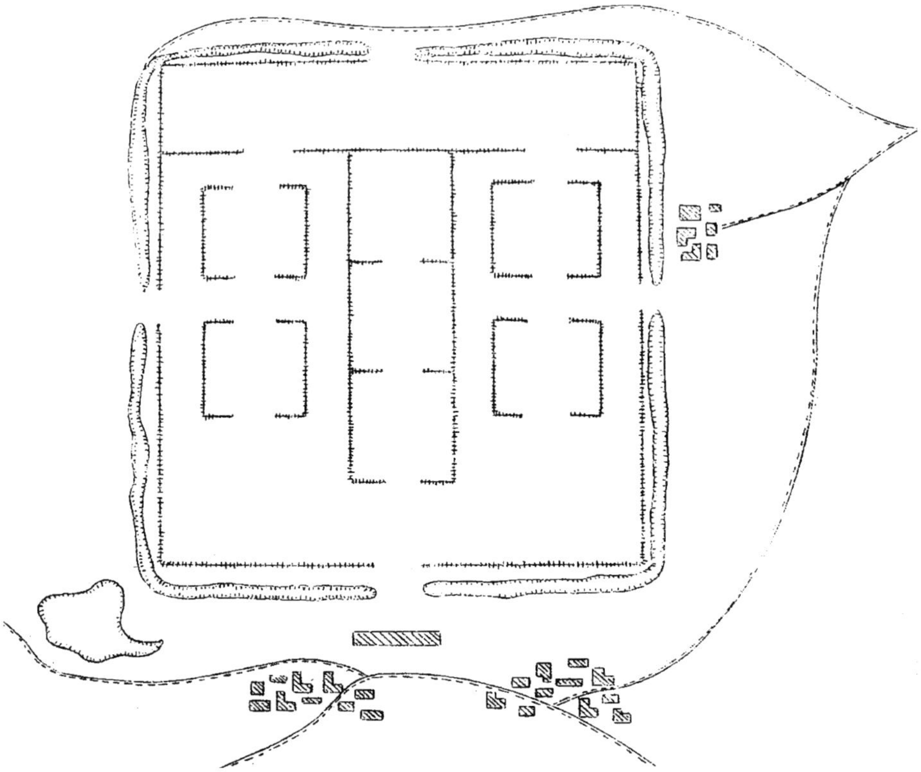

图一　《珲春乡土志》附《珲春八连城图》

20世纪渤海考古研究的重要资料[①]。

2004～2009年对八连城开展的全面调查及重点发掘，获得了城址地貌及遗迹保持现状的精确测量数据，弥补并纠正了早年发掘中存在的不足及错误认识，进一步提高了八连城考古的科学性[②]。

综合分析八连城田野考古成果，本文对城址概况做以下归纳。

八连城遗址地处图们江下游珲春河冲积平原，城址及周边地势平坦，处于农耕环境，城内构筑物较少。城址由外城和内城组成，城址纵轴与真子午线方向平行。内城位于外城中央略偏北，内城南门和外城南门在一条南北线上构成全城中轴线（图二）。

八连城外城平面接近方形，东西707.4米、南北744.6米。2009年，在南墙中部发现外城南门址。外城其他门址地表已无迹象，只在外城南墙中部偏西位置存在一处宽约

① 王培新：《20世纪前半期珲春八连城考古述评》，《边疆考古研究》（第11辑），科学出版社，2012年。

② 吉林省文物考古研究所、吉林大学边疆考古研究中心、珲春市文物管理所：《八连城——2004～2009年度渤海国东京故址田野考古报告》，文物出版社，2014年。

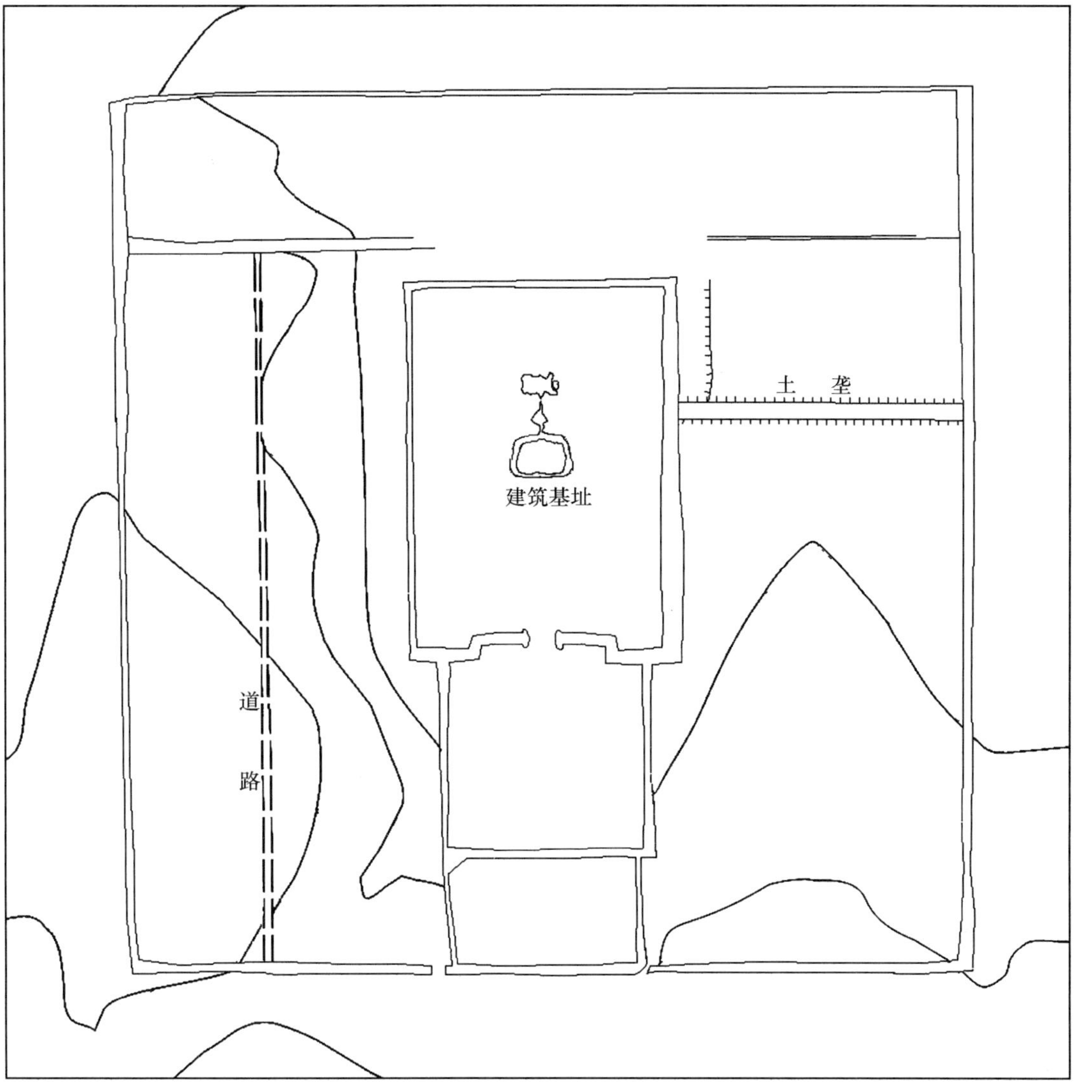

图二 八连城遗址地形图（2004年测绘）

12米的城墙缺口[①]。外城南门为单一门道，面宽3.2米，东西两侧以城墙为门墩[②]。外城南墙缺口距南门址约90米，据20世纪前半期八连城考古资料记录，此缺口早已形成，被当地居民称为“南门”[③]（图三）。和龙西古城与八连城同为渤海第三代王大钦茂时

① 吉林大学边疆考古研究中心、吉林省文物考古研究所：《吉林省珲春八连城遗址2004年调查测绘报告》，《边疆考古研究》（第7辑），科学出版社，2008年。

② 吉林省文物考古研究所、吉林大学边疆考古研究中心、珲春市文物管理所：《八连城——2004～2009年度渤海国东京故址田野考古报告》，文物出版社，2014年。

③ 王培新：《20世纪前半期珲春八连城考古述评》，《边疆考古研究》（第11辑），科学出版社，2012年。

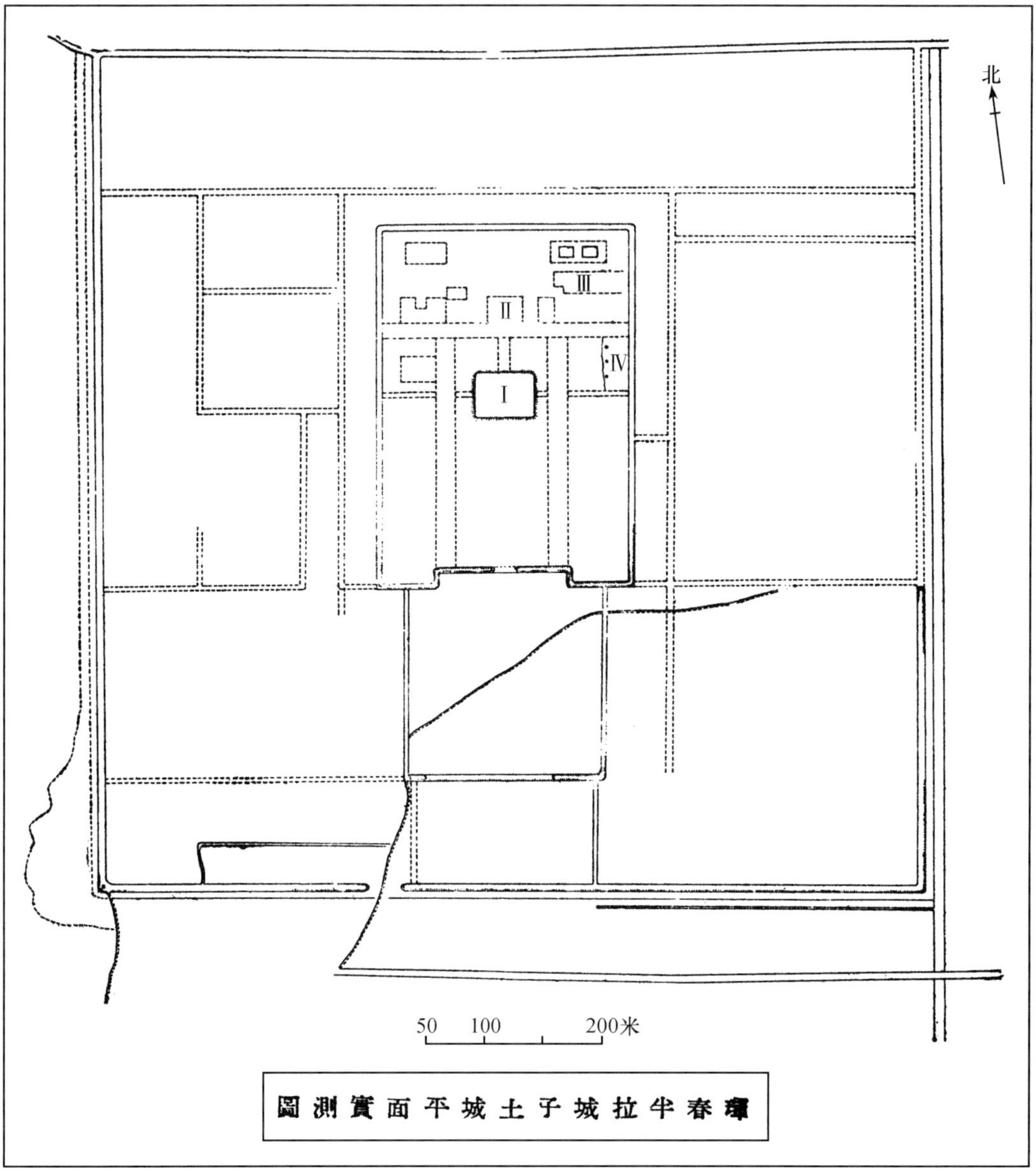

图三　《珲春半拉城子土城平面实测图》（1937年测绘）

期的王城，其外城南门西侧与八连城外城南墙缺口对应位置上也有一处早年就已形成的城墙缺口[①]。两座形制接近的渤海王城在相同位置都有城墙缺口这一现象，似不应理解为后世取土破坏所致。渤海上京城宫城中部宫殿区的布局及规模与西古城和八连城大体相当，其南墙设置三门，东侧门为假门，西侧门（3号门址）为单门道实用门，而

① 吉林省文物考古研究所、延边朝鲜族自治州文化局、延边朝鲜族自治州博物馆、和龙市博物馆：《西古城——2000～2005年度渤海国中京显德府故址田野考古报告》，文物出版社，2007年。

西侧门的位置正好与八连城和西古城外城南墙缺口对应[①]。据此推断，八连城和西古城外城南墙还应设西侧门。据早年斋藤优调查时确认，外城北墙和西墙的中部城墙凹陷为城门所在，东墙北部已经破坏，东门迹象不明（图四）。斋藤优分别于1941和1942年多次调查八连城，其调查发掘报告对城址保存的遗迹迹象的记录较多。报告所附城址平面图由当时珲春县都邑建设局测量班测绘，图中所反映的遗迹迹象及地貌特征较

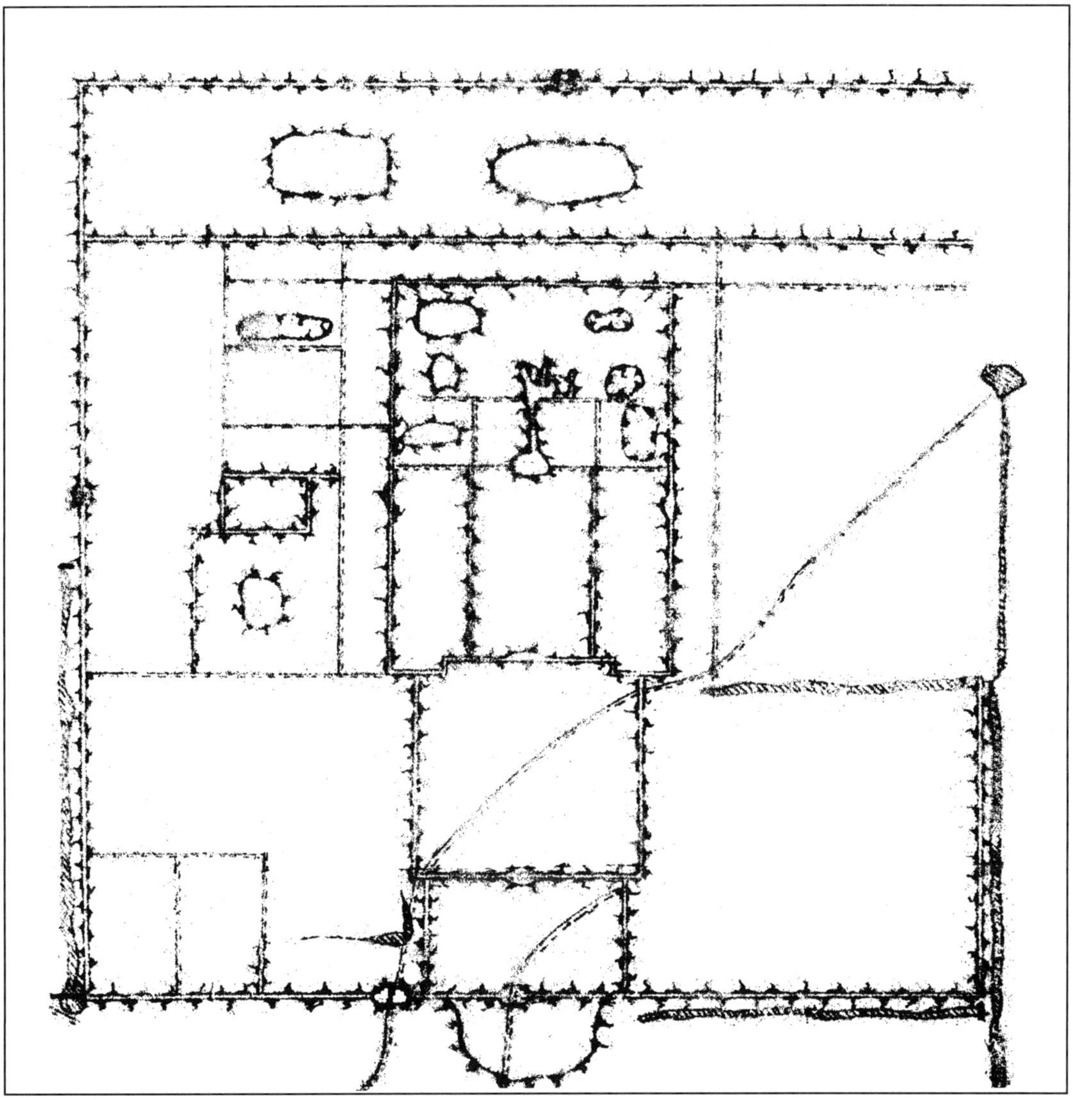

图四 《半拉城址附近实测平面图》（1942年测绘）

① 黑龙江省文物工作队：《渤海上京宫城第2、3、4号门址发掘简报》，《文物》1985年第11期。

为准确[①]。分析20世纪前半期八连城考古资料，对比西古城和渤海上京城宫城城门配置，本文认为八连城外城东、西、北三面城墙中部都应设置城门。外城北门与外城南门处于一条南北线上，外城东门虽无迹象可循，但考虑到城门设置的对称性及城址东部亦无地势障碍等因素，推测东门也应布置在外城东墙中部。

外城是否存在城壕尚未得到考古发掘的证实。1983年，第二次全国文物普查期间对八连城进行了全面调查，据《珲春县文物志》记录，外城护城河尚依稀可辨[②]。并且，20世纪前半期八连城考古资料也都不同程度地记录了外城四周存在环壕遗迹。现在八连城外城城墙的外侧已修建引水干渠，水渠距城墙5～6米，与四面城墙平行，可能借用了原有城壕。

内城位于外城中央略偏北，平面为长方形，东西长216.4米，南北长317.6米。南墙中部向北转折13.5米，中央设城门。内城南门台基平面呈长方形，东西27.4～28.6米，南北16.2米。台基南半部分略宽于北半部分，东西连接内城南墙，南北各设前后对应的左、中、右三阶。据柱网布局可知，南门台基之上建有面阔五间、进深二间的木构建筑[③]。另据斋藤优调查发掘报告记录，内城东、西城墙中央墙体凹陷应为城门所在。在西墙凹陷处内侧发现铺砌整齐的素面方砖，出土绿釉脊兽残片、瓦片等遗物，表明这里存在建筑遗迹[④]。故内城东、西城墙设有城门。报告附图显示墙体凹陷位置在内城东西城墙中部略偏南，与外城西墙凹陷在一条东西线上。此外，20世纪前半期测绘的城址平面图还显示，在内城东西城墙的外侧存在隔墙遗迹[⑤]。东西两侧隔墙距内城城墙约30米，北端至城址北部“北大城”南墙。内城北墙距“北大城”南墙亦约30米，因而在内城的东、西、北三面形成了宽度相等的巷道。

宫殿建筑集中分布在内城的北半部，布置在全城中轴线上的第1、2号建筑址规模宏大，为八连城宫殿区的主体建筑。第1号建筑址位于内城的几何中心，为南起第一重宫殿，建筑规模最大，其南面是由回廊与内城南墙合围形成的殿前广场。第2号建筑址居北，由主殿和左右朵殿组成。在第2号建筑址的东西两侧，还各布置一座大型建筑址（第3、4号建筑址），与第2号建筑址形成三殿并列的形式。第1号建筑址殿基高大，南壁设左右踏道，建筑形制、规模及所处位置与渤海上京城第3号宫殿址相当，建筑性质应为前朝大殿。第2号建筑址布置在第1号建筑址后侧，主殿有取暖设施，建筑形

---

① 王培新：《20世纪前半期珲春八连城考古述评》，《边疆考古研究》（第11辑），科学出版社，2012年。

② 吉林省文物志编委会：《珲春县文物志》，1984年。

③ 吉林省文物考古研究所、吉林大学边疆考古研究中心、珲春市文物管理所：《八连城——2004～2009年度渤海国东京故址田野考古报告》，文物出版社，2014年。

④ 参见①中图五、图六。

⑤ 参见①中图一、图四、图一三。

制、规模及所处位置与渤海上京城第4号宫殿址相当，建筑功能当为寝宫[①]。两座宫殿之间设有穿廊，组合形成"'工'字殿"形制（图五）。

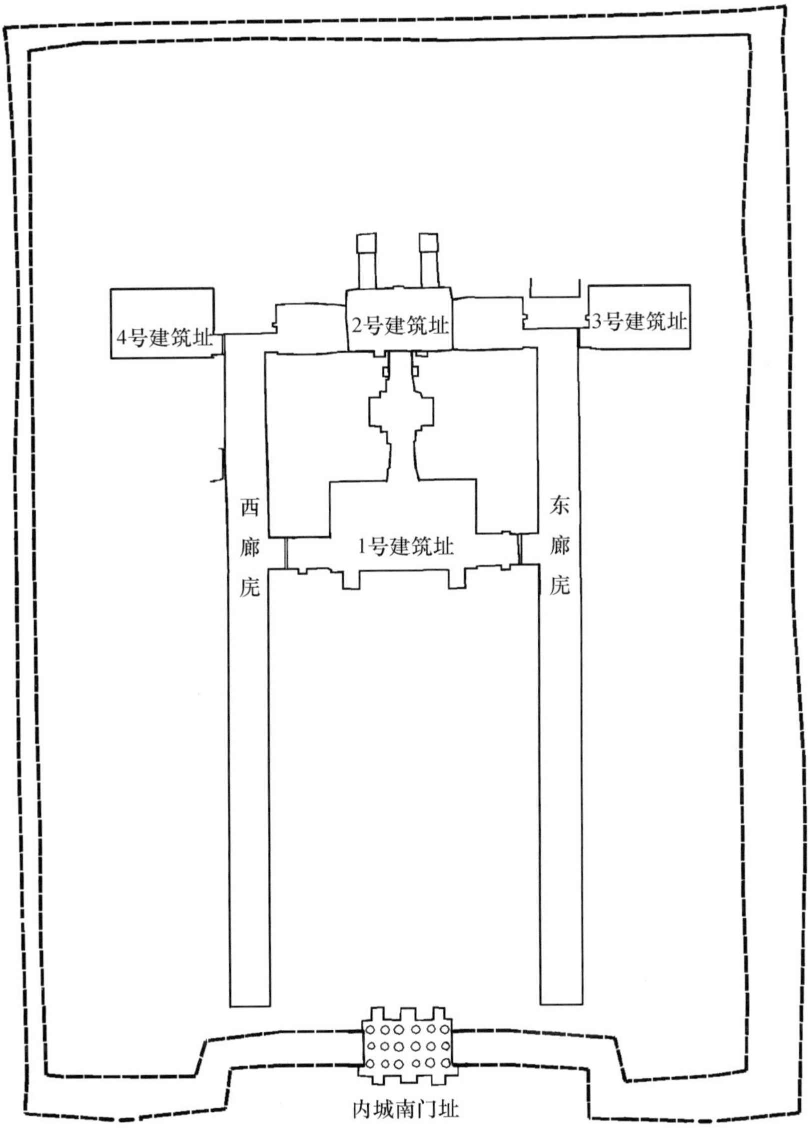

图五　八连城内城建筑布局复原示意图

二

根据城址墙垣遗迹的分布以及宫殿建筑配置等迹象分析，八连城城址布局似规划

① 黑龙江省文物考古研究所：《渤海上京城——1998～2007年度考古发掘调查报告》（上册），文物出版社，2009年。

为中部、东部、西部和北部四区划，各区划内又以隔墙、围墙分隔成若干单独区及院落（图六）。

城址中部有纵向排列的三区。中部北区为内城，中区和南区位于内城南墙至外城南墙之间。中部三区的墙垣至今仍有不同程度的保留，内城墙垣保存最好，中区和南区的墙垣比内城城墙低矮许多，宽度亦较内城城墙窄。内城形制前文已作介绍，此不再赘述。

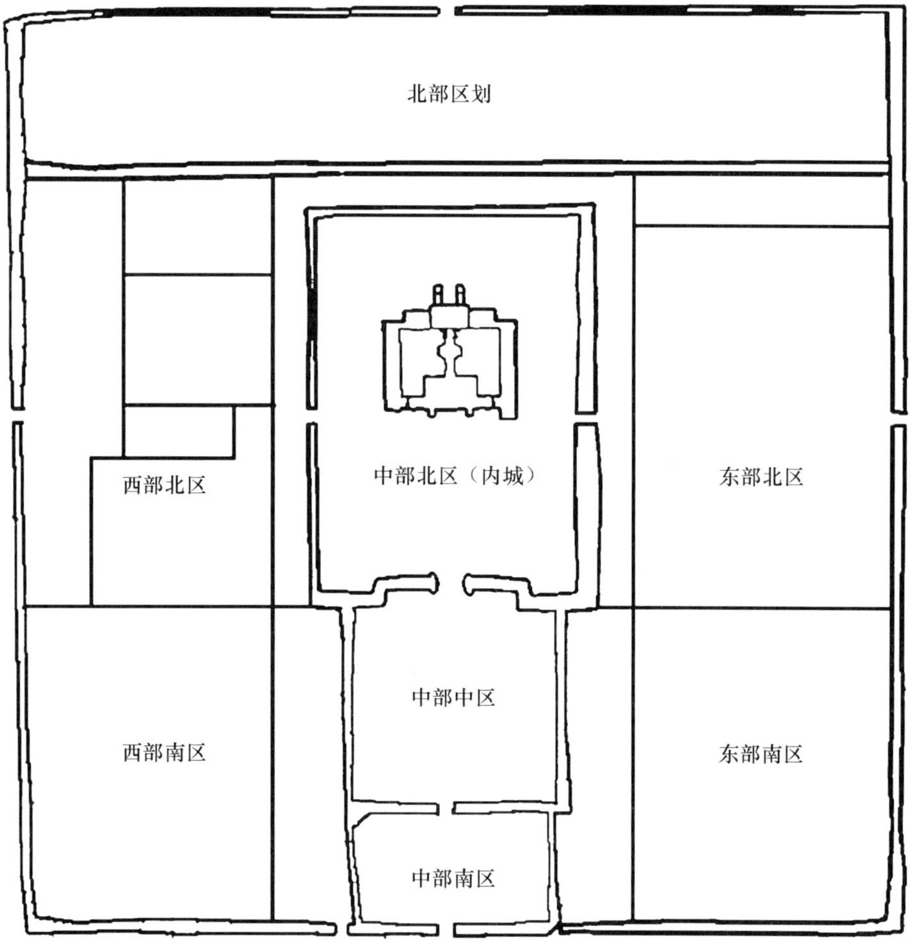

图六　八连城城址布局初步复原示意图

中部中区平面呈长方形，中区墙垣东西约166米、南北约171米。南墙中央有门址，与内、外城南门处于一条南北线上[①]。1937年测绘的城址平面图显示，在中区东西墙垣的外侧也筑有隔墙。中区隔墙北接内城东西隔墙向南延伸，其中东侧隔墙至中区

① 王培新：《20世纪前半期珲春八连城考古述评》，《边疆考古研究》（第11辑），科学出版社，2012年。

南墙一线中断，西侧隔墙向南延伸约25米迹象不辨。和龙西古城内城的东、西、北三面也筑隔墙，其中东侧隔墙至内城南墙附近，因遇水池洼地未直接向南延伸，而是从内城东墙南端接出一条南北向墙垣向南直抵内城南墙，西侧隔墙则延伸至内城南墙西侧门附近①。推断八连城中部中区东西两侧隔墙亦可能向南延伸到达内城南墙。

中部南区平面呈长方形，东西约153米，南北约97米。此区的南墙即外城南墙中段，中部为外城南门。在COLONA卫星1967年11月拍摄的八连城一带卫星照片上可以观察到，南区东侧有隔墙迹象，但西侧有无隔墙已不可辨认（图七）。若无地形或建筑的限制，隔墙应该对称布置。因此有理由推断，中部南区西墙外侧也应筑隔墙。西古城内城西侧隔墙与外城南墙相接的位置在南墙西侧门西侧，如果八连城内城西侧隔墙延伸至外城南墙，则位置也在南墙西侧门西侧。若以内城东西隔墙为界线，则中部三区横向等宽。

城址东部似分隔为南北二区。1937年测绘的城址平面图显示，东部北区和南区之间隔墙与内城南墙在一条东西线上，北区纵向长大于南区。而在1942年测绘的城址平面图中，这个位置是一条水渠，水渠从外城东侧城壕引入，向西至内城东南角将内城

图七　八连城卫星照片（COLONA，1967年拍摄）

① 小嶋芳孝：《中国吉林省和竜県西古城周辺の写真——斎藤優コレクション調査報告（1）》，《古代学研究》第138号，1997年。

东侧隔墙切断，显然这一期间城址东部因耕种等活动使隔墙受到了破坏。此外，在东部北区的北部，距“北大城”南墙约30～50米处还有一条东西向隔墙。上述两次测量对此条墙垣位置标注略有差距，但都显示北区北部存在一个东西向横长的封闭区。这一区域南北向实用宽度为20～40米，东西长约218米，应是夹城或巷道。

城址西部与东部对应，同样规划成南北二区。与东部相比，西部遗迹迹象保存相对较多。不过20世纪前半期八连城各次调查测绘的城址平面图，对西部遗迹迹象的标注存在一定的差异①。近年日本学者小方登利用卫星照片，尝试对渤海都城布局进行复原研究②。对比小方登所发表论文中的“八连城COLONA卫星照片”，则1942年测绘的城址平面图与卫星照片所反映的城址墙垣迹象最为接近。综合分析20世纪前半期八连城考古资料并比对卫星时片初步推断，西部北区的东部存在南北向排列的四座有围墙的院落。位于南侧的院落面积最大，东西宽也大于其他各院落，院内中央地面隆起推测存在建筑基址，东北角连接一条向北延伸的巷道。北侧院落的南部有一条呈东西向长条形的洼地，可能是水池遗迹（参见图四）。1937年测绘的城址平面图显示，西部南区有一条东西向隔墙，与中部中区南墙在一条东西线上。1942年测绘的城址平面图则无此条隔墙，而在此区西南部标出了一条东西向和两条南北向墙垣，在城址的西南角形成两座东西并列的院落。这个区域早已开垦水田，20世纪60年代拍摄的卫星照片显示，西部南区已无可辨遗迹迹象。因此要进一步明确此区布局，还有待今后田野考古的进一步开展。

城址北部即《珲春县志》记录的“北大城”，位于外城的北部，南北约133米，东西横贯全城。北部区划的北墙即外城北墙，南墙与内城北墙间隔29米，墙体的东段和西段尚有一定程度的保留，中段墙体已经夷平，门址迹象不明。1942年测绘的城址平面图显示，北区的中央和西部各有一处东西约100米、南北约60米的地表隆起范围，是为建筑遗址所在③。而在1941年斋藤优调查八连城时绘制的《半拉城平面图》中，城址北部区划内则绘出三处建筑址范围，该图是斋藤优在当年实测图基础上结合遗迹调查绘制的复原图，因此北部区划存在三处建筑遗址的可能性较大④。

① 王培新：《20世纪前半期珲春八连城考古述评》，《边疆考古研究》（第11辑），科学出版社，2012年。

② 小方登：《衛星写真を利用したプランの研究》，《人文地理》，第52卷，第2号，2000年。

③ 王培新：《20世纪前半期珲春八连城考古述评》，《边疆考古研究》（第11辑），科学出版社，2012年。

④ 参见①中图三。

三

八连城并不像渤海上京城那样由郭城、皇城、宫城组成，而与和龙西古城同样规划为内外二重城形制，城址布局及规模大体相当于渤海上京城宫城中部宫殿区。有研究者认为，现存八连城外城实为“内城”，还应存在更大规模的郭城，并有中轴大街、里坊等规划[①]。但持此种观点的研究，都未能提出确凿的考古学证据。迄今为止的考古调查并未发现八连城存在更大规模城郭的明确迹象，而且八连城外城有环壕，表明现存外城即为八连城最外重城垣。

八连城遗址的墙垣，按其功能可划分为城墙、隔墙和围墙，营建时采用了不同的建筑标准。八连城遗址现存墙垣包括内外城的四面墙垣、中部区划中区和南区墙垣以及北部区划南墙。城址废弃后墙体的宽度和高度是决定保存程度的关键因素，按现存墙垣保存高度及宽度排序，则内城城墙保留程度最好，其次是外城城墙，再次为中部区划中区和南区墙垣及北部区划南墙，而中部区划两侧隔墙、东西部区划内隔墙及围墙目前地表已无迹象。这一现象表明，现存墙垣的建筑标准高于已经湮灭了的墙垣。从现存墙垣的分布格局也可进一步看出，八连城全城规划为中部、东部、西部、北部四区划的基本格局成立（参见图二）。四区划当中，中部、东部、西部三区划纵向布置2～3个封闭区域，整体表现为中轴对称的院落式布局形式。

中部区划是全城的核心，中部北区（内城）为王宫，宫殿建筑集中布置在北部，南部为东西约78米、南北约136米的殿前广场。内城南门建筑在夯土台基之上，面阔五间、进深二间，前后设左中右三阶，规模宏大。内城南门面对中区，此区未曾发现建筑遗迹，应是一处大型院落式广场。因此，内城南门及其南侧广场很可能成为举行朝贺庆典的场所。中部南区也无建筑遗迹，面积比北区和中区进一步缩小，南墙的中央为外城南门，是进入中区和内城的缓冲地带。中部中区和南区的东西两侧还设置夹城，其重要性仅次于内城。

东部和西部区划对称布置在核心区划的两侧，区划内布局也基本相同。相对于西部，东部区划保留的遗迹较少。由于在八连城城址东侧早已形成村落，外城东墙北段早年就已夷平，居民的活动对城址东部造成的破坏要比其他区域更为严重。另外的原因也可能与渤海国以东京为王城时间较短，并未在东部投入大规模的内苑建设等因素有关。西部区划存在多座院落，也有建筑等遗迹迹象，外城南墙设西侧门，可直接进入此区。因此，西部区划应是宫内官署及王宫服务区。

北部区划东西横贯全城，与其南侧区划之间有建筑标准较高的隔墙封闭，自成一体，独自性相对较高。参考唐长安城太极宫北部西内苑、洛阳城宫城北部圆壁

---

① 王培新：《20世纪前半期珲春八连城考古述评》，《边疆考古研究》（第11辑），科学出版社，2012年。

城、渤海上京城宫城北部附属区等宫城后部布局规划特点，推测八连城北部区划功能与之类似。

西古城、上京城、八连城是文献记载曾为渤海王城的三座城址。目前的考古发现表明，渤海王城中只有上京城是仿照唐长安城规划营建的渤海都城。西古城和八连城，城址规模、布局及功能，只相当于上京城宫城“大内”。东京故址八连城的营建时间应略晚于显州故址西古城，经历一段以上京为都的时间之后，八连城的宫殿建筑规划弱化了朝政功能，中轴线只建有一座朝政大殿，但寝区的宫殿配置与上京城大体相当。因此，应将八连城的性质理解为渤海王室离宫，在文王大钦茂时期渤海国王曾一时由上京徙东京而居。

辽代城门营建规制初探

董新林

（中国社会科学院考古研究所）

城门营建制度是中国古代都城研究的重要组成部分。因为辽代城门考古勘查和发掘资料很少，所以关于辽代城门营建规制方面还没有专门的研究。皇帝陵园的陵门基本是仿照都城城门修筑的，故可纳入城门范畴。本文试图以2010年经过考古发掘的辽祖陵陵园黑龙门遗址（即一号门址）[①]为基础，参考辽上京皇城乾德门遗址[②]等考古材料，通过与汉唐时期帝陵和都城门址资料的比较分析，来对辽代城门营建规制做些初步的探讨。不当之处，请方家斧正。

一、辽祖陵陵园黑龙门遗址

辽祖陵是辽代开国皇帝耶律阿保机的陵寝之地。陵园四面环山，以自然山脊为陵墙，仅在临近祖州城的东南向，有一个狭窄通道，筑有一个陵门，编号为一号门址。《辽史·地理志》载："太祖陵凿山为殿，曰明殿。殿南岭有膳堂，以备时祭。门曰黑龙。"《辽史》所载太祖陵只提到一处黑龙门，与考古发现相合。因此，我们推定辽祖陵一号门址即为黑龙门遗址（下文统称为黑龙门）。

黑龙门坐落在辽祖陵陵园东南的山口峭壁之间，略呈西南—东北向分布。黑龙门南侧呈"一"字形，仅东墙最东端沿自然山体地势略向北内收；北侧则呈"凹"字形，城门部分窄于两侧陵墙。西陵墙南北宽达24米，而陵门墩台（即门道隔墙）南北仅宽18.3米。陵门朝东南向。陵门址外侧（东南侧）地势较低，呈坡状，与门道地面有较大高差。陵门内侧（西北侧）地势平缓。

黑龙门址保存较为完整，正门建筑推测为一门三道格局[③]，即两个墩台（或称隔

---

① 中国社会科学院考古研究所内蒙古第二工作队、内蒙古文物考古研究所：《辽代祖陵黑龙门址和四号建筑基址考古发掘》，《考古》2011年第1期。

② 董新林等：《辽上京城遗址首次大规模考古发掘乾德门遗址》，《中国文物报·文物考古周刊》2012年1月20日第8版。

③ 黑龙门遗址中，二号（居中）门道大体位于陵门豁口的中央，且门道略宽于一号（东）门道；地面铺砖保存状况明显好于东门道。初步推断，二号（居中）门道应为御道，东门道为日常使用门道。根据对称的原则，西侧（现代冲沟位置）可能有一个西门道。参阅后文的论述。

墙）分隔出三门道。城门两侧连有砖石包砌的夯土陵墙，东端陵墙内侧（北面）有登临城墙的慢道。其中正门和两侧陵墙之上原来分别建有门楼和门楼附属建筑等（图一）。

正门建筑位于山口峭壁的中央。建筑主体用夯土，外侧用石块或青砖包砌。由一号（东）门道和慢道、二号（居中）门道和慢道、东墩台、西墩台、涵道等遗迹和门楼建筑组成。黑龙门正门建筑原来可能有东、中、西三个门道。现存一号（东）和二号（居中）两个门道，都保存较好。均采用梁架木结构，铺砖地面中间略高，南北两端略低。门道东西两侧铺筑门道基础。门道呈东南—西北向。门道由门道基础（石地栿、木地栿和排叉柱）、两侧壁面、地面、门砧石、将军石、门道口包石等构成。

一号（东）门道（以西石地栿南北端为界）进深18.75米，东西（石地栿内壁之间）宽4.68米。门道地面主体铺平砖，残缺较多，门砧石南侧残存三排细石板，北部东侧地面发现车辙遗迹。中部地面距东墩台顶面高5.7米。因为门道内铺砖地面为中间高（即门道中部安置门砧石的位置地势最高），南北两侧略低，所以两侧石地栿顶面与地面形成不等的高差。二号（居中）门道大体居于整个陵门豁口的中央，南北（以南北的封边砖，即线道为界）进深18.3米，东西（石地栿内壁之间）宽中部为5米，南端约5.2米（北端不详），中部地面与东门道地面平齐。地面全部铺置长方形沟纹砖，沟纹朝上，保存很好。两侧门垛下砌条石。中部门砧石和将军石均保存在原位。其他情况略同于一号门道。西门道可能已被现代冲沟所破坏殆尽。经试掘可知，此处下面存在一个排水涵洞，水道尚存。水道现宽3米左右。因现存积水，故深度不详。

黑龙门的门道基础由石地栿、木地栿和排叉柱组成。门道底部东西两侧对称分布，均保存较好。石地栿直接置于基岩之上，垫土找平，沿门道两壁底部南北向平行

图一　辽祖陵黑龙门（一号门址）遗址全景图（下为南）

砌筑。为长方形白色花岗岩对缝顺铺，有单层至三层叠砌不等，上顶台面平齐。相对的内侧壁面较为规整。一号门道东侧石地栿南北总长残约16.9米，宽0.45～0.51米。石地栿个体大小不等，长0.76～1.06米，厚度0.2～0.25米。西侧石地栿南北总长约18.75米，宽0.44～0.52米。石地栿个体长0.36～0.98米，厚约0.26米。木地栿平置于石地栿之上。绝大部分木地栿已经被火烧成黑炭状。南北两端少部分未被火烧到，现为土黄色朽木。根据现存木地栿残迹可知，木地栿明显短于石地栿，并且也窄于石地栿，向内收分约0.18～0.2米（即石地栿台面露明部分）。门道东侧木地栿顶面上共清理出残存木立柱13根及一个榫眼，即木地栿上原来共立有14根木排叉柱。以中部门砧石为界，南北各有7根。门道西侧情况与东侧略同。排叉柱全被火烧成黑炭状，已经变形。仔细清理东侧南数第2、3根残存木柱底部与木地栿结合的结构痕迹可知，木排叉柱是插在木地栿之中，属于榫卯结构。二号门道的基础做法（图二）与一号门道相同。

一号（东）门道和二号（居中）门道南口外均修筑登临门道的斜坡慢道。慢道整体平面呈五边形，为青砖铺筑。由中间矩形慢道和四面护坡组成（图三）。中间矩形慢道呈南北向斜坡状，北高南低。地面为东西向成排砌砖，逐层“露龈”叠涩，起到防滑作用。东侧、西侧护坡下部都有一条两排并行竖立砖砌成的线道，与中间慢道南缘线道相连，作为与土地面的界分。两侧护坡整体各由两个三角形构成，中间共用一边。即以门道口为起点，向下划分出一个小锐角三角形（北侧）和一个大钝角三角形（南侧）。一号（东）门道外的中间矩形慢道南北长7.5米，宽约4.68米，坡度约

图二　辽祖陵黑龙门二号门道东壁石地栿、木地栿和排叉柱（西—东）

图三　辽祖陵黑龙门东门道及“五瓣蝉翅”慢道正视图（南—北）

17°。侧立砖砌筑为主，局部铺平砖。北段及南段保存基本完好，中段大部分砖被破坏。二号（居中）门道外的中间矩形慢道南北长7.8米，东西宽5.14米，坡度约16°，平铺砖为主。

黑龙门发现两个墩台（或称隔墙）。城门墩台主体为夯土。南北两面包砌石或砖墙，叠涩内收。墙下部为包石，上部为包砖。夯土和包墙间有填心杂土和石块。东墩台保存较好，整体为南北向长方形。南北长18.3米，东西宽13.1（南）~14.1（北）米，南侧通高达7.58米，顶部地面尚存一个覆盆式石柱础。西墩台破坏严重，残存高4.26米。

城门两侧均筑有高大的陵墙，内为夯土和石块，南北两侧均有包石。西陵墙上部破坏严重，墙体基础宽约24米。东陵墙保存较好，顶面尚存建筑基础遗迹。建筑外东北端有1米宽土坯墙与东侧山体相连，用来封堵陵门豁口。东墙北侧与自然山体相连。内侧慢道是目前确认的一号门址唯一的登临门墙踏道。其位于黑龙门址东侧陵墙的西北角，一号门道的东部北侧。修筑的斜坡和台阶相结合慢道，折回沿东山坡地通往东陵墙上。慢道地面铺长方形砖。

城门墩台和两侧陵墙的南面和北面，都是用规整的石块砌筑，局部现存高达2米多，保存较好。东侧墩台和东侧陵墙的顶部，都发现有覆盆式石柱础和砖瓦残块，表明当时上面都应有木构城楼建筑。从原地面的残木构件和大量灰烬推定，原来祖陵陵门上高大的木构建筑毁于大火。

二、辽代祖陵黑龙门遗址陵门营建特点

辽祖陵黑龙门遗址的考古发掘是首次对辽代帝陵陵门址进行的科学考古发掘，也填补了我国学者在辽代帝陵和都城门址考古方面的学术空白，具有重要的学术意义。

辽祖陵黑龙门址主体建筑保存较为完好，为国内所罕见。黑龙门址两个门道内的将军石和门砧石均在中间原位，地面和两侧立面壁保存较好；门道基础的石地栿、木地栿和排叉柱等遗痕大体可窥原貌；东墩台和东陵墙均保存原始高度，东墩台顶上存有覆盆式石柱础，东陵墙顶面上保存有原来建筑的基础，如石柱础、墙体等。这些为研究黑龙门形制结构，复原黑龙门上部原来的城楼和附属建筑等提供了难得的原始资料。而中原和关中地区的汉唐宋都城城门和帝王陵陵门很难获得这么丰富的考古第一手资料。从黑龙门营建规制上考察，我们初步归纳出其三个重要特点。

第一，黑龙门应为一门三道布局。黑龙门是辽祖陵陵园唯一的陵门，无疑是最为重要的正门。一门三道的布局与中原关中地区帝陵和都城的正门规制相似。

第二，黑龙门的门道基础做法独具特色。黑龙门门道基础做法是在规整的石地栿上面置木地栿，木地栿上开卯口，上插木排叉柱。

第三，在黑龙门遗址首次清理出形制结构特殊的五面坡慢道，与《营造法式》所载的"五瓣蝉翅"慢道相仿。我们认为这是第一次发现《营造法式》中"五瓣蝉翅"慢道的考古实例，是重要的考古发现。

三、与汉唐时期门址等的比较研究

我们对辽祖陵黑龙门遗址的营建特点进行了初步总结。那么，这三个重要特点是否可以代表辽代城门营建的几条规制呢？尚需要与汉唐时期门址做些比较研究。

1. 关于黑龙门的一门三道布局

黑龙门遗址中，二号（居中）门道大体位于整个陵门豁口的中央，且门道中部宽5米，略宽于一号（东）门道的4.68米。二号门道地面铺砖保存状况明显良好，踩踏痕迹较弱，不同于一号（东）门道地面铺砖残碎，车辙痕迹明显等情况。因此我们初步推断，二号（居中）门道应为御道，东门道为日常使用门道。根据二号（居中）门址西侧的遗迹现象，参考以往都城门址对称布局的情况，我们推测二号门址西侧（现代冲沟位置）可能有一个西门道。

我们的推论可以从辽庆陵遗址和辽祖州城遗址中得到佐证。辽代庆陵有东、中、西三座帝陵，分别属于圣宗、兴宗和道宗的陵寝之地。其中圣宗皇帝的庆东陵，日本

学者曾对其做过踏查和详细勘测①。庆东陵玄宫为砖筑的7室类屋式墓，其东南方有祭祀基址，基址东南部有夯土砌筑的陵门。东陵陵门为一门三道规制（图四）。另外，辽祖陵的奉陵邑祖州城为不规则的五边形。外城中后部有内城。内城正门——兴圣门址也是一门三道的规制②。

汉唐时期帝陵门址的考古资料不多。汉代杜陵是汉宣帝的陵寝之地。其地宫之上为覆斗形封土，属于积土为陵。帝陵四周由方形陵墙构成陵园，四面墙正中各辟1个司马门，均为单门道③，与辽祖陵黑龙门不同。唐昭陵陵园北司马门遗址④虽不是正门，但陵门规制较高，以庑殿式大门与三出阙、列戟廊为组合，与含元殿正殿及前部两阁的配列非常相似⑤。昭陵北司马门规模超过南司马门，一方面受地形限制，另一方面也

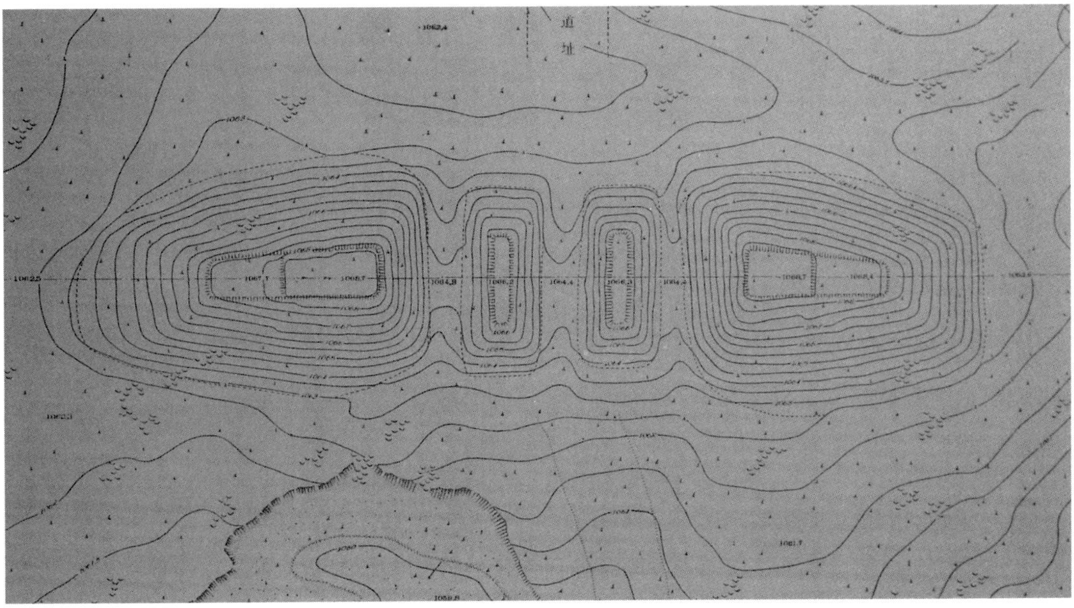

图四　辽庆陵东陵门址示意图

① 参见〔日〕田村实造、小林行雄：《庆陵—— 东モンゴリアにおける辽代帝王陵とその壁画に关する考古学的调查报告》，座右宝刊行会，1953年，图134。

② 参见〔日〕岛田正郎：《祖州城：东蒙古モンチヨックアゴラに存する——辽代古城址の考古学的历史学的发掘调查报告》，中泽印刷株式会社刊，1955年。

③ 中国社会科学院考古研究所：《汉杜陵陵园遗址》，科学出版社，1993年。参见第8页和图五。

④ 陕西省考古研究所、昭陵博物馆：《2002年度唐昭陵北司马门遗址发掘简报》，《考古与文物》2006年第6期。

⑤ 张建林、王小蒙：《对唐昭陵北司马门遗址考古新发现的几点认识》，《考古与文物》2006年第6期。

有着深刻的历史原因①。唐泰陵陵园东门和正南门形制结构一致，由过殿式大门和三出阙构成。正门面阔五间，进深二间，中间三间设门②。

汉唐时期都城城门的发掘资料丰富。汉代长安城东墙北部的宣平门、与长乐宫东阙相对的霸城门、未央宫南侧的西安门、西墙中部的直城门等都经过考古发掘。这几个城门都是“一门三道”规制。每个门道实际宽度约6米，相当于4个车轨，开启了中国都城城门设计的规制③。唐代长安郭城正门——明德门④和大明宫南墙正门——丹凤门都采用的是“一门五道”规制。洛阳城宫城南墙正门——应天门⑤和郭城正南门——定鼎门⑥等，则采用的是“一门三道”规制。渤海上京城龙泉府的正门⑦也都是“一门三道”规制，而一般城门采用“一门一道”规制。辽上京城平面略呈“日”字形，由皇城（北）和汉城（南）两部分组成。皇城有4个门，汉城有3个门。辽上京皇城西门——乾德门遗址经过考古发掘⑧。可知，该遗址由城门和瓮城组成。城门遗址由单门道和南北两侧的夯土墩台等组成。城门之上原来应有城楼建筑。辽上京皇城和宫城的正门未经确认和发掘，情况也不详。

综合上述资料，我们可以把汉唐辽时期城门粗略分成三个类型⑨：甲类，庑殿式城

---

① 张建林、王小蒙：《对唐昭陵北司马门遗址考古新发现的几点认识》，《考古与文物》2006年第6期。

② 陕西省考古研究院、蒲城县文物局：《唐玄宗泰陵陵园遗址考古勘探、发掘简报》，《考古与文物》2011年第3期。

③ 王仲殊：《西汉的都城（长安）》，《汉代考古学概说》，中华书局，1984年；《汉长安城城门遗址的发掘与研究》，《考古学集刊》（第17集），中国社会科学出版社，2010年。

④ 中国科学院考古研究所西安工作队：《唐代长安城明德门遗址发掘简报》，《考古》1974年第1期。

⑤ a. 中国科学院考古研究所洛阳发掘队：《隋唐东都城址的勘查和发掘》，《考古》1961年第3期；b. 中国社会科学院考古研究所洛阳工作队：《“隋唐东都城址的勘查和发掘”续记》，《考古》1978年第6期；c. 洛阳市文物工作队：《隋唐东都应天门遗址发掘简报》，《中原文物》1988年第3期。参阅陈良伟：《隋唐两京城门基本类型及相关问题》，《21世纪中国考古学与世界考古学》，中国社会科学出版社，2002年。

⑥ 中国社会科学院考古研究所洛阳唐城队、洛阳市文物工作队：《定鼎门遗址发掘报告》，《考古学报》2004年第1期。

⑦ 黑龙江省文物考古研究所等：《渤海上京城》，文物出版社，2009年。

⑧ 董新林等：《辽上京城遗址首次大规模考古发掘乾德门遗址》，《中国文物报·文物考古周刊》（第8版），2012年1月20日。

⑨ 本文仅依据门道数量的多寡和城门本身形制对城门进行简单的分类，没有涉及城门阙台的有无问题。关于古代门阙的研究论文较多。如陈良伟《隋唐两京城门基本类型及相关问题》（《21世纪中国考古学与世界考古学》，中国社会科学出版社，2002年）、韩建华《中国古代城阙的考古学考察》（《中原文物》2005年第1期）和刘庆柱《古代门阙遗址的考古发现与研究》（《新世纪的中国考古学——王仲殊先生八十华诞纪念论文集》，科学出版社，2005年）等。

门或“一门五道”规制；乙类，“一门三道”规制；丙类，“一门一道”规制。辽代祖陵黑龙门的“一门三道”规制，就目前所知，是代表辽代最高等级的城门或陵门规制。

2. 关于辽代城门门道基础做法

辽祖陵黑龙门清理的两个门道，其门道基础做法相同。都是在规整的石地栿上面置木地栿，木地栿上开榫眼，上插排叉柱。这种门道基础做法在辽代较为普遍。

辽上京皇城乾德门的发掘资料表明①，乾德门遗址由城门和瓮城组成。城门有三次大规模营建。其中门址三（MZ3）是乾德门第一次营建的门址。门址二（MZ2）是乾德门再次改建的门址。门址二保存最为完整。门道方向为东偏南19°。门道南北两侧尚存较为完整的石地栿，其上残存木地栿遗痕，可辨认木地栿上残有榫眼，内有排叉柱木痕（图五）。其门道基础做法与辽祖陵黑龙门完全一致。从考古发现看，此次改建是乾德门城门建筑最为重要的一次营建（其夯土基础一直为后代沿用）。门道（石地栿内侧路面宽度）宽约6.2米，进深约30米；石地栿东西总长19.9米。

图五　辽上京皇城乾德门门址二北侧石地栿和木地栿及护墙板痕（南—北）

① 董新林等：《辽上京城遗址首次大规模考古发掘乾德门遗址》，《中国文物报·文物考古周刊》2012年1月20日第8版。

蒙古国布尔干省南部达辛其楞苏木的青陶勒盖古城（Chintolgin balgas）是一座东南向的辽代城址①。其平面呈“日”字形，共有6座城门。北城和南城的东、西墙各设一门；南城南墙近中部设一门；南北城之间的隔墙偏东设一门。门外均设瓮城。日本奈良大学会同蒙古国考古研究所对北城东门进行过试掘②，曾清理出门道一侧的局部地面和门道基础。其门道基础做法也是石地栿上置木地栿，再立木排叉柱。由此可见，辽代城门的门道基础做法是有一定规制的，并且在辽朝的控制范围内得到较好的贯彻执行。

城门门道基础做法在不同时期有所不同。傅熹年先生曾对汉唐宋元都城城门门道做法进行过论述。“根据遗址，参考前述绘画资料，推定为在方形石础上立矩形断面柱子，最外一根柱向内倾斜，其斜度平行于城墩表面。柱上顺城门道方形架承重枋，左右二枋间跨门道架梯形构架，构架上铺木板，板上碎土直至墩顶。门道两端施博风板”。因为考古发掘的城门门道上部都已破坏，具体情况只能做些复原推测。但是，汉唐辽宋时期城门门道下部基础部分有些保存较好，为研究提供第一手实物资料。傅熹年先生对城门“门道基础做法”进行了总结分类，指出：“据现有材料，汉、唐以来至元代，这种门道下部做法可分三型。Ⅰ型：用石柱础，础上用木地栿，栿上立木柱。Ⅱ型：用方形石础，础上立柱。Ⅲ型：用土衬石，石上用石地栿，栿上立木柱。由历史发展上看，汉长安城门属于Ⅰ型。南北朝城门尚未发现实例，但与之同时而受其影响的朝鲜高句丽时代的平壤罗城城门属于Ⅱ型。据此，可能我国南北朝时也出现Ⅱ型。近年发掘出的唐长安、洛阳城门均属Ⅱ型。但在敦煌发现的绢画中也有Ⅰ型的例子，说明唐代Ⅰ、Ⅱ型并行。宋、元以来，据《营造法式》规定及前引诸宋、元画所示，多属于Ⅲ型。”③

我们从汉唐时期的城门遗址考古发掘资料中找到一些实例，来对傅熹年先生的总结分类做些补充说明。Ⅰ型以汉长安城东墙南侧的城门——霸城门④为代表。霸城门实际是长乐宫的正东门，其城门采用“一门三道”规制。北门道和中门道被破坏，南门道保存较好。其门道基础做法为，门道地面两侧放置不规则的石柱础，石柱础有的紧密相连，有的之间有空隙；石柱础之上置两排木地栿（原报告称“枕木”）；在内侧木地栿上置立木排叉柱（图六）。汉长安城南侧的城门——西安门的东门道和中门道保存较好。门道基础做法与霸城门相同。唯一的差别是柱础石下部半埋在夯土中，

---

① 巴图：《蒙古国辽代城址的初步研究》，吉林大学硕士学位论文，2012年。

② 资料待刊。笔者应日本奈良大学千田嘉博教授等邀请，曾于2010年考察青陶勒盖古城遗址的发掘现场。

③ 傅熹年：《唐长安大明宫玄武门及重玄门复原研究》，《傅熹年建筑史论文集》，百花文艺出版社，2009年，第235～261页。

④ 王仲殊：《汉长安城城门遗址的发掘与研究》，《考古学集刊》（第17集），中国社会科学出版社，2010年，参见第124页图14和图版26。

图六　汉长安霸城门南门道北侧石柱础、木地栿（西—东）

础石表面与门道地面取齐。Ⅱ型以唐代长安城皇城南墙西侧的含光门[①]和唐代洛阳郭城南正门——定鼎门[②]为代表。含光门为“一门三道”规制。其门道基础做法为，门道两侧安置排列整齐的方形石柱础，础石顶面中央凿有圆形榫眼，上立木排叉柱。两础石（中至中）之间距1.3米（图七）。定鼎门也是“一门三道”规制，隋代始建，沿用到宋代。其唐代门道基础做法为，承础石埋在门道底部的夯土中。门道两侧分别安置长方形或方形石柱础，两础石间有的紧密相连，有的略有空隙；石柱础顶部正中，均凿有立木排叉柱的圆形榫眼。后来有补凿浅榫眼的现象。发掘者认为是盛唐后期所为。Ⅲ型以唐代洛阳城东城东墙上唯一城门——宣仁门[③]为代表。宣仁门为“一门三道”规制。其南门道基础做法为，门道南壁底部安置土衬石；土衬石之上置有长方形石地栿，长0.4～1.2米、宽0.55米；石地栿顶面凿有长方形榫眼，上立木排叉柱（图八）。

《营造法式》卷第三《石作制度》“地栿”条载：“造城门石地栿之制，先于地面上安土衬石（以长三尺，广二尺，厚六寸为率），上面露棱广五寸，下高四寸。其

---

① 中国社会科学院考古研究所西安唐城工作队：《唐长安皇城含光门遗址发掘简报》，《考古》1987年第5期，参见第444页图一和图版伍。

② 中国社会科学院考古研究所洛阳唐城队、洛阳市文物工作队：《定鼎门遗址发掘报告》，《考古学报》2004年第1期，参见第96页图八和图版拾玖。

③ 中国社会科学院考古研究所洛阳唐城队：《河南洛阳隋唐城宣仁门遗址的发掘》，《考古》2000年第11期，参见第44页图四和图版陆。

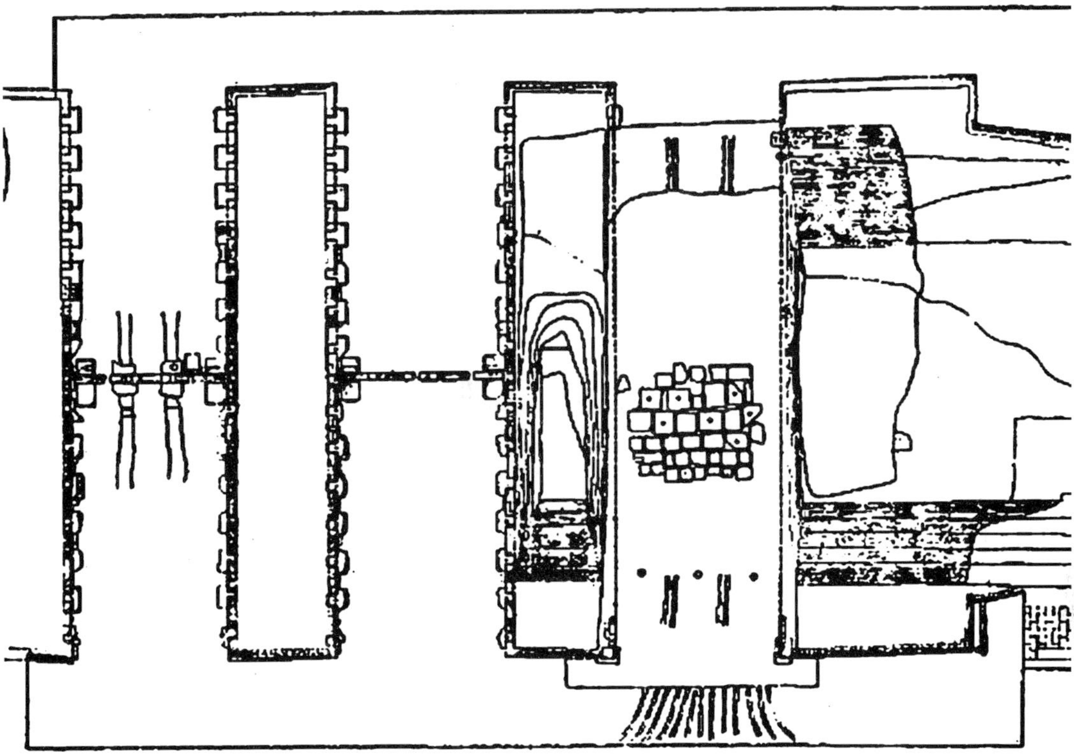

图七　唐长安皇城含光门遗址平面图

图八　唐洛阳城宣仁门南门道土衬石、地栿石局部（北—南）

上施地栿，每段长五尺，广一尺五寸，厚一尺一寸；上外棱混二寸；混内一寸凿眼立排叉柱。”宣仁门门道基础做法与《营造法式》基本一致。

除了傅熹年先生提及的三型城门基础做法外，渤海上京城门道基础做法可单列为Ⅳ型。渤海上京城郭城南墙东门，由一个门道和两侧的门楼墩台构成①。其门道基础做法为，门道两侧在夯土中各埋有一排“土衬石”（原报告称“垫石”），石块大小不等，形状不一；“土衬石”上置木地栿，木地栿上立有木排叉柱②。此型与Ⅰ型较为接近。

通过上述论述可知，辽代陵门或城门的门道基础做法为石地栿上置木地栿，再立木排叉柱。这种规制不同于前述四型，可以单独列为第Ⅴ型。这样的话，汉唐辽宋时期的城门“门道基础做法”至少可以分为五个类型。

根据辽上京皇城乾德门遗址的发掘情况可知，辽祖陵黑龙门的门道基础做法与辽上京皇城乾德门门址二（MZ2）一致，并不是辽代初期营建辽上京最早的规制。根据乾道门遗址门址三（MZ3）和瓮城的试掘情况可知，辽代最早的门道基础做法为，门道两侧放置不规整近方形的石柱础，石柱础间有一定距离；石柱础上再放木地栿（部分直接接触于夯土之上），木地栿上立木排叉柱。这种规制显然与汉长安城基本一致。

综上所述，辽代城门的门道基础做法，最早可能是采纳汉长安城的营建规制，同时也受到渤海国的影响，逐渐形成辽代特有的做法。辽代门道基础做法秉承了汉代和渤海使用木地栿的传统，将石地栿和木地栿结合，开启了有辽一代独具特色的建筑规制。

3. 关于“五瓣蝉翅”慢道

《营造法式》卷第十五《砖作制度》中“慢道”条规定“垒砌慢道之制”：“城门慢道，每露台砖基高一尺，拽脚斜长五尺。（原注：其广减露台一尺。）厅堂等慢道，每阶基高一尺，拽脚斜长四尺。作三瓣蝉翅，当中随间之广。（原注：取宜约度。两颊及线道，并同踏道之制。）每斜长一尺，加四寸为两侧翅瓣下之广。若作五瓣蝉翅，其两侧翅瓣下取斜长四分之三。凡慢道面砖露龈，皆深三分。（原注：如华砖即不露龈。）”③

关于《营造法式》所载“三瓣蝉翅”和“五瓣蝉翅”慢道，因为没有实例，所

① 中国社会科学院考古研究所：《六顶山与渤海镇》，中国大百科全书出版社，1997年。

② 孙秉根、冯浩璋：《渤海上京龙泉府城门的类型》，《新世纪的中国考古学——王仲殊先生八十华诞纪念论文集》，科学出版社，2005年。

③ 梁思成：《营造法式注释》，《梁思成全集》第七卷，中国建筑工业出版社，2004年。引述原文时，句读略有改动。《营造法式》系北宋将作监李诫编修的关于建筑设计和施工的官书，于北宋崇宁二年（1103年）刊行。

以梁思成等先生也不知其形制，“只能从文义推测，可能就是三道或五道并列的慢道”。辽祖陵黑龙门遗址的考古发掘，为我们提供了“五瓣蝉翅”慢道的实例[①]，无疑具有重要的学术价值。

黑龙门一号（东）门道和二号（居中）门道南口外，均用砖修筑登临门道的“五边形”斜坡慢道。由中间矩形慢道和四面护坡组成。中间矩形慢道呈南北向斜坡状，北高南低。两侧护坡整体各由两个三角形构成，中间共用一边。即以门道口为起点，向下划分出一个小锐角三角形（北侧）和一个大钝角三角形（南侧）。面砖逐层“露龈”，有些部位沟纹砖面朝上，均起到防滑作用（参见图三）。黑龙门慢道从形制到做法，都与《营造法式》的“五瓣蝉翅”基本一致。

若我们推定“五瓣蝉翅”慢道不悖的话，那么《营造法式》所载“三瓣蝉翅”慢道，也可以找到考古实例。只是以往被考古学者和古建筑学者忽略了。在西汉杜陵寝园南面中门[②]，很可能就是“三瓣蝉翅”慢道。此门北对便殿主体建筑——殿堂。门址为单门道规制，由北部平道和南部坡度组成。平道宽1.91米、进深1.3米，地面铺素面方砖。坡道宽2.8、进深（坡长）4.5米，坡度10.5°。坡道中间为长方形，两侧护坡为三角形。长方形坡道中间铺几何纹方砖，两侧辅以素面长方形砖。两侧护坡也铺素面方砖（图九）。

在辽祖陵甲组建筑基址中的J2基址南侧的慢道，因被破坏，形制已不完整。但从其结构观察，此慢道可能是“三瓣蝉翅”慢道[③]。

唐宋辽朝，迄今未发现“三瓣蝉翅”慢道的考古实例。在传世的北宋绘画中，有可供参考的资料。《清明上河图》的城外，绘有一座面阔三间、单檐悬山顶的正门建筑，两侧接有“挟屋”式的侧门建筑。正门前的慢道，即为“三瓣蝉翅”慢道做法[④]。其与杜陵寝园南面中门形制大体一致。

综上所述，考古发现的“三瓣蝉翅”慢道和“五瓣蝉翅”慢道，无疑为研究《营造法式》提供了重要实例，增进了我们对古代建筑的认识。对两种慢道营建尺度的探讨，尚需更多的考古资料。《营造法式》不仅是宋代关于建筑设计和施工的官书，而且书中内容应该也是对汉唐诸朝建筑规制的扬弃。从这个角度讲，此书对于汉唐辽宋金元考古发掘和研究有着重要的参考价值。

---

① 中国社会科学院考古研究所内蒙古第二工作队、内蒙古文物考古研究所：《内蒙古巴林左旗辽代祖陵陵园黑龙门址和四号建筑基址》，《考古》2011年第1期。

② 中国社会科学院考古研究所：《汉杜陵陵园遗址》，科学出版社，1993年，参见第25页，图一一。

③ 中国社会科学院考古研究所内蒙古第二工作队、内蒙古文物考古研究所：《内蒙古巴林左旗辽代祖陵陵园遗址》，《考古》2009年第7期，图版拾伍，3。

④ 中国美术全集编辑委员会：《中国美术全集·绘画编3》之《两宋绘画（上）》，“清明上河图”卷（之六），文物出版社，1988年，第134页。

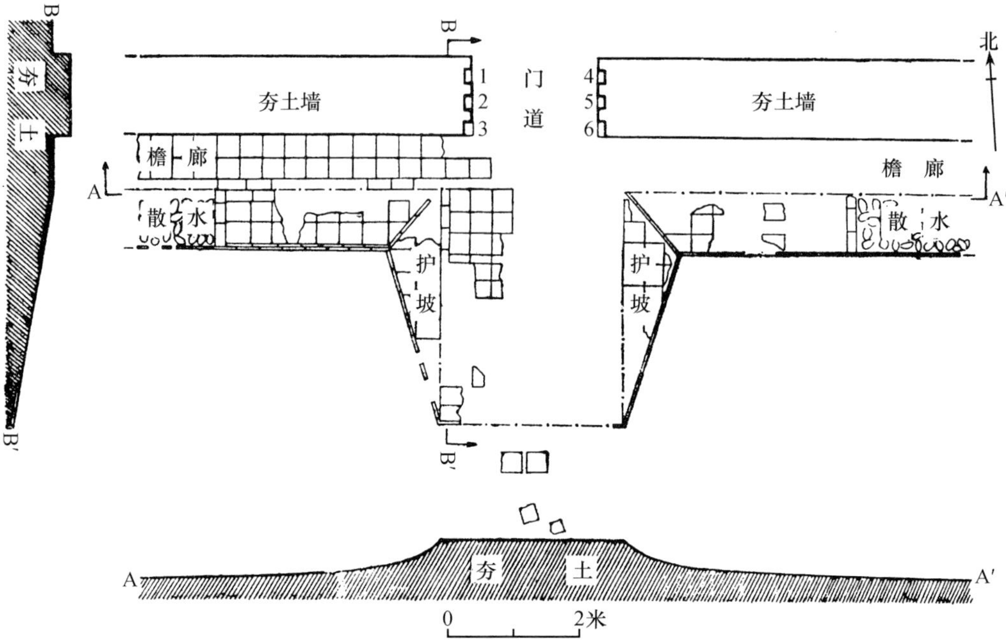

图九　西汉杜陵寝园南面中门“三瓣蝉翅”慢道

四、辽代城门营建规制的初步认识

通过上文的比较和分析，我们初步确定辽祖陵黑龙门遗址的三个营建特点，应该可以归纳成辽代城门营建的几个规制。

第一，辽代都城和帝陵的正门，通常采用“一门三道”规制。其他门则多用“一门一道”规制。

第二，辽代城门的门道基础做法形成自己特有的规制。即在规整的石地栿上面置木地栿，木地栿上开榫眼，上插木排叉柱。辽代门道基础做法与汉唐宋诸朝规制均不同，丰富了中国古代城门或陵门建筑形制的内容。

第三，辽祖陵黑龙门遗址使用《营造法式》所载“五瓣蝉翅”慢道规制，应是辽代城门高规格慢道的体现。换而言之，“五瓣蝉翅”慢道可能比“三瓣蝉翅”慢道规格要高。这有待考古新资料的验证。

总之，辽代城门营建规制受汉代都城和帝陵规制的影响较大，同时也汲取了渤海和唐代的一些因素，逐渐形成富有自身特色的辽代城门营建规制。

附记：笔者主持的辽祖陵遗址考古发掘项目，曾多次得到张忠培先生的指导和支持。承师友厚谊，草成拙文也算是对先生多年对我工作支持的成果汇报，恭贺先生八十华诞。

北京赵德钧墓——辽帝默许的“皇陵”*

冯恩学

（吉林大学边疆考古研究中心）

在已发现的辽墓中，形制特殊者以辽代赵德钧墓为最，他采用了九室的皇陵级的墓葬形制。赵德钧墓为其子赵延寿所建，他为什么按照皇陵制度建造赵德钧墓？为什么辽太宗耶律德光能容忍他僭越？考究史料，与五代军阀割据混战，耶律德光巧妙利用赵德钧父子“自立为帝”幻想的特殊历史背景有关，现简要分析如下。

一、赵德钧墓的等级为皇陵级

该墓位于北京崇文区永定门外西马场，为仿木构建筑的砖室壁画墓，分前、中、后三正室，每个正室都分别筑左右两个侧室（图一）。位于中心的正室最大，是放置棺的主室，右后室是粮仓，左后室是钱库，所出完整的汉唐铜钱就达七万三千余枚，为古墓罕见。该墓早年被盗严重，在该墓前曾经发现了赵德钧妻子的墓志，志题为“辽故卢龙军节度使太师中书令北平王赠齐王天水赵公夫人故魏国夫人种氏合附墓志铭”（以下简称《魏国夫人种氏墓志》）。赵德钧在后唐同光三年（925年）任卢龙节度使，镇幽州，后唐明宗时封北平王，后降辽，发掘者根据墓志确定这是赵德钧和种氏的合葬墓[①]。

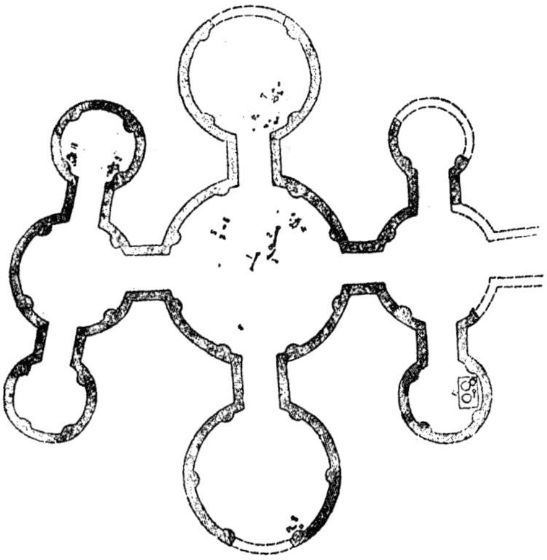

图一　赵德钧墓平面图

辽代墓葬墓室的数量存在等级制度。最高等级是皇陵，为三正室四侧室的七室墓。如位于内蒙古巴林右旗的庆陵是辽圣宗永庆陵、兴宗永兴陵、道宗永福陵的总称，庆陵的三座皇陵都是前中后三正室，前室和中室又各带二侧室的七室墓（图二）[②]。第二等级墓是前、中、后三正室，二侧室的五

* 本文研究获得教育部新世纪优秀人才支持计划资助。

① 北京市文物工作队：《北京南郊赵德钧墓》，《考古》1962年第5期。

② 田村实造、小林行雄：《庆陵》，座右宝刊行会，1952年，第40页。

室墓，属于皇族特殊的亲王级墓。如赤峰大营子的辽驸马墓，墓主萧沙姑死后追赠为“卫国王”，其墓使用了这种的五室墓[①]。而发现的其他亲王、郡王的墓是二正室二侧室的四室墓，如辽朝一代名臣耶律仁先被封为“十字功臣”，尊为“尚父”，封为宋王，也不过是这种四室墓[②]。赵德钧在降辽之前的实职是节度使，而同在北京发现的辽代节度使韩佚的墓是单室大墓，这是辽代汉人节度使的墓制级别。赵德钧在后唐时被封为北平王，墓志中的“赠齐王”应该是他降辽去世后辽给他的追封，因此他可以享受王级待遇，但他是汉人降将，其墓制应该是前后二正室带二侧室的四室墓。而他的墓实际采用了九室墓，九乃数之最尊，墓室数量超过了七室的契丹皇帝陵，所以他的墓在辽墓等级上是皇陵级，是严重僭越。

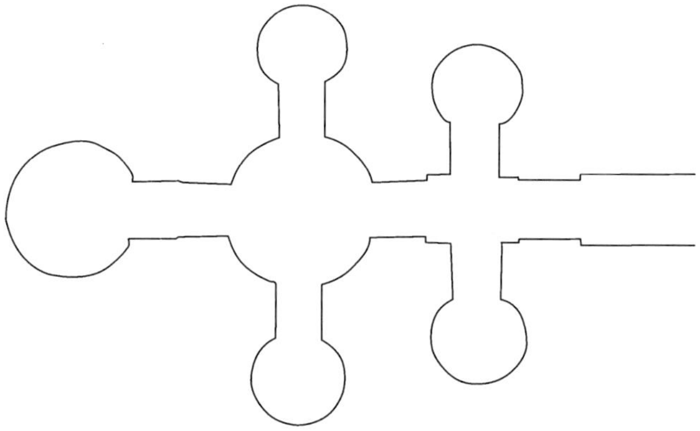

图二　庆陵之东陵平面图

辽朝和唐宋一样，对高级官员和贵戚的追赠与葬礼仪式有着等级规定，并派相应等级的官员负责监葬。辽萧义墓的墓志记，“皇上闻讣震悼，敕有司稽宠典以赠，官积休功而定。其仪祭引，则中大夫守鸿胪少卿充史馆修撰韩纲承诏以领之。备礼窀穸则中大夫大理少卿张公孝奉命物之。”[③]《秦晋国大长公主墓志铭》记载耶律观音女的丧事：“仍诏保静军节度使王英秀充丧祭使”，“特遣枢密使兼侍中南阳韩公绍雍夙夜丧事，一以如仪”。[④]赵德钧死后被辽朝廷追赠为齐王，说明辽朝皇帝耶律德光对他的丧事很重视，按礼，朝廷还要赐赠一些置办丧事的财物，并派官员参加葬礼，进行监葬，遗憾的是墓志被盗遗失，这些情况都没有文字可考。其墓规模宏伟，工程量大，墓葬形制的僭越行为朝廷不可能不知道，显然耶律德光对其采用皇陵级形制下葬是默许的。

---

① 前热河省博物馆筹备组：《赤峰县大营子辽墓发掘报告》，《考古学报》1956年第2期。

② 冯永谦：《发掘北票莲花山辽耶律仁先族墓的收获》，《辽金契丹女真史研究动态》1984年第7期。

③ 温丽和：《辽宁法库县叶茂台辽萧义墓》，《考古》1989年第4期。

④ 郑绍宗：《秦晋国大长公主墓志铭》，《考古》1962年第8期。

二、赵德钧对幽州的经营

中央集权的唐王朝被颠覆后，中国进入了激烈动荡的群峰并立、割据混战的五代十国时期。907年梁王朱温称帝于汴州（开封），建立后梁。与梁并峙的还有很多割据势力，不断混战。其中东北方有卢龙节度使燕王刘守光盘踞幽州，刘守光909年称燕王，911年7月称帝，定国号“大燕”。西北方有河东节度使晋王李可用父子占据山西一带，李可用是沙陀胡人，908年卒，其长子李存勖于太原即位，他向东扩张，913年11月拔幽州灭燕，刘守光被俘后死于太原。923年4月庄宗李存勖称帝于魏州，国号“唐”，10月灭梁，迁都洛阳。

赵德钧，本名行实，幽州人也，为幽州刘守光的将校，《旧五代史·晋书·赵德钧传》记，“署为幽州军校。及唐庄宗伐幽州，德钧知其必败，乃遁归庄宗。庄宗善待之，赐姓，名曰绍斌，累历郡守，从平梁，迁沧州节度使。同光三年（925年），移镇幽州。明宗即位，遂归本姓，始改名德钧”。《辽史·太宗纪》记，天显六年（930年）十二月，“遣人以诏赐唐卢龙军节度使赵德钧”，可知赵德钧镇幽州的实际官职是卢龙军节度使。《新五代史·四夷附录》：“自唐末幽、蓟割据，戍兵废散，契丹因得出陷平营，而幽、蓟之人岁苦寇钞。自涿州至幽州百里，人迹断绝，转饷常以兵护送。契丹多伏兵盐沟，以击夺之。庄宗之末，赵德钧镇幽州，于盐沟置良乡县，又于幽州东五十里筑城，皆戍以兵。及破赫邈等，又于其东置三河县。由是幽、蓟之人始得耕牧，而输饷可通。”《旧五代史·唐书·明宗纪》记载：“长兴三年（932年）六月壬子朔，幽州赵德钧奏：新开东南河，自王马口至淤口，长一百六十五里，阔六十五步，深一丈二尺，以通漕运，舟胜千石，画图以献。”这些史料都记载了赵德钧在幽州加强军事防务，取得成效，还开凿了运河，发展水运，使得幽州百姓能够免受契丹侵扰，安居乐业，经济也得到发展。《旧五代史·赵德钧传》言：“甚有善政，累官致检校太师，中书令，封北平王。”《魏国夫人种氏墓志》则记，“齐王（赵德钧）附翼皇唐，策勳清庙”，皇唐即后唐，他在后唐治理幽州的十年间政绩显著，民望高，得到朝廷的肯定与奖赏。

三、赵德钧父子称帝企图的破灭

《新五代史·四夷附录》：“其子延寿，本姓刘氏，常山人也。其父阮为蓨县令，刘守文攻破蓨县，德钧得延寿并其母种氏，而纳之，因以延寿为子。延寿为人，姿质妍柔，稍涉书史。明宗以女妻之，号兴平公主。”皇室与其联姻后，赵德钧父子更被朝廷倚重。赵延寿官至宣武军节度使、枢密使，镇守许州。唐明宗李嗣源还把另一个女儿永宁公主嫁给石敬瑭。在契丹、吐浑入侵北边时，驸马都尉石敬瑭在赵延寿等人的推荐下，被任命为河东节度使、大同彰国振武威塞等军藩汉马步军总管，掌握了太原的兵权。后唐应顺元年（934年）末帝李从珂（李嗣源的养子，原名王二十三）登基于洛阳。李从珂与石敬瑭当初在李嗣源手下皆以勇力过人著称，彼此存有竞争之心。因此李从珂即位后，对石敬瑭愈发猜忌，而石敬瑭亦有谋反之意。清泰三年（936年），石敬瑭以调镇他处试探，而李从珂果真将石敬瑭改任天平节度使，石敬瑭因此于936年5月在太原拥兵自立。李从珂命各镇联合讨伐。张敬达发兵军逼太原。石敬瑭则遣使契丹，请求耶律德光援助扶持建国。《资治通鉴·晋书》："石敬瑭遣间使求救于契丹，令桑维翰草表称臣于契丹主，且请以父礼事之，约事捷之日，割卢龙一道及雁门关以北诸州与之"，"表至契丹，契丹主大喜，白其母曰：'儿比梦石郎遣使来，今果然，此天意也'。"耶律德光亲率大军直扑太原解围。

后唐末帝同时也命赵延寿讨伐石敬瑭。赵德钧认为后唐政局不保，他在幽州的根基稳固，趁乱自立的时机已经到来，所以赵德钧自请带幽州镇兵讨伐石敬瑭。后唐末帝察其有异志，命赵德钧北出张家口的飞狐岭，攻打敌后，而赵德钧不听君命，向南进军，与赵延寿兵汇合，末帝李从珂只好封赵德钧为诸道行营都统，赵延寿为太原南面招讨使。《旧五代史·赵德钧传》："时范延光领兵二万军于辽州，德钧欲并其军，奏请与延光会合。唐末帝谕延光，疑其奸谋，不从。"这条记载反映了赵德钧企图扩大军队实力，吞并范延光部队没有得逞。赵德钧自潞州引军至团柏谷。又多次向皇帝提出任命赵延寿为镇州节度使，末帝怒斥说，"德钧父子握强兵，求大镇。苟能败契丹破太原，虽代予亦可。若玩寇要君，但恐犬兔俱毙"，不许，派遣使者催促进军太原。他在扩充军队实力的计划连连受挫的情况下，开始谋划仿效石敬瑭的做法，争取契丹的支持。《旧五代史·赵德钧传》："德钧持疑不果，乃遣使于契丹，厚赍金币，求立以为帝，仍许晋祖长镇太原，契丹主不之许。"关于此事，《资治通鉴·后晋》有详细记载。闰月，赵延寿献契丹主所赐诏及甲马弓剑，诈云德钧遣使致书于契丹主，为唐结好，说令引兵归国；其实别为密书，厚以金帛赂契丹主，云："若立己为帝，请即以见兵南平洛阳，与契丹为兄弟之国；仍许石氏常镇河东。"契丹主自以深入敌境，晋安未下，德钧兵尚强，范延光在其东，又恐山北诸州邀其归路，欲许德钧之请。帝（石敬瑭）闻之，大惧，亟使桑维翰见契丹主，说之曰："大国举义兵以救孤危，一战而唐兵瓦解，退守一栅，食尽力穷。赵北平父子不忠不信，畏大国之强，且素蓄异志，按兵观变，非以死徇国之人，何足可畏，而信其诞亡之辞，贪豪末之利，弃垂成之功乎！且使晋得天下，将竭中国之财以奉大国，岂此小利之比乎！"契丹主曰："尔见捕鼠者乎，不备之，犹或啮伤其手，况大敌乎！"对曰："今大国已扼其喉，安能啮人乎！"契丹主曰："吾非有渝前约也，但兵家权谋不得不尔。"对曰："皇帝以信义救人之急，四海之人俱属耳目，奈何二三其命，使大义不终！臣窃为皇帝不取也。"跪于帐前，自旦至暮，涕泣争之。契丹主乃从之，指帐前石谓德钧使者曰："我已许石郎，此石烂，可改矣。"石敬瑭争取契丹支持的最主要条件是割给契丹燕云十六州，并臣属契丹，赵德钧提出的条件则是“厚赍金币”，没有割地和臣属的内容，对契丹没有什么实质的好处，这是契丹拒绝之主因。至此，赵德钧自立称帝已经没有希望。

936年9月契丹军队大败张敬达，石敬瑭出太原城北门与耶律德光会面，约为父子。张敬达退守晋安寨，被契丹军围困。后唐末帝又命令赵德钧父子支援张敬达，赵德钧父子却屯兵不动。11月，耶律德光扶立石敬瑭称帝，建立后晋，割燕云十六州给契丹。长期被困的张敬达苦守粮绝，没有盼到援军而兵变被部下所杀，全军投降契丹。赵德钧父子从团柏谷退走潞州，军心涣散导致溃败，投戈弃甲，自相腾践，死者万计。随后耶律德光军队追到潞州，赵德钧父子率军投降，幽州之地归入契丹。《旧五代史·赵德钧传》：“时契丹主问德钧曰：‘汝在幽州日，所置银鞍契丹直何在？’德钧指示之，契丹尽杀于潞之西郊，遂锁德钧父子入蕃。”石敬瑭与契丹大军得以顺利南下进逼京师洛阳，后唐末帝自焚而死，后唐亡。

赵德钧父子投降后没有得到契丹人的善待，也没有得到一般俘虏的待遇，而是被锁之北去，还遭到奚落嘲讽。《资治通鉴》记，太后问曰：“汝近者何为在太原？”德钧曰：“奉唐主之命。”太后曰：“汝从吾兒求为天子，何妄语耶！”又自指其心曰：“此不可欺也。”又曰：“吾兒将行，吾戒之云：‘赵大王若引兵北向榆关，亟须引归，太原不可救也。’汝欲为天子，何不先击退吾兒，徐图亦未晚。汝为人臣，既负其主，不能击敌，又欲乘乱邀利，所为如此，何面目复求生乎？”德钧俯首不能对。又问：“田宅何在？”曰：“俱在幽州。”国母曰：“属我矣，又何献也？”《契丹国志》：“德钧郁郁不多食，逾年而死。德钧既卒，国主释延寿而用之。”《旧五代史·晋书·赵德钧传》：“未几，契丹主以延寿为幽州节度使，封燕王，寻为枢密使兼政事令。”这些史料说明了赵德钧长期经营幽州，梦想当皇帝，现在皇帝梦破灭，幽州又失，委屈于异族，心情抑郁，次年（937年）而死。从锁德钧父子而去和述律皇后傲慢地羞辱他们看，这时的耶律德光还没有笼络、利用赵德钧父子。他死之后，耶律德光开始重用赵延寿，对其待遇发生重要转变，赵德钧才能被追赠齐王。

四、赵延寿的“称帝”幻想被契丹利用

赵德钧、赵延寿虽然投降契丹，但是内心深处仍然抱有“寻找时机、回归幽州、称帝立业”的幻想。《魏国夫人种氏墓志》：“长子枢密使、中京留守、承德军节度使、太师、守侍中、兼政事令、大丞相、燕王延寿，□□归□，志在霸秦。”耶律德光看重延寿的才能和在汉人中的雄厚人脉基础，也知道他的幻想，因此就利用他的称帝梦想，侵占中原，灭掉后晋。为了拉拢他给予他高官王爵，燕王赵延寿为南京留守，总山南事，即燕山以南的事物皆归他负责管理。《魏国夫人种氏墓志》记载辽太

宗还与他“执手相欢”。

942年石敬瑭死，后晋出帝即位，次年后晋与辽国的依附关系破裂。《新五代史·四夷附录》：“德光尝许赵延寿灭晋而立以为帝，故契丹击晋，延寿所为先锋。”《旧五代史·赵德钧传》：“后晋天福末，契丹与少帝绝好，契丹主委延寿以图南之事，许以中原帝之。延寿乃导诱蕃军，蚕食河朔。”耶律德光许愿给赵延寿，灭晋立以为中原帝，赵延寿信以为真，特别卖力。第一次攻晋失利，耶律德光战败逃回，“至幽州，其首领大将各笞数百，独赵延寿免焉”。赵延寿得到特殊的待遇。第二次攻晋时，赵延寿使用了诈降计策，以陷虏久而思归为由引诱后晋出兵接应，后晋杜重威中计被围粮绝，遂举军降。“晋军既降于中渡，契丹主命延寿就寨安抚之。仍赐龙凤褚袍，使衣之而往。谓之曰：‘汉兒兵士，皆尔有之，尔宜亲自慰抚。’”按汉人礼仪，龙袍是天子专用礼服，赵延寿穿龙凤袍是严重的僭越，耶律德光赐赵延寿以龙凤赭袍，让他穿着龙凤赭红袍安抚投降的晋军，是为消除汉人士兵对契丹人的敌视心理，暗示契丹虽然占领汉地，但是未来的直接统治者是汉人赵延寿，契丹只是控制扶持而已。

后晋出帝投降，后晋灭亡。《新五代史·四夷附录》：“德光已灭晋，而无立延寿意，延寿也不敢自言。”于是当耶律德光攻克汴京城时，延寿托李崧向辽太宗请求封他为皇太子，以此提醒耶律德光曾经有灭晋后立他为中原帝的许诺，幻想能够兑现此事。“‘吾于燕王无所爱惜，虽我皮肉，可为燕王用者，吾可割也。吾闻皇太子是天子之子，燕王岂得为之？’乃命与之迁秩。张砺拟进延寿为中京留守、大丞相、录尚书事、都督中外诸军事。德光索笔，涂其“录尚书事、都督中外诸军事”之字，止以为中京留守，大丞相。”辽太宗把他升迁为中京留守，大丞相，但是圈去“录尚书事、都督中外诸军事”，实际是明升暗降，削去他的兵权，并使他离开幽州老巢。赵延寿出生入死为之奋斗的称帝理想化为泡影。

赵延寿经过这次打击后仍不死心，抱着幻想等待时机。耶律德光从汴京城返回草原途中突然病逝于栾城杀胡林。随行大臣有其侄子永康王兀欲（辽世宗）、燕王赵延寿等人，他们都进入镇州城。赵延寿感觉有机可乘。《新五代史·四夷附录》：“自称权知军国事，遣人求镇州管钥于兀欲，兀欲不与。” 赵延寿左右的人劝说，“契丹大人聚而谋者汹汹，必有变，宜备之。今中国之兵，犹有万人，可以击虏；不然事必不成”。 赵延寿犹豫不决。兀欲设宴软禁赵延寿，籍其家赀。赵延寿企图掌握兵权而发动兵变称帝，但在萌芽中被摧毁，赵延寿称帝之幻想彻底破灭。次年（948年）赵延寿卒。

由于赵德钧墓的墓志被盗丢失，妻子种氏在应历八年（958年）附葬于赵德钧墓，种氏墓志未写赵德钧下葬年代，所以准确建墓的年代不能确定，但根据史料记载可以推测。937年赵德钧死，次年即会同元年（938年），以赵延寿为枢密使，升幽州为南京，赵延寿在太宗会同三年（940年）赴任幽州节度使，旋即升为南京留守，不会把其父亲遗体长期留在契丹地，应该同时或不久把其父遗骨从契丹本土运回燕京安葬。943年冬耶律德光率诸部南下，赵延寿开始击晋。故赵德钧墓应为太宗会同三年到会同六年（940 ~ 943年）赵延寿初归燕京时所建。

按照中国古代礼制，皇帝登基后，如果父亲不是皇帝，一般要追封父祖为皇帝，如赵匡胤登基后追封其父为武昭皇帝，庙号宣祖，建永安陵。赵延寿以为自己能在灭晋之后被扶植称帝，所以他按照皇陵的形制修建了赵德钧墓，圆了其父生前称帝的梦想，也表达了继承其父的遗志。此时正值赵延寿刚刚被重用，还没有施展拳脚之时，他对辽太宗耶律德光是否真心扶持他称帝，应该存在疑虑。按照皇陵级别设计和修建其父的墓葬，也可能成为他试探辽太宗真实意图的一步棋。辽太宗不阻止他这种超前的“皇帝待遇”的僭越行为。实际上辽太宗对其修建“皇陵”之墓的容忍或默许，以及后来赐给赵延寿龙凤赭袍，并让他穿着龙凤袍受降后晋兵将，都是不断向赵延寿发出未来立其为帝的假信号，以此为诱饵，让其竭力帮助太宗获取中原，以坚定他的斗志罢了。模仿皇陵的赵德钧墓是五代与契丹错综复杂关系的特殊产物。

山西金元墓葬随葬铁牛、铁猪的思考

马　昇

（山西省考古研究所）

砖雕墓葬中随葬铁牛、铁猪，山西不是最早起源地，但发现和分布很有特点，就是宋代晚期开始出现随葬铁牛，金代达到高峰，集中分布于孝义、汾阳两市，而随葬铁牛、铁猪的又集中分布于元代长治县市，本文试图通过对比研究来阐述两者的差异。

一

宋金元时期孝义、汾阳两市在19个地点共发现墓葬一百多座①，但只有6个地点发表了报告或简报。随葬铁牛（图一）见于12座墓中：

（1）孝义下吐京金墓②，八角形墓，承安三年（1198年）。

（2）1990年汾阳高级护理学校③，清理8座金墓，报告中认为“这批墓的时代应为金代早期”，并说“有3件可辨出为铁牛”，当出自3座墓。

M2（原报告图三一），六角形墓。

M5（原报告图三），八角形墓，没有发表图文资料。

另有不知墓号的一座墓。

（3）1992孝义县城区金墓④，不知形制，大安元年（1209年）。

（4）汾阳东龙观⑤，报告包括48座墓的内容，分属唐、宋（金）、元、明、清五个时期。东龙观本身就分为南北两区，还有西龙观、团城北区、团城南区，而西龙观

---

① 参见山西省考古研究所等：《汾阳东龙观宋金壁画墓》，文物出版社，2012年，第200页，表85“汾阳、孝义两市历年来发现宋、金、元墓葬统计一览表”。

② 山西省文物管理委员会等：《山西孝义下吐京和梁家庄金、元墓发掘简报》，《考古》1960年第7期。

③ 山西省考古研究所等：《山西汾阳金墓发掘简报》，《文物》1991年第12期。

④ 康孝红：《山西孝义市发现一座金墓》，《考古》2001年第4期。

⑤ 参见山西省考古研究所等：《汾阳东龙观宋金壁画墓》，文物出版社，2012年，第200页，表85“汾阳、孝义两市历年来发现宋、金、元墓葬统计一览表”。

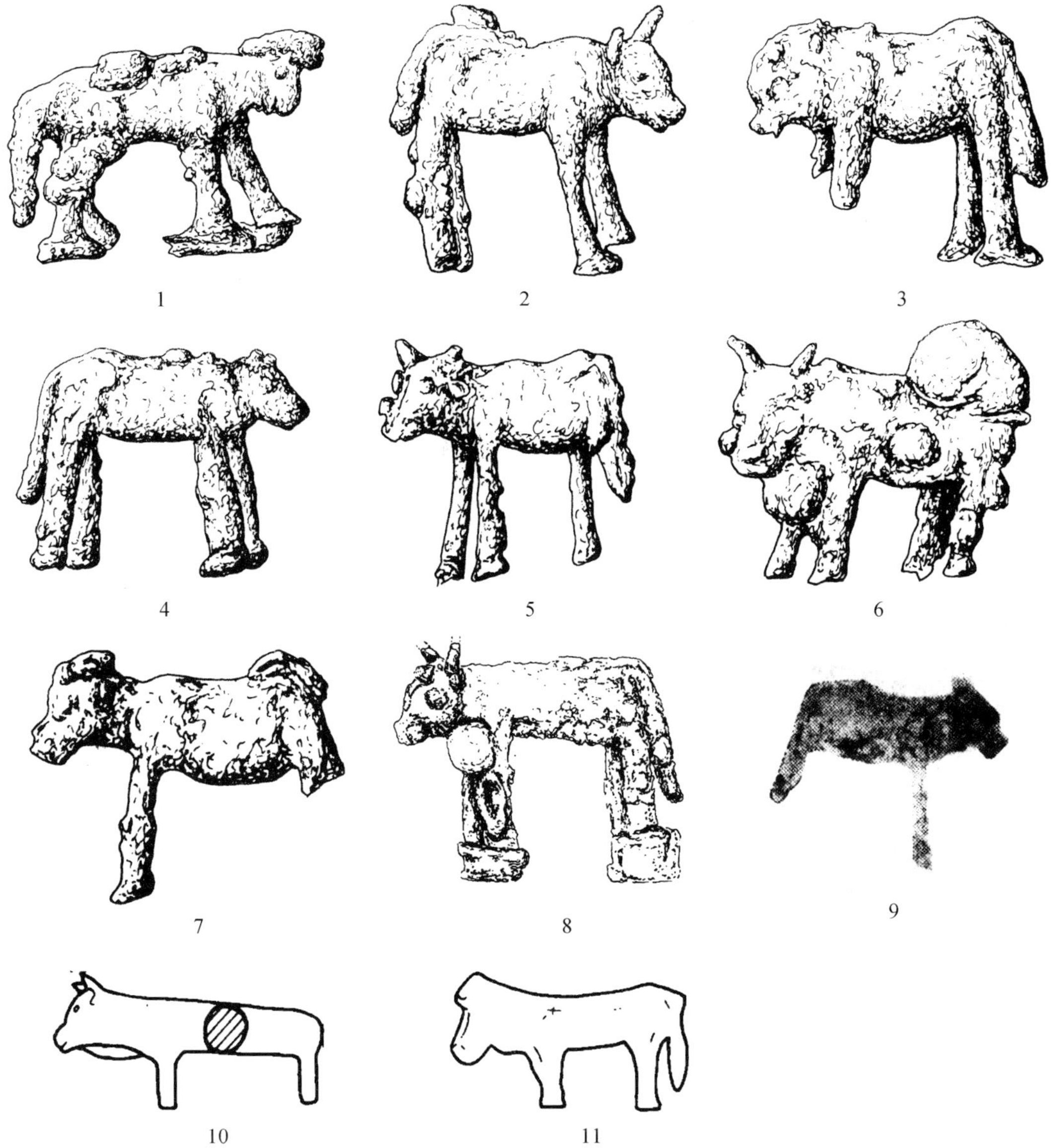

图一 汾阳、孝义金墓中的铁牛、陶牛

1～7. 东龙观（M48：19、M2：9、M3：1、M1：18、M5：8、M6：10、M4：01） 8. 高级护理学校（M2：6） 9. 下吐京金墓 10. 1993孝义金墓：9陶牛 11. 1992孝义金墓：10

清理了初唐至盛唐的6座墓葬；团城北区4座，其中元代墓葬2座，清代墓葬2座；团城南区11座，其中唐代4座、元代4座、元末明初1座、清代2座，就是说6座元代和1座元末明初的墓葬都没有本文所涉及的铁牛、铁猪。

下面专门简述东龙观。

1）北区，10座金代墓葬，报告说是六代人，有2座墓葬随葬铁牛。

M48为祖墓，八角形墓，报告将其定为宋代晚期，大约在宋徽宗（1101～1125

年）、宋钦宗（1126～1127年）时代。

M1，四边形墓，报告定为金代早期。

2）南区17座，时代比较复杂，有5座墓葬随葬铁牛。

M2为祖墓，八角形墓，报告定为正隆（1156～1161年）之前。

M3，六角形墓，正隆六年（1161年）。

M5，八角形墓，明昌六年（1195年）。

M4，四边形墓，报告说“M4打破M5，应是M5的子墓”，由于墓主人是未成年的单人葬，估计时代和M5差不了多少。

M6，八角形墓，报告定为“约在承安（1196～1200年）之后”。

其他墓葬在该报告的第227～229页“单人葬与合葬”和“火葬”文中有断代。

明确为金代的有4座，即M12，八角形墓；M14，六角形墓；M15，六角形墓；M47，土洞室墓。

大体归为金元时期类也有4座，即M13，六角形墓；M18，八角形墓；M19，八角形墓；M20，火葬墓，四边形墓，报告没有说年代，也归入这一类。

另有元代、明代墓葬各2座，也在此说明一下，后面还要论及。第228页写道“M16（八角形墓）、M17（六角形墓）、M21（土洞室墓）位于东龙观南区，时代为元代”，但M21却在第231页“墓地时代”中被定为明代，“南区最南端的两座墓葬M21、M22的时代，由于没有明确纪年材料，只能从墓葬形制和随葬品等初步判断其时代为明代”。本文从后者。

这样，东龙观南区金代9 座墓葬中就有5座随葬铁牛，是迄今为止见到的比例最高的墓地。

（5）汾阳北偏城[①]，作者认为是宋墓，因为没有过多的证据，还是定为宋金时期较妥。

总之，汾阳、孝义两市从1100年到1209年这百年时间内共见八角形墓6座、六角形墓2座、四边形墓2座，形制不明2座。

二

元代墓葬中随葬铁牛、铁猪，长治市区和长治县各1座，均为四边形墓。

捉马村M2[②]，元大德十一年（1307年），报告说M1为金末元初墓葬，随葬铁牛（图二，3）、铁猪（原报告图一五）和白瓷灯盏、陶罐各1件，但铁牛“全身锈烂”不能复原成图。

---

① 张茂生：《山西汾阳县北偏城宋墓》，《考古》1994年第3期。

② 长治市博物馆：《山西省长治县郝家庄元墓》，《文物》1987年第7期。

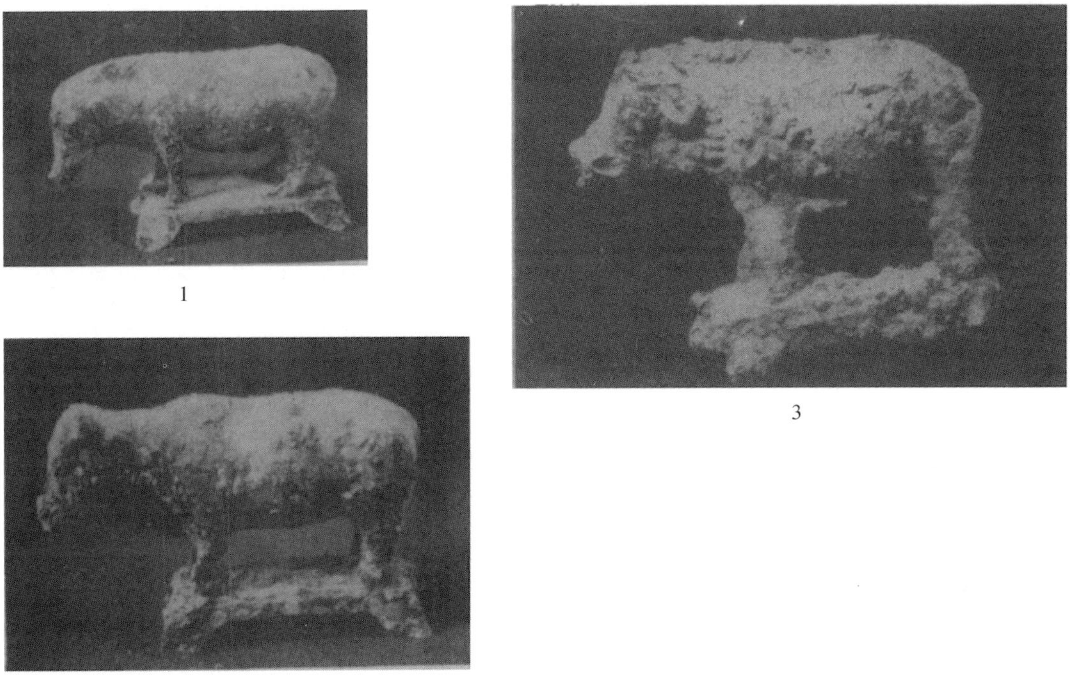

1

2

3

图二　元墓中的铁牛、铁猪

1. 郝家庄铁猪　2. 郝家庄铁牛　3. 捉马村铁猪

郝家庄元墓[①]，出土铁牛（图一，2）、铁猪（图一，1）、铁板（原报告图一六、图一五）各2件及陶盘、陶罐、陶瓶、陶执壶、陶匜和黑、白两瓷碗，没有纪年题记，报告根据其与捉马村墓门两侧的侍仆风格相似，还有竹雀图、水墨山水画都与元代特征相同，定为元代应该可取。

这一地区随葬铁牛、铁猪的葬俗一直延续到明代，2013年在长治城西路道路改造施工时[②]，发现明万历年间（1573～1620年）夫妻二人合葬砖室墓，随葬品有琉璃阁楼、器乐俑、马、铁牛、铁猪及生活用品40余件。

长治地区从1307年到1600年有随葬铁牛、铁猪的葬俗。

但长治以外的地区发现的元代墓葬中都没有随葬铁牛、铁猪的葬俗，譬如孝义下吐京六角形墓和梁家庄八角形墓砖室墓[③]，包括东龙观报告中提到的7座（含金元时期

① 长治市博物馆：《山西长治市捉马村元代壁画墓》，《文物》1985年第6期。

② 张文举等：《长治城区发现明代墓葬墓室里有不少“生活用品”》，《山西晚报》2013年7月9日。

③ 山西省文物管理委员会等：《山西孝义下吐京和梁家庄金、元墓发掘简报》，《考古》1960年第7期。

5座墓），侯马市区元延祐元年（1314年）“赵氏墓”[①]，和新田路至元十八年（1281年）的M2[②]，及没有题记的M3等（另外可参考《山西考古四十年》第八章杨富斗先生写的第三节“金代墓葬”及笔者和孟耀虎写的第四节“元代墓葬”[③]）。

三

宋代晚期和金代随葬铁牛见于孝义、汾阳两市，元代随葬铁牛、铁猪的墓葬仅见于长治地区并延续至明代，都是起到镇墓作用，但我们认为存在的意义当有所不同。这方面孟原召在2007年发表的文章[④]研究得比较深入。他统计了晚唐洛阳8座和西安2座墓葬随葬铁牛、铁猪的情况，金代只发现一例，就是西安明昌三年（1192年）的潘顺墓。最早只随葬铁牛的是后梁时期洛阳高继蟾墓，到北宋、南宋无一例外都是只随葬铁牛不随葬铁猪，金统治地区除潘顺墓外，包括汾阳、孝义两市都是只随葬铁牛不随葬铁猪，可见随葬铁牛和铁牛、铁猪共同随葬当是各有渊源。

仔细分析就可发现，只随葬铁牛的无非是北宋的洛阳、江苏常州、上海嘉兴、浙江海宁、福建闽侯和南宋福建福州、浙江吴兴、江苏无锡等北、南方商业发达的重镇，这些人的身份就是商人或以商业为主的人。只有这样才能理解东龙观M3、M48出土的茶具，和M5的“茶酒位”，也能理解汾阳高级护理学校M5、东龙观M5的“换钞”的雕刻和壁画内容了。晋中民间不知起于何时的古谚“上有天堂，下有苏杭，苏杭二州，比不上平遥、介休”，正是这一事实的具体反映，也反映了孝义、汾阳两市于金代在商业方面的独特地位。是故，随葬铁牛是南北两地商人们的共同习俗。

五行中丑为土，与丑对应的生肖是牛，铁牛镇水，正所谓水来土挡，这是铁水出现的原因。山西永济市蒲津桥黄河铁牛铸于唐代开元十三年（725年），以前为浮桥，极不牢固，为了长久保障两岸交通，唐玄宗任命兵部尚书张说负责加固之事，张说就把木桩改为铁牛了。为什么要选择铁牛？他在《蒲津桥赞》中说，“熔而为伏牛，偶立于两岸，襟束于中潭。锁以持航，牛以縶缆，亦将厌水物，奠浮梁”。在他看来铁牛防洪涝、镇水患是历代传统，元末桥毁久置不用，但人们还是称为“镇河铁牛”。铁牛还有埋在城池中以镇邪、厌胜的效果，临汾城自古就有“卧牛城”之称，1977年在城东北角出土一尊铁牛和一通明代洪武年间的碑记[⑤]，碑文记有“开平二年（908年）九月一日，番贼六万余人入界，至五日齐到城下。战后诸军兴工修城，二十八日

① 山西省文物管理委员会侯马工作站：《侯马元代墓发掘简报》，《文物》1959年第12期。

② 山西省考古研究所侯马工作站：《侯马市区元代墓葬发掘简报》，《文物季刊》1996年第3期。

③ 山西省考古研究所：《山西考古四十年》，山西人民出版社，1994年。

④ 孟原召：《唐至元代墓葬中出土的铁牛铁猪》，《中原文物》2007年第1期。

⑤ 王汝雕：《临汾建置沿革》，山西人民出版社，2006年，第136页。

于城墙东北隅发现铁牛一尊，铁身铁座，时以为祥，因置石函贮之，瘗于故处”。我们估计是商人们因畏惧舟车劳顿多有风险而希冀一路平安，于是就有了墓葬中随葬铁牛的习俗了。

五行中亥为水，与亥对应的生肖是猪，铁猪镇水，正所谓水火不相容，这是铁猪出现的原因。墓主人到了阴间也希望安宁平安，随葬铁牛、铁猪，镇住水火，以免处于水深火热之中，这是铁牛、铁猪共同出现的原因。相传张说在开元十五年（727年）说：“墓欲深而狭，深者取其幽，狭者取其固。平地之下一丈二尺为土界，又一丈二尺为水界，各有龙守之；土龙六年而一暴，水龙十二年而一暴，……铸铁为牛豕之状像，可以御二龙。”[①]随葬铁牛、铁猪始于晚唐，宋金时期中落，元代复兴，明代为继，但与只随葬铁牛的宋金时期所镇的对象或目的可能不同，从汾阳、孝义两市和长治县市的墓葬中我们看到，一早一晚的两个地区没有继续关系，除年代没有衔接，之间还有一百年的距离外，张说是武则天、唐玄宗时期人，距晚唐还有近二百年的时间距离，从考古学发现看，目前随葬铁牛、铁猪的葬俗还早不到他那个时代，推测“铸铁为牛豕之状像，可以御二龙”只能是假托于他了。

自晚唐以来，战争频仍政权更迭，尽管都是镇墓的铁牛和铁猪，随葬铁牛、铁猪与随葬铁牛应该是不同葬俗的反映，长治县市出现随葬铁牛、铁猪的葬俗当是就近受到洛阳影响的结果。

---

① 刘肃：《大唐新语》卷一三“记异”。

历代帝王庙的来龙去脉*

许　伟

（北京市西城区人民政府）

在古都北京的皇家庙宇中，有一座历代帝王庙。历代帝王庙最初由明太祖朱元璋创建于南京（今已无存），由明嘉靖皇帝再建于北京，并曾得到清顺治、康熙、雍正、乾隆等多位皇帝的特别关注。明清皇帝的话语权与导向性决定着历代帝王庙的发展走势。本文先阐述他们之间的关系，再通过对诸帝言论的解析，阐述历代帝王庙的历史地位与价值。

一、明代：初创与重建

朱元璋崇祀的历代帝王都是统一天下的开创之主。但是，没有入祀秦始皇、晋武帝和隋文帝，是因为所谓的功德有愧。

考察我国历史，帝王庙之设，远早于明。唐天宝年间，玄宗就在京城长安为三皇、五帝、周武王、汉高祖分别建庙祭祀。但帝王庙冠以“历代”二字，则是朱元璋在明朝初年创建的，起因与当时的政治局势和民族关系有关。中国历史上，由北方民族建立的割据政权并不少见，而元朝更是一个由蒙古族人建立的大一统王朝。但它实行“人分四等”的民族歧视政策，汉人地位最低，汉蒙之间文化冲突不断，终成“胡元制主”不及百年的致命软肋。朱元璋以“驱除胡虏，恢复中华”为口号，推翻了元朝统治，建立明朝。如何稳定大局，缓解矛盾，达成共识，中华帝系与元朝的相互关系便成为一个不容回避的问题。朱元璋的睿智在于，他以文化祭祀为切入点，在南京创建历代帝王庙，集中入祀三皇五帝和夏禹王、商汤王、周武王、汉高祖刘邦、汉光武帝刘秀、唐太宗李世民、宋太祖赵匡胤和元世祖忽必烈，既体现了华夏、汉民族大一统王朝开国帝王的主体地位，也认可元朝为中华正统，让忽必烈同享崇祀，对缓解汉蒙矛盾起到了至关重要的作用。

为了使帝王形象更为生动，朱元璋把他们都塑成衮冕坐像，要求“仿太庙同堂异室之制”，按照“先祖居中，左昭右穆”的顺序，排列位次，即把正殿分为五室，正

* 本文原载于《光明日报》2013年8月12日。

中一室为三皇，奉伏羲、炎帝、黄帝；左一室为五帝，奉少昊、颛顼、帝喾、唐尧、虞舜；右一室为夏禹王、商汤王、周武王；再左室为汉高祖、汉光武、唐太宗；再右室为宋太祖、元世祖。于是，历代帝王庙俨然成了另一座“太庙”。三皇居中，五帝与历代开国帝王分列左右，他们就像一个“大家庭”的列祖列宗一样，同享祭祀。朱元璋又选择了一批历代名臣，在东西配殿从祀，其中亦含元代名臣。至此正殿崇祀三皇五帝和历代开国帝王16人，东西配殿从祀历代名臣37人，并规定每年春秋致祭，遂成国家祀典。

历代帝王庙于洪武七年（1374年）八月落成，朱元璋亲临致祭。后遭遇火灾重建，洪武二十二年（1389年）五月竣工。这次重建，立有《敕建历代帝王庙碑》，重点颂扬朱元璋的“重一统”“崇德报功”和“大公至正”，大意是朱元璋崇祀的历代帝王都是统一天下的开创之主，即正统王朝的开国帝王，故入祀元世祖忽必烈是适宜的。但是，没有入祀秦始皇、晋武帝和隋文帝，是因为所谓的功德有愧，“故斥而不兴”。笔者个人认为，秦始皇对中国的统一、文字的统一、度量衡的统一，还是贡献巨大的。

朱元璋创建历代帝王庙，意义非同小可。他第一次用庙宇祭祀的形式，彰显了中华一统帝系的历史传承，也体现了对蒙元王朝的民族包容。

嘉靖皇帝采纳陈棐的建议，罢祀元世祖忽必烈。历代帝王庙元世祖之缺位，一直延续到明朝末年。

明永乐皇帝迁都北京后，南京历代帝王庙一直由太常寺负责祭祀。嘉靖皇帝在取得“大礼议”的胜利后，对礼制研究很是痴迷，厘定了不少祭典制度，改建或新建了一批皇家坛庙，新建北京历代帝王庙，就是其中之一。他认为，历代帝王庙远在南京，不便前往亲祭，而在北京祭祀历代帝王，只附属于南郊之祀，也很不正规。于是决定在北京新建历代帝王庙。嘉靖十一年（1532年）夏，历代帝王庙在阜成门内大街建成，当年八月，嘉靖皇帝亲临致祭。

与南京不同，北京历代帝王庙只设神位不设塑像。“庙初，元世祖犹列”。但建庙时，就有翰林官姚涞上奏，请求罢祀元世祖忽必烈，结果被礼部驳回，理由是“胡元受命九世，世祖最贤”，且“太祖睿断有确”，祖制不得更改。庙成之后，嘉靖二十四年（1545年），又有礼科给事中陈棐上奏说，“元以夷乱华，不宜庙祀，宜撤忽必烈及其臣木华黎等五人神主”。嘉靖帝从之，于是罢祀元世祖忽必烈，南京亦撤其像祀。历代帝王庙元世祖之缺位，一直延续到明朝末年。

平心而论，嘉靖皇帝再建北京历代帝王庙，是其功；罢祀元世祖，是其过。他面对蒙古鞑靼部的北患之扰，没有采取化干戈为玉帛的良策，反而拿撤除元世祖君臣发泄怨气，激化矛盾，有弊无利。乾隆皇帝批评他“置一统帝系于不问矣”。

二、清代：继承与发展

顺治皇帝推崇明太祖朱元璋，亲祭历代帝王庙，并增加几位中原汉族皇帝入祀，撤出辽金元帝王。

同为由少数民族行使最高统治权的统一王朝，清朝与元朝不同，它的统治者深知“以武功定天下，以文治佐太平”（皇太极语）的文武并重之道，即依靠武力得到统治地位之后，必须融入中华治统文化之中，才能固本强身，坐稳天下。因此，清朝前期的几位皇帝都极为关注历代帝王庙。

顺治皇帝6岁继位，由睿亲王多尔衮摄政，其间主要做了两件大事。一是“善待”明朝帝王。先是以殉国之名礼葬明朝的崇祯皇帝，将崇祯神位安奉历代帝王庙，并允百官军民为其哭灵三日。不久，为使用明朝太庙祭祀大清先祖，将明太祖朱元璋神位从太庙移入历代帝王庙。二是恢复了对元世祖的祭祀，并借机增加辽太祖、金太祖、金世宗和元太祖入祀。表面上看，是因为满洲权贵与契丹、女真、蒙古同属北方民族而带有的亲近感，而深层原因，则显然是因民族身份不同，处理民族问题的角度发生了重大变化。

顺治七年（1650年），多尔衮突然离世。顺治皇帝亲政后，努力学习中原汉族皇帝治国理政的经验，尤其推崇明太祖朱元璋，亲祭历代帝王庙，“以抒景仰前徽至意”，并增加几位中原汉族皇帝入祀，撤出新增辽金元帝王。这些做法，后来又被辅佐少年康熙的满洲权贵所否定，多尔衮摄政时的入祀主张再次占据了上风。

清初历代帝王庙具有过渡性。一是增祀明洪武帝与崇祯帝；二是借恢复对元世祖忽必烈的祭祀之机，满洲权贵们开始增加“偏安之国”的辽金帝王入祀。朱元璋万万没想到，由他一手创建的历代帝王庙，到头来却成了自己神位的归宿。

康熙帝曾为中国开创了又一个强大而繁荣的盛世。他在位长达61年，深感在这个古老大国做皇帝之艰辛与不易。康熙在人生的最后两年，十分关注历代帝王庙的入祀问题，他超越了各种纷争，为历代帝王庙划定了入祀底线。

康熙六十年（1721年）四月，他颁布谕旨，首先回答了两个重大问题。一是祭祀历代帝王之原因。康熙认为，历史上的前代帝王，子孙后裔难觅，而今统治天下的人，继承的正是他们创建的功业，所以我们要崇祀历代帝王。二是如何确定入祀标准。康熙认为，对前代帝王的评价远未做到公平合理，致使每朝入祀不过一二位。作为当今皇帝，他要为他们说句公道话，“凡曾在位，除无道被弑亡国之主外，应尽入庙崇祀”，即只要不是因无道失德而被杀或亡国的帝王，都应入庙享祀。

康熙六十一年四月，康熙又提出两点重要意见。一是对开国创业和治国守业的君臣都要重视。比如在从祀名臣中，开国元勋居多，辅佐太平的功臣很少，这极不公平。二是对亡国之君也要具体分析。比如明朝亡国，并非崇祯之过，而是坏在万历、泰昌、天启三朝，故可祀崇祯，不可祀万历、泰昌、天启三帝。

对于康熙的这两次圣谕，大学士们花了很长时间领会研究，最后礼部拿出了总体入祀164位帝王和79位名臣的方案，但未及上报，康熙就在当年的十一月十三日去世。刚刚继位的胤禛（其时尚未改元雍正）要求速办，于是赶在年底之前，就落实到了历代帝王庙。

可以说，康熙对为什么要祭祀历代帝王的理解极为深刻、独到。他由此确定的入祀底线，既大度包容，又不失标准，也不绝对化。可惜，康熙未能看到结果，便溘然长世，但康熙的思想却给后来的雍正、乾隆帝指明了方向，确定了基调。

雍正帝在第一时间落实了康熙遗愿，使历代帝王庙发生了空前变化，从过去只崇祀少量的开国君臣到大量入祀了治国守业的君臣。雍正在位13年，5次亲祭，大修庙宇，还亲书了《历代帝王庙碑》，反复论证了治国守业君臣的极端重要性。他认为，历代王朝开国之后，只有出现或继世而生，或间世而出之英明睿智的守成之主，才能使功绩重光、德教相续，呈现出国泰民安的太平盛世。至于治国名臣，比起那些开国元勋来也毫不逊色，他们的功劳益于国家社稷，他们的品德堪为股肱重臣。

雍正帝本人就是一位艰辛勤政的守业者，他对治国守业的重要性有切身体会。在他看来，历代帝王庙只崇祀开国君臣，存在重大缺失，国家的长治久安，更需要治国守业的明主良臣。雍正帝的这些阐述是对康熙意旨的极好发挥。

乾隆皇帝在位时，历代帝王庙已历经明洪武至清雍正，凡三百多年，有了很大发展。他还能为历代帝王庙做些什么呢？事实证明，乾隆的建树与贡献更加卓越。他从25岁继位到75岁高龄，6次亲祭、5次赋诗、4次撰写碑文、10余次颁布谕旨，主要做了三件大事。

一是重修历代帝王庙，把正殿规格提高到了“乾清宫”“奉先殿”级。这项工程从乾隆二十七年至二十九年实施，离雍正上次大修，尚不过30年。乾隆特地从皇宫府库中拿出银两重修，是为了在更加庄严壮观的历代帝王庙宣扬他的祭祀思想。

二是提出“法戒论”，并作为祭祀要义。乾隆二十九年，历代帝王庙重修告竣。乾隆皇帝第三次亲祭历代帝王庙，亲书《重修历代帝王庙碑》及《长律述事诗》，集中阐释他的“法戒论”。主要内容是：在历代帝王治国理政的传统中，值得效法和引以为戒的经历都有，历史是一面镜子；在历代帝王安邦治国的作法中，本身就包含着效法前人的功德与力戒前人的教训。效法与借鉴密不可分；三皇五帝的崇高功德是历代君王效法的楷模，夏商周之间的相互借鉴，是最经典的事例；历经百世之后，比较历朝帝王，到头来都是一个亡国的结局，这就像房屋变成废墟一样可怕。祭祀历代帝王，本意就是在无形之中得到告诫和警惕，或是学习圣主明君的成功之法。此时，乾隆帝五十有四，为政近三十年，他把“法戒论”作为历代帝王庙的祭祀要义，是乾隆主政、治学与庙祭紧密结合的真知灼见。

乾隆帝步入晚年后，深感时不我与，多次强调戒鉴和警惕的迫切性。他在65岁后三次亲祭历代帝王庙。在他撰写的诗文中，更加直白地袒露了自己的内心感受。他说，其实在入祀的历代帝王中，没有几个值得效法的人，但值得引以为戒的人和事，却实在太多。他在祭祀仪式上，想到的是令人恐惧的帝王兴衰史；身虽已在回宫途中，心却流连于帝王庙内，故而久久不能平静。大清子孙要想成为万世无疆的庇护者，就要知道敬畏，千万小心根基的稳固，真正做到借鉴与警惕。这是他不忍心说，但又不忍心不说，而不得不说的话。可见乾隆心里很明白，所谓历代帝王，就是帝王兴衰和改朝换代积累的结果，他从这里已经多少感受到了居安思危的紧迫性。

三是把“中华统绪不绝如线”作为入祀帝王的最高准则。

乾隆四十九年七月，乾隆帝在阅览《大清通礼》时，发现当年的儒臣们未能体仰康熙旨意，入祀帝王主要是正统王朝的创守之君，在“偏安之国”中却只有辽金帝王，这明显违背了康熙本意。为了纠正这种偏差，乾隆专门发出一道谕旨。他用“中华统绪不绝如线”这八个字，概括了中华统序（绪）的最大特点，即中华的治统序列就像一条没有中断的线，传承有序、一以贯之。乾隆所说的中华统序，就是指中华帝系。他认为，在中华帝王谱系中，应该包括正统王朝和“偏安之国”的两种帝王；而在“偏安之国”中，也绝非只有辽金帝王。乾隆举例说，从汉昭烈帝刘备（乾隆以刘备为东汉正统，曹操属摈弃之列）到唐高祖李渊统一中国，时间相隔三百余年，其间常有英明强悍的帝王和节省勤俭的君主出现。比如北魏，雄踞黄河以北，地广势强，道武帝、太武帝经常思考为政的道理，尊儒重佛，兴学重教，养育人才，大修水利，怎能把他们放在一边不管不问？再比如，五代的五十余年间，后周的世宗柴荣就是一位贤能的君主，这样的人，不酌量入祀，怎能让千秋公论服气？此外，乾隆还仿效康熙帝做法，认为东汉的桓、灵二帝对汉献帝的亡国负有重责应撤出罢祀。唐宪宗的被害和金哀宗的亡国并不是他们由于无道失德造成的，应予正名，准予入祀。

乾隆五十年春，乾隆皇帝第六次亲祭历代帝王庙，正式增加了东晋、南北朝、唐、五代、金等25位帝王入祀，撤出了东汉的桓、灵二帝。至此，历代帝王庙入祀三皇五帝和历代帝王达188位（包括乾隆元年入祀的明建文帝），除那些昏聩之君外，基本体现了“中华统绪不绝如线”的帝系传承。亲祭当天，乾隆驻跸圆明园，又写了一篇《祭历代帝王庙礼成恭记》，重申他四十九年谕旨中的思想，要求再建两座御碑，一座镌刻他的《礼成恭记》，另一座设为无字碑。无字碑的可能寓意是“我已经为历代帝王庙画上了句号，无需后人再作评论”。乾隆之后，国势渐衰，庙祀不振，只在西跨院修建了一座关帝庙，加上东西配殿从祀的79位名臣，刚好80位，为历代帝王庙增添了新的内涵。

三、当代：温情与敬意

作为历代帝王庙修复工程的亲力亲为者，笔者坚信，随着时间的推移，历代帝王庙这处珍贵文化遗产必将得到永续的保护。

六位明清皇帝主导的历代帝王庙的演进历程既相对独立又前后关联，形成了历代帝王庙的价值体系链条，我认为最重要的有以下几点。

第一，尊崇中华统序的一脉相传。

中华文明已有五千年未曾中断的历史，古代中国大体经历了以三皇五帝为传说的古国时代、以夏商周为代表的王国时代和从秦汉至明清的帝国时代，形成了从三皇五帝到历代帝王一脉相传的中华统序。明清皇帝既是中华统序中的一环，也是其承继者与回望者。历代帝王庙就是他们尊崇中华统序，认知一脉相传的标志与象征。

明太祖朱元璋“重一统”，入祀的三皇五帝被视为华夏之首，历代帝王都是大一统时期的开国帝王，把元世祖列入其中，是朱元璋对中华统序延续至元朝的正式认可。清康熙、雍正皇帝针对只入祀开国帝王的不足，又增祀了治国守业的帝王，开启了创守之君共享崇祀的新局面。乾隆皇帝从“中华统绪不绝如线”的高度，认为中华帝系既要有正统王朝的创守之君，也要有割据时期“偏安之国”的帝王入祀。他解释说，自远古至本朝约有四千五百余年，其间正统的与偏安的交替存亡都和当时的天命所归和人心所向有关，历代帝王庙不可不问，必须公平对待。他批评了顺治初年只入祀辽金帝王是狭隘的偏向，自己又选择了另外一些“偏安之国”的杰出帝王入祀，终使历代帝王庙成为体现“中华统绪不绝如线”的标志与象征。

中华统序的一脉相传，本来是历史的自我存在，但把它升华为文化的自觉尊崇，并体现在历代帝王庙之中，颇具中国特色、中国风格与中国气派。这样一座庙宇，表明了中华民族是一个极具历史意识的文化民族。

第二，尊重中华统序的一体多元。

中华统序自古以来就是以华夏、汉民族帝王为主体，包括北方民族帝王和由姻亲关系融合而成的“混血帝王”共同构成的帝王谱系。历代帝王庙入祀的三皇五帝和历代帝王中，既有大量华夏、汉民族帝王，也有北魏拓跋鲜卑族、辽国契丹族、金国女真族、元朝蒙古族等北方民族帝王，还有不少由汉胡融合或胡汉融合而成的“混血帝王”。历代帝王庙都平等入祀。在建庙之初，汉族皇帝朱元璋入祀了蒙古族皇帝忽必烈，在庙祀鼎盛时，满族皇帝康熙、雍正、乾隆不把自己当外人，自觉融入了中华统序之中，就是最好的证明。这里需要说明一点，历代帝王庙是在中国帝制时代走到最后两站时出现的，清朝皇帝把明朝帝王接续进了历代帝王庙，但清帝逊位后，帝制就此终结，清朝帝王便再无机缘入祀历代帝王庙。

第三，入祀帝王有选择，祭祀要义有明示。

历代帝王有明君、庸君、昏君、暴君之分。对此，历代帝王庙有明确的选择。朱元璋在建庙之初，入祀的都是大一统时期的历代开国帝王，却没有入祀秦始皇、晋武帝和隋文帝，理由是他们的功德有愧，“故斥而不兴”，以后，他们也一直被排除在历代帝王庙之外。康熙在晚年更是明确限定，那些因暴虐无道、荒淫失德而被杀或亡国的昏聩之君，不得入祀。相反，如果不是因为无道失德而被杀或亡国的帝王，可准予入祀。但对那些在亡国之前就招致了亡国灾祸的“根源帝王”是不能混入帝王庙，已经入祀者，也要清除出去。

康熙的入祀底线，虽然排除了最差帝王，但入祀者也不全是最佳帝王。乾隆后来解释说，如果纠缠在正面标准的选择上，就会惹起朝廷和学界的纷争不断。面对这种局面，乾隆做到了因势利导、顺势而为，明确提出了历代帝王庙的祭祀要义是“法戒论”，即对入祀帝王也不要盲目崇拜，因为在他们身上，值得效法的成功之道和引以为戒的失误教训都有，祭祀历代帝王的本意，就是在无形之中获得这种感悟和启示。从历史角度观之，帝王是国家最高治权行使者，同时也是文化传承第一责任人；历代帝王庙所体现出的传统不绝如线，文化一以贯之，便是中华文化强大生命力的生动例证。

第四，褒扬从祀名臣的历史功德。

在中华统序中还有一个重要群体，就是历代的功臣名将。历代帝王的宏图大业，都要靠他们的忠诚、智慧、谋略和勇敢去实现。“忠君礼臣”便成为古代君臣关系的最高境界，也已体现在庙宇祭祀之中。历代帝王庙正殿，主祀三皇五帝和历代帝王；在东西配殿，从祀历代名臣。他们或是开国元勋，或为治国良臣，都享有平等崇祀之礼遇。雍正帝把他们的非凡才能比喻成山川灵气之所聚，赞誉其功劳益于国家社稷，品德堪为股肱重臣。这里顺便提一下，雍正很信服《论语·子路》中的一句话：“为君难，为臣不易。”若深知这个道理，就不会再说一言而兴邦了。这表明雍正帝对“君臣共治天下、两者不可或缺”理念的信服与尊重。

第五，见证了中国建筑的历史辉煌。

历代帝王庙集明清两代建筑精华于一身，见证了中国建筑文化的历史辉煌。景德崇圣大殿是全庙的经典建筑，明嘉靖帝建庙时就使用了珍贵的金丝楠木立柱，今天已是绝世之作。乾隆帝把殿顶更换为纯黄色琉璃瓦，施用金龙合玺彩画，把规格提高到“乾清宫”“奉先殿”级，显得更加豪华而凝重。雍正、乾隆帝的四座御碑分列在大殿两侧，东西配殿烘托着主体大殿，更是气势恢弘、蔚为壮观。整座庙宇高低错落有致，前后层次分明，处处显示着皇家庙宇的风范。当年庙前街建有两座景德街牌楼，均为明代原构，异常精美。如今在首都博物馆大厅复建了其中一座，历代帝王庙当年的皇家气派可见一斑。

今天的历代帝王庙已是一座“绝版庙宇”，也是硕果仅存的集以三皇五帝为代表的历代帝王于一体的历史纪念场所，1996年被国务院公布为全国重点文物保护单位。对它的保护工作是在经历了百年沧桑、满目疮痍之后才实现了重大突破。民国初年祭典废除，庙改作他用，最后的使用单位是北京159中学。从2000年底到2004年春，北京市和西城区政府实施了历代帝王庙文物保护工程，包括搬迁学校、修缮庙宇、恢复陈设、举办展览，实现了对外开放。作为这项工程的亲历亲为者，笔者坚信，随着时间的推移，历代帝王庙这处珍贵文化遗产必将得到永续的保护。

抚今追昔，感慨良多。帝制湮灭，走向共和，是人心所向，大势所趋。而作为后人，我们理应对先哲前贤怀有温情与敬意，更有责任反思历史，有所效法，有所儆戒。

北京城区清代小型墓的考古研究

陈　光

（文化部恭王府管理中心）

元朝开始，纷争的中华大地走向一统，定鼎大都，北京市作为中华民族文化的中心，700余年未曾动摇。京城成为各色精英的集聚地、各种文化的汇集点，积累了深厚的底蕴。因此，对北京的诸多研究由来已久。

比较有代表性的有以下几类。

有关社会民俗方面，在元言元、在明言明、在清言清的此类研究古已有之，典型的如清代乾隆年间的《钦定日下旧闻考》，援古证今、逐一考据，是迄今所见官修规模最大、考据最翔实的北京史志研究。

有关古建方面，著名建筑学家梁思成先生于1934年出版的《清式营造则例》是对清代建筑的营造方法研究后发表的学术专著，是中国建筑史学界和古建筑修缮单位一部重要的依据文本。

有关北京城市发展史方面，重要的成果多成书于20世纪后半叶，比较权威的是出版于1994年的《北京通史》，集中论述了北京走向国际大都市的历程。

但是，考古学科研究元明清时期的少之又少，各大学开设的考古课程里顶多讲授到元大都的发掘，其后的明清考古课没有设置。国家设置的考古课题里也基本没有明清考古的位置。如此的研究导向，使得考古工地不重视元明清的遗迹和遗物，导致元明清时期考古报告的比较少见。

本文的命题属于考古资料贫瘠的清代考古的范畴。

一、命题的缘起

从世纪之交的2000年始，由于工作需要，笔者的研究领域由商周时期燕文化研究转向明清时期北京文化研究，于是，我的困惑与日俱增。

比如，首都博物馆的藏品中数量最多的是明清时期文物，其中有许多从未面世的珍品级出土文物，像明代万贵妃的父亲万贵及弟弟万通、明代妃嫔、明末大太监陈瑾、清代乾隆皇帝的皇子们、清末大太监李莲英、慈禧太后的宠臣荣禄等墓葬，以及诸多一二品官员的墓葬都出土了大量的珍品，完全能够支撑明清贵族珍宝展的内容，可是在撰写具体说明和组合文物时就遇到了难题，比如一块玉坠，一个香囊，不知道是悬腰间还是配饰于颈部，大部分装饰要靠展陈人员的想象或者以往的知识，猜想如何放置，如果有考古发掘提供的遗物摆放位置图该多好！令笔者失望的是，别说系统的考古报告，就连简报都没有！

再比如，在恭王府的研究过程中，2006年3月发现恭王府的家庙，按照恭亲王文集记载，家庙位于王府西墙外，并立有2通石碑，镌刻了修缮家庙的过程，经过调查，找到现已是大杂院的家庙遗址，但石碑已被埋在一户居民住宅下，无缘观其真颜。此外，还有王府的诸多事情都无法从考古角度得到佐证。

作为曾经的考古工作者，我对考古的结论一向深信不疑，因为考古现象不像文献资料会发生错抄和讹传，地层提供的信息虽然沉默却最真实，即使受研究者解读质量的制约，也不妨碍考古资料里蕴藏的真实信息。没有考古基础的历史文化研究总是让我心底发虚，我认为，考古资料的研究不仅会发现某些文献没有记载的细节，更会去伪存真。

在期待着元明清考古成果出现的岁月里，我百般关注感兴趣的明清考古资料。说起来要感谢北京“申奥”，自2001年7月13日“申奥”成功后，北京市加大了城市化力度，路桥、场馆、公园都在飞速扩展，北京市文物研究所配合基建所做的考古工作也是遍地开花。可喜的是，北京市文物研究所的考古工作者们不仅做了大量的考古工作，还非常认真地、毫无保留地发表基本资料。像《北京奥运场馆考古发掘报告》[①]《北京考古》[②]以及《北京文博》中都非常系统地发表了明清墓葬的资料，多达12册的《北京考古工作报告》[③]里，有60%以上的资料为明清时期，有些遗憾的是极少遗物图，但可以用来标注遗址点和了解一般情况。以上述资料为基础，具备了进行明清墓葬的考古研究的条件。

发表的资料中绝大多数为明清时期的小型墓，经过粗略计算，已经发掘的并发表资料的明代小型墓有170余座，清代小型墓有1620余座，比较而言，清代小型墓的考古资料应该更加充分一些。另外，清代皇家陵园和园寝、贵族墓葬发掘资料较少，且多不发表基础资料，出版论著多为文献佐证和田野调查综述，不具备进行考古分期研究的条件。所以，选择清代小型墓的命题是目前北京地区的考古资料的限定，同时也是北京考古研究的职责使然。

清代考古是一片未开垦的领域，清代小型墓葬的考古学研究自然无任何参照物，在没有找到独特的研究方法之前，本文沿用考古学最传统的地层学和类型学的方法，

---

① 北京市文物局、北京市文物研究所：《北京奥运场馆考古发掘报告》，科学出版社，2007年。

② 北京市文物研究所：《北京考古》（第一辑、第二辑），北京燕山出版社，2008年。

③ 宋大川：《北京考古工作报告（2000～2009）》，上海古籍出版社，2011年。

对墓葬的随葬品进行考古分期和年代判定，并探讨墓葬中反映出来的社会现象。

需要说明的是：

（1）本文中的北京城区指东城、西城、朝阳、丰台、石景山、海淀6区，范围小于清代顺天府的辖区，大于京师的区域[①]，是满汉民族的集中生活区和墓葬区，足以反映当时京城的生活状态；

（2）本文中“小型墓”概念指无陵区、无墓垣、无墓道、无墓志、无砖石或三合土构建的墓室、无地面建筑的土圹竖穴墓，土圹的大小视方便安放棺木而定。

二、多棺墓辨析

已经发表的墓葬资料中，有相当多数量的双棺墓和三棺墓，较少的四棺墓和五棺墓，甚至六棺墓，根据每一棺木里的人骨状态，除了个别的二次葬和火葬外，多是一次葬，如奥运村M36为六棺墓，6具尸骨都是一次葬（图一），这就引出一个问题，墓葬里的人是同时葬入的吗？还是有人为他人死亡而死亡？换言之，当时是否存在活殉？

其实，妃嫔、宫女殉葬早在明英宗末年就被禁止[②]，清康熙十二年（1673年）明令禁止八旗包衣佐令以下的奴仆随主殉葬，雍正十三年十一月颁布“旗民丧葬禁

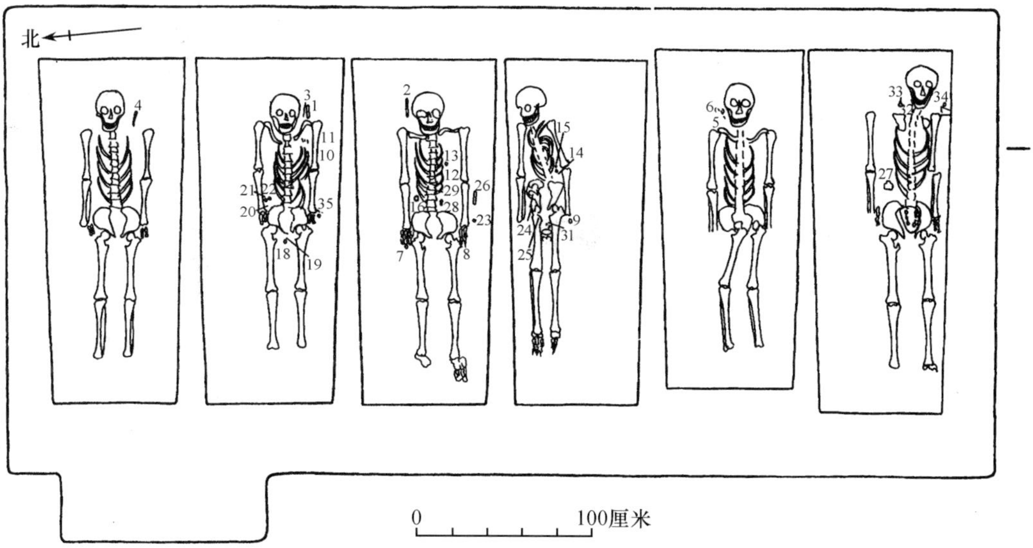

图一　奥运村M36（摘自《北京奥运场馆考古发掘报告》第233页）

① （清）周家楣、缪荃孙：《光绪顺天府志》，卷十九，顺天府属总图，北京古籍出版社，1987年。

② （明）王圻：《稗史汇编》，明英宗临终前说：“用人殉葬，吾不忍也。此事宜自我止，后世勿复为。”

令”，禁止活人殉葬[①]，所以，人殉现象自明中期始就很少见，这一点已经被出土的墓志反复证明。

根据北京城区出土的明代官员墓志，明朝嘉靖年始，丈夫先死，妻子后死，再行合葬的事例屡见不鲜。举一例，“明承德郎直隶凤阳府通判汝斋郝君暨配孺人戴氏合葬墓志铭”[②]书，男主人郝儒卒于明嘉靖四十二年（1563年），先葬入祖茔，夫人戴氏卒于隆庆四年（1570年）二月七日，在三月六日“起君圹合葬”，即打开男主人的墓圹，与丈夫合葬。也有多例妻子先死，丈夫后死，再打开妻子的墓葬合葬的，“明中宪大夫甘肃行太仆寺少卿朴斋王公暨元配苏宜人合葬志铭”[③]书，原夫人苏氏卒于嘉靖三十年（1551年），先行入土祖茔，丈夫王泽卒于明万历四年（1576年），王泽的续弦刘氏所生之子王廷植选择了明万历五年（1577年）十月十九日为吉日，奉王泽之柩，“启元配苏宜人之穴合葬”，如果刘氏逝世，其子还会打开这个合葬墓，把生母葬入其中。

清朝光绪二十四年（1898年），恭亲王奕䜣病逝，其第六位侧福晋寿氏寡居数十年，由太监和女仆照顾起居，直至民国时期去世[④]，入葬恭忠亲王园寝[⑤]。

在清代墓葬的考古报告中，确实存在着大量的同穴不同时的墓葬，举二例。

五棵松篮球馆M40（图二，左）的平面很规整，剖面高低不平，棺与棺之间隔着生土梁，如果同时埋葬三具棺木，怎么可能把墓底挖得凹凸不平？据报告文字介绍，M40的东棺出土“雍正通宝”2枚，中棺出土“乾隆通宝”3枚，说明两棺的时间有先后之别，按照出土文物排列，三棺入葬时间应是：东棺最早，中棺其次，西棺再次，即此墓是由东南向西北扩展的。该墓剖面的凹凸形状是因为三棺入土有先后，不同时期的人挖掘墓坑造成的。

奥会中心M28（图二，右）的平面、剖面都不齐整。平面呈不规则的台阶形，剖面高低不平，很难想象古人挖掘如此怪异形状的墓坑。查寻报告文字，东棺出土“乾隆通宝”，西棺中可以证明年代的铜钱已经锈蚀，无法断定三棺之间的相对早晚。但是，墓圹平面和剖面的形状说明了三棺有先后入葬的可能性。

---

① 《清实录·高宗实录》，中华书局影印版，1985年，第241页。

② “郝儒及夫人戴氏合葬墓志”，见《北京市文物研究所藏墓志拓片》，北京燕山出版社，2003年，第228页。

③ “王泽暨元配苏宜人合葬墓志”，见《北京市文物研究所藏墓志拓片》，北京燕山出版社，2003年，第235页。

④ 恭王府管理中心藏：“毓蕴华口述记录”，毓蕴华老人是恭亲王奕䜣的重孙女，幼年时成长在恭王府，曾亲眼见证了寿氏的老年生活。

⑤ 恭亲王奕䜣的园寝位于昌平区麻峪村，地面有墓垣、享殿、石牌坊，地下有地宫，埋葬着恭亲王及其嫡福晋和侧福晋（见宋大川、夏连保：《清代园寝制度研究》，文物出版社，2007年，第465页）。

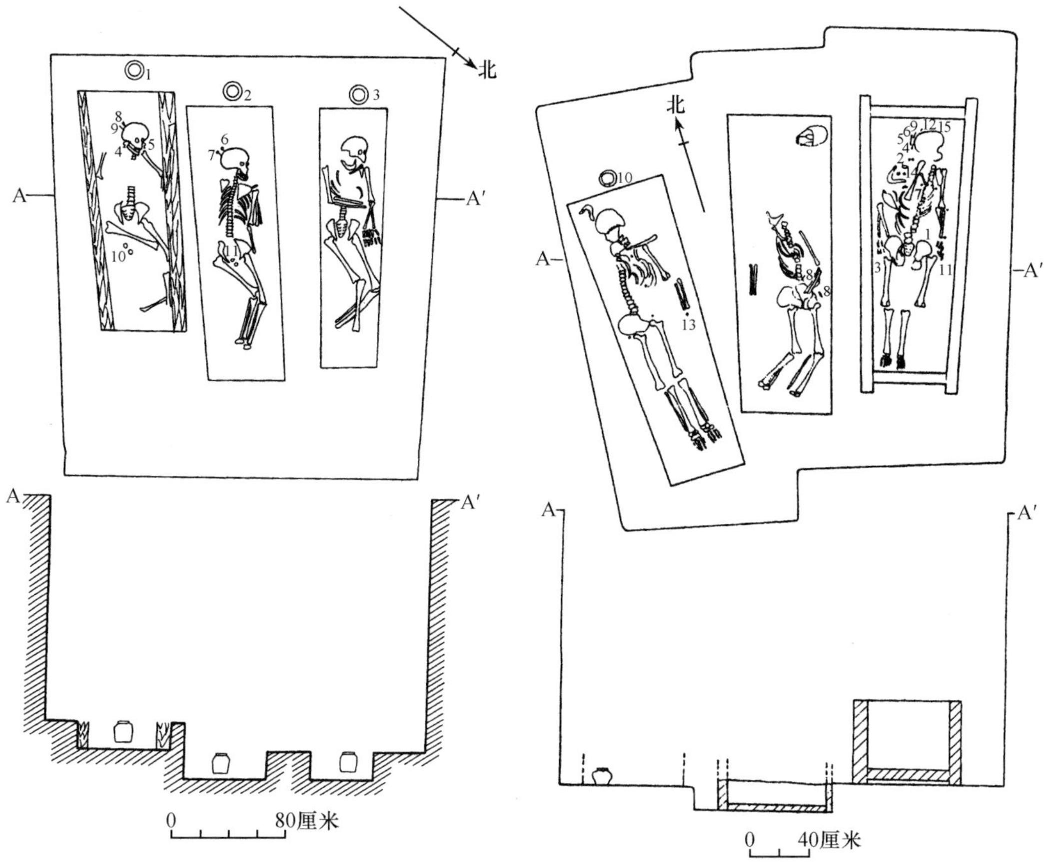

图二　五棵松篮球馆M40（左）和奥会中心M28（右）
（分别摘自《北京奥运场馆考古发掘报告》第66、154页）

2006年12月发掘的昌平区张营遗址清代墓葬[①]，工作认真细致，辨认出几座双棺墓、三棺墓的墓圹内棺与棺之间的先后叠压，证实了清代多棺墓的入葬时间是不同时的。举三例。

昌平张营M21（图三，左），东棺的一角叠压在西棺之上，东棺骨架下的铜钱为“乾隆通宝”，虽然西棺所出铜钱没有说明，仅凭考古现象就能断定，东棺晚于西棺。

昌平张营M34（图三，中），西棺的一角打破东棺，东棺骨架下出土“康熙通宝”1枚和“乾隆通宝”4枚，西棺出土1件青花瓷碗。从考古现象可以推断，西棺晚于东棺。

昌平张营M99（图三，右），为2棺1罐的组合，罐内装有烧过的骨灰，实际上是葬具不一的三棺墓。东棺骨架下出土“康熙通宝”3枚，证明了东棺入葬年代。西棺

① 北京市文物研究所：《昌平张营遗址北区墓葬发掘报告》，《北京考古》（第二辑），北京燕山出版社，2008年。

骨架下出土“康熙通宝”1枚、“雍正通宝”1枚、“乾隆通宝”2枚，以最晚的文物判断，西棺是乾隆年间入葬的，晚于东棺入葬年代。骨灰罐叠压在东棺的东侧棺板之上，年代晚于东棺。

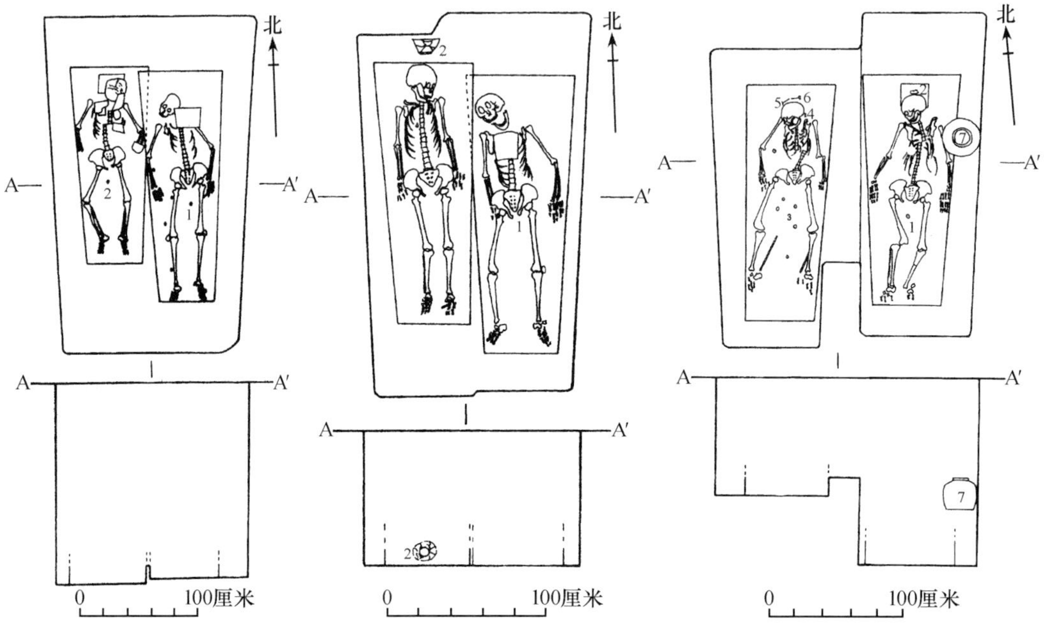

图三　昌平张营M21（左）、M34（中）、M99（右）
［分别摘自《北京考古》（第二辑）第228、246、338页］

清代墓葬的人骨即使没有人骨性别鉴定，从随葬品也很容易分辨性别。女性多有首饰，必不可少的是各色发簪、耳环、戒指、手镯。男性大多很少随葬品，富裕一点的随有鼻烟壶、顶戴，但绝没有发簪等首饰，这一点与明代男性墓葬差别很大，明代男性多随葬发簪，印证了明清两朝男性发式的根本转变，明代男子束发冠顶，需要发簪，清代男子是髡发结辫，没有任何发饰。

双棺墓中人骨为一男一女，多棺墓中只有一名男性，其余均为女性，无一例外。葬于一个墓葬里的人应是一个家庭的男、女主人。

上述实例说明了三个问题。

（1）葬在同一墓圹里的人是夫妻关系。无论生前还是死后，夫妻都要归属在一个单元里。

（2）多棺墓并不是埋葬于同一时间。由于死亡时间有先后，墓穴会被打开，葬入后死的人，形成了一墓多棺的现象。这样的多棺墓里每一棺都有独自葬入时间，很可能间隔不长，分辨土质土色非常困难。

（3）因为多棺墓同穴不同时，在探讨考古分期的时候，必须将多棺墓墓葬中出土文物还原到最小出土单位——单棺，进行单棺的比较，才能保证分期的准确性。

三、分期及其相关问题

分期基础是以单棺为单位，观察共生随葬品。

清代小型墓葬的随葬品比较单一，大约归为容器类、男饰类、女饰类、其他等四类。容器类没有性别差异，多数人的棺外头部随有一件罐，一棺一件，体量大小接近，只是质地不同，或瓷或陶，或精或糙，一般不混搭出土[①]。装饰品有性别差异，男性特有的鼻烟壶、顶戴类饰品也绝不出现于女性棺中，而女性饰品的簪、环、镯类绝不出现在男性棺中。铜烟袋则比较另类，男女棺中均可见到，显然是满族人入关带来的习俗，明代墓中是见不到的。

这样就出现了很有趣的现象，在单棺中，容器类中瓷罐和陶罐从不伴生出土，男饰与女饰也从不伴生出土，那么，器物之间横向连接的桥梁，也就是说这些器物在什么时期共生呢？铜烟袋虽然与各种器物伴生共出，但是，铜烟袋型制在清代几乎没有任何变化，无法判断年代早晚，只有铸有年号的钱币是与各种器物伴出的，因此，年代判定的标准是以与器物同棺出土的铸有年号的钱币来断代，如果同时出土几种年号钱币，以年号最晚的钱币断代。

由于钱币的情况比较特殊，民间使用钱币会沿用许多年，晚期是可以使用早期钱币的，因而出土早期钱币的墓葬未必时代为早期，比如使用“康熙通宝”随葬的墓葬有可能是康熙及其之后的任何年代。所以，每件标志性器物都会与所有同样器物的伴生的年号钱币进行比对，确保断代器物不是孤证。

除了年号钱币作为主要的连接桥梁，容器也有与男饰、女饰共生的，在没有年号钱币的情况时，可以比较已经断代的标志性器物，判断相对年代。

（一）容器类分期

容器类不包括盛放火化骨灰的瓮棺和带盖将军罐，仅指棺外头部的小型罐，盛放骨灰者，视同棺具，其中极少有随葬品，无法分析。小型罐与棺内随葬品是共生关系，因而具有分期意义。

根据每棺随葬品多寡，小型罐的质量有所不同，从高而低依次为青花或粉彩罐、瓷罐、釉陶罐、陶罐。从这一点看，小型罐的精美程度与墓主的家庭财力关联紧密。

---

① 只有一例孤证，奥运一期M71北棺出土瓷罐、釉陶罐各1件，该墓为三棺墓，中棺只出“康熙通宝”，南馆出瓷罐1件和“康熙通宝”，此墓没有发表平面图，也没有叙述哪一件瓷罐是南馆出土的，哪一件与釉陶罐共出，由于大量的其他清代小型墓没有两罐共生的情况，推测北棺二罐中可能有一件属于中棺随葬品（北京市文物研究所：《奥运一期工程考古发掘报告》，《北京奥运场馆考古发掘报告》上册，科学出版社，2007年第352、373页）。

小型罐中，最广泛使用的是釉陶罐、瓷罐、陶罐。以奥运一期工程墓地①为例，共清理了178座清代墓，除去没有随葬品（断代无根据）、龟镇墓（骨灰混杂，无法辨认人数）、瓮棺墓（除了瓮、几乎无随葬品）等特殊墓葬外，可供研究的有133座墓，由于其中有双棺、三棺、四棺、六棺墓，总体算起来，单棺量达265具，出土69件容器，占总数的26%，其中，釉陶罐30件，占容器量的43%；瓷罐20件，占容器量的29%；陶罐18件，占容器量的26%。由于陶罐的器形很少变化，无规律可循，不能作为分期的标志性器物，下面只分析器形有变化的釉陶罐和瓷罐。

1. 釉陶罐分期

釉陶罐的陶质多为泥质红陶，轮制成型，口沿及上腹部施黄釉、绿釉、酱釉、黑釉等各种釉色，釉质厚重的有流釉现象，下腹及底部不施釉，露出胎质。

釉陶罐的型制基本呈桶形，因为腹、足有差别，区分为鼓腹罐、筒形罐、圈足罐，前两种比较常见。

根据各型罐与钱币的共生关系，组合成分期图（图四）。

釉陶罐的总体发展趋势是腹部弧线由圆鼓向直线发展，器形越来越简洁，制作越来越粗糙。

从器物腹部的曲线变化可以分为三段，囊括了清代入关后到清亡的时期。

清早期，含顺治、康熙两朝，前后79年。顺治时期的釉陶罐还有些明代遗风，腹部比较圆鼓，到了康熙时期，腹部已经比较瘦长。

清中期，含雍正、乾隆、嘉庆三朝，前后98年。这一时期鼓腹罐延续着康熙时期的瘦长趋势，筒形罐腹部变成直筒形。

清晚期，含道光到宣统五朝，前后90年。鼓腹罐的腹部更加消瘦，制作也粗糙起来，部分口沿倾斜不平。

鼓腹罐、筒形罐、圈足罐在明代晚期的小型墓中可以找到踪迹（图四），只不过明代器物腹部更加圆鼓，清代的釉陶罐发展的更加清瘦、简洁。北京城区的明清两代小型墓出土的釉陶罐有着明显的承袭关系。

2. 瓷罐分期

瓷罐胎质较硬，内外皆施浅色釉，质量上乘者为白釉，略差者釉色泛灰、泛黄、泛绿的都有，有的口沿边缘施酱釉，底部边沿露出胎质。

瓷罐的形制为小口、圆肩、收腹、平底略上凹。由于造型有瘦高、矮胖两种，将瘦高型称为A型，矮胖型称为B型。

根据瓷罐与钱币的共存关系，排列出瓷罐分期（图五）。

---

① 北京市文物研究所：《奥运一期工程考古发掘报告》，《北京奥运场馆考古发掘报告》（上册），科学出版社，2007年。

分期	鼓腹罐	筒形罐	圈足罐	备注
明代	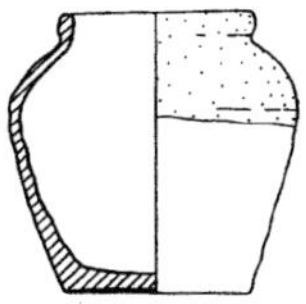 1	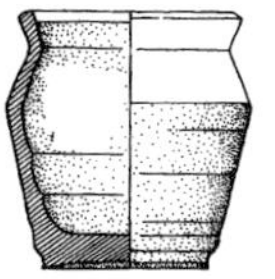 2	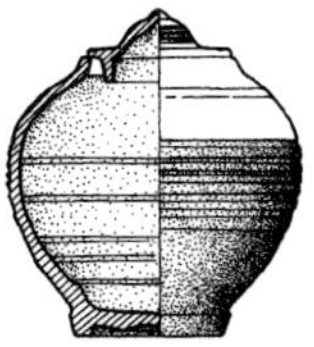 3	鼓腹罐，奥运一期M146，与“万历通宝”共出 筒形罐，奥运村绿化带M8南棺，与“崇祯通宝”共出 圈足罐，奥运村绿化带M1，与“万历通宝”共出
清早期	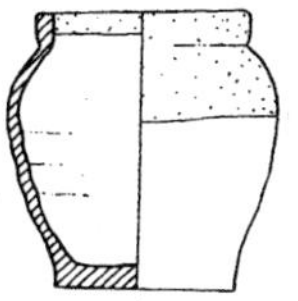 4			鼓腹罐在奥运一期M40北棺、M57北棺与“顺治通宝”共出 筒形罐在五棵松篮球馆M33北棺与“顺治通宝”共出
	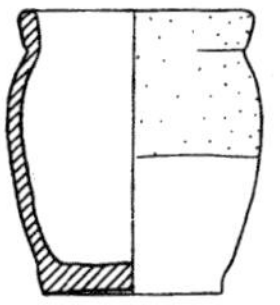 5	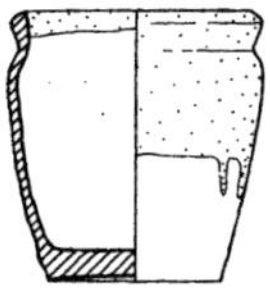 6		鼓腹罐在五棵松篮球馆M33南棺、奥运一期M27北棺、M56北棺、M64、国体M16北棺与“康熙通宝”共出 筒形罐在奥运一期M178与“康熙通宝”共出
清中期	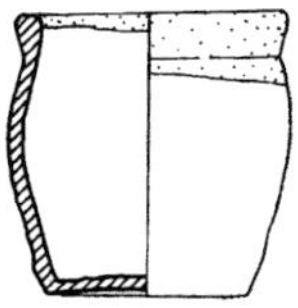 7	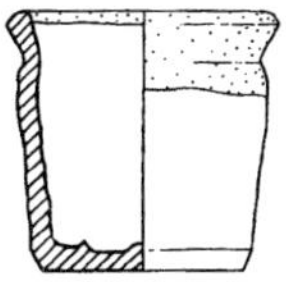 8	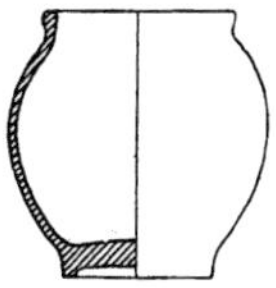 9	筒形罐在科技馆M15与“康熙通宝”共出。在奥运一期M51南北两棺、奥运工程M4中棺、国体M16南棺与“雍正通宝”共出 鼓腹罐在奥运一期M143西棺、M177西棺、M210、M216西棺、M231南棺、国体M27南棺、五棵松篮球馆M44与“乾隆通宝”共出 筒形罐在奥运一期M2、国体M7、新奥体M6与“乾隆通宝”共出 圈足罐在奥运一期M49东棺与“乾隆通宝”共出
清晚期	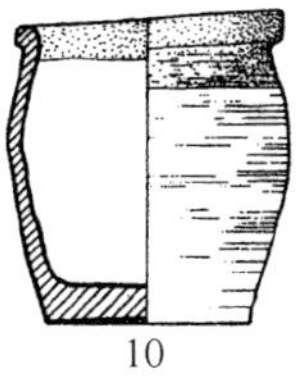 10			鼓腹罐在奥运工程M8东棺与“咸丰通宝”共出

图四　釉陶罐分期图

1. 奥运一期M146　2. 奥运村绿化带M8南棺　3. 奥运村绿化带M1　4. 奥运一期M57北棺　5. 奥运一期M56北棺　6. 奥运一期M178　7. 奥运一期M210　8. 奥运一期M143西棺　9. 奥运一期M49东棺　10. 奥运工程M8东棺

［2、3摘自《北京考古》（第二辑），余皆摘自《北京奥运场馆考古发掘报告》］

分期	A型	B型	备注
清早期	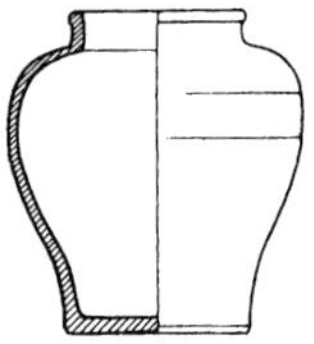 1	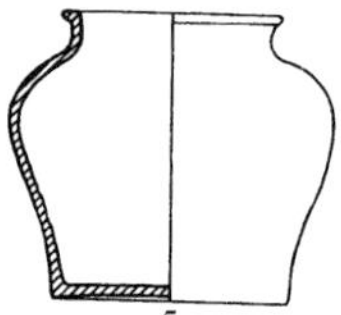 5	A型罐在新奥体育场M5与“康熙通宝”共出。在五棵松篮球馆M40南棺与“雍正通宝”共出 B型罐在奥运一期M198与“康熙通宝”共出
清中期	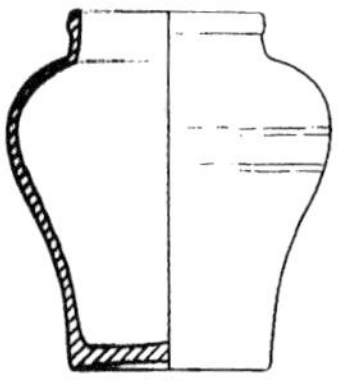 2	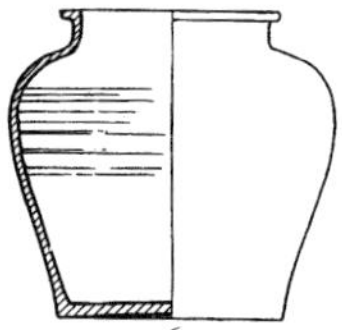 6  7	A型罐在奥运一期M145南棺、M224西棺、M55、M52、M30南棺、M53北数二棺、M62南棺、M187、五棵松篮球馆M40中棺与“乾隆通宝”共出。在五棵松篮球馆M24中棺与“嘉庆通宝”共出 B型罐在五棵松篮球馆M5南棺与“雍正通宝”共出。在奥运一期M41西棺与“乾隆通宝”共出
清晚期	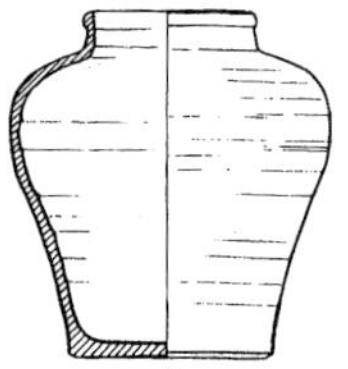 3	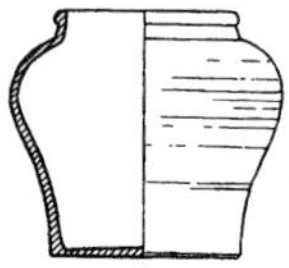 8	A型罐在奥运工程M21、五棵松篮球馆M22东棺与“道光通宝”共出。在五棵松篮球馆M22西棺与“咸丰通宝”共出 B型罐在奥运工程M20中棺、奥运一期M61北棺与“道光通宝”共出
	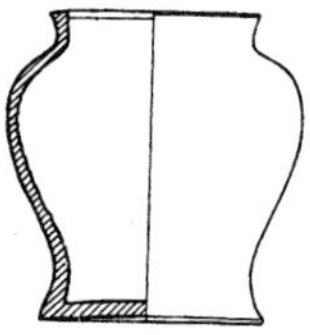 4	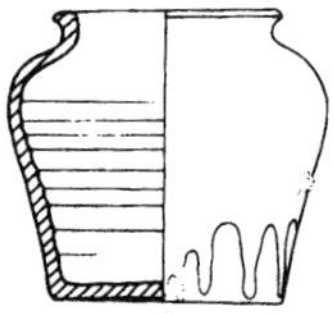 9	A型罐在奥运工程M25与“光绪通宝”共出。在郑常庄M1东棺，时代相当光绪年间。在奥运一期M201与“宣统通宝”共出 B型罐在奥会中心M8东棺与“同治通宝”共出

图五　瓷罐分期图

1. 新奥体育场M5　2. 奥运一期M145南棺　3. 奥运工程M21　4. 奥运工程M47　5. 奥运一期M198　6. 五棵松篮球馆M5南棺　7. 奥运一期M41西棺　8. 奥运工程M20中棺　9. 奥会中心M8东棺

（均摘自《北京奥运场馆考古发掘报告》）

A型　瓷罐从圆腹→圆肩→鼓肩变化，下腹逐渐内收，形成曲腹假圈足。

B型　瓷罐总体变化不是很明显，明代小型墓里能够见到类似的陶罐，清代小型墓中也出土有相仿的陶罐。

A型　罐在目前考古资料里，只见于清代，属于清代小型墓的典型器物。从A型罐腹部的变化参照釉陶罐分段略有参差。

清早期，A型罐的上腹部圆鼓。

清中期，A型罐的肩部圆鼓，这样的形制一直延续到清晚期的道光时期。

清晚期，A型罐的明显变化在光绪年间出现，肩部圆鼓，下腹部向内凹曲，形成假圈足。

（二）男饰的特色

清代小型墓的男性随葬品多寡不一，少的仅有几枚铜钱，有的甚至无任何随葬品，只有少数的墓葬随葬清代男性最有特点的器物，鼻烟壶和顶戴。

1. 鼻烟壶

鼻烟在清代很是流行，以香味上乘的烟叶，晒干后加入名贵药材或花卉，磨成粉末，装入密封容器，经一定时间的发酵，即可闻用。鼻烟壶就是用来盛装烟末随身携带。出土鼻烟壶的墓葬较少，有瓷质、玉质、料质几种，其中瓷质鼻烟壶出土数量相对多，与年号钱币、已分期容器有共生关系，可以区分年代先后（图六）。

瓷质鼻烟壶有青花，有釉下红，图案非常通俗易懂，因其口部型制分为二型，A型直口细颈，B型侈口。总体趋势是肩部越来越方折。

清朝使用鼻烟壶的男性并不是只有满族男子，在明朝张氏家族墓地的2座清代男性墓葬中出土了鼻烟壶[①]（图七）。张氏墓地位于北辰路附近的中国科技馆新馆工地，清理了24座墓。这一家族的张贵是明朝的镇国将军，卒于明成化元年（1465年），墓地中还葬有张贵的母亲以及张家后人，其中清代墓区的2名男性单棺墓出土了蓝釉和黄釉鼻烟壶，说明汉族的贵族子弟也习惯于吸闻鼻烟。

2. 顶戴

清初对标志官员等级的顶戴有过规定，用不同颜色的宝石区分，一品用红宝石顶，二品用珊瑚顶，三品用蓝宝石顶，四品用青金石顶，五品用水晶石顶，六品用砗磲顶。雍正八年（1730年）开始，允许用玻璃代替宝石，透明的玻璃品级高，不透明

① 北京市文物研究所、朝阳区文物管理所：《中国科技馆新馆工程考古发掘报告》、《北京奥运场馆考古发掘报告》（下册），科学出版社，2007年。

分期	瓷质A型	瓷质B型	玉质	备注
清中期	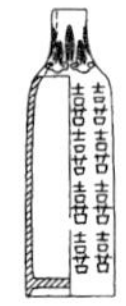 1			A型底部有“嘉庆年制”的落款
清晚期		 4		B型在奥会中心M31北棺与“道光通宝”共出
	 2  3	 5	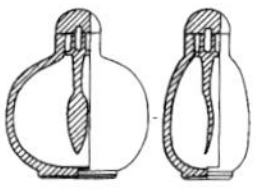 6	A型在奥会中心M16与“光绪通宝”共出。在奥运工程M47北棺与光绪年间的A型瓷罐共出 B型在奥运一期M215与“同治通宝”共出 玉质壶在五棵松棒球馆M16与1863年铭文银饰以及光绪年间的A型瓷罐共出

图六　鼻烟壶分期

1. 奥运一期M181南棺　2. 奥会中心M16　3. 奥运工程M47北棺　4. 奥会中心M31北棺　5. 奥运一期M215西棺　6. 五棵松篮球馆M16

（均摘自《北京奥运场馆考古发掘报告》）

的玻璃品级低，如一品为亮红顶，二品为涅红顶，三品为亮蓝顶，四品为涅蓝顶，五品为亮白顶，六品为涅白顶，七品的素金顶，被黄铜所代替。

清代对官帽品级禁忌很严，不允许越级佩戴。所以，北京城区清代小型墓出土的顶戴的时代区分，意义不大。至于顶珠用的是宝石还是玻璃，须由专业鉴定机构进行鉴定。

由于配合北京奥运会的召开，北京市奥运设施所在区域发掘比较充分，清代顶戴出土地点有两片，一是中轴线北四环到五环之间的奥运场地，一是西四环定慧桥到南沙窝桥之间的四环路两侧。

出土的顶戴排列成图八。图八说明清代从三品官员开始，一直到九品，都在使用小型土圹墓，出土量比较大的、级别比较高的多在北四环到北五环之间的奥运场地里。有趣的是，目前仅见的2座六棺墓也出在这片区域。

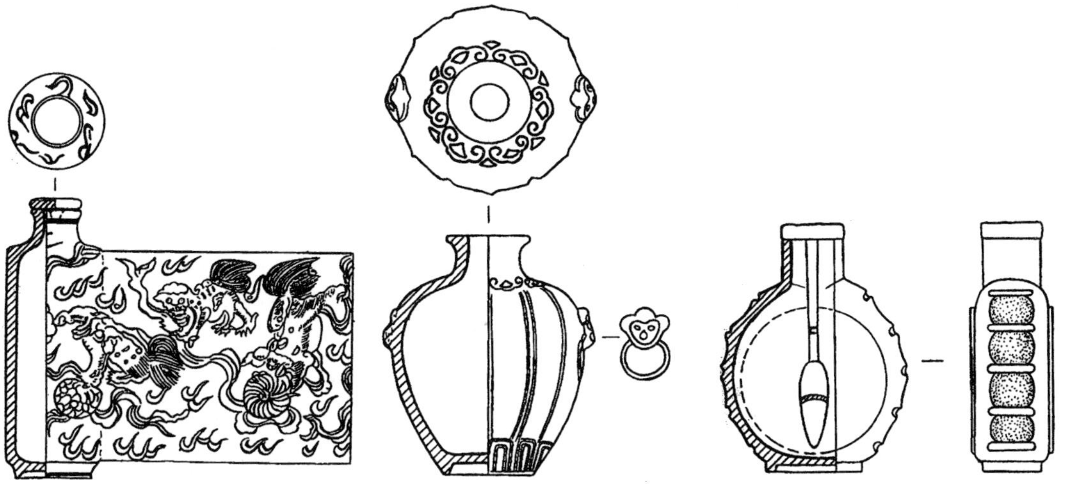

1　　　　2　　　　3

图七　张氏宗族墓地出土的鼻烟壶
1. 科技馆M18所出　2、3. 科技馆M12所出
（摘自《北京奥运场馆考古发掘报告》）

一座是奥运一期M238，6棺，6号棺出土三品或者四品官员的蓝色顶珠顶戴（图八，2），他的5位妻妾全部随葬康熙时期的钱币和瓷罐。M238的年代应处于康熙时期。

另一座是奥运工程M36，6棺，南1棺出土六品官员的白色顶珠（图八，7），从照片看其质地似为砗磲，他的妻妾之一的棺中出土标明“1861”年的铜饰品。M36的年代应相当于咸丰至同治年间。

（三）女饰的讨论

清代小型墓的女性，绝大多数都会随有首饰，即使同墓的男性什么随葬品都没有，女性也会有1件素面铜簪、或者铜耳环随葬。富裕家族的女性的首饰以金制品、玉制品为多，几乎看不到素面首饰，簪首更是花样百出，用金丝金片做成行龙、飞凤、蝙蝠、蝴蝶等，动态逼真，或者做成竹叶、花朵、卷草、如意云、佛手，形制精美。还有的簪首做成“福”“寿”“金”“玉”等字样。大部分簪首图案的中心镶嵌有珍珠、宝石，可谓琳琅满目。但是富裕大户毕竟是少数，大部分女性使用铜质、银质首饰。图九列出的是随葬品略多的女性使用的首饰。

在上图的首饰中，图九·3铜簪的型制看上去如同佛教的禅杖，顶部的葫芦谐音“福禄”，带有普通百姓对幸福生活的向往，这件铜簪应该是中外文化结合的产物。其他首饰上的纹饰多为中国文化的符号，像展翅的蝙蝠谐音“飞来之福”，云纹形同如意，中国结实际是“万”字的嬗变，八仙更是民间的喜神。妇女佩戴这些表示吉祥

品级	出土顶戴	备注
三品 四品	 1	1 出自物资储备学校M4西棺，蓝色石料顶珠，鎏金底座，为三品或四品官的吉服冠顶戴。双棺墓，同墓女棺出土“乾隆通宝” 同样顶戴在物资储备学校M1西棺与“嘉庆通宝”共出；在物资储备学校M3中棺与“光绪通宝”共出
五品	 2 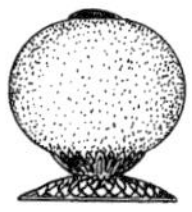 3	2 出自奥运一期M238的6号棺，此墓为六棺墓，顶戴是水晶珠，应是五品官的吉服冠顶戴，其余5棺有4棺出土“康熙通宝”，另1棺出土康熙时期的A型瓷罐 同样顶戴也出土于科技馆M3西棺
六品	 4 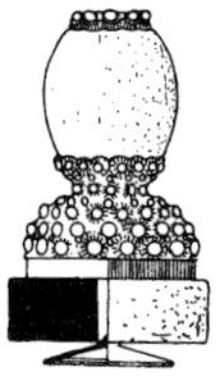 5  6 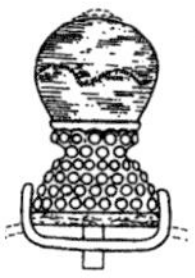 7	4 出自科技馆M55东棺，白玉石顶珠 5 出自奥运一期M21北棺，白料顶珠，与“光绪重宝”共出 6 出自奥运一期M20南棺，白料顶珠，与“嘉庆通宝”共出 7 出自奥运工程M36南1棺，白色砗磲顶珠，此墓为六棺墓，其妻妾棺中出土标明“1861”年的铜饰品 此类白色石珠未经鉴定，从不透明的程度判断，应是六品吉服的冠顶戴
七品	 8  9	8 出自五棵松蓝球馆M42，铜顶珠 9 出自奥会中心M32北棺，铜顶珠，与“乾隆通宝”共出 素面顶戴为七品以下官员的吉服冠顶戴

图八　出土顶戴的级别

1. 物资储备学校M4西棺　2. 奥运一期M238之6号棺　3. 科技馆M3西棺　4. 奥运工程M55东棺　5. 奥运一期M21北棺　6. 奥运一期M20南棺　7. 奥运工程M36南1棺　8. 五棵松篮球馆M42　9. 奥会中心M32北棺

［摘自《北京考古》（第二辑），余皆摘自《北京奥运场馆考古发掘报告》］

的首饰，趋吉辟邪，祈福求祥。

女性首饰多为金属或玉石制作，较坚固，尤其金属，可以维修、换新，使用时间较长，加上首饰类似珠宝类，人们通常很爱惜，所以，首饰的传承性很好。也就是说，由于首饰的更新换代性较差，时代特征不明显。

比如图九·3的铜簪见于明末的墓葬，在奥运一期M54中与“崇祯通宝”共生，在清代墓中与“雍正通宝”“乾隆通宝”“嘉庆通宝”“道光通宝”“咸丰重宝”“光绪重宝”均有共出的案例。

图九·5的如意首银簪在清墓中与“雍正通宝”“乾隆通宝”“道光通宝”“咸丰通宝”均有共出关系。

图九·2的“飞来之福”扁方在清墓中与“乾隆通宝”“道光通宝”“同治重宝”“光绪重宝”均有共出关系。

图九·7的银耳环也是常见的耳环形制，只是表面图案繁简略有不同。

综述之，女性首饰中常用种类几乎贯穿整个清代，很难分期，只能看出一点，“飞来之福”的题材更多地出现在道光时期及其之后的清代墓葬里。

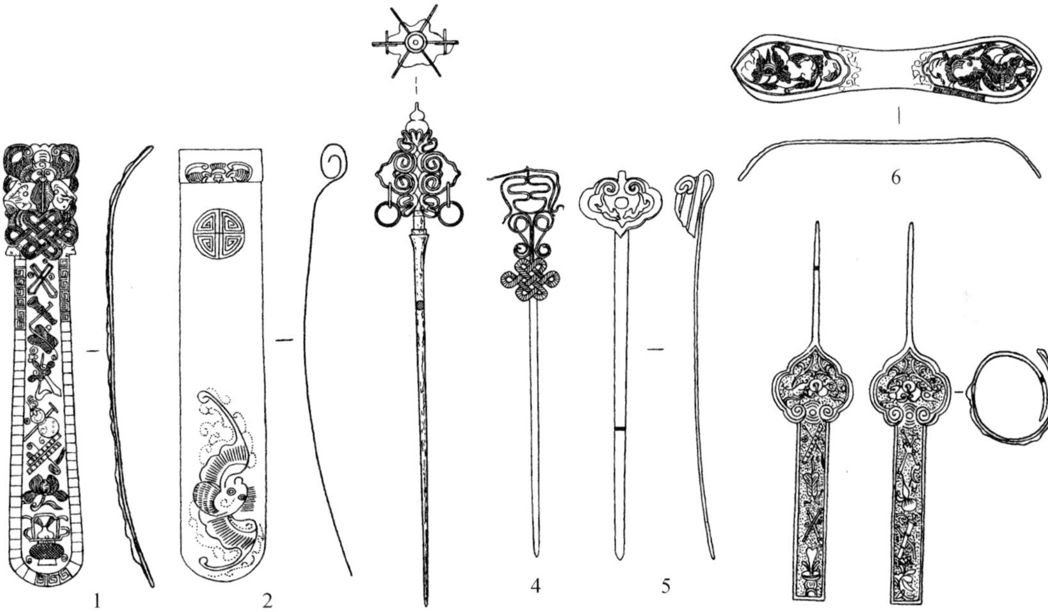

图九　女性装饰品

1. 银扁方（五棵松篮球馆M27西棺）　2. 银扁方（奥运一期M16西棺）　3. 铜簪（五棵松篮球馆M27西棺）　4. 铜簪（五棵松篮球馆M41）　5. 银簪（奥运一期M147西棺）　6. 铜压发（五棵松篮球馆M41）　7. 银耳环（奥运一期M16西棺）

（均摘自《北京奥运场馆考古发掘报告》）

（四）分期小结

将前述所有分析中的典型器物归纳整合成图一〇。

清人入关后，自1644年至1911年，凡267年，分为三期：清早期，含顺治、康熙两朝，前后79年；清中期，含雍正、乾隆、嘉庆三朝，前后98年；清晚期，含道光到宣统五朝，前后90年。

容器类的时代变化比较明显，清早期的容器腹部圆鼓，清中期肩部圆鼓，清晚期腹部内收，瓷罐的腹部收成假圈足的形制。其中时代有参差的是瓷罐，清中期的瓷罐器形一直延续到清晚期的道光年间。考虑到容器类属于易碎品，随葬量也比较大，相对于其他器类需求量和制作率高， 容器的变化能够反映时代的变迁，以容器类代表时期划分有其可行性。

本文的清代分期来自于对清代小型墓葬随葬品组合的分析，以实物印证历史，与清代的社会发展是能够相对应的。

清早期面临南明势力、三藩割据的汉文化的挑战，至康熙二十年（1681年）平定三藩，康熙二十二年（1683年）占领台湾，清朝的统治才得以稳固。虽然汉人的政权消失了，但是汉文化却被清朝全盘传承下来。清代墓葬中的容器类的形制、质地完整地继承了明代的风格，说明此类器物的制作是汉族工匠，在棺外头部放置容器也是汉文化的习俗。

清中期是清朝真正的盛世，政权稳定，文化发达，疆域辽阔。墓葬中的容器类形制简洁明快，形成了固定款式，女性饰品多种多样，纹饰繁缛，虽无法分期，出土在中期墓葬的情况较多。

清晚期的变化很明显，由于鸦片战争的爆发，西方文化的侵入，墓葬中容器类开始减少，更多的出现玻璃制品、西洋铜饰品等洋物件，种类五花八门。

本文虽然做了清代小型墓葬的分期尝试，还是有诸多的不理想，比如分期图里的鼻烟壶只是诸多种类鼻烟壶中的一种，不能代表鼻烟壶的总体分期，比如B型瓷罐的变化很小，无法判断年代，尤其是有些器类变化不够明显，等等。只能等待更多的资料去完善本文的结论。

必须说明的是，清代考古的分期与清代历史分期有所不同。清代历史分期主要根据是重大的历史事件或者朝代更替，清代考古分期则是根据出土遗物研究，表面上看，考古分析的是器物形态的变化，实际反映的是当时社会生活的状态。就是说，重大历史事件和朝代更替未必立即导致社会生活状态的转变，后者的变化是日积月累的量变到质变的过程，需要一段时间酝酿，才会形成生活状态的明显变化，所以，清代考古分期与清代历史分期不能够完全等同，从时间上说，考古分期中的阶段分割可能晚于历史事件发生的年代。

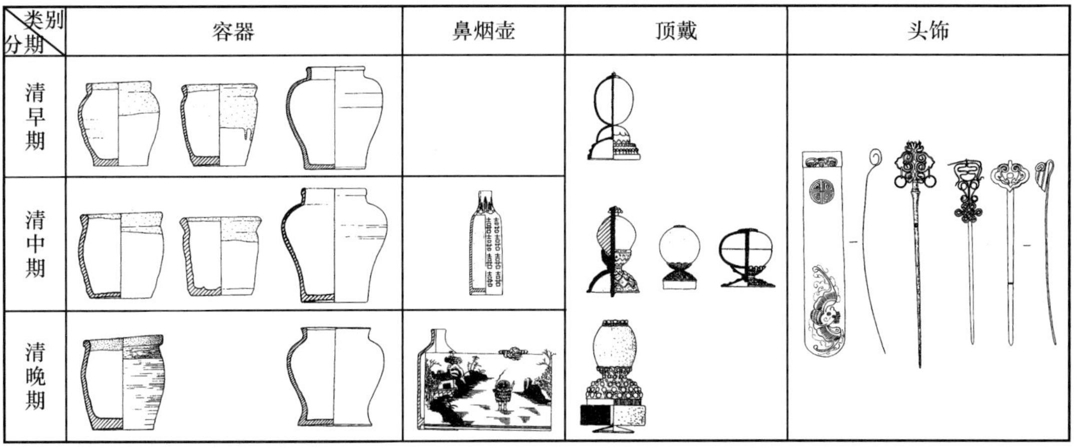

图一〇　清代小型墓出土的典型器物分期图

四、小型墓中的人生百态

器物的分期并不是考古研究的目的，重要的是在清代，究竟什么样的人在使用小型墓。

（一）官员无数

2004年，北京市文研所清理了一处清代刘秉权墓园[①]，为较大规模的夯土台，遭破坏后仍然有5800平方米的夯土基座，地面还遗存着华表、夹桥石、墓碑等建筑，主墓室用青砖砌就，墓道长8.27米，墓室规模4.15米×3.3米，内置双棺，是刘秉权及其夫人。墓志记载，刘秉权官至资政大夫、广东巡抚、都察院右副都御使，按《清史稿·职官志》应为正二品，发掘者查核了文献，墓园规格符合清代规定。

小型墓出土的男性顶戴的最高级别到三品（因顶戴的顶珠未经鉴定，无法判断确切级别，所以也可能四品），目前见到的三品蓝色顶珠的顶戴有3例，全部出自西四环中部彰化村北京市物资储备学校住宅工程的墓地中[②]。两墓为双棺土圹，一墓2.96米×2.43米，一墓2.4米×2.2米，一墓为三棺墓，3米×2.9米。这里共清理了15座墓，分布在东西20余米、南北30余米的区域内，应是一处家族墓地，但是没有明显墓园，以及地面遗留。比照刘秉权墓地，物资储备学校墓地的级别低得多。

---

① 朱志刚、李华：《丰台区刘秉权墓地调查与发掘报告》，《北京考古》（第一辑），北京燕山出版社，2008年。

② 北京市文物研究所、海淀区文物管理所：《北京市物资储备学校住宅楼工程2007年考古发掘报告》，《北京考古》（第二辑），北京燕山出版社，2008年，第420页。

但是这处墓地里，男性随葬品有顶戴、朝珠、瓴管、扳指、女性随葬品的首饰均为纯金银制作，做工精美。有趣的是，有一座四棺墓里的一位女性随葬了比男性顶戴品级高得多的一品以上级别可以使用的珊瑚朝珠！而且全部首饰都是纯金质地，有金凤饰以及金竹叶、金如意、金莲花等各种簪首，用金片金丝镶接的展翅金凤凰托着一朵盛开的金牡丹，这样的主题金饰品极有可能与皇家公主有关，推测应该是一位与皇室有密切关联的女性。还有1位女性随葬的金凤凰的尾部托起祥云围绕的金“寿”字，昭示着这个家族在当时可谓家世光鲜。

至于佩戴如此贵重的金首饰的女性是不是满族女性，需要通过人骨鉴定，有一点应该从现场得出结论，满族女性是天足，汉族女性是缠足，尸骨的足部骨骼会有变异，只是目前的发掘报告没有提供相关证据。

五品及其以下的顶戴多出土于北四环到北五环之间的奥运设施工地，随葬物品比较简单，大多女性随葬簪环而已，且多为铜簪环。据《清史稿·职官志》，五品以下官员是清代职官中的绝大多数（图一一），以光绪年间的大理寺为例，除正一品、正三品的正副卿各1人，正四品推丞2人外，其余58人在五品到九品之间。像嘉庆年间“步军营提督九门步军巡捕五营”的机构下，正六品的门千总共有46人，下一级的把总人数翻番为92人，仅在京城的清代军队里，此类官员数以万计，如此之多的官员都是小型墓的使用者。

图一一　清末官员（摘自《莫理循眼里的近代中国》，福建教育出版社，2007年）

（二）明朝的遗老遗少

明朝的镇国将军张贵家族的张氏祖茔位于北辰路附近的中国科技馆新馆工地，共清理了24座小型墓[①]。张贵的墓志记载了张贵出身于淮安府显贵世家，历经明代永乐、洪熙、宣德、正统、景泰、天顺、成化七朝，一生战功赫赫，官至从二品的镇国将军、都指挥使同知，张贵娶了五房妻妾，其长子张英承袭了镇国将军，官至都指挥佥事。张贵的子孙们葬在他的南侧和西侧，时代在清代的墓葬有17座。

其中的一位，M3的男性随葬有白色水晶顶戴，应在清代做到五品官员。其余墓葬未见有做官的凭证，但是数座四棺墓、三棺墓的存在说明即使不做官也娶得起两房或三房妻妾，还有的墓葬出土非常精美的鼻烟壶，应该说，张贵的后代在清代也过着吃穿不愁的日子。

（三）贵胄不贵

2006年为配合南水北调工程，北京市文物考古研究所清理了清代顺承郡王家族墓地的部分墓葬[②]。第一代顺承郡王勒克德浑传宗十五代，是清初八大铁帽子王之一，礼亲王代善之孙，不仅自己建立了赫赫功勋，还有一位深受清代开国皇帝皇太极信任的德才兼备的父亲。顺承郡王园寝面积较大，第一代王勒克德浑、第十代恒昌、第十三代庆恩在整体墓区中都有单独园寝，地面也留有墓碑、宝顶、墓区大门等建筑[③]。由于顺承郡王家族在清代曾经夺爵又复爵，总体尚平稳（图一二），家族墓地区域很集中。清理的13座墓葬里只有一座为砖室墓，其余均为土圹小型墓，不能确定其中是否有世袭郡王的园寝，由于随葬品很普通，纯金首饰很少，多为铜质簪环，造型不是十分复杂，看来贵胄的支系中许多人生活也很普通。

① 北京市文物研究所、朝阳区文物管理所：《中国科技馆新馆工程考古发掘报告》，《北京奥运场馆考古发掘报告》（下册），科学出版社，2007年。

② 王清林：《北京考古工作报告·南水北调卷》，上海古籍出版社，2011年，第219页，“顺承郡王家族墓葬区（新街、周口、瓦井、辛庄、西周各庄）”。

③ 宋大川、夏连保：《清代园寝志》，文物出版社，2012年，第一部分，第二章，第三节，“礼烈亲王代善及其后裔园寝”。

图一二　第十四代的多罗顺承郡王讷勒赫和福晋

（左图摘自《陆军贵胄学堂同学录》，出版于1905年；右图摘自《支那杂观》，拍摄于1905年，出版于1924年）

（四）平民最多

小型墓里有部分墓葬没有任何随葬品，奥运一期工程的178座清代墓葬①中，2座龟镇墓无法分清人数不计算，1座无法分清棺木痕迹不计算，可供计算的有175座清代小型墓、共计333棺（该统计数据来自发掘报告的墓葬登记表）。

333棺中，有83棺无任何随葬品，占总数的24.9%，还有一些墓葬出一根骨簪，或者一对铜耳环，或者只有1枚铜钱，少量随葬品的有85棺，占总数的25.5%。统计后，随葬2件以下的随葬品的共168棺，占总数的50.4%，说明使用小型墓的人群中至少有一半是生活在下层的平民（图一三）。

（五）铜烟锅现象

提起铜烟锅，使人马上联想到富饶的东北大地，东北是满族人的家乡，目前资料

① 北京市文物研究所：《奥运一期工程考古发掘报告》，《北京奥运场馆考古发掘报告》（上册），科学出版社，2007年。

图一三　京城的满族平民（拍摄于1905年）
（摘自《莫理循眼里的近代中国》，福建教育出版社，2007年）

证明，铜烟锅出现于清代墓葬中，应是满族人带进关的习俗。

清代的烟袋基本保持一种样式（图一四），分成烟锅、烟杆、烟嘴三部分，装烟点火的烟锅部分为黄铜制作，后面靠近嘴的烟嘴部分有铜质也有玉质，中间用穿孔的藤木杆连接，一旦烟杆里有烟垢，可以卸下藤木杆，分成三部分清洗烟垢。玉质烟嘴经常使用上好的白玉，看上去莹润光泽。即使今天，在东北的农村仍有人使用同样的烟锅。

经过数据统计，发现3个超出想象的情况。

一是，女性抽烟锅的多于男性。

随葬铜烟锅或烟嘴的：奥运一期工程墓地里有8棺，女性4人，男性3人，1件出自哪一棺不明[①]；奥会中心工程墓地里有4棺，女性2人，男性1人，还有1件出自哪一棺不

① 北京市文物研究所：《奥运一期工程考古发掘报告》，《北京奥运场馆考古发掘报告》（上册），科学出版社，2007年。

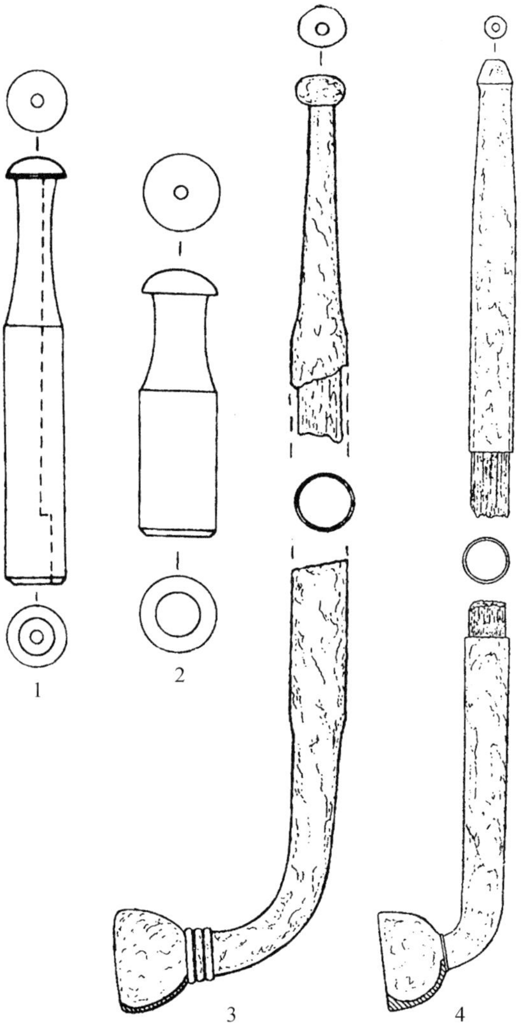

图一四　清代小型墓中出土的铜烟锅和玉烟嘴

1、2. 奥体中心M32，双棺，男女各一件（摘自《奥林匹克会议中心考古发掘报告》） 3. 国家体育馆M17，双棺中的女性随葬（摘自《国家体育馆工程考古发掘报告》） 4. 五棵松篮球馆M31，双棺中的女性随葬（摘自《五棵松篮球馆考古发掘报告》）

明①；国家体育馆工程墓地只有1例，1女性棺中出土2件铜烟锅②；科技馆新馆工程墓地里有2棺，男性1人，另1件出自哪一棺不明③；五棵松棒球场工程墓地里有3棺，女性1

① 北京市文物研究所：《奥林匹克会议中心工程考古发掘报告》，《北京奥运场馆考古发掘报告》（上册），科学出版社，2007年。

② 北京市文物研究所：《五棵松棒球场工程考古发掘报告》，《北京奥运场馆考古发掘报告》（上册），科学出版社，2007年。

③ 北京市文物研究所、朝阳区文物管理所：《中国科技馆新馆工程考古发掘报告》，《北京奥运场馆考古发掘报告》（下册），科学出版社，2007年。

人，男性2人[①]；五棵松篮球馆工程墓地里有3棺，女性3人，男性没有[②]；物资储备学校住宅工程墓地只有1例，出自女性棺中[③]。综述之，在能够分清棺木、分辨性别的情况下，随葬铜烟锅的有19棺，其中女性12人、男性7人。

二是，抽烟锅的人比想象的少得多。

比如奥运一期工程墓地的333棺中只有8棺随葬铜烟锅，占总人数的2.4%，即每100人里只有2人抽铜烟锅，比例相当低。物资储备学校工程墓地是一处家世光鲜的家族墓地，并且有与皇室关系密切的女性，很可能是满族人的祖茔地，按说使用铜烟锅的人会多一些，除4墓没有发现人骨也没有随葬品，能够计算清楚人数有28人，有1女性随葬铜烟袋，占总数的3.6%，就是说，即使是满族人，每100人里只有不到4人抽烟锅。

三是，抽烟锅的大多是富裕人家。

前述的平民墓葬里几乎看不到铜烟锅，玉质烟嘴就更没有了。出土铜烟锅或者玉质烟嘴的，其他的随葬品比较丰盛，多在10件左右。如五棵松篮球馆M41是一位女性，随葬铜烟锅，首饰非常多，玉质饰件很莹润，做工精良，还有一对四爪铜龙的饰件，随葬品有21件套。物资储备学校M1是清代三品官员的夫妻合葬墓，其夫人随葬有玉嘴铜烟锅，首饰全部纯银制作，两人的随葬品有12件套。

但是，真正的贵族却很少有抽烟锅的，如物资储备学校工程墓地的2位随葬金凤凰等全金首饰、与皇室关系密切的女性并没有随葬铜烟锅，说明她们生前是不抽铜烟锅的。

（六）一夫多妻？

清代小型墓中，同穴不同时的多棺葬非常普遍，以奥运一期工程墓地为例，除了少数迁葬墓外，单人葬占38.2%，一夫一妻的双棺葬占47.4%，三棺以上多棺墓的占10%，其中有2例六棺者。

多棺墓内均为一男多女，那么，清代是不是一夫多妻呢？

清末留下的影像看到，光绪皇帝的生父、醇亲王奕譞的女眷有4位（图一五），1位嫡福晋，3位侧福晋或庶福晋。

---

① 北京市文物研究所：《五棵松棒球场工程考古发掘报告》，《北京奥运场馆考古发掘报告》（上册），科学出版社，2007年。

② 北京市文物研究所：《五棵松棒球场工程考古发掘报告》，《北京奥运场馆考古发掘报告》（上册），科学出版社，2007年。

③ 北京市文物研究所、海淀区文物管理所：《北京市物资储备学校住宅楼工程2007年考古发掘报告》，《北京考古》（第二辑），北京燕山出版社，2008年。

图一五　醇亲王奕譞及其妻妾（摘自《故宫珍藏人物照片荟萃》，紫禁城出版社，1995年）
［左图：奕譞的3位侧福晋，居中者为第二代醇亲王载沣的生母、宣统皇帝溥仪的亲祖母刘佳氏，右女为李佳氏，左女未标注姓氏；右图：奕譞与嫡福晋叶赫纳拉氏（慈禧的胞妹）］

按《清会典·宗人府》："凡福晋夫人之号，各视其夫之爵以为差。亲王正室封亲王福晋，世子正室封世子福晋，郡王正室封郡王福晋。亲王封侧福晋四人，世子、郡王封侧福晋三人。"表明亲王或郡王的女眷有福晋、侧福晋、庶福晋和妾四等。福晋和侧福晋记录在册，有规定冠服，庶福晋和妾没有人数规定，没有规定冠服，但是记录在册。

查《爱新觉罗宗谱》①，庆亲王永璘记录在册的福晋、继福晋、侧福晋、庶福晋有8位，福晋指大婚时娶进来的那一位，继福晋是指嫡福晋过世后从侧福晋中升级的那一位，承袭王位的首选福晋所生之子。如果皇子继承皇帝位，只有首先获得福晋位置的才会被晋封皇后，所以福晋、侧福晋之间的地位、品级差别非常之大。

留存下来的清代老照片屡屡证明，那些王爷、贝勒、贝子、公等贵族，如果有一张与女眷的合影的话，一定是与福晋、正室夫人的合影，就是说，对外场合或者正式场合只认正妻，其余的女性视同偏房。从这一点上来说，清代是一夫一妻多妾的习俗。

那么，那些三棺及以上的多棺墓应该是一夫一妻多妾的合葬墓，其中必然有1位占主位的女性，如果有正夫人和继夫人的话，会有2位占主位的女性，就目前的发掘资料，还无法分辨墓中女性的主次。

五、结　　语

小型墓里有官员、贵胄、乡绅，更多的是普通百姓，使用范围非常之广，在清代无出其右者，使用时间跨越有清一代，出土遗物代表了清代最基本的社会状态，所以

① 《爱新觉罗宗谱》，学苑出版社，1998年。

清代小型墓的分期研究对于清代考古具有重要的意义。

小型墓分为清早期、清中期、清晚期，囊括清兵入关后的清朝历程。从随葬品可以看出，清代小型墓容器类随葬品基本沿袭了明代小型墓的风格和种类；女性装饰品有个别的见于明末，大多装饰品有趋吉避邪、祈福求财的特色，到了清晚期，出现西洋风的装饰品；男性装饰品特征突出，像鼻烟壶、顶戴都是清代所特有。

清代考古具有不同于其他时期的考古的特点，官方文献浩如烟海，野史笔记堆积如山，考古现象丰富复杂，尤其清晚期的影像资料是前代所没有的，所以决定了清代考古研究的资料范围更广泛，可以说明的细节会更多。

本文完成了清代小型墓的分期和习俗初步探讨，结稿之后感觉还有许多问题没有答案，期待着考古工作的进一步发现来解惑。

在此也希望本文起到抛砖引玉的作用，使清代考古得到应有的重视。

史前考古与古史传说整合研究的两个瓶颈

许永杰[1]　李伊萍[2]

（1. 中山大学；2. 吉林大学边疆考古研究中心）

一、关于重建古史

重建古史是中国学人的夙求。

近代考古学登陆中国的20世纪20年代，正是中国史学剧烈动荡的时期。以顾颉刚为代表的古史辨学派，由辨"伪书"到辨"伪事"，祭出"层累地造成的古史"的命题，予国人的古史体系和传统史观以巨大的冲击。面对被古史辨学派重创的古史体系，一些有识的治史学者寄希望于考古学的发现和重建。

古史辨学派创立时期的主要成员胡适在1921年《自述古史观书》中称他的古史观是："现在先把古史缩短二三千年，从《诗三百篇》做起。将来等到金石学、考古学发达上了科学轨道以后，然后用地下掘出的史料，慢慢地拉长东周以前的古史。"①

上古史学家李玄伯1924年在《古史问题的唯一解决方法》一文的结语中，申明他对于古史重建的态度："载记既不能与'我们'一个圆满的回答，我们只好去问第二种材料，'古人直遗的作品'。直遗的作品直接出自古人。古人所能看见的，除了缺破以外，我们仍能看见。所以他的价值远非传抄错误、伪作乱真的载记所可比拟。现地中藏品，除为商贾盗发者外，大半仍未发掘。设以科学的方法严密地去发掘，所得的结果必能与古史上甚重大的材料。这种是聚讼多久也不能得到的。所以要想解决古史，唯一的方法就是考古学。我们若想解决这些问题，还要努力向发掘方面走。"②

作为古史辨学派主将的顾颉刚对于考古学在古史重建中的作用始终是高度重视的。在1926年写成的《古史辨》第一册自序中讲，民国十年春，在看到罗振玉、王国维的著述后，"我始见到商代的甲骨文字和他们的考释，我始见到这二十年中新发见的北邙明器，敦煌佚籍，新疆木简的图象，我始知道他们对于古史已在实物上做过种种的研究。我的眼界从此又得一广，更明白自己知识的浅陋。我知道要建设真实的古史，只有从实物上着手的一条路是大路，我的现在的研究仅仅在破坏伪古史的系统上

① 胡适：《自述古史观书》，《古史辨》第一册。

② 李玄伯：《古史问题的唯一解决方法》，《古史辨》第一册。

面致力罢了。我很愿意向这一方面做些工作，使得破坏之后得有新建设，同时也可以用了建设的材料做破坏的工具。”民国十二年秋，他参观了地质调查所陈列室的仰韶村新石器时代遗物；同年八月，还与陈万里到开封观摩新郑古墓出土的遗物和到洛阳魏古城实地调查。[①]面对刚刚起步的中国考古学，顾颉刚本人未在考古学研究上着力，但是他认为：“我们先把书籍上的材料考明，徐待考古学上的发见，这不是应当有的事情吗？”[②]“古史材料在书籍里的已经整理完工了，那时的史学家就可根据了这些结论，再加上考古学上的许多发见，写出一部正确的《中国上古史》了。”[③]

矢志写出恩格斯《家庭、私有制和国家的起源》中国续篇的马克思主义史家郭沫若也是十分重视考古学发现的史家，他在1930年出版的《古代社会研究》中讲：“要真实地阐明中国的古代社会还需要大规模地做地下的发掘，就是要仰仗‘锄头考古学’的力量，才能得到最后的究竟。”[④]

主张“历史学只是史料学”的史料学派代表人物傅斯年，是将考古学加入上古史重建体系的实践者。1928年，他在其创办并任所长的中央研究院历史语言研究所中设立考古组，在“就职演说”——《历史语言研究所工作之旨趣》中，大声疾呼：“我们不是读书人，我们只是上穷碧落下黄泉，动手动脚找东西！”[⑤]考古组自1928年至1937年长达十载，在河南安阳小屯发掘多达15次。发掘所获的24918片有字甲骨，消除了一些人对甲骨文真实性的怀疑；小屯宫殿区宗庙和西北岗王陵的发现，使学界相信找到了殷代晚期盘庚所迁的王都；数以万计的青铜器、陶器、玉石器、角、牙、骨、蚌器的发现，再现了殷代晚期王都的繁荣[⑥]。殷墟发掘所取得的辉煌成就，极大地增强了寄希望于考古学的成果重建古史者的信心。

作为考古组发掘殷墟的主要领导者李济关于重建上古史的想法，至少在20世纪

---

① 顾颉刚：《古史辨》第一册自序，《古史辨》（第一册）。顾颉刚在《我是怎样编写〈古史辨〉的？》一文中又重复了这段话：“从中得益最多的是罗振玉和王国维的著述，他们的求真的精神，客观的态度，丰富的材料，博洽的论辨，使我的眼界从此又开阔了许多，知道要建设真实的古史，只有从实物上着手，才是一条大路，我所从事的研究仅在破坏伪古史系统方面用力罢了。我很想向这一方面做些工作，使得破坏之后能够有新的建设，同时也可以利用这些材料做破坏伪史的工具。”（载自《我与古史辨》，上海文艺出版社，2001年。）

② 顾颉刚：《古史辨》第二册自序，《古史辨》第二册。

③ 顾颉刚：《古史辨》第三册自序，《古史辨》第三册。

④ 郭沫若：《周代彝铭中的社会史观》，《中国古代社会研究》（外二种），河北教育出版社，2000年。

⑤ 原载于《中央研究院历史语言研究所集刊》第一本第一分册。本文引自《中国学术经典·傅斯年卷》，河北教育出版社，1996年。

⑥ 参见李济：《安阳的发现对谱写中国可考历史新的首章的重要性》，《李济考古学论文选集》，文物出版社，1990年；中国社会科学院考古研究所：《殷墟的发现与研究》，科学出版社，1994年。

30年代已有之。他在《城子崖·序二》中讲："中国古史的构成，是一个极复杂的问题。上古的传说并不能算一篇完全的谎账。那些传说的价值，是不能遽然估定的。只有多找新材料，一步一步地分析他们构成的分子，然后再分别去取，积久了，我们自然会有一部较靠得住的中国上古史可写。"①到了1954年，李济在《民主评论》上撰文《中国上古史之重建工作及其问题》②，明确提出上古史重建的问题。关于该文的主旨，他在1962年发表的《再谈中国上古史的重建问题》一文开篇做这样的说明："八年前所讲的重点，是由考古学的立场，说明若干考古工作的结果对上古史的贡献，及其相关的问题。"③接着他讲道："这次所讲的着重点，却完全不一样。这个着重点是根据史学家的察古今之变的立场，把中国上古史的整个的问题，做一个全盘的讨论；所用的材料，都是近50年来，很多科学家辛勤工作累积起来的。" 至于具体的重建材料，李济开列了以下七种：

第一，在我们的问题中，一个最重要的项目，就是与"人类原始"有关的这一课题。

第二，与研究东亚地形有关的科学资料。这包括地质学、气象学、古生物学各种研究的结果。

第三，人类的文化遗迹。这一类材料的寻找以及研究，我们叫做史前考古学。

第四，体质人类学。

第五，包括狭义的考古学与发掘出来的资料。

第六，民族学家所研究的对象。

第七，也是研究中国上古史最基本的资料。这自然是历代传下来的秦朝以前的记录。

在上举七项材料当中，其第三种和第五种明言是考古学材料；第一种是旧石器时代考古研究的首要课题，即人类起源的研究；第二种可理解为与"环境考古"相关的材料；第四种是利用考古发掘材料所做的体质人类学研究。以上五种即第一至第五种材料可以归结为考古学或与考古学相关的材料。第六种是民族学研究的材料，第七种是传世先秦文献的研究。七种材料可以归结为考古学、民族学和历史学三种材料。

至此，中国学界关于重建上古史的认识，完成了从顾颉刚等寄希望于考古学发现出土文献而与传世文献相结合，到李济关于使用全部出土资料——包括出土文献和考古学文化遗存——与传世先秦文献相结合实现重建的飞跃。

---

① 中央研究院历史语言研究所：《城子崖》。

② 李济：《中国上古史之重建工作及其问题》，原载于1954年《民主评论》第5卷第4期。本文引自张光直、李光谟：《李济考古学论文选集》，文物出版社，1990年。

③ 李济：《再谈中国上古史的重建问题》，原载于1962年《中央研究院历史语言研究所集刊》第33本。本文引自张光直、李广谟：《李济考古学论文选集》，文物出版社，1990年。

关于重建上古史之“上古史”的时限应如何理解？如果依古史辨学派所疑之古史——“东周以前无信史”[①]，应是指东周以前之古史。然而，将东周之前的历史全部置于“伪史”的范畴，确实有失于“过勇”，因为他们忽视了一个事实，那就是在古史辨学派正式登上中国史坛之前，王国维等人的研究就已证实商代历史之可信。1917年，王国维著名的《殷卜辞中所见先公先王考》《殷卜辞中所见先公先王续考》[②]已发表，其研究证明“《殷本纪》的世系与卜辞对校，自太乙至帝辛，共为十七世，是绝无违误的[③]。”

传说时代的古史研究集大成者徐旭生在其名著《中国古史的传说时代》一书中，对于“传说时代”的概念以及中国“传说时代”的时限都有明确的界定：“世界上任何一个民族的历史，总是用‘口耳相传’的方法流传下来。在古文献中保存有古代传说，而在当时尚未能用文字把它直接记录下来的史料，用这种史料记述的时代，就叫做‘传说时代’。中国的传说时代，上限尚不可定，或自炎黄时期；下限暂定在盘庚迁殷以前。”[④]将传说时代的下限定在盘庚迁殷之前，应当是考虑到中国出现能够记事的文字是小屯时期商文化的甲骨文。

在徐旭生的“传说时代”概念里，包含有盘庚以前的商代早期和夏代两个时期。商代早期的历史由于有甲骨文和《殷本纪》关于商人先公先王世系的对应，以及郑州二里冈遗址为代表的二里冈文化的一系列发现；夏代的历史由于有偃师二里头遗址为代表的二里头文化的发现，考古学界和历史学界目前一般将这两段历史视为信史，而编入狭义的历史时期。

依司马迁《史记》“本纪”部分的排列，置于《夏本纪》之前的是《五帝本纪》。如果把“上古史”锁定在“五帝时代”所代表的传说时代的话，那么该“上古史”的重建，所依赖的材料无疑是传世的传说时代的史料和出土的史前时期的考古资料。国家“十五”科技攻关项目和“十一五”科技支撑项目“中华文明探源工程”就是这样认为的。“探源工程”负责人王巍在说明考古学在文明起源与早期发展过程研究中的地位时讲：“开展中国古代文明的起源与早期发展过程的研究，其重点应当放在文献记载的五帝时期至秦王朝的建立。所涉及的年代范围主要是自公元前3000年至公元前221年。其中公元前3000年至公元前2000年的龙山时代应作为考察的重点。由于该时代仅有少量古史传说可供参考，因此，研究当时的政治、经济、文化，考察当时

---

① 顾颉刚在《自述整理中国历史意见书》中声称：“照我们现在的观察，东周以上只好说无史。现在所谓很灿烂的古史，所谓很有荣誉的四千年的历史，自三皇以至夏商，整整齐齐的统系和年岁，精密的考来，都是伪书的结晶。”

② 两文见王国维：《观堂集林》卷九。

③ 董作宾：《甲骨学五十年》，台北艺文印书馆，1955年。本文引自李济：《安阳发掘与中国古史问题》，《李济考古学论文选集》，文物出版社，1990年。

④ 徐旭生：《中国古史的传说时代》（增订本）序，文物出版社，1985年。

的社会发展状况，基本上要靠考古发掘出土的资料。”[①]

使用史前考古材料与传说时代材料重建中国上古史是今天中国学界的共识，然而将两者结合研究却遇到两大瓶颈，一个是两者的年代难以对应，一个是两者的研究材料无法对话。[②]如果学界不能突破这两个瓶颈，那么两者的整合研究就将永远是一句空话。

二、关于年代瓶颈

考古学上的“史前时期”包括旧石器和新石器两个时代，其中新石器时代与古史传说的五帝时代在年代上有重叠，这是学界的共识。因为古史传说中五帝时代后期的唐尧、虞舜以及禹之间，帝位是代代禅让的，其与夏代年代相衔接或相去不远；考古学上的二里头文化被视为夏文化，二里头文化被视为属于龙山时代晚期的王湾三期文化的继承者。整体上讲，传说中的五帝时代与新石器时代年代相当，但是若将每一位古帝王与新石器时代的考古学文化相对应则是很难做到的。

首先就难在五帝时代的具体年代在文献记载中无法解决。关于这一点，司马迁在作《史记》时就有清醒的认识。他在《三代世系表序》中讲：“太史公曰：五帝、三代之记，尚矣。自殷以前诸侯不可得而谱，周以来乃颇可著。……余读谍记，黄帝以来皆有年数。稽其历谱谍终始五德之传，古文咸不同，乖异。夫子之弗论次其年月，岂虚哉！于是以《五帝系谍》《尚书》集世纪黄帝以来讫共和为《世表》。”而共和以后才为《十二诸侯年表》等。

何以共和以前三代、五帝不能以年岁纪？徐旭生认为：“我觉得这个问题不但现在无法解决，就是将来也永远无法解决；不但将来无从解决，是即在当时根本就没有清楚的记载或传说。……根据我们的看法，历法的发明是从帝颛顼改革宗教，使宗教事业成为专业以后，由于实用的需要，渐渐地找出来的。……帝颛顼以前还没有历法，怎样能记载或流传确凿的年月？在帝颛顼的时代或稍后，历法也正在含蒂、抽芽，离成立还需要若干的时候，也还没有记载或流传清楚年月的可能性。”[③]

五帝时代之整体年代（或称年代框架）及每位古帝王的具体年代难以确定，回视一下“九五”计划“国家重点科技攻关计划项目——夏商周断代工程”的目标，就可以有很好地理解：

（1）西周共和元年（公元前841年）以前，包括西周早中期和晚期的前半各王，

① 王巍：《关于开展中国古代文明起源与早期发展过程研究的构想》，《中国社会科学院古代文明研究中心通讯》2001年第1期。

② 夏商周断代工程专家组：《夏商周断代工程1996～2000年阶段成果报告》，世界图书出版社，2000年，第86、87页。

③ 徐旭生：《中国古史传说时代》（增订本）序，文物出版社，1985年。

确定比较准确的年代；

（2）商代后期，从商王武丁到纣，确定比较准确的年代；

（3）商代前期，提出比较详细的年代框架；

（4）夏代，提出基本的年代框架。①

《夏商周断代工程1996～2000年阶段成果报告》给出的商代前期比较详细的年代框架是公元前1600～前1300年，夏代提出基本的年代框架是公元前2070～前1600年。②集200余位历史学、考古学、古文字学、天文学、测年技术的专家学者，耗时5年作出的商代前期和夏代的年代也只能是“年代框架”，可想要得出此前的五帝时代的年代框架及每位古帝王的具体年代难度会有多大！

虽然传说时代的年代不可得知是学界的主流认识，但在今人的研究中，依然可以见到有关传说时代具体年代的推断，其中所谓的“黄帝纪年”就曾轰动一时。陈旭麓等主编的《中国近代史词典》③辟有“黄帝纪年”条目，该条目对于“黄帝纪年”的介绍和评价都比较到位，转引如下：

“清末革命党人采用的纪年办法。为否定清朝皇帝纪年，革命党人曾使用过多种纪年方法。1913年（光绪二十九年）有的革命刊物开始从黄帝降生之年起依次推演作纪年，因历奉黄帝轩辕氏为中华民族的远祖。但黄帝是个神化的象征性人物，他的生卒都属臆说，古籍记载不一，使用起来，互相歧异。宋教仁以《皇极经世》《通鉴辑览》等书为据，推定1905年为黄帝纪元四千六百〇三年，《民报》创刊即以此属年，并在首页刊出象征黄帝的像。自此不少革命报刊都沿用这种纪年，武昌起义也用此纪年发文告。及革命党人在上海、武汉讨论成立共和政府时，认为‘黄帝纪年’原属权宜之计，传说中的黄帝，‘无论其功德如何’，‘亦为专制政体之皇帝’，与民主共和的宗旨不合，且‘年远代湮’，无可徵信。所以孙中山就任临时大总统，即电告各省都督：‘中华民国改用阳历，以黄帝纪元四千六百九年十一月十三日为中华民国元旦。’宣告‘黄帝纪年’用至辛亥十一月十二日（1911年12月31日）止，1912年元旦起改从阳历。”

该词条讲得明白，“黄帝纪年”之被弃用，一是政治原因，即皇帝之专制政体与民主共和政体不合；二是学术原因，即记载不一，互相歧异，难做取舍。

当时使用的“黄帝纪年”主要有三种④：

---

① 夏商周断代工程专家组：《夏商周断代工程1996～2000年阶段成果报告》，世界图书出版社，2000年，第96页。

② 夏商周断代工程专家组：《夏商周断代工程1996～2000年阶段成果报告》，世界图书出版社，2000年，第86、87页。

③ 陈旭麓等：《中国近代史词典》，上海辞书出版社，1982年。

④ 参见陈旭麓：《清末革命党人的纪年》，《陈旭麓学术文存》，上海人民出版社，1990年。

（1）《江苏》杂志，以1903年为黄帝纪元四千三百九十四年；

（2）《黄帝纪年说》，以1903年为黄帝纪元四千六百十四年；

（3）《民报》，以1905年为黄帝纪元四千六百〇三年。

关于黄帝纪年是如何推知的，张闻玉的算法具有一定的代表性[①]。首先在共和元年的基础上，据《竹书纪年》《史记》《汉书》所记西周各王的在位年数，将武王克商定在公元前1106年；据《左传》《孟子》《汉书》所记商代积年，将商代起始年定在公元前1735年；据《竹书纪年》所记夏代积年，将夏代起始年定在公元前2206年。再据《史记·五帝本纪》及三家注所引《帝王世纪》等相关记载，将五帝的在位年数定为："黄帝100年，颛顼78年，帝喾70年，帝挚9年，帝尧98年，帝舜39年。其间，尧崩之后有'三年之丧'，舜崩之后有'三年之丧'。总计400年。"最后推定黄帝纪年始于前2606年。

对于这类依据后世文献推定传说时代古帝王年代的做法，顾颉刚有过评价："上古史既茫昧无徵，这些相传的四千或五千的年数是从什么地方出来的呢？光复时，不是大街小巷中都贴着'黄帝纪元四千六百零九年'的告示吗，这个历历可数的年岁是依据的什么书？我很想考出它的来历，可惜这方面的工作至今没有做完，不能把结果发表。就钞出来的看，例如夏代的年数，最长的是《路史》，凡四百九十年；最短的是《今本竹书纪年》，只有三百六十五年多（内有未详的数年），最普通的是《古今纪要》，为四百三十九年。其余四百七十一年、四百四十一年、四百三十二年的都有。各个编纂古史的人的闭着眼睛的杜造，到此完全证实。"[②]

除根据后世文献所记古帝王在位年数推定五帝时代的年代做法外，还有一类推定五帝时代年代的做法，这就是根据后世文献中与古帝王相关的历法记录，使用天文学的方法计算出古帝王的在位年代。在这类研究中，赵永恒等人的研究具有代表性。他在《黄帝年代之历法钩沉》一文中[③]，根据《史记·孝武本纪》所载，"黄帝得宝鼎宛朐，问于鬼臾区。区对曰：'帝得宝鼎神筴（策），是岁己酉朔旦冬至，得天之纪，终而复始。'于是黄帝迎日推筴，后率二十岁得朔旦冬至，凡二十推，三百八十年，黄帝仙登于天"，利用"瑞士星历表"来计算，将计算的时间段设定在公元前5400年至公元前2000年之间，以求得黄帝"迎日推筴"的年代。计算结果有三个数据：公元前4375年1月22日（丙寅年戊子月己酉日）、公元前3574年1月17日（丁亥年庚子月己酉日）和公元前2773年1月12日（戊申年壬子月己酉日）。

以后世文献所记的天文现象推定五帝时代古帝王年代的做法存在两点问题，一是计算的天文现象是后世文献所记，可信与否是存疑的；二是计算的结果有多个，还有

① 张闻玉：《辛亥革命后的黄帝纪年》，《贵州社会科学》2002年第1期。

② 顾颉刚：《古史辨》第一册自序，《古史辨》第一册。

③ 赵永恒、王先胜：《黄帝年代之历法钩沉》，《科学》2005年第5期。

进一步取舍的问题。

根据文献记载的天文现象，使用天文学的计算方法求得历史年代的先驱是竺可桢，他在《论以岁差定〈尚书·尧典〉四仲中星之年代》一文中[①]，通过周密的计算，得出“《尧典》四仲中星，盖殷末周初之现象也”的结论。竺可桢对于其研究所用文献记载的天文现象是否可信，以及其在研究中的重要性是有清醒认识的，他在同一篇文章中讲：“我国古代经籍，间有载及星辰之位置者，苟其所记之星次为当时实在现状，则以岁差之理，即能推定经书之年代。”竺可桢的这一研究成果，给从事古史研究者的启示是：《尧典》的成书虽不能追溯至夏代，却有早至殷末周初的可能；给从事古历法研究者的提示是：在计算天文现象的确切年代时，其求得的早于或同时于该文献成书时的所有数据都应给出，以便读者从中选取其信任的年代，更有助于读者从中判断书中所记天文现象是否为后人编造。

五帝时代的年代难以确定，还难在所谓的“五帝”具体指哪几位？在古史中是存有不同的记载的，据刘起釪统计至少有六种[②]。目前学术界一般所称的五帝时代是指《史记·五帝本纪》的说法，五帝为黄帝、颛顼、帝喾、尧、舜，这一五帝系统的形成源自《国语·鲁语》《大戴礼记· 五帝德》和《大戴礼记· 帝系》，“探源工程”将五帝时代比定为龙山时代，采用的就是这一五帝系统。本文无意一一讨论文献记载中的各种五帝系统，只是为了说明五帝时代年代的难以确定性，而举出影响不在《国语·鲁语》系统之下的另一五帝系统，即《左传· 昭公十七年》《吕氏春秋· 十二纪》《礼记· 月令》《淮南子 ·天文篇 》所载之太昊、炎帝、黄帝、少昊、颛顼的五帝系统。《国语·鲁语》系统的五帝包括尧、舜，倘若尧禅位于舜，舜禅位于禹，禹传位于启，代代衔接，则五帝时代与龙山时代的年代重合或部分重合是比较可信的；倘若依据《左传·昭公十七年》系统，五帝截至颛顼，不包括尧、舜，则五帝时代很可能与龙山时代无涉。

---

① 竺可桢：《论以岁差定〈尚书·尧典〉四仲中星之年代》，原载于《科学》，1927年，第11卷第12期。

② 第一种五帝说——黄帝、颛顼、帝喾、尧、舜，出自《国语·鲁语》《大戴礼记·五帝德》《史记·五帝本纪》，时在战国后期；第二种五帝说——庖牺、神农、黄帝、尧、舜，出自《战国策·赵策》《易·系辞》；第三种五帝说——太昊、炎帝、黄帝、少昊、颛顼，出自《吕氏春秋·十二纪》《礼记·月令》，时在战国末至西汉；第四种五帝说——少昊、颛顼、喾、尧、舜，出自《世经》，时在西汉末；第五种五帝说——喾、尧、舜、禹、汤，参见《汉书·王莽传》，时在西汉末；第六种五帝说——黄帝、少昊、颛顼、喾、尧，参见《资治通鉴外纪》，时在南朝。刘起釪：《几次组合纷纭复杂的“三皇五帝”》，《古史续辨》，中国社会科学出版社，1991年。此外，上博简《容成氏》简1，记载了另一系统的传说时代的古帝王：“［尊］卢氏、赫胥氏、乔结氏、仓颉氏、轩辕氏、神农氏、椲（？）氏、壚遲氏之有天下也，皆不授其子而授贤。”（马承源：《上海博物馆藏战国楚竹书（二）》，上海古籍出版社，2002年。）

确定五帝时代与新石器时代的对应关系，还难在将每一位古帝王与具体的考古学文化相对应上。目前在考古学界重建传说时代古史的研究中，关于考古学文化与五帝的对应关系的认识或观点可谓不胜枚举，这里选取一些比较权威的考古学家的看法列举如下：

苏秉琦在《重建中国古史的远古时代》一文中估定了五帝时代的上下限：上限应不早于仰韶时代后期，下限应是龙山时代。[①]在《文明起源新探》一书中又是这样具体估定的："考古发现正日渐清晰地揭示出古史传说中'五帝'活动的背景。五帝时代以五千年为界可以分为前后两大阶段，以黄帝为代表的前半段主要活动中心在燕山南北，红山文化的时空框架，可以与之对应。五帝时代的后半段的代表是尧舜禹，是洪水与治水。""至迟开始于公元前第三千年中期的良渚文化，处于五帝时代的前后期之间，即'绝地天通'的颛顼时代。"[②]

俞伟超以反问语句讲了他对陶寺遗存的族属看法："这岂不令人怀疑陶寺遗址或即帝尧之都？陶寺遗存或即陶唐氏的东西？"[③]

张忠培在《中国古代文明之形成论纲》中认为："夏王朝之前，如尧舜时代或唐虞时代，相当于考古学的龙山时代，或其部分时期。"[④]

严文明将史前社会的铜石并用时代分为两个阶段，第一阶段约当仰韶文化后期（公元前3500～前2600年），第二阶段约当龙山时代（公元前2600～前2000年），黄帝、颛顼、帝喾前三帝似应相当于铜石并用时代早期；尧、舜后二帝很可能就是龙山时代[⑤]。

李伯谦在《考古学视野的三皇五帝时代》一文中，以列表的形式把五帝之各古帝王与新石器时代的年代分别对应，具体是炎帝、黄帝相当于新石器时代晚期的仰韶时代，距今7000～5000年；颛顼、帝喾相当于新石器时代晚期的龙山早期，距今5000～4500年；尧、舜、禹相当于新石器时代晚期的龙山晚期，距今4500～4000年。[⑥]他还认为："从年代、分布地域和文化特征分析，造律台类型可能就是传说中的有虞氏文化。"[⑦]

---

① 苏秉琦：《重建中国古史的远古时代》，《史学史研究》1991年第3期。

② 苏秉琦：《中国文明起源新探》，三联书店，1999年。

③ 俞伟超：《陶寺遗存的族属》，原载《考古所四十年成果笔谈》，《考古》1991年第1期；后收入《古史的考古学探索》，文物出版社，2002年。

④ 张忠培：《中国古代文明之形成论纲》，《考古与文物》1997年第1期。另外他还在《中国史前时代研究的一些问题》一文中再次表述了相同的看法："龙山时代，约相当传说中实行'禅让制'的尧舜时期。"（《北方文物》1999年第4期）

⑤ 严文明：《略论中国文明的起源》，《文物》1992年第1期。

⑥ 李伯谦：《考古学视野的三皇五帝时代》，《古代文明研究通讯》（第36期），2008年。

⑦ 李伯谦：《论造律台类型》，《文物》1983年第4期。

郭大顺认为："中国早期国家阶段跨越的约距今5500～4500年即仰韶文化晚期到龙山文化早期，正好相当于古史传说的五帝时代。"[①]

许顺湛认为："庙底沟类型和大河村类型仰韶文化是黄帝族团的文化。安阳后岗龙山文化是颛顼族团的文化。白营龙山文化、王湾类型龙山文化和陶寺类型的龙山文化是帝喾、尧、舜族团的文化。以嵩山为中心的龙山文化可能有先夏文化，不过从时代上说我把它归入尧舜时代文化。与五帝时代相当的其他新石器时代文化，都归入五帝时代文化。如大汶口文化、红山文化、大溪文化、良渚文化早期以及后岗类型、大司空村类型、下王岗类型仰韶文化等。其他各地的龙山文化、良渚文化中晚期、马家窑文化、夏家店下层文化等，都归入颛顼、帝喾、尧舜时代文化。"[②]

在上举诸观点中出现的古帝王，大多是就《五帝本纪》帝系而言的，但具体认识却相差甚大。诸如五帝时代的起始时间或黄帝时期的年代相当于新石器时代的哪一段，就有仰韶时代早中期（李伯谦）、仰韶时代中晚期（许顺湛）、仰韶时代后期（苏秉琦、严文明、郭大顺）等说法；五帝时代的结束时间或尧、舜时期的年代相当于新石器时代哪一段，各家的看法也不尽一致，有龙山时代早期者（郭大顺），有龙山时代晚期者（李伯谦），还有夏代者（许顺湛将属于夏代的夏家店下层文化也列入五帝时代）；介于黄帝与尧、舜之间的颛顼、帝喾二帝，有将其列入仰韶时代晚期者（苏秉琦、严文明），有将其列入龙山时代早期者（李伯谦），有将其列入龙山时代者（许顺湛）；至于各家关于具体的古帝王与具体的考古学文化的比定就相去更远了。

之所以大家的看法存在较大差异，其症结所在是方法问题。将传说时代的古帝王与考古学文化相比定，其具体的研究方法同于历史时期考古学文化的族属认定方法。历史时期考古学文化族属认定的常规方法，笔者曾将其称为"三要素类比法"，即"将古代民族的活动时间、活动地域和文化特征与考古遗存的年代、分布范围和文化特征进行类比。如果类比的结果是两相吻合，那么就可以得出肯定的结论"[③]。这一方法在史前时期的运用就是将文献记载的古帝王或古帝王所代表的古部族的活动时间、活动地域和文化特征与考古学文化的年代、分布范围和文化特征进行类比。三要素类比法是一种共时性研究，其研究结果具有较大的偶然性，在历史时期的考古学文化族属研究中如此，在史前时期的考古学文化族属（古帝王所代表的部族）研究中更是如此。

可以肯定的是，考古学家们试图通过将古帝王与考古学文化比定，进而求得传说

① 郭大顺在1991年11月召开的"中国文明起源研讨会"上的发言，载于《中国文明起源研讨会纪要》，《考古》1992年第6期。

② 许顺湛：《中国历史上有个五帝时代》，《中原文物》1999年第2期。

③ 许永杰：《鲜卑遗存的考古学考察》，《北方文物》1993年第4期。

时代的年代的研究取向是正确的。因为在中国考古学的研究中，已经获得了以碳十四测年技术为主要方法的新石器时代诸考古学文化的绝对年代数据，以及建立了以绝对年代为时标的区域考古学文化编年体系，[①]只要能肯定地将某古帝王与某考古学文化比定，就可确定该古帝王的年代框架。这也是在以文献记载求得和文献记载结合天文计算求得等方法不能解决的情况下，突破史前考古与传说时代整合研究的年代瓶颈的唯一途径！只是需要对“三要素类比法”的改进，在更为先进的方法的支撑下，获得更为可信的结论。

三、关于材料瓶颈

考古学的研究对象是古代人类活动留下的各类物质遗存，古史传说的研究对象是后世记录的传世文献，两者的研究对象不同，两者使用的建设古史的材料不同，如何将两个学科的两种材料有机结合，使以古代帝王或部族为本位的历史研究与以考古学文化为本位的考古学研究统为一体，是史前考古与古史传说整合研究所面临的又一难以突破的瓶颈。对此，台湾学者杜正胜发表过他的看法：“除非发现先于卜辞的‘典册’，史前考古材料和传统文献恐怕将是两条不相交叉的并行线，结果是你说你的太昊氏、少昊氏，我说我的大汶口文化、河姆渡文化。目前，中国上古史和考古学的一大课题是，如何以考古印证、检验传说，使地下史料和文献资料的接榫从殷墟再向前延伸。”[②]

其实，对考古材料与古史材料难以契合的担心由来已久。顾颉刚早在《古史辨》第二册序言中就讲过这样的话：“我们先把书籍上的材料考明，徐待考古学上的发见，这不是应当有的事情吗？再有一个理由：有许多古史是考古学上无法证明的，例如三皇五帝，我敢预言到将来考古学十分发达的时候也寻不出这种人的痕迹来。”[③]

李济在《再谈中国上古史的重建问题》一文中也谈到：“整理田野考古发掘所得的资料，一个最迫切的问题，就是如何把地下发掘的资料，与传下来的记录连缀起来。这是一个普遍的考古问题，也是在中国区域，考古学家所面临的问题。”

当中国考古学进入20世纪60年代后，中国台湾和大陆的考古学家们认为利用数十年积累的考古材料重建古史的时机已经成熟并付诸行动。

1963年，中央研究院的学者们鉴于“五十余年来，地下发掘出来的考古资料已经积累到了一个颇为可观的数量，发表的报告不断地透露了在远古的时代，中国民族

---

① 参见苏秉琦：《中国文明起源新探》，《中国考古学文化区系年表》，三联书店，1999年，第184、185页。

② 杜正胜：《中国上古史研究的一些关键问题》，《中国上古史论文集》，华世出版社，1979年。

③ 顾颉刚：《古史辨》第二册序言，《古史辨》第二册。

与文化形成的消息”，认为“史学家们可以凭借校订比较完善的古籍与发掘出土的实物，把中国上古史再做一番整理了”，于是由蒋廷黻和王雪艇发起编撰“中国上古史”的工作。该工作由中央研究院历史语言研究所成立的“中国上古史编辑委员会”负责，拟定约80个分属于史前、殷商和两周的题目，“敦请海内外硕学之士、专门名家，认题分撰”。最终完成61篇，以“待定稿”的形式分别于1972年和1985年出版，1972年出版的是第一本“史前部分”。[①]《中国上古史待定稿》第一本“史前部分”，由李济、张光直和阮维周三人撰写，共计十三篇，具体篇目如下：

一、东亚大陆第四纪自然环境的衍变与人类的演化——阮维周

二、“北京人”的发现与研究及其所引起的问题——李济

三、红色土时代的周口店文化——李济

四、中国境内黄土期以前的人类文化——张光直

五、黄土期中国高级旧石器文化与现代人类出现——张光直

六、中国冰后期的中石器时代渔猎文化——张光直

七、华北农业村落生活的确立与中原文化的黎明——张光直

八、新石器时代中原文化的扩张——张光直

九、考古学上所见汉代以前的西北——张光直

十、考古学上所见汉代以前的北疆草原地带——张光直

十一、东北的史前文化——张光直

十二、中国南部的史前文化——张光直

十三、踏入文明的过程——中国史前文化的鸟瞰——李济

以上文谈到的李济在《再谈中国上古史的重建问题》一文中开列的七种重建材料检验，由阮维周撰写的《东亚大陆第四纪自然环境的衍变与人类的演化》部分是使用“第二，与研究东亚地形有关的科学资料。这包括地质学、气象学、古生物学各种研究的结果”撰写的，其余由李济和张光直撰写的部分则主要是使用“第五，包括狭义的考古学与发掘出来的资料”撰写的。可以认为，这一部重建的中国史前史是主要使用考古学材料撰写的，而全然不见古史传说的材料（即李济所谓“第七，也是研究中国上古史最基本的资料。这自然是历代传下来的秦朝以前的记录”），在这里史前考古与古史传说并未得到结合。

1985年，苏秉琦受白寿彝之邀，召集吕遵谔、俞伟超、张忠培、严文明和郭大顺着手撰写白寿彝为总主编的多卷本《中国通史》的史前分卷，即《中国通史》第二卷《远古时代》，主要由张忠培、严文明撰写的书稿于1994年正式出版[②]。该书的具体篇

---

① 中央研究院历史语言研究所中国上古史编辑委员会：《中国上古史待定稿》第一本史前部分，1972年。

② 白寿彝：《中国通史》（第二卷），《远古时代》，上海人民出版社，1994年。

目如下：

序言——苏秉琦

第一章　我们的远古祖先（约180万年至1万多年前）——严文明

第一节　远古时代的地理环境

第二节　最早的人类及文化

第三节　从蓝田人到北京人

第四节　早期智人的出现

第五节　原始蒙古人种的形成

第二章　新石器时代（约公元前1万年至前3500年）——张忠培

第一节　从灵井到磁山

第二节　仰韶时代前期

第三节　仰韶前期的黄河下游和长江下游

第三章　铜石并用时代（约公元前3500年至前2000年）——严文明

第一节　这一时期的概观

第二节　铜石并用时代早期

第三节　铜石并用时代晚期

第四章　周边地区的远古文化——张忠培、严文明

第一节　东北地区

第二节　甘青地区

第三节　东南与华南

第四节　西南地区

上列篇目中张忠培、严文明撰写的第一章至第四章正文部分，完全是使用考古材料完成的史前考古，并未使用古史传说的材料，也未涉及古史传说的内容，只是在苏秉琦撰写的序言之第六部分讲到了古史传说与史前考古的关联内容。他在讲完尧舜的年代相当于龙山时代之后，做了一段将古史传说与史前考古相结合的研究，转引如下：

“《尧典》中谈到的那时除帝尧、帝舜外，还有由四岳、十二牧（或曰群牧）组成的贵族议事会；有以司空为首的包括司徒、后稷、士（类似后之司寇）、工（百工）、虞、秩宗、典乐、纳言等部门官员的行政组织；有刑法（象以典刑、流宥五刑、鞭作官刑、扑作教刑、金作赎刑、眚灾肆赦、怙终贼刑）；有军队并有显赫的战功。这已经是一种雏形的国家了。……只要看看龙山时代已有很大的城（山东章丘龙山镇城子崖的城内面积就达20多万平方米），就知当时一定有了城乡分化，有了政治、军事和文化的中心，有些两椁一棺的大墓，墓主一定是身份很高的贵族，制铜、制玉和蛋壳陶等当时的高技术产业很可能有工官管理。而当时普遍出现的乱葬坑，死者身首异处或肢体残乱，当是酷刑的牺牲者。如果我们能把这两方面的材料很好地结

合起来，特别是把这一阶段的考古工作继续深入地开展下去，就会跟更好地把我国的远古历史同夏商周三代的历史更好地衔接起来，把在中国这块土地上如何产生私有制和阶级，最后出现国家的具体进程及其特点阐释得更加清楚。那时我们将有理由说我们所做的确实称得上是恩格斯《起源》一书的中国续篇。”

作为多卷本的《中国通史》，古史传说的内容被写进第三卷《上古时代》乙编第一章《神话、传说、历史年代》中，由历史学家万九河、徐喜辰撰写。因此，从全书的角度讲，史前考古与古史传说两块内容是分别撰写的，该书的史前史还是由考古学家使用考古材料独立完成的。

中国考古学发展至《中国上古史待定稿》（第一本史前部分）和《远古时代》的出版，已经达到了可以独自完成撰写中国史前史的高度，在中国考古学史上具有里程碑的意义。但是还不能说是达到了理想的境界，即尚未达到考古材料与古史传说材料的有机结合。对此，苏秉琦在《关于重建中国史前史的思考》一文中说到：“已出版的中国通史的史前部分，虽大都企求在理论指导下运用考古材料和古史传说，但限于目前的研究水平，理论与材料，考古材料与古史传说之间，难免缺乏系统的、有机的结合，尚未形成中国史前史的科学体系。”①

何以史前考古材料与古史传说材料难以契合？顾颉刚在《古史辨》第七册自序中讲：“固然，要建设真古史必须借重田野考古工作的发现。但这工作的结果只能建设史前的历史系统，如在实物上找出古代社会的文化建设和古代社会的生产工具，因以考见史前的政治、宗教、经济各方面的情形；却不能建设有史时期的古史传说的系统。”②

梁园东在《处理中国上古时代史料的方法问题》一文中讲的更为具体：“普通所谓古物，当然以无文字的一切用具建筑等为主。古物既不一定有文字，且大都无文字，那他所表现的生活事项，当然只限于物质部分，如石矢、石斧、石刀、石针、陶碗、陶瓶等等，都是关于物质生活的。但研究历史，物质生活方面固然重要，而更重要的，也是一般历史研究中，讨论最多研究最多的，乃在各种组织、制度、思想观念方面，如古代的社会组织、家族制度、婚姻状况、政治生活、宗教观念等等。”“中国考古学虽未发达，地下发现的古代遗物虽尚有限，但将来纵然大量发现出来，除非是有文字的遗物，否则对历史的贡献，绝未必有平常所希望的那么大。比方，黄帝、尧、舜是否有其人？尧舜是否禅让过？尧和契、稷是否是兄弟？古史上传说的许多氏族是否都是炎黄子孙？大禹是不是治过水？伯益是不是为益所杀？”③

在顾颉刚的认识中，考古学所研究的只是物质形式的考古遗存，其研究结果都是

---

① 苏秉琦：《关于重建中国史前史的思考》，《考古》1991年第12期。

② 顾颉刚：《古史辨》第七册自序，《古史辨》第七册。

③ 梁园东：《处理中国上古时代史料的方法问题》，《山西师范学院学报》1957年第4期。

物质文化史方面的认识，以及物质文化所能反映的有限的政治、宗教、经济等方面的情形；而在梁园东的认识中，考古学只能研究物质遗存，而诸如古代的社会组织、家族制度、婚姻状况、政治生活、宗教观念等社会组织、制度和思想观念方面的情况都是考古学所不能研究和揭示的。他们二人都认为，考古学对于研究或证实古代帝王的人和事上是无所作为的。考古学之所以不能研究古帝王的人和事，就在于"古物既不一定有文字，且大都无文字"。

考古学利用史前考古材料究竟可以获得哪些信息，可以进行哪些方面的研究，是否如梁园东所言的那样，只能是物质文化的研究，而不能探究社会组织、制度和思想观念？梁文写于20世纪50年代，那时的中国考古学的确在这些方面少有作为，这种情况到20世纪80年代有了彻底的改观。张忠培执笔的《元君庙仰韶墓地》[①]一书的出版可作为研究史前社会组织与制度的代表。该书在分期研究的基础上，发现由51座墓葬构成的墓地，分为年代相同的2个墓区，每一墓区各包括3排年代不同的墓排，墓排内存在若干合葬墓；参照民族志记载，推定元君庙墓地是两个氏族墓区组成的部落墓地，其居民的社会组织，当是两个互婚氏族组成的部落，墓排内存在的合葬墓为家族合葬；由母女合葬、女性厚葬等现象推定，元君庙的社会性质是发达的母系氏族制。俞伟超和张忠培关于安徽含山凌家滩墓地出土的玉器的研究可以作为史前意识形态（思想观念）研究的代表[②]。俞伟超认为：87M4所出玉龟（包括龟腹、背甲）和八角星纹玉片是卜卦器具，"当时就是以玉牌为神祇，在其面前进行龟卜，祈求或卜问氏族、部落的大事"。张忠培在认同俞伟超的观点基础上，进一步全面梳理了舞阳贾湖、邳县刘林、大墩子、新沂花厅、巫山大溪、南郑龙岗寺、淅川下王岗等地出土的龟甲，认为以龟甲作卜卦器具的宗教，是大汶口文化的固有宗教并有广泛的影响。另外，在史前中国还存在着以动物肩胛骨进行占卜的另一系统的骨卜宗教，从龙山时代始，骨卜成了中国的普化宗教。可以预测，在将来重建传说时代古史的社会组织、制度、意识形态时，考古学必将发挥着远较古史传说为大的作用，这不仅是因为考古发现还会带来信息量更多的材料，还在于古史传说材料于这方面的匮乏。

社会组织、制度、意识形态等方面的内容只是史学研究所关注的重点，并不等于古史传说中有着这方面的丰富记载。古史传说的内容主要有四：一是古帝王的世系或由其代表的古部族的族系；二是古部族的迁徙流转；三是古部族的战争与融合；四是古帝王的发明创造。其中最主要的当是古帝王的世系或由其代表的古部族的族系，恰恰是在这一点上，认为史前考古与古史传说不可整合，是很多学者的共识。

---

① 北京大学历史系考古教研室：《元君庙仰韶墓地》，文物出版社，1983年。

② a. 俞伟超：《含山凌家滩玉器和考古学中研究精神领域的问题》，《文物研究》（第5辑），黄山书社，1989年；后收入俞伟超：《古史的考古学探索》，易名为《含山凌家滩玉器反映的信仰状况》，文物出版社，2002年；b. 张忠培：《窥探凌家滩墓地》，《文物》2000年第9期。

倘若想突破史前考古与古史传说结合研究的材料瓶颈，实现古帝王之帝系或由其所代表的古部族之族系与史前考古材料的整合是关键。在近年的考古研究中，出现一些尝试探索古帝王或由其代表的古部族与考古学文化或考古遗址相联系的研究，[①]但因失之方法简单，结论可信程度低，仍不为学界认可。持否定意见者大有人在，李零的看法具有代表性：

“现在，中国考古学家对神话传说的利用，主要是其中与神话有别的传说，特别是其中的帝系。我觉得以帝系式的族团与考古区系比较，从方向上不能说错。但它们是性质不同的两种‘书’，各有各的‘读法’。现在学者对族团的整理，帝系与世系还很难衔接；同样，考古区系，东周列国与商周方国，商周方国与新石器时代的区系类型，之间也颇多缺环。再加上，世系是按族姓追溯，同一族姓，可能迁徙流转，‘子孙或在中国，或在夷狄’（《史记·秦本纪》）；而考古文化是靠遗址、遗物的直观特征，在地理范围内加以确认。事实上，两者可能永远也不会完全重合。如果牵合拼凑，是存在很大危险的。”[②]

李零这段话尽管其对“考古区系”这一概念的理解和使用不够准确，尽管其认为帝系式的族团与考古区系是两种读法不同的书不能整合研究的看法笔者不能赞同，但其对“以帝系式的族团与考古区系比较，从方向上不能说错”的评介，与笔者的理解还是相同的。在史前考古不可能发现先于卜辞的“典册”的情况下，倘若想实现古帝王之帝系或由其所代表的古部族之族系与史前考古材料的整合，就只有将其与考古学文化和考古学文化的谱系比定之一途。笔者在《鲜卑遗存的考古学考察》一文中提出，在做考古学文化族属认定的研究时，与共时性研究的“三要素类比法”相比，历时性研究的“系谱类比法”更为优越。所谓“系谱类比法”是“首先通过谱系研究确定考古遗存的系谱，然后将文献记载的古代民族系谱进行梳理，最后将两支系谱类比并得出结论。在类比的过程中，两只系谱的时间、地域和文化特征是认定吻合的三个基本要素。”[③]应用系谱类比法研究考古遗存的族属，在中国考古学的实践中成功的事例就是商文化的认定：殷墟晚商文化→二里冈早商文化→漳河先商文化；盘庚→成汤→契[④]。

系谱类比法用于史前考古与古史传说的整合研究，就是将考古遗存的文化谱系与古史传说的帝王世系进行类比，以得出考古学文化与古帝王联系的认识。这种研究在

① 此类文章甚多，仅举a. 王震中：《大河村类型文化与祝融部落》，《中原文物》1986年第2期；b. 黄怀信：《仰韶文化与原始华夏族——炎黄部族》，《考古与文物》1997年第4期；c. 潘继安：《陶寺遗址为黄帝及帝喾之都考》，《考古与文物》2007年第1期。

② 李零：《考古发现与神话传说》，《李零自选集》，广西师范大学出版社，1998年，第84页。

③ 许永杰：《鲜卑遗存的考古学考察》，《北方文物》1993年第4期。

④ 参见邹衡：《夏商周考古学论文集》相关部分，文物出版社，1980年。

中国考古学的实践中，也有比较成功的事例，可举者如邹衡对于共工氏部族与“河北龙山文化”关系的研究①、俞伟超对于先楚和三苗部族与长江中游地区史前考古遗存关系的研究②。

四、结　　语

中国考古学从20世纪20年代至21世纪10年代，经历了近一个世纪的发展历程。由几代学者近百年的工作所积累的史前考古资料，已经可以独立完成中国史前史的重建工作，并且已经由海峡两岸最具权威的史前考古学家写出《中国上古史待定稿》和《远古时代》两部著作。但若将史前考古材料与古史传说材料融为一体重建中国古史，完成一部理想境界的古史，还有相当长的路要走。但是正像俞伟超所提倡的那样：“不管当今大家的具体看法还有多大差异，探索我国传说时代的考古学研究的新阶段，毕竟已经可以开始了。”笔者认为，对于古史传说的四项主要内容与史前考古材料的整合研究，可以这样进行：

从考古学文化谱系考察古代帝王的系谱或古部族的族系；

从考古学文化的迁徙考察古代部族的迁徙流转；

从考古学文化的格局考察古代部族的战争与融合；

以考古发现为准确认史前时期和传说时代的发明创造。

在进行史前考古与古史传说整合研究时，从事考古学研究的人应向古史辨学派学习，学习他们对待古史的态度——“先把书籍上的材料考明，徐待考古学上的发现”，静下心来，在苏秉琦区系类型理论的指导下，运用谱系研究的方法，将史前考古学文化的谱系建立完善，然后将其与史学家们考明的帝系或族系类比，用以突破两者整合研究的年代瓶颈和材料瓶颈。

重建古史是中国考古学从出现的那天起就已明确的学科目标，中国考古学的学人们永远也不会放弃对学科目标的追求！

---

① 邹衡：《河北龙山文化与共工氏的关系》，《夏商周考古学论文集》，文物出版社，1980年。

② 俞伟超：《先楚与三苗文化的考古学推测》，《文物》1980年第10期。

情境与情境方法

余西云

（武汉大学）

“Context”一词如何中译，学界尚没有取得共识。我们在《考古学：发现我们的过去》中将这个词主要翻译成“层位”，并在《译后记》中进行过说明[①]：Context，按照索引的解释，指考古遗存由生成过程和转化过程形成的属性，通过共生关系、埋藏介质和位置关系来判断。我以为这个词最贴切的翻译应该是“层位”。当然在有些情况下，这个词也指“背景”。林沄先生在书序中指出，“这些译法似乎都不能确切表述该术语的意义”。根据林沄先生的提示，我们又反复思考了这个问题，有一得之见。

“Context”本意指“语境”。好比在阅读文章的时候，遇到不认识或不理解的字、词，要么根据偏旁部首（词根或者前后缀）来猜测其意思；要么根据上下文来推测其含义。“上下文”就是“语境”，这是“context”的本意。借用到考古学研究，如果需要解读一个考古现象（可能是遗物、遗迹或者遗迹组，也可能是遗址或者遗址群），这个研究对象就类似不认识或不理解的字、词，要么根据其本身的属性（如器物的形态、制法、颜色、质地、纹饰、图案或者铭文等；遗迹的大小、形状和结构等；遗址的规模、内涵和布局等）来判断；要么根据它与其他遗存的共存关系、共生关系、埋藏环境、位置关系等来推测。“与其他遗存的共存关系、共生关系、埋藏环境、位置关系等”就是“context”。虽然考古遗存也是一种语言体系，但有其特殊性，为与其他语言相区别，将“context”译为“情境”比较合理[②]。

中国考古学界很早就注意到“情境”这个概念涉及的内涵及其对考古学研究的重要性。陈梦家先生1954年在《殷代铜器》一文中提出，“研究殷代铜器，可以从种种

---

① 罗伯特·沙雷尔等（著），余西云等（译）：《考古学：发现我们的过去》，上海人民出版社，2009年。

② 徐坚在《阅读过去》［伊恩·霍德、司格特·哈特森（著），岳麓书社，2005年］中较早把“context”这个词翻译成“情境”，但书中对该词的定义为“每个客体同时存在于多个尺度中，因此，一旦资料存在，则一个关联和对比的丰富的网络可以用于建立意义的解释，围绕着任何客体变化的相关尺度的总和可以定义为客体的情境”。这段话令人费解，所以这个译名没有引起学术界足够重视。

方面着手，如铜器出土的环境，铜器本身的研究，铜器与同时代其他器物的比较。铜器出土的环境需要发掘的资料，这些资料就已发表的而说，还是有限的”①。这里所说的“出土的环境”，就可以理解为“情境”。

张忠培先生也曾经指出，“考古发掘的任务，一是要弄清每一墓葬、遗迹的相对年代；二是要确定同时期的墓葬、遗迹的相互关系。在研究墓葬和遗迹的层位关系时，习惯上往往注重它们的相对年代，即纵的关系，而忽视观察它们的空间关系，即横的关系”②。“考古学遗存在地下的相互关系，既有纵向的，也有横向的。在很长时间，我们把层位关系片面理解成前后年代关系，其实它也应包含平面关系，即诸遗存的横的关系”③。这里所说的纵向和横向的层位关系就是“情境”。

我们之所以觉得“层位”与“context”的含义并不相同，是因为往往将层位理解为叠压、打破构成的纵向关系，而忽略了位置、共存和共生构成的横向关系；侧重其中的时间要素，而忽略了其中的空间要素；大量借助其进行遗存的分期与年代判断，而较少涉及对遗存的性质、功能和意义的判断。进行空间关系的建构，就会注意同一地层平面不同遗迹之间的联系，或者同一地理区域不同遗址之间的联系。要判断遗存的性质、功能和意义，位置关系和埋藏介质（如灰坑或者墓葬中的填土）的质地、颜色和其他包含物等就可能非常有意义；共存的其他遗物也可以提供启示；共生的其他遗迹也可以提供解释，甚至地理环境等因素也可能就是答案。这些方面（位置关系、埋藏介质、共存关系、共生关系、环境等）都是“情境”。实际上，“情境”这个概念既包含了“层位”这个概念的内涵，但又比“层位”的含义更为宽泛，可以进一步分为不同层面。

（1）情境（context）包含层位关系。层位关系分为地层关系和组合关系两部分。

1）地层关系：不同遗迹之间，不同地层之间，不同遗迹与不同地层之间的关系。地层关系又可以分为两类：① 由叠压、打破构成的早晚关系；② 同一聚落面上不同遗迹之间的共生关系。

2）组合关系：同一遗迹和地层中的遗物之间的共存关系；遗物与填土等的关系，组合又分为两种：① 同时组合，即同一组合的遗物生产时间的差别可以忽略不计；② 异时组合，即同一组合的遗物生产时间相差较大，也就是晚期单位出土有早期遗物这样的情形。

（2）情境还包括：

1）聚落的不同组成部分（如不同居住区或不同墓区；居住区与作坊区；宫殿区与平民区；居址与墓地等）之间的联系。

---

① 陈梦家：《殷代铜器》，《考古学报》（第七册），1954年。

② 张忠培：《地层学与类型学的若干问题》，《文物》1983年第5期。

③ 张忠培：《关于考古学研究的几个问题》，《文物研究》（第五辑），1989年。

2）聚落与环境之间的联系，也可以分为两种情况；

① 人文环境，主要指不同聚落之间的关系；② 自然环境，聚落与地形、地貌、水系、生态、资源等之间的关系。

用地层关系、组合等层位概念来进行遗存的分期和年代判断，学术界有过深入的理解和大量成功的实践，在此不予讨论。下面举一些研究案例说明如何运用“情境方法”解读考古遗存的功能和性质①。

1958年冬初至1959年夏末发掘的元君庙仰韶墓地完整地揭露出一个包含57座墓葬的“半坡类型”墓地，这些墓葬排列比较规整，每一排都包括有很多合葬墓。合葬墓中的个体多为二次葬，个别为一次葬。

要正确解释元君庙墓地反映的社会组织，首先就得准确地掌握这个墓地的时间与空间。经过分析，揭示出元君庙墓地从时间上可以分为三期；从空间上可以分为两个墓区，每个墓区各包含三排按时间顺序排列的墓葬，两个墓区延续的时间大致相当。这样就可以确定是各包含三排墓葬的墓区而非一排墓，才是组成墓地的独立单元。

经过与一系列民族学资料的类比，报告认为合葬墓代表了不同的家族，墓区代表了氏族，而墓地代表了部落，元君庙墓地反映的是“若干家族组成一氏族，两个氏族组成一部落”②。

在这个研究案例中，对这些墓葬性质的解释并不只是由单座墓葬本身来确定的，而是由不同墓葬、不同墓区之间的关系来判定的，在对墓地进行准确的分期基础上确定的不同墓葬、不同墓区之间的空间联系是至关重要的。这就是“情境方法”的运用，元君庙墓地的研究可以看成是对一个遗址内遗迹和遗址的不同组成部分进行情境分析的经典。

林沄先生在解释青铜弓形器用途时，注意到“无论在西伯利亚还是在黄河流域，青铜弓形器均有在墓中位于死者腰际的例子”。如米奴辛斯克盆地的一座卡拉苏克墓葬中发现的青铜弓形器，正是“和铜刀都放置在死者的腰部”。托姆斯克南郊的大岬第28号墓中发现的弓形器，也正是和青铜短剑、镜一起压在死者股骨的近腹一端之上，在弓形器上还残留有绳子的痕迹。小屯第164号墓中，青铜弓形器也正是压在俯身葬的死者的骨盆下面，显然当初是和铜刀、砺石等物一起挂在腰带上的。正是这一系列考古发现中青铜弓形器与其他遗物的共生关系和空间联系，与乌施金——乌魏尔第14号“鹿石”上的图案进行类比，得出“弓形器是悬挂在腰带正前方的”这一判断。然后又注意到弓形器与马有多方面联系：如在小屯C区第164号墓中，腰带前方有弓形器的死者是和一匹马共葬的；车马坑中经常出土弓形器等。从这

① 许永杰在《中国考古学研究中的情境分析》（《考古与文物》2011年第1期）中还举了另外一些例子。

② 北京大学历史学考古教研室：《元君庙仰韶墓地》，文物出版社，1983年。

种共生关系推测青铜弓形器是“挂缰钩”[①]。这一研究可以作为对一类遗物的用途进行解读的范例。

许永杰先生对泉护文化及相关遗存陶抄的解释，除了对陶抄这种器物本身的形态和规格进行分析之外，讨论了陶抄出土于大地湾F901“原始殿堂”、花楼子H6、固镇H18、H22窖穴、案板GNZH1祭祀坑等单位的情形，借助陶抄与其他遗物的共存关系，与出土遗迹的联系，与所在遗址的联系来论证其为量器的性质，也是一个成功的研究案例[②]。

我们对西山城的解读，则可以作为对遗址进行情境分析的例子[③]。为了对西山城的功能和性质进行判断，我们首先考察了城墙、城门、内环壕、外环壕等遗迹构成的西山城址本身的规模和布局等，也根据残存的灰坑等遗迹现象判断西山城并没有高等级遗存。然后我们考察了西山城的建筑年代和过程，及其在西阴文化整体分布中的位置，这样就对其时间与空间有了一个判断。在此基础上，它与同时期其他遗址的关系，特别是与相邻的大河村遗址的关系，对理解其修建的原因非常有帮助。我们认为正是大汶口文化的因素到达邻近的大河村遗址这样的文化格局催生了西山城。而这样的文化格局的判断也能够得到地理环境的佐证：西山本身是邙山余脉的东端；西山城位于豫西丘陵向黄淮平原的分界线上；旁边的枯河是黄河的最后一个支流，往东就是淮河流域了。这样的地理环境证明选择其作为防御据点的合理性。在一定程度上，西山城的性质和功能是根据它与其他遗址的联系、这些遗址与不同地理环境之间的联系来确定的。

考古遗存是一种语言体系，考古学研究就是对这个语言体系进行建构和解读，“情境（context）”是考古遗存的灵魂。“情境”是考古学与金石学和古物研究的分水岭。金石学和古物研究往往只关注器物本身，只就器物本身进行解释。考古学的资料的收集、资料的分析、资料的解释都会涉及“情境”，考古学研究离不开“情境”。中国考古学过去对“情境”这个概念的理解和运用很大程度上是“自在的”；现在提出来讨论，进行界定，说明这个概念已经变成“自觉的”，对考古学的理解也深入了一层。

---

① 林沄：《关于青铜弓形器的若干问题》，《吉林大学社会科学论丛》（2），1980年。

② 许永杰：《“陶抄”的考古情景分析》，《新果集——庆祝林沄先生七十华诞论文集》，科学出版社，2009年。

③ 余西云、赵新平：《西山城的情境分析》，《考古学研究》（十），文物出版社，2012年。

后　记

2014年8月我们的老师张忠培先生将届八十周岁，2012年11月中国考古学会第十五次年会在石家庄召开期间，与会的部分吉林大学校友聚在一起商讨为此应该做些什么，协商之下决定，既然先生将学生们引上了学术之途，作为最好的贺礼当然还是将后学们最新的研究成果或体会奉献给先生。为此决定约请张忠培先生在吉林大学期间曾经亲炙的学生们撰写学术论文，以出版论文集的方式为先生庆贺80岁华诞。而之所以限定了一定的条件，主要考虑到先生长期以教书育人为先，从无门户之见，特别是20世纪80年代后期到京参与和主持中国考古学学科发展大局之后，得先生之惠的后学更是难以胜数，为先生贺寿当然会是天下桃李共同的心愿，而为了论文汇集的容量又不得不出此下策。在此特别向那些未能满足以撰写论文方式为张忠培先生祝寿愿望的学者们深表歉意。

方针确定后，校友们商定文集的组稿由乔梁、宋小军负责，稿件由陈雍、乔梁全面审核。尽管有许多单位闻讯后表达了支持文集出版的意愿，但考虑到约请的作者均是吉林大学的校友，所以还是确定由吉林大学边疆考古中心作为文集编撰的承办者。

文集的编辑由宋小军、赵越负责，在仓促的时间内，通过编辑们的努力，使文稿能够得以比较顺利的面世，所以应当感谢他们为此付出的辛劳。为了收集先生近些年来学术活动的照片，许多单位和个人给予了热情的支持和协助，在此需要特别地表示感谢！

由于自感年事已高，在2013年10月召开的中国考古学会第六届会员代表大会上，作为中国考古学会理事长、我们的老师张忠培先生从学会的领导岗位上退了下来，尽管先生实现了一再表达的“裸退”意愿，但我们深知作为当代中国考古学一位重要的策划者和领导者，中国考古学还需要先生的心智和经验，为此我们衷心祝愿张忠培先生健康长寿，祝愿中国考古事业能够在前辈们辛勤开辟的道路上蓬勃发展。

编　者

2014年6月

(K-2011.01)
ISBN 978-7-03-041394-9